Krieg, Souveränität und Demokratisierung

Dokumente zur liechtensteinischen Geschichte zwischen 1900 und 1930

Krieg, Souveränität und Demokratisierung

Dokumente zur liechtensteinischen Geschichte zwischen 1900 und 1930

Bearbeitet von Lukas Ospelt und Paul Vogt
Herausgegeben vom Historischen Verein für das Fürstentum Liechtenstein

Verlag des Historischen Vereins für
das Fürstentum Liechtenstein, Vaduz und
Chronos Verlag, Zürich 2015

Mitglieder der begleitenden Expertenkommission:
Lic. phil. Paul Vogt, bis 2013 Staatsarchivar (Vorsitz)
Dr. Rupert Quaderer
M. Phil. Aldina Sievers-Nutt

Sponsoren:
Der Historische Verein bedankt sich bei den Sponsoren,
die das Projekt und die Publikation finanziell unterstützt haben:
Fürst Franz Josef von Liechtenstein Stiftung
Gedächtnisstiftung Peter Kaiser
Karl Mayer Stiftung
Regierung des Fürstentums Liechtenstein
RHW-Stiftung
Stiftung Fürstlicher Kommerzienrat Guido Feger
Stiftung Propter Homines

Das Liechtensteinische Landesarchiv bzw. das Amt für Kultur hat das Projekt durch
die Bereitstellung der notwendigen Infrastruktur gefördert.

Satz und Druck: Lampert Druckzentrum AG, Vaduz
Lithos: Lampert Druckzentrum AG, Vaduz
Einband: Arbeiterinnen der Klassenlotterie des Mutual-Clubs im Adler in Vaduz,
Foto Gemeindearchiv Triesenberg

Auslieferung in Liechtenstein:
Buchzentrum Liechtenstein, Schaan
Historischer Verein für das Fürstentum Liechtenstein
ISBN 978-3-906393-78-0

Auslieferung ausserhalb Liechtensteins:
Chronos Verlag, Zürich
ISBN 978-3-0340-1288-1

© 2015 Historischer Verein für das Fürstentum Liechtenstein

Inhaltsverzeichnis

7   Vorwort und Geleitwort der Regierung des Fürstentums Liechtenstein
Dr. Aurelia Frick, Regierungsrätin

9   Vorwort des Präsidenten des Historischen Vereins für das
Fürstentum Liechtenstein
Guido Wolfinger

11   Bericht des Kommissionsvorsitzenden
Paul Vogt

14   Historischer Kontext
Lukas Ospelt, Paul Vogt

150   Zeittafel

160   Verzeichnis der Dokumente nach Themen

182   Dokumente in chronologischer Reihenfolge

755   **Anhang**
755   Abkürzungsverzeichnis
757   Verzeichnis der erwähnten Archive und Archivbestände
758   Quellen und Literatur

764   **Registerteil**
764   Personen- und Körperschaftenregister
782   Sachregister

Vorwort und Geleitwort der Regierung des Fürstentums Liechtenstein

100 Jahre Erster Weltkrieg sind kein Anlass zum Feiern, aber zum Nachdenken.

In den beiden Jahrzehnten vor dem Ersten Weltkrieg befand sich Liechtenstein in einer Art Dornröschenschlaf: Die Wirtschaft erlebte einen bescheidenen Aufschwung. Der Fürst war grosszügig und sprang bei finanziellen Engpässen des Landes immer wieder unterstützend ein. Der Landesverweser war eine Autorität, die dank ihrem Rang und ihrer Bildung nur selten angezweifelt wurde. Eine organisierte politische Opposition gab es nicht, Parteien waren noch unbekannt. Die katholische Kirche bestimmte die Wertvorstellungen; sie prägte mit ihren Anlässen den Jahresablauf und mischte sich politisch aktiv ein.

Aus dem Dornröschenschlaf geweckt wurde Liechtenstein nicht durch einen Prinzen. Es war die grausame Kriegsrealität, die Liechtenstein zum Auf- und Ausbrechen zwang. Obwohl Liechtenstein im Ersten Weltkrieg nicht in kriegerische Ereignisse hineingezogen wurde, blieb diese Zeit in traumatischer Erinnerung. Auch in Liechtenstein gab es junge Männer – in Liechtenstein wohnhafte Österreicher – die zu den Waffen gerufen wurden. Über ein Dutzend starben an der Front oder an ihren im Krieg erlittenen Verwundungen in den Spitälern; manche gerieten in Kriegsgefangenschaft und litten an Entbehrungen. Fridolin Tschugmell, der als Gymnasiast zur Armee eingezogen wurde, hat seine Kriegserlebnisse in einem eindrücklichen Tagebuch festgehalten. Er zeigt, wie sich die Menschen durch den Krieg veränderten, wie sie abgestumpft wurden und wie sie mit allen Mitteln ums Überleben kämpften. Das Ende des Ersten Weltkriegs bedeutete noch nicht das Ende des Elends: Was folgte, waren der Verfall der Sparguthaben und lange Jahre der Arbeitslosigkeit.

Liechtenstein hat den Krieg nur am Rande miterlebt. Es erlebte das Gefühl, den Ereignissen hilflos ausgeliefert zu sein, sein Schicksal nur sehr bedingt selber beeinflussen zu können. Mit zunehmender Kriegsdauer wurde die Versorgungslage im Land immer schlechter. Auch wenn die grosse Mehrheit der Leute vor allem von der Landwirtschaft lebte und sich zu einem wesentlichen Teil selber versorgen konnte, waren viele Produkten des täglichen Bedarfs knapp; auch Lebensmittel, insbesondere Getreide und Brot, waren Mangelware. Viele Leute litten unter Hunger und Not. Das Ende des Krieges war ein Ende mit Schrecken: Die alte, vertraute Welt brach zusammen, die Geburt der neuen war mit Schmerzen verbunden. So wurden auch die gesamten Ersparnisse der Bevölkerung, soweit diese in Kronenguthaben bestanden, durch die Inflation vernichtet.

In den Jahren 1918 bis 1922 wurde als erstes die Sanierung der privaten und öffentlichen Finanzen, dann aber auch eine politische und wirtschaftliche Neuorientierung verlangt. Die Habsburgermonarchie hatte sich aufgelöst. Das neue Deutschösterreich hatte mit eigenen grossen Problemen zu kämpfen und war wenig attraktiv. Rupert Quaderer charakterisierte diese Jahre mit dem Begriff «Wegsuche» («Bewegte Zeiten in Liechtenstein», Bd. 1, S. 18), bei der verschiedene Wege ausprobiert wurden: Umwege, Abwege, Irrwege, Sackgassen, aber auch Auswege und Erfolgswege. Mit solchen Umschreibungen soll versucht werden, die Schwierigkeiten der damaligen Situation zu erfassen: Sie sollen Verständnis wecken, dass viele Landesbewohner das Gefühl hatten, die Sicherheit bietende Geborgenheit der Vorkriegszeit verlassen zu haben und irgendwohin unterwegs zu sein, ohne zu wissen, wohin man wollte. Liechtenstein erlebte «bewegte Zeiten».

Die Konturen des neuen Liechtenstein waren noch verschwommen und wurden erst im Laufe der Auseinandersetzungen deutlicher. Oft wurde über Grundsätzliches gestritten, oft waren es aber auch nur Details oder einzelne Personen, über die heftig gestritten wurde. Die Schweiz wurde zu einem Kompass, der wenigstens die allgemeine Richtung anzeigte: Demokratisierung und Zollanschluss.

Es wäre jedoch falsch, wenn man die Schweiz allein als Mass der Dinge bezeichnen würde. Es ging auch nicht nur um die wirtschaftliche Neuausrichtung, vielmehr waren die unmittelbaren Nachkriegsjahre auch stark durch das Ringen um eine neue liechtensteinische Verfassung geprägt. Es ging um die grundsätzlichen Fragen, wie sich Liechtenstein als Staat behaupten konnte und wie es sich staatlich organisieren sollte. Aussenpolitisch stand die Souveränität im Zentrum: Wie konnte der Kleinstaat seine Souveränität glaubwürdig behaupten? Wie sollte es sich als Staat darstellen und seine Interessen vertreten können, wenn es vom Völkerbund ausgeschlossen wurde? Innenpolitisch und verfassungsrechtlich ging es um das Verhältnis von Fürst und Volk: Welche Rolle kam dem Fürsten zu? Welche Rechte (auch direktdemokratische) sollte das Volk neu erhalten? Und als nach dem Zollvertrag mit der Schweiz all diese schwierigen Fragen entschieden waren, begann für die Parteien ein mühsamer politischer Lernprozess, wie man die neuen politischen Rechte wahrnehmen sollte, ohne unnötig Geschirr zu zerschlagen.

Der vorliegende Quellenband ermöglicht die direkte Auseinandersetzung mit dem Denken der damaligen Akteure und richtet sich an ein breites Publikum: Wissenschaftler, Journalisten, Lehrende und Lernende sowie interessierte Laien. Er ist als Folgeprojekt der Edition liechtensteinischer Geschichtsquellen von 1928 bis 1950 das Ergebnis einer weiteren partnerschaftlichen Projektarbeit zwischen dem Historischen Verein für das Fürstentum Liechtenstein, welcher für die Finanzierung und das Personal sorgte, und dem Amt für Kultur bzw. dem Landesarchiv, das die Infrastruktur bereitstellte. Damit kommt einerseits das Amt für Kultur einer im Archivgesetz verankerten Aufgabe nach, andererseits strebt der Historische Verein die Umsetzung des in den Vereinsstatuten verankerten Zwecks der Förderung der Geschichts- und Landeskunde sowie des historischen Bewusstseins an.

Die Regierung des Fürstentums Liechtenstein dankt allen an diesem Projekt Beteiligten für ihren wichtigen Beitrag bei der Erforschung und Veröffentlichung liechtensteinischen Archivgutes.

Dr. Aurelia Frick,
Regierungsrätin

Vorwort des Präsidenten des Historischen Vereins für das Fürstentum Liechtenstein

Im Jahr 2011 konnte der Band «Wirtschaftskrise, Nationalsozialismus und Krieg: Dokumente zur liechtensteinischen Geschichte zwischen 1928 und 1950», bearbeitet von Stefan Frey und Lukas Ospelt, im Verlag des Historischen Vereins herausgegeben werden. Dies war der Auftakt zu einer engeren Zusammenarbeit zwischen dem Historischen Verein und dem Liechtensteinischen Landesarchiv im Bereich der Quellenpublikationen. Die Trägerschaft und damit die Gesamtverantwortung für das erste Projekt lagen noch ganz beim Liechtensteinischen Landesarchiv; der Historische Verein übernahm lediglich die Verlagstätigkeiten.

Mit dem vorliegenden Band «Krieg, Souveränität und Demokratisierung. Dokumente zur liechtensteinischen Geschichte zwischen 1900 und 1930» kann nun das zweite Projekt abgeschlossen werden. Im Vergleich zum ersten hat sich einiges verändert: Das Liechtensteinische Landesarchiv stellte die notwendige Infrastruktur, die Arbeitsplätze, das Online-Portal und die Quellen selber zur Verfügung. Der Historische Verein übernahm die Finanzierung sowie die Projektüberwachung und somit auch die Gesamtverantwortung. Die interessierten Leserinnen und Leser werden jedoch diese Veränderungen kaum zur Kenntnis nehmen: Das Buchkonzept und die Bearbeitungsstandards entsprechen durchgehend jenen des ersten Bandes.

In den vergangenen Jahren haben insbesondere Peter Geiger und Rupert Quaderer fundamentale Beiträge zur Aufarbeitung der liechtensteinischen Geschichte in der ersten Hälfte des 20. Jahrhunderts geleistet. In Rupert Quaderers dreibändigem Werk «Bewegte Zeiten in Liechtenstein: 1914 bis 1926» ist die Landesgeschichte dieser Zeitepoche anhand der Quellen detailliert aufgearbeitet. Warum also noch eine Quellenedition? Der Historische Verein ist überzeugt, dass wissenschaftliche Darstellungen Quelleneditionen nicht ersetzen können, sondern sich die beiden Vermittlungsformen ideal ergänzen: Die Originale sprechen eine eigene, unmittelbare Sprache. Sie zeigen das Denken und die Argumentationsweise der damaligen Akteure auf und machen deren Situation und Entscheidungen nachvollziehbar. Sie fordern die heutigen Lesenden aber auch heraus, sich ein eigenes Urteil zu bilden und erleichtern künftige Forschungen. Quellenarbeit erinnert an ein Mosaik: Die einzelnen Teile lassen oft nur wenig erkennen; je mehr Stücke aber zusammengefügt werden, desto besser wird das gesamte Bild erkennbar. Dies ist die Aufgabe des Historikers, der den ganzen Quellenkorpus überblickt, wissenschaftlich analysiert, in einen Gesamtkontext setzt und schliesslich eine stringente, wenn auch von seiner eigenen Persönlichkeit mitgeprägte Interpretation bietet – welche wiederum vom kritischen Leser der Quellenedition anhand der exemplarischen, aber gut ausgewählten Dokumente überprüft werden kann.

Erscheint es aus heutiger Sicht oft unverständlich, wie man damals diesen oder jenen Irrweg beschreiten konnte, macht die Lektüre der Quellen manches (eher) verständlich, was sonst als völlig «abwegig» erscheinen muss. Spürbar wird der massive Druck auf die politischen Akteure, in der damals verfahrenen Situation endlich etwas zu «bewegen».

In einer Umbruchsituation befand sich auch das Fürstenhaus: Eine 700jährige Tradition, in der sich die Liechtenstein immer im Einflussbereich der Habsburger bewegt hatten und so zu einer bedeutenden Adelsfamilie wachsen konnten, war zu einem Ende gekommen. Die Habsburgermonarchie existierte ab 1918 nicht mehr. Der grösste Teil des

Familienbesitzes lag nun in der tschechoslowakischen Republik, die dem Fürstenhaus nicht gut gesinnt war. Im Lauf der folgenden drei Jahrzehnte ging der dortige, ehemals riesige Güterbesitz verloren.

Der vorliegende Band enthält eine Auswahl von 231 der insgesamt über 1000 Dokumente, die im Rahmen des Editionsprojekts bearbeitet wurden. Für den Druck ausgewählt wurden besonders wichtige oder für bestimmte Fragestellungen repräsentative Quellen. Die vollständige Dokumentensammlung ist über das Archivportal des Landesarchivs digital zugänglich (www.e-archiv.li).

Für dieses Projekt ist der Historische Verein für das Fürstentum Liechtenstein eine Kooperation mit dem Liechtensteinischen Landesarchiv eingegangen, das 2013 in das neu geschaffene Amt für Kultur integriert wurde. Beide sehen im Bereich der Quelleneditionen eine wichtige Aufgabe: Das Landesarchiv wird durch das Archivgesetz (Art. 4 Abs. 7) zur Veröffentlichung von Archivgut verpflichtet. Der Historische Verein sah es bereits in seinen ersten Statuten aus dem Jahr 1901 als eine seiner wichtigsten Aufgaben an, «eine thunlichst vollständige Sammlung aller noch vorhandenen, unser Land und unsere Gemeinden betreffenden wichtigeren Urkunden von den ältesten Zeiten an» zu veröffentlichen. Im Namen des Vereins bedanke ich mich beim Amt für Kultur, insbesondere bei der Abteilung Landesarchiv, für die gute Zusammenarbeit bei der Durchführung des Editionsprojektes, bei der elektronischen Veröffentlichung auf dessen Editionsportal und der Erstellung dieser Publikation.

Die Projektmitarbeiter Stefan Frey (bis Mai 2013), Lukas Ospelt und Paul Vogt (ab 2014) haben nicht nur ihre Aufgaben im Rahmen des Anstellungsverhältnisses mit grossem Engagement und Sachverstand erfüllt, sondern darüber hinausgehende freiwillige Arbeitsleistungen erbracht. Unterstützt wurden sie von Yvonne Heeb. Der Historische Verein dankt allen an der Projektarbeit und an der Herstellung sowie dem Vertrieb dieser Publikation beteiligten Personen und Unternehmen für die gute Kooperation. In diesen Dank eingeschlossen ist auch unser Verlagspartner, der Chronos Verlag in Zürich.

Der Verein ist mit der Bereitschaft, die Trägerschaft für dieses Editionsprojekt zu übernehmen, eine grosse finanzielle Verpflichtung eingegangen, konnte aber auch auf mannigfaltige Unterstützung zählen. Die Arbeit des Vereins wird auf der Grundlage einer Leistungsvereinbarung massgeblich von der Kulturstiftung Liechtenstein gefördert. Die Finanzierung dieses Projektes wurde durch Beiträge des Landes, das einen Restkredit aus dem ersten Projekt (1928 bis 1950) zur Verfügung stellte, und von privaten Stiftungen unterstützt. Der Historische Verein bedankt sich bei der Regierung und der Kulturstiftung Liechtenstein sowie bei folgenden Stiftungen und den verantwortlichen Stiftungsräten für die grosszügige Projektförderung, welche diese Projektarbeit erst ermöglichen:

Fürst Franz Josef von Liechtenstein Stiftung, Vaduz
Gedächtnisstiftung Peter Kaiser (1793-1864), Vaduz
Karl Mayer Stiftung, Triesen
RHW-Stiftung, Triesen
Stiftung Fürstl. Kommerzienrat Guido Feger, Vaduz
Stiftung Propter Homines, Vaduz

Am Schluss richte ich meinen Dank als Vorsitzender des Historischen Vereins an die Vereinsmitglieder für ihre Unterstützung dieses Projekts und an die Leserinnen und Leser dieser Publikation, die mit ihrem Interesse ihre Wertschätzung für die Arbeit des Historischen Vereins zum Ausdruck bringen.

Guido Wolfinger, Vorsitzender
Historischer Verein für das Fürstentum Liechtenstein

Bericht des Kommissionsvorsitzenden

Die Quellenedition zu den Jahren 1900 bis 1930 ist ein Folgeprojekt der Quellenedition zur liechtensteinischen Geschichte in den Jahren 1928 bis 1950, die in den Jahren 2008 bis 2011 im Auftrag des Liechtensteinischen Landesarchivs von den beiden Historikern Stefan Frey und Lukas Ospelt bearbeitet wurde. Die Bearbeiter und die Editionsrichtlinien waren weitgehend dieselben. Als Vorsitzender der begleitenden Expertenkommission kann ich daher meinen Bericht kurz fassen: Die allgemeinen Überlegungen über Sinn und Zweck von Quelleneditionen, wie sie im Band «Wirtschaftskrise, Nationalsozialismus und Krieg» gemacht wurden, sollen hier nicht wiederholt werden, ein Verweis darauf muss genügen.[1] An der Philosophie und an den Bearbeitungsgrundsätzen, wie sie für das erste Editionsprojekt festgelegt worden waren, hat sich nichts geändert. Natürlich wurden Ideen, die aufgrund der Erfahrungen in der konkreten Projektarbeit gewonnen wurden, für laufende Verbesserungen an der Datenbank und beim Internet-Auftritt genutzt.

Die wichtigste Änderung gegenüber dem Vorgängerprojekt betrifft die Trägerschaft. Das Projekt wurde nicht mehr vom Liechtensteinischen Landesarchiv (bzw. dem Amt für Kultur, in das das Landesarchiv seit 2013 integriert ist) finanziert, sondern vom Historischen Verein für das Fürstentum Liechtenstein. Das Landesarchiv stellte weiterhin die Infrastruktur (Arbeitsplätze, Informatikmittel etc.) zur Verfügung.

Wie beim ersten Editionsprojekt begleitete eine Kommission die beiden wissenschaftlichen Bearbeiter. Diese Kommission bestand aus dem Vorsitzenden Paul Vogt (bis Ende 2013 Landesarchivar bzw. 2013 auch Leiter des Amts für Kultur), Aldina Sievers (Mitglied des Vorstands des Historischen Vereins) und Rupert Quaderer (Historiker). Die Berichterstattung an den Vorstand des Historischen Vereins erfolgte über die begleitende Kommission. Im Vergleich zum ersten Projekt wurde diese Kommission verkleinert, da das methodische Vorgehen (Editionsrichtlinien, Standards) und das technische Konzept (Struktur der Datenbank, Internetauftritt) bereits im ersten Projekts erarbeitet worden waren. Die begleitende Kommission hielt jährlich zwei Sitzungen ab, an denen v.a. die Zwischenberichte und das weitere Vorgehen diskutiert wurden.

Wissenschaftliche Bearbeiter der Edition waren wie im Vorgängerprojekt zunächst die beiden Historiker Lukas Ospelt und Stefan Frey, die von Yvonne Heeb unterstützt wurden. Stefan Frey schied Ende Mai 2013 aus familiären Gründen aus und wurde nach der Pensionierung von Paul Vogt ab Januar 2014 durch diesen ersetzt.

Die Rahmenbedingungen für das Projekt wurden zusammen mit dem Finanzierungsbeschluss festgelegt: Das Projekt sollte mit einem Gesamtkredit von 490'000 Franken innerhalb von drei Jahren abgeschlossen werden (inkl. Buchproduktion). Während die Projektdauer um rund ein halbes Jahr überschritten wird, kann das Projekt voraussichtlich im Rahmen des bewilligten Gesamtkredites abgeschlossen werden.

---

1 Wirtschaftskrise, Nationalsozialismus und Krieg : Dokumente zur liechtensteinischen Geschichte zwischen 1928 und 1950. Bearb. von Stefan Frey und Lukas Ospelt; hrsg. vom Liechtensteinischen Landesarchiv. Vaduz, Historischer Verein für das Fürstentum Liechtenstein und Zürich, Chronos, 2011, S. 11 ff.

Was den Zeitraum des Projekts betrifft, so folgt die Periodisierung den beiden Forschungsprojekten von Rupert Quaderer und Peter Geiger. Das Jahr 1928 mit dem Sparkassaprozess und dem Machtwechsel von der Christlich-sozialen Volkspartei zur Fortschrittlichen Bürgerpartei bildet zweifelsohne eine politische Zäsur in der Landesgeschichte. Allerdings zeigte sich, dass mit einzelnen Dokumenten (z.B. Urteil im Sparkassaprozess, Eschenwerk) über das Jahr 1928 hinausgegriffen werden musste, um ein Thema abschliessen zu können. Gleiches gilt für den Beginn des gewählten Zeitraums: Sinnvollerweise wurden einige wenige Dokumente aufgenommen, die zwar zur «Vorgeschichte» gehören, auf die die Bearbeiter aber nicht verzichten wollten.

Der kritische Punkt jeder Edition ist die Auswahl der Dokumente. Es ist daher wichtig, die Auswahlkriterien transparent zu machen. Das Vorgehen war analog zum ersten Projekt: Anhand der Literatur – vor allem aufgrund der Arbeit von Rupert Quaderer – wurde eine mehrere Tausend Dokumente umfassende Liste erstellt, die nach Themen geordnet wurde. Aufgrund dieser Liste wurde ein «Dokumentationsprofil» erstellt, das festlegte, welches Gewicht den einzelnen Themen zukommen sollte. Die folgende Tabelle zeigt die Vorgaben bei Projektbeginn und deren Umsetzung bis zum Projektende:

Themen (hier nur die übergeordneten Themen)	%-Vorgabe gemäss Dokumentationsprofil	Soll-Vorgabe bei Projektbeginn (Anzahl Dokumente)	Ist in % (Projektende)	Anzahl Dokumente in der Datenbank (Ende Juni 2015)
Äusseres	25%	200	18%	281
Inneres	25%	200	22%	255
Fürstenhaus	5%	40	9%	70
Wirtschaft	15%	120	13%	165
Soziales	10%	80	8%	104
Mentalitäten und ideologische Strömungen	4%	32	9%	14
Immigration und Emigration	5%	40	13%	72
Kirche und Religion	5%	40	3%	64
Kultur und Bildung	5%	40	5%	64
Sport und Freizeit	1%	8	1%	18
Total	100%	800	100%	1107

Die Themenliste zeigt, dass es erklärte Absicht war, ein breites Feld von politischen, wirtschaftlichen und gesellschaftlichen Fragen zu dokumentieren. Mengenmässige Vorgaben können zwar die Aktenflut kanalisieren, sie ersetzen aber die inhaltliche Diskussion und die Bewertung nicht. In einem zweiten Bewertungsschritt wurden daher alle Dokumente in der Liste priorisiert: Priorität «A» erhielten alle Dokumente, die mit sehr hoher Wahrscheinlichkeit ediert werden sollten, die Priorität «B» jene, die man gerne zusätzlich bearbeiten wollte und die Priorität «C» Dokumente, auf die man problemlos verzichten zu können glaubte. In der Praxis zeigte, sich, dass aus zeitlichen Gründen fast nur Dokumente mit der Priorität «A» bearbeitet werden konnten. Die priorisierten Listen wurden den Mitgliedern der begleitenden Kommission zur Stellungnahme bzw. Diskussion zugestellt. Die wichtigsten Argumente, warum ein Dokument in die Auswahl aufgenommen werden soll, muss die Forschung liefern. Nur wer die wissenschaftliche Literatur kennt, kann die Auswahl fundiert begründen, sonst setzt er sich dem Vorwurf einer subjektiven oder willkürlichen Bewertung aus. Beim Editionsprojekt zur liechtensteinischen Geschichte von 1900 bis 1930 war insofern eine besondere Situation gegeben, als einerseits wenig Literatur vorhanden war, da die Epoche noch wenig bearbeitet wurde, und andererseits in der grundlegenden und umfassenden Arbeit von Rupert Quaderer die Quellen gründlich und detailliert aufgearbeitet wurden.

Aufgrund der gemachten Erfahrungen muss aber auch eingestanden werden, dass das Auswahlverfahren nur bedingt «objektiviert» werden konnte. Alle Beteiligten waren sich bewusst, dass die Auswahl der einzelnen Dokumente in erster Linie Aufgabe der Bearbeiter war und dass diesen das notwendige Vertrauen entgegengebracht werden musste. So blieb auch ein gewisser Ermessensspielraum dafür, interessant scheinende Dokumente (dies betraf v.a. Zeitungsberichte), die in der Gesamtliste nicht vorhanden waren, spontan zusätzlich in die Edition aufzunehmen.

Dank

Zu der vorliegenden Quellenedition haben viele Personen einen Beitrag geleistet: Beginnen möchte ich mit dem Dank an Lukas Ospelt, Stefan Frey und Yvonne Heeb, die jahrelang an der Edition gearbeitet und Tausende von Dokumenten geprüft und Hunderte davon für die Edition aufbereitet haben. Ein Dank geht an Aldina Sievers, die bei Projektbeginn als damalige Vorsitzende des Historischen Vereins das Projekt voll unterstützt hat und danach auch in der begleitenden Kommission mitgewirkt hat. Besonders danken möchte ich Rupert Quaderer, der schon lange vor der Publikation seines Werks sein Manuskript und zahlreiche Kopien von Quellen, die sich nicht im Landesarchiv befinden, zur Verfügung gestellt hat. Dies ist auch unter guten Kollegen ein ungewöhnlich grosszügiges Entgegenkommen, das eine effiziente Arbeit ermöglicht hat. Dass das Projekt überhaupt realisiert wurde, ist dem Historischen Verein für das Fürstentum Liechtenstein zu verdanken, der die Trägerschaft und damit die Finanzierung übernommen hat. Namentlich erwähnen möchte ich Guido Wolfinger, der als Vereinsvorsitzender stets ein offenes Ohr und Verständnis für unsere Anliegen hatte, sowie Marco Schädler und Cornelia Bühler, die als Geschäftsführer bzw. Geschäftsführerin für die Personaladministration zuständig waren. Ein herzliches Dankeschön geht an die Mitarbeitenden des Landesarchivs, die die Projektmitarbeitenden in verschiedener Hinsicht materiell und moralisch unterstützt haben. Zu danken ist der Firma GMGnet und dort insbesondere Daniel Seidel, der alle Verbesserungsideen realisierte und die hie und da auftretenden technischen Probleme jeweils rasch behob. Für die Buchpublikation danken wir wiederum dem Historischen Verein des Fürstentums Liechtenstein, den Mitarbeitenden des Lampert Druckzentrums und dem Chronos Verlag Zürich.

Paul Vogt
Vorsitzender der begleitenden Kommission

Historischer Kontext

16	**Äusseres**	*Lukas Ospelt*
16	Beziehungen zu Österreich	
22	Beziehungen zur Schweiz	
29	Beziehungen zu Deutschland	
30	Beziehungen zur Tschechoslowakei	
31	Sonstige bilaterale Beziehungen	
32	Internationale Organisationen	
34	Erster Weltkrieg	
38	**Inneres**	*Paul Vogt*
38	Verfassung	
44	Regierung	
52	Landtag und Gesetzgebung	
55	Justiz	
60	Staatsfinanzen	
64	Parteien	
68	Ereignisse	
68	*Volksabstimmungen*	
70	*Parteiversammlungen und Demonstrationen*	
71	*Besondere Ereignisse, Katastrophen*	
72	**Fürstenhaus**	*Lukas Ospelt*
72	Fürst	
75	Fürstliche Familie	
75	Fürstliche Besitzungen	
78	Fürstliche Sammlungen	
79	**Wirtschaft**	*Paul Vogt*
79	Kriegswirtschaft	
79	*Lebensmittelknappheit und Mangel an Rohstoffen*	
81	*Hyperinflation und Währungsreform*	
84	*Integration in den Schweizer Wirtschaftsraum*	
85	Infrastruktur	
87	Land- und Forstwirtschaft	
89	Handwerk und Industrie	
94	Dienstleistungen	
95	*Spielbanken*	
97	*Briefmarkenaffäre*	
101	*Klassenlotterie*	
103	*Duggan-Lotterie und Mutual-Club*	
104	*Sparkassa-Skandal*	

105	**Soziales**	*Lukas Ospelt*
105	Alltag	
105	Arbeiterschaft	
111	Frauen und Geschlechter	
114	Fürsorge und Gesundheitswesen	
114	*Sozialfürsorge*	
116	*Sozialversicherung*	
118	*Gesundheitswesen und Spitalbaupläne*	
119	Jugend	
120	**Mentalitäten und ideologische Strömungen**	*Lukas Ospelt*
123	**Immigration und Emigration**	*Paul Vogt*
126	Ausländer in Liechtenstein	
127	Einbürgerungen	
129	Liechtensteinerinnen und Liechtensteiner im Ausland	
131	**Kirche und Religion**	*Lukas Ospelt*
139	**Kultur und Bildung**	*Paul Vogt*
139	Kultur	
142	Bildung	
146	**Sport und Freizeit**	*Paul Vogt*

Äusseres

Beziehungen zu Österreich

Die traditionell engen Verbindungen zwischen Liechtenstein und Österreich kamen in einer Reihe von völkerrechtlichen Verträgen zum Ausdruck. Allen voran ist der 1852 abgeschlossene Zollvertrag[1] zu nennen, welcher 1863[2] und 1876[3] erneuert sowie 1888[4] durch eine Additionalkonvention ergänzt wurde. Durch den Zollvertrag mit Österreich konnte sich Liechtenstein aus seiner wirtschaftlichen Isolierung befreien. Liechtenstein trat unter Wahrung seiner Souveränität dem österreichischen System der Zölle, Staatsmonopole und Verzehrungssteuern bei und übernahm die einschlägigen österreichischen Rechtsvorschriften. Das Fürstentum übernahm ausserdem die Verpflichtungen aus bestehenden und künftigen österreichischen Handels- und Zollverträgen mit Drittstaaten. Entsprechende Verträge mit der Schweiz oder den Kantonen Graubünden und St. Gallen konnten jedoch nur mit Zustimmung des liechtensteinischen Fürsten abgeschlossen werden.[5] Die österreichischen Handelsverträge mit der Schweiz hatten direkten Einfluss auf die liechtensteinische Wirtschaft. Nach einem ersten Vertrag 1868, welcher schon nach 8 Jahren ausser Kraft trat, und einem darauffolgenden vertragslosen Zustand mit provisorischen Regelungen wurde im November 1888 ein neuer österreichisch-schweizerischer Handelsvertrag abgeschlossen, der wie sein Vorgänger auf dem Prinzip der Meistbegünstigung beruhte. Es folgte der Handelsvertrag von 1891, der keine grundlegenden Änderungen in den Wirtschaftsbeziehungen zur Eidgenossenschaft brachte. Die schweizerische Erhöhung der Zolltarife für den Nutzviehimport blieb ohne Auswirkungen, da das österreichisch-schweizerische Viehseuchenübereinkommen von 1890 diese Ausfuhren praktisch verunmöglichte. Auch der österreichisch-schweizerische Handelsvertrag vom 9. März 1906[6] änderte nur wenig an den liechtensteinischen Wirtschaftsbeziehungen zur Eidgenossenschaft (vgl. Dok. 8). Der Landtag sah im Übereinkommen eine Verschlechterung des bisherigen Zustandes, weil mit dem Handelsvertrag ein Viehseuchenübereinkommen verbunden war, das aber in der Praxis den Viehexport in die Schweiz kaum behinderte (Dok. 11).[7]

Die zollvertragliche Bindung an Österreich wirkte sich auf das Fürstentum während des Ersten Weltkrieges negativ aus. Die Souveränität des Fürstentums war seit dem Abschluss des Zollvertrages nicht mehr betont worden. Für andere Staaten musste das kleine Land wie ein Teil der österreichischen Monarchie erscheinen, denn die liechtensteinische Fürstenfamilie spielte in der österreichischen Geschichte, sowohl in Politik wie in Armee, eine wichtige Rolle.[8] Auf eine britische bzw. amerikanische Anfrage zur liechtensteinischen Neutralität im September 1914 empfahl das österreichische Aussenministerium dem Fürstentum, den Zollvertrag zu kündigen, um die liechtensteinische Neutralität ausser jeden Zweifel zu stellen. Liechtenstein, welches auf die Zolleinnahmen nicht verzichten wollte, folgte diesem Vorschlag nicht und hielt die Neutralität durch das

---

1   Öst. RGBl. 1852 Nr. 146.
2   LGBl. 1864 Nr. 6
3   LGBl. 1876 Nr. 3; Hager, Zoll- und Wirtschaftsunion, S. 44-45.
4   LGBl. 1889 Nr. 2.
5   Ospelt, Wirtschaftsgeschichte, S. 368-369.
6   LGBl. 1906, Nr. 8.
7   Im Gegensatz dazu meinte A. Ospelt, dass das Viehseuchenübereinkommen den Viehexport faktisch verunmöglichte. Ospelt, Wirtschaftsgeschichte, S. 385.
8   Brotschi-Zamboni, Auswirkungen, S. 16-17.

Fehlen von Militär für ausreichend dokumentiert.[9] Dennoch erklärte Frankreich im Februar 1916, dass es Liechtenstein in wirtschaftlicher Hinsicht als Feindesland betrachte, solange es in der österreichischen Zollgrenze eingeschlossen sei. Liechtenstein wurde von den Exportverboten der Entente und der Mittelmächte getroffen, wodurch Auswirkungen auf die Lebensmittelversorgung nicht ausblieben.[10]

Durch die katastrophalen Folgen des Ersten Weltkrieges kamen die politischen und wirtschaftlichen Nachteile einer engen Anlehnung an Österreich deutlich zu Tage. Die liechtensteinische Regierung äusserte grundsätzliche Zweifel, ob der Zollvertrag nach den politischen und wirtschaftlichen Umwälzungen in Österreich aufrechterhalten werden könne. Vorerst kam eine provisorische Übergangslösung zustande: Dr. Martin Ritter als Vorsitzender des liechtensteinischen Vollzugsausschusses anerkannte am 6. Dezember 1918 provisorisch die zwischen Österreich und Liechtenstein abgeschlossenen Staatsverträge über die Zölle, Monopole, Verzehrungssteuern etc. als mit dem Staat Deutschösterreich zu Recht bestehend (Dok. 93).[11]

In der Nachkriegszeit geriet die österreichische Finanzwache in Liechtenstein zunehmend in Bedrängnis: Nach einem Bericht vom 2. Juli 1919 fühlten sich die österreichischen Finanzwachebediensteten in Liechtenstein und besonders in Balzers bedroht und sahen sich nicht mehr imstande, ihren Aufgaben weiter nachzukommen. Die Grenzen seien nicht mehr zu überwachen. Diese würden von einer bewaffneten, vor keiner Gewalttat zurückschreckenden Schmugglerorganisation offen gehalten. In die Schweiz wurden vor allem landwirtschaftliche Erzeugnisse, Pferde, Wolldecken und Kleider und aus der Schweiz Tabakwaren, Kaffee und Zucker geschmuggelt. Die Finanzwache sprach sich deshalb dafür aus, sie aus dem Fürstentum abzuziehen und an die vorarlbergisch-liechtensteinische Grenze zu verlegen.[12]

Am 2. August 1919 beschloss der Landtag einstimmig, den Zollvertrag mit Österreich aufzulösen. Der Landtag erklärte in diesem Zusammenhang, dass dadurch kein unfreundlicher Akt gegen Deutschösterreich begangen werden solle, einzig die Wahrung der vitalen Interessen des Landes veranlassten ihn dazu. Der liechtensteinische Gesandte in Wien, Prinz Eduard von Liechtenstein, kündigte gegenüber dem österreichischen Staatsamt für Äusseres den Zollvertrag am 12. August 1919 (Dok. 119).[13] Mit dem 1. September 1919 sah Deutschösterreich das Fürstentum als Zollausland an.[14] Aus der liechtensteinischen Bevölkerung kam Kritik zur raschen, ja überstürzten Auflösung des Zollvertrages. So versammelten sich am 8. September 1919 in Eschen etwa 300 Unterländer, die in einer Resolution verlangten, dass der alte Zustand wieder in Kraft gesetzt und solange beibehalten werde, bis neue Verträge ausgearbeitet seien (Dok. 122).[15] Kurz darauf sprach sich die Firma Jenny, Spoerry & Cie. ebenfalls für den Zollanschluss Liechtensteins an Deutschösterreich aus (Dok. 123).

Die Landtagsmehrheit wollte möglichst ungetrübte Beziehungen zu Österreich beibehalten. Vor allem strebte der liechtensteinische Landtag neue vertragliche Regelungen mit Österreich an. So wurde anfangs 1920 ein Postübereinkommen mit Österreich abge-

---

9   Hager, Zoll- und Wirtschaftsunion, S. 49.
10 Sulzbacher, Gesandtschaftstätigkeit, S. 40-41.
11 Quaderer-Vogt, Bewegte Zeiten, Bd. 3, S. 55
12 Quaderer-Vogt, Bewegte Zeiten, Bd. 3, S. 60; vgl. Hager, Zoll- und Wirtschaftsunion, S. 52-53.
13 Quaderer-Vogt, Bewegte Zeiten, Bd. 3, S. 62-63.
14 Sulzbacher, Gesandtschaftstätigkeit, S. 43.
15 Quaderer-Vogt, Bewegte Zeiten, Bd. 3, S. 65.

schlossen und im April 1920 bzw. im Dezember 1921 ein Handelsübereinkommen.[16] Für Liechtenstein war letzteres ein wichtiger Schritt in der Phase der wirtschaftlichen Neuorientierung. Das Fürstentum musste sich eingestehen, dass es als Kleinstaat seine wirtschaftlichen Aufgaben nur gemeinsam mit seinen Nachbarstaaten lösen konnte. Die wirtschaftliche Anlehnung war geradezu die Voraussetzung für die Erhaltung der staatlichen Existenz.[17]

Am 2. Dezember 1919 fand im österreichischen Staatsamt für Äusseres eine Besprechung zwischen einer österreichischen und einer liechtensteinischen Delegation über die Regelung der wirtschaftlichen Beziehungen statt (Dok. 133). Die liechtensteinische Delegation stand unter der Leitung des Gesandten Prinz Eduard von Liechtenstein, weitere Mitglieder waren Landtagspräsident Fritz Walser und Legationssekretär Alfred von Baldass. Liechtenstein benötigte vor allem Artikel wie Salz, Baumaterialien, Bekleidungsartikel und Petroleum und bot als Kompensationsware Vieh und Textilprodukte an. Österreich zeigte sich jedoch dem Kompensationsangebot gegenüber zurückhaltend, weil es den Kompensationsverkehr mit anderen Staaten abbauen wollte. Grundsätzlich sollte im Abkommen gegenseitig das Prinzip der Meistbegünstigung gegen Zollfreiheit anerkannt werden. Damit erklärte sich die liechtensteinische Delegation einverstanden.[18] In der Landtagsdebatte vom 17. Januar 1920 kam zum Ausdruck, dass der Handelsvertrag mit Österreich lediglich als Übergangslösung bis zum Abschluss eines Zollvertrages mit der Schweiz betrachtet wurde.[19] Am 23. Februar 1920 kam es in Wien zu einer weiteren Besprechung, an der die von Liechtenstein vorgebrachten Änderungswünsche diskutiert wurden. Hauptsächlich ging es darum, in welcher Währung die aus Österreich eingeführten Waren zu bezahlen seien und welche Abgaben jeder Staat erheben durfte. Am 22. April 1920 kam es dann zum Notenaustausch betreffend die Regelung der Handels- und Verkehrsbeziehungen.[20] Die Vertragspartner sicherten sich vollständige Freiheit des Handels und Verkehrs zu. Das Fürstentum verpflichtete sich, gegenüber Österreich keine Ein- und Ausfuhrabgaben zu erheben. Österreich gewährte seinerseits im Hinblick auf diese Abgaben die Meistbegünstigung. Schliesslich gestand Österreich die zollfreie Ein- und Ausfuhr für jene Waren zu, welche lediglich vorübergehend nach Liechtenstein verbracht wurden; dies galt insbesondere für die Zulassung des Veredlungsverkehrs mit Stickereiwaren.[21]

Zur Überraschung der liechtensteinischen Regierung wurde ihr am 10. November 1920 gemeldet, dass Österreich jegliche Warenausfuhr nach Liechtenstein gesperrt hatte. Dies wurde mit dem aussergewöhnlichen Umfang der Wareneinkäufe von Liechtensteinern in Vorarlberg begründet.[22] Dem Hinweis des liechtensteinischen Landesverwesers Dr. Josef Peer auf das Handelsabkommen vom April 1920 begegnete die Vorarlberger Landesregierung mit der Bemerkung, dass dieses in Österreich nicht publiziert worden war und infolgedessen auch nicht verbindlich sei.[23]

---

16 Quaderer-Vogt, Bewegte Zeiten, Bd. 3, S. 67.
17 Vgl. Geiger, Geschichtliche Grundzüge, S. 328.
18 Quaderer-Vogt, Bewegte Zeiten, Bd. 3, S. 78.
19 Vgl. LI LA LTA 1920/S04; online: www.e-archiv.li/D45619; aufgerufen am 16.03.2015.
20 LGBl. 1920 Nr. 2.
21 Quaderer-Vogt, Bewegte Zeiten, Bd. 3, S. 80.
22 Vgl. LI LA V 003/233; online: www.e-archiv.li/D45623; aufgerufen am 16.03.2015.
23 Österreich holte die Veröffentlichung des Handelsabkommens im Bundesgesetzblatt vom 9. März 1921 nach.

Im Mai 1921 regte die liechtensteinische Regierung in Wien eine Neuregelung des Handelsabkommens vom April 1920 an.[24] U.a. belastete die abgabenfreie Einfuhr von Waren aus Österreich das liechtensteinische Gewerbe schwer, da die Konkurrenz in Österreich bedeutend billiger arbeitete. Die liechtensteinische Regierung schlug daher vor, Einfuhrtaxen für einzelne Waren festzusetzen, wogegen sich die Vorarlberger Handelskammer stellte. Das Problem der Ein- und Ausfuhrtaxen beschäftigte im Herbst 1921 auch den liechtensteinischen Landtag. Am 19. Oktober 1921 hob der Landtag auf den 1. November die Ausfuhrtaxen für alle Artikel auf und sprach sich für die Einführung von Einfuhrtaxen aus. Am 22. November 1921 nahm der Landtag den Gesetzentwurf über die Regelung der Ein-, Aus- und Durchfuhr von Waren an. Es handelte sich dabei um einen Notbehelf bis zum Abschluss des Zollvertrages mit der Schweiz. Am 28. Dezember 1921 genehmigte der Landtag dann die Neuregelung des Handelsabkommens mit Österreich. Die österreichische Regierung ging auf die Wünsche Liechtensteins auch deshalb ein, weil eine Ablehnung zur Kündigung des bestehenden Handelsabkommens durch Liechtenstein geführt hätte. Der Notenaustausch fand am 30. Dezember 1921 statt und wurde im österreichischen Bundesgesetzblatt vom 18.1.1922 publiziert.[25] Liechtenstein erreichte damit, dass es für die Einfuhr bestimmter Waren Zollabgaben erheben konnte.[26] Das Handelsabkommen mit Österreich blieb bis zum Abschluss des Zollvertrages mit der Schweiz in Kraft. Die liechtensteinische Regierung kündigte den Staatsvertrag mit Note an das Bundeskanzleramt vom 23. September 1923 auf den 31. Dezember des Jahres.[27]

Das Postwesen im Fürstentum Liechtenstein wurde während des 19. Jahrhunderts von den österreichischen Postbehörden verwaltet, ohne dass ein eigentlicher Staatsvertrag bestanden hätte. Erst mit Abschluss eines Postvertrages mit Österreich am 4. Oktober 1911,[28] den der Landtag bereits 1907 gefordert hatte (Dok. 15), konnte das Fürstentum Einkünfte beziehen. Nach diesem Vertrag wurden die Post-, Telegrafen- und Telefondienste im Fürstentum unter Wahrung der liechtensteinischen Hoheitsrechte von Österreich besorgt (vgl. Dok. 27). Liechtenstein wurde das Recht zugestanden, eigene Postwertzeichen herstellen zu lassen (vgl. Dok. 29).[29] Das Übereinkommen sollte bis Ende 1920 gültig sein. Wenn es nicht ein Jahr vor Ablauf gekündigt wurde, so verlängerte sich das Übereinkommen automatisch um 10 Jahre.[30] Im Mai 1919 stellte die österreichische Generalpostdirektion jedoch fest, dass sich die Rechtsgrundlage durch den Zerfall des früheren österreichischen Staates wesentlich geändert habe. Die österreichische Postverwaltung führe den Dienst in Liechtenstein weiter, trotzdem habe das Übereinkommen von 1911 rechtlich aufgehört zu bestehen (Dok. 112). Der Landtag beschloss am 11. Oktober 1919, dass die liechtensteinische Regierung mit der österreichischen Regierung wegen des Abschlusses eines neuen Postvertrages in Unterhandlungen treten sollte. Der Landtag genehmigte das neue Übereinkommen am 30.1.1920. Nach der Unterzeichnung durch Prinz Eduard von Liechtenstein und Generalpostdirektor Konrad Hoheisel trat es am 1. März 1920 in Kraft.[31] Das Übereinkommen, welches für die Wiederannäherung Liechtensteins an Österreich stand, bestimmte, dass der Post-, Tele-

---

24 Vgl. LI LA RE 1921/2061 ad 0998; online: www.e-archiv.li/D45631; aufgerufen am 16.03.2015.
25 Vgl. LGBl. 1922 Nr. 13.
26 Quaderer-Vogt, Bewegte Zeiten, Bd. 3, S. 86–91.
27 Quaderer-Vogt, Bewegte Zeiten, Bd. 3, S. 92.
28 LGBl. 1911 Nr. 4.
29 Ospelt, Wirtschaftsgeschichte, S. 346.
30 Sulzbacher, Gesandtschaftstätigkeit, S. 56.
31 Nicht publiziert im LGBl.

fon- und Telegrafendienst unter Wahrung der Unabhängigkeit und Selbständigkeit des Fürstentums vom österreichischen Staatsamt für Verkehrswesen geführt und verwaltet werden sollte. Liechtenstein war berechtigt, Postwertzeichen zur ausschliesslichen Verwendung im Fürstentum auszugeben.[32] Da Liechtenstein neben einem Zollvertrag auch einen Postvertrag mit der Schweiz abschliessen wollte, war ein Ende des Abkommens mit Österreich absehbar. Auf Weisung von Landesverweser Josef Peer kündigte der Gesandte Prinz Eduard von Liechtenstein das Postübereinkommen mit Österreich am 31. Dezember 1920 auf den 1. Februar 1921.[33] An diesem Tag trat das neue Postabkommen mit der Schweiz in Kraft.[34]

1880 hatte Österreich-Ungarn die diplomatische Vertretung Liechtensteins übernommen.[35] Erst mit der Errichtung der liechtensteinischen Gesandtschaften in Wien und Bern machte das Fürstentum im Jahre 1919 wichtige Schritte, um eine eigenständige Aussenpolitik in die Wege zu leiten (vgl. Dok. 108).[36] Am 26. April 1919 brachte die fürstlich-liechtensteinische Hofkanzlei beim österreichischen Staatssekretariat des Äussern den offiziellen Wunsch nach einer diplomatischen Vertretung in Wien vor.[37] Als Wunschkandidat für den Posten des Gesandten nannte die Hofkanzlei Prinz Eduard von Liechtenstein, der allerdings noch österreichischer Staatsangehöriger war und daher in einem «Blitzverfahren» bis zum 6. Mai 1919 in Liechtenstein eingebürgert bzw. am 10. Mai aus dem deutschösterreichischen Staatsverband entlassen wurde. Bereits am 2. Mai 1919 erteilte das österreichische Staatsamt für Äusseres nach Rücksprache mit dem Präsidenten der Nationalversammlung, Karl Seitz, der Hofkanzlei seine Zustimmung.[38] Gleichzeitig wurden dem zu bestellenden Vertreter Liechtensteins auf dem Gebiet Deutschösterreichs alle im Völkerrecht begründeten Vorrechte und Privilegien eingeräumt. Mit Resolution vom 18. Mai 1919 genehmigte Fürst Johann II. die Errichtung einer liechtensteinischen Gesandtschaft in Wien. Am 24. Mai überreichte Prinz Eduard von Liechtenstein dem Präsidenten der Republik Deutschösterreich sein Akkreditiv, womit die Gesandtschaft offiziell ihre Tätigkeit aufnahm.[39] Die Zusammensetzung des Gesandtschaftspersonals war in Liechtenstein nicht unumstritten. Die «Oberrheinischen Nachrichten» kritisierten, dass die Gesandtschaft – abgesehen von Dr. Josef Hoop – mit lauter Ausländern besetzt sei und bezeichneten Prinz Eduard als «papierenen Liechtensteiner».[40]

Prinz Eduard unternahm in der Folge verschiedene Vorstösse, um den Stellenwert der Gesandtschaft zu stärken und ihr ein möglichst grosses Einflusspotenzial zu verschaffen. Nach der Auffassung des Prinzen Eduard sollte die Gesandtschaft insbesondere den gesamten Schriftverkehr der fürstlichen Regierung mit dem Fürsten erledigen. Demgegenüber betonte Landesverweser Prinz Karl von Liechtenstein, dass die Regierung nach der Amtsinstruktion von 1871[41] das Recht habe, sich direkt an den Fürsten zu wenden. Für Prinz Eduard hätte die Gesandtschaft auch die zusätzlichen Funktionen des Aussen- und Handelsministeriums sowie der Kabinettskanzlei des Fürsten wahrzuneh-

---

32 Quaderer-Vogt, Bewegte Zeiten, Bd. 3, S. 70-72.
33 Sulzbacher, Gesandtschaftstätigkeit, S. 58-59.
34 Sulzbacher, Gesandtschaftstätigkeit, S. 65; LGBl. 1922 Nr. 8.
35 LI LA RE 1919/6087 ad 0589; online: www.e-archiv.li/D45650; aufgerufen am 16.03.2015.
36 Quaderer-Vogt, Bewegte Zeiten, Bd. 1, S. 483-484.
37 LI LA SF 01/1919/ad 17; online: www.e-archiv.li/D45133; aufgerufen am 16.03.2015.
38 LI LA V 003/1165; online: www.e-archiv.li/D45132; aufgerufen am 16.03.2015.
39 Quaderer-Vogt, Bewegte Zeiten, Bd. 1, S. 489-490.
40 Sulzbacher, Gesandtschaftstätigkeit, S. 29-30.
41 LGBl. 1871 Nr. Nr. 1.

men gehabt. Damit sah sich Prinz Eduard nicht nur als Leiter der Gesandtschaft, sondern auch als fürstlicher Kabinettschef und als Exponent der Regierung beim Fürsten (vgl. Dok. 124). Die Umsetzung dieser Ziele war jedoch nicht ohne weiteres möglich und löste bei der Regierung in Vaduz, der Hofkanzlei in Wien, der liechtensteinischen Gesandtschaft in Bern sowie bei den oppositionellen Kräften im Lande einige Irritationen aus.[42] Die fürstliche Verordnung vom 5. Oktober 1919[43] setze dann definitiv den Wirkungskreis der Gesandtschaft in Wien fest, welcher neben den üblichen Aufgaben einer diplomatischen Vertretung die Übermittlung der Vorlagen der Regierung an die fürstliche Rekursinstanz und jener des Landgerichtes an das fürstliche Appellationsgericht umfasste.

Oppositionelle Kreise im Fürstentum begegneten der Wiener Gesandtschaft von Anfang an mit Misstrauen und Widerstand. So sahen die Vertreter der Christlich-sozialen Volkspartei mit Dr. Wilhelm Beck an der Spitze den Gesandten Prinz Eduard von Liechtenstein als Vertreter der Wiener Hofgesellschaft, der unberechtigt Kompetenzen an sich zog und der von aussen Einfluss auf die liechtensteinische Politik auszuüben versuchte. Zudem wollte die Volkspartei zu Österreich auf mehr Distanz gehen bzw. strebte eine grössere Nähe zur Schweiz an. Aus diesem Grund stand die Gesandtschaft in Wien regelmässig im Kreuzfeuer der Volkspartei bzw. der «Oberrheinischen Nachrichten».

Vor diesem Hintergrund kam es wiederholt zu Überlegungen, ob nicht die Schweiz die Vertretung Liechtensteins in Wien übernehmen sollte.[44] Am 24. September 1920 führte der liechtensteinische Geschäftsträger in Bern, Dr. Emil Beck, erste Sondierungsgespräche mit dem Eidgenössischen Politischen Departement in Bern wegen der Übernahme der liechtensteinischen Interessensvertretung in Österreich. Die Schweiz erklärte ihre grundsätzliche Bereitschaft hierzu und machte lediglich zwei Vorbehalte: Österreich musst damit einverstanden sein und die Schweiz wollte nicht den Schutz jener Angehöriger des fürstlichen Hauses gegenüber Österreich übernehmen, welche die österreichische Staatsbürgerschaft besassen. Fürst Johann II. bzw. die fürstliche Kabinettskanzlei war jedenfalls entschlossen, die Wiener Gesandtschaft aufzulassen (vgl. Dok. 185). Ein Grund hierfür waren die von der Gesandtschaft verursachten grossen Kosten, die von der fürstlichen Verwaltung alleine getragen wurden.[45] Das Eidgenössische Politische Departement äusserte Bedenken wegen der engen Beziehungen Liechtensteins zu Österreich. So liess etwa der Umstand, dass auf Grund des Justizvertrages von 1884 ein österreichisches Gericht, nämlich das Oberlandesgericht für Tirol und Vorarlberg, als oberste Gerichtsinstanz für Liechtenstein fungierte,[46] Komplikationen befürchten. Diese Bedenken dürften wohl die Ursache dafür gewesen sein, dass die Gesandtschaft in Wien entgegen dem ursprünglich festgesetzten Auflösungstermin vom März 1921 weiterbestand.

Prinz Eduard von Liechtenstein gab schliesslich seinen Widerstand gegen die Auflösung der Wiener Gesandtschaft auf und bat Fürst Johann II. am 6. Juli 1921, ihn in Gnaden von seiner Funktion zu entheben.[47] Er begründete diesen Schritt mit den ununterbrochenen Anfeindungen und Verdächtigungen gegen seine Person. Prinz Eduard hob hervor, dass es ihm in seiner zweijährigen Tätigkeit gelungen sei, das Fürstentum aus einer schwierigen internationalen Situation herauszuführen und die Anerkennung

---

42 Quaderer-Vogt, Bewegte Zeiten, Bd. 1, S. 497-498.
43 LGBl. 1919 Nr. 13.
44 Quaderer-Vogt, Bewegte Zeiten, Bd. 1, S. 579.
45 Quaderer-Vogt, Bewegte Zeiten, Bd. 1, S. 579-582.
46 Vgl. Laich, Zwei Jahrhunderte Justiz, S. 78-79.
47 LI LA SF 01/1921/ad 100; online: www.e-archiv.li/D45167; aufgerufen am 16.03.2015.

seiner Souveränität und Neutralität zu erreichen.[48] Der Fürst entsprach dem Entlassungsgesuch am 8. Juli 1921[49] und am 12. Juli teilte Prinz Eduard von Liechtenstein dem österreichischen Aussenministerium seine Demission als fürstlicher Gesandter in Wien mit. Die Geschäfte der Gesandtschaft wurden bis auf weiteres vom fürstlichen Legationssekretär Alfred von Baldass als Geschäftsträger ad interim geleitet, welcher die österreichische Staatsbürgerschaft niederlegte.[50] Baldass, der ebenfalls gegen die Aufhebung der Wiener Gesandtschaft opponierte, sah sich gezwungen, bereits auf den 1. März 1922 seine Demission einzureichen. Der Fürst enthob Baldass von der Funktion eines Geschäftsträgers auf Ende Februar 1922 und genehmigte dessen Ausscheiden aus dem diplomatischen Dienst auf den 31. März 1922. Die geplante Übernahme der Leitung der Gesandtschaft durch Josef Martin kam nicht zustande. Vielmehr übergab Baldass am 1. April 1922 die Leitung der Gesandtschaft an Dr. Josef Hoop, der noch gleichentags beim österreichischen Aussenministerium eingeführt wurde.[51] Auch Hoop zeigte sich skeptisch gegenüber der Übernahme der Vertretung in Wien durch die Schweiz. Der seit Juni 1922 im Amt befindliche Regierungschef Prof. Gustav Schädler von der Christlich-sozialen Volkspartei ersuchte Emil Beck in Bern um Aufklärung, auf welche Weise die Auflösung der Wiener Gesandtschaft schon mehrfach vereitelt worden sei. Beck führte aus, dass er infolge sich widersprechender Weisungen immer wieder genötigt gewesen sei, seine bei den schweizerischen Behörden eingeleiteten Schritte entweder rückgängig zu machen oder die weitere Behandlung der Angelegenheit zu verzögern.[52] Hoop hatte inzwischen eigenmächtig beim österreichischen Aussenministerium angefragt, wie sich Österreich zur Auflösung der Wiener Gesandtschaft verhalten würde und dabei den Eindruck gewonnen, dass die Aufhebung keinen günstigen Eindruck auf Österreich erwecken würde. Die Situation wurde schliesslich durch eine Anfrage des Prinzen Franz von Liechtenstein beim österreichischen Aussenminister Alfred Grünberger geklärt, welcher zusicherte, dass von seiner Seite keine Einwände bestünden. Die liechtensteinische Regierung informierte daher am 22. Februar 1923 den österreichischen Aussenminister, dass die Wiener Gesandtschaft am 1. März 1923 aufgelöst werde. Der schweizerische Botschafter Charles Bourcart orientierte das österreichische Aussenministerium am 28. Februar 1923 über die Übernahme der Interessenvertretung Liechtensteins durch die Schweiz.[53] In der Landtagssitzung vom 11. Juni 1923 kam die Gesandtschaftsaufhebung nochmals zur Sprache, wobei Regierungschef Schädler die Auflösung damit begründete, dass der Zweck der Gesandtschaft, die Souveränität des Fürsten und des Landes zu betonen, inzwischen erreicht sei (Dok. 204).[54]

Beziehungen zur Schweiz

Obwohl sich Liechtenstein vor dem Ersten Weltkrieg eng an Österreich anlehnte, war es doch souverän und damit durchaus frei, völkerrechtliche Verträge mit anderen Staaten abzuschliessen. Das Fürstentum machte davon insbesondere der Schweiz gegenüber Gebrauch. So wurde am 6. Juli 1874 ein Niederlassungsvertrag[55] unterzeichnet,

---

48 Sulzbacher, Gesandtschaftstätigkeit, S. 30-31.
49 LI LA SF 01/1921/ad 101; online: www.e-archiv.li/D45169; aufgerufen am 16.03.2015.
50 Quaderer-Vogt, Bewegte Zeiten, Bd. 1, S. 583.
51 Quaderer-Vogt, Bewegte Zeiten, Bd. 1, S. 587-590.
52 Quaderer-Vogt, Bewegte Zeiten, Bd. 1, S. 593.
53 Quaderer-Vogt, Bewegte Zeiten, Bd. 1, S. 595.
54 Quaderer Vogt, Bewegte Zeiten, Bd. 1, S. 597-598.
55 LGBl. 1875 Nr. 1.

worin die Schweiz liechtensteinischen Staatsangehörigen das Recht zur Niederlassung, zum Erwerb von Eigentum und zur Ausübung eines Berufes in gleicher Weise wie den schweizerischen Bürgern einräumte. Liechtenstein sicherte Gegenseitigkeit zu. Am 14. August 1886 wurde ein Abkommen[56] getroffen über die Berufsausübung der Ärzte in den Nachbardörfern beidseits des Rheins. Am 7. August 1896 trat Liechtenstein dem österreichisch-schweizerischen Abkommen vom 20. März über Massnahmen im Grenzverkehr im Falle einer Choleraepidemie bei.

Keinen Erfolg hatte der schweizerisch-liechtensteinische Plan 1903-1907, eine Eisenbahnlinie von Schaan durch das liechtensteinische Oberland ins schweizerische Landquart zu bauen (vgl. Dok. 13). Die Interessen der SBB waren zu stark und lösten in Bern Alarm aus. So liess die Gesellschaft der Rhätischen Bahnen dieses Projekt wieder fallen.[57]

Liechtenstein löste sich nach Kriegsende langsam von Österreich und knüpfte mehr und mehr Beziehungen zur Schweiz an: Zeitlich parallel zur Errichtung einer Gesandtschaft in Wien liefen im Jahre 1919 die liechtensteinischen Bemühungen um den Aufbau einer diplomatischen Vertretung in Bern. Nach Auffassung der «Oberrheinischen Nachrichten» sollte die Gesandtschaft in Bern unverzüglich errichtet werden, da Bern der Brennpunkt der internationalen Politik sei und dort – im Gegensatz zum Wiener Posten – die Anliegen des Landes und des Volkes unmittelbar berührt würden (vgl. Dok. 76). Dagegen hatte sich Landesverweser Leopold von Imhof im Februar 1918 noch gegen eine dauernde diplomatische Vertretung durch die Schweiz ausgesprochen (Dok. 78).

Am 31. Mai 1919 fragte der liechtensteinische Landesverweser Prinz Karl von Liechtenstein bei Bundesrat Felix Calonder, dem Vorsteher des Eidgenössischen Politischen Departementes, an, ob die Errichtung einer Gesandtschaft in Bern dem Bundesrat genehm sei und ob gegen die vorgeschlagene Person, Dr. Emil Beck, etwaige Bedenken bestünden.[58] Beck, der auch Schweizer Bürger war, hatte in Zürich, Paris und Bern Rechtswissenschaften studiert, 1916 promoviert und 1918 habilitiert.[59] Auf Antrag des Politischen Departementes beschloss der Schweizer Bundesrat am 10. Juni 1919, Emil Beck als diplomatischen Vertreter Liechtensteins zuzulassen, allerdings unter dem Vorbehalt, dass Beck keinerlei Ansprüche auf die Vorrechte der Exterritorialität habe (vgl. Dok. 118). Durch die Akkreditierung eines blossen Geschäftsträgers in Bern sah die Schweiz keine Zurücksetzung gegenüber Wien, wo ein liechtensteinischer Gesandter akkreditiert war.[60] Gegenüber der Gesandtschaft in Bern sah sich Prinz Eduard in der Rolle des älteren und erfahrenen Amtsinhabers und trat immer wieder schulmeisterlich gegenüber Emil Beck auf. Er erteilte Beck Anweisungen, wie Briefe im diplomatischen Verkehr zu verfassen seien und ermahnte ihn, auf die gesellschaftlichen und repräsentativen Pflichten grösseres Gewicht zu legen (Dok. 169).[61]

Landesverweser Prinz Karl von Liechtenstein hatte bereits am 22. April 1919 in einer Besprechung mit Bundesrat Felix Calonder die Frage der diplomatischen Vertretung Liechtensteins durch die Schweiz aufgeworfen. Der Bundesrat hatte damals entschieden, diesem Ansinnen prinzipiell nachzukommen. Er wollte jedoch zuwarten, bis die Bedin-

---

56   LGBl. 1886 Nr. 1.
57   Raton, Liechtenstein, S., 53-54; Schild, Liechtenstein wurde am Perron stehen gelassen, S. 93-106.
58   Quaderer-Vogt, Bewegte Zeiten, Bd. 1, S. 498 u. S. 500.
59   Sulzbacher, Gesandtschaftstätigkeit, S. 33.
60   LI LA SF 01/1919/ad 57; online: www.e-archiv.li/D45665; aufgerufen am 16.03.2015.
61   Quaderer-Vogt, Bewegte Zeiten, S. 499 u. S. 501-503.

gungen des Friedensvertrages mit Österreich bekannt seien, um zu erfahren, ob bzw. inwieweit die Souveränität und Neutralität Liechtensteins anerkannt werde.[62] Die Unterzeichnung des Staatsvertrages von St.-Germain-en-Laye zwischen den alliierten und assoziierten Mächten und Österreich am 10. September 1919 hatte diese Klärung gebracht, da dieser die bestehende Grenze zwischen Liechtenstein und Österreich und somit indirekt die liechtensteinische Unabhängigkeit anerkannte.[63] Prinz Eduard von Liechtenstein griff daher im Oktober 1919 die Frage der diplomatischen Vertretung durch die Schweiz gegenüber dem schweizerischen Gesandten in Wien, Charles Bourcart, wieder auf. Am 21. Oktober 1919 fragte Emil Beck im Auftrag der liechtensteinischen Regierung beim Eidgenössischen Politischen Departement an, ob die Schweiz bereit wäre, die liechtensteinischen Interessen in jenen Ländern zu vertreten, in denen das Fürstentum keine eigene Vertretung habe. Das Politische Departement reagierte rasch und erklärte schon am 24. Oktober 1919, dass es gerne diese Aufgabe übernehme. Es gelangte nun an diejenigen Staaten, mit denen die Schweiz diplomatische Beziehungen unterhielt (vgl. Dok. 134). Bis im Juli 1920 trafen auf die Mitteilung von der Übernahme der Interessenvertretung Liechtensteins durch die Schweiz zustimmende Antworten von 29 Staaten, darunter auch von Deutschland und Frankreich ein; 7 Staaten gaben keine Rückmeldungen.[64] Als letzte Vorkehrungen wurden mit der Schweiz verwaltungstechnische Fragen besprochen (Dok. 144).[65]

Mit dem Abschluss des Zollanschlussvertrages mit der Schweiz im Jahr 1923 wurde nach der innenpolitischen Festigung durch die Verfassung von 1921 die aussenpolitische und wirtschaftliche Konsolidierung erreicht. Zu ersten Annäherungsversuchen in Sachen Zollvertrag kam es am 22. April 1919, als Landesverweser Prinz Karl von Liechtenstein bei Bundesrat Felix Calonder vorsprach und zu erfahren versuchte, ob die Schweiz bereit wäre, mit Liechtenstein ähnliche Abmachungen zu schliessen, wie sie für das Fürstentum mit Österreich bestanden hatten. Für Charles Lardy von der Abteilung für Auswärtiges im Eidgenössischen Politischen Departement war klar, dass die Schweiz erst über einen Wirtschaftsanschluss Liechtensteins entscheiden könne, wenn geklärt sei, ob Vorarlberg der Schweiz beitreten werde oder nicht. Zudem wünschte Fürst Johann II. im Mai 1919, dass beim Abschluss von Verträgen mit der Schweiz auf die liechtensteinischen Beziehungen zu Österreich Rücksicht genommen werde (Dok. 110).

Der Schweizer Bundesrat beschloss am 10. Juni 1919, die zuständigen Departemente mit der Prüfung der Zollvertragsfrage zu beauftragen. In der schweizerischen Verwaltung bestand zunächst einige Skepsis gegenüber einem wirtschaftlichen Anschluss Liechtensteins, zum Teil war eine ablehnende Haltung festzustellen. Im Gefolge des Staatsvertrages von St. Germain-en-Laye vom 10. September 1919, welcher von einer Abtrennung Vorarlbergs von Österreich Abstand nahm, sprach Emil Beck beim Eidgenössischen Politischen Departement vor und regte den Beginn von Verhandlungen über den Zollanschluss Liechtensteins an. Das Politische Departement war inzwischen zur Ansicht gelangt, dass es für die Schweiz von grosser Bedeutung sei, zum Beispiel wegen der Spielbankfrage, unverzüglich einen gewissen Einfluss auf das Fürstentum zu erhalten. Am 17. Oktober 1919 beschloss der Bundesrat, Liechtenstein die Bildung einer gemischten Kommission vorzuschlagen, welche prüfen sollte, welche Sonderregelung mit

---

62 Quaderer-Vogt, Bewegte Zeiten, Bd. 1, S. 505.
63 Öst. StGBl. 1920 Nr. 303 (Art. 27 Ziff. 1).
64 Vgl. LI LA RE 1920/3241 ad 0141; online: www.e-archiv.li/D45662; aufgerufen am 16.03.2015.
65 Quaderer-Vogt, Bewegte Zeiten, Bd. 1, S. 506-507.

dem Fürstentum in den Beziehungen zur Schweiz gefunden werden könnte.[66] Liechtenstein erklärte sich mit diesem Vorschlag einverstanden. Es kam jedoch zu einigen, durch das Fürstentum verursachten Verzögerungen, welche durch die gleichzeitig laufenden Verhandlungen Liechtensteins mit Österreich in Post- und Handelsangelegenheiten bedingt waren. Man wollte in Liechtenstein zunächst die Ergebnisse der Wiederannäherung an Österreich abwarten. Ein weiterer Faktor war der Wunsch des liechtensteinischen Gesandten in Wien, Prinz Eduard von Liechtenstein, an den Verhandlungen in Bern teilzunehmen. Nach dessen Ansicht war lediglich ein mit Österreich vergleichbarer Warenaustauschvertrag anzustreben. Liechtenstein löste mit seinem zögerlichen Verhalten beim Eidgenössischen Politischen Departement einige Irritationen aus.[67]

Nachdem sich die liechtensteinischen Landtagsabgeordneten in der Sitzung vom 17. Januar 1920 einstimmig für einen Wirtschaftsanschluss an die Schweiz ausgesprochen hatten (vgl. Dok. 135), fand am 23. Januar die erste offizielle Kontaktaufnahme zwischen den liechtensteinischen und schweizerischen Unterhändlern statt. Sinn dieses ersten Gespräches war es aus schweizerischer Sicht, sich über die liechtensteinischen Wünsche zu orientieren. Nach Auffassung des Zollkreises Chur bestand die Hauptschwierigkeit in der neuen Zollgrenze, welche einen Personalbestand von 100 bis 150 Mann erfordere. Es zeigte sich, dass eine Reihe von offenen Fragen vor einem eventuellen Zollvertrag geklärt werden musste; so etwa hinsichtlich des österreichischen Eisenbahnbetriebes durch Liechtenstein, der Ausdehnung der eidgenössischen Fremdenpolizeikontrolle auf Liechtenstein, der Übernahme der dritten Gerichtsinstanz durch die Schweiz, der Anwendung der indirekten Steuern der Schweiz (z.B. Alkoholsteuer), der Übernahme weiterer schweizerischer Gesetze (z.B. Patentgesetz, Gesetz über das geistige Eigentum) oder der Anwendung bzw. Nichtanwendung der schweizerischen Kriegsvorschriften in Liechtenstein. Wegen der Differenzen in den Auffassungen sollte der Abschluss eines Zollvertrages noch geraume Zeit in Anspruch nehmen. Am 30. Januar 1920 referierten Wilhelm Beck und Prinz Eduard von Liechtenstein im Landtag über die Verhandlungen in Bern, der schliesslich die Regierung beauftragte, bei der schweizerischen Regierung den Antrag auf den Zollanschluss Liechtensteins zu stellen. Am 16. Februar 1920 richtete Landesverweser Prinz Karl von Liechtenstein an den Schweizer Bundesrat das offizielle Ersuchen um Einleitung von Verhandlungen und begründete diesen Schritt mit den seit unvordenklichen Zeiten bestehenden freundnachbarlichen Verhältnissen zur Schweiz (Dok. 140). Der Bundesrat erklärte sich am 26. März 1920 grundsätzlich bereit, die gegenseitigen Beziehungen vertraglich zu regeln, und beauftragte das Finanz- und Zolldepartement, eine Kommission nach Liechtenstein abzuordnen, welche die Personalerfordernisse und Lokalbedürfnisse anhand der örtlichen Verhältnisse erheben sollte. Diese Grenzbegehung, welche vom 23. bis zum 29. Mai 1920 stattfand, änderte die anfänglich skeptische Haltung der Kommission wegen der Verlegung der Zollgrenze vom Rhein nach Osten.[68]

Auf schweizerischer Seite war die Angelegenheit nach anfänglicher Zurückhaltung wegen der Vorarlbergfrage in Fluss gekommen. Der Bundesrat beauftragte das Finanz- und Zolldepartement, alle mit dem Abschluss eines Zollanschlussvertrages zusammenhängenden Fragen zu prüfen, und lud die verschiedenen Departemente dazu ein, ihre Wünsche vorzubringen. Die Oberzolldirektion arbeitete hierauf einen ersten Vertragsent-

---

66 Vgl. LI LA V 002/0299; online: www.e-archiv.li/D45682; aufgerufen am 16.03.2015.
67 Quaderer-Vogt, Bewegte Zeiten, Bd. 3, S. 100-110.
68 Quaderer-Vogt, Bewegte Zeiten, Bd. 3, S. 110-115.

wurf aus. Im Juli 1920 zeigte sich, dass die weiteren Zollvertragsverhandlungen wegen der nötigen Abklärungen in den eidgenössischen Verwaltungsabteilungen frühestens in zwei bis drei Monaten beginnen konnten. Thematisiert wurden die Ausdehnung des Branntweinmonopols auf Liechtenstein sowie die Höhe der Zolleinnahmen, die nach Vorstellung von Emil Beck die Grundlage des liechtensteinischen Finanzhaushaltes bilden sollten. Von massgeblicher Bedeutung war die Stellungnahme des Eidgenössischen Volkswirtschaftsdepartements (EVWD), welches Einwände wegen der Ein- und Ausfuhr von Lebensmitteln und Rohstoffen sowie wegen der Vorschriften über die Viehseuchenpolizei erhob. Das Eidgenössische Justiz- und Polizeidepartement (EJPD) wiederum sah Schwierigkeiten bei der Anwendung der bestehenden schweizerischen Staatsverträge auf Liechtenstein. Heinrich Häberlin, der Vorsteher des EJPD, kritisierte im November 1920, dass sich Liechtenstein bei einem Zollvertragsabschluss in einem sehr beträchtlichen Umfang der schweizerischen Gesetzgebung und den Amtshandlungen schweizerischer Behörden zu unterziehen hätte, was einem teilweisen Verzicht auf seine Souveränität gleichkomme.[69]

Die Oberzolldirektion unterbreitete im April 1921 ihren Zollvertragsentwurf dem Bundesrat zur Beschlussfassung, wobei das EPD feststellte, dass der Schweiz aus dem Vertrag weder ein politischer noch wirtschaftlicher Schaden oder finanzieller Nachteil erwachsen werde. Liechtenstein erfülle die Voraussetzungen für einen Zollanschluss. Zusätzliche Stellungnahmen des EVWD, geleitet von Edmund Schulthess, und des EJPD wirkten aber weiterhin verzögernd auf die Entscheidung des Bundesrates. Insgesamt stellte das EVWD im vorgesehenen Vertrag ernsthafte Mängel fest.[70] Auf die liechtensteinische Regierung, die sich inzwischen ganz nach der Schweiz orientiert hatte, wirkten die Verzögerungen ernüchternd. Sie drängte auf einen möglichst baldigen Abschluss des Vertrages, da dringend neue Einnahmen benötigt wurden. Dabei wurde sie von Prinz Franz von Liechtenstein unterstützt, der im Juli 1921 bei Bundesrat Giuseppe Motta und Minister Dinichert vorsprach. Im September 1921 erstellte Prof. Julius Landmann für den Schweizer Bundesrat ein Gutachten über den Zollanschluss Liechtensteins. Er vertrat die Auffassung, dass Liechtenstein sehnsüchtig auf den Vertragsabschluss warte und der liechtensteinische Landtag daher in alle Beschränkungen der Gesetzgebungsfreiheit einwilligen werde. Nach Landmann waren weitere schweizerische Rechtsmaterien in Liechtenstein zu beachten, nämlich die Patent-, Steuer- und Arbeiterschutzgesetzgebung. Auch sollte eine Bestimmung über das Verbot von Spielbanken in den Vertrag aufgenommen werden. Trotz intensiver Bemühungen von Regierungschef Josef Ospelt kam es 1921 zu keiner Entscheidung der Schweiz, worin dieser eine gewisse Unfreundlichkeit von Bern erblickte (Dok. 186).[71]

Am 18. Januar 1922 erklärte sich der Schweizer Bundesrat grundsätzlich bereit, mit dem Fürstentum über dessen Einbeziehung in das schweizerische Zollgebiet zu verhandeln, und am 3. Februar 1922 wurde der Zollvertragsentwurf endlich der liechtensteinischen Regierung zur Gegenäusserung zugesandt.[72] Besonders wichtig war für Liechtenstein, dass durch den Vertragsentwurf die freie Viehausfuhr in die Schweiz gewährleistet war. Aus der Sicht der liechtensteinischen Regierung war durch den Vertrag eine Einschränkung der Souveränität nicht gegeben, weil dieser für beide Teile ein Kündigungs-

---

69 Quaderer-Vogt, Bewegte Zeiten, Bd. 3, S. 115-118.
70 Quaderer Vogt, Bewegte Zeiten, Bd. 3, S. 119-120.
71 Quaderer-Vogt, Bewegte Zeiten, Bd. 3, S. 122-125.
72 Vgl. LI LA SF 27/1922/0569 ad 30; online: www.e-archiv.li/D45702; aufgerufen am 16.03.2015.

recht vorsah. Eine conditio sine qua non war aus schweizerischer Sicht das Spielbankenverbot während der Vertragsdauer. Die Beratungen im Fürstentum verzögerten sich durch die Landtagswahlen im Februar 1922, die einen Sieg der Christlich-sozialen Volkspartei brachte, während die Bürgerpartei nur noch mit vier Abgeordneten im 15köpfigen Landtag vertreten war. Der liechtensteinische Landtag befasste sich am 2. März und am 8. Juli 1922 mit der Zollvertragsfrage. Prinz Franz von Liechtenstein empfahl dem Landtag den Zollanschluss an ein Land mit guter Valuta. Der Landtag beschloss einstimmig, in einer Note an das EPD die Anregungen und Änderungswünsche Liechtensteins zum Vertragsentwurf mitzuteilen. Diesem Auftrag kam Gesandtschaftsträger Emil Beck am 19. Juli 1922 nach (Dok. 193). Von den Anregungen wurden diejenigen, welche die Sömmerung des Unterländer Viehs auf Vorarlberger Alpen, die freie Arbeitereinreise in die Schweiz und die Höhe der jährlichen Zollpauschale betrafen, als die wichtigsten bezeichnet. Am 18. Januar 1923 teilte das EPD mit, dass der Bundesrat die von der liechtensteinischen Regierung vorgebrachten Wünsche nach Möglichkeit, das heisst nicht in allen Punkten, berücksichtigt habe, und am 26. Januar genehmigte der Bundesrat den definitiven Vertragsentwurf (vgl. Dok. 197). Bundesrat Edmund Schulthess stimmte dagegen, da er es für ausgeschlossen hielt, dass Liechtenstein im Stande sei, die anwendbare schweizerische Gesetzgebung ausreichend durchzuführen. Bei der Festlegung der jährlichen Pauschalsumme von 150'000 Franken erreichte Liechtenstein kein Entgegenkommen. Als zweite und dritte Gerichtsinstanz in Zollvertragsmaterien wurde das Kantonsgericht St. Gallen sowie der Kassationshof des schweizerischen Bundesgerichts bestimmt. Das Begnadigungsrecht stand ausschliesslich eidgenössischen Behörden zu. Die Unterzeichnung des Vertrages erfolgte schliesslich am 29. März 1923 in Bern durch Emil Beck und Giuseppe Motta.[73] Am 26. Mai 1923 stimmte der liechtensteinische Landtag dem Zollanschlussvertrag einstimmig zu (vgl. Dok. 202 u. 203) und am 10. Juli 1923 erteilte Fürst Johann II. seine Zustimmung.[74] Während der Schweizer Bundesrat am 1. Juni 1923 eine Botschaft an die Bundesversammlung richtete, in welcher die Annahme des Vertrages empfohlen wurde,[75] verursachte im August eine Broschüre eines Werdenberger Initiativkomitees gegen den Zollanschluss bei den liechtensteinischen Behörden einige Aufregung (Dok. 206; vgl. Dok. 207).[76] Im Gegenzug wurde auf Betreiben der liechtensteinischen Regierung ein schweizerisches Komitee unter der Leitung von Josef Schöbi und Karl Weder gegründet, welches im Oktober 1923 eine von Emil Beck verfasste Broschüre für den Zollanschluss lancierte.[77]

Die Ratifikation des Zollvertrages in den eidgenössischen Räten erfolgte im Oktober und Dezember 1923. In der Sitzung des Ständerates vom 4. Oktober 1923 begründete Berichterstatter Heinrich Beat Bolli die Notwendigkeit eines Vertragsabschlusses mit der wirtschaftlichen Schwäche Liechtensteins und wies die Einwände des Werdenberger Initiativkomitees zurück. Der Ständerat beschloss mehrheitlich Eintreten und Genehmigung der Vorlage in globo, wobei die gegnerischen Stimmen von den Vertretern der Kantone Graubünden, Schwyz, Glarus, Thurgau, Appenzell/Ausserrhoden und St. Gallen

---

73   Quaderer-Vogt, Bewegte Zeiten, Bd. 3, S. 125-138.
74   Quaderer-Vogt, Bewegte Zeiten, Bd. 3, S. 139.
75   BBl. 1923, Bd. 2, S. 374-392, Nr. 1748; online: www.e-archiv.li/D46424; aufgerufen am 16.03.2015.
76   Quaderer-Vogt, Bewegte Zeiten, Bd. 3, S. 145-146.
77   Quaderer-Vogt, Bewegte Zeiten, Bd. 3, S. 146-149; LiLB FL X 3299 KGS; online: www.e-archiv.li/D46507; aufgerufen am 16.03.2015.

stammten. Kurz darauf stattete die nationalrätliche Zolltarifkommission Liechtenstein einen Besuch ab, der offenbar einen guten Eindruck hinterliess. Am 21. Dezember 1923 erstatteten Theodor Odinga und Henri Calame dem schweizerischen Nationalrat namens der Zolltarifkommission Bericht.[78] In der allgemeinen Beratung rechtfertigte Johann Jakob Gabathuler aus Wartau die Opposition Werdenbergs.[79] Giuseppe Motta wiederum stellte den Vertrag als brüderliche Hilfe der Schweiz an einen Kleinstaat dar. Der Nationalrat genehmigte den Vertrag schliesslich in globo ohne Gegenstimmen. Der Zollanschlussvertrag konnte somit am 1. Januar 1924 in Kraft treten.[80]

Kernsatz des Zollanschlussvertrages ist Art. 1 Abs. 1, wonach das Fürstentum Liechtenstein einen Bestandteil des schweizerischen Zollgebietes bildet. Art. 4 des Vertrages erklärt die gesamte schweizerische Zollgesetzgebung und die übrige Gesetzgebung, soweit der Zollanschluss ihre Anwendung bedingt, als im Fürstentum anwendbar.[81] Dem Vertrag, der am 28. Dezember 1923 im Liechtensteinischen Landesgesetzblatt publiziert wurde,[82] war ein Schlussprotokoll angefügt, welches ein Spielbankenverbot sowie Bestimmungen über die Viehsömmerung in Vorarlberg und die Erhebung von Stempelabgaben enthielt. Der Vertrag enthielt ferner zwei Anlagen. In der Anlage I waren insgesamt 126 Rechtsvorschriften des Bundes verzeichnet, die im Rahmen des Zollvertrages in Liechtenstein anzuwenden waren. Dabei kommt Liechtenstein die gleiche Rechtsstellung wie den schweizerischen Kantonen zu. Im materiellen Bereich bewirkte der Zollanschlussvertrag die Beseitigung der äusseren Handels- und Zollschranken zwischen den beiden Vertragsstaaten. Die Anlage II enthielt ein Verzeichnis der in Liechtenstein anwendbaren schweizerischen Handels- und Zollverträge.[83] Eine liechtensteinische Mitwirkung ist bei der Verabschiedung neuer anwendbarer Rechtsvorschriften bzw. beim Abschluss von schweizerischen Handels- und Zollverträgen mit Drittstaaten nicht vorgesehen, lediglich beim Abschluss derartiger Verträge mit Österreich ist die liechtensteinische Regierung anzuhören.[84]

Das erforderliche liechtensteinische Einführungsgesetz zum Zollvertrag verabschiedete der Landtag am 11. Januar 1924. Nach der Billigung des Gesetzes durch den Schweizer Bundesrat (!) am 11. März 1924, welcher einige ergänzende Vorbehalte anbrachte, wurde es am 9. Juli im Liechtensteinischen Landesgesetzblatt kundgemacht.[85]

Im Einführungsgesetz zum Zollvertrag war auch die Umsetzung der eidgenössischen Fabrikgesetzgebung in Liechtenstein geregelt. Als das für Liechtenstein zuständige Fabrikinspektorat wurde jenes von St. Gallen bestimmt (vgl. Dok. 211). Dieses Inspektorat war befugt, mit der liechtensteinischen Regierung wie mit einer Kantonsregierung zu verkehren. Sämtliche dem eidgenössischen Fabrikgesetz unterstellten Betriebe hatten eine Fabrikordnung zu erlassen und einen «Stundenplan» zur Arbeitszeit zu erstellen, welche der liechtensteinischen Regierung vorzulegen waren (vgl. Dok. 218).[86]

---

78 Protokolle der Bundesversammlung, 19. Sitzung des Nationalrats vom 21.12.1923. S. 941-948.; online: www.e-archiv.li/D46420; aufgerufen am 17.03.2015.
79 Protokolle der Bundesversammlung, 19. Sitzung des Nationalrats vom 21.12.1923. S. 957-968; online: www.e-archiv.li/D46419; aufgerufen am 16.03.2015.
80 Quaderer-Vogt, Bewegte Zeiten, Bd. 3, S. 149-154.
81 Vgl. Batliner, Die völkerrechtlichen und politischen Beziehungen, S. 30-31 u. S. 34.
82 LGBl. 1923 Nr. 24.
83 Quaderer-Vogt, Bewegte Zeiten, Bd. 3, S. 154-155. Die gesetzgeberische Tätigkeit der Schweiz erforderte 1934 eine Neufassung der Anlagen I und II zum Zollvertrag, LGBl. 1934 Nr. 11.
84 Batliner, Die völkerrechtlichen und politischen Beziehungen, S. 31-32.
85 Quaderer-Vogt, Bewegte Zeiten, Bd. 3, S. 158-160; LGBl. 1924 Nr. 11.
86 Quaderer-Vogt, Bewegte Zeiten, Bd. 3, S. 161-162.

Mit dem Zollanschlussvertrag in engem Zusammenhang stand die schweizerisch-liechtensteinische Vereinbarung über die Regelung der fremdenpolizeilichen Beziehungen, die am 28. Dezember 1923 abgeschlossen werden konnte.[87] Die freie Einreise liechtensteinischer Arbeiter in die Schweiz war seit Beginn der Zollvertragsverhandlungen ein zentrales Anliegen Liechtensteins gewesen. Die Arbeiter genossen nun Freizügigkeit in der gesamten Schweiz mit Ausnahme des bewilligungspflichtigen kleinen Grenzverkehrs.[88]

Schon vor dem Inkrafttreten des neuen österreichisch-liechtensteinischen Postvertrages vom März 1920 hatte die liechtensteinische Regierung am 2. Februar dem schweizerischen Bundesrat Vorschläge unterbreitet, um den Betrieb des Postwesens im Fürstentum der schweizerischen Postverwaltung zu übertragen. Im Mai des Jahres legte die PTT-Generaldirektion in Bern einen Vertragsentwurf vor, der dem österreichischen Postabkommen von 1910 entsprach, was deren Zurückweisung seitens Liechtensteins zur Folge hatte. Der liechtensteinische Landtagspräsident Fritz Walser erklärte deutlich die Wünsche Liechtensteins: eine autonome Postverwaltung, keine Beschränkung der Briefmarken auf kleine Werte, keine Verwendung von schweizerischen Briefmarken in Liechtenstein, keine Zahlung von jährlichen Pauschalbeträgen durch die Schweiz, Verkauf von Briefmarken an Sammler durch ein eigenes, im Land gelegenes Verkaufsbüro. Liechtenstein wollte seine Briefmarken handelsmässig auswerten und Einnahmen für die Staatskasse erzielen. Die Hartnäckigkeit Liechtensteins wurde belohnt (vgl. Dok. 154). Die Unterzeichnung des Postvertrages erfolgte schliesslich am 10. November 1920 (Dok. 163).[89] Nach der Genehmigung durch den schweizerischen Ständerat am 10. Dezember bzw. den schweizerischen Nationalrat am 17. Dezember 1920 wurden die Ratifikationsurkunden am 31. Januar 1921 in Bern ausgetauscht. Am folgenden Tag trat das Abkommen[90] in Kraft.[91]

Beziehungen zu Deutschland
1866, als es um Krieg oder Frieden im Deutschen Bund ging, beeinflusste Liechtenstein durch seine Stimme in der 16. Kurie des Bundestages das Abstimmungsergebnis zugunsten Österreichs, das die Mobilmachung gegen Preussen beantragte. Die knappe Annahme dieses Antrages soll Bismarck dazu bewogen haben, Liechtenstein für den Kriegsausbruch verantwortlich zu machen (vgl. dagegen Dok. 2 u. 3).[92] Wenn dies auch eine gezielte Übertreibung war, so wird doch deutlich, dass Liechtenstein an einem zunehmend unter preussischen Einfluss geratenen Deutschland wenig gelegen war. Als Mitglied des Deutschen Bundes führte Liechtenstein eine, wenn auch vornehmlich auf den Kreis der deutschen Staaten begrenzte Aussenpolitik. Mit dem wirtschaftlichen Anschluss an Österreich begann der Ausbau eines Bilateralismus, welcher 1866 den Multilateralismus ganz ablöste.[93]

---

87 Nicht publiziert im LGBl. Vgl. BAR E 1004 1/289. Textwiedergabe nach der Edition DDS Bd. 8, Nr. 307, S. 822 f.; online: www.e-archiv.li/D46590; aufgerufen am 17.03.2015.
88 Quaderer-Vogt, Bewegte Zeiten, Bd. 3, S. 156-157.
89 Vgl. auch BBl. 1920, Bd. V., S. 145-149, Nr. 1331; online: www.e-archiv.li/D46423; aufgerufen am 17.03.2015.
90 LGBl. 1922 Nr. 8.
91 Raton, Liechtenstein, S. 86-88.
92 Raton, Liechtenstein, S. 49-51.
93 Geiger, Liechtensteinische Aussenpolitik, S. 75-77.

Die Kontakte zum deutschen Raum wurden weiter abgebaut, als sich Liechtenstein 1919 politisch und wirtschaftlich von den Mittelmächten löste und enge Beziehungen zur Schweiz anknüpfte. Es ist bezeichnend, dass neben den liechtensteinischen Gesandtschaften in Wien und Bern keine solche in Berlin eingerichtet wurde.[94] Immerhin erteilte Deutschland das Einverständnis zur provisorischen und inoffiziellen Übernahme der liechtensteinischen Interessenvertretung durch die fürstliche Gesandtschaft in Wien. Im Rahmen des Kompensationsverkehrs nach dem Ersten Weltkrieg spielte Deutschland eine gewisse Rolle für Liechtenstein (Dok. 120).[95]

Beziehungen zur Tschechoslowakei
Am 14. November 1918 erklärte der tschechoslowakische Ministerpräsident Karel Kramář in der ersten Sitzung der Nationalversammlung das Haus Habsburg für abgesetzt und proklamierte den tschechoslowakischen Staat als Republik.[96]

Liechtenstein bemühte sich nach Kriegsende mehr als fünf Jahre lang intensiv darum, in Prag entweder eine eigene Gesandtschaft zu errichten oder diplomatisch wenigstens durch die Schweiz vertreten zu werden. Diese Bemühungen wurden gemeinsam vom fürstlichen Haus und dem liechtensteinischen Staat getragen. Der souveräne Staat Liechtenstein sollte dabei als Plattform für die Abwehr der tschechoslowakischen Begehrlichkeiten auf das fürstliche Hausvermögen dienen.[97] Seit Oktober 1919 führte Prinz Eduard von Liechtenstein mit verschiedenen tschechoslowakischen Vertretern, darunter mit Aussenminister Eduard Beneš, Verhandlungen über die Errichtung einer diplomatischen Vertretung Liechtensteins in Prag (Dok. 125). In der Tschechoslowakei gab es jedoch starke Strömungen gegen dieses Ansinnen. Die liechtensteinischen Vertreter versuchten in der Folge die Unterstützung verschiedener Staaten zu erlangen. Die liechtensteinische Regierung erwog u.a., die Schweiz für die Vertretung Liechtensteins in der Tschechoslowakei zu gewinnen (vgl. Dok. 177 u. 205). Dieses Vorhaben stiess jedoch auf eine abwehrende Haltung der Prager Regierung, wobei Beneš festhielt, dass dies erst nach vollzogener Regelung der Bodenreform in Betracht gezogen werden könne (Dok. 180).

Im Juli 1921 unternahm Prinz Franz von Liechtenstein neuerliche diplomatische Vorstösse in Paris und Bern, erhielt aber lediglich allgemein gehaltene diplomatische Antworten. Ein im Dezember 1921 erstelltes liechtensteinisches Memorandum sah vor, den liechtensteinischen Geschäftsträger in Bern, Emil Beck, als Vertreter in Prag zu akkreditieren.[98] Prag verhielt sich jedoch ablehnend. Auch eine von der liechtensteinischen Regierung abgegebene Erklärung, wonach Liechtenstein bezüglich der Bodenreform auf eine Sonderbegünstigung verzichte, führte nicht zum Erfolg.

Nach weiteren Vorstössen teilte die Prager Regierung dem Eidgenössischen Politischen Departement im November 1925 mit, dass sie vorziehe, jede Intervention eines befreundeten Landes in rein internen Frage wie der Agrarreform zu vermeiden. Für das Politische Departement kamen deswegen weitere Schritte in der Sache nicht mehr in Betracht.

---

94 Amelunxen, Schwierige Vaterländer, S. 58-59.
95 Liechtenstein, Liechtensteins Weg, S. 106-110. Vgl. auch LI LA RE 1921/0224; online: www.e-archiv.li/D45693; aufgerufen am 17.03.2015.
96 Quaderer, Ein «Annex Österreichs», S. 114.
97 Quaderer-Vogt, Bewegte Zeiten, Bd. 1, S. 533.
98 LI LA V 002/0048; online: www.e-archiv.li/D45740; aufgerufen am 17.03.2015.

Sonstige bilaterale Beziehungen

Der liechtensteinische Gesandte in Wien, Prinz Eduard von Liechtenstein, trat bereits im Herbst 1919 energisch für eine eigene Vertretung Liechtensteins in Paris ein. Eine solche sollte die Anerkennung der liechtensteinischen Souveränität absichern und die Verhandlungen mit der Tschechoslowakei, Polen und Jugoslawien wegen der Lieferung von Mehl und Kohle erleichtern. Wesentlich war auch die Hoffnung, auf diesem Wege Einfluss auf die tschechoslowakische Regierung in den Angelegenheiten der fürstlichen Besitzungen nehmen zu können. Für eine Akkreditierung in Paris wurde dabei der liechtensteinische Geschäftsträger in Bern, Emil Beck, ins Auge gefasst. Auch Prinz Franz von Liechtenstein trat dafür ein, dass Liechtenstein in Paris eine eigene Vertretung haben sollte, wenigstens bis zur angestrebten Aufnahme Liechtensteins in den Völkerbund. In der Umsetzung dieses Vorhabens ergaben sich jedoch Schwierigkeiten, die vor allem durch die mangelhafte Koordination zwischen den verantwortlichen Akteuren in Vaduz, Bern und Wien bedingt waren. Massgeblich wurde der Umstand, dass Emil Beck aufgrund einer Besprechung mit Landesverweser Prinz Karl von Liechtenstein am 21. Oktober 1919 in einer offiziellen Note an den Schweizer Bundesrat um die grundsätzliche Übernahme der Interessenvertretung Liechtensteins in anderen Staaten ersuchte (vgl. Dok. 129).[99] Am 10. Januar 1920 liess der französische Aussenminister dem schweizerischen Gesandten in Paris mitteilen, dass er der Vertretung der Interessen Liechtensteins in Frankreich durch die Gesandtschaft und die Konsulate der Schweiz zustimme.[100]

Gleichzeitig wurde auch der Standpunkt vertreten, dass das Fürstentum auch in nähere Beziehungen zu Grossbritannien treten sollte, da dieses in Prag ebenfalls grossen Einfluss ausübe. Fürst Johann II. legte Wert darauf, dass gleichzeitig mit der Publizierung der Übernahme der Interessenvertretung Liechtensteins in Paris durch die Schweiz eine solche in London erfolge. Damit sollte auf die zwischen London und Paris bestehenden Rivalitäten Rücksicht genommen werden (Dok. 131).[101]

Die liechtensteinische Gesandtschaft in Wien griff ferner 1919/1920 die Frage der diplomatischen Vertretung beim Heiligen Stuhl auf. Nach Auffassung von Prinz Eduard sollte alsbald eine Vertretung des katholischen Landes und des katholischen Fürstenhauses beim Vatikan angestrebt werden (vgl. Dok. 155). Die Frage wurde vorerst nicht weiter verfolgt.[102]

1927 kam die Vertretung Liechtensteins beim Heiligen Stuhl nochmals offiziell zur Sprache. Die Anregung dazu wurde von Friedrich Geier aus München über Landtagspräsident Wilhelm Beck an die liechtensteinische Regierung herangetragen. Am 4. Mai 1927 beschloss die liechtensteinische Regierung einstimmig, die Errichtung einer diplomatischen Vertretung beim Vatikan gutzuheissen. Die Haltung des Fürsten zu diesem Vorstoss war vorerst ausweichend. Beck machte als Mitglied der Finanzkommission die Zustimmung zum Beitritt Liechtensteins zum Internationalen Gerichtshof in Den Haag von der Erledigung der Gesandtschaftsfrage abhängig. Prinz Franz von Liechtenstein liess jedoch Beck wissen, dass er gegen die Errichtung einer Gesandtschaft beim Heiligen Stuhl sei. Er begründete dies u.a. damit, dass eine eigene Vertretung beim Heiligen Stuhl von Prag als ostentative Parteinahme für den Papst gewertet werden könnte. An der ab-

---

99   Vgl. auch LI LA RE 1919/5402 ad 0589; online: www.e-archiv.li/D45711; aufgerufen am 17.03.2015.
100   Quaderer-Vogt, Bewegte Zeiten, Bd. 1, S. 509–515.
101   Quaderer-Vogt, Bewegte Zeiten, Bd. 1, S. 512–513.
102   Quaderer-Vogt, Bewegte Zeiten, Bd. 1, S. 541.

lehnenden Haltung von Prinz Franz konnte auch eine von Wilhelm Beck verfasste Denkschrift nichts ändern (Dok. 224).[103]

Internationale Organisationen
Nach Kriegsende war die Anerkennung der Souveränität und Neutralität ein zentrales Anliegen der aussenpolitischen Anstrengungen Liechtensteins. Ein wichtiges Instrument zur Erreichung dieses Zieles sah die liechtensteinische Regierung in der Teilnahme an der Pariser Friedenskonferenz, die seit Januar 1919 tagte. Ergebnis dieser Friedenskonferenz waren die Pariser Vorortverträge, die die Siegerstaaten mit den besiegten Mittelmächten abschlossen. Diese Verträge wurden durch die Satzung des Völkerbundes ergänzt. Ein wesentlicher Beweggrund für diese liechtensteinischen Bestrebungen, die vor allem vom Fürstenhaus ausgingen, war die bevorstehende Bodenreform in der Tschechoslowakei, die Liechtenstein nicht als neutralen und souveränen Staat anerkennen wollte. Um Zugang zur Friedenskonferenz zu erlangen, wandte sich die fürstliche Hofkanzlei unter der Regie des Prinzen Franz von Liechtenstein an das österreichische Aussenministerium und bat um Intervention bei der schweizerischen Regierung. Diese sollte beim Präsidenten der Friedenskonferenz, Georges Clemenceau, die Zulassung von Emil Beck als Vertreter Liechtensteins erreichen.

Die Finanzkommission des Landtages diskutierte am 28. Februar 1919 gemeinsam mit Vertretern der Fabriken und Emil Beck über die Fragen, die Liechtenstein bei der Friedenskonferenz vorbringen sollte. Das Resultat dieser Besprechung war eine 5-Punkte-Liste (Dok. 104), deren wichtigste Verhandlungsvorgabe die Sicherung der Neutralität Liechtensteins einschliesslich der Stellung des Fürstenhauses und dessen Exterritorialität in Österreich betraf. Damit verbunden war die Frage der Aufnahme in den Völkerbund und die Freiheit der Wahl des wirtschaftlichen Anschlusses des Fürstentums. Prinz Eduard von Liechtenstein, der die Liste durch eine «Information» zuhanden von Beck ergänzte, betonte, dass an der Friedenskonferenz unbedingt die Neutralität und die volle Souveränität Liechtensteins auch gegenüber der ehemaligen österreichisch-ungarischen Monarchie hervorgehoben werden sollten. Beck sollte darauf hinwirken, dass die Souveränität des Landes und des Landesfürsten ausdrücklich anerkannt werde, um wirkungsvoller gegen die bevorstehenden Vermögensabgaben und Güterenteignungen in der Tschechoslowakei vorgehen zu können. Die liechtensteinische Aktion fand bei den verantwortlichen Politikern im Ausland keine Unterstützung, zumal die im Februar 1919 eingereichte Anfrage wegen der Vertretung Liechtensteins an der Pariser Friedenskonferenz in Verstoss geraten war.

Dessen ungeachtet setzte sich Prinz Eduard von Liechtenstein weiter energisch für die Vertretung Liechtensteins an der Friedenskonferenz ein. Zur weiteren Beschleunigung der Angelegenheit wandte er sich an den französischen Botschafter in Wien, Henri Allizé.[104] Auch arbeitete er eine Stellungnahme zuhanden der deutschösterreichischen Friedensdelegation aus. Die Frage entwickelte sich aber nicht nach den liechtensteinischen Vorstellungen. Das französische Aussenministerium, welchem die Eingabe vom Februar 1919 vom schweizerischen Gesandten in Paris übermittelt worden war, lehnte im Mai die Behandlung der Angelegenheit formell ab und verlangte eine direkte Eingabe an die Friedenskonferenz.

---

103 Quaderer-Vogt, Bewegte Zeiten, Bd. 1, S. 541–547.
104 LI LA V 003/0042/01; online: www.e-archiv.li/D45746; aufgerufen am 17.03.2015.

In der Folge verfasste Prinz Eduard von Liechtenstein ein ausführliches, vom 20. Mai 1919 datiertes Memorandum der Regierung an die Pariser Friedenskonferenz, das insgesamt festhielt, dass Liechtenstein während des Ersten Weltkrieges seine Pflichten als neutraler Staat erfüllt und seine wirtschaftliche Selbständigkeit gegenüber österreichischen Ansprüchen durchgesetzt habe (Dok. 111).[105] Landesverweser Prinz Karl von Liechtenstein übermittelte das Memorandum an den Präsidenten der Friedenskonferenz in Paris, Clemenceau, mit der Bitte, dieses der Konferenz vorzulegen. Gleichzeitig wurde Clemenceau ersucht, der Friedenskonferenz die Wünsche Liechtensteins, nämlich als neutraler Staat zur Konferenz zugelassen und in den Völkerbund aufgenommen zu werden, zur Kenntnis zu bringen. Den liechtensteinischen Bemühungen, auf aussenpolitischem Gebiet als gleichwertig mit anderen Staaten behandelt zu werden, war kein direkter Erfolg beschieden. Ein indirekter Erfolg konnte aber doch noch verbucht werden, da im Staatsvertrag von St.-Germain-en-Laye, den Österreich und die Siegermächte am 10. September 1919 unterzeichneten, bei der Fixierung der österreichischen Westgrenze neben der Schweiz auch Liechtenstein aufgeführt wurde. Diese Bestätigung der liechtensteinischen Grenzen bedeutete implizit eine Anerkennung seiner Souveränität, wenn auch nicht seiner Neutralität.[106]

Liechtenstein sah nach dem gescheiterten Versuch, an der Pariser Friedenskonferenz teilzunehmen, in der Aufnahme in den Völkerbund einen Ausweg zur Sicherung der staatlichen und fürstlichen Interessen, zumal sich die Bodenreform in der Tschechoslowakei zur bedrohlichen Realität entwickelte. Am 28. August 1919 setzte sich deshalb der liechtensteinische Landtag einstimmig den Anschluss an den Völkerbund als aussenpolitisches Ziel.[107] Die Schweiz war dem Völkerbund im Gefolge der Volksabstimmung vom 16. Mai 1920 beigetreten, wobei in der Londoner Erklärung vom 13. Februar 1920 der Völkerbund die militärische Neutralität der Schweiz anerkannt, aber ihre Teilnahme an kollektiven wirtschaftlichen Sanktionen gegen Friedensbrecher verlangt hatte. Liechtenstein erachtete seine Anmeldung zum Völkerbund erst nach dem Beitritt der Schweiz als sinnvoll. Das vom 14. Juli 1920 datierte Aufnahmegesuch Liechtensteins wurde vom schweizerischen Botschafter in London, Charles R. Paravicini, dem Generalsekretär des Völkerbundes, Sir Eric Drummond, übermittelt (Dok. 156). Die liechtensteinische Regierung hielt in diesem Schreiben fest, dass sie im Ersten Weltkrieg neutral geblieben sei und dass Liechtenstein seit 1866 über kein Militärkontingent mehr verfüge.

Die 5. Kommission der Völkerbundversammlung, die die Aufnahmegesuche verschiedener Staaten zu prüfen hatte, hielt am 20. November 1920 ihr erste Sitzung ab. Mit den Gesuchen von Liechtenstein, Österreich und Bulgarien hatte sich die 2. Unterkommission unter dem Vorsitz von Lord Robert Cecil zu befassen. Die Schweiz war zwar in dieser Unterkommission nicht vertreten, hatte aber das Recht erhalten, ihren Standpunkt zu den Aufnahmegesuchen von Österreich und Liechtenstein in die Kommissionsdebatte einzubringen. Cecil richtete an den liechtensteinischen Vertreter Emil Beck vier Fragen, u.a. zur juristischen und faktischen Anerkennung der liechtensteinischen Regierung durch andere Staaten (vgl. Dok. 165).[108] Auf den 25. November 1920 lud die 2. Subkom-

---

105 Vgl. auch LI LA RE 1919/4654 ad 589; online: www.e-archiv.li/D45749; aufgerufen am 17.03.2015.
106 Quaderer-Vogt, Bewegte Zeiten, Bd. 1, S. 555-569.
107 LI LA LTA 1919/S04; online: www.e-archiv.li/D45721; aufgerufen am 17.03.2015.
108 LI LA V 002/0162/22-23; online: www.e-archiv.li/D45727; aufgerufen am 17.03.2015.

mission Beck zur Stellungnahme ein. In erster Linie wurde dabei von den Kommissionsmitgliedern die Frage nach der liechtensteinischen Souveränität aufgeworfen. Eine heiklere Angelegenheit war der wohl von tschechoslowakischer Seite herrührende Einwand der Abhängigkeit des Fürstentums von Österreich. Als Beleg für die angeblich österreichische Staatsbürgerschaft des Fürsten wurde dessen Mitgliedschaft im vormaligen Herrenhaus[109] des österreichischen Reichsrates angeführt. Cecil, der Beck am folgenden Tag zu einer Audienz empfing, bemerkte, dass die Schwierigkeiten für die Aufnahme Liechtensteins nicht aus der Frage der Souveränität, sondern aus der Kleinheit des Staates stammten. Liechtenstein werde wohl auf ein Stimmrecht im Völkerbund verzichten müssen. Wenn es aber im Gegenzug die Unverletzlichkeit seines Territoriums und die Lebensmittelzufuhr garantiert bekomme, so hätte es wohl erreicht, was es billigerweise verlangen könne.

Am 6. Dezember 1920 berichtete die 5. Kommission der Vollversammlung des Völkerbundes über ihre ablehnende Stellungnahme zum Aufnahmegesuch Liechtensteins.[110] Die Kommission begründete ihre Auffassung damit, dass Liechtenstein nicht in der Lage zu sein scheine, alle aus dem Völkerbund erwachsenden internationalen Verpflichtungen zu erfüllen. Es wurde aber ausdrücklich festgehalten, dass Liechtenstein vom juristischen Standpunkt aus ein souveräner Staat sei. Die 5. Kommission wünschte ferner die Einsetzung einer Spezialkommission durch den Völkerbund, die die Angliederung jener souveränen Staaten prüfen sollte, welche aufgrund ihrer Kleinheit nicht als ordentliche Mitglieder aufgenommen werden könnten.

Am 17. Dezember 1920 wurde das Aufnahmegesuch Liechtensteins in der Völkerbundversammlung von 28 Staaten abgelehnt; lediglich die Schweiz stimmte dafür. Der zweite Kommissionsvorschlag betreffend die Errichtung einer Spezialkommission wurde ohne Gegenstimme angenommen (vgl. Dok. 168). In Wien und Vaduz versuchte man, den Schaden gering zu halten. Die liechtensteinische Regierung und die fürstliche Kabinettskanzlei legten in ihren Stellungnahmen an die Öffentlichkeit grossen Wert darauf, dass vom Völkerbund die Souveränität Liechtensteins bestätigt worden war. Ab Oktober 1921 wurde vom Völkerbund die Frage der Aufnahme von Kleinstaaten nicht mehr weiterverfolgt. Auch der 1927 von Emil Beck propagierte Beitritt Liechtensteins zum Ständigen Internationalen Gerichtshof kam vorerst nicht zustande (Dok. 222). Dem Fürstentum blieb nach diesem aussenpolitischen Rückschlag nichts anderes übrig, als sich auf den Abschluss von bilateralen Abkommen mit den Nachbarstaaten Österreich und Schweiz zu konzentrieren.[111]

Erster Weltkrieg

Zu Kriegsbeginn blickte die liechtensteinische Bevölkerung voller Bewunderung auf Österreich und Deutschland und deren vermeintlich siegreichen Heere. Propagandistische Berichte der Mittelmächte sowie die pauschale Verunglimpfung feindlicher Nationen wurden in den liechtensteinischen Zeitungen kritik- und bedenkenlos übernommen.[112]

---

109 Zur Mitgliedschaft des regierenden Fürsten von Liechtenstein im österreichischen Herrenhaus auf der Grundlage der Februarverfassung von 1861 vgl. Županič, Das Haus Liechtenstein, S. 79-80.
110 LI LA V 003/0131; online: www.e-archiv.li/D45732; aufgerufen am 17.03.2015.
111 Quaderer-Vogt, Bewegte Zeiten, Bd. 3, S. 15-52; ders., Beneš vertrete «einen unserer Aufnahme feindlichen Standpunkt», S. 83-122.
112 Siehe z.B. L.Vo., Nr. 33, 15.8.1914, S. 2; online: www.e-archiv.li/D45560; aufgerufen am 17.03.2015; L.Vo., Nr. 34, 22.8.1914, S. 2; online: www.e-archiv.li/D45561; aufgerufen am 17.03.2015; L.Vo., Nr. 34, 22.8.1914, S. 2; online: www.e-archiv.li/D45575; aufgerufen am 17.03.2015.

Am 8. August 1914 rief ein prominent besetztes Komitee mit Landesverweser Leopold von Imhof an der Spitze die liechtensteinische Bevölkerung dazu auf, durch Spenden an die Österreichische Gesellschaft vom Roten Kreuz verwundeten Soldaten zu helfen.[113] Die Sammlung brachte die beträchtliche Summe von 8081 Kronen ein (Dok. 51). Während des Jahres 1914 wurden in Liechtenstein weitere Aktionen zugunsten der österreichischen Soldaten durchgeführt.[114] Zum Dank zeichnete das österreichische Rote Kreuz verschiedene Personen, darunter Landesverweser Imhof, mit Ehrenzeichen aus.[115]

Die Stimmung in Liechtenstein drückte sich auch in der aktiven Teilnahme von 14 liechtensteinischen Kriegsfreiwilligen an der Seite der Mittelmächte aus, zwei davon traten in den Dienst des Roten Kreuzes. Die fürstliche Hofkanzlei und Fürst Johann II. machten keinen Hehl daraus, dass sie die Kriegsteilnahme von Liechtensteinern in der österreichischen Armee begrüssten (Dok. 47, vgl. auch Dok. 231).[116]

Liechtenstein gab bei Kriegsausbruch keine offizielle Neutralitätserklärung ab. Es dauerte jedoch nicht lange, bis Einzelpersonen und die Regierung mit der Neutralitätsfrage konfrontiert wurden. Sowohl in Frankreich als auch in Russland und Grossbritannien wurden liechtensteinische Staatsangehörige interniert, verloren ihr Vermögen oder waren erschwerter Heimreise ausgesetzt, da Liechtenstein enge Beziehungen zum kriegführenden Österreich unterhielt. Die betroffenen Personen ersuchten die liechtensteinische Regierung immer wieder um Unterstützung, wobei diese bestätigen sollte, dass das Fürstentum ein neutraler Staat sei und sich nicht am Krieg beteilige.[117] Im September 1914 erging über die amerikanische Gesandtschaft, welche mit Kriegsbeginn die diplomatische Vertretung Österreichs und damit auch Liechtensteins übernommen hatte, eine Anfrage des britischen Foreign Office zur Stellung Liechtensteins im gegenwärtigen Krieg an die fürstliche Hofkanzlei in Wien.[118] Landesverweser Imhof und Hermann Hampe, der Chef der Hofkanzlei, kamen überein zu erklären, dass Liechtenstein im jetzigen Krieg selbstverständlich neutral bleiben werde, was sich schon aus den fehlenden Militäretats in den veröffentlichten Landesvoranschlägen ergebe (Dok. 49 u. 52). Am 17. September 1914 erging eine fürstliche Resolution mit dem Hinweis, dass weder humanitäre Gaben noch der Zollvertrag mit Österreich der Neutralität widersprechen würden. Die Resolution kam zum Schluss, dass eine offizielle Neutralitätserklärung Liechtensteins sehr sonderbar wäre und nur Aufsehen erregen würde. (Dok. 50). Die aussenpolitische Haltung des Fürsten führte auch zu einer Anfrage im britischen Unterhaus, die Sir Edward Grey am 17. November 1914 beantwortete (Dok. 54).

Seit Kriegsausbruch gab es immer wieder Beschwerden über die österreichischen Zensurmassnahmen des Kriegsüberwachungsamtes bei liechtensteinischen Postsendungen, die als neutralitätspolitisch bedenklich eingestuft wurden. Bereits am 7. Dezember 1914 stellte der Abgeordnete Johann Wohlwend im Landtag eine Anfrage wegen der Zensur von Briefen und Postsachen durch die österreichischen Behörden in Feldkirch (Dok. 56). Im Oktober 1917 beschwerte sich die liechtensteinische Regierung bei der Zensurstelle, dass selbst amtliche Zuschriften von österreichischen, deutschen und

---

113 L.Vo., Nr. 32, 8.8.1914, S. 1; online: www.e-archiv.li/D45564; aufgerufen am 17.03.2015.
114 L.Vo., Nr. 44, 31.10.1914, S. 1; online: www.e-archiv.li/D45570; aufgerufen am 17.03.2015; L.Vo. 21.11.1914, S. 3.; online: www.e-archiv.li/D46416; aufgerufen am 17.03.2015.
115 Quaderer-Vogt, Bewegte Zeiten, Bd. 1, S. 126-127.
116 Quaderer-Vogt, Bewegte Zeiten, Bd. 1, S. 127-136.
117 Vgl. etwa LI LA RE 1914/2794 ad 2131; online: www.e-archiv.li/D45556; aufgerufen am 17.03.2015.
118 LI LA V 003/0040/1; online: www.e-archiv.li/D45462; aufgerufen am 17.03.2015.

schweizerischen Behörden zurückgehalten und zensuriert würden.[119] Die Regierung verwahrte sich gegen diese Vorgänge, welche gegen die Rechte eines neutralen Staates verstossen würden.[120]

Auch im wirtschaftlichen Bereich waren die neutralitätspolitischen Probleme spürbar. Für die liechtensteinische Textilindustrie entstanden von 1915 an Schwierigkeiten in der Rohstoffversorgung und mit fortschreitender Kriegsdauer machten sich immer stärker die von Österreich ausgehenden Exportverbote bemerkbar. Infolge des Zollvertrages mit Österreich unterstand nämlich die Bewilligung für Lebensmittel- und Rohstoffexporte aus Liechtenstein dem k.u.k. Finanzministerium, welches seit Kriegsausbruch im Einvernehmen mit dem k.u.k. Kriegsministerium zu handeln hatte. In Liechtenstein war der Export von Lebensmitteln, Holz, Tierhäuten, Schafwolle und Tierfutter betroffen. Selbst über kleinste Exporte in die Schweiz wurde in Wien entschieden. Erst eine Intervention der liechtensteinischen Regierung hatte zur Folge, dass das k.u.k. Finanzministerium wenigstens für die Holzausfuhr in die Schweiz Erleichterungen verfügte.[121]

Da sich die Schweiz nur dank der Importe aus den kriegführenden Staaten oder aus Übersee mit den wichtigsten Lebensmitteln und Rohstoffen versorgen konnte, war sie in der Folge genötigt, entsprechende Kontrollvorschriften dieser Staaten zu akzeptieren. Die im Juni 1915 gegründete Société Suisse de Surveillance Économique (S.S.S.), welche den grössten Teil des Aussenhandels und den Kompensationsverkehr der Schweiz mit den Mittelmächten kontrollierte, hatte zunächst Liechtenstein als einen neutralen Staat anerkannt und damit weiterhin Lebensmittel- und Rohstofflieferungen aus der Eidgenossenschaft in das Fürstentum ermöglicht. Mit Schreiben vom 16. Februar 1916 informierte die französische Regierung jedoch den Schweizer Bundesrat darüber, dass sie diesen Standpunkt der S.S.S. nicht teile.[122] Sie vertrat die Auffassung, dass Liechtenstein nicht in der Lage sei, seine Rechte zu wahren oder die Verpflichtungen eines neutralen Staates zu erfüllen, da es der Kontrolle und Autorität des Feindes unterworfen sei. Frankreich betrachte daher Liechtenstein, solange es sich innerhalb der österreichisch-ungarischen Zollgrenze befinde, hinsichtlich des Handelsverkehrs als den feindlichen Territorien gleichgestellt. In der liechtensteinischen Antwortnote an den französischen Gesandten in Bern stellte Landesverweser Imhof den Zollvertrag mit Österreich als reines Wirtschafsabkommen dar, welches die politische Selbständigkeit des Landes nicht berühre. Landesverweser Imhof und die fürstliche Hofkanzlei vertraten die Ansicht, dass der französische Gesandte in Bern der weiteren Unterstützung Liechtensteins durch die Schweiz kein Hindernis in den Weg legen werde (Dok. 65). Die weitere Entwicklung verlief jedoch anders und trotz aller Zugeständnisse und Versprechungen der Schweiz bekam Liechtenstein immer deutlicher zu spüren, dass die Quelle der Lebensmittellieferungen aus der Eidgenossenschaft versiegte.[123] Eine Lockerung der Blockadebestimmungen der Entente gegenüber Liechtenstein konnte während des Krieges nicht erreicht werden.[124]

---

119 LI LA SF 01/1917/074; online: www.e-archiv.li/D45537; aufgerufen am 17.03.2015.
120 Quaderer-Vogt, Bewegte Zeiten, Bd. 1, S. 143–144.
121 Quaderer-Vogt, Bewegte Zeiten, Bd. 1, S. 140–147. Vgl. LI LA RE 1916/0274; online: www.e-archiv.li/D45541; aufgerufen am 17.03.2015; und LI LA RE 1916/0341 ad 0274; online: www.e-archiv.li/D45476; aufgerufen am 17.03.2015.
122 LI LA SF 13/1916/0961 ad 0031; online: www.e-archiv.li/D45482; aufgerufen am 17.03.2015.
123 Siehe z.B. LI LA SF 13/1916/2401 ad 31; online: www.e-archiv.li/D45552; aufgerufen am 17.03.2015.
124 Quaderer-Vogt, Bewegte Zeiten, Bd. 1, S. 179–183.

Auch wurde liechtensteinischen Staatsangehörigen von den französischen Behörden die Einreise untersagt (Dok. 70). Nach Kriegsende ersuchte die liechtensteinische Regierung unter Verweis auf die Neutralität des Landes Frankreich erneut, der Schweiz die Versorgung Liechtensteins mit Lebensmitteln zu gestatten (Dok. 95).

Eine weitere Belastungsprobe für die liechtensteinische Neutralität ergab sich dadurch, dass der Fürst von Liechtenstein als kapitalkräftiger Freund Österreichs eingeladen wurde, österreichische Kriegsanleihen zu zeichnen. Anlässlich der dritten österreichischen Kriegsanleihe im Herbst 1915 hatte Landesverweser Imhof noch keine Bedenken gegen eine neuerliche Beteiligung des Fürsten. Die Schweiz, so glaubte Imhof, werde sich deswegen durch die Entente in ihrer Haltung zur Lebensmittelversorgung Liechtensteins nicht beeinflussen lassen (Dok. 61).[125] Die sich dann aus neutralitätspolitischen Erwägungen heraus ergebende Ablehnung der Zeichnung von Kriegsanleihen durch den Fürsten sollte sich als richtig erweisen. Liechtenstein verwendete diesen Umstand nach dem Krieg als Beweis für die Beachtung seiner Neutralitätsverpflichtungen.

Auch die Auslieferungsbegehren, die Österreich während des Krieges wegen entflohener Deserteure an die liechtensteinische Regierung richtete, stellte diese vor schwierige Entscheidungen. Ein derartiges Ersuchen des k.u.k. Gerichts des Militärkommandos Innsbruck an das fürstliche Landgericht in Vaduz vom 9. Dezember 1915[126] führte schliesslich zur grundsätzlichen Stellungnahme der liechtensteinischen Regierung, dass weder die Auslieferung eines Deserteurs veranlasst, noch der Verfolgung eines solchen auf liechtensteinischem Gebiet durch österreichische Behörden zugestimmt werden könne (vgl. Dok. 64). Begründet wurde dies mit den aus der Neutralität Liechtensteins herrührenden Verpflichtungen und der hauptsächlich darauf basierenden Lebensmittelversorgung des Landes. Österreich intervenierte auch wegen der Überstellung von Militärpflichtigen aus Liechtenstein (Dok. 67). Die Neutralitätsfrage bekam für Liechtenstein eine weitere Bedeutung durch Kriegsgefangene[127] oder Internierte, die auf sein Territorium entwichen wie im Falle des deutschen Staatsangehörigen Wilhelm Russ, der aus französischer Kriegsgefangenschaft kommend in der Schweiz hospitalisiert war und im November 1917 nach Liechtenstein flüchtete (Dok. 73).

Der Neutralitätsstatus des Fürstentums war gegen Kriegsende auch für das k.u.k. Aussenministerium nicht mehr eindeutig. Dies zeigte sich in einer Anfrage des Ministeriums an die fürstliche Hofkanzlei vom April 1918, ob sich Liechtenstein mit den Entente-Staaten im Kriegszustand befinde oder ob ein Abbruch der diplomatischen Beziehungen erfolgt sei (vgl. Dok. 80).[128]

Erwähnenswert ist schliesslich die – wenn auch untergeordnete – Beteiligung Liechtensteins an der Sixtusaffäre. Im Frühjahr 1917 kam es zu geheimen Friedensverhandlungen zwischen Österreich und Frankreich, bei denen Sixtus und Xaver von Bourbon-Parma, Brüder der österreichischen Kaiserin Zita, als Vermittler fungierten. Die genannten Brüder reisten im März 1917 inkognito aus der Schweiz über liechtensteinisches Gebiet nach Österreich zu einer Zusammenkunft mit Kaiser Karl, wobei der liechtensteinische Landesverweser Imhof seine Dienste für den Grenzübertritt zur Verfügung

---

125   Vgl. auch LI LA SF 01/1915/036; online: www.e-archiv.li/D45548; aufgerufen am 17.03.2015.
126   Vgl. LI LA RE 1915/4538; online: www.e-archiv.li/D45487; aufgerufen am 17.03.2015.
127   Vgl. LI LA RE 1916/3631; online: www.e-archiv.li/D45542; aufgerufen am 17.03.2015.
128   Quaderer-Vogt, Bewegte Zeiten, Bd. 1, S. 148-155; vgl. LI LA RE 1918/1625; online: www.e-archiv.li/D45539; aufgerufen am 17.03.2015.

stellte (Dok. 71). Die Sixtusaffäre warf im April 1918 in der internationalen Politik hohe Wellen. Es war für Liechtenstein vorteilhaft, dass dabei die Rolle, die der Landesverweser gespielt hatte, nicht publik wurde.[129]

Erst 1920 wurde in Liechtenstein bekannt, dass der deutsche Zentrumspolitiker Matthias Erzberger während des Ersten Weltkrieges glaubte, eine Lösung der Römischen Frage[130] gefunden zu haben, indem er das fürstliche Haus dazu bewegen wollte, dem Papst das Staatsgebiet Liechtensteins zu schenken.[131] Der liechtensteinische Gesandte Prinz Eduard von Liechtenstein wollte in diesem Zusammenhang jedes Aufsehen vermeiden, weil das Thema der Souveränität wegen der tschechoslowakischen Haltung aussenpolitisch sehr heikel war. Er befürchtete auch, dass die Angelegenheit in Liechtenstein nachträglich böses Blut hervorrufen könnte und versorgte deshalb Landesverweser Josef Peer im Oktober 1920 mit den nötigen Hintergrundinformationen zum im Fürstenhaus abgelehnten Vorstoss Erzbergers von 1916 (Dok. 161).[132]

Inneres

Verfassung

Der Auftakt der Verfassungsdiskussion[133] erfolgte mit der Ankündigung von Wilhelm Beck in der Landtagssitzung vom 14. Oktober 1918, demnächst im Landtag einen Antrag auf die Einführung einer parlamentarischen Regierung einzubringen (Dok. 85). In der folgenden Landtagssitzung vom 7. November 1918 erfolgte der Rücktritt von Landesverweser Leopold von Imhof und die Wahl eines provisorischen Vollzugsausschusses (Dok. 86). Aus diesem «Putsch» entwickelte sich eine heftige Kontroverse, zu deren Eindämmung Prinz Karl von Liechtenstein nach Vaduz geschickt wurde. Dieser führte vom 6. bis 9. Dezember 1918 Gespräche mit Vertretern beider Parteien, die schliesslich zu dem am 10. Dezember 1918 vom Landtag einstimmig beschlossenen Neun-Punkte-Programm (Dok. 94) für eine Verfassungsrevision führten, das bereits die programmatischen Eckpfeiler der künftigen Verfassung enthielt. Gleichzeitig wurde vereinbart, dass Prinz Karl für kurze Zeit das Amt des Landesverwesers in Vaduz ausüben und die Verfassungsrevision innerhalb weniger Wochen bewerkstelligen sollte. Doch dieser Zeitplan erwies sich als illusorisch, da vorerst andere dringende Vorhaben (Währungsreform und Sanierung der Staatsfinanzen) im Vordergrund standen.

Als erster verfasste Wilhelm Beck bereits im Januar 1919 einen Verfassungsentwurf (Dok. 102), der sich an das Neun-Punkte-Programm des Landtags hielt. Dieser beruhte auf dem Grundsatz, dass der Fürst nicht mehr alle Rechte der Staatsgewalt in

---

129 Quaderer-Vogt, Bewegte Zeiten, Bd. 1, S. 414-423. Vgl. DE PA AA, Asservat Nr. 27; online: www.e-archiv.li/D45577; aufgerufen am 17.03.2015.
130 Weil 1870 italienische Truppen den Kirchenstaat mit Rom annektiert hatten, stand dem Papst kein staatliches Territorium mehr zur Verfügung. Die Lösung dieses Problems hätte beispielsweise darin bestehen können, dem Papst ein souveränes Staatsgebiet zur Verfügung zu stellen. Mit den Lateranverträgen kam es 1929 zu einer Einigung mit Italien, welche zur Schaffung des Staates der Vatikanstadt führte.
131 Vgl. Matthias Erzberger, Erlebnisse im Weltkrieg, Berlin 1920. S. 135-137; online: www.e-archiv.li/D47615; aufgerufen am 17.03.2015.
132 Quaderer-Vogt, Bewegte Zeiten, Bd. 1, S. 535-541. Vgl. auch Liebmann, Der Papst, S. 229-250.
133 Zur Entstehung der Verfassung von 1921 siehe ausführlich Quaderer-Vogt: Bewegte Zeiten, Bd. 2, S. 221-328.

sich vereinigte, sondern dass die Staatsgewalt auf Fürst und Volk beruhte (Art. 3). Wichtigster Grundsatz des Vorschlags war, dass «parlamentarisch regiert» werden sollte, worunter Beck verstand, dass die Regierung vom Landtag vorgeschlagen wurde und diesem verantwortlich war. Die Amtsdauer betrug vier Jahre und war an die Mandatsdauer des Landtags gekoppelt. Zwangsläufig mussten dafür die Rechte des Fürsten eingeschränkt werden, da dieser bei der Ernennung des «Landammanns» (Regierungschef)[134] an den Vorschlag des Landtags gebunden sein sollte. Ausserdem mussten alle Regierungsmitglieder Landesbürger sein. Eine Einschränkung sah der Entwurf auch beim fürstlichen Notverordnungsrecht vor: Notverordnungen mussten nach dem Vorschlag Becks nachträglich durch den Landtag bestätigt werden, ansonsten waren sie wieder aufzuheben (Art. 32). Deutlichen Kompromisscharakter hatte Art. 36, wonach der Fürst weiterhin das Recht zur Ernennung von drei fürstlichen Abgeordneten haben sollte, sich dabei aber an einen Vorschlag des Regierungskollegiums halten musste. Über das Neun-Punkte-Programm hinaus ging Beck mit dem Vorschlag, neue Volksrechte einzuführen: Neu sollten neben dem Landesfürsten auch der Landtag und das Volk das Recht der Gesetzesinitiative haben (Art. 50). In Bezug auf das Stimm- und Wahlrecht (Art. 26) sah Beck eine Senkung des Stimm- und Wahlrechtsalters auf 21 Jahre, eine Verpflichtung zur Teilnahme an Abstimmungen und Wahlen sowie die «verhältnismässige Vertretung von Minderheiten» (also den Proporz) vor – von einem allgemeinen Stimm- und Wahlrecht kann insofern nicht gesprochen werden, als dieses Recht auf Männer beschränkt blieb. Zweifellos sah Beck in den Volksabstimmungen einen demokratischen «Konfliktlösungsmechanismus», indem das Volk (und nicht der Fürst) über umstrittene Vorhaben entscheiden sollte. Der Entwurf Beck wurde vorerst vertraulich behandelt. Er wurde erst im Juni 1920 publiziert, als in der Verfassungsfrage nichts vorwärts zu gehen schien. Beck selber betrachtete den Entwurf zu diesem Zeitpunkt bereits als teilweise überholt.

Im März 1920 arbeitete Prinz Karl einen Verfassungsentwurf (Dok. 142) aus, der sich stark an die geltende Verfassung von 1862 anlehnte und am Grundsatz, dass der Fürst alle Rechte der Staatsgewalt in sich vereinigte, festhielt. Im Grunde wollte er einfach die Verfassung von 1862 um die politischen Volksrechte erweitern. Der «Landesverweser» sollte vom Fürsten ohne Mitwirkung des Landtags ernannt werden, nur wenn dieser ein Ausländer war, musste das «Einvernehmen» mit dem Landtag gesucht werden. Die beiden Regierungsräte wurden auf die Dauer einer Landtagsperiode vom Landtag gewählt und vom Fürsten bestätigt (§ 71). Die Kompetenz zur Organisation der Landesverwaltung und das Verordnungsrecht blieben ungeschmälert beim Fürsten. Die Regierung war dem Landtag (ausser in finanziellen Angelegenheiten) nicht direkt verantwortlich; dieser hatte nur das Recht hatte, bei festgestellten Missständen beim Fürsten «deren Abstellung anzutragen» (§ 54). Die Bestimmungen in Bezug auf die Organisation und Bestellung der Gerichte waren rudimentär. Im Vergleich zum Entwurf von Wilhelm Beck waren die Volksinitiative (§ 34) und das Referendumsrecht (§ 32) genauer ausgearbeitet, umgekehrt fehlten Vorschläge für das Wahlrechtsalter und das Wahlsystem. Durch eine Dringlicherklärung konnte der Landtag mit Zweidrittelmehrheit ein Gesetz dem Referendum entziehen. Bemerkenswert ist darüber hinaus, dass Prinz Karl die Schaffung einer Ständevertretung – eines «Wirtschaftsrats» – vorschlug, der in Angelegenheiten wirtschaftlicher Natur anstelle des Landtags entscheiden sollte. Von einem solchen Wirt-

---

134 Beck bevorzugte den Begriff «Landammann» gegenüber dem Begriff «Regierungschef», da dieser an die «Landammannverfassung» erinnern sollte, in der die Landammänner vom Volk gewählt wurden.

schaftsrat, den er sich analog zum Landtag als 15köpfige Ständevertretung[135] vorstellte, erhoffte er sich mehr Wirtschaftskompetenz. – Ausserhalb des Fürstenhauses fand der Entwurf von Prinz Karl keine Unterstützung.[136]

Wie bereits erwähnt, stand die Erarbeitung einer neuen Verfassung vorerst nicht zuoberst auf der politischen Agenda der Regierung. Im Sommer 1920 machte die Christlich-soziale Volkspartei wieder Druck. Vom 21. August bis 16. September weilte Fürst Johann II. zu einem seit langem erwarteten (und erhofften) Besuch in Vaduz. Auf Drängen der Volkspartei kam es vom 10. bis 14. September 1920 zu den sog. «Schlossabmachungen», an denen Wilhelm Beck, Gustav Schädler und Anton Walser als Vertreter der Volkspartei und Josef Peer und der fürstliche Kabinettsrat Josef Martin als Vertreter des Fürsten teilnahmen.[137] Thema war die neue Verfassung und die Bestellung von Josef Peer zum Landesverweser. Die Vertreter der Volkspartei zeigten sich kompromisslos, während die Vertreter des Fürsten (in Absprache mit diesem) vor allem daran interessiert waren, die Verfassungsfrage endlich zu erledigen. Die Vertreter der Volkspartei konnten fast alle Forderungen durchsetzen (Dok. 159); sie mussten lediglich akzeptieren, dass Josef Peer für ein halbes Jahr als Landesverweser bestellt wurde (Dok. 160). In diesem halben Jahr sollte sich Peer hauptsächlich der Ausarbeitung der neuen Verfassung widmen – aus den anstehenden Zollvertragsverhandlungen mit der Schweiz musste er sich nach dem Willen der Volksparteivertreter heraushalten. Um eine gewisse politische Ausgewogenheit zu demonstrieren, wurden auch Fritz Walser, Peter Büchel und andere Vertreter der Bürgerpartei am 11. September von den Vertretern des Fürsten und am 15. September auch vom Fürsten selber empfangen, doch kam die Bürgerpartei bei den «Schlossabmachungen» nicht über eine «Statistenrolle»[138] hinaus.

Am 23. September 1920 trat Peer sein Amt als «Leiter der Regierungsgeschäfte», wie er offiziell betitelt wurde, an. Im Januar unterbreitete er seinen Verfassungsentwurf (Dok. 170) Johann II., der ihn am 12. Januar 1921 «vorsanktionierte».[139] Am 8. März wurde die Regierungsvorlage erstmals vom Landtag behandelt, wobei die Abgeordneten der Bürgerpartei erklärten, sich nicht an die Schlossabmachungen gebunden zu fühlen, da sie nicht einbezogen worden seien.[140] Der Landtag bestellte darauf eine siebenköpfige Verfassungskommission.[141] Damit wurde grundsätzlich das fertig geschnürte Paket wieder geöffnet, was erstaunlich ist, da die Vorlage vom Fürsten akzeptiert worden war und die «Vorsanktion» erhalten hatte. Die Verfassungskommission nahm in Bezug auf die Bestellung des Regierungschefs (der im Entwurf Peer noch «Landammann» geheissen hatte) und beim Wahlrecht wichtige Änderungen vor (Dok. 175). Am heftigsten umstritten war, ob der Regierungschef auch ein Ausländer sein konnte, ob er vom Fürsten «einvernehmlich mit dem Landtag» oder «auf Vorschlag des Landtags»

---

135 Die einzelnen Stände sollten ihre Vertreter wählen, nämlich neun Bauern, zwei Händler/Gewerbetreibende, zwei Arbeiter, zwei Beamte/Lehrer/Geistliche.
136 Vgl. dazu die Ausführungen von Quaderer: Bewegte Zeiten, Bd. 2, S. 238.
137 LI PA VU, Schlossabmachungen, Nr. 5; online: www.e-archiv.li/D45164; aufgerufen am 15.06.2015
138 So Quaderer-Vogt: Bewegte Zeiten, Bd. 2, S. 267.
139 Quaderer-Vogt: Bewegte Zeiten, Bd. 2, S. 270.
140 Quaderer-Vogt: Bewegte Zeiten, Bd. 2, S. 275.
141 Vier FBP (darunter Fritz Walser, Peter Büchel und Eugen Nipp), drei VP (weder Wilhelm Beck noch Gustav Schädler)

ernannt werden sollte und ob die Amtsdauer des Regierungschefs mit der vierjährigen Mandatsdauer der Abgeordneten zusammenfallen sollte. Was die Amtsdauer der Regierung betrifft, so sah die Verfassungskommission für den Regierungschef keine Befristung vor, wohl aber für die übrigen Regierungsmitglieder (4 Jahre). Dies war eine deutliche Abschwächung des parlamentarischen Prinzips. Verfassungsrechtlich war die Frage der Amtsdauer wohl mindestens so wichtig wie die Frage der Staatsangehörigkeit des Regierungschefs. Dieser gordische Knoten wurde schliesslich unter Vermittlung von Prinz Franz sen. (später Fürst Franz I.) gelöst, der sich am 2. August mit zwölf Landtagsabgeordneten traf. Dabei fand man eine salomonische Lösung, die zumindest keine Verlierer schuf: Der Regierungschef und sein Stellvertreter sollten «vom Landesfürsten einvernehmlich mit dem Landtage über dessen Vorschlag aus der wahlfähigen Bevölkerung des Fürstentums ernannt» werden; er musste «gebürtiger Liechtensteiner» sein, der Landtag konnte aber mit Dreiviertelmehrheit eine Ausnahme beschliessen.[142]

Am Nachmittag des 2. August setzten die Abgeordneten die Diskussion ohne Prinz Franz fort, wobei sie sich noch über den Wahlmodus zu einigen hatten: Im Ergebnis einigten sie sich darauf, am bisherigen System (unter Abschaffung der fürstlichen Abgeordneten) festzuhalten.[143] Das Proporzwahlrecht, das in allen Entwürfen vogesehen war, wurde fallen gelassen und durch das Majorzwahlrecht ersetzt. Dies ist etwas erstaunlich, weil Peer am 8. März 1921 im Landtag betont hatte, dass es nicht die Volkspartei gewesen sei, die das «Porportionalwahlrecht» verlangt habe, sondern dass dies eine Anregung des Fürsten gewesen sei. Das Majorzverfahren versuchte man staatspolitisch damit zu begründen, dass man «eine gesetzliche Festlegung des Parteiwesens»[144] vermeiden wolle. Die Ablehnung des Proporzwahlrechts erwies sich als schwerer Fehler: Das Majorzsystem war einer der Hauptgründe dafür, dass die parteipolitischen Auseinandersetzungen bis Ende der 1930er Jahre derart heftig und erbittert geführt wurden. Als Minderheitenschutz wurde neu die Bestimmung aufgenommen, dass für jede Gemeinde mit mindestens 300 Einwohnern (also alle ausser Planken) ein Abgeordneter zu wählen war (Art. 46 Abs. 3 LV). In der Landtagssitzung vom 24. August 1921 wurde die neue Verfassung einstimmig angenommen. Die Sitzung schloss mit versöhnlichen Worten und einem begeisterten dreifachen Hoch auf den Landesfürsten.

Zum umstrittenen Wahl- und Stimmrechtsalters enthielt die Verfassung keine Bestimmung, sondern verwies auf ein zu schaffendes Gesetz (Art. 46 Abs. 4). Da die Volkspartei ab 1922 im Landtag die Mehrheit hatte, konnte sie ihr Anliegen, das Stimm- und Wahlrechtsalter von 24 auf 21 Jahre zu senken, das in der Volksabstimmung 1919 noch gescheitert war, im Volksrechtegesetz von 1922 verwirklichen.[145]

---

142 Quaderer-Vogt: Bewegte Zeiten, Bd. 2, S. 289.
143 Nach Art. 46 des Verfassungsentwurfs Peer sollte die Zahl der Abgeordneten, die Verteilung auf die Wahlbezirke, das aktive und passive Wahlrecht sowie der Wahlvorgang durch eine «Wahlordnung» geregelt werden.
144 So Prinz Karl an Prinz Eduard am 19.4.1919. Zitiert nach Quaderer-Vogt, Bewegte Zeiten, Bd. 2, S. 227.
145 Art. 10 Abs. 3 des Volksrechtgesetzes vom 6.9.1922, LGBl. 1922 Nr. 28. – Ein Kuriosum sei am Rande vermerkt: Es entsprach wohl den liberalen Überzeugungen von Wilhelm Beck, dass bei Wahlen nicht unbedingt amtliche Stimmzettel verwendet werden müssten, obwohl damit in Hinsicht auf das geheime Wahlrecht ein offensichtliches Missbrauchspotential geschaffen wurde. 1917 hatte er die Einführung von obligatorischen amtlichen Stimmzetteln bekämpft, zum Schluss hatte er der notwendigen Verfassungsänderung zugestimmt, weil dafür Einstimmigkeit notwendig war. Er wollte die Einführung des direkten Wahlrechts nicht an der Frage der Stimmzettel scheitern lassen. 1922 wurde auf die Notwendigkeit der amtlichen Stimmzettel wieder verzichtet – Wilhelm Beck setzte sich einmal mehr in seiner Partei durch.

*(oben) Regierung von 1921: Josef Marxer, Regierungschef
Josef Ospelt und Johann Wanger (LI LA B 222/5/1*

*Landtagspräsident Albert Schädler (LI LA CDB 258/9/116)
Regierungschef Josef Ospelt (LI LA B 222/5/1)
Peter Büchel ca. 1930 (LI LA B 91)*

*Dr. Ludwig
Marxer 1928
(LI LA SF 19/5)*

Historischer Kontext

Name: *Gustav Schädler*
Charakter: *fürstl. Regierungschef*
Geburtsjahr und Tag: *1883, 18. Nov.*
Größe: *gut mittelgroß*
Haare: *schwarz, schütter*
Bart: *Schnurbart, gestutzt*
Augen: *grau*
Nase: *gewöhnlich*
Besondere Merkmale: *Narbe am rechten Ringfinger*
Eigenhändige Unterschrift:

Photographie, Personsbeschreibung und Unterschrift des rechtmäßigen Paßinhabers werden bestätigt.

Vaduz, am *11. August* 19*2*2.

Von der fürstlichen Regierung:

Martin Ritter, Jurist, Vorsitzender des Vollzugsausschusses (PA Quaderer)

Diplomatenpass von Regierungschef Gustav Schädler 1922 (LI LA SF 19/4)

Wilhelm Beck (links) und Emil Beck vor dem Bundeshaus in Bern, ca. 1920 (PA Quaderer, Schaan)

Regierung

Gemäss der Verfassung von 1862 und den Amtsinstruktionen von 1862 und 1871 stand dem Landesfürsten die alleinige Kompetenz zur Organisation der Landesbehörden zu. Die Regierung bestand aus dem Landesverweser (als Chef der Regierung) und zwei Landräten, die vom Fürsten ernannt wurden. Als Landesverweser wurde jeweils ein österreichischer Jurist adeliger Herkunft eingesetzt – von 1896 bis zu seinem Tod 1913 war dies der autoritäre Karl von In der Maur, ihm folgte bis zum «Novemberputsch» 1918 Baron Leopold von Imhof. Die beiden Landräte mussten Liechtensteiner sein. Sie waren nebenamtlich tätig und erhielten nur Taggelder für ihre Regierungstätigkeit. Einer stammte jeweils aus dem Oberland und einer aus dem Unterland. Lorenz Kind übte diese Funktion von 1889 bis 1918 aus, Meinrad Ospelt von 1892 bis 1918. Beide waren mindestens zeitweise zur gleichen Zeit Landtagsabgeordnete (z.T. vom Fürsten ernannte).

Nach der Amtsinstruktion von 1871[146] sollten «in der Regel» alle wichtigeren Angelegenheiten vom Regierungsgremium behandelt werden, faktisch besorgte der Landesverweser die Regierungsgeschäfte weitgehend allein. Er berief die Regierung nach Belieben ein - im Durchschnitt etwa einmal pro Jahr.[147] Die beiden Landräte übten somit faktisch keinen Einfluss auf die Regierungsgeschäfte aus.[148] Der Landesverweser unterlag einer gewissen Kontrolle aus Wien, aber keiner Kontrolle durch die Regierungsmitglieder oder durch den Landtag. Zu Kompetenzkonflikten kam es mit der «Landesnotstandskommission», die vom Landtag im Dezember 1914 eingesetzt wurde (vgl. Dok. 57). Sie beanspruchte – mit Unterstützung des Landtags, aber ohne entsprechende Grundlage in der Verfassung – in Fragen der Landesversorgung das Recht, Entscheidungen treffen zu können. Dies wurde vom Landesverweser bestritten und schliesslich auch vom Fürsten abgelehnt. Insgesamt operierte die Regierung autoritär, oft agierte sie mit Verordnungen und (vor allem in den Kriegsjahren) mit Kundmachungen ohne ausreichende Gesetzesgrundlage, was von der aufkeimenden Opposition um Wilhelm Beck zunehmend kritisiert wurde.

Auf europäischer Ebene zeichnete sich das Ende des Ersten Weltkriegs spätestens seit August 1918 ab. Im Oktober 1918 überstürzten sich die Ereignisse: Die Monarchie Österreich-Ungarn, mit der das Fürstenhaus und das Fürstentum Liechtenstein eng verbunden waren, zerfiel in mehrere Staaten. Vor diesem Hintergrund drängte die Volkspartei auch auf einen Regierungswechsel in Liechtenstein – umstritten war dabei weniger das grundsätzliche Ziel (die «parlamentarische Regierung»), als die Frage, wie weit man gehen sollte und wie man zu diesem Ziel kommen wollte.

Der «Novemberputsch» vom 7. November 1918 wurde von Dr. iur. Martin Ritter, Landtagsvizepräsident Fritz Walser und Dr. iur. Wilhelm Beck, dem Führer der Opposition, eingefädelt.[149] Sie überzeugten Landesverweser Leopold von Imhof davon, dass eine «Nationalisierung» der Regierung (d.h. eine Regierung aus Männern mit liechtensteinischer Staatsbürgerschaft) notwendig sei und dass er deshalb zurückzutreten habe. Imhof willigte ein, handelte für sich aber aus, dass ihm der Landtag zuvor das Vertrauen aus-

---

146 LGBl. 1871 Nr. 1.
147 HLFL, Bd. 2, S. 747.
148 Der Abgeordnete Emil Risch bezeichnete in der Landtagssitzung vom 14.10.1918 die Landräte als «reinste Dekorationsfigur[en]». Die Stelle ist im Landtagsprotokoll (S. 14) durchgestrichen. LI LA LTA 1918/S04/2; online: www.e-archiv.li/D45771; aufgerufen am 20.03.2015.
149 Siehe zum Folgenden die detaillierten Ausführungen bei Quaderer-Vogt: Bewegte Zeiten, Bd. 2, S. 71 ff.

sprach.¹⁵⁰ Die Landtagssitzung vom 7. November 1918, von der kein offizielles Protokoll vorliegt,¹⁵¹ verlief gemäss diesem Szenario: Der Landtag sprach Leopold von Imhof das Vertrauen aus, dieser erklärte seinen Rücktritt, darauf wählte der Landtag einen «provisorischen Vollzugsausschuss» (die Bezeichnung «Regierung» vermied man aus verfassungsrechtlichen Gründen). Gewählt wurden Martin Ritter als provisorischer Regierungschef¹⁵², Wilhelm Beck und Emil Batliner als Landräte (Dok. 86). Die Frage nach der Verfassungsmässigkeit dieses Vorgangs war bereits während der Landtagssitzung umstritten: Während Kanonikus Johann Baptist Büchel den Vorwurf eines verfassungswidrigen Eingriffs in die Rechte des Fürsten erhob, verteidigten Landesverweser Imhof¹⁵³ und Landtagsvizepräsident Fritz Walser¹⁵⁴ das Vorgehen als verfassungskonform. Am Schluss der Landtagssitzung legten die drei fürstlichen Abgeordneten Albert Schädler, Johann Baptist Büchel und Johann Wohlwend ihr Landtagsmandat nieder. Der als Landrat gewählte Emil Batliner lehnte die Wahl ab, worauf am 12. November 1918 eine Nachwahl stattfand, bei der Franz Josef Marxer in den Vollzugsausschuss gewählt wurde.

Landesverweser Imhof bat noch am 7. November 1918 den Fürsten um Genehmigung seines Rücktritts und um Zustimmung zur Fortführung der Amtsgeschäfte durch den provisorischen Vollzugsausschuss, faktisch also um Bestätigung der Landtagsbeschlüsse. Johann II. liess sich mit seiner Antwort Zeit: Am 13. November – einen Tag nachdem der Landtag das 60-jährige Regierungsjubiläum des Fürsten feierlich begangen hatte – erklärte der Fürst in einem Telegramm, dass er den Rücktritt des Landesverwesers «in Gnaden» genehmige und «die Fortführung der Amtsgeschäfte durch den provisorischen Ausschuss vorbehaltlich weiterer Aufklärung zur Kenntnis» nehme. Albert Schädler und Johann Baptist Büchel dankte er für ihre «wohltuende Kundgebung unentwegter Treue und Anhänglichkeit.»¹⁵⁵ Der Wortlaut des Telegramms liess vieles offen und wurde in Liechtenstein unterschiedlich interpretiert: Er bewirkte eher Verwirrung als Klärung in Bezug auf die Haltung des Fürsten und trug somit auch nicht zur Beruhigung der Situation bei.

In den folgenden Wochen verschärften sich die Auseinandersetzungen, wobei sich beide Parteien nichts schenkten. Am 15. November bezeichnete der Redaktor des «Liechtensteiner Volksblatts» Eugen Nipp die Landtagssitzung vom 7. November 1918 erstmals als «Staatsstreich»,¹⁵⁶ später wurde auch immer wieder von einem «Putsch» gesprochen.¹⁵⁷ Zwischen dem 18. und 22. November erhielten nacheinander Leopold von Im-

---

150 Ein offizielles Protokoll der Sitzung vom 7.11.1918 fehlt, erhalten sind die handschriftlichen, in aller Eile gemachten Notizen von Wilhelm Beck. LI PA Quaderer, Nachlass Wilhelm Beck; online: www.e-archiv.li/D45761; aufgerufen am 25.03.2015.
151 Der Verlauf der Sitzung lässt sich einigermassen aufgrund der handschriftlichen Notizen von Wilhelm Beck rekonstruieren. Ebda.
152 Ebda. Aus dem Protokoll ist nicht ersichtlich, ob Martin Ritter der Titel «Regierungschef» zukommen sollte. Ebenso ist nicht ersichtlich, ob die beiden anderen Mitglieder den Titel «Regierungsrat» oder «Landrat» führen sollten.
153 Dieser noch während der Landtagssitzung vom 7.11.1918.
154 So in der Eröffnungsrede zur Landtagssitzung vom 12.11.1918. LI LA LTA 1918/S04/2; online: www.e-archiv.li/D45781; aufgerufen am 25.03.2015.
155 LI LA PA 001/0021/08; online: www.e-archiv.li/D45763; aufgerufen am 12.06.2015.
156 L.Vo., Nr. 46, 15.11.1918, S. 2; online: www.e-archiv.li/D45777; aufgerufen am 28.04.2015.
157 In seiner Analyse gelangte Rupert Quaderer zur Auffassung, dass es sich weder um einen Staatsstreich noch um einen Putsch handelte, sondern um «ein teilweise verfassungswidriges Aufbegehren gegen verkrustete, reformbedürftige Verfassungsinhalte». Quaderer-Vogt, Bewegte Zeiten, Bd. 2, S. 130 ff. Am zutreffendsten wäre wohl der Begriff «Regierungskrise», da dieser auf eine problematische Wertung verzichtet.

hof, Martin Ritter und Albert Schädler zusammen mit Johann Baptist Büchel Audienzen beim Fürsten – letztere beide waren sogar vom Fürsten ersucht worden, nach Wien zu kommen. Resultat dieser Besprechungen war ein Erlass des Fürsten vom 23. November, in dem er die Entlassung Imhofs bestätigte, diesen jedoch bis zur Neubestellung eines Landesverwesers mit der Weiterführung der Regierungsgeschäfte «unter Mitwirkung des vom Landtag gewählten Vollzugsausschusses» betraute.[158] Dies war wiederum der Versuch zu einem Kompromiss, der in Bezug auf den Vollzugsausschuss aber wichtige Fragen offen liess.

Am gleichen Tag (23. November 1918) fand eine nichtöffentliche Landtagssitzung statt, bei der Martin Ritter vermutlich über seinen Besuch in Wien informierte.[159] Den Höhepunkt erreichte der Konflikt bei einer kurzfristig auf den 2. Dezember 1918 angesetzten Landtagssitzung:[160] Beide Seiten hatten mehrere hundert Mann – teils bewaffnet – organisiert. Es wurden gewalttätige Ausschreitungen befürchtet. Stattgefunden hat schliesslich nur eine «Vorbesprechung des Landtags», bei der sich dieser gegen eine Fortführung der Regierungsgeschäfte durch Imhof ausgesprochen haben soll. Martin Ritter stellte auch eine Auflösung des Landtags und Neuwahlen als Ausweg aus der Krise zur Diskussion. Die eigentliche Landtagssitzung konnte jedoch nicht stattfinden, da man das Risiko von Ausschreitungen nicht eingehen wollte. Landtagsvizepräsident Fritz Walser verschob die Sitzung bis zur Ankunft von Prinz Karl, der in den nächsten Tagen in Vaduz erwartet wurde, wo er im Auftrag des Fürsten vermitteln sollte. Diese Vermittlungsgespräche mit Abgeordneten fanden vom 6. bis 9. Dezember statt und führten zu einem «Neun-Punkte-Programm» (Dok. 94), das vom Landtag am 10. Dezember einstimmig beschlossen wurde. Gleichzeitig beantragte der Landtag, Prinz Karl zum Landesverweser zu bestellen. Das Neun-Punkte-Programm hatte Kompromisscharakter: Es nahm die wesentlichen Forderungen der Volkspartei auf, manche allerdings in abgeschwächter Form. Am 13. Dezember 1918 erteilte der Fürst seine Zustimmung und ernannte Prinz Karl «bis auf Weiteres» zum Landesverweser.[161] Am 17. Dezember 1918 wählte der Landtag – er war vom Fürsten dazu ermächtigt worden – die beiden bisherigen Mitglieder des Vollzugsausschusses Franz Josef Marxer und Wilhelm Beck zu Regierungsräten, die vom Fürsten bestätigt wurden. Damit war die Regierungskrise für den Moment behoben.[162]

Prinz Karl war Mitglied des Fürstenhauses und damit nicht mit dem «Makel» eines Ausländers behaftet. Er bemühte sich, mit beiden Parteien ins Gespräch zu kommen und wurde in seiner Vermittlerrolle von beiden Parteien zumindest vorderhand auch akzeptiert. Sein Suchen nach einem Kompromiss mit der Volkspartei kam beispielsweise darin zum Ausdruck, dass er im Dezember 1918 dieser sowohl bei der Herabsetzung des Wahlrechtsalters auf 21 als auch bei der Erhöhung der Zahl der «Volksabgeordneten» auf

---

158 LI LA PA 001/0021/08; online: www.e-archiv.li/D45767; aufgerufen am 28.04.2015.
159 Auch von dieser Landtagssitzung ist kein Protokoll vorhanden. Siehe dazu Quaderer-Vogt: Bewegte Zeiten, Bd. 2, S. 103.
160 Bericht Martin Ritter an Fürst Johann II. vom 3.12.1918, LI LA PA 001/0021/08; online: www.e-archiv.li/D45765; aufgerufen am 18.06.2015. Dazu auch Quaderer: Bewegte Zeiten, Bd. 2, S. 108 ff.
161 LI LA RE 1918/5491 ad 4851; online: www.e-archiv.li/D45134; aufgerufen am 28.04.2015.
162 Wilhelm Beck erklärte in der Landtagssitzung vom 28.8.1919 seinen Rücktritt, den er mit Kritik an Landesverweser Karl von Liechtenstein begründete. An seiner Stelle wurde Johann Wanger (FBP) als Regierungsrat gewählt, womit die VP nicht mehr in der Regierung vertreten war. Die VP erkannte bald, dass sie einen Fehler gemacht hatte. Johann Wanger sollte gemäss einer Absprache bei den Schlossverhandlungen im Herbst 1920 Wilhelm Beck wieder Platz machen, wozu es jedoch nicht kam. Wanger demissionierte erst am 30.12.1920, nachdem ihm der Landtag das Vertrauen ausgesprochen hatte. Er wurde erst am 12.3.1921 durch Oskar Bargetze ersetzt, der damals noch der VP angehörte, bei den folgenden Landtagswahlen aber für die Bürgerpartei kandidierte.

17 entgegenkommen wollte.[163] Er hat dieses Amt wohl nur auf Wunsch des Fürsten und aus Verantwortungsbewusstsein gegenüber dem Fürstenhaus und dem Staat übernommen, sicher hat er das Amt in dieser äusserst schwierigen Zeit nicht gesucht. Seine Ernennung war eine Interimslösung, die eine rasche Entspannung bewirkte. Bereits ein Jahr später, im Dezember 1919, führte die Ernennung eines Nachfolgers erneut zu heftigen Diskussionen. Von Seite des Fürstenhauses und der Bürgerpartei war der renommierte Jurist Josef Peer (Feldkirch) vorgeschlagen worden, in dem sie den einzigen fähigen und verfügbaren Kandidaten sahen; die Vertreter der Volkspartei hingegen wollten partout keinen Ausländer. Von März bis September 1920 wurde wiederum heftig darüber gestritten. Die Lösung des Problems wurde dringend, als sich Prinz Karl am 15. Juni 1920 vom Fürsten «aus Gesundheitsrücksichten» beurlauben liess.[164] Regierungssekretär Josef Ospelt übernahm interimistisch die Regierungsgeschäfte.[165] Wie im Dezember 1918 kam es wieder zu Zeitungsfehden und politischen Versammlungen, an denen scharfe Resolutionen gefasst wurden. Bei den Schlossabmachungen im September 1920 einigte man sich schliesslich auf den oben erwähnten Kompromiss: Peer wurde von der Volkspartei für sechs Monate als «Leiter der Regierungsgeschäfte» akzeptiert, musste sich aber verpflichten, danach zurückzutreten. Der Abschluss eines Zollvertrags mit der Schweiz sollte nicht zu seinen Aufgaben gehören, was ein deutliches Zeichen des Misstrauens darstellte.[166]

Kaum näherten sich die vereinbarten sechs Monate ihrem Ende, flammte der Streit um die Besetzung der Stelle des Regierungschefs erneut auf. Auf Antrag der Bürgerpartei beschloss der Landtag die Durchführung einer Volksabstimmung über den Verbleib von Peer als Regierungschef. Das Ergebnis der Volksabstimmung vom 28. März 1921 entsprach nicht ganz den Erwartungen Peers und der Bürgerpartei: Zwar befürworteten 61,8 Prozent der Stimmenden den Verbleib Peers, doch dieser und die Bürgerpartei hatten sich mehr erhofft. Peer hatte bereits am 23. März 1921 – also genau sechs Monate nach seinem Amtsantritt – den Fürsten um die Enthebung von seinem Posten ersucht. Am 4. April bat er den Fürsten, von einer Wiederberufung seiner Person abzusehen[167] – ein Wunsch, dem dieser nachkommen musste.[168]

Für die Bildung einer funktionstüchtigen Regierung wurde wiederum eine Interimslösung gefunden – die Details sind verwirrend, für die herrschenden politischen Spannungen aber symptomatisch. Vom 23. März 1921 bis zum 5. März 1922 war Josef Ospelt mit der «einstweiligen Leitung der Regierungsgeschäfte» betraut. Am 2. März 1922 sprach ihm der Landtag das Vertrauen als «Regierungschef» aus, gleichzeitig wurden Gustav Schädler und Felix Gubelmann als Regierungsräte gewählt. Ospelt war somit formell vom 5. März (fürstliche Ernennung) bis zu seinem Rücktritt «aus gesundheitlichen

---

163 Quaderer-Vogt, Bewegte Zeiten, Bd. 2, S. 172.
164 Quaderer-Vogt, Bewegte Zeiten, Bd. 2, S. 210. Am 15.9.1920 wurde er «unter dankbarer Anerkennung seiner äusserst wertvollen Dienste» von Fürst Johann II. seines Amtes enthoben. Ebda. S. 217. – Der Wunsch von Prinz Karl, das Amt abzugeben, dürfte auch mit seiner persönlichen Situation zu erklären sein: Er war bereits über 40 Jahre alt und plante, sich zu verehelichen. Die Heirat mit Elisabeth Fürstin von Urach erfolgte am 5.4.1921, ein halbes Jahr nach seiner Entlassung.
165 Mit Verordnung vom 14.5.1915 hatte Fürst Johann II. § 15 der Amtsinstruktion von 1871 in der Weise abgeändert, dass bei Abwesenheit oder Erkrankung des Landesverwesers automatisch der (Regierungs-)Sekretär die Leitung der Regierung zu besorgen hatte. LGBl. 1915 Nr. 7.
166 Quaderer-Vogt, Bewegte Zeiten, Bd. 2, S. 217. Die Ernennung Peers durch den Fürsten erfolgte am 15.9.1920.
167 Quaderer-Vogt, Bewegte Zeiten, Bd. 2, S. 286.
168 LI LA SF 01/1921/056; online: www.e-archiv.li/D45473; aufgerufen am 28.04.2015.

Gründen» am 27. April 1922 erster liechtensteinischer Regierungschef.[169] Faktisch konnte er dieses Amt aber nicht ausüben. Wie aus den Regierungsprotokollen hervorgeht, nahm er in der Zeit von seiner Ernennung bis zu seiner Demission an keiner Regierungssitzung teil.[170] Da die Volkspartei in den Landtagswahlen vom Februar 1922 elf Mandate erreichte, sah Ospelt keine Basis für eine sinnvolle Zusammenarbeit, auch wenn ihm der Landtag das Vertrauen ausgesprochen hatte. Die Erfahrung, dass der Landtag Gesetze behandelte, ohne ihn vorher anzuhören, muss für ihn äusserst kränkend gewesen sein. Dies galt insbesondere für das neue Landesverwaltungspflegegesetz, das vom Landtag während seiner Krankheit in einer einzigen Sitzung behandelt und verabschiedet wurde, ohne ihn – den erfahrensten Verwaltungsfachmann im Lande – «um Rat zu fragen».[171] Nach einem sechswöchigen Krankheitsurlaub bat er um seine Amtsenthebung (Dok. 191).

Dieser Vorgang macht deutlich, dass die «Parlamentarisierung» der Regierung soweit fortgeschritten war, dass ein Regierungschef ohne Mehrheit im Landtag dieses Amt nicht ausüben konnte. Geeignete Regierungschef-Kandidaten liechtensteinischer Nationalität waren allerdings kaum zu finden: Emil Beck wäre wohl der geeignetste Kandidat gewesen, er wurde aber aus unbekannten Gründen nie angefragt.[172] Der Landtag wählte am 27. April 1922 zunächst den 66-jährigen Lehrer Alfons Feger zum provisorischen Regierungschef, nach dessen Demission am 1. Juni 1922 übte der Landwirt Felix Gubelmann dieses Amt aus. Am 6. Juni 1922 wählte der Landtag mit überraschend knapper Mehrheit[173] Reallehrer Gustav Schädler[174] zum Regierungschef. Die an und für sich erforderliche Nachwahl für Gustav Schädler als Regierungsrat erfolgte erst durch die Wahl von Josef Steger am 28. Mai 1923 – die Regierung war also eigentlich fast ein Jahr nicht ordentlich bestellt.[175]

Mit der Wahl von Gustav Schädler war die Regierungskrise beendet, wenn auch nur für die laufende Legislaturperiode. Die Regierung Schädler konnte sich auf eine solide Landtagsmehrheit (elf der fünfzehn Abgeordneten zählten zur Volkspartei) stützen. Geografisch gesehen waren beide Landesteile in der Regierung vertreten. Was die Parteizugehörigkeit betrifft, ist die Situation nicht eindeutig: Die Mehrheit (Regierungschef Gustav Schädler, Regierungsrat Josef Steger und die beiden stellvertretenden Regierungsräte Wilhelm Marxer und Franz Amann) waren Anhänger der Volkpartei. Regierungsrat Felix Gubelmann hatte bei der Landtagswahl 1922 für die FBP kandidiert und wurde vermutlich bei der Wahl in die Regierung auch der FBP zugerechnet, 1926 kandidierte er dann er-

---

169 L.Vo. 29.4.1922, S. 1. In diesem nicht gezeichneten Beitrag wird die offizielle Begründung des Rücktritts mit «Gesundheitsrücksichten» angezweifelt, vielmehr wird vermutet, dass Josef Ospelt wegen «einseitiger Parteipolitik» (beispielhaft angeführt werden die Nicht-Konsultation beim Landesverwaltungspflegegesetz, die unbefriedigende Gehaltsregelung sowie die parteipolitische Besetzung der Gerichte) zurückgetreten sei.
170 LI LA AS 23/2 und 3. Die Regierungssitzungen wurden in der Besetzung Gustav Schädler, Felix Gubelmann und Alfons Feger abgehalten.
171 L.Vo. 29.4.1922, S. 1.
172 Quaderer-Vogt, Bewegte Zeiten, Bd. 3, S. 201.
173 Gustav Schädler wurde mit sieben Stimmen gewählt, vier Abgeordnete legten leer ein, einer wählte Dr. Josef Hoop. Die Gegner argumentierten, dass man mit der Wahl warten solle, bis der Fürst zu seinem angekündigten Besuch im Land sei. Der Fürst hatte der Wahl Schädlers im Voraus zugestimmt, so dass diesbezüglich eigentlich keine Bedenken bestehen konnten.
174 1919-1922 vom Fürsten ernannter Landtagsabgeordneter, bei den Wahlen 1922 hatte er nicht kandidiert.
175 An den Regierungssitzungen nahmen jeweils neben den beiden ordentlichen Mitgliedern Gustav Schädler und Felix Gubelmann ein oder zwei Stellvertreter (Alfons Feger, Franz Amann und Wilhelm Marxer) teil. LI LA AS 23/3, Regierungsprotokolle.

folglos für die VP. Regierungschef-Stellvertreter Alfons Feger schliesslich war von 1902 bis 1918 ein vom Fürsten ernannter Abgeordneter und zählte im Landtag zu den Gegnern von Wilhelm Beck, später wurde er aber der VP zugerechnet. Daraus kann geschlossen werden, dass es 1922 nicht die Absicht des Landtags war, die Bürgerpartei grundsätzlich aus der Regierung fernzuhalten. Die Regierungsarbeit führte aber zu einem Zusammenrücken der ursprünglich unterschiedlich eingefärbten Regierungsmitglieder.

Die Landtagswahlen 1926 lösten die nächste schwere Regierungskrise aus. Jetzt zeigte sich ein Schwachpunkt der neuen Verfassung: Bei den Wahlen hatte die Volkspartei alle Mandate im Oberland gewonnen, die Bürgerpartei alle Mandate im Unterland. Grundsätzlich waren sich die beiden Parteien darin einig, dass beide Parteien an der Regierungsbildung beteiligt werden sollten. Die Volkspartei war jedoch nicht bereit, den von der FBP vorgeschlagenen Dr. Ludwig Marxer in die Regierung zu wählen, da dieser im Wahlkampf in einem Flugblatt, das er zusammen mit Josef Ospelt zu verantworten hatte, die Regierung des «Verfassungsbruchs» und der «krassen Lüge» bezichtigt hatte. Zum Zeitpunkt der Regierungsbildung war deshalb noch ein Gerichtsverfahren hängig, das die Regierung angestrengt hatte.[176] Die Bürgerpartei beharrte bei der Wahl im Landtag auf ihrem Kandidaten Ludwig Marxer. Ihre Abgeordneten verliessen jeweils den Landtagssaal, sobald die Wahl der Regierung zur Behandlung kam, womit der Landtag beschlussunfähig wurde.[177] Nachdem eine Regierungsbildung nicht möglich war, wurde am 17. März der Landtag aufgelöst; die Neuwahlen im April führten jedoch zu keiner Mandatsverschiebung. Die FBP bestand weiterhin auf ihrem Regierungskandidaten Ludwig Marxer, den die Volkspartei weiterhin ablehnte – eine Regierungsbildung war auch nach den Neuwahlen nicht möglich. Erst nach einer Intervention des Fürsten bahnte sich eine Lösung an: Auf ausdrücklichen Wunsch des Fürsten fanden sich die Kontrahenten am 26. August 1926 zu einem Vergleich bereit, in dem Marxer und Ospelt den Vorwurf des Verfassungsbruchs und der krassen Lüge zurücknahmen, aber darauf beharrten, dass sie ihre Äusserungen aufgrund missverständlicher Aussagen der Regierung in gutem Glauben gemacht hätten.[178] Die Regierungskrise 1926 konnte schliesslich Ende September bewältigt werden, als sich die Bürgerpartei schweren Herzens bereitfand, anstelle von Ludwig Marxer den nicht weniger kämpferischen Peter Büchel als Regierungsrat vorzuschlagen. Die lange Regierungskrise hat dem Land zweifellos geschadet, sie machte aber auch deutlich, dass jede der beiden Parteien Regierung und Landtag handlungsunfähig machen konnte und die Verfassung (abgesehen vom fürstlichen Notrecht) keine Verfahren zur Bewältigung von politischen Krisen bereitstellte. Die Verfassung war auf Konsens und nicht auf Konfrontation angelegt. Art. 58 der Verfassung, wonach für einen gültigen Landtagsbeschluss zwei Drittel der Abgeordneten anwesend sein mussten, war gedacht als Minderheitenschutz, in der Praxis bot er der Minderheit die Möglichkeit für eine Blockade.

---

176 In einem ersten Verfahren wurden die beiden vom Schöffengericht freigesprochen: Von einem Verfassungsbruch könne nicht gesprochen werden, der Gerichtshof nahm aber zugunsten der beiden Angeklagten an, dass sie sich «im entschuldbaren guten Glauben befunden» hätten, weil sich die Regierung im Zusammenhang mit der Frage eines Monopols der Klassenlotterie falsch bzw. verwirrend geäussert habe. Urteil vom 8.4.1926. LI LA J 007/S 058/045/17; online: www.e-archiv.li/D45804; aufgerufen am 12.06.2015. Gegen diesen Freispruch legte die Regierung Berufung ein, was schliesslich zum Vergleich vom 26.8.1926 führte.

177 Gemäss Art. 58 LV müssen für einen gültigen Landtagsbeschluss bzw. Wahlen durch den Landtag mindestens zwei Drittel der Abgeordneten anwesend sein.

178 Vergleich vom 26.2.1926; L.Na. 28.8.1926, S. 1; online: www.e-archiv.li/D48387; aufgerufen am 13.06.2015.

Fritz Walser,
Landtagspräsident, 1920
(LI LA B 55/27/1)

Wilhelm Beck,
Landtagspräsident, 1920
(LI LA B 55/27/1)

Eugen Nipp,
Landtagsabgeordneter,
Lehrer, Redaktor
(LI LA B 91)

oben: Landtag von 1908, vorne in der Mitte Karl von In der Maur
und Albert Schädler (LI LA B 221/11/1)

Historischer Kontext

Vaduz, Schloss mit Regierungsgebäude und Villa d. Reg.-Chefs

Regierungsgebäude, 1903-05 erbaut (LI LA B 11 V.6/2/6)

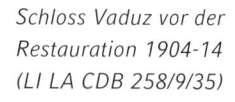

Schloss Vaduz vor der Restauration 1904-14 (LI LA CDB 258/9/35)

Dorfleben auf dem Lindenplatz in Schaan um 1925 (LI GAS)

Landtag und Gesetzgebung

Der Landtag bestand von 1862 bis 1989 aus 15 Abgeordneten. Von diesen wurden von 1878 bis 1918 sieben im Oberland und fünf im Unterland gewählt.[179] Neben diesen zwölf «Volksabgeordneten» ernannte der Landesfürst drei fürstliche Abgeordnete. Durch die Verfassung von 1921 wurde das Recht des Fürsten, drei Abgeordnete zu ernennen, aufgehoben, neu wurden alle fünfzehn Abgeordneten vom Volk gewählt (neun im Oberland, sechs im Unterland). Weitere Neuerungen in der Verfassung von 1921, die den Landtag betrafen, waren seine Befugnisse bei der Bestellung der Regierung und der Richter. Insgesamt wollte man aber möglichst bei den Bestimmungen der alten Verfassung bleiben und Neuerungen nur dort vornehmen, wo dies notwendig schien. So wurde auch nicht an der monarchistischen Tradition gerüttelt, dass der Landtag sich nicht selber versammeln darf, sondern vom Fürsten einberufen und geschlossen wird, d.h. dass es vom Fürsten abhängt, ob der Landtag tagen kann.

Das Wahlverfahren war bis 1918 indirekt: Die Wahlberechtigten wählten in jedem Wahlkreis «Wahlmänner», die dann in zwei nach den Wahlkreisen getrennten Wahlmännerversammlungen die Abgeordneten wählten. 1917 wurde auf Initiative von Landesverweser Leopold von Imhof das direkte und geheime (d.h. mittels Stimmzettel ausgeübte) Wahlverfahren eingeführt.[180] 1918 bis 1939 wurden die Abgeordneten im Majorzverfahren gewählt, wobei im ersten Wahlgang das absolute Mehr erforderlich war und im zweiten Wahlgang ein relatives Mehr genügte. Das Frauenwahlrecht war ein Thema, über das sich die Männer eher belustigten, als dass sie es als berechtigte Forderung ernst nahmen.[181]

An der Häufigkeit der Landtagssitzungen kann man ablesen, welches Gewicht dem Landtag beigemessen wurde: Bis 1918 fand jeweils im Oktober eine Eröffnungssitzung statt, in der der Landtagspräsident, der Landtagsvizepräsident, die Sekretäre/Schriftführer und die Finanzkommission gewählt wurden. Nach der Bestätigung des Präsidenten und Vizepräsidenten durch den Landesfürsten folgten vier bis sieben ordentliche Landtagssitzungen in den Monaten November und Dezember (manchmal auch noch eine im Januar). Von der Schliessung bis zur Wiedereröffnung im Namen des Fürsten galt der Landtag als nicht konstituiert; in dieser Zeit war er nicht handlungsfähig und wurde durch den Landesausschuss vertreten. Ab November 1918 hielt sich der Landtag nicht mehr an die von der Verfassung vorgegebenen Bestimmungen über die Eröffnung und Schliessung durch den Landesfürsten, ohne dass deswegen der Vorwurf eines verfassungswidrigen Eingriffs in die Rechte des Monarchen erhoben wurde. Der Landtag versammelte sich, wann immer es notwendig erschien. Auch die Wahl des Landtagspräsidenten und Vizepräsidenten wurde dem Fürsten nicht mehr zur Bestätigung vorgelegt. Die beiden Landräte wurden – im Einverständnis mit dem Fürsten – vom Landtag gewählt und vom Fürsten bestätigt. Positiv ausgedrückt emanzipierte sich der Landtag von überholten Beschränkungen, negativ ausgedrückt kümmerte er sich nicht mehr um die in der Verfassung und Geschäftsordnung vorgesehenen prozeduralen Vorschriften. Der Landtag nahm für sich bereits jene Rechte eines Parlaments in Anspruch, die ihm erst durch die Verfassung von 1921 zugestanden wurden. Besonders deutlich wurde dies bei der Kündigung des Zollvertrags mit Österreich: Der Landtag beschloss am 2. August

---

179 Zusätzlich wurden drei stellvertretende Abgeordnete im Oberland und zwei im Unterland gewählt.
180 Verfassungsgesetz vom 21.1.1918 betreffend die Abänderung der Landtagswahlordnung, LGBl 1918 Nr. 4.
181 Vgl. dazu L.Vo., Nr. 17, 1.3.1919, S. 1; online: www.e-archiv.li/D45811; aufgerufen am 09.04.2015.

1919 die sofortige Kündigung des Zollvertrags, obwohl ihm keine entsprechende verfassungsmässige Kompetenz zustand.[182] Dass der Fürst diesen Beschluss sanktionieren würde, wurde als selbstverständlich angenommen (Dok. 119).

Das Entstehen von Parteien veränderte die parlamentarische Arbeit wesentlich. Das Majorzwahlrecht führte dazu, dass von 1918 bis 1936 bei allen Wahlen klare Mehrheitsverhältnisse geschaffen wurden. Bei den Wahlen 1918 wurden im Oberland im ersten Wahlgang fünf Volkspartei-Abgeordnete und ein Bürgerpartei-Abgeordneter gewählt, im Unterland drei «Bürgerparteiler». Die Volkspartei feierte dieses Ergebnis bereits als grossen Erfolg, musste dann aber bei den «Stichwahlen» (beim zweiten Wahlgang) mit Ernüchterung zur Kenntnis nehme, dass alle restlichen Mandate an die Bürgerpartei gegangen waren. Zusammen mit den drei fürstlichen Abgeordneten[183] besassen damit die konservativen Kräfte im Landtag eine solide Mehrheit. Obwohl der Landesverweser ohne Zutun der Parteien bestimmt wurde und nicht auf das Vertrauen des Landtags angewiesen war, galt die Bürgerpartei in der Folge als «Regierungspartei». Von den Abgeordneten beider Parteien wurde «Parteidisziplin» gefordert, abweichendes Verhalten konnte mit Parteiausschluss sanktioniert werden – so wurden im Dezember 1921 die beiden Volkspartei-Abgeordneten Emil Risch und Josef Sprenger aus der Partei ausgeschlossen.[184]

Angesichts der Unfähigkeit der Politik, die enormen Probleme zu lösen, war der Wunsch nach einer Veränderung gross. Bei den Wahlen im Februar 1922 gewann die Volkspartei im Oberland alle neun und im Unterland zwei Sitze, die Bürgerpartei erhielt die restlichen vier Mandate im Unterland. Diesen überwältigenden Sieg verdankte die Volkspartei dem Majorzsystem. Bei den beiden Wahlen im Januar und April 1926 führte das Majorzsystem zu einer Spaltung des Landes: Alle neun Abgeordneten des Oberlandes gingen an die Volkspartei an, alle sechs im Unterland an die Bürgerpartei. Damit ergaben sich zwar klare Mehrheitsverhältnisse, doch behinderte die Aufteilung der Mandate nach Parteien und Landschaften die dringend notwendige überparteiliche Zusammenarbeit. Die Bereitschaft zu Kompromissen und zur Konkordanz fehlte, obwohl die sachlichen und vor allem ideologischen Differenzen nicht fundamentaler Art waren. Was fehlte, war das gegenseitige Vertrauen. Der Monarch war zweifellos eine Identität stiftende Klammer, doch Fürst Johann II. griff nur selten direkt in die Parteipolitik ein. Ob er das nicht machte, weil er eine gewisse Äquidistanz zu den beiden Parteien zu wahren suchte oder ob er für eine stärkere Präsenz in der liechtensteinischen Politik schlicht zu alt, zu krank und zu weit weg war, muss offen bleiben. Zweifellos stand der Fürst der konservativen, ihm treu ergebenen Bürgerpartei deutlich näher als der Volkspartei, die sich als

---

182 Gemäss Art. 23 Satz 1 der Verfassung von 1862 vertrat der Landesfürst «den Staat in allen seinen Verhältnissen gegen auswärtige Staaten». Art. 2 Satz 2 bezeichnete die Rechte des Landtags. Ohne seine Zustimmung durfte durch Staatsverträge weder der Staat als Ganzes noch Teile davon veräussert, auf keine Hoheitsrechte verzichtet, keine neuen Lasten auf das Fürstentum oder dessen Angehörige übernommen und keinerlei Verpflichtungen, welche den Rechten der Landesangehörigen Eintrag taten, eingegangen werden.
183 Vom Fürsten wurden Dr. Albert Schädler (der als langjähriger Landtagspräsident die Wahl durch das Volk zu seiner grossen Enttäuschen nicht geschafft hatte), Kanonikus J. B. Büchel und Johann Wohlwend (FBP), der die Wahl durch das Volk ebenfalls nicht geschafft hatte, ernannt. 1919 trat Albert Schädler zurück, er wurde durch Gustav Schädler, also einen Volksparteiler, ersetzt. Fürst Johann II. wollte damit zeigen, dass er grundsätzlich auch bereit war, Männer der Volkspartei zu fürstlichen Abgeordneten zu ernennen.
184 Quaderer-Vogt, Bewegte Zeiten, Bd. 3, S. 265.

Reformpartei verstand.[185] Dies durfte aber nicht allzu offenkundig werden, da die Volkspartei ab 1922 die massgebende Regierungspartei war und Fürst und Regierung zusammenarbeiten mussten.

Was das Kerngeschäft des Landtags, die Gesetzgebung, betrifft, so sind vor dem Ersten Weltkrieg lediglich die Schaffung der Gewerbeordnung von 1910[186] und die Gesetze zur Justizreform von 1906 bis 1912 herauszuheben. Während des Krieges befasste sich der Landtag nur mit 25, meist minder wichtigen Gesetzen – er nahm im Krieg keine führende Rolle wahr. Erwähnenswert sind lediglich die Liberalisierung der Gewerbeordnung von 1910 im Jahr 1915,[187] die Einführung der Vermittlerämter im Jahr 1915[188] und die bereits erwähnte Wahlrechtsreform von 1918; vorwiegend befasste er sich mit Gehaltsfragen, Unterstützungs- und Subventionsgesuchen und andern Verwaltungssachen. Regiert wurde häufig mit Verordnungen und Kundmachungen der Regierung. Auch in der unmittelbaren Nachkriegszeit bis zum Inkrafttreten der neuen Verfassung wurden keine bedeutenden Gesetzesreformen angegangen – im Zentrum standen die drängenden Finanzprobleme.

Ganz anders die gesetzgeberische Tätigkeit nach dem Inkrafttreten der Verfassung von 1921: Der Reformwille in der Volkspartei führte dazu, dass in wenigen Jahren, ja in wenigen Monaten grundlegende und zukunftsweisende neue Gesetze geschaffen wurden. Zu verdanken war dies den beiden Juristen Wilhelm und Emil Beck, die die Initiative ergriffen und sowohl die Gesetzentwürfe wie auch die Berichte erarbeiteten. Sie orientierten sich dabei vorwiegend an schweizerischem Recht[189] und an ihren liberalen Überzeugungen. Im Landtag und in der Regierung fehlte es an Juristen – das Fehlen von einschlägigem Fachwissen war wohl mit ein Grund, dass Landtag und Regierung kaum substanzielle Abänderungen an den Gesetzentwürfen anbrachten. Ein Beispiel: Bei der Behandlung des Personen- und Gesellschaftsrechts (PGR) äusserten sich die Abgeordneten vorwiegend zum Genossenschaftswesen und hier vor allem zum Thema Alpgenossenschaften, die übrigen Arten von juristischen Personen waren den Abgeordneten wohl zu abstrakt. Anlass zu einer Diskussion gab auch die Frage, ob die Kirche dem öffentlichen Recht unterstehen sollte.[190]

Es ist nicht möglich, hier auf diese enorme gesetzgeberische Tätigkeit näher einzugehen. Um deren Bedeutung wenigstens anzudeuten, seien die wichtigsten Gesetze und Staatsverträge nach dem Inkrafttreten der neuen Verfassung aufgezählt:
- Postvertrag vom 10. November 1921 mit der Schweiz,
- Gerichtsorganisations-Gesetz vom 7. April 1922,
- Gesetz vom 7. April 1922 betreffend Abänderung der Strafprozessordnung,
- Nachtragsgesetz vom 7. April 1922 zur Zivilprozessordnung,
- Landesverwaltungspflegegesetz vom 21. April 1922,
- Volksrechtegesetz vom 31. August 1922,

---

185 1920 ersuchte Eugen Nipp den Fürsten die Schulden des Volksblatts im Betrag von Fr. 6'500.- zu übernehmen, was auf eine besondere Nähe schliessen lässt. LI LA V 003/0529; online: www.e-archiv.li/D45136; aufgerufen am 27.04.2015. – 1921 liess Johann II. dem «Liechtensteiner Volksblatt» 1921 mindestens zwei Spenden von insgesamt 8'940 Franken zukommen. Quaderer-Vogt, Bewegte Zeiten, Bd. 2, S. 367.
186 Gewerbeordnung vom 30.4.1910, LGBl. 1910 Nr. 3
187 Gesetz vom 13.12.1915 betreffend die teilweise Abänderung der Gewerbeordnung, LGBl. 1915 Nr. 14
188 Gesetz vom 12.12.1915 über die Vermittlerämter, LGBl. 1916 Nr. 3
189 Quaderer-Vogt, Bewegte Zeiten, Bd. 3, S. 221.
190 Quaderer-Vogt, Bewegte Zeiten, Bd. 3, S. 223.

- Steuergesetz vom 11. Januar 1923,
- Sachenrecht vom 31. Dezember 1922,
- Gesetz vom 12. Januar 1923 betreffend die Spar- und Leihkasse,
- Zollanschlussvertrag vom 29. März 1923 mit der Schweiz,
- Gesetz vom 26. Mai 1924 zur Einführung der Frankenwährung,
- Gesetz vom 19. September 1925 betreffend das Landeswerk «Lawena»,
- Staatsgerichtshofgesetz vom 5. November 1925,
- Personen- und Gesellschaftsrecht vom 20. Januar 1926,
- Gesetz vom 7. Oktober 1927 betreffend die Regulierung des Hochwasser-Schadens,
- Gesetz vom 10. April 1928 über das Treuunternehmen.

Der Landtag war einfach organisiert. Er wählte jeweils eine Finanzkommission, die alle Geschäfte des Landtags vor der Beratung im Landtag vorbehandelte. Überraschend oft – nämlich fünfmal – wurden Untersuchungskommissionen zur Abklärung von Vorwürfen eingesetzt: 1918 wurde eine Untersuchungskommission wegen Unregelmässigkeiten bei der Lebensmittelversorgung eingesetzt.[191] 1921 untersuchte eine Kommission im Auftrag von Regierung und Landtag die Tätigkeit der Briefmarkenverschleissstelle[192], noch im gleichen Jahr bildete der Landtag eine zweite Untersuchungskommission zu diesem Fragenkomplex.[193] 1922 bildete der Landtag eine Untersuchungskommission zur Abklärung von Vorwürfen, die im Rechenschaftsbericht der Regierung Gustav Schädler gegenüber den früheren Regierungen Josef Peer und Josef Ospelt erhoben wurden.[194] 1927 liess der Landtag die Vorgänge bei der Klassenlotterie durch eine Untersuchungskommission untersuchen.[195]

Justiz

Gemäss Verfassung und Amtsinstruktion von 1862 fiel die Organisation der Justiz in die Verordnungskompetenz des Landesfürsten. Das Landgericht war für die Rechtsprechung in erster Instanz zuständig; die fürstliche Hofkanzlei in Wien war sowohl Rekursinstanz gegen Entscheidungen der Regierung als auch Appellationsinstanz bei Urteilen und Entscheiden des Landgerichts in Vaduz. Das Oberlandesgericht in Innsbruck bildete «den obersten Gerichtshof» für das Fürstentum Liechtenstein.[196] Von den drei Gerichtsinstanzen befand sich also nur die erste in Vaduz.

Durch die Amtsinstruktion von 1871[197] wurde die Justizpflege von der Verwaltung getrennt. Das fürstliche Appellationsgericht und die «politische Rekursinstanz» in Wien waren nun nicht mehr identisch mit der fürstlichen Hofkanzlei. Das «Appellationsge-

---

191 Antrag Wilhelm Beck in der Landtagssitzung vom 3.10.1918, LI LA LTP 3.10.1918.
192 Bericht der Untersuchungskommission Carl Spieler vom 23.5.1921. LI LA SF 3/1921/2281.; online: www.e-archiv.li/D46300; aufgerufen am 17.03.2015.
193 Bericht der Untersuchungskommission Gustav Schädler und Franz Xaver Gassner vom 10.12.1921. LI LA AFRh S 3/98; online: www.e-archiv.li/D46316; aufgerufen am 19.06.2015.
194 Untersuchungskommission zur Abklärung von Vorgängen, die in den (vertraulichen) Präsidialakten der Landesverweser ersichtlich waren. Landtagsbeschluss vom 12.10.1922.
195 Bericht der Kommissionsmehrheit vom 18.10.1928, LI LA RE 1928/0552 ; online: www.e-archiv.li/D46231; aufgerufen am 19.06.2015. Bericht der Kommissionsminderheit vom 7.5.1928, LI LA RE 1928/52; ebenso in J 7/S 059/105; online: www.e-archiv.li/D46226; aufgerufen am 19.06.2015.
196 §§ 91 und 92 der Amtsinstruktion vom 26.9.1862.
197 Fürstliche Verordnung vom 30. Mai 1871 über die Trennung der Justizpflege von der Administration mit Amtsinstruktion für die Landesbehörden des Fürstentums Liechtenstein, LGBl. 1871 Nr. 1.

richt» war die Rechtsmittelinstanz gegen (Gerichts-)Entscheide des Landgerichts,[198] die «politische Rekursinstanz» die Rechtsmittelinstanz gegen (Verwaltungs-)Entscheide der Regierung.[199] Personell gab es weiterhin Verflechtungen zwischen Hofkanzlei, Appellationsgericht und Rekursinstanz. Völlig unabhängig von Fürst und Verwaltung war lediglich das Oberlandesgericht in Innsbruck, das die dritte Instanz für das Fürstentum Liechtenstein bildete. Alle drei Institutionen entschieden aufgrund der eingereichten Akten, ein öffentliches und mündliches Verfahren war aufgrund der räumlichen Distanzen nicht möglich.

Zum besseren Verständnis der Entwicklung der Justiz nach 1921 ist kurz auf die Grundzüge der Justizreformen seit 1862 einzugehen.[200] Grundsätzlich lehnte sich Liechtenstein an die österreichische Justizgesetzgebung an, weil Landtag und Regierung aber Angst vor den Folgekosten hatten, verzichteten sie auf eine «ideale Rechtspflege».[201] Sie wählten in der Gerichtsorganisation teilweise billigere, pragmatische Lösungen. 1879 wurde das Zivilprozessverfahren analog den österreichischen Änderungen von 1874 modernisiert.[202] 1881 wurde auch die Strafprozessordnung in Bezug auf Verbrechen novelliert. Die Rechte der Angeklagten wurden deutlich verbessert (u.a. erhielten sie das Recht auf einen Verteidiger), die Untersuchung musste neu von einem Untersuchungsrichter in Anwesenheit von zwei Gerichtszeugen durchgeführt werden. Die Schaffung einer Staatsanwaltschaft wollte man sich aber angesichts der kleinstaatlichen Verhältnisse noch nicht leisten. Das Schlussverfahren war neu öffentlich und mündlich und wurde vor einem Kriminalgericht durchgeführt.[203] 1884 wurde in ähnlicher Weise auch das Verfahren bei Vergehen novelliert.[204] Die Justizreform fiel zeitlich mit dem Abschluss des Staatsvertrags von 1884 mit Österreich über die Justizverwaltung zusammen:[205] Darin erklärte sich Österreich bereit, Liechtenstein bei Bedarf Richter zur Verfügung zu stellen (gedacht wurde vor allem an die Besetzung der Kollegialgerichte). Im Interesse einer einheitlichen Rechtsprechung war es deshalb sinnvoll, dass Liechtenstein das österreichische Zivil- und Strafrecht weitgehend rezipierte.

Weitere Schritte in der Justizreform folgten in den Jahren 1906 bis 1912: Die Novellierung der Vorschriften über den Zivilprozess in der allgemeinen Gerichtsordnung 1907 war unbestritten. Hingegen führte die Novellierung der Strafprozessordnung zu heftigen Konflikten zwischen Landtag und Landesverweser In der Maur. 1909 wurde im Strafprozessrecht das völlig veraltete, formalistische Beweisverfahren durch die freie Beweiswürdigung ersetzt (Dok. 24).[206] 1913 einigten sich Regierung und Landtag schliesslich auf

---

198 Sie bestand aus drei geprüften Richtern, die vom Fürsten ernannt wurden.
199 Sie bestand aus drei Mitgliedern, die die «juristisch politischen Studien» absolviert haben mussten (§ 18 der Amtsinstruktion vom 30.5.1871, LGBl. 1871 Nr. 1.
200 Ausführlich dazu: Alois Ospelt, Laienrichtertum, JBL 2010, S. 19–114.
201 Albert Schädler, Die Tätigkeit des liechtensteinischen Landtags, JBL 1921, S. 15.
202 Gesetz vom 15.8.1979 betreffend die Rezipierung des österreichischen Gesetzes vom 16. Mai 1874, wodurch einige Bestimmungen über das mündliche, das schriftliche und das summarische Verfahren in Zivilrechtsstreitigkeiten abgeändert werden, LGBl. 1879 Nr. 2/1 und LGBl. 1879 Nr. 2/2.
203 Strafprozessnovelle vom 24. August 1881, LGBl. 1881 Nr. 1. Vgl. zum Ganzen auch die Ausführungen von Albert Schädler Landtag, JBL 1903, S. 48 ff.
204 Gesetz vom 24. Juni 1884 mit Zusatzbestimmungen zur Strafprozessnovelle vom 24. August 1881, LGBl. 1884 Nr. 6.
205 Staatsvertrag vom 19.1.1884 bezüglich der Justizverwaltung im Fürstentum Liechtenstein, LGBl. 1884 Nr. 8.
206 Gesetz vom 28. Dezember 1909, womit Zusatzbestimmungen zur Strafprozessnovelle vom 24. August 1881 erlassen werden, LGBl. 1910 Nr. 1.

eine Abänderung der Strafprozessordnung:[207] Die Regierung wollte ein Beschwerderecht der Regierung gegen Urteile des Landgerichts einführen, doch der Landtag lehnte dies ab, da das nach seiner Ansicht ein Verstoss gegen die Gewaltenteilung gewesen wäre.[208] Stattdessen wurde nun die Staatsanwaltschaft eingeführt. In der Folge wurde zwar gemäss Gesetz ein Staatsanwalt bestellt (nämlich der Landrichter), de facto übte jedoch sein Stellvertreter (und das war ein Regierungsbeamter) diese Funktion bis 1950 aus. Auf eine Verlegung der zweiten Gerichtsinstanz ins Land, wie vom Landtag gefordert, verzichtete man schliesslich aus finanziellen Gründen – dies wäre jedoch eine Voraussetzung zur Einführung des mündlichen und öffentlichen Verfahrens in der zweiten Instanz gewesen. Erwähnenswert ist schliesslich noch die Schaffung der Vermittlerämter nach ausländischen Vorbildern im Jahre 1915.[209]

Bis 1921 wurden die Richter (mit Ausnahme der Schöffen, die seit 1881 vom Landtag gewählt wurden) vom Landesfürsten ohne Mitwirkung des Landtags ernannt. Eine liechtensteinische Besonderheit war, dass die rechtskundigen Richter durchwegs Ausländer waren. Auf die Ernennung der Richter beim Oberlandesgericht Innsbruck und auf die Auswahl der Richter, die von Österreich gemäss Justizvertrag von 1884 zur Bestellung des Kriminalgerichts in Vaduz zur Verfügung gestellt wurden, hatte Liechtenstein keinen Einfluss.[210]

Die Verfassung von 1921 bildete eine Zäsur in der Rechtspflege. Die bisherige Organisation der Gerichte wurde zu einem grossen Teil – wenn auch unter neuen Namen – übernommen, in Bezug auf das Verfahren enthielt die Verfassung aber neue Grundsätze: In allen Verfahren wurden Mündlichkeit, Unmittelbarkeit und freie Beweiswürdigung verlangt (Art. 100 LV). Alle Gerichte mussten ins Land verlegt und die kollegialen Behörden mehrheitlich mit Liechtensteinern besetzt werden (Art. 108 LV). In allen Gerichten konnten auch Laienrichter eingesetzt werden. An die Stelle des Appellationsgerichts in Wien trat das Obergericht[211], an die Stelle des Oberlandesgerichts in Innsbruck der Oberste Gerichtshof[212] und an die Stelle der politischen Rekursinstanz die Verwaltungsbeschwerdeinstanz.[213] Der neu geschaffene Staatsgerichtshof[214] war sowohl Verfassungs- (Normenkontrolle) wie auch Verwaltungsgericht. Mit der Schaffung der Verwaltungsbe-

---

207 Gesetz vom 31. Dezember 1913 betreffend die Einführung einer Strafprozessordnung, LGBl. 1914 Nr. 3. Siehe auch den Bericht der Siebnerkommission des Landtags zum Gesetzentwurf: LI LA RE 1913/3270 ad 0040; online: www.e-archiv.li/D45922; aufgerufen am 28.04.2015.
208 Schädler, Landtag, JBL 1912, S. 36 ff.
209 LI LA LTA 1915/L 12.
210 Im Staatsvertrag vom 19. Januar 1884 mit Österreich betreffend die Justizverwaltung im Fürstentum Liechtenstein, LGBl. 1884 Nr. 8, wurde einerseits die Übertragung der Rechtsprechung in Zivil- und Strafsachen in dritter Instanz an das Oberlandesgericht in Innsbruck erneuert (Art. 1 des Vertrags) und andererseits verpflichtete sich Österreich, dem Fürstentum «nach Massgabe des Bedarfes» richterliche Beamte (auch für die Bestellung der Kollegialgerichte) zur Verfügung zu stellen. Bisher war dies durch das Hofdekret vom 18.2.1818 geregelt.
211 Bestehend aus einem Vorsitzenden und vier Oberrichtern, die «vom Landesfürsten einvernehmlich mit dem Landtage über dessen Vorschlag ernannt» wurden (Art. 102 Abs. 3 LV).
212 Bestehend aus einem Präsidenten und vier Richtern, die analog zum Obergericht «vom Landesfürsten einvernehmlich mit dem Landtage über dessen Vorschlag ernannt» wurden (Art. 102 Abs. 3 LV).
213 Bestehend aus einem rechtskundigen Vorsitzenden, der «vom Landesfürsten über Vorschlag des Landtages ernannt» wurde und zwei Rekursrichtern, die «vom Landtag aus der wahlfähigen Bevölkerung des Landes» gewählt wurden (Art. 97 Abs. 2 LV).
214 Bestehend aus dem Präsidenten und vier weiteren Mitgliedern, die vom Landtag gewählt wurden, wobei die Mehrheit gebürtige Liechtensteiner sein mussten. Die Wahl des Präsidenten unterlag der Bestätigung durch den Landesfürsten (Art. 105 LV).

Liechtensteiner-Volk!

Treu dem Fürsten
Treu dem Lande
Treu dem Volke

Klar und fest! Volkes Stimme, Gottes Stimme! — Keine Sozialisten aber freie Staatsbürger!

Liechtenstein, den Liechtensteinern!

Was streben unsere mutigen Volksabgeordneten an, was wünscht unser Volk?

Es ist Volkswunsch:

1. daß im Landtage nur vom Volk gewählte Abgeordnete sitzen und daß die Zahl der Landtagsmitglieder vermehrt wird,
2. daß alle Behörden ihren Sitz im Lande haben,
3. daß die aus liechtensteinischen Bürgern zusammengesetzte Regierung parlamentarisch regiere, der Regierungsvorsitzende als Vertrauensmann des Landtages von Sr. Durchlaucht ernannt werde und die andern zwei Regierungsmitglieder vom Landtage gewählt werden.

Keine fremden Mittelmänner zwischen Volk und Landesfürst!

Fort mit der Mauer zwischen Fürst und Volk!

Keine Ausländer als Beamte ohne Zustimmung des Landtages.

☞ **Ein freies Wort dem freien Bürger!** ☜

Für die Volkspartei:

Das Komitee.

Bekenntnis der Volkspartei zur Monarchie. Dem Parteiprogramm von 1919 beigeheftetes Flugblatt. (LI LA V 3/498)

Freunde der Ruhe und Ordnung!

Sicherer Kunde zufolge wird morgen

Samstag den 26. Februar 1921 vormittags

unter Leitung der Hetzer und Verführer unseres Volkes

eine Demonstration vor der fürstlichen Regierung in Vaduz stattfinden, die nicht weniger bezweckt als den

gewaltsamen Sturz der Regierung und Einsetzung der Gewalt anstelle des Rechtes und der Ordnung.

Als Vorwand muß diesmal die Markengeschichte herhalten.

In Wirklichkeit steht der gute Ruf, das Ansehen, die Selbständigkeit des Landes auf dem Spiele.

Es ist höchste Zeit, diesem verbrecherischen Treiben Einhalt zu gebieten.

Ich rufe alle im Lande, denen noch sein Gedeihen, die Ordnung und das Vaterland selbst am Herzen liegt auf

morgen, Samstag, vormittags um 8 Uhr unter Führung der Ortsvorsteher und Abgeordneten vollzählig in Vaduz beim Regierungsgebäude zu erscheinen und so zu zeigen, daß die Mehrheit unserer Landesbürger diesem Treiben endgültig

☞ **Halt!** ☜ zurufen will.

Liechtenstein, es geht um
Fürst und Vaterland!

Vaduz, den 25. Februar 1921.   Der Landtagspräsident: Friedr. Walser.

Flugblatt von Landtagspräsident Fritz Walser mit einem Aufruf zu einer Gegendemonstration anlässlich der Kundgebung von Anhängern der Volkspartei wegen der Briefmarken, 25. Februar 1921 (LI LA SgG 127/01)

schwerdeinstanz und des Staatsgerichtshofs sollte dem Rechtsstaat die Krone aufgesetzt werden: Staatliches Handeln wurde an Gesetze gebunden und unter richterliche Kontrolle gestellt.

Bei der Bestellung der Richter wird der «demokratische Zug» der Reorganisation deutlich: Das freie Richterernennungsrecht des Landesfürsten wurde massiv eingeschränkt, ihm blieb das Recht, die vom Landtag vorgeschlagenen Landrichter sowie alle Richter im Obergericht und im Obersten Gerichtshof zu bestätigen.[215] Die Schöffen- und Kriminalrichter wurden nur vom Landtag gewählt.[216] Beim Staatsgerichtshof und bei der Verwaltungsbeschwerdeinstanz waren nur der Präsident (StGH)[217] bzw. der Vorsitzende (VBI)[218] und deren Stellvertreter vom Fürsten zu bestätigen, nicht aber die übrigen Richter.

In der Justiz kam es ebenfalls zu einer Annäherung an die Schweiz – nicht aber zu einer Loslösung von Österreich. Das aus Österreich rezipierte Recht konnte nicht einfach durch Schweizer Recht ersetzt werden, man beschränkte sich – zumindest vorerst – auf die notwendigen und dringenden Anpassungen im Verfahrensrecht. In einer einzigen Landtagssitzung wurden am 28. März 1922 das Gerichtsorganisationsgesetz[219] sowie die notwendigen Anpassungen in der Zivil-[220] und Strafprozessordnung[221] abschliessend behandelt. Das materielle, von Österreich rezipierte Strafrecht wurde nicht angetastet.

Liechtenstein war auch nach 1921 auf qualifizierte ausländische Richter angewiesen, doch wurden nun auch Schweizer Richter bestellt: In den 1920er Jahren wurden in die verschiedenen Kollegialgerichte (inklusiv Verwaltungsbeschwerdeinstanz) insgesamt sechs Richter aus Österreich und sieben aus der Schweiz gewählt.[222] Die Österreicher waren alle Berufsrichter und wurden ausnahmslos in den Zivil- und Strafgerichten eingesetzt. Unter den sieben Schweizern hatte es keinen einzigen Berufsrichter, alle waren Juristen und fast alle waren als Anwälte tätig. Von den sieben Schweizern wurden vier in die Verwaltungsbeschwerdeinstanz gewählt, einer in den Staatsgerichtshof und je einer in das Kriminalgericht und das Obergericht.

Staatsfinanzen

Die Landesrechnungen von 1862 bis 1915 schlossen meistens mit einem Einnahmenüberschuss ab, daraus ergaben sich vor Kriegsbeginn nicht unbeträchtliche Finanzreserven.[223] Mit Abstand die wichtigste Einnahmequelle waren der Zoll und die aus dem Zollvertrag resultierenden Verbrauchssteuern, deren Höhe von Liechtenstein nicht beeinflusst werden konnte. An zweiter Stelle folgten mit grossem Abstand die direkten Steuereinnahmen.[224]

---

215 Art. 102 Abs. 3 LV (in der originalen Fassung). Sinngemäss auch § 2 Abs. 2 und 4 des Gerichtsorganisationsgesetzes vom 7. April 1922, LGBl. 1922 Nr. 16.
216 § 4 Abs. 2 des Gerichtsorganisationsgesetzes vom 7. April 1922, LGBl. 1922 Nr. 16.
217 Art. 105 LV und Art. 4 Abs. 1 und 4 des Staatsgerichtshofgesetzes vom 5. November 1925, LGBl. 1925 Nr. 8.
218 Art. 97 Abs. 2 LV.
219 Gerichtsorganisationsgesetz vom 7.4.1922, LGBl. 1922 Nr. 16.
220 Nachtragsgesetz vom 7.4.1922 zur Zivilprozessordnung vom 10. Dezember 1912, LGBl. 1922 Nr. 16.
221 Gesetz vom 7. April 1922 betreffend Abänderung der Strafprozessordnung vom 31. Dezember 1913, LGBl. 1922 Nr. 17.
222 Alle Richter in den Kollegialgerichten waren nebenberuflich tätig.
223 Vgl. zum Folgenden Quaderer-Vogt: Bewegte Zeiten, Bd. 2, S. 333 ff.
224 Artikel «Öffentlicher Haushalt». HLFL, Bd. 2, s. 668.

Ab 1916 sanken die Einnahmen aus dem Zollvertrag drastisch, während die Landesausgaben stiegen. Die Landesrechnung wurde stark defizitär; 1917 deckten die Einnahmen noch etwa die Hälfte der Staatsausgaben. Die zu Kriegsbeginn ansehnlichen Finanzreserven wurden in den Jahren 1916 und 1917 aufgebraucht. Um die in der Schweiz eingekauften Lebensmittel bezahlen zu können, war Liechtenstein gezwungen, bei der Schweizerischen Kreditanstalt in Zürich Kredite in Schweizerfranken aufzunehmen. Die Erhöhung verschiedener Verbrauchssteuern in Österreich, von denen auch Liechtenstein profitierte, konnte die finanzielle Misere nicht beseitigen. Liechtenstein nahm selber ebenfalls Steuererhöhungen vor, wobei vor allem die Einführung einer Kriegsgewinnsteuer ins Gewicht fiel. Nach ausländischen Vorbildern wurden kriegsbedingte höhere Gewinne aus Handel (insbesondere aus dem lukrativen Viehhandel), Mieten und gewerblicher Tätigkeit besteuert. Die Einführung der Kriegsgewinnsteuer wurde am 31. Dezember 1917 vom Landtag beschlossen, der die Regierung ermächtigte, eine solche Steuer durch Verordnung einzuführen.[225] Ein Gesetz, das rechtsstaatlich notwendig gewesen wäre, schien wegen der gebotenen Eile nicht machbar. Der Einnahmen aus der Krieg gewinnsteuer waren trotz niedriger Steuersätze beachtlich: 1918 resultierten 58,9 % der ordentlichen Staatseinnahmen aus dieser neuen Steuer (301'361 Kronen), während aus den Zolleinnahmen nur noch 8,4 % generiert werden konnten (42'951 Kronen).[226]

In den Jahren 1919 und 1920 herrschte beim Staatshaushalt ein völliges Chaos. Für das Jahr 1920 wurde gar kein Finanzgesetz beschlossen und kein Budget erstellt.[227] Für die übrigen Jahre zwischen 1918 und 1923 wurde zwar immer ein ausgeglichener Staatshaushalt budgetiert, tatsächlich resultierte aber in der Landesrechnung jeweils ein beträchtliches Defizit. Die Entwicklung der Staatseinnahmen und -ausgaben war in diesen Jahren vielen Unwägbarkeiten unterworfen. Liechtenstein stand kurz vor dem Bankrott und war auf massive Finanzhilfen des Fürsten angewiesen.

In dieser Situation war das Angebot zur Errichtung einer Spielbank, die hohe Staatseinnahmen und Investitionen in die Infrastruktur des Landes versprach, sehr verlockend. Damit hätten sich mit einem Schlag alle Finanzprobleme des Landes beseitigen lassen. Doch Fürst Johann II. war aus ethischen Gründen ein entschiedener Gegner der Spielbank. Die Situation war delikat: Landesverweser Prinz Karl, der Gesandte Prinz Eduard und auch Prinz Franz sen. (der spätere Fürst Franz I.) waren überzeugt, dass der Fürst sein Land finanziell grosszügig unterstützen musste, wenn er zur Spielbank Nein sagte – im andern Fall befürchteten sie Unruhen und Ausschreitungen. Fürst Johann II. war – wie so oft – bereit, grosszügig zu helfen. Da die finanzielle Situation des Fürstenhauses durch den Krieg ebenfalls gelitten hatte, sah er sich gezwungen ein Collier und ein Diadem aus dem Fideikommiss (Familienvermögen) zu verkaufen, das 605'000 Schweizerfranken einbrachte. Dieses Geld stellte er dem Land vorerst als unverzinsliches Darlehen zur Verfügung mit der Zweckbestimmung, dass damit der Kredit bei der Schweizeri-

---

225 LI LA LTP 31.12.1917, abgedruckt in L.Vo. 18.1.1918, S. 7.; online: www.e-archiv.li/D48389; aufgerufen am 15.06.2015. Die Regierung regelte die Kriegsgewinnsteuer in zwei Verordnungen: Verordnung vom 17. Juni 1918 betreffend die Einhebung einer Kriegsgewinnsteuer, LGBl. 1918 Nr. 6 ausgegeben am 25. Juni 1918 und Verordnung vom 19. August 1918 betreffend die Kriegsgewinnsteuer, LGBl. 1918 Nr. 7 ausgegeben am 27. August 1918.
226 Quaderer: Bewegte Zeiten, Bd. 2, S. 341.
227 Auch für das Jahr 1919 war das Finanzgesetz nicht verfassungskonform erstellt worden, weil am 21.1.1919 nur eine erste Lesung stattfand, aber noch kein Beschluss gefasst wurde. Ein Finanzgesetz für 1920 wurde nie behandelt.

schen Kreditbank aus der Lebensmittelschuld abgelöst, eine Teuerungszulage für die Staatsangestellten und die Kosten der Gesandtschaft in Bern finanziert werden sollten.[228] Anlässlich seines 65jährigen Regierungsjubiläums wandelte der Fürst das Darlehen in eine Schenkung um.[229]

Nach der Begleichung der Lebensmittelschuld aus dem Ersten Weltkrieg war das Land in einer wesentlich besseren Situation und wurde wieder kreditfähig. Dies war auch nötig, denn Liechtenstein war dringend auf weitere Kredite angewiesen. Erwähnt seien nur die beiden grössten: 1922 erhielt es von der Bank in Liechtenstein dank der Vermittlung des Fürsten bzw. von Kabinettsdirektor Josef Martin einen Kredit in der Höhe von einer Million Franken.[230] 1925 musste zur Finanzierung des Lawenawerks eine weitere Anleihe in der Höhe von einer Million Franken aufgenommen werden, die es von der Schweizerischen Volksbank in Bern erhielt. Als Sicherheiten wurden die Zollpauschale und das Lawenawerk geboten.[231]

Nach der Kündigung des Zollvertrags durch den Landtag am 12. August 1919 wurden die Regelung der Währungsfrage und die Beschaffung neuer Einnahmen Überlebensfragen. Schmuggel und Schwarzhandel florierten. Die Spielbank war wegen des Widerstands des Fürsten und der Geistlichkeit nicht realisierbar (Dok. 126). Das Briefmarkengeschäft, von dem man sich enorme Staatseinnahmen versprochen hatte, wurde zum Flopp, der dem Land nichts als neue Probleme bescherte. Die Zolleinnahmen, die aus der selbständigen Zollverwaltung entstanden, waren nicht unbeträchtlich, die Nettoeinnahmen waren aber bei weitem nicht so hoch wie vor dem Krieg.[232] In dieser Situation entschloss man sich notgedrungen zu einem «Abbau» in der Verwaltung: Auf alles, was nicht unbedingt nötig war, musste der Staat verzichten oder es auf später verschieben. Daraus ergaben sich beträchtliche Ausgabenkürzungen. Zudem beschloss der Landtag Gesetze zur Kürzung der Gehälter und Pensionen von Staatsbeamten und Lehrern sowie zum Abbau von Stellen und einen Einstellungsstopp in der Landesverwaltung.[233] Aufgrund des Abbaugesetzes wurden im Januar 1923 in der Verwaltung vier Stellen abgebaut, darunter der Gefängnisaufseher.[234] Auf einen Abbau beim Lehrpersonal verzichtete man, da man wusste, dass dies kontraproduktiv gewesen wäre.

Ein unbeliebter, aber unabdingbarer Schritt zur Sanierung des Staatshaushalts waren höhere Steuereinnahmen, die nur mit einer grundlegenden Steuerreform zu realisieren waren. Die ersten Schritte betrafen die indirekten Steuern: Da mit der überstürzten Kündigung des Zollvertrags die damit verbundenen Verbrauchssteuern weggefallen wa-

---

228 Fürstliches Handschreiben vom 10.2.1920. L.Vo. 18.2.1920, S. 1.; online: www.e-archiv.li/D48392; aufgerufen am 18.06.2015
229 Fürstliches Schreiben vom 12.11.1923. LI LA RE 1923/3623 ad 2327; online: www.e-archiv.li/D46042; aufgerufen am 17.06.2015.
230 Quaderer-Vogt: Bewegte Zeiten, Bd. 2, S. 395.
231 Quaderer-Vogt: Bewegte Zeiten, Bd. 2, S. 400.
232 In der Landesrechnung 1920 sind keine Zolleinnahmen enthalten (publiziert in O.Na. 22.1.1922, S. 2). Die Zolleinnahmen für das Jahr 1922 betrugen 160'241 Franken (abzüglich 42'920 Franken für die Grenzwache), für das Jahr 1923 betrugen sie 196'143 Franken (abzüglich 204'920 Franken für Zollpersonal und Zollhausbauten). Quaderer-Vogt: Bewegte Zeiten, Bd. 3, S. 171.
233 Abbaugesetz vom 26.12.1922, LGBl. 1922 Nr. 36, und Gesetz vom 1.6.1922 über die zeitweilige Einstellung des Pensionsanspruchs der Beamten, Angestellten, Diener, Landweibel und Lehrpersonen, LGBl. 1922 Nr. 23.
234 Regierungsmitteilung vom 6.1.1923. O.Na. 6.1.1923, S. 1.; online: www.e-archiv.li/D48390; aufgerufen am 17.06.2015.

ren, führte die Regierung aufgrund eines Landtagsbeschlusses[235] eine Maischesteuer[236] und eine Ausfuhrtaxe für Branntwein[237] ein. Dieser Verordnung fehlte – wie in Wien kritisiert wurde – die verfassungsmässige Grundlage.[238] Landesverweser Karl von Liechtenstein liess die Steuer trotzdem einheben. Weitere Bemühungen zur Verbesserung der Finanzsituation waren die Erhöhung der Taxen und Gebühren und die zeitlich befristete Einstellung der Finanzüberweisungen an die Gemeinden.[239]

Von zentraler Bedeutung war die Schaffung des neuen Steuergesetzes von 1923.[240] Der Auftrag zur Ausarbeitung eines Entwurfs und eines Berichts ging im Mai 1922 an Prof. Julius Landmann in Basel, der bereits im Oktober 1922 seinen Bericht ablieferte. Das Gesetz wurde am 2. Dezember 1922 im Landtag behandelt, der angesichts der Brisanz eine Volksabstimmung darüber beschloss. Diese fand bereits am 24. Dezember 1922 statt und ergab einen Ja-Stimmenanteil von 59.6 Prozent. Dass das Gesetz so rasch und reibungslos über die Bühne ging, war zu einem guten Teil dem Fürsten zu verdanken: Josef Ospelt meinte noch im Oktober 1922, dass es ein Leichtes wäre, die Ablehnung des Steuergesetzes zu erreichen. Der Fürst liess aber die Exponenten der Bürgerpartei und den Redaktor des Liechtensteiner Volksblattes wissen, dass er Wert auf eine zeitgemässe Steuerreform lege und dass er deshalb von der Opposition erwarte, dass sie «beruhigend» auf die Auseinandersetzung einwirke, also nicht gegen das Gesetz opponiere.[241]

Ein neues Instrument zur Einnahmenbeschaffung, das seit 1920 angewendet wurde und zunehmende Bedeutung erhielt, waren die sog. «Steuerpauschalierungen» für Domizilgesellschaften. Mit dem Steuergesetz von 1923 wurden die Rechtsgrundlagen für die steuerliche Privilegierung solcher Gesellschaften geschaffen. Eine weitere, zunehmend wichtiger werdende Einnahmequelle waren die sogenannten «Finanzeinbürgerungen».

Nach dem Inkrafttreten des Zollvertrags mit der Schweiz bildete die «Zollpauschale», die Liechtenstein aus den schweizerischen Zolleinnahmen erhielt, eine feste und berechenbare Einnahme. Die Zollpauschale betrug in den Jahren 1924 und 1925 je 150'000 Franken, 1926 bis 1930 jährlich 250'000 Franken. Liechtenstein war ab Mitte der 1920er Jahre auf dem Weg der finanziellen Gesundung. Trotz der insgesamt deutlich verbesserten Finanzlage blieb die Landesrechnung jedoch (mit Ausnahme des Jahres

---

235 Landtagsbeschluss vom 27. Oktober 1919. Unterlagen zu dieser Sitzung (Traktandenliste, Protokoll, Zeitungsbericht) sind nicht vorhanden. Dass eine solche stattgefunden haben muss, geht lediglich aus dem Einleitungssatz der Verordnung vom 6.11.1913 hervor.
236 Maische: Brei aus zerquetschten Trauben, Früchten, Kartoffeln, Getreide etc., der zur Wein-, Bier- oder Schnapsherstellung verwendet wird.
237 Verordnung vom 6.11.1919 über die Einführung einer staatlichen Maischesteuer und einer Ausfuhrtaxe für Branntwein, LGBl. 1919 Nr. 17
238 Die früheren Verbrauchssteuern waren aufgrund des Zollvertrags eingeführt worden, ihre rechtliche Basis ging mit der Auflösung des Zollvertrags verloren. Die neue Maische- und Branntweinsteuer hätte einer neuen gesetzlichen Grundlage bedurft. Fürst Johann II. verweigerte der Verordnung daher die Sanktion. Ein Jahr später (Landtagssitzung vom 29.9.1920) sollte dieser Mangel behoben werden. Ein entsprechender Gesetzesentwurf wurde zwar in erster Lesung behandelt, kam dann aber nicht mehr zur Beratung und wurde auch nicht im Landesgesetzblatt publiziert. Ausführlich dazu Quaderer-Vogt: Bewegte Zeiten, Bd. 2, S. 555 f.
239 Gesetz vom 24.1.1919 betreffend die Erhöhung der Taxen, Gebühren und Stempel, LGBl. 1919/2; Gesetz vom 24.1.1919 betreffend die teilweise Abänderung der Steuergesetze, LGBl. 1919 Nr. 3; Gesetz vom 24.1.1919 betreffend die zeitweilige Einstellung der Steuern-, Gebühren- und Taxüberweisungen, LGBl. 1919 Nr. 4.
240 Steuergesetz vom 11.1.1923, LGBl. 1923 Nr. 2
241 Quaderer-Vogt: Bewegte Zeiten, Bd. 2, S. 563 f.

1927) leicht defizitär.[242] Die enormen Kosten für die Bewältigung der Folgen des Rheineinbruchs und der Sparkassaaffäre brachten das Land dann erneut in grosse Finanznöte.

Parteien

Parteien entstanden in Liechtenstein erst 1918, im Vergleich mit den Nachbarstaaten also spät.[243] Der wichtigste Grund dafür ist die weitgehende Homogenität der Bevölkerung: Alle waren katholisch und fast alle waren Kleinbauern oder kleine Gewerbetreibende mit einem landwirtschaftlichen Nebenerwerb. Ein politisch relevantes Proletariat gab es nicht. Parteien wurden von der kleinen bürgerlichen Elite (vor allem im Umkreis des «Liechtensteiner Volksblatts») lange Zeit abgelehnt, da diese in der Parteibildung eine Bedrohung des Gemeinsinns und den Beginn einer Spaltung des Landes sah (Dok. 77). Ein weiterer Faktor, der der Parteibildung entgegenwirkte, war das indirekte Wahlrecht, das den Vertretern der Elite (v.a. Ärzte, Vorsteher und Wirte) entgegenkam. Von Landesverweser Leopold von Imhof, der die Initiative zur Einführung des direkten Wahlrechts ergriff, ist dafür der abschätzige Begriff «Vormünderwahl»[244] überliefert. Dieses System wirkte wie ein Filter, der dem einfachen Bürger, der ausserhalb seiner Gemeinde nicht bekannt war, keine Chance gab. Eine liechtensteinische Besonderheit bestand ferner darin, dass die beiden Parteizeitungen älter sind als die Parteien: Die beiden Parteien bildeten sich aus dem Umfeld der beiden Zeitungen heraus.

Unmittelbarer Anlass zur Bildung der Parteien waren die Landtagswahlen 1918. Als erste Partei wurde im Februar 1918 die christlich-soziale Volkspartei (VP) gegründet. Die Parteigründer rekrutierten sich aus der Anhängerschaft von Wilhelm Beck und den «Oberrheinischen Nachrichten». Der Name der Partei war programmatisch: Sie verstand sich als christliche, soziale, demokratische, monarchistische, nationalistische und reformorientierte Partei. Zentrale Anliegen waren die «Loslösung von Wien» und «Liechtenstein den Liechtensteinern»: Ausbau der Volksrechte, Verlegung aller Behörden nach Liechtenstein und wirtschaftliche Neuausrichtung auf die Schweiz (Dok. 103). Die Anliegen der Partei waren zum grossen Teil sehr konkret. Sie rekrutierte ihre Anhänger vor allem im Oberland; «rote» Gemeinden waren Balzers, Triesen und Triesenberg. Sie sprach alle Bevölkerungsschichten an, insbesondere aber die Saisonarbeiter in der Schweiz. Wenn es um die Rechte des Volkes ging, verstand sich die Volkspartei nicht als Bittstellerin, sondern als (Vor-)Kämpferin: Sie trat nicht vor den Thron um zu bitten, sondern um die (Volks-)Rechte selbstbewusst einzufordern. Damit stand sie automatisch in einem latenten Spannungsverhältnis zur Monarchie, was die Partei in Krisensituationen in eine kritische Position brachte. Da die Volkspartei im Oberland die Mehrheit hatte und dort 1922 und 1926 alle Mandate eroberte, dominierte sie von 1922 bis 1928 das politische Geschehen. Nach ihrem Sturz infolge des Sparkassaskandals 1928 dauerte es 40 Jahre, bis sie wieder die Mehrheit erhielt. Insgesamt war die Partei weniger konservativ, etwas kirchenkritischer (aber nicht kirchenfeindlich) und weniger monarchistisch. Wie die Bürgerpartei grenzte sie sich gegen Sozialismus und Liberalismus als den grossen ideologischen Strömungen in der damaligen europäischen Parteien-

---

242 Quaderer-Vogt: Bewegte Zeiten, Bd. 3, S. 172.
243 Zur Entstehung der Parteien siehe ausführlich Quaderer-Vogt: Bewegte Zeiten, Bd. 2, S. 11-70.
244 Der Begriff wurde von Landesverweser Imhof in der Landtagssitzung vom 30.10.11917 verwendet, vermutlich wurde er aber nicht von ihm geschaffen. LI LA LTA 1917/S04/2; online: www.e-archiv.li/D45975; aufgerufen am 23.04.2015

landschaft ab.[245] Vereinzelt vertraten ihre Anhänger – vor allem solche, die in der Schweiz als Saisonarbeiter gearbeitet hatten – sozialdemokratische Ideen.

Die Fortschrittliche Bürgerpartei (FBP) wurde offiziell erst am 22. Dezember 1918 gegründet (Dok. 97), das Volksblatt hatte jedoch bereits bei den Landtagswahlen im März 1918 mit einer Kandidatenliste und einer entsprechenden Wahlempfehlung Parteipolitik gemacht. Dass die konservativen Kreise um das Volksblatt ihre Bedenken gegen Parteien über Bord warfen, war einerseits eine Reaktion auf das Entstehen der Volkspartei, andererseits – und dies beeinflusste den Zeitpunkt der Gründung – war die Parteigründung eine Reaktion auf die Ereignisse im November 1918 («Novemberputsch»). Diese Ereignisse hatten zur Einsicht geführt, dass sich die Konservativen besser organisieren mussten, wenn sie wirkungsvoller (re)agieren wollten. Das Parteiprogramm der Bürgerpartei vom 4. Januar 1919 blieb relativ allgemein (Dok. 100), mit ihren Forderungen hätte sich die überwiegende Zahl der liechtensteinischen Bürger einverstanden erklären können: Die Partei trat für einen gesunden, ruhigen Fortschritt in den Bahnen der Ordnung und Gesetzlichkeit, für die Grundsätze der katholischen Religion und Treue zum Fürstenhaus ein. Sie hatte ein deutlich konservativeres Profil als die Volkspartei, wenn auch mitunter der Eindruck entsteht, dass sie eher wusste, was sie nicht wollte, als dass sie wusste, welche Reformen sie wollte. Sie wartete lieber ab, was der Fürst bereit war zuzugestehen, als dass sie lautstark Forderungen erhob. Alle Reformen sollten im Einvernehmen mit dem Fürsten umgesetzt werden. So blieb die Partei in wichtigen Fragen – beispielsweise in Bezug auf das künftige Verhältnis zu Österreich – unentschieden. Noch klarer als die Volkspartei grenzte sie sich gegenüber Sozialismus und Liberalismus ab – diesbezüglich hatte sie klare ideologische Feindbilder. Die Leute um die Bürgerpartei dominierten die Landespolitik von 1918 bis zu den Wahlen 1922. Obwohl die Partei nicht offiziell Regierungspartei war, benahm sie sich als solche: Die Regierung konnte sich auf die Bürgerpartei-Abgeordneten verlassen. Nach den Wahlen von 1922 schien die Bürgerpartei vorerst auf verlorenem Posten zu stehen, denn die Volkspartei konnte in der Gesetzgebung, aber auch beim Bau des Lawenakraftwerks klar Punkte sammeln. Mit dem Sturz der Volkspartei als Folge des Sparkassaskandals änderten sich dann aber die Voraussetzungen radikal: Der Ruf der Volkspartei war zerstört, die Bürgerpartei konnte vier Jahrzehnte lang bei den Wahlen jeweils eine Mehrheit erringen.

Ein Vergleich der beiden Parteien zeigt, dass sie etwa gleich stark waren und sich programmatisch im Spektrum von christlich-sozial bis katholisch-konservativ bewegten. Die Volkspartei wirkte jünger, dynamischer und reformorientiert, die Bürgerpartei älter, traditionalistischer und wertkonservativ. Zugespitzt könnte man formulieren: Die Loyalität der Volkspartei gehörte in erster Linie dem Volk (wie es der Name ausdrückte), die Loyalität der Bürgerpartei in erster Linie dem Fürsten. Aus der Sicht ausländischer Beobachter waren die ideologischen Unterschiede zwischen den beiden Parteien allerdings nicht so gross, wie es für die Einheimischen den Anschein machte. So hatten sich die beiden Parteien beispielsweise am 10. Dezember 1918 im Landtag einstimmig auf ein Neun-Punkte-Programm einigen können, das die meisten Kernforderungen der Volkspartei bereits enthielt. Auch die neue Verfassung wurde am 24. August 1921 im Landtag einstimmig verabschiedet. Landtagspräsident Fritz Walser meinte am Schluss dieser Sit-

---

245 Vgl. dazu Punkt 9 des Parteiprogramms vom 18.1.1919: Die Volkspartei «wendet sich in gleicher Weise gegen die Übertreibungen des Sozialismus und gegen die Auswüchse des Kapitalismus.» Oberrheinische Nachrichten vom 18.1.1919, S. 1.

Aufnahmen von Fürst Johann II.: auf einem Gemälde von John Quincy Adams 1908, auf der ersten liechtensteinischen Briefmarke 1912 und auf der Jagd mit einem erlegten Hirsch, ca. 1910 (LI LA B 11/12/7)

Prinz Karl von Liechtenstein, 1919/20 Landesverweser (LI LA B 13/4/1)

Prinz Eduard von Liechtenstein, 1919-21 Gesandter in Wien (LI LA B 55/27/1)

Prinz Alfred von Liechtenstein, 1928 prov. Regierungschef (LI LA B 13/24/1)

Historischer Kontext

Zur Erinnerung an das 50jährige Regierungsjubiläum des FÜRSTEN JOHANN II. von u. zu LIECHTENSTEIN
1858 – 1908

Fürst Franz I. mit Fürstin Elsa beim Besuch der Gemeinden 1929. Hinten Kabinettsdirektor Josef Martin (LI LA B 72/2/99)

Karl von In der Maur, 1884-96 und 1896-1913 Landesverweser (LI LA B 91)

Leopold von Imhof, 1914-1918 Landesverweser (LI LA B 91/1)

Josef Peer, 1920/21 Leiter der Regierung (PA Quaderer, Schaan)

zung: «Wenn wir heute einig geworden [sind], so [hat] das den Grund auch darin, weil wir keine verschiedene Weltanschauung haben.»[246] Die sachlichen Unterschiede wären nicht unüberwindbar gewesen, doch wurde ständig gegenseitiges Misstrauen gesät – die ständige Verunglimpfung des politischen Gegners und die überharten persönlichen Attacken in den Zeitungen und Flugblättern heizten die Stimmung oft unerträglich an. Wer das parteipolitische Gerangel von aussen betrachtete, musste es oft als Provinzpossen empfinden.

Ereignisse
Im Folgenden sollen einige wichtige Ereignisse herausgehoben werden, wobei der Begriff «Ereignisse» weit verstanden wird. Einige davon – insbesondere die Demonstrationen – werden auch im Zusammenhang mit den entsprechenden Themen dargestellt.

Volksabstimmungen
Interessant ist zunächst ein Blick auf die Nutzung der neuen Volksrechte: Kam die Möglichkeit von Volksabstimmungen zum Tragen? Oder war die Berufung der Parteien auf den «Volkswillen» eine Kaschierung eigener Forderungen? Von der Seite der Opposition wurde immer wieder argumentiert, dass man das Volk vor 1918 für unmündig gehalten und nie zu politischen Themen befragt habe. Das Volk sei jedoch sehr wohl in der Lage, selber zu entscheiden. Seit dem 7. November 1918 erblickte man bei der Regierung und der Opposition in Volksabstimmungen eine Möglichkeit, politische Konflikte zu entscheiden, obwohl dafür vorerst noch die verfassungsrechtlichen Grundlagen fehlten: Man war der Meinung, dass es keine Bedenken gegen eine Abstimmung geben könne, wenn Fürst und Landtag mit einer Abstimmung einverstanden seien. Im neuen Zeitalter der «Volkssouveränität» hatten die Volksabstimmungen eine doppelte Bedeutung: Einerseits kam ihnen eine symbolische Bedeutung zu; sie waren sichtbarer Ausdruck der neuen Volkssouveränität. Andererseits waren sie ein Instrument, um strittige Fragen so zu regeln, dass das Ergebnis von allen Seiten akzeptiert werden musste. Zwischen 1918 und 1928 wurde von der Möglichkeit von Volksabstimmungen sowohl von der Regierung bzw. von der Landtagsmehrheit wie auch von der Opposition reger Gebrauch gemacht, wie die folgende Zusammenstellung zeigt:

---

246 LI LA LTA 1921/S04/2; online: www.e-archiv.li/D45244; aufgerufen am 28.04.2015.

Abstimmungs-datum	Betreff	Initianten, Haltung der Parteien	Ergebnis
2.3.1919	Erhöhung der Zahl der vom Volk gewählten Abgeordneten von 12 auf 17 (inklusiv der drei fürstlichen Abgeordneten 20 Abgeordnete)	Landtagsbeschluss (VP dafür, FBP dagegen)	abgelehnt mit 55 %
2.3.1919	Herabsetzung der Volljährigkeit und des Stimmrechtsalters von 24 auf 21 Jahre	Landtagsbeschluss (VP dafür, FBP dagegen)	abgelehnt mit 55 %
28.3.1921	Verbleib von Josef Peer als Regierungschef (nachdem er sechs Monate im Amt war)	Landtagsbeschluss (VP dagegen, FBP dafür)	angenommen mit 62 %
24.12.1922	Totalrevision des Steuergesetzes	Landtagsbeschluss (von beiden Parteien unterstützt)	angenommen mit 60 %
27.4.1924	Abänderung des Steuergesetzes von 1923	Landtagsbeschluss (von beiden Parteien unterstützt)	angenommen mit 65 %
13.9.1925	Bau des Lawenakraftwerks	Landtagsbeschluss (VP dafür, VBP eher dagegen)	angenommen mit 56 %
13.12.1925	Abänderung der Zivilprozessordnung («Initiative Gassner»)	erste Volksinitiative mit Gegenvorschlag des Landtags	Entwurf der Initianten mit 89 % abgelehnt; Gegenvorschlag des Landtags mit 82 % angenommen
7.2.1926	Errichtung einer Landesbrandschaden-Versicherungsanstalt (obligatorische staatliche Gebäudeversicherung)	Landtagsbeschluss (VP dafür, FBP dagegen)	abgelehnt mit 66 %
30.1.1927	Abschaffung der Konzessionspflicht im Baugewerbe (Liberalisierung im Baugewerbe)	Volksinitiative aus Arbeiterkreisen (Gewerbeverband, VP und FBP dagegen), Gegenvorschlag des Landtags	Entwurf der Initianten mit 55 % abgelehnt. Gegenvorschlag des Landtags mit 95 % abgelehnt
1.5.1927	Abänderung des Gesetzes über das Besoldungs- und Entschädigungswesen	erstes Referendum	mit 65 % abgelehnt

Nicht in dieser Liste erscheinen drei Initiativen zur Steuersenkung, die zwischen Herbst 1924 und Frühjahr 1925 eingereicht wurden. Eine der Initiativen stammte vom Arbeiterverband, eine vom Bauernverband und die dritte von einer losen Interessenvereinigung. Da der Landtag diesen Anliegen entgegenkam, wurden sie nicht zur Abstimmung gebracht.[247]

Die Übersicht zeigt, dass im Ergebnis meist die Landtagsmehrheit bzw. die Regierung erfolgreich war, nach Parteien betrachtet war die Bürgerpartei erfolgreicher als die Volkspartei. In den ersten Jahren beschloss der Landtag mehrfach von sich aus, bestimmte Fragen dem Volk zur Entscheidung vorzulegen. Interessengruppierungen entdeckten, dass die neuen Volksrechte ein Instrument sein konnten, um die eigenen Anliegen mit guten Erfolgsaussichten zu einem politischen Thema zu machen. Der Landtag fühlte sich jedenfalls mehrfach verpflichtet, den Initianten entgegenzukommen. Kritisch anzumerken ist, dass die den Volksabstimmungen vorausgehenden Kampagnen oft nicht der Versachlichung der Debatten, sondern der parteipolitischen Profilierung dienten.[248]

Parteiversammlungen und Demonstrationen
Politische Instrumente im neuen demokratischen Zeitalter waren auch Parteiversammlungen und Demonstrationen. Vor allem die Vertreter der Volkspartei beriefen sich öfters darauf, dass in einer Parteiversammlung ein bestimmter Beschluss gefasst worden sei, an den sie sich gebunden fühlten. Darin kann man ein Stück weit die Ideale einer Basisdemokratie erkennen, allerdings ist zu hinterfragen, ob die Parteiführer solche Beschlüsse nicht bewusst herbeiführten, um dann in den Gesprächen umso härter auftreten zu können.

Ein anderes Mittel, die Basis zu mobilisieren, waren Demonstrationen. Die Mobilisierung politischer Anhänger mit dem Ziel Druck aufzubauen, war für Liechtenstein etwas völlig Neues. An den Demonstrationen heizten Redner die Stimmung an, zum Schluss wurden Resolutionen zuhanden des Fürsten oder der Regierung gefasst – wobei die Adressaten dann mitunter erklärten, sich nicht auf die Resolution einlassen zu können.[249] Am 8. September 1919 kam es zu einer Protestversammlung von etwa 300 Unterländern in Eschen gegen die «voreilige» Auflösung des Zollvertrags mit Österreich.[250] Wegen der Bestellung des Ausländers Josef Peer zum Landesverweser kam es am 2. Mai 1920 in Vaduz (250 Teilnehmer, organisiert von der Bürgerpartei) und am 9. Mai 1920 in der Au in Vaduz (zwischen 700 und 1000 Teilnehmer, organisiert von der Volkspartei) zu Demonstrationen. Am 13. Februar 1921 fand eine nicht-bewilligte Demonstration (250 Männer, organisiert von einem VP-nahen Komitee in Triesenberg) wegen der Briefmarkenfrage statt. Sie bildete den Auftakt zu zwei noch grösseren Demonstrationen am 26. Februar 1921 in Vaduz: Die Bürgerpartei konnte etwa 600 Mann mobilisieren, die Volkspartei etwa 250. Die Stimmung war durch das Verteilen von Flugblättern, aber auch durch das ungeschickte Verhalten von Landtagspräsident Fritz Walser und Landesverweser Josef Peer aufgeheizt worden. Es drohten gewalttätige Auseinandersetzungen zwischen den beiden Gruppierungen. Als Folge der Demonstrationen vom 26. Februar beschloss der Landtag das Gesetz vom 12. März 1921 betreffend die Errichtung einer bewaffneten Landeswehr,[251] womit eine Bürgerwehr gemeint war, die auch gegen die Opposition hätte eingesetzt werden können. Josef Ospelt, der kurz darauf Regierungs-

---

247 Vgl. dazu Quaderer-Vogt: Bewegte Zeiten, Bd. 3, S. 233 f.
248 Vgl. dazu auch Quaderer-Vogt: Bewegte Zeiten, Bd. 3, S. 236.
249 So die Regierung anlässlich der Demonstration vom 26.2.1921 (Quaderer-Vogt: Bewegte Zeiten, Bd. 2, S. 583) und Fürst Johann II. in der Kundmachung vom 30.4.1920. L.Vo. 1.5.1920, S. 4.; online: www.e-archiv.li/D48353; aufgerufen am 04.05.2015
250 L.Vo., Nr. 72, 10.9.1919, S. 2f.; online: www.e-archiv.li/D45313; aufgerufen am 05.05.2015.
251 LGBl. 1921 Nr. 5. Siehe dazu Quaderer-Vogt: Bewegte Zeiten, Bd. 3, S. 205 ff.

chef wurde, zeigte sich dann aber an der Realisierung einer solchen Landeswehr nicht interessiert, was politisches Augenmass verriet.[252]

Erwähnt werden muss schliesslich noch, dass die Parteianhänger gelegentlich auch bei der Behandlung von strittigen Themen im Landtag mobilisiert wurden. An erster Stelle sind die Landtagssitzungen vom 7. November 1918 (Rücktritt von Landesverweser Imhof bzw. Wahl eines provisorischen Vollzugsausschusses) und vom 25. November 1919 (Schaffung einer Bürgerwehr) zu nennen. In der Sitzung vom 25. November warf Landesverweser Prinz Karl dem Abgeordneten Wilhelm Beck vor, dass er zum Fenster hinausrede, dass er ständig die Leute aufhetze und dass er zur Landtagssitzung Volk herbestellt habe. Wilhelm Beck verliess aus Protest die Sitzung und der Balzner Landtagsbesucher Andreas Vogt rief in den Landtagssaal: «Nieder die Regierung, hoch die Republik!»[253] Darauf wurde die Landtagssitzung abgebrochen.[254] Das auf Antrag von Landtagspräsident Fritz Walser gegen Vogt eingeleitete Strafverfahren wurde auf Antrag von Landesverweser Prinz Karl von Fürst Johann II. niedergeschlagen, da man die Stimmung nicht weiter anheizen wollte.[255]

Besondere Ereignisse, Katastrophen

An besonderen Ereignissen sind zunächst zwei Brandkatastrophen zu erwähnen; beide ereigneten sich bei Föhn: In der Nacht vom 20. auf den 21. Oktober 1907 brannten in Vaduz, Altenbach 19 Häuser und 21 Ställe nieder (Dok. 14). 24 Familien wurden obdachlos, der Fürst spendete 2'000 Kronen.[256] In Triesen brannten in der Nacht vom 22. auf den 23. März 1913 17 Häuser, das Vereinslokal und 16 Ställe nieder. 90 Personen wurden obdachlos,[257] der Fürst spendete 2'000 Kronen.[258]

Am 4. März 1923 wurde der 73-jährige Franz Josef Wachter, ehemaliger Bürgermeister von Vaduz, von einem deutschen Raubmörder erschossen.[259] Die Bevölkerung war aufgebracht; die Regierung rief die Liechtensteiner auf, keine Ausländer zu beherbergen und das Auftauchen fremder Vaganten und Bettler sofort dem nächsten Polizeiposten zu melden (Dok. 200).[260]

Zu all den wirtschaftlichen und finanziellen Problemen, die schwer auf dem Land lasteten, kam die katastrophale Rheinüberschwemmung im September 1927, die auf mangelhafte Vorsorge bei den Rheinschutzbauten zurückzuführen war (Dok. 226). Bei einem extremen Hochwasser brach der Rheindamm am 25. September 1927 oberhalb der Eisenbahnbrücke Schaan-Buchs, der Rhein überschwemmte die Talebene von Schaan bis Tosters und Ruggell. Zwei Menschen kamen ums Leben. Obwohl das Land bei der Bewältigung der Katastrophe grosse Solidarität, vor allem aus der Schweiz, erfahren durfte, war der wirtschaftliche Schaden gross: Das Land musste wiederum eine Anleihe von 1,5 Millionen (als Vorschuss auf die Zollpauschale) in der Schweiz aufnehmen; Fürst

---

252 LI LA RE 1921/3147 ad 1466; online: www.e-archiv.li/D45822; aufgerufen am 04.05.2015.
253 Quaderer-Vogt: Bewegte Zeiten, Bd. 2, S. 135. Andreas Vogt war Saisonnier in der Schweiz und galt als Sozialdemokrat. Gegen ihn wurde auf Antrag von Landtagspräsident Fritz Walser ein Strafverfahren eingeleitet, das jedoch auf Antrag der Regierung von Fürst Johann II. niedergeschlagen wurde.
254 LI LA LTP 25.11.1919; online: www.e-archiv.li/D44121; aufgerufen am 04.05.2015
255 SF 1/1920/035; online: www.e-archiv.li/D46462; aufgerufen am 19.06.2015
256 L.Vo. 25.10.1907, S. 1.
257 L.Vo. 28.3.1913, S. 1.
258 L.Vo. 18.4.1913, S. 1.
259 L.Vo. 7.3.1923, S. 2; online: www.e-archiv.li/D46601; aufgerufen am 04.05.2015
260 L.Vo., Nr. 19, 10.3.1923, S. 4; O.N., Nr. 19, 10.3.1923, S. 4; online: www.e-archiv.li/D46393; aufgerufen am 04.05.2015.

Johann II. schenkte dem Land eine Million Franken als Beitrag zur Behebung der Hochwasserschäden.[261]

Fürstenhaus

Fürst

Der am 5. Oktober 1840 im mährischen Eisgrub geborene Fürst Johann II. war der älteste Sohn des Fürsten Alois II. und der Fürstin Franziska, geb. Gräfin Kinsky von Wchinitz und Tettau. Nach dem überraschenden Ableben seines Vaters am 12. November 1858 trat er die Regierung an.[262]

In seine 71 Jahre umfassende Regierungszeit fielen zahlreiche wichtige Reformen im Fürstentum, so etwa 1859 jene des Schulwesens, der Währung und des Strafrechts, 1864 der Gemeindeverwaltung, 1865 der Gewerbeordnung und der Steuergesetzgebung sowie 1869 des Armenwesens.[263] 1893/1895 erfuhr das fürstliche Hausrecht eine Erweiterung durch eherechtliche Bestimmungen,[264] welche jedoch 1902 in Liechtenstein wieder sistiert werden mussten, da eine Anerkennung derselben durch den österreichischen Reichsrat nicht zu erwarten war.[265] 1926 wurde der Fürstliche Familienvertrag von 1842 hinsichtlich des Ranges und der Titelführung bei unstandesgemässer Eheschliessung ergänzt.[266]

Am 26. September 1862 unterzeichnete Fürst Johann II. die erste konstitutionelle Verfassung, nach welcher der Fürst eine starke Stellung behielt. § 2 der Verfassung hielt ausdrücklich fest, dass der Landesfürst das Oberhaupt des Staates sei und in sich alle Rechte der Staatsgewalt vereinige und diese unter den in der Verfassung festgesetzten Bestimmungen ausübe. Die Person des Fürsten wurde als «heilig und unverletzlich» bezeichnet.[267] An den im September 1920 durchgeführten Schlossverhandlungen zwischen fürstlichen Vertretern und der oppositionellen Volkspartei, welche eine wichtige Etappe auf dem Weg zur Verfassung vom 5. Oktober 1921[268] war, stimmte der Fürst den Forderungen der Volkspartei weitgehend zu («Schlossabmachungen»).[269]

Fürst Johann II. war – gerade vor dem Hintergrund der tschechoslowakischen Bodenreform – sehr um die internationale Respektierung der liechtensteinischen Souveränität bemüht. In diesem Sinne wurde etwa die Residenz des Fürsten in Wien 1920 von Österreich als exterritoriales Gebäude eines fremden Souveräns anerkannt (Dok. 166). Ein Rechtsgutachten des Wiener Völkerrechtsprofessors Leo Strisower bekräftigte 1921 die Souveränität des Fürsten bzw. des Fürstentums Liechtenstein (Dok. 173).[270] Strisower

---

261 Geiger: Krisenzeit, Bd. 1, S. 84 f.
262 Die Regierungsantrittserklärung von Fürst Johann II. vom 12.11.1858 siehe unter LI LA SgRV 1858; online: www.e-archiv.li/D45212; aufgerufen am 17.04.2015. Vgl. Wanger, Die Regierenden Fürsten, S. 145
263 HLFL, Bd. 1, S. 542
264 LGBl. 1895 Nr. 1.
265 LGBl. 1902 Nr. 2. Vgl. LI LA LTA 1902/L01; online: www.e-archiv.li/D45126; aufgerufen am 10.04.2015; sowie LI LA LTA 1902/S04/2; online: www.e-archiv.li/D45128; aufgerufen am 10.04.2015.
266 LGBl. 1926 Nr. 3. Vgl. LGBl. 1926 Nr. 9.
267 Quaderer-Vogt, Bewegte Zeiten, Bd. 1, S. 44
268 LGBl. 1921 Nr. 15
269 HLFL, Bd. 1, S. 542
270 Vgl. dagegen Prager Tagblatt, Nr. 225, 27.9.1923, S. 3; online: www.e-archiv.li/D46051; aufgerufen am 10.04.2015.

sah die Souveränität Liechtensteins darin begründet, dass es ein Staatsgebiet, ein Staatsvolk und eine originäre Herrschaftsmacht besitze. Er führte den Beginn der Souveränität des Landes auf die Mitgliedschaft im Rheinbund ab 1806 zurück. Er erwähnte auch die Auffassung des Völkerbundes, wonach das Fürstentum Liechtenstein im Rechtssinne ein souveräner Staat sei. Liechtenstein habe zwar vertragsgemäss die Ausübung von Verwaltungsbefugnissen in gewissem Umfang an Österreich übertragen, bei diesen vertraglichen Abmachungen handle es sich aber nur um völkerrechtliche Bindungen, durch welche keine höhere Autorität anerkannt werde. Strisower begründete mit der Souveränität des Staates auch die Souveränität des regierenden Fürsten, welcher als höchstes Staatsorgan Träger der souveränen Staatsgewalt seines Staates sei. Er wies in seinem Gutachten auch darauf hin, dass bei erblichen Mitgliedern des österreichischen Herrenhauses – wie dies Fürst Johann II. war – die österreichische Staatsbürgerschaft nicht verlangt wurde.[271]

Der Fürst führte ein zurückgezogenes Leben. Besuche in Liechtenstein waren selten. Die Opposition im Lande stellte dies, vor allem in den Krisenzeiten während und nach dem Ersten Weltkrieg, missbilligend fest, wenn sie vom «Absentismus» des Fürsten sprach.[272] Der in Liechtenstein äusserst beliebte Fürst war zeitlebens ebenso philanthropisch wie menschenscheu. Er förderte die Modernisierung Liechtensteins durch grosszügige finanzielle Unterstützung. Er beteiligte sich an den Kosten der Rheinverbauung in den 1870er Jahren[273] und am Ausbau der Strassen und Wanderwege des Landes. Beispielsweise finanzierte er den Bau des Fürstensteigs 1897. Besonderes Interesse hatte der tief religiöse Fürst an der Errichtung von Sakralbauten, die er durch bedeutende Geldzuwendungen unterstützte, wie z.B. die Pfarrkirchen von Vaduz, Schaan, Ruggell und Balzers. Ausserdem führte Fürst Johann II. mehrere grössere historistische und neoromanische Bauvorhaben aus. 1884 bis 1903 nahm der Fürst den Umbau der Festung Liechtenstein bei Mödling vor und 1905 bis 1914 wurde das Schloss Vaduz wiederhergestellt (Dok. 30).[274]

Anlässlich des fünfzigjährigen Regierungsjubiläums des Fürsten 1908[275] beschloss der Landtag, einen «Irrenfürsorgefonds» einzurichten und den bereits bestehenden Feuerwehrfonds entsprechend zu dotieren (Dok. 17).[276] Die Dankbarkeit des Volkes zeigte sich auch bei den Feierlichkeiten im Jahre 1912 aus Anlass des zweihundertjährigen Überganges der Grafschaft Vaduz an das Fürstenhaus Liechtenstein bzw. des fünfzigjährigen Erlasses der konstitutionellen Verfassung (Dok. 32).

Als sich der liechtensteinische Staat im Gefolge des Ersten Weltkrieges und der Kronenentwertung in einer schweren finanziellen Krise befand, unterstützte der Fürst das Land mit ausserordentlich hohen Geldsummen. Als finanzpolitisch belastend erwies sich besonders der Umstand, dass die während des Krieges aus der Schweiz bezogenen Lebensmittel mit Franken bezahlt werden mussten. Dadurch sah sich das Land gezwungen, Frankendarlehen bei der Schweizerischen Kreditanstalt in Zürich aufzunehmen. Fürst Johann II. erklärte sich bereit, die schwebende Schuld des Landes auf sich nehmen, wenn im Gegenzug die Errichtung eines Spielkasinos unterbleibe. Im Februar 1920 un-

---

271 Quaderer-Vogt, Bewegte Zeiten, Bd. 1, S. 573-574.
272 Quaderer-Vogt, Bewegte Zeiten, Bd. 3, S. 436.
273 Vgl. LGBl. 1873 Nr. 3 sowie LGBl. 1871 Nr. 6.
274 Vgl. etwa L.Vo. Nr. 28, 12.7.1907, S. 1; online: www.e-archiv.li/D46187; aufgerufen am 07.04.2015;
275 Vgl. L.Vo., Nr. 46, 13.11.1908, S. 1; online: www.e-archiv.li/D46026; aufgerufen am 10.04.2015.
276 Vgl. auch LI LA LTA 1908/L04; online: www.e-archiv.li/D45980; aufgerufen am 10.04.2015.

terzeichnete er das Handschreiben, mit welchem er dem Land ein unverzinsliches Darlehen von 550'000 Franken gewährte.[277] Das Darlehen war dazu bestimmt, die Lebensmittelschuld bei der Schweizerischen Kreditanstalt zurückzuzahlen, dem Staatspersonal Teuerungszulagen in Franken auszuzahlen und die Kosten der liechtensteinischen Gesandtschaft in Bern zu tragen. Am 20. März 1920 nahm der Landtag das Gesetz betreffend die Rückzahlungsbedingungen an.[278] Für den Fall einer Änderung der staatsrechtlichen Verhältnisse behielt sich der Fürst für sich und seine Erben ausdrücklich ein Kündigungsrecht vor. Da das Land die ersten drei der vereinbarten halbjährlichen Rückzahlungsraten nicht zahlen konnte, verzichtete der Fürst bis auf weiteres darauf und stellte diese für Landeszwecke zur Verfügung. Am 12. November 1923 hielt der Landtag eine Festsitzung zum 65-jährigen Regierungsjubiläum des Fürsten ab.[279] Bei dieser Gelegenheit liess Fürst Johann II. mitteilen, dass er den Schuldbrief über 550'000 Franken vernichte, um die Sanierung der Landesfinanzen zu Ende zu führen (Dok. 209).[280]

Fürst Johann II. gewährte auch sonst immer wieder finanzielle Unterstützungen an öffentliche Institutionen, Vereine und Privatpersonen. Allein in den Jahren 1922 bis 1928 ergab dies die stolze Summe von über 1,1 Mio. Franken. Mit dieser Unterstützung verband das Haus Liechtenstein die Einflussnahme auf die innenpolitische Entwicklung Liechtensteins.[281] Das Volk in Liechtenstein gab Fürst Johann II. den Beinamen «der Gute».[282]

Am 11. Februar 1929 starb Fürst Johann II. auf Schloss Feldsberg. Die Nachfolge trat dessen Bruder, Fürst Franz I. (1853-1938), im Alter von 76 Jahren an. Prinz Franz hatte bereits vor seinem Regierungsantritt wesentlichen Einfluss auf die Gestaltung der liechtensteinischen Innen- und Aussenpolitik. Er hatte gegenüber der Christlich-sozialen Volkspartei keine Berührungsängste, was bei der Bürgerpartei wiederum Bedenken hervorrief. Seiner einflussreichen Rolle an der Seite des Fürsten Johann II. waren sich die Akteure in Liechtenstein bewusst. Ohne seine Mitwirkung kam es in wichtigen Fragen kaum zu Entscheidungen. In wichtigen Fragen wandten sich daher der Regierungschef, der Landtagspräsident und die Vertreter der politischen Parteien an ihn. Auf Grund des Art. 13 der neuen Verfassung wurde Prinz Franz im Dezember 1921 mit der Ausübung der dem Fürsten auf dem Gebiete der Vertretung des Fürstentums nach Aussen zustehenden Hoheitsrechte betraut.[283]

1923 rückte der spätere Fürst Franz Josef II. durch den Verzicht seines Vaters Alois und seines Onkels Franz (1868-1929) auf den zweiten Platz in der Thronfolge auf (Dok. 201). Das Motiv, in der Nachfolge eine ganze Generation zu überspringen, war vor allem in den erheblichen tschechoslowakischen Erbschaftssteuern begründet.[284]

---

277 LGBl. 1920 Nr. 4.
278 LGBl. 1920 Nr. 5.
279 Vgl. LI LA RE 1923/2327; online: www.e-archiv.li/D46043; aufgerufen am 10.04.2015; ferner LI LA RE 1923/3421; online: www.e-archiv.li/D46047; aufgerufen am 10.04.2015.
280 Quaderer, «Die Sehnsucht nach Deinem Geld ist unermesslich», S. 25-33.
281 Quaderer, «Die Sehnsucht nach Deinem Geld ist unermesslich», S. 38-39 u. 41.
282 HLFL, Bd. 1, S. 543.
283 Kundmachung vom 24.12.1921, LGBl. 1922 Nr. 1. Quaderer-Vogt, Bewegte Zeiten, Bd. 3, S. 438-440.
284 LGBl. 1923 Nr. 12. Press, Das Haus Liechtenstein, S. 72-73.

Fürstliche Familie

Seit der Authentischerklärung des Gemeindegesetzes von 1864[285] im Jahre 1919 besassen sämtliche von Fürst Johann I. abstammende Mitglieder des Hauses Liechtenstein die liechtensteinische Staatsbürgerschaft (Dok. 121).[286] Während ein Teil der Angehörigen neben der liechtensteinischen auch noch die österreichische Staatsbürgerschaft innehatte, waren Fürst Johann II. und Prinz Franz von Liechtenstein ausschliesslich liechtensteinische Staatsangehörige. Dies traf auch noch auf die Witwe von Prinz Alfred Alois, Henriette, sowie deren Kinder Prinz Franz jun., Prinz Alois und dessen Ehefrau Elisabeth Amalie zu. Prinz Eduard und seine Familie waren 1919 in der Gemeinde Vaduz eingebürgert worden und hatten auf die österreichische Staatsbürgerschaft verzichtet.[287]

Mit der Erwerbung der liechtensteinischen Staatsbürgerschaft durch Prinz Alfred Alois 1902, welcher vor dem Hintergrund der Vermählung seines Sohnes, des Prinzen Alois, mit der Erzherzogin Elisabeth Amalie, der Nichte des österreichischen Kaisers Franz Josef I., im Jahre 1903 erfolgte (vgl. Dok. 6), waren diesem jene Rechte und Vorzüge am kaiserlichen Hof gewährt worden, welche den Mitgliedern souveräner Fürstenhäuser zuerkannt waren.[288] Damit war allerdings nicht die Exterritorialität von der österreichischen Gerichtsbarkeit bzw. die Unterstellung unter die Jurisdiktion des Obersthofmarschallamtes verbunden. Nach gemeinem Völkerrecht – so führte das k.k. Justizministerium 1907 anlässlich eines Schadenersatzprozesses vor dem Bezirksgericht Deutsch-Landsberg aus – stand die Exterritorialität nur dem Haupt der souveränen Familie und den in seiner väterlichen oder ehelichen Gewalt stehenden Personen zu (Dok. 12).

Die enge Verbindung mit dem österreichischen Kaiserhaus kam auch im Militärdienst verschiedener Angehöriger des Hauses Liechtenstein, darunter des genannten Prinzen Alois, in der österreichischen Armee während des Ersten Weltkrieges zum Ausdruck.[289]

Fürstliche Besitzungen

Der gesamte Grundbesitz des Fürsten Johann II. umfasste 1914 184'400 Hektar, vorwiegend in Böhmen und Mähren, aber auch in Schlesien, Niederösterreich, Steiermark und Salzburg.[290] Die Streuung des Besitzes erstreckte sich auf 600 Gemeinden, 40 politische Bezirke und 70 Steuerbezirke. Hinzu kam das fürstliche Patronat über 237 Kirchen in 174 Pfarreien. Weiter gab es eine Tonwaren- und Zuckerfabriken, Brauereien, Molkereien, Brennereien, Mühlen, Sägewerke, Eisenbahnen und Elektrizitätswerke zu verwalten.[291]

Der Güterbesitz in der neu gegründeten Tschechoslowakei bestand 1919 aus 24 Herrschaften mit insgesamt 160'000 Hektar. Davon waren 124'000 Hektar Forstwirt-

---

285 LGBl. 1864 Nr. 4.
286 LGBl. 1919 Nr. 10. HLFL, Bd. 1, S. 534-537, hier S. 534 (Artikel: Franz Josef II. von Liechtenstein). Vgl. LI LA LTA 1919/S04; online: www.e-archiv.li/D46052; aufgerufen am 13.04.2015; ferner LI LA LTA 1919/L26; online: www.e-archiv.li/D46058; aufgerufen am 13.04.2015.
287 Quaderer-Vogt, Bewegte Zeiten, Bd. 1, S. 592.
288 AT ÖStA, HHStA, Obersthofmarschallamt, Neue Zeremoniell Akten, R. III, Karton 235, Z. 33 (LI LA SgK 055); online: www.e-archiv.li/D46068; aufgerufen am 13.04.2015.
289 L.Vo., Nr. 36, 5.9.1914, S. 1; online: www.e-archiv.li/D46213; aufgerufen am 13.04.2015. Vgl. LI LA RE 1923/3288; online: www.e-archiv.li/D46059; aufgerufen am 13.04.2015; ferner LI LA RE 1923/3644 ad 3288; online: www.e-archiv.li/D46060; aufgerufen am 13.04.2015.
290 Kraetzl Franz: Das Fürstentum Liechtenstein und der gesamte Fürst von und zu Liechtensteinische Güterbesitz, Brünn 1914; S. 114-119.; online: www.e-archiv.li/D46153; aufgerufen am 07.04.2015.
291 Schöpfer, Klar und fest, S. 140-141.

schaft und 36'000 Hektar Landwirtschaft.[292] Die Durchführung einer Bodenreform musste daher für das Haus Liechtenstein schwerwiegende Auswirkungen haben.

Die tschechoslowakische Bodenreform, die ein langwieriger und komplizierter Prozess war, hatte aus tschechoslowakischer Sicht eine historische und eine sozialpolitische Komponente. Vom historischen Standpunkt aus sollte das «Unrecht» von 1620, das heisst die teilweise Überführung des Grossgrundbesitzes an kaisertreue deutsche Adelsgeschlechter nach der Schlacht am Weissen Berg, rückgängig gemacht werden. Die sozialpolitische Komponente bestand in der Umverteilung des Bodens. Die Umsetzung der Bodenreform führte zu Streitigkeiten zwischen den Agrariern und den Sozialisten. Die Agrarier wollten das gekaufte und konfiszierte Land direkt in das Eigentum der kleineren und mittleren Bauern überführen, während die Sozialisten es entschädigungslos in Staatseigentum oder in landwirtschaftliche Genossenschaften umwandeln wollten.[293] Aus liechtensteinischer Sicht durfte hingegen der Fürst als Souverän eines im Weltkrieg neutralen Staates nicht enteignet werden. Dem fürstlichen Besitz in der Tschechoslowakei kam im Hinblick auf die Finanzprobleme des Fürstentums Liechtenstein eine vitale Bedeutung zu.[294] Der liechtensteinische Staat war an der Enteignungsfrage auch deshalb interessiert, weil der Fürst vom Staat keinerlei Apanage bezog.[295]

Zur Umsetzung der Bodenreform erliess das tschechoslowakische Parlament eine Reihe von Gesetzen. Das Bodenenteignungsgesetz vom 16. April 1919 bevollmächtigte die Regierung, alle Landgüter mit mehr als 150 Hektar landwirtschaftlich nutzbaren Boden bzw. mehr als 250 Hektar Grund zu enteignen. Durch das Bodenzuweisungsgesetz vom 30. Januar 1920 sollten vor allem Kleinbauern zufrieden gestellt werden. Das Schadenersatzgesetz vom 8. April 1920 regulierte die Höhe der Entschädigung, die an die enteigneten Bodenbesitzer ausbezahlt werden sollte. Die Entschädigung wurde auf Grundlage des Durchschnittspreises der Jahre 1913 bis 1915 festgesetzt. Zumeist wurde nur ein kleiner Betrag bar ausbezahlt, die Restvergütung erfolgte durch Wertpapiere. Die Entschädigung machte etwa 25 % des tatsächlichen Nachkriegswertes aus.[296] Die Durchführung der Bodenreform erfolgte stufenweise und war durch die Langsamkeit ihrer Durchführung charakterisiert. Bis zur Zerschlagung der Tschechoslowakei 1938/1939 war sie noch nicht abgeschlossen.[297] In verschiedenen Enteignungs- und Veräusserungsaktionen verlor das Haus Liechtenstein bis 1938 91'500 Hektar Land, was einem Verlust von 57 % des Gesamtbesitzes in der Tschechoslowakei ausmachte.[298] Dies waren etwa 5 % des von der Tschechoslowakei gesamthaft enteigneten Bodens. Die Enteignungen richteten sich vor allem gegen den landwirtschaftlich genutzten Boden, von dem 1938 nur noch Restbestände in Form einzelner Meierhöfe im Besitz des Fürstenhauses verblieben.[299]

---

292 Quaderer, Ein «Annex Österreichs», S. 117. Franz Wilhelm, der Archivar des liechtensteinischen Hausarchivs, erstellte 1919 eine Erwerbungsgeschichte der fürstlich-liechtensteinischen Herrschaften und Güter auf dem Gebiete des tschechoslowakischen Staates.
293 Quaderer-Vogt, Bewegte Zeiten, Bd. 1, S. 605.
294 Quaderer-Vogt, Bewegte Zeiten, Bd. 1, S. 610.
295 Quaderer-Vogt, Bewegte Zeiten, Bd. 1, S. 626.
296 Quaderer-Vogt, Bewegte Zeiten, Bd. 1, S. 605.
297 Quaderer, Ein «Annex Österreichs», S. 116.
298 Quaderer, Ein «Annex Österreichs», S. 124.
299 Merki, Vom Grundherrn, S. 17.

Die Taktik der Tschechoslowakei im Rahmen der Bodenreform lief darauf hinaus, die Souveränität des Fürstentums Liechtenstein, das lediglich ein Annex Österreichs darstelle, zu bestreiten. Liechtenstein sei im Ersten Weltkrieg nicht neutral gewesen, sondern habe an der Seite der Habsburgermonarchie am Krieg mitgewirkt. Fürst Johann II. habe daher als österreichischer und somit als feindlicher Staatsbürger zu gelten. Infolge des Subjektionsverhältnisses zu Österreich komme dem Fürsten kein völkerrechtlicher Anspruch auf Exterritorialität zu.

Gegen diese Auffassung der tschechoslowakischen Regierung versuchte sich Liechtenstein Gehör bei den Grossmächten zu verschaffen,[300] auch hoffte man durch direkten Kontakt mit der Tschechoslowakei zu einem Erfolg zu kommen, schliesslich versprach man sich viel von den besonderen Diensten der Schweiz. Vor diesem Hintergrund erfolgten eifrige politische und diplomatische Aktivitäten in Wien, Vaduz, Bern, Prag, Genf und Paris.[301]

Der liechtensteinische Geschäftsträger in Bern, Emil Beck, erstellte im Februar 1920 zuhanden des schweizerischen Bundesrates einen ausführlichen Kommentar zur Entwicklung der Bodenreform in der Tschechoslowakei und nahm dabei auch Stellung zu verschiedenen Gutachten, die in der Tschechoslowakei zur Frage der Enteignung des liechtensteinischen Besitzes ausgearbeitet worden waren. Vor diesem Hintergrund ersuchte die liechtensteinische Regierung den schweizerischen Bundesrat um Intervention in London, Paris und Rom. Dem tschechoslowakischen Aussenministerium sollte vermittelt werden, dass für die genannten Mächte die Souveränität Liechtensteins ausser Zweifel stehe und sie auch die Neutralität des Fürstentums während des Ersten Weltkrieges anerkannt hätten (Dok. 139). Die Hoffnung, in der Frage der Enteignung des fürstlichen Besitzes die Unterstützung der alliierten Grossmächte zu erhalten, erfüllte sich nicht.[302] Die liechtensteinische Verwaltung in Wien und die Regierung in Vaduz mussten im weiteren Verlauf einsehen, dass ihre Bemühungen um eine Verzögerung oder gar eine Verhinderung der Bodenreform wenig Wirkung zeigten.

Im September 1924 ersuchte Emil Beck den schweizerischen Bundesrat Giuseppe Motta, sich für das Anliegen des Fürsten zu verwenden und diese Angelegenheit eventuell mit dem tschechoslowakischen Aussenminister Beneš zu besprechen. Zu diesem Zeitpunkt waren Beck zufolge bereits 11'000 Hektar landwirtschaftlicher Boden und 9'500 Hektar Waldboden enteignet. Im November 1924 überreichte Beck dem Eidgenössischen Politischen Departement ein Memorandum, welches den Verlust durch Enteignungen auf 17 % des Gesamtbesitzes bzw. 15 Mio. Schweizerfranken bezifferte. Im Januar 1925 richtete Beck ein weiteres Gesuch an Bundesrat Motta. Das Eidgenössische Politische Departement wies Beck darauf hin, dass eine schweizerische Intervention in Prag nicht in Betracht komme, da es die Tschechoslowakei ausdrücklich abgelehnt habe, vom schweizerischen Generalkonsulat Gesuche in Vertretung liechtensteinischer Interessen entgegenzunehmen. Dennoch versuchte Motta bei Beneš Verständnis für das liechtensteinische Anliegen zu wecken. Im September 1925 richtete Fürst Johann II. persönlich ein Schreiben an Bundesrat Motta. Trotz der inständigen Bitte des Fürsten sah Motta keine Möglichkeit mehr, weitere Schritte zugunsten Liechtensteins zu unternehmen, da die Tschechoslowakei alle bisherigen Vermittlungsvorschläge abgelehnt hatte.[303]

---

300 Vgl. etwa LI LA V 002/0170/05; online: www.e-archiv.li/D46095; aufgerufen am 07.04.2015.
301 Quaderer-Vogt, Bewegte Zeiten, Bd. 1, S. 602-603.
302 Quaderer-Vogt, Bewegte Zeiten, Bd. 1, S. 611-615.
303 Quaderer-Vogt, Bewegte Zeiten, Bd. 1, S. 622-626.

Eine Beschwerde von Fürst Johann II. gegen die Enteignung seiner Güter wurde 1929 vom obersten Verwaltungsgericht der Tschechoslowakei abgewiesen (Dok. 229). Der Enteignungsvorgang liess sich trotz aller Anstrengungen Liechtensteins nicht mehr aufhalten.[304]

Fürstliche Sammlungen

Als Johann II. 1858 regierender Fürst wurde, gingen auch die bedeutenden fürstlichen Kunstsammlungen in seinen Besitz über. Seinerseits erweiterte er die Sammlungen durch eine Reihe von Werken, vor allem fügte er den Sammlungen zahlreiche Werke der Wiener Biedermeiermalerei hinzu. Als Berater des Fürsten in Kunstangelegenheiten fungierten Wilhelm von Bode,[305] Generaldirektor der Königlich Preussischen Museen in Berlin, sowie Jakob von Falke, Bibliothekar des Fürsten. Während zahlreicher, vor allem nach Italien führenden Reisen erwarb der Fürst Gemälde und Skulpturen. Des Öfteren reiste er auch nach England, um Ausstellungen und Privatsammlungen zu besichtigen.[306] Durch seine Reisen und den Kontakt zu bedeutenden Persönlichkeiten der Kunstwelt eignete er sich umfassende Kenntnisse der Kunstgeschichte und der Sammeltätigkeit an.[307] Er ergänzte den Bestand der Sammlungen in erster Linie um altdeutsche und niederländische Meister sowie um Werke der italienischen Vor- und Frührenaissance. Zeitgenössische Künstler förderte er durch Ankäufe ihrer Werke und durch Studien- und Reisestipendien.[308] Ausserdem tätigte er umfangreiche Erwerbungen von Plastiken und kunstgewerblichen Objekten. Er beschenkte zahlreiche Museen, darunter das Museum der Stadt Wien und die Galerie der Wiener Akademie der bildenden Künste, mit Kunstgegenständen. Bei den Verkäufen zeigte Fürst Johann II. eine weniger glückliche Hand.[309] Zum Teil wurde der Verkaufserlös für wohltätige Zwecke im Fürstentum Liechtenstein verwendet (Dok. 199). Bereits 1919 gab es übrigens Stimmen in Liechtenstein, die eine wenigstens teilweise Verlegung der fürstlichen Gemäldegalerie von Wien nach Vaduz wünschten (Dok. 114).

Fürst Johann II. spielte auch eine bedeutende Rolle in der Kunstpflege und Wissenschaften. Er war u.a. Ehrenmitglied der Akademie der bildenden Künste in Wien, Ehrenmitglied der k.k. Zentralkommission zur Erforschung und Erhaltung der Kunst- und historischen Denkmale, Mitglied des Kuratoriums des k.k. österreichischen Museums für Kunst und Industrie und Protektor des Kaiser Franz Josef-Museums für Kunst und Gewerbe in Troppau.[310] Er gründete und unterhielt das Mendel-Institut in Eisgrub und spendete für baumkundliche und botanische Forschungen.[311]

---

304 Vgl. L.Na. Nr. 104, 16.9.1930, S. 3.; online: www.e-archiv.li/D46167; aufgerufen am 07.04.2015.
305 Vgl. L.Vo. Nr. 48, 27.11.1908, S. 1-3.; online: www.e-archiv.li/D46171; aufgerufen am 09.04.2015, sowie L.Vo. Nr. 49, 4.12.1908, S. 1-2.; online: www.e-archiv.li/D46172; aufgerufen am 09.04.2015.
306 Vgl. etwa Wilhelm von Bode: Mein Leben. Berlin 1930, 2. Bd., S. 45-48.; online: www.e-archiv.li/D46170; aufgerufen am 09.04.2015.
307 Feger, Fürst Johann II., S. 3-4.
308 Schöpfer, Klar und fest, S. 141.
309 HLFL, Bd. 1, S. 542, sowie Bd. 2, S. 802.
310 Feger, Fürst Johann II., S. 4.
311 Schöpfer, Klar und fest, S. 142.

Wirtschaft

Kriegswirtschaft
Die kriegs- und nachkriegswirtschaftlichen Probleme lassen sich unter vier Aspekten subsumieren:
1. Lebensmittelknappheit und Mangel an Rohstoffen,
2. Arbeitslosigkeit (siehe dazu das Kapitel Soziales),
3. Hyperinflation und Währungsreform,
4. Integration in den Schweizer Wirtschaftsraum

Lebensmittelknappheit und Mangel an Rohstoffen
Die Lebensmittelknappheit und der Mangel an Rohstoffen waren die Folgen von Exportsperren, die sowohl Österreich wie auch die Schweiz zeitweise gegen Liechtenstein verhängten.[312] Die katastrophalen wirtschaftlichen Auswirkungen des Kriegs zeigten sich schon wenige Wochen nach Kriegsausbruch. Da man keinen langen Krieg erwartete, traf die Regierung vorerst keine kriegswirtschaftlichen Massnahmen. Schon bald zeigte sich, dass die einheimische Landwirtschaft nicht in der Lage war, die eigene Bevölkerung ausreichend mit Lebensmitteln (insbes. Getreide) zu versorgen. Liechtenstein war auf den Import von Lebensmitteln angewiesen, allerdings unterlag dieser sowohl aus Österreich wie auch aus der Schweiz Beschränkungen. Bereits im Herbst 1914 wurden die Lebensmittellieferungen aus Österreich eingeschränkt. Liechtenstein konnte diese vorerst aus der Schweiz beschaffen (Dok. 63), doch musste die Schweiz auf Verlangen der Entente, die Liechtensteins Neutralität nicht anerkannte, 1916 ebenfalls eine Exportsperre gegen Liechtenstein verhängen.[313] Darauf war Österreich vorübergehend wieder zu beschränkten Lieferungen bereit, doch kam es bei vielen Produkten des täglichen Bedarfs zunehmend zu Engpässen (v.a. Lebensmittel, Leder, Öl, Wolle, Kohle).

Am 14. Dezember 1914, als die erste Kriegseuphorie abgeklungen war, wählte der Landtag eine Landesnotstandskommission zur Sicherung der Lebensmittel- und Rohstoffversorgung.[314] 1916 wurden auch in den Gemeinden (Lokal-) Notstandskommissionen gebildet,[315] da man der Meinung war, dass diese näher bei den Leuten waren und so besser beurteilen konnten, wo die Not am grössten war. In der Folge kam es zwischen Landtag und Regierung wiederholt zu Streitigkeiten wegen der Kompetenzen der Landesnotstandskommission: Während der Landtag vehement die Meinung vertrat, dass diese nicht nur zur «Dekoration»[316] da sei und die Kompetenz haben müsse, Beschlüsse zu fassen, beharrte Landesverweser Imhof darauf, dass alle Exekutivrechte bei der Regierung lägen und die Landesnotstandskommission daher nur eine beratende Funktion haben könne. Der Konflikt endete schliesslich am 19. Januar 1918 mit einem «Machtwort» des Fürsten zugunsten des Landesverwesers.[317] In der Praxis erliess Landesverweser Imhof wiederholt Verordnungen auf Beschluss der Landesnotstandskommission, so dass diese nicht marginalisiert wurde.

---

312 Ausführlich zum Folgenden Quaderer-Vogt, Bewegte Zeiten, Bd. 1, S. 157-384.
313 Siehe dazu Schreiben Edmund Tscharner vom 17.6.1916 an Landesverweser Imhof. LI LA SF 13/1916/2401 ad 31; online: www.e-archiv.li/D45552; aufgerufen am 15.07.2015.
314 LI LA LTA 1914/S04/2; online: www.e-archiv.li/D46310; aufgerufen am 15.07.2015.
315 Verordnung vom 30. Dezember 1916 betreffend Massnahmen zur Linderung der Notlage, LGBl. 1917 Nr. 1.
316 Der Ausdruck stammt von Wilhelm Beck. Zit. nach Quaderer-Vogt, Bewegte Zeiten, Bd. 1, S. 200.
317 Quaderer-Vogt: Bewegte Zeiten, Bd. 1, S. 202.

Die Regierung, die Landesnotstandskommission und die 1915 geschaffene «Viehzentrale», die für die Regelung des Viehexports zuständig war, griffen mit Verboten betreffend Viehexporte, Schlachtungen usw. und dirigistischen Massnahmen (z.B. Vergrösserung der Anbauflächen, Festsetzung von Höchstpreisen, Handelsbeschränkungen usw.) in den Agrarmarkt ein (Dok. 75).[318] Dies führte zu zunehmendem Unmut der Bauern, denen damit die Gewinnmaximierung verunmöglicht wurde. Unwillen verursachten v.a. die Bestimmungen über den Viehexport: Die Regierung wollte im Gegenzug zum Viehexport Kompensationsgeschäfte mit dem Ausland bei andern dringend benötigten Waren aushandeln, während die Bauern ihr Vieh möglichst teuer gegen harte Schweizer Franken verkaufen wollten. Angesichts der bäuerlichen Interessen kam es zu Spannungen zwischen denjenigen, die selbst Landwirtschaftsprodukte erzeugten und in der Lage waren, etwas abzugeben bzw. zu verkaufen, und den unselbständigen Lohnabhängigen, die alles zu übersteuerten Preisen einkaufen mussten. Je stärker die schweizerischen und österreichischen Exportbeschränkungen wirkten, desto stärker stiegen die Konsumentenpreise, die erst 1919 und 1920 den Höhepunkt erreichten. Die Folgen waren ein zunehmender Schwarzmarkt und ein blühender Schmuggel sowohl über den Rhein wie auch über die «grüne Grenze» auf der Luziensteig (Dok. 117). Offensichtlich kam es auch zu Diebstahl von Feldfrüchten, denn die Gemeinde Eschen stellte in der Nacht Feldwachen auf, um solche Diebstähle zu verhindern.[319] Insgesamt stellt Rupert Quaderer der Regierung und der Landesnotstandskommission kein schlechtes Zeugnis aus, wenn er zum Ergebnis kommt, dass es ihnen gelungen sei, eine «einigermassen funktionierende Notversorgung»[320] aufrecht zu erhalten.

1919 wurde mit Regierungsverordnung[321] einvernehmlich mit der Landesnotstandskommission die Stelle eines Ernährungskommissärs (Ernährungsamt) geschaffen, der die Aufgabe hatte, die Verteilung sowie die Ein- und Ausfuhr von Waren aller Art zu regeln.[322] Ernährungskommissär wurde Ing. Franz Josef Schlegel, der in eigener Kompetenz zahlreiche Vorschriften in Form von Kundmachungen erliess. Strafbehörde war die

---

318 Verordnung vom 7.4.1915 betreffend die Abwehr ansteckender Pferdekrankheiten, LGBl. 1915 Nr. 3; Verordnung vom 9.4.1915 womit Bestimmungen hinsichtlich des Verbrauches von Mehl und Brot sowie bezüglich des kleinen Grenzverkehres getroffen werden, LGBl. 1915 Nr. 4; Verordnung vom 30.4.1915 betreffend die Mehlverteilung; LGBl. 1915 Nr. 5; Verordnung vom 11.5.1915 betreffend das Feilhalten von Margarine und Kunstfetten, LGBl. 1915 Nr. 6; Verordnung vom 26.5.1915 betreffend das Verbot der Ausfuhr von Vieh und Fleisch, LGBl. 1915 Nr. 9; Verordnung vom 5.8.1915 betreffend die Ergänzung der Bestimmungen über die Vieh- und Fleischausfuhr, LGBl. 1915 Nr. 11; Verordnung vom 9.8.1915 betreffend das Verbot der Ausfuhr von Fettheu, Emd und Magerheu, LGBl. 1915 Nr. 12; Verordnung vom 30.12.1916 betreffend Massnahmen zur Linderung der Notlage, LGBl. 1917 Nr. 1; Verordnung vom 27.2.1917 betreffend weitere Massnahmen zur Approvisionierung (Versorgung) des Landes, LGBl. 1917 Nr. 6; Kundmachung vom 3.3.1917 betreffend die Einführung eines Monopoles für künstliche Süssstoffe, LGBl. 1917 Nr. 8; Verordnung vom 10.9.1917 betreffend weitere Notstandsmassnahmen, LGBl. 1917 Nr. 9; Verordnung vom 17.6.1918 betreffend die Einhebung einer Kriegsgewinnsteuer, LGBl. 1918 Nr. 6; Verordnung vom 19.8.1918 betreffend die Kriegsgewinnsteuer, LGBl. 1918 Nr. 6; Verordnung vom 16.10.1919 betreffend die Neuregelung der Ein- und Ausfuhr von Waren jeder Art, LGBl. 1919 Nr. 11; Verordnung vom 6.11.1919 über die Einführung einer staatlichen Maischesteuer und einer Ausfuhrtaxe für Branntwein, LGBl. 1919 Nr. 17.
319 Quaderer-Vogt: Bewegte Zeiten, Bd. 1, S. 304.
320 Quaderer-Vogt: Bewegte Zeiten, Bd. 1, S. 207.
321 Verordnung vom 23. Januar 1919 betreffend die Schaffung der Stelle eines Ernährungskommissärs und neuer Strafbestimmungen für die Übertretung der auf die Lebensmittelversorgung bezüglichen Vorschriften, LGBl. 1919 Nr. 1.
322 Verordnung vom 16. Oktober 1919 betreffend die Neuregelung der Ein- und Ausfuhr von Waren jeder Art, LGBl. 1919 Nr. 11.

Regierung, da dem Ernährungsamt eine entsprechende gesetzliche Grundlage fehlte. Am 22. Mai 1920 hob der Landtag die Landesnotstandskommission, die Lokalnotstandskommissionen in den Gemeinden und das Ernährungsamt auf, damit wurden auch die kriegswirtschaftlichen Massnahmen beendet.[323]

Hyperinflation und Währungsreform
Seit Kriegsbeginn entwertete sich die Krone im Vergleich zum Schweizer Franken kontinuierlich; Ende 1919 waren die Kronen im internationalen Zahlungsverkehr fast wertlos. Mit dem rapiden Zerfall der Kronenwährung wurde die Währungsfrage zum vordringlichen Problem. Unter Berufung auf sein Notverordnungsrecht verordnete Fürst Johann II. die Ausgabe von liechtensteinischem Notgeld.[324] Diese Gutscheine (10-, 20- und 50-Hellerscheine) konnten bei der Landeskasse, den Gemeindekassen und den liechtensteinischen Postämtern eingelöst werden. Sie erlangten in der Praxis keine grosse Bedeutung, blieben aber bis Ende 1924 als Zahlungsmittel gültig (Dok. 136).

Die Regierung liess diverse Gutachten (u.a. auch von Banken) erstellen, wie die Währungsreform bewerkstelligt werden könnte. Julius Landmann ging in seinem Gutachten auch auf die Frage ein, wie die Reform so durchgeführt werden könnte, dass der Staat die Verluste bei den Kronenwerten abfedern würde, damit die Besitzer von Kronen nicht ihr gesamtes Vermögen in Kronen verloren. Als Lösungen für die «Valutaregulierung» standen die Schaffung einer eigenen Währung oder die Einführung des Schweizer Frankens zur Diskussion. Um eine Währungsreform vorzubereiten, liess die Regierung am 7./8. März 1920 eine Zählung der im Land zirkulierenden Kronen durchführen.[325] Zur Herausgabe einer eigenen Währung war die Ansiedlung einer international tätigen Bank nötig, die für Liechtenstein die Aufgabe einer Notenbank übernehmen sollte. Die Regierung erteilte schliesslich im August 1920 einem Konsortium um die Anglo-Österreichische Bank in Wien eine Bankenkonzession (Dok. 158), die zur Gründung der Bank in Liechtenstein führte; sie sah aber davon ab, diese Bank mit den Funktionen einer Notenbank zu beauftragen.

Die Gutachten zur Währungsreform erwiesen sich als akademische Übungen, die von der Realität bald überholt wurden. Der Wechsel zur Frankenwährung erfolgte durch die Praxis: Handel und Gewerbe waren durch die ungelöste Währungsfrage in ihrer Existenz bedroht; seit Ende 1918 wurde es zunehmend schwierig, Güter und Dienstleistungen gegen Kronen zu bekommen. Die Händler und Gewerbetreibenden, die für den Einkauf ihrer Produkte ja auch in Schweizerfranken zahlen mussten, lieferten nur noch gegen Franken. In der Praxis spielte sich dies schon bald ein, allerdings um den Preis der Aufgabe der Vermögen und Fondseinlagen in Kronen. Ab dem 1. September 1920 mussten alle staatlichen Abgaben (Steuern, Bussen, Taxen, Gebühren usw.) in Franken

---

323 Landtagsprotokoll vom 22.5.1920. LTP 1920; online: www.e-archiv.li/D44126; aufgerufen am 15.07.2015.
324 Fürstliche Verordnung vom 24. Dezember 1919 betreffend Ausgabe von Notgeld im Fürstentum Liechtenstein, LGBl. 1920 Nr. 1. Der Landtag hatte am 25.11.1919 beschlossen, die Regierung zu ersuchen, je 200'000 Stück Gutscheine mit den Werten 10, 20, 50 Heller und 1 Krone auszugeben. Dafür fehlte die gesetzliche Grundlage, sodass Fürst Johann II. dafür sein verfassungsmässiges Notrecht anwendete. Auf die Ausgabe der 200'000 Gutscheine im Wert von einer Krone wurde offenbar aus Kostengründen verzichtet, da der Landtag die Regierung ersucht hatte, diese nur auszugeben, wenn die Herstellungskosten nicht zu hoch seien (LI LA LTP 25.11.1919).
325 Werdenberger Anzeiger 12.3.1920; online: www.e-archiv.li/D46632; aufgerufen am 15.07.2015. Siehe auch Quaderer-Vogt: Bewegte Zeiten, Bd. 2, S. 440.

Zeitungsinserate, die die technischen Neuerungen zum Ausdruck bringen: Fahrräder, Autos, Mähmaschinen, Futterschneidemaschinen, Waschpulver, Kino.
O.N. 1.8.1923; L.N. 17.3.1926; 7.4.1923; 13.1.1923; L.Vo. 16.4.1925; L.Vo. 11.4.1925

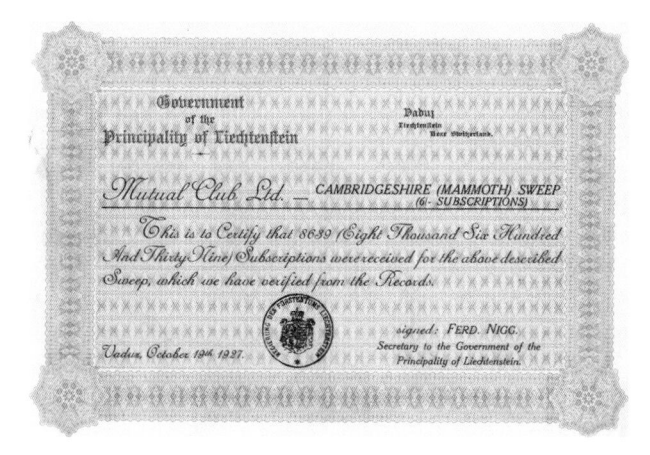

Weibliche Angestellte des Mutual-Clubs beim Bearbeiten von Losen im Adlersaal Vaduz, ca. 1925 (LI GATb)

Bestätigung der Regierung für die Anzahl bestellte Lose für die Pferdelotterie des Mutual-Clubs, 1927 (LI LA RE 1924/26)

Die Glücksgöttin Fortuna leert ihr Füllhorn aus. Karikatur in einer italienischen Zeitung zur Klassenlotterie 1926 (LI LA SgZs 1926)

bezahlt werden.[326] Nach Inkrafttreten des Zollvertrags wurde der Franken offiziell als gesetzliche Landeswährung eingeführt.[327]

Integration in den Schweizer Wirtschaftsraum
Auf die innen- und aussenpolitisch bedeutsamen Vorgänge im Zusammenhang mit der Aufkündigung des Zollvertrags mit Österreich (Dok. 119) und den Abschluss des Zollanschlussvertrags mit der Schweiz wird im Kapitel «Beziehungen zur Schweiz» ausführlicher eingegangen, hier soll lediglich die fundamentale wirtschaftliche Bedeutung dieses Vertrags unterstrichen werden: Dank dem Zollvertrag mit Österreich von 1852 hatte Liechtenstein einen bescheidenen wirtschaftlichen Aufschwung erlebt, der jedoch durch den Ersten Weltkrieg und die damit verbundenen Handelsbeschränkungen zunichte gemacht wurde. Während und nach dem Krieg zeigten sich die Nachteile der engen Anbindung an Österreich-Ungarn immer deutlicher: Arbeitslosigkeit, Mängel in der Versorgung mit lebenswichtigen Gütern, Währungszerfall, Hindernisse beim traditionell wichtigen Viehexport usw. Parallel zur politischen Neuorientierung an der demokratischen Schweiz wurde deshalb auch eine wirtschaftliche Neuausrichtung verlangt – vor allem im Oberland, während im Unterland auch Sympathien für einen Neuanfang mit Deutsch-Österreich vorhanden waren. Der Landtag beschloss am 2. August 1919 – ungeachtet dessen, dass er keine entsprechenden aussenpolitischen Kompetenzen hatte[328] – den Zollvertrag mit Österreich kurzfristig zu lösen. Fürst Johann II. sanktionierte diesen Beschluss mehr nolens als volens. Bis zum Inkrafttreten des schweizerischen Zollregimes kam es von 1919 bis Ende 1923 zu einer Übergangslösung, bei der Liechtenstein mit insgesamt 14 eigenen Grenzwächtern die Grenzen selber kontrollierte. Dass dies auf Dauer keine Lösung sein konnte, zeigte sich sehr rasch: Das eigene Zollregime eröffnete weder wirtschaftlich noch finanziell neue Perspektiven für das Land – es ermöglichte weder den Abbau von Handelshindernissen noch trug es zur Sicherung der dringend benötigten Staatseinnahmen bei. Die Schweiz zeigte sich in den Zollvertragsverhandlungen sehr entgegenkommend. Der Zollanschlussvertrag vom 29. März 1923, der am 1. Januar 1924 in Kraft trat, wurde zum lang ersehnten wirtschaftlichen Befreiungsschlag für Liechtenstein. Die Integration Liechtensteins in das Schweizer Wirtschaftsgebiet führte nicht sofort, aber im Laufe der kommenden Jahre zu vermehrten Betriebsansiedlungen und zur Schaffung neuer Arbeitsplätze. Die Zollpauschale, die von der Schweiz an Liechtenstein entrichtet wurde, war zwar im Vergleich zu früher niedrig, sie war aber für den Staatshaushalt existentiell notwendig und bot den Vorteil, dass sie eine stabile und berechenbare Einnahme bildete.

---

326 Gesetz vom 27. August 1920 betreffend Umwandlung der Kronenbeträge in Schweizerfranken in den Gesetzen und Verordnungen über Steuern, Stempel, Taxen und sonstigen Gebühren, sowie in den Strafbestimmungen, LGBl. 1920 Nr. 8.
327 Gesetz vom 26. Mai 1924 betreffend die Einführung der Frankenwährung, LGBl. 1924 Nr. 8. Die Umrechnung erfolgte gemäss § 1 des Gesetzes so, dass alle auf Kronen lautenden Rechtsvorschriften so umzuwandeln waren, «wie wenn sie auf gleiche Beträge in Schweizer Frankenwährung lauteten.»
328 Gemäss § 23 Abs. 1 der Verfassung von 1862 vertrat der Landesfürst «den Staat in allen seinen Verhältnissen gegen auswärtige Staaten.» Gemäss Abs. 2 durfte er ohne Zustimmung des Landtags jedoch keine (neuen) Staatsverträge abschliessen, durch die auf Staatshoheitsrechte verzichtet, neue Lasten auf das Fürstentum übernommen oder Verpflichtungen eingegangen wurden, die den Rechten der Landesbewohner Eintrag getan wurden. Daraus kann nicht geschlossen werden, dass der Landtag bestehende Staatsverträge kündigen konnte.

Infrastruktur

Die ungenügende Stromversorgung war bis in die 1920er Jahre ein grosser Hemmschuh für die wirtschaftliche Entwicklung des Landes. Eine Modernisierung der handwerklichen und industriellen Betriebe setzte eine ausreichende Stromversorgung voraus, die den Einsatz von Maschinen ermöglichte. Der Weg zum Bau des Lawenawerks wurde jedoch zu einem langen Hindernislauf. 1883 baute die Firma Jenny, Spoerry & Cie. in Triesen und Vaduz eigene Elektrizitätswerke.[329] 1900 errichtete die Gemeinde Vaduz in Zusammenarbeit mit der Firma Jenny, Spoerry & Cie. ein gemeindeeigenes Elektrizitätswerk (Dok. 1).[330] Die Gemeinden Mauren (ab 1906) und Eschen (ab 1910) bezogen von den Stadtwerken Feldkirch Strom (Dok. 10). Der Bau eines landeseigenen Elektrizitätswerks – des Lawenawerks – war umstritten. Am 5. Dezember 1912 beschloss der Landtag, dass mit der Gemeinde Triesen über den Kauf der Wasserkraft im Lawenatal verhandelt werden sollte.[331] 1913 beharrte der Landtag auf dem Bau des Lawenakraftwerks, weil er von der volkswirtschaftlichen Bedeutung dieses Projekts überzeugt war. Landesverweser In der Maur hingegen lehnte dieses strikt ab, weil er die hohen Kosten scheute und der Meinung war, der Staat solle die Stromversorgung den Privaten überlassen. Die Landtagsdebatte vom 4. Dezember 1913 (Dok. 42) verlief so heftig, dass In der Maur im Anschluss daran eine Herzschwäche erlitt, an deren Folgen er eine Woche später starb.[332] Im Juli 1914 wurde speziell zur Behandlung des Lawenawerks eine ausserordentliche Landtagssession einberufen, an der der Bau des Lawenawerks vom Landtag einstimmig beschlossen wurde – trotz einigen Vorbehalten von Unterländer Abgeordneten, die die Möglichkeit sahen, dass die Stadtwerke Feldkirch den Strom billiger liefern könnten.[333] Mit den Arbeiten an der Quellfassung wurde sofort begonnen, doch verhinderte der Ausbruch des Ersten Weltkriegs die Fertigstellung. 1919 wurde die Arbeit wieder aufgenommen, wobei zunächst das Stromleitungsnetz erstellt wurde. 1923 wurde das Landeswerk Lawena als selbständiges Landesunternehmen geschaffen, das jedoch vorerst nur für das Stromnetz und nicht für die Stromproduktion zuständig war. In den folgenden Jahren kam es erneut zu Diskussionen über den Sinn eines eigenen Elektrizitätswerks. Der Landtag beschloss am 29. August 1925 den Bau des Lawenakraftwerks, wofür ein Kredit über eine Million Franken von einer Schweizer Bank notwendig wurde. Gleichzeitig beschloss er, das Volk darüber entscheiden zu lassen. Im Abstimmungskampf setzten sich die Liechtensteiner Nachrichten, die Volkspartei und der Arbeiterverband entschieden für den Bau ein (v.a. mit dem Argument der unabhängigen Stromversorgung), während das Liechtensteiner Volksblatt und die FBP keine offizielle Abstimmungsempfehlung gaben, aber ständig warnten, dass die Baukosten und die zu erwartende Rendite nicht richtig berechnet sein könnten. In der Abstimmung wurde das Projekt schliesslich mit 56 % Ja-Stimmen relativ knapp angenommen.[334] Mit dem Bau wurde sofort nach der Abstimmung begonnen. Ende 1926 waren die Bauarbeiten fertig, ab Anfang 1927 wurde Strom produziert.

    Die Infrastruktur im Bereich Post, Kommunikation und öffentlicher Verkehr war bescheiden. Postämter gab es nur in Balzers, Triesen, Vaduz, Schaan und Nendeln, was insbesondere im Unterland zunehmend als Problem empfunden wurde. 1920 kamen in

---

329   HLFL Bd., Artikel «Elektrifizierung», Bd. 1, S. 177.
330   L.Vo. 21.12.1900, S. 1; online: www.e-archiv.li/D48424; aufgerufen am 17.07.2015.
331   Protokoll der Landtagssitzung vom 5.12.1912; LI LA LTP 1912; online: www.e-archiv.li/D44035; aufgerufen am 17.07.2015.
332   LI LA SF 01/1913/077; online: www.e-archiv.li/D45332; aufgerufen am 15.07.2015.
333   Landtagssitzungen vom 20. und 22.7.1914.
334   Siehe dazu Quaderer-Vogt, Bewegte Zeiten, Bd. 3, S. 231 f.

Triesenberg und 1925 in Mauren neue Postämter dazu. Die Post-, Telefon- und Telegrafendienste wurden bis Ende Januar 1921 von der österreichischen Post (gegen Entschädigung), danach von der Schweizerischen Postverwaltung besorgt. 1869 wurde die erste Telegrafenstation in Vaduz in Betrieb genommen, 1898 kam das Telefon dazu – beides wurde von der Regierung finanziell grosszügig gefördert. Für den öffentlichen Verkehr bestand neben der Bahnverbindung Feldkirch – Buchs seit 1890 eine «Postbotenfahrt», die zweimal täglich zwischen Balzers und Schaan verkehrte und neben der Post auch Passagiere beförderte. Für das Unterland kam eine solche Postbotenfahrt nicht zustande. Die Eröffnung der ersten Postautolinie am 15. März 1922 zwischen Eschen und Balzers war ein Meilenstein in der Verkehrsgeschichte. Der Postautofahrplan war auf die Bahnanschlüsse in Schaan abgestimmt.

In Liechtenstein hoffte man vor dem Weltkrieg, eine Schmalspurbahn von Schaan über Balzers nach Maienfeld realisieren zu können (Dok. 13), diese Hoffnung zerschlug sich aber 1907 wegen des Widerstands der SBB endgültig (Dok. 227). Die Bahnverbindung Feldkirch – Buchs entsprach den Bedürfnissen der liechtensteinischen Wirtschaft nur teilweise, da die Schnellzüge in Schaan nicht hielten und die Lokalzüge den Bedürfnissen der lokalen Bevölkerung zu wenig gerecht wurden. Die ÖBB-Linie Feldkirch - Buchs wurde 1926 elektrifiziert.

Die Anfänge des Autoverkehrs sind nicht nur verkehrsgeschichtlich interessant, sie werfen auch ein Schlaglicht auf das Politikverständnis von Landesverweser In der Maur. 1902 wird erstmals ein Autobesitzer in Liechtenstein erwähnt.[335] Trotz minimalem Verkehrsaufkommen erliess die Regierung 1906 nach österreichischem Vorbild eine Verordnung über den Betrieb von Automobilen und Motorrädern, in der die Höchstgeschwindigkeit innerorts auf 15 km/h und ausserorts auf 45km/h festgesetzt wurde. Das Befahren von Bergstrassen, engen Dorfgassen und Feldwegen wurde verboten.[336] Obwohl es 1908 keinen Liechtensteiner gegeben haben soll, der ein Auto besass,[337] beschloss der Landtag nach dem Vorbild von Graubünden ein generelles Autofahrverbot einzuführen. Landesverweser In der Maur weigerte sich, diesem Landtagsbeschluss nachzukommen und arbeitete mit der Finanzkommission des Landtags eine Kompromisslösung aus, mit der der Autoverkehr auf die Hauptstrassen beschränkt und zwecks Verkehrsreduktion Taxen für die Strassenbenützung eingeführt werden sollten.[338] Gegen das Autofahrverbot wehrte sich v.a. der Fremdenverkehrsverband für Vorarlberg und Liechtenstein (Dok. 21). In der Maur erliess schliesslich 1911 eine Verordnung, in der zwar Taxen für Automobile eingeführt wurden, bezüglich der Fahrverbote aber lediglich auf die Verordnung von 1906 verwiesen wurde.[339] Der «Automobilverkehr» begegnete in den Anfängen vielen Vorurteilen, eine Mehrheit der Leute wünschte sich offenbar, dass er gänzlich verboten würde – vermutlich spielte auch eine Portion Neid mit, da fast ausschliesslich ausländische Autos durch das Land fuhren. Geklagt wurde hauptsächlich, dass die Autos zu schnell fuhren, dass sie viel Staub aufwirbelten und dass die Pferde vor ihnen scheuten.

---

335 Zertifikat (Führerausweis) vom 7.11.1902 für den Autobesitzer Marcus Amann im Mühleholz, Vaduz. LI LA RE 1902/1703.
336 §§ 18 und 25 der Verordnung vom 18.6.1906 betreffend den Betrieb von Automobilen und Motorrädern, LGBl. 1906 Nr. 2.
337 Vgl. So der Abg. Franz Schlegel in seinem Votum zum Verbot des Automobilverkehrs im Landtag vom 21.12.1908.
338 Dieser Lösung stimmte der Landtag am 16.12.1909 zu.
339 Die Taxen betrugen 5 Kronen für eine Woche und 60 Kronen für eine Jahresbewilligung. Art. 1 der Verordnung vom 17. Juni 1911 betreffend Einführung von Taxen für den Automobilverkehr, LGBl. 1911 Nr. 2.

Um 1920 gab es etwa zehn Autos und Motorfahrräder in Liechtenstein, Ende 1927 waren 100 Erkennungsnummern vergeben.[340] Der erste Nachweis für einen Lastwagen ist im Jahre 1912 zu finden, als die Firma Jenny, Spoerry & Cie. in Triesen um ein Erkennungszeichen für ein «Lastautomobil» ansuchte.[341] 1926 kaufte der Vaduzer Fuhrhalter Philipp Gerster den ersten Traktor im Land.[342]

Die Einstellungen zum Autoverkehr änderten sich in den 1920er Jahren schnell. Das Auto wurde nicht mehr nur als «Luxus-Wagen» der Reichen gesehen, sondern fand als modernes Verkehrsmittel für geschäftliche Zwecke Anerkennung. Die Vorbehalte gegenüber dem Automobil verschwanden. Symptomatisch für den Wertewandel war, dass der Landtag 1923 den Beitritt zur Internationalen Übereinkunft von 1909 über den Automobilverkehr beschloss[343] – es war dies neben PTT- und Zollvertrag die erste aussenpolitische Aktivität des Landtags, mit der wohl auch die Aufgeschlossenheit des Landes gegenüber modernen Entwicklungen unter Beweis gestellt werden sollte. Gleichzeitig wurde das Autokennzeichen «FL» eingeführt. Ebenfalls 1923 wurden die Strassenbenützungsgebühren, die dem Fremdenverkehr schadeten, abgeschafft.[344] Liechtenstein war bei der Entwicklung des Strassenverkehrs im Vergleich zu den Schweizer Nachbarn rückständig. Ein relativ häufiger Kritikpunkt war der schlechte Zustand der Schotterstrassen, die dem wachsenden Verkehr nicht standhielten. Die Asphaltierung der Hauptstrassen erfolgte ab 1929. Dabei wurde der Strassenschotter gewalzt, anschliessend wurde die Oberfläche mit Bitumen behandelt.[345]

Land- und Forstwirtschaft

Liechtensteins Landwirtschaft basierte bis zum Zweiten Weltkriegs vorwiegend auf kleinbäuerlichen Familienbetrieben. Ein paar Zahlen aus der landwirtschaftlichen Betriebszählung von 1929 zeigen, dass es enorme strukturelle Probleme gab: Insgesamt gab es 1317 Landwirtschaftsbetriebe, von denen drei Viertel weniger als 5 Hektar Boden bewirtschafteten. Klein- und Kleinstbetriebe, deren Ertrag einer Familie höchstens ein Leben in Armut ermöglichte, waren also vorherrschend. 898 Betriebe wurden hauptberuflich, 419 nebenberuflich bewirtschaftet. Ein weiteres Problem war die starke Parzellierung der Grundstücke, die moderne Betriebsformen verhinderte. Insgesamt waren in der Landwirtschaft 3061 Personen «ständig» und 1007 Personen «nicht ständig» beschäftigt.[346] Die Familienangehörigen, die im Betrieb mitarbeiteten, waren mehrheitlich Frauen – Frauen- und Kinderarbeit war in den landwirtschaftlichen Kleinbetrieben offenbar unverzichtbar.[347] Lediglich 69 Betriebe (5 %) gaben an, Motoren zu verwenden, darunter war ein einziger (ortsungebundener) Benzinmotor, der Rest waren Elektromotoren, die nur in Haus und Stall eingesetzt werden konnten. Weiter gaben 561 Betriebe

---

340 Die Nummern FL 100 bis FL 200. Autokontrolle 1927, LI LA AS 5/4.
341 LI LA PA 4/29. Die Firma wurde mit diesem Ansuchen an die Vorarlberger Zulassungsstelle verwiesen.
342 L.N. 13.3.1926, S. 2.; online: www.e-archiv.li/D48355; aufgerufen am 17.07.2015.
343 Landtagssitzung vom 27.1.1923. LTP 1922/215-221; online: www.e-archiv.li/D44467; aufgerufen am 17.07.2015.
344 Rechenschaftsbericht der Regierung 1923, S. 15. Anfänglich war das Vorarlberger Kennzeichen «W», nach dem Weltkrieg der Buchstabe «L» für die Kontrollschilder verwendet worden. Register der Motorfahrzeuge 1911-1923. LI LA AS 5/1.
345 Rechenschaftsbericht der Regierung 1929, S. 60.
346 Alle Zahlenangaben zu den Beschäftigten ohne Kinder bis zu 15 Jahren. Unter den 1007 «nicht ständig» Beschäftigten waren nur 157 Personen nicht mit dem «Betriebsleiter» verwandt.
347 In der landwirtschaftlichen Betriebszählung von 1929 sind insgesamt 620 Kinder aus der Verwandtschaft erfasst, die ständig in der Landwirtschaft arbeiten. Tabelle 12.

(43 %) an, irgendwelche Maschinen (v.a. Mähmaschinen, Heuwender, Milchzentrifugen) einzusetzen, mehrheitlich verrichteten die Betriebe alle Arbeiten (bis aufs Pflügen) noch von Hand.

Im 19. Jahrhundert hatte die Landwirtschaft wichtige strukturelle Veränderungen erfahren: So war zu Beginn des 19. Jahrhunderts lediglich etwa ein Drittel des landwirtschaftlich genutzten Bodens in Privatbesitz, der grosse Rest war zum überwiegenden Teil Gemeinbesitz und zum kleineren Teil grundherrliches Eigentum. 1890 hatten sich die Besitzverhältnisse umgekehrt: Etwa 70 Prozent der nutzbaren Fläche waren nun in Privatbesitz und damit wirtschaftlich besser nutzbar. Die Zahl der hauptberuflichen Landwirte[348] ging von 1861 (16 % der anwesenden Bevölkerung) bis 1911 (8,5 %) deutlich zurück und stieg dann bis 1921 fast wieder auf den alten Wert (14,7 %).[349] Danach sank die Zahl bis 1929 wieder auf 9 %. Viele Arbeiter – v. a. Saisonniers, Sticker, Fabrik- und Hilfsarbeiter – verloren im Krieg ihre Arbeit und versuchten, mit dem Rückzug in die Landwirtschaft ihre Existenz zu sichern. Die einzige Alternative wäre die Auswanderung gewesen, doch diese war im Krieg weitgehend verbaut. Um 1930 waren immer noch 36 % aller Erwerbstätigen hauptberuflich in der Landwirtschaft beschäftigt.[350] Der Modernisierungs- und Umstrukturierungsprozess in der Landwirtschaft vollzog sich nur langsam, weil die Bevölkerung am Boden klebte und jedes Grundstück als Überlebenshilfe in der Not betrachtete. Immer mehr Kleinbauern versuchten jedoch mit einem Kleingewerbe (v.a. Stickerei, Handwerk, Handel, Dienstleistungen oder Gastgewerbe) ausserhalb der Landwirtschaft ein zweites Standbein aufzubauen. Bis zum Zweiten Weltkrieg betrieben praktisch alle Gewerbetreibenden, die landwirtschaftlich nutzbaren Boden besassen, auch Landwirtschaft. Auf dem heimischen Markt verbesserten sich in der Vorkriegszeit die Absatzmöglichkeiten von Agrarprodukten dank der Textilindustrie, da die Fabrikarbeiter keine Selbstversorger waren. Für den Export kam in erster Linie Vieh in Frage: Von 1900 bis 1913 wurden jährlich zwischen 700 und 1'100 Stück Vieh exportiert, was für die Bauern eine wichtige Einnahmequelle war.[351] Daneben wurde auch etwas Wein und Holz exportiert.

Entschiedene behördliche Massnahmen zur Modernisierung der Landwirtschaft sind in der hier bearbeiteten Epoche nicht auszumachen. Jakob Lorenz zeigte in seinem Gutachten über den Zollanschluss Liechtensteins an die Schweiz auf, wo Reformbedarf vorhanden war: Er empfahl Güterzusammenlegungen und die Melioration von Streueland (ohne den Bau des Binnenkanals zu erwähnen), dadurch könnte die Selbstversorgung mit Agrarprodukten erhöht und die Exporterträge bei Vieh, Wein und Holz vergrössert werden.[352] Die Regierung kapitulierte angesichts anderer drängender Probleme vor der Grösse und der finanziellen Tragweite solcher Strukturfragen. Sie befasste sich mit täglichen Problemen und Nöten. So war die Angst vor der Maul- und Klauenseuche häufig ein Thema. Als diese 1913 epidemisch auftrat, führte dies zu einem Einbruch der für das Land enorm wichtigen Viehexporte und damit der bäuerlichen Einkommen. Da die Schweiz die Einfuhr von Vieh verbot, wurde die Fütterung und Überwinterung des Viehs ein zusätzliches Problem für die Bauern (Dok. 41). Am häufigsten hatte sich die Regierung mit diversen landwirtschaftlichen Subventionen (z.B. Viehzuchtverbesserungen,

---

348 In der Statistik als «Grundbesitzer» bezeichnet.
349 Ergebnisse der Volkszählungen 1861, 1911 und 1921.
350 Ergebnisse der Betriebszählung 1929: Landwirtschaft Blatt 11 und Gewerbebetriebe Blatt 1.
351 Quaderer-Vogt: Bewegte Zeiten, Bd. 1, S. 92.
352 LI LA DM 1923/4. Lorenz, Jakob: Gutachten über den Zollanschluss Liechtensteins an die Schweiz, S. 4.; online: www.e-archiv.li/D46321; aufgerufen am 21.07.2015.

Alpen, Sennereien, Pflanzungen usw.) zu befassen. Ein anderes Thema war die Bekämpfung von Schädlingen, z.B. von schädlichen Vögeln.

Im Bereich der Forstwirtschaft ist das Erstellen von Waldkarten und Waldwirtschaftsplänen in den Jahren 1892 und 1902 erwähnenswert (Dok. 9). Ziel war die Umstellung der Waldwirtschaft auf einen 100jährigen Betrieb, bei dem jeweils ganze Waldpartien kahl geschlagen wurden. Diese Methode, die auf den fürstlichen Herrschaften angewandt wurde, eignete sich für eine Gebirgsregion allerdings nicht. Die Jagd hatte immer wieder gegen die Wilderei zu kämpfen (Dok. 22).

Die Bauern waren von allen Berufsständen am besten organisiert. Der Landwirtschaftliche Verein (gegründet 1885) hatte 1911 nicht weniger als 406 Mitglieder und war damit der grösste Verein des Landes. Er organisierte Vorträge, Kurse, Märkte und gab ein eigenes Mitteilungsblatt heraus; insgesamt trug er Wesentliches zur Verbesserung der landwirtschaftlichen Kenntnisse seiner Mitglieder bei. Im hier behandelten Zeitraum sind besonders zu erwähnen eine Aktion zur Anpflanzung von 5'000 Obstbäumen (1903)[353] und die Schaffung des liechtensteinischen Herdebuchs (1905), mit dem man nach dem Vorbild ausländischer Braunviehzuchtgenossenschaften Verbesserungen in der Viehzucht erreichen wollte. Die parteipolitischen Spannungen nach dem Ersten Weltkrieg übertrugen sich auch auf den landwirtschaftlichen Verein: 1919 spaltete sich der «Liechtensteinische Bauernbund» (Dok. 130) vom landwirtschaftlichen Verein ab, bereits 1922 fusionierten die beiden aber wieder zum «Liechtensteinischen Bauernverein».

Handwerk und Industrie
Das produzierende Gewerbe war bis Ende der 1920er Jahre auf die Deckung lokaler Bedürfnisse ausgerichtet. Wie die Landwirtschaft profitierte auch das Gewerbe vom Aufkommen der Textilindustrie, da sich durch die Fabrikarbeitenden die Nachfrage nach gewerblichen Produkten vergrösserte. Insgesamt blieben die Verdienstmöglichkeiten aber bescheiden, da gewerbliche Produkte (mit Ausnahme von Stickereien und der Tonwaren der Gebrüder Schädler in Nendeln) kaum exportiert werden konnten; umgekehrt wurden oft Waren im Ausland eingekauft oder von Saisonniers nach Liechtenstein importiert. Die Zahl der Gewerbetriebe (inkl. Gastgewerbe und Dienstleister) nahm von ca. 200 im Jahr 1861 auf 710 im Jahr 1915 insgesamt erstaunlich stark zu, danach ist deren Zahl bis 1929 um beinahe einen Drittel auf 460 zurückgegangen. Für die zahlenmässig grosse Zu- bzw. Abnahme ist in erster Linie die Entwicklung im Sticker- und Handelsgewerbe verantwortlich: Die Zahl der Sticker erhöhte sich von eins (1861) auf 174 (1912), diejenige der Händler von 20 (1861) auf 174 (1915).[354] Im Krieg brachen die Zahlen teilweise drastisch ein, dies gilt besonders für die Stickerei, die bald keine Beschäftigungsmöglichkeit mehr bot und sich auch nach dem Krieg nicht mehr erholen konnte. An den Stickmaschinen arbeiteten meistens Männer, denen als Hilfskraft eine Fädlerin zur Seite stand. Die Stickerei wurde vor allem im Unterland betrieben, wo es deshalb auch weniger Saisonniers gab. Mit dem Niedergang der Stickerei haben etwa 400 Personen ihren (Zusatz-)Erwerb verloren.

Lässt man die Stickerei und das nichtproduzierende Gewerbe (Gastgewerbe und Händler) weg, so verlief die Entwicklung bedeutend weniger dramatisch, das Muster war jedoch dasselbe: Anstieg in der Vorkriegszeit, Einbruch im Krieg und nur allmähliche Erholung nach dem Krieg.

---
353 Albert Schädler, Geschichtliche Entwicklung, JBL 1919, S. 56.
354 Zahlen nach Ospelt, Wirtschaftsgeschichte, Anhang S. 207 ff.

Wie die Landwirtschaft kämpfte auch das Gewerbe mit strukturellen Problemen. Die Betriebszählung von 1929[355] liefert entsprechende Daten: Von den 460 Betrieben waren 204 Einpersonenbetriebe, weitere 188 Betriebe beschäftigten zwei oder drei Personen. Auch im Gewerbe dominierten also Kleinst- und Kleinbetriebe; nur 14 % der Betriebe beschäftigten vier oder mehr Personen. Dieses Bild wird noch durch die Angaben zur Zahl der Kraftfahrzeuge und den Einsatz von Maschinen verstärkt: Insgesamt hatten 1929 die 460 Gewerbebetriebe lediglich 75 Fahrzeuge im Einsatz; von 93 Betrieben im Baugewerbe verfügten nur 7 über ein Fahrzeug. Und eine letzte Zahl: Drei Viertel der Betriebe (oder 351) setzten keine Maschinen ein. Wie die Bauern erledigten auch die liechtensteinischen Handwerker die Arbeiten meist von Hand, damit waren sie oft nicht konkurrenzfähig.[356] Gemäss Schätzungen lag die Arbeitsproduktivität in Liechtenstein etwa ein Drittel geringer als in der Schweiz.[357]

Die Probleme im Gewerbe waren vielschichtig: Ein eher kleineres Problem war, dass manche herkömmlichen Gewerbe an Bedeutung verloren oder ganz verschwinden mussten, weil sie mit der industriellen Produktion nicht konkurrieren konnten (z.B. Schuhmacher, Sattler, Schmiede). Stolz war man, dass die Liechtensteiner als gute Bauhandwerker galten und im Ausland leicht entsprechende Arbeit fanden. Viele ehemalige Saisonniers eröffneten nach ihrer Rückkehr ein eigenes Baugeschäft. Für sie bestand ein Hindernis darin, dass Baufachleute gemäss § 14 der Gewerbeordnung von 1910 bzw. 1915 eine Fachprüfung ablegen mussten. Dies war einer der Gründe, dass wiederholt gefordert wurde, dass ein «Zeichenlehrer» Kurse für das Verfassen von Plänen abhalten sollte. Eine rein praktische Ausbildung genügte nicht mehr, nun wurden auch theoretische Kenntnisse verlangt. Ein weiteres Problem – die flächendeckende Stromversorgung des Landes – wurde erst zu Beginn der 1920er Jahre in Angriff genommen, befriedigend gelöst wurde es erst 1927 mit der Inbetriebnahme des Lawenakraftwerks. Doch mit der Stromversorgung allein wurden noch keine Arbeitsplätze geschaffen, die Beschaffung von Maschinen und Fahrzeugen verlangte beträchtliche Investitionen, die manche Gewerbetreibenden nicht aufbringen konnten. Gesamthaft gesehen stand das produzierende Gewerbe unter einem grossen Modernisierungsdruck.

Soweit der Staat die Entwicklung des Gewerbes beeinflussen konnte, suchte er günstige Voraussetzungen zu schaffen. Die Gewerbeordnung von 1910 basierte auf liberalen Grundsätzen und die Gewerbesteuern waren niedrig. Was die Entwicklung des Gewerbes hemmte, waren der fehlende Markt und die mangelnde Berufsbildung. Mit der Schaffung der Liechtensteinischen Wirtschaftskammer im Jahre 1924 schuf der Staat eine Stelle zur Wirtschaftsförderung. Sie sollte als Arbeitsvermittlungsstelle fungieren (auch in die Schweiz), Wirtschaftsförderung betreiben (insbes. Fremdenverkehr), die Berufsberatung übernehmen und auch noch das Lehrlingswesen (z.B. durch die Organisation von Kursen) betreuen. Ihr Sekretär Guido Feger erwies sich als sehr initiativ (z.B. erstmalige Teilnahme liechtensteinischer Betriebe an der Mustermesse in Basel[358]), doch war er Anhänger der Volkspartei, was wohl der Hauptgrund dafür war, dass die Wirtschaftskammer nach dem Regierungswechsel Anfang 1929 aufgelöst wurde.

Mangelhaft war auch die Interessenvertretung der Gewerbetreibenden. Es fehlte zwar nicht an Versuchen, die Gewerbetreibenden besser zu organisieren, doch war der

---

355 Die Gewerbebetriebe im Fürstentum Liechtenstein. Betriebszählung 1929.
356 Vgl. dazu das Votum von Albert Schädler in der Landtagsdebatte vom 24.7.1914 zum Lawenawerk. LI LA LTA 1914/S04/2; online: www.e-archiv.li/D46235; aufgerufen am 24.07.2015.
357 Merki, Wirtschaftswunder, S. 47.
358 Vgl. dazu Bericht in der National-Zeitung Basel Ende April 1925 über Liechtenstein (LI LA SgZs 1925); online: www.e-archiv.li/D46669; aufgerufen am 26.07.2015.

Erfolg mässig. Ein erster freiwilliger «Liechtensteinischer Gewerbeverein» wurde mit dem Gewerbegesetz von 1910 durch eine obligatorische Gewerbegenossenschaft abgelöst. Die Zwangsmitgliedschaft wurde bereits mit der Gewerbeordnung von 1915 wieder aufgehoben, da sie im Gewerbe selber auf grosse Widerstände stiess. 1925 wurde erneut ein Liechtensteinischer Gewerbeverband gegründet, doch war dieser ähnlich erfolglos wie die früheren Anläufe. Den Gewerbetreibenden fehlte die Bereitschaft, sich zu engagieren und Geld aufzubringen. Zur Frage der Liberalisierung der Wirtschaft nahmen die Gewerbetreibenden eine zwiespältige Haltung ein: Einerseits wollten sie möglichst wenige staatliche Vorschriften, weshalb sie auch die sozialstaatlichen Vorschriften in der Gewerbeordnung von 1910 mehrheitlich ablehnten. Andererseits verlangten sie vom Staat Schutz vor unerwünschter Konkurrenz. Die Regierung kam diesen Wünschen mit der Abänderung der Gewerbeordnung von 1915 sowie der Einschränkung der Ausverkäufe[359] und des Hausierhandels zumindest teilweise nach.[360]

Die Industrie erlebte bis zum Ersten Weltkrieg dank dem Wachstum der Textilfabriken einen beachtlichen Aufschwung, im Ersten Weltkrieg mussten die Betriebe aber wegen des Rohstoffmangels eingestellt werden (Dok. 128). Der Wiederaufbau nach dem Krieg verlief zäh und mühsam: Die Textilindustrie verlor ihre ehemalige Bedeutung, die Integration in das Schweizer Wirtschaftsgebiet war für sie ein Nachteil. Die einseitige Ausrichtung der Industrie auf die Textilindustrie bzw. die fehlende Diversifizierung der Wirtschaft wurde zu einem grossen Problem, das nicht in kurzer Zeit behoben werden konnte. Der Betrieb der Gebrüder Rosenthal im Mühleholz (seit 1916 Hammersteiner Weberei) wurde nicht mehr aufgenommen (Dok. 162). Die Fabriken der Jenny, Spoerry & Cie. erreichten zwar bis 1926 fast die Beschäftigungszahlen vor dem Krieg, doch danach gingen diese Zahlen bereits wieder zurück. Die Ansiedlung neuer Betriebe wurde von der Regierung und den Gemeinden im Hinblick auf die dringend notwendige Schaffung von Arbeitsplätzen gefördert. Immer wieder wurden neue Betriebe gegründet, doch gingen diese bis auf die Näherei und Ausrüsterei Tribelhorn in Balzers nach kurzer Zeit wieder ein. Das grösste Projekt, die 1926 gegründete Eschenwerk AG, wurde zum finanziellen und politischen Fiasko: Der Eschner Vorsteher Josef Marxer und die Volkspartei förderten die Eschenwerke teilweise gegen jede Vernunft massiv – die Gemeinde erstellte sogar das Fabrikgebäude, um den Betrieb anzulocken. Der Unternehmer, Ing. Felix Drobig, war ein Abenteurer und Spekulant. Gleichwohl wollte ihn die Gemeinde bereits nach einem Jahr als vermeintlichen Wohltäter und Arbeitsbeschaffer einbürgern, da er Probleme mit seinen Ausweispapieren hatte. Der Fürst lehnte die Einbürgerung wegen eines Strafverfahrens in Deutschland ab, worauf ihn die Gemeinde zum Ehrenbürger machte. Bereits 1928 gingen die Eschenwerke in Konkurs und Drobig setzte sich nach Deutschland ab. Die Gemeinde Eschen und der Fürst verloren viel Geld.[361]

Mentalitätsmässig stiess die Fabrikarbeit bis weit ins 20. Jahrhundert auf starke Vorbehalte. Zum einen argumentierten konservative und vor allem katholische Kräfte, dass die Industrialisierung ein Proletariat erzeuge und damit dem Sozialismus Vorschub leiste. Als nach Kriegsende in Russland, Deutschland und Österreich Sozialisten bzw. Kommunisten die Macht übernahmen, wurde die Angst vor dem Proletariat und dem Sozialismus in beiden Landeszeitungen nochmals kräftig geschürt. Auf der anderen Seite wurde dem idealisierenden Bild des bodenständigen Bauern, der mit der Scholle verwur-

---

359 Gesetz vom 20.12.1915 betreffend die Ausverkäufe, LGBl. 1915 Nr. 16.
360 Gesetz vom 11.1.1916 betreffend die Erlassung neuer Hausiervorschriften, LGBl. 1916, Nr. 2.
361 Siehe dazu Befund (der fürstlichen Regierung) über die Tätigkeit der Gemeindevertretung Eschen. Artikelserie im Liechtensteiner Volksblatt vom 20.2.1930, Seite 1; 22.2.1930, S. 1 und 25.2.1930, S. 2.

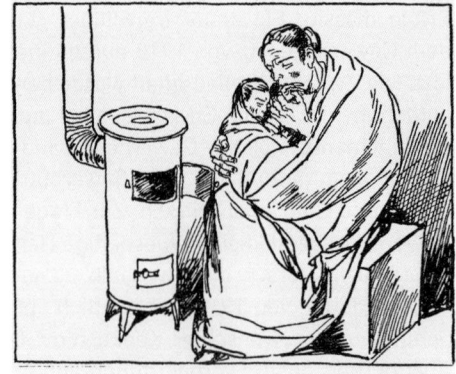

Flugblatt «Wahrheiten zu den Landtagswahlen vom 10. Januar 1926» der Volkspartei: Folgen eines Siegs der Bürgerpartei wären vermehrte Auswanderung, Arbeitslosigkeit, Überladung des Staatskarrens und neue Steuern, Schaffung einer Bürgerwehr, Rückkehr der «Regierungsvögte». Deshalb sollen die Wähler der Bürgerpartei ein Staatsbegräbnis besorgen. (LI LA SgG 127/2)

Warum ist heute Dr. Beck der Schöpfer der Sparkassaaffäre nicht im Gefängnis?

Konnten solche Veruntreuungen ohne den Verwaltungsrat geschehen?

Wie konnte fragwürdigen Existenzen hoher Kredit gewährt werden?

Wer hat die Wechsel unterzeichnet?

Konnte dies alles Thöny und Walser allein?

Warum kommt erst heute das Dr. Beck'sche Leibblatt mit der Forderung zu einer Aufwertung?

Wie ist es möglich, das ein Dr. Beck noch heute die Ehrlichen, denn er zählt nicht dazu, in seinem Blatte beschimpfen darf?

Wie war es möglich, dass die Landstrassen und Rheinwuhren vernachlässigt und eine herrliche Strasse nach Lavadina Richtung Dr. Beck'sche Villa gemacht wurde?

Wer schreibt nach deiner Ansicht die von Lügen strotzenden Artikel im Beck'schen Leibblatt?

Wer ist schuld, dass nicht alle Hilfsgelder ausbezahlt werden können?

Wo sind unsere Kroneneinlagen, sind dieselben wirklich als Noten zugrunde gegangen oder in solider Bauweise eines Lawenawerkes?

Und nun, wer ist der Schöpfer des heutigen Uebels?

Volk setze den Namen dazu u. sage Dir selbst, was ist derjenige, der heute noch zu solchem Parteiführer steht?

Das Ausland hat es begriffen, nur Du nicht!

Dir Liechtenstein gehört ein Mussolini, aber keiner wie der Mussolini im Bären am Triesenberg.

Flugblatt der Bürgerpartei gegen Wilhelm Beck bei den Landtagswahlen 1928 (LI LA SgG 127/6)

zelt ist und hart arbeiten muss, aber seine Arbeit unter freiem Himmel verrichten kann, das negative Bild des Fabrikarbeiters gegenübergestellt, der vielleicht mehr verdient, doch in die Werkstätte eingeschlossen wird und an die Maschine gefesselt ist.[362] Dieses Stereotyp fand auch Eingang in die liechtensteinischen Schulbücher, wie Harald Wanger in einer Analyse feststellte: «Während der Bauer zwar müde, doch froh und mit einem Lied zum Lobe Gottes vom Acker oder aus dem Stall kommt, kommen die Arbeiter ‹mit finsterem Gesicht› aus der Fabrik. ‹Ist es die Arbeit, die sie so missmutig macht oder haben sie kein Heim, auf das sie sich freuen können?›»[363] Eine spezifisch liechtensteinische Variante der negativen Bewertung der Fabrikarbeit bildete die offenbar weit verbreitete Auffassung, dass die Liechtensteiner Männer «eine traditionelle Abneigung» gegen die Fabrikarbeit hatten und die Arbeit auf dem Bau vorzogen.[364]

Trotz solcher Vorbehalte gegen die Industrialisierung hoffte man in Liechtenstein, dass sich endlich Industriebetriebe ansiedeln würden, die neue Arbeitsplätze schufen. Die Zahlen zeigen, dass dies in den 1920er Jahren noch nicht der Fall war: 1912 waren in den sieben Fabriken 747 Personen beschäftigt, davon waren 63 % Frauen.[365] 1929 arbeiteten in fünf Fabriken noch 511 Personen (davon 70 % Frauen). Vier dieser fünf Betriebe waren Textilfabriken.[366] Hindernisse für die Ansiedlung neuer Industrien waren: vorerst noch ungenügende Integration in das Schweizer Wirtschaftsgebiet, fehlendes einheimisches Kapital für Investitionen, fehlendes technisches Know-how, mangelhafte und unsichere Stromversorgung, schlechte Strassen und mangelhafte Post.[367]

Für die Regelung der Arbeitsverhältnisse (Löhne, Kündigung, Arbeitszeit, Betriebskrankenkassen usw.) mussten die einzelnen Fabriken seit 1870 «Fabrikordnungen» (Dok. 218) erlassen, die sie der Regierung zur Genehmigung vorlegen mussten. Seit 1885 kontrollierten die österreichischen Gewerbeinspektoren in Bregenz auch die Arbeitsverhältnisse in den liechtensteinischen Fabriken (Dok. 20). Mit dem Abschluss des Zollvertrags mit der Schweiz wurde die schweizerische Fabrikgesetzgebung zum Schutz der Arbeit in Liechtenstein anwendbar. Die liechtensteinischen Fabriken wurden dem eidgenössischen Fabrikinspektorat in St. Gallen unterstellt (Dok. 211).[368]

Dienstleistungen

Der (Klein-)Handel und das Gastgewerbe boten bereits im 19. Jahrhundert einige Verdienstmöglichkeiten; in den 1920er Jahren begann sich der Dienstleistungsbereich zu diversifizieren (Banken, Treuhand, Advokaturen, Lotterie und Verkehr). Die neuen Arbeitsplätze in den Büros waren zweifellos attraktiv, zahlenmässig wirkten sie sich aber

---

362 Siehe dazu den Artikel «Die Schollenflucht», L.Vo. 3.4.1908, S. 5.; online: www.e-archiv.li/D48436; aufgerufen am 24.07.2015

363 Wanger, Besser arm in Ehren, S. 107. Die kursiven Stellen sind Zitate aus dem Lesebuch 1928, S. 163.

364 So im Artikel «Zur Zollvertragsfrage» in L.Vo. vom 9.7.1919, S. 2.

365 Neben vier Textilfabriken gab es noch zwei fabrikmässige Betriebe, in denen 45 Männer beschäftigt wurden: Hilti und Amann, Steinmetz («Balzner Marmor») mit 31 Arbeitern und die Sägerei und Tischlerei Baptist Röckle in Vaduz mit 14 Arbeitern. Vogt, Industrie, S. 102.

366 Spinnerei Jenny, Spoerry & Cie., Vaduz, Weberei Jenny, Spoerry & Cie. Vaduz, Weberei Jenny Spoerry & Cie. Triesen und die Näherei und Ausrüsterei Tribelhorn in Balzers. Der fünfte Betrieb war wohl die Isolit AG in Schaan mit 7 Angestellten, die Isolationsstoffe erzeugte und nur von 1929 bis 1931 existierte. Zahlen für 1929: Ergebnisse der Betriebszählung 1929.

367 Ein Teil dieser Argumente wird im Artikel «Zur Zollvertragsfrage» in L.Vo. vom 9.7.1919, S. 1 f. genannt.

368 Artikel «Fabrikarbeit» in: HLFL, Bd. 1, S. 207;

noch nicht sehr stark aus. Am meisten kaufmännisches Personal beschäftigte der Handel (33 Männer, 35 Frauen).[369]

Die Entwicklung im Handel entspricht in etwa der allgemeinen wirtschaftlichen Entwicklung: Die Zahl der Handlungen stieg von 20 im Jahr 1861 auf die Höchstzahl 174 im Jahr 1915 und ging dann bis 1929 auf 103 zurück.[370] 1929 waren im Kleinhandel (Gemischtwaren, Lebensmittel, Textilien) zwei Drittel der Beschäftigten Frauen. Die Frauen dominierten hier auch bei den «Betriebsleitern». Die recht hohe Zahl von 90 Kleinhandlungen (es kam also statistisch auf etwa 100 Einwohner eine Handlung) muss wohl so interpretiert werden, dass die Kleinhandlungen keinen Vollerwerb darstellten.

Die Zahl der Gastbetriebe stieg von 26 im Jahr 1861 auf 49 im Jahr 1915 und auf 66 im Jahr 1929. Im Krieg ging diese Zahl nur geringfügig zurück. Von den insgesamt 213 Beschäftigten waren 70 % Frauen, auch die «Betriebsleiter» waren fast ausschliesslich Frauen. Viele Gastbetriebe dürften Kleinbetriebe gewesen sein, die neben der Landwirtschaft besorgt wurden. Es ist aber auffallend, dass unter den Landtagsabgeordneten und den Vorstehern viele Gastwirte zu finden sind. Daraus kann geschlossen werden, dass ihre soziale Stellung überdurchschnittlich gut war. In die Entwicklung des Fremdenverkehrs setzte man sehr grosse Hoffnungen, da man dort vor und nach dem Ersten Weltkrieg ein grosses Potenzial ausmachte – dies ging so weit, dass einige darin sogar eine Alternative zur Industrialisierung sahen. Von 1900 bis 1921 gehörte Liechtenstein dem «Verband für Fremdenverkehr in Vorarlberg und Liechtenstein» an, der die Tourismus-Werbung bezweckte. Nach dem Austritt Liechtensteins oblag diese Aufgabe der Wirtschaftskammer. Auf diesem Hintergrund wurde in die neuen Alpenhotels (Gaflei, Silum, Steg und Malbun) viel investiert.

Spielbanken

Seit dem frühen 19. Jahrhundert[371] versuchten ausländische Unternehmen wiederholt, in Liechtenstein eine Lotterie oder eine Spielbank zu errichten, die reiche Kunden aus dem Ausland anlocken sollte. Diese Gesuchsteller hatten als erste entdeckt, dass sich die Souveränität des Landes – so klein es auch war – vermarkten liess. Die Gesuche an die Regierung beantragten jeweils ein Monopol für ein solches Unternehmen und stellten dafür nicht nur den Bau von luxuriösen Kuranstalten, Hotels und weiteren Freizeiteinrichtungen in Aussicht, sondern versprachen auch neue märchenhafte staatliche Einnahmen und tolle Beschäftigungsmöglichkeiten für die einheimische Bevölkerung. 1872 machte die Spielbank in Baden-Baden, die in Deutschland schliessen musste, ein entsprechendes Angebot. Alle Gemeinden ersuchten den Landtag in einer Petition, eine solche Spielbank zu ermöglichen. Dieser unterstützte das Anliegen und schickte eine Deputation zum widerstrebenden Fürsten nach Eisgrub, um diesen vom Projekt zu überzeugen. Johann II. blieb jedoch bei seiner ablehnenden Haltung.[372] Weitere Konzessionsgesuche erfolgten in den Jahren 1872, 1875, 1891,[373] und 1913.[374] Diese Gesuche wurden im Landtag gar nicht erst traktandiert, da man wusste, dass Fürst Johann II. aus grundsätzlichen Gründen dagegen war. Immerhin bestätigte Landesverweser Karl von

---

369 Betriebszählung 1929.
370 Zahlen bis 1916 nach Ospelt, Wirtschaftsgeschichte, Anhang S. 213. Für 1929 Betriebszählung, wobei Gast- und Handelsbetriebe aufgeteilt wurden.
371 Die ersten Anfragen stammten gar aus dem Jahr 1812 und 1843. Alois Ospelt: Wirtschaftsgeschichte, JBL 1972, S. 325 f.
372 Albert Schädler, Landtag, JBL 1901, S. 173.
373 Ebda. S. 326. Siehe auch Artikel «Spielbanken», HLFL, Bd. 2, S. 888.
374 Dazu Quaderer-Vogt, Bewegte Zeiten, Bd. 1, S. 103-108.

In der Maur dem Landtag 1913 auf eine Frage von Landtagspräsident Albert Schädler bei der Budgetdebatte, dass zwei entsprechende Gesuche vorlagen.[375] Angesichts der dauernden finanziellen Nöte des Landes und der fehlenden Arbeitsmöglichkeiten waren die fantastischen Versprechungen der Gesuchsteller verlockend. Die Meinungen im Landtag und in der Bevölkerung gingen weit auseinander: Allen voran der Landesfürst und die Kirche, aber auch die konservativeren Kräfte lehnten Glücksspiele, in denen man eine Quelle für die Verarmung sah, aus moralisch-ethischen Überlegungen ab. Gegen eine entsprechende Konzession sprachen auch aussenpolitische Überlegungen, da die Schweiz, Deutschland und Österreich Spielbankverbote kannten und der Errichtung einer Spielbank in Liechtenstein ablehnend gegenüberstanden.[376]

1919 lagen wiederum zwei Konzessionsgesuche bei der Regierung, die verlockende Versprechungen (Eisenbahn- und Strassenbau, Regelung der Währungsfrage, Arbeitsbeschaffung etc.) machten. In den beiden Landeszeitungen wurde heftig über die Pros und Contras einer «Spielhölle», wie das Projekt von den Gegnern genannt wurde, gestritten. Am 11. Oktober 1919 diskutierte der Landtag das Projekt. Landesverweser Prinz Karl[377] und Johann Baptist Büchel[378] sprachen sich entschieden dagegen aus, während Wilhelm Beck und Gustav Schädler dafür plädierten, im Falle einer Ablehnung mit Steuererhöhungen drohten und die Frage durch eine Volksabstimmung entscheiden lassen wollten. Ein Landtagsbeschluss dazu wurde vertagt; in der Folge kam das Thema im Landtag nicht mehr zur Sprache. Fürst Johann II., für den eine Bewilligung der Spielbank nicht in Frage kam, stand vor der Entscheidung, entweder nichts zu tun und damit zu riskieren, dass die politische Situation unkontrollierbar wurde oder dem Land finanziell grosszügig zu helfen.[379] Er entschied sich für das Zweite: Am 10. Februar 1920 gewährte er dem Land einen unverzinslichen Kredit von 550'000 Franken, der für die Rückzahlung der Lebensmittelschuld bei der Schweizerischen Kreditanstalt in Zürich und für einen Teuerungsausgleich bei den Beamtengehältern verwendet werden musste.[380] Damit hörten die Diskussionen um die Errichtung einer Spielbank auf.

Zu diesem Zeitpunkt hatte die Regierung den Schweizer Bundesrat bereits wissen lassen, dass es in Liechtenstein keine Spielbank geben werde.[381] Damit ist ein weiteres Hindernis angetönt: Die Schweiz, mit der schon bald Verhandlungen über einen Zollvertrag aufgenommen werden sollten, lehnte die Errichtung einer Spielbank in Liechtenstein ab. Das musste auch von den Befürwortern im Umfeld der Oberrheinischen Nachrichten und der Volkspartei akzeptiert werden. In das Schlussprotokoll zum Zollvertrag von 1923 mit der Schweiz wurde schliesslich ein Verbot der Errichtung von Spielbanken

---

375 Landtagsprotokoll vom 4.12.1913. LTP 1913; online: www.e-archiv.li/D44041; aufgerufen am 13.04.2015.
376 Alois Ospelt, Wirtschaftsgeschichte, BL 1972, S. 326.
377 Zu dieser Debatte enthält das Landtagsprotokoll vom 11.10.1919 nur summarische Angaben. Im L.Vo. vom 18.10.1919 heisst es, dass Prinz Karl darauf hinwies, dass sein Haus an die 800 Jahre und das Land Liechtenstein 200 Jahre diesen Namen Liechtenstein in Ehren getragen und dass dieser Name nicht als Wirtshaus-Aushängeschild missbraucht werden solle.
378 Kanonikus Büchel erklärte, «das Volk sei nicht reif über eine solche Sache zu entscheiden.» LTP 1919; online: www.e-archiv.li/D44116; aufgerufen am 15.04.2015.
379 In einem «Eingesandt» heisst es im L.V. vom 17.1.1920: «Es sind dort [in früheren Beiträgen] unserem Fürsten zwei Wege offen gelassen worden: Entweder die Erlaubnis zur Spielbank zu geben, oder aber aus eigenen Mitteln dem Lande eben dasselbe zu geben, wie die Spielbankgesellschaft.» Prinz Karl sah die Problematik ähnlich. Dazu siehe Quaderer, Sehnsucht nach Deinem Geld, S. 29.
380 Fürstliches Handschreiben vom 10.2.1920, LGBl. 1920 Nr. 4.
381 Quaderer, Sehnsucht nach Deinem Geld, S. 29.

in Liechtenstein aufgenommen, womit entsprechende Projekte für lange Zeit verunmöglicht wurden.

Briefmarkenaffäre
Die sog. Briefmarkenaffäre war eine der schwersten innenpolitischen Belastungen der 1920er Jahre. Sie ist ein zweites Beispiel, wie man die Souveränität für riskante und unüberlegte Spekulationen nutzen wollte. 1911 hatte die Regierung auf Druck des Landtags in den Verhandlungen mit Österreich darauf bestanden, dass Liechtenstein eigene Briefmarken herausgeben durfte.[382] Das Hauptargument war, dass Liechtenstein damit seine Souveränität unter Beweis stellen könne, andernfalls würde es gegenüber Monaco und San Marino, die eigene Briefmarken herausgaben, zurückgesetzt. Österreich befürchtete hingegen, «dass ein ärgerniserregender Abusus bei den Operationen mit den Briefmarken stattfinden könnte,»[383] gab aber schliesslich nach. 1912 gab Liechtenstein die ersten eigenen Briefmarken heraus. Für die Staatseinnahmen[384] waren sie am Anfang ohne grosse Bedeutung, wurden dadurch doch vorerst lediglich 3 % der staatlichen Gesamteinnahmen generiert.[385] Doch seit 1916 war der Staatshaushalt defizitär, ab 1918 suchte man schon fast verzweifelt nach neuen Einnahmequellen.

Regierung und Opposition waren sich grundsätzlich einig, dass im Briefmarkengeschäft eine Riesenchance zur Schaffung neuer Staatseinnahmen bestand, die es zu nutzen galt. Dafür fehlten dem Staat jedoch sowohl die nötige Infrastruktur wie auch das Know-how. Der wichtigste Streitpunkt war zu Beginn die Frage, ob der Staat dieses Hoheitsrecht selber ausüben oder ob er es geschäftsmässig an ein Privatunternehmen übertragen sollte und wenn ja an welches. Angebote hatten der österreichische Architekt Gustav von Flesch-Brunningen (der mit dem Briefmarkenhändler Gustav von Seefeldner zusammenarbeiten wollte) und der Münchner Briefmarkenhändler Otto Bickel gemacht. Über die beiden Bewerber lagen keine genauen Informationen vor, das Angebot Bickels (dem Favoriten von Wilhelm Beck) wurde von der Regierung aber gar nicht erst in Betracht gezogen. Diese wollte das Angebot von Flesch im Landtag möglichst rasch durchbringen, die Volkspartei hingegen zögerte und wollte die Frage in Ruhe prüfen. Am 11. November 1919 legte die Regierung dem Landtag das Angebot eines liechtensteinisch-österreichisches Konsortiums[386] vor. Dieses stellte dem Staat jährliche Mindesteinnahmen von 600'000 Kronen bzw. den gleichen Betrag in Schweizer Franken für das ausschliessliche Recht zum weltweiten Vertrieb der Marken für Sammlerzwecke (also ohne die Briefmarken, die für postalische Zwecke gebraucht wurden) in Aussicht. Die sechs Abgeordneten der Volkspartei verhinderten eine Abstimmung, indem sie die Landtagssitzung verliessen und den Landtag damit beschlussunfähig machten. Nach einer personellen Erweiterung des Konsortiums um vier Liechtensteiner, die teilweise der Volkspar-

---

382 vgl. dazu Art. 4 des Übereinkommens vom 4.10.1911 zwischen der k. k. österreichischen und der fürstlichen liechtensteinischen Regierung betreffend die Verwaltung des Post- und Telegraphen- und Telephondienstes im Fürstentum Liechtenstein, LGBl. 1911 Nr. 4.
383 LI LA SF 03/1911/17/1302 ad 65. Schreiben von Hermann von Hampe und Landesverweser Karl von In der Maur an die österreichische Regierung vom 2.6.1911.
384 Von 1900 bis 1915 wurden meist Überschüsse erzielt, erst 1916 und 1917 gab es beträchtliche Defizite. Vgl. Artikel «Öffentlicher Haushalt» im HLFL, Bd. 2, S. 668.
385 Quaderer-Vogt, Bewegte Zeiten Bd. 2, S. 570.
386 Dieses bestand aus Prof. Gustav von Flesch-Brunningen, Architekt, Salzburg/Wien; dem Künstler Luigi Kasimir, Briefmarkengestalter, Salzburg/Wien; dem Landtagsabgeordneten Eugen Nipp sowie dem Regierungskanzlisten und stellvertretenden Staatsanwalt Ferdinand Nigg.

tei nahe standen,[387] stimmte der Landtag am 25. November 1919 dem Vertrag schliesslich mit 12 Stimmen zu – die beiden Volksparteiler Gustav Schädler und Wilhelm Beck blieben bei ihrer ablehnenden Haltung. Bereits am 27. November 1919 schloss die Regierung mit Gustav Flesch einen «Vorvertrag», am 31. Januar 1920 einen auf sechs Jahre befristeten «Hauptvertrag». In diesem übertrug die Regierung Flesch das ausschliessliche weltweite Recht zum Vertrieb der liechtensteinischen Postwertzeichen zu Sammlerzwecken.[388] Flesch seinerseits übertrug dieses Recht an die neu gegründete «Philatelistische Verschleissstelle der fürstlich liechtensteinischen Postwertzeichen in Vaduz». Die Geschäftsführung übernahm Flesch, der von Salzburg aus operierte, und sich damit zu einem guten Teil jeder Kontrolle entzog.

Das Geschäft lief nicht wie erhofft. Als besonders unglücklich erwies sich die Bestimmung, dass die Marken in Deutschland, Österreich, Ungarn, Polen, der Tschechoslowakei und in Jugoslawien zum Nominale (d.h. zum Nennwert) «zuzüglich einer 10 %igen Manipulationsgebühr» verkauft werden mussten. In allen andern Länder durfte der Verkauf «bestmöglich durchgeführt» werden (d.h. mit einem beliebig grossen Übernominale). Allen Beteiligten war die Brisanz dieser geheimen Vereinbarung bewusst: In der Öffentlichkeit durfte nicht bekannt werden, dass die liechtensteinischen Briefmarken je nach Land zu unterschiedlichen Preisen verkauft werden konnten, da dies unter den Sammlern und Händlern einen Entrüstungssturm ausgelöst und den Ruf der liechtensteinischen Postwertzeichen ruiniert hätte. Damit auch der Staat von diesem Vorgehen profitieren konnte, griff man zum Mittel eines «Geheimvertrags» zwischen Flesch und Wilhelm Beck, der damit in das Geschäft und die Verantwortung eingebunden wurde: Darin wurde vereinbart, dass Wilhelm Beck 47 % der Erträge treuhänderisch überwiesen wurden und dieser das Geld an die Regierung weiterleiten musste. Das Geld musste bei den Staatseinnahmen so verbucht werden, dass seine Herkunft nicht erkennbar war. 47 % der Erträge gingen an die von Flesch vertretene Gesellschaft und 6 % verblieben Flesch zur freien Disposition – mündlich war dazu vereinbart, dass Wilhelm Beck als Treuhänder diese 6 % erhalten sollte. Landesverweser Karl von Liechtenstein erklärte schriftlich sein Einverständnis mit dieser Regelung. Wilhelm Beck bestand darauf, dass die geheime Vereinbarung streng vertraulich zu behandeln war – er mache das «nur im wohlverstandenen Interesse anderer» (d.h. des Staates).[389] Da die Briefmarkenfrage von Anfang an sehr umstritten war, blieb der «Geheimvertrag» nicht lange geheim, schon bald wurde in den Zeitungen heftig darüber gestritten. Darauf trat Wilhelm Beck im September 1920 als Treuhänder zurück. Finanziell dürfte ihm der Vertrag nichts eingebracht haben, politisch hat er seiner Glaubwürdigkeit jedoch enorm geschadet.

Die Praktiken im Briefmarkengeschäft waren von Anfang an undurchsichtig. Dazu beigetragen hat sicher der Umstand, dass sich in kurzer Zeit vier verschiedene Regie-

---

387 Nämlich Emil Büchel, Postassistent bzw. Posthalter in Vaduz; Arnold Gassner, Postmeister in Triesenberg und Redaktor der Oberrheinischen Nachrichten, Alfons Kranz, Lehrer, sowie Emil Risch, Oberlehrer und VP-Abgeordneter

388 Dies widersprach Art. 4 des Postvertrags vom 4.10.1911 mit Österreich, LGBl. Nr. 4, wonach die k.k. Postverwaltung für die Herstellung und den Vertrieb der liechtensteinischen Briefmarken ausserhalb Liechtensteins zuständig war. Der Vertrag war nicht offiziell gekündigt worden, doch stellte man sich auf den Standpunkt, dass er nicht mehr in Kraft war.

389 Dass Wilhelm Beck von dieser Regelung profitierte, durfte nicht erkennbar sein. Die Finanzkommission des Landtags war über den Vertrag informiert worden, sie hatte aber darauf bestanden, dass Beck kein Geld bekommen dürfe. Mit der Klausel, dass Flesch über 6 % frei disponieren konnte, wurde der Versuch gemacht, den Sachverhalt juristisch so hinzustellen, dass formell nicht direkt gegen den Willen der Finanzkommission verstossen wurde.

rungschefs (Karl von Liechtenstein, Josef Peer, Josef Ospelt und schliesslich auch Gustav Schädler) mit der Materie befassen mussten, von der sie wenig verstanden – so betrachtet wird es verständlich, dass die Regierung oft zögerlich reagierte oder gar nicht entschieden hat. Dazu kam, dass die Kompetenzen unklar geregelt waren: Eduard von Liechtenstein, der liechtensteinische Gesandte in Wien, beantragte mehrfach, dass alle Kontakte mit dem Konsortium über ihn laufen sollten. Die Vertreter des Konsortiums hatten die Gewohnheit entwickelt, sich auf mündliche Vereinbarungen mit der Regierung zu berufen, die nirgends dokumentiert waren. Alle Beteiligten waren vor allem an einem interessiert: schnell und leicht viel Geld zu verdienen. Ein Chaos war vorprogrammiert. Im März 1920 wurden die ersten Marken gedruckt. Bald gab es heftige Reklamationen, da das Konsortium nicht alle Markenhändler und Sammler belieferte.

Am 10. November 1920 wurde der Postvertrag mit der Schweiz[390] abgeschlossen, der die besonderen Interessen Liechtensteins bei der Briefmarkenausgabe berücksichtigte. Art. 5 bestimmte, dass Postwertzeichen für postalische Zwecke ausschliesslich von den Postämtern ausgegeben werden durften, während die Regierung «für Sammlerzwecke» die Postwertzeichen auch «durch andere Stellen [...] zum Verkauf bringen» durfte. Der Postvertrag liess also Liechtenstein die Möglichkeit, das aufgegleiste, vermeintlich gute Briefmarkengeschäft weiterzuverfolgen.

In der Öffentlichkeit wurde zumindest gerüchteweise bekannt, dass einige Briefmarkenhändler durch das Briefmarkenkonsortium systematisch benachteiligt wurden. Der Unmut staute sich auf. Bei der Budgetdebatte im Dezember 1920 kam es zu giftigen, parteipolitisch geprägten Auseinandersetzungen in der Briefmarkenfrage. Am 13. Februar 1921 fand im Restaurant Adler in Vaduz eine Versammlung statt, die von Regierungschef Josef Peer aus fadenscheinigen Gründen nicht bewilligt worden war. Die ca. 250 anwesenden Männer, die der Volkspartei zuzurechnen waren, stimmten darüber ab, ob der aus Wien angereiste Briefmarkenfachmann Leopold Kronik über den Briefmarkenhandel referieren sollte – die Versammlung stimmte einhellig zu. Kronik führte unter anderem aus, dass es ein «schwerer Fehler» gewesen sein, den Vertrieb der Briefmarken einer Gesellschaft zu übertragen. Die Versammlung beschloss eine Resolution zuhanden der Regierung, worin u.a. die Auflösung des Vertrags mit dem Briefmarkenkonsortium und die ausschliessliche Herstellung und der alleinige Vertrieb liechtensteinischer Briefmarken durch die schweizerische Postverwaltung (bzw. die liechtensteinischen Postämter, die aufgrund des neuen Postvertrags der schweizerischen Postverwaltung unterstellt waren) gefordert wurden.

Die Regierung weigerte sich auf die Resolution einzugehen und erstattete stattdessen wegen der nicht bewilligten Versammlung Anzeige beim stellvertretenden Staatsanwalt Ferdinand Nigg – der selber Mitglied des Konsortiums war! Die Situation eskalierte: Auf den 26. Februar 1921 rief ein Triesenberger Komitee zu einer nicht bewilligten Demonstration in Vaduz auf, an der etwa 200 Personen aus Triesenberg, Triesen und Balzers teilnahmen. Regierungschef Peer und Landtagspräsident Fritz Walser organisierten darauf eine Gegendemonstration, zu der sie «die ganze fürstentreue und ordnungsliebende Bevölkerung» aufriefen. In rasch gedruckten Plakaten hiess es, dass die Demonstration «unter Leitung der Hetzer und Verführer unseres Volkes [...] den gewaltsamen Sturz der Regierung und Einsetzung der Gewalt anstelle des Rechtes und der Ordnung»

---

390 Übereinkommen zwischen der Fürstlich Liechtensteinischen Regierung und dem Schweizerischen Bundesrat betreffend die Besorgung des Post-, Telegraphen- und Telephondienstes im Fürstentum Liechtenstein durch die schweizerische Postverwaltung und schweizerische Telegraphen- und Telephonverwaltung vom 10. 11.1920, LGBl. 1922, Nr. 8. Inkrafttreten 1.2.1921.

bezwecke. An der Gegendemonstration beteiligten sich etwa 600 Personen aus Vaduz, Schaan und dem Unterland. Die Stimmung war aufgeheizt, es wurde auch von Gewaltanwendung gesprochen. Die Deputierten der Gegendemonstration, die sich im Landtagssaal versammeln durften, sprachen Regierungschef Peer das Vertrauen aus. Sie verlangten eine gerichtliche Untersuchung der Demonstration und die Organisation einer bewaffneten Bürgerwehr zur Aufrechterhaltung der Ordnung. Peer und Walser feierten die Gegendemonstration als «ungeheuren Erfolg der Rechtspartei». Auf Antrag von Peter Büchel beschloss der Landtag bereits am 8. März 1921 die Organisation einer «bewaffneten Landeswehr»; der Begriff «Bürgerwehr» sollte nicht verwendet werden, da er zu sehr an Bürgerpartei erinnerte. Die Schaffung einer Landeswehr wurde zwar durch Gesetz[391] geregelt, das Gesetz wurde aber nicht umgesetzt, da wohl auch bei den Befürwortern Zweifel über die Klugheit dieses Beschlusses aufkamen. Zur Beruhigung der Gemüter trug sicher auch ein personeller Wechsel an der Regierungsspitze bei: Der in die Briefmarkenfrage involvierte, heftig umstrittene Landesverweser Josef Peer trat im März 1921 von seinem Amt zurück und wurde durch Josef Ospelt ersetzt.[392] Dieser bemühte sich die Wogen zu glätten und beantragte beim Fürsten, dass den vom Landgericht rechtskräftig zu einer Geldbusse verurteilten Organisatoren der Versammlung vom 13. Februar 1921 die Busse auf dem Gnadenwege erlassen wurde, da «bei der Postwertzeichenstelle wirklich eine Reihe von Missständen festgestellt» worden sei. Fürst Johan II. folgte diesem Antrag. Ebenso verwendete sich Ospelt dafür, dass die bewaffnete Landeswehr nicht gebildet wurde.

Die Versammlung vom 13. Februar und die Demonstrationen vom 26. Februar 1921 brachten die Dinge ins Rollen. Die Finanzkommission des Landtags (die eigentlich keine Beschlussfassungskompetenz hatte) und die Regierung beschlossen am 25. Februar, eine Untersuchungskommission unter dem Vorsitz des Feldkircher Sparkassaverwalters Carl Spieler einzusetzen. In ihrem Bericht vom 23. Mai 1921 stellte diese Kommission zahlreiche, teils schwerwiegende Missstände bis hin zum Vertragsbruch fest (verdeckte, aber bewusste Produktion von Fehldrucken und Abarten, Markendiebstahl usw.). Dem Land seien schöne Gewinne verheissen worden, doch seien die Privatinteressen im Vordergrund gestanden. Die Kommission empfahl der Regierung, den Vertrag mit dem Konsortium sofort aufzulösen und alle Markenvorräte von Wien und Salzburg nach Vaduz zu überführen.[393] Die Reaktion der Regierung war schwach, sie verlangte lediglich Erklärungen von Flesch – vor einem Gerichtsprozess schreckte sie zurück, weil die rechtliche Situation als unübersichtlich bewertet wurde und sie fürchtete, damit dem Ansehen der liechtensteinischen Briefmarken langfristig zu schaden.

Es war wiederum der Landtag, der aktiv wurde. Am 17. September 1921 bestellte er eine Untersuchungskommission, die aus Gustav Schädler und Xaver Gassner (Lehrer) bestand. In ihrem Untersuchungsbericht vom 10. Dezember 1921 stützte sich diese, was die Erhebungen des Sachverhalts betraf, weitgehend auf den Bericht der Kommission Spieler. Sie stellte fest, dass die Untersuchung viel zu lange gedauert habe und der Vertrag mit dem Konsortium bereits im Februar hätte gekündigt werden sollen. Die Kommission gab aber keine konkreten Empfehlungen ab und stellte keine Anträge. Der Landtag behandelte den Bericht am 28. Dezember 1921. Auf Antrag des Präsidenten Wilhelm Beck beauftragte der Landtag die Regierung, den Vertrag mit Flesch baldmöglichst zu

---

391 Gesetz vom 12. März 1921 betreffend die Errichtung einer bewaffneten Landeswehr, LGBl 1921 Nr. 5.
392 Vgl. dazu S. 47.
393 Kommissionsbericht vom 23.5.1921, LI LA SF 3/1921/2281, S. 40.

lösen. Sollte keine einvernehmliche Lösung erzielt werden, erteilte er der Regierung Prozessvollmacht.

Flesch war seit Herbst 1921 grundsätzlich zur Auflösung des Vertrags bereit, wollte aber noch etwas für sich herausholen. Schliesslich wurde im April 1922 eine Einigung erzielt: Der Vertrag mit Flesch wurde aufgelöst, die Lagerbestände an Briefmarken wurden der Regierung übergeben und einige Geldbeträge nach Vaduz überwiesen. Um das Vertrauen der Briefmarkensammler wieder zu gewinnen, wurde im Mai 1924 schliesslich der Restbestand von 9'786'643 Briefmarken in Kronenwährung vernichtet.[394] Anstelle der erhofften jährlichen grossen Staatseinnahmen wurde aus staatlicher Sicht (nach dem Umrechnungskurs vom Dezember 1921) ein Gesamtgewinn von 11'192 Franken bilanziert.[395]

Klassenlotterie
Der Traum vom leichten, schnellen Geld war mit der Bruchlandung beim Briefmarkengeschäft nicht ausgeträumt. Beim Spielbankenprojekt ging es darum, dass reiche Ausländer nach Liechtenstein kommen und hier ihr Glück versuchen sollten. Die Klassenlotterie war ein Glücksspiel, bei dem Kunden im Ausland angesprochen wurden.[396] Im Ausland waren solche Lotterien meistenorts verboten oder dann bildeten sie Monopole, deren Gewinne für gemeinnützige Zwecke bestimmt waren.

Die Idee einer Klassenlotterie in Liechtenstein wurde im Mai 1925 von der Bank Sautier in Luzern an Wilhelm Beck herangetragen.[397] In der Folge ging alles sehr schnell: Am 1. August 1925 wurde als Rechtsträger der Verein «Vertriebsunion Triesenberg» gegründet, dessen Vertreter Andreas Beck (ein Bruder von Wilhelm Beck) und Maximilian Beck (ein Cousin von Emil Beck) waren. Das Vereinsvermögen betrug lediglich 2'000 Franken, Rechtsvertreter war Wilhelm Beck. Am 5. August 1925 wurde ein Konzessionsgesuch eingereicht, am 1. September wurde (in Absprache mit der Finanzkommission des Landtags und nachdem die Bank eine Kaution von 100'000 Franken bezahlt hatte) die Konzession erteilt, eine Lotterie mit fünf Klassen durchzuführen.[398] In der Zwischenzeit gelangten Informationen über die Bank Sautier an die Regierung, die erhebliche Zweifel an der Bonität des Vertragspartners hätten hervorrufen müssen, doch die «garantierten» fantastischen Einnahmen schmälerten das Urteilsvermögen der Regierung und der Finanzkommission. Im Vertrag wurde der Regierung nicht weniger als ein Mindestertrag von Fr. 100'000 pro Ziehung versprochen (bei fünf geplanten Klassen bzw. Ziehungen also pro Lotterie Fr. 500'000.-), dazu ein Anteil von 10 % am Reingewinn in den ersten zwei Jahren und von 20 % in den folgenden Jahren und ein jährliches Entgelt von Fr. 10'000 für die Aufsicht der Regierung.[399] Als weiterer Nutzen aus dem Vertrag wurden erhebliche Einnahmen aus den Portobriefmarken (mindestens Fr. 1'000'000 pro Jahr) und die Schaffung neuer Arbeitsplätze verheissen.

---

394 Quaderer-Vogt, Bewegte Zeiten, Bd. 2, S. 601.
395 Quaderer-Vogt, Bewegte Zeiten, Bd. 2, S. 599.
396 In den Verkauf gelangten ganze, halbe, Viertel- und Achtellose. Die Ziehungen erfolgten über einen längeren Zeitraum nach einem «Spielplan» in mehreren Klassen, was den Teilnehmenden mehrfache Gewinnchancen eröffnete, sofern sie für die folgende Klasse «Nachlose» erwarben. Die Höhe der Gewinne stieg von Klasse zu Klasse, wobei man in eine höhere Klasse nur einsteigen konnte, wenn die Zahlungen für die bereits gezogenen Klassen geleistet wurden.
397 Die folgenden Ausführungen stützen sich, soweit nicht anders angegeben, auf Quaderer-Vogt: Bewegte Zeiten, Bd. 3, S. 240-258. Siehe insbesondere auch den ausführlichen «Bericht (der Regierung) über die Klassenlotterie in Liechtenstein» vom 8.4.1927, der zahlreiche Aktenstücke im Wortlaut wiedergibt. LI LA LTA 1927/10; online: www.e-archiv.li/D46241; aufgerufen am 15.04.2015
398 Konzessionsvertrag vom 1.9.1925. Wiedergegeben im Bericht der Regierung vom 8.4.1927, S. 28. ff.
399 Ebda., Art. V des Vertrags, S. 32.

Im November nahm die Klassenlotterie den Betrieb mit 210 (meist weiblichen) Beschäftigten auf. Generalbevollmächtigter war Anton Walser. Das Unternehmen konnte schon deswegen nicht gutgehen, weil die Werbematerialien aus Liechtenstein von den ausländischen Postanstalten nicht befördert wurden, wenn ein Zusammenhang mit der Klassenlotterie ersichtlich war. Die Klassenlotterie versuchte daher, das Werbematerial über Deckadressen in der Schweiz zu verschicken. Leute, die sich dafür zur Verfügung stellten, machten sich in der Schweiz strafbar; mehrere wurden auch verurteilt. Im Dezember 1925 konnten zwar die erste Ziehung und im Januar 1926 die zweite Ziehung durchgeführt werden, doch dann war die Klassenlotterie bereits am Ende. Peter Büchel verlangte im Landtag in einer Interpellation von der Regierung Auskunft über die Lotterie, was die Regierung in eine sehr unangenehme Situation brachte. Die Regierung leitete gegen die Vertriebsunion Triesenberg ein Gerichtsverfahren ein, da diese dem Land Liechtenstein beinahe Fr. 500'000.- schuldete.[400] Der Staat konnte lediglich auf die Kaution von Fr. 100'000.- zugreifen, den Rest musste das Land zum grossen Teil abschreiben.

Die Regierung lernte aus dem Desaster wenig. Bereits am 11. Februar 1926 erteilte sie der Firma John von Glahn & Co in New York eine neue Lotteriekonzession, die für den Staat wesentlich schlechtere Bedingungen enthielt: Die Konzessionärin musste nur noch 10 % der Bruttoeinnahmen entrichten, mindestens aber Fr. 5'000.- plus eine jährliche Unkostenentschädigung von Fr. 8'000.- in den ersten vier und von Fr. 12'000.- ab dem fünften Jahr.[401] Andererseits verpflichtete sich der Staat die Frankaturkosten für Propagandamaterial bis zum Höchstbetrag von Fr. 90'000.- pro Lotterie zu übernehmen. Der Vertrag war in der nichtöffentlichen Landtagssitzung vom 11. Februar 1926 mit drei Vertretern der Firma ausgehandelt worden. Einige Abgeordneten zeigten sich über das finanzielle Ergebnis enttäuscht, hofften aber wenigstens auf neue Arbeitsplätze.[402] Die Firma John von Glahn & Co. entpuppte sich bald als Scheinfirma, hinter der ein Geheimrat Josef Paul Grüsser steckte. Zur Durchführung der Lotterie wurde im März 1926 die Firma Centrofag (Centraleuropäische Finanz AG) gegründet, bei der die Einzahlung eines Aktienkapitals zunächst von einer Million, dann von zwei Millionen vorgetäuscht wurde. Die Gründung war «ein aufgelegter Schwindel»,[403] die ausländischen Firmenvertreter waren Hochstapler, die es verstanden, aufkommende Bedenken zu zerstreuen.[404] Bereits im Mai 1926 beschloss die Centrofag das «Schneeball- oder Goldregensystem» einzuführen, was in der ausländischen Presse zu Warnungen vor der Lotterie führte. Der einheimische Vertreter der Centrofag war der Volkspartei-Abgeordnete Anton Walser-Kirchthaler, der bereits bei der Vertriebsunion diese Funktion innegehabt hatte. Grüsser gelang es tatsächlich, mit dem renommierten Kommerzienrat Theodor Hinsberg einen erfahrenen Bankier als Hauptaktionär zu finden, der für Fr. 200'000 Aktien kaufte, womit die Kaution geleistet werden konnte. Nach fünf Ziehungen musste auch die neue Lotterie

---

400 Fr. 210'000 für staatliche Abgaben und Fr. 285'989.50 für auf Kredit bezogene Briefmarken.
401 Ebda., S. 74. Art. 9 der Konzession vom 11.2.1925.
402 Nichtöffentliche Landtagssitzung vom 11.2.1926. LTP 1926/017; online: www.e-archiv.li/D44514; aufgerufen am 15.04.2015; Öffentliche Landtagssitzung vom 11.2.1926, LTP 1926/025-026; online: www.e-archiv.li/D44513; aufgerufen am 15.04.2015.
403 Bericht der Untersuchungskommission der Klassenlotterie in Liechtenstein von Alfons Risch und Ferdinand Risch vom 7.5.1928. LI LA RE 1928/52; ebenso in J 7/S 059/105; online: www.e-archiv.li/D46226; aufgerufen am 16.04.2015.
404 «Die beteiligten Ausländer, Bauer, Stapper, Grüßer und wie die Namen alle heißen, vermochten auch durch ihr Auftreten etwa gegen sie auftauchende Bedenken zu zerstreuen.» Stenographischer Verhandlungsbericht, S. 4. LI LA DM 1929/001; online: www.e-archiv.li/D47583; aufgerufen am 20.04.2015.

aufgeben, da sie über keine finanziellen Mittel mehr verfügte. Am 17. November 1926 entzog ihr die Regierung die Konzession. Das Land erfuhr einen immensen Imageschaden. Regierung und Landtag versuchten das Thema Klassenlotterie aufzuarbeiten, wobei starke parteipolitische Gegensätze zum Ausdruck kamen. Die Regierung legte dem Landtag am 8. April 1927 einen detaillierten «Bericht über die Klassenlotterie in Liechtenstein»[405] vor. Der Landtag beschloss darauf am 21. Juni 1927 die Einsetzung einer Untersuchungskommission. Aufgrund des Rheineinbruchs verzögerte sich der Abschluss der Arbeit dieser Kommission. Erst 1928 lag ein kritischer Minderheitsbericht der FBP-Abgeordneten Alfons Kranz und Ferdi Risch (Dok. 228) und ein unkritischer Mehrheitsbericht der VP-Abgeordneten Benedikt Negele, Wilhelm Ritter und Arnold Hoop vor.[406] Inzwischen hatten sich nach dem Auffliegen des Sparkassaskandals und dem Regierungswechsel die politischen Verhältnisse grundlegend geändert. Die Berichte wurden vorerst gar nicht traktandiert; erst am 17. September 1930 bemängelte der Abgeordnete Peter Büchel, dass die beiden Berichte im Landtag nie behandelt wurden, worauf die Berichte vorgelesen und kommentarlos zur Kenntnis genommen wurden.[407]

Duggan-Lotterie und Mutualclub
Der Erfolg von Lotterie-Projekten hing von zwei Rahmenbedingungen ab: Einerseits musste die liechtensteinische Souveränität für günstige Rahmenbedingungen genutzt werden können, andererseits mussten ausreichend Kunden im Ausland gefunden werden. Ganz abgesehen von der moralischen Fragwürdigkeit solcher Unternehmen war der Aufbau einer Lotterie in Liechtenstein ein hochriskantes Unternehmen. Dass rein wirtschaftlich betrachtet ein Lotterieunternehmen durchaus gewinnbringend hätte operieren können, zeigt die Duggan-Lotterie, die unter dem Namen Mutual-Club besser bekannt wurde.[408] 1925 wurde in Vaduz unter dem Namen J. R. Duggan Ltd. ein Lotterieunternehmen für englische Sportanlässe gegründet, insbes. für Wetten bei Pferderennen. Vorher war die Lotterie im Kanton Uri tätig gewesen, doch konnte sie dort ihre Tätigkeit wegen des schweizerischen Lotteriegesetzes von 1923 nicht weiterführen. 1927 wurde die Konzession unter dem Namen «Mutual-Club» erweitert. Der eigentliche Gründer, Sidney Freeman aus London, hielt sich im Hintergrund, als Vertreter des Unternehmens trat der Basler Anwalt Armin im Obersteg auf. Geschäftsleiter war von 1928 bis 1934 Rupert Ritter. Im Volksmund wurde die Lotterie auch «Adlerlotterie» genannt, weil sie ihre Tätigkeit anfänglich im Restaurant «Adler» ausübte. Obwohl sie vor allem Kunden aus dem nicht-deutschsprachigen Sprachraum ansprach, kamen sich die Klassenlotterie und die Duggan-Lotterie ins Gehege. Auch der Mutual-Club durfte keine Werbung in der Schweiz machen und keine Lose dorthin verkaufen, woran er sich jedoch offensichtlich nicht hielt. Wirtschaftlich war die Lotterie durchaus erfolgreich, sie entrichtete erhebliche Abgaben an den Staat, schuf Beschäftigungsmöglichkeiten und musste ab 1930 jährlich Fr. 50'000.- für wohltätige Zwecke spenden.[409] 1933 errichtete sie den sog. «Engländerbau» (Architekt Erwin Hinderer), ein sicheres Zeichen dafür, dass die

---

[405] LI LA LTA 1927/10; online: www.e-archiv.li/D46241; aufgerufen am 27.07.2015.
[406] Bericht vom 28.10.1928, LI LA RE 1928/0552; online: www.e-archiv.li/D46231; aufgerufen am 27.07.2015.
[407] LTP 1930/156-176; online: www.e-archiv.li/D44581; aufgerufen am 27.07.2015.
[408] Siehe dazu Quaderer-Vogt: Bewegte Zeiten, Bd. 3, S. 258 ff. und Geiger, Krisenzeit, Bd. 2, S. 28 f.
[409] 1929 lag von der «Gesellschaft für Touristik und Sport» ein weiteres Konzessionsgesuch zur Durchführung von Pferdelotterien ("sweepstakes") vor, das am 11.11.1929 vom Landtag an die Regierung überwiesen wurde. LTP 1929/150-168; online: www.e-archiv.li/D44565; aufgerufen am 29.04.2015

Lotterie ihre Zukunftsaussichten 1932/33 noch positiv beurteilte. Da der Mutual-Club aber zunehmend Schweizerische Postämter und Deckadressen für den Versand der Lose und Werbematerialien verwendete, beschloss der Bundesrat am 10. April 1933, dass das Schweizerische Lotteriegesetz aufgrund des Zollvertrags auch in Liechtenstein anwendbar sei. Der Widerstand aus Liechtenstein gegen diesen Entscheid nützte nichts – man befürchtete, dass die Schweiz den Zollvertrag auflösen würde – und die Lotterie musste Mitte 1934 ihren Betrieb einstellen.

Sparkassa-Skandal
Als sich das Ende der Klassenlotterie abzeichnete, begann Anton Walser seine Fühler nach Rumänien auszustrecken, wo er ebenfalls Chancen für eine Klassenlotterie sah.[410] Dafür musste er vor allem Geld beschaffen und dazu war er auf Komplizen angewiesen. Dies waren Franz Thöny (Verwalter der Sparkassa), Nico Beck (ein Bruder von Dr. Emil Beck) und Rudolf Carbone (ein Hochstapler mit Kontakten zu reichen Leuten). Anton Walser war in Liechtenstein ein politisches Schwergewicht: Er war Obmann der Volkspartei, hatte seit 1918 an vorderster Front für die Ideen der VP gekämpft, seit 1922 war er VP-Abgeordneter und Mitglied der Verwaltungsbeschwerdeinstanz und seit 1923 Mitglied der Kontrollstelle der Sparkassa. In dieser Position hatte er seinem Parteifreund Franz Thöny zur Verwalterstelle bei der Sparkasse verholfen, Nico Beck hatte er eine gut bezahlte Stelle bei der Klassenlotterie verschafft. Franz Thöny, der an seinem Verbrechen nichts verdiente, sondern vor allem aus falscher Loyalität handelte, stellte unter Umgehung der Kontrollorgane Anton Walser immer höhere ungedeckte Kredite und Wechsel aus, die nicht korrekt verbucht wurden. Die Aufgabe von Nico Beck und Carbone war es, diese Wechsel, die dank der Staatsgarantie der Sparkasse vertrauenswürdig waren, möglichst weit weg von Liechtenstein zu platzieren. Spekuliert wurde immer darauf, dass es ein Leichtes sein würde, die Kredite zurückzuzahlen, wenn die Klassenlotterie in Rumänien einmal die erhofften Gewinne einbringen würde. Da diese nicht aus den Startlöchern kam, begann Walser das Geld in immer neue Spekulationsprojekte zu investieren, die allesamt schief liefen. Seit Herbst 1926 reiste Walser mit einem Diplomatenpass in Europa herum, wobei er einen luxuriösen Lebensstil pflegte. Gleiches gilt für Beck und Carbone. Seine Hoffnungen beruhten vorwiegend auf deutschen Banken (u.a. auf dem Barmer Bankverein, vertreten durch Kommerzienrat Theodor Hinsberg, den er schon von der Klassenlotterie in Vaduz kannte), die sich für die Lotterie in Rumänien interessierten.

Obwohl bereits im Frühjahr erste Gerüchte über ominöse Wechsel-Verpflichtungen der Sparkassa auftauchten, wurde bei der Sparkasse nicht strenger kontrolliert. Gründe dafür gab es mehrere: der ausgeprägte parteipolitische Nepotismus (verbunden mit dem standhaften Leugnen von Franz Thöny), die Funktionsunfähigkeit bzw. das komplette Versagen des Verwaltungsrats unter der Führung von Wilhelm Beck infolge politischer Querelen und die starke Inanspruchnahme der politisch Verantwortlichen durch andere Sorgen und Nöte (Rheinüberschwemmung 1927) sowie grosse Projekte (Bau Lawenawerk, Personen- und Gesellschaftsrecht usw.). Ab Januar 1928 liefen bei der fürstlichen Zentraldirektion in Olmütz und bei der Bank in Liechtenstein Verdachtsmeldungen ein. Im März wurden Regierungschef Gustav Schädler, Landtagspräsident Wilhelm Beck und

---

410 Die folgenden Ausführungen stützen sich vor allem auf den «Stenographischen Verhandlungs-Bericht aus dem Kriminalprozess gegen Franz Thöny, Nico Beck, Anton Walser und Rudolf Carbone», dort vor allem auf die Ausführungen in der Begründung des Urteils. LI LA DM 1929/1; online: www.e-archiv.li/D46228; aufgerufen am 21.04.2015. Ein knappe Zusammenfassung der Ereignisse bei Geiger, Krisenzeit, Bd. 1, 86 ff.

Steuerkommissär Ludwig Hasler informiert, die das Schlimmste zu verhindern suchten. Dr. Alois Ritter, ein Angestellter von Wilhelm Beck, reiste sofort nach Wien, um von Anton Walser die Herausgabe der ungedeckten Wechsel zu verlangen, was zum Teil gelang. Noch immer hofften der Regierungschef und der Landtagspräsident Schaden von der Sparkasse abwenden zu können. Walser, Thöny und Beck wurden erst im Juni 1928 verhaftet, ein Jahr später wurde auch Carbone, der sich in Budapest aufgehalten hatte, ausgeliefert. Am 30. November 1929 wurden Anton Walser zu vier Jahren, die übrigen drei zu drei Jahren Kerker verurteilt.

Das Auffliegen des Quartetts löste in Liechtenstein ein politisches Erdbeben aus:[411] Fürst Johann II. zwang am 15. Juni 1928 die Regierung zur Demission und löste am folgenden Tag den Landtag auf. Als interimistischen Regierungschef setzte er Prinz Alfred von Liechtenstein ein. Bei den Neuwahlen vom 15. Juli 1928 gewann die Bürgerpartei 11 der 15 Landtagsmandate. Der Schaden der Landesbank bzw. des Landes aus dem Betrugsfall belief sich auf 1,8 Millionen Franken – dies war mehr als die gesamten Staatseinnahmen des Jahres 1928. Um die Bank zu sanieren musste sowohl die Hilfe des Fürsten – er schenkte anlässlich seines 70jährigen Regierungsjubiläums dem Land ein Million Franken – wie auch der Schweiz in Anspruch genommen werden, die dem Land ein Darlehen von zwei Millionen als Vorschuss auf die Zolleinnahmen gewährte.

Soziales

Alltag

Für den Alltag der Menschen in Liechtenstein waren die Preissteigerungen für Lebensmittel- und Bedarfsartikel nach dem Ersten Weltkrieg und in den 1920er Jahren eine drückende Erfahrung.[412] Die allgemeine Wohnungsnot führte im April 1920 zu einem vorläufigen Kündigungsverbot für Mietwohnungen durch Landesverweser Prinz Karl von Liechtenstein.[413] Vor dem Hintergrund des Wohnungsmangels in Schaan wandte sich im Mai 1921 der Arbeiter Anton Walser mit der Bitte um ein Darlehen für einen Hausbau an Fürst Johann II. – ohne Erfolg (Dok. 179).

Arbeiterschaft

Die liechtensteinischen Industriebetriebe an der Wende zum 20. Jahrhundert konzentrierten sich hauptsächlich auf das Gebiet der Textilverarbeitung. 1912 waren in den Industriebetrieben 747 Personen, zumeist Frauen, beschäftigt. Zusammen mit der Stickerei beschäftigten die Textilfabriken rund 1000 Personen. Die Gewerbeordnung von 1910[414] hielt fest, dass in Betrieben mit mehr als zehn Arbeitern die tägliche Arbeitszeit 11 Arbeitsstunden nicht überschreiten durfte. Kinder vor dem 15. Lebensjahr durften nicht beschäftigt werden. Jugendliche Hilfsarbeiter vom 15. bis zum 17. Lebensjahr sowie Frauen durften nur zu leichteren Arbeiten verwendet werden. Gerade die Arbeitszeit in der Textilindustrie war aber in der Praxis beträchtlichen Schwankungen unterworfen. Eine beträchtliche Anzahl männlicher Erwerbstätiger fand im Ausland als Bauhandwer-

---

411 Siehe dazu Geiger: Krisenzeit, Bd. 2, S. 94.
412 Vgl. z.B. LI LA RE 1924/0809 ad 0036; online: www.e-archiv.li/D46245; aufgerufen am 11.05.2015.
413 L.Vo., Nr. 33, 24.4.1920, S. 4; online: www.e-archiv.li/D46243; aufgerufen am 11.05.2015.
414 LGBl. 1910 Nr. 3.

ker Arbeit, entweder als Saisoniers in der Schweiz oder als Grenzgänger in Vorarlberg.[415] Ab 1886 waren alle Fabrikarbeiter und Fabrikarbeiterinnen in Liechtenstein gegen Krankheit und Unfall versichert, auch wurden soziale Einrichtungen wie Arbeiterwohnungen geschaffen.[416] Der vom Gewerbeinspektorat vorgeschlagene Beitritt des Fürstentums zum Berner Überkommen von 1906 über das Verbot der Nachtarbeit für die in der Industrie beschäftigten Frauen wurde allerdings 1912 von Landesverweser Karl von In der Maur abgelehnt (vgl. Dok. 31).

Schon bald nach Kriegsausbruch wirkten sich die erschwerten Importverhältnisse im Rohstoffbereich, besonders bei der Baumwolle, auf die Produktionskapazitäten der Textilfabriken aus, welche ihren Betrieb nur in eingeschränktem Mass fortführen konnten.[417] Zudem waren die in der Schweiz wohnhaften Liechtensteiner, bei denen es sich oft um Handwerker handelte, von der Krise des Baugewerbes und dem Ausschluss von kantonalen Arbeitsmassnahmen betroffen (Dok. 53). Da die heimischen Arbeiter kriegsbedingt in der Schweiz keine Arbeit mehr fanden, ersuchte beispielsweise die Gemeindevorstehung Balzers 1915 die Regierung um die Subventionierung des Gemeindestrassenbaues.[418] Die hereinbrechende Arbeitslosigkeit stellte eine der grossen Belastungen dar, die der Erste Weltkrieg für Liechtenstein brachte. In der zweiten Hälfte des Jahres 1917 musste die Spinnerei in Vaduz und die Weberei in Triesen ihre Tätigkeit gänzlich einstellen. Die Hilfsprogramme der öffentlichen Hand – der Landtag bewilligte schon im Dezember 1914 20'000 Kronen für Notstandsarbeiten und setzte eine Landesnotstandskommission ein (Dok. 57)[419] – fingen die Folgen für die Arbeiterschaft teilweise auf. Auch teilte die Firma Jenny, Spoerry & Cie. der Regierung mit, dass sie den Arbeiterinnen und Arbeitern weiterhin eine finanzielle Unterstützung auszahlen werde. In Vaduz unterstützte sie 87 und in Triesen 195 Beschäftigte.[420] Andere Betriebe waren ebenfalls vom Rohstoffmangel betroffen. 1917 musste etwa die Bierbrauerei Quaderer in Schaan schliessen, da die Brauzentrale in Graz die Zuweisung von Gerste und Malz aus kriegswirtschaftlichen Gründen einstellte.[421] Zuweilen stiess die Ausführung von öffentlichen Arbeiten auf unerwartete Schwierigkeiten – so konnten 1918 für Rüfeverbauungen wegen Schuhmangels nur sehr schwer Arbeitskräfte aufgetrieben werden (Dok. 81).[422]

Eine besondere Art von Arbeitsbeschaffung dokumentierte der Einsatz von Liechtensteinern im Tiroler Pustertal im Sommer 1915 im Rahmen von Grenzschutzbauten. Dieser Arbeitseinsatz entwickelte sich zu einem Politikum, weil sich die dort beschäftigten Liechtensteiner über die Arbeitsbedingungen beschwerten und sogar beklagten, dass sie mit Waffengewalt zurückgehalten würden. Im August 1915 ersuchten die Parteiführer Robert Frick und Bernhard Seger im Namen von 130 Liechtensteinern die fürstliche Regierung um Intervention bei den österreichischen Behörden (Dok. 60). Die liechtensteinische Regierung setzte sich tatkräftig für die Rückkehr ihrer Staatsangehörigen ein und berief sich dabei auf die Neutralität des Landes. Mit der Heimkehr des grössten Teils der Liechtensteiner im September 1915 beruhigten sich die Gemüter wieder.[423]

---

415 Quaderer-Vogt, Bewegte Zeiten, Bd. 1, S. 89.
416 Quaderer-Vogt, Bewegte Zeiten, Bd. 1, S. 50-52.
417 Quaderer-Vogt, Bewegte Zeiten, Bd. 1, S. 305-306.
418 LI LA RE 1915/0247; online: www.e-archiv.li/D46283; aufgerufen am 24.04.2015.
419 Vgl. auch LI LA LTA 1914/L11; online: www.e-archiv.li/D46308; aufgerufen am 24.04.2015 sowie LI LA LTA 1914/L01; online: www.e-archiv.li/D46309; aufgerufen am 24.04.2015.
420 Quaderer-Vogt, Bewegte Zeiten, Bd. 1, S. 365-366.
421 Wenaweser, Wanger, «... so müssen die Industrien vermehrt werden ...», S. 13 u. S. 63.
422 Vgl. LI LA RE 1918/0270; online: www.e-archiv.li/D46318; aufgerufen am 24.04.2015.
423 Quaderer-Vogt, Bewegte Zeiten, Bd. 1, S. 378-384.

Nach dem Ersten Weltkrieg kam die Wirtschaft nur sehr langsam aus der Krise heraus. Den Fabriken fehlten nicht nur weiterhin die Rohstoffe für die Produktion, sondern es mangelte auch an Maschinen und Ersatzteilen sowie an Betriebsstoffen wie Schmierfett. Die Spinnerei Jenny, Spoerry & Cie. in Vaduz meldete der Regierung im Oktober 1919, dass sie den Betrieb wieder aufzunehmen gedenke. Baumwolle war bereits wieder eingetroffen, aber es fehlte noch an Koks für die Beheizung der Fabrikräume, sodass der Betrieb für den Winter 1919/1920 noch in Frage stand.[424] Die unsichere Beschäftigungslage in der liechtensteinischen Textilindustrie dauerte noch Jahre an. Im März 1923 gaben die heimischen Textilfabriken bekannt, dass sie den Betrieb nur noch drei Tage pro Woche aufrechterhalten könnten. Die Firma Adolf Schwab, Hammersteiner Weberei und Spinnerei AG, Wien, orientierte die Regierung im August 1925 über die Auflösung ihres Betriebes im Mühleholz. Die Arbeiterinnen und Arbeiter konnten die Ausfuhr der 154 Webstühle nicht verhindern.[425]

Die politisch Verantwortlichen in Liechtenstein sahen in der verstärkten Industrialisierung des Landes Gefahren. So äusserte der liechtensteinische Geschäftsträger in Bern, Emil Beck, die Befürchtung, dass durch die Akkumulation von Arbeitermassen künstlich radikal-sozialistische Tendenzen nach Liechtenstein getragen würden. Für den liechtensteinischen Honorarkonsul Walter Probst war die Industrialisierung ein Fluch für die Menschen, die aus Unzufriedenheit Forderungen stellten, die in letzter Auswirkung zum Bolschewismus führten.[426]

Im November 1919 informierte die österreichische Staatsbahndirektion Innsbruck die liechtensteinische Regierung, dass die Lebensmittelversorgung der Eisenbahnbediensteten im Fürstentum Schwierigkeiten bereite.[427] Die Bediensteten, deren Bezüge infolge der Kronen-Inflation nicht ausreichten, die hohen Preise zu bezahlen, verlangten die Auszahlung der Löhne in Frankenwährung. Die Zahl der bei den österreichischen Staatsbahnen in Liechtenstein Beschäftigten belief sich damals auf 57 Personen. Zusammen mit ihren Familienangehörigen waren 237 Personen betroffen, nämlich 67 aus Eschen, 69 aus Mauren, 5 aus Nendeln und 96 aus Schaan. Im Januar 1920 beschwerte sich das österreichische Staatsamt für Verkehrswesen bei der liechtensteinischen Gesandtschaft in Wien, dass die Staatsbahnbediensteten in Liechtenstein in ihrer Existenz bedroht seien, und drohte mit dem Abzug des Eisenbahnpersonals aus Liechtenstein (Dok. 137).[428] Der gesamte Geldverkehr in Liechtenstein sowie der Handel mit den angrenzenden Ländern Vorarlberg und der Schweiz wurden nur noch in Frankenwährung abgewickelt. Am 19. April 1920 trat das Eisenbahnpersonal in Liechtenstein in den Streik, da den Bediensteten nicht jene Frankenzulagen zugebilligt wurden wie den liechtensteinischen Landesbeamten. Der Zugverkehr nach Feldkirch und Wien lief während dieses Streikes über St. Margrethen. Unter dem Druck des Arbeitsausstandes erhöhten die österreichischen Staatsbahnen am 22. April 1920 die bisher insgesamt gewährte Beihilfe von 400 auf 1200 Franken und ab dem 3. Mai 1920 auf 4000 Franken monatlich. Am 23. April erklärte ein Streikkomitee in Nendeln die Annahme des angebotenen Unterstützungsbeitrages. Das Komitee wollte den Monatsbetrag von 1200 Franken so verteilen,

---

424 Quaderer-Vogt, Bewegte Zeiten, Bd. 2, S. 468.
425 Quaderer-Vogt, Bewegte Zeiten, Bd. 2, S. 516.
426 Quaderer-Vogt, Bewegte Zeiten, Bd. 2, S. 469. Vgl. in diesem Zusammenhang L.Vo., Nr. 88, 3.11.1920, S. 1; online: www.e-archiv.li/D46303; aufgerufen am 24.04.2015; und O.N., Nr. 90, 13.11.1920, S. 1; online: www.e-archiv.li/D46304; aufgerufen am 24.04.2015.
427 LI LA RE 1919/5560; online: www.e-archiv.li/D46328; aufgerufen am 24.04.2015.
428 Vgl. auch LI LA V 003/0873; online: www.e-archiv.li/D46339; aufgerufen am 24.04.2015.

dass pro Bediensteten zwischen 50 und 70 Franken und zusätzlich 10 Franken für minderjährige Kinder ausgeschüttet werden sollten. Ende April 1920 erklärte der liechtensteinische Gesandte Prinz Eduard von Liechtenstein gegenüber dem Staatsamt für Verkehr in Wien im Namen des Fürsten, dass Liechtenstein die Hälfte der vorgesehenen 4000 Franken als Darlehen zur Verfügung stellen werde.[429] Prinz Eduard vertrat die Auffassung, dass vom Standpunkt der liechtensteinischen Aussenpolitik jede Einschränkung des Bahnverkehrs durch einen Streik vermieden werden müsse.[430]

Am 4. Mai 1920 verlangten auch die liechtensteinischen Postangestellten respektive der Gewerkschaftsverband der deutschösterreichischen Postangestellten eine höhere Entlohnung (Dok. 152). Da die liechtensteinische Regierung nicht auf die Forderungen einging, erklärten sich diese am 15. Mai 1920 als im Streik befindlich.[431] Die Streikenden nahmen allerdings bereits am 17. Mai ihre Arbeit wieder auf.[432] Die Regierung liess es bei einer strengen Verwarnung der Beteiligten bewenden. Die Gründe für die Streikgebärden der in österreichischen Diensten stehenden Postangestellten lagen – wie beim Eisenbahnpersonal – in den immensen Kursverlusten der Kronenwährung. Am 22. Mai 1920 debattierte der liechtensteinische Landtag über den Poststreik. Er gewährte den Postangestellten rückwirkend auf den 1. März einen Frankenzuschuss, ab dem 1. Mai wurden die Gehälter in Franken ausbezahlt.[433]

Die allgemeine Unsicherheit und Unzufriedenheit der Arbeiter führte am 2. Februar 1920 in Vaduz zur Gründung des «Liechtensteinischen Arbeiterverbandes».[434] Je nach Zeitungsbericht waren an der Gründungsversammlung 200 bis 250 Personen anwesend. Gemäss den Statuten[435] gewährte die Organisation allen im In- und Ausland lebenden liechtensteinischen Arbeitern und den in Liechtenstein arbeitenden Ausländern Mitgliedsrecht. Aufgabe des Verbandes war es, seine Mitglieder auf eine möglichst moralisch hohe Stufe zu bringen und ihnen dauernd einen menschenwürdigen Anteil an den Errungenschaften der Kultur zu sichern. Dieser Zusatz war ein Zugeständnis an die Forderung der liechtensteinischen Geistlichkeit, namentlich des Triesenberger Pfarrers Franz von Reding, nach christlich-sozialer Ausrichtung des Verbandes. Die Hauptaufgabe des Verbandes bestand jedoch in der Vertretung der wirtschaftlichen Interessen seiner Mitglieder durch Verbesserung der Lohn- und Arbeitsbedingungen. In der Folge wurden in verschiedenen Gemeinden, vor allem im Oberland, Versammlungen abgehalten, um die Vereinsleitungen der Ortsgruppen zu wählen. Im Unterland fand dagegen der Zusammenschluss der Arbeiter wenig Resonanz.[436]

Die Bestrebungen der liechtensteinischen Geistlichkeit, die Arbeiterorganisation bzw. deren Zielsetzungen und Grundsätze in ihrem Sinn zu lenken,[437] hielten auch nach der Gründung des Arbeiterverbandes an.[438] Anlass dazu gab das Rundschreiben der

---

429 Vgl. LI LA V 003/0914; online: www.e-archiv.li/D46340; aufgerufen am 24.04.2015.
430 Quaderer-Vogt, Bewegte Zeiten, Bd. 2, S. 459-463.
431 Vgl. LI LA SF 03/1920/2239 ad 2078; online: www.e-archiv.li/D46345; aufgerufen am 24.04.2015.
432 Vgl. O.N. 22.5.1920, S. 2.; online: www.e-archiv.li/D46626; aufgerufen am 24.04.2015.
433 Quaderer-Vogt, Bewegte Zeiten, Bd. 2, S. 503. Der Landtagsbeschluss wurde nicht im LGBl. publiziert. Siehe LI LA LTP 22.5.1922, S. 6-10.; online: www.e-archiv.li/D46663; aufgerufen am 24.04.2015.
434 O.N., Nr. 10, 4.2.1920, S. 2; online: www.e-archiv.li/D46262; aufgerufen am 24.04.2015.
435 LI LA RE 1920/1044; online: www.e-archiv.li/D46261; aufgerufen am 24.04.2015.
436 Quaderer-Vogt, Bewegte Zeiten, Bd. 2, S. 492-495 u. S. 501; Quaderer, 75 Jahre Arbeitnehmerverband, S. 8-12
437 Vgl. etwa L.Vo., Nr. 37, 10.5.1919, S. 1-2; online: www.e-archiv.li/D46298; aufgerufen am 24.04.2015.
438 Vgl. L.Vo., Nr. 92, 17.11.1920, S. 1; online: www.e-archiv.li/D46294; aufgerufen am 24.04.2015.

schweizerischen Bischöfe zum Eidgenössischen Bettag vom 19. September 1920, welches Sozialismus und Christentum für unvereinbar erklärte. Dieses Schreiben, das auch von den Kanzeln in Liechtenstein verlesen wurde, hielt fest, dass das offene Bekenntnis zum Sozialismus bzw. der Kampf für die sozialistische Sache vom würdigen Empfang eines Sakramentes ausschliesse (Dok. 157). Im Oktober 1920 unternahm der liechtensteinische Klerus nochmals den Versuch, eine christlich-soziale Arbeitervereinigung zu gründen. Den Bemühungen der Geistlichkeit war jedoch – abgesehen von der Gründung eines kurzlebigen christlich-sozialen Arbeiterinnenvereins im März 1920 durch Hofkaplan Alfons Feger (Dok. 145) – kein Erfolg beschieden.[439]

Die Forderungen des regen Liechtensteinischen Arbeiterverbandes an die Regierung richteten sich u.a. auf die Schaffung von Arbeitsgelegenheiten für Arbeitslose, die Durchführung der Valutaregulierung, die Zuteilung der notwendigen Lebensmittel an Minderbemittelte, die Erlassung einer zeitgemässen Verfassung, die Ausführung des Lawenawerkes und den erleichterten Grenzübertritt für liechtensteinische Arbeiter in die Schweiz.[440] Als weitere Forderung unterbreitete der Arbeiterverband der Regierung im April 1920 einen einstimmigen Beschluss der Ortsgruppen, welche den unverzüglichen Erlass eines Wuchergesetzes gegen die hohen Preise der Lebensmittel und der Bedarfsartikel verlangten.[441]

Die Auslandliechtensteiner in der Schweiz machten sich ebenfalls über ihre Vereine bemerkbar. Im August 1920 stellten sie an Fürst Johann II. das Ansuchen um Unterstützung in Sachen Unfall- und Altersversorgung und zur Schaffung von Arbeitsgelegenheit in Liechtenstein.[442] Der Fürst finanzierte in der Folge Strassenbauprojekte aus seiner Privatschatulle (Dok. 181).[443]

Die Zunahme der Arbeitslosigkeit in Liechtenstein führte am 4. April 1921 zur Gründung der von Oswald Kindle geführten liechtensteinischen Arbeitsnachweisstelle in Triesen. Diese Arbeitsvermittlungsstelle schätzte, dass ca. 250 liechtensteinische Arbeiter in die Schweiz einreisen wollten, und ersuchte die Regierung um Intervention in der Schweiz (vgl. Dok. 178). Die Haltung der schweizerischen Stellen war jedoch abweisend. Das Eidgenössische Politische Department informierte den liechtensteinischen Geschäftsträger in Bern, dass eine Entscheidung über die freie Einreise von liechtensteinischen Arbeitern in die Schweiz erst nach der Stellungnahme des Bundesrates zum Zollvertrag möglich sei.[444]

Der Arbeiterverband appellierte daraufhin mehrfach an die Regierung, Arbeitsgelegenheiten zu schaffen oder Arbeitslosenunterstützung zu zahlen. Die Regierung forderte die Gemeinden dazu auf, die ihnen nützlich erscheinenden Arbeiten wie Grabenräumungs-, Rüfe- und Rheinarbeiten ausführen zu lassen.[445]

Da die Arbeiter vor allem Verdienstmöglichkeiten in der Schweiz anstrebten, waren ihre Vertreter auch klare Befürworter eines Zollanschlusses an die Schweiz. Der Ab-

---

439 Quaderer-Vogt, Bewegte Zeiten, Bd. 2, S. 496-497; Quaderer, 75 Jahre Arbeitnehmerverband, S. 14-16. Vgl. LI LA SF 01/1920/ad 159; online: www.e-archiv.li/D46301; aufgerufen am 24.04.2015.
440 LI LA RE 1920/1452; online: www.e-archiv.li/D46263; aufgerufen am 24.04.2015.
441 Quaderer-Vogt, Bewegte Zeiten, Bd. 2, S. 501-502. LI LA RE 1920/1969; online: www.e-archiv.li/D46266; aufgerufen am 24.04.2015.
442 Quaderer-Vogt, Bewegte Zeiten, Bd. 2, S. 504.
443 Vgl. LI LA RE 1921/2078; online: www.e-archiv.li/D46311; aufgerufen am 24.04.2015; LI LA RE 1921/2078; online: www.e-archiv.li/D46313; aufgerufen am 24.04.2015; und LI LA RE 1921/3099 ad 2078; online: www.e-archiv.li/D46317; aufgerufen am 24.04.2015.
444 Quaderer-Vogt, Bewegte Zeiten, Bd. 2, S. 506.
445 Quaderer-Vogt, Bewegte Zeiten, Bd. 2, S. 509.

schluss des Zollvertrages mit der Schweiz zögerte sich aber hinaus. Angesichts der hohen Arbeitslosigkeit richtete der Arbeiterverband gemeinsam mit politischen Parteiführern im Januar 1922 einen weiteren Forderungskatalog an die Regierung (Dok. 188). Die Initianten verlangten Notstandsarbeiten, Hilfe bei der Suche nach Arbeitsplätzen im Ausland und die Zurückweisung ausländischer Arbeitskräfte in Liechtenstein. Von der Regierung wurde der liechtensteinische Gesandtschaftsattaché in Wien, Josef Hoop, in Begleitung von Josef Johann Schädler nach Frankreich entsandt, um an Ort und Stelle Erkundigungen über die Arbeitsverhältnisse einzuziehen. Nach einigen Schwierigkeiten teilte das französische Konsulat in Zürich mit, dass 50 liechtensteinischen Arbeitern das Einreisevisum erteilt werde.[446] Im Sommer 1922 reisten etwa 25 Bauarbeiter zur Arbeitsaufnahme nach Frankreich ab.[447]

Im Februar 1922 hielt die Regierung eine Konferenz mit den Ortsvorstehern ab, um die Frage der Arbeitslosigkeit zu besprechen.[448] In den meisten Gemeinden bestand nach Auskunft der Ortsvorsteher Beschäftigung für alle, die sich arbeitslos gemeldet hatten. Die Gemeinden schufen Arbeitsmöglichkeiten durch den Bau von Gemeinde- und Waldstrassen und von Wasserleitungen, ferner durch Grabenräumungen und Rheinbauarbeiten. Teilweise war aber die Geldbeschaffung für die Arbeitsprogramme nur durch Darlehen möglich. Arbeitervertreter Marogg forderte, dass keine ausländischen Arbeiter nach Liechtenstein hereingelassen werden dürften. Die Regierung beschloss daraufhin, jede Arbeitsannahme in Liechtenstein an die Bewilligung der jeweiligen Ortsvorstehung zu binden. Ab Mai 1922 übernahm die Regierung die Erteilung der Arbeitsbewilligungen, da die Ortsvorsteher diese Bewilligungen offenbar zu grosszügig handhabten.[449]

Mit der Unterzeichnung des Zollanschlussvertrages mit der Schweiz im März 1923 war dann für viele Liechtensteiner eine wichtige Etappe erreicht. Im Oktober 1923 kamen nach einer von der Regierung durchgeführten Abklärung 345 Arbeiter in Betracht, welche im Falle eines Zollanschlusses in die Schweiz einreisen wollten, nämlich 75 Gipser, 150 Maurer, 40 Zimmerleute und 80 Hilfsarbeiter. Zur letzteren Gruppe wurden Knechte, Dienstmädchen und Fabrikarbeiterinnen gezählt. Bei einem Grossteil der Bevölkerung war die Hoffnung vorhanden, in der Schweiz eine relativ gut bezahlte Arbeit zu finden. Daneben erwarteten die Arbeiter von einer Annäherung an die Schweiz auch eine Verbesserung der Arbeitsbedingungen wie etwa eine Verkürzung der Arbeitszeit und eine stärkere soziale Absicherung vor allem im Bereich der Unfallversicherung.[450]

Wichtig war in diesem Zusammenhang der Abschluss der Vereinbarung über die Regelung der fremdenpolizeilichen Beziehungen am 28. Dezember 1923. Das Abkommen hielt grundsätzlich fest, dass an der schweizerisch-liechtensteinischen Grenze keine Grenzkontrolle ausgeübt werde. Auf Intervention des Kantons St. Gallen wurde jedoch einschränkend bestimmt, dass im kleinen Grenzverkehr für die Arbeitsannahme die Bewilligung der zuständigen Behörde erforderlich sei.[451] Im Mai 1928 hob der schweizerische Bundesrat diese Bewilligungspflicht auf, wenn auch nur versuchsweise. Der Kanton St. Gallen befürchtete nämlich, dass liechtensteinische «Fabrikmädchen» die Arbeitslöhne in Trübbach unterbieten könnten.[452]

---

446 Vgl. LI LA RE 1922/2417 ad 0013; online: www.e-archiv.li/D46255; aufgerufen am 24.04.2015; sowie LI LA RE 1922/2706 ad 0013; online: www.e-archiv.li/D46256; aufgerufen am 24.04.2015.
447 Quaderer-Vogt, Bewegte Zeiten, Bd. 2, S. 510-511.
448 LI LA RE 1922/ad 0778; online: www.e-archiv.li/D46291; aufgerufen am 24.04.2015.
449 Quaderer-Vogt, Bewegte Zeiten, Bd. 2, S. 512.
450 Quaderer-Vogt, Bewegte Zeiten, Bd. 2, S. 515.
451 Quaderer-Vogt, Bewegte Zeiten, Bd. 2, S. 517 u. S. 519.
452 Quaderer-Vogt, Bewegte Zeiten, Bd. 2, S. 515.

Durch hartnäckige Verhandlungen mit dem Eidgenössischen Arbeitsamt erreichte der liechtensteinische Geschäftsträger Emil Beck schliesslich im Juli 1923, dass die Schweiz nicht nur die Meistbegünstigung, sondern die Bevorzugung der Liechtensteiner vor allen anderen Ausländern gewährte. Im Dezember 1925 erliess die Zentralstelle für Fremdenpolizei an alle Kantone ein Rundschreiben, in welchem den Kantonsregierungen empfohlen wurde, Liechtensteinern den Aufenthalt nur bei hoher Arbeitslosigkeit im Kanton zu verweigern.[453]

Frauen und Geschlechter
In Liechtenstein dominierte eine nach patriarchalischen Grundsätzen ausgerichtete Gesellschaftsform, die auch von katholischen Rollenbildern stark geprägt war. Die Frauen waren weder rechtlich, noch politisch, noch sozial den Männern gleichgestellt. Das öffentlich-rechtliche Leben war und blieb eine Männerdomäne. Während in Österreich 1919 das Frauenwahlrecht eingeführt wurde, war es für die beiden in Liechtenstein neu gegründeten Parteien kein ernsthaft diskutiertes Thema.[454] Mit der Verfassung von 1921 wurde – wenn auch nicht explizit – nur das allgemeine Männerstimm- und -wahlrecht eingeführt.[455] Das Gesetz vom 31. August 1922 betreffend die Ausübung der politischen Volksrechte in Landesangelegenheiten gewährte das aktive und passive Wahl- und Stimmrecht allein den eigenberechtigten liechtensteinischen Staatsbürgern männlichen Geschlechts, die das 21. Lebensjahr vollendet hatten.[456]

In der Gesellschaft und in der Arbeitswelt war die Tätigkeit der Frau auf ihre Rolle als Mutter, Hausfrau und Bäuerin, als Hilfe im Familienbetrieb und als ungelernte Arbeitskraft in den Fabriken konzentriert.[457] Berufsbezeichnungen wie «Dienstmädchen», «Serviertochter», «Fabrikmädchen», «Ladentochter» oder «Bürofräulein» gaben der eingeschränkten Wertschätzung, die diesen Berufen zukam, Ausdruck. Solche Tätigkeiten galten als Übergangsphase bis zum eigentlichen Beruf der Hausfrau, Gattin und Mutter. In der Haus- und Gastwirtschaft suchten und fanden junge Mädchen Arbeit. In die Fabriken gingen grösstenteils ledige Frauen. Nach der Heirat, welche im gesellschaftlichen Verständnis das Ziel jeder Frau darstellte, wechselten die meisten in den häuslichen Arbeitsbereich. Neben der Hausarbeit und der Versorgung der Kinder gehörten hier die Arbeit in Landwirtschaft und Kleinhandel zum Alltag der Frauen.[458] Abgesehen von den Zamser Schwestern gab es noch keine Lehrerinnen im Land, dafür gab es vereinzelte Wirtinnen. Die erste liechtensteinische Akademikerin war die Juristin Elisabeth Charlotte Fehr-Lemière, die 1921 an der Universität Heidelberg promovierte. 1932 nahm sie Wohnsitz in Liechtenstein und engagierte sich im sozialen Bereich, u.a. bei der Caritas. Sie war 1938 Initiantin der Ferienkolonien des Caritas-Vereins auf Silum.

Manche Frauen arbeiteten als Saisonarbeiterinnen und Mägde in der Schweiz. Der Schweizer Ökonom Jakob Lorenz führte dazu in seinem Gutachten vom Mai 1923 über den Zollanschluss Liechtensteins an die Schweiz aus: «Der schweizerische Arbeitsmarkt bedarf ferner fremder weiblicher Dienstboten. Auch an solchen wird Liechtenstein mehr als bisher zur Deckung des schweizerischen Bedarfes beitragen können. Die Frauen

---

453 Quaderer-Vogt, Bewegte Zeiten, Bd. 2, S. 517-518.
454 Quaderer-Vogt, Bewegte Zeiten, Bd. 3, S. 424-425.
455 HLFL, Bd. 1, S. 243-244 (Artikel: Frauenstimm- und –wahlrecht).
456 LGBl. 1922 Nr. 28.
457 Vgl. etwa O.N. 15.5.1915, S. 1; online: www.e-archiv.li/D46284; aufgerufen am 17.04.2015; oder L.Vo., Nr. 6, 8.2.1918, S. 2-3; online: www.e-archiv.li/D46268; aufgerufen am 17.04.2015.
458 Heeb-Fleck, Einbezug der «Kategorie Geschlecht», S. 174.

sind, in Liechtenstein an schwere Arbeiten gewöhnt, in der Schweiz stets geschätzte Arbeitskräfte gewesen.»[459] Dessen ungeachtet waren starke Lohnunterschiede zwischen Männern und Frauen zu konstatieren. Während in der Schweiz ein Melker auf einen durchschnittlichen Wochenlohn von rund 26 Franken kam, musste sich eine Magd mit 13 Franken begnügen.[460]

Das bürgerliche Verständnis der Frauenarbeit in Liechtenstein spiegelt sich in der Quellenlage wieder. Die Statistiken, die Rechenschaftsberichte der Regierung, die Regierungsakten sowie die Tageszeitungen beleuchteten vor allem die Arbeitsverhältnisse der Männer, die der Arbeitnehmerinnen wurden nur am Rande wahrgenommen und beachtet.[461] Die Kleinheit des Landes, seine katholische und ländlich-patriarchalische Struktur prägten als äusserer Rahmen die Ausgestaltung der Frauenarbeit.[462] Nur vereinzelt gab es Ansätze von kämpferischen Verhaltensweisen, so etwa der 1898 durchgeführte – erfolgreiche – Streik von Fabrikarbeiterinnen der Mechanischen Weberei in Vaduz für bessere Arbeits- und Lohnbedingungen.[463]

In Liechtenstein existierten seit dem Ende des 19. Jahrhunderts Frauenvereine kirchlicher, kultureller, gemeinnütziger und wohltätiger Natur, welche unter der Leitung des Gemeindepfarrers oder Kaplans standen. Im 20. Jahrhundert wurden auf Initiative der Gemeindepriester Frauen- und Müttervereine gegründet, so 1916 in Triesenberg und 1921 in Vaduz.[464]

In den einzelnen Gemeinden gab es ferner – neben katholischen Jünglingsvereinen – Jungfrauenkongregationen, die unter der Führung der jeweiligen Geistlichen standen. Die 1913 gegründete Marianische Jungfrauenkongregation in Schaan hatte den statutarischen Zweck, die Mutter Gottes zu verehren und durch eifrige Nachahmung ihres Beispiels ihren Schutz zu verdienen, um so leichter vor Verirrungen bewahrt zu bleiben. Der Vorstand dieses Vereins setzte sich aus einer Präfektin, zwei Assistentinnen, einer Sekretärin und fünf Rätinnen zusammen. An der Spitze des Vorstandes stand der Ortspfarrer als Präses, welcher vom Bischof mit diesem Amt betraut wurde (Dok. 40).[465]

Unter dem Eindruck des im Februar 1920 gegründeten Liechtensteinischen Arbeiterverbandes formierte sich im März des Jahres unter Hofkaplan Alfons Feger ein Liechtensteinischer katholischer Arbeiterinnenverein (Dok. 145).[466] An der Gründungsversammlung in Triesen nahmen 150 Arbeiterinnen teil, von denen 50 den Beitritt erklärten. Gemäss dessen Statuten[467] bezweckte der Arbeiterinnenverein die Wahrung und Förderung der geistigen und materiellen Wohlfahrt seiner Mitglieder. Ihr geistiges Wohl strebte der Verein durch Anhaltung zur gewissenhaften Erfüllung der religiösen und beruflichen Pflichten, durch Schutz für Glaube und Sitte, durch Teilnahme an Exerzitien und gemeinsamen Empfang der hl. Sakramente an. Das materielle Wohl der Arbeiterinnen sollte insbesondere gefördert werden durch Sorge um einen gerechten Lohn und gute Behandlung, durch Errichtung einer Spar- und Krankenkasse und durch Unterstützung

---

459 LI LA DM 1923/4. Lorenz, Jakob: Gutachten über den Zollanschluss Liechtensteins an die Schweiz. ; online: www.e-archiv.li/D46321; aufgerufen am 08.05.2015 (S. 12).
460 Ebd., S. 19.
461 Heeb-Fleck, Frauenarbeit in Liechtenstein, S. 10-11.
462 Heeb-Fleck, Frauenarbeit in Liechtenstein, S. 102.
463 Quaderer-Vogt, Bewegte Zeiten, Bd. 3, S. 422-423; sowie Bd. 1, S. 52.
464 HLFL, Bd. 1, S. 244 (Artikel: Frauenvereine); Hilti-Kaufmann, Öffentlichkeit – auch für Frauen?, S. 147-148.
465 Quaderer-Vogt, Bewegte Zeiten, Bd. 3, S. 375-376.
466 Vgl. auch O.N. 10.3.1920, S. 2.; online: www.e-archiv.li/D46265; aufgerufen am 17.04.2015.
467 LI LA RE 1920/1458; online: www.e-archiv.li/D46286; aufgerufen am 17.04.2015.

von Wöchnerinnen. Ausserdem sollte auf eine möglichst allseitige Ausbildung in den weiblichen Haushaltungsarbeiten geachtet werden. Der Vorstand des Verbands hatte aus dem Präses zu bestehen, welcher ein Geistlicher sein musste und der Bestätigung durch das bischöfliche Ordinariat bedurfte. Über das tatsächliche Wirken des Arbeiterinnenvereins gibt es keine aktenmässigen Quellen. Vermutlich waren seine gewerkschaftlichen Möglichkeiten für die Besserstellung der Arbeiterinnen durch die enge Bindung an kirchliche Organe begrenzt.[468]

Im Verband Liechtensteinischer Kaufleute, welcher 1921 ins Leben gerufen wurde und die Anliegen des Detailhandels vertrat, waren 1926 64 Mitglieder organisiert; die Händlerinnen waren mit fünf Mitgliedern oder knapp 8 % stark unterrepräsentiert. In dem 1925 gegründeten Gewerbeverband, einem Dachverband für Handels-, Gewerbe- und Industrieorganisationen, war keine Frau vertreten.[469]

In den Statuten des Liechtensteiner Bauernvereins von 1927 wurden Frauen nicht erwähnt. Dies war ein Zeichen für die Orientierung am Leitbild des Familienbetriebes und dessen Repräsentation durch den Bauern. Die meisten Bäuerinnen waren höchstens indirekt, über ihre Ehemänner, organisiert, wenn diese nicht oder nur im Nebenerwerb als Landwirte arbeiteten.[470]

Die Statuten des 1901 gegründeten Historischen Vereins für das Fürstentum Liechtenstein sahen die Mitgliedschaft weiblicher Mitglieder nicht vor.[471] In den Mitgliederverzeichnissen wurde 1902 Wilhelmine von Hausen, die Witwe des früheren Landesverwesers Karl Haus von Hausen, als erste Frau erwähnt; als zweites weibliches Mitglied wurde ab 1913 Maria Rheinberger, Postmeisterwitwe, genannt. Frauen konnten somit grundsätzlich im Historischen Verein Mitglieder werden. Die Mitgliedschaft war hier wohl eine Mentalitäts- und Bildungsfrage.

Insgesamt lässt sich eine geschlechtsspezifische Trennung der Vereine erkennen. Während in der 1909 ins Leben gerufenen Sektion Liechtenstein[472] des Deutschen und Österreichischen Alpenvereins oder in den Parteien nur Männer vertreten waren, waren Frauen gerade an Wohltätigkeitsvereinen stark beteiligt. Im Tennisclub Vaduz, der 1925 auf Initiative von Getrud Sommerlad gegründet wurde und in den ersten Jahren nur ausländische Mitglieder zählte, waren beide Geschlechter vertreten.[473] Wie die Beispiele Wilhelmine von Hausen und Gertrud Sommerlad zeigen, übernahmen Ausländerinnen eine Vorreiterinnenrolle.

---

468 Quaderer-Vogt, Bewegte Zeiten, Bd. 2, S. 493-495; vgl. Heeb-Fleck, Frauenarbeit in Liechtenstein, S. 58-60; Hilti-Kaufmann, Öffentlichkeit – auch für Frauen?, S. 149-151.
469 Heeb-Fleck, Frauenarbeit in Liechtenstein, S. 82.
470 Heeb-Fleck, Frauenarbeit in Liechtenstein, S. 98.
471 LI LA RE 1901/258; online: www.e-archiv.li/D46687; aufgerufen am 20.04.2015.
472 In den Satzungen der Sektion Liechtenstein vom 1. Mai 1909 wurde die Geschlechterfrage allerdings gar nicht angesprochen: LI LA PA 100/26; online: www.e-archiv.li/D46685; aufgerufen am 08.05.2015.
473 Vgl. den Vereinsbericht vom September 1927: L.Na., Nr. 91, 17.9.1927, S. 2; online: www.e-archiv.li/D46691; aufgerufen am 08.05.2015 (Dok. 225).

Fürsorge und Gesundheitswesen

Sozialfürsorge
Das Armengesetz von 1869[474] regelte grundsätzlich die Sozialfürsorge in Liechtenstein bis 1966. Es wies die Unterstützungspflicht für die Armen zuerst den Verwandten und dann der Heimatgemeinde zu, wobei die Armenhäuser als Grundlage für die örtliche Versorgung dienen sollten.[475] In der Folge entstanden Armenhäuser bzw. Bürgerheime in Schaan (1870-1872), Triesen (1871/1872), Mauren (1873), Vaduz (1892) und Eschen (1904). In diesen Heimen wurden vor allem arme, alte, verwaiste und physisch oder psychisch kranke Gemeindebürger, die keine materiellen Mittel oder körperliche Befähigung zur Existenzsicherung besassen und nicht in ihren Familien versorgt werden konnten, betreut. Gegen entsprechende Zahlungen wurden auf Vertragsbasis auch Bürger anderer Gemeinden aufgenommen. Die Heimbewohner wurden durch die Zamser Schwestern versorgt (vgl. Dok. 7). Für die Verwaltung war ein von der Gemeinde angestellter «Armenvater» verantwortlich. Den Bürgerheimen war jeweils ein grösserer, mit Gemeindeboden ausgestatteter Landwirtschaftsbetrieb angeschlossen, welcher für die Beschäftigung und Versorgung der Heiminsassen wichtig war.[476] Wie die Hausordnung für das Armenhaus Vaduz vom Oktober 1908 zeigt, waren die Bewohner einem rigiden Regime unterworfen (Dok. 16).

Vor dem Ersten Weltkrieg schöpfte der Staat die Finanzmittel für soziale Unterstützungsmassnahmen vor allem aus verschiedenen Fonds. Die wichtigsten Fonds waren der Landesarmenfonds[477], die Lokalarmenfonds, der fürstliche Landeswohltätigkeitsfonds und der landschäftliche Irrenfürsorgefonds. Die gesetzliche Armenunterstützung kam nur jenen Personen zugute, welche wegen ihrer körperlichen oder geistigen Beschaffenheit nicht im Stande waren, sich selbst zu versorgen. Der von Fürst Johann II. 1886 mit einem Kapital von 30'000 Gulden gestiftete Wohltätigkeitsfonds sollte vor allem Waisenkinder und Personen mit körperlichen und geistigen Behinderungen sowie verunglückte Personen unterstützen. Auch hilfsbedürftige Studenten konnten in den Genuss von Fondsmitteln kommen.

1913 überwies der landschäftliche Armenfonds zur Unterstützung bedürftiger Personen etwa 8300 Kronen an die Gemeinden und etwa 1300 Kronen direkt an verschiedene Personen. Der fürstliche Landeswohltätigkeitsfonds schüttete im selben Jahr rund 4200 Kronen aus. Damit bezahlte der Fonds die Verpflegungskosten für Kinder, die in Wohltätigkeitsanstalten untergebracht waren. Ferner kam der Fonds für Lehrgelder und Unterstützungsbeiträge für Erkrankte und Verunglückte auf. Der landschäftliche Irrenfürsorgefonds stellte 1913 rund 2400 Kronen als Beiträge zu den Verpflegungskosten von zwölf einheimischen Geisteskranken zur Verfügung.[478]

Dieses – eher rudimentäre – System der sozialen Absicherung geriet ins Wanken, sobald aussergewöhnliche Umstände ausserordentliche Mehrausgaben nötig machten. So hatte die Maul- und Klauenseuche 1913 den Viehhandel gänzlich unterbunden. Die Fabrikarbeiterinnen in Triesen mussten wegen stagnierender Auftragslage Lohneinbus-

---

474 LGBl. 1869 Nr. 10.
475 HLFL, Bd. 1, S. 32 (Artikel: Armut).
476 HLFL, Bd. 1, S. 132 (Artikel: Bürgerheime).
477 LGBl. 1900 Nr. 4.
478 Quaderer-Vogt, Bewegte Zeiten, Bd. 1, S. 359-360.

sen in Kauf nehmen. Im Baugewerbe kam es 1913 wegen schlechter Geschäftslage ebenfalls zu Verdienstrückgängen.[479]

Nach Kriegsausbruch stieg die Zahl der Unterstützungsgesuche, die bei der Regierung eingereicht wurden. Der Landtag genehmigte in der Sitzung vom 14. Dezember 1914 bzw. vom 11. Dezember 1915 je 3000 Kronen für die Unterstützung notleidender Familien. Bei dieser Gelegenheit wurde festgestellt, dass 1914 über 100 Parteien aus diesem Kredit unterstützt worden waren. Im Lauf des Krieges wurde die Notlage für sozial schwache Personen immer drückender.[480] Bereits im August 1914 mussten die Textilfabriken in Triesen und Vaduz ihren Betrieb so reduzieren, dass nur noch an 3 Tagen gearbeitet wurde. 1917 mussten die Spinnerei in Vaduz und die Weberei in Triesen ihre Tätigkeit ganz einstellen. Die Firma Jenny, Spoerry & Cie. zahlte allerdings an die Arbeitskräfte, die im Land blieben, weiterhin eine Unterstützung, welche dem statutarischen Krankengeld von 50 % unter Einbezug der Sonn- und Feiertage entsprach. In Vaduz unterstützte sie 87 und in Triesen 195 Beschäftigte.[481]

Eine der vom Landtag getroffenen Vorkehrungen gegen die kriegsbedingte Arbeitslosigkeit bestand in der Bereitstellung von Geldern für Notstandsmassnahmen. In der bereits erwähnten Sitzung vom 14. Dezember 1914 genehmigte der Landtag einen Kredit von 20'000 Kronen für Notstandsarbeiten. Dieser Kredit war auch für jene Saisonniers vorgesehen, die von ihren Arbeitsplätzen in der Schweiz zurückkehren mussten. Diese Arbeiter konnten nun bei Rheinbauten und Waldarbeiten beschäftigt werden. In derselben Sitzung beschloss der Landtag zur Steuerung der Arbeitslosigkeit einstimmig, die Bergstrasse vom Roten Haus bis zum Schloss Vaduz auszubauen. Ebenso übernahm das Land für die Erstellung von Waldstrassen in den Gemeinden Eschen, Gamprin und Vaduz einen Kostenanteil von 50 %.[482]

Daneben wurden weiterhin Arbeitsmöglichkeiten für das Ausland gesucht und vermittelt. So wurden etwa im Mai 1915 Maurer und Taglöhner für eine Baufirma in Süddeutschland gesucht. Auch aus Österreich kamen Stellenangebote. Ferner konnte Alppersonal während der Sommermonate im In- und Ausland Beschäftigung finden. Aus Balzers gingen z.B. im Sommer 1915 ungefähr 80 Personen als Hirten, Sennen und Zusennen auf die Alpen.[483]

Die prekäre Versorgungslage und die Steigerung der Lebenskosten stellten für die liechtensteinische Bevölkerung auch nach dem Ersten Weltkrieg zentrale Probleme dar. Auf den Arbeitern lastete ein weiterer Druck durch die immer noch unsichere Beschäftigungslage. In Einzelfällen konnte der Staat mit Unterstützungen aus den Sozialfonds helfen. Diese reichten aber nicht für eine flächendeckende soziale Absicherung aus. Ausserdem war das in Kronen angelegte Kapital der Fonds durch die Inflation grösstenteils wertlos geworden. Fürst Johann II. spendete deshalb im Oktober 1920 für die Jahre 1920 und 1921 je 4000 Franken für die Altersversorgung Erwerbsunfähiger.[484] So konnten einige alte, erwerbslose Personen, die kränklich waren bzw. solche ohne Angehörige, unterstützt werden.[485] Die Unterstützung der unverschuldet in Not Geratenen und die Für-

---

479 Quaderer-Vogt, Bewegte Zeiten, Bd. 1, S. 361.
480 Quaderer-Vogt, Bewegte Zeiten, Bd. 1, S. 364.
481 Quaderer-Vogt, Bewegte Zeiten, Bd. 1, S. 365-366.
482 Quaderer-Vogt, Bewegte Zeiten, Bd. 1, S. 367-370.
483 Quaderer-Vogt, Bewegte Zeiten, Bd. 1, S. 377.
484 L.Vo. 9.10.1920, S4.; online: www.e-archiv.li/D46376; aufgerufen am 07.05.2015.
485 Quaderer-Vogt, Bewegte Zeiten, Bd. 2, S. 467.

sorge für die gefährdete Jugend bezweckte der 1924 gegründete Caritas-Verein für das Fürstentum Liechtenstein.[486]

Im Dezember 1920 wurde die Regierung vom Liechtensteiner Verein St. Gallen darauf aufmerksam gemacht, dass die in der Schweiz beschäftigten Liechtensteiner keine Arbeitslosenunterstützung mehr erhielten, weil Liechtenstein keine derartige Unterstützung an Ausländer gewähre. Die Regierung musste auf Anfrage des schweizerischen Arbeitslosenfürsorgeamtes eingestehen, dass bislang ein Gesetz oder eine Verordnung über die Arbeitslosenunterstützung nicht erlassen worden war. Eine Delegation des Liechtensteiner Vereins St. Gallen erschien bei Regierungschef Josef Peer und verwies auf die schweren Nachteile, die liechtensteinische Arbeitnehmer in der Schweiz bei einem weiteren Ansteigen der Arbeitslosigkeit erwachsen würden. Regierung und Landtag[487] handelten rasch und schlossen im April 1921 mit der Schweiz eine Vereinbarung, wonach den im Fürstentum wohnhaften Schweizern unter der Voraussetzung der Gegenseitigkeit Arbeitslosenunterstützung zu gewähren war.[488] Die Schweizer Arbeiter in Liechtenstein wurden dadurch besser gestellt als die Liechtensteiner selbst.[489]

Die schwierige Finanzlage des Staates veranlasste den Landtag im Dezember 1922, das sogenannte Abbaugesetz[490] zu verabschieden, durch welches bis 1924 vier Beamte abgebaut, fünf Personen neu im Vertragsverhältnis zum Land angestellt und zwei Stellen nicht mehr besetzt wurden.[491]

Sozialversicherung

Im Jahre 1870 wurde in der Mechanischen Weberei in Vaduz die erste Betriebskrankenkasse gegründet, um den Lohnausfall im Krankheitsfall wenigstens teilweise auszugleichen. Auch die in weiterer Folge in Vaduz und Triesen gegründeten Textilfabriken führten fabrikeigene Betriebskrankenkassen ein. Im Januar 1894 kam es in Schaan zur Gründung des Allgemeinen Kranken-Unterstützungsvereins von Liechtenstein, der späteren Liechtensteinischen Krankenkasse,[492] der schon bald eine rege Werbetätigkeit entfaltete.[493] Die Jahresversammlung dieses Vereins lehnte im Februar 1910 die Gründung einer eigenen Unfallversicherung ab.[494]

Erst die im Jahr 1910 erlassene neue Gewerbeordnung[495] brachte ein Kassenobligatorium nicht nur für Fabrikarbeiter, sondern auch für alle anderen Arbeitnehmer in ge-

---

486 Statuten des Caritas-Vereines: LI LA RE 1924/2420; online: www.e-archiv.li/D46296; aufgerufen am 07.05.2015. Erster Jahresbericht des Vereins: LN 9.5.1925, S. 1; L.Vo. 9.5.1925, S. 1.; online: www.e-archiv.li/D46312; aufgerufen am 07.05.2015.
487 Siehe die öffentliche Landtagssitzung vom 29. Dezember 1920 (LTP 1920; online: www.e-archiv.li/D44130; aufgerufen am 11.05.2015).
488 Vgl. das Schreiben der liechtensteinischen Regierung an die Ortsvorstehungen vom 7. April 1921 (LI LA RE 1920/1324). Das Übereinkommen wurde nicht im Liechtensteinischen Landesgesetzblatt publiziert. 1924 hob die Schweiz die Arbeitslosenunterstützung auf. Das Übereinkommen mit Liechtenstein wurde dadurch hinfällig.
489 Quaderer, «Die soziale Frage ist nicht eine blosse Magenfrage ...», S. 260-261.
490 LGBl. 1922 Nr. 36.
491 Quaderer-Vogt, Bewegte Zeiten, Bd. 2, S. 479.
492 Rheinberger, «... den ärztlichen Beistand unentgeltlich zu leisten», S. 314-315. Siehe die Vereinsstatuten von 1894: LI LA RE 1896/0377; online: www.e-archiv.li/D46377; aufgerufen am 07.05.2015. Zu den Statuten der Liechtensteinischen Krankenkasse von 1925: LI LA RE 1925/2715; online: www.e-archiv.li/D46325; aufgerufen am 07.05.2015.
493 Siehe etwa: L.Vo. 16.8.1895, S.1 f.; online: www.e-archiv.li/D46326; aufgerufen am 07.05.2015.
494 L.Vo. 25.2.1910, S. 1.; online: www.e-archiv.li/D46287; aufgerufen am 07.05.2015.
495 LGBl. 1910 Nr. 3.

werblichen Betrieben. Als Mindestleistungen wurden freie ärztliche Behandlung und ein Krankengeld von 50 % des Lohnes vorgeschrieben. Weitgehend parallel dazu verlief seit 1886 die Entwicklung der Unfallversicherungen. Diese waren jedoch nie selbständig, sondern wurden von den Betrieben mit ausländischen Versicherungsgesellschaften abgeschlossen. Im Gegensatz zu den Krankenkassenprämien wurden die Prämien für die Unfallversicherungen von den Arbeitgebern bezahlt.[496] Mit der Gewerbeordnung von 1910 schuf Liechtenstein eine gesetzliche Grundlage für die betriebliche Unfallversicherung. Die Inhaber von Unternehmungen mit mehr als zehn Arbeitern sowie die Inhaber von Gewerben, mit deren Ausübung eine besondere Gefahr für die Arbeiter verbunden war, wie etwa bei Steinbrüchen oder im Baugewerbe, hatten das gesamte Arbeitspersonal gegen Betriebsunfälle zu versichern.[497]

Die kritische Haltung der Opposition unter Wilhelm Beck führte schon 1915 zur Revision der Gewerbeordnung.[498] Die tägliche Arbeitszeit in Betrieben, welche mehr als zehn Arbeiter beschäftigten, wurde auf elf Stunden festgesetzt. Im Land waren zudem sechzehn Feiertage arbeitsfrei. Die Unfallversicherungspflicht wurde in der neuen Gewerbeordnung allerdings wieder eingeschränkt. Nun waren nur mehr die Inhaber von Gewerben, mit deren Ausübung eine besondere Gefahr für die Arbeit verbunden war, verpflichtet, das Hilfspersonal sowie die in einem solchen Betrieb beschäftigten Taglöhner gegen Betriebsunfälle zu versichern. Zu diesen Betrieben zählte die Gewerbeordnung auch die Fabriken. Die Unfallversicherung für die anderen Betriebe, die mehr als zehn Arbeiter beschäftigten, wurde dagegen fallen gelassen.[499] Ferner wurde mit der Novellierung der Gewerbeordnung 1915 das Krankenkassenobligatorium auf Fabrikarbeiter eingeschränkt.[500]

Im Gefolge der politischen und wirtschaftlichen Veränderungen nach dem Ersten Weltkrieg kam es im Bereich der Sozialversicherungen ansatzweise zu Vorstössen in der liechtensteinischen Gesetzgebung. Art. 26 der Verfassung von 1921 enthält den Grundsatz, dass der Staat das Kranken-, Alters-, Invaliden- und Brandschadenversicherungswesen unterstützt und fördert. Tatsächlich beschränkte sich die Sozialversicherung auch weiterhin auf die Kranken- und Unfallversicherung und diese wiederum auf die im Gewerbe und in der Industrie Beschäftigten. 1924 waren 495 Personen gegen Krankheit, 760 gegen Unfall und siebzehn gegen Nicht-Betriebsunfall versichert. Im April 1922 lieferte Hermann Renfer, der Direktor der Basler Lebensversicherungsgesellschaft, ein von der Regierung in Auftrag gegebenes Gutachten über die Durchführung einer Sozialversicherung im Fürstentum ab.[501] Es enthielt einen detaillierten Bericht über die Einführung einer Kranken-, Unfall-, Alters- und Invaliditäts- und Hinterbliebenenversicherung in Liechtenstein. Die Regierung stellte jedoch fest, dass es beim Stand der Volkswirtschaft unmöglich sei, die Idee einer Sozialversicherung in die Tat umzusetzen. Schliesslich blieb es bei der Schaffung eines Kranken-, Alters- und Hinterlassenenfonds.[502]

---

496 Rheinberger, «… den ärztlichen Beistand unentgeltlich zu leisten», S. 313–314.
497 Quaderer-Vogt, Bewegte Zeiten, Bd. 1, S. 372–373.
498 LGBl. 1915 Nr. 14.
499 Quaderer-Vogt, Bewegte Zeiten, Bd. 1, S. 373 und 376.
500 Rheinberger, «… den ärztlichen Beistand unentgeltlich zu leisten», S. 314–315. Ein kurzer historischer Abriss über die Entwicklung der liechtensteinischen Krankenversicherung findet sich in Dok. 198.
501 LI LA DM 1922/1; online: www.e-archiv.li/D46307; aufgerufen am 07.05.2015.
502 Quaderer-Vogt, Bewegte Zeiten, Bd. 2, S. 519–521.

Gesundheitswesen und Spitalbaupläne
Gegen Ende des 19. Jahrhunderts stand neben der Kindersterblichkeit die Tuberkulose an der Spitze der Todesursachen. Man machte damals die Arbeit in den mit Baumwollstaub erfüllten Hallen der Textilindustrie dafür verantwortlich. Der Vaduzer Arzt Dr. Rudolf Schädler glaubte die Beobachtung gemacht zu haben, dass im Oberland die Zahl der Tuberkulosekranken relativ höher war als im Unterland, wo es keine Textilfabriken gab. Tatsächlich war jedoch die Quote der durch Tuberkulose verursachten Sterbefälle im Ober- wie im Unterland ungefähr gleich hoch.[503] In Balzers konnte durch die Verbesserung der Wasserversorgung 1903/1904 der immer wieder auftretende Typhus zum Verschwinden gebracht werden.[504] Dieses Beispiel zeigt, dass neue medizinische Erkenntnisse (z.B. über Krankheitsursachen) und Methoden im Land Einzug hielten. Andererseits glaubte man nach wie vor an die Wirkung von Gebeten. Als die «Spanische Grippe» 1918/1919 Liechtenstein heimsuchte, ermahnte der Bischof von Chur, Georg Schmid von Grüneck, die Gläubigen, die Krankheit durch Gebet und Sakramentenempfang abzuwenden (Dok. 84).[505]

Im 19. Jahrhundert hatte es verschiedene Vorstösse zur Errichtung eines Landesspitals gegeben, wobei unter einem Spital noch eine Fürsorgeanstalt für Arme, Alte sowie geistig und körperlich Behinderte verstanden wurde. Vermögende Kranke liessen sich dagegen vom Arzt zu Hause behandeln. 1873 wurde das Schaaner Armenhaus per Verordnung[506] zum öffentlichen Krankenhaus für alle armen Kranken des Landes erklärt. Diese Zentralisierungsmassnahme liess sich allerdings in der Praxis nicht umsetzen.

Im April 1911 schloss die liechtensteinische Regierung mit der Heil- und Pflegeanstalt St. Pirminsberg im Kanton St. Gallen einen Vertrag über die Unterbringung von liechtensteinischen Geisteskranken ab (Dok. 28). Geisteskranke aus Liechtenstein wurden zudem in der «Landesirrenanstalt» Valduna bzw. Pflegebedürftige in der Landeswohltätigkeitsanstalt Valduna aufgenommen.[507]

Im Januar 1913 folgte die Gründung des Vereins für Kranken- und Wöchnerinnen-Pflege im Fürstentum Liechtenstein, der sich in seinen Statuten (Dok. 35) eine geordnete Hauspflege von Kranken und Wöchnerinnen zum Ziel setzte. Für Unbemittelte konnte der Vereinsvorstand dabei Vergünstigungen gewähren.[508]

Ab 1914 debattierte der Landtag erneut über die Errichtung eines Spitals.[509] In der Budgetdebatte vom 7. Dezember 1914 wies Albert Schädler darauf hin, dass man im Lande schöne und luxuriöse Kirchen gebaut habe. Jetzt sei es aber an der Zeit, auch für die Kranken besorgt zu sein und ein Landesspital zu bauen. Landesverweser Leopold von Imhof vertrat in der Landtagssitzung vom 29. November 1917 die Auffassung, dass Liechtenstein kaum in der Lage sei, ein Spital zu errichten, da die Last für das Land zu gross sei. Es sei für die Kranken des Lande gesorgt, da diese von dem – in den Jahren

---

503 Rheinberger, «... den ärztlichen Beistand unentgeltlich zu leisten», S. 312.
504 L.Vo. 30.9.1904, S.1; online: www.e-archiv.li/D46379; aufgerufen am 07.05.2015.
505 Vgl. L.Vo. 2.8.1918, S. 2; online: www.e-archiv.li/D46334; aufgerufen am 07.05.2015; L.Vo. 11.10.1918, S. 1; online: www.e-archiv.li/D46335; aufgerufen am 07.05.2015; L.Vo. 4.1.1919, S. 2; online: www.e-archiv.li/D46337; aufgerufen am 07.05.2015; L.Vo. 8.1.1919, S. 2; online: www.e-archiv.li/D46336; aufgerufen am 07.05.2015.
506 LGBl. 1873 Nr. 6 (Art. 2).
507 Vgl. LI LA RE 1910/1680 ad 422.; online: www.e-archiv.li/D46461; aufgerufen am 07.05.2015.
508 Vgl. den 1. Jahresbericht des Vereins vom April 1914: L.Vo. 15.5.1914, S. 2 f.; online: www.e-archiv.li/D46381; aufgerufen am 07.05.2015.
509 HLFL, Bd. 2, S. 889–890 (Artikel: Spital).

1905 bis 1907 errichteten – Spital in Grabs[510] aufgenommen und zu denselben Preisen wie die Schweizer behandelt würden. Demgegenüber setzte sich der Landtagsabgeordnete Wilhelm Beck für den Bau eines Krankenhauses im Lande ein und gab zu bedenken, dass der Krankentransport nach Grabs keineswegs gesichert sei. Der Grenzübertritt sei erschwert und zur Nachtzeit seien die Rheinbrücken geschlossen. Auch vom Standpunkt der Selbständigkeit Liechtensteins müsse man ein Krankenhausprojekt empfehlen. Albert Schädler erklärte im Landtag, dass er als Arzt mit der Idee eines Spitals gewiss sympathisiere, doch fehle das nötige Geld dazu. Die Errichtung eines Spitals sei ohne grosse Spenden unmöglich. Auch seien ein Spitalarzt und ein tüchtiger Chirurg nötig. Am Weihnachtstag 1918 gab Fürst Johann II. ein Handschreiben heraus, in dem er seinen Willen kundtat, ein Krankenhaus mit einem Belegraum von 20 Betten auf seine Kosten zu errichten. Ausserdem widmete der Fürst den Betrag von 50'000 Kronen, dessen Zinsen zur teilweisen Deckung der Betriebskosten dienen sollten. Im «Fürst Johannes-Jubiläumsspital» sollten fünf mittellose Landesangehörige unentgeltliche Pflege und Behandlung finden.[511] Der Landtag würdigte das grosszügige Angebot des Fürsten und erklärte sich zur Übernahme der Betriebskosten bereit. Der Landtag beschloss in der Sitzung vom 6. März 1919 den Bau des Krankenhauses in Schaan (Dok. 107).[512] Die Gemeinde Schaan stellte einen bei Dux gelegenen Bauplatz zur Verfügung. Es blieb aber bei Aushubarbeiten, da die Inflation nach dem Weltkrieg dem Bauvorhaben jegliche materielle Grundlage entzog.[513]

Anfang der 1920er Jahre adaptierte Landesphysikus Felix Batliner Teile des 1892 errichteten Vaduzer Bürgerheims als Krankenabteilung bzw. als Geburtshilfestation. Um die Krankenpflege in dem sogenannten Bürgerheim-Spital kümmerten sich die Zamser Schwestern. 1930/1931 erfolgte ein Anbau mit einem Operationssaal. Daraus entstand das heutige Liechtensteinische Landesspital.[514]

In den Bereich des Gesundheitswesens im weiteren Sinn fällt die vertragliche Übertragung der Lebensmittelkontrolle im Fürstentum an die landwirtschaftlich-chemische Versuchs- und Lebensmitteluntersuchungsanstalt des Landes Vorarlberg im Dezember 1910 (Dok. 26).

Jugend
Ende des 19. Jahrhunderts und vor allem in den 1920er und 1930er Jahren gründeten Seelsorger in den meisten Gemeinden Marianische Kongregationen für die weibliche und Jungmannschaften für die männliche Jugend. Die katholische Kirche prägte die Jugendarbeit zu dieser Zeit stark.[515] Die Jungmannschaften, die auch Jünglingsvereine genannt wurden, waren katholische, kulturelle und gemeinnützige Vereinigungen für schulentlassene und unverheiratete Männer.[516] Die Jungmannschaften bezweckten vor allem eine sittlich-religiöse Schulung durch Vorträge, Diskussionen und Teilnahme an

---

510 Zum Spendenaufruf in Liechtenstein zwecks Anschaffung eines Krankenwagens für das Spital Grabs vgl. L.Vo. 12.2.1921, S. 1.; online: www.e-archiv.li/D46332; aufgerufen am 07.05.2015.
511 Siehe L.Vo. 4.1.1919, S. 1; online: www.e-archiv.li/D46331; aufgerufen am 07.05.2015.
512 Vgl. auch die Landtagsdebatte vom 28. Januar 1919: LTP 28.1.1919, Traktandum 6.; online: www.e-archiv.li/D46330; aufgerufen am 07.05.2015.
513 Rheinberger, «... den ärztlichen Beistand unentgeltlich zu leisten», S. 319-320.
514 HLFL, Bd. 2, S. 890.
515 HLFL, Bd. 1, S. 408 (Artikel: Jugendorganisationen und -vereine).
516 Z.B. der 1904 in Schaan unter Pfarrer Georg Marxer gegründete Jünglingsverein: L.Vo. 24.2.1905, S. 1; online: www.e-archiv.li/D46346; aufgerufen am 08.05.2015.

religiösen Feiern. Eine Initiative von Landesvikar Johann Baptist Büchel zur Schaffung eines Landesverbandes der Jünglingsvereine scheiterte 1918.[517] Analog zu den Jünglingsvereinen bestanden Marianische Kongregationen für schulentlassene und unverheiratete Frauen.[518]

Um 1900 wurde die 1923 aufgelöste Gymnasialverbindung «Rhenia» für Liechtensteiner an ausländischen Gymnasien und Universitäten gegründet.[519]

1913 erwirkte das Seraphische Liebeswerk für Tirol und Vorarlberg, das Kinderhilfswerk des Kapuzinerordens, bei der liechtensteinischen Regierung die Zulassung für das Fürstentum (Dok. 37). Die Vereinszwecke waren die Unterbringung und Erziehung von sittlich und religiös gefährdeten Kindern, die Beihilfe für arme Kinder und andere jugendliche Personen zur Erlangung eines Berufes sowie die moralische und materielle Förderung ehemaliger Pfleglinge.[520] Vertreter Liechtensteins im Vereinsausschuss wurde Pfarrer Gustav Burgmayer in Mauren.

Dass es um die Jugendfürsorge in Liechtenstein nicht zum Besten stand, zeigt die im Juni 1923 erfolglos vorgeschlagene Gründung eines Jugendfürsorgevereins, dessen Wirken sich auf den Kinderschutz und nicht zuletzt auf die verwahrlosten und verwaisten Kindern beziehen sollte.[521] Die Erziehung dieser Kinder in den Armenhäusern des Landes zeigte nämlich wenig erfreuliche Ergebnisse und in jenen Gemeinden, wo keine Armenhäuser existierten, wurden die Kinder quasi an den Mindestfordernden zur Pflege versteigert.

Als geradezu zeitlos kann die Kritik des «Liechtensteiner Volksblattes» vom November 1917 an der vermeintlichen Verwahrlosung der Jugend, insbesondere am Zigarettenrauchen, gelten.[522] Im Oktober 1919 lamentierte dieselbe Zeitung über die verkommene, materialistisch eingestellte Jugend und forderte die Rückkehr zu alten, strengen Erziehungsmethoden.[523]

Mentalitäten und ideologische Strömungen

Die von bäuerlicher Tradition geprägte Bevölkerung Liechtensteins war in ihren Grundzügen konservativ. Radikale Veränderungen wurden abgelehnt, auch in aufrührerischen Zeiten, und es wurde die monarchische Staatsform nie in Frage gestellt. Die Autorität der katholischen Kirche wurde kaum angezweifelt.[524]

Landesverweser Karl von In der Maur attestierte der liechtensteinischen Bevölkerung 1890 in einem – sicherlich subjektiv eingefärbten – Rechenschaftsbericht eine gewisse natürliche Intelligenz, Fleiss, Genügsamkeit, Sparsamkeit und Achtung vor fremdem Eigentum. Als negative Eigenschaften erwähnte er Unaufrichtigkeit, Bosheit, Neid, Unreinlichkeit und einen ausgeprägten Fremdenhass: «Aus jahrhundertelanger Absonderung hat sich bei den Liechtensteinern eine namentlich die Nichteinheimischen sehr peinlich berührende Eigenschaft entwickelt, nämlich der Fremdenhass, welcher in den

---

517 HLFL, Bd. 1, S. 411 (Artikel: Jungmannschaften).
518 HLFL, Bd. 2, S. 581 (Artikel: Marianische Kongregation).
519 HLFL, Bd. 1, S. 409.
520 Die Kapuziner bauten 1908 bis 1911 im Dorf Tirol bei Meran das erste Kinderheim des Seraphischen Liebeswerkes.
521 L.Vo., Nr. 48, 20.6.1923, S. 1-2; online: www.e-archiv.li/D46324; aufgerufen am 08.05.2015.
522 L.Vo. 30.11.1917, S. 1; online: www.e-archiv.li/D46327; aufgerufen am 11.05.2015.
523 L.Vo., 1.10.1919, S. 1.; online: www.e-archiv.li/D46387; aufgerufen am 11.05.2015.
524 Quaderer-Vogt, Bewegte Zeiten, Bd. 1, S. 47-48.

einzelnen Dörfern übrigens nicht nur die Ausländer, sondern fast ebensosehr auch jene Landesangehörigen trifft, welche in dem Dorfe nicht heimatberechtigt sind, daher auch die Wahrnehmung, dass insbesondere die Bewohner der Nachbardörfer einander spinnefeind sind und sich das Schlechteste nachsagen und zumuthen.»[525] Der Bericht lässt eine Kluft zwischen dem aristokratischen, österreichischen Landesverweser In der Maur und der liechtensteinischen Bevölkerung erkennen, die zu einer Entfremdung und von Zeit zu Zeit zu Machtkämpfen führte.[526]

Wie in den benachbarten Regionen herrschte in Liechtenstein ein latenter Antisemitismus. Gerade in Zeitungsbeiträgen kamen antisemitische Haltungen zum Ausdruck: So kritisierte das «Liechtensteiner Volksblatt» im August 1918 die landwirtschaftlichen Verwertungsstellen in Österreich, die sich angeblich in jüdischer Hand befanden, als «morgenländische Plünderungsgesellschaften».[527] Die «Oberrheinischen Nachrichten» beanstandeten im Januar 1919, dass die meisten sozialistischen Führer «steinreiche Kapitalisten und Juden» seien.[528] Im Juli 1919 wurde im «Liechtensteiner Volksblatt» vor der «Verjudung» des Landes durch Finanzeinbürgerungen gewarnt.[529] In diesem Zusammenhang warnte auch der designierte liechtensteinische Generalkonsul für die Schweiz, Walter Probst, in einem Schreiben an Geschäftsträger Emil Beck vom Dezember 1919 vor missbräuchlichen Einbürgerungen in Liechtenstein, namentlich vor der Einbürgerung von Juden, Schiebern, Kriegsgewinnlern, Deserteuren und Refraktären.[530] Auch die «Oberrheinischen Nachrichten» wandten sich im Oktober 1923 dezidiert gegen die Einbürgerung von Juden in Liechtenstein.[531] Im Februar 1922 veröffentlichte das «Liechtensteiner Volksblatt» eine Zusammenfassung der «Protokolle der Weisen von Zion», welche ein planmässiges Vorgehen der Juden zur Erreichung der Weltherrschaft belegen sollten.[532] Im Landtagswahlkampf vom Januar 1926 operierte das «Liechtensteiner Volksblatt» mit antisemitischen Spitzen gegen die Klassenlotterie («fragwürdige Judengesellschaft»).[533]

Auch die Kriterien zur Aufnahme von Mitgliedern bei einzelnen Vereinen zeigten antisemitisches Gedankengut. So führte der Turnverein Vaduz in seinen Statuten einen Arierparagraphen und auch die um 1900 gegründete Studentenverbindung «Rhenia» bezeichnete sich als eine «Vereinigung katholischer deutscher Studenten in Liechtenstein».[534]

Ein Beispiel für den Antisemitismus im Alltag war das Vorgehen des Felix Real bzw. des Verbandes der liechtensteinischen Kaufleute gegen den aus Galizien stammenden Marian Thuna, welcher im Juni 1921 wegen Hausierens bei der Regierung angezeigt wurde (Dok. 182). Der Verband drückte gegenüber der Regierung sein Erstaunen aus, «dass es bei uns nicht möglich sein soll, einen lästigen jüdischen Ausländer, der dem hiesigen steuerzahlenden Gewerbe Schaden zufügt, auszuweisen.»[535]

---

525 Vogt, Rechenschaftsbericht, S. 45.
526 Quaderer-Vogt, Bewegte Zeiten, Bd. 1, S. 47.
527 L.Vo., Nr. 34, 23.8.1918, S. 2; online: www.e-archiv.li/D46347; aufgerufen am 12.05.2015.
528 O.N., Nr. 1, 4.1.1919, S. 1; online: www.e-archiv.li/D46378; aufgerufen am 12.05.2015.
529 L.Vo., Nr. 56, 16.7.1919, S. 1; online: www.e-archiv.li/D46388; aufgerufen am 12.05.2015.
530 LI LA V 002/0050; online: www.e-archiv.li/D46386; aufgerufen am 12.05.2015.
531 O.N., Nr. 83, 20.10.1923, S. 1; online: www.e-archiv.li/D46432; aufgerufen am 12.05.2015.
532 L.Vo., Nr. 16, 25.2.1922, S. 2; online: www.e-archiv.li/D46389; aufgerufen am 12.05.2015.
533 L.Vo. 5.1.1926, S. 2 f.; online: www.e-archiv.li/D46397; aufgerufen am 12.05.2015.
534 Quaderer-Vogt, Bewegte Zeiten, Bd. 3, S. 399.
535 LI LA RE 1921/4349; online: www.e-archiv.li/D46392; aufgerufen am 12.05.2015.

In diesem Kontext verwundert es nicht, dass nach § 64 ABGB keine gültigen Eheschliessungen zwischen Christen und Nicht-Christen vorgenommen werden konnten. Die Regierung stellte sich 1922 hinter diesen Rechtsstandpunkt.[536] Dies führte dazu, dass die Gemeinde Schaan eine Frau wieder als Gemeindebürgerin anerkennen musste, welche einen polnischen Juden geheiratet hatte. Die Regierung ging davon aus, dass diese Ehe ungültig war und die Frau ihr Gemeindebürgerrecht nicht verloren hatte.[537]

Antisemitisches Gedankengut artikulierte sich auch bei Einbürgerungsgesuchen jüdischer Antragsteller nach dem Ende des Ersten Weltkrieges. So sprach sich Landesverweser Josef Peer im November 1920 entschieden gegen die Einbürgerung des Wiener Industriellen Salomon Manfred Singer aus (Dok. 164).

Bei den Diskussionen um die Gründung der «Bank in Liechtenstein» kam es ebenfalls zu antisemitischen Äusserungen. Im Juli 1919 bemerkte Prinz Eduard von Liechtenstein, dass als Leiter der geplanten Bank nur ein Christ in Frage komme. Das «Vorarlberger Volksblatt» vom 3. Dezember 1919 berichtete in einem Schmähartikel von der beabsichtigten Gründung einer Bank im Fürstentum durch die Anglo-Österreichische Bank. Letztere sei ein durchaus jüdisches Unternehmen und die zu gründende liechtensteinische Bank stehe damit ganz unter jüdischem Einfluss. Dadurch werde das bisher judenreine Liechtensteiner Land und Volk völlig dem jüdischen Grosskapital ausgeliefert und komme in kürzester Zeit vollkommen unter die Botmässigkeit Judas.[538] In der Folge versicherte Alfred Treichl, der Direktor der Anglo-Österreichischen Bank, dass diese bei der Auswahl der in Liechtenstein amtierenden Personen den Anschauungen und Empfindungen des Landes in vollstem Mass Rechnung tragen werde. Zur Gründung der «Bank in Liechtenstein» kam es schliesslich am 24. November 1920 in Vaduz.[539]

Im Gegensatz zu den genannten antisemitischen Haltungen und Äusserungen in Liechtenstein stand der Umstand, dass die liechtensteinische Regierung im März 1917 der Israelitischen Religionsgesellschaft in Zürich die Erlaubnis zur Schächtung von Vieh in Schaan erteilte.[540] Die Ortsvorstehung Schaan hatte dagegen keine Bedenken und auch von der katholischen Kirche wurde kein Einwand erhoben. Ob es tatsächlich zu Schächtungen kam, ist aktenmässig nicht nachzuvollziehen.[541] Im April 1921 erhielt dann die Grossmetzgerei Bircher aus Zürich von der Regierung die Erlaubnis, im Schlachthaus der Metzgerei Hilti in Schaan Schächtungen durchzuführen, nachdem Landestierarzt Ludwig Marxer in seiner Stellungnahme ausgeführt hatte, dass das Schächten die leichtere Todesart für Kälber und Schafe darstelle![542] Im Februar 1929 erteilte die liechtensteinische Regierung dem Schweizerischen Israelitischen Gemeindebund die Bewilligung zum Schächten. Da sich dagegen um Rudolf Schädler und Wilhelm Beck – und auch seitens der Tierschutzvereine des Kantons St. Gallen – Widerstand formierte, verzichtete der Israelitische Gemeindebund schliesslich auf die bereits erteilte Genehmigung. Vor-

---

536 Vgl. Rech.ber., 1922, II. Teil, S. 22; online: www.e-archiv.li/D46426; aufgerufen am 12.05.2015.
537 Quaderer-Vogt, Bewegte Zeiten, Bd. 3, S. 399.
538 Als Verfasser dieses Zeitungsartikels vermutete Prinz Karl von Liechtenstein den vormaligen Vorsitzenden des provisorischen Vollzugsausschusses, Martin Ritter. Vgl. in diesem Zusammenhang: LI LA RE 1919/5466 ad 3339; online: www.e-archiv.li/D46148; aufgerufen am 19.05.2015.
539 Quaderer-Vogt, Bewegte Zeiten, Bd. 3, S. 401-404. Zur Bankgründung vgl. LI LA RE 1920/505; online: www.e-archiv.li/D46173; aufgerufen am 19.05.2015.
540 LI LA RE 1917/0910; online: www.e-archiv.li/D46646; aufgerufen am 18.05.2015.
541 In der Schweiz war das Schächten seit 1893 verboten.
542 LI LA RE 1921/1387; online: www.e-archiv.li/D46647; aufgerufen am 18.05.2015.

dergründig ging es dabei aber um die Argumente der Tierquälerei und der Gefahr der Einschleppung von Tierseuchen.[543]

Zusammenfassend kann konstatiert werden, dass auch in Liechtenstein starkes antijüdisches und antisemitisches Gedankengut existierte. Es ist davon auszugehen, dass dieses Gedankengut breite Akzeptanz und Zustimmung in der Bevölkerung fand. Im Gegensatz zur Entwicklung in Vorarlberg war aber der Antisemitismus in den Parteiprogrammen oder in den Wahlkämpfen in Liechtenstein kaum ein Thema.[544]

Immigration und Emigration

Wohnbevölkerung						
Jahr	in Liechtenstein wohnhafte In- und Ausländer	Liechtensteiner			Ausländer	
		In Liechtenstein wohnhaft	Auslandliechtensteiner	Liechtensteiner insgesamt	in Liechtenstein wohnhaft	in % der Wohnbevölkerung
1861	7394	7060	806	7866	334	4.5
1901	7531	6419	2395	8814	1112	14.8
1911	8693	7343	2349	9692	1350	15.5
1921	8841	7888	2681	10569	996	11.3
1930	9948	8257	k. A.	k. A.	1691	17.0

Die Ergebnisse der Volkszählungen[545] zeigen die Bevölkerungsentwicklung von 1861 bis 1930 im Überblick: Die Wohnbevölkerung wuchs in der zweiten Hälfte des 19. Jahrhunderts wegen der starken Auswanderung wenig, die Zahl der in Liechtenstein wohnhaften Liechtensteiner ging sogar deutlich zurück. Von 1901 bis 1930 war das Bevölkerungswachstum insgesamt hoch, es sind aber unterschiedliche Phasen zu verzeichnen: Von 1901 bis 1911 ging die Zahl der Auslandliechtensteiner leicht zurück, d.h. die Zahl der Rückwanderer überstieg jene der Neuauswanderer knapp. Ab 1911 nahm die Zahl der Auslandliechtensteiner, also der Auswanderer, wieder stark zu. Die Zahl der Ausländer in Liechtenstein wuchs bis 1901 kontinuierlich, von 1901 bis 1911 angesichts der positiven Wirtschaftsentwicklung eher schwach, im Ersten Weltkrieg ging sie deutlich zurück, um in den 1920er Jahren wieder stark anzuwachsen.

Diese Zahlen sind ein Spiegelbild der wirtschaftlichen Entwicklung des Landes: Liechtensteins Wirtschaft erlebte bis zum Ersten Weltkrieg vor allem dank der Textilindustrie und den von dieser ausgelösten Wachstumsimpulsen im Gewerbe und Handel einen bescheidenen Aufschwung. Die Wirtschaftsblockaden im Ersten Weltkrieg führten

---

543 Quaderer-Vogt, Bewegte Zeiten, Bd. 3, S. 399-401. Vgl. auch das Protokoll der öffentlichen Landtagssitzung vom 22. April 1929, in welcher die Gesetzesinitiative zur Einführung eines Schächtverbotes vom Landtag mit 11 von 15 Stimmen verworfen wurde (LI LA LTP 1929/031; online: www.e-archiv.li/D41941; aufgerufen am 18.05.2015).
544 Quaderer-Vogt, Bewegte Zeiten, Bd. 3, S. 418-419.
545 Quelle: Wohnbevölkerung - Volkszählungen 1812-1930. Online: http://www.llv.li/files/as/wohnbevolkerung-volkszahlung-1812-1930.pdf. Alois Ospelt, Wirtschaftsgeschichte, Anhang, S. 25 kommt bei seinen Berechnungen auf teilweise andere Zahlen.

Priesterkapitel vor dem Vereinshaus in Schaan, 1915 (LI LA BG 457)

Kanonikus Johann Baptist Büchel, 1924 (LI LA B 712/3/2)

Bischof Georgius Schmid von Grüneck (LI GAM)

Historischer Kontext 125

Klasse der Primarschule Vaduz mit Zamser Schwester im Hintergrund, 1926 (LI LA B 304/1/27)

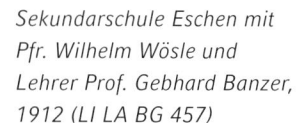

Sekundarschule Eschen mit Pfr. Wilhelm Wösle und Lehrer Prof. Gebhard Banzer, 1912 (LI LA BG 457)

Die Lehrer Liechtensteins 1912, in der Bildmitte J. B. Büchel (LI LA B 301/2/1)

zur Schliessung der Textilbetriebe und zu einem schweren Wirtschaftseinbruch, viele Arbeitsplätze gingen verloren. Von dieser schweren Krise erholte sich Liechtenstein nur langsam.

Ausländer in Liechtenstein
Regula Argast beschreibt das kollektive Selbstverständnis der Liechtensteiner als eine «Gemeinschaft genossenschaftlich organisierter Gemeindebürger, als Abstammungsgemeinschaft».[546] Tatsächlich standen den (männlichen) Liechtensteinern nur in ihrer Bürgergemeinde die vollen Bürgerrechte zu. Bei den Volkszählungen galten Liechtensteiner, die nicht in der Heimatgemeinde wohnten, als «inländische Fremde». Die Liechtensteiner waren eine geschlossene Gesellschaft, sie fühlten wohl, was «liechtensteinisch» war und noch besser, «was man nicht tut», sie hätten diese Normen und Verhaltensweisen aber selber kaum definieren können. Beim Versuch, das kollektive Selbstverständnis zu erfassen, bildet die Abstammung zweifellos ein Schlüsselelement, doch wäre es zu eng, den Einfluss anderer Faktoren wie Sprache, Erziehung, Kultur, Politik und Religion zu übergehen. Auch «ihre» Landschaft sahen die Liechtensteiner als etwas Einmaliges, Besonderes. Wer von aussen kam, hatte Mühe, diese Wertvorstellungen zu übernehmen. Der Umgang mit Fremden konnte sich sowohl als Überheblichkeit wie auch als Minderwertigkeitsgefühl äussern: Angst vor Überfremdung, vor wirtschaftlicher Konkurrenz, vor Existenznöten, vor sozialen Versorgungspflichten der Gemeinden oder einfach Angst vor «fremdem Gesindel» und «Bettlern». Dies führte zu Fremdenfeindlichkeit und gelegentlich zu Antisemitismus. Ein Beispiel für den erbarmungslosen Umgang mit Fremden ist die Abschiebung des mittellosen Fabrikarbeiters Ehrenbauer mit seiner ganzen Familie (Dok. 4). Auf den Aufsehen erregenden Raubmord an Franz Josef Wachter durch einen Fremden[547] reagierte die Regierung mit einem emotionalen Aufruf zur Meldung aller fremden Vagabunden und Bettler (Dok. 200). Deutlich fremdenfeindliche und antisemitische Äusserungen finden sich in einem Schreiben des designierten liechtensteinischen Generalkonsuls für die Schweiz Walter F. Probst (Dok. 132).

Fragt man nach der Stellung und den Funktionen der Ausländer in der Gesellschaft, so sind verschiedene Kategorien zu unterscheiden. In der Landesverwaltung, in der vor 1862 fast ausschliesslich Ausländer eine Stelle fanden, verbesserten sich mit der Verfassung von 1862 die Anstellungsmöglichkeiten für Liechtensteiner deutlich – mit Ausnahme weniger Toppositionen (Landesverweser, Landrichter, Landeskassenverwalter) waren nach 1900 alle Stellen von Liechtensteinern besetzt. Ausländer waren die Grenzwächter («Finanzer»),[548] viele Priester, etliche Lehrer und einige Postbeamte. Die Zamser Schwestern waren sowohl im Bildungswesen wie auch in den Bürgerheimen tätig. Eine grosse, schlecht bezahlte Gruppe bildeten die Knechte, Dienstmädchen und anderen Gehilfen für Landwirtschaft und Gewerbe.

Mit der Industrialisierung gab es zwei neue Gruppen: einerseits die Fabrikanten selber, ihre Betriebsleiter und Fachangestellten, die bestimmte Qualifikationen mitbringen mussten und die deshalb für die Einheimischen keine direkte Konkurrenz waren, andererseits die zumeist ungebildeten Fabrikarbeiterinnen und Fabrikarbeiter, die der Unterschicht angehörten und zum Teil aus noch ärmeren Gegenden in Südtirol, Vorarlberg und Süddeutschland nach Liechtenstein gekommen waren. 1884 waren über ein

---

546 Regula Argast, Einbürgerungen, S. 97.
547 Der Raubmörder Kurt Weiss entpuppte sich als «missratener» Sohn eines Berliner Oberregierungsrats. O.N. 28.3.1923, S. 2.; online: www.e-archiv.li/D48360; aufgerufen am 19.05.2015.
548 Exakte Zahlen liegen nicht vor. Geiger spricht von «anfänglich 70 Mann», ebda. S. 29.

Drittel der insgesamt 426 Fabrikarbeiterinnen und –arbeiter Ausländerinnen und Ausländer.[549] Sie konkurrenzierten die Einheimischen auf dem Arbeitsmarkt. Der mit Abstand grösste Teil der Ausländer stammte auch nach dem Inkrafttreten des Zollvertrags mit der Schweiz aus Österreich. Konkrete Zahlen liegen erst für das Jahr 1932 vor: Von den damals 468 eingereisten Arbeitskräften stammten 353 aus Österreich (davon allein 251 aus Vorarlberg) und 104 aus Deutschland, aus allen übrigen Ländern elf.[550] Die Erklärung dürfte in einem Wohlstandsgefälle zu suchen sein: Für Schweizerinnen und Schweizer war der Arbeitsmarkt zwar offen, die Arbeitsbedingungen in Liechtenstein waren jedoch offensichtlich weniger attraktiv als in der Schweiz, so dass es von dort kaum Zuwanderung gab.

Kurz hingewiesen sei hier auch auf Probleme mit Ausländern, die durch den Krieg bzw. das Kriegsende bedingt waren: Landrichter Franz Josef Erne wurde zu Kriegsbeginn ins österreichische Militär einberufen und geriet bald in russische Kriegsgefangenschaft. Die Regierung wollte aus neutralitätspolitischen Gründen nicht zu seinen Gunsten intervenieren (Dok. 59). Überdies veranlasste sie, dass er in den österreichischen Justizdienst zurückversetzt wurde, damit Liechtenstein nicht mehr für sein Gehalt aufkommen musste.[551] Mit «Refraktären» (Dienstverweigerern) gab es insgesamt wenig Probleme. Obwohl Österreich dazu drängte, lieferte Liechtenstein sie nicht an Österreich aus (Dok. 83). Grosse Ängste und Ungewissheit verursachten die zum Teil bewaffneten ehemaligen Soldaten und Flüchtlinge, die unmittelbar nach Kriegsende von Vorarlberg über Liechtenstein in die Schweiz zu gelangen versuchten.[552]

Einbürgerungen

Der hohe Ausländeranteil steht in direktem Zusammenhang mit der äusserst restriktiven Einbürgerungspraxis bis weit ins 20. Jahrhundert. Das Gemeindegesetz von 1864[553] hatte in der Frage der Einbürgerungen einerseits einen Fortschritt gebracht, da damit alle Hintersassen in ihrer Wohngemeinde (bzw. in der Gemeinde, in der sie sich am längsten aufgehalten hatten) eingebürgert wurden. Davon profitierten im ganzen Land 35 Hintersassen mit ihren Familien.[554] Andererseits gab das Gemeindegesetz den Gemeinden faktisch die alleinige Kompetenz, über Einbürgerungen zu entscheiden: Der Erwerb des Gemeindebürgerrechts wurde zur Voraussetzung für den Erwerb des Landesbürgerrechts. Die Gemeinden waren in der Folge nicht bereit, sich den Bürgernutzen durch Neubürger schmälern zu lassen oder das Risiko auf sich zu nehmen, für verarmte Neubürger aufkommen zu müssen.

Automatisch eingebürgert wurden Frauen, die einen Liechtensteiner Bürger heirateten. Sie wurden gewissermassen automatisch in die Gesellschaft ihres Mannes aufgenommen, umgekehrt hatten Männer keine Chance auf eine Einbürgerung. Die Einbürgerungen[555] in den letzten 25 Jahren vor dem Ersten Weltkrieg lassen sich kurz darstellen, da jeder Fall ein Spezialfall war: 1903 liess sich Prinz Alfred von Liechtenstein (mit Fami-

---

549 Geiger, Ausländer, S. 28
550 «Interessante Ziffern.» L.Vo. 17.1.1933, S. 1. Geiger, Ausländer, JBL 1974, S. 29.
551 L.Vo., Nr. 21, 25.5.1917, S. 1–2; online: www.e-archiv.li/D46442; aufgerufen am 19.05.2015.
552 LI LA RE 1918/4880 ad 4843; online: www.e-archiv.li/D46408; aufgerufen am 19.05.2015.
553 Gemeindegesetz vom 24.5.1864, LGBl. 1864 Nr. 4.
554 Argast, Einbürgerungen, S. 48.
555 Zu den Einbürgerungen vor dem Ersten Weltkrieg siehe Klaus Biedermann, Überzeugung. Ein Sonderfall war die Verleihung des Ehrenbürgerrechts der Gemeinde Schellenberg an Philipp von Ferrary, einen bedeutenden Philatelisten, im Jahr 1899. Ebda. S. 266.

lie) einbürgern, womit für seinen Sohn Alois ein Ehehindernis beseitigt wurde (für Erzherzogin Amalie aus dem Haus Habsburg wäre eine Eheschliessung mit einem österreichischen Staatsangehörigen nicht standesgemäss gewesen). Ausnahmsweise wurden fürstliche Beamte und Berater mit dem Ehrenstaatsbürgerrecht ausgezeichnet, so 1892 Landesverweser Karl von In der Maur. Der fürstliche Hofrat Ferdinand Ritter Böhm von Bawenberg erhielt 1914 zunächst das Ehrenbürgerrecht der Gemeinde Vaduz und 1915 – nach seinem Verzicht auf die österreichische Staatsbürgerschaft – auch das Landesbürgerrecht. Seine Motive für den Verzicht auf die österreichische Staatsbürgerschaft sind nicht bekannt. Und schliesslich erwarb der bayerische Gutsbesitzer Peter Göring 1914 das Liechtensteiner Bürgerrecht, auch seine Motive sind unklar.[556] Keiner der eingebürgerten Männer dachte daran, seinen langfristigen Wohnsitz in Liechtenstein zu nehmen. Der Vollständigkeit halber ist schliesslich auch noch zu erwähnen, dass zwei Pfarrherren[557] das Ehrenbürgerrecht in ihrer Pfarrgemeinde erhielten. Faktisch wirkte die Bestimmung, dass über jede ordentliche Einbürgerung eine Bürgerabstimmung stattfinden musste, als (fast) unüberwindbare Mauer.

Als Liechtenstein nach dem Ersten Weltkrieg in argen finanziellen Nöten steckte, entdeckten die Gemeinden und der Staat die sog. Finanzeinbürgerungen als Mittel zur Geldbeschaffung. Im ersten Jahrzehnt nach dem Krieg (1919-1928) gab es 61 solche «Einbürgerungsfälle», wobei insgesamt 151 Personen eingebürgert wurden.[558] Pro Fall waren Taxen zwischen 1'300 und 16'000 Franken an die einbürgernde Gemeinde und zwischen 800 und 3'600 Franken an den Staat zu bezahlen.[559] Dazu kamen ab 1923 Kautionen in der Höhe von 30'000 Franken und eine jährliche Pauschalsteuer zwischen 100 und 400 Franken. Die Neubürger wurden trotz der extremen Gebühren im Vergleich zu den alteingesessenen Bürgern in mehrfacher Hinsicht diskriminiert: Sie erhielten keinen Anteil am Bürgernutzen, ihnen wurde für den Fall der Verarmung von den Gemeinden keine Unterstützung in Aussicht gestellt und sie durften, vor allem wenn sie einen akademischen Beruf wie Arzt oder Rechtsanwalt gelernt hatten, ihren Beruf in Liechtenstein nicht ausüben.[560] Dies dürfte die Neubürger allerdings wenig gekümmert haben, denn sie dachten nicht daran, ihren Wohnsitz ins Land zu verlegen.

In den ersten zehn Jahren der Finanzeinbürgerungen lassen sich die Neubürger in zwei Gruppen einordnen: Gut die Hälfte davon trug das Adelsprädikat «von» in ihrem Namen, waren also Adelige. Die meisten stammten aus Deutschland, Österreich, Ungarn und der Tschechoslowakei, vereinzelt auch aus Russland und Polen – also aus Ländern, wo der Adel fürchten musste, Besitz und Titel zu verlieren oder bereits verloren hatte. Dieser Gruppe ging es einerseits um Vermögensschutz – als Angehörige eines neutralen Staates erhofften sie sich einen besseren Schutz gegen Konfiskationen – und andererseits um die Anerkennung bzw. den Erhalt ihrer Adelstitel. Einige dieser Adeligen aus der ehemaligen Habsburgermonarchie nutzten ihre Beziehungen zu Personen im Umkreis des Fürstenhauses, um ihre Einbürgerung zu erleichtern. Die zweite Gruppe von Neubürgern bestand aus vermögenden Bürgerlichen, oft Unternehmer und Industrielle. Gut zwei Drittel von ihnen stammten aus Deutschland, der Rest verteilte sich auf die an-

---

556 Für die Vermutung, dass er der erste Steuerflüchtling war, wie Klaus Biedermann (Überzeugung, S. 265) vermutet, gibt es keinen Hinweis. Vielmehr wünschte Göring in Eingaben an die Regierung den Abschluss eines Doppelbesteuerungsabkommens mit Bayern.
557 Pfr. Jakob Marte, 1903 Ehrenbürger der Gemeinde Schellenberg und Pfr. Gustav Burgmayer, 1914 Ehrenbürger der Gemeinde Mauren. Klaus Biedermann, Überzeugung, S. 24.
558 Nicole Schwalbach, Bürgerrecht, S. 206.
559 In den 1930er Jahren wurden diese Taxen noch drastisch erhöht. Schwalbach, Bürgerrecht, S. 207.
560 Schwalbach, Bürgerrecht, S. 198.

dern oben genannten Länder. Ihre Motive waren in erster Linie Vermögenssicherung (Angst vor sozialistischen Konfiskationen), in zweiter Linie wird auch Steuerflucht vermutet.[561] Die Motive für die Einbürgerungen sind aus den Gesuchen allerdings nicht immer ersichtlich, manche Gesuche muten etwas abenteuerlich an. Die Gesuche dieser Gruppe wurden in der Regel über einen Rechtsanwalt oder Rechtsagenten bei der Regierung eingereicht (Dok. 216). Mit einer Änderung des Gesetzes über den Erwerb und Verlust des Staatsbürgerrechts,[562] die es möglich machte, «in besonders berücksichtigungswürdigen Fällen und ausnahmsweise» von der Entlassung aus der bisherigen Staatsbürgerschaft abzusehen (Dok. 153), kamen Landtag und Regierung den Einbürgerungswilligen entgegen.

Der Einbürgerung von Juden stand die Regierung zumindest zu Beginn ablehnend gegenüber. Als krasses Beispiel einer Ablehnung mit antisemitischem Hintergrund kann das Gesuch des Wiener Industriellen Salomon Manfred Singer angeführt werden: Er war Hauptaktionär der Spinnerei Rankweil (zu der auch die Weberei im Mühleholz in Vaduz gehörte) und stellte für den Fall seiner Einbürgerung die Gründung eines grossen Industrieunternehmens in Liechtenstein in Aussicht. Landesverweser Josef Peer empfahl die Ablehnung des Gesuchs mit dem Argument, dass man mit dieser Rasse nicht anbandeln solle (Dok. 164). Singer erhielt zwar die Zusage der Gemeinde Vaduz, nicht aber die Zustimmung des Fürsten. Dass Juden aus rassistischen Gründen die Einbürgerung verweigert wurde, war nicht gängige Praxis, denn schon für die 1920er Jahre lassen sich Gegenbeispiele finden.

Für die Mitglieder des Fürstenhauses wurde 1919 eine Sonderregelung gefunden: Die Mitglieder des Fürstenhauses hatten sich bis zum Ersten Weltkrieg – mit Ausnahme des bereits erwähnten Prinzen Alfred – nie um das liechtensteinische Staatsbürgerrecht gekümmert, d.h. sie hatten es nie beansprucht. Aus politischen Gründen wollte man nun ihre Aufnahme ins liechtensteinische Staatsbürgerecht nicht durch eine Gesetzesänderung vornehmen, sondern durch eine authentische Interpretation des Gemeindegesetzes von 1864. Durch die authentische Interpretation vom 1. September 1919 wurde bestimmt, dass alle Nachkommen von Fürst Johann I. liechensteinische Staatsbürger waren, dass ihre Staatsbürgerschaft nicht verjähren konnte, dass sie auch eine zweite Staatsbürgerschaft besitzen konnten, dass sie kein Gemeindebürgerrecht haben mussten und dass sie von den Rechten und Pflichten der Gemeindebürger befreit waren.[563]

Liechtensteinerinnen und Liechtensteiner im Ausland

Jahr	Auslandliechtensteiner/innen			in % aller FL-Staatsangehörigen
	Frauen	Männer	Insgesamt	
1861	367	439	806	11.4
1901	1196	1199	2395	37.3
1911	1164	1185	2349	32.0
1921	1359	1322	2681	34.0

---

561 Schwalbach, Bürgerrecht, S. 199
562 Gesetz vom 27. Juli 1920, LGBl. 1920 Nr. 9.
563 Gesetz vom 1.9.1919, mit dem in Bezug auf die Agnaten des im Fürstentume Liechtenstein herrschenden Fürstenhauses einzelne Bestimmungen des Gemeindegesetzes vom 24. Mai 1864, LGBl. 1864 Nr. 4, authentisch erklärt und ergänzt werden, LGBl. 1919 Nr. 10.

Die Tabelle zeigt, dass der Anteil der Auslandliechtensteiner an der Gesamtzahl der Liechtensteiner Staatsangehörigen sehr hoch war. 1901 lebten 37 % der Liechtensteinerinnen und Liechtensteiner im Ausland; diese Zahl ging im ersten Jahrzehnt auf 32 % zurück, um im Krieg wieder auf 34 % anzusteigen. Etwas unerwartet ist, dass es keine geschlechtsspezifischen Unterschiede gab: Es gab etwa gleich viele Auslandliechtensteinerinnen wie Auslandliechtensteiner. Da bei den US-Auswanderern ein deutlicher Männerüberhang festzustellen ist,[564] legen diese Zahlen nahe, dass es bei der regionalen Auswanderung sogar mehr Frauen als Männer gegeben haben muss. Inwieweit die Saisonniers, deren Zahl auf etwa 10 Prozent der Liechtensteiner geschätzt wird,[565] als Auslandliechtensteiner erfasst sind, lässt sich nicht eindeutig feststellen – dies hing wohl vom Aufenthaltsort am Datum der Zählung ab.

Nicht eingerechnet sind die Schwabenkinder, die bis zum Ersten Weltkrieg nachgewiesen werden können.[566] Die «Schwabengängerei» wurde zwar zunehmend (auch von den Behörden) kritisiert,[567] in der Praxis wurden die Gesuche[568] um Schuldispense aber grosszügig gehandhabt: Etwa 90 % der Gesuche wurden bewilligt. Die Zahl der Schwabenkinder nahm von 1906 bis 1916 zu (zwischen 12 und 32 Bewilligungen pro Jahr), gleichzeitig sank das Alter der Kinder nach Kriegsbeginn deutlich. 99 % der Schwabenkinder aus Liechtenstein waren Knaben.[569] 1917 hörte die Schwabengängerei (mit zwei Ausnahmen in den Jahren 1919 und 1920) schlagartig auf.

Gemäss der Eidgenössischen Volkszählung von 1920 lebten 1'632 Liechtensteinerinnen und Liechtensteiner in der Schweiz, nämlich 795 Männer und 837 Frauen, der Grossteil von ihnen in den Kantonen Zürich (394) und St. Gallen (530).[570] Mit andern Worten: 60 % der Auslandliechtensteiner lebten 1920 in der Schweiz, in der sie sich nicht ganz so fremd fühlen mussten und die vergleichsweise günstige Erwerbsmöglichkeiten bot. Sie war das von Liechtensteinern bevorzugte Auswanderungsland. Die übrigen 40 % verteilten sich vor allem auf die USA und Vorarlberg, in geringerem Mass auf Deutschland, Frankreich, Kanada und in Ausnahmefällen auch auf Russland. Erwähnenswert ist ferner, dass die Einwanderung in die USA in den Jahren 1904 bis 1914 (mit teilweise gesamthaft über einer Million Einwanderern pro Jahr) ihren Höhepunkt erreichte, aus Liechtenstein in diesen Jahren jedoch nicht sehr viel mehr Leute in die USA auswanderten als sonst.[571] Dass die Auswanderung gleichwohl ein ständiges Thema war – und einzelne darin auch ein mögliches Geschäft sahen – zeigt das Gesuch von Wilhelm Büchel, der 1910 eine Generalagentur für Auswanderer in Schaan eröffnen wollte (Dok. 25). In den 1920er Jahren (v.a. in den Jahren 1919, 1923 und 1927/28) stieg dann die Zahl der US-Auswanderer noch einmal kräftig an (Dok. 223).

Die Auslandliechtensteiner, die in die Schweiz gingen, blieben in engem Kontakt mit der Heimat. Sie (gemeint sind einmal mehr nur die Männer) organisierten sich in

---

564 Jansen, Nach Amerika, Bd. 1, Tabellen S. 25 und 120.
565 Im Artikel «Saisonniers» (HLFL, Bd. 2, S. 799) wird die Zahl der Saisonniers in der ersten Hälfte des 19. Jahrhunderts mit «mehr als 10 %», im Jahr 1929 mit annähernd 10 % angegeben.
566 Dazu Lisa Fischer, D'Schwooba-Buaba.
567 L.Vo. 17.3.1911, S. 2; online: www.e-archiv.li/D46592; aufgerufen am 22.05.2015.
568 In der Regel handelte es sich um «Sammelgesuche», die von den Pfarrern und Lehrern zuhanden der Landesschulbehörden erstellt wurden. Lisa Fischer, D'Schwooba-Buaba, S. 52 ff.
569 Lisa Fischer: D'Schwooba-Buaba, Tabellen S. 28 und 30.
570 Eidgenössische Volkszählung vom 1. Dezember 1920. Erstes Schlussheft. Allgemeine Ergebnisse. Bern 1925, S. 40 f.
571 Jansen, Nach Amerika, Bd. 1, Tabellen S. 117 und 120.

Liechtensteiner-Vereinen, um den Kontakt untereinander zu pflegen und um ihre Interessen besser vertreten zu können. Sie meldeten sich immer wieder mit Leserbriefen und Eingaben an den Landtag (z.B. zum Stimm- und Wahlrecht für Auslandliechtensteiner, zur «Peerfrage» oder zur Verfassungsreform) und stellten so auch politisch einen Faktor dar. Sie vertraten, soweit sie sich politisch äusserten, demokratische und soziale Positionen (Dok. 76, Dok. 101).

Im Ersten Weltkrieg wurden Auslandliechtensteiner in verschiedenen Ländern nicht als Angehörige eines neutralen Staats behandelt, v.a. in Frankreich hatten sie mit teilweise erheblichen Schwierigkeiten zu kämpfen (Dok. 55, Dok. 116). Um den konsularischen Schutz der Auslandliechtensteiner zu verbessern, forderten sie (vorerst erfolglos), dass die Schweiz die Vertretung der liechtensteinischen Interessen im Ausland übernehmen solle.[572] Auch von Österreich fühlten sich liechtensteinische Arbeiter schikaniert, als sie 1915 nicht aus dem Kriegsgebiet nach Hause reisen durften (Dok. 60).

Kirche und Religion

Das Gebiet des Fürstentums Liechtenstein war bis 1997 ein Teil des Bistums Chur.[573] In jenem Jahr gehörten ca. 80 % der liechtensteinischen Bevölkerung der römisch-katholischen Kirche an. Durch Abkurung von den ursprünglich sieben Pfarreien waren im 19. Jahrhundert drei neue Pfarreien entstanden: Vaduz löste sich 1873 von Schaan, Ruggell 1874 und Schellenberg 1881 von Bendern. 1850 konstituierten die im Fürstentum tätigen Weltpriester ein liechtensteinisches Priesterkapitel, welches dem bischöflichen Landesvikar unterstellt war.[574] Landesvikar war von 1898 bis 1924 Johann Baptist Büchel; ihm folgte Dr. Georg Marxer. In Schellenberg befand sich seit 1858 das Frauenkloster der «Schwestern vom kostbaren Blut». In Balzers führten die «Schwestern der Christlichen Liebe» auf Gutenberg ein Töchterpensionat. 1920 übernahmen die «Anbeterinnen des Kostbaren Blutes» die Gebäude in Balzers.[575] 1911 verrichteten die «Barmherzigen Schwestern» aus Zams in Tirol, die 1846 ins Land gekommen waren, den Unterricht in sieben Volksschulen und in fünf Kindergärten.[576]

Die Verfassung von 1862 garantierte zwar in § 8 Abs. 1 die Freiheit der äusseren Religionsausübung. Diese blieb jedoch in der Praxis eingeschränkt, wie sich an der evan-

---

572 O.N. 23.3.1918, Nr. 8; online: www.e-archiv.li/D46644; aufgerufen am 19.05.2015.
573 Am 2. Dezember 1997 errichtete der Heilige Stuhl durch die Apostolische Konstitution «Ad satius consulendum» das exemte Erzbistum Vaduz (A.A.S., vol. XC (1998), n. 1, pp. 8-9). HLFL, Bd. 2, S. 977 (Artikel: Vaduz (Erzbistum)).
574 HLFL, Bd. 1, S. 564 (Artikel: Liechtensteinisches Priesterkapitel). Zur liechtensteinischen Kirchengeschichte siehe Müller, Zur Kirchen- und Pfarreigeschichte, S. 33-62. 1970 wurden das bischöfliche Landesvikariat und das liechtensteinische Priesterkapitel in das Dekanat Liechtenstein umgewandelt. Näscher, Beiträge zur Kirchengeschichte, Bd. 1, S. 20-24.
575 Vgl. LI LA RE 1920/3448 ad 1062; online: www.e-archiv.li/D46610; aufgerufen am 29.05.2015; und LI LA RE 1920/4100 ad 1062; online: www.e-archiv.li/D46611; aufgerufen am 29.05.2015.
576 Quaderer-Vogt, Bewegte Zeiten, Bd. 3, S. 297-298. Vgl. die tabellarische Übersicht über die in liechtensteinischen Gemeinden als Lehrpersonen und Kindergärtnerinnen wirkenden Zamser Schwestern vom November 1910: LI LA RE 1910/2255 ad 679.; online: www.e-archiv.li/D47619; aufgerufen am 12.06.2015. Vgl. auch den Bericht von Regierungssekretär Josef Ospelt an die fürstliche Hofkanzlei vom 9. März 1914 über die Ordensniederlassungen in Liechtenstein: LI LA RE 1914/0711; online: www.e-archiv.li/D46607; aufgerufen am 01.06.2015. Vgl. Näscher, Beiträge zur Kirchengeschichte, Bd. 3, S. 25. Zwischen 1846 und 1997 waren rund 430 Zamser Schwestern in Liechtenstein im Einsatz.

gelischen Kultusübung der schweizerischen Fabrikarbeiter zeigte, welchen 1875 lediglich der häusliche Gottesdienst zugestanden wurde. Damit blieb Liechtenstein ein konfessionell geschlossener Staat. Weil ein Konkordat nicht zustande kam, wurden mit dem bischöflichen Ordinariat in Einzelbereichen Regelungen getroffen, so 1866 hinsichtlich der katholischen Kindererziehung bei gemischtkonfessionellen Ehen[577] oder 1877 hinsichtlich der Führung der staatlichen Matrikeln durch die Pfarrämter.[578]

Die katholische Kirche übte in Liechtenstein grossen Einfluss aus. Der Churer Bischof Georg Schmid von Grüneck brachte sich wiederholt in öffentliche Angelegenheiten Liechtensteins ein. Auch in der Verfassungsdiskussion bezog der Bischof Stellung zu jenen Fragen, welche seiner Auffassung nach die Belange der katholischen Kirche in Liechtenstein berührten. Im Mai 1921 nutzte der Bischof einen Besuch bei Fürst Johann II. in Wien dazu, seine Anliegen für die Verfassungsrevision in Liechtenstein zur Sprache zu bringen: In § 16 der Verfassung[579] sollte nach dem Satz, dass das gesamte Erziehungs- und Unterrichtswesen unter staatlicher Aufsicht stehe, der Zusatz «vorbehaltlich des Artikels 37» eingefügt werden. Die Bestimmung in Art. 37 Abs. 1, wonach die Glaubens- und Gewissensfreiheit jedermann gewährleistet sei, sollte mit dem Zusatz «mit Vorbehalt von Rechten Dritter» ergänzt werden, und in Abs. 2 sollte nach dem Satz, dass die römisch-katholische Kirche als Landeskirche den Schutz des Staates geniesse, die Bestimmung «nach Massgabe ihrer Rechtsnormen» hinzugefügt werden. Josef Peer, welcher beratend für die Regierung tätig war, riet Regierungschef Josef Ospelt, sich an den kirchenpolitischen Bestimmungen in den Verfassungen der katholischen Kantone Uri, Schwyz und Unterwalden sowie am Verfassungsentwurf[580] von Prinz Karl von Liechtenstein zu orientieren. In der Finanzkommission des Landtages fanden die bischöflichen Wünsche keine gute Aufnahme, vor allem die Forderung, in § 37 die Bestimmung «nach Massgabe ihrer Rechtsnormen» aufzunehmen, wurde entschieden abgelehnt. Ein für Prinz Franz von Liechtenstein erstelltes Promemoria vom Juli 1921 hielt fest, dass es in dem Stadium, in dem sich die parlamentarische Behandlung des Verfassungswerkes befinde, nicht tunlich sei, auf die Wünsche des Bischofs einzugehen.[581] Der wesentliche Grund hierfür war der Umstand, dass Fürst Johann II. dem von Josef Peer ausgearbeiteten Verfassungsentwurf bereits im Januar 1921 die «Vorsanktion»[582] erteilt hatte. Da sich die Bevölkerung zum weitaus grössten Teil zur katholischen Religion bekannte, schlug Peer jedoch als Kompromiss vor, der katholischen Kirche «als Landeskirche den besonderen Schutz des Staates» zuzusichern.

In diesem Zusammenhang sondierte Emil Beck, der liechtensteinische Geschäftsträger in Bern, bei den schweizerischen Behörden, ob die bischöflichen Verfassungs-

---

577 Obwohl die Zahl der Mischehen 1865 relativ gering war, mass der katholische Klerus diesem Problem grosse Bedeutung zu. Nach der Mischehenvereinbarung zwischen der Regierung und dem bischöflichen Ordinariat von 1866 war bei Verehelichungen liechtensteinischer Staatsangehöriger mit nichtkatholischen Frauen der vorgeschriebene Ehekonsens von der staatlichen Behörde erst zu erteilen, wenn sich die Brautleute mit Revers verpflichtet hatten, ihre Kinder ohne Unterschied des Geschlechts in der katholischen Religion zu erziehen. Vgl. die Verordnung des Ordinariates des Bistums Chur an den liechtensteinischen Kuratklerus betreffend Mischehen in Liechtenstein vom 20. Januar 1866 (LI LA RE 1866/71) sowie das Regierungsdekret an das Landgericht betreffend die Erteilung des Ehekonsenses bei Mischehen vom 30. Januar 1866 (ebd.).
578 HLFL, Bd. 1, S. 439-440 (Artikel: Kirche und Staat).
579 Vgl. den Verfassungsentwurf von Josef Peer (gedruckte Regierungsvorlage) unter: LI LA LTA 1921/L03; online: www.e-archiv.li/D45308; aufgerufen am 09.06.2015.
580 Vgl. Dok. 142.
581 LI LA SF 01/1921/ad 115; online: www.e-archiv.li/D45172; aufgerufen am 09.06.2015.
582 Vgl. LI LA RE 1921/0963; online: www.e-archiv.li/D45230; aufgerufen am 09.06.2015.

wünsche durchführbar seien, ohne dass bei einer späteren Verlegung der oberen Gerichtsinstanzen Liechtensteins in die Schweiz nachteilige Folgen zu befürchten wären. Er erhielt vom Eidgenössischen Politischen Departement die Auskunft, dass die genannten Anregungen zweifellos dem geltenden schweizerischen Recht widersprächen. Vom schweizerischen Standpunkt aus würde der Vorbehalt der kirchlichen Gesetzgebung, der kirchlichen Rechte in Erziehung und Unterricht und der kirchlichen Trauung als eine wesentliche Einschränkung der Souveränitätsrechte betrachtet.[583]

Am 1. August 1921 fand in Chur eine Besprechung mit Bischof Georg Schmid von Grüneck statt, an der auf liechtensteinischer Seite Prinz Franz von Liechtenstein, Regierungschef Josef Ospelt und Landesvikar Johann Baptist Büchel teilnahmen.[584] In der Folge war die Verfassungskommission des Landes zu einigen Nachbesserungen im Sinne des Churer Bischofs bereit.[585] Dieser war damit nicht zufrieden und unterbreitete der Regierung und der Verfassungskommission am 17. August 1921 neue Varianten seiner Wünsche, namentlich zum Erziehungs- und Unterrichtswesen, zum Schutz der katholischen Kirche durch den Staat und zur Verwaltung des Kirchengutes in den Pfarreien.[586] Die genannten Punkte betrafen nach Auffassung des Bischofs «heilige Rechte» der katholischen Kirche. Josef Ospelt besprach die Wünsche des Bischofs mit Landtagspräsident Friedrich Walser und Landtagsvizepräsident Wilhelm Beck. Ebenfalls am 24. August 1921 trafen sich die Landtagsabgeordneten zu einer vertraulichen Besprechung über die bischöflichen Verfassungswünsche. Am selben Tag nahm der Landtag schliesslich die neue Verfassung einstimmig an. Art. 16 Abs. 1 der Verfassung lautete nunmehr: «Das gesamte Erziehungs- und Unterrichtswesen steht, unbeschadet der Unantastbarkeit der kirchlichen Lehre, unter staatlicher Aufsicht.» Überdies übertrug Art. 16 Abs. 4 den Religionsunterricht den kirchlichen Organen. Art. 37 Abs. 2 erhielt die Fassung: «Die römisch-katholische Kirche ist die Landeskirche und geniesst als solche den vollen Schutz des Staates; ...» Art. 38 letzter Satz hiess nunmehr: «Die Verwaltung des Kirchengutes in den Kirchgemeinden wird durch ein besonderes Gesetz geregelt; vor dessen Erlassung ist das Einvernehmen mit der kirchlichen Behörde zu pflegen.» Am 27. August 1921 teilte Josef Ospelt dem Bischof und dem Landesvikar[587] das Ergebnis der Landtagsverhandlung mit (Dok. 183).[588]

Am 8. September 1921, zum Fest Mariä Geburt, fand in Schaan der erste liechtensteinische Katholikentag statt, an dem etwa 2000 Personen teilnahmen. In seiner Ansprache vertrat Bischof Georg Schmid von Grüneck die Auffassung, dass die katholische Kirche als Stiftung Christi weder ein Teil des Staates noch diesem unterstellt sei. Er kritisierte es als einen Mangel an schuldiger Rücksicht, wenn in einem katholischen Land die kirchenrechtlichen Verfassungsartikel einseitig entworfen und beraten würden.[589] In Wien war jedoch bereits über die Forderungen des Bischofs entschieden worden. Da der Fürst bereits die «Vorsanktion» für die Verfassung erteilt hatte, sah er sich ausserstande, sich mit der Vertretung der Bevölkerung in Widerspruch zu setzen. Bischof Georg Schmid von Grüneck versuchte am 14. September 1921 noch mit einer direkten Intervention bei

---

583 LI LA RE 1921/3290 ad 963; online: www.e-archiv.li/D45170; aufgerufen am 09.06.2015.
584 LI LA SF 01/1921/125; online: www.e-archiv.li/D45309; aufgerufen am 09.06.2015.
585 Siehe LI LA SF 01/1921/134; online: www.e-archiv.li/D45173; aufgerufen am 09.06.2015.
586 LI LA RE 1921/3690 ad 963; online: www.e-archiv.li/D45174; aufgerufen am 09.06.2015. Vgl. auch LI LA SF 01/1921/141; online: www.e-archiv.li/D45205; aufgerufen am 09.06.2015.
587 LI LA SF 01/1921/ad 141; online: www.e-archiv.li/D45175; aufgerufen am 09.06.2015.
588 Quaderer-Vogt, Bewegte Zeiten, Bd. 2, S. 294-312.
589 Vgl. LI LA RE 1921/4018 ad 963; online: www.e-archiv.li/D45189; aufgerufen am 09.06.2015.

Fürst Johann II. zu einem Teilerfolg zu kommen. Er richtete an den Fürsten die dringende Bitte, anlässlich der Sanktionierung der Verfassung eine salvatorische Klausel hinsichtlich der Unverletzlichkeit der Rechte der Kirche anzufügen. Der Fürst liess sich aber auf keine weiteren Zugeständnisse mehr ein.[590] In die Entschliessung vom 2. Oktober 1921,[591] durch welche der Fürst dem Landtagsbeschluss vom 24. August seine Zustimmung erteilte, wurde allerdings folgender Passus eingefügt: «dass ... aus dem altbewährten, auch weiter zu pflegenden Zusammenarbeiten von Staat und Kirche auch auf dem Boden des neuen Staatsgrundgesetzes Meinem Volke und Meinem Lande neues Heil und reicher Segen erblühe.» Die Verfassung wurde am 5. Oktober 1921 von Prinz Karl von Liechtenstein und Josef Ospelt unterzeichnet.[592]

Staat und Kirche hatten dieselben Interessen an der Wahrung ihrer Autorität gegenüber der Bevölkerung. In diesem Sinne stützte man sich gegenseitig, wenn man sich bedrängt oder bedroht fühlte. Ein Beispiel für die unterstützende Haltung der katholischen Kirche gegenüber dem Staat – man könnte vom Bündnis von Thron und Altar sprechen – war der Hirtenbrief des Bischofs Georg Schmid von Grüneck zum Regierungsumsturz vom 7. November 1918. Darin warnte der Bischof vor der Undankbarkeit gegenüber Fürst Johann II. Alle Gläubigen sollten ihre Pflichten gegenüber der gesetzmässigen Obrigkeit erfüllen und den Vorgesetzten in Familie, Kirche und Staat Ehrfurcht und Liebe erweisen. Jene Untertanen, welche für ihre gesetzmässige Regierung nur Worte des Tadels und der Verachtung hätten, verfehlten sich schwer gegen die Christenpflicht. Der Bischof appellierte an die Gläubigen, an dem von der göttlichen Vorsehung gegebenen angestammten Fürsten und an der von ihm bestellten oder anerkannten Regierung festzuhalten. Wer ohne Rechtstitel die Gewalt dem rechtmässigen Träger entreisse, begehe Raub und Revolution.[593]

Im Gegenzug erwartete der katholische Klerus die Unterstützung des Staates, wenn kirchliche bzw. sittlich-moralische Grundsätze verletzt wurden. Die Regierung und die Ortsvorsteher waren in diesen Belangen oft eine hilfreiche Stütze der Geistlichen. Landesvikar Johann Baptist Büchel beklagte sich etwa 1917 bei der Regierung über Übelstände in den Gemeinden, besonders im Unterland fehle es an einer tatkräftigen Ortspolizei. Die Sperrstunden würden nicht eingehalten und die Nachtruhe würde durch lärmende Burschen gestört. Die schulpflichtige Jugend in Mauren habe sich dem Kartenspiel ergeben, wobei einzelne Schüler bis zu 40 Kronen, die sie den Eltern entwendet hätten, verspielt hätten. Während des Gottesdienstes würden sich Scharen liederlicher Subjekte bei der Kirche herumtreiben. Der Landesvikar ersuchte die Regierung, die Ortspolizisten zur Pflichterfüllung zu ermahnen. Die Regierung erliess daraufhin einen Erlass in diesem Sinne an alle Ortsvorstehungen.[594] Im Juni 1920 bat Landesvikar Büchel die Regierung im Namen des liechtensteinischen Priesterkapitels, gegen öffentliche Belustigungen vorzugehen und Kindern den Kinobesuch zu verbieten, um nicht die Jugend dem sittlichen Verderben entgegen zu führen.[595] Im Februar 1926 ersuchte Landesvikar Johann Georg Marxer die Regierung, Gesuche für Festanlässe an Samstagabenden abzuweisen. Dabei berief er sich auf eine entsprechende Kundgebung der schweizerischen

---

590 Quaderer-Vogt, Bewegte Zeiten, Bd. 2, S. 313-317.
591 LGBl. 1921 Nr. 15.
592 Quaderer-Vogt, Bewegte Zeiten, Bd. 2, S. 317-324.
593 Quaderer-Vogt, Bewegte Zeiten, Bd. 2, S. 100-101.
594 Quaderer-Vogt, Bewegte Zeiten, Bd. 3, S. 300-301.
595 LI LA RE 1920/2611; online: www.e-archiv.li/D46652; aufgerufen am 29.05.2015.

Bischöfe, die solche Festanlässe scharf verurteilte, sowie auf den in der Verfassung von 1921 garantierten Schutz der katholischen Kirche.[596]

Das Naheverhältnis zwischen weltlichen und kirchlichen Stellen zeigte sich auch bei den Pfarrerwahlen in jenen (politischen) Gemeinden, welche das Patronatsrecht[597] besassen. So wählte die Triesner Gemeindeversammlung im April 1913 den bisherigen Kooperator Peter Oswald Bast zum neuen Pfarrer (Dok. 39). Der Churer Bischof Georg Schmid von Grüneck war mit der Wahl einverstanden und erteilte dem Gewählten nach der Genehmigung des neuen Pfrundbriefes für das Pfarrbenefizium in Triesen die kirchliche Admission. Die Pfarrinstallation von Bast fand schon im Mai 1913 statt. Im März 1916 wählte die Triesner Gemeindeversammlung den aus Mauren stammenden Urban Marock zum Pfarrer. Auch hier wurde wieder ein revidierter Pfrundbrief ausgestellt, welcher vom bischöflichen Ordinariat und der liechtensteinischen Regierung genehmigt wurde.[598] Anlässlich der Bestellung von Johann Georg Marxer zum neuen bischöflichen Landesvikar sagt dieser der Regierung im Februar 1924 ausdrücklich zu, seinen Einfluss für ein freundliches Zusammenwirken von Kirche und Staat geltend zu machen (Dok. 210).[599] Die liechtensteinische Regierung konnte ganz in diesem Sinne im Dezember 1924 beim Schweizer Bundesrat erreichen, dass in Abweichung vom Eidgenössischen Fabrikgesetz, das aufgrund des Zollvertrages in Liechtenstein anwendbar war, mehr als acht Feiertage im Fürstentum begangen werden konnten (Dok. 212). Die Regierung hatte sich der liechtensteinischen Gesandtschaft in Bern gegenüber auf die nach dem Codex Iuris Canonici von 1917 gebotenen kirchlichen Feiertage berufen.

Kirchliche und staatliche Interessen deckten sich auch bei der Bekämpfung der sogenannten Ernsten Bibelforscher in Liechtenstein. 1925 verteilten diese Flugzettel und Flugschriften mit Angriffen auf Lehre und Einrichtungen der katholischen Kirche in Vaduz und Ruggell. Wegen Beleidigung anerkannter Religionsgemeinschaften wurden daraufhin vier Ernste Bibelforscher vom F.L. Landgericht zu unbedingten Geldstrafen, zu bedingtem Arrest sowie zur Landesverweisung verurteilt (Dok. 221).

Dagegen kam es zu Konfliktsituationen zwischen Kirche und Staat in der Kongrua-Regelung 1916/1917, dem Anspruch des Klerus auf das Privilegium fori, der Frage der Einführung der Zivilehe in Liechtenstein und der Beerdigung nichtkatholischer Verstorbener.

Die materiellen Verhältnisse der liechtensteinischen Geistlichen waren vor 1916 teilweise in einem beklagenswerten Zustand. Hinzu kamen noch die allgemeine Teuerung und die Kaufkraftminderung der österreichischen Kronenwährung während des Ersten Weltkrieges. 1916 beantragte der Churer Bischof, dass die Kongrua[600] für Pfarrer auf jährlich 2200 Kronen und für Kapläne auf jährlich 1800 Kronen erhöht werde. Die

---

596 LI LA RE 1926/0577; online: www.e-archiv.li/D46657; aufgerufen am 01.06.2015.
597 Das wichtigste Recht des Patrons ist das Präsentationsrecht, das ist das Recht, bei der Besetzung eines kirchlichen Amtes bzw. einer Pfründe dem Bischof mit bindender Wirkung einen geeigneten Seelsorger vorzuschlagen. In Liechtenstein lagen die Patronatsrechte für die Pfarreien Balzers, Bendern und Triesen bei der jeweiligen politischen Gemeinde. Für die Pfarrei Mauren lag das Patronatsrecht bei der Stadt Feldkirch und ab 1918 bei der Gemeinde Mauren. Die Patronatsrechte für Schaan besass das Domkapitel Chur, für Schellenberg die Kongregation der Missionare vom Kostbaren Blut und für die restlichen Pfarreien des Fürst. Vgl. Quaderer-Vogt, Bewegte Zeiten, Bd. 3, S. 328. Vgl. Näscher, Beiträge zur Kirchengeschichte, Bd. 1, S. 30, 35, 40, 45, 47, 48, 54, 57, 61 u. 64.
598 Vgl. LI LA RE 1916/2865 ad 0001; online: www.e-archiv.li/D46617; aufgerufen am 01.06.2015.
599 Vgl. Quaderer-Vogt, Bewegte Zeiten, Bd. 3, S. 311.
600 Unter Kongrua wird das zum Lebensunterhalt eines Geistlichen erforderliche Mindesteinkommen aus den Erträgen eines bepfründeten Amtes verstanden.

liechtensteinischen Pfarrer wandten sich ausserdem mit der zusätzlichen Bitte an den Bischof, dieser möge sich bei der Regierung dafür einsetzen, die Pfarrer für die Besorgung des Zivilstandsregisters mit 120 Kronen zu entschädigen. Über die Neuregelung der Kongrua kam es zu divergierenden Auffassungen zwischen dem bischöflichen Ordinariat und dem Landesvikariat einerseits und Landesverweser Leopold von Imhof und dem Landtag andererseits. Es ging dabei vorwiegend um die Frage, inwieweit die katholische Kirche über die vom Staat eingebrachten Gelder selbst verfügen sollte. In seiner Stellungnahme zum Gesetzentwurf von Landesverweser Imhof kritisierte der Churer Bischof im Dezember 1916, dass der Staat über Gegenstände legiferiere, welche ausschliesslich der kirchlichen Jurisdiktion unterworfen seien (Dok. 69). Er wandte sich auch dagegen, dass die Gelder zur Entlohnung der Seelsorger in einen Fonds fliessen sollten. Er sprach sich für die Gründung einer kirchlichen Stiftung aus, deren Erträgnisse mit Zustimmung der kirchlichen Organe durch den Fürsten verteilt werden könnten. Einzelne Bestimmungen des Gesetzentwurfes widersprachen nach Auffassung des Bischofs dem Kirchenrecht. Der Bischof betonte, dass er nicht ohne Pflichtverletzung auf die Jurisdiktion über die Geistlichen verzichten könne, und legte einen vom bischöflichen Ordinariat überarbeiteten Gesetzentwurf zur Aufbesserung der Bezüge der Seelsorgegeistlichkeit vor.[601] Landesverweser Imhof wies die Forderungen des Bischofs bzw. des bischöflichen Ordinariates im Januar 1917 zurück und beharrte auf der staatlichen Strafgewalt über den katholischen Klerus.[602] In der Landtagssitzung vom 22. November 1917 kam die Kongruafrage zur Behandlung. Die Regierungsvorlage ging davon aus, dass Fürst Johann II. 50'000 Kronen für die Gehaltsaufbesserung der Geistlichen unter der Voraussetzung aufwende, dass das Land denselben Betrag beisteuere. Zudem sicherte der Churer Bischof 20'000 Kronen zu. Der Gesetzentwurf wurde einstimmig angenommen.[603] Für die Aufteilung der zur Verfügung stehenden Kapitalien war eine Kommission unter dem Vorsitz des Churer Bischofs verantwortlich, in der ausserdem je ein Vertreter des Fürsten, des Landesvikariates sowie des Landes Sitz und Stimme hatte. Mit dem Gesetz wurde der Streitpunkt zwischen Regierung und bischöflichem Ordinariat, ob ein Fonds oder eine Stiftung zu errichten sei, umgangen. Die Gehaltsfrage der Seelsorgegeistlichen war aufgrund der nach dem Krieg einsetzenden Kroneninflation nur für kurze Zeit geregelt. Der Landtag beschloss am 11. Oktober 1919 von den Gemeindekassen zu bezahlende Teuerungszulagen für die liechtensteinischen Seelsorgepriester, um ein jährliches Minimalgehalt von 4000 Kronen zu erreichen.[604] Ab 1921 erhielten die liechtensteinischen Seelsorgegeistlichen feste Mindestgehälter in Franken.[605] Dieser Modus bei der Entlohnung der Seelsorgegeistlichkeit blieb für die nächsten Jahrzehnte bestehen.[606]

Zu weiteren Anständen zwischen Kirche und Staat kam es in der Frage des Gerichtsstandes für Geistliche. In einem von Wilhelm Beck und Martin Ritter angestrengten Eh-

---

601 LI LA RE 1916/4510 ad 2169; online: www.e-archiv.li/D46619; aufgerufen am 01.06.2015.
602 LI LA RE 1916/4510 ad 2169; online: www.e-archiv.li/D46651; aufgerufen am 01.06.2015.
603 LGBl. 1917 Nr. 11. In der Landtagssitzung vom 22. November 1917 beschloss der Landtag zudem, den Seelsorgern für die staatliche Matrikenführung und die statistischen Auskünfte hierüber jährlich eine Vergütung von 120 Kronen zu bezahlen. Vgl. LGBl. 1917 Nr. 12.
604 LGBl. 1919 Nr. 15.
605 LGBl. 1921 Nr. 3.
606 Quaderer-Vogt, Bewegte Zeiten, Bd. 3, S. 318-333. Vgl. auch das vom Zürcher Universitätsprofessor Paul Mutzner im Januar 1926 für die liechtensteinische Regierung erstellte Rechtsgutachten über das Verhältnis zwischen Kirche und Staat im Fürstentum Liechtenstein unter besonderer Berücksichtigung der Entlohnung der Geistlichen: LI LA RE 1926/0449; online: www.e-archiv.li/D46640; aufgerufen am 02.06.2015.

renbeleidigungsprozess gegen Landesvikar Johann Baptist Büchel berief sich dieser im April 1917 auf das Privilegium fori, demzufolge Kleriker nicht vor ein weltliches Gericht zitiert werden konnten (Dok. 109). Landrichter Julius Thurnher stellte jedoch klar, dass die staatlichen Gesetze Liechtensteins das kanonische Privilegium fori für Kleriker nicht anerkannten. Beck und Ritter zogen allerdings ihre Privatanklage wieder zurück und erschienen auch nicht zur Gerichtsverhandlung, sodass seitens des Landgerichtes ein Freispruch für Büchel erging.[607]

Weiteren Konfliktstoff boten eherechtliche Fragen. Der «Liechtensteiner-Verein von St. Gallen und Umgebung» kritisierte 1920, dass die Forderung nach Einführung der Zivilehe von der liechtensteinischen Regierung abgewiesen worden sei.[608] In Liechtenstein war das Eherecht weitgehend kirchlich determiniert. Nach § 75 ABGB[609] konnte die Ehe nur «vor dem ordentlichen Seelsorger eines der Brautleute» geschlossen werden. Die einzig zulässige Eheschliessungsform war somit die kirchliche Trauung. Konfessionslose und Angehörige einer staatlich nicht anerkannten Religionsgemeinschaft konnten im Fürstentum keine Ehe eingehen, weil ihnen keine Eheschliessungsform zur Verfügung stand. Da der Grundsatz «locus regit actum» nicht anerkannt wurde, waren im Ausland geschlossene Ehen liechtensteinischer Staatsangehöriger in Liechtenstein nur gültig, wenn die Trauung vor einem ordentlichen Seelsorger stattfand. Ein liechtensteinischer Staatsangehöriger bedurfte zur gültigen Eheschliessung auch des politischen Ehekonsenses[610] seitens der Regierung. Der Ehekonsens konnte verweigert werden, wenn keine gesicherte wirtschaftliche Existenzgrundlage für eine Familie vorhanden war. Zusätzlich mussten die Gesuchsteller zusichern, sich kirchlich trauen zu lassen (Dok. 36). Ein weiteres Ehehindernis bestand darin, dass nach § 64 ABGB Ehen zwischen Christen und Personen, welche sich nicht zur christlichen Religion bekannten, nicht gültig abgeschlossen werden konnten. Ebenso waren Ehen zwischen Christen und Konfessionslosen ungültig. Das Ehehindernis des Katholizismus wiederum bedeutete, dass ein Katholik nicht mit einer getrennten nicht-katholischen Person eine gültige Ehe eingehen konnte, solange der geschiedene Partner noch lebte. Dieses Ehehindernis stand auch einer Eheschliessung im Ausland entgegen.[611] Noch 1922 verlangte die liechtensteinische Regierung von Liechtensteinern für die Eheschliessung im Ausland die Befolgung der Heimatform, womit eine im Ausland geschlossenen Zivilehe in Liechtenstein nicht anerkannt wurde.[612] Ein in diesem Jahr eingetretener Fall führte aber zu einer Praxisänderung und verschaffte der Regel «locus regit actum» die Anerkennung durch die liechtensteinischen

---

607 Quaderer-Vogt, Bewegte Zeiten, Bd. 3, S. 333-334.
608 Liechtensteiner Verein St. Gallen und Umgebung, Jahrbuch 1920, S. 47-52; online: www.e-archiv.li/D46597; aufgerufen am 02.06.2015.
609 Das österreichische ABGB war durch die fürstliche Verordnung vom 18. Februar 1812 in Liechtenstein rezipiert worden. Das Eherecht des ABGB, welches auf der Grundlage des josefinischen Ehepatentes von 1783 stand, bedeutete für Liechtenstein ein vollständiges eigenstaatliches Eherecht, das den Anspruch auf Ausschliesslichkeit erhob. Die Anwendung des bisherigen exklusiven kanonischen Rechts blieb nunmehr ausgeschlossen. Tatsächlich kam es jedoch immer wieder zu Kompetenzstreitigkeiten in Ehesachen zwischen kirchlichen und weltlichen Behörden. Siehe Wille, Staat und Kirche, S. 222-223 u. S. 226.
610 Der politische Ehekonsens als staatliches Ehehindernis war in Liechtenstein 1804 eingeführt worden. Er wurde mit Gesetz vom 16. September 1875 betreffend Vorenthaltung des politischen Ehekonsens, LGBl. 1875 Nr. 4, in stark abgemilderter Form beibehalten. Siehe Wille, Staat und Kirche, S. 219-222.
611 Siehe LI LA J 005/J 310/256; online: www.e-archiv.li/D46578; aufgerufen am 02.06.2015.
612 Siehe LI LA RE 1922/0220; online: www.e-archiv.li/D46576; aufgerufen am 02.06.2015.

Behörden. Diese Fragen zum liechtensteinischen Eherecht griff der liechtensteinische Geschäftsträger Emil Beck im März 1922 in einer Stellungnahme an die Regierung auf, wobei es konkret um die Gültigkeit der von Roeckle-Hilsenbek, Vogt-Sprecher und Quaderer-Lehmann eingegangenen Ehen ging (Dok. 189). Die Frage der Gültigkeit der im Ausland geschlossenen Zivilehen beschäftigte die kirchlichen und staatlichen Behörden immer wieder. Landesvikar Johann Baptist Büchel erinnerte die Regierung im Mai 1923 daran, dass in Liechtenstein die Zivilehe nicht als gültig angesehen werde.[613] Der Landesvikar war auch damit nicht einverstanden, dass die Entscheidung über die Gültigkeit von Ehen dem Landgericht zugewiesen war, weil die Ehe als Sakrament dem Urteil der Kirche unterstellt sein müsse.[614] Wenn auch die liechtensteinische Regierung ab 1922 die Ortsform für die Eheschliessung von liechtensteinischen Staatsangehörigen als genügend betrachtete, so blieb in Liechtenstein selbst die kirchliche Trauung bis 1974 einzige gültige Form der Eheschliessung.[615]

Zu einem Konflikt in einer Beerdigungsangelegenheit kam es im August 1925 zwischen Regierungschef Gustav Schädler und dem Triesner Pfarrer Anton Frommelt, welcher sich zunächst weigerte, die Protestantin Mina Schädler auf dem Triesner Friedhof «in der Reihe» zu beerdigen. Frommelt bestand auf der Beisetzung der Verstorbenen in einer Ecke des Friedhofs. Gespräche mit dem bischöflichen Ordinariat in Chur gaben aber den Weg frei für die Beerdigung der Protestantin «in der Reihe», so wie das auch in der Schweiz üblich war (Dok. 213).

Protestanten waren im 19. Jahrhundert im Zuge der Industrialisierung nach Liechtenstein gekommen. Ab 1869 liessen sich vermehrt ausländische evangelische Fachkräfte im Land, speziell in Triesen, nieder. 1875 gab es ungefähr 50 Protestanten in Liechtenstein. Ab 1880 erhielten die evangelischen Kinder behördlich genehmigten evangelischen Religionsunterricht und 1881 gab sich die neu gegründete evangelische Gemeinde in Triesen eine von der Regierung bzw. von Landesverweser Karl Haus von Hausen genehmigte Gemeindeordnung. Der Gemeinde, für welche das Pfarramt Sevelen zuständig war, gehörten sowohl reformierte als auch lutherische Protestanten an. Finanzielle Unterstützung erhielt diese u.a. von der evangelischen Gesellschaft des Kantons St. Gallen und vom Gustav-Adolf-Verein des Königreiches Württemberg.[616] In Vaduz-Ebenholz entstand eine kleine evangelische Gruppe um die Industriellenfamilie Spoerry. Schon 1891 nahmen Protestanten aus Vaduz an den Triesner Gottesdiensten teil und bis 1884 zurück lassen sich im Taufbuch der evangelischen Kirchgemeinde Buchs Eintragungen der Taufen von Kindern aus Vaduz und Schaan nachweisen.[617] Im Unterland bildete sich ab 1924 eine evangelische Gruppe aus schweizerischen Grenzwächtern. In der Wirtschaftskrise nach dem Ersten Weltkrieg wanderten viele evangelische Ausländer wieder ab.[618]

---

613 LI LA RE 1923/1904; online: www.e-archiv.li/D46595; aufgerufen am 02.06.2015.
614 LI LA RE 1923/3440 ad 0067/3351; online: www.e-archiv.li/D46582; aufgerufen am 02.06.2015.
615 Quaderer-Vogt, Bewegte Zeiten, Bd. 3, S. 334-340.
616 Möhl, 100 Jahre Evangelische Kirche, S. 71 u. 84-87.
617 Ders., S. 93.
618 HLFL, Bd. 1, S. 204 (Artikel: Evangelische Kirchen). 1850 wurde der «Verein der Evangelischen im Fürstentum Liechtenstein» gegründet, welcher 1961 in «Evangelische Kirche im Fürstentum Liechtenstein» umbenannt wurde. 1955 wurde die Schaffung eines vollamtlichen Pfarramtes beschlossen. 1954 wurde der Verein «Evangelische Gemeinde lutherischen Bekenntnisses» gegründet, der seit 1963 die Bezeichnung «Evangelisch-lutherische Kirche im Fürstentum Liechtenstein» trägt. Vgl. Näscher, Beiträge zur Kirchengeschichte, Bd. 1, S. 473 u. 478.

Kultur und Bildung

Kultur

Träger von kulturellen Aktivitäten waren zumeist die Vereine. Die Verfassung von 1862 enthielt noch keine eindeutige Garantie der Vereinsfreiheit, sondern lediglich den Auftrag, das «Vereinsrecht» durch ein Gesetz zu regeln.[619] Diesem Auftrag kam der Gesetzgeber aber bis 1921 nicht nach. Die Verfassung von 1921 garantierte in Art. 41 die Vereins- und Versammlungsfreiheit. Das Personen- und Gesellschaftsrecht (PGR) enthielt dann die näheren Bestimmungen über die Gründung, die Zwecke, die Organisation und die Eintragung von Vereinen ins Vereinsregister.[620]

Seit der zweiten Hälfte des 19. Jahrhunderts kam es zunehmend zur Gründung von Vereinen mit kulturellen, religiösen, sozial-caritativen, wirtschaftlichen und sportlichen Zweckbestimmungen. Die Vereinsstatuten mussten jeweils der Regierung zur Genehmigung vorgelegt werden. Auf Gemeindeebene standen die gemeinsame Freizeitgestaltung, die Geselligkeit und die Kontaktpflege im Vordergrund, manche Vereine sahen aber auch Aufgaben in der Volksbildung, in der Kulturförderung oder im Dienst für die Gemeinschaft. Arbeit für die Vereine beruhte auf Freiwilligkeit und verlangte durchwegs einen gewissen Idealismus, auf der andern Seite waren solche Betätigungen mit gesellschaftlicher Anerkennung verbunden. Die meisten Vereine waren «fast reine Männerdomänen»[621], auch wenn in den Statuten Frauen nicht von einer Mitgliedschaft ausgeschlossen wurden. Auf Gemeindeebene gab es auch reine Frauenvereine.

Als sehr frühe Vereine auf Gemeindeebene entstanden zwischen 1862 und 1900 die Gesangs- und Musikvereine sowie die freiwilligen Feuerwehren, vereinzelt auch Lesevereine.[622] Die kulturellen Vereine zeichneten sich durch eine relative Beständigkeit aus, was sich so interpretieren lässt, dass Musik, Gesang und Feuerwehren einem verbreiteten Bedürfnis entsprachen und gesellschaftlich anerkannt waren. Bereits im 19. Jahrhundert finden wir die ersten landesweit organisierten Vereine wie den Landwirtschaftlichen Verein (1885), den Allgemeinen Kranken-Unterstützungs-Verein (1894) und als erste Dachorganisation den Liechtensteinischen Feuerwehrverband (1898). Auf kulturellem Gebiet sind der Historische Verein für das Fürstentum Liechtenstein (1901), der Fürstlich Liechtensteinische Sängerbund (1919) und der Liechtensteinische Musikverband (1926) hervorzuheben.

Die nicht im engeren Sinn kulturellen Vereine seien hier nur kurz erwähnt: Vereine waren auch die beiden Parteien (1918), der Liechtensteiner Arbeiterverband (1920), der Liechtensteinische katholische Arbeiterinnenverein (1920) und der Lehrerverein (1919). Die Liechtensteiner Vereine in St. Gallen (1914) und Zürich (1919) verfolgten neben gesellschaftlichen auch politische Anliegen. Die Organisation der Gewerbetreibenden in einem Verein oder einer Genossenschaft wollte trotz mehrerer Anläufe zwischen 1907 und 1926 nicht gelingen. Religiöse und caritative Zwecke verfolgten die kirchlich geprägten Frauen- und Müttervereine, die Marianischen Kongregationen für Jungfrauen, die Jünglingsvereine sowie die Caritas (1924). Einen ausgesprochen patriotischen und

---

619 § 18 lautete: «Das Vereinsrecht, durch ein Gesetz geregelt, geniesst den Schutz der Verfassung.» Diese Formulierung liess verschiedene Interpretationen zu. Das vorgesehene Gesetz wurde nie erlassen.
620 Art. 246 ff. des Personen- und Gesellschaftsrecht vom 20. Januar 1926, LGBl. 1926 Nr. 4.
621 HLFL, Artikel «Vereine», Bd. 2, S. 1000.
622 In den Gemeinden Vaduz, Triesen und Triesenberg. Zur Entwicklung der Vereine siehe Quaderer-Vogt: Bewegte Zeiten, Bd. 3, S. 365 ff.

nostalgischen Charakter hatte der Militärveteranenverein (1893), der sich bei staatlichen Jubiläumsanlässen immer wieder stolz zeigen durfte. Die Sportvereine werden im nächsten Kapitel vorgestellt.

Das kulturelle Leben wurde stark von den Vereinen geprägt. Dem Historischen Verein, der sich als patriotischer Verein verstand und dessen Vorstand sich aus den bedeutendsten Männern des Landes zusammensetzte,[623] kam eine besondere Bedeutung zu: Er stellte sich die Aufgabe, die Landesgeschichte zu erforschen, Quellen zu sammeln und die Kulturgüter zu pflegen.[624] Bei den historisch-patriotischen Feiern (z.B. beim 200-Jahrjubiläum des Erwerbs der Grafschaft Vaduz) übernahm er eine führende Rolle. Beim Historischen Verein, bei der Sektion Liechtenstein des Deutschen und Österreichischen Alpenvereins sowie bei der Fremdenverkehrswerbung ist auch eine gute regionale Zusammenarbeit, insbesondere mit Vorarlberg, festzustellen, die über den Ersten Weltkrieg hinaus Bestand hatte.

Mindestens so sehr wie die Vereine prägten auch religiöse Traditionen und kirchliches Brauchtum das kulturelle Leben (Festtage wie Weihnachten, Neujahr oder Ostern, aber auch Taufen, Kommunion, Heiraten, Totenrituale usw.). Daneben entwickelte sich allmählich auch weltliches Brauchtum, so wurde die Fasnacht für viele Leute zu einem Höhepunkt im Jahresablauf. Viele Vereine veranstalteten zur Fasnachtszeit Theateraufführungen mit anschliessender Tanzunterhaltung – der hohen Geistlichkeit waren solche Lustbarkeiten nicht geheuer, weshalb sie gelegentlich davor warnte (Dok. 187).[625] Im Auftrag des Liechtensteinischen Priesterkapitels ersuchte Landesvikar Johann Georg Marxer 1926 die Regierung, am Samstagabend ganz generell keine «Festanlässe» zu bewilligen, da diese von der katholischen Kirche scharf verurteilt würden und die Verfassung den Schutz der katholischen Kirche garantiere.[626]

Architektur bietet in besonderem Masse die Voraussetzungen dafür, dass ein Bild im kollektiven Gedächtnis als «Erinnerungsort», der mit bestimmten Vorstellungen und Gefühlen verbunden ist, haften bleibt. So ist denn hier auch auf einige wichtige Bauten hinzuweisen, die identitätsstiftend wurden und die auch heute noch fast alle Einwohner Liechtensteins kennen: Zunächst sind die historischen Bauten zu erwähnen, die entsprechend dem romantischen Geist der Zeit restauriert und erweitert wurden. Sie prägen bis heute die Ortsbilder, dienen gelegentlich als historische Kulissen und vermitteln das Gefühl von Heimat: Gemeint sind in Vaduz das Landesverweserhaus (Umbau 1893-1896), das Rote Haus (1902-1905) und das Schloss Vaduz (1905-1914), in Balzers die Burg Gutenberg (1905-1912) und im Steg das Kirchlein (1906/07). In Eschen (1893/94), Ruggell (1897-1902), Schaan (1888-1891) und Balzers (1909-1912) entstanden mit grosszügiger Unterstützung des Landesfürsten neue Pfarrkirchen; diese waren Ausdruck eines tief verwurzelten Katholizismus von Volk und Fürst gleichermassen. Besondere Neubauten – sie standen gewissermassen für den Einbruch der Moderne – waren das Regie-

---

623 Der erste Vereinsvorstand setzte sich aus Dr. Albert Schädler (Präsident), Kanonikus J. B. Büchel (Schriftführer), Oberlehrer Alfons Feger (Kassier), Landesverweser Karl v. In der Maur und Egon Rheinberger zusammen. Zur Vereinsgründung hatten Landesverweser Karl von In der Maur, Landtagspräsident Albert Schädler und Kanonikus Johann Baptist Büchel aufgerufen (LI LA PA Hs 46/8 (Sammlung Matt); online: www.e-archiv.li/D45751; aufgerufen am 24.05.2015).
624 Vereinsstatuten, LI LA RE 1901/258; online: www.e-archiv.li/D46687; aufgerufen am 29.05.2015.
625 Siehe dazu den Aufruf der Schweizerischen Bischofskonferenz von 1925, L.Vo. 16.9.1925, S. 2.; online: www.e-archiv.li/D48367; aufgerufen am 29.05.2015
626 Eingabe vom 10.2.1926, LI LA RE 1926/0577; online: www.e-archiv.li/D46657; aufgerufen am 11.06.2015.

rungsgebäude (1903-1905) sowie die Alpenhotels bzw. Kurhäuser Gaflei (1895/96), Malbun (1909), Silum (1912) und Steg (1925), dazu die Pfälzerhütte (1927). Erinnerungsorte waren auch die Erweiterungsbauten der Fabriken in Triesen und Vaduz.

Im Bereich Theater gab es eine erstaunliche Vielfalt von Laienaufführungen - angefangen vom Kindergarten über Theateraufführungen der Landesschule und der Vereine bis zu den historischen Inszenierungen auf Schloss Vaduz und Gutenberg. Drei Theateraufführungen, die sich mit historischen Themen befassten und die mit einem enormen Aufwand in Szene gesetzt wurden, sollen herausgehoben werden: 1912 wurde im Rahmen der «Zweihundertjahrfeier» ein Stück von Johann Baptist Büchel aufgeführt,[627] das den Leuten in drastischer Weise zeigte, wie der Herrschaftswechsel von den Grafen von Hohenems zu den Fürsten von Liechtenstein zum Glücksfall für das Land wurde. Weniger der Förderung patriotischer Werte als der Förderung des Fremdenverkehrs dienten 1924 die «Freilichtspiele Schloss Vaduz», für die eigens das Stück «Walter von der Vogelweide» verfasst worden war.[628] Es gelangte zehnmal zur Aufführung; das Experiment schloss mit einem Defizit von fast 8'000 Franken, von denen 7'000 der Fürst übernahm.[629] Im folgenden Jahr wurden die «Freilichtspiele Schloss Gutenberg» durchgeführt, für die Josef Minst das Stück «Der letzte Gutenberger» schrieb. Die Qualität der Spiele wurde unterschiedlich beurteilt, immerhin fanden sie auch in der Schweiz eine gewisse Aufmerksamkeit.

Dank der Musikvereine, die ihr Können zeigen wollten, verbesserte sich das Konzertangebot. Konzerte organisierten auch manche Wirte und die Besitzer der Burg Gutenberg, die in ihrer Schlosswirtschaft für mehr Betrieb sorgen wollten. Auf musikalischem Gebiet besonders hervorzuheben ist Josef Gabriel Rheinberger, dessen Werk seit seinem Tod in Liechtenstein hochgehalten wird (Dok. 217). Severin Brender machte sich ab 1911 sowohl als Dirigent verschiedener Chöre wie auch als Komponist und Pfleger des musikalischen Erbes von Josef Gabriel Rheinberger einen Namen (Dok. 167). Leiter bzw. Dirigenten der Gesangsvereine waren häufig Lehrer, die in den Lehrerseminaren eine musikalische Grundausbildung erhielten.

Im Bereich bildende Kunst (Baukunst, Bildhauerei, Malerei usw. stellte Liechtenstein einen äusserst kargen Boden dar. Prof. Ferdinand Nigg (Maler und Textilgestalter), Hans Gantner (Landschafts- und Tiermaler) und Eugen Verling (Grafiker und Zeichner) war eines gemeinsam: Sie fanden in Liechtenstein in ihrem Beruf kein Auskommen und arbeiteten im Ausland. Als bildender Künstler kann auch Egon Rheinberger gelten, der sich als Architekt und Bildhauer betrachtete, und sich vor allem bei der Restauration von historischen Bauten (Schloss Vaduz, Burg Gutenberg, Rotes Haus) bleibende Denkmäler setzte. Voraussetzung für sein Schaffen war eine reiche Erbschaft von seinem Onkel Josef Gabriel Rheinberger.

Beim Thema Film und Fotografie sind die ersten öffentlichen Filmvorführungen in Gasthäusern zu erwähnen, für die ab 1920 Werbung gemacht wurde. Die Fotografie erlebte seit der Jahrhundertwende einen langsamen Aufschwung, da Hochzeits- und Familienfotos immer beliebter wurden. Ereignisse und Gebäude wurden in Liechtenstein bis Ende der 1920er Jahre nur selten fotografiert; eine Ausnahme ist die Rheinüberschwem-

---

627 Johann Baptist Büchel, Bilder aus der Geschichte: dramatisch vorgeführt am Jubiläums-Feste zur 200. Wiederkehr des Jahrestages der Übergabe der Graffschaft [sic] Vaduz an das fürstliche Haus Liechtenstein: 1712-1912. Triesen 1912.
628 Verfasser dieses «vaterländischen Burgenspieles» war der Deutsche Rudolf Lorenz. L.Vo. 5.7.1924, S. 1; online: www.e-archiv.li/D47623; aufgerufen am 26.05.2015.
629 Quaderer-Vogt: Bewegte Zeiten, Bd. 3, S. 386.

mung, von der eine beachtliche Zahl von Aufnahmen aus dem ganzen Überschwemmungsgebiet existieren. Die Fotografie erlangte nicht zuletzt durch die verschärften Grenzkontrollvorschriften im Ersten Weltkrieg eine gewisse Bedeutung, denn Österreich und Deutschland verlangten ab 1915, dass die Pässe mit Fotos der Passinhaber versehen sein mussten. In Liechtenstein bot der Apotheker Anton Münzberger seine Dienste als Fotograf an; sehr beliebt waren Fotos von Friedrich Müller (bzw. seinen Nachfolgern) in Buchs, der seit 1890 im Liechtensteiner Volksblatt inserierte. Ansichtskarten mit den liechtensteinischen Gemeinden wurden gerne gesammelt.

Im Vergleich zu den letzten Jahrzehnten des 19. Jahrhunderts ist das Schrifttum nach der Jahrhundertwende deutlich angewachsen, wozu in erster Linie die beiden Landeszeitungen beitrugen. Daneben gaben mehrere Vereine eigene, regelmässig erscheinende Publikationen heraus (Historischer Verein, Landwirtschaftlicher Verein, Liechtensteiner Verein St. Gallen). In den 1920er Jahren erschienen sogar erste Fasnachtszeitungen. Seit der Jahrhundertwende kamen patriotische Gedichte und Lieder in Mode, in denen der Fürst, die Heimat und die Alpen mit grossem Pathos verklärt wurden. Sie wurden oft in den Zeitungen veröffentlicht. 1908 veröffentlichte Franz Kraetzl anlässlich des 50jährigen Regierungsjubiläums von Johann II. einen Sammelband mit dem Titel «Liechtenstein im Liede».

An Einzelpublikationen sind das Werk von Dalla Torre über die Flora von Tirol, Vorarlberg und Liechtenstein (1913),[630] die Überarbeitung der «Geschichte des Fürstenthum Liechtensteins» von Peter Kaiser durch Johann Baptist Büchel (1923)[631] und das Buch von Andreas Ulmer «Die Burgen und Edelsitze Vorarlbergs und Liechtensteins» (1925)[632] hervorzuheben. Zur Förderung des Fremdenverkehrs gelangten die ersten «Fremdenführer» und Tourismus-Karten in den Verkauf. 1920 eröffnete Rupert Quaderer in Schaan die erste Buchhandlung, ab 1925 zeichnete er auch als Verleger. 1923 wurde die erste Buchdruckerei gegründet. Kurz angemerkt sei auch, dass sich das Fürstentum anlässlich der internationalen Ausstellung für Büchergewerbe und Graphik (Bugra) in Leipzig erstmals im Ausland als Kulturstaat präsentierte, wobei es neben Schätzen aus dem fürstlichen Besitz vor allem seine Schulbücher und die historischen Publikationen zeigte.[633]

Bildung

Im Bildungsbereich erfolgten vom Erlass des Schulgesetzes vom 2. Februar 1859[634] bis zum Schulgesetz vom 9. November 1929[635] punktuelle Verbesserungen, aber keine einschneidenden Veränderungen. Einer der wichtigen Gründe dafür war zweifellos, dass das Geld knapp war und man sich auch in der Bildung auf das Notwendige bzw. das Nützliche beschränken wollte. Als «vorzüglichster Zweck» der Schule wurde im Schulgesetz von 1859 «die sittliche Ausbildung der Jugend» genannt; in der Verfassung von 1921 steht die «sittlich-religiöse Bildung» an erster Stelle, an zweiter folgt die «vaterländische Gesinnung» und an dritter Stelle die Vorbereitung auf die «künftige berufliche

---

630 Karl Wilhelm von Dalla Torre und Ludwig von Sarnthein: Flora der gefürsteten Grafschaft Tirol, des Landes Vorarlberg und des Fürstenthumes Liechtenstein. Innsbruck 1900-1913.
631 Johann Baptist Büchel: Peter Kaiser Geschichte des Fürstentums Liechtenstein nebst Schilderungen aus Churrätiens Vorzeit. 2., verb. Aufl., besorgt von Joh. Bapt. Büchel. Vaduz 1923.
632 Andreas Ulmer: Die Burgen und Edelsitze Vorarlbergs und Liechtensteins, Dornbirn 1925.
633 L.Vo. Nr. 21, 22.5.1914, S. 1; online: www.e-archiv.li/D46189; aufgerufen am 26.05.2015.
634 LI LA SgRV 1859; online: www.e-archiv.li/D42365; aufgerufen am 26.05.2015.
635 LGBl. 1929 Nr. 13.

Tüchtigkeit.»[636] Um den Aufbau und die Funktionsweise des Bildungssystems in der hier betrachteten Zeitspanne zu verstehen, muss man sich bewusst machen, dass die Religion als «Fundament» des gesamten Bildungswesens gesehen wurde. Im Schulwesen sollte nicht der Staat allein bestimmen können, als Leitbild hatte man immer das Zusammenwirken von Familie, Kirche und Staat vor Augen.

Was die Organisation betrifft, so sind drei «Schultypen» zu unterscheiden: die Elementarschule (auch als Alltagsschule bezeichnet), die Fortbildungsschulen und die Christenlehre. Alle drei waren obligatorisch. Das Schulwesen nahm seit dem Gesetz vom 11. Januar 1869[637] betr. den Landesschulrat eine Sonderstellung ein: Dem Landesschulrat oblag «die Leitung und Oberaufsicht über das Schulwesen mit Vorbehalt des Religionsunterrichts».[638] Er war der Regierung nicht untergeordnet, sondern nebengeordnet, d.h. er stand in der Hierarchie auf gleicher Stufe wie die Regierung. Er setzte sich aus dem Landesverweser als Vorsitzenden und vier weiteren vom Landtag gewählten Mitgliedern zusammen, «wovon eines dem Landklerus und eines dem Lehrerstand angehören» mussten. Er war zuständig für alle Schulen und für alle Aufgaben, die auf die «Vervollkommnung des Volksunterrichts» Einfluss hatten (Anstellung von Lehrern, Lehrmittel, Finanzierung usw.).[639] Die Oberaufsicht in den Schulen wurde dem Schulkommissär übertragen, der in der Praxis stets ein katholischer Geistlicher war.[640] Die Verfassung von 1921 änderte an der Sonderstellung des Bildungswesens im Verhältnis zur staatlichen Verwaltung nichts, vielmehr kam in der Systematik deutlich zum Ausdruck, dass der Landesschulrat der Regierung nicht untergeordnet war. Die neue Verfassung erklärte den Privatunterricht für zulässig, was ein Entgegenkommen an die katholische Kirche war.

Auf Gemeindeebene bildeten die Ortsschulräte die «Lokalschulbehörde». Ihre Kompetenzen waren im Gesetz vom 20. Oktober 1864 über die Einführung eines Schulrats als Lokalschulbehörde[641] geregelt. Art. 2 dieses Gesetzes bestimmte, dass der Ortsschulrat aus dem Ortspfarrer, dem Ortsvorsteher, dem Säckelmeister und zwei weiteren Schulräten bestand. Der Ortspfarrer war von Gesetzes wegen Vorsitzender des Ortsschulrates und Lokalschulinspektor. Bis 1878 mussten die Lehrer von den Gemeinden besoldet werden. 1878 war das Land angesichts der gestiegenen Zolleinnahmen bereit, die Lehrerbesoldungen aus der Landeskasse zu bezahlen; die Gemeinden mussten nur noch für die Gebäude und einige Nebenkosten aufkommen.[642]

Der Unterricht wurde in drei Klassen[643] erteilt, wobei es in einer Klasse mehrere «Abteilungen» (Jahrgänge) gab. Ob diese Unterteilungen in der Praxis spielten, hing von

---

636 In Art. 15 LV heisst es, dass das Bildungswesen so einzurichten ist, «dass aus dem Zusammenwirken von Familie, Schule und Kirche der heranwachsenden Jugend eine religiös-sittliche Bildung, vaterländische Gesinnung und künftige berufliche Tüchtigkeit zu eigen wird.»
637 Gesetz vom 11. 1.1869 betr. Landesschulrat, LGBl. 1869 Nr. 2. Der 4. Abschnitt der Verordnung vom 30. Mai 1871 über die Trennung der Justizpflege von der Administration, LGBl. 1871 Nr. 1, übernahm konsequenterweise diese Regelung.
638 Art. 1 des Gesetzes vom 11.1.1869 über den Landesschulrat, LGBL. 1869 Nr. 2.
639 Ebda.; Art. 2.
640 Im Zeitraum, der dieser Quellensammlung zugrunde liegt, waren dies 1891-1920 Johann Baptist Büchel und 1920-1929 Pfr. Josef Büchel.
641 LGBl. 1864 Nr. 7/3.
642 Art. 8 des Gesetzes vom 29. Juli 1878 betreffend die Regelung der Gehaltsbezüge der Lehrangestellten an den Volksschulen, LGBl. 1878 Nr. 8.
643 Nach § 2 des Lehrplans vom 10.10.1890 bestand die I. Klasse aus drei Abteilungen (Schüler vom 1. bis 4. Schuljahr), die II. Klasse aus zwei Abteilungen (4. bis 6. Schuljahr) und die III. Klasse aus einer Abteilung (6. bis 9. Schuljahr). Verordnung vom 10.10.1890 betreffend den Lehrplan der Elementarschulen, LGBl. 1890 Nr. 4.

der Anzahl Schülerinnen und Schüler in einer Gemeinde ab; wenn nicht genügend Kinder die Schule besuchten, um mehrere Klassen zu bilden, wurden alle in einer Klasse unterrichtet.[644] In den grösseren Gemeinden gab es vier Klassen, in den kleinen nur eine. Die Unterklasse und die Mittelklasse waren gemischt, in den Oberklassen wurden die Kinder wenn möglich nach Mädchen und Knaben getrennt unterrichtet. Zur Qualitätskontrolle wurden jeweils im Frühjahr Schulprüfungen durchgeführt, bei denen neben dem Landesschulkommissär auch der Landesverweser als Vorsitzender des Landesschulrates anwesend war. Die Bedeutung, die man diesen Prüfungen zumass, kommt in der Anweisung an die Lehrpersonen zum Ausdruck, dass sie «Sorge zu tragen [hatten], daß die Schuljugend sich pünktlich zur Prüfung einfinde und ordentlich gekleidet und rein gewaschen erscheine.»[645] Anlässlich der Schulprüfungen wurden auch die Schulgebäude inspiziert und ein detaillierter Inspektionsbericht über die Schulen verfasst.

Bei den Lehrkräften bestand rund die Hälfte aus Männern, die andere Hälfte aus Ordensschwestern aus Zams, nur in Schellenberg unterrichteten Schwestern vom Kostbaren Blut. Der «Vorteil» der Ordensschwestern war, dass sie nur halb so viel kosteten wie ihre (schlecht bezahlten) männlichen Kollegen. Was die Lehrerausbildung betrifft, so schrieb das Schulgesetz von 1859 in § 42 vor, dass die Schullehrer «in der Regel in einem öffentlichen Schullehrer-Seminar Deutschlands» ausgebildet sein mussten, die Regierung konnte aber Ausnahmen bewilligen. Um die Lehrer bei grossen Schülerzahlen zu entlasten, sah der Lehrplan von 1890 vor, dass der Lehrer, während er selbst Unterricht erteilte, ältere Schüler als «Gehilfen» in einer andern Klasse einsetzen konnte.[646] Bis 1921 wurden die meisten Lehrer in Saulgau oder Feldkirch, nach 1921 praktisch alle in der Schweiz ausgebildet. Bei den Lehrschwestern aus Zams hatte 1910 nur jede zweite eine ordentliche Lehrbefähigung. Frauen, die nicht Mitglied eines Ordens waren, wurde von den liechtensteinischen Schulbehörden «energisch»[647] von einer Lehrerinnenausbildung abgeraten, da sie keine Aussicht auf eine Anstellung in Liechtenstein hatten.[648] Aber auch für männliche Lehrer war es öfters schwierig, in Liechtenstein eine Anstellung als Lehrer zu finden. Der Bedarf an Lehrern war gering, es gab mehrfach einen «Lehrerüberschuss» und einzelne Lehrer mussten deshalb ihre Lehrtätigkeit im Ausland beginnen.[649]

Eine Institution, die sich jahrzehntelang bewährt zu haben scheint, waren die (amtlichen Landes-)Lehrerkonferenzen, an denen pädagogische Vorträge gehalten und schulische Probleme diskutiert wurden.[650] Seit Beginn des Jahrhunderts wurde vermehrt Gewicht auf die Aus- und Fortbildung der Lehrer gelegt. So wurden 1900 obligatorische Ergänzungsprüfungen für Lehrer eingeführt, von deren erfolgreichem Bestehen die Dienstalterszulagen abhängig gemacht wurden. Lehrer, die erfolgreich 25 Jahre im

---

644 Das Schulgesetz von 1859 sah vor, dass nur in Gemeinden mit über 100 schulpflichtigen Kindern zwei Lehrer angestellt wurden (§ 15). In der Praxis lagen die Schülerzahlen in den einzelnen Klassen meist zwischen 40 und 60.
645 Standardformulierung bei der Anzeige der Schulprüfung durch die Landesschulbehörde im Liechtensteiner Volksblatt. Siehe z.B. L.Vo. 18.3.1910. S. 1.; online: www.e-archiv.li/D48366; aufgerufen am 28.05.2015.
646 § 2 des Lehrplans vom 10.10.1890..
647 Graham Martin, Bildungswesen, S. 294.
648 Die erste Fixanstellung einer weiblichen Lehrkraft in Liechtenstein erfolgte 1965. Graham Martin, Bildungswesen S. 295.
649 Siehe dazu Graham Martin, Bildungswesen, S. 273. Beispiel dafür sind Josef Gassner, Georg Kindle, Johann Meier, Emil Risch, Wilhelm Büchel und Gebhard Banzer. Sieh dazu die Personendatenbank auf www.e-archiv.li.
650 Nach § 49 des Schulgesetzes von 1859 sollten die Lehrerkonferenzen zweimal im Jahr stattfinden.

Lehrerdienst tätig waren, erhielten eine Zulage und den Titel «Oberlehrer». 1906 wurde eine Landeslehrerbibliothek geschaffen.

Was die Lehrmittel und Lehrpläne betrifft, orientierte sich Liechtenstein vorerst an Württemberg, von wo auch einzelne Lehrer als «Musterlehrer» geholt wurden (z.B. Anton Hinger). Bis Liechtenstein eigene Lehrmittel herausgab, wurden Lehrmittel aus Württemberg verwendet. Als neue, von Liechtenstein herausgegebene Lehrmittel sind das für Liechtenstein überarbeitete Rechenbuch von 1907[651] und die ersten Lesebücher von 1914[652] (Dok. 45), 1916 und 1928 zu erwähnen.

Wenn man die Lehrpläne für die Elementarschulen[653] und die Fortbildungsschulen[654] durchschaut, so fallen einige Bestimmungen auf, nach denen Mädchen und Knaben unterschiedlichen Stoff zu lernen hatten. Mädchen mussten «Handarbeit» (Nähen, Stricken, Flicken) besuchen, bei ihnen wurde mehr Wert auf Geschichte und Geographie gelegt. Bei Knaben hatten das Rechnen, die Naturlehre (insbesondere die Baumpflege) und das Zeichnen (im Hinblick auf handwerkliche Berufe) einen grösseren Stellenwert. In den Genuss von Turnunterricht kamen nur Knaben in den beiden oberen Klassen. Auch die Länge der Schulpflicht war unterschiedlich: Die Knaben musste einen «Winterkurs» mehr absolvieren (Monate November bis April), für die Mädchen endete die Elementarschule nach acht Jahren.

Wie der Besuch der Elementarschule war auch der Besuch der zweijährigen Fortbildungsschule und der Christenlehre obligatorisch, die an die Volksschule anschlossen. In der Fortbildungsschule wurden im Wesentlichen die gleichen Fächer unterrichtet wie in der Elementarschule. Sie wurde jeweils am Samstagnachmittag in den Monaten November bis April abgehalten. Auch hier sind im Lehrplan die gleichen geschlechtsspezifischen Unterschiede festzustellen. Der Unterricht bereitete die Kinder auf ihre zukünftigen Rollen in der Familie vor: So mussten mit den Knaben auch «Eingaben an die Behörden» und «Verträge» geübt werden, während diese Themen bei den Mädchen wegzulassen waren. Der Wert der Fortbildungsschule wurde zunehmend kritisch beurteilt und im Ergebnis als gering eingestuft. Entsprechend wurden die Rufe nach einer Reform der Fortbildungsschule lauter. Das Schulgesetz von 1929 wurde diesen Forderungen aber noch nicht gerecht.

Die Christenlehre wurde vom Staat nur insoweit geregelt, als im Schulgesetz der Besuch für die Jugendlichen bis zum Alter von 17 Jahren obligatorisch erklärt wurde.[655] Die Christenlehre fand am frühen Sonntagnachmittag statt. «Versäumnisse» in der Christenlehre wurden von der Regierung mit Bussen geahndet. Nicht zum Thema Christenlehre, aber zum Thema religiöse Erziehung gehört die Bestimmung, dass die Schüler und Schülerinnen ab der 2. Klasse 2. Abteilung (5. Schuljahr) an allen Unterrichtstagen zum Besuch der Messe verpflichtet waren.[656]

---

651 Justin Stöcklin: Rechenbuch für die Oberklassen der Elementar- und Fortbildungsschulen des Fürstentums Liechtenstein : auf Grund der Rechenbücher für schweizerische Volksschulen. Vaduz, Landesschulrat 1907.
652 Lesebuch für die liechtensteinischen Volksschulen. Hrsg. von der Fürstlichen Landesschulbehörde. Vaduz 1914.
653 Lehrplan für die Elementarschulen, publiziert mit der Verordnung vom 10.10.1890, LGBl. 1890 Nr. 4
654 Revidierter Lehrplan für die Fortbildungsschulen vom 15.1.1899, LGBl. 1899 Nr. 1.
655 § 31 des Schulgesetzes vom 8.2.1859.
656 Eingeführt durch die Verordnung vom 3. September 1878 über den obligatorischen Besuch des Gottesdienstes durch die Schuljugend und über die Pflicht der Lehrer zur Beaufsichtigung derselben in der Kirche, LGBl. 1878 Nr. 11.

Eine wesentliche Verbesserung für die Unterländer brachte 1906 die Eröffnung einer zweiten Landesschule in Eschen, die auf Drängen der Unterländer Gemeinden eingeführt wurde. Zu Beginn war diese aus Kostengründen schlechter ausgestattet als die Realschule in Vaduz (Dok. 18).

Wie das gesamte Bildungswesen war auch die Berufsbildung im Vergleich zur Schweiz rückständig. Bereits die Verfassung von 1862 übertrug dem Staat die Aufgabe, neben den Volksschulen auch für Real- und Gewerbeschulen «zweckmässig» zu sorgen (Art. 54), doch kam der Staat dieser Verpflichtung nicht nach. In gleicher Weise bestimmte Art. 17 der Verfassung von 1921, dass der Staat «das Fortbildungs- und Realschulwesen sowie das hauswirtschaftliche, landwirtschaftliche und gewerbliche Unterrichts- und Bildungswesen» zu fördern hatte. Auch dieser Verfassungsauftrag wurde in der Praxis nicht umgesetzt: In den 1860er Jahren wurden von den Lehrern vereinzelte Abendkurse für Handwerker organisiert, die jedoch bald wieder eingestellt wurden.[657] Für den Besuch von Universitäten und anderen Bildungsanstalten konnte um ein Stipendium angesucht werden, wofür insgesamt wenige Tausend Kronen bzw. Franken zur Verfügung standen. Einen Anspruch gab es nicht. Stipendien vergaben auch mehrere Stiftungen, deren Kapital aber durch die Inflation am Ende des Ersten Weltkriegs vernichtet wurde.[658] Die Gewerbeordnung von 1910 enthielt Bestimmungen über die Anstellung von Lehrlingen – unter «Lehrling» wurde jemand verstanden, der bei einem selbständigen Gewerbetreibenden das Handwerk praktisch lernte.[659] Bei der Abänderung der Gewerbeordnung im Jahre 1915 wurden die Bestimmungen betreffend die Lehrlinge unverändert übernommen. Durch die Bemühungen der Liechtensteinischen Wirtschaftskammer in Zusammenarbeit mit den Gewerbetreibenden verbesserte sich die Ausbildung von Handwerkern und Lehrlingen etwas. 1923 wurden in mehreren Gemeinden die ersten Kurse auf freiwilliger Basis organisiert (technisches Zeichnen, kaufmännische Fächer wie Buchhaltung und Korrespondenz). In Zeitungsinseraten wurden auch Kurse für Stenographie und Fremdsprachen angeboten. 1924 wurde von der Wirtschaftskammer ein «Normallehrvertrag» ausgearbeitet, mit dem bei den Lehrverhältnissen eine Vereinheitlichung der Anstellungsbedingungen bezweckt wurde. 1925 wurde erstmals eine Lehrlingskommission bestellt, die freiwillige Lehrabschlussprüfungen organisierte. 1929 wurde das Sekretariat der Wirtschaftskammer wieder aufgehoben, wobei wohl der Umstand, dass der Leiter des Sekretariats Guido Feger der Volkspartei angehörte, eine entscheidende Rolle spielte. Die Aufgaben der Wirtschaftskammer wurden teilweise von der Regierungskanzlei übernommen.[660]

Sport und Freizeit

Der Sport erlebte seit der Jahrhundertwende einen weltweiten Aufschwung, was sich auch in der Zahl der internationalen Sportanlässe niederschlug. Liechtensteiner nahmen noch nicht an internationalen Wettkämpfen teil – es dauerte etwas, bis sich der Sport die dafür notwendige gesellschaftliche Anerkennung verschafft hatte. Zuerst ge-

---

657 Graham Martin, Bildungswesen, S. 201.
658 Siehe dazu den Artikel «Stipendien» im HLFL, Bd. 2, S. 908.
659 Art. 55 des Gesetzes vom 30.4.1910 betreffend Erlassung einer neuen Gewerbeordnung, LGBl. 1910 Nr. 3.
660 Vgl. dazu Geiger, Krisenzeit, Bd. 1, S. 212.

lang dies wohl dem Alpinismus, der sowohl mit emotionalen (Heimat- und Naturliebe) wie auch wirtschaftlichen Argumenten (Fremdenverkehrsförderung) seine Berechtigung unter Beweis stellen konnte.[661] Über Sportanlässe im Lande wurde in den Zeitungen selten berichtet – offenbar gab es (abgesehen vom Schauturnen der Turnvereine und den Sportschiessen) erst ab Mitte der 1920er Jahre vereinzelte Wettkämpfe (Tennis, Ski- und Radrennen). Im Anzeigenteil sind in diesen Jahren Reklamen für Sportartikel wie Fahrräder, Sportleibchen, Ski u.ä. zu finden, was auf die zunehmende sportliche Betätigung hinweist.

Von Seite des Staates und der Gemeinden gab es keine finanziellen Förderungen, die Vereine mussten sich mit Mitgliederbeiträgen und Vereinsanlässen selber das benötigte Geld verschaffen. Konservativen Liechtensteinerinnen und Liechtensteinern war der Sport noch etwas suspekt: Aus der Sicht mancher Bauern war das etwas für die besseren Leute – eine sinnlose und oft auch teure Spielerei. Viele Einheimische begegneten dem Sport anfänglich mit Vorurteilen: So wurden z.B. die ersten Radfahrer als «Spinner» angesehen.[662] Sport treibende Frauen galten als sittlich gefährdet. Die katholische Kirche hatte lange Zeit ein ambivalentes Verhältnis zum Sport: Grundsätzlich anerkannte sie die gesundheitsfördernde Wirkung, doch erkannte sie in Sportanlässen auch eine Gefahr für Sittlichkeit und Anstand. Die Vorbehalte wurden theologisch begründet: Sport erstrebe nicht das Seelenheil, sondern die einseitige körperliche Ertüchtigung.[663] Man befürchtete, der Sport (insbesondere der international immer populärer werdende Fussball) führe zu einer Verrohung der Jugend. In einen direkten Konflikt zur kirchlichen Moral gerieten das öffentliche Frauenturnen und Sportanlässe an Sonntagen, in denen manche Theologen eine Geringschätzung des Sonntagsgebots sahen. Angesichts solcher Vorbehalte überrascht es nicht, dass Ausländer nicht selten eine massgebliche Rolle beim Aufkommen neuer Sportarten spielten.

Als erste Vereine entstanden die Schützenvereine bzw. Schützengesellschaften, von denen der erste bereits 1789/90 erwähnt wird. Der ursprüngliche Hauptzweck der Schützenvereine waren die Verschönerung von kirchlichen Feierlichkeiten und die Förderung des guten sittlichen Benehmens.[664] Schützengesellschaften hatten – wie viele andere Sportvereine auch – meist keinen langen Bestand, sie gingen nach wenigen Jahren ein und wurden dann wieder neu gegründet. Nicht so der 1882 neu gegründete Schützenverein, zu dessen Mitgliedern eine Reihe der vornehmsten Männer des Landes und etliche Militärveteranen gehörten:[665] 1922 konnte er sein 40jähriges Jubiläum feiern (Dok. 196).

Mit der Industrialisierung entstanden neue Bedürfnisse in Bezug auf die Freizeitgestaltung. Die ersten Turnvereine wurden in den Gemeinden (1886 Vaduz, 1890 Triesen und 1912 Schaan) gegründet, in denen sich Textilarbeiter aufhielten. Der Schaaner Turnverein löste sich bereits 1914 wieder auf, da mehrere Vereinsmitglieder aus Österreich stammten und in den Krieg eingezogen wurden.[666] Dass die Sportvereine mitunter auch

---

661 Vgl. dazu den Artikel «Der Wintersport und seine volkswirtschaftliche Bedeutung», L.Vo. 28.1.1910, S. 1.
662 Martin Frommelt, 100 Jahre Radsport in Liechtenstein, S. 11.
663 Arthur Brunhart, 50 Jahre Sport in Liechtenstein, S. 34.
664 Arthur Brunhart, 50 Jahre Sport in Liechtenstein, S. 11.
665 Protokoll der Gründungsversammlung LI LA PA 1/14; online: www.e-archiv.li/D44484; aufgerufen am 31.05.2015. Der Verein finanzierte sich durch die Ausgabe von Aktien LI LA PA 1/14; online: www.e-archiv.li/D44475; aufgerufen am 31.05.2015.
666 Arthur Brunhart, 50 Jahre Sport in Liechtenstein, S 11.

ideologischen Einflüssen unterworfen waren, zeigen die Statuten des Vaduzer Turnvereins von 1921: Sie bestimmten, dass «nur Deutsche (arischer Herkunft)» Vereinsmitglieder werden konnten.[667] Diese Bestimmung belegt deutsch-nationale und antisemitische Einflüsse in der frühen Turnbewegung, für die Disziplin insgesamt von grosser Bedeutung war. 1922 wurde erstmals eine Damenriege in Vaduz erwähnt, die zusammen mit dem Turnverein Vaduz zum Schauturnen antrat.[668] Ein grosses Problem für die Turnvereine waren die fehlenden Turnhallen. Die Turnbewegung erlebte in den 1930er Jahren mit der Gründung weiterer Vereine einen eigentlichen Aufschwung.[669]

Auf die engen freundnachbarlichen Beziehungen zwischen Liechtenstein, Deutschland und Österreich weist die Gründung der «Sektion Liechtenstein des Deutschen und Österreichischen Alpenvereins»[670] im Jahr 1909 hin (Dok. 19). Diese Gründung war nicht nur aus sportlicher Sicht wichtig: Der boomende Alpinismus zeugte sowohl von der Entdeckung der Schönheit der Alpen wie auch vom Bestreben, den Alpinismus für den Fremdenverkehr zu nutzen. Aufgaben des Vereins waren die Erschliessung der Alpen und die naturkundliche Forschung. Zum wichtigsten Erfolg des Deutschen und Österreichischen Alpenvereins wurde der Bau der Pfälzerhütte. Im Gegensatz zu den meisten österreichischen und vielen deutschen Sektionen enthielten die Satzungen[671] der Sektion Liechtenstein keinen Arier-Paragraphen.[672]

Der Automobil-Club wurde 1924 gegründet; seit 1925 bildete er eine Sektion des Automobilclubs der Schweiz. Die wichtigsten Initianten waren Schweizer (Textilfabrikant Fritz Spoerry und Fabrikdirektor Armin Arbenz). Zweck des Vereins waren weniger sportliche Zielsetzungen als die Verbesserung des Strassenverkehrs überhaupt.

Auch bei den Radfahrer-Vereinen, die zwischen 1897 und 1919 in allen Talgemeinden gegründet wurden, ging es nicht um sportliche Aktivitäten, sondern darum, die Voraussetzungen für das Radfahren zu verbessern und die Geselligkeit zu pflegen. 1923 schlossen sie sich auf Drängen der österreichischen Zollbehörden zu einem Radfahrerbund zusammen, womit eine Vereinfachung der Zollformalitäten beim Grenzübertritt bezweckt wurde. 1927 entstand der Radfahrerverein Schaan, bei dem die sportlichen Zielsetzungen im Vordergrund standen.[673] Er trat sofort dem Schweizerischen Radfahrerbund bei und veranstaltete im folgenden Jahr das erste Radrennen in Liechtenstein.[674]

Zwei ausgesprochene Randsportarten waren vorerst Tennis und Skifahren. 1925 wurde der Tennisclub Vaduz gegründet (Dok. 225).[675] Gertrud Sommerlad, die sich sehr um den Tennissport verdient machte, soll erklärt haben, dass sie nur in Liechtenstein bleibe, wenn sie hier Gelegenheit zum Tennisspiel bekomme[676] – ein einmaliges Beispiel

---

667 Satz 4 der Statuten vom 24.8.1921. LI LA RE 1921/3001.; online: www.e-archiv.li/D46704; aufgerufen am 31.05.2015.
668 Inserat vom L.Vo. 26.8.1922, S. 4.
669 HLFL, Artikel Sport, Bd. 2, S. 891.
670 Die Sektion Liechtenstein ist der Vorläufe des Vorläufer des Liechtensteinischen Alpenvereins, gegründet 1949.
671 LI LA PA 162/60 (Familienarchiv Wolfinger); online: www.e-archiv.li/D48386; aufgerufen am 09.06.2015.
672 Der Antisemitismus im Deutschen und Österreichischen Alpenverein war Teil eines Forschungsprojektes, das zum Ergebnis kam, dass bis Herbst 1921 fast alle österreichischen Sektionen den «Arier-Grundsatz» umgesetzt hatten. Siehe dazu: http://www.alpenverein.de/chameleon/public/6c60fa3e-cb64-761b-2f77-8dcf7d904619/DAV-und-Antisemitismus_18180.pdf, aufgerufen am 9.6.2015..
673 L.Na. 12.5.1928, S. 2.; online: www.e-archiv.li/D48381; aufgerufen am 02.06.2015.
674 Martin Frommelt, 100 Jahre Radsport in Liechtenstein, Schaan 1987, S. 23.
675 L.N. 26.8.1925, S. 1; online: www.e-archiv.li/D46690; aufgerufen am 31.05.2015.
676 Arthur Brunhart, 50 Jahre Sport in Liechtenstein, S 12.

einer resoluten Sportpionierin. Im Skisport gab es bereits im ausgehenden 19. Jahrhundert vereinzelte Skiläufer. Anerkennung verschafften dem Sport aber erst die Schweizer Zollwächter, die für ihre Kontrolltätigkeit in den Alpen im Winter Ski verwendeten.[677] 1926 wurde der Skiclub Liechtenstein gegründet,[678] der erste Skirennen organisierte, jedoch bald wieder einging.

Fussball spielte in Liechtenstein in den 1920ern Jahren offenbar noch keine grosse Rolle, jedenfalls kam es erst in den 1930er Jahren zu entsprechenden Vereinsgründungen. In den Zeitungen wird auch nicht erwähnt, dass in Liechtenstein Fussball gespielt wurde.

Der Schulsport beschränkte sich auf Turnunterricht für Knaben in der Mittel- und Oberstufe. Für den Turnunterricht wurde ein Turninspektor bestimmt. Wie die Inspektionsberichte[679] zeigen, wurden strenge Zucht und militärische Disziplin verlangt – man glaubte wohl, damit die körperliche und geistige Entwicklung der männlichen Jugend am besten fördern zu können. Mädchen erhielten keinen Sport-, sondern Hauswirtschaftsunterricht.

---

677 Arthur Brunhart, 50 Jahre Sport in Liechtenstein, S 11.
678 L.Na. 1.12.1926; S. 1; online: www.e-archiv.li/D48375; aufgerufen am 31.05.2015.
679 Siehe dazu die Rechenschaftsberichte der Regierung, Kapitel Schulen.

Zeittafel

17.8.1900	Gesetz zur Einführung der Kronenwährung als Landeswährung
10.2.1901	Gründung des Historischen Vereins für das Fürstentum Liechtenstein
27.7.1901	Doppelbesteuerungsabkommen mit Österreich
1903–1905	Bau des Regierungsgebäudes in Vaduz
1904–1914	Restaurierung von Schloss Vaduz
1905–1912	Kauf der Burg Gutenberg durch Egon Rheinberger, Restaurierung
9.3.1906	Handelsvertrag und Viehseuchenübereinkommen zwischen Österreich-Ungarn (gleichzeitig in Vertretung Liechtensteins) und der Schweiz
19.11.1906	Eröffnung der Realschule Eschen mit zwei Klassen
26.12.1906	Gründung eines Gewerbevereins
20./21.10.1907	Brand im Altenbach, Vaduz: Zerstörung von 19 Häusern und 21 Ställen
12.11.1908	50. Regierungsjubiläum des Fürsten Johann II.
25.3.1909	Gründung der Sektion Liechtenstein des Deutschen und Österreichischen Alpenvereins
30.10.1910	Gewerbeordnung, Schaffung einer obligatorischen Gewerbegenossenschaft
4.10.1911	Post-, Telegrafen- und Telefonvertrag mit Österreich
29.1.1912	Ausgabe der ersten liechtensteinischen Briefmarke
14.07.1912	Gedenkfeier «200 Jahre Anschluss der Grafschaft Vaduz an das Haus Liechtenstein» mit Festspiel auf Schloss Vaduz
12.12.1912	Zivilprozessordnung (ZPO) und Jurisdiktionsnorm

22./23.3.1913	Brand in Triesen: Zerstörung von 17 Häusern samt Stallungen
4.12.1913	Stürmische Landtagsdebatte zum Lawenawerk
11.12.1913	Tod von Landesverweser Karl von In der Maur in Vaduz. Regierungssekretär Josef Ospelt führt die laufenden Geschäfte weiter
31.12.1913	Strafprozessordnung (StPO), Einführung der Staatsanwaltschaft
1913/1914	In Liechtenstein grassiert die Maul- und Klauenseuche
1.4.1914	Amtsantritt von Landesverweser Leopold von Imhof
24.5.1914	Erste Ausgabe der «Oberrheinischen Nachrichten» (zweite Landeszeitung)
28.6.1914	Attentat auf den österreichisch-ungarischen Thronfolger Erzherzog Franz Ferdinand in Sarajewo
28.7.1914	Österreich-Ungarn erklärt Serbien den Krieg. Beginn des Ersten Weltkrieges.
9.9.–2.10.1914	Landtagswahlen (gewählt wird u.a. Wilhelm Beck)
14.12.1914	Bestellung einer Landesnotstandskommission durch den Landtag
9.4.1915	Erste kriegswirtschaftliche Massnahmen; in der Folge weitere staatliche Regelungen über Handel und Verbrauch von Lebensmitteln und anderen Gütern im Sinne von Notstandsmassnahmen
23.5.1915	Kriegserklärung Italiens an Österreich-Ungarn
13.12.1915	Gesetz zur Abänderung der Gewerbeordnung von 1910 (Liberalisierung)
16.2.1916	Frankreich betrachtet Liechtenstein wegen des Zollvertrags mit Österreich nicht als neutralen Staat. Die Entente untersagt der Schweiz den Weiterverkauf von Importwaren nach Liechtenstein
30.12.1916	Verordnung betr. die Errichtung von Lokalnotstandskommissionen

März 1917	Landesverweser Leopold von Imhof ist den belgischen Prinzen Sixtus und Franz Xaver von Bourbon-Parma beim heimlichen Grenzübertritt nach Österreich behilflich (Sixtus-Affäre)
29.10.1917	Die liechtensteinische Regierung verwahrt sich gegen die Zensur amtlicher Schriften durch die Zensurstelle in Feldkirch
21.1.1918	Gesetz zur Einführung des direkten Wahlrechts (Verfassungsänderung)
1.2.1918	Ausfuhrverbot für Getreide, Mehl und Brot; Regelung der Fleischpreise
Februar 1918	Gründung der Volkspartei (VP)
11./18.3.1918	Landtagswahlen: Wahlempfehlungen des «Liechtensteiner Volksblatts» und der «Oberrheinischen Nachrichten». 7 der gewählten Abgeordneten werden der FBP zugerechnet, 5 der VP; 3 sind vom Fürsten ernannt
17.6.1918	Einführung einer Kriegsgewinnsteuer
August 1918	Ausbruch der «Spanischen Grippe» in Liechtenstein.
17.8.1918	Gründung des Liechtensteinisichen Lehrervereins
24.10.1918	Antrag der Abgeordneten Wilhelm Beck, Albert Wolfinger, Emil Risch und Josef Gassner zur Einführung des parlamentarischen Regierungssystems
3.11.1918	Waffenstillstand von Villa Giusti zwischen Österreich-Ungarn und der Entente bzw. Italien. Ende der Kämpfe an der Italienfront
7.11.1918	«Novemberputsch»: Landesverweser Leopold von Imhof bietet dem Landtag seinen Rücktritt an. Wahl eines provisorischen Vollzugsausschusses
11.11.1918	Waffenstillstand von Compiègne zwischen dem Deutschen Reich und den beiden Westmächten Frankreich und Grossbritannien
11./13.11.1918	Verzicht des österreichischen Kaisers Karl I. auf «jede Beteiligung an den Staatsgeschäften» in Österreich und Ungarn
12.11.1918	Ausrufung der Republik Deutsch-Österreich

10.12.1918	Der Landtag beschliesst ein 9-Punkte-Programm zur Verfassungsrevision und beantragt die Ernennung von Prinz Karl als Landesverweser.
13.12.1918	Ernennung von Prinz Karl von Liechtenstein als Landesverweser
27.12.1918	Gründung der Fortschrittlichen Bürgerpartei
4.1.1919	Veröffentlichung des Parteiprogramms der Bürgerpartei
Januar 1919	Verfassungsentwurf von Wilhelm Beck
18.1.1919	Veröffentlichung des Parteiprogramms der Volkspartei
2.3.1919	Die Erhöhung der Zahl der Landtagsabgeordneten und die Senkung des Wahlrechtsalters werden in Volksabstimmungen abgelehnt (je 45 % Ja-Stimmen).
27.4.1919	Gründung des Liechtensteinischen Sängerbundes
24.5.1919	Akkreditierung von Prinz Eduard als liechtensteinischer Gesandter in Wien
11.5.1919	Volksabstimmung in Vorarlberg über den Anschluss an die Schweiz (81 % Ja)
5.8.1919	Akkreditierung von Emil Beck als liechtensteinischer Geschäftsträger in Bern
12.8.1919	Kündigung des Zollvertrags mit Österreich (in Durchführung eines entsprechenden Landtagsbeschlusses vom 2.8.1919)
September 1919	Liechtenstein betont gegenüber der Pariser Friedenskonferenz seine Souveränität und Neutralität im Krieg
10.9.1919	Unterzeichnung des «Staatsvertrags von St.-Germain-en-Laye» durch Österreich und die Siegermächte (Erwähnung der Grenze mit Liechtenstein)
11.10.1919	Landtagsdiskussion über die Errichtung eines Kasinos (Spielbank)
24.10.1919	Die Schweiz übernimmt die diplomatische Vertretung Liechtensteins in jenen Staaten, in denen Liechtenstein keine eigene Vertretung hat

27.11.1919	Vorvertrag mit dem «Briefmarkenkonsortium» über die Herstellung von Briefmarken und deren Vertrieb bei den Sammlern
24.12.1919	Notverordnung zur Ausgabe von liechtensteinischem Notgeld
31.1.1920	Hauptvertrag mit dem «Briefmarkenkonsortium»
2.2.1920	Gründung des Liechtensteinischen Arbeiterverbands
10.2.1920	Fürst Johann II. gewährt dem Land ein Darlehen von 550'000 Franken zur Zurückzahlung der Lebensmittelschuld bei der Schweizerischen Kreditanstalt in Zürich, damit ist auch die Errichtung einer Spielbank ausser Diskussion
16.2.1920	Ersuchen an die Schweiz um Verhandlungen über einen Zollvertrag
18.2.1920	(Provisorischer) Postvertrag mit Österreich
vor Mitte März 1920	Verfassungsentwurf von Prinz Karl von Liechtenstein
22.4.1920/1.5.1920	Notenwechsel betr. Handels- und Verkehrsbeziehungen mit Österreich
9.5.1920	Kundgebung der Volkspartei in Vaduz gegen die Bestellung von Josef Peer als Landesverweser, da dieser Ausländer ist
10.6.1920	Beurlaubung von Landesverweser Prinz Karl, Betrauung von Josef Ospelt mit der Leitung der Regierungsgeschäfte durch Fürst Johann II.
14.7.1920	Liechtensteinisches Aufnahmegesuch in den Völkerbund
30.8.1920	Erteilung einer Bankenkonzession an die Anglo-österreichische Bank, die darauf die Bank in Liechtenstein gründet
10.–15.9.1920	«Schlossabmachungen»: Einigung zwischen den Vertretern des Fürsten (Josef Peer, Josef Martin) und den Vertretern der Volkspartei (Wilhelm Beck, Gustav Schädler und Anton Walser) über die Grundzüge der Verfassungsreform und über die auf sechs Monate befristete Bestellung von Josef Peer als Landesverweser
10.11.1920	Post-, Telegraphen- und Telefonübereinkommen mit der Schweiz
17.12.1920	Ablehnung des liechtensteinischen Aufnahmegesuchs durch die Völkerbundversammlung

12.01.1921	«Vorsanktion» des Verfassungsentwurfs von Josef Peer durch Fürst Johann II.
13.02.1921	Zunehmende Kritik am Briefmarkenkonsortium; an einer nicht bewilligten Versammlung in Vaduz wird die Auflösung des Vertrags verlangt
26.2.1921	Demonstration der Volkspartei (ca. 200 Personen) und Gegendemonstration der Bürgerpartei (ca. 600 Personen) in Vaduz in der Briefmarkenangelegenheit, Gefahr gewalttätiger Ausschreitungen
8.3.1921	Diskussion des Verfassungsentwurfs von Josef Peer im Landtag, Überweisung an eine Verfassungskommission
12.3.1921	Gesetz zur Schaffung einer bewaffneten Landeswehr auf Antrag von Bürgerpartei-Abgeordneten
28.3.1921	In einer Volksabstimmung stimmen 61,7 % für den Verbleib von Josef Peer als provisorischer Regierungschef, doch dieser lehnt ab
4.4.1921	Josef Ospelt wird mit der Leitung der Regierungsgeschäfte betraut
23.5.1921	Der Bericht der Untersuchungskommission Spieler zeigt zahlreiche Missbräuche bei der Herstellung und beim Vertrieb der Briefmarken auf
8.7.1921	Prinz Eduard wird auf eigenen Wunsch als Gesandter in Wien entlassen
13.7.1921	Fürst Johann II. stimmt der Aufschiebung einer bewaffneten Landeswehr zu
24.8.1921	Einstimmige Annahme der neuen Verfassung im Landtag
8.9.1921	Erster liechtensteinischer Katholikentag in Schaan
2.10.1921	Sanktion der Verfassung durch Fürst Johann II. in Feldsberg
5.10.1921	Unterzeichnung der Verfassungsurkunde in Vaduz durch Prinz Karl im Auftrag des Fürsten, Gegenzeichnung durch Regierungschef Josef Ospelt
28.12.1921	Aufgrund des Berichts der Untersuchungskommission Schädler/Gassner zur Briefmarkenfrage fordert der Landtag die Auflösung des Vertrags mit dem Briefmarkenkonsortium

24.12.1921	Betrauung von Prinz Franz sen. mit der Ausübung der dem Fürsten in der Aussenpolitik zustehenden Hoheitsrechte
30.12.1921/7.2.1922	Notenwechsel mit Österreich betr. Ergänzung des Handelsabkommens vom April 1920
30.12.1921	Gesetz betreffend die Aufnahme eines Landesanlehens über eine Million Franken bei der Bank in Liechtenstein zur Sanierung der Landesfinanzen
22.1.1922	Fusion des landwirtschaftlichen Vereins und des Bauernbundes zum Liechtensteinischen Bauernverein
5./16.2.1922	Landtagswahlen. Die Volkspartei gewinnt elf von fünfzehn Sitzen.
21.4.1922	Gesetz über die allgemeine Landesverwaltungspflege
27.4.1922	Demissionsgesuch von Regierungschef Josef Ospelt
Ende April 1922	Auflösung des Vertrags mit dem Briefmarkenkonsortium
10.6.1922	Ernennung von Gustav Schädler zum Regierungschef
24.12.1922	Annahme des Steuergesetzes in einer Volksabstimmung (59,6 % Ja)
15.3.1923	Verzicht der Prinzen Franz jun. und Alois auf die Thronfolge
1.3.1923	Auflösung der Gesandtschaft in Wien
29.3.1923	Unterzeichnung des Zoll(anschluss)vertrags mit der Schweiz
August 1923	Broschüre eines Werdenberger Initiativkomitees gegen den Zollvertrag Schweiz - Liechtenstein
Oktober 1923	Broschüre eines Rheintaler Komitees für den Zollvertrag
12.11.1923	Fürst Johann II. wandelt das Darlehen über 550'000 Franken für die Lebensmittelschuld aus dem Ersten Weltkrieg anlässlich seines 65jährigen Regierungsjubiläums in eine Schenkung um
26.12.1922	Gesetz zum Abbau und Anstellungsstopp in der Landesverwaltung
28.12.1923	Vereinbarung über die Regelung der fremdenpolizeilichen Beziehungen mit der Schweiz

1.1.1924	Inkrafttreten des Zollvertrags mit der Schweiz
9.4.1924	Gründung des Liechtensteinischen Caritas-Vereins
5.5.1924	Vernichtung der Restbestände der vom Konsortium hergestellten Briefmarken
21.2.1925	Konzessionserteilung an die Duggan-Lotterie (ab 1927 unter dem Namen Mutualclub)
28.6.1925	Umwandlung des Allgemeinen Krankenunterstützungsvereins für das Fürstentum Liechtenstein zur Liechtensteinischen Krankenkassa
1.9.1925	Klassenlotterie-Konzession für die «Vertriebsunion Triesenberg»
13.9.1925	Annahme des Lawenakraftwerks in einer Volksabstimmung (56,1 % Ja)
14.12.1925	Staatsgerichtshofgesetz
20.1.1926	Personen- und Gesellschaftsrecht
10./24.1.1926	Landtagswahlen: Die Volkspartei gewinnt alle neun Mandate im Oberland, die Bürgerpartei alle sechs Mandate im Unterland.
28.1.1926	Zusammenbruch der Klassenlotterie, Einleitung der Konkursverwaltung
ab 1.2.1926	Andauernde Beschlussunfähigkeit des Landtags, da die Bürgerpartei-Abgeordneten den Landtag solange blockieren wollen, bis der Landtag bereit ist, Ludwig Marxer als Regierungsrat zu wählen
7.2.1926	Ablehnung einer obligatorischen Landesbrandschadenversicherung in einer Volksabstimmung (34,1 % Ja-Stimmen)
11.2.1926	Klassenlotterie-Konzession für die Scheinfirma «John von Glahn & Co.», die die Konzession an die «Centrofag» überträgt
20.2.1926	Revidiertes Parteiprogramm der Volkspartei
17.3.1926	Landtagsauflösung durch Johann II., da die Parteien keine Einigung über die Wahl von Ludwig Marxer als Regierungsrat erzielen

28.3.1926	Gründung des Liechtensteinischen Musikverbandes
5.4.1926	Landtagsneuwahlen: Wiederum gewinnt die Volkspartei alle neun Mandate im Oberland, die Bürgerpartei alle sechs Mandate im Unterland
ab 5.4.1926	Weitere Blockade des Landtags wegen der unveränderten Positionen in der Frage der Wahl von Ludwig Marxer als Regierungsrat
30.9.1926	Die Bürgerpartei gibt auf Wunsch des Fürsten nach, als Regierungsrat wird Peter Büchel gewählt, Beendigung der Regierungs- und Landtagskrise
17.11.1926	Entzug der Klassenlotterie-Konzession der Centrofag aufgrund von Missbräuchen («Schneeballsystem») und Zahlungsunfähigkeit
8.4.1927	Bericht der Regierung über das Scheitern der Klassenlotterie in Liechtenstein
21.6.1927	Wahl einer Lotterie-Untersuchungskommission durch den Landtag
25.9.1927	Rheinüberschwemmung nach einem Dammbruch bei Schaan (zwei Todesopfer und schwere Schäden in Millionenhöhe)
17.2.1928	Gesetz über das Treuunternehmen
7.5.1928	Untersuchungsbericht der Bürgerpartei-Abgeordneten Alfons Kranz und Ferdinand Risch zur Klassenlotterie (Kommissionsminderheit)
8.6.1928	Verhaftung von Anton Walser, Franz Thöny und Niko Beck (später auch Rudolf Carbone) wegen Veruntreuung von Sparkassa-Geldern
15.6.1928	Fürst Johann II. erzwingt die Demission der Regierung Schädler
16.6.1928	Landtagsauflösung wegen des Sparkassaskandals durch den Fürsten
24.6.1928	Bestellung von Prinz Alfred zum interimistischen Regierungschef
15./29.7.1928	Bei den vom Sparkassaskandal geprägten Landtagswahlen erringt die Bürgerpartei elf der fünfzehn Sitze

5.8.1928	Ernennung von Josef Hoop zum Regierungschef
18.10.1928	Untersuchungsbericht der VP-Abgeordneten Benedikt Negele, Arnold Hoop und Wilhelm Ritter zur Klassenlotterie (Kommissionsmehrheit)
11.2.1929	Tod von Fürst Johann II. in Feldsberg, Regierungsantritt von Franz I.
30.11.1929	Verurteilung der Verantwortlichen im Sparkassaskandal zu Haftstrafen
15.7.1934	Beendigung der Lotterie des Mutualclubs auf Verlangen der Schweiz

Verzeichnis der Dokumente nach Themen

Äusseres

Beziehungen zu Österreich

Dok. 5	Die Finanzkommission empfiehlt dem Landtag, das Doppelbesteuerungsabkommen mit Österreich zur Kenntnis zu nehmen	vor dem 20.7.1901
Dok. 11	Der Landtag stimmt dem Handelsvertrag zwischen Österreich-Ungarn und der Schweiz trotz Einwänden zu	19.11.1906
Dok. 15	Der Landtag fordert den Abschluss eines Postvertrags mit Österreich	16.11.1907
Dok. 27	Der Landtag formuliert seine Wünsche für den mit Österreich abzuschliessenden Postvertrag	10.12.1910
Dok. 29	Liechtenstein besteht gegenüber Österreich auf dem Recht, eigene Briefmarken auszugeben	2.6.1911
Dok. 91	Wilhelm Beck berichtet über ein Gespräch mit Landesrat Franz Unterberger und Gaston Hausmann-Stetten in Feldkirch betr. die Grenzprobleme bei Kriegsende	14.11.1918
Dok. 93	Liechtenstein und Vorarlberg treffen eine Vereinbarung über das provisorische Weiterbestehen des Zollvertrags und über die Handhabung des Warenverkehrs	6.12.1918
Dok. 108	Prinz Eduard begründet, weshalb er die Errichtung von liechtensteinischen Gesandtschaften für notwendig hält	14.4.1919
Dok. 110	Prinz Eduard teilt mit, Fürst Johann II. wünsche, dass bei den Verhandlungen über den Abschluss von Verträgen mit der Schweiz Rücksicht auf die Beziehungen zu Österreich genommen wird	16.5.1919
Dok. 112	Die österreichische Generaldirektion für Post-, Telegrafen- und Fernsprechwesen teilt der Regierung mit, dass Deutschösterreich nicht Rechtsnachfolger des früheren österreichischen Staates sei und der Postvertrag von 1911 deshalb nur noch provisorische Anwendung finde	21.5.1919
Dok. 119	Liechtenstein kündigt den Zollvertrag mit Österreich	12.8.1919

Dok. 122	Das «Liechtensteiner Volksblatt» berichtet über eine Protestversammlung in Eschen gegen die Auflösung des Zollvertrags mit Österreich	10.9.1919
Dok. 123	Die Firma Jenny, Spoerry & Cie spricht sich für den Zollanschluss Liechtensteins an Deutschösterreich aus	16.9.1919
Dok. 124	Prinz Eduard schlägt dem Fürsten vor, dass der liechtensteinische Gesandte in Wien als Leiter der Aussenpolitik sowie als Schaltstelle zwischen dem Fürsten und der Regierung in Vaduz fungieren soll	21.9.1919
Dok. 133	Die Vertreter Liechtensteins und Österreichs einigen sich über die Grundsätze für ein Handelsverkehrsabkommen	2.12.1919
Dok. 135	Der Wiener Gesandte Prinz Eduard, die Regierung und die Landtagsabgeordneten debattieren über die Handelsbeziehungen mit Österreich, den Zollanschluss an die Schweiz und die Einführung der Frankenwährung	17.1.1920
Dok. 147	Polizeirat Gaston Hausmann-Stetten und Landesverweser Prinz Karl vereinbaren die Ausweitung des kleinen Grenzverkehrs zwischen Vorarlberg und Liechtenstein	12.4.1920
Dok. 185	Die Kabinettskanzlei rechtfertigt den Beschluss, die Gesandtschaft in Wien aufzuheben	6.10.1921
Dok. 195	Das österreichische Aussenministerium begrüsst die von der liechtensteinischen Regierung vorgeschlagene Aufhebung des Sichtvermerkzwanges	12.8.1922
Dok. 204	Die Regierung rechtfertigt ihr Vorgehen bei der Aufhebung der Gesandtschaft in Wien	zu 11.6.1923

Beziehungen zur Schweiz

Dok. 8	Landesverweser Karl von In der Maur teilt der Hofkanzlei die liechtensteinischen Wünsche für die bevorstehenden Verhandlungen über einen neuen Handelsvertrag zwischen Österreich-Ungarn und der Schweiz mit	21.11.1904
Dok. 62	Landesverweser Leopold von Imhof interveniert gegen den Visumzwang für liechtensteinische Staatsangehörige im Grenzverkehr mit dem Kanton Graubünden	8.11.1915

Dok. 66	Die Schweizer Armee lehnt eine längere Offenhaltung der Rheinbrücken gegen Liechtenstein während der Nachtstunden ab	18.5.1916
Dok. 78	Landesverweser Leopold von Imhof erkundigt sich über die diplomatische Vertretung Liechtensteins im Ausland und lehnt eine dauernde Vertretung durch die Schweiz ab	28.2.1918
Dok. 88	Wilhelm Beck berichtet über seine Verhandlungen mit der Schweiz über Grenzschutz und Lebensmittelversorgung	11.11.1918
Dok. 99	Die Schweiz teilt die Bedingungen für die Versorgung Liechtensteins mit Lebensmitteln mit	3.1.1919
Dok. 118	Die Regierung ersucht die Schweiz, Emil Beck als liechtensteinischen Geschäftsträger in Bern anzuerkennen	5.8.1919
Dok. 134	Die Staatenwelt nimmt die Übernahme der liechtensteinischen Interessenvertretung durch die Schweiz zur Kenntnis	12.12.1919
Dok. 140	Liechtenstein ersucht die Schweiz, Verhandlungen über den Abschluss eines Zollvertrags aufzunehmen	16.2.1920
Dok. 144	Liechtenstein schlägt der Schweiz die Modalitäten für die Interessenvertretung des Fürstentums im Ausland vor, insbesondere für die Passausstellung an liechtensteinische Staatsbürger durch schweizerische Vertretungen	10.3.1920
Dok. 154	Emil Beck teilt dem schweizerischen Postdepartement mit, dass Liechtenstein mit dem Entwurf des Postvertrags grundsätzlich einverstanden ist	16.6.1920
Dok. 163	Emil Beck teilt der Regierung mit, dass der Postvertrag mit der Schweiz unterzeichnet wurde	12.11.1920
Dok. 169	Prinz Eduard ermahnt Emil Beck, seinen gesellschaftlichen und repräsentativen Pflichten als Diplomat nachzukommen	3.1.1921
Dok. 186	Regierungschef Josef Ospelt drängt auf eine Beschleunigung der Verhandlungen über den Zollvertrag mit der Schweiz	4.11.1921
Dok. 193	Liechtenstein nimmt Stellung zum Entwurf des Zollvertrags	19.7.1922
Dok. 197	Emil Beck kommentiert zuhanden der Regierung den zweiten bzw. definitiven Entwurf des Zollvertrags	2.2.1923

Dok. 202	Emil Beck berichtet dem Landtag über die Zollvertragsverhandlungen mit der Schweiz	24.5.1923
Dok. 203	Der Landtag stimmt dem Zollvertrag mit der Schweiz einstimmig zu	26.5.1923
Dok. 206	Das Werdenberger Initiativkomitee gegen den Zollvertrag mit Liechtenstein legt seine Argumente in der Broschüre «Zum Zollvertrag mit Liechtenstein: der Standpunkt der Anschluss-Gegner» dar	August 1923
Dok. 207	Emil Beck versucht, die Argumente des Werdenbergischen Initiativkomitees gegen den liechtensteinischen Zollanschluss zu widerlegen	29.8.1923
Dok. 215	Das Fürstentum Liechtenstein und der Kanton St. Gallen vereinbaren die Gegenseitigkeit bei der Zulassung zur Gewerbeausübung	13.2.1926

Beziehungen zu Deutschland

Dok. 2	Fürst Johann II. von Liechtenstein wünscht über österreichisch-ungarische Vermittlung eine Klarstellung von Berlin, wonach zwischen dem Fürstentum Liechtenstein und Preussen bzw. dem Deutschen Reich sowie zwischen den Häusern Liechtenstein und Hohenzollern friedliche und freundschaftliche Beziehungen bestehen	14.11.1900
Dok. 3	Der Staatssekretär im deutschen Auswärtigen Amt Oswald von Richthofen konstatiert, dass die Beziehungen zwischen Liechtenstein und Preussen «die besten und freundschaftlichsten seien»	29.11.1900
Dok. 120	Die liechtensteinische Gesandtschaft in Wien ersucht die deutsche Regierung um den Bezug von Kunstdünger und Koks im Kompensationsweg gegen die Lieferung von Vieh	14.8.1919

Beziehungen zur Tschechoslowakei

Dok. 125	Der liechtensteinische Gesandte in Wien, Prinz Eduard, berichtet über die Verhandlungen mit dem tschechoslowakischen Aussenminister Edvard Beneš betreffend die Errichtung einer liechtensteinischen Gesandtschaft in Prag	10.10.1919
Dok. 177	Das Schweizerische Politische Departement hat «grosse Bedenken» gegen die Übernahme der liechtensteinischen Interessenvertretung in Prag in den Angelegenheiten der tschechoslowakischen Bodenreform	4.4.1921
Dok. 180	Der tschechoslowakische Aussenminister Edvard Beneš lehnt gegenwärtig die liechtensteinische Interessenvertretung in Prag durch die Schweiz ab	19.5.1921
Dok. 205	Die fürstliche Kabinettskanzlei ersucht die Gesandtschaft in Bern um inoffizielle Sondierungen zwecks Übernahme der liechtensteinischen Interessenvertretung in Prag durch die Schweiz	24.7.1923

Sonstige bilaterale Beziehungen

Dok. 95	Die Regierung ersucht Frankreich, der Schweiz die Versorgung Liechtensteins mit Lebensmitteln zu gestatten	12.12.1918
Dok. 129	Der liechtensteinische Gesandte in Wien, Prinz Eduard, berichtet über eine Unterredung mit dem schweizerischen Gesandten Charles-Daniel Bourcart betreffend die liechtensteinische Interessenvertretung im Ausland, insbesondere in Paris, durch die Schweiz	6.11.1919
Dok. 131	Der liechtensteinische Gesandte in Wien, Prinz Eduard, berichtet über eine Unterredung mit dem britischen Bevollmächtigten Sir Francis Lindley betreffs die Vertretung der liechtensteinischen Interessen in London	11.11.1919
Dok. 155	Prinz Eduard erstattet dem Landesverweser Karl von Liechtenstein verschiedene Vorschläge betreffend die diplomatische Vertretung Liechtensteins beim Heiligen Stuhl	20.6.1920
Dok. 224	Landtagspräsident Wilhelm Beck legt Fürst Johann II. die Gründe für die von ihm propagierte Errichtung einer diplomatischen Vertretung beim Heiligen Stuhl dar	8.7.1927

Internationale Organisationen

Dok. 104	Die liechtensteinischen Ziele für die Verhandlungen an der Pariser Friedenskonferenz	zum 28.2.1919
Dok. 106	Prinz Eduard erteilt Emil Beck Instruktionen für die angestrebte Teilnahme Liechtensteins an der Pariser Friedenskonferenz, insbesondere hinsichtlich der Sequestration fürstlicher Besitzungen in der Tschechoslowakei	06.3.1919
Dok. 111	Liechtenstein versucht die Pariser Friedenskonferenz zu überzeugen, dass das Land im Ersten Weltkrieg neutral gewesen sei	20.5.1919
Dok. 156	Liechtenstein ersucht um Aufnahme in den Völkerbund	14.7.1920
Dok. 165	Liechtenstein beantwortet die vier Fragen des Völkerbunds zur Prüfung des liechtensteinischen Aufnahmegesuchs	26.11.1920
Dok. 168	Emil Beck informiert die Gesandtschaft Wien über die Ablehnung des liechtensteinischen Gesuchs um Aufnahme in den Völkerbund	20.12.1920
Dok. 222	Der liechtensteinische Geschäftsträger in Bern, Emil Beck, befürwortet den Beitritt Liechtensteins zum Ständigen Internationalen Gerichtshof	06.5.1927

Erster Weltkrieg

Dok. 46	Landesverweser Leopold von Imhof berichtet Fürst Johann II. über die Lage in Liechtenstein nach Beginn des Ersten Weltkriegs	07.8.1914
Dok. 47	Fürst Johann II. erkundigt sich nach den Kriegsfreiwilligen aus Liechtenstein	18.8.1914
Dok. 49	Hofkanzlei und Regierung schlagen dem Fürsten vor, auf eine Anfrage Grossbritanniens zu antworten, dass Liechtenstein im Krieg neutral bleiben werde	17.9.1914
Dok. 50	Fürst Johann II. spricht sich vorerst gegen eine offizielle Neutralitätserklärung Liechtensteins aus	17.9.1914
Dok. 51	Das Österreichische Rote Kreuz bedankt sich für die Spenden aus dem Fürstentum Liechtenstein zugunsten verwundeter österreichischer Soldaten	19.9.1914

166   Verzeichnis der Dokumente nach Themen

Dok. 52	Österreich teilt den Vereinigten Staaten mit, dass sich Liechtenstein im Krieg als neutral betrachte	25.9.1914
Dok. 54	Der britische Aussenminister teilt im Unterhaus mit, dass Liechtenstein sich als neutral betrachte	18.11.1914
Dok. 56	Johann Wohlwend erkundigt sich im Landtag nach der Zensur von Postsendungen durch Österreich	7.12.1914
Dok. 58	Gedicht über die liechtensteinische Neutralität im Ersten Weltkrieg	6.2.1915
Dok. 61	Landesverweser Leopold von Imhof hat keine Bedenken gegen die Zeichnung von österreichischen Kriegsanleihen durch den Fürsten	21.10.1915
Dok. 64	Das k.u.k. Gericht des Militärkommandos in Innsbruck ersucht die liechtensteinische Regierung um eine grundsätzliche Äusserung zur Frage der Auslieferung österreichischer Deserteure	27.1.1916
Dok. 65	Landesverweser Imhof drückt die Erwartung aus, dass Frankreich trotz der französischen Skepsis in Bezug auf die liechtensteinische Neutralität der Lebensmittelversorgung aus der Schweiz keine Hindernisse in den Weg lege	4.3.1916
Dok. 67	Das österreichisch-ungarische Aussenministerium interveniert wegen der Ausweisung von Militärpflichtigen aus Liechtenstein	29.8.1916
Dok. 70	Gustav Matt teilt der Regierung mit, dass Liechtensteinern die Einreise nach Frankreich untersagt ist	8.2.1917
Dok. 71	Rudolf Lucke teilt William von Einem mit, wie er und Leopold von Imhof den heimlichen Grenzübertritt der Prinzen Sixtus und Franz Xaver von Bourbon-Parma durchführen wollen	17.3.1917
Dok. 72	Aus Vorarlberg werden 200 erholungsbedürftige Ferienkinder nach Liechtenstein gebracht und dort auf hilfsbereite Familien verteilt	10.8.1917
Dok. 73	Die kantonale Justiz- und Polizeidirektion Zürich ersucht die liechtensteinische Regierung um die Auslieferung des in der Schweiz hospitalisierten Deutschen Wilhelm Russ	15.12.1917
Dok. 80	Landesverweser Leopold von Imhof teilt der Hofkanzlei mit, dass Liechtenstein eine formelle Neutralitätserklärung als unnötig erachtet habe	16.4.1918

Dok. 82	Pfarrer Urban Marok ehrt die in Frankreich gefallenen Soldaten Paul Ehrenbauer und Wilhelm Weisshaupt durch das feierliche Stecken eines Kreuzes auf dem Friedhof	18.5.1918
Dok. 90	Der Landtag debattiert die Sicherheits- und Verpflegungsprobleme bei Kriegsende mit italienischen Soldaten und Kriegsgefangenen wegen der gesperrten Schweizer Grenze und beschliesst, in Innsbruck 100 Gewehre zu kaufen	12.11.1918
Dok. 161	Prinz Eduard von Liechtenstein informiert Josef Peer über den Plan Matthias Erzbergers, Liechtenstein dem Papst zu übertragen	27.10.1920
Dok. 231	Der «Kameradschaftsbund in Liechtenstein» publiziert eine Liste mit den Namen der Gefallenen im Ersten Weltkrieg und ruft dazu auf, weitere Namen zu melden, damit die Soldaten auf einem Denkmal geehrt werden können	1.9.1934

Inneres

Verfassung

Dok. 85	Der Abgeordnete Wilhelm Beck fordert im Landtag die Einführung des parlamentarischen Regierungssystems	14.10.1918
Dok. 94	Die Landtagsabgeordneten legen Fürst Johann II. ein 9-Punkte-Programm zur Revision der Verfassung vor und beantragen, Prinz Karl zum Landesverweser zu bestellen	10.12.1918
Dok. 102	Verfassungsentwurf von Wilhelm Beck	Mitte Januar 1919
Dok. 113	Fürst Johann II. behält sich die Entscheidung über die Anzahl der von ihm zu ernennenden Landtagsabgeordneten bis zur endgültigen Verfassungsrevision vor	10.6.1919
Dok. 115	Eine Deputation der Volkspartei unterbreitet Fürst Johann II. ihre Wünsche zur Verfassungsrevision	20.6.1919
Dok. 142	Verfassungsentwurf des Prinzen Karl von Liechtenstein	spätestens Mitte März 1920
Dok. 159	Fürst Johann II. trifft auf Grundlage der «Schlossverhandlungen» Beschlüsse über die Grundsätze der Verfassungsrevision und über die Bestellung von Josef Peer zum Landesverweser	11.9.1920

Dok. 170	Verfassungsentwurf von Regierungschef Josef Peer (1. Fassung)	12.1.1921
Dok. 175	Die Verfassungskommission empfiehlt dem Landtag die Annahme der von Regierungschef Josef Peer ausgearbeiteten Verfassungsvorlage mit einigen Abänderungsvorschlägen	nach dem 18.3.1921
Dok. 183	Regierungschef Josef Ospelt informiert den Churer Bischof Georg Schmid von Grüneck über die Beschlüsse des Landtags zu dessen die Verfassungsrevision betreffenden Forderungen	27.8.1921
Dok. 184	Josef Peer schlägt ein Prozedere vor, damit die neue Verfassung am Geburtstag des Fürsten Johann II. in Vaduz unterzeichnet werden kann	22.9.1921

Regierung

Dok. 43	Regierungssekretär Josef Ospelt informiert Hermann von Hampe, Leiter der Hofkanzlei, über den Tod und die Beisetzung von Landesverweser Karl von In der Maur	16.12.1913
Dok. 44	Die Hofkanzlei teilt dem Landesausschuss mit, dass Johann II. Leopold von Imhof zum neuen Landesverweser berufen hat	2.4.1914
Dok. 86	Der Landtag wählt einen provisorischen Vollzugsausschuss	7.11.1918
Dok. 87	Landesverweser Leopold von Imhof berichtet Fürst Johann II. von seiner Demission	10.11.1918
Dok. 89	Der Vorsitzende des provisorischen Vollzugsausschusses, Martin Ritter, stellt im Landtag das «Regierungsprogramm» vor	12.11.1918
Dok. 96	Die Regierung teilt mit, dass Fürst Johann II. seinen Neffen Prinz Karl zum Landesverweser ernannt hat	19.12.1918
Dok. 143	Die liechtensteinische Gesandtschaft in Wien holt Auskünfte zur Person Josef Peers ein	vor dem 9.3.1920
Dok. 146	Prinz Eduard führt in Vaduz Sondierungsgespräche hinsichtlich der Bestellung von Josef Peer zum Landesverweser	6.4.1920
Dok. 148	Die Anhänger der Fortschrittlichen Bürgerpartei begrüssen in Eschen die etwaige Ernennung von Josef Peer zum liechtensteinischen Landesverweser und geloben dem Fürsten Treue	25.4.1920

Dok. 149	Fürst Johann II. lehnt die Eingaben der Christlich-sozialen Volkspartei in der Peer- bzw. Landesverweserfrage als verfassungswidrig ab	27.4.1920
Dok. 150	Anton Walser, Obmann der Volkspartei, teilt Josef Peer mit, dass die Volkspartei mit allen erlaubten Mitteln gegen dessen Bestellung zum Landesverweser kämpfen werde	28.4.1920
Dok. 151	Fürst Johann II. nimmt die Eschner Resolution der Fortschrittlichen Bürgerpartei in der Peerfrage mit Befriedigung zur Kenntnis	30.4.1920
Dok. 160	Fürst Johann II. ernennt Josef Peer zum Leiter der Regierungsgeschäfte für die Dauer von 6 Monaten	15.9.1920
Dok. 174	FBP-Landtagsabgeordnete beantragen die Durchführung einer Volksabstimmung über den vorläufigen Verbleib von Josef Peer als Regierungschef	vor dem 8.3.1921
Dok. 176	Fürst Johann II. ernennt Josef Ospelt zum Fürstlichen Rat	4.4.1921
Dok. 191	Josef Ospelt erläutert im «Liechtensteiner Volksblatt» die Gründe für seinen Rücktritt als Regierungschef	17.5.1922
Dok. 192	Die Regierung berichtet Fürst Johann II. über die Wahl von Gustav Schädler zum Regierungschef	8.6.1922
Dok. 219	Die «Neuen Zürcher Nachrichten» kommentieren das Ende der Regierungskrise in Liechtenstein	2.10.1926

Landtag und Gesetzgebung

Dok. 74	Die Finanzkommission empfiehlt dem Landtag die Annahme der Regierungsvorlage betreffend die Abänderung der Landtagswahlordnung	vor dem 27.12.1917
Dok. 79	Albert Schädler stellt Bedingungen für seine Ernennung zum fürstlichen Abgeordneten	25.3.1918
Dok. 105	Das «Liechtensteiner Volksblatt» lehnt die Herabsetzung des Wahlrechtsalters auf 21 Jahre und die Erhöhung der Zahl der vom Volk gewählten Landtagsabgeordneten auf 17 (mit den fürstlichen Abgeordneten auf 20) ab	1.3.1919
Dok. 194	Der Landtag verabschiedet das Gesetz betreffend die Ausübung der politischen Volksrechte in Landesangelegenheiten	10.8.1922

Justiz

Dok. 24	Die Finanzkommission des Landtags beantragt die Einführung der freien Beweiswürdigung im Strafverfahrensrecht	vor dem 16.12.1909
Dok. 34	Die «Siebnerkommission» empfiehlt dem Landtag die Annahme der zivilprozessualen Gesetzentwürfe mit einigen Änderungen	vor dem 14.11.1912
Dok. 190	Wilhelm Beck begründet die Verlegung der auswärtigen Gerichtsinstanzen nach Liechtenstein sowie die Abänderung der Zivil- und Strafprozessordnung	29.3.1922
Dok. 230	Das Landgericht als Kriminalgericht verkündet das Urteil im Prozess gegen Franz Thöny, Anton Walser, Rudolf Carbone und Niko Beck (Sparkassaprozess)	30.11.1929

Staatsfinanzen

Dok. 126	Die liechtensteinischen Priester ermahnen das Volk, die Errichtung einer Spielbank (einer «Spielhölle») zu verhindern	15.10.1919
Dok. 127	Die «Oberrheinischen Nachrichten» reagieren auf den Aufruf der Geistlichkeit zur Verhinderung der Spielbank	25.10.1919
Dok. 138	Eugen Nipp unterbreitet Fürst Johann II. Wünsche betreffend die Einführung der Frankenwährung, die Gewährung einer Schenkung und eines Darlehens, die Verfassungsrevision, die Einführung des Proporzwahlrechts sowie die Schuldentilgung beim «Liechtensteiner Volksblatt»	vor dem 12.2.1920

Parteien

Dok. 77	Das «Liechtensteiner Volksblatt» lehnt die Bildung von Parteien für die Landtagswahl im März 1918 ab	15.2.1918
Dok. 97	Die «Fortschrittliche Bürgerpartei» wird am 22.12.1918 offiziell gegründet	27.12.1918
Dok. 100	Die Fortschrittliche Bürgerpartei veröffentlicht ein Parteiprogramm	4.1.1919
Dok. 103	Die Christlich-soziale Volkspartei veröffentlicht ein Parteiprogramm	18.1.1919
Dok. 214	Die Christlich-soziale Volkspartei stellt die Grundsätze ihres neuen Parteiprogrammes vor	20.1.1926

Ereignisse

Dok. 14	Einem Brand in Vaduz (Altenbach) fallen 19 Wohnhäuser und 21 Ställe zum Opfer	25.10.1907
Dok. 38	Nach einem Grossbrand in der Gemeinde Triesen ruft ein Hilfskomitee unter dem katholischen Geistlichen Peter Oswald Bast zu Geld- und Naturalspenden auf	28.3.1913
Dok. 92	Der ehemalige Landesverweser Leopold von Imhof informiert Fürst Johann II., dass Martin Ritter gedroht habe, den fürstlichen Domänenbesitz in Liechtenstein zum Landesvermögen zu erklären	18.11.1918
Dok. 141	Eduard von Liechtenstein drängt Landesverweser Karl von Liechtenstein, dass die Regierung beim Fürsten die Niederschlagung des Strafverfahrens gegen Andreas Vogt wegen dessen Ausruf «Nieder die Regierung, hoch die Republik» beantragen soll	28.2.1920
Dok. 171	Die Teilnehmer einer Versammlung vom 13.2.1921 im Restaurant Adler in Vaduz fordern in einer Resolution, dass die Regierung den Vertrag mit dem Briefmarkenkonsortium löse, die Briefmarken in Zusammenarbeit mit der Schweiz herstellen lasse und die Marken nur in Liechtenstein verkauft werden	16.2.1921
Dok. 172	Peter Büchel und weitere Landtagsabgeordnete beantragen die Schaffung einer Landeswehr	Anfang März 1921
Dok. 220	Die Regierung informiert in einer Pressemitteilung über die Hintergründe für den Entzug der Konzession der Klassenlotterie	4.12.1926
Dok. 226	Der «Liechtensteiner Volkswirt» berichtet über den Rheineinbruch	27.9.1927

Fürstenhaus

Fürst

Dok. 17	Anlässlich des fünfzigjährigen Regierungsjubiläums von Fürst Johann II. beschliesst der Landtag, einen «Irrenfürsorgefonds» zu gründen sowie den bestehenden Feuerwehrfonds entsprechend zu dotieren	23.10.1908
Dok. 32	Zur Feier des zweihundertjährigen Überganges der Grafschaft Vaduz an das liechtensteinische Fürstenhaus wird ein Landesfest veranstaltet	19.7.1912

Dok. 166	Die fürstlich-liechtensteinische Residenz in Wien wird von Österreich als exterritoriales Gebäude eines fremden Souveräns anerkannt	13.12.1920
Dok. 173	Der Wiener Völkerrechtsprofessor Leo Strisower erstattet ein Rechtsgutachten über die Souveränität des Fürstentums Liechtenstein und des Fürsten von Liechtenstein	ca. Februar/ März 1921
Dok. 201	Fürst Johann II. von Liechtenstein teilt dem Regierungschef zuhanden des Landtags mit, dass die Prinzen Franz und Alois auf die Thronfolge verzichtet haben und somit sein Grossneffe Franz Josef nach dem Ableben seines Bruders Franz die Thronfolge antreten wird	15.3.1923
Dok. 209	Fürst Johann II. wandelt das Darlehen an das Land Liechtenstein für die aus dem Ersten Weltkrieg herrührende Lebensmittelschuld in eine Schenkung um	12.11.1923

Fürstliche Familie

Dok. 6	Der Landtag gratuliert Fürst Johann II. zur Verlobung von Prinz Alois mit Erzherzogin Elisabeth Amalie	17.11.1902
Dok. 12	Das österreichische Justizministerium und das österreichisch-ungarische Aussenministerium verneinen die Exterritorialität des Prinzen Alfred Alois von Liechtenstein	1.2.1907
Dok. 48	Das «Liechtensteiner Volksblatt» berichtet, welche Mitglieder des Fürstenhauses nach Ausbruch des Ersten Weltkriegs Dienst in der k. und k. Armee leisten	5.9.1914
Dok. 121	Die Regierung legt dem Landtag einen Gesetzentwurf betreffend die Staatsbürgerschaft der fürstlichen Agnaten vor	vor dem 25.8.1919
Dok. 208	Regierungschef Gustav Schädler kritisiert mit Blick auf die liechtensteinische Selbständigkeit und Souveränität, dass mehrere Mitglieder des Fürstenhauses im «Gothaischen Hofkalender» als ehemalige k.u.k. Offiziere und Beamte aufgeführt werden	18.10.1923

Fürstliche Besitzungen

Dok. 30	Das «Liechtensteiner Volksblatt» berichtet, dass die Schlossbaukommission die fast abgeschlossenen Restaurationsarbeiten am Schloss Vaduz inspiziert hat	13.10.1911

Dok. 139	Vor dem Hintergrund der drohenden Bodenreform in der Tschechoslowakei ersucht die liechtensteinische Gesandtschaft in Bern die schweizerische Regierung um Intervention in London, Paris und Rom	15.02.1920
Dok. 229	Die Beschwerde von Fürst Johann II. gegen die Enteignung seiner Güter wird vom obersten Verwaltungsgericht in der Tschechoslowakei abgewiesen	22.6.1929

Fürstliche Sammlungen

Dok. 114	Das «Liechtensteiner Volksblatt» wünscht sich eine mindestens teilweise Verlegung der fürstlichen Gemäldegalerie nach Vaduz	14.6.1919
Dok. 199	Fürst Johann II. verkauft fünf wertvolle Gemälde aus seinen Sammlungen; der Erlös soll für wohltätige Zwecke im Fürstentum Liechtenstein eingesetzt werden	21.2.1923

Wirtschaft

Kriegswirtschaft

Dok. 63	Die «Thurgauer Zeitung» berichtet, dass Liechtenstein vor allem aus der Schweiz Lebensmittel erhalte, Fürst Johann II. unterstütze v.a. Kirchen und Klöster	20.1.1916
Dok. 75	Die Regierung verbietet die Ausfuhr von Getreide, Mehl und Brot, sofern dies den Tagesbedarf der betreffenden Person übersteigt	1.2.1918
Dok. 117	Das «St. Galler Tagblatt» wundert sich, dass die Behörden dem blühenden Schmuggel zwischen Liechtenstein und der Schweiz auf der Luziensteig noch kein Ende bereitet haben	25.7.1919

Infrastruktur

Dok. 1	Die Regierung erteilt der Gemeinde Vaduz die Bewilligung zur Erstellung und zum Betrieb eines elektrischen Leitungsnetzes für Beleuchtungszwecke	6.9.1900
Dok. 10	Landesverweser Karl von In der Maur erteilt der Stadt Feldkirch die Konzession zur Führung elektrischer Starkstromleitungen in den Ortschaften des liechtensteinischen Unterlandes	24.5.1906

Dok. 13	Landesverweser Karl von In der Maur ersucht um Intervention der k.u.k. Gesandtschaft in Bern für die Konzessionierung einer Schmalspurbahn von Landquart über Ragaz zur liechtensteinischen Landesgrenze	14.7.1907
Dok. 21	Der Fremdenverkehrsverband für Vorarlberg und Liechtenstein wendet sich gegen die vom liechtensteinischen Landtag geforderte Erlassung eines Fahrverbotes für Automobile im Fürstentum	22.3.1909
Dok. 42	Landesverweser Karl von In der Maur wird im Landtag wegen seiner Haltung zum Lawenawerkprojekt scharf angegriffen	4.12.1913
Dok. 227	Der Vaduzer Hofkaplan Alfons Feger spricht im Auftrag der liechtensteinischen Regierung beim österreichischen Bundeskanzler Ignaz Seipel wegen der Weiterführung der Eisenbahnlinie von Schaan über Vaduz, Triesen und Balzers nach Sargans vor	16.10.1927

Landwirtschaft, Jagd und Fischerei

Dok. 9	Die fürstlichen Forstingenieure Hugo und Karl Anderka erstellen Waldkarten und revidieren die 10jährigen Waldwirtschaftspläne	13.4.1906
Dok. 22	Das fürstliche Appellationsgericht stützt die Verurteilung von Xaver Beck aus Triesenberg wegen Wildfrevels und verbotenen Waffentragens	19.4.1909
Dok. 41	Das Innendepartement des Kantons Graubünden verhängt auf Ersuchen der liechtensteinischen Regierung eine Weidesperre für das Vieh in der Gemeinde Fläsch	14.5.1913
Dok. 98	Die liechtensteinische Regierung bewilligt die Torfausfuhr in die Schweiz unter Auflagen	31.12.1918
Dok. 130	Der neugegründete «Liechtensteinische Bauernbund» erlässt Statuten	9.11.1919

Handwerk und Industrie

Dok. 20	K.k. Gewerbeinspektor Hubert Stipperger erstattet Bericht über die liechtensteinischen Textilfabriken	20.03.1909
Dok. 128	Die liechtensteinische Textilindustrie ersucht die Regierung um Unterstützung bei der Kohlenversorgung aus dem Ausland	27.10.1919

Dok. 162	Das Textilunternehmen Adolf Schwab ersucht die Regierung um die Befreiung der im Veredlungsverkehr hergestellten Papiergewebe von der Ausfuhrtaxe nach Österreich	28.10.1920
Dok. 211	Das Fürstentum Liechtenstein wird dem Eidgenössischen Fabrikinspektorat des IV. Kreises mit Sitz in St. Gallen zugeteilt	5.6.1924
Dok. 218	Eugen Meier legt der Regierung eine Fabrikordnung für seine mechanische Bau- und Möbelschreinerei in Mauren vor	30.9.1926

Dienstleistungen, Lotterien

Dok. 136	Das «Liechtensteiner Volksblatt» teilt mit, dass das liechtensteinische Notgeld zur Ausgabe gelangt ist	21.1.1920
Dok. 158	Die Regierung erteilt der Anglo-österreichischen Bank eine Bankenkonzession	30.8.1920
Dok. 228	Alfons Kranz und Ferdi Risch, der FBP nahe stehende Mitglieder der Untersuchungskommission des Landtags zur Klassenlotterie, legen dem Landtag einen Minderheitenbericht vor	7.5.1928

Soziales

Alltag

Dok. 179	Der Arbeiter Anton Walser ersucht Fürst Johann II. vor dem Hintergrund des Wohnungsmangels in Schaan um ein Darlehen für einen Hausbau	Mai 1921

Arbeiterschaft

Dok. 31	Gewerbeinspektor Franz Eberl beantragt bei der Regierung den Beitritt Liechtensteins zum Berner Übereinkommen vom 26.9.1906 betreffend das Verbot der Nachtarbeit der in der Industrie beschäftigten Frauen	10.6.1912
Dok. 53	Einige in der Schweiz wohnhafte Liechtensteiner beklagen die Krise im Baugewerbe sowie den Ausschluss von kantonalen Arbeitsmassnahmen	03.10.1914
Dok. 57	Der Landtag bewilligt 20'000 Kronen für Notstandsarbeiten und 3000 Kronen für notleidende Familien und bestellt weiters eine Landesnotstandskommission	14.12.1914

Dok. 81	Der fürstliche Forstverwalter Julius Hartmann ersucht die Regierung, für die Verbauungen in der Kracherrüfe unverzüglich brauchbare Arbeiter durch die Gemeinden Eschen und Mauren aufbieten zu lassen, weil wegen Schuhmangels nur sehr schwer Arbeitskräfte aufzutreiben seien	14.5.1918
Dok. 137	Das österreichische Staatsamt für Verkehrswesen droht mit dem Abzug des Eisenbahnpersonales aus Liechtenstein, falls nicht die Lebensmittelversorgung für die Eisenbahnbediensteten durch Frankenzuschüsse oder durch Warenabgabe in Kronenwährung zu marktüblichen Preisen sichergestellt wird	30.01.1920
Dok. 152	Der Gewerkschaftsverband der deutschösterreichischen Postangestellten droht der liechtensteinischen Regierung mit Streik, falls nicht bis zum 15. Mai 1920 Lohnerhöhungen in Frankenwährung für die Postbediensteten im Fürstentum bewilligt werden	4.5.1920
Dok. 178	Die Regierung ersucht den liechtensteinischen Geschäftsträger in Bern, Emil Beck, um Intervention zwecks Zulassung von etwa 250 liechtensteinischen Bauarbeitern in der Schweiz	15.4.1921
Dok. 181	Zur Bekämpfung der Arbeitslosigkeit finanziert Fürst Johann II. aus seiner Privatschatulle Strassenbauprojekte	4.6.1921
Dok. 188	Der Liechtensteinische Arbeiterverband und drei Politiker aus beiden Parteien richten Forderungen zur Bekämpfung der hohen Arbeitslosigkeit an die Regierung	11.1.1922

Frauen und Geschlechter

Dok. 40	Statuten der Marianischen Jungfrauenkongregation in Schaan	1.5.1913
Dok. 145	In Triesen wird ein christlich-sozialer Arbeiterinnenverein gegründet	20.3.1920

Fürsorge und Gesundheitswesen

Dok. 7	Die Gemeinde Eschen schliesst mit dem Mutterhaus der barmherzigen Schwestern in Zams einen Vertrag über die Anstellung von Schwestern für das Armenhaus und für die Schule	19.5.1904
Dok. 16	Hausordnung für das Armenhaus Vaduz	17.10.1908

Dok. 26	Die liechtensteinische Regierung überträgt die Lebensmittelkontrolle im Fürstentum Liechtenstein der landwirtschaftlich-chemischen Versuchs- und Lebensmitteluntersuchungsanstalt des Landes Vorarlberg	9.12.1910
Dok. 28	Die liechtensteinische Regierung schliesst mit der Heil- und Pflegeanstalt St. Pirminsberg einen Vertrag ab über die Unterbringung von liechtensteinischen Geisteskranken	14.4.1911
Dok. 35	Statuten des Vereins für Kranken- und Wöchnerinnen-Pflege im Fürstentum Liechtenstein	9.1.1913
Dok. 84	Der Bischof von Chur ermahnt die Gläubigen, die verheerende Grippe durch Gebet und Sakramentenempfang abzuwenden	31.8.1918
Dok. 107	Der Landtag beschliesst, das Krankenhaus in Schaan zu bauen und bewilligt eine allenfalls notwendige Expropriation für diesen Zweck	6.3.1919
Dok. 198	Das «Liechtensteiner Volksblatt» stellt in einem historischen Abriss die Entwicklung der liechtensteinischen Krankenversicherung dar und fordern Verbesserungen	3.2.1923

Jugend

Dok. 37	Die Regierung erteilt dem seraphischen Liebeswerk bei Meran in Tirol die Zulassung für das Fürstentum Liechtenstein	7.3.1913

Mentalitäten und ideologische Strömungen

Dok. 182	Felix Real zeigt den galizischen Juden Marian Thuna wegen unerlaubten Hausierens bei der Regierung an	15.6.1921

Immigration und Emigration

Ausländer in Liechtenstein

Dok. 4	Der Fabrikarbeiter Paul Ehrenbauer in Schaan wird mit seiner Familie wegen Armut in seine Heimat abgeschoben	19.2.1901
Dok. 59	Landesverweser Leopold von Imhof lehnt eine diplomatische Intervention zugunsten des F.L. Landrichters Franz Josef Erne, der als österreichischer Offizier in russische Kriegsgefangenschaft geraten ist, als neutralitätspolitisch bedenklich ab	29.5.1915

Dok. 83	Die k.u.k. Grenzkontrollstelle Feldkirch legt der liechtensteinischen Regierung nahe, dem tschechischen Refraktär Karl Hladil, der unter Spionageverdacht steht, keine Niederlassungsbewilligung für das Fürstentum zu erteilen	14.8.1918
Dok. 132	Der designierte liechtensteinische Generalkonsul für die Schweiz, Walter F. Probst, beklagt missbräuchliche Einbürgerungen in Liechtenstein, namentlich von Juden, Schiebern und Kriegsgewinnlern sowie von Deserteuren und Refraktären	1.12.1919
Dok. 200	Die Regierung ruft alle Liechtensteiner auf, das Auftauchen fremder Vagabunden und Bettler sofort dem nächsten Polizeiposten zu melden und erinnert daran, dass die Beherbergung Fremder ohne Bewilligung durch den Ortsvorsteher streng bestraft wird	10.3.1923

Einbürgerungen

Dok. 153	Die auf Wunsch des Fürsten Johann II. modifizierte Regierungsvorlage zur Novellierung des Staatsbürgerschaftsgesetzes von 1864 wird vom Landtag mit geringfügigen Änderungen einstimmig verabschiedet	22.5.1920
Dok. 164	Landesverweser Josef Peer spricht sich entschieden gegen die Einbürgerung des Wiener Industriellen Salomon Manfred Singer aus und warnt vor der Durchdringung Liechtensteins durch die jüdische Rasse	13.11.1920
Dok. 216	Johann II. von Liechtenstein genehmigt den Antrag der Regierung auf Einbürgerung von Baron Emilio Sternberg de Armella mit Familie	3.6.1926

Liechtensteiner im Ausland

Dok. 25	Wilhelm Büchel ersucht die Regierung um die Konzessionierung einer Generalagentur für Auswanderung in Schaan	24.7.1910
Dok. 55	Landesverweser Leopold von Imhof betont im Falle des Liechtensteiners Franz Paul Fischer, dessen Liegenschaften in Saigon sequestriert wurden, die Souveränität und Neutralität des Fürstentums Liechtenstein	19.11.1914
Dok. 60	130 liechtensteinische Arbeiter in Österreich, die mit Waffengewalt zur Arbeit im Kriegsgebiete gezwungen werden, wenden sich mit der Bitte an die liechtensteinische Regierung, sich dafür einzusetzen, dass sie heimkehren können	4.8.1915

Dok. 68	Landesverweser Leopold von Imhof bittet Fürst Johann II. zu Gunsten von August Schädler, dem in Österreich wegen Majestätsbeleidigung die Todesstrafe droht, zu intervenieren	28.9.1916
Dok. 76	Die Auslandliechtensteiner verlangen die Übernahme der diplomatischen Vertretung Liechtensteins im Ausland durch die Schweiz	9.2.1918
Dok. 101	Der Liechtensteiner Verein St. Gallen fordert die Einführung des Stimm- und Wahlrechts für Auslandliechtensteiner (Pressebericht)	15.1.1919
Dok. 116	Die französischen Behörden weisen den liechtensteinischen Staatsangehörigen Max Mündle mit seiner Familie aus dem Elsass aus und sequestrieren dessen Liegenschaften	26.6.1919
Dok. 223	In Triesenberg werden drei Amerika-Auswanderer von der Gemeindevertretung und der Harmoniemusik feierlich verabschiedet	2.6.1927

Kirche und Religion

Dok. 33	Die «Fürst Johannes Jubiläumskirche», die neue Pfarrkirche von Balzers, wird mit einem Festakt eingeweiht	12.11.1912
Dok. 36	Die Regierung verlangt vom Auslandsliechtensteiner Albin Laternser, der die Schweizerin Martha Weber zu heiraten gedenkt, die Erklärung, sich kirchlich trauen zu lassen	20.2.1913
Dok. 39	Die Triesner Gemeindeversammlung wählt in Ausübung des der Gemeinde zustehenden Präsentationsrechtes für die dortige Pfarrpfründe den bisherigen Kooperator Peter Oswald Bast zum neuen Pfarrer	6.4.1913
Dok. 69	Bischof Georg Schmid von Grüneck kritisiert verschiedene Punkte im Gesetzentwurf der Regierung für eine Kongruaregelung als kirchenrechtswidrig	15.12.1916
Dok. 109	Landesvikar Johann Baptist Büchel beruft sich als Beschuldigter in einer Ehrenbeleidigungssache vor dem F.L. Landgericht auf das privilegium fori	17.4.1919
Dok. 157	Die schweizerischen Bischöfe schliessen Personen, die sich offen zum Sozialismus bekennen oder für diesen kämpfen, vom Empfang der Sakramente aus	29.7.1920

Dok. 189	Der liechtensteinische Geschäftsträger in Bern, Emil Beck, nimmt Stellung zur Gültigkeit der von Roeckle-Hilsenbek, Vogt-Sprecher und Quaderer-Lehmann eingegangenen Ehen	29.3.1922
Dok. 210	Der neue bischöfliche Landesvikar Georg Marxer sagt der Regierung zu, seinen Einfluss für ein «freundliches Zusammenwirken» von Kirche und Staat geltend zu machen	8.2.1924
Dok. 212	Der Schweizer Bundesrat gesteht Liechtenstein in Abweichung von der eidgenössischen Fabrikgesetzgebung mehr als 8 gesetzliche Feiertage pro Jahr zu	11.12.1924
Dok. 213	Regierungschef Gustav Schädler bemüht sich gegen den Widerstand von Pfarrer Anton Frommelt darum, dass die Protestantin Mina Schädler auf dem Triesner Friedhof wie eine Katholikin «in der Reihe» bestattet werden darf	31.8.1925
Dok. 221	Vier Ernste Bibelforscher werden vom F.L. Landgericht wegen der Verteilung antikatholischer Flugblätter in Ruggell, was den Straftatbestand der Beleidigung anerkannter Religionsgemeinschaften erfüllen soll, zu unbedingten Geldstrafen, zu bedingtem Arrest sowie zur Landesverweisung verurteilt	11.1.1927

Kultur und Bildung

Dok. 18	Die Finanzkommission empfiehlt dem Landtag, die Regierung mit weiteren Beratungen über den Ausbau der Landes- bzw. Realschule Vaduz zu beauftragen	vor dem 19.12.1908
Dok. 23	Regierung und Landesschulrat veranstalten zur Erinnerung an das 50jährige Regierungsjubiläum des Fürsten Johann II. ein grosses Fest für die Schuljugend in Vaduz	9.7.1909
Dok. 45	Die Landesschulbehörden geben erstmals ein eigenes liechtensteinisches Lesebuch heraus	13.6.1914
Dok. 167	Der fürstliche Musikdirektor Severin Brender bittet Fürst Johann II. um die Übernahme des Protektorates und die Subventionierung einer zu gründenden Musik- und Malschule, ferner um ein unverzinsliches Darlehen für die Anschaffung der benötigten Musikinstrumente	14.12.1920
Dok. 187	Der Vaduzer Pfarrer Johannes De Florin lehnt in seiner Stellungnahme an die Regierung die Veranstaltung von Lustbarkeiten, namentlich die Aufführung eines Lustspieles im Gasthaus «Adler», während der Advents- und Fastenzeit ab	28.11.1921

Dok. 217   Die «Neue Bündner Zeitung» berichtet über die Vorbereitungen zum Rheinberger-Jubiläum   9.9.1926

Sport und Freizeit

Dok. 19   Ein Komitee lädt zur Gründung der Sektion «Liechtenstein» des deutschen und östrerreichischen Alpenvereins ein   14.3.1909

Dok. 196   Der Schützenverein Vaduz feiert sein 40jähriges Bestehen   28.10.1922

Dok. 225   Der Tennis-Club Vaduz berichtet über seine Vereinsaktivitäten   17.9.1927

Dokumente in chronologischer Reihenfolge

Dok. 1
Die Regierung erteilt der Gemeinde Vaduz die Bewilligung zur Erstellung und zum Betrieb eines elektrischen Leitungsnetzes für Beleuchtungszwecke

Handschriftliches Konzeptschreiben mit Ergänzungen und Korrekturen des Landesverwesers Karl von In der Maur, gez. ders., zuhanden der Gemeinde Vaduz[1]

6.9.1900

Dekret
An den Ortsvorstand [Alois Seger (Seeger)] in *Vaduz*
Zum Zwecke der Herstellung und des Betriebes einer elektrischen Beleuchtungsanlage in Vaduz hat die Gemeinde Vaduz mit der Fabriksfirma *Jenny, Spörry u. Comp.* in Vaduz unterm 19. Mai 1899 einen Vertrag[2] abgeschlossen, wornach letztere Firma die Wasserkraft zwischen der auf *Kat. Parc. No. 15/VIII* gelegenen Centralquellenstube der Firma u. dem auf ebendieser *Kat. Parc.* gelegenen Hochreservoir der Firma in entsprechender Druck- u. Ableitung zu u. von der beim Hochreservoir zu errichtenden Kraftstation, deren Herstellung durch die Gemeinde Vaduz vorgesehen war, zu führen hat.

Nachdem der bezügliche Vertrag mit dem hä. [hierämtlichen] Erlasse vom *23. Mai 1899, Zl: 807/Reg.*, genehmigt worden war, wurde der genannten Firma mit dem hä. Erlasse vom *22. Oktober 1899, Zl. 1516/Reg.*[3] die Bewilligung zur Herstellung der erwähnten Druckleitung u. der Gemeinde *Vaduz* mit dem hä. Erlasse vom *12. April 1900, Zl. 703/Reg.*[4] die Concession zur Erbauung eines als elektrische Kraftstation ins Auge gefassten Maschinenhauses für das Elektricitätswerk auf der im Eigenthum der Gemeinde stehenden *Kat. Parc. No. 17/VIII* ertheilt.

Die fürstl. Regierung ertheilt nunmehr der Gemeinde *Vaduz* über deren Ansuchen und nach gepflogener Lokalerhebung die Bewilligung zur Herstellung eines für den Betrieb der elektrischen Beleuchtung bestimmten Leitungsnetzes unter folgenden Bedingungen:

1. Von dem vorgelegten Plane,[5] welcher unter Einem genehmigt wird, darf ohne spezielle hä. Bewilligung nicht abgewichen werden.

---

1 LI LA RE 1900/0999 ad 0702. Eine Abschrift des Schreibens ging an Landestechniker Gabriel Hiener zur Kenntnisnahme. Mundiert von Josef Ospelt am 7.9.1900. Vgl. LI GAV A 16/01/1/3.
2 Vgl. den Vertrag zwischen der Gemeinde Vaduz, vertreten durch Ortsvorsteher Adolf Real und Gemeindekassier Johann Laternser, einerseits und der Firma Jenny, Spoerry & Cie andererseits vom 19.5.1899 betreffend Fassung der Wasserkraft zwischen der Zentralquellenstube und dem Hochreservoir der Firma für Zwecke der elektrischen Beleuchtung. Der Vertrag wurde von der Regierung bzw. von Landesverweser Karl von In der Maur am 23.5.1899 genehmigt. Vgl. dazu auch den Erlass an das Landgericht vom selben Tag betreffend die grundbücherliche Amtshandlung (LI LA RE 1899/0807). Vgl. LI GAV A 19/05/17 sowie LI GAV A 16/01/3/01.
3 Vgl. das Dekret von Landesverweser Karl In der Maur an die Firma Jenny, Spoerry & Cie vom 22.10.1899 auf deren Gesuch vom 17.4.1899 (LI LA SF 05/1899/1516 ad 0911).
4 Vgl. das Dekret des Landesverwesers an die Ortsvorstehung Vaduz vom 12.4.1900 in Erledigung des Gesuches der Gemeinde vom 9.4. (LI LA RE 1900/0703 ad 0702).
5 Vgl. LI LA PKB 0352/3.

2. Die Anlage bezw. Führung der elektrischen Speise- und Vertheilungsleitungen sowie die Ausführung der Anschlussleitungen für die einzelnen Häuser und die Anlage der Leitungen in den Häusern selbst hat nach den in der Schweiz geltenden neuesten Normal-Bestimmungen[6] zu erfolgen.
3. Die Aufstellung der Stangen hat derart zu geschehen, dass öffentliche Interessen nicht beeinträchtigt werden u. dass insbesondere auch der Wasserabzug auf den landschaftlichen Strassen u. auf den Ortswegen nicht in nachtheiliger Weise beeinflusst wird; soweit Privatgrundstücke zur Aufstellung von Stangen benützt werden sollen, ist Behufs Vermeidung nachträglicher begründeter *Reclamationen* jedesmal die vorgängige Zustimmung des betreffenden Grundeigenthümers in einer jeden Zweifel ausschliessenden Weise sicherzustellen.
4. Die Gemeinde bleibt der Behörde sowie den Privaten gegenüber für jeden Schaden haftbar, welcher während der Montirung des Leitungsnetzes oder während des Betriebes der elektrischen Anlage durch Mangel an Aufsicht oder an Umsicht, durch Verwendung schlechten Materiales, durch fehlerhafte Construction oder durch fehlerhafte Behandlung der Anlage u. dgl. mehr an fremdem Eigenthume entsteht.
5. Änderungen der fertiggestellten Anlage oder Erweiterung derselben durch Einbeziehung neuer Abgabestellen in das elektrische Leitungsnetz bedürfen stets einer besonderen Bewilligung der fürstl. Regierung.
6. Die erfolgte Fertigstellung der Anlage ist der fürstl. Regierung seinerzeit Behufs *Collaudirung* anzuzeigen.
7. Die hiemit ertheilte *Concession* für den Betrieb der elektrischen Beleuchtungsanlage gilt zunächst für *dreissig* (30) Jahre bis Ende 1930.
   Hievon wird der O. V. mit der Aufforderung in Kenntnis gesetzt, das noch fehlende *Duplikat* des unter Punkt 1) erwähnten Planes zur Beisetzung der hä. Genehmigungsklausel sowie die Pläne für den maschinellen Theil der Anlage (Turbine u. dgl.) in doppelter Ausfertigung zur Genehmigung hä. einzureichen.[7]

---

[6] Vgl. den Bundesratsbeschluss betreffend Allgemeine Vorschriften über elektrische Anlagen vom 7.7.1899, welcher dem Landesverweser am 12.9.1900 von Landestechniker Hiener übermittelt wurde. In der Maur vermerkte hiezu: «Diese Vorschriften wurden als für das Vaduzer Elektricitäts-Werk massgebend erklärt.» (LI LA RE 1900/1620 ad 0702).

[7] Am 9.12.1900 teilte Ortsvorsteher Seger der Regierung mit, dass die Gemeinde beabsichtige, «mit Ende dieser Woche oder Anfang nächster Woche die Probebeleuchtung zu beginnen» (LI LA RE 1900/2245 ad 0702). Zur behördlichen Kollaudierung des Maschinenhauses für das Elektrizitätswerk Vaduz sowie der Turbinen und der elektrodynamischen Maschinen am 13.12.1900 vgl. den Erlass der Regierung an den Ortsvorstand in Vaduz vom 20.12.1900 (LI LA RE 1900/2302 ad 0702). Eine gesonderte Kollaudierung des elektrischen Leitungsnetzes wurde in den Akten nicht vermerkt.

Dok. 2
Fürst Johann II. von Liechtenstein wünscht über österreichisch-ungarische Vermittlung eine Klarstellung von Berlin, wonach zwischen dem Fürstentum Liechtenstein und Preussen bzw. dem Deutschen Reich sowie zwischen den Häusern Liechtenstein und Hohenzollern friedliche und freundschaftliche Beziehungen bestehen

Handschriftliches Konzept, mit Korrekturen und Ergänzungen, des k.u.k. Ministeriums des kaiserlichen und königlichen Hauses und des Äussern, gez. Ministerialrat Franz Riedl von Riedenau, für ein «Privatschreiben» des Ministers Agenor von Goluchowski an den österreichisch-ungarischen Botschafter in Berlin, Ladislaus von Szögyény-Marich[1]

14.11.1900, Wien

Gegenstand: Klarstellung der friedlichen Beziehungen zwischen dem Fürstenthum Liechtenstein und Preussen

Wie Ew. Exc. ohne Zweifel bekannt, hat das souveräne Fürstenthum Liechtenstein an dem durch die Ereignisse in Schleswig-Holstein hervorgerufenen Beschlusse des deutschen Bundestages vom 14. Juni 1866 theilgenommen, durch welchen die Bundescontingente der deutschen Mittelstaaten mobilisirt wurden. In Ausführung dieses Beschlusses wurde auch ein kleines liechtenstein'sches Detachement an das Stilfser Joch entsendet, um dort eventuell zur Abwehr gegen die nach Tirol einbrechenden garibaldischen Freischaaren verwendet zu werden, und verblieb daselbst bis nach dem Prager Friedensschluss vom 23. August 1866.[2] Bei dieser Gelegenheit geschah es nun, dass das Fürstenthum, welches bei den Friedensverhandlungen nicht vertreten war, übersehen wurde und dargestellt nicht unter den Signatarmächten erscheint. Dieser Umstand brachte es mit sich, dass – obwohl der Bundesbeschluss vom 14. Juni 1866 seinem Wortlaute nach keine Kriegserklärung gegen Preussen involviert hatte – von Zeit zu Zeit sich immer wieder Stimmen in der Öffentlichkeit geltend machten, welche darauf hinwiesen, dass das Fürstenthum, nachdem es gegen Preussen mobilisirt und an dem nachher erfolgten Friedensschlusse nicht theilgenommen hatte, sich Preussen gegenüber noch immer formell im Kriegszustande befinde.

Dass diese Deduction unrichtig ist und lediglich auf einer formellen Ausserachtlassung fusst, die durch die Entwicklung der Dinge längst jede Bedeutung verloren hat, ergibt sich aus einer Reihe von Thatsachen, welche zeigen, dass das Fürstenthum und Preussen bezw. das Deutsche Reich schon kurz nach dem Prager Frieden und seither ununterbrochen bis in die jüngste Zeit im international friedlichen Verkehre mit einander standen.

So hat das Fürstenthum verschiedene Verträge abgeschlossen, bei welchen auch Preussen und andere deutsche Staaten als Compaciscenten erscheinen, Verträge, welche

---

1 AT ÖStA, HHStA, Ministerium des Äussern, Administrative Registratur F2, Fremde Souveraine, Staaten, Karton 53, Liechtenstein (Protokoll Nr. des Ministeriums: 63805/1900. Aktzeichen des Departements 7: 7787a) bzw. als Kopie unter LI LA SgK 017. Eingangsstempel des Ministeriums vom 2.11.1900. Vermerke: «Provenienz: Ex offo», «Privatschreiben (Quart mit Aufdruck)», «S.E. dem Minister zur Unterschrift» mit unleserlicher Unterschrift. Stempel: «Mundirt Karl Fahrnecker»). – Vgl. auch LI LA SF 01/1900/007 und LI LA SgK 296. Vgl. ferner die «Deutsche Zeitung», Nr. 10354, 28. Oktober 1900, S. 4 («Aus dem kleinsten deutschen Land»).

2 Vgl. den Friedensvertrag zwischen Österreich und Preussen vom 23.8.1866, öst. RGBl. 1866 Nr. 103. Vgl. auch den Vorfrieden von Nikolsburg vom 26.7.1866.

sich die Regelung internationaler oder wirtschaftlicher und sozialer Verhältnisse zum Zwecke setzen und selbstverständlich nur unter Staaten eingegangen werden, die miteinander auf freundschaftlichem Fusse stehen. Abgesehen von dem Berliner Staatsvertrage vom 13. Juni 1867,[3] in welchem auf Grund des Artikels XIII des Prager Friedens die Ausscheidung Österreichs und Liechtensteins aus dem Verbande des Münzvertrages von 1857[4] vereinbart wurde, gehören hieher die Dresdener Sanitätsconvention vom 15. April 1893,[5] das Bregenzer Übereinkommen vom 5. Juli 1893 über die Fischerei im Bodensee[6] und die Venediger Sanitätsconvention vom Jahre 1897.[7]

Zu den Umständen, welche die vollkommene Regelmässigkeit der Beziehungen zwischen dem regierenden Fürsten [Johann II.] von und zu Liechtenstein und dem preussischen Königshause darthun, gehört auch die Thatsache, dass der Fürst bei Sr. Majestät dem Kaiser Wilhelm II. eine Immediateingabe um Erneuerung der Belehnung mit dem preussischen Antheile der Fürstenthümer Troppau und Jägerndorf und Gestattung der Ablegung des Lehens- und Huldigungseides eingebracht hat und diesem Ansuchen von Sr. Majestät in der Form einer von dem kgl. preussischen Minister des kgl. Hauses, des Innern und der Justiz an Seine Durchlaucht gerichteten Schreibens stattgegeben worden ist, worüber der Botschaftsbericht vom 5. Juni 1889 No. LVII. B handelt.[8]

Im Jahre 1880 wurden die k. u. k. Missionen mit der diplomatischen Vertretung des Fürstenthums bei den fremden Höfen betraut[9] und dies auch durch den damaligen k. u.

---

3   Vgl. den Vertrag vom 13.6.1867 betreffend das Ausscheiden des Kaiserthumes Österreich und des Fürstenthumes Liechtenstein aus dem deutschen Münzvertrage vom 24.1.1857, öst. RGBl. 1867 Nr. 122, sowie das liechtensteinische Gesetz vom 12.2.1868 betreffend die Ausscheidung Österreichs und Liechtensteins aus dem Münzverein, LGBl. 1868 Nr. 1/1.
4   Vgl. den Münzvertrag vom 24.1.1857, öst. RGBl. 1857 Nr. 101.
5   Vgl. das Internationale Übereinkommen vom 15.4.1893, abgeschlossen zwischen Österreich-Ungarn, Deutschland, Belgien, Frankreich, Italien, Luxemburg, Montenegro, den Niederlanden, Russland und der Schweiz, betreffend gemeinsame Massregeln zum Schutze der öffentlichen Sicherheit in Zeiten des epidemischen Auftretens der Cholera, öst. RGBl. 1894 Nr. 69 («Dresdener Sanitätskonvention»). Zum Beitritt Liechtensteins vgl. das Protokoll der öffentlichen Landtagssitzung vom 30.6.1894 (LI LA LTA 1894/S04/2). Vgl. in weiterer Folge das Übereinkommen zwischen Österreich-Ungarn und der Schweiz vom 20.3.1896 betreffend die Anwendung besonderer Sanitätsmassnahmen für den Grenzverkehr und für den Verkehr über den Bodensee bei Choleragefahr, LGBl. 1896 Nr. 6. Vgl. hiezu das Protokoll der öffentlichen Landtagssitzung vom 7.5.1896 (LI LA LTA 1896/S04/2).
6   Tatsächlich wurde das Bregenzer Übereinkommen über die Bodenseefischerei zwischen Baden, Bayern, Liechtenstein, Österreich, der Schweiz und Württemberg abgeschlossen. Der Staatsvertrag findet sich unter LI LA SgSTV 1893.07.05. Vgl. die liechtensteinische Verordnung vom 21.5.1894 betreffend den Fang der Seeforelle im Rhein, LGBl. 1894 Nr. 3. Vgl. auch das Gesetz vom 21.6.1893, wirksam für das Land Vorarlberg betreffend die Fischerei im Bodensee, Gesetz- und Verordnungsblatt für die gefürstete Grafschaft Tirol und das Land Vorarlberg 1893 Nr. 20; sowie die Verordnung des k.k. Statthalters vom 30.12.1893, Z. 31516, womit zufolge der internationalen Übereinkunft de dto. Bregenz, 5.7.1893, neue fischereipolizeiliche Vorschriften zur Durchführung des Fischereigesetzes für Vorarlberg vom 21.2.1889 (L.G.Bl. Nr. 27 ex 1891) erlassen werden, Gesetz- und Verordnungsblatt für Tirol und Vorarlberg, 1894 Nr. 2.
7   Vgl. das Internationale Sanitäts-Übereinkommen vom 19.3.1897, abgeschlossen zwischen Österreich-Ungarn, Deutschland, Belgien, Spanien, Frankreich, Grossbritannien, Griechenland, Italien, Luxemburg, Montenegro, der Türkei, den Niederlanden, Persien, Portugal, Rumänien, Russland, Serbien und der Schweiz, öst. RGBl. 1901 Nr. 13 («Venediger Sanitätskonvention»). Zu den Vertragsstaaten der genannten Sanitätskonventionen von 1893 und 1897 vgl. die Botschaft des Schweizer Bundesrates an die Bundesversammlung vom 12.12.1904 über die am 3.12.1903 in Paris abgeschlossene internationale Konvention betreffend Schutzmassregeln gegen Pest und Cholera (BBl. 1904, Bd. VI, S. 453 ff.).
8   Vgl. LI LA SgK 019.
9   Vgl. das Schreiben des österreichisch-ungarischen Aussenministeriums an die fürstlich-liechtensteinische Hofkanzlei vom 24.10.1880 (LI LA RE 1919/6087 ad 0580 (Aktenzeichen des Ministeriums: 18702/80/7).

k. Geschäftsträger in Berlin, Freiherrn von *Pasetti* [Marius Pasetti-Angeli von Friedenburg], zur Kenntnis der deutschen Regierung gebracht, welche laut Botschaftsbericht vom 4. Dezember 1880 den Empfang dieser Mitheilung einfach mit der usuellen Bemerkung bestätigte, «dass das Erforderliche veranlasst werden wird, um jene Massregel zur Kenntnis der betheiligten Behörden zu bringen.»[10]

Auch dieser Vorgang weist auf das Bestehen völlig normaler Beziehungen hin.

So klar nun aus dem Vorausgeschickten erhellt, dass von einem Kriegszustande oder selbst nur von gespannten Beziehungen zwischen den in Frage kommenden Regierungen nicht die Rede sein kann, hat doch erst in jüngster Zeit wieder ein deutsches Blatt, nämlich die Leipziger «Grenzboten» in ihrer Nummer 33 vom 16. August l. J. in einer sonst sympathisch, wenn auch ab und zu in leichtem Spotte gehaltenen Schilderung des Fürstenthumes Liechtenstein des angeblichen Kriegszustandes mit Preussen Erwähnung gethan und dieser Artikel ist in der Wiener «Deutschen Zeitung» vom 5. October[11] reproducirt worden.

Seine Durchlaucht der regierende Fürst von und zu Liechtenstein, der sich dadurch unangenehm berührt fühlt, dass jene unzutreffenden Bemerkungen nicht verstummen wollen, hat angedeutet, dass es ihm erwünscht wäre, wenn eine Modalität gefunden werden könnte, um dieser irrigen Auffassung den Boden zu entziehen.[12] Ich trage umso weniger Bedenken, dem Wunsche Sr. Durchlaucht nachzukommen, als eine Klarstellung dieses, wenn auch an und für sich keinem Zweifel unterliegenden, so doch vom rein formellen Standpunkte aus nicht ganz geklärten Verhältnisses beiden in Betracht kommenden Theilen nur willkommen sein kann, und beehre mich Ew. etc. deshalb zu ersuchen, vertraulich unter Benützung der vorstehenden Ausführungen an competenter Stelle dahin zu wirken, dass seitens der deutschen Regierung in irgendeiner Weise eine geeignete Emanation Platz greife, durch welche die zwischen dem Deutschen Reiche und dem Fürstenthum Liechtenstein beziehungsweise den beiderseitigen souveränen Häusern bestehenden friedlichen und freundschaftlichen Beziehungen deutlich zum Ausdrucke gebracht werden. Die Form, in der dies geschieht, überlassen wir natürlich ganz der Beurtheilung auf deutscher Seite und würden es mit Befriedigung sehen, wenn dem Wunsche des Fürsten entsprochen werden und wenn daraus sich vielleicht auch der Anlass ergeben würde, die Notificationen von Familien- und Staatsereignissen, die bisher seitens *Preussens* unterblieben sind, aber von anderen Höfen, wie Russland und verschiedenen deutschen Staaten fortgesetzt geübt werden, wieder aufzunehmen.

Indem ich Ew. etc. Berichterstattung in dieser Angelegenheit entgegensehe, benutze ich diesen Anlass etc.[13]

---

10   Randvermerk: «Pro domo: Voracten: 18702/7 u. 22612/7 ex 1880».
11   «Deutsche Zeitung», Nr. 10331, 5.10.1900, S. 3-4 («Aus dem kleinsten deutschen Land»): «Beim Friedensschluss zwischen Preussen und Österreich sammt Verbündeten wurde der Staat Liechtenstein völlig vergessen, so dass der Kriegszustand zwischen Preussen und Liechtenstein immer noch besteht, und das von rechtswegen! Was ist doch der siebenjährige Krieg oder sogar der dreissigjährige Krieg gegen diesen nunmehr vierunddreissigjährigen Kriegszustand, der niemals ein Ende nehmen will!»
12   Vgl. die diesbezügliche Eingabe des fürstlich-liechtensteinischen Hofkanzleileiters Hermann von Hampe, welche am 25.10.1900 «in kurzem Wege» übergeben wurde (AT ÖStA, HHStA, Ministerium des Äussern, Administrative Registratur F2, Fremde Souveraine, Staaten, Karton 53, Liechtenstein (Aktenzeichen des k.u.k. Ministeriums: 63805/7/1900) bzw. als Kopie unter LI LA SgK 017).
13   Vgl. das Antwortschreiben des österreichisch-ungarischen Botschafters in Berlin, Ladislaus von Szögyény-Marich, an den österreichisch-ungarischen Aussenminister Agenor von Goluchowski vom 29.11.1900 (ebd.).

Dok. 3
Der Staatssekretär im deutschen Auswärtigen Amt Oswald von Richthofen konstatiert, dass die Beziehungen zwischen Liechtenstein und Preussen «die besten und freundschaftlichsten seien»

Handschriftliches Schreiben des österreichisch-ungarischen Botschafters in Berlin, Ladislaus von Szögyény-Marich, gez. ders., an den österreichisch-ungarischen Aussenminister Agenor von Goluchowski[1]

29.11.1900, Berlin

Hochgeborener Graf

Das hohe Schreiben vom 14. d. M. habe ich zu erhalten die Ehre gehabt.[2] In Befolgung desselben habe ich den Staatsekretär im Auswärtigen Amte [Oswald von Richthofen] ungesäumt von dem Wunsche Seiner Durchlaucht des regierenden Fürsten [Johann II.] von Liechtenstein nach einer formellen Regelung der Beziehungen Seines Fürstenthumes zum Königreich Preussen in Kenntnis gesetzt, und hiebei alle jene Gesichtspunkte verwerthet, welche Euer Excellenz mir zur Verfügung zu stellen die Güte hatten.

Freiherr von Richthofen theilt vollkommen die Auffassung Euer Excellenz, wonach von einem Kriegszustande zwischen Preussen und dem Fürstenthume Liechtenstein absolut nicht die Rede sein könne, was ja durch die auch Seitens Euer Excellenz erwähnten Argumente, – wie den Beitritt Liechtenstein's zu verschiedenen Verträgen, bei welchen Preussen als Compaciscent erscheint, ferner die Belehnung des Fürstenthumes mit dem preussischen Antheile der Fürstenthümer Troppau und Jägerndorf u.s.w. – zur Evidenz hervorgeht. Im Gegentheil könne constatirt werden, dass die Beziehungen zwischen den beiden Souveränen die besten und freundschaftlichsten seien.

Der Herr Staatssekretär hob ferner hervor, dass auch kein ernsthaft denkender Mensch die Fabel eines Kriegszustandes zwischen Preussen und Liechtenstein aufrecht erhalten könne. Seines Wissens, fügte Freiherr von Richthofen scherzend hinzu, sei es auch höchstens der «Kladerradatsch»,[3] der sich ab und zu den Anschein gebe, daran zu glauben, um dadurch Gelegenheit zu einem schlechten Witz zu finden. Die diesbezüglichen Ausführungen des «Leipziger Grenzboten»,[4] welches Blatt übrigens ihm gar nicht bekannt sei, hält Freiherr von Richthofen nicht der geringsten Beachtung würdig.

Was die Seitens Euer Excellenz, gleichfalls berührte Frage anbelangt, in welcher Form der in Rede stehenden irrigen Anschauung, welche nach hiesiger Auffassung eigentlich nirgends existirt, entgegengetreten werden könnte, so äusserte sich der Staats-

---

1 AT ÖStA, HHStA, Ministerium des Äussern, Administrative Registratur F2, Fremde Souveraine, Staaten, Karton 53, Liechtenstein (Aktenzeichen des Ministeriums: ad No. 63805/7 1900) bzw. als Kopie unter LI LA SgK 017. Briefkopf: «Österreichisch-ungarische Botschaft». Gemäss handschriftlichem Vermerk im Ministerium wurde der fürstlich-liechtensteinische Hofkanzleileiter Hermann von Hampe vom vorliegenden Schreiben auf kurzem Wege durch vertrauliche Überlassung einer Abschrift in Kenntnis gesetzt. Die Angelegenheit wurde von Ministerialrat Franz Riedl von Riedenau im Dezember 1900 (vorerst) ad acta gelegt.
2 Ebd.
3 «Kladderadatsch»: Berliner Satirezeitschrift (1848-1944).
4 Der betreffende Artikel im «Leipziger Grenzboten» vom 16.8.1900 wurde später in der Wiener «Deutschen Zeitung» abgedruckt (Nr. 10331, 5.10.1900, S. 3-4 («Aus dem kleinsten deutschen Land»)).

Sekretär dahin, dass es ihm nicht leicht scheine, einen passenden Modus hiefür zu finden, und dass es ihm namentlich nicht klar sei, wie es möglich wäre, eine noch deutlichere Emanation Platz greifen zu lassen, als dies ohnehin seinerzeit durch die Belehnung mit dem preussischen Antheil der Fürstenthümer Troppau und Jägerndorf erfolgt ist.[5]

Die Anbahnung eines Austausches von Notificationen von Familien- und Staatsereignissen zwischen Preussen und Liechtenstein dürfte nach der Meinung Baron Richthofens aus dem Grunde auf Schwierigkeiten stossen, weil derartige Notificationen seines Wissens preussischerseits nicht einmal an alle deutschen Bundesfürsten, sondern nur an die königlichen und grossherzoglichen Häuser ergehen. Trotzdem versprach mir der Staats-Sekretär, diese Frage im Auge behalten und bei sich ergebender Gelegenheit auf dieselbe zurückkommen zu wollen.[6]

Genehmigen Euer Excellenz den Ausdruck meiner Ehrfurcht.[7]

Dok. 4
Der Fabrikarbeiter Paul Ehrenbauer in Schaan wird mit seiner Familie wegen Armut in seine Heimat abgeschoben

Handschriftliches Schreiben des Schaaner Vorstehers Jakob Falk, gez. ders., an die Regierung[1]

19.2.1901, Schaan

Hohe fürstl. L. Regierung!

Nach meinen Erkundigungen über die Familie Ehrenbauer, die existenzlos sich in der Gemeinde Schaan aufhaltet, meistens nur auf Unterstützungen anderer Leute lebt, zudem noch unsolide d. h. noch dem Trunke sich hingeben, bitte ich die hohe f. Regierung, sie möchte veranlassen, dass die Leute in ihre Heimath geschickt würden. Von der Armuth, in der die 5 Kinder, das älteste ist 6 Jahre alt,[2] gehalten werden, habe mich gestern selbst überzeugt, sie haben kein Prügel Holz, gestern mussten sie eine Bettstadt verwenden zum einheizen, alle zusammen haben täglich einen Litter Milch, ein Kind ist erst 3 Monat alle, das zweitälteste ist cronisch krank, zudem allem noch ist der Ofen im

---

5   LI LA SgK 019.
6   Randvermerk: «Wie verhält sich die Sache zu Monaco?»
7   Vgl. in weiterer Folge das Dankschreiben von Hermann von Hampe namens des Fürsten Johann II. an das k.u.k. Aussenministerium vom 16.1.1901 (AT ÖStA, HHStA, Ministerium des Äussern, Administrative Registratur F2, Fremde Souveraine, Staaten, Karton 53, Liechtenstein bzw. als Kopie unter LI LA SgK 017). Gemäss dem Schreiben des k.u.k. Aussenministeriums an Botschafter Szögyény-Marich vom 20.1.1901 sollte auf Wunsch des liechtensteinischen Fürsten die Anbahnung des Austausches von Notifikationen über Hof- und Familienereignisse zwischen Liechtenstein und Preussen nicht weiter verfolgt werden (ebd.).

1   LI LA RE 1901/335. Stempel der Ortsvorstehung der Gemeinde Schaan.
2   Das sechsjährige Kind war Paul Gottlieb Ehrenbauer, der in der Folge bei Pflegeeltern in Triesen aufwuchs, sich 1914 begeistert für den Kriegsdienst meldete und kurz nach Kriegsbeginn fiel.

Zimmer so defeckt, dass er, wenn sie Holz hätten, nicht mehr geheizt werden kann, muss nach meiner Ansicht, wenn sie heute nicht fortgeschoben werden können, für die Kinder gesorgt werden.[3]

Ergebenst

Dok. 5
Die Finanzkommission empfiehlt dem Landtag, das Doppelbesteuerungsabkommen mit Österreich zur Kenntnis zu nehmen

Gedruckter Bericht der Finanzkommission (Referent Albert Schädler) an den Landtag[1]

o.D. (vor dem 20.7.1901)

1. Übereinkommen der liechtensteinischen und österreichischen Regierung betreffend die Vermeidung von Doppelbesteuerungen

Die fürstl. Regierung bringt dieses Übereinkommen, welches bereits mit Verordnung des österr. Finanzministeriums vom 18. Mai 1901 in dem am 20. Juni 1901 ausgegebenen österr. Reichsgesetzblatte kundgemacht worden ist,[2] dem Landtage zur Kenntnis und bemerkt, dass in demselben weder auf Staatshoheitsrechte zu Gunsten Österreichs verzichtet oder über ein solches irgendwie verfügt wurde, noch eine neue Last auf das Fürstentum oder dessen Angehörige übernommen wurde, sondern dass sich die in Rede stehende Übereinkunft lediglich als zu Gunsten der Landesangehörigen getroffen darstelle.[3]

Art. 1 des Übereinkommens[4] stellt fest, dass der Grund- und Gebäudebesitz sowie die Ausübung eines stehenden Gewerbes in Österreich bezw. in Liechtenstein nur von demjenigen Staate zu direkten Ertragssteuern herangezogen werden sollen, in dessen Gebiet der Grund- und Gebäudebesitz gelegen ist bezw. eine Betriebsstätte zur Ausübung des Gewerbes unterhalten wird. Befinden sich Betriebsstätten desselben gewerblichen Unternehmens in beiden Gebieten, so soll die Heranziehung zu direkten Ertragssteuern in jenem Gebiet immer nur nach Massgabe des von den inländischen Betriebsstätten aus stattfindenden Betriebes erfolge[n].

Die Richtigkeit dieser Bestimmungen bedarf keiner weitern Erklärung. Thatsächlich wurde auch bisher in diesem Sinne verfahren; einzig das Vorgehen bei den zuletzt

---

3 Auf der Rückseite ein Vermerk betr. die Erledigung durch Landesverweser Karl von In der Maur am 20.2.1901: «Ausweisung der Familie Ehrenbauer verfügt mit dem Bemerken, dass dieselbe das Land binnen 3 Tagen zu verlassen habe. – Den O. V. Schaan angewiesen, einen Reisevorschuss von 10 K gegen Refundirung aus dem I. Armenfond auszufolgen. – Landweibel beauftragt, den Abgang der Familie wahrzunehmen und über den Erfolg zu berichten.»

1 LI LA LTA 1901/L01 (Tagesordnung Nr. 2 für die auf den 20.7.1901 anberaumte Landtagssitzung, Traktandum 1, S. 3-4).
2 Verordnung des Finanzministeriums vom 18.5.1901, betreffend das Übereinkommen zwischen der k.k. österreichischen und der fürstlich Liechtenstein'schen Regierung zum Zwecke der Vermeidung von Doppelbesteuerungen, öst. RGBl. 1901 Nr. 68.
3 Vgl. § 23 der liechtensteinischen Verfassung vom 26.9.1862 (LI LA SgRV 1862/5).
4 Siehe die Verordnung vom 27.7.1901 betreffend das Übereinkommen zwischen der k.k. österreichischen und der Fürstlich Liechtenstein'schen Regierung zum Zwecke der Vermeidung von Doppelbesteuerungen, LGBl. 1901 Nr. 4.

genannten Zweigniederlassungen hätte zu andern Auffassungen im gegebenen Falle führen können, was jedoch durch die klare Schlussbestimmung des Artikels künftig vermieden wird.

Art. 2 bestimmt, dass anderweitige Bezüge Angehöriger Österreichs oder Liechtensteins, sofern sich aus den Artikeln 3, 4 und 6 nichts anderes ergibt, nur in jenem Staate der Besteuerung unterliegen, in welchem die Empfänger ihren Wohnsitz haben. Nach Art. 3 unterliegen aber Zinsen von Hypothekar-Kapitalien der Ertragsbesteuerung nur in dem Lande, in welchem das Realpfand liegt.[5]

Art. 4 stellt fest, dass die aus einer Staatskasse erfolgenden Besoldungen und Pensionen nur in dem Staate, der die Zahlung leistet, zu den direkten Staatssteuern herangezogen werden.

In Art. 5 wird die liechtensteinische Personalklassensteuer als eine spezielle direkte Ertragssteuer im Sinne des § 127 des österreichischen Personalsteuergesetzes vom 25. Okt. 1896[6] angesehen.

Der Art. 6 fixiert, dass, sofern die Art. 2 und 4 nicht anderes anordnen, die Anwendung der österr. Personaleinkommensteuer von den gegenwärtigen Abmachungen unberührt bleibt. Demnach haben Angehörige Österreichs, die in Liechtenstein Hypothekarkapitalien besitzen, in Liechtenstein zu steuern und werden aber in Österreich dennoch zur Personaleinkommenssteuer, aber nicht zur Rentensteuer – weil diese als Äquivalent mit der liechtenst. Kapitalsteuer betrachtet wird – herangezogen.

Die Schlussartikel bestimmen, dass das Übereinkommen als mit dem Beginne der Wirksamkeit des österr. Gesetzes vom 25. Okt. 1896 in Kraft getreten[7] betrachtet wird und beiderseits bis zum 1. Oktober eines jeden Jahres mit der Wirksamkeit für das folgende Jahr gekündet werden kann.

Das Übereinkommen hat hauptsächlich durch die Art. 1 und 4 aktuelles Interesse für uns, weil laut Art. 4 in Österreich wohnende liechtenst. Staatsangestellte, welche eine liechtenst. Pension beziehen, nur der liechtenst. Staatssteuer unterliegen, und weil durch die Schlussbestimmung des Art. 1 die Steuerpflicht allfälliger gewerblicher Zweigniederlassungen in wünschenswerter Weise klargestellt ist. Im wohlverstandenen Interesse beider Länder wäre es gelegen gewesen, wenn die im Art. 3 fixierte Ausnahme betreffend die Hypothekarkapitalien nicht aufgenommen worden wäre, sondern die Bestimmungen des Art. 2 auch für diese Ertragsquellen massgebend geblieben wären. Unsere f. Regierung strengte in dieser Beziehung alles an, um eine entsprechende Änderung in diesem Sinne zu erzielen. Von Seite des österr. Finanzministeriums wurde jedoch unbedingt an dem Prinzipe festgehalten, dass Zinsen aus Hypothekar-Kapitalien im Staate der haftenden Realität zu den Ertragssteuern heranzuziehen seien, und zwar dies umso mehr, als auch anderen benachbarten Staaten gegenüber von diesem Standpunkte nicht abgegangen

---

5 Vgl. hiezu die Ausführungen des Landesverwesers Karl von In der Maur und des Landtagspräsidenten Albert Schädler in der öffentlichen Landtagssitzung vom 20.7.1901 (LI LA LTA 1901/S04/2).

6 Gesetz vom 25.10.1896, betreffend die directen Personalsteuern, öst. RGBl. 1896 Nr. 220. § 127 dieses Gesetzes traf Bestimmungen betreffend die Begrenzung der Steuerpflicht gegenüber dem Ausland.

7 Nach Art. XIV Abs. 1 des genannten Gesetzes trat dieses am 1.1.1898 mit der Massgabe in Wirksamkeit, dass diejenigen auf die Steuerbemessung für das Jahr 1898 abzielenden Massnahmen, welche behufs rechtzeitigen Vollzugs dieser Bemessung schon im Vorjahr vorgenommen werden mussten, schon vom 1.7.1897 an nach den Bestimmungen dieses Gesetzes zu vollziehen waren.

worden sei.[8] Es ist diese Stellungnahme wegen des engen Verkehrs zwischen Liechtenstein und Vorarlberg zu bedauern und muss dazu führen, dass Angehörige Liechtensteins, welche Hypotheken in Österreich haben, dieselben wegen der hohen Besteuerung – besonders wegen der namhaften Gemeindezuschläge – zurückziehen. – Immerhin bedeutet das Übereinkommen in mehrfacher Hinsicht, wie bereits oben geschildert wurde, eine Besserung gegenüber dem Zustande der letzten Jahre und es wird daher von der Finanzkommission beantragt, dasselbe zur zustimmenden Kenntnis zu nehmen.[9]

Dok. 6
Der Landtag gratuliert Fürst Johann II. zur Verlobung von Prinz Alois mit Erzherzogin Elisabeth Amalie

Handschriftliches Konzeptschreiben mit Einfügungen und Korrekturen, nicht gez.[1]

17.11.1902

Adresse an Seine Durchl. den regierenden Fürsten
Eure Durchlaucht, Gnädigster Fürst und Herr [Johann II.]!
Der eben versammelte Landtag hat in Erfahrung gebracht, dass Eurer Durchlaucht Neffe, der durchlauchtigste Prinz Alois v. u. zu Liechtenstein sich mit einem Mitgliede des österreichischen Kaiserhauses, Ihrer k. u. k. Hoheit der durchlauchtigsten Frau Erzherzogin Elisabeth verlobt hat. Dieses Ereignis, welches unser illustres Fürstenhaus in so nahe verwandtschaftliche Verbindung mit dem mächtigen österreichischen Kaiserhause bringt, hat auch im Fürstenthume, dessen Bevölkerung an allen Schicksalen seines Herrschergeschlechtes stets den lebhaftesten Anteil nimmt, grosse Freude hervorgerufen.
Es drängt uns, Eurer Durchlaucht, unserem regierenden Landesfürsten, dem Oberhaupte des durchlauchtigsten Fürstenhauses anlässlich des bezeichneten bedeutungsvollen Ereignisses im Namen des Landtages die ehrfurchtsvollsten Glückwünsche mit der Bitte darzubringen, E.D. geruhen diesen loyalen Ausdruck unserer Gefühle huldvollst entgegenzunehmen.[2]

---

8 Vgl. hiezu die Note des k.k. Finanzministeriums an die fürstliche Hofkanzlei vom 22.1.1901 (LI LA RE 1901/0019 (Aktenzeichen: 3493)).
9 Der Landtag nahm das Doppelbesteuerungsabkommen in der öffentlichen Landtagssitzung vom 20.7.1901 einstimmig zur «zustimmenden Kenntnis» (LI LA LTA 1901/S04/2).

1 LI LA LTA 1902/L06. Mundiert von Josef Ospelt am 12.11.1902. Eine Adresse erging auch an den Vater des Verlobten, Prinz Alfred Alois von Liechtenstein (ebd.). Vgl. in diesem Zusammenhang das Protokoll der öffentlichen Landtagssitzung vom 17.11.1902 (LI LA LTA 1902/S04/2). Vgl. den Begleitbericht von Landesverweser Karl von In der Maur an Fürst Johann II. vom selben Tag (LI LA SF 01/1902/23). Vgl. weiters: L.Vo., Nr. 45, 7.11.1902, S. 1 («Gerüchte über Verlobung im Fürstenhause»); L.Vo., Nr. 46, 14.11.1902, S. 1 («Die Verlobung im Fürstenhause») und L.Vo., Nr. 48, 28.11.1902, Beilage («Bericht über die Landtagssitzungen vom 17. und 19. November 1902»).
2 Landesverweser In der Maur teilte dem Landtagspräsidium mit Schreiben vom 22.11.1902 mit, dass Fürst Johann II. für die Glückwünsche des Landtags bestens danken lasse und «durch die Kundgebung dieser loyalen Wünsche herzlich erfreut» sei (LI LA LTA 1902/L06 (Aktenzeichen: Z. 25/Präs.)). Vom Dank des Prinzen Alfred Alois setzte In der Maur das Landtagspräsidium mit Schreiben vom 25.11.1902 in Kenntnis (LI LA LTA 1902/S04/2 (Aktenzeichen: Z. 27/Präs.)). Landtagspräsident Albert Schädler verlas die beiden Zuschriften in der öffentlichen Landtagssitzung vom 23.12.1902 (LI LA LTA 1902/S04/2). – Die Vermählung fand am 20.4.1903 in der Hofburgpfarrkirche in Wien statt (L.Vo., Nr. 17, 24.4.1902, S. 1-2 («Vermählung im Fürstenhaus»)).

Dok. 7
Die Gemeinde Eschen schliesst mit dem Mutterhaus der barmherzigen Schwestern in Zams einen Vertrag über die Anstellung von Schwestern für das Armenhaus und für die Schule

Handschriftliches Original, gez. Johann Gstöhl, Vorsteher, Johann Georg Hasler, Armenhaus-Verwalter, und Schwester Udalrika Heinzle, General-Vikarin[1]

19.5.1904, Zams

Vertrag

Die Gemeinde *Eschen* beabsichtigt mit Herbst 1904 ein Armenhaus zu eröffnen und die Pflege der in demselben untergebrachten Armen und Kranken den barmherzigen Schwestern des Mutterhauses in *Zams* zu übergeben. Zu diesem Zwecke wird zwischen der Gemeinde-Vorstehung *Eschen* und der Vertretung des Mutterhauses zu *Zams* folgender Vertrag geschlossen:

I. Die barmherzigen Schwestern übernehmen die Pflege der im Armenhause untergebrachten Armen und Kranken, die Reinigung und Ausbesserung der Wäsche und Kleider, die Reinerhaltung der Lokalitäten, die Besorgung des Gemüsegartens etc.

II. Den barmherzigen Schwestern obliegt ferner, die Einhaltung der von der Gemeinde-Vorstehung genehmigten Hausordnung durchzuführen und zu überwachen und bei schwereren Verstössen der Armenverwaltung hievon Anzeige zu machen.

III. Den Schulschwestern obliegt der Unterricht in der I. gemischten und in der obern Mädchenklasse nach den bestehenden gesetzlichen Vorschriften; auch verpflichten sie sich, die religiöse Erziehung der ihnen anvertrauten Jugend nach Kräften zu fördern.

Die Gemeinde *Eschen* hingegen übernimmt den barmherzigen Schwestern gegenüber folgende Verpflichtungen:

I. Sie stellt den Schwestern eine den klösterlichen und sanitären Anforderungen angemessene, möglich[st] abgeschlossene Wohnung bei, bestreitet deren sämtliche Reparaturen; auch fällt der Gemeinde die An- und Nachschaffung der Möbel, Küchen- und Hauseinrichtung zu.

II. Die Schwestern leben auf eigene Kosten; für die Armen und Kranken bestreitet den Unterhalt die Gemeinde. Die Beleuchtung fällt ebenfalls der Gemeinde zu.

III. Den Schwestern wird das nötige Brennholz unentgeltlich gescheitert [sic!] und getrocknet in genügender Menge rechtzeitig in die Wohnung gestellt, ebenso das nötige Heizungsmaterial.

IV. Den Schwestern bleibt für die Besorgung des Gartens das für ihre Küche nötige Gemüse unentgeltlich zugesichert.

---

1 LI LA RE 1924/5451. Registraturvermerk: ad Z. 2659/Reg. ex 1904. Stempel der Gemeindevorstehung Eschen, des Mutterhauses der barmherzigen Schwestern in Zams und der Regierung des Fürstentums Liechtenstein. – Die Regierung forderte 1924 – wohl um sich im Zusammenhang mit der Entlohnung der Schwestern eine Übersicht zu verschaffen – die Verträge der Gemeinden mit dem Kloster in Zams ein. Der Vertrag von 1904 wurde gemäss Vermerk auf dem Originalvertrag von Landesverweser Karl von In der Maur am 29.12.1904 zur Kenntnis genommen. Neben dem Vertrag mit Eschen befinden sich auch der Originalvertrag vom 31.12.1876 mit Mauren und eine Abschrift des Vertrags vom 19.8.1910 mit Triesen in diesem Dossier.

V. Die Lehrschwestern erhalten ihre Remuneration durch die fstl. Regierung, die im Armenhause angestellten Schwestern beziehen von der Gemeinde *Eschen* jede eine jährliche Entlohnung von 180 fl = 360 K in vierteljährlichen Raten.

VI. Das Mutterhaus *Zams* entsendet vorderhand zwei Schwestern in das Armenhaus nach *Eschen*. Sollten sich aber die in demselben untergebrachten Armen und Kranken so mehren, dass zwei Arbeitskräfte nicht mehr ausreichen, so macht sich die Gemeinde *Eschen* verbindlich, für Anstellung neuer Schwestern unter denselben Bedingungen zu sorgen. Die Schulschwestern dürfen infolge ihres anstrengenden Dienstes nicht auch als Hausarbeitskräfte in Anspruch genommen werden.

VII. Die Gemeinde *Eschen* verpflichtet sich ferner, wenn es die Aufrechterhaltung der Ruhe und Ordnung erfordern, so lange dies notwendig sein wird, einen Diener zur Pflege kranker Männer auf ihre Kosten anzustellen; ausser diesem Falle müssen Arme und Pfründner den Personen männlichen Geschlechtes jene Dienste leisten, die den Schwestern durch ihre Ordensstatuten untersagt sind.

Dieser Vertrag kann gegen vierteljährige Kündung auch wieder gelöst werden.

Dok. 8
Landesverweser Karl von In der Maur teilt der Hofkanzlei die liechtensteinischen Wünsche für die bevorstehenden Verhandlungen über einen neuen Handelsvertrag zwischen Österreich-Ungarn und der Schweiz mit

Handschriftliches Konzeptschreiben, mit Ergänzungen und Korrekturen, der Regierung, gez. Landesverweser Karl von In der Maur, an die Hofkanzlei[1]

21.11.1904

Note

(halbbrüchig ohne Rubrum)

Mit Reskript der hochlöbl. Hofkanzlei v. 27. Septbr. 1904, No. 7082,[2] wurde der f. Regg. die Note des k.u.k. Ministeriums des Äussern v. 26. Septbr. 1904, No. 68'639/9,[3] mitgeteilt, wornach der schweizerische Bundesrat den mit Österreich-Ungarn abgeschlossenen Handelsvertrag[4] auf den 19. Septbr. 1905 gekündet hat.

Gleichzeitig wurde die f. Regg. aufgefordert, die nötigen Einleitungen zu treffen, um nach gepflogenem Einvernehmen mit den bezüglichen Interessenten jene Wünsche bekanntzugeben, auf deren Geltendmachung im Interesse des Fürstentums bei den mit der Schweiz zu pflegenden Verhandlungen wegen Abschlusses eines neuen Handelsvertrages hinzuwirken sein werde. Die f. Regg. hat nicht verabsäumt, sich zunächst mit

---

1 LI LA RE 1904/2410 ad 1857. Auf der Vorderseite handschriftlicher Verweis auf den Bezugsakt LI LA RE 1905/0550. Auf der Rückseite des Bogens Eingangsstempel der Regierung vom 21.11.1904 sowie handschriftliche Betreffangabe: «Handelsvertrag österr.-schweizer.» Das Schreiben wurde am 21.11.1904 von Josef Ospelt ins Reine geschrieben und am 22.11.1904 versandt.
2 LI LA RE 1904/1857, Hofkanzlei an Regierung, 27.9.1904.
3 LI LA RE 1904/ad 1857, k.u.k. Ministerium des Äussern an Hofkanzlei, 26.9.1904.
4 Handelsvertrag zwischen Österreich-Ungarn (gleichzeitig in Vertretung des Fürstentums Liechtenstein) einerseits und der Schweiz andererseits vom 10.12.1891, LGBl. 1892 Nr. 1.

dem liechtenst. landw. Vereine[5] und hierauf auch mit dem Landtage[6] ins Benehmen zu setzen, damit diese Wünsche, die ihr übrigens schon im Allgemeinen bekannt waren, zum Ausdrucke gelangen.

Wie aus der beiliegenden Zuschrift des Landtagspräsidiums hervorgeht,[7] beziehen sich die bezeichneten Wünsche auf den Verkehr mit Rindvieh und mit Wein, endlich auf den Stickereiverkehr.

In Hinsicht auf den Viehverkehr wäre darauf hinzuwirken, dass nicht nur die gegenwärtigen Viehzölle der Schweiz keine Erhöhung erfahren, sondern dass die Schweiz auch ein Separatabkommen mit Liechtenstein abschliesse, nach welchem die Einfuhr von Braunvieh liechtensteinischer Provenienz gegen den jeweiligen amtlichen Nachweis, dass Liechtenstein seuchenfrei ist und dass das einzuführende Vieh bereits längere Zeit im Lande gestanden ist, gestattet wird.

Unter dem Vorwande, die Einschleppung von Viehseuchen zu verhindern, in Wirklichkeit aber aus rein agrarischen Rücksichten und speziell um dem schweizerischen Markte eine lästige Konkurrenz vom Halse zu schaffen, sucht die Schweiz bekanntlich die Einfuhr von Vieh aus dem österr. Zollgebiete möglichst zu erschweren, obwohl sie andererseits gerade auf den Import aus diesem Gebiete angewiesen ist; wenn das angegebene Motiv vielleicht für das aus den Hinterländern der österr.-ungar. Monarchie und aus Ungarn stammende Vieh ab und zu mit dem Anschein einer Berechtigung gebraucht werden kann, so trifft dasselbe keinesfalls für das fast immer seuchenfreie Liechtenstein zu, das Viehseuchen, wenn sie ab und zu auftreten, schon im eigensten Interesse stets mit der grössten Strenge bekämpft und tilgt.

Was den Weinzoll betrifft, dessen Erhöhung hierlands *besonders schwer* empfunden würde, so wäre für den Fall, als eine allgemeine Erhöhung dieses Zolles Platz greifen würde, auf das Zugeständnis einer Ausnahmebestimmung hinzuwirken, wornach dem Fürstentume Liechtenstein die Weinausfuhr bis zu einem jährlichen Gesamtquantum von 1000 Hektoliter gegen amtl. Nachweis der liechtensteinischen Provenienz des Weines zum bisherigen Zollsatze gestattet wird. Eine solche Ausnahmebestimmung würde sich umsomehr rechtfertigen, als die Verhältnisse in Liechtenstein, welches auf die Ausfuhr des Weines nach der Schweiz geradezu angewiesen ist, ganz anders geartet sind als die Verhältnisse in Vorarlberg, welches eine derartige Begünstigung nicht unbedingt benötigt. Sollte es nicht möglich sein, die Begünstigung für das angegebene Quantum von 1000 Hektolitern zu erhalten, so könnte ev. auch mit einem Quantum von 500 – 600 Hektolitern das Auslangen gefunden werden.

Immerhin bedeutet jedoch die Bewilligung einer solchen Ausnahme geradezu eine Lebensfrage für den hiesigen Weinbau, welcher einer argen Krise zugetrieben würde, wenn die gegenwärtigen Zollsätze eine nennenswerte Erhöhung erfahren würden.

Es steht wohl zu erwarten, dass die Schweiz diese ihren eigenen Interessen durchaus nicht widerstreitende Forderung zugestehen wird, wenn auf derselben mit allem Ernste beharrt wird.

---

5   Der landwirtschaftliche Verein formulierte seine Wünsche in einer Eingabe vom 30.10.1904 (erwähnt in LI LA LTA 1904/L07, Regierung an Landtag, 2.11.1904), die offenbar nicht mehr vorhanden ist.
6   LI LA LTA 1904/L07, Regierung an Landtag, 2.11.1904.
7   LI LA LTA 1904/L07, Landtagspräsidium an Regierung, 19.11.1904. Zur Haltung des Landtags vgl. auch den Kommissionsbericht von Albert Schädler in LI LA RE 1904/ad 1857/2410, Tagesordnung für die Landtagssitzung vom 19.11.1904 und die folgenden Tage.

In dritter Linie wäre darauf hinzuwirken, dass dem Stickereiverkehr zwischen Liechtenstein und der Schweiz möglichst wenige Hindernisse bereitet werden.

Da in dieser Hinsicht jedoch die österr. bzw. vorarlbergischen Interessen mit jenen Liechtensteins identisch sind, darf ohne Weiteres erwartet werden, dass von österreichischer Seite alles aufgeboten werden wird, um jene Erfolge zu erzielen, welche überhaupt erreichbar sind.

Nach Art. 27 des österr.-liechtenst. Zoll- und Steuervereinsvertrages vom Jahre 1876[8] wird Österreich-Ungarn bei den Unterhandlungen über Abschluss von Zoll- und Handelsverträgen mit der Schweiz nicht nur die besonderen Wünsche der fürstl. Regierung berücksichtigen, sondern auch den Vertrag nicht ratifizieren, bevor es sich nicht der Zustimmung Liechtensteins versichert hat.

Da diese Wünsche gegenwärtig einen ohnehin nur bescheidenen Umfang haben und ihre Erfüllung bei der exzeptionellen Lage Liechtensteins weder für Österreich-Ungarn noch für die Schweiz irgendwelche Nachteile im Gefolge hätte, wird hierlands unbedingt darauf gerechnet, dass ihnen werde entsprochen werden.[9]

Dok. 9
Die fürstlichen Forstingenieure Hugo und Karl Anderka erstellen Waldkarten und revidieren die 10jährigen Waldwirtschaftspläne

Zeitungsartikel, erschienen im «Liechtensteiner Volksblatt»[1]

13.4.1906

Forstwirtschaftspläne [2]

Die Forstwirtschaftspläne für die bereits begonnene zehnjährige Wirtschaftsperiode sämtlicher liechtensteinischen Wälder sind vor kurzem eingelangt. Wer in diese äußerst sorgfältig gearbeiteten, für die Forstwirtschaft im Lande höchst wichtigen Elaborate, die auch mit sauber ausgeführten Karten versehen sind, Einblick nimmt, ist in der Lage zu beurteilen, welchen Zeitaufwand und welche Mühe die Ausfertigung solcher Operate erfordert. Um die gelungene Durchführung des in Rede stehenden Werkes haben sich in erster Linie die Herren fstl. Forsttechniker Hugo Anderka, drzt. Forstmeister und Oberverwalter Seiner Durchlaucht des Fürsten Friedrich von und zu Liechtenstein in Rosegg (Steiermark) und Karl Anderka, Forstingenieur bei der fstl. Forsteinrichtung in

---

8 Vertrag zwischen Seiner Majestät dem Kaiser von Österreich und apostolischen König von Ungarn und Seiner Durchlaucht dem souverainen Fürsten von Liechtenstein über die Fortsetzung des durch den Vertrag vom 5. Juni 1852 gegründeten Österreichisch-Liechtenstein'schen Zoll- und Steuervereines vom 2.12.1876, LGBl. 1876 Nr. 3.

9 Zu den Ergebnissen der Verhandlungen vgl. LI LA RE 1906/0442 ad 425, Hermann von Hampe an Karl von In der Maur, 5.3.1906.

1 L.Vo., Nr. 15, 13.4.1906, S. 1.

2 Seit 1892 sollten alle Wälder in einem zehnjährigen Rhythmus überprüft und planmässig bewirtschaftet werden. Im Zuge der Erstellung von Waldwirtschaftsplänen wurden alle Waldungen vermessen und auf Plänen dargestellt. Die Pläne 1892 erstellte Julius Gross, die Revisionsarbeiten 1902 Hugo Anderka und 1903 Karl Anderka. Die Pläne im Massstab 1:10'000 wurden in Wien gedruckt. Das Projekt wurde 1906 abgeschlossen und später nicht mehr weitergeführt.

Rabensburg verdient gemacht, die all ihr reiches Wissen und Können aufboten, um die Sache einem gedeihlichen Abschlusse zuzuführen. Ihnen gebührt daher in erster Linie der Dank des Landes für ihre gelungene Arbeit.

Aufgabe des Forstamtes ist es nun, die Durchführung der festgestellten Wirtschaftspläne zu bewerkstelligen. Nebenbei mag auch noch erwähnt werden, dass die nicht unbeträchtlichen Kosten der Ausfertigung dieser Wirtschaftspläne in gewohnter Munifizenz von Seiner Durchlaucht dem Landesfürsten [Johann II.] getragen wurden, sodass den Gemeinden aus diesem Anlasse keinerlei Kosten erwachsen.

Dok. 10
Landesverweser Karl von In der Maur erteilt der Stadt Feldkirch die Konzession zur Führung elektrischer Starkstromleitungen in den Ortschaften des liechtensteinischen Unterlandes

Handschriftliches Konzeptschreiben mit Ergänzungen und Korrekturen des Landesverwesers Karl von In der Maur, gez. ders., an den Magistrat der Stadt Feldkirch[1]

24.5.1906

Erlass

An den löbl. Magistrat der k.k. Stadt *Feldkirch*

Nach dem Ergebnisse der am *30. April 1906* über vorangegangenes Ediktalverfahren gepflogenen kommissionellen Verhandlung[2] wird der k.k. Stadt Feldkirch die nachgesuchte[3] Konzession zur Führung elektrischer Starkstromleitungen in den Ortschaften des liechtensteinischen Unterlandes Behufs Abgabe elektrischer Energie zu Beleuchtungs- und Betriebszwecken von dem Feldkircher Elektrizitätswerke aus unter nachstehenden Bedingungen hiemit erteilt:

1) Die Leitungsdrähte können in der bei der kommissionellen Verhandlung angegebenen Weise auf nachstehenden Strecken gezogen werden
    a) in der Strecke *Schaanwald-Nendeln* nach Massgabe der vorgelegten Pläne,[4]

---

1   LI LA RE 1906/0823 ad 0220. Mundiert von Josef Ospelt am 25.5.1906. Abschriften der Konzession ergingen an die k.k. Post- und Telegrafendirektion in Innsbruck, die k.k. Bahnerhaltungssektion in Feldkirch sowie an die Ortsvorstände in Eschen, Mauren, Ruggell, Gamprin und Schellenberg. Landestechniker Gabriel Hiener nahm Einsicht in die Konzession. Die für den Akt ausgefertigte Konzessionsabschrift wurde gemäss Vermerk vom 14.1.1915 dem fürstlichen Landgericht zur Einsicht übergeben. Im Konzeptschreiben ist der Aufgabeschein für die Bahnerhaltungssektion in Feldkirch mit dem Poststempel vom 27.5.1906 eingeklebt. Die Rückscheine des Feldkircher Magistrates sowie der Feldkircher Bahnerhaltungssektion liegen bei.
2   Vgl. hiezu das von der liechtensteinischen Regierung in Mauren und Ruggell am 30.4.1906 aufgenommene Verhandlungsprotokoll (LI LA RE 1906/0823 ad 0220). Dem Protokoll ist die schriftliche Stellungnahme des Vertreters der Post- und Telegrafendirektion, k.k. Bauoberkommissär Josef Schuler, beigeheftet.
3   Vgl. das Konzessionsgesuch des Magistrates der Stadt Feldkirch an die liechtensteinische Regierung vom 20.12.1905 (LI LA RE 1905/2314 ad 1246 (Aktenzeichen des Magistrats: 1267)).
4   Die von der Stadt Feldkirch mit genanntem Konzessionsgesuch eingereichten Pläne finden sich als Beilagen zu LI LA RE 1905/2314 ad 1246.

b) in der Strecke *Mauren-Eschen-Bendern* nach Massgabe der vorliegenden Pläne eventuell einer bei der kommissionellen Verhandlung besprochenen Variante, deren Skizze in doppelter Ausfertigung noch beizubringen ist,

c) in der Strecke *Nendeln-Eschen-Bendern*, bezüglich welcher die der kommissionellen Verhandlung entsprechenden Leitungspläne vor der Ausführung in doppelter Ausfertigung vorzulegen sind,

d) in der Strecke *Mauren-Schellenberg-Ruggell*, bezüglich welcher die abgeänderten Leitungspläne ebenfalls nachträglich beizubringen sind.

In den noch vorzulegenden Plänen müssen sich die Stark- und Schwachstromleitungen auf den ersten Blick unterscheiden lassen, was durch Verwendung verschiedener Farbentöne zu erzielen ist; die bereits vorliegenden Pläne sind nach Fertigstellung der Anlage demgemäss richtig zu stellen. Ausser den Detailplänen im Massstabe 1 : 2000 (Massstab der liechtenst. Katasterpläne) ist noch ein Übersichtsplan im Massstabe von mindestens 1 : 75'000 beizubringen.[5]

3) Die Ausführung der Anlage ist genau nach der mit Zuschrift der Bauabteilung Feldkirch des Weizer Elektrizitätswerkes [Franz Pichler & Co.] vom 14 Feber 1906[6] anher mitgeteilten und in jeder Richtung vollkommen ausreichenden Sicherheitsvorschriften des Verbandes der deutschen Elektrotechniker[7] zu bewerkstelligen.

2) Die Art der Leitungsführung hat gemäss der dem Gesuche des löbl. Magistrates vom 20. Dez. 1905, Zl. 1267, zuliegenden technischen Erläuterung[8] zu erfolgen.

4) In Bezug auf die gegenwärtig hierlands unter der Verwaltung der k.k. Post- und Telegraphen Direktion Innsbruck befindlichen Telegraphen- und Telephonleitungen wird den bei der kommissionellen Verhandlung vorgebrachten Ausführungen des Vertreters der genannten Direktion gemäss folgendes bestimmt:

Die ins Leben zu rufende Anlage ist in Hinsicht auf die erwähnten Telegraphen- und Telephonleitungen vollkommen störungsfrei herzustellen; auch später auftretende, durch den Betrieb der elektrischen Kraftanlage verursachte Störungen der bezeichneten Leitungen sind jederzeit unverzüglich auf Kosten der Unternehmung zu beheben; welche Erscheinungen als für den Betrieb dieser Leitungen störend zu betrachten sind, entscheidet die Telegraphen- und Telephonverwaltung; Trassenänderungen, Umlegungen, kurz Vorkehrungen jeder Art, welche die Telegraphen- und Telephonverwaltung zum Schutze des Betriebes der von ihr administrierten Anlagen als notwendig oder als im Interesse eines allseits zufriedenstellenden Nebeneinanderbestehens der verschiedenen elektrischen Anlagen gelegen erachtet, müssen, soweit es sich um staatlich administrierte Leitungen handelt, von den betreffenden staatlichen Organen ausgeführt werden, die Kosten hiefür hat jedoch das Kraftwerk zu tragen.

An den Kreuzungsstellen der Eingangs des Punktes 4 erwähnten Leitungen mit den Primärleitungen bezw. Leitungen mit über 250 Volt Spannung sind die letzteren entweder unterirdisch zu verlegen oder es müssen die Starkstromleitungen auf eisernen Gittermasten geführt u. mit einem engmaschigen Schutznetz aus 3 mm. Stahldraht von unten und zu beiden Seiten umgeben werden.

---

5   Die Mauren betreffenden Pläne finden sich unter LI LA RE 1908/1706 ad 0088.
6   Vgl. das Begleitschreiben der Bauabteilung Feldkirch des Weizer Elektrizitätswerkes Franz Pichler & Co. im Auftrag der Stadt Feldkirch an die liechtensteinische Regierung vom 14.2.1906 (LI LA RE 1906/0324 ad 0220).
7   Hg. Verband Deutscher Elektrotechniker: Sicherheitsvorschriften für die Errichtung elektrischer Starkstromanlagen. Berlin 1905 (LI LA RE 1906/ad 0220).
8   Vgl. die technische Erläuterung der projektierten Führung von elektrischen Starkstromleitungen im Fürstentum Liechtenstein vom Dezember 1905 (LI LA RE 1905/2314 ad 1246 (Beilage)).

An den Kreuzungsstellen der staatlichen Leitungen mit den Sekundärleitungen, also Leitungen mit weniger als 250 Volt Spannung, sind die Säulendistanzen tunlichst kurz zu nehmen u. es dürfen weder im kreuzenden Spannfelde selbst noch in den ersten anschliessenden Spannfeldern Drahtbünde vorkommen.

Die Kreuzungen sind tunlichst unter rechtem Winkel mit einem Vertikalabstande zwischen Stark- und Schwachstromdrähten von mindestens einem Meter herzustellen u. es sind die Starkstromdrähte oberhalb zu führen. Alle mit den Kraftdrähten auf demselben Gestänge geführten Leitungen wie Betriebstelephonleitungen u. dgl. gelten als Starkstromdrähte u. müssen deshalb in gleicher Weise gesichert werden. Der Draht der Eingangs des Punktes 4 erwähnten Leitungen wird an den Kreuzungsstellen gegen Draht mit *Hackethal-Isolation*[9] ausgetauscht, dessen Kosten die Unternehmung des Kraftwerkes zu tragen hat.

Die Kosten der infolge Inbetriebsetzung der in Rede stehenden Kraftleitungen in Telegraphen- und Telefonämtern bezw. Sprechstellen notwendig werdenden Abschmelzversicherungen hat gleichfalls die Unternehmung zu tragen.

5) Die Benützung des landsch. Strassengrundes zur Aufstellung von Leitungsstangen oder Masten u. zur Legung von Fundamenten, Kabelleitungen u. dgl. wird insoweit gestattet, als es ohne Beeinträchtigung des öffentlichen Verkehres u. insbesondere auch der geregelten Wasserableitung möglich ist; hieran wird jedoch die Bedingung geknüpft, dass die Unternehmung jedesmal auf ihre Kosten den Strassenkörper bezw. Strassengrund wieder in klaglosen Zustande versetze und in solange die nötigen Verbesserungen an den betreffenden Stellen bewerkstellige, als sich Veränderungen zeigen, die zweifellos als eine Folge der ausgeführten Arbeiten anzusehen sind. Weiter wird als Bedingung vorgeschrieben, dass sowohl die gegenwärtig auf den Staatsstrassen bestehenden wie auch die etwa künftig auf diesen Strassen herzustellenden staatlichen Leitungen im Betriebe nicht gestört werden u. dass die Unternehmung die Kosten jener Massnahmen trägt, welche sich zur Hintanhaltung einer solchen Störung als unvermeidlich herausstellen.

6) Insoweit durch die konzessionierte Anlage die Interessen des k.k. österr. Bahnärars irgendwie berührt werden, ist vor Inangriffnahme der bezüglichen Arbeiten das Einvernehmen mit der k.k. Staatsbahnverwaltung zu pflegen und sind die erfolgte Einwilligung sowie die diesfalls einzuhaltenden Bedingungen seinerzeit der fstl. Regg bekanntzugeben bezw. nachzuweisen.

7) Die Benützung der Orts- und Feldwege bedingt die Zustimmung der betreffenden Gemeinde u. hat ebenfalls derart zu geschehen, dass öffentliche Interessen nicht beeinträchtigt werden u. dass insbesondere auch der Wasserabzug nicht in nachteiliger Weise beeinflusst wird; soweit Privatgrundstücke zur Aufstellung von Stangen u. dgl. benützt werden, ist jedesmal die vorgängige Zustimmung des betreffenden Grundeigentümers in einer jeden Zweifel ausschliessenden Weise sicherzustellen.

8) Die Stadtgemeinde Feldkirch bleibt der Behörde sowie den Privaten gegenüber für jeden Schaden haftbar, welcher während der Montierung des Leitungsnetzes oder während des Betriebes der elektrischen Anlage durch Mangel an Aufsicht oder an Umsicht, durch Verwendung schlechten Materials, durch fehlerhafte Konstruktion oder durch fehlerhafte Behandlung der Anlage u. dgl. mehr an fremdem Eigentum entsteht.

9) Der Plan, aus welchem ersichtlich ist, welche einzelnen Abgabestellen in das elektrische Leitungsnetz einbezogen sind, ist in doppelter Ausfertigung zur Genehmigung

---

9 Benannt nach dem deutschen Erfinder Louis Hackethal.

vorzulegen; Änderungen der fertiggestellten Anlage oder Erweiterungen derselben durch Einbeziehung neuer Abgabestellen in das elektrische Leitungsnetz bedürfen stets einer besonderen Genehmigung der fstl. Regierung.
10) Hinsichtlich der Ausführung u. des Betriebes der Anlage sind im übrigen jene den vorstehenden allgemeinen Bestimmungen nicht widersprechenden Einzelverträge massgebend, welche die Stadtgemeinde Feldkirch bezw. das Elektrizitätswerk derselben mit den betreffenden Gemeinden oder Privaten abzuschliessen findet; die Gemeinde Eschen hat sich speziell das Recht gewahrt,[10] eventuell selbst die Konzession zur Erzeugung elektrischer Energie Behufs Kraft- u. Lichtabgabe zu erwirken, insoweit nicht ein gegenteiliges Abkommen zwischen der Stadtgemeinde bezw. dem Elektrizitätswerk Feldkirch u. der Gemeinde Eschen zu Stande käme.
11) Die erfolgte Fertigstellung der Anlage ist der fstl. Regierung seinerzeit Behufs Vornahme der Kollaudierung anzuzeigen.[11]
12) Die hiemit erteilte Konzession gilt zunächst für dreissig (30) Jahre bis Ende 1936.
Je ein mit der Genehmigungsklausel versehenes Exemplar der unter Punkt 1 a) u. b) erwähnten Pläne folgt mit.

Dok. 11
Der Landtag stimmt dem Handelsvertrag zwischen Österreich-Ungarn und der Schweiz trotz Einwänden zu

Maschinenschriftliches Schreiben des Landtagspräsidiums, gez. Landtagspräsident Albert Schädler, an die Regierung[1]

19.11.1906

Das unterzeichnete Präsidium beehrt sich, der hohen fstl. Regierung mit Bezugnahme auf den übermittelten Handelsvertrag zwischen Österreich-Ungarn und der Schweiz[2]

---

10 Vgl. das Schreiben des Eschner Gemeindevorstehers Johann Gstöhl an die Regierung vom 28.1.1906 unter Bezugnahme auf die Sitzung des Ständigen und Verstärkten Gemeinderates vom 25.1. (LI LA RE 1906/0220). Wie aus dem Schreiben der Regierung an den Feldkircher Magistrat vom 6.2.1906 hervorgeht, hatte innerhalb der am 3.2. zu Ende gegangenen Ediktalfrist lediglich die Gemeinde Eschen Einwendungen erhoben (ebd.).
11 Landestechniker Hiener teilte der Regierung mit Schreiben vom 30.4.1907 mit, dass die Starkstromleitung von der Landesgrenze nach Mauren erstellt war, die Arbeiten für die Einleitung des elektrischen Lichtes in der Ortschaft selbst beendet waren und somit die Kollaudierung der Anlagen vorgenommen werden konnte (LI LA RE 1907/0802 ad 0060 (Aktenzeichen des Landestechnikers: No. 293)). Wie aus dem Schreiben von Landesverweser In der Maur an den Feldkircher Magistrat vom 29.1.1908 hervorgeht, war die Einbeziehung der anderen Gemeinden des liechtensteinischen Unterlandes «vorläufig» nun doch nicht mehr beabsichtigt (LI LA RE 1908/0088). Der Anschluss der Gemeinde Eschen an das Feldkircher Stromnetz erfolgte erst 1911.

1 LI LA RE 1906/2223 ad 425. Aktenzeichen: 8/Landtag. Eingangsstempel der Regierung vom 25.11.1906. Ein weiteres Exemplar in LI LA LTA 1906/L03.
2 Handelsvertrag und Viehseuchenübereinkommen zwischen Österreich-Ungarn (gleichzeitig in Vertretung des Fürstentums Liechtenstein) einerseits und der Schweiz andererseits vom 9.3.1906, LGBl. 1906 Nr. 8; AS, Bd. 22, 1906, S. 423-538; öst. RGBl. 1906 Nr. 156-158. Die Originale unter LI LA SgSTV 1906.03.09.

folgenden in der heutigen Sitzung gefassten Beschluss[3] des Landtages mitzuteilen:

«Der Landtag erteilt im Sinne des Regierungsantrages[4] die Zustimmung zu dem unterm 9. März 1906 zwischen Österreich-Ungarn und der Schweiz abgeschlossenen Handelsvertrag, erklärt aber, dass er speziell in dem, dem Handelsvertrage einverleibten Viehseuchenübereinkommen eher eine Verschlechterung als eine Besserung des bestehenden vertragslosen Zustandes erblickt[5] und nur mit Rücksicht auf die Zwangslage, in welcher er sich im Hinblicke auf den bestehenden Zollvertrag[6] befindet, dem neuen Handelsvertrage zustimmt.»[7]

Dok. 12
Das österreichische Justizministerium und das österreichisch-ungarische Aussenministerium verneinen die Exterritorialität des Prinzen Alfred Alois von Liechtenstein

Maschinenschriftliches Schreiben des k.k. Justizministeriums an das k.u.k. Ministerium des kaiserlichen und königlichen Hauses und des Äussern[1]

1.2.1907, Wien

In dem samt Beilage anverwahrten Berichte[2] hat das Bezirksgericht in Deutsch-Landsberg in einer bei ihm erhobenen Klage gegen Seine Durchlaucht den Prinzen Alfred [Alois] von und zu Liechtenstein wegen Schadenersatzes im Betrage von 200 K [Kronen] angefragt, ob der Prinz infolge seines im Jahre 1902 erfolgten Austrittes aus dem österreichischen Staatsverbande und Erwerbung der Liechtenstein'schen Staatsbürgerschaft[3] als exterritorial zu betrachten und demnach die Kompetenz der inländischen Gerichte im gegebenen Falle ausgeschlossen sei.

Das Justizministerium glaubt, diese Frage verneinen zu sollen.

---

3   LI LA LTA 1906/S04/2, Protokoll der Landtagssitzung vom 19.11.1906.
4   LI LA RE 1906/1928 ad 425, Regierung an Landtag, 27.10.1906.
5   Zu den liechtensteinischen Einwänden gegen den Vertrag vgl. auch den Kommissionsbericht von Albert Schädler in LI LA LTA 1906/L01, Tagesordnung für die Landtagssitzung vom 17. und 19.11.1906.
6   Vertrag zwischen Seiner Majestät dem Kaiser von Österreich und apostolischen König von Ungarn und Seiner Durchlaucht dem souveränen Fürsten von Liechtenstein über die Fortsetzung des durch den Vertrag vom 5. Juni 1852 gegründeten Österreichisch-Liechtenstein'schen Zoll- und Steuervereines vom 2.12.1876, LGBl. 1876 Nr. 3.
7   Landesverweser Karl von In der Maur informierte Fürst Johann II. am 28.11.1906, dass der Landtag dem Handelsvertrag und dem Viehseuchenübereinkommen die Zustimmung erteilt habe, obwohl «insbesondere das Viehseuchenübereinkommen als für Liechtenstein nicht günstig beurteilt wurde» (LI LA RE 1906/2223 ad 425, Bericht In der Maur an Johann II., 28.11.1906).

1   AT ÖStA, HHStA, Ministerium des Äussern, Administrative Registratur F2, Karton 53, Liechtenstein (Aktenzeichen des Justizministeriums: 1353/7) sowie als Kopie unter LI LA SgK 012. Unterschrift unleserlich, möglicherweise Justizminister Franz Klein.
2   Liegt nicht bei.
3   Vgl. dazu etwa das Schreiben des liechtensteinischen Landesverwesers Karl von In der Maur an die Ortsvorstehung der Gemeinde Vaduz vom 5.12.1902 unter Bezugnahme auf die fürstliche Entschliessung von Johann II. in der Sache (LI LA SF 01/1902/029; LI GAV A 01/085/1).

Während nämlich mit der Allerhöchsten Entschliessung vom 30. Juli 1851, R.G.Bl. Nr. 183,[4] und vom 3. Oktober 1880, R.G.Bl. Nr. 134,[5] nur bestimmten Mitgliedern der fürstlich Liechtenstein'schen Familie, worunter Prinz Alfred nicht fällt, die Exterritorialität zuerkannt wurde, beschränkt sich die Allerhöchste Entschliessung vom 1. Dezember 1902 lediglich darauf, zur Kenntnis zu nehmen, dass dem Prinzen Alfred von und zu Liechtenstein sowie seiner Gemahlin [Henriette] und 4 Kindern [Prinzessin Franziska, Prinz Franz, Prinz Alois, Prinzessin Maria Therese] infolge seiner Ausscheidung aus dem österreichischen Staatsverbande und Erwerbung des Liechtenstein'schen Staatsbürgerrechtes als Mitgliedern eines fremden souveränen Fürstenhauses am Allerhöchsten Hofe alle jene Rechte und Vorzüge zukommen, welche den Mitgliedern der übrigen souveränen Fürstenhäuser zuerkannt sind.[6] Es wird hiebei, anders als es in den früheren Entschliessungen der Fall war, von ihrer Exterritorialität oder ihrer Unterstellung unter das Obersthofmarschallamt keine ausdrückliche Erwähnung getan.

Für die Frage, ob Prinz Alfred von und zu Liechtenstein als exterritorial zu betrachten sei, kommt daher lediglich das gemeine Völkerrecht in Betracht, wornach die Exterritorialität nur dem Haupte der souveränen Familie und den in seiner väterlichen oder ehelichen Gewalt stehenden Personen zusteht.

Das Justizministerium beabsichtigt demnach, dem Bezirksgericht in Deutsch-Landsberg zu eröffnen, dass Prinz Alfred von und zu Liechtenstein weder als exterritorial zu behandeln ist, noch der Jurisdiktion des Obersthofmarschallamtes untersteht.

Da jedoch die Exterritorialität aus internationaler Courtoisie mancherlei Ausdehnung erfahren hat und in dieser Beziehung die Anschauung des Ministeriums des Äussern vor Allem massgebend ist, glaubt das Justizministerium, das löbliche k.u.k. Ministerium um die Abgabe seiner Wohlmeinung ergebenst ersuchen zu sollen.[7]

Um Rückstellung der Kommunikate wird gebeten.

---

4   Vgl. den Erlass des Justizministeriums vom 10.8.1851, wirksam für den ganzen Umfang des Reiches, womit die Allerhöchste Entschliessung vom 30.7.1851 kundgemacht wird, mittelst welcher dem souveränen Fürsten von Liechtenstein [Alois II.] für sich und seine Familie und den Gliedern des Hauses Bourbon älterer Linie der Gerichtsstand des Obersthofmarschall-Amtes bewilliget wird, öst. RGBl. 1851 Nr. 183.

5   Vgl. die Kundmachung des Justizministeriums vom 5. November 1880, betreffend die Zuerkennung des Rechtes der Exterritorialität an die Prinzessin Therese von Liechtenstein und den Prinzen Franz von Liechtenstein, öst. RGBl. 1880 Nr. 134.

6   Vgl. hiezu insbesondere das Schreiben des österreichisch-ungarischen Aussenministers Agenor von Goluchowski an den kaiserlichen Ersten Obersthofmeister Rudolf von Liechtenstein vom 6.12.1902 (AT ÖStA, HHStA, Obersthofmarschallamt, Neue Zeremoniell Akten, R. III, Karton 235, Z. 33 (Aktenzeichen des k.u.k. Ministeriums des kaiserlichen und königlichen Hauses und des Äussern: 79238/1); als Kopie unter LI LA SgK 055). Vgl. ferner AT ÖStA, HHStA, Ministerium des Äussern, Administrative Registratur F2, Karton 53 bzw. LI LA SgK 042.

7   Das österreichisch-ungarische Aussenministerium pflichtete am 26.2.1907 der Rechtsauffassung des Justizministeriums in dieser Frage bei: Nach der Völkerrechtslehre, mit welcher im Allgemeinen auch die Staatenpraxis übereinstimme, gebühre das Recht der Exterritorialität mit den daraus fliessenden Privilegien, worunter auch die Exemtion von der Territorialgerichtsbarkeit begriffen sei, nur den wirklich regierenden fremden Souveränen und ihren Gemahlinnen. In der Völkerrechtsdoktrin herrsche aber schon eine Verschiedenheit der Meinungen darüber, ob selbst fremden Thronfolgern eine exterritoriale Behandlung zustehe. Den übrigen Migliedern auswärtiger Herrscherfamilien stehe das Vorrecht der Exterritorialität, sofern sie nicht selbst Träger der Souveränität seien, nicht zu. Bei dieser Sachlage und in Übereinstimmung mit der einschlägigen Praxis gab das Aussenministerium seiner Meinung Ausdruck, dass es an einer Grundlage fehle, den Prinzen Alfred Alois als exterritorial zu betrachten (AT ÖStA, HHStA, Ministerium des Äussern, Administrative Registratur F2, Karton 53, Liechtenstein (Aktenzeichen des Justizministeriums: 1353/7) bzw. LI LA SgK 012).

Dok. 13
Landesverweser Karl von In der Maur ersucht um Intervention der k.u.k. Gesandtschaft in Bern für die Konzessionierung einer Schmalspurbahn von Landquart über Ragaz zur liechtensteinischen Landesgrenze

Handschriftliches Konzeptschreiben mit handschriftlichen Korrekturen und Ergänzungen von Landesverweser Karl von In der Maur, gez. ders., an die fürstliche Hofkanzlei[1]

14.7.1907

Note an die hochl. Hofkanzlei
Wie der hochlöbl. Hofkanzlei aus der mit hochgeschätzter Zuschrift vom 27. Juni 1907, Zl. 6880,[2] anher mitgeteilten Eröffnung des k. u. k. Ministeriums des Äussern[3] bekannt geworden ist, hat der Bundesrat am Schlusse der letzten Tagung der eidgenössischen Räte die denselben bereits unterbreitete Vorlage, womit er die Konzessions-Erteilung für die schweizerische Teilstrecke der Schmalspurbahn Landquart-Schaan beantragt,[4] wider alles Vermuten mit der Motivierung zurückgezogen, dass sich die Notwendigkeit von Ergänzungen ergeben habe.

Gegen das fragliche Projekt sind in vielgelesenen schweizerischen Blättern eine Reihe von Zeitungsartikeln erschienen,[5] die nach allgemeiner Ansicht von der Direktion der schweizerischen Bundesbahnen inspiriert wurden, welche schon von vornherein dem Projekte gegenüber eine feindselige Stellung einnahm und die Meinung propagierte, dass die neue Bahn die Position der Bundesbahnen schwächen würde; um dieser Meinung den Anschein einer Berechtigung zu geben und gegen das geplante Unternehmen wirksam Stimmung zu machen, wurde insbesondere das Märchen verbreitet, dass die österreichischen Staatsbahnen hinter dem Projekte stünden, von dessen Realisierung sie sich erhoffen würden, sich in Bezug auf die österr.-schweizerischen Anschlussverbindungen von dem bisher ausschliesslich massgebenden Einflusse der schweizerischen Bundesbahnen freizumachen; speziell wurde auch darauf hingewiesen, dass im Falle der voraussichtlichen Realisierung der schweizerischen Ostalpenbahn bezw. im Falle als das dem Bundesrate unerwünschte Splügenbahnprojekt etwa zur Durchführung gelangen würde, die Bahn Landquart-Schaan eine wichtige Rolle spielen könnte u. dass der

---

1 LI LA SF 02/1907/1266 ad 0327. Vermerk: «halbbrüchig, ohne Rubrum». Mundiert von Diurnist Gregor Nigg am 16.7.1907. – Vgl. in diesem Zusammenhang u.a.: L.Vo., Nr. 49, 8.12.1905, S. 1-2 («Die Stellung der Bundesbahnen zum Schmalspurbahnprojekt Landquart-Ragaz-Vaduz-Schaan») und Nr. 4, 26.1.1906, S. 1 («Das Fürstentum Liechtenstein und die rätischen Bahnen»).

2 Vgl. das Schreiben von Hofkanzleileiter Hermann von Hampe an die liechtensteinische Regierung vom 27.6.1907 (LI LA SF 02/1907/1137 ad 0327 (Aktenzeichen der Hofkanzlei: 6880)).

3 Vgl. das Schreiben von Sektionschef Johann von Michalovich vom österreichisch-ungarischen Aussenministerium an die fürstliche Hofkanzlei vom 25.6.1907 (LI LA SF 02/1907/1137 ad 0327 (Aktenzeichen des Aussenministeriums: 48584/9)).

4 Vgl. die Botschaft des Bundesrates an die Bundesversammlung betreffend Konzession einer elektrischen Schmalspurbahn von Landquart über Ragaz nach der liechtensteinischen Grenze vom 16.4.1907 (BBl III 107).

5 Vgl. etwa NZZ, Nr. 109, 20.4.1907 («Eine Konkurrenzlinie der Bundesbahnen»); Nr. 141, 23.5.1907 («Schaan-Landquart»); Nr. 149, 31.5.1907 («Die Bahn Schaan-Landquart»); Nr. 153, 4.6.1907 («Landquart-Ragaz-Schaan»); Nr. 157, 8.6.1907 («Landquart-Schaan») und Nr. 162, 13.6.1907 («Schaan-Ragaz-Landquart»); vgl. ferner «Basler Nachrichten», Nr. 140, 26.5.1907 («Direkte Chur-Schaan-Bregenz und Rätische Bahnen»).

zu befürchtenden Konkurrenzierung der Bundesbahnen nur wirksam begegnet werden könnte, wenn das Bahnprojekt Landquart-Schaan von der Tagesordnung verschwinden würde.

Die vom Bundesrate unter dem Einflusse der Direktion der Bundesbahnen vorgeschützte Notwendigkeit, dass in der Frage der Konzessionserteilung für das schweizerische Teilstück der projektierten Bahnlinie Landquart-Schaan noch weitere Erhebungen gepflogen und Garantien verlangt werden müssen, ist nach der übereinstimmenden Anschauung einsichtiger Leute nur der erste Schritt für die schliessliche Ablehnung der Konzession; der Bundesrat will lediglich wohl nur den Schein einer Art Willkürlichkeit, die ihm bei sofortiger Ablehnung der Konzession vielleicht vorgeworfen werden könnte, vermeiden; er wird aber dann, wenn die Erhebungen gepflogen sein werden, vermutlich finden, dass die Bedingungen für eine Konzessionserteilung nicht gegeben sind; demgemäss betrachte ich das Projekt fast für schon begraben.

Wie sehr der Bundesrat bestrebt ist, das Projekt aus der Welt zu schaffen, ergibt sich daraus, dass er dem Vernehmen nach zwar für den 28. August d. Js. eine an Ort und Stelle unter der Leitung des Vorstandes des eidgenössischen Eisenbahndepartements [Josef Zemp] und unter Zuziehung des Direktors der Bundesbahnen [Placid Weissenbach] sowie der je 8gliedrigen Eisenbahnkomitees der eidgenössischen Räte vorzunehmende Lokalerhebung an Ort und Stelle ausgeschrieben hat, gleichzeitig aber auch den schweizerischen Projektanten der fraglichen Schmalspurbahn mit dem in Abschrift beiliegenden Schreiben vom 29. Juni 1907, No. 6375/I,[6] ans Herz gelegt hat, ihr Konzessionsgesuch auf die Strecke Landquart-Ragaz zu reduzieren, also von dem Anschluss an das Fürstentum Liechtenstein abzusehen, eine Zumutung, die die Projektanten allerdings mit Entschiedenheit zurückgewiesen haben, wie aus der abschriftlich angeschlossenen, vom 7. Juli 1907 datierten Eingabe[7] der Projektanten an den Bundesrat ersichtlich wird. In dieser Eingabe wie nicht minder in dem mitfolgenden, die fragliche Bahnverbindung betreffenden Promemoria vom 2. Mai 1907[8] sowie in dem anruhenden (nebenbei erwähnt von dem Vorsitzenden des I. Landesausschusses, Dr. Albert Schädler, dem Obmann des Initiativ-Komitees für die liecht. Teilstrecke der Schmalspurbahn Landquart-Schaan herrührenden) Artikel des «Liechtensteiner Volksblatt» vom 31. Mai 1907[9] ist die Haltlosigkeit der in der Hauptsache von den Bundesbahnen geltend gemachten Scheingründe gegen die Konzessionserteilung hinreichend beleuchtet, es kann daher zur Vermeidung von Wiederholungen auf diese Schriftstücke verwiesen und muss lediglich folgendes betont werden:

a) Es ist nicht richtig, dass hinter dem mehrerwähnten Projekte die k.k. österr. Staatsbahnen stehen und dass das Projekt irgendwie mit der Ostalpenbahnfrage zusammenhängt;

---

6   Vgl. das Schreiben der Eisenbahnabteilung des Eidgenössischen Post- und Eisenbahndepartements an Fridolin Simon, Ragaz, vom 29.6.1907 (LI LA SF 02/1907/1220 ad 0327 (Aktenzeichen des Departements: 6375/I)).

7   Vgl. das Schreiben des schweizerischen Initiativkomitees für das Bahnprojekt Landquart-Schaan an Bundesrat Josef Zemp bzw. an die Eisenbahnabteilung des Eidgenössischen Post- und Eisenbahndepartements vom 7.7.1907, welches von Fridolin Simon mit Begleitschreiben vom 9.7.1907 in Kopie dem liechtensteinischen Landtagspräsidenten Albert Schädler übermittelt wurde (LI LA SF 02/1907/1235 ad 0327).

8   Gedruckte Ausführungen des schweizerischen Initiativkomitees mit dem Titel «Schmalspurbahn Landquart-Maienfeld-Ragaz-Fläsch-Landesgrenze» an die Mitglieder der schweizerischen Bundesversammlung vom 2.5.1907 (LI LA SF 02/1907/0946 ad 0327).

9   Vgl. L.Vo., Nr. 22, 31.5.1907, S. 1-2 («Eisenbahnprojekt Landquart-Maienfeld-Ragaz-Schaan»).

b) es ist nicht richtig, dass die projektierte Schmalspurbahnstrecke geeignet ist, den Bundesbahnen eine nennenswerte Konkurrenz zu machen;
c) es ist nicht richtig, dass das Fürstentum Liechtenstein durch die Realisierung des Projektes etwas anderes anstrebt, als eine Lokalbahn zu erhalten.

Trotzdem für Liechtenstein die Situation nach den obigen Darlegungen gegenwärtig ziemlich ungünstig ist, glaubt die f. Regierung doch bei dem vitalen Interesse des Landes an dem Zustandekommen des Projektes, dass die Flinte derzeit noch nicht ins Korn zu werfen sei und dass, so lange eine, wenn auch nur entfernte Möglichkeit eines Erfolges vorliegt, Alles aufzubieten sei, um dem Projekte einer Bahnverbindung Landquart-Schaan zur Durchführung zu verhelfen.

Von der nämlichen Ansicht ist der l. Landesausschuss durchdrungen, welcher in der am 12. d. M. in meiner Anwesenheit abgehaltenen Sitzung die aus der Beilage zu entnehmende Resolution[10] gefasst hat.

Demgemäss wird die hochlöbliche Hofkanzlei ersucht, die gegenwärtige Eingabe samt Beilagen oder nach Gutfinden einen entsprechenden Auszug dem hohen k. u. k. Ministerium des Äussern so bald als möglich mit der Bitte um Kenntnis zu bringen, dass dasselbe den Herrn k. u. k. österr.-ungar. Gesandten in Bern [Karl von Heidler] veranlasse, auf Grund des vorliegenden Sachverhaltes tunlichst bald bei dem schweizerischen Bundesrate eine dringliche Vorstellung in Absicht auf die Erteilung der Konzession zu erheben und eventuell auch eine Einladung der fürstlichen Regierung zur Teilnahme an der für 28. August 1907 geplanten vorerwähnten Lokalerhebung[11] zu bewerkstelligen.

Da die Schweiz momentan eine Bahnverbindung vom Oberengadin durchs Unterengadin bis Pfunds in Tirol anstrebt, um dort an die Vintschgaubahn anzuschliessen, welche bis Landeck ausgebaut werden soll und die Situation der Schweiz gegenüber Österreich dortselbst eine ganz ähnliche ist wie im Falle Landquart-Schaan die Situation Liechtensteins gegenüber der Schweiz, dürfte der allfällige Hinweis auf das in Bezug auf die ersterwähnte Bahnverbindung von seiten Österreichs bewährte Entgegenkommen gegenüber den schweizerischen Wünschen vielleicht nicht völlig wirkungslos bleiben.[12]

---

10 Vgl. die Resolution des Landesausschusses (Albert Schädler, Lorenz Kind und Franz Schlegel) zuhanden der Regierung vom 12.7.1907 (LI LA SF 02/1907/1266 ad 0327).
11 Zur gemeinsamen Begehung der in Frage kommenden Strecke durch schweizerische und liechtensteinische Vertreter am 29.8.1907 siehe den Bericht von Landesverweser Karl von In der Maur an Fürst Johann II. vom 15.9.1907 (LI LA SF 02/1907/1583 ad 0327).
12 Am 19.11.1907 beantragte der Schweizer Bundesrat bei der Bundesversammlung, entgegen seiner Botschaft vom 16.4.1907, auf das Konzessionsgesuch für die projektierte Schmalspurbahn nicht einzutreten, da durch diese Bahn eine sehr empfindliche Konkurrenz für die schweizerischen Bundesbahnen entstehen könnte (Botschaft des Bundesrates an die Bundesversammlung betreffend Verweigerung der Konzession einer elektrischen Schmalspurbahn von Landquart über Ragaz nach der liechtensteinischen Grenze (BBl 1907 VI 41)). Wie das österreichisch-ungarische Aussenministerium der fürstlichen Hofkanzlei am 16.12.1907 mitteilte, sah sich die k.u.k. Gesandtschaft in Bern «mit Rücksicht auf die in der Schweiz bestehende Empfindlichkeit gegen fremde Beeinflussung» ausserstande, «eine weitere Initiative in dieser Angelegenheit zu ergreifen» (LI LA SF 02/1907/2269 ad 0327 (Aktenzeichen des Aussenministeriums: 94567/9)). Landesverweser In der Maur, der die Angelegenheit am 21.12.1907 vorläufig ad acta legte, bemerkte hiezu, dass die Initiative dem schweizerischen Komitee überlassen bleiben müsse; «setzen die Gebrüder Simon nichts durch, so würde die f. Regierung um so weniger etwas durchsetzen» (Vermerk auf dem Schreiben von Hofkanzleileiter Hampe an die Regierung vom 19.12.1907 (LI LA SF 02/1907/2269 ad 0327)).

Dok. 14
Einem Brand in Vaduz (Altenbach) fallen 19 Wohnhäuser und 21 Ställe zum Opfer

Bericht im «Liechtensteiner Volksblatt»[1]

25.10.1907

Grosser Brand

Eine Schreckensnacht, wie Vaduz sie kaum erlebt haben dürfte, liegt hinter uns. Am 20. Oktober nachts ½ 11 Uhr[2] wurden wir plötzlich durch den Feuerruf aufgeschreckt. Unheimlich heulte das Feuersignal, in welches sich die Töne der Sturmglocken mischten, durch die Nacht. In der Scheune des Fr. Jos. [Franz Josef] Wachter,[3] unmittelbar an den Biergarten des Alois Seger, in dem noch reges Leben herrschte, anstossend, war auf bisher noch unaufgeklärte Weise Feuer ausgebrochen, welches durch die schon lange anhaltende Trockenheit und den herrschenden Föhnwind begünstigt, mit rasender Schnelligkeit die nächstliegenden Gebäude ergriff und von starkem Windzuge angefacht, die in der Windrichtung liegenden Dorfteile mit einem Feuerregen überschüttete. Die ganze Häusergruppe «Altenbach» von der Landstrasse bis ins Mitteldorf war in kürzester Zeit in Rauch und Flammen eingehüllt und deren aus dem Schlafe aufgeschreckten Bewohner konnten nur den geringsten Teil ihrer Habe, die nächstliegenden kaum das nackte Leben retten. Es war grauenhaft anzusehen, wie das vom Winde getriebene Feuer von der Mitte des «Altenbaches» für den Augenblick die nächstliegenden Häuser überspringend das Haus des Schreinermeisters Joh. [Johann] Ospelt im Mitteldorf ergriff, das in wenigen Minuten wie eine Pechfackel brannte und sein Sprühfeuer bis ins Oberdorf und weiter dem Walde entgegen sandte. Die Hilfe der hiesigen Feuerwehr erwies sich trotz grösster Anstrengung, bei der herrschenden Verwirrung und dem starken Windzuge als durchaus unzulänglich. An eine Lokalisierung des rasenden Elementes konnte erst gedacht werden, als die Feuerwehren der Nachbardörfer und aus der Schweiz eintrafen, deren Wirksamkeit durch den herrschenden Wassermangel sehr erschwert wurde.

So enthüllte denn der anbrechende Morgen ein entsetzliches Bild der Zerstörung. An der Stelle, wo vor wenigen Stunden 19 Wohnhäuser und 21 Ställe gestanden hatten, war nichts mehr als ein rauchender Trümmerhaufen und darunter begraben das Ergebnis harter Mühe und Arbeit, die grösstenteils eingeheimsten Feldfrüchte, die sämtlichen Futtervorräte, Mobiliar usw., kurz gesagt, das Glück und der Wohlstand der hart betroffenen Bewohner. Eine traurige Perspektive im Hinblick auf den herannahenden Winter.

Wie ein Wunder ist es anzusehen, dass mitten im Brandplatze die beiden alten aus Holz erbauten Wohnhäuser samt Stallungen des Zimmermeisters Ferd. [Ferdinand] Ospelt und des Postboten Joh. Töni [Johann Thöny] vom Feuer verschont blieben. Auch die an der Berglehne stehenden Häuser der Witwe [Maria Agatha] Wolf und des Sattlermeisters Joh. [Johann] Seger, sowie das Wohnhaus des Torkelmeisters Joh. [Johann] Verling wurden gerettet.

---

1 L.Vo., Nr. 43, 25.10.1907, S. 1-2. Vgl. L.Vo., Nr. 44, 1.11.1907 («Verzeichnis der für die Brandgeschädigten in Vaduz eingegangenen Liebesgaben») und Vorarlberger Landes-Zeitung, Nr. 245, 24.10.1907 («Zum Brand in Vaduz«). Vgl. des weiteren LI GAV A 1/125/01-69. Vgl. auch den Brand in Triesen im Jahre 1913 (siehe den Spendenaufruf eines Hilfskomitees unter Kooperator Peter Oswald Bast (L.Vo., Nr. 13, 28.3.1913, S. 1 («Aufruf!»))).
2 In der Nacht vom 20. auf den 21.10.1907.
3 Franz Josef Wachter erklärte in der Folge, es sei durch nichts erwiesen, dass das Feuer in seiner Scheune ausgebrochen sei. Dies sei auch deswegen unwahrscheinlich, weil weder er noch seine Söhne rauchten und sein Anwesen elektrisch beleuchtet gewesen sei (L.Vo., Nr. 44, 1.11.1907, S. 1 («Zum Brande in Vaduz»)).

Hier eröffnet sich nun der öffentlichen Wohltätigkeit ein grosses Feld;[4] es liegt aber auch in den rauchenden Trümmern eine ernste Warnung für die Gemeinde Vaduz, sich endlich auf die Durchführung einer ausreichenden, den finanziellen Verhältnissen entsprechenden Wasserversorgung zu einigen, um in Zukunft ähnlichen Katastrophen wirksamer entgegentreten zu können.[5]

Sämtliche abgebrannten Gebäulichkeiten sind versichert. Mit der Versicherung von Mobiliar und Fahrnissen wirds schlimmer bestellt sein.[6]

Dok. 15
Der Landtag fordert den Abschluss eines Postvertrags mit Österreich

Maschinenschriftliches Schreiben des Landtagspräsidiums, gez. Albert Schädler, an die Regierung[1]

16.11.1907

Der Landtag hat in der heutigen Sitzung folgenden Antrag der Finanzkommission beschlossen:[2]

---

4   Landesverweser Karl von In der Maur erteilte am 28.10.1907 im Sinne der Verordnung vom 19.7.1905 betreffend die Sammlung milder Gaben im Fürstentum Liechtenstein, LGBl. 1905 Nr. 1, in allen Gemeinden die Bewilligung, eine Sammlung bei «bekannten Wohltätern» oder «nach Gutfinden von Haus zu Haus» für die Brandgeschädigten in Vaduz zu veranstalten (vgl. L.Vo., Nr. 44, 1.11.1907, S. 1 («Kundmachung»); LI LA RE 1907/1844 ad 1797). Fürst Johann II. sprach telegraphisch «in herzlichen Worten» sein Bedauern über das Unglück aus und stellte den betroffenen Personen «zur Linderung der augenblicklichen Not» 2000 Kronen zur Verfügung (vgl. L.Vo., Nr. 43, 25.10.1907, S. 1 («Spende Seiner Durchlaucht»); Telegramm von Fürst Johann an In der Maur vom 22.10.1907 (LI LA RE 1907/1805 ad 1797)). In der öffentlichen Landtagssitzung vom 14.12.1907 wurde festgehalten, dass der Gemeinde Vaduz durch das Brandunglück und die Regulierung der Brandstätte Kosten von 12'000 bis 15'000 Kronen entstanden waren. Zum Zwecke der Regulierung der Brandstätte genehmigte der Landtag einstimmig eine Landessubvention von 2000 Kronen mit der Massgabe, dass diese Subvention erst nach der Durchführung der Regulierung zuhanden der Gemeinde Vaduz ausgefolgt werden durfte (vgl. LI LA LTA 1907/S04/2).

5   Die «Vorarlberger Landes-Zeitung» bemerkte, dass schon vor 2 Jahren die grössten Anstrengungen unternommen worden seien, um die Erstellung einer Hydrantenanlage durchzusetzen, «allein umsonst, und es wird gesagt, dass gerade ein Teil der Bewohner des nun in Schutt und Trümmern liegenden Mitteldorfes die ärgsten Gegner gewesen seien» (vgl. Vorarlberger Landes-Zeitung, Nr. 245, 24.10.1907, S. 3 («Zum Brand in Vaduz»)).

6   Vgl. das «Verzeichnis der vom Brande in Vaduz am 20. Oktober 1907 Betroffenen, der von diesen für die verbrannten beziehungsweise geschädigten Objekte versicherten Beträge und der liquidierten Entschädigungen» vom 30.11.1907 (Beilage zu LI LA RE 1907/1942 ad 1797). Die liquidierten Entschädigungen für versicherte Immobilien und Mobilien beliefen sich auf insgesamt 189'389 Kronen (Leipziger Feuerversicherungsanstalt in Wien, Assicurazioni Generali in Triest, Riunioni Adriatica di Sicurtà in Triest, Basler Versicherungsgesellschaft gegen Feuerschaden, Österreichischer Phönix in Wien, North British and mercantile Insurance Company, Tiroler Brandversicherung und die Donau Versicherung in Wien).

1   LI LA SF 03/1907/13/2051. Aktenzeichen: 5/Landtag. Eingangsstempel der Regierung vom 23.11.1907. Auf der Rückseite handschriftlicher Verweis auf den Bezugsakt LI LA SF 03/1905/12/2218 sowie handschriftliche Betreffangabe: «Postbotenlöhne-Erhöhung, Postvertrag». Das Schreiben wurde am 25.11.1907 von Landesverweser Karl von In der Maur ad acta gelegt mit der Bemerkung: «In dieser Sache wird mit der kk. Postbehörde mündlich in Verkehr getreten werden». Ein weiteres Exemplar des Schreibens unter LI LA LTA 1907/S09/2.

2   LI LA LTA 1907/S04/2, Protokoll der Landtagssitzung vom 16.11.1907. Vgl. LI LA LTA 1907/L01, Tagesordnung für die Landtagssitzung vom 14. und 16.11.1911, S. 17.

«Mit Rücksicht auf die geradezu kläglich geringe Entlohnung der liechtensteinischen Briefträger durch das österreichische Postärar stellt der Landtag an die hohe fstl. Regierung die Bitte, an massgebender Stelle ihren Einfluss geltend zu machen, um diesen unhaltbaren Zustand, der allenfalls den niederen Lohnverhältnissen in Böhmen und Ungarn entsprechen könnte, zu beseitigen.

Zugleich wiederholt der Landtag das schon früher einstimmig beschlossene Ansuchen,[3] die fstl. Regierung möge in Verhandlung mit der österreichischen Regierung dahin wirken, dass an Stelle der bisherigen Übereinkommen, welche in der Auffassung von Kompetenzen leicht Zweifel entstehen lassen, ein förmlicher Staatsvertrag betreffend unser Post-, Telegraphen- und Telephonwesen zustande gebracht wird.»[4]

Dok. 16
Hausordnung für das Armenhaus Vaduz

Maschinenschriftliches Exemplar mit Genehmigungsvermerk der Regierung, gez. Landesverweser Karl von In der Maur[1]

17.10.1908[2]

Hausordnung für die Armenanstalt der Gemeinde Vaduz

§ 1.

Alle nach Vaduz zuständigen Armen und Kranken, welche sich nicht selbst erhalten können, sondern von der Gemeinde unterstützt werden müssen, sollen in die hiesige Armenanstalt aufgenommen werden.

Auch Arme und Kranke anderer Gemeinden sowie Personen mit Vermögen können nach getroffenem Übereinkommen in diese Anstalt aufgenommen und letzteren nach Umständen besondere Begünstigungen zugestanden werden, jedoch darf hierdurch in keiner Weise die Hausordnung leiden.

§ 2.

Gedachtes Institut wird aus Gemeinde- und andern Mitteln, welche der Gemeinde zu diesem Behuf zufliessen, unterhalten.

§ 3.

Die Armenanstalt untersteht gemäss § 10 des Armengesetzes vom 20. Oktober 1869, L.Gbl. Nr. 10, dem ständigen Gemeinderat zu Vaduz. Die Leitung und unmittelbare Aufsicht ist den Barmherzigen Schwestern gemeinschaftlich mit dem bestellten Armenpfleger übertragen.

Die vorgesetzte Barmherzige Schwester wird Frau Mutter benannt.

---

3 LI LA LTA 1905/L14, Landtagspräsidium an Regierung, 5.12.1905.
4 Vgl. auch die Vorschläge der liechtensteinischen Postinhaber für die bevorstehenden Verhandlungen mit Österreich (LI LA SF 03/1907/13/0658, Postinhaber an Regierung, 31.3.1907).

1 LI LA RE 1908/1739.
2 Datum der Genehmigung durch die Regierung.

§ 4.

Wenn es sich bloss um den Vollzug der gegenwärtigen Hausordnung, dann um gewöhnliche wiederkehrende Anschaffungen oder um die Führung der Ökonomie handelt, bestimmt und verfügt die Frau Mutter im Einverständnis mit dem Armenpfleger allein.

In folgenden Fällen aber steht die Entscheidung dem Gemeinderat nach vorheriger Anhörung des Armenpflegers zu:

a. Wenn es sich um die Aufnahme von Armen oder Kranken ins Armenhaus oder um Entlassung derselben aus der Anstalt handelt.
b. Beim Kauf, Tausch oder Verkauf von Haustieren sowie bei den wichtigeren ökonomischen Anschaffungen.
c. Bei der Einstellung des Dienstpersonals und dessen Lohnbemessung.
d. Wenn ein Aufnahmsvertrag mit einer andern Gemeinde oder mit einer vermöglichen Person abgeschlossen werden soll.
e. Wenn es sich um den Ankauf oder Tausch von Grundstücken handelt.
f. Wenn Neubauten oder wichtigere Reparaturen vorgenommen werden sollten.
g. Wenn mit einem Arzt bezüglich der Behandlung der Kranken in dem fraglichen Institut einen Vertrag zu schliessen beabsichtigt wird, und
h. wenn die gegenwärtige Hausordnung abgeändert werden soll.

§ 5.

Jeder Eintretende hat sich um den Aufnahmeschein, welcher den Tauf- und Zunamen, Alter, Stand und andere wichtige Umstände enthalten soll, an den Ortsvorsteher zu wenden, welcher sofort dessen Aufnahme beim Gemeinderat erwirken wird.

§ 6.

Beim Eintritt in das Armenhaus soll jede eintretende Person untersucht werden, ob sie rein oder etwa mit irgend einer äusserlichen Krankheit behaftet sei. Desgleichen sind mitgebrachte Kleidungsstücke, Bettzeug u.s.w. eines jeden Eintretenden zu untersuchen und nötigenfalls zu reinigen oder auch ganz zu veräussern.

Kranke, welche mit ansteckenden Krankheiten behaftet in das Armenhaus gebracht werden, sind isoliert in einem Zimmer unterzubringen und ist in einem solchen Fall sofortige Untersuchung einzuleiten und die Anzeige an die Behörde ungesäumt zu erstatten.

§ 7.

Alle Armen und das Dienstpersonal stehen zunächst unter der Aufsicht der Barmherzigen Schwestern, besonders der Frau Mutter, und sind denselben unbedingten Gehorsam zu leisten schuldig.

§ 8.

Die Bestimmung über Anweisung und Wechslung des Zimmers und des Bettes unterliegt dem freien Ermessen der Frau Mutter.

§ 9.

In den ersten Tagen nach dem Eintritt ins Armenhaus sind den Armen in Gegenwart der Schwestern und des Armenpflegers aus der Hausordnung die Verhaltensmassregeln vorzulesen, damit sie wissen, wie sie sich zu benehmen haben. Auch kann es Fälle geben, wo es angemessen sein dürfte, den Herrn Seelsorger und Ortsvorsteher hiezu einzuladen.

Kommt der Arme krank in die Anstalt, so ist ihm diese Eröffnung gelegentlich zu machen.

§ 10.

Jeder Arme, ob gesund oder krank, hat den Schwestern und dem Armenpfleger mit Achtung zu begegnen. Verletzt ein Armer die schuldige Achtung oder benimmt er sich roh, so hat die Frau Mutter das nach ihrem Ermessen Geeignete vorzukehren. Wiederholte Übertretungsfälle der nämlichen Person hat der Ortsvorsteher strengstens zu bestrafen und das Versprechen der Besserung abzufordern.

§ 11.

Die Armen sind zum gemeinschaftlichen Morgen-, Tisch- und Abendgebet anzuhalten.

An Sonn- und Feiertagen sind die gesunden Armen verpflichtet, dem vor- und nachmittägigen Gottesdienst beizuwohnen; auf dem Hin- und Herweg ist den Armen nicht gestattet, sich auf dem Kirchplatz aufzuhalten oder auf dem Weg lang zu verweilen oder andere zu belästigen.

Im Armenhaus untergebrachte Kinder haben sich paarweise in Begleitung der Barmherzigen Schwestern oder einer andern bestellten Aufsichtsperson zur Kirche und von da zurück nach dem Armenhaus zu begeben.

Hat ein Armer kein eigenes Gebetbuch, so soll ihm von der Anstalt aus ein solches gegeben werden. Den Kranken wird die Frau Mutter auch passende Bücher zur Selbsterbauung geben, ebenso den Gesunden, wenn sie solche verlangen. Die Empfänger sind aber verpflichtet, die erhaltenen Bücher rein und unbeschädigt seinerzeit wieder zurückzustellen. Für die schwer Kranken wird die Frau Mutter sorgen, dass nach Umständen ihnen von Zeit zu Zeit ein passendes Stück zur Erbauung von einer Schwester vorgelesen werde. Besonders soll an Sonn- und Feiertagen den Kranken und denjenigen, die nicht in den vormittägigen Gottesdienst kommen, tunlichst das auf diese Zeit fallende Evangelium vorgelesen werden. In der Regel werden die gesunden Armen jährlich viermal zum Empfang der hl. Sakramente geführt. Die Zeit, in welcher dies zu geschehen hat, bestimmt die Frau Mutter.

§ 12.

Um zwischen den an Alter, Geschlecht, Erziehung und Lebensart so verschiedenen Bewohnern des Armenhauses den Frieden zu erhalten, muss alles vermieden werden, was den Frieden stören könnte, namentlich Schwätzereien, Aufwiegelung, die Erregung von Missgunst, Neid udgl. Deswegen ist auch das unnötige Zusammenstehen und Plaudern von Mann- und Weibspersonen, oder heimliches Herumschleichen im Haus untersagt; weder gesunde noch kränkliche Arme dürfen in andere als die ihnen zugewiesenen Zimmer gehen.

§ 13.

Für gute Erziehung der Kinder ist bestens zu sorgen, daher sollen die Armen sich in die Erziehung der Kinder niemals einmischen und nie ein Kind in ihre Zimmer oder in ihren Umgang locken; hingegen sind sie streng gehalten, den Kindern mit einem guten Beispiel voranzugehen.

Unanständiges Benehmen und ungeziemende Reden, wie Schwören und Fluchen überhaupt, besonders aber vor den Kindern ist strengstens zu verweisen und auch zu bestrafen.

§ 14.

Als Nahrung erhalten die Armen nach einer bestimmten Speiseordnung gesunde und gut zubereitete Hausmannskost. Solche, welche strenge Arbeiten besorgen, werden auch zwischen den Mahlzeiten Erfrischungen erhalten. Den Kranken wird die Nahrung nach dem Gutachten des Hausarztes gereicht.

§ 15.

Alle gesunden Armen haben zur bestimmten Zeit zu Bette zu gehen und gleichzeitig wieder aufzustehen. Jeder soll sein Bett schonen und reinlich erhalten und es ist strengstens verboten, unter tags oder angekleidet sich ins Bett zu legen.

§ 16.

In der Regel wird von jedem Armen gefordert, dass er sich täglich morgens gehörig wasche. Ebenso hat jeder Pfründner die Schuhe nach Erfordernis zu reinigen und dieselben geputzt und trocken wenigstens alle Samstag zum Einschmieren abzugeben. Jeden Samstag abends soll von den Schwestern die saubere Wäsche je nach Bedürfnis samt den Feiertagskleidern auf das Bett eines Armen gerichtet werden; hingegen haben die Armen Sonntags früh ihre Werktagskleider samt der schmutzigen Wäsche an dieselbe Stelle abzulegen, damit die Schwestern dieselben abholen können. Überhaupt wird den Pfründnern in allen Stücken Reinlichkeit zur Pflicht gemacht; ganz besonders in den Aborten soll die grösste Reinlichkeit herrschen. Das freie Ausspucken in den Zimmern und auf den Gängen ist jedem Insassen des Armenhauses gänzlich verboten. Leichtsinniges oder boshaftes Abgehen hievon soll strengstens geahndet werden.

§ 17.

Ebenso wird gefordert, dass jeder Arme unanstössig bedeckt und gekleidet sei. Dieses gilt für die kranken wie für die gesunden Armen. In halbangekleidetem Zustand dürfen die Pfleglinge nach dem Aufstehen weder im Schlafzimmer verweilen noch auf den Gang heraustreten. Mannspersonen sollen sich in der Regel wöchentlich wenigstens einmal rasieren. Von Zeit zu Zeit soll jeder Arme untersucht werden, ob er am Leib rein und gesund sei. Für Badegelegenheit wird gesorgt werden.

§ 18.

Jeder Pfründner hat die Arbeit, für welche er als fähig erachtet wird, oder in welcher er Anleitung erhält, fleissig zu verrichten, ohne Rücksicht, ob hiefür eine besondere Entlohnung gegeben wird oder nicht. Das verdiente Geld oder die erhaltenen Geldgeschenke, welche für die Pfründnerarbeiten eingehen, werden von der Frau Mutter aufgeschrieben und aufbewahrt und von Zeit zu Zeit mit Zustimmung des Armenpflegers derart verrechnet, dass ¾ für die Anstalt verwendet, ¼ aber für die Armen zurückbehalten wird. Das eine Viertel hat aber nur zur Hälfte unter alle Armen gleichzeitig verteilt zu werden; die andere Hälfte kommt jenen Pfründnern zu, aus deren Verrichtungen der Erlös herrührt. Immer muss jedoch die Verwaltung dafür sorgen, dass das Geld von den Armen nicht leichtsinnigerweise vergeudet wird.

§ 19.

Bringt ein Armer etwas Sackgeld in die Anstalt, so bleibt solches sein Eigentum, nur hat er dieses Geld der Frau Mutter zur Verwahrung einzuhändigen, welche auch den laut § 18 entfallenden Anteil aufbewahren wird; die Frau Mutter wird dem Pflegling hievon auf sein Verlangen kleine Beträge verabfolgen.

§ 20.

Kartenspiel, Tabakrauchen, Schnupfen und Branntweintrinken sind den Armen nur mit Bewilligung der Armenverwaltung erlaubt. Das Tabakrauchen ist in Stallungen, Holzschupfen, überhaupt an allen feuergefährlichen Orten den Armen wie auch dem Dienstpersonal gänzlich verboten.

§ 21.

Ohne Erlaubnis darf kein Pfründner die Anstalt verlassen oder sich aussergewöhnliche Erholungen anmassen. Wer im Allgemeinen die Erlaubnis zum Ausgehen hat, muss sich doch jedesmal noch bei der Frau Mutter anmelden und ihr den Ort, wohin er sich begibt, bekannt geben; falls letztere es für ratsam findet, die Erlaubnis zu verweigern, so hat sich der Betreffende zu fügen.

§ 22.

Beim Ausgehen haben sich die Armen des Besuches von Wirtshäusern, des Bettelns und des Spielens bei Strafe zu enthalten.

§ 23.

Besuche in den Zimmern dürfen den gesunden Pfründnern von Seite ihrer Verwandten und Bekannten nur an Sonn- und Feiertagen und zwar im Winter in der Zeit von Nachmittags halb drei Uhr bis halb fünf Uhr und im Sommer von drei bis sieben Uhr abgestattet werden, Schwerkranken je nach Notwendigkeit.

Jeder Besuch hat sich bei der Frau Mutter zu melden und ist es keinem Fremden gestattet, ohne Wissen und Einwilligung der Frau Mutter ein Zimmer zu betreten.

Geschenke, welche die Besucher für die Armen mitbringen, mögen dieselben in Lebensmitteln, Barschaft oder Kleidungsstücken bestehen, müssen an die Frau Mutter abgegeben werden, welche dieselben den betreffenden Armen, mit der Bemerkung, von wem sie geflossen sind, verabfolgen wird.

§ 24.

Die Armen dürfen ohne Aufforderung oder Erlaubnis der Schwestern sich weder in die Küche, noch auf den Estrich noch in den Keller begeben; die Zimmer der Schwestern dürfen sie ebenfalls nicht betreten.

§ 25.

Hat ein Armer begründete Klagen vorzubringen, so hat er sich an die Frau Mutter oder an den Armenpfleger zu wenden.

§ 26.

Die Leitung der Gesundheitspflege im allgemeinen kommt dem Hausarzt zu. Sobald ein Kranker ärztliche Hilfe benötigt, hat die Frau Mutter hievon den Armenpfleger zu verständigen, welcher den Hausarzt zu rufen hat; den Anordnungen des letzteren ist pünktlich Folge zu leisten. Das Sanitätsorgan der fstl. Regierung hat nach Tunlichkeit jährlich mindestens einmal eine spezielle Nachschau über die sanitären Einrichtungen und Verhältnisse der Anstalt vorzunehmen.

§ 27.

Jeder Pfründner der Anstalt hat sich gegenwärtig zu halten, dass Ordnung herrschen muss, und dass er sich genau an die Vorschriften der Hausordnung zu halten habe. Zu diesem Behuf soll jährlich zweimal den versammelten Armen in Gegenwart des Armenpflegers und der Schwestern die Hausordnung vorgelesen werden, wozu nach Gutfinden der Ortsseelsorger und Gemeindevorsteher einzuladen ist.

§ 28.

Die Landwirtschaft ist die ergiebigste Quelle des Gedeihens der Anstalt, weshalb die Armenverwaltung derselben in allen ihren Beziehungen die volle Aufmerksamkeit, Fleiss und Sorgfalt schenken soll. Die Güter sollen möglichst ertragsfähig gemacht, rechtzeitig und fleissig bearbeitet, gut unterhalten und nach den jeweiligen Wirtschaftsplänen, welche die Frau Mutter und der Armenpfleger gemeinsam festzusetzen haben, auf die einfachste und vorteilhafteste Weise bepflanzt, die Früchte rechtzeitig gesammelt, gehörig behandelt und aufbewahrt sowie zweckmässig verwendet werden.

§ 29.

Nichts soll vernachlässigt, sondern alles, soweit immer möglich, zu Nutzen gezogen werden. Auf die Bereitung von Dünger und die Sammlung guter Jauche soll möglichst Bedacht genommen werden.

§ 30.

Der Viehzucht ist ganz besondere Aufmerksamkeit zu schenken und wird von der Anstaltsverwaltung diesbezüglich das höchste Mass von Sorgfalt und Eifer gefordert. Die Nutztiere sollen reinlich gehalten, gut und regelmässig gefüttert, sorgfältig zum Dienst verwendet und besonders darauf Bedacht genommen werden, dass der Ertrag der Viehzucht auf einen möglichst hohen Stand gebracht wird.

§ 31.

Der Austritt aus der Armenanstalt soll der Ordnung und dem Anstand gemäss stattfinden. Der Arme hat sich bei der Frau Mutter zu melden, diese gibt dem Armenpfleger Bericht, ob der um Entlassung nachsuchende Pfründner hiezu geeignet sei, oder ob und welche Bedenken dagegen obwalten. Findet der Ortsvorsteher den Austritt zulässig, so wird er zu handen der Frau Mutter einen Entlassungsschein ausstellen.

§ 32.

Die Frau Mutter hat einverständlich mit dem Armenpfleger eine Hausordnung zu entwerfen, welche in jedem Arbeitszimmer anzuheften ist. Die Pfründner sind verpflichtet, die Stundeneinteilung pünktlich einzuhalten. Nach dem Abendessen darf niemand mehr das Haus verlassen.

§ 33.

Die Ausübung der Strafgewalt steht zunächst der Frau Mutter gemeinschaftlich mit dem Armenpfleger, in zweiter Linie aber dem Ortsvorsteher zu.

Die Strafen haben zu bestehen:
a. in Verweisen unter vier Augen
b. oder vor mehreren Personen;
c. in Abbruch (Entziehung einzelner Speisen) der Mahlzeit;
d. in Fasten während eines ganzen Tages bei Wasser und Brot;
e. in einmaligem Hausarrest bei Tag und Abbruch (Entziehung einzelner Speisen) der Mahlzeiten;
f. in der Absperrung durch 24 Stunden mit Fasten;
g. in Verbot des Ausganges an Sonn- und Feiertagen für bestimmte oder unbestimmte Zeit. Andere (insbesondere strengere) Strafen, als die unter a bis g bezeichneten dürfen nicht verhängt werden.

Bei hartnäckiger Widersetzlichkeit oder Auflehnung eines Pfleglings ist eventuell das Eingreifen der fstl. Regierung in Anspruch zu nehmen, nach Umständen ist durch den Gemeinderat die Entlassung des unverbesserlichen Pfründners zu beschliessen.

§ 34.

Unter Bezugnahme auf § 3 der Regierungsverordnung vom 25. August 1892, L.Gbl Nr. 5, wird für Pflege auswärtiger armer oder kranker Kinder ein Kostgeld von 40 bis 60 h[3] (die Kosten für ärztliche Behandlung nicht eingerechnet), sowie für auswärtige erwachsene Arme oder Kranke ein Kostgeld von 90 h bis K 1.20[4] (die Kosten für ärztliche Behandlung ebenfalls nicht inbegriffen) von Fall zu Fall berechnet.

§ 35.

Diese Hausordnung bleibt solang in Wirksamkeit, bis über Antrag des Gemeinderates und der Armenhausverwaltung eine Abänderung einzelner Bestimmungen erfolgt oder das ganze Statut ausser Kraft gesetzt wird.[5]

---

3   «40 bis 60 h» nachträglich mit Tinte eingefügt.
4   «90 bis K 1.20» nachträglich mit Tinte eingefügt.
5   Es folgt der Genehmigungsvermerk der Regierung vom 17.10.1908 unter Bezugnahme auf § 3 der Regierungsverordnung vom 25.8.1892, LGBl. Nr. 5. Registraturvermerk: «Z. 1739 / Reg. ex 1908».

Dok. 17
Anlässlich des fünfzigjährigen Regierungsjubiläums von Fürst Johann II. beschliesst der Landtag, einen «Irrenfürsorgefonds» zu gründen sowie den bestehenden Feuerwehrfonds entsprechend zu dotieren

Bericht im «Liechtensteiner Volksblatt»[1]

23.10.1908

Festsitzung des Landtages zu Ehren des fünfzigjährigen Regierungsjubiläums Seiner Durchlaucht unseres Landesfürsten am 20. Oktober 1908

Das Regierungsgebäude war zum Zeichen der stattfindenden Feier im Flaggenschmucke.

Der Herr Regierungsvertreter f. Kabinettsrat [Karl] v. In der Maur und sämtliche Herren Abgeordneten mit Ausnahme des durch einen Krankheitsfall verhinderten Herrn Abgeordneten [Franz Josef] Hoop waren zu dem feierlichen Festakte im Landtagssaale erschienen, wo die Marmorbüste des Landesfürsten [Johann II.] geschmackvoll mit frischen Blumen und Blattpflanzen geziert war.

Kurz nach 10 Uhr eröffnete der Herr Landtagspräsident Dr. Albert Schädler die Feier mit folgender Ansprache:[2]

«Meine Herren! Ein seltenes, erfreuliches und denkwürdiges Ereignis ruft uns zu der heutigen Festsitzung zusammen. Demnächst werden es 50 Jahre, dass Seine Durchlaucht unser Landesfürst die Regierung unseres Landes angetreten hat.[3] Wir sind daher hier erschienen, um als verfassungsmässige Vertreter unseres Volkes unserem von allen so hoch verehrten Jubelfürsten zu huldigen, indem wir ihm unsere ehrerbietigsten Glückwünsche mit der Versicherung unserer aufrichtigen Dankbarkeit, unserer unwandelbaren Treue und Ergebenheit darbringen. Zugleich wollen wir in Ehrung der vielen Wohltätigkeitsakte unseres Fürsten und seinen hochherzigen Intentionen folgend als Zeichen der Dankbarkeit ein bleibendes Denkmal an das Jubeljahr 1908 setzen durch Beschlussfassung über die Ihnen von der Kommission beantragten Humanitätsstiftungen.

Meine Herren! Die verflossenen fünfzig Jahre sind in mehr als einer Richtung für die Geschichte unseres Landes merkwürdig und charakterisieren sich als eine Zeit glücklicher Entwicklung und allgemeinen Aufschwunges. Wer noch aus eigener Erinnerung an die Zustände unseres Landes zu Ende der fünfziger Jahre des vorigen Jahrhunderts denkt und die Jetztzeit damit vergleicht, muss dieser Charakterisierung beistimmen und wird sich nicht nach den sogenannten alten guten Zeiten zurücksehnen.

Mit der im Jahre 1862 von unserem Fürsten dem Lande gegebenen Verfassung[4] erwachte bei uns ein neues hoffnungsfreudiges Leben und seither haben Regierung und Landtag sich eifrig bemüht, unsere politischen und volkswirtschaftlichen Verhältnisse wesentlich zu verbessern und gesunde Fortschritte zu zeitigen. Die durch die Verfassung gebotene Neu-

---

1 L.Vo., Nr. 43, 23.10.1908, Beilage. Vgl. in diesem Zusammenhang auch L.Vo., Nr. 44, 30.10.1908, S. 1 («Amtlicher Teil»); L.Vo., Nr. 45, 6.11.1908, S. 1 («Zum Fürsten-Jubiläum. Zur Audienz bei Seiner Durchlaucht dem Landesfürsten») und L.Vo., Nr. 46, 13.11.1908, S. 1 («Dem Jubel-Fürsten», «Zum 12. November 1908»).
2 Das Protokoll der Festsitzung des Landtags vom 20.10.1908 wurde mit Schreiben des Landtagspräsidiums vom 19.12.1908 an die Regierung übermittelt (LI LA RE 1908/2170 ad 1762). In den betreffenden Landtagsakten findet sich jedoch lediglich der genannte Bericht aus dem «Liechtensteiner Volksblatt» vom 23.10.1908.
3 Der Regierungsantritt von Fürst Johann II. erfolgte am 12.11.1858.
4 Vgl. die liechtensteinische Verfassung vom 26.9.1862 (LI LA SgRV 1862/5).

ordnung der Dinge brachte eine Fülle gesetzgeberischer Arbeiten, deren Durchführung dem Lande und den Gemeinden von grossem Nutzen wurde. – Es würde zu weit führen, wollte ich heute diese Neuorganisationen näher schildern. Ich möchte Ihnen nur einzelne besonders in Erscheinung getretene Früchte und Fortschritte, welche diese Neuordnungen zutage förderten, vor Augen führen.

Das Kreditwesen lag früher bei uns sehr im Argen. Zumeist waren Geldsuchende gezwungen, selbst auf beste Hypotheken im Auslande anzufragen. Das galt nicht nur für Private, sondern auch für Gemeinden. Mit der Schaffung der landschäftlichen Sparkasse, welche in ihrer weiteren zeitgemässen Ausgestaltung einen sehr günstigen Aufschwung nahm, besserte sich unser Kreditwesen zusehends.[5] Die in neuerer Zeit bei der Sparkasse eingeführte Annuitätenabteilung und die Verbilligung des Zinsfusses sind weitere gesunde Fortschritte.[6] Damit wurde ein wichtiger Teil der sozialen Frage gelöst und die Grundlage für einen gesunden finanziellen Haushalt der Gemeinden und der Privaten geschaffen.

Die Verdienstverhältnisse haben sich dank den Zoll- und Handelsverträgen[7] und der dadurch ermöglichten industriellen Entwicklung mächtig gehoben.

Die Organisation der Armenpflege[8] und die in der Folge erbauten zweckmässigen Armenhäuser, deren Erstellung durch hochherzige Spenden unseres Landesfürsten bedeutend gefördert wurde, zeigen einen achtungswerten Fortschritt in der Betätigung christlicher Nächstenliebe gegenüber den in früherer Zeit bestandenen mangelhaften Zuständen.

Auch das Schulwesen wurde gefördert und seit 30 Jahren werden die Gehalte des Lehrerpersonals ausschliesslich vom Lande getragen, während früher die Gemeinden dafür aufzukommen hatten.[9]

Die eigenartige Stellung unseres kleinen Landes, welches nun schon mehr als 40 Jahre kein Militär zu unterhalten hat,[10] machte es möglich, für Landeskulturzwecke, namentlich für die Rheinschutzbauten, für Erstellung von Strassen und Brücken und für die Hebung der Landwirtschaft sehr grosse Aufwendungen [zu] machen. Allerdings stellten besonders die enormen Auslagen für die Rheinschutzbauten durch mehrere Jahrzehnte ungewöhnlich grosse Anforderungen an die Steuerkraft der Rheingemeinden und an die Landeskasse. Die Fabel von der Steuerfreiheit der Liechtensteiner wird wohl am deutlichsten illustriert durch die Tatsache, dass innert der verflossenen fünfzig Jahre für die Rheinbauten von den Rheingemeinden und dem Lande nahezu vier Millionen Kronen ausgegeben wurden. – Auch auf diesem Gebiete hat die Hochherzigkeit unseres Fürsten das Land unterstützt durch ein in der strengsten Bauzeit der 70er Jahre huldvoll gewährtes unverzinsliches Darlehen von 350'000 Kronen.[11]

---

5   Vgl. das Gesetz vom 31.12.1864 über die landschäftliche Spar- und Leihkasse, LGBl. 1864 Nr. 2.
6   Vgl. das Gesetz vom 8.8.1898 betreffend die Einführung einer Annuitätenabteilung bei der Sparkasse des Fürstentums Liechtenstein, LGBl. 1898 Nr. 5.
7   Vgl. Art. 27 des Vertrages vom 2.12.1876 zwischen Seiner Majestät dem Kaiser von Österreich und Apostolischen König von Ungarn und Seiner Durchlaucht dem souveränen Fürsten von Liechtenstein über die Fortsetzung des durch den Vertrag vom 5.6.1852 gegründeten Österreichisch-Liechtensteinischen Zoll- und Steuervereines, LGBl. 1876 Nr. 3, und insbesondere den Handelsvertrag und das Viehseuchenübereinkommen vom 9.3.1906 zwischen Österreich-Ungarn (gleichzeitig in Vertretung des Fürstentums Liechtenstein) einerseits und der Schweiz andererseits, LGBl. 1906 Nr. 8. Vgl. in diesem Zusammenhang das Schreiben des Landtagspräsidiums an die Regierung vom 19.11.1906 über die Zustimmung des Landtags zum Handelsvertrag mit der Schweiz (LI LA RE 1906/2223 ad 425).
8   Vgl. das Armengesetz vom 20.10.1869, LGBl. 1869 Nr. 10.
9   Vgl. das Gesetz vom 29.7.1878 betreffend die Regelung der Gehaltsbezüge der Lehrangestellten an den Volksschulen, LGBl. 1878 Nr. 8.
10 Am 12.2.1868 hatte Fürst Johann II. die Aufhebung des liechtensteinischen Militärkontingents verfügt.
11 Vgl. das Handbillet vom 14.1.1873 betreffend Gewährung eines unverzinslichen Darlehens zu Rheinbauzwecken, LGBl. 1873 Nr. 2.

Durch den Bau von Brücken und von Strassen, die sich bis in die hohe Alpenwelt hinziehen, und durch die Einführung des Telegraphen und des Telephons wurde der Verkehr im Lande verbessert, wenn uns auch leider das moderne Hauptverkehrsmittel, die Eisenbahn, in der oberen Hälfte des Landes heute noch fehlt.[12]

Die Hebung der Landwirtschaft, welche den Grundpfeiler unserer Volkswirtschaft bildet, hat besonders in den letzten 20 Jahren dank der Rührigkeit des landwirtschaftlichen Vereins und der von Regierung und Landtag gewährten namhaften Unterstützungen bedeutende Fortschritte gemacht.

Wir haben daher allen Grund, uns all dieser Fortschritte zu freuen. Dabei denken wir aber mit lebhaften Gefühlen des Dankes an die landesväterliche Fürsorge unseres Fürsten und an die Munifizenz, mit welcher unser Fürst das Zustandekommen gemeinnütziger Einrichtungen förderte. Ausser den schon genannten hochherzigen Vergabungen sei erinnert an die Gründung des fürstlichen Landeswohltätigkeitsfondes[13] durch die Spenden Seiner Durchlaucht und an die Reihe schöner Gotteshäuser,[14] welche ihr Entstehen der hochherzigen Beihülfe unseres Fürsten verdanken. – Endlich sei nicht vergessen, dass Seine Durchlaucht mit der seit Jahren im Gange befindlichen Restaurierung des Schlosses Vaduz, des alten Wahrzeichen unseres Landes, dem Lande grosse Freude bereitete.[15]

Meine Herren! Wenn wir eine Bilanz aus der Geschichte unseres Landes ziehen, so müssen wir gestehen, dass Liechtenstein in den verflossenen fünfzig Jahren zu einem wohlgeordneten Staatswesen heranreifte und auf fast allen Gebieten nennenswerte Fortschritte machte. Die Einwohner des Landes haben sich bei dieser erfreulichen Entwicklung aus früher vielfach recht ärmlichen Verhältnissen zumeist zu einem zwar bescheidenen, aber gesunden Wohlstande emporgeschwungen.

Der landesväterlichen Fürsorge unseres Landesfürsten und seiner hochherzigen Munifizenz gebührt ein grosser Anteil an dieser glücklichen Entwicklung.

Darum rufe ich im Gefühle aufrichtigen Dankes, das uns Alle erfüllt: Gott erhalte, Gott beschütze, Gott segne unseren Landesfürsten!»

Anschliessend an diese Ansprache erstattet der Redner namens der Kommission Bericht[16] über die zur Ehrung des fünfzigjährigen Regierungsjubiläums beantragten landschäftlichen Stiftungen für Humanitätszwecke.

In erster Linie sei vorgeschlagen, einen landschäftlichen Irrenfürsorgefond aus Landesmitteln im Betrage von 40'000 Kronen zu gründen. Wir sind bei der Kleinheit unseres Landes nicht in der Lage, eine eigene Irrenanstalt zu errichten und daher darauf angewiesen, unsere Geisteskranken auswärts unterzubringen. Das ist nun besonders bei langer Dauer der Krankheit mit sehr grossen Auslagen verbunden, welche schwach bemittelte und selbst auch etwas besser bemittelte Familien, die von solchem Unglücke

---

12 Am 24.10.1872 war die Eisenbahnstrecke von Feldkirch über Schaan nach Buchs eröffnet worden. Es gab 1881-1884 und 1903-1907 – erfolglose – Bemühungen, Vaduz, Triesen und Balzers an die Eisenbahn anzuschliessen.
13 Näheres hiezu im Statut vom 20.5.1887 des Fürstlichen Landes-Wohltätigkeitsfondes, LGBl. 1887 Nr. 1. Vgl. auch LI LA LTA 1896/L12.
14 Mit bedeutenden Geldzuwendungen unterstützte Fürst Johann II. den Bau der Pfarrkirche St. Florin in Vaduz, der Pfarrkirche St. Laurentius in Schaan, der Pfarrkirche St. Fridolin in Ruggell sowie der Pfarrkirche St. Nikolaus und Martin in Balzers.
15 Zwischen 1904 und 1914 erfolgte der Wiederaufbau von Schloss Vaduz.
16 Der originale Kommissionsbericht wurde in den Landtagsakten nicht aufgefunden. – Die Finanzkommission bestand aus Albert Schädler, Franz Schlegel, Friedrich Walser, Jakob Kaiser und Lorenz Kind (vgl. das Protokoll der Eröffnungssitzung des Landtags unter LI LA LTA 1908/S04/2).

heimgesucht werden, schwer drücken. Zwar habe in solchen Fällen der f. Landeswohltätigkeitsfond ab und zu unterstützend eingegriffen, aber das konnte doch nur in sehr eingeschränktem Masse geschehen, um die übrigen hauptsächlichsten Fondszwecke nicht zu vernachlässigen. Mit der Gründung eines besonderen Fondes für Irrenfürsorge würde daher einem wirklichen Bedürfnisse entsprochen und eine Humanitätsstiftung geschaffen, die berufen sei, die vielen Sorgen der so schwergeprüften Familien einigermassen zu lindern. Gewiss ein edles Werk christlicher Nächstenliebe.

Als zweite Stiftung sei vorgeschlagen, dem neugegründeten landschäftlichen Feuerwehrfonde 10'000 Kronen aus Landesmitteln zuzuwenden. Der Fond sei jetzt noch so klein, dass demselben nichts entnommen werden könne. Durch die geplante Zuwendung könnte mit der Abgabe von Mitteln für Feuerwehrzwecke schon begonnen werden, was in mehrfacher Hinsicht nur zu begrüssen wäre.

Eine weitere Begründung sei wohl nicht nötig, da beide Stiftungen zeitgemäss und dem Lande von Nutzen sein werden. –

Nach diesem Referate gelangt der Antrag der Kommission zur Verlesung und wird einstimmig zum Beschlusse erhoben.[17] Derselbe lautet:

«Anlässlich des 50jährigen Regierungsjubiläums Seiner Durchlaucht beschliesst der Landtag in der heutigen Festsitzung in dankbarer Ehrung der vielen hochherzigen Wohltätigkeitsakte unseres Landesfürsten als bleibendes Denkmal an das Jubeljahr 1908:
1. *Einen landschäftlichen Irrenfürsorgefond aus Landesmitteln im Betrage von 40'000 Kronen zu gründen.*
2. *Dem neugegründeten landschäftlichen Feuerwehrfonde 10'000 Kronen aus Landesmitteln zuzuwenden.» –*

Nach dieser Beschlussfassung bringt der Präsident die vom Landesausschusse vorbereitete Huldigungsadresse an Seine Durchlaucht zur Kenntnis. Derselben wird allseitig zugestimmt. (Wir werden den Text der Adresse seinerzeit mitteilen.) – [18]

Nun erhebt sich der Herr Regierungsvertreter Kabinettsrat v. In der Maur zu folgender Ansprache:

«Verehrte Herren! Die schönen Worte, die der Herr Präsident soeben gesprochen, verpflichten mich zu lebhaftem Danke, dem ich hiemit als Vertreter Seiner Durchlaucht und als Vertreter der fürstlichen Regierung in dieser Korporation Ausdruck gebe. Wir alle wissen, dass Seine Durchlaucht ein Wohltäter im grössten Stile ist und es ist daher als sicher anzunehmen, dass die eben gefassten Beschlüsse den Intentionen Seiner Durchlaucht entsprechen und dass sie die landesherrliche Sanktion erhalten werden. Nicht auf loyale Worte kommt es an, sondern auf loyale Gesinnungen; wie sehr die hier vernommenen loyalen Worte in Einklang stehen mit der Loyalität der Gesinnungen, das zeigt mir der Inhalt der gefassten Beschlüsse. Schon Jahre hindurch habe ich mich in meiner Eigenschaft als Chef der Regierung mit dem Gedanken der Irrenfürsorge befasst und bin schliesslich mit mir darüber ins Klare gekommen, dass es am passendsten sei, die Lösung dieser wichtigen Humanitätsfrage mit dem Regierungsjubiläum des Landesfürsten, der gerade für Humanitätsfragen stets das grösste Interesse bekundet, zu verknüpfen, anderseits aber dem Landtage den Vortritt zu lassen; so gebe ich denn meiner besonderen Freude darüber Ausdruck, dass die von mir im Landesausschusse gemachte Anregung, einen Irrenfürsorgefonds zu gründen und den erst ins Leben getretenen Feuerwehrfonds durch Zuwendung einer Subvention zu kräftigen, auf fruchtbaren Boden gefallen ist.

---

17 Vgl. das diesbezügliche Schreiben des Landtagspräsidiums an die Regierung vom 20.10.1908 (LI LA LTA 1908/L15).
18 Nicht aufgefunden.

Die Beschlüsse, bestimmt, den Fürsten zu ehren, sie ehren auch die Landesvertretung, die ein gutes Werk vollbracht hat. Dem Landtag, der die Beschlüsse gefasst, und dem Präsidenten, der sie so überzeugend vertreten, bringe ich meine Glückwünsche dar.»

Der Präsident dankt hierauf dem Herrn Kabinettsrat für die den Landtag ehrenden Worte und beantragt, der Landtag wolle das Präsidium bevollmächtigen, folgendes Huldigungstelegramm an Seine Durchlaucht gelangen zu lassen.

«Der Landtag beschloss in der heutigen Festsitzung Eurer Durchlaucht anlässlich des 50jährigen Regierungsjubiläums, die ehrerbietigsten Glückwünsche mit der Versicherung aufrichtigster Dankbarkeit, tiefster Verehrung und treuer Ergebenheit darzubringen.

Zugleich beschloss er in dankbarer Ehrung der vielen Wohltätigkeitsakte, welche Eure Durchlaucht dem Lande erwiesen haben, als bleibendes Denkmal an das Jubeljahr 1908 einen landschäftlichen Irrenfürsorgefonds aus Landesmitteln im Betrage von 40'000 Kronen zu gründen und dem Feuerwehrfonde 10'000 Kronen aus Landesmitteln zuzuwenden.

Gott erhalte, Gott beschütze, Gott segne Eure Durchlaucht!

Das Landtagspräsidium»

Der Landtag erklärt seine einhellige Zustimmung, worauf der Präsident mit einem von der Versammlung mit Begeisterung aufgenommenen Hoch auf den Jubelfürsten die Festsitzung schliesst.[19]

Dok. 18
Die Finanzkommission empfiehlt dem Landtag, die Regierung mit weiteren Beratungen über den Ausbau der Landes- bzw. Realschule Vaduz zu beauftragen

Gedruckter Bericht der Finanzkommission an den Landtag, nicht gez.[1]

o.D. (vor dem 19.12.1908)

III. Bericht über die Realschulfrage
(Referent Dr. A. [Albert] Schädler)

Die Studien über diese wichtige Frage sind noch nicht soweit zum Abschlusse gebracht, dass jetzt schon eine definitive Stellungnahme und Beschlussfassung des Landtages erfolgen könnte.

Um jedoch über die bisher von Seite der Landesschulbehörde getanen Schritte unterrichtet zu sein, mögen die diesbezüglichen Schriftstücke dem Landtage vollinhaltlich zur Kenntnis gebracht werden.

---

19 Vgl. das Antworttelegramm von Fürst Johann II. an das Landtagspräsidium vom 21.10.1908 (LI LA LTA 1908/L04), publiziert in: L.Vo., Nr. 44, 30.10.1908, S. 1 («Amtlicher Teil»). Am 3.11.1908 wurde von Fürst Johann II. in Wien eine Huldigungsdeputation, bestehend aus Albert Schädler und Friedrich Walser als Vertreter des Landtags, Johann Baptist Büchel als Vertreter der Geistlichkeit, Karl von In der Maur als Vertreter der Beamten und Diener sowie Alfons Feger als Vertreter der Lehrerschaft, empfangen (L.Vo., Nr. 46, 13.11.1908, S. 2 («Zum Fürstenjubiläum»).

1 LI LA LTA 1908/L01 (Punkt 3 der Tagesordnung des Landtagspräsidiums für die auf den 19. und 21.12.1908 anberaumten Landtagssitzungen).

Von Seite der fürstlichen Regierung erfolgte am 21. Oktober 1908[2] folgende Zuschrift:

«Die Angelegenheit betreffend Erweiterung der Landesschule in Vaduz, zu welchem Zwecke der im Vorjahr verstorbene Ingenieur Herr Karl Schädler einen Betrag von 60'000 Kronen gewidmet hat, hat wiederholt den Gegenstand von Beratungen im Landesschulrat gebildet, der bisher zu einem bestimmten Entschluss noch nicht gelangt ist.

Der einschlägige Bericht des Herrn Schulkommissärs [Johann Baptist Büchel] vom 18. März 1907,[3] welcher Bericht von dem Standpunkt ausgeht, dass eine vierklassige Realschule mit zwei Lehrern zu schaffen wäre, die den Lehrstoff von 5 Klassen der k. k. Oberrealschule in Dornbirn zu bewältigen hätte, wurde in der Sitzung des Landesschulrates vom 26. März 1907 verhandelt und zufolge einstimmigen Sitzungsbeschlusses dem Landesschulratsmitglied Lehrer [Martin Josef] Batliner zum Referate überwiesen.

Das hiernach erstattete Referat[4] desselben wurde in der Landesschulratssitzung vom 4. Juni 1908 eingehend verhandelt, wobei zunächst beschlossen wurde, sowohl das ursprüngliche Referat des Herrn Schulkommissärs wie jenes des Herrn Landesschulratsmitgliedes Lehrers Batliner zu vervielfältigen und je ein Exemplar den Landesschulratsmitgliedern zum weitern Studium einzuhändigen.

In der Landesschulratssitzung vom 15. September 1908 wurde darauf der Beschluss gefasst, dass dem löblichen Landtag die bisherigen Schritte unter Anschluss der erwähnten Referate zur Kenntnis zu bringen wären, was hiemit geschieht.

Zu einer definitiven Stellungnahme in dieser Angelegenheit ist die frstl. Regierung bisher noch nicht gekommen und behält sich die weiteren Schritte je nach dem Ergebnis der Beratungen des Landtages, um deren Einleitung hiemit ersucht wird, vor.»

Der Bericht des Landesschulkommissärs J. B. Büchel vom 18. März 1907 lautet:

«Hiemit beehre ich mich, der hohen Regierung in Erledigung des erhaltenen Auftrages den Entwurf eines Lehrplanes[5] für die geplante erweiterte Realschule in Vaduz zu unterbreiten.

Ich habe mir eine Erweiterung der bestehenden sogen. Landesschule zu einer vierklassigen (vierkursigen) Realschule gedacht, sodass zu dem jetzigen Lehrer noch ein zweiter anzustellen wäre und jeder in zwei Jahrgängen zu unterrichten hätte, was bei der voraussichtlich recht geringen Frequenz der Schule wenigstens vorläufig wohl möglich wäre. Dies um so leichter, wenn zwischen den beiden Lehrern die Arbeit nach Fächern geteilt würde.

Um die Lehrer mit Arbeit nicht zu überladen, wurden nur 30 Unterrichtsstunden per Woche angesetzt, also zwei halbe Tage frei gelassen. Es empfiehlt sich das auch im Interesse der Schüler, die bei geringer Anzahl um so intensiver beschäftigt werden dürften.

Da das Lehrziel dieser Schule in keiner Weise genau umgrenzt werden konnte, vielmehr in Berücksichtigung unserer eigentümlichen Verhältnisse mehrere Lehrziele zugleich vor Augen gehalten werden mussten, habe ich bei Abfassung vorliegenden Entwurfes die Lehrpläne von verschiedenen nicht humanistischen Schulen benützt. Was allen gemeinsam ist, wurde ganz aufgenommen, das Spezielle aber soweit möglich. Es soll ja auch keineswegs ausgeschlossen sein, dass, wenn überhaupt die Schule zustande kommt,

---

2 Das Schreiben des Landesverwesers Karl von In der Maur an den Landtag findet sich unter LI LA LTA 1908/L08.
3 Ebenfalls unter LI LA LTA 1908/L08.
4 Ebd.
5 Ebd.

der Lehrstoff je nach den Verhältnissen, die sich ergeben werden, erweitert oder modifiziert werden wird.

Berücksichtigt wurden die Lehrpläne der Bürgerschule zu Bludenz, der Handelsschule zu Mehrerau, der Oberrealschule zu Dornbirn und der Oberrealschule zu Schwyz.

Vorliegender Entwurf hat für die vier Schuljahre den gleichen Unterrichtsstoff vorgesehen, der an der k. k. Oberrealschule zu Dornbirn in fünf Jahren bewältigt wird. Ich konnte diese Reduktion der Zeit deshalb beantragen, weil wir auf ein weit besseres Schülermaterial hoffen dürfen, als das im allgemeinen ist, das in den ersten Kurs der genannten Realschule eintritt. Was darum im Lehrplan des ersten und zweiten Kurses dieser letztgenannten Schule einen ziemlichen Raum einnimmt, z. B. Grammatik, Rechnen u. a. kann bei unseren Schulverhältnissen in der Landesschule, weil schon bekannt, kurz abgetan werden. Ich setze dabei voraus, dass in diese Schule nur solche Schüler aufgenommen werden, welche die 2. Abt. III. Klasse der Volksschule mit gutem Erfolg absolviert haben.

Vorliegender Entwurf teilt der *italienischen* Sprache für die ersten drei Jahre wöchentlich 4 Stunden und der *französischen* Sprache für das vierte Schuljahr wöchentlich 6 Stunden Unterricht zu. Selbstverständlich kann auch das Umgekehrte fixiert werden. Man könnte auch jeder der beiden Sprachen für je zwei Jahre wöchentlich 4 Stunden zuweisen. Im IV. Kurse könnten die übrigen 2 Stunden für die Repetition verwendet werden.»

Das Referat des Landesschulratsmitgliedes Lehrer Batliner an die Landesschulbehörde vom Mai 1908 lautet:

«Der ergebenst Gefertigte wurde von dem Chef der Landesschulbehörde in der Sitzung des Landesschulrates vom 26. März 1907 mit dem Auftrage beehrt, über die in Aussicht genommene vierklassige Realschule in Vaduz als Erweiterung der bereits bestehenden Landesschule an der Hand des vom Hochw. Herrn Landesschulkommissär verfassten vorliegenden Entwurfes eines Lehrplanes ein Referat auszuarbeiten.

In Erledigung dieses Auftrages erlaube ich mir, der hoh. Landesschulbehörde folgendes zur Prüfung und Erwägung zu unterbreiten:

Der Hochw. Herr Landesschulkommissär betont in seinem Begleitschreiben, dass das Lehrziel dieser Schule in keiner Weise genau umgrenzt werden könne, vielmehr in Berücksichtigung unserer eigentümlichen Verhältnisse mehrere Lehrziele vor Augen gehalten werden mussten. Die Abfassung eines derartigen Lehrplanes ist nach meiner Ansicht eine schwierige Sache, zumal, wenn man in 4 Jahren den Stoff, der für 5 Jahre in einer selbständigen Realschule vorgesehen ist, bewältigen will und dies nur von zwei Lehrpersonen.

Die Schule hätte also zum mindesten eine Doppelaufgabe zu erfüllen. Sie sollte einerseits für den Übertritt in die 6. Klasse einer Realschule vorbereiten und ihnen andrerseits eine halbwegs abgerundete Ausbildung vermitteln. Nach genommener Durchsicht des Entwurfes des Lehrplanes drängte sich mir die Ansicht auf, dass vorliegender Entwurf nicht ganz konform ist mit dem Lehrplan der Realschule in Dornbirn und dass das im Entwurfe vorgesehene Lehrziel nicht in allen Disziplinen hinreichend ist, um den Übertritt in die Realschule vorzubereiten.

Da die Zeugnisse unserer Landesschule nicht ohne weiteres zum Eintritt in die nächsthöhere Klasse einer gleichstufigen Anstalt eines anderen Staates berechtigen, so ist der Schüler bei seinem Übertritte in eine solche Anstalt gezwungen, eine Aufnahmsprüfung abzulegen, denn davon wird die Aufnahme abhängig gemacht.

Hat nun unsere Schule nicht genau denselben Lehrplan, wie diejenige Anstalt, in welche der Schüler eintreten will, so kann der Schüler diese Prüfung nur schwer oder gar nicht bestehen. Trifft das Letztere ein, so ist es um das Ansehen unserer Schule geschehen. Sie wird trotz der redlichsten Bemühungen der Lehrer der Bevölkerung nicht genügen und auch in der Bevölkerung keinen festen Grund fassen. Ein Vater, der seinen Sohn für einen bestimmten höheren Beruf ausbilden lassen will, wird den Sohn gleich anfangs in eine entsprechende Mittelschule eintreten lassen, wo er für den Beruf vollständig ausgebildet wird.

Diejenigen Eltern aber, welche ihre Kinder, wie man sagt, nicht weiter studieren lassen wollen, sondern ihnen nur eine über das Ziel der Elementarschule hinausreichende allgemeine Bildung angedeihen lassen wollen, werden ihre Kinder auch nicht durch vier Jahre in unserer Realschule belassen. Die Folge wird sein, dass die Frequenz unserer Realschule minimal sein wird, im Verhältnisse der Kosten, die die Erhaltung einer solchen Schule verursacht. Wollen wir, dass die Zeugnisse unserer Anstalt in einem anderen Staat als gleichberechtigt anerkannt werden sollen, so muss ein Übereinkommen getroffen werden, wir müssen, wenn uns in dieser Angelegenheit Anschluss gewährt wird, alle Bedingungen erfüllen, die uns der fremde Staat stellen wird.

Wir müssen unsern Lehrplan ganz konform nach einer bestimmten Anstalt dieses Staates einrichten und dürfen nur von diesem Staate approbierte Lehrkräfte für Mittelschulen anstellen. Die Schuleinrichtung, das Inventar einer solchen Realschule wie naturhistorische, physikalische Lehrmittel, Lehrbehelfe für Chemie sowie die entsprechenden Lehrmittel für die übrigen Unterrichtsgegenstände erfordert einen hohen Kostenaufwand.

Sind die Lehrstellen einmal geschaffen, so bleiben die Auslagen für die Lehrkräfte, ja sie werden noch erhöht durch die Gehaltszulagen, eventuell durch Pensionen, selbst dann noch, wenn die Frequenz dieser Schule auch noch so gering wäre. Nach dem vorgelegten Entwurf ist die Organisation der Schule keine einheitliche und hat somit auch keinen ausgesprochenen Charakter.

In Erwägung aller dieser Umstände erscheint es mir als ein gewagtes Unternehmen, wenn der Staat eine solche Schule ins Leben ruft. Ich verweise auf den Werdegang der Realschule in Dornbirn. Es dauerte dort sehr lange Zeit, bis dieselbe vom Staate übernommen wurde, obwohl in diesem grossen Industrieorte eine grosse Frequenz der Schule sicher war, den Zutritt von den übrigen Orten Vorarlbergs nicht gerechnet.

Meine Ansicht in dieser Schulangelegenheit lautet dahin, mit der Gründung bewusster Anstalt einstweilen noch zuzuwarten, die Sache noch allseitig zu besprechen und erst nach reiflicher Überlegung Hand ans Werk zu legen.

Vielleicht dürfte es für die nächste Zeit noch genügen, wenn der Lehrplan der bestehenden Landesschule erweitert würde und diese Schule in eine zwei- oder dreiklassige gehobene Unterrealschule mit zwei Lehrkräften umgewandelt würde.»

Ihre Kommission beschloss, Ihnen folgenden Antrag in dieser Angelegenheit zur Annahme zu empfehlen:

«Der Landtag nimmt Kenntnis von den von der fstl. Regierung in der Angelegenheit betreffend Erweiterung der Landesschule in Vaduz getanen Schritten und von den einschlägigen Berichten des Herrn Schulkommissärs J. B. Büchel vom 18. März 1907 und des Herrn Landesschulratsmitgliedes Lehrer Batliner vom Mai 1908.

Der Landtag erachtet im Interesse des Zustandekommens einer unseren speziellen Verhältnissen und Bedürfnissen entsprechenden Unterrealschule ein weiteres Studium dieser Frage geboten und stellt an die fstl. Regierung das dringliche Ansuchen, es möge diese wichtige Angelegenheit im Landesschulrate demnächst einer nochmaligen Beratung unterzogen werden, damit auf alle Fälle im Laufe des kommenden Jahres eine definitive Stellungnahme und Beschlussfassung des Landtages erfolgen kann.»[6]

Dok. 19
Ein Komitee lädt zur Gründung der Sektion «Liechtenstein» des deutschen und österreichischen Alpenvereins ein

Einblattdruck, gez. vom Gründungskomitee[1]

14.3.1909, Vaduz

Herrn ...[2]
Unser schönes kleines Heimatland ist bis jetzt die einzige Gebirgsgegend, welche im grossen weiten Gebiet der deutsch-österreichischen und schweizerischen Alpen keinem Alpenverein zugegliedert ist. Der deutsch-österreichische Alpenverein, welcher über 60'000 Mitglieder zählt, hat im deutsch-österreichischen Alpengebiet in den letzten 20 Jahren Grossartiges geschaffen. Schutzhütten, Wege und Stege sind überall entstanden, entlegene Gebirgstäler, welche früher kaum dem Namen nach bekannt waren, werden jetzt alljährlich vom Touristenstrom berührt und erscheinen in den Jahrbüchern des Vereins in Wort und Bild.

Die Vorteile, welche diese grossartige Organisation dem Alpengebiet und den Bewohnern desselben bringt, sind sehr bedeutend und offenkundig. Um nun auch unser Ländchen in den Wirkungskreis des grossen deutschen und österreichischen Alpenvereins hinein zu ziehen, haben die Gefertigten heute die Gründung einer Sektion «Liechtenstein» des deutschen und österreichischen Alpenvereins beschlossen.

Sie werden hiemit bestens eingeladen, sich an diesem patriotischen Unternehmen zu beteiligen und bei der *Donnerstag, den 25. März l. Js.* nachmittags 2 Uhr im Gasthaus zum «Bierhaus» in Vaduz stattfindenden Gründungsversammlung, welche über den Statutenentwurf beraten wird, zu erscheinen.
    Hochachtungsvoll
    Hartmann Karl, Rechnungsführer in Vaduz.
    Hartmann Julius, Forstverwalter in Vaduz.
    Jehli Theodor, Flaschner in Schaan.
    Kaufmann [Jakob], Lehrer in Vaduz.
    Maier G. [Johann Georg], Postbeamter in Vaduz.
    Rheinberger Egon, Vaduz.
    Ritter Stephan, in Schaan.

---

6   Der Kommissionsantrag wurde in der öffentlichen Landtagssitzung vom 19.12.1908 einstimmig angenommen (LI LA LTA 1908/S04/2). Vgl. in weiterer Folge die Kundmachung der Landesschulbehörde bzw. des Landesverwesers Leopold von Imhof vom 9.10.1914, LGBl. 1914 Nr. 8, mit Bestimmungen für die Landesschule Vaduz und deren Lehrplan. Demnach umfasste die Landesschule vorläufig 3 Jahreskurse oder Klassen und hatte die Schüler zum Eintritt in die 4. Klasse einer Oberrealschule vorzubereiten. – In der öffentlichen Sitzung vom 17.11.1910 wurde vom Landtag ein Baukredit von 3000 Kronen zur Erstellung eines Lokals für die Landesschule im Landgerichtsgebäude genehmigt (LI LA LTA 1910/S04/2).
1   LI LA PA 100/026.
2   Eingeladen zur Mitgliedschaft waren offenbar nur Männer.

Seeger Alois, zum «Bierhaus» in Vaduz.
Seeger Ferdinand, Grundbuchführer in Vaduz.
Dr. Schädler Albert in Vaduz.
Dr. Schädler Rudolf in Vaduz.

Dok. 20
K.k. Gewerbeinspektor Hubert Stipperger erstattet Bericht über die liechtensteinischen Textilfabriken

Handschriftliches Schreiben des k.k. Gewerbeinspektorates für Vorarlberg, gez. Hubert Stipperger, an die liechtensteinische Regierung[1]

20.3.1909, Bregenz

Zufolge des im kurzen Wege erhaltenen Auftrages[2] beehre ich mich, einen Bericht über die Inspektion der drei im Fürstentum bestehenden Fabriksunternehmungen[3] ergebenst zu unterbreiten.

Verwendung der Arbeiter

Wie aus den Beilagen[4] ersichtlich, wurden in den drei Textilfabriken 205 männliche und 443 weibliche, zusammen also 648 Arbeiter verwendet, unter welchen sich 43 Jugendliche, und zwar 14 männliche und 29 weibliche befanden.

Eine Verringerung der normalen Arbeiterzahl ist in der Weberei in *Triesen* zu verzeichnen; diese Verringerung findet zum Teil in der Einführung neuer maschineller Einrichtungen, welche die Bedienung der Webstühle vereinfachen, ihre Ursache.

Arbeitszeit

Die Arbeitszeit betrug in zwei Fabriken wie bisher täglich 11 Stunden; in *Triesen* wurde bereits zu Beginn des Jahres der 10 Stunden Tag eingeführt; dagegen wurde den Arbeitern in den Betrieben zu *Mühleholz* und *Vaduz* die 11. Stunde durch einen entsprechenden Lohnaufschlag separat vergütet.

Unfälle

Die Zahl der Unfälle, welche seitens der Fabriken angezeigt wurden, beträgt nur 3 und sind dieselben leichter Natur.

Arbeiterschutz

Die in schutztechnischer und hygienischer Beziehung erforderlichen Massnahmen und Herstellungen, welche den Unternehmungen noch aufzutragen wären, sind in den Beilagen besonders hervorgehoben.

---

1   LI LA RE 1909/0545 (Aktenzeichen des Gewerbeinspektorates: 65). Eingangsstempel der Regierung vom 22.3.1909. Handschriftlicher Vermerk: «Fabriks-Inspektion Termine: Ende August 1909». – Seit 1886 arbeitete das k.k. Gewerbeinspektorat für Tirol und Vorarlberg auch für Liechtenstein. Einem entsprechenden Ersuchen der liechtensteinischen Regierung an das k.k. Handelsministerium war im Dezember 1885 stattgegeben worden. – Vgl. auch den Bericht des k.k. Gewerbeinspektorates vom 27.6.1912 (LI LA RE 1912/1766).
2   Hiezu kein Dokument aufgefunden.
3   Es handelte sich um die Baumwollweberei der Gebrüder Rosenthal AG im Mühleholz (Vaduz), die Baumwollspinnerei der Firma Jenny, Spoerry & Cie in Vaduz und die Baumwollweberei der Firma Jenny, Spoerry & Cie in Triesen.
4   3 Beilagen unter LI LA RE 1909/ad 0545.

Kesselhäuser

In baulicher Hinsicht ist zu bemerken, dass in sämmtlichen drei Fabriken die Kesselhäuser sehr ungünstig, ganz gegen die für derartige Anlagen aufgestellten Normen angelegt sind.

Die Kesselhäuser der Webereien in *Mühleholz* und *Triesen* sind überbaut und befinden sich in den darüberliegenden Geschossen Betriebsabteilungen, in welchen sich Arbeiter zeitweise aufhalten.

Die Dampfkessel der Spinnerei in *Vaduz* befinden sich in einem kellerartigen, überwölbten Raume, welcher nur durch eine nach abwärts führende Stiege zugänglich ist und dessen Decke unter dem Niveau des Hofes liegt. Ein Entrinnen des Wärters im Falle einer Kesselhavarie ist hier fast ausgeschlossen.

Es konnte bisher nicht ermittelt werden, ob die beschriebenen Kesselanlagen mit Wissen der Aufsichtsorgane errichtet wurden und ob die Unternehmungen für dieselben einen Benützungskonsens besitzen, weshalb der Gefertigte sich darauf beschränkte den Fabriksleitungen nahe zu legen, bei vorkommenden Veränderungen oder Erweiterungen die Übelstände in den Kesselanlagen zu beseitigen.

Um aber eine Verbesserung dieser Anlagen in absehbarer Zeit herbeizuführen, könnte ohne weiteres das Verbot erlassen werden, dass in den gegenständlichen Kesselhäusern neue Kessel nicht mehr zur Aufstellung kommen dürfen, welches Verbot sich auch auf einen Kesselwechsel bei Ablauf der Lebensdauer der derzeit vorhandenen Dampfkessel erstrecken sollte.

Arbeits-Ordnungen

Aus den Bemerkungen, welche zu den Arbeits-Ordnungen der drei Betriebe gemacht wurden, geht hervor, dass einerseits einzelne Bestimmungen für die genaue Festlegung des Arbeitskontrakte fehlen (Arbeitszeit, Sonntagsruhe, Minimalalter, Zahltag, Lohnabzüge und Unfallversicherung) anderseits den Arbeitgebern zu grosse Rechte gegenüber den ohnedies wirtschaftlich schwächeren Arbeitnehmern eingeräumt sind, welche Rechte über die durch die Gewerbe-Ordnung beschriebenen Verbindlichkeiten hinausgehen.

Besonders sind in die Arbeitsordnung der Weberei in *Triesen* eine Reihe von Bestimmungen aufgenommen, welche zu grosse Härten beinhalten.

Da nun die Gewerbe-Ordnung[5] demnächst novelliert[6] werden soll, würde sich hiebei ein geeigneter Anlass bieten, die Arbeitsordnungen einer entsprechenden Umarbeitung zu unterziehen.

Krankenversicherung

Ebenso wären bei Einführung eines Kranken- und Unfallversicherungsgesetzes die Krankenkassen gründlich zu reorganisieren; insbesondere aber die Leistungen zu erweitern und zwischen den einzelnen Kassen auszugleichen, das Verhältnis zu den Ärzten neu zu regeln, eine Berufungsinstanz in Streitsachen zu statuieren und der Regierung einen grösseren Einfluss auf die Verwaltung der Kassen zu wahren.

Die vorstehenden Ausführungen enthalten gewissermassen ein Programm über die in den drei Etablissements noch durchzuführenden gewerbepolizeilichen und sozialpolitischen Massnahmen.

---

5 Gewerbeordnung vom 16.10.1865, LGBl. 1865 Nr. 9.
6 Vgl. den Bericht der Gewerbekommission (Berichterstatter Albert Schädler) an den Landtag vom Dezember 1909 zur abgeänderten Regierungsvorlage für eine neue Gewerbeordnung (LI LA LTA 1909/L01), das Gesetz vom 30.4.1910 betreffend Erlassung einer neuen Gewerbeordnung, LGBl. 1910 Nr. 3, sowie das Referat von Hubert Stipperger, inzwischen k.k. Gewerbeinspektor in Innsbruck, vom 19.6.1910 über die neue liechtensteinische Gewerbeordnung (LI LA RE 1910/1196 ad 0873).

Aus demselben ist ersichtlich, welche Anordnungen sogleich zu treffen wären und welche bis zur Abänderung beziehungsweise Ergänzung der Arbeiterschutzgesetze aufgeschoben werden könnten.

Sollte jedoch eine dementsprechende Gesetzgebung für die nächste Zeit nicht zu erwarten sein, so würde es sich empfehlen, sogleich an die Revision der Arbeitsordnungen und Krankenkassenstatuten zu gehen.[7]

Für den Gewerbe-Inspektions-Dienst:

Dok. 21
Der Fremdenverkehrsverband für Vorarlberg und Liechtenstein wendet sich gegen die vom liechtensteinischen Landtag geforderte Erlassung eines Fahrverbotes für Automobile im Fürstentum

Handschriftliches Schreiben des Verbandes für Fremdenverkehr in Vorarlberg und Liechtenstein, gez. Vorsitzender N.N. und in Vertretung des Schriftführers Sekretär Irlinger, an die liechtensteinische Regierung[1]

22.3.1909, Bregenz

Während der letzten Tagung hat der hohe Landtag des Fürstentums Liechtenstein beschlossen, der hohen Regierung einen Gesetzesantrag zur Genehmigung in Vorlage zu bringen, wonach das Befahren der Strassen mit Automobilen und anderen Motorfahrzeugen im ganzen Fürstentum verboten werden soll.[2]

Die Leitung des Verbandes für Fremdenverkehr in Vorarlberg und Liechtenstein ist darüber nicht eingehend unterrichtet, welche Gründe dabei für den hohen Landtag bestimmend waren. Es muss allerdings zugegeben werden, dass der Nutzen, welchen Land und Leute aus dem Automobil ziehen, infolge der territorialen Lage des Fürstentums Liechtenstein im Verhältnis zu den Nachteilen im grossen Ganzen eine verschwindend kleiner ist. Für den dortigen Fremdenverkehr kommt das mit Automobilen reisende Publikum nicht in Betracht. Wohl aber würde das Gesetz in seinem ganzen Umfang durchgeführt, dem Fremdenverkehr unseres benachbarten Landes Vorarlberg und der von hier aus zu erreichenden österreichischen Kronländer zum Schaden gereichen. Von Jahr zu Jahr steigert sich die Zahl des Automobile benützenden internationalen, sehr begehrten Publikums, welches, von der Schweiz kommend, dort die Grenze passiert und von Feldkirch aus in nördlicher oder südlicher Richtung die Reise fortsetzt. Hier bietet sich der einzige und zugleich kürzeste Weg, um den Arlberg zu erreichen. Mit der Sperrung dieser Strassen, welche von Automobilen befahren werden können, würde den Reisenden ein anderer Weg gewiesen und eine Verlegung der Aufenthaltsorte stattfinden, so dass

---

7 Hinsichtlich der den Fabriksleitungen in der Folge auferlegten Vorkehrungen und Massnahmen vgl. etwa das Schreiben der Gebrüder Rosenthal an die Regierung vom 30.9.1909 (LI LA RE 1909/1637 ad 0545).

1 LI LA RE 1909/0560 (Aktenzeichen des Fremdenverkehrsverbandes: No. 153/63). Durchgestrichenes Aktenzeichen der Regierung: ad Z. 389. Eingangsstempel der Regierung vom 23.3.1909. Verweis auf den Bezugsakt 2181/Reg ex 1908. Die Unterschrift des Verbandsvorsitzenden ist unleserlich.

2 Vgl. das Schreiben des Landtagspräsidenten Albert Schädler an die Regierung vom 21.12.1908 (LI LA RE 1908/2181 (Aktenzeichen: Z. 27/Landtag); LI LA LTA 1908/L13) bzw. das Protokoll der öffentlichen Landtagssitzung vom selben Tag (LI LA LTA 1908/S04/2).

der Nutzen, den Hotels und andere gewerbliche Betriebe in den Städten Vorarlbergs aus dem Automobilverkehr ziehen, vollständig verloren ginge.

Die Leitung des Verbandes für Fremdenverkehr in Vorarlberg und Liechtenstein gestattet sich daher an die hohe fürstliche liechtenstein'sche Regierung als die gesetzgebende Behörde mit der ergebensten Bitte heranzutreten, bei der Erledigung des bezüglichen Antrages des hohen Landtages den wirtschaftlichen Interessen des benachbarten Landes Vorarlberg und in weiterem Sinne der übrigen österreichischen Länder in entsprechender Weise gütigst Rechnung tragen zu wollen, wofür wir Sie des Dankes aller hier in Frage kommenden Kreise versichern können.[3]

Mit dem Ausdruck der Ergebenheit zeichnen
Verband für Fremdenverkehr in Vorarlberg u. Liechtenstein

Dok. 22
Das fürstliche Appellationsgericht stützt die Verurteilung von Xaver Beck aus Triesenberg wegen Wildfrevels und verbotenen Waffentragens

Maschinenschriftliche Urteilsausfertigung des fürstlichen Appellationsgerichtes zuhanden des fürstlichen Landgerichtes, gez. Hermann von Hampe[1]

19.4.1909, Wien

Das fürstlich Liechtenstein'sche Appellationsgericht in Wien hat in der Strafsache des Xaver Beck, No. 156 in Triesenberg das Urteil des fürstlichen Landgerichtes Vaduz vom 29. Oktober 1908 Z. 444 S.S.,[2] mit welchem Xaver Beck des Jagdfrevels nach § 13 des Jagdgesetzes vom 3. Oktober 1872, L.G.Bl. No. 3,[3] und der Übertretung des verbotenen Waffentragens nach § 7 des Waffengesetzes vom 12. Juli 1897, L.G.Bl. No. 2,[4] begangen dadurch, dass er am 1. Oktober 1908 in dem vom fürstlichen Forstärar gepachteten

---

3 Vgl. in weiterer Folge den Erlass von Landesverweser Karl von In der Maur an den Finanzwachkommissär in Vaduz, Josef Edelbert Fritz, vom 16.6.1909 (LI LA RE 1909/0389 ad 0560), die Protokolle der öffentlichen Landtagssitzungen vom 16.12.1909 (LI LA LTA 1909/S04/2) und vom 10.12.1910 (LI LA LTA 1910/S04/2) sowie die Verordnung der Regierung vom 17.6.1911 betreffend die Einführung von Taxen für den Automobilverkehr, LGBl. 1911 Nr. 2.

1 LI LA J 007/S 028/111 (Aktenzeichen des fürstlichen Appellationsgerichtes: Z. 14639./1908/39 jud. Aktenzeichen des Landgerichtes: 204 Sts.). Eingangsstempel des Landgerichtes Vaduz vom 23.4.1909. Vermerk von Landesverweser Karl von In der Maur: «gesehen». Weitere Urteilsausfertigung in LI LA J 010/AG 1908/12. Vgl. in diesem Zusammenhang auch das Schreiben der Regierung an die k.k. Finanzbezirksdirektion in Feldkirch vom 10.10.1908 betreffend die Assistenzleistung der k.k. Finanzwachabteilung im Steg zum Zwecke der Hausdurchsuchung bei Xaver Beck am 2.10.1908 (LI LA RE 1908/1701 ad 0001).

2 Vgl. LI LA J 007/S 028/111 (Aktenzeichen des Landgerichtes: 444 Sts.).

3 § 13 Abs. 1 des Jagdgesetzes sah für die unberechtigte Jagdausübung eine Geldbusse bis zu 50 Gulden und im Falle der Zahlungsunfähigkeit Arrest bis zu einem Monat vor. – Zur Umrechnung von Gulden in Kronen siehe § 5 Abs. 1 des Gesetzes vom 17.8.1900 betreffend Einführung der Kronenwährung als Landeswährung, LGBl. 1900 Nr. 2.

4 Nach § 7 des Waffengesetzes waren – abgesehen von den Fällen, in welchen das Waffentragen durch die erwiesene Notwendigkeit, einer drohenden Gefahr zu begegnen, gerechtfertigt erschien – ohne behördliche Bewilligung nur bestimmte Personengruppen zum Waffentragen befugt, z.B. Schützen eines behördlich genehmigten Schiessstandes oder Jagdpächter und deren Gäste.

Jagdgebiete «Valorsch» unbefugterweise die Jagd ausgeübt und dabei widerrechtlich eine Schusswaffe benützt beziehungsweise getragen hat, schuldig erkannt und nach § 13 Absatz 1 des Jagdgesetzes zu einer Geldstrafe im Betrage von 100 Kronen zu Gunsten des landschaftlichen Armenfondes oder im Uneinbringlichkeitsfalle zu Arrest in der Dauer von einem (1) Monate, ferner nach § 10 des Waffengesetzes[5] zu einer Geldstrafe im Betrage von 30 Kronen zu Gunsten desselben Armenfondes oder im Uneinbringlichkeitsfalle zu Arrest in der Dauer von sechs (6) Tagen sowie zum Ersatze der Strafkosten, dann zum Ersatze von 245 Kronen an das fürstliche Forstärar verurteilt und womit der Verfall des beschlagnahmten Gewehres ausgesprochen wurde, über Berufung[6] des Beschuldigten im Punkte Schuld und Strafe sowie im Ausspruche über den Ersatz der Strafkosten und den Verfall des beschlagnahmten Gewehres zu bestätigen, im Punkte der zivilrechtlichen Ansprüche aber dahin abzuändern befunden, dass Xaver Beck nur schuldig sei, dem fürstlichen Forstärar den Betrag von 91 Kronen zu ersetzen, mit dem Mehranspruche aber das fürstliche Forstärar auf den Zivilrechtsweg gewiesen werde. Dies aus nachstehenden Erwägungen:

Der Schuldspruch des ersten Richters [Carl Blum] erscheint auf Grund des Ergebnisses der gepflogenen Erhebungen und des Geständnisses des Beschuldigten vollkommen gerechtfertigt und wird auch von dem Beschuldigten nicht angefochten. Was die vom Erstrichter ausgesprochene Strafe anbelangt, so fand das Berufungsgericht, dass dieselbe der Schwere der Schuld entsprechend bemessen wurde, nachdem zwar die in der Begründung des erstrichterlichen Urteiles angeführten Erschwerungsumstände, aber keine wirklich in Betracht kommende Milderungsumstände vorliegen.

Das Berufungsgericht fand insbesondere in Übereinstimmung mit dem ersten Richter, dass dem Geständnisse des Beschuldigten ein besonderer Wert nicht beigelegt werden kann, nachdem der Beschuldigte angesichts seiner Beobachtung durch den fürstlichen Jäger [Karl] Friak und angesichts der Auffindung des von dem Wildfrevel herrührenden Fleisches füglich nicht leugnen konnte.

Der Erstrichter hat auch mit Recht das Zusammentreten zweier strafbarer Handlungen angenommen, nachdem die Übertretung des verbotenen Waffentragens nicht an und für sich durch den § 13 des Jagdgesetzes konsumiert erscheint, da ja die in letzterer Gesetzesstelle behandelte Übertretung auch von jemandem begangen werden kann, der zum Waffentragen an und für sich berechtigt wäre; ebensowenig durfte die Vorbestrafung wegen Holzfrevels,[7] also einer gleichfalls auf Gewinnsucht zurückzuführenden und dem Jagdfrevel ähnlichen Strafhandlung, sowie der durch die berufene Ortsvorstehung konstatierte schlechte Leumund[8] ausseracht gelassen werden.

Es erscheint daher die vom Erstrichter verhängte Strafe als angemessen und ebensowenig konnte die gesetzliche Folge der Verurteilung, nämlich die Verpflichtung zum Ersatze der Kosten des Strafverfahrens und der Verfall des beschlagnahmten Gewehres vom Berufungsgerichte aufgehoben werden. Dagegen fand das Berufungsgericht, dass

---

5 § 10 des Waffengesetzes sah für Übertretungen 24stündigen bis 14tägigen Arrest oder Geldstrafe von 1 bis zu 50 Gulden vor. Ausserdem war jedesmal auf Verfall der betreffenden Waffen und Munitionsgegenstände zu erkennen.

6 Vgl. die undatierte Berufungsausführung, welche beim Landgericht am 19.11.1908 einlangte (LI LA J 007/S 028/111 (Aktenzeichen des Landgerichtes: 476 Sts.)).

7 Vgl. das Vorstrafen-Verzeichnis vom 22.10.1908 mit Verweis auf das Urteil des Landgerichtes vom 4.4.1908 unter LI LA J 007/S 028/111.

8 Vgl. das Leumundszeugnis der Gemeindevorstehung Triesenberg vom 24.10.1908 (ebd., Aktenzeichen des Landgerichtes: 437 Sts.), worin es u.a. heisst: «Genannter Xaver Beck steht im Rufe eines Wilderers.»

im Zuge des Strafverfahrens nicht jene Voraussetzungen bewiesen wurden, welche die Zuerkennung des vollen, von dem geschädigten fürstlichen Forstärar beanspruchten Schadens per 250 Kronen beziehungsweise restlicher 245 Kronen rechtfertigen könnten. Erwiesen ist nämlich nur die unbefugte Erlegung eines Hirschtieres in dem angenommenen Gewichte von 80 Kilogramm, gegen welch' letztere Annahme auch vom Beschuldigten ein Einwand nicht erhoben wurde. Da nun der fstl. Forstverwalter [Julius Hartmann] laut J.A. 12[9] selbst zugibt, dass Hirschwildpret zu 1 Krone 20 Heller per Kilogramm im Inlande verkauft wird, so konnte wohl auch nur dieser Einheitspreis der Schadensbemessung zugrunde gelegt werden, nachdem ein Beweis dafür, dass das Wildpret bei Erlegung durch die fürstliche Forstverwaltung selbst zu höherem Preise etwa in das Ausland abgesetzt worden wäre, nicht vorliegt. 80 Kilogramm zu 1 Krone 20 h. – ergeben 96 Kronen, wovon die für einen Teil des Wildpretes erlösten 5 Kronen in Abzug zu bringen sind. Dass für das verkaufte Wildpret kein höherer Betrag als 5 Kronen erlöst wurde, hat der Beschuldigte zu verantworten, da nach Aussagen des fürstlichen Forstverwalters ein höherer Erlös unter den gegebenen Umständen nicht zu erzielen war.

Was aber die weiteren Ansprüch[e] des fürstlichen Forstärars anbelangt, nämlich den Ersatz des Wertes für ein nach der Annahme des fürstlichen Forstamtes vorhanden gewesenes und eingegangenes Kalb sowie den Ersatz für den Entgang einer weiteren Fortpflanzung des erlegten Hirschtieres, so beruht dieser Anspruch eben nur auf Annahmen, die aber rechtlich nicht erwiesen sind, und wenn es auch mit Rücksicht darauf, dass in dem Gesäuge des erlegten Hirschtieres Milch gefunden wurde, mit der grössten Wahrscheinlichkeit angenommen werden muss, dass das Tier noch mit einem Kalbe gegangen ist, so ist noch nicht erwiesen, dass dieses Kalb auch wirklich eingegangen ist, da es immerhin möglich wäre, dass das Kalb sich bereits allein fortbringen konnte; ebensowenig ist in anfechtbarer [!] Weise nachgewiesen, dass das erlegte Hirschtier weitere Kälber zur Welt gebracht hätte.

Die auf diese Punkte gestützten Schadenersatzansprüche, nämlich der Wert des Kalbes per 30 mal 1 Krone 60 h, also 48 Kronen und 74 Kronen konnten demnach im Strafverfahren nicht zugesprochen werden und musste die fürstliche Forstverwaltung diesfalls auf den Zivilrechtsweg gewiesen werden.

Hievon wird das fstl. Landgericht unter Bezugnahme auf seinen Bericht vom 23. November 1908 Z. 476 S.S.[10] und unter Rückschluss der vorgelegten Akten ./. zur weiteren Verfügung insbesondere auch zur Verständigung der fürstlichen Forstverwaltung in die Kenntnis gesetzt.[11]

Fürst Liechtenstein'sches Appellationsgericht:

---

9 Vgl. das gerichtliche Einvernahmeprotokoll von Hartmann vom 21.11.1908 über die in der Berufungsausführung aufgestellte Schadensberechnung (ebd., ohne Aktenzeichen).
10 Vgl. LI LA J 010/AG 1908/12.
11 Vgl. den diesbezüglichen Erledigungsvermerk des Landgerichtes vom 23.4.1908. Das für verfallen erklärte Gewehr wurde am 20.1.1910 der Forstverwaltung in Vaduz ausgefolgt (LI LA J 007/S 028/111 revers (Aktenzeichen des Appellationsgerichtes: Z. 14639./1908/39 jud. Aktenzeichen des Landgerichtes: 204 Sts.)). 1923 war Xaver Beck erneut der Übertretung des Jagd- und Waffengesetzes angeklagt, er wurde jedoch freigesprochen: Vgl. das Urteil des Landgerichtes vom 17.8.1923 (LI LA J 007/S 051/080 (ON 21)).

Dok. 23
Regierung und Landesschulrat veranstalten zur Erinnerung an das 50jährige Regierungsjubiläum des Fürsten Johann II. ein grosses Fest für die Schuljugend in Vaduz

Bericht im «Liechtensteiner Volksblatt», nicht gez.[1]

9.7.1909

II. liechtensteinisches Jugendfest zur Erinnerung an das 50jährige Regierungs-Jubiläum Seiner Durchlaucht des Fürsten Johann II., abgehalten in Vaduz am 5. Juli 1909

Gegen 1 Uhr waren die Schüler und Schülerinnen sämtlicher Lehranstalten Liechtensteins teils zu Fuss, teils auf festlich geschmückten Wagen unter Führung der betreffenden Herren Lokalschulinspektoren und der Lehrpersonen, sowie der Mitglieder der Ortsschulräte auf dem Festplatze («Hauptmannsbündt»[2]) in Vaduz eingetroffen. Nach einem Begrüssungsliede wurde den Kindern eine kleine Erfrischung gereicht und Herr fstl. Kabinettsrat [Karl] v. In der Maur hielt folgende, eindrucksvolle und mit grossem Beifall aufgenommene Ansprache:

Liebe Schuljugend!

Am 12. November 1908 waren es 60 Jahre, seit unser allgeliebter Landesfürst die Regierung des Fürstentums und die Verwaltung der ausgedehnten Besitzungen des fürstlichen Hauses angetreten hat. Dieser denkwürdige Moment ist im Lande und weit hinaus über die Grenzen desselben mit grösster Begeisterung gefeiert worden. Auch in allen Schulen unseres Landes fanden Schulfeste statt, bei denen Euch die Bedeutung und das Wirken des Fürsten eingehend dargestellt wurde; zur Erinnerung an den hochbedeutsamen Tag sind Euch später patriotische Schriftchen als Geschenk eingehändigt worden.

Die Landesschulbehörde hat überdies beschlossen, der Schuljugend noch eine besondere Freude zu machen durch Veranstaltung eines allgemeinen Jugendfestes; so seid Ihr denn, liebe Kinder, heute in Vaduz zusammengekommen, um gemeinsam in fröhlicher Stimmung die Erinnerung an das fürstliche Regierungsjubiläum und an unseren gnädigsten Landesfürsten zu begehen.

Der Fürst ist ein Freund der Schule, für die er überaus viel getan hat; er hat die Schuljugend in sein edles Herz eingeschlossen; er wünscht, dass sie sich in jeder Hinsicht gedeihlich entwickle, damit sie in der Lage ist, sich dereinst nützlich zu betätigen.

Vergesset nie, liebe Kinder, dass Ihr nur dann brauchbare Mitglieder der menschlichen Gesellschaft werden könnt, wenn Ihr immerdar, schon von Jugend auf, Eure Pflicht tut.

Wir Menschen sind alle verschieden und verschieden sind auch die Pflichten jedes Menschen. Eines aber soll allen Menschen gemeinsam sein, das Bewusstsein der Pflicht, das Streben, die Pflicht zu erfüllen.

Unser Fürst bietet Euch allen ein erhabenes Beispiel und ein grosses Vorbild treuester Pflichterfüllung; er ist gerecht, edel, gütig, milde, hilfsbereit, voll Mitgefühl gegen fremdes Ungemach. *ein wahrer Fürst von Gottes Gnaden.*

---

1 L.Vo., Nr. 28, 9.7.1909, S. 1-2.
2 Heute überbaute Wiese im Städtli in Vaduz, nördlich der Post, östlich an der Äulistrasse. (Stricker, Liechtensteiner Namenbuch, Bd. 2, S. 313-314).

Ein Volk, das einen solchen Fürsten sein eigen nennt, ist zu beneiden. Ahmt den Fürsten nach, jeder in seinem eigenen Kreise, ehret ihn, indem Ihr seinen Wünschen nachlebt, die stets nur auf das Wohl der Allgemeinheit und des Einzelnen gerichtet sind.

Erhebet Euch, liebe Kinder!

Aus 2000 Kinderkehlen und aus 2000 Kinderherzen erschalle einstimmig der Ruf zum Himmel:

Seine Durchlaucht unser glorreich regierender Fürst und Herr Johann II., den uns die göttliche Vorsehung noch lange erhalten wolle, er lebe hoch, hoch, hoch!

Nachdem das brausende «Hoch», in welches nicht nur die Schuljugend, sondern auch die ausserdem noch ungemein zahlreich anwesenden Festgäste — es dürften deren wohl gegen 2000 gewesen sein — verklungen und mit Begeisterung der Gesamtchor: «Heil unserm Fürsten» vor dem auf der hübsch gezierten Bühne angebrachten, von Josef Verling aus Vaduz angefertigten Fürstenbilde, gesungen war, wurde ein Huldigungs-Telegramm an Seine Durchlaucht abgesendet, welches der Fürst am nächsten Tage in überaus gnädiger Weise zu beantworten geruhte.

Der nach Absingung des Liedes programmgemäss folgende Festzug mit den 16 schön geschmückten Standarten und ebenso vielen Fahnen bot ein gar farbenreiches Bild; sämtliche Knaben trugen nach Form und Farbe verschiedene Papiermützen, die Mädchen bunte Fähnchen und die meisten Haarschmuck aus Rosen, Nelken, Epheu etc. Unter Böllerknall und den Klängen der Musiken von Vaduz, Triesen und Gamprin, welche auch während der Mahlzeiten und den Spielen mit allseitigem Applaus konzertierten, bewegte sich der Zug vom Festplatze durch das «Aeule» am Regierungsgebäude vorbei, wo auf dem geschmückten Balkon die Mitglieder des Landesschulrates sich eingefunden hatten und sämtliche Fahnen die Ehrenbezeugung leisteten; durch den «Altenbach» und die neue «Egertenstrasse» zum «Löwen» und wieder auf den Festplatz zurück. Die meisten Bewohner derjenigen Häuser, an denen der Zug vorbeiging, hatten sich in dankenswerter Weise um deren Dekorierung bemüht, die vielfach recht geschmackvoll war. Nach der Hauptmahlzeit lauschte man der in bekannt meisterhafter Weise vorgetragenen Festrede des Herrn Schulkommissärs Kanonikus [Johann Baptist] Büchel.

Diese Ansprache hatte folgenden Wortlaut:

Liebe Kinder! Meine Worte seien euch gewidmet. Das heutige Fest ist der letzte Ausklang, der letzte, schönste Feierklang des Jubelfestes, das wir im letzten Jahre aus Anlass des 50jährigen Regierungsjubiläums unseres allgeliebten Fürsten Johannes II. gefeiert haben. Damit die Erinnerung an dieses Jubiläum und an den Jubel, der die Herzen der Liechtensteiner durchbebte, noch lange nicht verloren gehe, damit auch die späteren Zeiten noch davon erzählen hören, solltet auch ihr, liebe Kinder, einen besonderen Freudentag haben. Ihr werdet ja noch länger leben als wir Alten, die wir schon graue Haare haben. Ihr könnt dann auch denen, die nach uns kommen werden, erzählen von unserem guten Fürsten Johannes II. und von dem Jubeljahre und von dem Kinderfeste, das ihr als Kinder am 5. Juli 1909 miteinander gefeiert habt.

Wir Liechtensteiner sind ein glückliches Volk, denn der liebe Gott hat uns einen herzensguten Landesvater gegeben und ihn uns nun schon fünfzig Jahre erhalten.

Der liebe Gott hat uns aber auch ein schönes und glückliches *Heimatland* gegeben. Unser kleines Vaterland ist ein schönes Land. Es gleicht einem Edelstein, der von Diamanten eingefasst ist. Das schöne und fruchtbare Tal, in dem die mannigfaltigsten Früchte gedeihen und die Traube reift im Sonnenglanz, ist der Edelstein, und die grünen Alpen und die schneebedeckten Firnen darüber, die sind die liebliche und grossartige Einfassung dieses Edelsteines. Die Fremden, die hierher kommen, sind ganz bezaubert von der Schönheit unseres Landes. In einem Liede heisst es von demselben:

> Wie lieb bist du; dich preisen alle Zungen,
> Du lichter Stern, so traulich, klein und schön!
> Von deiner Schönheit hehren Macht bezwungen
> Dich liebet stets, wer einmal dich gesehn.

Zu der schönen Lage, oben am schönen deutschen Rheine, mitten in einer hehren, himmelanstrebenden Alpenwelt, kommt das milde Klima, unter dessen Einflusse der fruchtbare Boden Früchte aller Art hervorbringen kann.

Wir sind ein glückliches Völklein; denn wir Liechtensteiner leben mit einander in schönster Harmonie, in Frieden und Eintracht. Ein Abbild dieser schönen Eintracht ist euer heutiges Fest, wo die Kinder aus allen Gemeinden des Landes so friedlich und fröhlich beisammen sind. In andern Ländern ist das nicht immer so. Dort gibt es unter den Bewohnern oft viele Parteien, die einander befehden und das Leben verbittern. Wir Liechtensteiner leben miteinander im schönsten Frieden.

Wir sind das glücklichste Volk der Welt, das einzige, das kein Militär hat. Die Leute in den andern Staaten müssen Soldaten haben und müssen dafür ungeheuere Summen ausgeben. Dieses viele Geld müssen die Leute zusammensteuern und manche müssen ihre Steuer mit harter Arbeit verdienen. Wir Liechtensteiner brauchen für solche Zwecke kein Geld auszugeben, wir können unsere Kronen anders verwenden. Und nicht nur das! In anderen Ländern müssen die Jünglinge gerade in ihren schönsten Jahren zu den Soldaten gehen und dann Jahre lang vom Vaterhause fernbleiben. Sie können nichts verdienen in dieser Zeit! Im Gegenteil, ihre Eltern und Geschwister müssen noch für sie verdienen und ihnen Geld nachschicken. Und wenn dann die Jünglinge fortziehen müssen unter die Soldaten, dann schaut manche Mutter mit Tränen in den Augen ihrem scheidenden Sohne nach und kümmert sich um ihn Tag und Nacht. Bei uns ist das nicht so. Unsere Jünglinge können ruhig im Elternhause bleiben, die Eltern in der Arbeit unterstützen und verdienen für die Familie.

Wir Liechtensteiner sind ein glückliches Volk, denn wir leben in einfachen, bescheidenen Verhältnissen. Wir haben keine Reichtümer und machen keinen grossen Staat. Wir wissen aber auch nichts von der Not und dem Elend, das an manchen Orten ist. Das sind aber gerade die allerglücklichsten Menschen, die bescheiden leben, mit wenigem zufrieden sind und ihr tägliches Brot mit ihrer täglichen Arbeit verdienen. Nicht in den Palästen der Reichen wohnt das Glück, sondern in den bescheidenen Hütten zufriedener Menschen, die sagen und singen können:

> Freund, ich bin zufrieden, geh' es wie es will,
> Unter meinem Dache leb' ich froh und still.

So könnte ich noch verschiedenes aufzählen, was wir vor andern Staaten voraus haben. Das wissen die Leute in den andern Ländern aber auch und wenn man im Ausland sich als Liechtensteiner zu erkennen gibt, dann rufen die Leute einem gleich zu: O, ihr Liechtensteiner, ihr seid ein glückliches Volk!

Und wem haben wir das alles zu verdanken? Dem, der die Schicksale der Menschen leitet, dem Vater im Himmel. Seine Vorsehung hat unser kleines Land immer so wunderbar in ihren Schutz genommen, dass es nicht den grossen Staaten, die es umgeben, zum Opfer gefallen ist.

Seht da droben die Burg Vaduz, die ehrwürdig in ihrem Alter auf uns herabschaut. Aus diesem Schlosse mit seinen altersgrauen Mauern schaut eine Geschichte von 6 Jahrhunderten auf uns herab. Da droben sassen einst die Grafen, die über dieses Land geherrscht haben. Jedes Jahrhundert regieren wieder andere Grafen und ein Geschlecht löste das andere ab. Ihr Grösseren wisst es aus der Geschichte, wie die ersten Grafen, die von Werdenberg-Sargans das Schloss erbaut haben, wie dann nach einander die von

Brandis, von Sulz, von Hohenems da droben hausten, und wie dann Schloss und Land an die Fürsten von Liechtenstein gekommen sind.

So hat das Ländchen wechselvolle Schicksale gehabt. Der liebe Gott aber, der dieses Ländchen lieb gehabt hat, wie seinen Benjamin, hat auch immer dafür gesorgt, dass es im Wogendrange der Zeiten nicht untergegangen, sondern trotz seiner Kleinheit von jedem anderen Land unabhängig geblieben ist. Der liebe Gott hat es auch gefügt, dass es vor 200 Jahren unter das glorreiche und gut katholische liechtensteinische Fürstenhaus gekommen ist.

Dafür sollt ihr, liebe Kinder, der gütigen Vorsehung dankbar sein. Ihr sollt dafür auch stets gute Liechtensteiner sein. Nur Zehntausend haben das Glück, Liechtensteiner zu heissen und zu sein. Zeiget euch, liebe Kinder, stets dieses Namens würdig und machet eurem Vaterlande Ehre. Seid gehorsam euren Vorgesetzten, und wo immer ihr später hinkommt, haltet euch ferne, weit ferne von Menschen, die über die Obrigkeiten losziehen und euch die Liebe zu Fürst und Vaterland aus dem Herzen reissen wollen. Das sind keine guten Menschen. Seid arbeitsam; die Arbeit adelt den Menschen. Seid sparsam und genügsam; die Verschwendung ist die Mutter der Armut. Seid friedfertig gegen eure Mitmenschen. Vor allem seid auch gute, fromme Christen; ein guter Christ ist auch ein guter Bürger.

Und dann seid eurem lieben Heimatlande stets treu zugetan. Felsenfest wie da droben auf dem Fels die alte Burg, die den Stürmen von Jahrhunderten getrotzt hat, sei eure Liebe und Anhänglichkeit an euer kleines, schönes und glückliches Heimatland. Und nun zum Zeichen, dass ihr das gelobet, stimmt mit mir ein in den Ruf: O Gott, mit deiner Hand schütze auch fürder mein Vaterland! Unser Heimatland lebe hoch!

Dem nun folgenden Gesamtchor: «Ich hab' mich ergeben» schlossen sich mehrere Liedervorträge und Deklamationen an. Auf dem Spielplatz (Marktplatz) entwickelte sich nun ein mannigfaltiges Treiben: Hübsche Mädchenreigen mit Gesang und Musik wechselten ab mit Turnübungen der Knaben; ganz besonders fesselten die Vorführungen des Töchterinstitutes Gutenberg und der Landesschule; das Sacklaufen und das Klettern verursachten vielstimmige Lachsalven und Bravorufe und mit begreiflichem Stolze liessen sich die Sieger mit einer hübsch gefassten Liechtensteiner Krone dekorieren.

Wegen vorgerückter Zeit mussten die Spiele unterbrochen werden und es konnten auch nicht mehr alle Liedervorträge stattfinden, die noch in Aussicht genommen waren. Bei einer nochmals gereichten Erfrischung liess man dem Festjubel die Zügel schiessen. Aus vollem Herzen erklang das «Hoch», welches Herr Lehrer [Josef] Frommelt dem Herrn fstl. Kabinettsrate v. In der Maur als dem Veranstalter dieses schönen Festes und als dem Freunde und Förderer der Schule brachte und mächtig erbrauste unter Böllersalven und Musikbegleitung der Schlusschor: «Oben am deutschen Rhein».

Die muntern Scharen zogen mit den Schul- und Jugendfreunden wieder heim und werden das schöne und seltene Fest zeitlebens in der angenehmsten Erinnerung behalten.

Um das Zustandekommen und Gelingen dieses Festes hat sich zunächst ein grösseres Komitee unter dem Vorsitze des Hrn. Dr. Rud. [Rudolf] Schädler bemüht, welches Komitee sich in mehrere Unterabteilungen gliederte: das Dekorationskomitee unter Leitung des Herrn Egon Rheinberger, das Bau- und Wirtschaftskomitee; Lehrer arbeiteten mit Eifer die Einzelnheiten des Festprogrammes aus; Frauen und Mädchen betätigten sich in den einzelnen Gemeinden an der Herstellung von Kränzen und Tannengewinden; die Festwirte [Johann] Nigg und [Alois] Seger taten ihr Bestes — alle seien in den Dank eingeschlossen, der ihren vielen Bemühungen gebührt.

Dok. 24
Die Finanzkommission des Landtags beantragt die Einführung der freien Beweiswürdigung im Strafverfahrensrecht

Gedruckter Kommissionsantrag an den Landtag, nicht gez.[1]

o.D. (vor dem 16.12.1909)

II. Antrag der Finanzkommission betreffend Einführung der freien Beweiswürdigung im Strafprozessverfahren
(Referent: Dr. Albert Schädler)

Nach der in der Sitzung vom 15. November auf die Interpellation Ihres Referenten von dem Regierungschef [Karl von In der Maur] abgegebenen Erklärung sind die Vorarbeiten für die geplante Justizreform noch nicht soweit gediehen, dass noch in diesem Jahre eine Regierungsvorlage eingebracht werden kann. Der Landtag beauftragte daher die Finanzkommission, in Beratung zu ziehen und darüber zu berichten, ob es sich nicht empfiehlt, den Artikel 6 der seinerzeitigen Regierungsvorlage, dessen zweiter die freie Beweiswürdigung festsetzende Absatz wörtlich mit dem § 258 der österr. Strafprozessordnung übereinstimmt, jetzt schon gesetzlich einzuführen.[2]

Die moderne Rechtsprechung hat bekanntlich mit der alten Beweistheorie und mit dem damit verbundenen formalistischen und langwierigen Verfahren gänzlich gebrochen und an Stelle dieses bei uns noch immer geltenden Verfahrens das Prinzip der freien Beweiswürdigung eingeführt. –

Die Landtagskommissionen, welche sich in den Vorjahren wiederholt mit der Frage der Justizreform beschäftigten, haben sich stets einhellig für die Einführung des Prinzips der freien Beweiswürdigung ausgesprochen und anerkannt, dass die seinerzeitige Regierungsvorlage besonders durch diese im Artikel 6 enthaltene Bestimmung eine erhebliche Verbesserung unserer Justizpflege bedeute.[3] Es sei in dieser Beziehung auf die ausführliche Begründung, welche in meinen in den Jahren 1906 und 1907 erstatteten

---

1   LI LA LTA 1909/L01 (Punkt 2 der Tagesordnung des Landtagspräsidiums für die auf den 16. und 18.12.1909 anberaumten Landtagssitzungen). Ein Teil des Kommissionsberichts ist abgedruckt in: L.Vo., Nr. 52, 24.12.1909, Beilage («Bericht über die Landtagssitzungen vom 16. und 18. Dezember 1909»). Vgl. auch die Beilage zu Punkt 2 der Tagesordnung für die auf 16.12.1909 anberaumte Landtagssitzung: Auszug aus dem Motivenberichte der frstl. Regierung zu dem im Jahre 1906 eingebrachten Gesetze betr. Zusatzbestimmungen zur Strafprozessnovelle vom Jahre 1881 (LI LA LTA 1909/S04/2). In der öffentlichen Landtagssitzung vom 16.12.1909 äusserte sich Regierungskommissär Karl von In der Maur dahingehend, dass es überflüssig sei, die Notwendigkeit dieser Gesetzesbestimmung weiter darzutun. Es sei nur zu wünschen, dass die Gesetzesvorlage unverzüglich eingeführt werde. Am 18.12.1909 wurde der Gesetzesvorschlag nach dessen Verlesung vom Landtag einstimmig angenommen (diesbezügliche Protokolle unter LI LA LTA 1909/S04/2). Vgl. das Gesetz vom 28.12.1909, womit Zusatzbestimmungen zur Strafprozessnovelle vom 24.8.1881 erlassen werden, LGBl. 1910 Nr. 1.

2   Vgl. das Protokoll der öffentlichen Landtagssitzung vom 15.11.1909 unter LI LA LTA 1909/S04/2. Der diesbezügliche Antrag von Landtagspräsident Albert Schädler findet sich unter LI LA LTA 1909/L05. Die erwähnte österreichische Strafprozessordnung stammt von 1873: Gesetz vom 23.5.1873 betreffend die Einführung einer Strafprocess-Ordnung, öst. RGBl. 1873 Nr. 119.

3   Vgl. die Behandlung des Justizgesetzentwurfes betreffend strafprozessuale Zusatzbestimmungen in den öffentlichen Landtagssitzungen vom 11.12. und 13.12.1906 – nach Ablehnung von Artikel 1 zog Regierungskommissär In der Maur den ganzen Gesetzentwurf zurück (Protokolle unter LI LA LTA 1906/S04/2). Die Regierungsvorlage findet sich unter LI LA LTA 1906/L08; der diesbezügliche Kommissionsbericht unter LI LA LTA 1906/L01.

Referaten enthalten ist, verwiesen.[4] Herr Dr. [Martin] Hämmerle, welcher derzeit mit der Substitution des Landrichters betraut ist und als erfahrener Richter das neue Strafprozessverfahren in Österreich und das alte bei uns gründlich kennt, hat auf mein Ansuchen folgende Aufklärungen zu dieser Frage gegeben, welche an Hand der angeführten Beispiele jedermann die grossen Mängel des bei uns noch geltenden Beweisverfahrens klar ersichtlich machen.

«Bisher ist im Verfahren wegen Verbrechen zur Herstellung eines Beweises die Aussage von *zwei Zeugen* vorgeschrieben oder die zweier Mitschuldiger oder die eines Zeugen und eines Mitschuldigen und ausserdem müssen die Zeugen das achtzehnte Lebensjahr zurückgelegt haben. Ist einer der Zeugen um einige Tage jünger, so kann – wenn sie auch noch so glaubwürdig sind – ein Beweis mangels der gesetzlichen Voraussetzungen nicht als erbracht angenommen werden und das Gericht muss den Beschuldigten schuldlos erklären. Das sind unhaltbare Zustände; nicht auf die Zahl, sondern auf die Glaubwürdigkeit der Zeugen und auf die die Tat begleitenden Umstände muss es ankommen, und das ist eben die freie Beweiswürdigung, die jetzt in allen Kulturstaaten eingeführt ist.

In dem in Liechtenstein heute noch geltenden Beweispatente vom Jahre 1833[5] sind eine Menge von Anzeigungen für die Schuld aufgezählt, also Verdachtsgründe. Eine solche Aufzählung kann aber *niemals* erschöpfend sein, und scheinbar vorsichtig, aber gänzlich unhaltbar ist die Bestimmung, dass drei solcher Anzeigungen zur Herstellung eines rechtlichen Beweises erforderlich sind, sowie die Aufzählung einzelner Fälle, in welchen zwei solcher Anzeigungen für den Beweis der Schuld genügt. Man darf die Beweisgründe nicht *zählen*, wie es die alte Schule tat, sondern man muss sie *wägen*. Manchmal kann *eine* solche Anzeigung für den Beweis genügend sein, in andern Fällen können aber auch drei solcher Anzeigungen für den gewissenhaften Richter nicht genügen, um mit einem Schuldspruch vorzugehen.

Es gibt allerdings sogenannte bedenkliche Zeugen, aber es ist falsch, wenn das Gesetz vorschreibt, wann ein Zeuge bedenklich ist und wenn nicht und dem Richter in dem einen Falle verbietet, dem Zeugen zu glauben und ihn im andern Falle zum Glauben zwingt. Das soll doch dem freien Ermessen der beeideten Richter, seien es nun gelehrte Richter oder Schöffen – überlassen bleiben, ob sie im einzelnen Falle einen Zeugen für bedenklich oder unbedenklich halten.

Zu direkt haarsträubenden Ergebnissen führt die Bestimmung des § 370 St.G. II. Teil,[6] welcher sagt: «Es macht auch die Aussage desjenigen, an welchem die Übertretung begangen oder der dadurch beschädigt worden, die Überweisung vollständig, wann demselben aus der Verurteilung des Beschuldigten weder Genugtuung, noch sonst ein Vorteil zu gute kommt.» Wenn z.B. ein händelsüchtiger Bursche einen friedlichen Bürger misshandelt und beschimpft und der Friedliebende bei Gericht die Klage erhebt, so muss dieses – wenn nicht noch zwei Zeugen vorhanden sind – den Stänkerer freispre-

---

4   In der öffentlichen Landtagssitzung vom 16.11.1907 wurde der Antrag von Albert Schädler auf neuerliche Behandlung der Justizgesetzentwürfe genehmigt und in diesem Sinne eine siebengliedrige Kommission gewählt (LI LA LTA 1907/S04/2). Zum Antrag dieser Kommission siehe die öffentlichen Landtagssitzungen vom 14.12.und 16.12.1907. Der Landtag ersuchte schliesslich die Regierung, von den die Justizreform berührenden Vorschlägen Kenntnis zu nehmen und «in nächster Bälde» die entsprechenden Gesetzentwürfe vorzulegen (ebd.; LI LA LTA 1907/L01; LI LA LTA 1907/L03).
5   Patent vom 6.7.1833, öst. JGS 1833 Nr. 2622.
6   Österreichisches Gesetzbuch über Verbrechen und schwere Polizey-Uibertretungen (Strafgesetzbuch) vom 3.9.1803 (öst. JGS 1798–1803 Nr. 626; LI LA DS 100/1804/1), eingeführt in Liechtenstein durch fürstliche Verordnung vom 18.2.1812 (LI LA RB G1/1812).

chen, weil die Zeugenaussage des Misshandelten, der eben durch die Verurteilung des Beschuldigten Genugtuung erhalten will, keinen Beweis herstellen kann. Oder: Ein Raufbold überfällt einen ehrenwerten Mann – sagen wir den Vorsteher, der ihm einmal einen schlechten Leumund ausstellen musste – auf der Strasse, prügelt den Vorsteher, verletzt ihn am Körper und zerreisst ihm das Gewand. Der Raufbold hat Vermögen; der Vorsteher ist nicht mit Glücksgütern gesegnet und er verlangt, als Zeuge vernommen, bei Gericht den Ersatz der Heilungskosten und einen Ersatz für die zerrissenen Kleider. Der Beschuldigte leugnet, weitere Zeugen waren nicht vorhanden, und der Richter ist gezwungen, ganz gegen seine Überzeugung den Raufbold freizusprechen und den Vorsteher mit seinen Ersatzansprüchen auf den Zivilrechtsweg zu verweisen; der Richter *darf* dem ehrenwerten Vorsteher als Zeugen nicht glauben, weil dieser aus der Verurteilung des Beschuldigten einen Schadenersatz erwartet und nach unserer veralteten Gesetzgebung kein glaubwürdiger Zeuge ist.

Es ist nur zu wundern, dass solche Bestimmungen, die aus dem Jahre 1803 stammen und in Österreich im Jahre 1873 aufgehoben worden sind, sich hier bis in's zwanzigste Jahrhundert erhalten konnten. Solche Gesetze ermuntern den Beschuldigten zum Leugnen und wirken demoralisierend.

Und dennoch brach auch im alten Prozess die Natur das einzig Vernünftige in manchen Fällen durch. Z.B. wenn der Beschuldigte zwar die Tat eingesteht, aber den bösen Vorsatz leugnet, hat § 413 St.G. I. Teil verschämt die freie Beweiswürdigung zugelassen und die §§ 317 und 360 St.G. II. Teil, welche von der Überweisung eines leugnenden Beschuldigten durch das Zusammentreffen mehrerer Umstände handeln, sprechen direkt von der Unmöglichkeit, diese Umstände sämtliche aufzuführen, was also wieder auf die freie Beweiswürdigung hinausläuft.

Legen wir also die geistige Zwangsjacke der gesetzlichen Beweistheorie ab; mit der freien Beweiswürdigung wird den Richtern und dem Volke gedient sein!

An der Notwendigkeit, das alte Verfahren zu beseitigen und durch die Einführung des Prinzips der freien Beweiswürdigung zu ersetzen, ist daher nicht zu zweifeln. Es ist nur die Frage, ob dieser wichtige Teil der Justizreform schon jetzt oder erst mit den in Aussicht stehenden Justizgesetzen bei uns einzuführen wäre.

Ihre Kommission ist einstimmig der Ansicht, dass dies schon jetzt geschehen soll und zwar aus wichtigen Gründen. Die Landrichterstelle muss demnächst infolge der Pensionierung des Landrichters [Carl] Blum und des baldigen Wegzuges des derzeitigen Substituten wieder besetzt werden. Auf Grund unseres Justizvertrages mit Österreich vom 3. August 1884[7] wird ein richterlicher Beamter aus Österreich diese Stelle versehen. Österreich hat aber schon vor mehr als 30 Jahren (im Jahre 1873, Deutschland im Jahre 1870)[8] mit der alten Beweistheorie, welche bei uns noch Geltung hat und vom Jahre 1803 herrührt, gänzlich gebrochen und das moderne Verfahren der freien Beweiswürdigung eingeführt. Es dürfte also, wie ich das schon in einem früheren Referate hervorgehoben habe, schwer fallen, einen Richter aus Österreich zu bekommen, der sich in das ihm nicht geläufige, anderswo obsolet gewordene Verfahren einspannen liesse. Ferner ist es nach den eingangs geschilderten Mängeln des bisherigen Verfahrens angezeigt, dasselbe so

---

7   Staatsvertrag bezüglich der Justizverwaltung im Fürstentum Liechtenstein vom 19.1.1884, LGBl. 1884 Nr. 8 bzw. öst. RGBl. 1884 Nr. 124.
8   Vgl. das Strafgesetzbuch für den Norddeutschen Bund vom 31.5.1870, BGBl. des Norddeutschen Bundes, 1870, Nr. 16, S. 197, sowie das Strafgesetzbuch für das Deutsche Reich vom 15.5.1871, dt. RGBl. 1871 S. 127. Vgl. ferner die deutsche Strafprozessordnung vom 1.2.1877, dt. RGBl. 1877, S. 253.

rasch als möglich zu beseitigen und durch ein besseres zu ersetzen. Die weitere in Aussicht stehende Ausgestaltung und Reform unserer Justizgesetzgebung[9] wird dadurch in keiner Weise behindert.

Im Sinne dieser Ausführungen beschloss Ihre Kommission einstimmig, dem Landtag die gesetzliche Einführung des Artikel VI der seinerzeitigen Regierungsvorlage vorzuschlagen.

Der Gesetzesvorschlag lautet wie folgt:

Artikel 1

Die im ersten Teile, 2. Abschnitte, 10. Hauptstücke des in Liechtenstein teilweise rezipierten österreichischen Strafgesetzbuches vom 3. September 1803 enthaltenen, von der rechtlichen Kraft der Beweise handelnden Bestimmungen (§§ 396–414) werden, soweit sie nicht schon aufgehoben sind, samt dem in Liechtenstein gleichfalls rezipierten österreichischen Beweispatent vom 6. Juli 1833, welches an die Stelle des schon früher aufgehobenen § 412 getreten ist, zur Gänze ausser Kraft gesetzt; an deren Stelle haben nachfolgende Bestimmungen zu treten:

Das Gericht hat bei der Urteilsfällung nur auf dasjenige Rücksicht zu nehmen, was im Schlussverfahren vorgekommen ist; Aktenstücke können nur insoweit als Beweismittel dienen, als sie im Schlussverfahren vorgelesen worden sind. Das Gericht hat die Beweismittel in Ansehung ihrer Glaubwürdigkeit und Beweiskraft sowohl einzeln als auch in ihrem inneren Zusammenhang sorgfältig zu prüfen; über die Frage, ob eine Tatsache als erwiesen anzunehmen sei, entscheidet das Gericht nicht nach gesetzlichen Beweisregeln, sondern nur nach freier, aus der gewissenhaften Prüfung aller für und wider vorgebrachten Beweismittel gewonnenen Überzeugung.

Diese Bestimmungen haben sowohl im Verfahren wegen Verbrechen als auch in jenen über Vergehen und Übertretungen zu gelten; es werden daher auch die nicht ohnehin schon aufgehobenen Bestimmungen des im zweiten Teile, 2. Abschnitte des bezogenen Strafgesetzbuches enthaltenen 4. Hauptstückes von den rechtlichen Beweisen und jene Bestimmungen des Gesetzes (Strafprozessnovelle) vom 24. Juni 1884, L.-Gbl. Nr. 6,[10] welche sich in Ansehung der rechtlichen Kraft der Beweise auf die Anwendung der §§ 351–358, 360–365, 367–371, 375 und 376 dieses 4. Hauptstückes beziehen, ausser Kraft gesetzt.

Unberührt bleiben jedoch die Bestimmungen des Gesetzes vom 24. Juni 1884, L.-Gbl. Nr. 6, über die Zeugenpflicht, über jene Personen, die als Zeugen nicht vernommen werden dürfen und die von der Zeugenpflicht befreit sind, sowie über das Verbot der Durchsuchung von Papieren dritter Personen und der Beschlagnahme oder Eröffnung von Briefen.

Artikel 2

Dieses Gesetz tritt mit dem Tage seiner Kundmachung in Wirksamkeit und hat auf alle anhängigen Strafuntersuchungen, worüber noch kein Erkenntnis ergangen ist, Anwendung zu finden.

---

9 Vgl. das Gesetz vom 31.12.1913 betreffend die Einführung einer Strafprozessordnung, LGBl. 1914 Nr. 3. Vgl. in diesem Zusammenhang den undatierten Bericht einer Siebnerkommission an den Landtag betreffend die Reform des Strafprozessrechts in Liechtenstein unter LI LA RE 1913/3270 ad 0040.
10 Gesetz vom 24.6.1884 mit Zusatzbestimmungen zur Strafprozessnovelle vom 24.8.1881, LGBl. 1884 Nr. 6.

Dok. 25
Wilhelm Büchel ersucht die Regierung um die Konzessionierung einer Generalagentur für Auswanderung in Schaan

Handschriftliches Schreiben, mit einer Beilage, von Wilhelm Büchel, gez. ders., an die Regierung [1]

24.7.1910, Vaduz (Haus Nr. 161)

Hohe fürstl. Regierung!
Endesgefertigter stelle an eine hohe Regierung die Bitte:
Eine hohe fürstliche Regierung möge geruhen, dem Gefertigten die Errichtung eines Internationalen *Reisebureaus* für *Spedition-Passage u. Commission* in Schaan auf die Dauer von 5-10 Jahre als Alleinvertretung mit begrenzter Provision zu bewilligen.[2]
Diese Konzessionsbewerbung ist in der Beilage I näher begründet.

Beilage I
Schon anfangs des Jahres wurde ich aufgefordert, mich für die Errichtung einer General-Agentur in Liechtenstein für Auswanderung zu verwenden, und habe ich mich mit Rücksicht, dass im allgemeinen dieses Geschäft als gewöhnlicher Menschenhandel beurteilt wird, mir Mühe gegeben, die nötigen Erkundigungen zu erheben, die Bewandtnisse, warum so viele Auswanderer über Buchs reisen, näher kennen zu lernen.
Die Ursache liegt darin, dass die *Cunard Line* sowie öst. *Loyd* von den östr.-ungarischen Hafenstädten aus meistens 18-20 Tage zu Wasser sind und diejenigen Leute, welche die Mittel haben, ihre Richtung nach den Hafenstädten des Nordens nehmen. Ein weiterer Grund liegt darin, dass zu gewissen Zeiten alle Schiffe überfüllt sind und die Leute oft 14 Tage auf die Schiffe im Süden warten müssen und dadurch die Reise viel teurer kommt als auf direktem Wege.

---

1   LI LA RE 1910/1361. 3 entwertete Stempelmarken zu je 10 Heller. Einlaufstempel der Regierung vom 29.7.1910. – Am 26.8.1910 wandte sich Wilhelm Büchel mit einer ergänzenden Eingabe in der Sache an die Regierung (LI LA RE 1910/1540 ad 1361).
2   Die liechtensteinische Regierung bzw. der liechtensteinische Landesverweser Karl von In der Maur wandte sich mit Schreiben vom 3.8.1910 an die k.k. Statthalterei in Innsbruck und ersuchte um Auskunft, ob in Österreich überhaupt und speziell im Verwaltungsgebiet für Tirol und Vorarlberg Konzessionen für Auswanderungsagenturen erteilt würden und bejahendenfalls unter welchen Bedingungen dies geschehe (LI LA RE 1910/1361). Die k.k. Statthalterei teilte der liechtensteinischen Regierung am 24.8.1910 mit, dass die Ausstellung einer derartigen Konzession im Hinblick auf die gesetzlichen Vorschriften unzulässig sei. Es könne vorkommen, dass sich konzessionierte Reisebüros unbefugt mit Auswanderungsgeschäften befassen. Um eine solche «abusive Tätigkeit» hintanzuhalten, werde diesen in der bezüglichen Konzessionsurkunde die Anwerbung von Auswanderern sowie jegliche Förderung des Auswanderungswesens überhaupt ausdrücklich untersagt. Gegen fehlbare Reisebüros werde Anzeige erstattet (LI LA RE 1910/1542 ad 1361 (Aktenzeichen der Statthalterei: N. 53083 Gewerbe)). – Vgl. in diesem Zusammenhang das Gesetz vom 21.1.1897, womit strafrechtliche Bestimmungen in Bezug auf das Betreiben der Auswanderungsgeschäfte erlassen werden, öst. RGBl. 1897 Nr. 27, sowie § 3 der Verordnung der Minister des Handels und des Innern vom 23.11.1895 betreffend die Einreihung der Reisebureaux unter die concessionierten Gewerbe, öst. RGBl. 1895 Nr. 181. Vgl. auch die Kaiserliche Verordnung vom 29.11.1865 über die Zulassung ausländischer Actiengesellschaften und Commanditgesellschaften auf Actien, mit Ausschluss der Versicherungsgesellschaften, zum Geschäftsbetriebe in Österreich, öst. RGBl. 1865 Nr. 127. – Die liechtensteinische Regierung sah sich nicht in der Lage, dem Ansuchen von Wilhelm Büchel um Gewährung einer Konzession zur Errichtung und zum Betrieb einer Generalagentur für Auswanderung zu entsprechen (LI LA RE 1910/1542 ad 1361).

Gefertigter sehe deshalb nicht ein, dass das Emmigrationsgeschäft wirklich von so üblem Rufe sein dürfte.

In Österreich ist usus, dass nur in gewissem Umkreise die Errichtung einer solchen Agentur zulässig ist und dieselbe meistens auf 5 Jahre einem Competenten übertragen od. bewilligt wird. Die Regierung unterstellt diese Konzession absolut nicht dem übrigen Gewerbe und beansprucht das Recht, im Falle einer Ungebührlichkeit dieselbe ohne weiteres zu entziehen. Gleichzeitig wird die Conzession nur an einen Competenten verliehen, weil infolge Konkurenz die Reisenden oft betrogen wurden, indem ein Agent die Preise unterbot, ein sogenanntes Angeld nahm und die Leute eine Strecke weit beförderte, wo ihnen erst klar gelegt wurde, dass sie, ohne den bestimmten Termin zu bezahlen, nicht weiter befördert werden können und der betreffende Emmigrant einfach beschwindelt war. Natürlicherweise brachte dies bei den Behörden verschiedene Schwierigkeiten und Anstände, dass man sich veranlasst sah, die Auswanderungs-Agenturen zu beschränken und nur auf gewisse Strecken zu concessionieren und zwar nur an einen Competenten auf die Dauer von fünf Jahren zu bewilligen.

Der Grund, warum gerade in *Schaan* die Errichtung einer General-Agentur im Sinne des vorgelegten Ansuchens angezeigt wäre, liegt darin, dass in Buchs eben nur [Johann Isidor] Büchel zum Arlberg diese Conzession inne hat und er meistens die in Östreich conzessionirten Linien ignorirt und trotzdem letztere dort ihre Leute zur Verfügung am Bahnhof aufstellen, die Auswanderer meistens auf andere Linien abgefangen werden, die alle teurer sind als die in Österreich bewilligten Seewege. Aus kürzlichen Zeitungsberichten war sogar zu entnehmen, dass in New York zurückgewiesene Leute von Büchel engagirt, ihr Geld nicht mehr zurückbekamen und auf die Strasse gestellt werden.

Schaan würde den Vorteil bieten, dass die meisten Emmigranten mit ihrem heimischen Gelde verkehren könnten und auch für die dortigen Geschäftsleute stände mancher Verdienst in Aussicht.

Die Schweiz bewilligt als Maximum einem Agenten 30 frs. pro Person und wäre zu wünschen, dass bei uns die Provision auf 24 Kr. reduzirt resp. festgesetzt würde und wäre diese Bestimmung bei Erteilung der Conzession zu präcisiren.

Von welcher Wichtigkeit das Auswanderungsgeschäft für eine Ortschaft werden kann, giebt die Aufmerksamkeit, welche den Emmigranten in *Buchs* geschenkt wird, beredtes Zeugnis.

Warum gerade der Gefertigte sich zur Einholung dieses Conzession bewirbt, ist darauf hinzuführen, dass ich schon über See gewesen bin und längere Zeit in den vereinigten Staaten verweilte, was scheints von den Schiffgesellschaften von Bedeutung angesehen wird und auch in der Berechnung der Eisenbahnbillette in das Innere von Amerika mancher Irrtum vermieden wird, speciell im Interesse der Emmigranten.

Der Gefertigte sieht sich weiter veranlasst zu bemerken, dass die Einholung dieser Conzession absolut nichts mit dem Ablaufe der alten Gewerbeordnung[3] zu thun hat, d.h., dass man hier noch einen Vorteil erreichen wollte, der später fraglich würde.

Nur an Hand der Konzession ist es mir möglich, die notwendigen Verträge mit den Schiffsgesellschaften zu bewerkstelligen.

Als *Emigration-Bureau* wäre das nahe bei der Bahn gelegene Haus des Xander Risch, Maurermeister, in Aussicht genommen.

---

3   Vgl. die Gewerbeordnung vom 16.10.1865, LGBl. 1865 Nr. 9, bzw. das Gesetz vom 30.4.1910 betreffend Erlassung einer neuen Gewerbeordnung, LGBl. 1910 Nr. 3, welche am 1.1.1911 in Kraft trat.

Der ganze Zweck der Sache kurz zusammengefasst wäre die Gründung einer Konkurenz der schweizerischen General Agentur Büchel zum Arlberg in Buchs in der Ausführung, dass dem Gefertigten von der hohen *Regierung* bewilligt wird in *Schaan* ein *Internationales Reise-Bureau* zu errichten für *Spedition- Passage- u. Commission* inbegriffen das Recht erteilt wird, Schiffskarten nach allen überseeischen Staaten auszufertigen und das Verdienst pro Person 24 Kr. nicht übersteigen darf, und zwar als Alleinvertretung auf die Dauer von 5-10 Jahren je nach Ermessen einer hohen Regierung. Um die Alleinvertretung wird deshalb angesucht, weil es jedenfalls am besten ist, wenn der in Österreich übliche Modus aufrechterhalten wird und jede Schwierigkeiten verursachende Konkurenz ausgeschlossen bleibt.

Erlaube mir, dies durch ein Beispiel zu beleuchten:

Mit dem Tage der Eröffnung eines solchen *Bureaus* in *Schaan*, wird Büchel in Buchs irgend jemand ersuchen, die Conzession einzuholen und er führt das Geschäft. Die Folge würde sein, ein Vertreter in Schaan müsste die Preise unterbieten und die Leute in die Schweiz locken. Dasselbe würden dann alle in Östreich nicht conzessionirten Linien thun.

Dok. 26
Die liechtensteinische Regierung überträgt die Lebensmittelkontrolle im Fürstentum Liechtenstein der landwirtschaftlich-chemischen Versuchs- und Lebensmitteluntersuchungsanstalt des Landes Vorarlberg

Maschinenschriftlicher Vertrag zwischen dem Vorarlberger Landesausschuss, gez. Landeshauptmann Adolf Rhomberg, und der liechtensteinischen Regierung, gez. Landesverweser Karl von In der Maur[1]

9.12.1910, Bregenz / 13.12.1910, Vaduz

Übereinkommen
zwischen dem vorarlbergischen Landesausschusse[2] und der fürstlich liechtensteinischen Regierung betreffend die Lebensmittelkontrolle im Fürstentum Liechtenstein[3]

---

1   LI LA RE 1910/2281 ad 0473. Stempel des Vorarlberger Landesausschusses und der Regierung des Fürstentums Liechtenstein.
2   Der Landesausschuss war das Exekutivorgan des Vorarlberger Landtags mit dem Landeshauptmann an der Spitze. Der Ausschuss führte die autonome Landesverwaltung Vorarlbergs (1861-1918).
3   Landesverweser Karl von In der Maur hatte den Vorarlberger Landesausschuss mit Schreiben vom 28.4.1910 um Mitteilung ersucht, unter welchen Bedingungen ein Anschluss Liechtensteins an die Lebensmitteluntersuchungsanstalt in Bregenz möglich wäre (LI LA RE 1910/0777 ad 0473). Der Vorarlberger Landesausschuss begrüsste am 13.8.1910 prinzipiell das Zustandekommen eines Übereinkommens mit Liechtenstein. Es wurde jedoch hervorgehoben, dass ein derartiges Übereinkommen vorläufig nur provisorischen Charakter haben könne, da die Landesanstalt erst im Entwicklungsstadium stehe, weshalb sich der genaue Umfang ihrer Tätigkeit noch nicht genau überblicken lasse und daher dauernd unlösbare Verpflichtungen nicht eingegangen werden könnten (LI LA RE 1910/1503 ad 0473 (Aktenzeichen des Landesausschusses: Zl. 2280)). Die liechtensteinische Regierung erklärte am 21.10.1910 ihre Zustimmung zum übermittelten Vertragsentwurf und ersuchte um die Zusendung des unterfertigten Vertrages (LI LA RE 1910/1503 ad 0473).

Die fürstlich liechtensteinische Regierung verpflichtet sich, der Landes-Lebensmittel-Untersuchungsanstalt in Bregenz[4] für die von derselben durch jährlich dreimalige, sich auf das ganze Landesgebiet erstreckende, unangesagte Revisionen der Lebensmittel-Erzeugungs-, Verkaufs- und Aufbewahrungsstätten, sowie durch Untersuchung der hiebei entnommenen Proben zu besorgende Lebensmittelkontrolle, ferner für die Untersuchung von der fürstlichen Regierung etwa direkt eingesendeter Lebensmittel, sowie für die fachmännische Unterweisung der die Milchkontrolle besorgenden Gemeindeorgane den Betrag von *K 300.– Sage! Dreihundert Kronen* im Vorhinein zu bezahlen; ferner über Ersuchen des revidierenden Anstaltsbeamten zur Unterstützung desselben ein Polizei-Organ zur Verfügung zu stellen sowie die für die Anstalt kostenlose, ungesäumte Einsendung der bei den Revisionen entnommenen Proben an die Anstalt zu bewirken.

Für die entnommenen Proben ist auf Verlangen der Eigentümer seitens der fürstlich liechtensteinischen Regierung eine Entschädigung in der Höhe des üblichen Kaufpreises dann zu leisten, wenn auf Grund dieser Proben vom Gerichte weder eine bestimmte Person verurteilt, noch auf den Verfall der betreffenden Ware erkannt worden ist.

Eine eventuelle Lösung des Übereinkommens ist nur am Jahresschlusse zulässig, vorausgesetzt, dass die Kündigung bis zum 30. September des betreffenden Jahres erfolgte.[5]

---

4   Vgl. die Kundmachung der k.k. Statthalterei vom 14.10.1908, Zl. 52.581, betreffend die Statuten der landwirtschaftlich-chemischen Versuchs- und Lebensmitteluntersuchungsanstalt des Landes Vorarlberg in Bregenz, Gesetz- und Verordnungsblatt für die gefürstete Grafschaft Tirol und das Land Vorarlberg 1909 Nr. 102.

5   Der liechtensteinische Landtag nahm das vorliegende Übereinkommen in der öffentlichen Landtagssitzung vom 10.12.1910 zur Kenntnis (LI LA LTA 1910/S04/2). Mit Kundmachung vom 11.3.1911 unterrichtete Landesverweser Karl von In der Maur die liechtensteinische Bevölkerung über den Abschluss des Übereinkommens. Ing. Josef Maria Krasser, der Direktor der Lebensmitteluntersuchungsanstalt, sowie dessen Assistent Dr. Ignaz Greisenegger wurden ermächtigt und angewiesen, in allen Erzeugungs-, Verkaufs- und Aufbewahrungsstätten von Lebensmitteln in Liechtenstein unangesagte Revisionen vorzunehmen und gegen Ausfertigung einer Empfangsbestätigung nach freier Wahl Proben zum Zweck der Untersuchung zu entnehmen. Die Inhaber und Leiter der der Lebensmittelkontrolle unterstellten Betriebe wie etwa Gastwirte, Gemischtwarenhändler, Metzger, Bäcker, Weinhändler, Syphonerzeuger, Müller und Mehlhändler wurden darauf aufmerksam gemacht, dass bei sonstigen gesetzlichen Straffolgen die revidierenden Beamten nicht in ihren Amtshandlungen behindert werden durften und dass ihnen insbesondere nicht der Eintritt in die Geschäftslokale verweigert werden durfte (L.Vo., Nr. 11, 17.3.1911 («Kundmachung»)). Vgl. auch L.Vo., Nr. 10, 10.3.1911 («Zur Einführung der Lebensmittelkontrolle in Liechtenstein»). Vgl. weiters LI LA RE 1911/0173 sowie die Verordnung vom 27.6.1911 betreffend den Handel und Verkehr mit Lebensmitteln, LGBl. 1911 Nr. 3.

Dok. 27
Der Landtag formuliert seine Wünsche für den mit Österreich abzuschliessenden Postvertrag

Handschriftliches Protokoll der Landtagssitzung, gez. Schriftführer Alfons Feger und Landtagspräsident Albert Schädler[1]

10.12.1910

III. Zum 1. Punkt der Tagesordnung verliest der Präsident den folgenden Kommissionsantrag:[2] «Der Landtag nimmt mit Befriedigung zur Kenntnis, dass die fstl. Regierung nach den von ihr in der Finanzkommission erteilten Aufklärungen bereits die nötigen Schritte eingeleitet hat, um das Zustandekommen eines Postvertrages mit der k.k. österr. Regierung zu erwirken.

Bei diesem Anlasse ersucht der Landtag die fstl. Regierung, sich mit aller Tatkraft dahin zu verwenden, dass in dem Vertrage insbesondere folgende Grundsätze verwirklicht werden:
1. Es sollen die landesherrlichen Hoheitsrechte des Landesfürsten in ähnlicher Weise zum Ausdrucke gebracht und gewahrt werden, wie seinerzeit beim österr. liechtenst. Zoll- und Steuervereinsvertrage,[3] insbesonders in Bezug auf die Bezeichnung bestehender, auf die Errichtung neuer und auf die Auflassung alter Postämter und dgl., sowie auf die Anstellung, Beeidigung und Bezeichnung der Organe des Postdienstes im Fürstentum Liechtenstein.
2. Das Recht der fstl. Regierung, eigene Postwertzeichen unter öffentlicher, jeden Missbrauch ausschliessenden Kontrolle wo immer herstellen zu lassen, auszugeben und der österr. Postverwaltung zu liefern, sowie die Verpflichtung zur Verwendung liechtenst. Postwertzeichen in Liechtenstein soll ausdrücklich anerkannt werden.
3. Die dem k.k. österr. Postärar jährlich zu leistende Vergütung für Versehung des Postdienstes im Fürstent. Liechtenstein soll nach einem der Billigkeit entsprechenden Schlüssel unter Berücksichtigung des bisherigen durchschnittlichen Jahresaufwandes und der bisherigen durchschnittlichen Jahreseinnahmen ausgemittelt werden.

Falls es nicht möglich wäre, ein diesen Grundsätzen entsprechendes Abkommen zu treffen, wäre von liechtenstein. Seite die Übernahme des Postbetriebes in eigene Regie in Aussicht zu nehmen.»[4]

Zum Gegenstande spricht der H. Regierungskommissär [Karl von In der Maur]: Die fstl. Regierung werde bestrebt sein, diese höchst wichtige Frage im Interesse des Landes zu lösen; es sei bereits der Entwurf eines Vertrages[5] fertiggestellt und werde dem österr. Handelsministerium unterbreitet werden; der Reg. Kommissär begrüsst und befürwortet

---

1 LI LA LTA 1910/S04/2. Ebd. eine maschinenschriftliche Abschrift.
2 LI LA LTA 1910/L01, Tagesordnung für die Landtagssitzung vom 10. und 12.12.1910.
3 Vertrag zwischen Seiner Majestät dem Kaiser von Österreich und apostolischen König von Ungarn und Seiner Durchlaucht dem souverainen Fürsten von Liechtenstein über die Fortsetzung des durch den Vertrag vom 5. Juni 1852 gegründeten Österreichisch-Liechtenstein'schen Zoll- und Steuervereines vom 2.12.1876, LGBl. 1876 Nr. 3.
4 Der Beschluss wurde der Regierung mit Schreiben vom 10.12.1910 zur Kenntnis gebracht (LI LA LTA 1910/L12, Landtagspräsidium an Regierung, 10.12.1910).
5 LI LA SF 03/1910/16/2242 ad 418, Vertragsentwurf der Regierung, o.D. (vor 6.12.1910).

den Kommissionsantrag und erwartet, ohne aber Prophet sein zu wollen, einen günstigen Erfolg.

Der Herr Präsident dankt vorab dem H. Regierungschef, dass er sich dieser Angelegenheit, die ein gründliches Studium erforderte, so energisch angenommen habe; diese Frage, deren Lösung sich nicht aus dem Ärmel schütteln lasse, schwebe seit einigen Jahren[6] und es sei Hoffnung vorhanden, das gewünschte Ziel zu erreichen; es handle sich nicht so sehr um den allenfalls zu erwartenden finanziellen Vorteil, sondern in erster Linie um die noch nicht allgemein gekannte Selbständigkeit unseres Landes, die auch von den Fürsten, wie der geschichtliche Überblick in der Tagesordnung der heutigen Sitzung nachweise,[7] stets betont und gewahrt wurde; eine Nachsicht in Fragen unserer Selbständigkeit könnte der Anfang vom Ende unseres Bestandes sein; was Italien der Republik S. Marino[8] und Frankreich dem Fürstent. Monaco[9] zugestehe, werde uns Österreich, mit dem wir seit 60 Jahren in verschiedenen befreundeten Vertragsverhältnissen stehen, nicht vorenthalten, widrigenfalls die Übernahme des Postbetriebes in eigene Regie angestrebt werden müsste.

Der Kommissionsantrag wird einstimmig angenommen.

Dok. 28
Die liechtensteinische Regierung schliesst mit der Heil- und Pflegeanstalt St. Pirminsberg einen Vertrag ab über die Unterbringung von liechtensteinischen Geisteskranken

Mitteilung der Regierung im «Liechtensteiner Volksblatt», nicht gez.[1]

14.4.1911

Irrenfürsorge

Zwischen der Aufsichtskommission der Heil- und Pflegeanstalt St. Pirminsberg und der fstl. Regierung wurde eine Vereinbarung getroffen, wonach diese Anstalt sich verpflichtet, vom 1. Mai 1911 an ein Maximum von fünf Geisteskranken aus dem Fürstentum

---

6 Der Landtag hatte bereits 1905 den Abschluss eines Postvertrags gefordert (LI LA LTA 1905/L14, Landtagspräsidium an Regierung, 5.12.1905).

7 LI LA LTA 1910/L01, Tagesordnung für die Landtagssitzung vom 10. und 12.12.1910. Zur Entwicklung des Postwesens vgl. auch LI LA LTA 1910/L12, Promemoria der Regierung, o.D. (31.10.1910).

8 Italien und San Marino hatten am 20.11.1895 einen Postvertrag abgeschlossen, von dem die Hofkanzlei eine beglaubigte Übersetzung anfertigen liess (LI LA SF 03/1910/16/2098 ad 418, Hermann von Hampe an Karl von In der Maur, 19.11.1910).

9 Die Convention de voisinage zwischen Frankreich und Monaco vom 9.11.1865 enthielt auch Bestimmungen zum Postverkehr. Der Hofkanzlei gelang es nach längeren Bemühungen, eine Abschrift zuhanden der Regierung zu beschaffen (LI LA SF 03/1910/16/2165 ad 418, Hampe an In der Maur, 26.11.1910; LI LA SF 03/1911/17/0207 ad 65, Hampe an In der Maur, 13.1.1911; vgl. auch LI LA SF 03/1911/17/0390 ad 65, Hampe an In der Maur, 16.2.1911).

1 L.Vo., Nr. 15, 14.4.1911, S. 1. Wortlaut des Vertrags vom 4.4./29.5.1911 zwischen dem Departement des Innern des Kantons St. Gallen und der Regierung des Fürstentums Liechtenstein über die Aufnahme von Patienten aus Liechtenstein in der Heil- und Pflegeanstalt St. Pirminsberg siehe www.e-archiv.li, Historische Rechtsquellen.

Liechtenstein in ihre Obhut und Pflege zu übernehmen und für Kranke, die ganz oder teilweise auf Kosten des Staates bezw. der betreffenden Gemeinden verpflegt werden, in der Regel eine ermässigte Taxe von zwei Franken fünfzig Rappen per Tag und Person zu übernehmen. Beim Eintritt eines Kranken ist ein amtlicher Gutschein nebst Vermögensausweis, sowie eine amtliche Erklärung darüber beizubringen, ob und in welchem Umfange der betreffende Patient auf Kosten der fürstl. liechtenst. Regierung oder einer Gemeindearmenpflege versorgt wird. Das Übereinkommen wurde auf unbestimmte Zeit mit gegenseitiger halbjähriger Kündigung abgeschlossen.

Dok. 29
Liechtenstein besteht gegenüber Österreich auf dem Recht, eigene Briefmarken auszugeben

Maschinenschriftliche Kopie eines Schreibens von Hermann von Hampe, Leiter der Hofkanzlei, und Landesverweser Karl von In der Maur, gez. dies., an die österreichische Regierung[1]

2.6.1911, Wien

Obgleich wir mit Dank anerkennen, dass die hohe Regierung uns durch die in der hochgeehrten Zuschrift vom 6.V. l.J., 10297/P,[2] und in dem mitgeteilten Vertragsentwurfe[3] gemachten Vorschläge in wichtigen Belangen ein wohlwollendes Entgegenkommen gezeigt hat, so müssen wir doch gegenüber dem Beschlusse des Landtages des Fürstentumes[4] auf der Einführung selbständiger Postwertzeichen beharren und zu unserem Leidwesen erklären, dass wir in den gemachten Vorschlägen die Grundlage für einen Vertragsabschluss noch nicht gewonnen haben.

Wir möchten deshalb bitten, nochmals einen ernstlichen Versuch zu machen, die Schwierigkeiten, welche sich unserem hauptsächlichen Wunsche und Begehren entgegenstellen, zu beseitigen.

Vor Allem müssen wir konstatieren, dass die Möglichkeit, unsere Wünsche zu erfüllen, tatsächlich vorhanden ist und nicht in Zweifel gezogen werden kann.

Dasjenige, was die französische Republik dem Fürstentume Monaco[5] und das Königreich Italien der Republik San Marino[6] zugestanden haben und vermitteln durften, könnte auch die hohe Regierung dem Fürstentume Liechtenstein zugestehen und vermitteln, ohne ihrem Ansehen etwas zu vergeben.

---

1   LI LA SF 03/1911/17/1302 ad 65 (Aktenzeichen: Z. 7282). Eingangsstempel der liechtensteinischen Regierung vom 10.6.1911. Auf der Rückseite des Bogens handschriftlicher Vermerk von In der Maur vom 10.6.1911: «Das Originale dieses Schriftstückes ist bei der am 2. d.M. im Handelsministerium abgehaltenen Sitzung dem Generalpostdirektor Sektionschef v. Wagner [Friedrich Wagner von Jauregg] persönlich übergeben worden.» Eine weitere Kopie des Schreibens als Beilage zum Protokoll der Verhandlungen vom 2.6.1911 im Handelsministerium (LI LA RE 1911/0065).
2   Nicht aufgefunden.
3   Nicht aufgefunden.
4   LI LA LTA 1910/S04/2, Protokoll der Landtagssitzung vom 10.12.1910. Vgl. auch LI LA SF 03/17/1911/1140 ad 65, Landesausschuss an Regierung, 17.5.1911.
5   Monaco gibt seit 1885 eigene Briefmarken heraus.
6   San Marino gibt seit 1877 eigene Briefmarken heraus.

Für die hohe Regierung handelt es sich keineswegs um ein unbesiegbares Hindernis, wohl aber um lästige Weiterungen, Zeitaufwand und Kosten verursachende Verrechnungs-Schwierigkeiten und vielleicht in erster Linie *um die Befürchtung*, dass ein ärgerniserregender Abusus bei den Operationen mit den Wertzeichen stattfinden könnte.

Für das Fürstentum Liechtenstein handelt es sich dagegen darum, seine im Postverkehr zwar stets aktenmässig betonte, aber niemals betätigte Souverainität zum allgemein erkennbaren Ausdruck zu bringen.

Nachdem sich die Landesvertretung mit Einhelligkeit für dieses Postulat erhoben hat, lässt sich dieselbe mit einer gewohnheitsmässigen Verwahrungserklärung in den Akten nicht mehr abtun.

Es lässt sich auch nicht verkennen, dass die Wahrung dieses Standpunktes in dem vorliegenden Falle für das Fürstentum nicht ohne Wichtigkeit ist.

Der Hinweis in der hochgeehrten Zuschrift dieses hohen Ministeriums, dass auch Monaco und San Marino nicht selbständige Mitglieder des Weltpostverkehres[7] sind und dass das Grossherzogtum Luxemburg der kleinste Staat ist, welcher dem Weltpostverkehre als selbständiges Mitglied angehört, enthielt eine von uns nicht verschuldete Zurückweisung, denn wir haben uns um Vermittlung der selbständigen Mitgliedschaft im Weltpostverkehre nicht beworben.

Wohl aber besitzen sowohl Monaco als San Marino ihre selbständigen Postwertzeichen und sind damit im Weltpostverkehr als souveräne Staaten für jedermann erkennbar gemacht und es wäre eine bedauerliche Vernachlässigung unserer Pflichten, wenn wir in dem vorliegenden Falle nicht die gleiche Stellung im Weltpostverkehre, welche Monaco und San Marino besitzen, für das Fürstentum Liechtenstein in Anspruch nehmen würden.

Hieraus ergiebt sich, dass das Interesse des Fürstentumes Liechtenstein, an der Forderung der selbständigen Postwertzeichen festzuhalten, ein weit grösseres, intensiveres und kategorisch höher stehendes ist, als das Interesse der hohen Regierung, ihre Mitwirkung zum Abschlusse des Postvertrages von dem Verzichte auf die selbständigen Postwertzeichen abhängig zu machen.

Damit glauben wir unser Beharren auf dem diesfalls gestellten Ansprüche gerechtfertigt und als ein legitimes gekennzeichnet zu haben.

Was die Schwierigkeiten betrifft, welche sich der Erfüllung unseres Ansuchens auf Seiten der hohen Regierung entgegenstellen, so hoffen wir, dass sich dieselben durch beiderseitiges Zutun beseitigen oder doch auf ein erträgliches Mass werden abschwächen lassen.

Wir sind bereit, zu diesem Behufe die Partizipation an dem Mehrertrage aus der Verwertung der Postwertzeichen, eine Festsetzung der Grundsätze für die Emittierung derselben, die Vereinfachung der Verrechnung durch Pauschalierung und Revision derselben im Sinne der von der hohen Regierung gemachten Vorschläge, endlich, falls dies gewünscht wird, für die nächsten Jahre die Ausführung der Wertzeichen durch die k.k. Staatsdruckerei in Vorschlag zu bringen.

---

7   Gemeint ist der Weltpostverein.

Dok. 30
Das «Liechtensteiner Volksblatt» berichtet, dass die Schlossbaukommission die fast abgeschlossenen Restaurationsarbeiten am Schloss Vaduz inspiziert hat

Artikel im «Liechtensteiner Volksblatt», nicht gez.[1]

13.10.1911

Schlossbauinspektion.
Seine Durchlaucht Fürst Franz von und zu Liechtenstein, k. k. Botschafter a. D., sowie Seine Exzellenz Graf Hans Wilczek sind, von mehreren illustren Gästen begleitet, am 7. d. M. in Vaduz eingetroffen, woselbst sie[2] unter Führung des Herrn Hofrates und Universitätsprofessors [Franz] v. Wieser, Vorstandes des Museums Ferdinandeum in Innsbruck, und unter Teilnahme der Herren fürstl. Kabinettsrat [Karl] v. In der Maur, fürstl. Oberingenieur [Gabriel] Hiener, Baumeister [Alois] Gstrein und Maler [Anton] Frank die nunmehr fast vollendeten Restaurationsarbeiten im Schlosse Vaduz eingehend inspizierten und bezüglich der Fertigstellung der noch ausstehenden Arbeiten sowie hinsichtlich Einrichtung der innern Schlossräume eine Reihe von Vorschlägen machten. Auch die Ausgabe eines womöglich illustrierten Führers durch das Schloss wurde angeregt und wird eingeleitet werden. Am 7. abends fand im fürstlichen Absteigequartier ein von der Gastwirtschaft zum Löwen beigestelltes Diner zu 15 Gedecken statt, zu dem ausser den hiesigen Mitgliedern der Schlossbaukommission auch der bischöfliche Landesvikar, Herr Kanonikus [Johann Baptist] Büchel, der Vorsitzende des Landesausschusses Herr Sanitätsrat Dr. A. [Albert] Schädler, der Vorstand des fürstl. Landgerichtes Herr k. k. Landesgerichtsrat [Heinrich] Schöpf, Herr Pfarrer [Johannes] De Florin und Herr Forstverwalter [Julius] Hartmann mit Einladungen beehrt worden waren. Während des Diners hielt Seine Exzellenz Graf Wilczek in der ihm eigenen liebenswürdigen Art eine Anrede an den durchlauchtigsten Prinzen, worauf dieser in treffender Weise erwiderte, indem er die Verdienste Seiner Exzellenz und des Herrn Hofrates v. Wieser um die Schlossrestaurierung besonders hervorhob. Herr Kabinettsrat v. In der Maur erinnerte sodann in kurzer Ansprache daran, dass am nächsten Tage der Geburtstag unseres allgeliebten Landesfürsten [Johann II.] in sämtlichen Gemeinden Liechtensteins feierlich begangen werde, gedachte der vielen Gnadenbeweise, die das Land und eine grosse Anzahl von einzelnen Personen von Seiner Durchlaucht erfahren hatte und brachte ein dreifaches Hoch auf den Landesfürsten aus. Die Vaduzer Harmoniemusik trug während des Diners verschiedene Weisen gelungen vor. Am 8. d. M. wurde für die hohen Herrschaften in der stilvoll restaurierten Schlosskapelle eine Messe durch Herrn Kanonikus Büchel zelebriert. Am Nachmittage des nämlichen Tages verliessen die Herrschaften Vaduz.

---

1 L.Vo., Nr. 41, 13.10.1911, S. 1.
2 Im Original: «sich».

Dok. 31
Gewerbeinspektor Franz Eberl beantragt bei der Regierung den Beitritt Liechtensteins zum Berner Übereinkommen vom 26.9.1906 betreffend das Verbot der Nachtarbeit der in der Industrie beschäftigten Frauen

Maschinenschriftliches Schreiben von Gewerbeinspektor Franz Eberl, gez. ders., an die Regierung[1]

10.6.1912, Bregenz

Wird der fürstlichen Regierung in *Vaduz* mit dem Berichte wieder[2] unterbreitet, dass das internationale Übereinkommen vom 26. September 1906 betreffend das Verbot der Nachtarbeit der in der Industrie beschäftigten Frauen von den Staaten Deutschland, Österreich-Ungarn, Belgien, Dänemark, Spanien, Frankreich, Grossbritannien [!] und Irland einschliesslich der britischen überseeischen Besitzungen, Italien, Luxemburg, Niederlande, Portugal, Schweden und Schweiz abgeschlossen wurde. Österreich hat auf Grund dieses Übereinkommens[3] das beiliegende, am 1. August 1911 in Kraft getretene Gesetz vom 21. Februar 1911, R.G.Bl. No. 65,[4] erlassen.

Nach diesem Gesetze muss in allen gewerblichen Betrieben (ausgenommen das Gastgewerbe, die Molkereien und die Unternehmungen zur Erzeugung von Lebensmittelkonserven) mit mehr als 10 Arbeitskräften die ununterbrochene Nachtruhe der weiblichen Hilfsarbeiter mindestens 11 Stunden betragen und darf eine Verwendung dieser Hilfsarbeiter in der Zeit von 8 Uhr abends bis 5 Uhr morgens nicht stattfinden. Es ist also nicht bloss die Nachtarbeit verboten, sondern auch das Ausmass der Nachtruhe festgesetzt und damit auch die Überzeitarbeit der weiblichen Arbeiter besonders geregelt.

Obwohl in der Industrie des Fürstentums Liechtenstein derzeit weder Nachtarbeit üblich, noch auch die Arbeitszeit so bemessen ist, dass die Nachtruhe der weiblichen Hilfsarbeiter weniger als 11 Stunden betragen würde, so beehrt sich der Gefertigte trotzdem zu beantragen, dem eingangs erwähnten internationalen Übereinkommen beizutreten, um hinsichtlich der Frauenarbeit die gleichen Verhältnisse zu schaffen wie in den angrenzenden Staaten.

Schliesslich erlaubt sich der Gefertigte zu bemerken, dass er bereits die Absicht hatte, die hohe Regierung auf dieses internationale Übereinkommen besonders aufmerksam zu machen und die Erlassung eines diesbezüglichen Gesetzes anzuregen.[5]

Für den Gewerbe-Aufsichtsdienst:

---

1 LI LA RE 1912/1374. Aktenzeichen des Gewerbe-Aufsichtsdienstes im Fürstentum Liechtenstein: Zahl 23. Die Anfrage der Regierung war in Bregenz am 10.6.1912 eingelangt.
2 Mit Schreiben vom 21.5.1912 hatte die Internationale Vereinigung für gesetzlichen Arbeiterschutz in Basel (Generalsekretär Stephan Bauer) bei Landesverweser Karl von In der Maur angefragt, ob nicht der Beitritt des Fürstentums zum Berner Übereinkommen vom 26.9.1906 betreffend das Verbot der Frauennachtarbeit in der Industrie «durchführbar» wäre (ebd.). Der Landesverweser hatte daraufhin am 9.6.1912 Ing. Eberl in Bregenz vom Gewerbe-Aufsichtsdienst im Fürstentum Liechtenstein bzw. vom k.k. Gewerbeinspektorat für Vorarlberg um Äusserung gebeten, ob sich der Beitritt Liechtensteins besonders empfehlen würde oder ob hievon mit Rücksicht darauf, dass «hierlands in der Industrie Frauennachtarbeit sozusagen gar nicht vorkommt», abzusehen wäre (ebd.).
3 Vgl. öst. RGBl. 1911 Nr. 64.
4 Vgl. das Gesetz vom 21.2.1911 betreffend das Verbot der Nachtarbeit der Frauen in industriellen Unternehmungen, öst. RGBl. 1911 Nr. 65.
5 Die Angelegenheit wurde vom Landesverweser am 20.6.1912 vorläufig ad acta gelegt.

Dok. 32
Zur Feier des zweihundertjährigen Überganges der Grafschaft Vaduz an das liechtensteinische Fürstenhaus wird ein Landesfest veranstaltet

Bericht im «Liechtensteiner Volksblatt»[1]

19.7.1912

Zweihundertjahrfeier[2]
Vom herrlichsten Wetter begünstigt wurde Sonntag den 14. Juli unser durch die Ungunst der Witterung verschobenes Landesfest gefeiert.[3] Am Festzug, den ein Herold mit der Landesfahne eröffnete, nahmen die Darsteller des Festspieles (über 100 Personen) in prächtigen Kostümen sowie sämtliche Gesang- und Musikvereine des Landes mit ihren Fahnen unter Vorantritt der Veteranen teil.[4]

Der Zug defilierte vor dem Regierungsgebäude, auf dessen Balkon der fürstliche Landesverweser Herr Kabinettsrat [Karl] v. in der Maur mit mehreren Honoratioren sich eingefunden hatte; die zwölf schmucken Vereinsbanner sowie die 5 alten Landesfahnen gaben ihren Salut. Unter den Klängen von 7 Harmoniemusiken bewegte sich der Festzug[5] durch den hübsch geschmückten Ort Vaduz auf den wahrhaft idyllisch gelegenen Festplatz in der Quadretscha nördlich vom Schlosse Vaduz, wo sich Tausende (man schätzte 6000 bis 7000) von Festgästen aus dem Lande, der benachbarten Schweiz und aus Vorarlberg eingefunden hatten. Die oberländischen Männerchöre brachten das von Herrn Landesvikar Kanonikus [Johann Baptist] Büchel gedichtete und von Hr. Chordirektor [Felix] Kircher komponierte, mächtig wirkende Weihelied unter Begleitung der Harmoniemusik Vaduz zum Vortrage. Sofort begann die Aufführung des von Hr. Schulkommissär Kanonikus Büchel verfassten Festspiels – der Glanzpunkt der ganzen Feier.[6]

---

1 L.Vo., Nr. 29, 19.7.1912, S. 1-2. Vgl. L.Vo., Nr. 23, 7.6.1912, S. 1 («Jahrhundertfeier»); L.Vo., Nr. 24, 14.6.1912, S. 1 («Jahrhundertfeier»); L.Vo., Nr. 26, 28.6.1912, S. 1 («Zur Jahrhundertfeier»); L.Vo., Nr. 27, 5.7.1912, S. 1 («Zur Jahrhundertfeier»); L.Vo., 28, 12.7.1912, S. 1 («Zweihundertjahrfeier») sowie L.Vo., Nr. 30, S. 1 («Unser Landesverweser»). Vgl. auch LI LA RE 1912/0042.
2 Der Kaufvertrag für die Grafschaft Vaduz war am 22.2.1712 unterzeichnet und von Kaiser Karl VI. am 7.3.1712 bestätigt worden.
3 Die Feierlichkeiten waren zunächst auf den 30.6.1912, dann auf den 7.7. und schliesslich auf den 14.7. festgesetzt worden. Am 30.6.1912 fand dann aber lediglich die Hauptprobe statt. Am 7.7.1912 hielt der Churer Diözesanbischof Georg Schmid von Grüneck ein feierliches Pontifikalamt in der Pfarrkirche zu Vaduz ab.
4 Das gedrucktem Festprogramm findet sich unter LI LA RE 1912/ad 0042, weiters in: L.Vo., Nr. 26, 28.6.1912, Beilage («Zweihundertjahrfeier des Überganges der Grafschaft Vaduz an das fürstliche Haus Liechtenstein»).
5 Die Reihenfolge im Festzug war folgendermassen festgelegt worden (vgl. L.Vo., Nr. 27, 5.7.1912, S. 1 («Zur Jahrhundertfeier»)): Herold mit Landesfahne, Harmoniemusik Vaduz, Veteranenverein, Männerchor und Sängerbund Balzers, Männerchor Eschen, Kirchenchor Gamprin, Harmoniemusik Balzers, Männerchor und Kirchenchor Mauren, Männerchor Nendeln, Männerchor Schaan, Harmoniemusik Gamprin, Männerchor Schellenberg, Männerchor Triesen, Männerchor Triesenberg, Sängerbund Vaduz, Harmoniemusik Mauren, Harmoniemusik Triesen, Historischer Festzug, Harmoniemusik Triesenberg und Harmoniemusik Schaan.
6 Gedruckter Text unter LI LA RE 1912/0042: Bilder aus der Geschichte dramatisch vorgeführt am Jubiläums-Feste zur 200. Wiederkehr des Jahrestages der Übergabe der Grafschaft Vaduz an das fürstliche Haus Liechtenstein. 1712-1912. Verfasst von Joh. Bapt. Büchel.

Reizend waren die Bilder in der Bauernhochzeit: Der Reigen, aufgeführt von Zöglingen aus dem Institut Gutenberg, das Waffenspiel der Landesschüler und der Sechsertanz. Imposant wirkte der dritte Akt, in welchem die ernsten Gestalten der Richter zu einer Gerichtssitzung auftraten. Tiefen Eindruck machten der Abschied der gräflichen Familie und die Huldigung vor dem mit Blumen und Kränzen geschmückten Bilde des Fürsten Johann Adam [I. Andreas], welches Bild von einem hierortigen, künstlerisch veranlagten jungen Manne nach einem im hiesigen Regierungsgebäude befindlichen Gemälde angefertigt wurde.

Die sehr gelungene, von den Zuschauern reichlich applaudierte Darstellung des trefflich abgefassten Festtextes, die farbenprächtigen Kostüme, der in der Waldwiese herrlich eingebettete Festplatz mit dem Ausblick auf das Schloss und das Rheintal stimmten die Festfreude höher. Es war ein erhebender Anblick, als sämtliche Darsteller des Festspieles auf der sehr schön gebauten Bühne und alle Vereine mit ihren Fahnen vor derselben Aufstellung nahmen, um die hier folgende Rede des H. Landtagspräsidenten Sanitätsrates Dr. A. [Albert] Schädler zu vernehmen:

«200 Jahre sind vorüber, seitdem die Grafschaft Vaduz ihrem ersten Fürsten Johann Adam von Liechtenstein huldigte und sich nach kurzer Trennung wieder mit der Herrschaft Schellenberg vereinigte. [7]

Das farbenprächtige und unserer alemannischen Volksart so trefflich angepasste Festspiel, das wir heute gesehen haben, entrollte uns getreue und eindrucksvolle Bilder aus dieser alten Zeit und machte uns mit den damaligen Vorkommnissen und Volksbräuchen bekannt. Dabei erfuhren wir auch, wie unsere Vorfahren durch Willkürakte und die Schuldenwirtschaft der letzten Grafen von Hohenems schwer bedrängt wurde, aber in ehrenhafter Weise und mit Mannesmut für ihre Rechte und Freiheiten eingetreten sind. Die Schulden der Hohenemser wurden für uns durch die Fügung der Vorsehung eine glückliche Schuld, eine felix culpa, denn durch sie kamen wir an das neue bessere Herrscherhaus. Unter dem Szepter der Liechtensteine waren zunächst noch verschiedene Anstände mit den Gemeinden und der Geistlichkeit zu beheben, aber der Übergang an das fürstliche Haus Liechtenstein erwies sich in der Folge immer mehr als ein Glück für unser Land. Freilich blieben auch schwere Schicksalsschläge nicht aus. So besonders die bösen Franzosenkriege. Die Kriegserlittenheiten, welche unser kleines Gebiet in den Jahren 1794 bis 1802 zu tragen hatte, beliefen sich nach der damaligen amtlichen Schätzung auf nahezu eine Million Gulden. Die Nachwehen dieser Kriege, dann die politische Neuorganisation, welche im Anfange des letzten Jahrhunderts das altehrwürdige Landammannamt und damit auch manche Freiheiten beseitigte, Fehljahre und vor allem die durch allseitige Zollschranken verursachte Verkehrsabgeschlossenheit unseres Landes liessen in der ersten Hälfte des vorigen Jahrhunderts ein gedeihliches Leben nicht aufkommen. Es war eine Zeit des Niederganges.

Erst mit der Gründung der Verfassung im Jahre 1862,[8] *welche die in alten Zeiten bestandene Mitwirkung des Volkes in moderner und zeitgemässer Form erneuerte, setzte ein anhaltendes Emporblühen unseres Landes wieder ein. In wenigen Wochen werden es 50 Jahre, dass unser jetziger Fürst sein Land mit dieser freiheitlichen Verfassung beglückte. Wir feiern daher mit dem Zweihundertjahrfeste zugleich unser 50 jähriges Verfassungsjubiläum.*

---

7   Fürst Johann Adam I. Andreas hatte am 18.1.1699 den Kaufvertrag für die Reichsherrschaft Schellenberg unterzeichnet.
8   Liechtensteinische Verfassung vom 26.9.1862 (LI LA SgRV 1862/5).

Gewiss ein doppelt denkwürdiges Fest!

Wir haben alle Ursache, uns besonders an dem Werdegang unseres Landes in den letzten 50 Jahren zu freuen. In dieser Zeit wurden auf fast allen Gebieten bedeutsame Fortschritte gemacht und es ist in dieser kurzen Zeit zur Hebung des Volkswohles mehr geschehen als früher in einem Zeiträume von 2 bis 3 Jahrhunderten.

Wir könnten also mit unserer Jetztzeit zufrieden sein und brauchen uns nicht zurückzusehnen nach den sogenannten guten alten Zeiten, von denen einer richtig sagte, das beste an ihnen sei, dass sie vorüber seien.

Ganz zufrieden sind wir nun natürlich nicht, weil uns noch das und jenes fehlt und weil es eben keinen Himmel auf Erden gibt. Sonderbarer Weise tritt die Unzufriedenheit bei Steigerung des Volkswohlstandes und der Gesamtkultur fast lauter auf als in schweren Zeiten. Eine Beleuchtung des Dichterwortes: «Nichts ist schwerer zu ertragen als eine Reihe von guten Tagen.» Und so hören wir auch bei uns den einen oder andern klagen und nörgeln, weil ihn da und dort der Schuh ein bisschen drückt. Aber wie war das früher? Da drückte der Schuh recht oft hinten und vornen und an allen Seiten, ja da hatte mancher gar keine Schuhe mehr. Da gab es nicht nur Teuerungszeiten wie jetzt, sondern wirkliche Hungersnöte; da gab es Krieg, auch die bösen napoleonischen Kriege und als diese endlich dem Frieden wichen, lag unser Land da wie eine ausgepresste Zitrone. Jahrzehnten grosser Verarmung folgten endlich bessere Zeiten, die aber erst in den letzten 50 Jahren zu einer fortschreitenden Gesundung unserer Verhältnisse führten. Wir haben daher in der Jetztzeit wenig Ursache zu klagen und zu nörgeln, sondern vielmehr Veranlassung uns zu freuen und in freudigem Patriotismus als Männer der Tat – nicht als Klagemänner – mitzuarbeiten an dem ferneren Gedeihen unseres lieben Vaterlandes.

Liebe Landsleute! Das erfreuliche Emporblühen unseres Landes verdanken wir der emsigen und nachhaltigen Arbeit unserer Regierung und der zu ihrer Mitwirkung berufenen Organe des Landes und der Gemeinden. Vor allem sind wir aber zu Dank verpflichtet unserem geliebten Landesfürsten [Johann II.], der uns vor 50 Jahren die Verfassung gab und damit den Grund legte zu unserer gedeihlichen Entwicklung. Unser Fürst ist es auch, der in landesväterlicher Fürsorge das Zustandekommen gemeinnütziger Einrichtungen förderte und durch seine hochherzige Wohltätigkeit so vieles ermöglichte, was dem Lande und den Gemeinden zur bleibenden Zierde gereicht. Auch er ist es, der das vielhundertjährige Wahrzeichen des Landes, das Schloss Vaduz, unter der Leitung hervorragender Kenner des Burgenbaues wiederherstellte und zu einer Sehenswürdigkeit ersten Ranges gestaltete.

Als vor 200 Jahren unsere Altvordern dem ersten Fürsten von Liechtenstein huldigten, taten sie es in der Hoffnung, nun besseren Zeiten entgegenzugehen. Diese Hoffnung hat sich erfüllt und ganz besonders und wie nie zuvor unter der segensreichen Regierung unseres jetzigen Fürsten. Ihm lasst uns daher heute in feierlicher Weise huldigen.

Möge der liebe Gott, der die Geschicke der Fürsten und Völker leitet, unseren Fürsten noch lange in rüstiger Gesundheit zum Wohle seiner Untertanen erhalten, möge unser Land für alle Zukunft unter dem Szepter der Liechtensteine bleiben und in seiner Selbständigkeit und friedlichen Eigenart fortblühen bis in die fernsten Zeiten. Wir aber wollen mit einem jubelnden Hoch den Schwur unserer unentwegten Treue und innigen Dankbarkeit erneuern. Darum liebe Landsleute ruft mit mir, auf dass es laut in den Bergen und im Tale widerhalle, unser allgeliebte Landesvater Seine Durchlaucht Fürst Johann II. er lebe Hoch!»

Ein weihevoller Akt war es, als tausende von Händen sich erhoben, um dem allgeliebten Landesvater Fürst Johann II. die Huldigung darzubringen und mächtig und aus vollem Herzen erscholl es unter Böllerknall zu Berg und Tal: «Hoch leb' der Fürst vom Land!»

An Seine Durchlaucht wurde folgende Huldigungs-Depesche abgesandt:[9]
»Anlässlich der heutigen Zweihundertjahrfeier des Überganges der Grafschaft Vaduz an das fürstliche Haus Liechtenstein und des 50jährigen Bestandes der Verfassung erneuern wir nach dem soeben ausgebrachten jubelnden Hoch den Schwur unserer unentwegten Treue und innigen Dankbarkeit. Möge der liebe Gott Eure Durchlaucht noch viele Jahre in rüstiger Gesundheit zum Wohle seiner Untertanen erhalten und möge unser Land für alle Zukunft unter dem Scepter der Liechtensteine bleiben und in seiner jetzigen Selbständigkeit und friedlichen Eigenart fortblühen bis in die fernsten Zeiten. Hoch unser Fürst!
Das treu ergebene, heute zu Tausenden versammelte Volk Liechtensteins.«

Die hierauf an den Herrn fstl. Kabinettsrat v. In der Maur gelangte telegraphische Antwort Seiner Durchlaucht unseres Landesfürsten hat folgenden Wortlaut:[10]
«Ich habe mit grosser Freude und Rührung von der loyalen Kundgebung aus Anlass der Erinnerungsfeier des vor 200 Jahren erfolgten Überganges der Grafschaft Vaduz an Mein fürstliches Haus Kenntnis genommen und entbiete Meinem treuen Lande u. seinen biedern Bewohnern, die Meinem väterlich besorgten Herzen so nahe stehen, nebst Meinen besten Grüssen die aufrichtigsten Wünsche für ferneres Gedeihen und für eine glückliche Zukunft. Ich beauftrage Sie, dies öffentlich zu verlautbaren.
Schloss Liechtenstein, 14. Juli 1912
Johannes Fürst von Liechtenstein»

Infolge der durch den Herrn fstl. Kabinettsrat weiterhin telegraphisch erstatteten Anzeige über den glücklichen Verlauf der Feier haben Seine Durchlaucht telegraphisch der Freude über das Gelingen des Festes Ausdruck zu geben geruht, und gleichzeitig das Bedauern ausgesprochen, dass wegen eingetretener besonderer Umstände die Anwesenheit von Angehörigen der fürstlichen Familie beim Feste am 14. Juli nicht möglich war.[11] – Auch der hochwürdigste Herr Diözesanbischof [Georg Schmid von Grüneck], der gleich den vier durchlauchtigsten Prinzen des fürstlichen Hauses am 7. d. M.[12] hier weilte, hat sich brieflich in ähnlichem Sinne geäussert. – [13]

Während des Festspieles drohte ein Gewitter, weshalb die programmgemässe Pause nicht eingehalten wurde. Nach dem offiziellen Teile entwickelte sich ein fröhliches Festleben, unterstützt durch Gesang- und Musikvorträge der einzelnen Vereine und durch den Vortrag des «Sennen Ave».

Mit dem Abbrennen eines hübschen Feuerwerkes schloss die erhebende Feier des für das Fürstentum Liechtenstein denkwürdigen Tages.

---

9 Vgl. das am 14.7.1912 von Landesverweser In der Maur nach Wien abgesendete Telegramm mit Aufgabeschein unter LI LA RE 1912/0042.
10 Vgl. das am 14.7. verfasste und am 15.7.1912 abgegebene Antworttelegramm von Fürst Johann II. an Landesverweser In der Maur unter LI LA RE 1912/0042.
11 Vgl. das Telegramm von Fürst Johann II. an Landesverweser Karl von In der Maur vom 16.7.1912 unter LI LA RE 1912/0042.
12 Es waren dies Prinz Eduard mit seinen Söhnen Ferdinand und Johannes sowie Prinz Karl. Die Korrespondenz dazu findet sich unter LI LA RE 1912/0042 (I.).
13 Dokument nicht aufgefunden.

Dem Festspielleiter, den Festspieldarstellern, dem Festausschuss, der keine Mühe scheute, die Feier würdig zu gestalten – Allen, welche zum schönen Verlaufe des Festes beigetragen haben, gebührt öffentlicher Dank.[14]

Dok. 33
Die «Fürst Johannes Jubiläumskirche», die neue Pfarrkirche von Balzers, wird mit einem Festakt eingeweiht

Bericht im «Liechtensteiner Volksblatt», nicht gez.[1]

12.11.1912

Einweihung der neuen Fürst-Johannes-Jubiläumskirche in Balzers.

Heute, am 12. November, als den 54. Jahrestag des Regierungsantrittes S. Durchlaucht fand die feierliche Konsekration der Fürst Johann-Jubiläumskirche, unserer Pfarrkirche, durch unseren Hochw. Herrn Diözesanbischof [Georg Schmid von Grüneck] statt. Trotz des sehr unfreundlichen Wetters hatte sich die Bevölkerung unserer Gemeinde vollzählig eingefunden und die düstern Wolken und die Schneeflocken vermochten die freudige Stimmung nur wenig zu trüben, welche die Gemüter erfüllte bei dem Gedanken, endlich in das herrliche neue Gotteshaus einziehen zu können. Die Funktionen der Einweihung dauerten von halb 8 bis 11 Uhr. Darauf hielt der Bischof eine längere eindringliche Ansprache und zelebrierte die hl. Messe, während welcher der Kirchenchor eine Choralmesse zum Vortrag brachte. Den Schluss der Feierlichkeit bildete das vom Bischof komponierte Fürstenlied.[2]

Bei der Festtafel im Gasthof zur Post, die die Harmoniemusik und der Kirchenchor durch ihre Vorträge würzten, brachte der Hochwürdigste Herr Bischof den Toast auf den Stifter des neuen Gotteshauses, Se. Durchlaucht Fürst Johann II. aus. – An Höchstdenselben wurde ein längeres Huldigungs- und Dankestelegramm abgesendet. Herr Kabinettsrat [Karl] von In der Maur brachte das Hoch aus auf den Bischof Georgius, Herr Landesvikar [Johann Baptist Büchel] auf den Herrn Kabinettsrat, durch dessen Vermittlung der Kirchenbau sehr gefördert wurde und Herr Vikar [Basilius] Vogt auf den Herrn Ortspfarrer [Peter] Schmid. — Möge das schöne Gotteshaus recht bald auch seine innere

---

14 Zum internationalen Presseecho auf die Zweihundertjahrfeier siehe etwa: «Augsburger Postzeitung», Nr. 153, 10.7.1912, S. 1-2 («Lichtensteiner Landesfeier»); «Neues Wiener Tagblatt», Nr. 190, 14.7.1912, S. 7 («Festzug in Vaduz. Zweihundert Jahre Liechtenstein»); «St. Galler Tagblatt» (Abendblatt), 15.7.1912, S. 3 («Das Jubiläum der Liechtensteiner»); «Werdenberger Nachrichten», Nr. 82, 16.7.1912, S. 2 («Die Zweihundertjahrfeier in Vaduz»); «Augsburger Postzeitung», Nr. 159, 17.7.1912, S. 1-2 («Lichtensteinische Landesfeier»); «Kölnische Zeitung» (Mittags-Ausgabe), Nr. 806, 17.7.1912, S. 2 («Vaduz»); «Neue Freie Presse», Nr. 17206, 19.7.1912, S. 7 («Zweihundertjahrfeier in Liechtenstein»); «Vorarlberger Landes-Zeitung», Nr. 167, 24.7.1912, S. 4-5 («Das Fürstentum Liechtenstein»); «Reichspost», Nr. 30, 27.7.1912, S. 1 und S. 8 («Das Jubiläum des Fürstentum Liechtenstein»); «Karlskrona-Tidningen», Nr. 180, 6.8.1912, S. 4 («Liechtensteins 200-arsjubileum»). Siehe ferner: Fremdenverkehrs- und Sportanzeiger von Tirol, Vorarlberg u. Liechtenstein, 1912 Nr. 12, S. 117 («Zweihundertjahrfeier in Liechtenstein»).

1 L.Vo., Nr. 46, 15.11.1912, S. 1.
2 Georg Schmid von Grüneck und Johann Baptist Büchel: Liechtensteiner Fürstenlied (für 4stimmigen Männerchor). Chur 1900.

Ausstattung³ erhalten und für die Gemeinde Balzers eine Quelle des reichsten Gottessegens sein in die fernsten Zeiten.

Das an Seine Durchlaucht abgesendete Telegramm hat folgenden Wortlaut:

«Anlässlich heutiger Einweihung der durch Euerer Durchlaucht Munifizenz entstandenen überaus schönen Fürst-Johannes-Jubiläums-Kirche in Balzers entbieten Euerer Durchlaucht der mitgefertigte Hochwürdigste Herr Diözesanbischof nebst dem fast vollzählig versammelten Klerus des Landes und die Gemeinde den Ausdruck innigster Dankbarkeit mit der Bitte, Euer Durchlaucht geruhen, den Interessen der treugehorsamsten Gemeinde Balzers auch fernerhin ein gnädiger Schutzherr zu bleiben. Gottes reichster Segen ergiesse sich über das erhabene Haupt Euerer Durchlaucht bis an die äusserste Grenze menschlichen Daseins.»

Ausserdem wurde auch an Herrn Baurat [Gustav] v. Neumann folgendes Telegramm abgefertigt:

«Anlässlich der heutigen Einweihung der Kirche in Balzers beglückwünschen Sie der Hochwürdigste Herr Diözesanbischof, der fast vollständig versammelte Klerus des Landes und die gesamte Gemeinde Balzers zu dem genial ersonnenen und überaus gelungenen Bauwerke.»

Dok. 34
Die «Siebnerkommission» empfiehlt dem Landtag die Annahme der zivilprozessualen Gesetzentwürfe mit einigen Änderungen

Gedruckter Kommissionsbericht an den Landtag, nicht gez.[1]

o.D. (vor dem 14.11.1912)

Bericht der Siebnerkommission[2] **über die Gesetzentwürfe**[3] **zur Reform des Justizwesens im Fürstentume Liechtenstein**
(Referent: Dr. *Albert Schädler*)

Gemäss dem vom Landtage in der Sitzung vom 11. Dezember 1911 gegebenen Auftrage hat sich die von Ihnen gewählte Siebnerkommission eingehend mit dem grossen Reformwerke beschäftigt und ist nun in der Lage bestimmte Anträge zu stellen.[4]

I. Gesetzentwürfe zur Reform des Zivilprozesses

Über die bisherigen mit dem Zivilprozesse im Zusammenhang stehenden Gesetze und über die vom Landtage in den Jahren 1906 und 1907 gepflogenen Beratungen be-

---

3 Die Ausmalung der Kirche und das Aufstellen diverser Plastiken, für die Nischen bzw. Konsolen angebracht wurden, konnte aus finanziellen Gründen nicht realisiert werden.

1 LI LA RE 1912/0114, zwei weitere Exemplare ebd. Auszüge in: L.Vo., Nr. 48, 29.12.1912, Beilage (»Bericht über die Landtagssitzungen vom 14. und 16.11.1912»).
2 Die vom Landtag in seiner öffentlichen Sitzung vom 12.12.1911 gewählte Siebnerkommission bestand aus folgenden Mitgliedern: Albert Schädler, Xaver Bargetze, Friedrich Walser, Alfons Brunhart, Jakob Kaiser, Emil Batliner und Franz Josef Marxer (Landtagsprotokoll unter LI LA LTA 1911/S04/1).
3 Die undatierten Gesetzentwürfe finden sich unter LI LA DM 1912/006 A.
4 Vgl. die Protokolle der öffentlichen Landtagssitzungen vom 11.12.und 12.12.1911 unter LI LA LTA 1911/S04/1.

treffend die Justizreform hat Ihr Referent bereits im Dezember vorigen Jahres berichtet. Zur Einführung in die Sache sei daher auch auf den damaligen vorläufigen Bericht[5] verwiesen.

Bei den nun folgenden kommissionellen Beratungen, welche in den Sitzungen vom 23., 24., 26., 27. und 28. Februar 1912 stattfanden, wurden die Gesetzentwürfe einer Lesung unterzogen und dabei eine Reihe von Abänderungsvorschlägen gemacht. Diese Vorschläge fanden dann auch laut Protokoll vom 11. April 1912[6] in den meisten Punkten die Zustimmung des fürstl. Appellationsgerichtes in Wien, wo unter Beiziehung unseres Regierungschefs und des Verfassers der Entwürfe, Sektionsrates und Universitätsprofessors Dr. Gustav Walker, eine Beratung stattgefunden hatte. Wir werden bei Mitteilung der von uns beantragten Gesetzesänderung auf diese Vorschläge zurückkommen. Ausserdem beschloss Ihre Kommission, ein Gutachten des Landesgerichtsrates Dr. Martin Hämmerle,[7] welcher früher längere Zeit substitutionsweise als Landrichter in Vaduz amtierte,[8] einzuholen. Das umfangreiche und gründliche Gutachten wurde dann in der Kommissionssitzung vom 24. Juli 1912 verlesen und mehrere von Dr. Hämmerle in seinem Elaborate gemachte Abänderungsvorschläge wurden auch sowohl von dem Verfasser der Gesetzentwürfe als auch von der Kommission als begründet erachtet und angenommen. Herr Dr. Hämmerle stimmt am Schlusse seines Gutachtens dem Urteil der Allgemeinheit bei und hält die Entwürfe für eine ausgezeichnete Arbeit, die mit vielem Geschick und mit wissenschaftlicher Gründlichkeit die Bedürfnisse eines modernen Prozesses mit den Verhältnissen im Fürstentum in Einklang bringe. – Hingegen hält er eine Änderung des jetzigen Instanzenzuges angezeigt und schlägt vor, «dass das Appellationsgericht entweder das Kreisgericht in Feldkirch sein soll, oder dass es aus drei vom Landesfürsten ernannten für das Richteramt befähigter Juristen in Vorarlberg bestehen soll, welche gerade nicht aus dem Kreise der Richter entnommen sein müssten». Das Appellationsgericht hätte seinen Sitz in Feldkirch; wenn es aber zu einer mündlichen Verhandlung kommt, hätten sich die Appellationsrichter nach Vaduz zu begeben. Als dritte Instanz sollte das jetzige Appellationsgericht in Wien als Oberster Gerichtshof fungieren. – Ihre Kommission hat diesen Vorschlag neuerdings eingehend geprüft, konnte sich aber mit Rücksicht auf unsere dermaligen Verhältnisse und im Interesse der möglichsten Wahrung unserer Selbständigkeit nicht entschliessen, denselben anzunehmen. Zwar hat sich bekanntlich die Mehrheit des Landtages im Jahre 1907 für die Errichtung einer zweiten Instanz im Lande selbst ausgesprochen.[9] Für ein Appellationsgericht mit

---

5 Vgl. den undatierten Kommissionsbericht an den Landtag unter LI LA RE 1911/2923 ad 1390 (Traktandum 1 der Tagesordnung des Landtagspräsidiums für die auf den 11.12. und 12.12.1911 anberaumten Landtagssitzungen).

6 Vgl. das Protokoll über die Beratung vom 11.4.1912 über die Gesetzentwürfe zur Reform des Zivilprozesses im Fürstentum Liechtenstein, an der Hofkanzleileiter Hermann von Hampe, Landesverweser Karl von In der Maur, die Appellationsgerichtsräte Julius Pfeiffer und Josef Jahoda sowie k.k. Sektionsrat Gustav Walker teilnahmen (LI LA RE 1912/1157 ad 0114).

7 Vgl. das undatierte Gutachten des Landesgerichtsrates Martin Hämmerle in Feldkirch über die Gesetzentwürfe zur Zivilprozessreform im Fürstentum Liechtenstein, erstattet über Auftrag der vom Landtag zur Vorberatung eingesetzten Siebnerkommission (LI LA RE 1912/1588 ad 0114). Das Gutachten wurde von Landesverweser Karl von In der Maur am 19.6.1912 an k.k. Sektionsrat Gustav Walker und an Hofkanzleileiter Hermann von Hampe gesandt.

8 Hämmerle war 1909/1910 Landgerichtssubstitut in Vaduz.

9 Vgl. den undatierten Kommissionsbericht an den Landtag betreffend die Justizreform (Traktandum 1 der Tagesordnung des Landtagspräsidiums für die auf den 14.12.1907 anberaumte Landtagssitzung (LI LA LTA 1907/L01)). Vgl. weiters die Protokolle der öffentlichen Landtagssitzungen vom 14.12. und 16.12.1907 unter LI LA LTA 1907/S04/2.

dem Sitze in Feldkirch, wie der Hämmerle'sche Vorschlag lautet, wäre aber auch der damalige Landtag sicher nicht eingetreten. Jedoch abgesehen hievon würde die Besetzung der zweiten Instanz mit Mitgliedern des Kreisgerichtes in Feldkirch eine Abänderung des Justizvertrages[10] voraussetzen, welche bei der jetzigen parlamentarischen Lage in Österreich schwer erreichbar wäre. Auch wäre die Kontinuität bei dem häufigen Personalwechsel im Kreisgerichte von Feldkirch nicht so gewahrt, wie eine solche bei dem Appellationsgericht in Wien besteht. Eine Besetzung mit Advokaten in Feldkirch ist aber schon deswegen untunlich, weil diese zumeist bei unserem Gerichte Parteien vertreten.

Übrigens hat, wie der Verfasser der Gesetzentwürfe ausführt, die Wiederholung des mündlichen Verfahrens nur für eine geringe Anzahl von Fällen Wert, die zudem bei unserer Gerichtsorganisation nur äusserst selten vorkommen dürften. Um aber auch in solchen Ausnahmsfällen entsprechen zu können, ist in dem Gesetzentwurfe durch besondere Bestimmungen vorgesorgt. Es sei in dieser Hinsicht auf die dem Entwurfe beigegebenen Erläuterungen zu den §§ 449 und 450, Seite 227, verwiesen.

Unter diesen derzeitigen Umständen glaubte Ihre Kommission sich für die Beibehaltung der bisherigen zweiten Instanz aussprechen zu müssen, wenn auch damit die Forderung einer idealen Rechtspflege betreffend das öffentliche und mündliche Verfahren bei der Berufungsinstanz vielleicht nicht ganz erfüllt wird. Ohne ein ziemliches Stück unserer Selbständigkeit zu opfern, wäre der Hämmerle'sche Vorschlag nicht durchführbar. Wenn wir auch ein kleines Land sind, so liegt uns gerade die möglichste Wahrung unserer Selbständigkeit besonders am Herzen.

In der Kommission wurde allgemein die Ansicht vertreten, dass unser Land mit seiner stetig fortschreitenden Entwicklung und Hebung der Intelligenz mit der Zeit in die Lage kommen werde, die Berufungsinstanz mit dem öffentlichen und mündlichen Verfahren im Lande selbst und möglichst mit eigenen Kräften einzuführen, dass aber jetzt, wo nur ein direkter oder indirekter Anschluss an das Kreisgericht in Feldkirch in Frage stehe, von einer Änderung der bisherigen zweiten Instanz im Interesse der Wahrung unserer Selbständigkeit abgesehen werde.

Was nun die Gesetzentwürfe selbst betrifft, so wird damit in der Hauptsache das österreichische Zivilprozessrecht,[11] das allgemein als mustergültig bewertet wird, rezipiert. Jedoch wurden verschiedene Änderungen und Streichungen im österreichischen Gesetzestexte notwendig, weil die Gerichtsbarkeit in Zivilsachen bei unserem Landgerichte nur durch einen Einzelrichter ausgeübt wird, weil ferner der in Österreich geltende Anwaltszwang bei uns in Wegfall zu kommen hat und endlich weil durch die oben besprochene Beibehaltung des Appellationsgerichtes in Wien die mündliche Berufungsverhandlung in der Regel entfallen soll. Der neue Zivilprozess ist als ein erfreulicher Fortschritt zu bezeichnen, er beseitigt das bisherige langwierige, so umständliche und unvolkstümliche schriftliche Verfahren und verhindert die Prozessverschleppung. So gibt es eine einverständliche Terminverlegung nur aus bestimmten gesetzlichen Grün-

---

10 Staatsvertrag vom 19.1.1884 bezüglich der Justizverwaltung im Fürstentum Liechtenstein, LGBl. 1884 Nr. 8; vgl. öst. RGBl. 1884 Nr. 124.
11 Gesetz vom 1.8.1895 betreffend die Einführung des Gesetzes über die Ausübung der Gerichtsbarkeit und die Zuständigkeit der ordentlichen Gerichte in bürgerlichen Rechtssachen (Jurisdictionsnorm), öst. RGBl. 1895 Nr. 110; Gesetz vom 1.8.1895 über die Ausübung der Gerichtsbarkeit und die Zuständigkeit der ordentlichen Gerichte in bürgerlichen Rechtssachen (Jurisdictionsnorm), RGBL. 1895 Nr. 111; Gesetz vom 1.8.1895 betreffend die Einführung des Gesetzes über das gerichtliche Verfahren in bürgerlichen Rechtsstreitigkeiten (Civilprocessordnung), RGBl. 1895 Nr. 112; Gesetz vom 1.8.1895 über das gerichtliche Verfahren in bürgerlichen Rechtsstreitigkeiten (Civilprocessordnung), RGBl. 1895 Nr. 113.

den. Ein ruhendes Verfahren kann nicht vor Ablauf von 3 Monaten wieder aufgenommen werden, was zur Folge hat, dass das Ruhenlassen der Sachen nur aus ernsthaften Gründen erfolgt. Auf diese Weise spielt sich das ganze Verfahren in einem oder doch nur in wenigen Terminen ab. Wichtig ist mit Rücksicht auf obige Ausführungen über die zweite Instanz, dass das Tatsachenmaterial schon in erster Instanz endgültig abgegrenzt wird und neue Ansprüche und Einreden in der Berufung nicht erhoben werden dürfen.

Nach diesen einleitenden Bemerkungen Ihres Referenten mögen nun die von der Kommission beschlossenen Abänderungen folgen. Dieselben wurden zum Teil laut Protokoll vom 6. November 1911[12] vom fürstl. Appellationsgerichte in Wien einvernehmlich mit dem fürstl. Landesverweser und dem Verfasser der Entwürfe, zum Teil von der Siebnerkommission und zum Teil von Herrn Landgerichtsrat Dr. Hämmerle vorgeschlagen. Zur Orientierung über die Quelle der einzelnen Abänderungen füge ich jeweils ein Buchstabenzeichen bei: A. bedeutet auf Vorschlag des fürstl. Appellationsgerichtes in Wien: SK. = auf Vorschlag der Siebnerkommission; H. = auf Vorschlag des Landesgerichtsrates Dr. Hämmerle. Die wichtigeren Abänderungen werden auch in Kürze motiviert.

I. Im Entwurfe der Zivilprozessordnung[13]

§42. Absatz 2. Statt dem «Advokaten- oder Notariatsstande» ist zu setzen «dem Stande der berufsmässigen Parteivertreter». SK.

Unter die berufsmässigen Parteienvertreter wären auch die in Liechtenstein ansässigen, von der Behörde konzessionierten Geschäftsagenten zu rechnen, andernfalls würde derzeit das in § 42 statuierte Privilegium nur Ausländern zugut kommen.

§ 57. Absatz 2. Punkt 2. Statt im «Geltungsgebiete des Gesetzes» ist zu setzen im «Fürstentume». H.

§ 82. Absatz 1. Statt «innerhalb drei Tagen» zu setzen «innerhalb dreier Tage». SK.

§ 85. Absatz 1. Statt «dreier Tage» ist «acht Tage» zu setzen. A.

§ 88. 3. Zeile. Statt «Gemeindevorstehers» ist «Ortsvorstehers» zu setzen. H.

Diese Bezeichnung entspricht dem amtlichen Ausdrucke, wie er sich schon im Gemeindegesetze vom Jahre 1864[14] vorfindet.

§ 94. Absatz 1 und § 95, 3. Zeile statt «in Vaduz» ist «im Lande» zu setzen. SK.

§ 96. 1. Zeile. Ist «auch dann» zu streichen. SK.

§ 119. Ist zu streichen, da der Fall der Zustellung an einen Exterritorialen im Fürstentume kaum vorkommen wird. A.

Der § 120 ist nun als § 119 zu bezeichnen und in der 4. Zeile statt «durch den Landesverweser» zu setzen «im Wege des fürstlichen Landesverwesers durch die Hofkanzlei». A.

§121. Absatz 1 ist als § 120 zu bezeichnen und 2. Zeile statt «im § 120» nun «im § 119» zu setzen. Absatz 2 ist als § 121 zu bezeichnen. A.

§ 122. Absatz 1. Statt «nach den §§ 119 bis 121» ist infolge der Streichung des § 119 zu setzen «nach den §§ 120 und 121». A.

§ 191. Absatz 2. Statt «der Senat» ist zu setzen «das Gericht». A.

---

12 Vgl. das Protokoll über die Beratung vom 6.11.1911 über die Gesetzentwürfe zur Reform des Zivilprozesses im Fürstentum Liechtenstein unter LI LA 1911/2923 ad 1390. Teilnehmer waren Hampe, In der Maur, Pfeiffer, Jahoda und Walker.

13 Vgl. das Gesetz vom 10.12.1912 über das gerichtliche Verfahren in bürgerlichen Rechtsstreitigkeiten (Zivilprozessordnung), LGBl. 1912 Nr. 9/1.

14 Vgl. das Gemeindegesetz vom 24.5.1864, LGBl. 1864 Nr. 4.

§ 220. Absatz 3. Statt «Gegen Bevollmächtigte aus dem Stande der Advokaten, Advokaturs-Kandidaten und Notare findet die Umwandlung in Haft nicht statt» ist zu setzen «Gegen berufsmässige Parteienvertreter findet die Umwandlung in Haft nicht statt». SK. Diese Änderung entspricht der im § 42 vorgeschlagenen Änderung.

§ 227. Absatz 1. Die Worte: «in welcher der Betrag oder Wert des Streitgegenstandes 1000 Kronen nicht übersteigt» sind zu streichen, weil nach Ansicht der Kommission die Beantragung eines Vergleichsversuches auch noch bei höheren Beträgen den Parteien offen stehen soll. SK.

§ 257. Absatz 1 letzte Zeile. Zwischen «Schriftsatz» und «mitteilen» ist einzufügen «dem Gerichte». A.

§ 270. 3. Zeile. Statt «denselben» ist zu setzen «ihn». H.

§ 324. Absatz 2. Der erste Satz: «Bei etwaigen Verhandlungen ... zu lassen». ist ganz zu streichen. Statt des darauffolgenden «Hat er» ist zu setzen «Hat der Zeuge». H.

Die Streichung versteht sich von selbst, da im Gesetze kein Advokatenzwang vorgesehen ist.

§§ 336. Dem 6ten Absatze ist beizufügen: «Angehörige der helvetischen Konfession schwören ohne Kruzifix und Kerzen». H.

Nach § 350 hat es statt «Fünfter Teil» zu heissen «Fünfter Titel». H.

§ 413. Als Absatz 1 ist zu setzen: «Das Urteil ist im Namen Seiner Durchlaucht des Landesfürsten zu fällen und zu verkündigen.»

Die folgende Seite hat mit dem Worte: «Dasselbe» zu beginnen. A.

§ 417. Dem Absatz 2 ist beizufügen: «Statt der Darstellung der Ergebnisse des Beweisverfahrens kann jedoch auf die Akten verwiesen werden». A.

Zu dem im Entwurfe enthaltenen *Verfahren in Ehesachen* (§§ 516 – 534) wurden keine Änderungen beantragt, weil durch die vorgeschlagenen Bestimmungen in unserer bisherigen Rechtspraxis in Ehesachen nichts geändert wird. Unsere Ehegesetze kennen keine Notzivilehe, sondern erklären nur die konfessionelle Ehe als rechtsgültig. Dementsprechend wurden auch die neueren österreichischen Gesetze in Ehesachen, nach welchen Österreich die im Auslande nach dortigem Rechte abgeschlossene Ehe als gültig anerkennt, bei uns nicht rezipiert. – Bei Scheidungsbegehren vor Gericht ist bei uns auch künftig wie bisher das Zeugnis des ordentlichen Seelsorgers über die nach den Vorschriften des bürgerlichen Rechtes vergeblich vorgenommenen Versöhnungsversuches beizubringen.

Um irrigen Auffassungen vorzubeugen, sei dies hier ausdrücklich bemerkt.

§ 548. Absatz 1, 2. Zeile ist nach dem Worte «kann» in Klammer zu setzen (§ 587. Absatz 2.). SK.

§ 560. Punkt 3 ist in der 5. Zeile statt «vierzehn Tage» zu setzen «einen Monat», und in der 6. Zeile statt «acht Tage» richtig «vierzehn Tage». H.

Bezüglich des Mahnverfahrens (§§ 577 ff.) verlangte die Siebnerkommission mehrere Änderungen des Entwurfes auf Grund folgender von ihr vertretenen Auffassung. Unser Schuldentriebsgesetz vom Jahre 1865[15] hat sich durch seine Einfachheit, Klarheit und praktische Anpassung in unsere Verhältnisse sehr gut bewährt. Dabei ist das auf dieses vorzügliche Gesetz sich gründende Verfahren im Interesse einer gerechtfertigten Schonung des Schuldners ein sehr billiges. Die im Entwurfe enthaltenen Bestimmungen lassen dem Gläubiger die Wahl frei, bei Beträgen auch unter 1000 Kronen einen Zahl-

---

15 Vgl. das Gesetz vom 9.10.1865 betreffend den Schuldenbetrieb im Fürstentum Liechtenstein, LGBl. 1865 Nr. 5/1.

befehl zu erlassen oder sofort die Klage einzureichen. Von letzterer Befugnis würde nun voraussichtlich von Advokaten und Geschäftsagenten vorherrschend Gebrauch gemacht, schon wegen der damit verbundenen höheren Sporteln. Tatsächlich würde dadurch das bisher durch seine Billigkeit ausgezeichnete Verfahren bedeutend verteuert, was als ein bedauernswerter Rückschritt bezeichnet werden müsste. Etwas anderes ist es, wenn es sich um Beträge über 1000 Kronen handelt, oder auch ausnahmsweise bei Beträgen unter 1000 Kronen, wenn der Gläubiger glaubhaft dartun kann (z.B. durch ein Schreiben des Schuldners), dass der Schuldner die Forderung nicht anerkennen will. Ihre Kommission schlug daher vor, zur Eintreibung von Forderungen als Regel die Erlassung des Zahlbefehles im Sinne des bestehenden Gesetzes beizubehalten mit Ausnahme der beiden oben genannten Fälle. Ferner wird dem hier längst eingewohnten Sprachgebrauche gemäss der Ausdruck «Zahlbefehl» statt des im Entwurfe enthaltenen «Zahlungsbefehl» gewünscht.

In Würdigung dieser von der Siebnerkommission vorgebrachten Gründe hat dann auch das Appellationsgericht in Wien unter Beiziehung unseres Regierungschefs und des Sektionsrates Dr. Walker folgende Abänderungen des Mahnverfahrens empfohlen, welche unseren Wünschen entsprechen und von Ihrer Kommission angenommen wurden.

§ 577. Absatz 1 des Entwurfes ist demnach in folgender Weise zu ändern:

«Zur Eintreibung von Forderungen an Geld oder anderen vertretbaren Sachen hat der Gläubiger im Wege des Mahnverfahrens die Erlassung eines bedingten Zahlbefehls zu begehren, wenn der geforderte Betrag oder der Wert der in Anspruch genommenen Sachen ohne Hinzurechnung von Zinsen und Nebengebühren die Summe von eintausend Kronen nicht übersteigt oder wenn der Gläubiger nicht urkundlich dartun kann, dass der Schuldner die Schuld nicht anerkenne.» SK. und A.

§ 587. Absatz 2 ist in folgender Weise zu fassen: «Wird infolge des Widerspruchs Klage erhoben oder die Einleitung des Mandatsverfahrens begehrt, so ist über die angesprochenen Kosten des Mahnverfahrens wie über einen Teil der Kosten des Rechtsstreites zu erkennen». SK. u. A.

Dementsprechend wurde auch, wie es bereits weiter oben angeführt ist, im § 548 auf diese Änderung Bezug genommen.

Mit den beiden Änderungen in den §§ 577 und 587 ist die von der Kommission gewünschte Festlegung der obligatorischen Natur des Mahnverfahrens zur Genüge gekennzeichnet.

In den §§ 578, 579, 580, 581, 582, 583, 584, 585, 587, 589, 591, 592 und 593 ist statt des Ausdruckes «Zahlungsbefehl» jeweils «Zahlbefehl» zu setzen.

§ 591. Als Absatz 3 ist diesem Paragraphen zuzufügen: «Unterlässt der Gläubiger vor Ablauf von drei Jahren nach Zustellung des Zahlbefehls an den Schuldner die Exekution gegen denselben zu begehren, so tritt der Zahlbefehl in Ansehung dieses Schuldners unbeschadet der nach § 589 eingetretenen Unterbrechung der Verjährung ausser Kraft.» H.

Diese begründete Bestimmung ist bereits im § 8 der Exekutionsnovelle vom 16. August 1892, L. G. B. Nr. 4,[16] enthalten und gehört daher auch in den vorliegenden Gesetzentwurf. In drei Jahren kann der Gläubiger Ordnung machen, und wenn er durch den Verlust des Exekutionstitels dazu gezwungen wird, auf Zahlung oder Sicherstellung zu dringen, so ist das auch im Interesse des Schuldners gelegen.

§ 593. Absatz 2, 4. Zeile ist nach «finden werde» in Klammer zu setzen «(§ 256)». H.

§ 598. Absatz 3 und § 609, Absatz 1 sind die Worte «oder einen Notar» bzw. «oder durch einen Notar» zu streichen. SK.

---

16 Vgl. das Gesetz vom 16.8.1892, womit Bestimmungen des Exekutionsverfahrens abgeändert und ergänzt werden, LGBl. 1892 Nr. 4.

II. In der Jurisdiktionsnorm[17]

§ 5. 5. Zeile. Statt «welche» ist «welcher» zu setzen. 6. Zeile: Statt «bestehen» ist «besteht» zu setzen. A.

§ 24. Abs. 2. Es ist hinzuzufügen: «Dieser Antrag ist vom Landesverweser im Wege des Appellationsgerichtes zu stellen.» A.

§ 26. Abs. 1. Statt «sind dem Landesverweser anzuzeigen» ist zu setzen: «sind durch den Landesverweser der fürstlichen Hofkanzlei anzuzeigen.» Statt «dessen Erklärung» ist «deren Erklärung» zu setzen. Abs. 2 hat zu lauten: «Die Erklärung der Hofkanzlei ist für das inländische Gericht bindend.» A.

§ 30. Statt «im Inlande» ist zu setzen «im Fürstentume». H.

§ 32. u. 33. Statt «im Inlande» oder «im Geltungsgebiete dieses Gesetzes» ist jeweils zu setzen «im Fürstentume». H.

§ 43. Abs. 2 u. 3 (Fakturengerichtsstand) wurde gestrichen im Interesse und zum Schutze der heimischen Bevölkerung, die den Wunsch nach Beseitigung eines derartigen Gerichtsstandes zum Ausdrucke gebracht hat. A.

Die Streichung dieser beiden Absätze entspricht auch der Stellungnahme des Landtages im Jahre 1891 und 1897,[18] wo er bei Beratung der Gesetze betreffend die Vollstreckung auswärtiger zivilgerichtlicher Urteile in Liechtenstein auf Schutzbestimmungen drang, die dann auch zustande kamen, aber mit der Annahme der obigen beiden Absätze wieder illusorisch geworden wären.

§ 57. Diesem Paragraphen ist der folgende zweite Absatz beizufügen: «Wenn der minderjährige oder pflegebefohlene liechtensteinische Staatsangehörige seinen allgemeinen Gerichtsstand in Streitsachen im Auslande hat, der ausländische Staat aber die Besorgung der vormundschafts- und kuratelsbehördlichen Geschäfte verweigert, so ist hiefür das Landgericht zuständig.» H.

III. Im Einführungsgesetze[19]

Art. I. Abs. 1. Statt «5. Oktober 1912» wäre zu setzen «mit dem ersten Tage des zweiten auf die Kundmachung folgenden Monates». A.

Art. III. Punkt 5. «Die Vorschriften der Ziviljurisdiktionsnorm vom 20. November 1852»[20] ist zu streichen und sind die folgenden Punkte fortlaufend mit 5 – 9 zu numerieren.

---

17 Vgl. das Gesetz vom 10.12.1912 über die Ausübung der Gerichtsbarkeit und die Zuständigkeit der Gerichte in bürgerlichen Rechtssachen (Jurisdiktionsnorm), LGBl. 1912 Nr. 9/2.

18 Vgl. die Protokolle der öffentlichen Landtagssitzungen vom 27.7. und vom 7.12.1891 sowie vom 19.6.1897 (LI LA LTA 1891/S04/2 und LI LA LTA 1897/S04/2). Vgl. das Gesetz vom 16.12.1891 betreffend die Vollstreckung auswärtiger zivilgerichtlicher Urteile in Liechtenstein sowie das Gesetz vom 13.7.1897 betreffend die im Fürstentum Liechtenstein vollstreckbaren österreichischen Exekutionstitel, LGBl. 1897 Nr. 4.

19 Vgl. das Gesetz vom 10.12.1912 betreffend die Einführung der Zivilprozessordnung und der Jurisdiktionsnorm, LGBl. 1912 Nr. 9/3.

20 Kaiserliches Patent vom 20.12.1852, wirksam für Österreich unter und ob der Enns, Salzburg, Steiermark, Kärnthen und Krain, Görz und Gradiska, Istrien, die Stadt Triest mit ihrem Gebiete, Tirol und Vorarlberg, Böhmen, Mähren, Ober- und Nieder-Schlesien, Galizien und Lodomerien, mit Auschwitz und Zator und Bukowina, wodurch für diese Kronländer eine neue Vorschrift über den Wirkungskreis und die Zuständigkeit der Gerichte in bürgerlichen Rechts-Angelegenheiten (Civil-Jurisdictionsnorm) erlassen und bestimmt wird, dass die Wirksamkeit derselben, in jedem dieser Kronländer zugleich mit der Wirksamkeit der daselbst neu zu organisierenden Bezirksämter und der übrigen Gerichtsbehörden zu beginnen habe, öst. RGBl. 1852 Nr. 251.

Art. IV. In Punkt 5 ist die Schlussbemerkung «mit Ausnahme der Bestimmung des § 8, welche durch die Zivilprozessordnung aufgehoben wird» zu streichen. H.

Es sei in dieser Hinsicht auf die vorgeschlagene Änderung bzw. Ergänzung des § 591 der Zivilprozessordnung verwiesen.

Für Art. XIX. hatte Ihre Kommission vorgeschlagen, dass vom Inkrafttreten des Gesetzes an alle Streitsachen, also auch die hängenden, nach Massgabe der neuen Bestimmungen zu behandeln wären. Das Appellationsgericht hält jedoch aus juristisch-technischen Gründen nicht für möglich, die zeitlichen Grenzen anders zu bestimmen, als es im Entwurfe geschehen ist.

Ihre Kommission beschloss einstimmig, Ihnen die vorgelegten Gesetzentwürfe betreffend den Zivilprozess mit den beantragten und hier näher gekennzeichneten Abänderungen zur Annahme zu empfehlen.[21]

Dok. 35
Statuten des Vereins für Kranken- und Wöchnerinnen-Pflege im Fürstentum Liechtenstein

Gedruckte Fassung der Statuten [1]

9.1.1913 [2]

Statuten des Vereins für Kranken- und Wöchnerinnen-Pflege im Fürstentum Liechtenstein

§ 1. Der Verein für Kranken- und Wöchnerinnen-Pflege im Fürstentum Liechtenstein, welcher seinen Sitz am Wohnorte des jeweiligen Vorstandes hat, bezweckt, den Kranken und Wöchnerinnen im Lande nach Kräften eine geordnete Hauspflege zu verschaffen.

Mitglieder

§ 2. Als *Vereinsmitglied* wird betrachtet, wer sich zu einem jährlichen Beitrage von mindestens 1 Kr. verpflichtet. Man meldet sich zur Aufnahme in den Verein bei dem Abteilungsvorstande an. Die Anmeldung kann auch durch die Krankenpflegerin vermittelt werden. Durch den Beitritt des Hauptes der Familie geniessen auch die engeren Familienangehörigen das Recht der Mitgliedschaft. Auch werden Beiträge von unterstützenden Mitgliedern und Korporationen gerne angenommen.

Der *Austritt* aus dem Verein steht frei, muss aber dem Abteilungsvorstande angezeigt werden.

Die *Ausschliessung* eines Mitgliedes aus dem Vereine kann über Antrag des Abteilungsvorstandes bei dem Vorhandensein erheblicher Gründe durch die Vereinsleitung verfügt werden.

---

21 Der Kommissionsbericht bzw. die Gesetzentwürfe wurden in der öffentlichen Landtagssitzung vom 14.11.1912 beraten und dann am 16.11.1912 vom Landtag einstimmig angenommen (Protokolle unter LI LA LTA 1912/S04/2), wobei die Zivilprozessordnung und die Jurisdiktionsnorm nach Art. I Abs. 1 des Einführungsgesetzes mit dem 1.6.1913 in Wirksamkeit zu treten hatten.

1 LI LA RE 1913/269. Die Statuten sind abgedruckt in L.Vo., 7.3.1913, S. 2 und 14.3.1913, S. 5.

2 Datum der Genehmigung durch die Regierung. Die Beschlussfassung durch den Verein geht aus den Statuten nicht hervor, ebensowenig die Namen der Vereinsgründer. Der erste Vereinsvorstand bestand aus Dr. Albert Schädler, Pfr. Franz Anton Reding und Vorsteher Andreas Hassler (vgl. Jahresbericht 1913).

§ 3. Wer eine Verpflegung verlangt, hat sich bei der Vermittlungsstelle anzumelden, bezw. anmelden zu lassen. Wird die Pflege von mehreren Personen gleichzeitig gewünscht, so haben die Mitglieder den Vorzug vor Nichtmitgliedern. Doch können die Pflegerinnen auch abwechselnd das Notwendigste besorgen.

Die von den Verpflegten an den Abteilungskassier zu entrichtende Taxe beträgt für Mitglieder:

a. für eine Tagespflege 1 Kr.
b. für eine Nachtpflege 1 Kr. 50 H.
c. für einen Besuch mindestens 20 H.
Nichtmitglieder zahlen das Doppelte.

Für unbemittelte Kranke oder Wöchnerinnen kann die Vereinsleitung über Antrag des Abteilungsvorstandes besondere Vergünstigungen gewähren.

Als Mittel zur Erreichung der Vereinszwecke dienen ausser den in diesem Paragraphen genannten Verpflegungstaxen die in § 2 bestimmten Mitgliederbeiträge, sowie allfällige dem Vereine gewidmete Subventionen, Schenkungen, Vermächtnisse u. dgl.

Pflegerinnen

§ 4. Die Pflegerinnen erhalten vom Vereine unentgeltliche Ausbildung. Die Kandidatinnen müssen mindesten das 20ste Altersjahr erreicht und dürfen das 40ste nicht überschritten haben und haben sich darüber auszuweisen, dass sie in der Ausübung der notwendigsten Hausarbeiten (Kochen, Waschen, Flicken) praktisch geübt sind. Die Pflegerin erhält ein jeweils von der Vereinsleitung zu bestimmendes Wartgeld und ausserdem eine Entschädigung für die Dienstleistungen aus der Vereinskasse. Die Entschädigung beträgt:

a) für eine ganze Tagespflege 1 Kr. 50 H.
b) für eine Nachtpflege 2 Kr.
c) ür einen Besuch mindestens 20 H.

Dagegen verpflichten sich die Pflegerinnen, dem Vereine mindestens drei Jahre zu dienen. Das Nähere bestimmt eine Pflegerinnenordnung.

Verwaltung des Vereines

§ 5. Der Verein besteht aus Abteilungen. Jede Gemeinde mit mindestens 20 Mitgliedern bildet eine Vereinsabteilung. Kleine Gemeinden können sich als Unterabteilungen einer grösseren anschliessen. Jede Abteilung soll, wenn immer möglich, mit einer Pflegerin versehen sein.

Die Geschäfte des Vereins werden besorgt:

a) von den Abteilungsausschüssen

Dem Abteilungsausschusse gehört in der Regel, ohne Wahl, der Seelsorger bezw. dessen Stellvertreter, sofern diese Mitglieder des Vereines sind, als Vorstand an. Wo dies nicht zutrifft, oder der Seelsorger dieses Amt ablehnt, wird der Abteilungsvorstand von den Abteilungsmitgliedern in der Vollversammlung auf die Dauer von 3 Jahren gewählt.

Dem Abteilungsvorstande sind beigegeben: ein Kassier und eine Vermittlerin, welche beide von den Mitgliedern der Abteilung bezw. der Unterabteilung auf die Dauer von drei Jahren gewählt werden.

Der Abteilungschef[3] beruft alljährlich eine Mitgliederversammlung ein, in welcher der Kassier über die Jahresrechnung berichtet und von den Mitgliedern[4] allfällige Wünsche und Anträge vorgebracht werden können.

---

3   Gedruckt steht «Abteilungschef».
4   «von den Mitgliedern» mit Bleistift eingefügt.

b) von der Vereinsleitung

Dieselbe besteht aus fünf Mitgliedern, welche auf die Dauer von drei Jahren von den Abteilungsausschüssen gewählt werden. Von den fünf Mitgliedern der Vereinsleitung muss eines dem Stande der Seelsorger und eines dem Stande der Ärzte angehören. Die Wahl erfolgt in der Form, dass zuerst der Vereinsvorsitzende, dann der Kassier, der Schriftführer und endlich zwei Beisitzer gewählt werden. Überdies sind auf die Dauer von je drei Jahren zwei Rechnungsprüfer zu wählen, welche nicht zugleich Mitglied des Vereinsausschusses sein dürfen. Die Vereinsleitung erledigt die von den Abteilungsvorständen gemachten Vorschläge (§ 2 u. 3), lässt den Abteilungskassieren die allenfalls nötigen Barmittel anweisen, nimmt mindestens jährlich die Rechnungsberichte der Abteilungen entgegen und erlässt die in finanzieller und sonstiger Beziehung allenfalls notwendigen Anordnungen.

Ferner gibt die Vereinsleitung jährlich einen gedruckten Bericht über die Vereinstätigkeit und über die geprüfte Rechnung des Vorjahres heraus, welcher Bericht jedem Mitglied zugestellt wird. – Wenn die Vereinsleitung es für nötig findet, oder wenn es von mindestens zwei Abteilungen beantragt wird, beruft sie eine Generalversammlung ein, zu welcher von jeder Abteilung Abgeordnete, welche in der Jahresversammlung – und zwar auf je 10 Mitglieder 1 Abgeordneter – gewählt werden, zu erscheinen haben. – Mitteilungen der Abteilungsleitungen und der Vereinsleitung an die Mitglieder können mündlich oder schriftlich, allenfalls auch im Wege des «Liechtensteiner Volksblattes» erfolgen.

Versammlungen

§ 6. Zu gültigen Beschlüssen in den Jahresversammlungen der Abteilungen oder in den Generalversammlungen ist die Stimmenmehrheit der Anwesenden erforderlich. – Handelt es sich um Statutenänderungen oder um die Auflösung des Vereines, so ist eine Generalversammlung einzuberufen, zu welcher wenigstens 2/3 der Abgeordneten zu erscheinen haben.

Streitigkeiten

§ 7. Streitigkeiten aus dem Vereinsverhältnisse zwischen Mitgliedern einer Abteilung werden vom Abteilungsausschusse und solche zwischen Mitgliedern und dem Abteilungsausschusse von der Vereinsleitung endgültig entschieden. In Streitfällen, an denen die Vereinsleitung selbst als Partei beteiligt ist, entscheidet ein Schiedsgericht, zu welchem jeder Streitteil einen Schiedsmann und die Schiedsmänner den Obmann wählen; wenn sich die Schiedsmänner über die Wahl des Obmannes nicht einigen können, bestellt diesen der Ortsvorstand jener Gemeinde, in der der Verein seinen Sitz hat. Das Gericht darf nur in den durch das Strafgesetz vorgesehenen Fällen angerufen werden.

§ 8. Im Falle der Auflösung des Vereines soll das vorhandene Vermögen des Vereines, soweit es nicht durch allfällige Stiftungen besonderen Zwecken gewidmet ist, nach Verhältnis der Mitgliederzahl den Armenfonds der betr. Gemeinden verabfolgt werden, bei dessen Verwendung in allererster Linie die dem Vereine vorschwebenden Zwecke erfüllt werden sollen. Die erfolgte Auflösung hat der zuletzt amtierende Vorstand der fürstl. Regierung anzuzeigen.

Diese Statuten treten in Kraft mit dem Tage der Genehmigung durch die fürstl. Regierung, der die gesetzliche Aufsicht und Einflussnahme vorbehalten bleibt.[5]

---

5 Am Schluss folgt der Genehmigungsvermerk der Regierung vom 9.1.1913.

Dok. 36
Die Regierung verlangt vom Auslandsliechtensteiner Albin Laternser, der die Schweizerin Martha Weber zu heiraten gedenkt, die Erklärung, sich kirchlich trauen zu lassen

Maschinenschriftliches Schreiben des Landesverwesers Karl von In der Maur, gez. ders., an Albin Laternser in Oerlikon[1]

20.2.1913

Rückantwort
In Erledigung Ihrer Anfrage vom 19. d.M. wird Ihnen eröffnet,[2] dass Sie sich zunächst wegen Erlangung des zur Eingehung einer gültigen Ehe für männliche liechtensteinische Staatsangehörige vorgeschriebenen politischen Ehekonsenses unter Einsendung der zum Ortsarmenfonds Ihrer Zuständigkeitsgemeinde fliessenden Taxen (Brauteinkaufstaxe 120 K [Kronen] und Ehetaxe 20 K) *im Wege des Ortsvorstandes Eschen* hieher zu wenden haben; diesem Gesuche haben Sie die nötigen Ausweispapiere (Geburtschein, Heimatschein, Leumundzeugnis u.s.w.) für sich und Ihre Braut [Martha Weber] sowie die Erklärung beizufügen, dass Sie sich kirchlich trauen lassen.

Für Stempel und Postgebühren wäre der Betrag von K 1.50 einzusenden.

Dok. 37
Die Regierung erteilt dem seraphischen Liebeswerk bei Meran in Tirol die Zulassung für das Fürstentum Liechtenstein

Bericht im «Liechtensteiner Volksblatt», nicht gez.[1]

7.3.1913

Seraphisches Liebeswerk
Der Verein «Seraphisches Liebeswerk» für Tirol und Vorarlberg[2] hat bei der fürstlichen Regierung die Zulassung für das Gebiet des Fürstentums Liechtenstein erwirkt. Dieser

---

1 LI LA RE 1913/0556 ad 0010. Mundiert am 21.2.1913 von Ferdinand Nigg.
2 Albin Laternser hatte mit Schreiben vom 19.2.1913 bei der liechtensteinischen Regierung angefragt, welche Formalitäten für die Ausstellung des erforderlichen Ehefähigkeitszeugnisses zu erfüllen seien (ebd.). – Die Gemeinde Eschen bestätigte am 3.3.1913, dass der Verehelichung Laternsers mit der Schweizerin Martha Weber kein Hindernis entgegenstehe und dass die gesetzliche Heiratstaxe samt Brauteinkauf erlegt worden sei (LI LA RE 1913/1021 ad 0010/0556). Die liechtensteinische Regierung erteilte am 28.3.1913 den politischen Ehekonsens (ebd.). Da beide Brautleute im Ausland wohnten, war gemäss Schreiben der Regierung an das Zivilstandsamt Oerlikon vom 18.4.1913 von einer Eheverkündung in Liechtenstein abzusehen (LI LA RE 1913/1248 ad 0010/0556). Vgl. in diesem Zusammenhang den Erlass der Regierung an die Ortsvorstände vom 6.3.1913 betreffend den Verkehr mit schweizerischen Zivilstandsämtern (LI LA RE 1913/0294 ad 0010).

1 L.Vo., Nr. 10, 7.3.1913, S. 2.
2 Kinderhilfswerk des Kapuzinerordens. Benannt nach Franziskus von Assisi (auch «Franciscus Seraphicus»). Die Kapuziner bauten 1908-1911 im Dorf Tirol das erste Kinderheim des seraphischen Liebeswerks.

Verein hat seinen Sitz in Dorf Tirol bei Meran und unterhält dortselbst eine eigene, den Vereinszwecken dienende Anstalt. Die hauptsächlichsten Vereinszwecke sind: Unterbringung und Erziehung von sittlich und religiös gefährdeten Kindern, Beihilfe für arme Kinder und andere jugendliche Personen zur Erlangung eines Lebensberufes, Unterhaltung von Beziehungen zu den ehemaligen Pfleglingen zu deren moralischer und materieller Förderung, Gründung und Förderung anderer religiöser und charitativ humanitärer Unternehmungen. Seine Durchlaucht der regierende Fürst [Johann II. von Liechtenstein] haben dem Seraphischen Liebeswerk in Ansehung dieser fördernswerten Bestrebungen jüngst eine Spende von 2000 Kr. gnädigst zu widmen geruht. Die oberste Leitung dieses Vereins führt der Provinzial der nordtirolischen Kapuzinerprovinz, dzt. Herr P. Konstantin Beugger in Innsbruck.

Vertreter Liechtensteins im Vereinsausschusse ist Herr Pfarrer [Gustav] Burgmayer in Mauren.

Dok. 38
Nach einem Grossbrand in der Gemeinde Triesen ruft ein Hilfskomitee unter dem katholischen Geistlichen Peter Oswald Bast zu Geld- und Naturalspenden auf

Aussendung eines nicht näher bezeichneten Hilfskomitees, gez. Peter Oswald Bast, Kooperator und Pfarrprovisor in Triesen, im «Liechtensteiner Volksblatt» [1]

28.3.1913

Aufruf!

Ein trauriges Osterfest war der Gemeinde Triesen in diesem Jahre beschieden. Eine gewaltige Feuersbrunst begünstigt und mächtig gefördert von einem starken Föhnwind legte in der Nacht vom Karsamstag auf Ostersonntag[2] 17 Wohnhäuser und ebenso viele Ställe innerhalb weniger Stunden in Schutt und Asche. Nicht weniger als 24 Parteien sind bei diesem Brande zu Schaden gekommen und dazu durchweg arme, bitterarme Leute, die so in 2 bis 3 Stunden ihr weniges Hab und Gut verloren.[3] Die Mehrzahl dieser Familien konnte nur das nackte Leben retten. Der Schaden ist auch bei denen, die ihr Gut versichert hatten, enorm gross, da die Häuser, zumeist aus Holz aufgeführt, eine

---

1 L.Vo., Nr. 13, 28.3.1913, S. 1. Vgl. die Berichterstattung in derselben Zeitungsnummer (ebd., S.1-2 («Grosses Brandunglück»). Vgl. LI LA PfAT A 36/289. Erwähnenswert ist in diesem Zusammenhang der Umstand, dass Peter Oswald Bast kurz darauf – am 6.4.1913 – von der Triesner Gemeindeversammlung in Ausübung des der Gemeinde zustehenden Präsentationsrechtes auf die dortige Pfarrpfründe gewählt wurde (vgl. L.Vo., Nr. 15, 11.4.1913, S. 1 («Pfarrerwahl»). Am 13.4.1913 erfolgte dann die Ernennung und die Amtseinsetzung als Pfarrer von Triesen. Vgl. auch den Grossbrand in Vaduz (Altenbach) im Jahre 1907 (Vorarlberger Landes-Zeitung, Nr. 245, 24.10.1907, S. 3 («Zum Brand in Vaduz»)).
2 Es handelte sich um die Nacht vom 22. auf den 23.3.1913.
3 Insgesamt fielen dem Brand, der in einem Anbau zum Stall des Johann Lampert seinen Ausgang nahm, 17 Wohnhäuser sowie das Vereinshaus der Marianischen Kongregation, 16 Ställe sowie 7 Stück Vieh und 2 Schweine zum Opfer (vgl. L.Vo., Nr. 18, 28.3.1913, S. 1-2 («Grosses Brandunglück»)).

genügende Versicherung einzugehen, nicht gestatten.[4] Ein grosses Elend herrscht somit in dieser Gemeinde, die sowieso nicht zu den wohlhabenderen des Landes gehört. Nur mit viel Mühe und Not gelang es, die betreffenden Familien bei anderen Familien notdürftig unterzubringen. Dazu kein Bett, keine Kleidung, keine Nahrung – kein Futter für das Vieh. Hier ist schnelle Hilfe sehr am Platze. Die Gemeinde Triesen tut ihr Möglichstes, um die Not zu lindern. Allein auch nur der ersten Not aus eigenen Mitteln zu steuern, ist der Gemeinde unmöglich. Deshalb ergeht durch diese Zeilen ein Aufruf an die ganze mitleidige Welt um milde Gaben, sei es an Geld, an Kleidungsstücken und was es immer Brauchbares sein mag. Im voraus allen edlen Wohltätern von den schwer geprüften Familien und namentlich von einer grossen Schaar armer Kinderseelen, die weinend um ein Stücklein Brot betteln – ein herzliches «Vergelts Gott». Milde Gaben in Geld sind zu richten an Herrn Lehrer [Georg] Minst, an Naturalien an Herrn Lehrer [Johann] Meier. – Die Gaben werden auf Wunsch veröffentlicht.[5]

Für das Komitee:

Dok. 39
Die Triesner Gemeindeversammlung wählt in Ausübung des der Gemeinde zustehenden Präsentationsrechtes für die dortige Pfarrpfründe den bisherigen Kooperator Peter Oswald Bast zum neuen Pfarrer

Teils maschinenschriftliches, teils handschriftliches Protokoll der Regierung, gez. Landesverweser Karl von In der Maur, Schriftführer Josef Ospelt, Landesvikar Johann Baptist Büchel, Triesner Gemeindevorsteher Luzius Gassner sowie Wahlkommissäre Raimund Tschol und Arnold Erne (Erni)[1]

6.4.1913, Triesen

Protokoll
aufgenommen durch die fürstl. liechtensteinische Regierung zu Vaduz im Schulhause zu Triesen am 6. April 1913
Gegenwärtig: Unterfertigte.

---

4   Im Begleitschreiben von Lokalagent Anton Real zur Schadensanzeige an den Tiroler Landesausschuss bzw. die Tiroler Landes-Brandschadenversicherungsanstalt in Innsbruck vom 24.3.1913 ist von 4 Totalschäden und 5 Teilschäden an Mobilien die Rede (LI LA RE 1913/0977 ad 0037). Der Tiroler Landesausschuss teilte der liechtensteinischen Regierung am 9.4.1913 mit, dass die tirolischen Landeskassa den (versicherten) Brandgeschädigten im Wege der liechtensteinischen Regierung 12'978 Kronen aus dem Gebäude-Brandversicherungsfonds und 3497 Kronen aus dem Mobilienbrandversicherungsfonds auszahlen werde (LI LA RE 1913/1195 ad 0037 (Aktenzeichen des Tiroler Landesausschusses: Zl. 1304/Ass/3)).
5   Fürst Johann II. spendete 2000 Kronen für die Brandgeschädigten in Triesen. Dieser Betrag wurde von der fürstlichen Regierung im Einvernehmen mit der Triesner Gemeindevorstehung und dem Hilfskomitee in Triesen verteilt (L.Vo., Nr. 16, 18.4.1913, S. 1 («Fürstliche Spende»)).

1   LI LA RE 1913/1124 ad 0469. Eingangsstempel der Regierung vom 6.4.1913. Vgl. L.Vo., Nr. 15, 11.4.1913, S. 1 («Pfarrerwahl»).

Gegenstand ist die Wahl eines Pfarrers für Triesen,[2] zu welchem Zwecke im Sinne des § 41 Punkt 5 des Gemeindegesetzes[3] für heute Nachmittag 3 Uhr eine Gemeindeversammlung in das Schulhaus in Triesen einberufen worden ist.

Von den in der Gemeinde wohnhaften 192 stimmberechtigten Gemeindegliedern[4] sind 164 zur heutigen Wahlhandlung erschienen.

Über Wunsch der Gemeindevertretung von Triesen ist von einer Konkursausschreibung[5] behufs Besetzung der Pfarrpfründe Triesen im Einvernehmen mit der kirchlichen Behörde abgesehen worden.[6]

Als Vertrauensmänner für die Wahlhandlung sind bestellt worden Raimund Tschol, Arnold Erne, Ortsvorsteher Gassner, ferner wohnte der Herr bischöfl. Landesvikar Kanonikus Büchel über Einladung der fstl. Regg. dem Wahlakte bei.

Nach dem Ergebnisse des vorgenommenen Skrutiniums entfielen von 164 Stimmen auf den gegenwärtigen Kooperator Herrn Peter Bast 154 Stimmen, während 10 Stimmzettel keinen Namen enthielten u. als leer abgegeben zu betrachten sind.

Herr Kooperator Bast erscheint demnach von der Gemeinde Triesen mit überwiegender Mehrheit zum Pfarrer gewählt u. es wird sonach das Ergebnis der Wahl im amtlichen Wege durch die fstl. Regierung dem hochw. bischöfl. Ordinariate in Chur bekannt gegeben werden.[7]

---

2   Wie aus dem Schreiben des bisherigen Pfarrers Fridolin Hauser an die Regierung vom 11.2.1913 hervorgeht, war dieser vom Churer Bischof Georg Schmid von Grüneck zum Pfarrer von Männedorf im Kanton Zürich ernannt worden und hatte infolgedessen auf Ende Monat auf die Pfarrpfründe Triesen verzichtet (LI LA RE 1913/0469). Kooperator Peter Bast wurde hierauf vom bischöflichen Ordinariat mit Wirkung vom 24.2.1913 zum Pfarrprovisor bestellt (Schreiben von Bast an die Regierung vom 24.2.1913 unter LI LA RE 1913/0634 ad 0469).

3   Nach § 41 Ziff. 5 des Gemeindegesetzes vom 24.5.1864, LGBl. 1864 Nr. 4, wurde eine Gemeindeversammlung einberufen, wenn es sich um die Besetzung einer Pfründe handelte, deren Präsentationsrecht einer Gemeinde zustand. – Am 2.12.1863 war das Patronatsrecht für die Pfarrei zum Hl. Gallus von Fürst Johann II. an die Gemeinde Triesen übertragen worden.

4   Vgl. die von der Gemeindevorstehung Triesen erstellte Liste der Wahlberechtigten (Beilage zu LI LA RE 1913/1124 ad 0469).

5   Konkurs meint hier nicht Zahlungsunfähigkeit, sondern ein Verfahren bei der Bewerbung um kirchliche Ämter.

6   Zufolge Verabredung zwischen dem bischöflichen Landesvikar Johann Baptist Büchel und der Gemeindevertretung Triesen vom 9.3.1913 wurde auf den 16.3. eine Gemeindeversammlung einberufen, auf der entschieden werden sollte, ob die vakante Pfarrstelle auszuschreiben sei. Von den 159 Anwesenden stimmten jedoch lediglich 24 Personen für eine Ausschreibung, während 135 für die Bestellung von Bast zum Pfarrer votierten (Schreiben von Gemeindevorsteher Luzius Gassner an die Regierung vom 17.3.1913 unter LI LA RE 1913/0901 ad 0469 (Aktenzeichen der Gemeindevorstehung Triesen: N. 139)).

7   Vgl. das Schreiben von Landesverweser In der Maur an das bischöfliche Ordinariat vom 8.4.1913 (LI LA RE 1913/1124 ad 0469). Dieses antwortete der Regierung am 12.4.1913, dass der Churer Bischof mit dieser Wahl einverstanden sei und dem Gewählten die kirchliche Admission erteilen werde, sobald der von Landesvikar Büchel zu entwerfende Pfrundbrief für das Pfarrbeneficium in Triesen genehmigt worden sei (LI LA RE 1913/1200 ad 0469). Die Pfarrinstallation von Peter Bast fand schliesslich am 4.5.1913 statt (LI LA RE 1913/1348 ad 0469).

Dok. 40
Statuten der Marianischen Jungfrauenkongregation in Schaan

Handschriftliche Statuten, gez. Pfarrer Josef Büchel[1]

1.5.1913, Schaan

Statuten der Marianischen Jungfrauenkongregation in Schaan

§ 1 Zweck der Congregation

Die Marianische Congregation hat den Zweck, die Mutter Gottes in besonderer Weise zu verehren, um durch eifrige Nachahmung ihres Beispieles ihren Schutz in erhöhtem Masse zu verdienen, um so leichter vor Verirrungen bewahrt zu bleiben.

§ 2 Organisation

Die Marianische Congregation ist keine Bruderschaft, in der die Mitglieder nur lose miteinander verbunden sind, sondern ein Verein, der von einem Vorstande nach bestimmten Regeln geleitet wird.

§ 3 Vom Vorstand

Den Vorstand bilden die Präfektin, zwei Assistentinnen, die Sekretärin und fünf Rätinnen. An der Spitze des Vorstandes steht der Ortspfarrer als Präses, der vom Bischof mit diesem Amte betraut wird.

§ 4 Von den Mitgliedern

Die Mitglieder versammeln sich jeden Monat einmal in der Pfarrkirche zu einem Vereinsgottesdienste, bestehend aus einer kurzen Ansprache, Liedern, Gebeten und sakramentalem Segen. Monatlich einmal empfangen sie die hl. Sakramente.

Mitglied kann jede in Schaan wohnende Jungfrau werden, die einen unbescholtenen Ruf und das vorgeschriebene Alter – nicht unter 14 und nicht über 35 Jahre – hat. Überdies ist bei Minderjährigen[2] die Zustimmung der Eltern bzw. Vormünder erforderlich.

Vor der Aufnahme in den Verein ist eine Probezeit durchzumachen, die nicht kürzer als 3 Monate und nicht länger als 1 Jahr sein soll. Während dieser Zeit haben die Kandidatinnen die Vereinsversammlungen zu besuchen und durch ein sittsames Betragen ihre Würdigkeit zu erweisen.

Bei der feierlichen Aufnahme erhalten sie ein Vereinsbüchlein, Diplom und Medaille und erlegen dafür 2 Kronen. Jährlich werden zwei hl. Messen für alle Mitglieder gelesen und nach dem Tode eines Mitgliedes werden für dasselbe mehrere hl. Messen gehalten, wozu jedes Mitglied 20-30 Heller opfert.

Auszuschliessen sind Personen, deren sittliches Betragen nicht lobenswert ist und dem Vereine zur Unehre gereichen würde, ferner solche, die häufig und ohne hinreichenden Grund die Versammlungen versäumen oder sich gegen den Vorstand des Vereins in Sachen des Vereins widerspenstig zeigen.

§ 5 Über die Wahl des Vorstandes

Die Wahlen sind jedes Jahr vorzunehmen; der Tag wird vom Präses bestimmt, der auch die Wahlen leitet. Die Wahlen sind frei und jedes Mitglied hat aktives und passives

---

1 LI LA RE 1913/1081 ad 596. Stempel das katholischen Pfarramts Schaan. Die Jungfrauenkongregation berief sich zunächst darauf, dass sie ein rein kirchlicher Verein sei und wollte daher die Statuten der Regierung nicht zur Genehmigung vorlegen. Die Regierung bestand aber auf einer Genehmigung, da der Verein auch an Rechtsgeschäften (z.B. Bau eines Vereinshauses) beteiligt sei. Die Genehmigung durch die Regierung erfolgte am 29.5.1913 (Regierungsstempel und Unterschrift von Landesverweser Karl von In der Maur).

2 «bei Minderjährigen» nachträglich mit roter Tinte eingefügt (vermutlich von der Regierung).

Wahlrecht. Die Präfektin kann nur durch 2 Jahre nacheinander ihr Amt innehaben. Nach Ablauf dieser Zeit muss wenigstens für ein Jahr eine andre Präfektin gewählt werden. Die Wahlen werden alle geheim vorgenommen mittelst Stimmzetteln.

§ 6 *Besondere Regeln für den Vorstand*

Alle Vorstandsmitglieder sollen auf die Beobachtung der Regeln achten und den übrigen Mitgliedern in jeder Hinsicht ein gutes Beispiel geben. Sie unterstehen der Leitung des Präses.

Bei Mitteilungen an den Präses haben sie sich vor Anklägerei und Verdächtigungen zu hüten und es besonders zu vermeiden, in Familienangelegenheiten sich einzumischen.

Die Versammlung des Rates beruft der Präses in wichtigen Angelegenheiten.

Die Präfektin hat die Anmeldung der Kandidatinnen entgegenzunehmen, bei den Versammlungen die vorgeschriebenen Gebete zu verrichten und mit den übrigen Mitgliedern des Rates über den guten Ruf des Vereins und seiner Mitglieder zu wachen.

Die Sekretärin hat das Protokoll über die Beschlüsse des Rates zu führen, besondere Vorkommnisse im Vereinsbuche einzutragen, die Opfergelder und sonstige allfällige Einnahmen sowie die Ausgaben des Vereins zu registrieren und das Verzeichnis der Mitglieder zu führen.

Präfektin und Sekretärin unterschreiben mit dem Präses die Aufnahmsdiplome.

§ 7 *Auflösung*[3]

Die Auflösung des Vereins erfolgt durch Beschluss der Generalversammlung, welche gleichzeitig über ein zur Zeit der Auflösung allfällig vorhandenes Vermögen verfügt.

Der zuletzt amtierende Präses hat die erfolgte Auflösung der Kongregation der fürstlichen Regierung schriftlich anzuzeigen.

Dok. 41
Das Innendepartement des Kantons Graubünden verhängt auf Ersuchen der liechtensteinischen Regierung eine Weidesperre für das Vieh in der Gemeinde Fläsch

Maschinenschriftliches Schreiben des Departements des Innern und der Volkswirtschaft des Kantons Graubünden, Unterschrift unleserlich, an die liechtensteinische Regierung[1]

14.5.1913, Chur

In Beantwortung Ihrer Zuschrift vom 12. dies[2] an die Regierung des Kantons Graubünden, beehren wir uns, Ihnen mitzuteilen, dass in Fläsch die nötigen Massregeln zur Til-

---

3   § 7 betr. Auflösung des Vereins wurde nachträglich hinzugefügt (wie aufgrund der Handschrift zu vermuten ist von Landesverweser In der Maur). Er ist mit anderer Tinte geschrieben und steht nach der Unterschrift des Pfarrers und dem Stempel des Pfarramtes, aber vor dem Genehmigungsvermerk der Regierung.

1   LI LA RE 1913/1508 ad 0004/1389. Eingangsstempel der Regierung vom 15.5.1913. Handschriftlicher Vermerk von Regierungssekretär Josef Ospelt vom selben Tag über die Kenntnisgabe des Schreibens an den Ortsvorstand in Balzers.

2   Vgl. LI LA RE 1913/1481 ad 0004/1389: Diesem Schreiben zufolge hatte der Ortsvorstand von Balzers bei der liechtensteinischen Regierung vorgebracht, dass in der benachbarten Bündner Gemein-

gung der Maul- u. Klauenseuche getroffen worden sind und dass dieselben streng durchgeführt werden.

Vorläufig wird der Weidegang der Tiere in dort nicht erlaubt und wird dieser Weidegang erst dann Platz greifen, wenn eine Gefahr der Weiterverbreitung der Seuche, nicht nur nach Auswärts, sondern im Dorfe selbst und in der Nachbarschaft ausgeschlossen ist.[3]

Mit vorzüglicher Hochachtung
Das Departement des Innern

Dok. 42
Landesverweser Karl von In der Maur wird im Landtag wegen seiner Haltung zum Lawenawerkprojekt scharf angegriffen

Handschriftliches Protokoll der Landtagssitzung, gez. Schriftführer Alfons Feger und Emil Wolfinger[1]

4.12.1913

Bevor in die 2. Lesung des Landesvoranschlages eingetreten wurde, brachte Abg. *[Friedrich] Walser* folgende Äusserungen zur Verlesung:[2] Die Stellung des Herrn Reg.chefs [Karl von In der Maur] zum Lawena-Wasserkraft-Projekt steht im Widerspruche mit dem vorjährigen Landtagsbeschlusse[3] und mit der Ansicht des grössten Teiles unserer Bevölkerung. Die fstl. Regierung hat die Verhandlungen mit der Gemeinde Triesen nicht zum Abschlusse gebracht und dem Landesausschusse davon keine Mitteilung gemacht, dass die Ausführung des Projektes in Auftrag gegeben wurde. Auf die Interpellation in der letzten Sitzung haben wir den Rat bekommen, die Ausführung des geplanten Wer-

---

2   de Fläsch in mehreren Gehöften die Maul- und Klauenseuche ausgebrochen war und trotzdem die Absicht bestand, im Laufe der Woche den Weidetrieb mit Klauentieren auf die an das Gebiet der Gemeinde Balzers anstossenden Weiden aufzunehmen, wodurch die grosse Gefahr einer Verschleppung der Seuche in das Gebiet der Gemeinde Balzers und damit in das Gebiet des Fürstentums Liechtenstein bestand. An die Regierung des Kantons Graubünden erging daher das Ersuchen, «unverweilt» einen Weidetrieb mit Klauentieren aus den verseuchten Ortschaften in die Nähe der Grenze der Gemeinde Balzers zu unterbinden
3   Der Balzner Ortsvorsteher Emil Wolfinger bedankte sich mit Schreiben vom 19.5.1913 für die Bemühungen der liechtensteinischen Regierung (LI LA RE 1913/1558 ad 0004/1389). Vgl. auch die Befürchtungen in Bezug auf die Verschleppung der Maul- und Klauenseuche aus Graubünden nach Liechtenstein im Gefolge der Sömmerung des liechtensteinischen Viehs auf den Alpen in: L.Vo., Nr. 25, 20.6.1913, S. 1-2 («Alpfahrt»). Bereits am 25.6.1913 wurde auf der liechtensteinischen Alpe Gapfahl der Befall mit der Viehseuche konstatiert.

1   LI LA LTA 1913/S04/2. Ebd. eine maschinenschriftliche Abschrift.
2   Eine vollständige Wiedergabe der Wortmeldung Walsers wurde dem Protokoll beigeheftet (LI LA LTA 1913/S04/2, Äusserung des Abgeordneten Fr. Walser in der Sitzung vom 4.12.1913).
3   Der Landtag hatte am 5.12.1912 die Regierung beauftragt, mit der Gemeinde Triesen Verhandlungen aufzunehmen wegen der Nutzung der Wasserkraft im Lawenatal und nach Abschluss der Verhandlungen im Einvernehmen mit dem Landesausschuss das weitere Vorgehen zu veranlassen (LI LA LTA 1912/S04/2).

kes dem Privatkapital zu überlassen und mit dem Feldkircher Stadtwerke abzuschliessen.[4] Diese Ratschläge bekommen wir, bevor uns ein Projekt oder eine Berechnung für dieses Werk vorgelegt wird.

Im Landtage wurde letzthin hervorgehoben, wie wohltätig unsere Sparkasse wirke bei dem Umstande, dass sie ein Landes- und kein Privatinstitut sei. Dies wird anerkannt und auch als selbstverständlich angenommen, dass der Ausbau eines für uns höchst notwendigen Kraftwerkes durch das Land und nicht durch ausländisches Privatkapital zu geschehen habe, welche Tendenz in der ganzen Welt verfolgt werde. Bei uns soll das Zustandekommen eines solchen längst ersehnten Werkes durch den Vertreter der Regierung verhindert werden, wie seinerzeit die Fortführung der Eisenbahn durch unser Land hinauf durch einen unverantwortlichen Ratgeber unseres Fürsten [Johann II.] verhindert worden ist.[5] Der Landtag hat die Pflicht, gegen diesen Standpunkt der fürstl. Regierung zu kämpfen und wir sind deshalb gezwungen, nicht auf die Abstimmung zum Landesvoranschlage einzugehen.

Ich stelle deshalb den Antrag, die Zustimmung zum Landesvoranschlage und Finanzgesetze für das Jahr 1914 zu verweigern, wenn der Herr Regierungschef nicht eine ausdrückliche bindende Erklärung dahin abgibt, dass das Projekt über das Lawenakraftwerk noch diese Session dem Landtage vorgelegt wird und zur Behandlung kommt und dass für den Fall, als die Mehrheit des Landtages den Bau dieses Wasserwerkes beschliesst, die fstl. Regierung der Ausführung kein Hindernis in den Weg legt. Ich bin mir der Folgen meines Antrages voll und ganz bewusst; ich anerkenne die Verdienste, die sich der H. Kabinettsrat um unser Land erworben hat; ich kann aber nicht begreifen, warum die Regierung die Sache hinausschieben will.

Abg. [Alfons] Brunhart liest vor: Die Römer bauten Strassen; bei den Buschmännern in Afrika baut man Eisenbahnen; der Elektrizität gehört die Zukunft; vor Jahren hat man sich an unserm Volke schwer versündigt, indem man den Bau der Eisenbahnen direkt verhinderte oder deren Bedeutung vielleicht nicht einsah. Ich erhebe bittend und warnend meine Stimme: der Bau des Lawenawerkes ist das Fundament jeder weitern Entwicklung. Tram, Schmal- oder breitspurige Bahnen werden und müssen kommen, wenn einmal die Kraft da ist. Ich muss lachen, wenn man davon spricht, die Sache rentiere nicht; auch bei einem anfänglichen allfälligen Defizit ist der indirekte Nutzen ein grosser – für alle Zukunft ist gesorgt. Das Land muss das Geld hergeben; es erfüllt dabei eine heilige Pflicht, jetzt oder nimmermehr. Für den Kauf österr. Staatspapiere wird niemand zu haben sein. Der sofortige Bau ist eine zwingende Notwendigkeit in diesem arbeitslosen Winter; wir sind ein Bauvolk und im Auslande gesucht; ich glaube mein Pflicht getan zu haben, wenn ich meine und wie ich glaube auch meiner Wähler Ansicht zum Ausdruck gebracht zu habe.

Der *Herr Reg.chef*: Ich bin überrascht von diesen wohlvorbereiteten Reden; ich protestiere gegen die masslosen und ungerechten Angriffe des Abg. Walser und weise seine Anschuldigungen zurück. Ich habe im April 1913 dem Landesausschusse die Ergebnisse der Verhandlungen mit der Gemeinde Triesen vorgelegt[6] und im Mai die Angelegenheit dem Ing. Fussenecker [Arnold Fussenegger] in Feldkirch in Auftrag gegeben;[7] aus den vorliegenden Akten kann ich die ungerechten Vorwürfe Walsers entkräften. – Der H. Reg. chef holt die bezgl. Akten und bringt bezügliche Daten zur Verlautbarung. – Wer Einsicht

---

4   Der Landtag hatte die Frage des Lawenawerks bereits am 1.12.1913 im Rahmen der ersten Lesung des Voranschlags für 1914 behandelt (LI LA LTA 1913/S04/2).
5   Die ablehnende Haltung des Fürsten zu den Bestrebungen, die Eisenbahnverbindung von Feldkirch in die Schweiz durch Liechtenstein nach Sargans zu führen, ging angeblich auf den Einfluss seines Beraters Clemens von Westphalen zurück.
6   LI LA V 011/008, Aktennotiz In der Maur, 21.4.1913.
7   LI LA V 011/008, Aktennotiz In der Maur, 9.5.1913.

hat, weiss, dass für solche Arbeiten Zeit nötig ist; die Aufnahmen sind Witterungsverhältnisse halber verzögert worden und dass das Projekt heute nicht vorliegt, ist nicht meine Schuld; sowie es eintrifft, werde ich es zur Behandlung vorlegen; es erscheint mir bedenklich, eine voraussichtlich grosse Summe Geldes in dieses Werk zu stecken; die Leute können Licht und Kraft zu gleichen Preisen erhalten, ohne ein so grosses Kapital anzulegen; die Regierung ist keine Stelle für kommerzielle Unternehmungen und das Land könnte schlechte Erfahrungen machen. Bei Verweigerung des Budgets kann auch die Notstandsfrage nicht gelöst werden.

Der *Herr Präsident [Albert Schädler]*: In der letzten Sitzung ist die Anfrage gestellt worden, ob das Lawenawerk heuer noch zur Verhandlung komme; Schaan stehe im Begriffe an Feldkirch anzuschliessen und Balzers habe Angebote vom Albulawerk;[8] der Landtag kann diese Sache nicht übergehen und würde sich einer Pflichtvergessenheit schuldig machen, wenn man trotz der eigenen Kräfte im Land ins Ausland betteln ginge. Die Regierung will die Angelegenheit nicht verhindern, sondern werde sofort das Projekt vorlegen, wenn dasselbe eingegangen, was bald geschehen dürfte. Walser will das Werk fördern, aber sein Antrag ist zu scharf gehalten. Über das Budget soll erst abgestimmt werden, wenn die Lawenafrage behandelt ist. Von der Regierung wurde betont, dass sie den Betrieb eines solchen Werkes nicht übernehmen könne; die Regierung ist tatsächlich mit Arbeit überlastet. Eine Überprüfung des Projektes wird ergeben, ob eine Rendite in Aussicht steht; ist dies der Fall, sollte das Land, statt ins Ausland zu gehen, zugreifen. Der Widerstand der Regierung würde sich wohl heben lassen dadurch, dass ein aus praktischen Leuten zusammengesetzter Verwaltungsrat bestellt würde, welcher dem Landtage und der Regierung verantwortlich wäre. Zunächst muss aber Material vorliegen; ich lege Wert darauf, dass die Sache heuer noch zur Behandlung gebracht wird.

Der Antrag, die 2. Lesung des Budgets jetzt vorzunehmen, die Abstimmung aber auf später zu verschieben, wird mit allen gegen 2 Stimmen angenommen.

Dok. 43
Regierungssekretär Josef Ospelt informiert Hermann von Hampe, Leiter der Hofkanzlei, über den Tod und die Beisetzung von Landesverweser Karl von In der Maur

Maschinenschriftliches Schreiben von Regierungssekretär Josef Ospelt, gez. ders., an Hermann von Hampe, Vorstand der Hofkanzlei in Wien[1]

16.12.1913

Euer Hochwohlgeboren, hochgeehrter Herr Hofrat!
Mit Bezug auf das telephonische Gespräch, das *Euer Hochwohlgeboren* heute Vormittag mit mir zu führen die Güte hatten, beehre ich mich, im Anschlusse eine Abschrift des nach dem Tode des Herrn fstl. Kabinettsrates [Karl] v. *In der Maur* in dessen Zimmer

---

8 Vgl. LI LA LTA 1912/S04/2, Landtagsprotokoll vom 1.12.1913. Mit dem Albulawerk dürfte das 1906-1910 errichtete Kraftwerk der Elektrizitätswerke der Stadt Zürich mit Zentrale in Sils (Domleschg) gemeint sein.

1 LI LA SF 01/1913/077. Der Adressat des Schreibens geht aus dem Antwortschreiben hervor (LI LA SF 01/1913/080, Hampe an Ospelt, 18.12.1913).

vorgefundenen Berichtsentwurfes über seine Krankheit[2] und einen Bericht des Herrn fstl. Landesphysikus Dr. [Felix] Batliner in Vaduz über die Krankheit und den Tod des Herrn Kabinettsrates[3] ergebenst zu unterbreiten und hiebei Folgendes mitzuteilen:

Am 4. d.M. hatte zu Beginn der Landtagssitzung der Abgeordnete [Friedrich] Walser aus Schaan wegen der vom Landtage gewünschten Errichtung eines Elektrizitätswerkes in Triesen unter Ausnützung des Lawenawassers gegen den Regierungskommissär Herrn Kabinettsrat v. In der Maur eine masslose und ungerechte Rede gehalten, deren Schlussantrag, Verweigerung des Budgets für den Fall, als die Regierung [die] Angelegenheit des genannten Werkes nicht rasch fördere, allerdings von dem Landtagspräsidenten Dr. [Albert] Schädler dann bedeutend gemildert wurde, indem der Präsident den Antrag Walsers so zu wenden verstand, dass nur die Abstimmung über das Budget verschoben werden solle. Herr Kabinettsrat hatte dem Abgeordneten Walser entgegnet, dass seine Angriffe masslos und ungerecht seien und hat dem Landtag an Hand der Akten mitgeteilt, dass die Regierung in der gegenständlichen Angelegenheit ihre Pflicht getan habe.[4] Im weiteren Verlauf der Sitzung habe Herr Kabinettsrat, wie er mir nachher sagte, ganz ruhig gesprochen und besonders auch über die Kurort- bzw. Spielbankfrage Aufschluss gegeben. So gegen 12 Uhr sind dann Übelkeit und Krämpfe aufgetreten. Wenn nun auch zwischen der hier allgemein missfällig aufgenommenen Rede Walsers und dem Ausbruch der Krankheit beiläufig 2 Stunden verflossen waren, so glaube ich doch, dass die Rede Walsers und die durch sie hervorgerufene Erregung zum Ausbruch der Krankheit wenigstens beigetragen hat!

Ich habe dann den Herrn Kabinettsrat in seinem Krankenzimmer bis einschliesslich 10. d.M. an den meisten Tagen zweimal, an zwei oder drei Tagen einmal besucht. Hiebei hatte ich den Eindruck, dass der geschilderte Vorgang im Landtag auf sein Gemüt nachwirke. Im Übrigen führte Herr Kabinettsrat bei diesen Besuchen meistens längere oder kürzere Gespräche, erkundigte sich nach den Geschäften, liess sich mehrfach Akten vorlegen, beauftragte mich, ihn bei zwei Sitzungen der Finanzkommission des Landtages zu vertreten; kurz er machte nicht den Eindruck eines gefährlich Kranken. Am 8. d.M. äusserte er die Absicht, mir einen Bericht an Seine Durchlaucht [Johann II.] über seine Erkrankung zu diktieren und ersuchte mich, zu diesem Zwecke am anderen Tage zu ihm zu kommen. Am 9. d.M., als ich in das Krankenzimmer kam, führte Herr Kabinettsrat ein recht angeregtes längeres Gespräch mit mir und sagte, dass er den Bericht an Seine Durchlaucht am anderen Tage diktieren werde. Am gleichen Tage besuchte ich Herrn Kabinettsrat Abends wieder, fand ihn aber etwas weniger gut, als vormittags. An diesem Abende traten dann auch später die Krämpfe sehr stark auf und als ich ihn andertags wieder besuchte, schilderte er das Durchgemachte vom Vorabend als schrecklich; trotzdem schien er wieder verhältnismässig gut sich zu befinden. An diesem Tage, den 10. d.M. erfuhr ich nun gelegentlich einer Finanzkommissionssitzung von Sanitätsrat Dr. Schädler, dass die Krampfanfälle vom Vorabend sehr bedenklich gewesen seien, von Lebensgefahr infolge des allgemeinen Zustandes sprach Dr. Schädler jedoch nichts. Ich wurde durch die Andeutungen Dr. Schädlers sehr beunruhigt und ersuchte den die eigentliche Behandlung führenden Dr. Batliner um Auskunft, wie ich dies schon vorher getan hatte. Da mir Dr. Batliner am Morgen des 11. d.M. früh erklärte, dass Dr. [Paul] Beck aus Wallenstadt herangezogen werden solle, glaubte ich mit einem Berichte an die hochlöbliche Hofkanzlei zuwarten zu sollen, bis die Diagnose Becks bekannt sei. Diese

---

2   LI LA SF 01/1913/077, In der Maur an Johann II., 10.12.1913.
3   LI LA SF 01/1913/077, Krankheits-Bericht von Felix Batliner, 16.12.1913.
4   LI LA LTA 1913/S04/2, Landtagsprotokoll vom 4.12.1913.

erfuhr ich am 11. d.M. nachmittags 2 Uhr und bald hiernach sandte ich das Telegramm über die Erkrankung an die hochlöbliche Hofkanzlei.[5] Abends ½ 6 Uhr trat dann der Tod, ohne dass ich meinen hochverehrten Chef an diesem Tage noch lebend gesehen hatte, da Besuche tunlichst eingeschränkt wurden. Noch etwa eine Stunde vor Eintritt des Todes habe Herr Kabinettsrat zu Kanonikus [Johann Baptist] Büchel die Ansicht geäussert, dass er in etwa 3 Wochen wieder besser sein werde.

Von dem Ableben des Herrn Kabinettsrates habe ich ausser der hochlöblichen Hofkanzlei Seine Durchlaucht den Prinzen Franz sen. [von Liechtenstein] und Seine Durchlaucht den Prinzen Eduard [von Liechtenstein] und mehrere andere hochstehende Herren, die mit dem Verblichenen in engeren Beziehungen gestanden waren, telegraphisch verständigt.

Sodann habe ich amtliche Parte[6] anfertigen lassen, konnte aber mit der Versendung dieser erst beginnen, nachdem der Herr Leutnant [Gilbert] v. In der Maur aus Marburg hier eingetroffen war und wegen Überführung und Bestattung des Leichnams Verfügungen getroffen hatte.[7]

Die Teilnahme anlässlich des Hinscheidens des Herrn Regierungschefs ist hier sehr gross und auch von auswärts sind viele telegraphische und schriftliche Beileidsbezeugungen bei der fstl. Regierung eingetroffen.[8] Ich hebe nur besonders jene vom Grafen [Max von] Hardegg, vom Statthalter Grafen [Friedrich von] Toggenburg und vom Oberlandesgerichtspräsidenten Baron [Friedrich von] Call hervor. Der Bischof von Chur [Georg Schmid von Grüneck] hat ein Kondolenzschreiben geschickt und um Vermittlung des Ausdruckes seiner Teilnahme an Seine Durchlaucht ersucht; einen bezüglichen Bericht erlaube ich mir angeschlossen zur gefälligen Weiterleitung ergebenst zu übermitteln.[9]

Prächtige und sehr zahlreiche Kranzspenden und eine ganz ungewöhnliche Beteiligung am Leichenbegängnis bezeugten die allgemeine Liebe und Hochachtung, welche dem teuren Verblichenen entgegen gebracht wurde.

Bei der Leichenüberführung am Sonntag waren ausser den Angehörigen die fstl. Beamtenschaft, die Landtagsabgeordneten, viele Geistliche, die Lehrerschaft, die Gemeindevertretungen, mehrere Vereine und eine grosse Menge von Bewohnern des Landes und der Umgegend beteiligt. Das Kreisgericht in Feldkirch, die Bezirkshauptmannschaft, das Bezirksgericht und die Finanzbezirksdirektion in Feldkirch waren durch ihre Vorstände[10] vertreten.

Über die Feier in Innsbruck, von welcher wohl die Herren Sektionsräte [Zdenko] Hussa und [Heinrich] Pawelka mündlich berichtet haben werden, möchte ich nur anführen, dass an derselben ausser den Angehörigen des Verblichenen aus Liechtenstein eine Abordnung des Landtages und der Geistlichkeit, mehr als die Hälfte der Staatsbeamten, Vertretungen der Lehrer und der Gemeindevorstehungen u.s.f., aus Innsbruck der Statthalter, der Oberlandesgerichtspräsident, der Vorstand der Postdirektion [Emil von Klebelsberg], jener der Staatsbahndirektion, Hofrat [Franz] v. Wieser und eine ganze Reihe anderer Herren teilnahmen.

---

5   LI LA SF 01/1913/074, Telegramm Ospelt an Hofkanzlei, 11.12.1913.
6   LI LA SF 01/1913/ad 75.
7   In der Maur hatte in seinem Testament den Wunsch geäussert, in der Familiengruft der von Martini in Innsbruck beigesetzt zu werden (LI LA SF 01/1913/ad 81, Wilhelm Tschögl an Ospelt, 12.12.1913).
8   Vgl. LI LA SF 01/1913/081.
9   LI LA SF 01/1913/076, Bischof Georg Schmid von Grüneck an Regierung, 13.12.1913; Bericht Ospelt an Johann II., 16.12.1913.
10 Wohl Alois Juffmann, Rudolf von Ferrari, Olivier Ender und Andreas Federa.

Am nächsten Donnerstag findet hier die erste Bestattnis in der Pfarrkirche statt, zu welcher ich amtliche Einladungen ausgegeben habe.[11]

Durch den Heimgang des Herrn Kabinettsrates v. In der Maur ist wohl kaum jemand stärker betroffen worden, als ich, der ich ihn in meiner 16jährigen Dienstzeit und besonders in meiner dreijährigen Verwendung auf meinen Posten als Regierungssekretär als edlen und gerechten Vorgesetzten hochschätzen und wie einen Vater verehren lernte, von dem ich aber auch manchen Beweis seines besonderen Wohlwollens empfangen habe. Möge ihm für all das Gute und Edle, was er meinem kleinen Vaterlande und was er mir und so vielen Anderen erwiesen hat, im besseren Jenseits reiche Vergeltung zu teil werden.

Gestatten Herr Hofrat, dass ich noch einige amtliche Angelegenheiten kurz berühre.

Der Herr Kabinettsrat hatte, nachdem die neue Strafprozessordnung vom Landtage angenommen und die Reinschrift verfasst worden war,[12] mit der Ausarbeitung eines Berichtes an Seine Durchlaucht begonnen, konnte diesen jedoch nicht mehr fertig stellen. 7 Seiten dieses Konzeptes habe ich auf seinem Schreibtische gefunden.[13] Nach Rücksprache mit Herrn Landrichter Dr. [Franz Josef] Erne möchte ich mir die Anfrage erlauben, ob ich dieses Gesetz nebst einer Abschrift des erwähnten angefangenen Berichtes und einem entsprechenden Begleitbericht zur Vorlage bringen soll.

Das Finanzgesetz wird voraussichtlich am 18. d.M. vom Landtage angenommen werden[14] und sollte, da es mit 1. Jänner 1914 in Kraft treten soll, tunlichst bald der Höchsten Sanktion zugeführt werden, weshalb ich mir, wenn Euer Hochwohlgeboren nichts anderes verfügen, erlauben werde, das Finanzgesetz baldigst mit der Bitte um die Höchste Sanktion in Vorlage zu bringen.

Da ich durch [den] Tod meines hochverehrten Herrn Chefs ganz erschüttert und durch die mit diesem Todesfalle in Verbindung stehenden Angelegenheiten sowie durch viele Amtsgeschäfte ganz ungewöhnlich in Anspruch genommen bin, bitte ich, mich nachsichtig beurteilen zu wollen.

Genehmigen Herr Hofrat die Versicherung meiner ganz besonderen Hochachtung, womit ich mir erlaube zu zeichnen

Ew. Hochwgb.

ganz ergebenst

---

11 LI LA SF 01/1913/077a.
12 LI LA LTA 1913/S04/2, Landtagsprotokoll vom 8.11.1913; Gesetz vom 31.12.1913 betreffend die Einführung einer Strafprozessordnung, LGBl. 1914 Nr. 3.
13 LI LA RE 1913/3695 ad 40, Bericht an Johann II., o.D.
14 LI LA LTA 1913/S04/2, Landtagsprotokoll vom 18.12.1913; Finanzgesetz vom 31.12.1913 für das Jahr 1914, LGBl. 1914 Nr. 1.

Dok. 44
Die Hofkanzlei teilt dem Landesausschuss mit, dass Johann II. Leopold von Imhof zum neuen Landesverweser berufen hat

Maschinenschriftliches Schreiben der Hofkanzlei, gez. Hermann von Hampe, Leiter der Hofkanzlei, und Zentraldirektor Ferdinand Böhm von Bawenberg, an den Landesausschuss[1]

2.4.1914, Wien

In dem an Seine Durchlaucht, den regierenden Fürsten von und zu Liechtenstein [Johann II.], gerichteten Einschreiten vom 22. Dezember v.J.[2] hat der geehrte Landesausschuss im Namen der Bevölkerung des Fürstentumes Liechtenstein dem Wunsche Ausdruck verliehen, dass für das durch das beklagenswerte Ableben des verewigten Herrn Kabinettsrates [Karl] von In der Maur erledigte Amt des Landesverwesers ein Nachfolger berufen werden möge, welcher schon bei einem der dortigen Bevölkerung gleichartigen Volksstamme, also insbesondere in Vorarlberg oder Nordtirol tätig gewesen ist, weil in diesem Falle anzuhoffen sei, dass sich derselbe viel leichter in die Verhältnisse des Landes und der Bevölkerung einleben würde.

In Befolgung eines speziellen höchsten Auftrages Seiner Durchlaucht, des regierenden Fürsten, beehrt sich die gefertigte fürstliche Hofkanzlei zur Kenntnis zu bringen, dass Seine Durchlaucht diesem Wunsche nach Möglichkeit Rechnung zu tragen beabsichtigt hat und bemüht gewesen ist, für das erledigte Amt des Landesverwesers einen im politischen Dienste in Tirol oder Vorarlberg bereits betätigten und mit der dortigen Bevölkerung vertrauten Herrn zu gewinnen.

Wenn dessen ungeachtet die Wahl Seiner Durchlaucht auf einen Herrn Bewerber gefallen ist, welcher die spezielle Anforderung einer Betätigung im politischen Dienste in Tirol und Vorarlberg nicht für sich geltend zu machen in der Lage war, so lag die Ursache einesteils in dem Umstande, dass den Mitbewerbungen der in diesem speziellen Belange qualifizierten Herren Bewerber Hindernisse entgegengestanden haben, deren Beseitigung nicht im Bereiche der Möglichkeit lag, anderseits aber die Eigenschaften des für das Amt gewählten Herrn Bewerbers derartige sind, welche die Besorgnis, dass sich derselbe dem Charakter und der Eigenart der dortigen Bevölkerung nicht anzupassen oder in die dortigen Verhältnisse nicht einzuleben vermöchte – als ausgeschlossen erscheinen lassen.

Der gewählte Herr Amtsnachfolger war durch eine Reihe von Jahren im politischen Dienste in Salzburg unter einer Bevölkerung, welche jener in Nordtirol und Vorarlberg in vielen Beziehungen verwandt ist und kennt Tirol und dessen Bevölkerung aus wiederholten und zum Teile längeren Besuchen.

Zudem bietet derselbe andererseits nach dem übereinstimmenden Urteile seiner bisherigen Herren Amtsvorstände die Gewähr reger und treuer Pflichterfüllung und freundlicher Amtsbetätigung.

Indem die gefertigte Hofkanzlei der Erwartung und dem Wunsche Ausdruck gibt, dass der von Seiner Durchlaucht berufene Amtsnachfolger, der Herr k.k. Ministerial-

---

1   LI LA LTA 1914/S20. Aktenzeichen: 6116. Eine Abschrift unter LI LA RE 1914/1044.
2   LI LA RE 1913/4003 ad 3904.

sekretär Baron Leopold von Imhof, welcher demnächst in Vaduz einzutreffen gedenkt, sich recht bald des Vertrauens und der Zuneigung der Bevölkerung des Fürstentumes erfreuen möge und werde, zeichnet sich dieselbe mit der Versicherung der vorzüglichsten Hochachtung

Fürstlich Liechtenstein'sche Hofkanzlei

Dok. 45
Die Landesschulbehörden geben erstmals ein eigenes liechtensteinisches Lesebuch heraus

Meldung im «Liechtensteiner Volksblatt»[1]

13.6.1914

Schulwesen

Von der fstl. Landesschulbehörde wurde ein neues Lesebuch ausgegeben, welches zum Gebrauche in den Oberklassen der liechtensteinischen Elementar- und in den Fortbildungsschulen, in der Landesschule und in der Sekundarschule bestimmt ist. Das erste eigentliche Lesebuch wurde in unsern Schulen im Jahre 1858 eingeführt: Das Lesebuch von Albert Haesters[2], welches durch viele Jahre in Verwendung war und seines gediegenen Inhaltes wegen sich auch als Hausbuch einbürgerte. Da dieses Buch nicht mehr erhältlich war und eine veränderte Ausgabe desselben unsern Schulverhältnissen nicht entsprach, wurde zum «Lesebuch für die katholischen Volksschulen Württembergs»[3] gegriffen. Als dann auch dieses Buch im Buchhandel nicht mehr zu bekommen war, wurde der Vorschlag gemacht, ein unsern Schulverhältnissen entsprechendes Lehr- und Lernmittel zu verfassen und die Landesschulbehörde bestimmte zur Ausarbeitung des Lesebuches die Herren Schulkommissär Kanonikus [Johann Baptist] Büchel, [die] Oberlehrer [Martin Josef] Batliner, [Rudolf] Quaderer, [Josef] Frommelt und [Alfons] Feger, [sowie die] Lehrer [Georg] Minst und [Alois] Wohlwend.

Die Abschnitte: Die Heimat und die Geschichte unserer Heimat (letztere verfasst von Hrn. Landesvikar [Johann Baptist] Büchel), sowie das Bildnis unseres Landesfürsten [Johann II. von Liechtenstein], 10 weitere Fürstenbilder, 3 Bilder von fürstl. Schlössern in Österreich, das Wappen und das Bild des Schlosses Vaduz (in Farbendruck) geben dem Buche den Charakter eines *liechtensteinischen* Lesebuches.

Das 550 Seiten umfassende Buch enthält eine grössere Anzahl Original-Arbeiten der Komiteemitglieder; ein Teil des Inhaltes ist bewährten Schulbüchern entnommen und ein Teil sind Bearbeitungen von vorgelegenen Stücken. In dem Kapitel «Naturlehre» ist stets auf die neuesten Erfindungen hingewiesen. Eine besondere Sorgfalt wurde auch der Auswahl der Gedichte zugewendet. Bei der Zusammenstellung hat man sich vorgehalten, es solle das Buch nicht nur ein Schulbuch, sondern auch ein Familienbuch werden.

Papier und Einband sind solid und der Druck, hergestellt von der Buchdruckerei Kuhn in Buchs, ist tadellos.

---

1   L.Vo., Nr. 24, 13.6.1914, S. 1-2.
2   Haesters, Albert: Lehr- und Lesebuch oder der sinnliche und sittliche Anschauungsunterricht für die Mittelklassen katholischer Volksschulen. Essen 1864 (mehrere Auflagen).
3   Lesebuch für die katholischen Volksschulen Württembergs. Stuttgart, mehrere Auflagen ab 1862.

Dok. 46
Landesverweser Leopold von Imhof berichtet Fürst Johann II. über die Lage in Liechtenstein nach Beginn des Ersten Weltkriegs

Maschinenschriftliches Konzept mit handschriftlichen Korrekturen und Ergänzungen für einen Bericht von Landesverweser Leopold von Imhof, gez. ders., an Fürst Johann II.[1]

7.8.1914

Bericht des etz. [fürstlichen Landesverwesers] über die allgemeine Lage im Fürstentum
Euere Durchlaucht!

Die eingetretenen ausserordentlichen Ereignisse äussern auch auf das Fürstentum ihre Wirkung.

Die Sommergäste und Touristen haben das Land zum grössten Teile verlassen, die Alpenkurhäuser sind geschlossen und nur Gaflei beherbergt noch einige wenige Gäste. Die Verdienstgelegenheit, welche die Liechtensteiner sonst in der Schweiz gefunden haben, ist ins Stocken geraten. Die hiesigen Fabriken führen ihren Betrieb zwar noch in eingeschränktem Masse fort, dürften aber, wenn die allgemeine Spannung anhält, bald zur gänzlichen Einstellung desselben gezwungen werden.

Die Schweiz hat auch ihre Grenzen gegen Liechtenstein militärisch bewacht und an der Vorarlberger Grenze sind österreichischerseits entsprechende Absperrungsmassnahmen getroffen.

Die Befürchtung, dass verschiedene Individuen, welche von den Nachbarstaaten ausgewiesen werden oder sich aus irgendwelchen Gründen der behördlichen Kontrolle zu entziehen trachten, jetzt den Versuch unternehmen werden, in das Fürstentum einzudringen, hat mich zu verstärkten grenzpolizeilichen Massnahmen veranlasst.[2] Hienach habe ich den Betrieb der Rheinfähre bei Ruggell, zu deren Überwachung ich bei der geringen Zahl der mir zur Verfügung stehenden Kräfte Niemand abordnen konnte, in Anbetracht ihrer untergeordneten Bedeutung für den Verkehr eingestellt und dafür in verstärktem Masse für die Bewachung der 4 Rheinbrücken und der Eisenbahnbrücke bei Schaan Vorsorge getroffen. Um ein Eindringen verdächtiger Elemente von der Schweiz her über das Gebirge möglichst hintanzuhalten, habe ich den in der Churerhütte (ausserhalb Balzers gegen den Luziensteig), im Lawenatal und bei Steg im Saminatal dislozierten Finanzwachorganen eine entsprechende Zahl (2–4) verlässlicher Männer aus den dortigen Gemeinden zur Unterstützung beigegeben, welche nach den Weisungen der Finanzwachorgane vorzugehen und die dort in das Fürstentum führenden Wege und Pässe abzupatrouillieren haben.

Diese Heranziehung von Männern aus der Bevölkerung zum sicherheitspolizeilichen Dienste erwies sich schon insofern als nötig, als 16 Mann der hier stationierten Finanzwache zum Militärdienste einrücken mussten, welcher Abgang unter den gegenwärtigen Verhältnissen unbedingt in anderer Weise gedeckt werden musste.

---

1 LI LA RE 1914/2156 ad 2131. Die Reinschrift des Texts wurde am 8.8.1914 durch Regierungskanzlist David Strub verfertigt.
2 Vgl. LI LA RE 1914/2132 ad 2131, Regierung an Gemeindevorstehungen Balzers, Triesen und Triesenberg, 5.8.1914.

Ich kann bei diesem Anlasse nicht unterlassen, die ausserordentlich einsichtige und eifrige Mitwirkung des hiesigen Finanzwachkommissärs Edelbert Fritz bei der Durchführung der erforderlichen Sicherheitsmassnahmen auf das lobendste hervorzuheben.

An der Grenze gegen Vorarlberg erschienen mir besondere Massregeln vorläufig nicht geboten, da es sich dort mit Rücksicht auf die von Österreich geübte strenge Kontrolle mehr um die Abhaltung solcher Elemente handelt, welche, wie herumziehende Truppen oder Schausteller, dem Lande zur Last fallen könnten. Zu diesem Zwecke reichen die Ortspolizisten und Landweibel, an welche ich die entsprechenden Weisungen ergehen liess, voraussichtlich aus.

Dagegen glaubte ich unter den jetzigen Verhältnissen für die Kunstsammlungen des Schlosses Vaduz erhöhte Vorsichtsmassnahmen treffen zu sollen, weshalb ich vorbehaltlich der Genehmigung *Eurerer Durchlaucht* für dasselbe schon jetzt provisorisch einen Nachtwächter bestellte.

Den verschiedenen im Lande auftretenden beunruhigenden Gerüchten bin ich in einem an alle Gemeinden gerichteten Erlasse, von welchem ich mir ein Exemplar ehrerbietigst beizuschliessen gestatte, entgegengetreten.[3]

Bei dem geringen Stande der vorhandenen Barmittel (bei der Landeskasse und fürstlichen Rentkasse[4] zusammen rund 27'000 K., wovon der grösste Teil von der fstl. Rentkasse) und der zu besorgenden Schwierigkeit, in nächster Zeit Bargeld heranzuziehen, scheint es mir geboten, alle nicht unbedingt nötigen Auslagen zu vermeiden. Ich habe daher auch die Arbeiten beim Schlosse Vaduz, soferne denselben keinerlei Dringlichkeit zukommt, einstellen lassen und den Baumeister [Alois] Gstrein angewiesen, bis auf Weiteres keine Ankäufe für das Schloss zu besorgen.

2 liechtensteinische Staatsangehörige haben sich freiwillig zum österreichischen Kriegsdienste gemeldet, wogegen von hier aus nichts zu erinnern ist.[5]

Der fstl. Landesphysikus Dr. Felix Batliner strebt seine Zuteilung zur Hilfskolonne des roten Kreuzes an.[6] Gegen die Willfahrung seiner Bitte obwaltet von meinem Standpunkte kein Bedenken, da der fstl. Sanitätsrat Dr. Albert Schädler diese Funktionen, wie schon wiederholt in anderen Fällen, interimistisch versehen könnte. Ich glaube daher *Euerer Durchlaucht* die untertänigste Bitte unterbreiten zu dürfen, Dr. Batliner zu dem angegebenen Zwecke bis auf weiteres zu beurlauben.

Endlich gestatte ich mir untertänigst zu melden, dass ich, einer mir aus Kreisen der Bevölkerung zugegangenen Anregung gerne Rechnung tragend, beiliegenden inoffiziellen Aufruf zu Spenden für das rote Kreuz erlassen habe.[7] Über den Erfolg der eingeleiteten Sammlung werde ich *Euerer Durchlaucht* seinerzeit Bericht erstatten.[8]

---

3   LI LA RE 1914/2131, Aufruf an alle Ortsvorstehungen, 5.8.1914.
4   D.h. die Kasse der fürstlichen Domänenverwaltung Vaduz.
5   Zu den Kriegsfreiwilligen vgl. LI LA RE 1914/2286 ad 2131/2156, Hofkanzlei an Regierung, 18.8.1914.
6   Tatsächlich wurde Batliner beurlaubt und war bis Ende 1914 als Arzt beim österreichischen Roten Kreuz tätig. Vgl. LI LA SF 01/1915/006, Hofkanzlei an Domänenverwaltung Vaduz, 19.1.1915.
7   LI LA RE 1914/2286 an 2131/2156, Aufruf an die «Mitbürger», 4.8.1914. Der Aufruf erschien auch in L.Vo., Nr. 32, 8.8.1914, S. 1.
8   LI LA RE 1914/2271 ad 2131, Bericht Imhof an Johann II., 22.8.1914; LI LA RE 1914/2286 ad 2131, Bericht Imhof an Johann II., 26.8.1914. Die Sammlung brachte insgesamt 8081 Kronen und 41 Heller ein.

Dok. 47
Fürst Johann II. erkundigt sich nach den Kriegsfreiwilligen aus Liechtenstein

Maschinenschriftliches Schreiben der Hofkanzlei, gez. Ferdinand Böhm von Bawenberg, stellvertretender Leiter, an die Regierung[1]

18.8.1914, Wien

Fürstliche Regierung Vaduz, berichtet über die Lage im Fürstentum. ddo. [de dato] 7. August 1914. 2156/Reg.[2]

Seine Durchlaucht [Johann II.] geruhten vorstehenden Bericht zur höchsten Kenntnis zu nehmen und alle in diesem bereits verfügten und zur Genehmigung unterbreiteten Massregeln gutzuheissen.

Der patriotische Geist und das Gefühl der Zugehörigkeit zur Monarchie, welches einige Liechtensteiner veranlasste, ihrem Solidaritätsempfinden zu Österreich zu entsprechen, um in den Reihen der verbündeten Armeen für eine gerechte Sache zu kämpfen, hat Seine Durchlaucht, Höchstwelcher in der Anhänglichkeit an Österreich und das Habsburgische Kaiserhaus von jeher eine zu erfüllende Aufgabe freundnachbarlicher Beziehungen erblickten, ganz besonders gefreut.

Die Beurlaubung des Dor. [!] [Felix] Batliner wird unter einem ausgesprochen.

Es interessiert Seine Durchlaucht, wer die eingerückten Liechtensteiner sind.[3]

Sollte der Finanzwachkommissär E. [Edelbert] Fritz die fürstliche Medaille noch nicht besitzen,[4] wären Seine Durchlaucht geneigt, wenn die fürstliche Regierung es für angezeigt erachtet, einen Antrag gnädigst entgegenzunehmen.

Hievon wird die fürstliche Regierung unter Rückschluss der Berichtsbeilagen ./.[5] in Kenntnis gesetzt.

---

1 LI LA RE 1914/2286 ad 2131/2156. Aktenzeichen: 13'520. Kürzel: R. Das Schreiben langte am 24.8.1914 bei der Regierung ein. Am Kopf des Schreibens handschriftlicher Vermerk von Landesverweser Leopold von Imhof mit den Namen der Kriegsfreiwilligen: «Öhri Gustav aus Mauren; Öhri Andreas aus Ruggell; Kindle Emil aus Triesen; Frick Alois aus Schaan; Seger Oskar aus Vaduz.»
2 LI LA RE 1914/2156 ad 2131, Bericht Imhof an Johann II., 7.8.1914.
3 Imhof teilte dem Fürsten mit Schreiben vom 26.8.1914 mit, dass Gustav Öhri, Andreas Öhri, Alois Frick und Emil Kindle die Aufnahme in das österreichisch-ungarische Heer anstrebten und dass Oskar Seger Koch bei der österreichisch-ungarischen Kriegsmarine werden wolle. Die Bewerbungen von Andreas Öhri und Seger seien jedoch auf Schwierigkeiten gestossen. Zudem sei Peter Göring in die bayerische Armee eingetreten. Zum Dienst beim österreichischen Roten Kreuz habe sich nebst Landesphysikus Batliner auch Paula Seger, die Schwester von Oskar Seger, gemeldet. Schliesslich habe sich eine grössere Zahl von Liechtensteinern als Erntehelfer nach Süddeutschland begeben (LI LA RE 1914/ad 2131/2286).
4 Fritz hatte die Jubiläums-Erinnerungs-Medaille bereits 1911 erhalten (LI LA SF 01/1911/064, Landesverweser Karl von In der Maur an Johann II., 31.10.1911).
5 LI LA RE 1914/2131, Aufruf an alle Ortsvorstehungen, 5.8.1914; LI LA RE 1914/2286 ad 2131/2156, Aufruf an die «Mitbürger», 4.8.1914

Dok. 48
Das «Liechtensteiner Volksblatt» berichtet, welche Mitglieder des Fürstenhauses nach Ausbruch des Ersten Weltkriegs Dienst in der k. und k. Armee leisten

Kurzmeldung des «Liechtensteiner Volksblatts» aufgrund von Berichten in österreichischen Zeitungen, nicht gez.[1]

5.9.1914

Aus dem fürstlichen Hause.
Zeitungsberichten zufolge befinden sich gegenwärtig in der österr. Armee bzw. in der Marine folgende Mitglieder des fürstlichen Hauses: Prinz Franz, k. k. Botschafter a. D., Prinz Alois, Landmarschall, die Prinzen Franz, Alois, Johann, Alfred und Heinrich Liechtenstein (Söhne des im Jahre 1907 verstorbenen Fürsten Alfred Liechtenstein).

Dok. 49
Hofkanzlei und Regierung schlagen dem Fürsten vor, auf eine Anfrage Grossbritanniens zu antworten, dass Liechtenstein im Krieg neutral bleiben werde

Maschinenschriftliche Abschrift eines Berichtes des Leiters der Hofkanzlei, Hermann von Hampe, gez. ders., an Fürst Johann II.[1]

17.9.1914, Wien

Am 16. d. M. ist der im k.u.k. Ministerium des Äussern in ausserordentlicher Verwendung stehende Universitätsprofessor des Völkerrechtes und Sektionsrat Dr. Alexander Baron Hold von Ferneck in der Hofkanzlei erschienen und teilte mit, dass sich die amerikanische Gesandtschaft – welche derzeit die österreichischen Untertanen und über Ersuchen des Ministeriums des Äussern auch die Liechtensteinischen Untertanen bei den mit Österreich Krieg führenden Staaten vertritt – an das hiesige Ministerium mit der Anfrage gewendet habe, welche Auskunft sie über eine an sie von der englischen Gesandtschaft gerichtete Anfrage bezüglich der Neutralität des Fürstentumes Liechtenstein während des gegenwärtigen Krieges geben solle.[2]

Herr Professor Baron Hold stellte zunächst die Frage, ob *Euere Durchlaucht* ein Guthaben bei der englischen Bank oder sonst Besitz oder Interessen in England haben oder das Land selbst – welche etwa den Anlass zu dieser Anfrage der englischen Gesandtschaft geboten haben könnten.

---

1 L.Vo., Nr. 36, 5.9.1914, S. 1.

1 LI LA V 003/0040/1. Aktenzeichen der Hofkanzlei: 14'694. Im Text handschriftliche Anstreichungen und Ergänzungen von Prinz Eduard von Liechtenstein, auf der Vorderseite des Bogens handschriftliche Vermerke desselben vom 2.3.1945: «Zl. 4/1 Ges. Wien. 17/IX.14. Hofkanzlei an Regierung wegen Neutralität. Unterredung mit Prof. Hold für öst. ung. Aussenamt»; «sämtl. Acten über eine Anfrage Englands über Neutralität Liechtensteins. 17–25/IX 1914».

2 LI LA V 003/0040/1, Verbalnote der US-amerikanischen Botschaft in Wien an das k.u.k. Ministerium des Äussern, 14.9.1914.

Weiterhin glaubte derselbe aufmerksam machen zu sollen, dass es sich mit Rücksicht auf den Zollvertrag,[3] welcher auch gewisse Verfügungen auf Liechtensteinischem Territorium, allerdings zum Zwecke des Zollschutzes – der österreichischen Regierung ermöglichet – vielleicht empfehlen würde, den Zollvertrag zu kündigen, um die volle Neutralität des Landes Liechtenstein zu dokumentieren.

Da ich darauf hinwies, dass der Zollvertrag, welcher noch bis zu Ende des Jahres 1922 andauert, für das Land von sehr grosser Bedeutung sei und bereits derzeit jährlich über 180'000 Kronen abwirft, dass übrigens in einer so überaus wichtigen Frage ohne Landtag eine Beschlussfassung nicht möglich sein würde – meinte Herr Professor Baron Hold, dass man sich darüber verständigen könnte, dass diese Kündigung nur nach aussen zur Geltung kommen und einverständlich die Fortsetzung des Vertrages bestehen bleiben könnte.

Ich erwiderte, dass dies eine Scheinaktion sein würde, zu der ich meinerseits nicht raten könnte, da gerade eine solche Scheinaktion die Gefahr einer begründeten Einwendung gegen die Neutralität herbeiführen und den Rechtsboden bedenklich gefährden könnte, weil eine spätere Regierung an der Kündigung festhalten und die geheime Abmachung ablehnen könnte.

Ich erklärte mich bereit, die Anfrage an die fürstliche Regierung zu richten, glaubte aber eben dieser Bedenken wegen eine Zustimmung derselben nicht in Aussicht stellen zu können und schlug vor, in dem Falle, als die fürstliche Regierung meine Bedenken teilen würde, die Anfrage der amerikanischen Gesandtschaft dahin zu beantworten, dass Liechtenstein in dem gegenwärtigen Kriege selbstverständlich neutral bleiben würde, was schon aus dem Grunde evident sei, weil das Land, wie aus den veröffentlichten Landesvoranschlägen zu entnehmen ist, - keinen Militäretat ausweist. Herr Professor Baron Hold versprach zuletzt, dass eine Zuschrift an die fürstliche Hofkanzlei unter Mitteilung einer Kopie des Schreibens der amerikanischen Gesandtschaft gerichtet werden wird, in welcher um möglichst baldige Beantwortung ersucht werden würde, da von der amerikanischen Gesandtschaft gleichfalls um mögliche Beschleunigung der Antwort ersucht worden ist.[4]

Ich habe heute mit dem Herrn Landesverweser Baron [Leopold] von Imhof diese Angelegenheit eingehend besprochen und derselbe hat sich mit dem von mir gemachten Beantwortungsvorschlage aus den gleichen Gründen einverstanden erklärt.

Geruhen *Euere Durchlaucht* diesen ehrfurchtsvollen Bericht gnädigst zur Kenntnis zu nehmen und zu genehmigen, dass die von der amerikanischen Gesandtschaft gestellte Anfrage in der beantragten Weise beantwortet werden dürfe.[5]

---

3 Vertrag zwischen Seiner Majestät dem Kaiser von Österreich und apostolischen König von Ungarn und Seiner Durchlaucht dem souverainen Fürsten von Liechtenstein über die Fortsetzung des durch den Vertrag vom 5. Juni 1852 gegründeten Österreichisch-Liechtenstein'schen Zoll- und Steuervereines vom 2.12.1876, LGBl. 1876 Nr. 3.
4 Nicht aufgefunden.
5 Laut Rückvermerk vom 22.9.1914 erteilte der Fürst telefonisch die Zustimmung zu diesem Vorschlag. Der Bericht wurde anschliessend am 25.9.1914 von Hampe zu den Akten gelegt. Die Antwort an die US-amerikanische Botschaft unter LI LA V 003/0040/1, Verbalnote des k.u.k. Ministeriums des Äussern an die US-amerikanische Botschaft in Wien, 25.9.1914.

Dok. 50
Fürst Johann II. spricht sich vorerst gegen eine offizielle Neutralitätserklärung Liechtensteins aus

Maschinenschriftliche Abschrift einer Resolution von Fürst Johann II. an Zentraldirektor Ferdinand Böhm von Bawenberg, stellvertretender Leiter der Hofkanzlei[1]

17.9.1914, Wien

Höchste Resolution!
In Angelegenheit des Fürstentums.

Es ist ausgeschlossen, dass humanitäre Gaben, Widmungen für Verwundete der Neutralität wiedersprechen sollten. Es ist unerfindlich, wie man aus der Neutralität hinausgetreten wäre oder heraustreten könnte. Es sind allerdings zwei oder drei Liechtensteiner als Freiwillige eingetreten.[2]

Eine offizielle Meinung von massgebender Seite, ob dies gegen die Neutralität wäre? Ob man sollte eine Neutralität erklären?

Man kann nicht begreifen, wie ein Zoll oder Vertrag mit der Neutralität im Widerspruche stehen, sonst müsste doch die Schweiz oder Holland ihre Zoll- oder sonstigen Verträge, Italien seine Münzkonvention[3] kündigen?

Seine Durchlaucht können unmöglich einen Sinn in dieser Sache finden.

Eine Neutralitätserklärung würde Aufsehen machen, ein Hindernis wäre dagegen nicht wahrscheinlich, aber es wäre doch sehr sonderbar; man wird abwarten, was für Gründe angegeben werden, wodurch die Neutralität verletzt wäre.

Dok. 51
Das Österreichische Rote Kreuz bedankt sich für die Spenden aus dem Fürstentum Liechtenstein zugunsten verwundeter österreichischer Soldaten

Mitteilung im «Liechtensteiner Volksblatt»[1]

19.9.1914

Rotes Kreuz
Die Bundesleitung der österreichischen Gesellschaft vom roten Kreuze in Wien hat mit dem Schreiben vom 5. September l. J. ihren wärmsten Dank für das ihr übermittelte

---

1   LI LA V 003/0040/1. Aktenzeichen: 14707. Hintergrund der Resolution war die Anfrage Grossbritanniens nach Liechtensteins Stellung im Krieg (LI LA V 003/0040/1, Verbalnote der US-amerikanischen Botschaft in Wien an das k.u.k. Ministerium des Äussern, 14.9.1914).
2   Zu den Kriegsfreiwilligen vgl. LI LA RE 1914/2286 ad 2131/2156, Hofkanzlei an Regierung, 18.8.1914.
3   Lateinische Münzunion: Vertrag vom 23.12.1865 zwischen Frankreich, Italien, Belgien und der Schweiz über die gleichartige Ausprägung der Gold- und Silbermünzen.

1   L.Vo., Nr. 38, 19.9.1914, S. 1. Vgl. auch O.N., Nr. 22, 19.9.1914, S. 2 (o.T.). Ein liechtensteinisches Komitee mit Landesverweser Leopold von Imhof an der Spitze hatte am 4.8.1914 die liechtensteinische

imposante Ergebnis der im Fürstentume zu ihren Gunsten eingeleiteten Sammlung mit dem Beifügen ausgesprochen, dass sie Anlass genommen habe, die Nachricht von dieser hochherzigen Gabe aus dem Fürstentum Liechtenstein in der Tagespresse zu publizieren, wobei sie hervorhob, dass die Spender als treue Nachbarn der österreich. Monarchie durch die Unterstützung des österreich. roten Kreuzes ihre Sympathie für Österreich, mit dem sie langjährige Beziehungen verknüpfen, in erhebender Weise kundgegeben habe.

Die genannte Gesellschaft hat hiebei ihrer besonderen Genugtuung Ausdruck gegeben, dass ihr im gegenwärtigen Zeitpunkte, wo sie vor ausserordentlich grosse Aufgaben gestellt ist, auch aus Liechtenstein eine so reiche Unterstützung zuteil wurde.[2]

Dok. 52
Österreich teilt den Vereinigten Staaten mit, dass sich Liechtenstein im Krieg als neutral betrachte

Maschinenschriftliche Abschrift der Verbalnote des k.u.k. Ministeriums des Äussern an die US-amerikanische Botschaft in Wien seitens des liquidierenden Ministeriums des Äussern[1]

25.9.1914, Wien

In Erwiderung der sehr geschätzten Verbalnote N. 267 vom 14. l.M.[2] beehrt sich das k.u.k. Ministerium des Äussern der amerikanischen Botschaft g.e. [ganz ergebenst] mitzuteilen, dass die Angehörigen des souveränen Fürstentums Liechtenstein im Auslande den diplomatischen und konsularischen Schutz Österreich-Ungarns geniessen, und dass daher der Schutz, welcher neutralen Mächten für die Dauer des gegenwärtigen Krieges in Ansehung der Angehörigen und Interessen der Monarchie in den feindlichen Staaten übertragen worden ist, sich auch auf die Angehörigen und Interessen des besagten Fürstentums in jenen Staaten erstreckt. –

Was die Stellung Liechtensteins im gegenwärtigen Krieg anlangt, so ist das k.u.k. Ministerium des Äussern in der Lage, festzustellen, dass sich das Fürstentum Liechtenstein als neutral betrachtet. –

Englische Übersetzung ad Z. 76.617/7 ex 1914. –

Bevölkerung zu Spenden für das österreichische Rote Kreuz zugunsten verwundeter österreichischer Soldaten aufgerufen (L.Vo., Nr. 32, 8.8.1914, S. 1 («Mitbürger!»); O.N., Nr. 16, 8.8.1914, S. 1 («Liechtensteiner Volk hilf dem Roten Kreuz!»)). Imhof berichtete Fürst Johann II. mit Schreiben vom 22.8.1914, dass die Sammlung in Liechtenstein die beachtliche Summe von 8011 Kronen und 41 Heller eingebracht hatte (LI LA RE 1914/2272 ad 2131).

2   Während des Jahres 1914 wurden weitere Aktionen für österreichische Soldaten durchgeführt, so die Sammlung von Stoffen, Lebensmitteln, Schnaps, Rauchwaren und dergleichen mehr. Als Anerkennung für seinen Einsatz erhielt später Landesverweser Imhof von der österreichischen Gesellschaft vom Roten Kreuz das Offiziers-Ehrenzeichen (vgl. den Bericht der liechtensteinischen Regierung an Fürst Johann II. vom 26.12.1916 (LI LA SF 01/1916/76)).

1   LI LA V 003/0040/1. Aktenzeichen: 76617/7. Das Ministerium des Äussern hatte der Hofkanzlei einen Entwurf der Note mitgeteilt, dem Fürst Johann II. am 20.9.1914 zustimmte (LI LA V 002/0168/02, Entwurf Verbalnote, o.D.; LI LA V 003/0040/1, Bericht Hermann von Hampe an Johann II., 19.9.1914).

2   LI LA V 003/0040/1, Verbalnote der US-amerikanischen Botschaft in Wien an das k.u.k. Ministerium des Äussern, 14.9.1914.

Note verbale

In answer to the esteemed note verbale n. 267, dated September 14th 1914, the I. and R. Ministry of Foreign Affairs has the honour to inform the American Embassy that, the subjects of the sovereign Principality of Liechtenstein abroad enjoy the diplomatic and consular protection of Austria-Hungary, and therefore the protection of the subjects and interests of the Monarchy in the enemy-states entrusted to neutral Powers for the time of the present war implicite extends to the subjects and interests of the said Principality. –

Concerning the attitude of Liechtenstein in the present war, the I. and R. Ministry of Foreign Affairs is in a position to state that the Principality considers itself neutral. –

Dok. 53
Einige in der Schweiz wohnhafte Liechtensteiner beklagen die Krise im Baugewerbe sowie den Ausschluss von kantonalen Arbeitsmassnahmen

Veröffentlichung einer Zuschrift von nicht näher genannten Liechtensteinern in Zug in den «Oberrheinischen Nachrichten»[1]

3.10.1914

(*Eingesandt*). Durch die infolge der Kriegswirren herbeigeführte Krisis im Baugewerbe sind die in der Schweiz wohnenden *Liechtensteiner* besonders hart betroffen worden, weil es sich hier in der Hauptsache um Handwerker handelt. Die Schweiz hat verschiedentlich Arbeiten ausgeschrieben, um der Arbeitslosigkeit ihrer Bürger entgegenzutreten. Bei diesen Arbeiten werden aber nur Schweizer berücksichtigt und es ist der Fall vorgekommen, dass sich Liechtensteiner zu kantonalen und andern Arbeiten beworben haben, die ausgeschrieben waren. Diesen wurde aber der Bescheid [mitgeteilt], man müsse in erster Linie hiesige Leute, also Schweizer, berücksichtigen. Es drängt sich da unwillkürlich der Gedanke auf, wie mag es wohl in Liechtenstein sein, wird den Schweizern dort auch ein derartiger abschlägiger Bescheid zu teil, wodurch oft ganze Familien in Not geraten.

Dürfte der gegenwärtig auftretenden Not nicht vielleicht auch durch Liechtenstein ein Einhalt geboten werden können, indem man z. B. mit dem Bau des Lawenawerkes begänne, dessen Erbauung ja bereits vom Liechtensteinischen Landtag beschlossen ist und wofür bereits die Bausumme bewilligt wurde.[2] Es unterliegt keinem Zweifel, dass durch die Inangriffnahme eines derartigen Werkes wieder Brot für viele Familien geschaffen würde.

Die Liechtensteiner sehen sich durch die gegenwärtigen Verhältnisse gezwungen, auf ihre Notlage hinzuweisen und hoffen zuversichtlich, dass es auch in Liechtenstein nicht unterlassen wird, einen derartigen Vorschlag zu prüfen und man dort wie jeder Staat und jede Regierung alles aufbieten wird, um nach Kräften die Not ihrer Landeskinder zu lindern.

Mehrere Liechtensteiner in Zug (Kt. Zug)[3]

---

1   O.N., Nr. 24, 3.10.1914, S. 3.
2   Vgl. hiezu die Protokolle der ausserordentlichen Landtagssitzungen vom 18.7, 20.7. und 22.7.1914 (LI LA LTA 1914/S04/2).
3   Vgl. in weiterer Folge O.N., Nr. 25, 10.10.1914, S. 2 («Zur Aufklärung»).

Dok. 54
Der britische Aussenminister teilt im Unterhaus mit, dass Liechtenstein sich als neutral betrachte

Artikel in «The Times»[1]

18.11.1914

The prince of Liechtenstein [Johann II.]
In answer to *Sir J. [John] Jardine* (Roxburghshire, Min.),
Sir E. [Edward] Grey (Northumberland, Berwick) said: – I am informed by the United States Ambassador [Walter Hines Page] that the Sovereign Principality of Liechtenstein considers itself neutral in the present hostilities. No prohibition of commercial or other dealings with the subjects of the Prince has been published.
Sir J. Jardine asked whether publicity could be given to the right hon. gentleman's statement, as one of the enemy papers has said that this peaceful and friendly prince was at war.
The *Speaker [James Lowther]*: – We do not pay any attention to enemy papers here. (Laughter.)

Dok. 55
Landesverweser Leopold von Imhof betont im Falle des Liechtensteiners Franz Paul Fischer, dessen Liegenschaften in Saigon sequestriert wurden, die Souveränität und Neutralität des Fürstentums Liechtenstein

Handschriftliches Konzeptschreiben, mit Korrekturen und Ergänzungen, von Landesverweser Leopold von Imhof, gez. ders., an Franz Paul Fischer in Paris[1]

19.11.1914

Schreiben
In Erledigung des Einschreitens vom 12. d. M.[2] wird Euer Hochwohlgeboren folgendes mitgeteilt:
Das Fürstentum Liechtenstein ist ein vollständig souveräner Staat, der keinerlei militärische Einrichtungen besitzt und gegenüber allen Staaten sich gänzlich neutral verhält.
Die Erlassung einer förmlichen Neutralitätserklärung hat sich erübrigt im Hinblicke auf den kleinen Umfang des Landes u. seine geringe Einwohnerzahl.

---

1 The Times, Nr. 47'000, 18.11.1914, S. 12. Ein Exemplar der Zeitung unter LI LA RE 1919/0589. Ebd. eine handschriftliche Abschrift des Artikels. Weitere, maschinenschriftliche Abschriften unter LI LA V 002/0168/03-04 und LI LA V 003/0040/2.

1 LI LA RE 1914/3046 ad 2131. Verweis auf die Bezugsakte 2130 Jg. 1915. Gemäss Vermerk für die Regierungskanzlei war das Schreiben an Walter Merz-Rieter in Winterthur zu adressieren. Mundiert am 20.11.1914 von David Strub. Aufgabeschein des Postamtes Vaduz vom 21.11.1914. Adresse von Fischer in Paris: 7 avenue de villiers.

2 Vgl. LI LA RE 1914/3046 ad 2131.

Die Möglichkeit der Inanspruchnahme des k.k. Oberlandesgerichtes in Innsbruck als dritte Instanz in der Straf- u. Zivilrechtspflege des Fürstentums gründet sich auf den zwischen Österreich u. Liechtenstein abgeschlossenen, jederzeit kündbaren Staatsvertrag vom 19. Jänner 1884[3] und beeinträchtigt die Souveränität u. die Neutralität Liechtensteins ebensowenig, als die anderen zwischen diesen Staaten bestehenden Verträge, die alle kündbar sind;[4] mehrere derartige Verträge bestehen auch zwischen Liechtenstein u. der Schweiz.[5]

Die staatsrechtlichen Beziehungen des Fürstentums Liechtenstein gegenüber dem Deutschen Reiche sind nicht anders geartet als jene zur Republik Frankreich.

Euer Hochwohlgeboren sind sonach den Angehörigen anderer neutraler Staaten gleich zu stellen u. es muss erwartet werden, dass Ihnen und Ihrem Besitz überall jener Schutz zu teil werde, auf welchen Angehörige solcher Staaten seitens der kriegführenden Staaten nach dem internationalen Rechte Anspruch haben.[6]

Dok. 56
Johann Wohlwend erkundigt sich im Landtag nach der Zensur von Postsendungen durch Österreich

Gedrucktes Protokoll der Landtagssitzung, erschienen als Beilage zum «Liechtensteiner Volksblatt» vom 19.12.1914[1]

7.12.1914

Abg. *[Johann] Wohlwend* stellte hierauf an die Regierung eine Anfrage betreffend die Zensur von Briefen und andern Postsachen durch die österreichischen Behörden in Feldkirch. Die Bevölkerung beschwere sich über die Zensur, da Liechtenstein ein neutraler Staat sei.[2] Er frage deshalb im Landtage an, weil die Leute dann beruhigt werden, wenn sie von amtlicher Seite erfahren, wie es mit dieser Sache steht.

Regierungschef [Leopold von Imhof]: Es sei hier nicht gut etwas machen, da wir österreichische Post haben. Wollten wir, dass unsere Briefe aus der Schweiz nicht zen-

---

3 Vgl. Art. IV des Staatsvertrages bezüglich der Justizverwaltung im Fürstentum Liechtenstein, LGBl. 1884 Nr. 8.
4 Vgl. Art. 28 des Vertrages vom 23.12.1876 über die Fortsetzung des durch den Vertrag vom 5.6.1852 gegründeten Österreichisch-Liechtensteinischen Zoll- und Steuervereines, LGBl. 1876 Nr. 3, und Art. 11 des Übereinkommens zwischen der k.k. österreichischen und der fürstlichen liechtensteinischen Regierung vom 4.10.1911 betreffend die Verwaltung des Post- und Telegraphen- und Telephondienstes im Fürstentum Liechtenstein, LGBl. 1911 Nr. 4.
5 Vgl. etwa Art. VI Abs. 1 des liechtensteinisch-schweizerischen Niederlassungsvertrages vom 6.7.1874, LGBl. 1875 Nr. 1.
6 Aus dem Schreiben Fischers an die liechtensteinische Regierung vom 11.6.1915 geht hervor, dass die französischen Behörden in Saigon und Paris auf Grund der vorliegenden Erklärung von einer Gütersequestration absahen (LI LA RE 1915/2130).

1 L.Vo., Nr. 51, 19.12.1914, Beilage. Ein Exemplar der Beilage unter LI LA LTA 1914/S04/2. Das Originalprotokoll der Landtagssitzung fehlt.
2 Zur Kritik an der Zensur vgl. z.B. O.N., Nr. 40, 25.9.1915, S. 2 («Grenzsperre»); O.N., Nr. 3, 15.1.1916, S. 2 («Der Postvertrag des Fürstentums Liechtenstein mit Österreich vom 22./25. Oktober 1911. Eine völkerrechtliche Erörterung»).

suriert werden, dann müssten in Buchs die Postsachen für Liechtenstein ausgelesen werden, was sehr umständlich wäre, dann hätte aber Österreich das Recht, alle unsere Briefe, die nach Österreich gehen, zu zensurieren. Eine Zensur hätten wir also doch und da wir mehr mit Österreich verkehren, so sei es wohl besser, wie es jetzt ist.

Dok. 57
Der Landtag bewilligt 20'000 Kronen für Notstandsarbeiten und 3000 Kronen für notleidende Familien und bestellt weiters eine Landesnotstandskommission

Handschriftliches Protokoll der öffentlichen Landtagssitzung mit eingeklebtem Antrag der Finanzkommission, gez. Landtagssekretäre Alfons Feger und Johann Wohlwend sowie Landtagspräsident Albert Schädler[1]

14.12.1914

3. Punkt der Tagesordnung: Kommissionsantrag über geeignete Notstandsmassnahmen

Der Kommissionsantrag[2] lautete:

«Der Landtag stellt der fstl. Regierung einen ausserordentlichen Kredit von 20'000 K für Notstandsarbeiten zur Verfügung, wobei die einzelnen Gemeinden für Waldstrassen, Rüfebauten usw. auch zu berücksichtigen wären. Der Landtag wählt als Beirat der fstl. Regierung eine Notstandskommission von 5 Mitgliedern, welche sich mit den in Frage kommenden Arbeiten und mit allfälligen weiter noch notwendigen werdenden Massnahmen zu beschäftigen haben wird.

Ausserdem bewilligt der Landtag der fstl. Regierung noch einen Kredit von 3000 K zur Unterstützung von notleidenden armen Familien.»

Abg. [Johann] Hasler wird vom Abg. [Franz Josef] Hoop unterstützt, es solle der Binnendamm von der Gampriner Mühle abwärts entsprechend verstärkt werden; es wäre dies als Notstandsarbeit aufzufassen.

Abg. Dr. [Wilhelm] Beck führt aus, es hätte die Kommission den Antrag nicht in seinem Sinne erlediget;[3] der Wunsch der Antragsteller[4] gehe dahin, den Leuten Kredit zu geben, wenn auch zu höhern Prozenten; es sollte durch Beschaffung von Lebensmitteln für künftige Zeit vorgesorgt werden; es sei ihm unbegreiflich, dass von 3 angekommenen Waggons Mais 2 Waggon zurückgegangen seien.[5]

---

1 LI LA LTA 1914/S04/2. Vgl. L.Vo., Nr. 52, 26.12.1914, Beilage («Genehmigtes Landtagsprotokoll vom 14. Dezember 1914») sowie das Schreiben des Landtagspräsidiums an die Regierung vom 14.12.1914 unter LI LA LTA 1914/L11.
2 LI LA LTA 1914/L01 (Tagesordnung des Landtagspräsidiums für die auf den 14. und 16.12.1914 anberaumten Landtagssitzungen).
3 Vgl. die Motion von Wilhelm Beck und Konsorten an den Landtag vom 24.11.1914 (LI LA LTA 1914/L11).
4 Neben Wilhelm Beck waren dies die Abgeordneten Franz Josef Beck, Josef Brunhart, Johann Wohlwend, Egon Rheinberger, Josef Sprenger, Franz Josef Marxer, Franz Josef Hoop und Albert Wolfinger.
5 Vgl. dagegen L.Vo., Nr. 39, 26.9.1914, S. 2 («Maismehl») und O.N., Nr. 27, 24.10.1914, S. 1 («Anregungen zu vorsorglichen Massnahmen in der jetzigen Krisis»).

Der Präsident erwidert, dass unsere Lage noch nicht als schlimm bezeichnet werden könne, indem die Industrie, ausschliesslich der Stickerei, doch noch nicht zum Stillstand gekommen sei; für die männlichen Arbeiter, die heuer früher als sonst aus der Schweiz hätten zurückkehren müssen, wären Rheinbau u. Waldarbeiten vorgesehen; wir müssten uns nach der Decke strecken u. nicht immer Beschwerde führen; es sei keine Ursache vorhanden, über das Kreditwesen zu klagen; es wird die Regierung darauf halten, dass der Zinsfuss für Pfänder nicht erhöht wird; bei Darlehen soll dem Lande aber doch kein Schaden erwachsen; in Details könne sich der Landtag jedoch nicht einlassen, dies sei Sache der Notstandskommission.

Der Kommissionsantrag wird angenommen u. in die Notstandskommission werden gewählt der Präsident mit 13, die Abg. [Josef] Brunhart mit 8, [Franz] Josef Marxer, Dr. Beck u. [Emil] Batliner mit je 7 Stimmen.

Dok. 58
Gedicht über die liechtensteinischen Neutralität im Ersten Weltkrieg

Beitrag im «Liechtensteiner Volksblatt»[1]

6.2.1915

... und Liechtenstein bleibt neutral!

Die Engländer:
Erschütternd war die grosse Kunde
Als Mister Grey mit vollem Munde
Sprach in des Unterhauses Saal:
Und doch bleibt Liechtenstein *neutral.*[2]

Da gab's ein Jubel ohnegleichen,
Ganz England brüllt zum Steinerweichen:
Der Sieg ist unser allemal,
Denn Liechtenstein, das bleibt *neutral.*

Verzückung krampft die dürren Leiber,
Der sonst so wilden Wahlrechtsweiber:[3]
Uas [!] sein das Land doch ideal –
O Liechtenstein, du bleibst *neutral.*

---

1   L.Vo., Nr. 6, 6.2.1915, S. 3. Das Gedicht erschien erstmals Ende 1914 in der «Konstanzer Zeitung». Es wurde auch abgedruckt in: Gustav Matt (Hg.), Jahrbuch des Liechtensteiner Vereins von St. Gallen und Umgebung 1919, Bregenz o.J., S. 13.

2   Nach einer Meldung in der Zeitung «The Times» hatte der britische Aussenminister Sir Edward Grey im Unterhaus auf Anfrage mitgeteilt, dass er durch den amerikanischen Botschafter informiert worden sei, dass das souveräne Fürstentum Liechtenstein sich selbst in den gegenwärtigen Feindseligkeiten als neutral betrachte (The Times, Nr. 47'000, 18.11.1914, S. 12 in der Akte LI LA RE 1919/0589; maschinenschriftliche Abschriften unter LI LA V 002/0168/03-04 und LI LA V 003/0040/2.).

3   Anspielung auf die sogenannten «Suffragetten», die sich in Grossbritannien und den Vereinigten Staaten für die Einführung des allgemeinen Frauenwahlrechts einsetzten.

Die Deutschen:
Die Angst verschlägt uns fast den Ton,
Vor dieser Massensuggestion,
Die Zukunft Österreich's macht uns Qual
Denn Liechtenstein, das bleibt *neutral*.

O Schaan-Vaduz, Vaduz und Schaan!
Warum zerstörst du unsern Wahn,
Der Krieg ist unnütz jetzt zumal,
Wo Liechtenstein nun bleibt *neutral*.

So wird umschmeichelt und mit Ruhm
Bedeckt das grosse Ferschtentum:[4]
Der Weltbrand ist ihm ganz egal,
Denn Liechtenstein – es bleibt *neutral*.

Ob zwar die Welt in Fugen kracht,
Dass Liechtenstein so was gemacht:
Kannst Vaterland doch ruhig sein
Wie das *neutrale* Liechtenstein.

Dok. 59
Landesverweser Leopold von Imhof lehnt eine diplomatische Intervention zugunsten des F.L. Landrichters Franz Josef Erne, der als österreichischer Offizier in russische Kriegsgefangenschaft geraten ist, als neutralitätspolitisch bedenklich ab

Nicht gez. maschinenschriftliche Teilabschrift aus einem Schreiben von Landesverweser Leopold von Imhof an Hofkanzleileiter Hermann von Hampe[1]

29.5.1915

Auszug
aus dem an den Herrn fürstl. Hofrat Dr. Hermann von Hampe gerichteten Schreiben vom 29. Mai 1915
 … Anschliessend daran gestatte ich mir, eine mir gestern vom Landrichter Dr. [Franz Josef] Erne zugekommene Karte[2] zu übermitteln, in welcher derselbe um Erwirkung der Entlassung aus der Kriegsgefangenschaft bittet.[3] Allfällige Schritte zur Erreichung dieses

---

4   «Ferscht»: Deutsche Mundart für «Fürst».

1   LI LA SF 01/1915/20. Am Ende des Dokumentes ist handschriftlich die Adresse Ernes in Sibirien angeführt.
2   Die Karte datiert vom 26.4.1915 (Beilage zu LI LA SF 01/1915/21).
3   Der österreichische Staatsangehörige Erne, der im August 1912 die Geschäfte eines liechtensteinischen Landrichters übernommen hatte, war im September 1914 zum 2. Tiroler Landsturmregiment einberufen worden. Nach der Kapitulation der Festung Przemysl in Galizien war er am 22.3.1915 in russische Kriegsgefangenschaft geraten.

Zweckes bedürften wohl einer sehr umständlichen diplomatischen Intervention, deren Einleitung mir nicht zusteht. Falls *Euer Hochwohlgeboren* dieser Sache aber näher zu treten geneigt wären, würde ich der fürstlichen Hofkanzlei die nötige amtliche Unterlage für ein bezügliches Anlangen liefern. Wenn es mir erlaubt ist, meiner persönlichen Auffassung des Gegenstandes Ausdruck zu geben, möchte ich Nachstehendes hiezu bemerken:

Ich selbst würde die Rückkehr Dr. Erne's, den ich als tüchtigen Beamten hochschätze, sehr begrüssen. Zwingende amtliche Gründe für seine Rückkehr liegen jedoch nicht vor, da sowohl Dr. [Julius] Thurnher[4] als auch Regierungssekretär [Josef] Ospelt die richterlichen respektive staatsanwaltschaftlichen Geschäfte vollkommen klaglos bewältigen. Politische Rücksichten lassen es mir vielmehr nicht unbedenklich erscheinen, die Verhältnisse Liechtensteins zu Österreich den Vertretern fremder Staaten gegenüber in jenem Masse darzustellen, das zur Erreichung obigen Zieles notwendig wäre, und hiedurch etwa die Frage der liechtensteinischen Neutralität irgendwie neuerlich aufzurollen. Diese jetzt glücklich anerkannte Neutralität steht auf so schwachen Füssen und ist für das Land so wertvoll, dass ich daran in keiner Weise gerührt wissen möchte und lieber auf Dr. Erne weiter verzichte.[5] ...

Dok. 60
130 liechtensteinische Arbeiter in Österreich, die mit Waffengewalt zur Arbeit im Kriegsgebiete gezwungen werden, wenden sich mit der Bitte an die liechtensteinische Regierung, sich dafür einzusetzen, dass sie heimkehren können

Handschriftliches Schreiben, gez. Robert Frick («Partieführer») und Bernhard Seger, an die Regierung[1]

4.8.1915, Lienz

Hohe fürstliche Regierung in Vaduz

Im Namen von 130 liechtensteinischen Untertanen ersuchen wir hiermit die hohe fürstliche Regierung dringendst, bei den österreichischen Behörden auf telegraphischem Wege dahin zu wirken, dass alle liechtensteinischen Arbeiter, welche gegenwärtig, nur

---

4   Der Vorarlberger Julius Thurnher, bereits als provisorischer Richter in liechtensteinischen Diensten tätig, war vom k.k. Justizministeriums am 25.11.1914 vom 1.12. an auf unbestimmte Zeit zum Zwecke der richterlichen Betätigung am liechtensteinischen Landgericht beurlaubt worden (vgl. das Schreiben der liechtensteinischen Hofkanzlei an die liechtensteinische Regierung vom 28.11.1914 unter LI LA SF 01/1914/095 (Aktenzeichen der Hofkanzlei: No. 17.837)).

5   Vgl. das Antwortschreiben von Hofkanzleileiter Hampe an Landesverweser Imhof vom 2.6.1915 (LI LA SF 01/1915/21 (Aktenzeichen der Hofkanzlei: No. 6409)): «... so bin ich der Ansicht, dass im diplomatischen Wege überhaupt keine wirksame Hilfe gewährleistet werden kann, weil Dr. Erne als österreichischer Offizier in Kriegsgefangenschaft geraten ist.»

1   LI LA RE 1915/2796 ad 2745. Bereits am 11.8.1915 schickte die Regierung ein Telegramm an die liechtensteinische Hofkanzlei in Wien mit dem Ersuchen, die «nötigen Schritte» einzuleiten. Am 12.8.1915 unterstützte Dr. Wilhelm Beck das Anliegen in einem Schreiben an die Regierung. Als Antwort auf die Schritte der Regierung teilte das k.k. Kriegsüberwachungsamt am 26.8. 1915 der Regierung mit, dass die zuständige Behörde bereits am 13.8.1915 beauftragt worden sei, die liechtensteinischen Arbeiter zu entlassen. Sie seien für ein «Übergangsstadium» im Strassenbau im Lesachtal eingesetzt worden, weil sie zuvor an der Südgrenze in Tirol gearbeitet hätten und somit über die Verhältnisse an der Front Auskunft geben könnten.

durch Waffengewalt gezwungen, im Kriegsgebiete arbeiten müssen, ohne Verzögerung die Heimat erreichen können, da wir uns ohne direktes Einschreiten der hohen fürstlichen Regierung unmöglich aus der gegenwärtigen Lage befreien können.

Hochachtungsvoll ergebenst

Dok. 61
Landesverweser Leopold von Imhof hat keine Bedenken gegen die Zeichnung von österreichischen Kriegsanleihen durch den Fürsten

Handschriftliches Konzept von Landesverweser Leopold von Imhof, gez. ders., für ein Expressschreiben an die fürstlich liechtensteinische Kabinettskanzlei zuhanden von Kabinettssekretär Rudolf Hauswirth[1]

21.10.1915

E.H. [Euer Hochwürden]
Hochverehrter Herr Kabinetssekretär!
In Beantwortung des sehr geschätzten Schreibens vom 7. Oktober l.J.[2] beehre ich mich E. Hochw. mitzuteilen, dass meiner Meinung nach keine politischen Bedenken gegen eine neuerliche Beteiligung S.D. [Johann II.] an der österr. Kriegsanleihe bestehen; zumal wenn auch diesmal der bisher eingeschlagene Weg gewählt wird, wonach S.D. nicht höchstpersönlich, sondern die fürstl. liechtensteinische Zentralgüterdirektion[3] unter den Anleihe-Zeichnern erscheint.

So viel mir bekannt, hat die feindliche Auslandspresse die in obige Form gekleidete, ganz hervorragende Beteiligung S.D. an den beiden ersten österr. Kriegsanleihen in keiner Weise zum Gegenstande von Erwähnungen gemacht.

Ich besorge daher auch nicht, dass der Fall diesmal aufgegriffen werden würde.

Selbst wenn dies aber jetzt geschehen sollte, halte ich es für ausgeschlossen, dass die Haltung der Schweiz in der Frage der Lebensmittelversorgung des Fürstentums dadurch irgendwie beeinflusst werden würde.

Ich komme eben von Bern (womit ich die etwas verspätete Beantwortung der obigen, am 18. Oktober hier eingelangten Anfrage zu entschuldigen bitte), wo ich eine noch stärkere Beteilung des Landes mit Lebensmitteln sowie die Versorgung mit neuen Artikeln erwirkt habe.

Würde die Schweiz den übrigens unzutreffenden Zeitungsnotizen über eine Durchlieferung von Konterbande durch Liechtenstein nach Österreich irgend eine Bedeutung beimessen, so würden mir solche Bedenken gewiss vorgehalten worden sein.

Ich darf daher wohl annehmen, dass sie etwaige abfällige Presskritiken über die Beteiligung der «fürstl. liechtensteinischen Zentralgüterdirektion» an der 3ten österr. Kriegsanleihe auch nicht ernst nehmen würde. Jedenfalls glaube ich aber, die etwa dort daraus abgeleiteten Bedenken gegen die weitere Approvisionierung Liechtensteins leicht wieder zerstreuen zu können. Ganz sicher wäre es natürlich, die Zeichnung nicht

---

1 LI LA SF 01/1915/036. Das Schreiben wurde am 22.10.1915 von David Strub ins Reine geschrieben.
2 LI LA SF 01/1915/036, Hauswirth an Imhof, 7.10.1915.
3 Zentral-Güteradministration für alle fürstlichen Güter war die Hofkanzlei.

publizieren zu lassen. Doch wird dies meiner unmassgeblichen Meinung nach aus verschiedenen Gründen nichts praktikable sein.

In der Schweiz wird – wie ich mir nebenbei zu bemerken erlaube – die österr. Kriegsanleihe ziemlich stark gezeichnet. Da kann die Zeichnung an anderer neutralen Seite wohl schwer eine andere Beurteilung erfahren.

Mit den weiteren Pneumatiks geht es sehr schlecht, bisher konnte ich nur einen Mantel bekommen. Die Ausfuhr wäre gesichert, aber Mäntel sind fast nicht mehr aufzutreiben, da die Zuweisung an die Schweiz derzeit nur nach dem dringendsten Inlandsbedarf bemessen ist. Hoffentlich geht es in einiger Zeit wieder besser.

Empfangen hochverehrter H. Kab.Sek. den Ausdruck meiner vorzüglichen Hochachtung, womit ich zeichne als E. Hochw.

Dok. 62
Landesverweser Leopold von Imhof interveniert gegen den Visumzwang für liechtensteinische Staatsangehörige im Grenzverkehr mit dem Kanton Graubünden

Handschriftliches Konzeptschreiben des liechtensteinischen Landesverwesers Leopold von Imhof und des Regierungssekretärs Josef Ospelt, gez. dies., an das Polizeibüro des Kantons Graubünden in Chur[1]

8.11.1915

Laut der mit gesch. [geschätztem] Schreiben vom 4. d.M.[2] mitgeteilten Instruktion[3] für den Grenzverkehr haben die beim Eintritt in den Kanton Graubünden vorzuweisenden Reisepässe das Visum der Konsulate jener Länder zu enthalten, für welche sie bestimmt sind.[4]

Da hierlands konsularische oder diplomatische Vertretungen auswärtiger Staaten nicht bestehen, beehrt sich die f. [fürstliche] Regierung um gef. [gefällige] Abstandnahme von der Beibringung des gedachten Visums bezüglich liechtensteinischer Staatsangehöriger, wie dies auch seitens Österreichs[5] zugestanden wurde, zu ersuchen.

Die Antwort wolle postlagernd Sevelen gesendet werden.[6]

---

1   LI LA RE 1915/3830 ad 0218/3700r. Reingeschrieben am 9.1.1915 von David Strub. Vgl. in diesem Zusammenhang das Schreiben des Polizeibüros des Kantons Graubünden an die liechtensteinische Regierung vom 27.10.1915 betreffend die Verschärfung der Bestimmungen für den Grenzverkehr mit Liechtenstein (LI LA RE 1915/3700 ad 0218).

2   Vgl. das Schreiben des Polizeibüros des Kantons Graubünden an den liechtensteinischen Landesverweser Leopold von Imhof vom 4.11.1915 (LI LA RE 1915/3830 ad 0218/3700).

3   Vgl. die «Instruktion über Passvorschriften an der Grenze» des Kantonalen Polizeibüros in Chur vom 25.10.1915 (LI LA RE 1915/3830 ad 0218/3700).

4   Vgl. Z. 2 Bst. h der genannten Instruktion.

5   Am 19.1.1915 war für Liechtensteiner an der liechtensteinisch-österreichischen Grenze der Passzwang eingeführt worden. Vom Erfordernis eines Passvisums für liechtensteinische Staatsangehörige wurde jedoch abgesehen (vgl. das Schreiben des k.k. Statthalters in Tirol und Vorarlberg an die liechtensteinische Regierung, LI LA RE 1915/218 (Aktenzeichen der k.k. Statthalterei: 8/2 prs.)).

6   Am 10.11.1915 teilte das Polizeibüro des Kantons Graubünden Landesverweser Leopold von Imhof mit, dass die angesprochene Pass- bzw. Visavorschrift nicht für Angehörige des Fürstentums Liechtenstein in Betracht kommen solle (LI LA RE 1915/3924 ad 0218/3700). Vgl. die diesbezügliche Kundmachung der liechtensteinischen Regierung in: L.Vo., Nr. 47, 19.11.1915, S. 1. («Kundmachung»); O.N., Nr. 48, 20.11.1915, S. 1-2.

Dok. 63
Die «Thurgauer Zeitung» berichtet, dass Liechtenstein vor allem aus der Schweiz Lebensmittel erhalte, Fürst Johann II. unterstütze v.a. Kirchen und Klöster

Bericht der «Thurgauer Zeitung»[1]

20.1.1916, Frauenfeld

Eine kurze, aber vielsagende Meldung kommt aus dem *kleinen neutralen Fürstentum Liechtenstein*: *«Die Lebensmittel werden immer knapper.»* Die Liechtensteiner erhalten allerdings das Nötigste aus der Schweiz; so ist schon mehrmals Bundesweizen an die Nachbarn überm Rhein abgegeben worden. Von Österreich her, wo der Fürst weilt, ist sozusagen nichts zu bekommen. Nur die Einfachheit in der Lebenshaltung und die Frucht des eigenen Bodens ermöglichen den Liechtensteinern die Überwindung der schweren Zeit. Am Dienstag hat man aus der Schweiz wieder 5'300 Kilo Mehl nach Liechtenstein gebracht. Das Ländchen zählt rund 10'000 Einwohner und ist offenbar sehr übel dran. Es kümmert sich niemand um das kleine neutrale Liechtenstein; von Österreich, das ihm sonst so nahesteht und ihm den Zoll, die Post und die Tabakregie besorgt, wird Liechtenstein jetzt als Ausland betrachtet. Der Fürst scheint sich nicht viel um sein Liechtenstein zu kümmern. Er wohnt in Wien und man sollte meinen, dass es bei seiner hohen Stellung nicht unmöglich sein sollte, die Liechtensteiner wenigstens mit den notwendigsten Lebensmitteln zu versorgen. Der Fürst von Liechtenstein, Herzog von Troppau und Jägerndorf, ist einer der kapitalkräftigsten Feudalherren von ganz Österreich. Er könnte die 10'000 Liechtensteiner aus seiner Privatschatulle erhalten, ohne dass die fürstlichen Finanzen stark zerrüttet würden. Man hat früher in den Zeitungen oft von der Mildtätigkeit des reichen Fürsten gehört; in Liechtenstein selbst aber haben wir uns sagen lassen, die vielgerühmte Mildtätigkeit des Fürsten Johann II. von Liechtenstein sei sehr einseitig geartet und pflege sich fast ausschliesslich in Vergabungen an Kirchen und Klöster zu äussern. Und davon können die Liechtensteiner jetzt nicht essen.

Dok. 64
Das k.u.k. Gericht des Militärkommandos in Innsbruck ersucht die liechtensteinische Regierung um eine grundsätzliche Äusserung zur Frage der Auslieferung österreichischer Deserteure

Handschriftliches Schreiben des k.u.k. Gerichtes des Militärkommandos Innsbruck an die liechtensteinische Regierung, gez. vom Gerichtsleiter[1]

27.1.1916, Innsbruck

Strafsache: Josef Sigismund Lorenzi
Am 9. Dezember 1915 wurde unter Berufung auf die bestehenden Staatsverträge von diesem Gerichte an das fürstlich Liechtenstein'sche Landgericht in Vaduz das dienst-

---

1 «Thurgauer Zeitung», Nr. 16, 20.1.1916 (LI LA SgZs 1916).

1 LI LA RE 1916/0407 ad 0207 (Aktenzeichen K 2643/15). Unterschrift unleserlich. Stempel des k.u.k. Gerichts des Militärkommandos Innsbruck.

höfliche Ersuchen um Festnahme und Auslieferung eines auf Liechtenstein'sches Gebiet geflüchteten Deserteurs gerichtet.

Dieses Ersuchschreiben wurde seitens des fürstlich Liechtenstein'schen Landgerichtes in Vaduz mit dem Ersuchen um Bekanntgabe des Staatsvertrages, auf Grund dessen die Auslieferung Lorenzi's verlangt wird, beantwortet.[2]

Das hiergerichtliche Ersuchen wurde sodann mit dem Bemerken wiederholt, dass sich das Auslieferungsbegehren auf die Bundes-Kartell-Konvention vom 10. Februar 1831[3] stützte und hinzugefügt: «Sollte das dortige Gericht der Anschauung sein, dass die genannte Konvention zwischen der Monarchie und Liechtenstein nicht mehr zu Recht besteht, so wird um die Bekanntgabe der Gründe für diese Annahme ersucht.»

Das fürstlich Liechtenstein'sche Landgericht erwiderte hierauf mit folgenden Ausführungen:

«1.) Genannter Vertrag hatte das militärische Bundesverhältnis zur Voraussetzung; mit Auflösung des Deutschen Bundes ward er daher hinfällig. Dies ergibt sich auch aus Artikel XIII des Prager Friedensvertrages vom 23. August 1866, R.G.Bl. Nr. 103, worin die genannte Konvention zwischen Österreich und Preussen ‹neuerdings in Kraft gesetzt› wurde.[4] (Ungarn anerkannte deren Bestand bis Kriegsausbruch nicht; Ulbrich Staatswörterbuch[5] 2. Auflage, II. Band, Seite 755 und I. Band Seite 369). Die Fortdauer der Wirksamkeit der Konvention vom 10. Februar 1831 zwischen Österreich und andern ehemaligen Deutschen Bundesstaaten, wie Bayern, Württemberg, u.a. stützt sich auf spätere, nach Auflösung des Deutschen Bundes gegenseitig abgegebene Erklärungen der betroffenen Staaten (Kundmachung des Ministers des Innern vom 12. Dezember 1869, R.G.Bl. 182).[6] Dass von Seite des Fürstentums Liechtenstein eine ähnliche Erklärung erfolgte, dürfte nicht der Fall sein.

2.) Hievon jedoch abgesehen, kann das Verbrechen der Desertion im Fürstentum Liechtenstein derzeit nicht begangen werden, da seit dem Jahre 1868 eine Militäraushebung nicht mehr stattfindet.[7] Wegen einer Tat, die begrifflich hierlands

---

2   Vgl. in diesem Zusammenhang auch das Schreiben des F.L. Landgerichtes an die liechtensteinische Regierung vom 31.12.1915 (LI LA RF 1915/4538 (Aktenzeichen Z. 725 Sts)) sowie das Schreiben von Landesverweser Leopold von Imhof an die fürstliche Hofkanzlei vom 4.1.1916, in welcher dieser den vom Landgericht eingenommenen Rechtsstandpunkt teilte (LI LA RE 1915/4538).
3   Die genannte Konvention regelte die Auslieferung von Militärpflichtigen und Deserteuren zwischen den Staaten des Deutschen Bundes. Der Bund wurde nach dem deutsch-österreichischen Krieg von 1866 aufgelöst.
4   Nach Art. XIII des genannten Friedensvertrages wurden alle zwischen Österreich und Preussen vor dem Krieg abgeschlossenen Verträge und Übereinkünfte, insofern dieselben nicht ihrer Natur nach durch die Auflösung des deutschen Bundesverhältnisses ihre Wirkung verlieren mussten, neuerdings in Kraft gesetzt. Insbesondere die allgemeine Kartellkonvention vom 10.2.1831 samt den dazugehörigen Nachtragsbestimmungen behielt ihre Gültigkeit zwischen Österreich und Preussen.
5   Ernst Mischler, Josef Ulbrich (Hg.), Österreichisches Staatswörterbuch. Handbuch des gesammten öffentlichen Rechtes. 2 Bde. (Wien 1895-1896).
6   Entsprechende Erklärungen gegenüber Österreich wurden von den ehemaligen deutschen Bundesstaaten Bayern, Königreich Sachsen, Württemberg, Baden, Hessen, Sachsen-Weimar, Sachsen-Coburg-Gotha, Sachsen-Meiningen und Sachsen-Altenburg abgegeben: Es wurde die Fortdauer der genannten Kartellkonvention von 1831 mit den durch den Bundesbeschluss vom 2.7.1863 erfolgten Abänderungen (öst. RGBl. 1864 Nr. 68) und ohne die im Art. IX der Konvention stipulierten Ergreifungsprämien ausgesprochen.
7   Nach der Auflösung des Deutschen Bundes bewilligte der liechtensteinische Landtag keine Militärausgaben mehr und verweigerte die Aushebung neuer Rekruten (vgl. die ordentliche Landtagssitzung vom 31.5.1867). Fürst Johann II. löste am 12.2.1868 das liechtensteinische Militärkontingent auf.

nicht begangen werden kann, dürfte eine Auslieferungspflicht aber überhaupt nicht bestehen (Bundesvertrag vom 26. Jänner 1854 Artikel I.).[8]

Sollten Sie trotz vorstehender Erwägungen die Ansicht des gefertigten Gerichtes nicht teilen, so wolle das Ersuchen erneuert werden; die endgiltige Entscheidung würde dann von der vorgesetzten Behörde getroffen werden.»

Sodann wurde der Anregung des fürstlich Liechtenstein'schen Landesgerichtes stattgebend das Ersuchen erneuert, worauf die fürstl. Liechtenstein'sche Landesregierung unter Zl. 207/Reg. diesem Gerichte eine unmittelbare Erledigung zukommen liess, des Inhaltes, dass sich der gesuchte Deserteur nur ganz vorübergehend in Liechtenstein aufgehalten habe, spurlos verschwunden sei, und jedenfalls sich nicht mehr auf fürstl. Liechtenstein'schem Gebiete befinde. Für die fürstl. Liechtenstein'sche Regierung entfalle gegenwärtig der Anlass, zur Frage der Auslieferung des Deserteurs Guiseppe Lorenzi näher Stellung zu nehmen.[9]

Wiewol nun im Falle des Deserteurs Lorenzi, dessen Aufenthalt auf fürstlich Liechtenstein'schem Gebiete, den gepflogenen Erhebungen zufolge ein ganz vorüber gehender war, offenbar eine Verfolgung selbst im Falle der Zustimmung der fürstlich Liechtenstein'schen Behörden, kein Ergebnis hätte zutage fördern können, stelle ich das diensthöfliche Ersuchen, die fürstlich Liechtenstein'sche Landesregierung wolle den vorliegenden Falle dennoch zum Anlass einer grundsätzlichen Äusserung nehmen, damit in dieser möglicherweise nochmals praktisch in Betracht kommenden staatsrechtlichen Frage wünschenswerte Klarheit geschaffen werde.[10]

Der Gerichtsleiter

---

8   Bundesbeschluss vom 26.1.1854 über die gegenseitige Auslieferung gemeiner Verbrecher. In Österreich kundgemacht durch Erlass des Ministeriums der auswärtigen Angelegenheiten vom 5.4.1854 (öst. RGBl. 1854 Nr. 76).
9   Vgl. das Konzeptschreiben des liechtensteinischen Landesverwesers Imhof an das k.u.k. Gericht des Militärkommandos Innsbruck, vermutlich vom 15.1.1916 (LI LA RE 1916/0207)).
10 Die liechtensteinische Regierung antwortete dem k.u.k. Gericht des Militärkommandos in Innsbruck am 29.1.1916: «Mit Beziehung auf die Note vom 27. Jänner l.J., K 2643/15, beehrt sich die fürstliche Regierung mitzuteilen, dass dieselbe den vom hiesigen fürstlichen Landgericht in der Frage der Auslieferung von Deserteuren eingenommenen Standpunkt als rechtlich vollkommen begründet anerkennen muss und beim Abgang einer noch zu Recht bestehenden bezüglichen Vereinbarung weder die Auslieferung eines Deserteur durchführen noch der Verfolgung eines solchen auf liechtensteinisches Territorium zustimmen könnte. Dieser durch die anerkannte Neutralität des Fürstentums gebotenen Verpflichtung vermag sich die fürstliche Regierung um so weniger zu entziehen, als die Approvisionierung des Landes derzeit in der Hauptsache auf obigem Umstande basiert.» (Konzeptschreiben von Imhof, reingeschrieben von David Strub am 31.1.1916 (LI LA RE 1916/0407 ad 0207)).

Dok. 65
Landesverweser Imhof drückt die Erwartung aus, dass Frankreich trotz Skepsis in Bezug auf die liechtensteinische Neutralität der Lebensmittelversorgung aus der Schweiz keine Hindernisse in den Weg lege

Maschinenschriftliches Schreiben von Landesverweser Leopold von Imhof, gez. ders., an Hermann von Hampe, den Leiter der fürstlichen Hofkanzlei[1]

4.3.1916

Euer Hochwohlgeboren,
Hochverehrtester Herr Hofrat!
In Beantwortung des sehr geschätzten Schreibens vom 27. Februar l.J., Nr. 2773,[2] beehre ich mich, zunächst meiner Auffassung dahin Ausdruck zu geben, dass der vom französischen Gesandten [Paul Beau] in Bern hinsichtlich des staatsrechtlichen Verhältnisses des Fürstentums vertretene Standpunkt keinen Anlass zu ernsten Besorgnissen bietet. Angezettelt ist die Sache durch den unverständigen Übereifer des Sohnes des Direktors der Weberei Rosenthal in Vaduz (Bruno *Wenzel*), der sich in Bern gerne die Lorbeeren geholt hätte, für diese Fabrik die Ausfuhr von Garn zu erwirken, und zu diesem Zwecke in Bern überall herumlief, wobei er aber nur Unsinn machte. Er war dann noch naiv genug, mir beweisen zu wollen, dass er nichts unversucht gelassen habe, wofür er sich allerdings nicht mein Lob, sondern eine scharfe Zurechtweisung holte. Der Vorstand der Abteilung für die einschlägigen Ausfuhrsangelegenheiten, der gewechselt hatte, hat sich durch das Gerede des Obgedachten veranlasst gesehen, beim französischen Gesandten in Bern wegen unserer Neutralität nochmals anzufragen und das Ergebnis ist wohl die französische Note[3] an den Chef des betreffenden Departements.

Die feine Unterscheidung, dass Liechtenstein nur in kommerzieller Hinsicht nicht als neutral angesehen werden könne, scheint mir schon dafür zu sprechen, dass der französische Gesandte uns gegenüber keine direkt feindselige Haltung einnimmt, und unserer Approvisionierung[4] nichts in den Weg legen will. Es ist ihm anscheinend nur darum zu tun, den Übertritt von Baumwolle und Garnen zu hindern, was ihm von sei-

---

1   LI LA V 003/0040/3 (Aktenzeichen 961/Reg; 3231). Unvollständiger handschriftlicher Entwurf des Antwortschreibens unter LI LA SF 13/1916/0961 ad 0031.
2   Mit Schreiben vom 27.2.1916 an Landesverweser Leopold von Imhof hatte Hofkanzleileiter Hermann von Hampe mitgeteilt, dass die französische Regierung das Fürstentum Liechtenstein, solange es in der österreichisch-ungarischen Zollgrenze eingeschlossen sei, hinsichtlich des Handelsverkehrs als Feindesland betrachte. Die diesbezügliche Note des französischen Botschafters in Bern an den Schweizer Bundesrat Hoffmann war der fürstlichen Hofkanzlei durch den schweizerischen Gesandten in Wien, Charles-Daniel Bourcart, am 26.2. übermittelt worden. Die Hofkanzlei ersuchte nun Landesverweser Imhof um Mitteilung, ob und in welcher Weise die Beantwortung der Zuschrift der Schweizer Gesandtschaft erfolgen solle bzw. ob die diesfälligen Aufklärungen von Seite der liechtensteinischen Regierung unmittelbar an das Eidgenössische Politische Departement abgegeben werden wolle (LI LA SF 13/1916/0961 ad 0031).
3   Note des französischen Botschafters in Bern Paul Beau an den Schweizer Bundesrat Arthur Hoffmann, Vorsteher des Eidgenössischen Politischen Departements, vom 16.2.1916, in welcher Hoffmann ersucht wurde, die geänderte Auffassung der französischen Regierung zur liechtensteinischen Neutralität der «Sociéte suisse de surveillance économique (SSS)» zur Kenntnis zu bringen (LI LA SF 13/1916/0961 ad 0031). Die Aufgabe der im Oktober 1915 gegründeten SSS war es, Lieferungen von Waren der Ententestaaten über schweizerische Firmen an die Zentralmächte zu verhindern.
4   Approvisionierung: Lebensmittelversorgung.

nem Standpunkte aus niemand verübeln kann. Ich habe auch seit Einlangen seiner Note beim Politischen Departement, dessen Chef, Bundesrat [Arthur] *Hoffmann*, uns sehr freundlich gesinnt ist, 7 Wagen Weizen, 3 Wagen Mais und 3 Wagen Hafer bekommen.[5] Dies vorausgeschickt, glaube ich, dass die Note des schweizerischen Gesandten in Wien [Charles-Daniel Bourcart] am besten gleich meritorisch seitens der fürstl. Hofkanzlei zu beantworten wäre. Hiebei dürfte meines unmassgeblichen Dafürhaltens etwa nachstehend skizzierte Form zu wählen sein:

Die fürstl. Hofkanzlei habe aus dem sehr geschätzten Schreiben vom 26. Februar l.J. ersehen, dass Seine Exzellenz der Herr französische Gesandte in Bern dem zwischen dem Fürstentum Liechtenstein und Österreich-Ungarn bestehenden Zollvertrage[6] die Wirkung beimesse, dass das Fürstentum der Kontrolle und Macht Österreich-Ungarns unterworfen und somit ausser Stande sei, seine Rechte zu wahren und die Neutralitätspflichten zu erfüllen.[7]

Dem gegenüber glaube man[8] geltend machen zu können,[9] dass die Vereinbarungen, welche dem Fürstentume einen Anteil an den im österreichischen Kronlande Vorarlberg eingehenden Zöllen und Gefällen sichern, die politische Selbständigkeit des Landes in allen anderen Betreffen unberührt lassen und daher durchaus nicht von dem vorerwähnten weitgehenden Einflusse sind. Bei den Verhältnissen dieses Gebirgslandes sei allerdings wenig Gelegenheit gegeben gewesen, die Selbständigkeit und Neutralität des Fürstentums praktisch zu dokumentieren – immerhin könne aber darauf hingewiesen werden, dass das Fürstentum im Vorjahre mehreren aus Österreich ausgewiesenen englischen und französischen Lehrschwestern Asyl bot und erst kürzlich wieder 3 Franzosen beherbergte.[10]

Die Kriegslage habe in kommerzieller Hinsicht für Liechtenstein insoferne eine bedeutende Änderung gebracht, als der bis dahin vertragsmässig bestandene freie Verkehr nach Vorarlberg unterbrochen wurde.[11]

---

5   Vgl. in diesem Zusammenhang das Schreiben von Landesverweser Imhof an Hofkanzleileiter Hampe vom 7.2.1916, in dem Imhof über die mündlichen Zusagen der Schweizer Bundesräte Camille Decoppet und Arthur Hoffmann berichtete, Liechtenstein weiterhin mit Weizen und anderen Lebensmitteln zu beliefern (LI LA SF 13/1916/0567 ad 0031).
6   Vgl. den österreichisch-liechtensteinischen Staatsvertrag vom 2.12.1876 über die Fortsetzung des am 5.6.1852 gegründeten Zoll- und Steuervereines, LGBl. 1876 Nr. 3. In Art. 1 des Vertrages hatte sich der souveräne Fürst von Liechtenstein ausdrücklich die landesherrlichen Hoheitsrechte für das Fürstentum vorbehalten.
7   So heisst es im besagten Schreiben des französischen Gesandten in Bern über die aktuelle Auffassung der französischen Regierung zur liechtensteinischen Neutralität im Originalwortlaut: «Il considère en effet que la Principauté de Liechtenstein soumise au contrôle et à l'autorité de l'ennemi se trouve dans l'incapacité de défendre ses droits ou de remplir les obligations d'un état neutre.»
8   Durchgestrichen: «die fürstliche Hofkanzlei».
9   Durchgestrichen: «dürfen».
10 Es kam während des Ersten Weltkrieges wiederholt vor, dass aus österreichischen Kriegsgefangenenlagern geflüchtete Soldaten über Liechtenstein in die Schweiz zu entkommen suchten.
11 Trotz des in Art. 23 des österreichisch-liechtensteinischen Zollvertrages von 1876 (LGBl. 1876 Nr. 3) garantierten freien Warenverkehrs zwischen Vorarlberg und Liechtenstein kam es infolge der von Österreich nach Kriegsausbruch verfügten Ausfuhrsperre für Getreide zunächst zu einem Lieferungsunterbruch für Liechtenstein.

Eines der wichtigsten Produkte des Landes, das Holz, sei bereits früher (auf Grund des § 26 des Gesetzes vom 8. Oktober 1865)[12] vom freien Verkehr ausgenommen gewesen und heuer in grossen Quantitäten nach der Schweiz exportiert worden. Ausserdem habe die fürstl. Regierung seit Beginn des Krieges Vorschriften erlassen, wonach die Ausfuhr von Vieh und Fleisch, Heu, Butter, Milch, Käse und Kartoffeln sowie von sämtlichen aus der Schweiz bezogenen Lebensmitteln untersagt wurde,[13] welche Verbote allerdings alle in erster Linie den Zweck verfolgten, dem Lande die nötigen Nahrungsmittel vorzubehalten, immerhin aber nicht möglich gewesen wären, wenn die vorbezeichnete Annahme Seiner Exzellenz des Herrn französischen Botschafters in Bern[14] zuträfe. – Auch wurde das österreichischerseits gestellte Ansuchen um Auslieferung von Deserteuren unter Hinweis auf die Neutralität des Fürstentums abgelehnt.[15]

Die fürstl. Hofkanzlei gebe sich bei dieser Sachlage der Erwartung hin, dass der gedachte Vertreter der bisherigen grossmütigen Unterstützung des kleinen Fürstentums seitens der Schweiz kein Hindernis in den Weg legen werde.[16]

Indem ich hoffe, *Euer Hochwohlgeboren* mit dieser Darstellung, der ich allerdings mit Leichtigkeit eine wesentlich anders gefärbte entgegensetzen könnte, einigermassen zu dienen, zeichne ich mit dem Ausdrucke meiner vorzüglichsten Hochachtung und tiefster Verehrung als

Euer Hochwohlgeboren
ergebenster

---

12 Nach § 26 der Waldordnung vom 8.10.1865 war der Verkauf von Holz und Holzkohle aus den Gemeinde- und Genossenschaftswaldungen in das Ausland an die Bewilligung der Regierung gebunden (LGBl. 1866 Nr. 2). Vgl. in diesem Zusammenhang das Ersuchen von Landesverweser Imhof an die fürstliche Hofkanzlei vom 23.1.1916 um Intervention beim österreichischen Finanzministerium zwecks Erleichterung der Holzausfuhr aus Liechtenstein in die Schweiz, um im Gegenzug nicht die Lebensmittelversorgung des Fürstentums durch die Schweiz zu gefährden (LI LA RE 1916/0341 ad 0274).

13 Vgl. die Verordnung vom 9.4.1915, womit Bestimmungen hinsichtlich des Verbrauches von Mehl und Brot sowie bezüglich des kleinen Grenzverkehrs getroffen werden (LGBl. 1915 Nr. 4): § 4 bestimmte, dass das dem Land unter der Bedingung des Verbrauchs im Inland überlassene Getreide, die daraus gewonnenen Mahlprodukte sowie das daraus erzeugte Brot unter keinen Umständen ausser Landes gebracht werden durften. Vgl. auch die Verordnung vom 26.5.1915 betreffend das Verbot der Ausfuhr von Vieh und Fleisch (LGBl. 1915 Nr. 9). Vgl. ferner die Verordnung vom 9.8.1915 betreffend das Verbot der Ausfuhr von Fettheu, Emd und Magerheu (LGBl. 1915 Nr. 12).

14 Durchgestrichen: «voll».

15 Vgl. etwa das diesbezügliche Schreiben der liechtensteinischen Regierung an das Militärkommando Innsbruck vom 29.1.1916 (LI LA RE1916/0407 ad 0207). Begründet wurde die liechtensteinische Haltung, keine Deserteure an Österreich-Ungarn auszuliefen, mit der hauptsächlich auf der Neutralität basierenden Lebensmittelversorgung des Landes.

16 Die fürstliche Hofkanzlei teilte in diesem Sinne der schweizerischen Gesandtschaft in Wien mit Schreiben vom 9.3.1916 mit, dass nach Auffassung der liechtensteinischen Regierung der französische Gesandte in Bern der weiteren Unterstützung Liechtensteins durch die Schweiz kein Hindernis in den Weg legen werde (LI LA V 003/0040/3).

Dok. 66
Die Schweizer Armee lehnt eine längere Offenhaltung der Rheinbrücken gegen Liechtenstein während der Nachtstunden ab

Maschinenschriftliches Schreiben des Territorialkommandos VII an den liechtensteinischen Landesverweser Leopold von Imhof[1]

18.5.1916, St. Gallen

Unterm 2. Mai pto. übersandten Sie in einer Zuschrift ein Gesuch mehrerer liechtensteinischer Gemeinden, dahingehend, dass die Rheinbrücken Balzers-Trübbach, Vaduz-Sevelen, Schaan-Buchs und Bendern-Haag erst um abends 11 Uhr geschlossen werden.[2]

Das Begehren wird damit begründet, dass es eine wesentliche Erleichterung und Förderung der geschäftlichen Beziehungen wäre, wenn es ermöglicht würde, ab dem um 10 Uhr abends aus Rorschach in Buchs einlangenden und von dort nach Sargans verkehrenden Zug, über die Rheinbrücken nach Lichtenstein gehen zu können.

Wir können dem Gesuche nach Anhörung unserer Organe und Prüfung der Frage leider nicht entsprechen. Es diktieren uns nachstehende Momente erwähnte Schlussnahme:

1. Durch den Wiederbetrieb des Nachtschnellzuges 10.55h Buchs-Feldkirch ist Gelegenheit geboten, abends noch nach Feldkirch zu kommen.[3]
2. Mit der spätern Schliessung wäre die Grenzkontrolle erschwert. Wie uns von der Zollbehörde mitgeteilt wird, wird z.B. die Visitation von Frauen durch die Frau des Grenzwächters besorgt. Es kann Letzterer nicht zugemutet werden, jeden Abend bis 11 Uhr zur Verfügung zu stehen.[4]
3. Durch den nun angebrachten Glockenzug über die Rheinbrücke bei Trübbach kann in Notfällen (ärztlicher Beistand) während der Nachtzeit zur Öffnung des Brückentors die schweizerische Grenzwache herbeigerufen werden.[5]

Wir glauben damit unsere Stellungnahme begründet zu haben und versichern Sie unserer

vorzüglichen Hochachtung[6]

---

1 LI LA RE 1916/2106 ad 1717. Die Unterschrift des betreffenden Majors ist unleserlich. Das Schreiben langte am 26.5.1916 bei der liechtensteinischen Regierung ein.
2 Vgl. das Schreiben von Regierungssekretär Josef Ospelt an das Territorialkommando VII in St. Gallen vom 2.5.1916 (LI LA RE 1916/1758 ad 1717r). Diesem Ersuchen lagen die Eingaben der Gemeinden Vaduz und Schaan an die Regierung vom 25.4. und 27.4.1916 zugrunde (LI LA RE 1916/1717 (Aktenzeichen: 249); LI LA RE 1916/1758 ad 1717).
3 Mit Bleistift ergänzt: «richtig 10.22 seit Mitte Mai P.Z. [Personenzug]».
4 Mit Bleistift wurde bei diesem Absatz ein Fragezeichen hinzugesetzt.
5 Das Eidgenössische Militärdepartement hatte der liechtensteinischen Regierung mit Schreiben vom 13.4.1916 mitgeteilt, dass gegen die Erstellung einer Läutvorrichtung an der Rheinbrücke in Trübbach mit Verbindung zum dortigen schweizerischen Zollamt keine Bedenken bestünden (vgl. LI LA RE 1916/1625 ad 1313 (Aktenzeichen des EMD: 99/1 (3))).
6 Landesverweser Leopold von Imhof und Regierungssekretär Josef Ospelt orientierten die Gemeindevorstehungen von Vaduz und Schaan sowie Armin Arbenz, den Direktor der Fabrik Jenny, Spörry & Cie in Triesen, mit Schreiben vom 27.5.1916 über die ablehnende Antwort des Territorialkommandos in St. Gallen (LI LA RE 1916/2106 ad 1717r). Arbenz war bei der Regierung mündlich für die längere Offenhaltung der Rheinbrücken eingeschritten (ebd.).

Dok. 67
Das österreichisch-ungarische Aussenministerium interveniert wegen der Ausweisung von Militärpflichtigen aus Liechtenstein

Maschinenschriftliche Kopie eines Memorandums des k.u.k. Ministeriums des kaiserlichen und königlichen Hauses und des Äussern, nicht gez.[1]

29.8.1916, Wien

Memorandum

Es besteht die Vermutung, dass sich im Fürstentume Liechtenstein österreichische, beziehungsweise ungarische Staatsangehörige aufhalten,[2] respektive dass sich solche dorthin begeben, welche sich ihren militärischen Pflichten, speziell der Landsturmmusterungspflicht[3] entziehen wollen.

Da nun seitens des k.u.k. Kriegsministeriums besonderer Wert darauf gelegt wird, dass die Betreffenden zur Erfüllung ihrer militärischen Pflichten verhalten werden, im Fürstentume Liechtenstein jedoch keine k.u.k. Vertretungsbehörde besteht, bei welcher wie im sonstigen neutralen Auslande die Musterung vorzunehmen wäre, würde es sich für die k.u.k. Regierung darum handeln, in Erfahrung zu bringen, ob, beziehungsweise

---

1 LI LA RE 1916/3235 ad 0207 (Aktenzeichen 81.617/4). Das Memorandum wurde vom österreichisch-ungarischen Aussenministerium mit dem Ersuchen an die fürstliche Hofkanzlei übermittelt, der k.u.k. Regierung zur Kenntnis zu bringen, welche Massnahmen von der liechtensteinischen Regierung getroffen werden könnten, um österreichische und ungarische Staatsangehörige, die sich in das Fürstentum begeben, zur Erfüllung ihrer Militärpflichten, speziell der Landsturmpflicht, zu verhalten. In diesem Sinne ersuchte die fürstliche Hofkanzlei Landesverweser Leopold von Imhof am 5.9.1916 um Mitteilung, «ob und in welcher Weise in dieser Angelegenheit Ordnung zu schaffen sein würde, ohne mit der erklärten Neutralität des Fürstentums in Konflikt zu geraten» (LI LA RE 1916/3235 ad 207 (Aktenzeichen 10.384)).

2 Vgl. in diesem Zusammenhang den Fall des österreichischen Deserteurs Josef Sigismund Lorenzi, dessen Auslieferung das k.u.k. Gericht des Militärkommandos Innsbruck am 9.12.1915 vom liechtensteinischen Landgericht verlangte. Das Landgericht lehnte eine Auslieferung mit Schreiben an die liechtensteinische Regierung vom 31.12.1915 jedoch ab, da die Bundeskartellkonvention vom 10.2.1831, welche die wechselseitige Überstellung von Militärpflichtigen und Deserteuren zwischen den Staaten des Deutschen Bundes regelte, nicht mehr gültig sei (LI LA RE 1915/4538 (Aktenzeichen Z. 725 Sts.)). Diesem Standpunkt schloss sich Landesverweser Leopold von Imhof mit Schreiben an die fürstliche Hofkanzlei vom 4.1.1916 an, wobei er auf auch auf die zu befürchtenden schweren politischen und wirtschaftlichen Konsequenzen für die Neutralität Liechtensteins und die Lebensmittellieferungen aus der Schweiz im Fall einer Auslieferung verwies (LI LA RE 1916/5438). Die fürstliche Hofkanzlei ihrerseits erklärte sich am 10.1.1916 für unzuständig und schob die Verantwortung in dieser Frage wieder der liechtensteinischen Regierung zu (LI LA RE 1916/0006). Die Regierung schrieb dem k.u.k. Gericht des Militärkommandos Innsbruck daraufhin, dass sich Lorenzi nicht mehr in Liechtenstein aufhalte. Es entfalle daher die Notwendigkeit, zur Auslieferungsfrage Stellung zu nehmen (Konzeptschreiben, vermutlich vom 15.1.1916 (LI LA RE 1916/0207)).

3 1915 waren es die Tiroler, Vorarlberger und Salzburger Landsturmeinheiten bzw. Schützenkompanien, die die Südfront nach der italienischen Kriegserklärung hielten, bis reguläre Einheiten von der Ostfront verlegt wurden. Vgl. das Gesetz vom 6. Juni 1886 betreffend den Landsturm für die im Reichsrathe vertretenen Königreiche und Länder, mit Ausnahme von Tirol und Vorarlberg, öst. RGBl. 1886 Nr. 90. Analoge Landsturmgesetze galten für Ungarn, Tirol und Vorarlberg, vgl. das Gesetz vom 23.1.1887 betreffend das Institut der Landesvertheidigung für die gefürstete Grafschaft Tirol und das Land Vorarlberg, Gesetz- und Verordnungsblatt für Tirol und Vorarlberg 1887 Nr. 7, bzw. das einschlägige Landesverteidigungsgesetz für Tirol und Vorarlberg vom 25.5.1913, Gesetz- und Verordnungsblatt für Tirol und Vorarlberg 1913 Nr. 25.

welche Massnahmen seitens der Fürstlich Liechtenstein'schen Regierung im Gegenstande getroffen werden könnten (etwa Ausweisung aller derjenigen, welche die Erfüllung ihrer Militärpflicht in der Monarchie nicht nachweisen können und Überstellung der fraglichen Individuen an die nächste österreichische Grenzbehörde zwecks Klarstellung ihres Militärdienstpflichtverhältnisses).[4]

Dok. 68
Landesverweser Leopold von Imhof bittet Fürst Johann II. zu Gunsten von August Schädler, dem in Österreich wegen Majestätsbeleidigung die Todesstrafe droht, zu intervenieren

Handschriftliches Konzept für ein dringliches Staatstelegramm der Regierung, gez. Landesverweser Leopold von Imhof, an die Hofkanzlei in Wien[1]

28.9.1916

August Schädler, zuständig Triesenberg, wohnhaft in der Schweiz, wegen Majestätsbeleidigung in Feldkirch standrechtlich behandelt. Urteil wird in drei Tagen publiziert und bei erwiesenem Tatbestand voraussichtlich auf Tod durch Strang lauten. Strafvollzug 24 Stunden darauf, sofern nicht durch Allerhöchsten Gnadenakt Strafumwandlung bewilligt.[2] Erbitte bezügliche Intervention Seiner Durchlaucht [Johann II.] bei Seiner Majestät [Franz Joseph] im Wege Kabinettskanzlei, da Schädler der Schwere seiner Verfehlung nicht voll bewusst.[3]
    Landesverweser

---

[4] Landesverweser Imhof gab am 11.9.1916 die Auskunft an die fürstliche Hofkanzlei in Wien, dass sich keine militärpflichtigen Österreicher oder Ungarn in Liechtenstein aufhielten bzw. alle in Liechtenstein wohnhaften Österreicher der Einberufungspflicht Folge geleistet hätten (LI LA RE 1916/3235 ad 0207). Die fürstliche Hofkanzlei berichtete in diesem Sinne dem österreichisch-ungarischen Aussenministerium.

[1] LI LA SF 01/1916/46. Gemäss handschriftlichem Vermerk wurde das Telegramm um 17.30 Uhr zur Post gebracht, gemäss aufgeklebtem Aufgabeschein wurde es um 18.50 Uhr übermittelt.

[2] Tatsächlich wurde Schädler am 28.9.1916 vom k.u.k. Feldstandgericht in Feldkirch der Majestätsbeleidigung sowie der Störung der öffentlichen Ruhe schuldig gesprochen und zum Tode durch Erschiessen verurteilt (LI LA SF 01/1916/50, Landwehrgericht beim k.u.k. Militärkommando in Innsbruck an Regierung, 7.10.1916).

[3] Die Hofkanzlei erhielt das Telegramm am 29.9.1916. Da Fürst Johann II. am Semmering weilte, verfasste Hermann von Hampe, der Leiter der Hofkanzlei, nach Rücksprache mit Prinz Franz von Liechtenstein ein Gesuch um Begnadigung Schädlers, das er durch einen Boten dem Fürsten übermittelte. Nach Erhalt des unterzeichneten Gesuchs am frühen Morgen des 30.9.1916 übergab Hampe es umgehend der Militärkanzlei des Kaisers. Bereits am Mittag erhielt Hampe die Nachricht, dass der Kaiser «sogleich resolviert und die telegraphische Weisung im erbetenen Sinne nach Innsbruck erfolgt sei.» Schädler war unabhängig davon bereits einen Tag zuvor vom Kommandanten des Standgerichtes in Innsbruck zu einer 10jährigen Kerkerstrafe begnadigt worden (LI LA SF 01/1916/48a, Hampe an Imhof, 2.10.1916; LI LA SF 01/1916/ad 48a, Franz Joseph an Johann II., 1.10.1916; LI LA SF 01/1916/50, Landwehrgericht beim k.u.k. Militärkommando in Innsbruck an Regierung, 7.10.1916).

Dok. 69
Bischof Georg Schmid von Grüneck kritisiert verschiedene Punkte im Gesetzentwurf der Regierung für eine Kongruaregelung als kirchenrechtswidrig

Handschriftliches Schreiben des Churer Bischofs Georg Schmid von Grüneck, gez. ders., an die liechtensteinische Regierung[1]

15.12.1916, Chur

Hochgeachteter Herr Landesverweser [Leopold von Imhof]!
In der gestrigen Sitzung des bischöfl. Ordinariates ist der Gesetzesentwurf über die Congrua, den Sie uns zuzustellen die Güte hatten,[2] zum Gegenstand reiflicher Beratung gemacht worden.
Wir beehren uns, die gefallenen Vota der Referrenten und der übrigen geistl. Räte in Folgendem zusammenzufassen.

I. Allgemeines
Die gute Absicht, das Einkommen der Geistlichkeit im Fürstentum Liechtenstein einigermassen aufzubessern, wird allseitig anerkannt und bestens verdankt.
Der Gesetzesentwurf erweckt aber als Ganzes den Eindruck, dass der Staat darin des öftern über Dinge legiferiert, die in der katholischen Kirche ausschliesslich der kirchlichen Jurisdiktion unterstehen – worüber wir unten im Einzelnen handeln werden.
Nach der juristischen Seite hin besteht eine Unklarheit, die wenigstens bezüglich des Charakters des Fondes gehoben werden soll.
Nach allgemein anerkannten juristischen Grundsätzen ist ein Fond, dessen Erträgnisse dauernd einem bestimmten Zwecke dienen sollen, eine Stiftung & als solche eine juristische Persönlichkeit.[3] Dass der Zweck die Seele der Stiftung ist, ist der juristischen Welt seit Erscheinen des bekannten Buches «Der Zweck im Rechte»[4] allgemeines Axiom.
Ist nun der Zweck der Stiftung ein weltlicher, so ist die Stiftung eine staatliche; ist der Zweck der Stiftung ein kirchlicher, ist auch die Stiftung als eine kirchliche zu bezeichnen.[5]
Juristisch richtig wäre es also, den zu gründenden Congrua-Fond als eine kirchliche Stiftung zu bezeichnen, über welche Sr Durchlaucht, dem Fürsten [Johann II.], Patronatsrechte sammt der Verwaltung & mit Zustimmung der kirchlichen Organe auch die Verteilung der Erträgnisse innerhalb des Stiftungszweckes zustünde.[6] Diese Lösung ist die

---

1   LI LA RE 1916/4510 ad 2169. Bischöflicher Prägestempel. Eingangsstempel der Regierung vom 18.12.1918. Handschriftliche Randbemerkungen. Beilage dieses Dokumentes ist der vom bischöflichen Ordinariat überarbeitete Gesetzentwurf der Regierung (LI LA RE 1916/4510 ad 2169). – Vgl. in diesem Zusammenhang die Stellungnahme von Landesvikar Johann Baptist Büchel zuhanden der Regierung vom 15.9.1916 mit verschiedenen Abänderungswünschen zum Regierungsentwurf (LI LA RE 1916/3352 ad 2169).
2   Verschiedene Entwürfe der Regierung zu einem Gesetz betreffend die Aufbesserung der Bezüge der Seelsorger finden sich unter LI LA RE 1916/ad 2169.
3   Randbemerkung mit Bleistift: «oho!».
4   Rudolf von Jhering: Der Zweck im Recht, erste Auflage Leipzig 1877.
5   Randnotiz mit Bleistift: «!».
6   Randnotiz mit Bleistift: «!».

einzige, welche dem juristischen Denken & den Lehren der heutigen Rechtswissenschaft entspräche (cf. Dr. Lampert, Die kirchl. Stiftungen, 1912).[7, 8]

Wenn aber die fürstliche Regierung den Standpunkt der kirchlichen Stiftung durchaus ablehnt (S.D. der Fürst selbst hat dies nicht getan, sonst hätte er die Hofkaplaneien in Vaduz & Schaan nicht als *kirchliche Stiftungen* errichtet), so soll doch wenigstens die Natur des Fondes dahin präzisiert werden, dass dem Fonde *Stiftscharakter* zukommt – so dass er nicht von heute auf morgen wieder eingezogen oder dessen Zweckbestimmung willkürlich geändert werden kann. Daher der Beisatz im Art. 1 Fond «*mit Stiftscharakter*». Ob nun dieser Fond Religionsfond heisst oder Congruafond ist gleichgültig; aber einen Namen sollte er haben.

II. Besonderes

Im Gesetzentwurf sind einzelne Bestimmungen, welche direkt dem katholischen Kirchenrechte widersprechen und die deshalb für uns leider nicht annehmbar sind. Diese zu modifizierenden Bestimmungen betreffen:

1. *Die Messstipendien* (Art. 4). Die Anschauung, als ob diese in die Congrua des Inhabers einer Pfründe – eines Benefiziaten – einzurechnen sind, ist eine unkirchliche Anschauung. Sie widerstreitet dem *ius comune* der kath. Kirche, welche die Messstipendien – seien es Stipendien für Manualmessen oder für gestiftete Messen (anniversaria) – konstant als *Eleemosynae*[9] bezeichnet und sie deshalb nicht zum Benefizium rechnet. Nach kirchlichem Recht haben die Messstipendien überhaupt *mit der Pfründe nichts* zu schaffen, was auch daraus hervorgeht, dass die Messstiftungen nicht *bei* der Pfründe, sondern bei der betreffenden *Kirche* gestiftet werden. Desgleichen steht obige Anschauung im Widerspruche mit dem *ius particulare* des Bistums Chur, das nicht gestattet, dass Messstipendien – eben weil Almosen – zur Congrua gerechnet werden.

Soweit es uns möglich ist, kommen wir den Wünschen der hohen Regierung entgegen & wollen schliesslich zustimmen, dass die *Missae pro populo*, trotz mehrerer Gegengründe, im Verzeichnis der Revenuen nicht in Abzug gebracht werden.

Aber in Bezug auf die Messstipendien können wir unmöglich den kirchlichen Standpunkt aufgeben, der da ist: Messstipendien gehören nicht zur Congrua.

Da aber Sie, hochverehrter Herr Landesverweser, den Wunsch äusserten, die Messstipendien möchten im Gesetz nicht genannt, sondern umschrieben werden, hat die Ordinariats-Sitzung vom 14. ds. Mts. diesem Wunsche Rechnung getragen & folgendes beschlossen:

Im Art. 4 (A.L.[10] 4) ist nach Opfergelder beizufügen «*oder sonstige freiwillige Gaben*» – worunter auch die von den Gläubigen oder von der bischöfl. Kanzlei freiwillig gegebenen Stipendien für *Manualmessen* zu verstehen sind.

Dem Wortlaut des Art. 4 (A.L. 5) aber hat das bischöfliche Ordinariat zuzustimmen beschlossen, in dem Sinne, dass der Wortlaut selbst ausschliesst, dass die Stipendien für Stiftmessen zur Congrua des Benefiziums gerechnet werden.

Der Wortlaut sagt, dass «alle weiteren mit einer Pfründe verbundenen Geldbezüge … in Rechnung zu stellen sind.»

---

7   Ulrich Lampert: Die kirchlichen Stiftungen, Anstalten und Körperschaften nach schweizerischem Recht, Zürich 1912.
8   Randnotiz mit Bleistift: «??».
9   Almosen.
10 Vermutlich Abkürzung für «a linea» (Absatz, Zeile).

Da nun die Messstiftungen bei einer anderen juristischen Persönlichkeit errichtet sind – nämlich bei der Pfarr- oder Filialkirche – & da deshalb die Stiftmessen mit der Pfründe nichts zu schaffen haben & da der betreffende Pfarrer diese Stipendien *nicht* in seiner Eigenschaft als Pfrundinhaber, sondern als *Rektor ecclesiae* bezieht: so ist klar, dass der Wortlaut des A.L. 5 (Art. 4) die Stipendien der Stiftmessen nicht trifft. In diesem Sinne – aber nur in diesem Sinne – ist das A.L. 5 für uns annehmbar. Besser und klarer wäre es, diese Sachen auch im Gesetze bei ihrem kirchlichen Namen zu nennen. Wenn aber Ihrerseits Gründe vorhanden sind, den Terminus technicus zu umgehen, so erklären wir uns im obigem Sinne mit Art. 4 einverstanden.

2. Im Art. 5 dürfte unseres Erachtens der Passus über die Hilfspriester, welche nicht die «volle» Jurisdiktion ausüben, fallen gelassen werden, nachdem im vorhergehenden A.L. der technisch unzweideutige Terminus eingeschoben ist «Benefiziaten».
Dagegen muss die Möglichkeit verbleiben, dass Jemand zur Erhöhung der bisherigen Congrua etwas stiftet. Wenn er dies ausdrücklich so bestimmt, so muss ihm dieses gewährleistet werden. Wir haben dies durch die Beifügung (Art. 5 A.L. 4) ausgedrückt «immerhin besondere Bestimmungen der einzelnen Stifter vorbehalten».

3. Die kirchliche Jurisdiktion betreffend (Art. 7)
Das bischöfliche Ordinariat ist nicht in der Lage, die kirchliche Jurisdiktion, die der Bischof über Veräusserung, Veränderung etc. der Kirchengüter – resp. Pfrundgüter – nach Massgabe des kath. Kirchenrechtes besitzt, mit einer andern nicht kirchlichen Instanz zu teilen.
Daher im Art. 7 die Modifikation, dass die Genehmigung von der kirchlichen Behörde ausgehen muss, dass dabei aber die fürstl. Regierung vorher bezüglich ihrer Gründe oder Wünsche zu hören ist.

4. Die Jurisdiktion des Bischofes über die Geistlichen seines Bistumes betreffend (Art. 7 & 8)
Auf die Jurisdiktion über seine Geistlichen kann ein Bischof ohne Pflichtverletzung nicht verzichten. Aus diesem Grunde hat das bischöfliche Ordinariat im Art. 7[11] den Geistlichen die Möglichkeit des Rekurses an den Bischof offen gehalten («Nach Erkenntniss des b. Ordinariates») & hat bei der Strafbestimmung im Art. 8 eine Fassung gesucht, die einerseits dem kirchl. Recht gerecht wird & anderseits in Bezug auf Geistliche, die eben nicht Beamte sind, mehr dem religiösen Empfinden des kath. Volkes Rechnung trägt.

Was wir noch empfehlen würden, wäre im Art. 4 A.L. 5 die Anzeigefrist so zu bestimmen, dass diese Anzeige jeweilen am Schlusse des Jahres z.B. im Dezember stattzufinden hätte.

Wir beehren uns, Ihnen die Reinschrift des Entwurfes, wie er aus der Beratung des b. Ordinariates hervorgegangen ist, hier beizulegen.[12] Hieraus ersehen Sie alle modifizierten Punkte sowohl die kürzeren Beifügungen, die mehr formeller Natur sind, als jene, die grundsätzliche Bedeutung haben, & oben behandelt sind.

---

11 Randvermerk mit Bleistift: «nicht durchgeführt».
12 LI LA RE 1916/4510 ad 2169.

Wir wollen gerne hoffen, dass es der hohen Regierung gelingen wird, den Entwurf zum Gesetz zu erheben.[13] Wenn dies wider Erwarten nicht der Fall sein sollte, würden wir, als Diözesanbischof, uns gestatten, mit Sr Durchlaucht, dem hochverehrten Fürsten von Liechtenstein, einmal persönlich die Angelegenheit besprechen, um über die so notwendige Congrua-Aufbesserung im dortigen Fürstentum eine allseitig befriedigende Verständigung zu erzielen.

In aller Hochachtung verharrt der hohen Regierung

P.S. Wir bitten recht sehr um Entschuldigung, dass das Schreiben besonderer Umstände wegen erst mit einem spätern Zuge expediert werden konnte.

Dok. 70
Gustav Matt teilt der Regierung mit, dass Liechtensteinern die Einreise nach Frankreich untersagt ist

Eingeschriebenes maschinenschriftliches Schreiben von Gustav Matt, gez. ders., an die Regierung[1]

8.2.1917, St. Gallen

Auf Verlangen mehrerer meiner Landsleute (Liechtensteiner) habe ich bei dem General-Consul von Frankreich in Zürich [Paul Robin] angefragt, welche Papiere für die Passage und Etablissement nach Frankreich für Liechtensteiner, als Neutrale, erforderlich sind, worauf ich die inliegende Antwort:[2]

«Liechtenstein dépend de l'Autriche, Interdiction d'entrer en France»

erhielt. Ich fühle mich als Liechtensteiner verpflichtet, diese der hohen Regierung zur Kenntnis zu bringen und möge diese das weitere veranlassen, dass uns Liechtensteiner, die wir neutral und gleicher Gesinnung wie unsere benachbarte Schweiz sind, sowie auch vor allem in politischer Beziehung von Österreich gänzlich unabhängig da stehen, keine solche Schranken gesetzt werden, die einer Nichtbeachtung unserer anerkannten Neutralität gleich kommen.[3] Es dürfte diese Interpellation auch gegen weitere solche

---

13 Landesverweser Imhof antwortete dem Bischof mit Schreiben vom 18.1.1917, dass er nicht in der Lage gewesen sei, den bischöflichen Gesetzentwurf dem – am 28.12.1916, 30.12.1916 und 11.1.1917 tagenden – Landtag vorzulegen (LI LA RE 1916/4510 ad 2169). Mit Gesetz vom 4.12.1917 betreffend die Aufbesserung der Bezüge der Seelsorger, LGBl. 1917 Nr. 11, wurden 50'000 Kronen aus Landesmitteln zur Aufbesserung der Pfründen zur Verfügung gestellt (der Landesfürst stellte weitere 50'000 K und der Bischof 20'000 K zur Verfügung). Was die strittige Frage der Verwaltung anbelangte, wurde in § 3 auf die Bestimmungen zur Verwaltung des Kirchengutes verwiesen (Gesetz vom 14. Juli 1870 über die Verwaltung des Kirchengutes in den Pfarrgemeinden, LGBl. 1870 Nr. 4).

1 LI LA RE 1917/0644.
2 LI LA RE 1917/0644, Mitteilung des französischen Generalkonsulats in Zürich, 3.2.1917.
3 Im Antwortschreiben vom 16.2.1917 teilte Landesverweser Leopold von Imhof Gustav Matt mit, dass die französische Gesandtschaft in Bern den «Ausführungen über die staatsrechtliche Stellung des Fürstentums ihre Anerkennung versagt» habe und er deswegen zu seinem Bedauern in dieser Sache keine weiteren Schritte unternehmen könne (LI LA RE 1917/0644). Zu den Bemühungen Imhofs, Frankreich von der liechtensteinischen Neutralität zu überzeugen, vgl. LI LA SF 13/1916/3342 ad 31, Imhof an Paul Beau, französischer Gesandter in Bern, 15.9.1916.

Massregel gegen uns Liechtensteiner nur von Nutzen sein und will ich auch nicht unerwähnt lassen, dass hier viele arbeitslose Landsleute sind, die sich den täglich nach Frankreich zur Arbeit abreisenden Schweizer gerne anschliessen möchten.

In aller Hochachtung und Ergebenheit

1 Beilage erwähnt

Dok. 71
Rudolf Lucke teilt William von Einem mit, wie er und Leopold von Imhof den heimlichen Grenzübertritt der Prinzen Sixtus und Franz Xaver von Bourbon-Parma durchführen wollen

Maschinenschriftliches Schreiben von Oberstleutnant Rudolf Lucke, Grenzschutzkommandant in Feldkirch, gez. ders., an Oberst William von Einem, österreichisch-ungarischer Militärattaché in Bern (Kopie zuhanden von Landesverweser Leopold von Imhof)[1]

17.3.1917, Feldkirch

Hochwohlgeborener Herr Oberst![2]

Nach Empfang des Briefes vom 13. d.M.[3] habe ich die Angelegenheit mit Baron Imhof besprochen und erlaube ich mir, zu berichten:

1. Baron Imhof fährt den Herren [Sixtus und Franz Xaver von Bourbon-Parma] bis *Weesen* entgegen. Er wird einen langen, braunen Überzieher mit Samtkragen und einen braunen, weichen Hut tragen, in der Hand einen leichten Spazierstock mit einem Silbergriff.
2. Die Fotografie Baron Imhof lege ich bei. Er bittet um seinerzeitige Retournierung (die Herren werden sie ihm ja selbst zurückgeben); eine andere hat er leider nicht.
3. Nach der Beschreibung der Kleidung und nach der Fotografie werden die Herren in der Lage sein, Baron Imhof zu erkennen. Damit aber auch Baron Imhof die Herren leichter erkennt, ersucht er, dass bei der Einfahrt des Zuges in Weesen ein Herr oder auch beide Herren beim offenen Fenster hinaussehen und in der Hand Handschuhe halten.

---

1   LI LA PA 001/0021/07. Auf der Rückseite des Bogens handschriftliche Betreffangabe von Imhof: «Sixtus und Franz Xaver von Bourbon und Parma». Die Kopie wurde Imhof übermittelt mit Schreiben Luckes vom 17.3.1917 (LI LA PA 001/0021/07, Lucke an Imhof, 17.3.1917). Ein weiteres Exemplar des Schreibens in DE PA AA, Asservat Nr. 27, Aufzeichnung des Oberstleutnants a.D. Lucke zur Sixtusbrief-Angelegenheit, Beilage 8 (Kopie in LI LA MFE 07/01). Es handelte sich um Vorbereitungen für die heimliche Einreise von zwei Brüdern der österreichischen Kaiserin Zita nach Österreich. Die beiden Prinzen, die in der belgischen Armee dienten, agierten als Vermittler beim erfolglosen Versuch von Kaiser Karl I., Friedensverhandlungen zwischen Österreich-Ungarn und Frankreich einzuleiten. In zwei Briefen an Prinz Sixtus von Bourbon-Parma anerkannte Karl den Anspruch Frankreichs auf Elsass-Lothringen. Die Veröffentlichung dieser Briefe im April 1918 durch den französischen Ministerpräsidenten Georges Clemenceau in der sogenannten «Sixtus-Affäre» fügte dem Ansehen des Kaisers und der Monarchie irreparablen Schaden zu.
2   Handschriftliche Anmerkung von Imhof: «(von Einem – österr. Militärattaché in Bern)».
3   DE PA AA, Asservat Nr. 27, Aufzeichnung des Oberstleutnants a.D. Lucke zur Sixtusbrief-Angelegenheit, Beilage 7 (Kopie in LI LA MFE 07/01).

4. Nachdem tatsächlich kein Zug gegen 8 Uhr in Sargans eintrifft, so bleibt nichts übrig, als dass die Herren mit dem Zuge um 3 Uhr 10 nachm. von Zürich, Hauptbahnhof, abfahren; Ankunft in Sargans um 6 Uhr 20 abends. Nachdem dieser Zug in der Richtung Chur nicht weiterfährt, sondern nur Anschluss an den Zug hat, welcher von Rorschach nach Chur fährt, um 6 Uhr 46 in Sargans eintrifft und um 6 Uhr 52 von Sargans in der Richtung Chur abfährt, wird es nicht auffallen, wenn die beiden Herren in Sargans aussteigen.
5. In Weesen wird Baron Imhof beim Betreten des Waggons bzw. Kupes, wenn die beiden Herren nicht allein sind, dieselben mit «Bon soir» flüchtig grüssen. Wenn aber die Herren allein sind, stellt er sich mit «Imhof» vor, worauf die Herren deutlich sich als «Pfister» und «Plattner» vorstellen. Auf deutliches Aussprechen der beiden Namen muss Wert gelegt werden, damit keinerlei zufällige Verwechslung stattfinden kann.
6. Sollte es nicht möglich sein, dass Baron Imhof mit den Herren allein spricht, so wird er ein Gespräch beginnen, die Herren fragen, wohin sie reisen, worauf ihm die Herren mitteilen, dass sie sich einige Altertümer angesehen haben und wenn Zeit und Gelegenheit wäre, sich noch weitere Altertümer ansehen wollen. Baron Imhof wird sie auf die Burg bei Balzers und Liechtenstein und auf die in letzterer angesammelten Kunstschätze aufmerksam machen und ihnen dringend raten, sich diese beiden Burgen Morgen anzusehen; die Herren werden sich hiezu bereden lassen und in Sargans aussteigen.
7. Nachdem die Herren direkte Karten nach Davos haben und es auffallen würde, wenn sie in Sagans zur Bahnhofkasse gehen, um sich neue Karten zu lösen, wird Baron Imhof schon früher in Sargans oder – wenn es besser sein sollte – in Weesen nicht eine, sondern drei Karten nach Sevelen lösen.
8. Von Sargans wird um 6 Uhr 34 in der Richtung *Buchs* weitergefahren; der Aufenthalt in Sargans dauert demnach 14 Minuten; die Herren besteigen den Zug im letzten Momente.
9. Baron Imhof lässt auch um die Fotografie der beiden Herren ersuchen.
10. [Thomas von] Erdödy fährt mit demselben Zuge weiter nach Buchs, wird mit Automobil abgeholt und fährt nach Feldkirch.
11. Auf den Zug, welcher um 8 Uhr 35 abends von Zürich weggeht, in Sargans um 11 Uhr 40 ankommt und um 12 Uhr 30 in Sevelen eintrifft, kann aus dem Grunde nicht gerechnet werden, weil die Brücken bereits um 10 Uhr abends gesperrt sind und Baron Imhof mit den beiden Herren nicht in der Nacht nach Liechtenstein kommen könnte.
12. Ich erlaube mir die Frage, ob es nicht günstig wäre, wenn irgend jemand eine solche Probefahrt unternimmt.
13. Der Expressbrief, den Herr Oberst an Erdödy geschickt,[4] wäre erst am 15. d.M. abends in Wien angekommen und voraussichtlich erst am 16. früh zugestellt worden.

---

4   Nicht aufgefunden.

Nachdem Erdödy laut Telegrammes[5] am 16. hier ankommen sollte, habe ich im Einvernehmen mit Hptm. [Luzian] Ivasku den Brief zurückgehalten; nun kommt Erdödy aber erst heute und werde ich demselben den Brief übergeben. Ich bespreche das Weitere mit Erdödy, welcher auch diesen Brief an Herrn Oberst mitnimmt.
Mit herzlichstem Grusse
bin ich Herrn Oberst
gehorsamer[6]

Dok. 72
Aus Vorarlberg werden 200 erholungsbedürftige Ferienkinder nach Liechtenstein gebracht und dort auf hilfsbereite Familien verteilt

Bericht im «Liechtensteiner Volksblatt»[1]

10.8.1917

Kriegskinder
Im Verlaufe der letzten und dieser Woche sind aus Vorarlberg 100 Ferienkinder eingetroffen und den angemeldeten Parteien in Schaan, Vaduz, Nendeln und Balzers nach dem Entscheide des Loses zugeteilt worden. Kommende Woche werden nochmals 100 erholungsbedürftige Kinder aus Vorarlberg eintreffen und weitern angemeldeten Parteien überwiesen werden.

---

5   Nicht aufgefunden.
6   Der Grenzübertritt der Prinzen am 21.3.1917 erfolgte nicht ganz nach Plan, da das Telegramm, das Lucke über das Datum der Reise hätte informieren sollen, verspätet eintraf. Zu den Ereignissen vgl. DE PA AA, Asservat Nr. 27, Aufzeichnung des Oberstleutnants a.D. Lucke zur Sixtusbrief-Angelegenheit.

1   L.Vo., Nr. 32, 10.8.1917, S. 2.

Dok. 73
Die kantonale Justiz- und Polizeidirektion Zürich ersucht die liechtensteinische Regierung um die Auslieferung des in der Schweiz hospitalisierten Deutschen Wilhelm Russ

Maschinenschriftliches Schreiben der Justiz- und Polizeidirektion des Kantons Zürich, gez. Oscar Wettstein, an die liechtensteinische Regierung[1]

15.12.1917, Zürich

Unter Bezugnahme auf Ihr Schreiben Zl. 4705/Reg. vom 1. Dezember 1917[2] beehren wir uns, Ihnen mitzuteilen, dass Wilhelm *Russ*, Kaufmannsangestellter, von Breslau, geboren am 27. Juni 1878, von Zürich entwichen ist. Russ war in Frankreich kriegsgefangen und ist dann als Kriegsgefangener in der Schweiz hospitalisiert worden. Nachher konnte er als genesen zur Arbeit abkommandiert werden.

Gemäss den mit den kriegsführenden Staaten abgeschlossenen Vereinbarungen sind in der Schweiz internierte Kriegsgefangene, wenn sie sich über die Grenze geflüchtet haben, wieder in die Schweiz zurückzuverbringen. Wir ersuchen Sie deshalb, den Russ der schweizerischen Grenzpolizeibehörde in Buchs zu Handen unsers Polizeikommando zuführen zu lassen.[3]

Direktion der Polizei:

---

1 LI LA RE 1917/4933 ad 4648 (Aktenzeichen F.Nro. 6552). Eingangsstempel der liechtensteinischen Regierung vom 19.12.1917. Handschriftliche Vermerke: «auf Auskunft der N. H. warten»; «Russ kommen lassen»; «Sub Z. 4916 erl.». Am 3.1.1918 von Landesverweser Leopold von Imhof ad acta gelegt.
2 Mit Schreiben vom 1.12.1917 hatte Landesverweser Imhof der Polizeidirektion Zürich mitgeteilt, dass ein gewisser Wilhelm Russ den Rhein durchschwommen, sich der fürstlichen Regierung gestellt und folgende Personalien angegeben habe: Am 27.6.1878 in Jarotschin geboren, zuständig nach Breslau, zu Kriegsbeginn in Paris als Kaufmannangestellter tätig, anfänglich dort interniert, sodann wegen Krankheit in die Schweiz überstellt und zuletzt in Zürich, Bahnhofstrasse 63 wohnhaft. Landesverweser Imhof ersuchte um Mitteilung der Polizeidirektion Zürich, ob ein Mann dieses Signalements dort abgängig sei, ob gegen denselben ein Strafverfahren anhängig sei und ob der Genannte seitens der schweizerischen Behörden wieder übernommen werde (LI LA RE 1917/4705 ad 4648).
3 Die liechtensteinische Regierung gab der Polizeidirektion mit Schreiben vom 3.1.1918 bekannt, dass das souveräne Fürstentum nicht zu den kriegsführenden Staaten zähle und hinsichtlich der Rückführung aus der Schweiz interniert gewesener Kriegsgefangener keine Vereinbarung abgeschlossen habe. Es wurde daher um Mitteilung ersucht, ob das Ansuchen um Überstellung des Wilhelm Russ unter diesen Umständen aufrechterhalten bzw. ob dieses auf ein etwa anhängiges Strafverfahren gestützt werde (LI LA RE 1917/4961 ad 4648). Am 19.8.1918 fragte Landesverweser Imhof die Polizeidirektion Zürich an, ob eine Überstellung des Russ in die Schweiz noch erwünscht sei, in diesem Fall würde Russ an das Polizeikommando in Buchs überstellt (LI LA RE 1918/3589 ad 0392). Russ verblieb in Liechtenstein.

Dok. 74
Die Finanzkommission empfiehlt dem Landtag die Annahme der Regierungsvorlage betreffend die Abänderung der Landtagswahlordnung

Gedruckter Bericht der Finanzkommission an den Landtag, nicht gez.[1]

o.D. (vor dem 27.12.1917)

Regierungsvorlage betreffend das Landtagswahlrecht[2]
(Referent: Dr. [Wilhelm] Beck)

Bekanntlich gilt bei uns das indirekte Wahlrecht als sog. Wahlmännerwahlrecht,[3] bei dem weniger der Wille der Wähler als der Wahlmänner in der Zusammensetzung des Landtages zum Ausdruck kommt. Das indirekte Wahlrecht mit seiner Rechtfertigung gehört heute fast überall der Geschichte an. Nicht nur die reine Institution an sich, sondern die Entwicklung staatlichen Lebens, vor allem der Wandel politischer Anschauungen, haben es allmählich zu den Tatsachen der Rechts- und vor allem der politischen Geschichte gestellt.

Neue Zeiten rufen neuen Einrichtungen. Zu ihnen gehört auch das direkte Wahlrecht. Nicht nur liegt ihm ein formeller Unterschied gegenüber dem indirekten Wahlrecht zu Grunde, nein, seine Bedeutung kommt überhaupt in der Wertschätzung des Volkswillens und seiner Teile im staatlichen Leben, in seiner Ausprägung des Staatsangehörigen als Aktivbürger zum Ausdruck. Dem indirekten Wahlrecht ist vor allem die erzieherische Eigenschaft, die Anteilnahme des Bürgers an öffentlichen Angelegenheiten zu wecken, nur in bescheidenem Rahmen eigen. Anders beim direkten Wahlrecht, wo der einzelne Bürger seine Stellung und Bedeutung für und im Staate viel eher begreifen und lernen kann.

Zum direkten Wahlrecht gesellt sich das geheime. Nur kurz sei angetönt, dass hervorragend wirtschaftliche und politische Momente in heutiger Zeit für ein geheimes Wahlrecht sprechen.

Wir wollen nun die Grundzüge des neuen Wahlrechtes streifen. Der Landtag wird auch weiterhin aus 15 Mitgliedern bestehen. Auf rund 900 Einwohner kommt ein vom Volke gewählter Abgeordneter. Das Oberland und Unterland bilden je einen Wahlbezirk: 7 Abgeordnete werden von der wahlfähigen Bevölkerung des Oberlandes (der ehemaligen Grafschaft Vaduz) und 5 Abgeordnete von jener des Unterlandes (der ehemaligen Freiherrschaft Schellenberg) durch das absolute Mehr aus allen abgegebenen giltigen Stimmen gewählt.[4] Beibehalten wird (leider) das Institut der Ersatzmänner (3 im Oberland, 2 im Unterland). Die Wahlausschliessungsgründe bleiben die des bisher geltenden

---

1 LI LA LTA 1917/L01 (Ziff. 2 der undatierten Tagesordnung des Landtagspräsidiums für die auf den 27.12.1917 und die noch zu bestimmenden Tage anberaumten Landtagssitzungen). In die «Fünferkommission» waren vom Landtag am 30.10.1917 Albert Schädler, Emil Batliner, Meinrad Ospelt, Franz Josef Marxer und Wilhelm Beck gewählt worden (vgl. das Protokoll der Eröffnungssitzung des Landtags unter LI LA LTA/S04/2).
2 Die undatierte Regierungsvorlage findet sich in LI LA LTA 1917/S04/1. Vgl. in diesem Zusammenhang die erwähnte Landtagssitzung vom 30.10.1917, an der Landesverweser Leopold von Imhof eine Regierungsvorlage betreffend die Einführung des direkten und geheimen Wahlrechts ankündigte (LI LA LTA 1917/S04/2).
3 Vgl. die §§ 55 ff. der liechtensteinischen Verfassung vom 26.9.1862 (LI LA SgRV 1862/5).
4 Hinzu kamen 3 vom Fürsten ernannte Landtagsabgeordnete.

Rechts. Neu ist aber, dass ein Abgeordneter, der nachträglich wahlunfähig wird, seines Mandates verlustig geht. Neu gegenüber früher ist insbesondere, dass der Wähler mindestens ein halbes Jahr im Lande gewohnt haben muss. Arbeiter und überhaupt Leute, die z.B. während des grössten Teiles des Jahres im Auslande arbeiten, aber im Winter zu ihren Angehörigen in ihr Haus oder zu ihrer Familie zurückkehren, sind aber nach einhelliger Ansicht der Kommission als im Lande ständig wohnend und daher als wahlberechtigt zu betrachten. Das ist sehr wichtig für unsere Wanderbevölkerung, denn sonst käme sie ja um ihr Aktivbürgerrecht. Im Inlande kann jemand übrigens nur einen Stimmrechtswohnsitz haben.

Besonders wichtig ist auch die Neuerung, dass in der Regel (Ausnahmen bei Regierungswechsel und Auflösung des Landtags) die Wahlen nun fürderhin im *ersten* Quartal des Wahljahres stattzufinden haben. Bisher fanden die Wahlen regelmässig im August bis September statt. Zu dieser Zeit waren aber viele wahlberechtigte Bürger als Alpknechte, als Bauhandwerker etc. abwesend; sie waren daher tatsächlich um ihr Stimmrecht gebracht. Da zudem jene Zeit mit Rücksicht auf die strengen landwirtschaftlichen Arbeiten ungeeignet war, so trifft nun der Entwurf die Bestimmung, dass die Wahlen in der sog. «stillen» Zeit stattzufinden haben. Es wird, wenn auch die Bauarbeiter zu ihrem Stimmrecht kommen sollen, die Wahl spätestens im Februar – nicht gerade in der Fasnacht – stattzufinden haben.

Der Entwurf hält am System der Wahllisten fest und kommt das System der Stimmkarten, wie es sonst heute meist vorkommt, im Interesse der Vereinfachung des Wahlverfahrens nicht. Ins Wahlbureau müssen auch Vertreter allfälliger Minderheiten gewählt werden, um Misstrauen möglichst zu beseitigen. Die Hauptwahlen sollen möglichst an einem Tage durchgeführt werden. Das System der Wahlkommissäre ist mit Ausnahme bei Ausmittlung der Wahlergebnisse in den Hauptwahlorten (Vaduz und Mauren) fallen gelassen worden. Es haben nun die Wähler in ihrer Wohngemeinde die betr. Anzahl Abgeordnete mittelst freien Stimmzetteln geheim zu wählen. Die Gemeinde-Wahlkommissionen ermitteln die auf eine Person entfallenden Stimmen, stellen die Ergebnisse zusammen und übermitteln sie der Wahlkommission des Hauptwahlortes, welche nun zu ermitteln hat, ob jemand das absolute Mehr im Wahlbezirk erreicht habe oder nicht. Gewählt ist, wer das absolute Mehr erreicht hat. Ist dies nicht der Fall oder haben nicht alle Kandidaten das absolute Mehr erreicht, so entscheidet im zweiten – an einem späteren Tage stattfindenden – Wahlgange das relative Mehr. Ebenso bei den Ersatzmänner-Wahlen. Es wird gut sein, dass die Wähler im zweiten Wahlgange auf den Unterschied der Wahlen der Abgeordneten und deren Ersatzmänner aufmerksam gemacht werden. Im Grunde ist die nun zur Ausführung gelangende Landtagswahl ein Abbild der geheimen Gemeindewahlen.

Hinsichtlich der Einzelheiten verweisen wir auf den Entwurf, da es sich hier nur um einige Grundzüge handeln kann.

Ihre Kommission empfiehlt Ihnen den Entwurf zur Annahme.[5]

---

5   Der Gesetzentwurf wurde in den öffentlichen Landtagssitzungen vom 27.12. und 31.12.1917 behandelt und mit Änderungen angenommen (vgl. LI LA LTA 1917/S04/2). Vgl. das Gesetz vom 21.1.1918 betreffend die Abänderung der Landtagswahlordnung, LGBl. 1918 Nr. 4.

Dok. 75
Die Regierung verbietet die Ausfuhr von Getreide, Mehl und Brot, sofern dies den Tagesbedarf der betreffenden Person übersteigt

Regierungsverordnung im «Liechtensteiner Volksblatt» vom 8.2.1918, gez. Landesverweser Leopold von Imhof[1]

1.2.1918

Verordnung betreffend den Lebensmittelverkehr

Auf Grund des Beschlusses der Landesnotstandskommission vom 31. Jänner l. J. wird verordnet:

Wer künftighin Getreidefrüchte (Weizen, Fesen, Gerste, Roggen, Mais) oder daraus erzeugtes Mehl unbefugt ausser Landes bringt, wird von der Mehlzuteilung auf bestimmte Zeit ausgeschlossen und ausserdem mit Arrest bis zu 14 Tagen bestraft. Der gleichen Ahndung unterliegt der Versuch sowie die Beihilfe zur unbefugten Ausbringung von Getreide und Mehl.

Das Ausbringen von Brot und anderem Gebäck in einem den Tagesbedarf des Betreffenden übersteigenden Ausmasse, die Ausfuhr von Bohnen sowie das Aufkaufen von Lebensmitteln aller Art zum Zwecke der Versendung ins Ausland ist bei angemessenen Geld- und Arreststrafen untersagt.

Die aufgegriffenen Waren verfallen.

Fürstliche Regierung

Der fürstl. Landesverweser:

Dok. 76
Die Auslandliechtensteiner verlangen die Übernahme der diplomatischen Vertretung Liechtensteins im Ausland durch die Schweiz

«Eingesandt» in den «Oberrheinischen Nachrichten»[1]

9.2.1918

Liechtensteiner im Auslande

Leider müssen wir konstatieren, dass in sämtlichen Landtagssessionen a. p.[2] kein Wort über das Schicksal unserer vielen Landsleute im Auslande gesprochen wurde. – Wir wollen zwar hoffen, dass sich unsere Regierung diesbezüglich doch tüchtig ins Werk gelegt hat, um die Interessen unserer Mitbürger im Auslande zu wahren. Ein erfolgreiches Ein-

---

1 L.Vo., Nr. 6, 8.2.1918, S. 1. Die Verordnung ist nicht im Landesgesetzblatt publiziert. Registraturvermerk: Zahl 535/Reg.

1 O.N., Nr. 6, 9.2.1918, S. 1. Vgl. auch O.N., Nr. 8, 23.2.1918, S. 3 («Unsere Interessen-Vertretung im Auslande»). Beide Artikel stammen vermutlich aus der Feder von Gustav Matt.

2 Anno passato: im vergangenen Jahr.

schreiten scheint jedoch bis dato nicht der Fall zu sein, wenn wir z.B. vernehmen müssen, dass die englische Regierung Ordre erteilt haben soll, die Liechtensteiner Staatsbürger ebenso zu behandeln wie die Österreicher und Deutschen. – Nicht besser soll es auch unsern Landsleuten in den Vereinigten Staaten Amerikas ergehen. Allgemein wird befürchtet, dass schon viele zur Militärpflicht herangezogen und auf den europäischen Kriegsschauplätzen Verwendung finden werden. Wir wünschen nun zu erfahren, was in Sachen eigentlich getan wurde und welchen Schutz unsere Landsleute im Auslande geniessen. Bekanntlich haben die Schweizer Behörden durch einen Protest erzielt, dass die Schweizerbürger in den Vereinigten Staaten, selbst wenn sie das amerikanische Bürgerrecht besitzen, von der Militärdienstpflicht befreit wurden. Gleiches können auch wir mit vollem Rechte verlangen. – Ich frage nun, wer vertritt denn unsere Interessen im Auslande? Vor dem Kriege wandte man sich gewöhnlich an die österreichischen Gesandtschaften und Konsulate.[3] An wen sollen sich aber unsere Landsleute in österreichfeindlichen Ländern heute wenden?[4] Hilflos ohne jeden Schutz und Rat stehen unsere Mitbürger im fremden Lande und niemand will sich ihrer annehmen. Sollen wir hiezu ohne weiteres schweigen? – Die benachbarte, gut befreundete Schweiz steht musterhaft für die Interessen mehrerer Staaten ein und hätte gewiss auch die unserigen übernommen, wenn darum nachgesucht worden wäre. Auch für nach dem Kriege wäre es für unsere Ausgewanderten nur zum Vorteil, von der neutral gebliebenen Schweiz vertreten und beschützt zu sein, wodurch manche böse Gefahren, in die unsere Landsleute laufen könnten, beseitigt würden. Viele Fälle, wogegen sich unsere Regierung heute machtlos erklärt, könnten durch die schweizerische Vertretung unserer Interessen ohne Zweifel erfolgreich erledigt werden. Denken wir ferner an die vielen Compatrioten, die schon über 3 Jahre auf überseeischen Gebieten sehnsuchtsvoll auf das Kriegsende warten, um wieder in die traute Heimat zurückkehren zu können, ihnen könnte durch Verabreichung der nötigen Papiere die Heimreise ermöglicht werden. Es ist endlich Zeit, dass wir unsere Mitbürger in weiter Ferne in Schutz zu nehmen suchen und hoffen wir, dass unsere Regierung raschmöglichst die nötigen Schritte unternehmen wird, um unseren Landsleuten im Auslande Schutz und Freiheit angedeihen zu lassen.[5]

---

3   Liechtenstein hatte bis 1919 keine eigenen diplomatischen Vertretungen; die liechtensteinischen Interessen im Ausland wurden seit 1880 von Österreich-Ungarn wahrgenommen.
4   Die diplomatischen Beziehungen zwischen Österreich-Ungarn und den USA wurden am 8.4.1917 abgebrochen. Daraufhin übernahm Schweden die österreichische und damit auch die liechtensteinische Interessenvertretung in den USA und in Grossbritannien. In Russland übernahm Dänemark und in Frankreich die Schweiz die Interessenvertretung.
5   Landesverweser Leopold von Imhof fragte am 28.2.1918 bei der fürstlichen Hofkanzlei in Wien an, welche ausländischen Vertretungen die Vertretung der im feindlichen Ausland lebenden Liechtensteiner nach Abbruch der österreichischen diplomatischen Beziehungen übernommen hätten. Imhof sprach sich ferner gegen die dauernde diplomatische Vertretung Liechtensteins durch die Schweiz aus (LI LA V 003/0044 (Aktenzeichen der Regierung: 923)).

Dok. 77
Das «Liechtensteiner Volksblatt» lehnt die Bildung von Parteien für die Landtagswahl im März 1918 ab

Artikel im «Liechtensteiner Volksblatt»[1]

15.2.1918

Volkswohl – Volkswahl

Unser Volk steht vor ernsten Aufgaben. Es wird zeigen müssen, dass es das edle Fürstengeschenk des allgemeinen Wahlrechtes verdient hat.[2] Dieser Prüfstein sind die kommenden Landtagswahlen.[3] Und dass unsere Liechtensteiner gerechtfertigt aus dieser Prüfung hervorgehen und sich als politisch reif erweisen werden, das ist unser sehnlichster Wunsch. Dazu braucht es aber ein ernstes Insichgehen, eine gewissenhafte Vorbereitung.

Darum sind mehrere Männer schon zweimal zu zwangloser Aussprache zusammengekommen, um Mittel und Wege zu finden, unserm Volke seine Aufgabe zu erleichtern. Und diese Wege sind nicht verborgene Pfade, sondern jedem Liechtensteiner offenstehend: In jeder Gemeinde sollen, vorläufig im Oberlande, Wählerversammlungen abgehalten werden. Die wahlfähigen Bürger sollen sich zusammenfinden und ruhig und sachlich ihre Ansichten äussern, ohne persönliche Rücksichtnahme, *ohne Menschenfurcht*. Aber jeder, der etwas zu sagen hat, sollte dann reden, nicht dass einige das grosse Wort führen und ruhigere Bürger die Faust in der Tasche machen und – schweigen, um dann nachher zu sagen: «Ich hätte schon erwidern können, aber ich wollte nichts sagen, sonst könnte man meinen ...» Wir müssen imstande sein, auch gegenseitige Meinungen zu vertreten, ohne dass wir uns befehden. Nur eines ist dabei unbedingt notwendig: Ehrlichkeit! Wir wollen keinen innern Krieg haben in unserem Ländle, weder offenen noch geheimen, keinen Streit in dem Augenblicke, wo im fernen Osten die Morgenröte des Friedens leuchtet.[4]

Dieser Vorschlag ist nicht leichtsinnig ins Land hinausgeworfen, sondern reiflich überlegt und ernstlich besprochen worden.

So soll auch in der nächsten Nummer dieses Blattes eine Liste solcher Männer veröffentlicht werden,[5] von denen wir alle annehmen dürfen, dass sie vor allem das Wohl des Landes im Auge haben, von denen wir ruhig hoffen können, dass sie im Vereine mit den fürstlichen und den Abgeordneten des Unterlandes[6] die Landtagsverhandlungen so gestalten, dass dort weder nur debattiert, noch auch zu allem Vorgebrachten Ja und Amen gesagt wird.

---

1 L.Vo., Nr. 7, 15.2.1918, S. 1-2. Das «Liechtensteiner Volksblatt» wurde von 1918 bis 1921 von Eugen Nipp redigiert.
2 Vgl. das Gesetz vom 21.1.1918 betreffend die Abänderung der Landtagswahlordnung, LGBl. 1918 Nr. 4.
3 Die Hauptwahlen für die 12 «Volksabgeordneten» fanden am 11.3.1918 statt, die Stichwahlen am 18.3. Im April 1918 wurden dann von Fürst Johann II. die 3 fürstlichen Abgeordneten ernannt.
4 Vgl. dazu: L.Vo., Nr. 7, 15.2.1918, S. 3 («Zu dem Frieden zwischen der Ukraine und den Mittelmächten»; «Friedensschluss mit der Ukraine»; «Ein Friede im Osten» und «Brest-Litowsk»). Der Separatfriede der Mittelmächte mit der Ukrainischen Volksrepublik wurde am 9.2.1918 in Brest-Litowsk unterzeichnet. Am 3.3.1918 folgte der Friedensschluss von Brest-Litowsk mit Sowjetrussland.
5 Vgl. L.Vo., Nr. 8, 22.2.1918, S. 1 («Unsere Oberländer Abgeordneten für den kommenden Landtag»).
6 Vgl. L.Vo., Nr. 10, 8.3.1918, S. 1 («Unsere Unterländer Abgeordneten für den kommenden Landtag»).

Über diese zur Wahl fürs Oberland vorgeschlagenen Männer soll sich dann jeder Bürger selbst sein Urteil bilden und dieses bei gegebener Zeit in der Wählerversammlung ruhig aussprechen, ohne auf Schlagwörter zu achten.

Nur so wird unsere erste Wahl nach der neuen Wahlordnung *keine Parteiwahl*, sondern eine – *Volkswahl*.[7]

Dok. 78
Landesverweser Leopold von Imhof erkundigt sich über die diplomatische Vertretung Liechtensteins im Ausland und lehnt eine dauernde Vertretung durch die Schweiz ab

Maschinenschriftliches Schreiben von Landesverweser Leopold von Imhof, gez. ders., an den Chef der fürstlichen Hofkanzlei in Wien, Hermann von Hampe[1]

28.2.1918

Euer Hochwohlgeboren, Hochverehrtester Herr Hofrat!
In den «Oberrheinischen Nachrichten» vom 9. und 23. Februar l.J.[2] sind die in Abschrift[3] beiliegenden Artikel erschienen, welche sich mit der Frage der Vertretung der Liechtensteiner im Auslande, besonders in Amerika,[4] befassen und von der fürstl. Regierung Auskunft darüber fordern, was in dieser Hinsicht von ihr veranlasst wurde.

Ich beabsichtige nun allerdings nicht, hierüber in der Presse des Landes eine offiziöse oder gar offizielle Notiz erscheinen zu lassen, da ich prinzipiell auf Zeitungsanfragen keine Antwort erteile.

Einer direkten mündlichen oder schriftlichen Anfrage von Personen, welche hiezu durch den Umstand legitimiert sind, dass sie Angehörige im Auslande haben, würde ich aber gerne erschöpfend entsprechen. Nun ist mir nur bekannt, dass die österreichischen Vertretungsbehörden im Ausland bisher auch die Interessen der Liechtensteiner vertreten haben, nicht aber, wessen Schutz die Österreicher und Liechtensteiner in jenen fremden Staaten, mit denen die Monarchie im Kriegszustand ist, anvertraut wurden.

Vielleicht ist dies – wie der Artikelschreiber wünscht – ohnehin die Schweiz.

---

7   Vgl. dazu O.N., Nr. 7, 16.2.1918, S. 1 («Zu den Landtags-Wahlen»): «In unserem Lande bestehen glücklicherweise keine auf verschiedener Weltanschauung beruhende politische Parteien.» Vgl. demgegenüber: O.N., Nr. 9, 2.3.1918, S. 1 («Zum Programm der neuen Partei»). Die Fortschrittliche Bürgerpartei wurde erst am 22.12.1918 offiziell gegründet. Für die schon zuvor bestehende Christlich-soziale Volkspartei ist kein Gründungsdatum bekannt.

1   LI LA V 003/0044 (Aktenzeichen der Regierung: 923. Aktenzeichen der fürstlichen Hofkanzlei: 2767). Das Schreiben ging bei der fürstlichen Hofkanzlei am 5.3.1918 ein.
2   Vgl. O.N., Nr. 6, 9.2.1918, S. 1 («Liechtensteiner im Auslande») sowie O.N., Nr. 8, 23.2.1918, S. 3 («Unsere Interessen-Vertretung im Auslande»): Darin war die Übernahme der diplomatischen Vertretung Liechtensteins im Ausland durch die Schweiz gefordert worden.
3   Beilagen zu LI LA V 003/0044 (Aktenzeichen der liechtensteinischen Gesandtschaft in Wien: 51).
4   Die diplomatischen Beziehungen zwischen Österreich-Ungarn, welche seit 1880 auch die Interessensvertretung Liechtensteins übernommen hatte, und der USA waren am 8.4.1917 abgebrochen worden. Am 7.12.1917 erklärten die USA Österreich-Ungarn den Krieg.

Nachdem die diplomatischen Angelegenheiten des Fürstentums von der fürstl. Hofkanzlei besorgt werden, geht meine Bitte nun dahin, *Euer Hochwohlgeboren* wollen mir etwa auf Grund einer im Ministerium des Äussern im kurzen Wege eingeholten Information geneigtest eine Verständigung darüber zukommen lassen, welche ausländischen Vertretungsbehörden die Vertretung der im feindlichen Auslande, besonders in Amerika, lebenden Österreicher und Liechtensteiner nach Abbruch der österreichischen diplomatischen Beziehungen übernommen haben.[5]

Die Schweiz um die dauernde Vertretung der Interessen der Liechtensteiner im Auslande anzugehen, wäre meines Erachtens nicht ins Auge zu fassen, da Liechtenstein vermöge seiner innigen Beziehungen zu Österreich und seiner monarchischen Regierungsform diesem Staate ungleich näher steht und an demselben auch die mächtige Stütze findet.

Genehmigen hochverehrtester Herr Hofrat die Versicherung meiner ausgezeichneten Hochachtung und tiefsten Verehrung, womit ich zeichne als

Euer Hochwohlgeboren
ergebenster

Dok. 79
Albert Schädler stellt Bedingungen für seine Ernennung zum fürstlichen Abgeordneten

Handschriftliches Schreiben von Albert Schädler, gez. ders., an Landesverweser Leopold von Imhof[1]

25.3.1918, Vaduz

Sehr geehrter Herr Landesverweser

Mit Bezugnahme auf Ihre kürzliche Anfrage wegen Annahme eines fürstlichen Abgeordneten-Mandates erlaube ich mir, noch schriftlich zu antworten. Ich erklärte Ihnen mündlich, ich würde, wenn Seine Durchlaucht [Johann II.] den besonderen Wunsch ausspreche, dass ich ein fürstl. Mandat annehme, nicht nein sagen, da ich unseren Landesfürsten, dem unser Land so vieles verdankt, zu hoch verehre. Diese meine mündlich abgegebene Erklärung halte ich auch heute nach genauerer Überlegung fest u. halte

---

5   Gemäss der von der fürstlichen Hofkanzlei beim österreichisch-ungarischen Aussenministerium eingeholten Auskünfte wurden die österreichischen Interessen im Ausland – und damit auch die Interessen der Angehörigen des Fürstentums Liechtensteins – wie folgt wahrgenommen (Beilage zu LI LA V 003/0044 (Aktenzeichen der Gesandtschaft: 51)): In den USA und Grossbritannien durch Schweden, in Frankreich und Rumänien durch die Schweiz, in Italien durch Spanien, in Russland durch Dänemark sowie in Ägypten, Griechenland, Siam und China durch die Niederlande. Die Vertretung in den mittel- und südamerikanischen Staaten verblieb bei den dortigen österreichischen Gesandtschaften; der Briefverkehr mit diesen Gesandtschaften war jedoch nicht möglich. Diese Auskünfte wurden Landesverweser Imhof von der fürstlichen Hofkanzlei mit Schreiben vom 5.3.1918 mitgeteilt (Beilage zu LI LA V 003/0044 (Aktenzeichen der Hofkanzlei: 2556/2767)).

1   LI LA RE 1918/ad 0046. Kopie unter LI LA PA 005/210.

sie für begründet. Nachdem ich u. zwar immer in führender Stellung[2] seit dem Jahre 1882 – mit Ausnahme 1886-89, wo ich die Wahl ablehnte – im Landtage tätig war, muss ich es aus begreiflichen taktischen Gründen[3] zur Sicherung meiner Stellung als zweckdienlich erachten, wenn ein ausdrücklicher Wunsch des Fürsten vorliegt[4] u. gegebenen Falls auch in der Öffentlichkeit in einer passenden Weise bekannt gegeben wird, um Missdeutungen meiner Annahme vorzubeugen. Beifügen kann ich, dass schon mehrere Deputationen bei mir waren, um mich zur Annahme eines f. Mandates zu bewegen. Ich erwiderte denselben, dass ich nach Lage der Dinge mich lieber ganz vom politischen Leben zurückzöge. Das ist auch heute noch mein Empfinden u. ich kann daher nur unter den eingangs gekennzeichneten Voraussetzungen mich zu einer Mandatsannahme verstehen. –

Unter Einem möchte ich Euer Hochwohlgeboren ersuchen, allenfalls jetzt schon, wenn Sie den Zeitpunkt für geeignet halten, bei Seiner Durchlaucht wegen des grossen Finanzplanes der Historischen Kommission für Vorarlberg und Liechtenstein[5] unter Vorlage der gedruckten Einladungen vorstellig zu werden. Von Herrn Kustos Dr. Julius Banko erhielt ich dieser Tage eine Erklärung, dass er als Förderer 200 K. für den gedachten Zweck zeichne. Ich selbst beabsichtige, 1000 K. zu zeichnen.[6] Ich nehme an, dass wir Alles zusammen im Lande selbst 3-4000 K. möglicherweise erreichen können. Wenn unser Fürst, der für diese wichtige wissenschaftliche Bestrebung in seiner Hochherzigkeit gewiss auch günstig gestimmt ist, vielleicht mehrere Anteile etwa 5 = 5000 K. [sic!] gewähren würden, käme unser Land immerhin auf 8-9000 K., was ich nach Verhältnis der Bevölkerungszahl als genügend ansehe. – Sollten Sie einen späteren Zeitpunkt für geeigneter halten, um beim Fürsten anzusuchen, so könnte sich der Ausschuss unseres Histor. Vereins später gelegentlich mit der Sache befassen u. das Nötige einleiten.[7]

Hochachtungsvoll ergebenst[8]

---

2   Albert Schädler war von 1882 bis 1886 und von 1890 bis 1919 Abgeordneter sowie Präsident des liechtensteinischen Landtages.
3   Wohl im Hinblick auf den Ausgang der Landtagswahl vom 11.3.1918 bzw. den relativen Erfolg der Christlich-sozialen Volkspartei. Schädler hatte 437 Stimmen erreicht und damit den Einzug in den Landtag verpasst (vgl. L.Vo., Nr. 11, 15.3.1918, S. 1 («Das Ergebnis der Hauptwahlen für den kommenden Landtag»); L.Vo., Nr. 12, 22.3.1918, S. 2 («Nachklänge zu den Wahlen»)).
4   Handschriftliche Randbemerkung von Landesverweser Imhof: «abgelehnt».
5   Die Kommission bezweckte die Herausgabe der landesgeschichtlichen Quellen von Vorarlberg und Liechtenstein «auf moderner Grundlage, um damit die Vorbedingung zur Bearbeitung einer allen wissenschaftlichen Anforderungen entsprechenden Landesgeschichte zu schaffen» (vgl. L.Vo., Nr. 4, 25.1.1918, S. 2 («Histor. Kommission für Vorarlberg und Liechtenstein»)). Sie war vom Landesmuseumsverein für Vorarlberg und vom Historischen Verein für das Fürstentum Liechtenstein ins Leben gerufen worden (vgl. L.Vo., Nr. 5, 1.2.1918, S. 1-2 («Die Errichtung einer Friedensstiftung»)).
6   Schädler zeichnete für den Fall des Zustandekommens der geplanten Friedensstiftung 1000 Kronen (vgl. L.Vo., Nr. 16, 19.4.1918, S. 2 («Histor. Kommission für Vorarlberg und Liechtenstein»)).
7   Im «Liechtensteiner Volksblatt» wurde Ende Mai 1918 die Meldung kolportiert, dass Fürst Johann II. auf Bitte des Historischen Vereins einen «Stifterbeitrag von 10'000 Kronen zu widmen geruhten» (vgl. L.Vo., Nr. 22, 31.5.1918, S. 2 («Vaduz»)).
8   Mit Schreiben vom 26.3.1918 teilte Schädler dem Landesverweser mit, dass Landesvikar Johann Baptist Büchel und er sich entschlossen hätten, die «angetragenen Ernennungen zu fürstl. Abgeordneten anzunehmen, ohne weitere Bedingungen zu stellen» (vgl. LI LA RE 1918/ad 0046). Das Ernennungsdekret der Regierung für die Genannten sowie für Johann Wohlwend erging am 8.4.1918 (vgl. LI LA RE 1918/1519 ad 0046/0646; vgl. auch L.Vo., Nr. 15, 12.4.1918, S. 1 («Kundmachung»)).

Dok. 80
Landesverweser Leopold von Imhof teilt der Hofkanzlei mit, dass Liechtenstein eine formelle Neutralitätserklärung als unnötig erachtet habe

Handschriftliches Konzeptschreiben von Landesverweser Leopold von Imhof, gez. ders., an die Hofkanzlei[1]

16.4.1918

Hochlöbl. Hofkanzlei!
Mit Beziehung auf den Erlass vom 12. April l.J., No 4176,[2] beehre ich mich meiner Meinung dahin Ausdruck zu geben, dass die mitgeteilte Note des k.u.k. Minist. des k.u.k. Hauses und des Äussern vom 8. April l.J., No 30760/7,[3] etwa in folgender Weise zu beantworten wäre:
In dem Verhältnis zwischen den Ententestaaten und dem Fürstentum L. ist seit Kriegsausbruch eine Änderung nicht eingetreten.
Eine formelle Neutralitätserklärung erübrigte sich mit Rücksicht auf das Fehlen militärischer Einrichtungen, die diplomatischen Beziehungen bestehen in dem durch die Verhältnisse gezogenen kleinen Rahmen fort.

Dok. 81
Der fürstliche Forstverwalter Julius Hartmann ersucht die Regierung, für die Verbauungen in der Kracherrüfe unverzüglich brauchbare Arbeiter durch die Gemeinden Eschen und Mauren aufbieten zu lassen, weil wegen Schuhmangels nur sehr schwer Arbeitskräfte aufzutreiben seien

Maschinenschriftliches Schreiben des fürstlichen Forstverwalters Julius Hartmann, gez. ders., an die Regierung[1]

14.5.1918

Hohe Regierung!
Am 13. d. M. wurde die Kracherrüfe[2] kommissionell begangen und hiebei konstatiert, dass fast sämtliche Verschläge und kleineren Talsperren unterspült und stark angegriffen sind und augenscheinlich erwarten lässt, dass dieselben beim nächsten

---

1 LI LA RE 1918/1625. Der Text wurde am 18.4.1918 von David Strub ins Reine geschrieben.
2 LI LA RE 1918/1625, Hofkanzlei an Regierung, 12.4.1918.
3 LI LA RE 1918/1625, k.u.k. Ministerium des Äussern an Hofkanzlei, 8.4.1918. Mit diesem Schreiben hatte sich das Ministerium nach dem Status Liechtensteins im Krieg erkundigt. Die Hofkanzlei hatte folgende Antwort vorgeschlagen: Eine Kriegserklärung sei nicht erfolgt, die diplomatischen Beziehungen seien bis zum Kriegseintritt der Vereinigten Staaten durch deren Botschaft in Wien wahrgenommen worden (LI LA RE 1918/1625, Hofkanzlei an Regierung, 12.4.1918).

1 LI LA RE 1918/2115 ad 0270/1598 (Aktenzeichen: Zl. 341/18). Eingangsstempel der Regierung vom 15.5.1918. Stenographische Randbemerkung.
2 Kracherröfi: Unterer Teil des Krachterobels, östlich ob Nendeln, nördlich des Kracherwaldes (Stricker, Namenbuch, Bd. 3, S. 214).

grösseren Rüfegang gänzlich fortgerissen werden, wodurch ein unübersehbarer Schaden entstehen würde. Um diesem Übelstande richtig zu begegnen, hat die Rüfekommission angeordnet, dass diese Verschläge und Sperren sofort repariert und ausserdem nebst einem neuen Verschlage, dessen Örtlichkeit genau bezeichnet wurde, nach Angabe der Kommission bei den grösseren Verschlägen und Talsperren talseitig Flügel angebracht werden.

Da wegen Schuhmangel vermutlich sehr schwer Arbeiter aufzutreiben sind,[3] so stellt der ergebenst Gefertigte im Einvernehmen [mit] der Rüfekommission die höfliche Bitte, eine hohe Regierung wolle die Ortsvorstände von Eschen und Mauren beauftragen,[4] die zu Rüfeverbauungsarbeiten brauchbaren Leute gegen entsprechend erhöhten Taglohn unverzüglich zu bestellen und diejenigen Personen, welche dem Aufgebot keine Folge leisten, mit je 20 Kronen[5] zu bestrafen, einerseits und anderseits anstatt den Rüfeaufseher [Albert] Matt von Mauren, den Waldaufseher Arnold Hoop in Eschen in Anbetracht seiner grossen Energie und den vollständigen Kenntnissen der Rüfeverbauungsarbeiten mit der Durchführung der beschriebenen Arbeiten betrauen.

Da Waldaufseher Hoop ein ganz besonderes Interesse für Rüfeverbauungsarbeiten an den Tag legt und ihn auch Waldarbeiten in die Nähe der Kracherrüfe führen, so stellt die Rüfekommission den Antrag, eine hohe Regierung wolle den Albert Matt von Mauren seines Dienstes als Rüfeaufseher entheben[6] und den genannten Waldaufseher als Rüfeaufseher aufnehmen.[7]

---

3   Zum Problem des Arbeitskräftemangels bei den Rüfeverbauungen bzw. zum Problem der mangelhaften Schuhversorgung vgl. das Schreiben der Ortsvorstehung von Eschen an die Regierung vom 30.4.1918 (LI LA RE 1918/0270) bzw. das Schreiben von Gamprin vom 8.5.1918 (ebd.).
4   Randvermerk: «geht Mauren nichts an».
5   Ergänzung: «pro Tag».
6   Randvermerk: «kann bleiben».
7   Mit Schreiben des Landesverwesers Leopold von Imhof vom 16.5.1918 wurde die Ortsvorstehung Eschen angewiesen, sämtliche Rüfearbeiten wegen der beim nächsten Rüfegang vorhandenen grossen Gefahr sofort in Angriff zu nehmen. Sofern die nötigen Arbeiter nicht gegen Lohn aufgetrieben werden könnten, so seien gemäss § 16 des Gesetzes vom 12.12.1904 betreffend den Gemeindehaushalt, LGBl. 1904 Nr. 5, Handdienste anzufordern. Wer der bezüglichen Aufforderung ohne hinreichenden Grund keine Folge leiste, habe für jeden Tag des unentschuldigten Fernbleibens eine Strafe von 20 Kronen zu gewärtigen. Mit der Leitung der Arbeiten wurde Arnold Hoop betraut (LI LA RE 1918/2115 ad 0270). Da nachträglich festgestellt wurde, dass die Verbauungen auch im Gemeindegebiet von Mauren lagen respektive deren Gründe schützten und «Eschen allein zu wenig Leute» aufbringen konnte, erging gemäss Aktenvermerk Imhofs vom 21.5.1918 ein gleichlautender Erlass auch an Mauren (ebd.). Eine Abschrift des Schreibens ging ausserdem an die Ortsvorstehung Gamprin zur Kenntnisnahme.

Dok. 82
Pfarrer Urban Marok ehrt die in Frankreich gefallenen Soldaten Paul Ehrenbauer und Wilhelm Weisshaupt durch das feierliche Stecken eines Kreuzes auf dem Friedhof

Bericht in den «Oberrheinischen Nachrichten»[1]

18.5.1918

Triesen. (Einges.)
Unter sehr grosser Beteiligung fand am letzten Sonntag nach dem Hauptgottesdienst in Triesen die Kreuzsteckung für die in Frankreich gefallenen Helden Paul Gottlieb Ehrenbauer und Wilhelm Weisshaupt statt. Diese beiden hoffnungsvollen Jünglinge wuchsen bei ihren Pflegeeltern in Triesen auf. Schon zu Anfang des Krieges rückte Ehrenbauer, noch nicht 20 Jahre alt, zum Militär ein und bald folgte ihm auch sein Altersgenosse Weisshaupt. Unserem Paul war es nicht gegönnt, sich kriegerische Auszeichnungen zu holen, denn gar bald, schon in den ersten Kriegsmonaten, im Dezember 1914, erlitt er den Heldentod. – Wilhelm aber musste die Strapazen des Krieges 2 ½ Jahre lang mitmachen, wurde auch verwundet und für seine Tapferkeit mit dem Eisernen Kreuz 2. Klasse ausgezeichnet und fiel am Ostertage 1918 auf dem Felde der Ehre.

In Triesen waren Ehrenbauer und Weisshaupt Mitglieder der freiwilligen Feuerwehr, weshalb auch dieser Verein, sowie Vertretungen der Feuerwehren anderer Gemeinden in corpore an der Totenfeier teilnahmen. Die Kreuze wurden zu beiden Seiten des Missionskreuzes auf unserem Friedhofe aufgepflanzt. Nach der Kreuzsteckung hielt der hochw. Herr Pfarrer [Urban] Marok eine wohldurchdachte, von Herzen kommende und zu Herzen gehende Ansprache, in welcher er den Lebenslauf der Gefallenen schilderte, die Soldatenehre, die Strapazen des Krieges und ihren Heldentod hervorhob. Den Hinterbliebenen dankte er für die Liebe, mit der sie ihre Pflegesöhne aufnahmen und zu guten Jünglingen heranzogen und tröstete sie für ihren so schmerzlichen Verlust. Der Kirchenchor sang an den Ehrengräbern dieser Helden das Miserere und ein deutsches Grablied. Tief gerührt wohnte das zahlreiche Volk dieser Trauerfeier bei und ehrte so das Andenken der gefallenen Krieger Paul und Wilhelm, die ihr fern von euren Lieben auf blutiger Walstatt euer junges Leben so früh vollendet, ruhet sanft in fremder Erde!

---

1 O.N., Nr. 21, 18.5.1918, S. 2.

Dok. 83
Die k.u.k. Grenzkontrollstelle Feldkirch legt der liechtensteinischen Regierung nahe, dem tschechischen Refraktär Karl Hladil, der unter Spionageverdacht steht, keine Niederlassungsbewilligung für das Fürstentum zu erteilen

Maschinenschriftliches Schreiben der k.u.k. Grenzkontrollstelle Feldkirch an die liechtensteinische Regierung[1]

14.8.1918, Feldkirch

An die fürstlich-liechtensteinsche Regierung *in Vaduz*

Ein gewisser [Karl] *Hladil* aus Zürich, Tscheche, hat die dortige Regierung um Bewilligung der Niederlassung im Fürstentum Liechtenstein gebeten.[2]

Ohne in irgend einer Richtung der bezüglichen Entschliessung vorzugreifen, beehrt man sich über den Genannten Folgendes mitzuteilen:

Hladil, der aus Tyrnau in Böhmen stammt, wurde seitens des Konsulates in Zürich spionageverdächtig bezeichnet, dann wieder als harmlos. Hladil wohnte seinerzeit in Zürich, Laternengasse 8. Er interessiert sich für die schönen Künste und studierte in Freiburg und in Paris. Vor dem Kriege hielt er sich viel in Italien auf. Er ist Refraktär und verkehrt im Kreise der Tschechen in Zürich.

Vom hä. Abwehrstandpunkte wäre der Aufenthalt Hladils an der Grenze höchst bedenklich.[3]

---

1 LI LA RE 1918/3559 (Aktenzeichen der besagten Grenzkontrollstelle: Na. Nr. 1638 res. Hladil). Stempel der Grenzontrollstelle als Briefkopf. Unterschrift unleserlich. Eingangsstempel der Regierung vom 16.8.1918.
2 Vgl. das Schreiben von Hladil an die Ortsvorstehung Vaduz vom 6.8.1918 (LI LA RE 1918/3729). Darin ersuchte dieser u.a. um Auskunft darüber, ob er als Refraktär in Liechtenstein Gefahr laufen würde, an Österreich ausgeliefert zu werden.
3 Der liechtensteinische Landesverweser Leopold von Imhof erteilte am 18.8.1918 allen Ortsvorstehungen die Weisung, ein Aufenthaltsgesuch Haldils – das genannte Gesuch vom 6.8. war der Regierung noch nicht zugekommen – unbedingt abzuweisen. In diesem Sinne wurde auch die Grenzkontrollstelle Feldkirch mit dem Bemerken orientiert, dass Imhof gegebenenfalls die sofortige Rückweisung Hladils veranlassen würde (LI LA RE 1918/3559). Mit Schreiben vom 31.8.1918 wurde Haldil von Seite der Regierung mitgeteilt, dass ihm derzeit keine Niederlassungsbewilligung für Liechtenstein erteilt werden könne (LI LA RE 1918/3729).

Dok. 84
Der Bischof von Chur ermahnt die Gläubigen, die verheerende Grippe durch Gebet und Sakramentenempfang abzuwenden

Kurzmeldung in den «Oberrheinischen Nachrichten», nicht gez.[1]

31.8.1918

Kirchliches. (Einges.) Der hochwst. Bischof Georgius [Schmid von Grüneck] ermahnt die Gläubigen, durch Gebet und Sakramentenempfang von Gott die Abwendung der verheerenden Grippe-Krankheit zu erflehen. «Vor Pest, Hunger und Krieg bewahre uns, o Herr!»

Dok. 85
Der Abgeordnete Wilhelm Beck fordert im Landtag die Einführung des parlamentarischen Regierungssystems

Maschinenschriftliches Protokoll der öffentlichen Landtagssitzung mit handschriftlichen Korrekturen bzw. Ergänzungen, gez. Landtagspräsident Albert Schädler und Landtagssekretäre Wilhelm Beck und Johann Wohlwend[1]

14.10.1918

Dr. [Wilhelm] Beck: Er möchte auch einige Worte zur Eröffnung des Landtages vorbringen. Es gehe ein demokratischer Zug durch die Welt, der auch vor den Schranken unseres Landes nicht halt mache. Bereits haben wir in diesem Geiste ein direktes & gleiches Wahlrecht erhalten.[2] Als Krönung dazu gehöre nun auch eine demokratische oder wie es heute heisse parlamentarische Regierung. Unsere Verfassung von 1862 sei ziemlich demokratisch ausgestaltet. Sie unterscheide in ihren verschiedenen Bestimmungen genau die Aufgabe der Regierung als Kollegium & jene des Regierungs-Chefs.[3] Auf Grund der Verfassungsbestimmungen sei dann auch im gleichen Geiste eine Amtsinstruktion über die Organisation der Behörden in den 60er Jahren erlassen worden.[4] 1871 sei dann diese Verordnung, die die Kompetenzen der Behörden genau auseinanderhalte & auch z.T. eine Trennung der Justiz & der Verwaltung kenne, durch eine äusserst dürftige Amtsinstruktion abgeändert worden & merkwürdigerweise habe diese die Trennung von Verwal-

---

1 O.N., Nr. 36, 31.8.1918, S. 2.

1 LI LA LTA 1918/S04/2. Das Protokoll wurde abgedruckt in: O.N., Nr. 43 und Beilage zu Nr. 43, 19.10.1918, S. 2-4 («Landtagsprotokoll v. 14. Okt.1918»); L.Vo., Beilage zu Nr. 44, 1.11.1918, S. 5-6 («Genehmigtes Landtagsprotokoll vom 14. Oktober 1918»). Vgl. auch L.Vo., Nr. 42, 18.10.1918, S. 1 («Glossen zum Landtag»).

2 Im März 1918 waren die Landtagsabgeordneten erstmals nicht mehr über Wahlmänner, sondern vom Volk direkt gewählt worden. Vgl. das Gesetz vom 21.1.1918 betreffend die Abänderung der Landtagswahlordnung, LGBl. 1918 Nr. 4.

3 Vgl. die §§ 28 ff. der Verfassung vom 26.9.1862 (LI LA SgRV 1862).

4 Vgl. die §§ 35 ff. der Amts-Instruktion für die Staatsbehörden des Fürstenthums Liechtenstein vom 26.9.1862 (LI LA SgRV 1862).

tung & Rechtspflege erst einführen wollen.[5] In der letzteren Instruktion, wie nicht minder in der früheren, werden ebenfalls im Sinne der Verfassung die Aufgaben des Chefs der Regierung & der Regierung als Kollegium deutlich unterschieden. Es heisst dort, in der Regel seien die Reg.-Geschäfte kollegialiter zu beraten & zu beschliessen & der Reg. Chef habe nur die laufenden Geschäfte zu besorgen.[6] Bei uns habe sich schon vor dem jetzigen Hrn Landesverweser [Leopold von Imhof] der Usus eingeschlichen, dass der Landesverweser alles besorge & die Herren Landräte tatsächlich nichts oder äusserst wenig an der Landesverwaltung mitwirken. Das passive Verhalten will aber die Verfassung & will auch die erwähnte Amtsinstruktion nicht, sondern sie verlangen in der Regel ein aktives Mitwirken der Landräte an der gesamten Landesverwaltung. Mit allen diesen Ausführungen beabsichtigt Redner, wie er ausdrücklich betont, absolut keinen Vorwurf zu machen, denn es sei gerade umgekehrt notwendig, dass das Volk, die Regierung & der Landtag zusammenwirken & alles nur zum Wohle des Landes & Volkes & für diese unternehmen. Gegen ein solches Vorhaben könne aber niemand ernstlich eine Einwendung erheben. Während das Landgericht an den vorhandenen Gesetzen bei Ausübung seiner Amtstätigkeit seine Schranken habe & sich nur an das Gesetz zu halten habe, bestehe umgekehrt für die Regierung ein grosses Gebiet des freien Ermessens, das wir mit der minutiösesten Gesetzgebung nicht in Artikel & Paragraphen schlagen können. Gerade die Verwaltungstätigkeit greift aber in mancher Hinsicht viel schärfer & tiefer in das Privatleben ein. Hier ist daher die Mitwirkung von Landräten aus dem Volke bei Ausübung der verwaltungsrechtlichen Tätigkeit einfach eine gebieterische Notwendigkeit, vor der wir uns die Augen nicht verschliessen lassen dürfen. Die Regierungssachen sollten durch das Kollegium beraten & beschlossen werden & die beiden Landräte hätte nach Ansicht des Redners der Landtag aus der Mitte der wahlfähigen Bevölkerung zu wählen. Die Regierung selber sollte vollkommen auf den Boden des Parlamentarismus gestellt werden, dies alles selbstredend in einer für unsere kleinen Verhältnisse angemessenen Weise. Durch das kollegiale Behandeln der Regierungsgeschäfte werde einmal jene persönliche Note, die man jetzt oft wahrnehme, abgeschwächt & sodann fänden die Stimmungen & Wünsche des Volkes den entsprechenden Ausdruck in der Verwaltungsbehörde des Landes.

Viele im Saale bewundern Deutschland wegen seiner gewaltigen Leistungen. Dieses Deutschland hat sich in jüngster Zeit unter den Erfahrungen des Krieges auf den Boden einer parlamentarischen Regierung gestellt. Wenn aber das vorbildliche Land es getan hat, dann dürfen wir ihm auch nachfolgen. Jenes Deutschland hat sich nicht gescheut z. B. einen ehemaligen Lehrer aus dem Seminar in Saulgau, den Sohn eines einfachen Landbriefträgers, nämlich Hrn [Matthias] Erzberger, zu seinem Minister zu erwählen & das gleiche Land hat sich wieder nicht gescheut, einen ehemaligen Buchdruckergesellen, nämlich Hrn [Philipp] Scheidemann zu einem Minister aufzustellen & nun haben wir dort sogar Sozialdemokraten als Exzellenzen! Das ist eine dem Zeitgeiste entsprechende Regierung. Wenn auch die deutschen Kriegsgötter versagten, so hat doch die innere Erkenntnis im deutschen Volke, dass es eine anders aufgebaute Regierung notwendig

---

5   Fürstliche Verordnung vom 30.5.1871 über die Trennung der Justizpflege von der Administration mit Amtsinstruktion für die Landesbehörden des Fürstentums Liechtenstein (insbesondere die §§ 2-16), LGBl 1871 Nr. 1.
6   Nach § 11 Abs. 1 der genannten Amtsinstruktion von 1871 waren der Regierung, die aus dem Landesverweser, 2 Landräten und einem Sekretär bestand, alle Geschäfte zugewiesen, welche sich auf die Ausübung der landesherrlichen Regierungsrechte, auf die Landesverfassung und die Gesetzgebung bezogen.

habe, nicht versagt. Eine Regierung, die sich heute neben & über das Volk stellen wollte, hat ihren Beruf verloren.

Auch wir müssen im Frieden & einträchtig nach einem volkstümlichen Ausbau der Regierung trachten. Gegen diesen fortschrittlichen Ausbau unserer obersten Landesverwaltungsbehörde werde glaublich niemand Einspruch erheben & es werde, wie Redner annehme, sowohl der Landesfürst [Johann II.] als auch seine Regierung im Prinzipe einverstanden sein. Redner verlangt als Ergänzung des demokratischen Wahlrechts noch eine parlamentarische Regierung. Nach dem eingelebten Usus & nach der Verfassung werde die Einführung einer parlamentarischen Regierung eine Verfassungsänderung rufen. Er hoffe hiezu allseitige & einträchtige Unterstützung zu finden, denn es müsse doch jeder Abgeordnete einsehen, dass es sich einzig & allein um einen Ausbau der Verfassung für & im Interesse des Landes & Volkes handle. Wenn auch die Wege hiezu manchmal verschieden begangen werden, darüber seien wir uns doch alle einig, dass jeder von uns den gleichen Endzweck verfolge.

Der Redner & einige Abgeordnete werden im Verlaufe der Session einen formulierten Antrag auf Einführung einer parlamentarischen Regierung im Landtage zur Verhandlung einbringen[7] & er hoffe auf eine allseitige kräftige Unterstützung. Gleichzeitig werde auch dem Landtag ein Antrag zugehen, wonach die Verfassung in dem Sinne abzuändern sei, dass der Landtag zu zwei jährlichen ordentlichen Sitzungen einberufen werden solle. Der heutige Zustand sei geradezu ein unwürdiger. Denn wir müssen z. B. in den jetzigen Sitzungen die Landesrechnung von 1917 behandeln.[8] Wir können nun im Einzelnen Kritik üben wie wir wollen, dadurch ändern wir an den vollendeten Tatsachen, die 1917 vor sich gegangen, absolut nichts. Eine Direktive oder ein Wunsch für ihr zukünftiges Handeln können wir der Regierung & den übrigen Verwaltungsbehörden nicht mehr geben. Welchen Wert hat dann aber unsere Kritik, wenn wir erst für das Jahr 1919 die Nutzanwendungen aus den Bemängelungen der Rechnung von 1917 ziehen können?

Das ist einfach mit kurzen Worten ein unhaltbarer Zustand, für dessen Abschaffung alle im Interesse des Landes Arbeitenden besorgt sein müssen.

Redner lädt den Hrn Regierungskommissär [Leopold von Imhof] ein, mitzuhelfen, damit die erwähnten Wünsche des Volkes auch verwirklicht werden können & betont nochmals, dass er mit seinen Ausführungen gar keine Absichten gegen den Hrn Reg.-Kommissär hege, noch dass sie eine Spitze gegen ihn enthalten. – Es sei vom Burgfrieden die Rede gewesen. Der Redner & wie er annehme, alle Abgeordneten seien zu friedlicher Arbeit im Interesse des Volkes bereit. Aber dann müssen sie auch andererseits ein ernstliches Begreifen ihrer Volkswünsche & Postulate & ein Entgegenkommen ihrerseits erwarten. Die Abgeordneten der Volkspartei haben in den letzten Wahlen ein grosses Zutrauensvotum vom Volke erhalten & daher müssten ihnen die Wünsche des Volkes, dessen Vertreter sie auch seien, eine Herzensangelegenheit sein. In diesem Sinne seien sie bereit, den Burgfrieden wahren zu helfen. Dabei werden sie berechtigte Kritik üben, aber keine Überkritik.

Redner wisse dafür, dass er zum Sekretär gewählt worden sei,[9] keinen Dank. Die Herren, die ihn gewählt hätten, würden sich aber einer grossen Täuschung hingeben,

---

7   Vgl. den Antrag von Wilhelm Beck, Albert Wolfinger, Emil Risch und Josef Gassner an den Landtag vom 24.10.1918 (LI LA LTA 1918/L03).
8   Die Landesrechnung von 1917 wurde vom Landtag am 14. und 18.10.1918 behandelt bzw. genehmigt (Protokolle der öffentlichen Landtagssitzungen unter LI LA LTA 1918/S04/2).
9   Wilhelm Beck war in der Eröffnungssitzung des Landtags vom 3.10.1918 zum Landtagssekretär gewählt worden (Protokoll der öffentlichen Landtagssitzung unter LI LA LTA 1918/S04/2).

wenn sie ihn durch die Wahl & ihre Folgen hätten mundtot machen wollen. Erst recht werde er sein Mandat im Landtage zur Zufriedenheit seiner Richtung ausüben, dessen versichere er sie schon heute. Es wäre sehr zu begrüssen, wenn wir aber in der nächsten Zeit einträchtig & friedlich an die Lösung der angeregten Postulate gehen würden. Er & seine Kollegen entbieten Sr Durchlaucht ebenfalls die besten Wünsche zu seinem 60jährigen Regierungsjubiläum, das wir demnächst in bescheidenem Rahmen begehen werden.[10]

Der Präsident [Albert Schädler] bemerkt, er müsse es dem Landtag überlassen, über die nicht geschäftsordnungsmässige Rede eine Debatte zu eröffnen oder nicht.

Der Herr *Reg.-Kommissär* möchte auf die lange Rede des Hrn Beck nur kurz seine Stellung begründen. Nach § 28 der Verfassung obliege die Organisation der Staatsbehörden dem Landesfürsten allein.[11] Es bedeutet daher der Antrag des Dr. Beck einen Eingriff in die Rechte der Krone, der ihm unangebracht erscheine. Er sehe weder die innere noch die äussere Berechtigung der Anregung ein. Es sei nicht Sache des Hrn Dr. Beck, sich über die Zurücksetzung der Landräte zu beklagen, wenn diese keinen Anlass gefühlt haben, dass sie den Entschlüssen der Regierung beigezogen werden. Übrigens waren die Landräte zugleich Notstandskommissionsmitglieder & Mitglieder anderer Kommissionen & sie haben an den Regierungsgeschäften auf diese Weise Anteil nehmen können. Er weise daher den Vorwurf der Zurücksetzung zurück. – Ausserdem seien in der Regel nach der Amtsinstruktion die wichtigern Sachen in der Sitzung der Regierung zum Vortrage gebracht. Nun werden ja die wichtigeren Angelegenheiten in der Notstandskommission gemeinsam behandelt. Dringende Entschlüsse aber habe er allein gefasst & er glaube nicht, dass das Land dabei schlecht gefahren sei. Er könne doch nicht, wenn er in Wien unten bei den Amtsstellen herumgehe, jedesmal die telegraphische Zustimmung der Landräte einholen. Er sei befugt, in der Regel von dieser Bestimmung Abstand zu nehmen. Die Amtsinstruktion mit ihrer Bestimmung über die kollegiale Regierung sei übrigens auf patriarchalische Verhältnisse aufgebaut & passe nicht mehr in unsere Zeit.

[Emil] Risch: Die Landräte seien die reinste Dekorationsfigur. Er bedaure es, dass der Reg. Kommissär uns in dieser Weise abzukanzeln versuche. Wir seien keine Schulbuben mehr & wissen schon, was dem Volks- & Landesinteresse frommt. Wir wollen eine parlamentarische Regierung & wenn Se Durchlaucht richtig informiert sei, dann werde der Landesfürst diesem zeitgemässen Wunsche des Volkes auch sicher entgegenkommen.[12]

Risch: Er glaube nicht, dass die Landräte jedesmal zu den Sitzungen einberufen werden. Gerade er habe es erfahren müssen, dass die Landräte ihre Rechte wenig mehr kannten. Landrat [Lorenz] Kind sel. sei zu ihm gekommen wegen Viehankaufs. Er habe damals gerade die Verordnung wegen Abschaffung des Galtviehs[13] gelesen gehabt u. er habe sie damals so verstanden, wie sie dann nachträglich praktisch gehandhabt worden

---

10   Vgl. das vom Landtag und der «provisorischen Regierung» (Vollzugsausschuss) am 12.11.1918 verabschiedete Glückwunschtelegramm an Fürst Johann II. anlässlich seines 60-jährigen Regierungsjubiläums (Protokoll der öffentlichen Landtagssitzung unter LI LA LTA 1918/S04/2).

11   Laut § 28 der Verfassung von 1862 wurde die Organisation der Staatsbehörden im Verordnungswege durch den Landesfürsten normiert, wobei die oberste Verwaltungsbehörde ihren Amtssitz im Fürstentum haben musste.

12   Dieser Absatz ist im Protokoll durchgestrichen.

13   Ziff. II der Verordnung vom 10.9.1917 betreffend weitere Notstandsmassnahmen, LGBl. 1917 Nr. 9, bestimmte, dass «künftighin» auf eine Milchkuh nicht mehr als 2 Stück Galtvieh gehalten werden durften, um eine ausreichende Versorgung des Milchviehs mit Futtermitteln zu sichern. Galtvieh allein durfte nicht gehalten werden. Die notwendige Minderung oder Auflassung des Galtviehstandes war grundsätzlich bis 1.11.1917 durchzuführen. Die Ausserachtlassung dieser Vorschrift unterlag einer Geldstrafe von 1000 Kronen für jedes Stück überzähliges Galtvieh.

sei. Zu seiner Beruhigung habe er immerhin noch den Hrn Landrat, von dem er annehmen musste, dass er als Mitglied der Regierung die Sache besser verstehe als er, um seine Meinung gefragt & besonders darüber, ob die Verordnung auch rückwirkend sei. Hr Kind sel. habe ihm gesagt, die Verordnung sei *nicht* rückwirkend & er müsse demnach sein Stück Vieh nicht verkaufen. Diesen Rat eines Mitgliedes der Regierung habe er denn auch befolgt, aber er sei dann bei der Regierung schön hineingefallen. Er sei K 2000 gestraft worden, welcher Betrag auf K 200 herabgesetzt worden sei.[14] Der Herr Reg. Chef habe ihm auf seine Vorstellungen betr. Hrn Kind entgegnet, was Kind gesagt habe, könne jeder Bauer sagen. Soviel haben nun unsere Landräte zu bedeuten. Er habe daher seine Ansicht gründlich geändert & er sei aus Überzeugung dafür, dass die Landräte mehr Einfluss erhalten sollen & dass bei uns eine parlamentarische Regierung eingeführt werden müsse, um diesem Zustande abzuhelfen. In so wichtigen Angelegenheiten solle nicht ein Einziger einen so ausschlaggebenden Einfluss ausüben können.

Dr. Beck unterstützt den Vorredner & führt aus, gerade der Fall Risch zeige die geringe Bedeutung der jetzigen Einrichtung der Landräte & ihre dringende Reformbedürftigkeit. Die Landräte erwecken nach dem ausgeführten Sachverhalt den Eindruck von Dekorationsfiguren. Er bedaure es, dass der Hr Chef uns so abzukanzeln versuche, als ob wir nur Schüler wären. Das können wir uns in keinem Falle mehr gefallen lassen & er lade den Hrn Reg. Chef zum wiederholten Male ein, die Angelegenheit mit uns in Ruhe u. in gegenseitigem Entgegenkommen zu behandeln, denn auch wir wollen lieber Burgfrieden als ewigen Hader. Wir wollen aber eine parlamentarische Regierung & von diesem Standpunkte, den auch das Volk in seiner überwiegenden Mehrheit teilt, lassen wir uns nicht mehr abbringen. Wir werden alle gesetzlich zulässigen Mittel versuchen & wenn nötig, auf diesem oder jenem Wege diesen Wunsch des Volkes sogar vor den Thron bringen. Viele & auch Redner ist fest überzeugt, dass der Landesfürst, wenn er einmal den Volkswunsch kennt, ihn auch zum Segen des Landes & Volkes erfüllen werde. Wenn aber seine Durchlaucht richtig informiert sein wird, dann dürfen wir die besten Hoffnungen hegen.

Wer heute nicht auf dem Boden des Parlamentarismus steht, der hat nach Ansicht des Redners geschlafen & habe den grossen berechtigten Zug der Zeit verkannt & dem sei leider auch nicht zu helfen. Das Herumstreiten mit Paragraphen habe keinen Sinn. Der Hauptgrund sei, dass die Regierung nach den wahren Intentionen des Volkes geführt werde & dann werde sie auch im Sinne des Landesfürsten geführt. Redner weist auch darauf hin, dass das Verwaltungsverfahren bei uns dringend einer Reform bedarf[15] & dass jetzt in den Rekursentscheidungen nur eine sehr mangelhafte Begründung enthalten ist, so dass sich der Beschwerdeführer keine richtige Vorstellung über seinen unbegründeten Rekurs machen kann. Das Vertrauen sei denn auch sehr gering. Gerade bei Behandlung der tief ins Volksleben wie in die praktische Sphäre des Einzelnen eingreifenden Verwaltungspflege wäre die Mitwirkung von Männern aus dem Volke sehr notwendig. Dass der Vertreter gerade bei jedem Geschäfte die telegraphische Einwilligung der andern Regierungsmitglieder einholen müsse, das verlangt niemand. Es ist selbstverständliche Voraussetzung, dass dem ausreisenden Vertreter Instruktionen mitgegeben werden, die vorher vom Kollegium beraten & gutgeheissen worden sind. Dieser Einwand ist also vollständig hinfällig. Dass der Chef alles & die Landräte nichts zu sagen haben

---

14 Vgl. dazu LI LA RE 1918/001 (in Verstoss).
15 Die Reform des liechtensteinischen Verwaltungsverfahrens erfolgte mit dem Gesetz vom 21.4.1922 über die Landesverwaltungspflege, LGBl. 1922 Nr. 24.

in der Landesverwaltung, wenn wir von der Mitwirkung in einigen Kommissionen absehen, zeigt der von Hrn Risch angeführte Fall schlagend. Der Stein ist nun im Rollen & hoffen wir auf eine beiderseits befriedigende Lösung. Ob schliesslich, um einen weiteren Einwand zu streifen, meine Rede programmatisch ist oder nicht, bleibt sich gleichgiltig. Aber mit gleichen Gründen könnte man fragen, ob die Rede des Hrn Präsidenten ebenfalls ins Programm passe. Aber wir wollen ja nicht streiten, sondern in gegenseitigem Einverständnisse arbeiten. Das ist des Redners Wunsch.

Der Reg.-Kommissär weist den Vorwurf, als ob er Se. Durchlaucht falsch informiere, zurück. Es sei ebenso unwahr, dass in den Entscheiden der Regierung fast keine Begründungen enthalten seien (Zwischenruf Dr. Beck: Es ist leider Wahrheit!). Der Fall Risch sei für ihn peinlich & scheine ihm eher gegen als für eine überragende Bedeutung der Landräte zu sei. Bekanntlich seien V. betr. Einschränkung der Galtviehhaltung erlassen worden. Was allen Leuten in der V. klar war, sei nur dem Hrn Risch nicht klar gewesen. Risch sei gestraft worden, weil er sich über die V. hinweggesetzt habe.

Risch: Er habe die V. so verstanden, wie sie dann nachher auch ausgelegt worden sei. Wachter[16] & Kind sel. hätten sie dagegen anders verstanden. Er sei dann gestraft worden & andere nicht. Für ihn sei es doch ein wichtiger Grund gewesen, wenn er sich an die Auslegung von Hrn Kind sel. gehalten habe. Er habe gedacht, die V. sei nicht rückwirkend & nun sei sie aber doch rückwirkend gewesen. Mit der Beschlagnahme seines Gehaltes für die Bezahlung der Busse sei er nicht einverstanden. Dazu sei seiner Ansicht nach die Regierung auch nicht berechtigt.

Reg.-Kommissär: Auf weitere Ausführungen in dieser Sache wolle er nicht mehr eingehen. Dagegen habe er die Busse vom Gehalt abgezogen, weil Risch nach Umfluss von drei Monaten die Busse nicht bezahlt habe. Er hätte Risch auch exequieren können, habe aber den anständigern Weg gewählt & habe den Strafbetrag einfach von Gehalte abziehen lassen. Wenn Risch es wünsche, könne er ihm den abgezogenen Betrag auszahlen lassen & dann werde er die politische Exekution einleiten.

Dr. *Beck* bemerkt, man werde gelegentlich der Beratung des Notstandskommissionsberichtes noch auf diese Angelegenheit allenfalls zurückkommen.

Der *Präsident* führt aus, wenn Dr. Beck zu uns habe in Minne reden wollen, dann hätte er sein Anfangsrede nicht halten sollen, denn sie enthielt Vorwürfe. Wir seien nun von der Tagesordnung abgekommen. Die Rede hätte besser später gehalten werden sollen. Wenn wir jedes Jahr mit Verfassungsänderungen kommen, treiben wir ein gefährliches Spiel. Wir könnten dann selber noch verändert werden. Redner erinnert auch daran, dass ihm Hr Landesverweser [Karl Haus] von Hausen & sein Vater sel. [Karl Schädler] gesagt hätten, wir hätten in unserer Verfassung ein Kleinod, das wir hüten sollen. Was solle schliesslich unser Fürst denken, wenn wir ein Grundgesetz ändern wollen. Es seien z.T. blendende Gründe angeführt worden. Es seien zwei eingreifende Verfassungsänderungen vorgeschlagen.

Dr. *Beck* protestiert dagegen, dass er, wie der Vorredner ausführe, gegen jemand habe persönlich werden wollen. Ausdrücklich habe er den Wunsch hervorgehoben, dass wir die Angelegenheit einträchtig durchführen & nur sachlich bleiben wollen. Er & andere seien jetzt noch dazu bereit. Von grundstürzender Änderung der Verfassung könne absolut keine Rede sein. In Deutschland habe man die parlamentarische Regierung sogar vor der Verfassungsänderung durchgeführt & erst nachträglich einige wenige Bestimmungen

---

16 Person konnte nicht identifiziert werden.

der Reichsverfassung abgeändert rsp. ändere man sie gegenwärtig ab. Redner weist auch darauf hin, dass nach dem Sinne & Geiste unserer Verfassung sehr wohl eine parlamentarische Regierung ohne ihre Änderung eingeführt werden könne. Niemand wolle auch die monarchische Spitze abbiegen. Redner ersucht, ihm nicht andere Ansichten zu unterschieben.[17]

Es wird nun in die Behandlung der Gegenstände der Tagesordnung eingegangen.

Dok. 86
Der Landtag wählt einen provisorischen Vollzugsausschuss

Handschriftliche Protokollnotizen der Landtagssitzung, ungez., verfasst von Wilhelm Beck[1]

7.11.1918

Präs. [Albert Schädler]: Nachdem der Sekretär Verschiebung des Protokolls auf ein andres Mal. Kommen heute aus zwingenden Gründen zusammen. Verschiednes in unser Nachbarschaft vorgegangen, anders verschiedenes im Nachbarland in Aussicht. Vorsicht. Österreichische Armee im Rückzug, Österreich Republik, Einmarsch zu leiden, Vorsorge treffen müssen. In erster Linie unterländisches Unterland. 2. Punkt: aussprechen über verfassungsmässige Änderungen, die im Zuge der Zeit und schon hier angeregt, in Krieg noch nicht verhandelt worden. In die Tagesordnung eintreten.

Chef [Leopold von Imhof]: Ernst der Zeit hier zusammengeführt. Frage des Verbleibens im Amte.[2]

Präs: Frage an, das Wort zu ergreifen.

Beck: Wir leben in einer sehr ernsten Zeit, dass Landeskinder an der Regierung teilnehmen, verdanke die Ausführungen des Landeschefs, wolle keine Vorwürfe dem Chef machen, wenn jemand anderer hätte vielleicht den gleichen Fehler getan, Ernst der Zeit zu gross, dass wir uns aufregen, müssen verlangen, dass Leute an der Regierung, die im Volke stehen, Bürger, möchte nicht erwarten, bitten, dem Chef ein Vorwurf machen, Antrag der Landtag solle provisorisch die Regierung zu wählen, bis neues geordnet, 3gliedriger Ausschuss.

Präs.: Nichts dagegen, dass wir diesen Antrag besprechen, Beschlussfassung nicht angebracht, was wir beschliessen wollen, wir ruhig wohlüberlegt, Antrag kommissionell behandeln, besonders betonen, dass andre Aspirationen in dieser Richtung vorhanden sind. Mit Ruhe nicht voreilig. Mit unsren Nachbarländern in bestem Einvernehmen. Auf die Ausführungen Imhofs zurückkommen, wir müssen ehrlich und gerecht sein, er hatte die ungünstigste Zeit beim Amtsantritt, doppelte, 3fache Arbeit, überangestrengt, Le-

---

17 Vgl. in weiterer Folge das Protokoll der öffentlichen Landtagssitzung vom 24.10.1918, in welcher der erwähnte Antrag von Wilhelm Beck und Konsorten vom selben Tag, wonach die Bestellung der beiden Landräte und ihrer Stellvertreter nur im ausdrücklichen Einvernehmen mit dem Landtag erfolgen sollte, an die Finanzkommission des Landtags überwiesen wurde (LI LA LTA 1918/S04/2).

1 LI PA Quaderer, Nachlass Wilhelm Beck. Ebd. ein stenographisches Protokoll. Vgl. auch den Bericht in L.Vo., Nr. 46, 15.11.1918, S. 3f. («Zur Landtagssitzung vom 7. des Monats»). Ein offizielles Protokoll der Sitzung existiert nicht.

2 LI LA PA 001/0021/08, Text der Rede Imhofs in der Landtagssitzung vom 7.11.1918.

bensmittelversorgung, Reg. auch bei Notstandskomiss. hatte die Exekutive, keine Notstandskommiss. allen es recht machen kann. Keine auch verschiedene Ansicht, oft zu scharfen Meinungsverschiedenheiten, aber wieder eine gemeinschaftliche Grundlage. Chef sich oft überarbeitet, wir müssen gerecht sein und nicht ins Horn allgemeinen Tadels blasen, halte jetzt den Augenblick nicht geeignet zum Wechsel der Regierung. Österreich Republick, aber vorläufig alle Ämter in Funktion. Von heute auf morgen kann man nicht alles, es ist notwendig, dass die Geschäfte nicht unterbrechen.

Kanonik. [Johann Baptist Büchel]: Stimme dem Herrn *Präs.* vollkommen zu. Dass Österr. zusammengebrochen, ist Folge des Krieges, politische Verhältnisse zertrümmert, bei uns nicht der Fall, bei uns kein Grund, hatten keinen Kriegszustand, wir sind ein kleines Volk, und wollen es bleiben, und wenn ein Liechtensteiner an der Spitze gewesen, kein Haar besser, ganz natürlich, nirgends wird mehr geschimpft als in der Schweiz. Ein Liechtensteiner an der Spitze der Reg. wünschte ich nur dann, wenn wir einen ausgezeichneten Mann hätten. Wer ein Haus baut an der Strasse, den kritisiert alles, muss immer so sein, Verfassungsänderung wäre ein Affront gegen Fürsten [Johann II.], der balld 60 Jahren regiert, in allen Ländern ist auch nicht alles Gloria, wenn man das Volk absichtlich unzufrieden macht ist es klar, was letzte Zeit geschehen, ist unglückliche Hetze. Nicht jeder eignet sich zum Landesverweser, ein tüchtiger Jurist ist noch nicht ein tüchtiger Verwaltungsbeamter. Ein Liechtensteiner ist gebunden, wäre nicht dafür, dass Landeskinder an die Stelle gestellt, haben wir aber keinen, dass die Regierungsräte (Landräte) vom Landtage gewählt wurden. Kann kein Votum abgeben in dieser Sache.

[Friedrich] Walser: Ich und viele Kollegen haben gegen Chef nichts einzuwenden. Er hats in redlichster Weise geführt, es ist ihm gegangen wie noch grösseren, ganze Bewegung von Vaduz aufwärts, habe nicht mehr geschlafen, Landtag nimmt die Sache in Hand, als wenn sie ihm entgleichen [!]. Liechtenstein den Liechtensteinern.

Präs.: Verbietet Beifallsäusserung.

Walser: Habe überlegt, es wäre nicht recht wenn sich der Landtag die Zügel entgleiten liesse, besser wäre es, das wäre heute nicht vorgekommen. Im Interesse der Ruhe des Landes ist es notwendig. Ich und viele kein Misstrauen, sind verpflichtet, dem Verlangen des Geistzeites nachgekommen. Den Dank des Landes dem Chef für das Opfer, das Chef mit seiner Person bringt und dem Fürsten das unterbreitet.

[Emil] Risch: Chef das Vertrauen in der Schweiz eingebüsst, komme nirgends vor, dass ein Fremder das Land regiert, bin einverstanden, das Land Reg. in Hand nimmt.

Chef: Allen jenen, die Gerechtigkeit wiederfahren liessen bestens danken. Alle welche meinen, dass ich für diesen Posten nicht mehr passe, möchten Vertrauensfrage.

Kanonik.: Möchte den Antrag verschieben.

Präs.: Vorgängig die Vertrauensfrage stellen, ob wir heute sollen oder nicht.

Kanonik.: Haben kein Recht dazu ein Vollzugsausschuss zu wählen. Wenn der Fürst einverstanden, sonst Verfassungsbruch.

Chef: Bezüglich meines Antrages herrscht Missverständnis, habe nur gemeint, bis vom Fürsten herabgelangt, Verfassungsbruch liegt nicht vor, Notwendigkeit lassen sich nicht bürokratisch behandeln. Es handelt sich um Tage (Postverbindung), habe immer das Wohl des Landes im Auge, auch jetzt, werde es gerne beim Fürsten vertreten. Es ist mir darum zu tun, dass die Herren bald schlüssig werden, hat auch keine Kommissionsberatung notwendig, ob sie mich im Lande lassen wollen oder nicht.

Beck: Die fürstl. Abgeordneten wissen nicht die Stimmung des Volkes. Unser Volk hat nichts zu sagen. Alles im Verordnungswege. Es ist keine künstliche Mache, habe ihm in der Seele weh getan, wir hätten keinen Mann, der unser Land regiere. Wenn gesagt wird, wir seien noch leibeignete Untertahne [!] des Fürsten. Liest ein Schreiben vom

Präsident, Physikatsprüfung.³ Man wolle nicht einmal, dass ein Beamter eine Liechtensteinerin heirate, er müsse unabhängig sein, sei der Wunsch des Präs. früher gewesen. [Arthur] Hoffmann sagte, Chef sei nicht der Mann, der mit der Schweiz verkehren könne.⁴ Wir wünschen, dass das Volk zu regieren habe, kann nicht mehr ja sagen.

Kanonik.: Beck hat durchblicken lassen, dass Kan. nicht im Interesse des Volkes rede, er rufe Gott zu Zeugen an, dass er für das Volk arbeiten. In unserem Land gibts keine Leibeigene, wir sind Untertanen.

Präs: In allen Parlamenten wird es nicht geschickt bezeichnet, wenn man e. Abg. einen Privatbrief verliest, habe den Brief, wenn ich nicht irre 1895, geschrieben, schäme mich nicht. [Friedrich] Stellwag [von Carion] sich geäussert, dass höherer Beamter hier Ausländer sei und nicht Liechtensteinerin heirate. Dieser Brief würde eher für mich sprechen. Erkläre gegen Wirtshausgespräche, dass für ernste Männer keine Klatschbasen. Ist möglich, dass ich das einmal ausgesprochen. Wer könnte dann bestehen. Sache möchte protokollisch genau gegeben werden. Bedaure, dass man damit die Zeit vertrödelt. Vielleicht noch Liebesbrief, ist nicht ziemlich.

Walser: Beantragt Schluss der Debatte.

Präs.: Abstimmung über Vertrauensfrage.

[Franz Josef] Marxer: Haben bis heute nichts gewusst, haben im Unterlande kein Misstrauen.

Öffentlich abstimmen.

[Peter] Büchel: Antrag nicht recht klar, haben nichts gewusst ich persönlich und Mitbürger haben das vollste Vertrauen. Sache nicht miteinander verquickt werden.

Präs.: Nach meiner Ansicht ist Becks Rede Vertrauensvotum

Chef: Sehe, dass Abg. gegen meine Person keine Vorwürfe. Ihm wird das Vertrauen ausgesprochen und künftig ein Landeskind an die Regierung.

Präs.: Antrag angenommen

Walser: Wir brauchen eine starke vom Volke getragene Reg., es ist notwendig, dass

Kanonik.: hat verfassungsmässig Bedenken. Glaube, wir sind nicht berechtigt, wenn verfassungsmäss möglich, dann bin ich auch dafür, in Österreich ist etwas anderes, Kaiser [Karl I.] es gestattet.

Präs: Vollzugsausschuss mit provisorischem Charakter ist nur dann gemeint.

Kanonik.: Wenn der Fürst einverstanden, dann bin ich dafür.

Walser: Wenn man die Bedenken des Kanonik. in Betracht zieht, so muss man.

Vollzugsausschuss angenommen.

Chef: Sie dürfen sich nur von einem Gesichtspunkt leiten lassen, der tüchtigste gehört jetzt auf den ersten Platz.

Walser: schlägt vor Dr. [Martin] Ritter, Dr. Beck und Emil Batliner.

Ritter 1 2 3 4 5 6 7 8 9 10 11 *12*
Schädler 1 2 3
Marxer 1 2 3
Beck 1 2 3 4 5 6 7 8 *9*
Landrat Batliner 1 2 3 4 5 6 7 8 *9*
Walser 1 2 3 4 5 6 7

---

3   Nicht aufgefunden.
4   Imhof hatte 1916 mit Hoffmann über Lebensmittellieferungen aus der Schweiz verhandelt, vgl. LI LA SF 13/1916/0567 ad 31, Imhof an Hermann vom Hampe, 7.2.1916.

Peter Büchel 1
Kanonik. Büchel 1

Präs: Haben uns vorzusorgen wegen Invasion. Vorschläge sollen gemacht werden. Unterland der Gefahr am meisten ausgesetzt. Die Sache besprechen.
Walser: Schutz unserer Grenze dringlich. Vom Vintschgau eine Armee in Landeck. Vorarlberg Auftrag für Quartier zu sorgen, Vieh schlachten und Rüben zu liefern in Vorarlberg, Österr. dringend bittet um Vieh, können keine Kompensation geben. Zweite Teil der Beratung ob Vorarlb. zu Hilfe zu kommen, erster Teil, Grenzschutz von der Schweiz auf unsre Kosten, Schweiz vielleicht nicht eingehen, Oberland und Unterland müsste Leute stellen.
Beck: Unterstützt Walser, dass die Schweiz unsere Grenzen schütze auf unsere Kosten oder Waffen, den Vorarlbergern etwas lassen.
Marxer: Wucher bitter büssen müssen, würde Vorarlberg 200 Stück Vieh lassen.

Dok. 87
Landesverweser Leopold von Imhof berichtet Fürst Johann II. von seiner Demission

Maschinenschriftliche Abschrift eines Berichts von Landesverweser Leopold von Imhof an Fürst Johann II.[1]

10.11.1918

Euere Durchlaucht!

Die Strömungen der Jetztzeit haben gleich der Grippe vor dem Fürstentume nicht halt gemacht. Die Schlagworte vom Selbstbestimmungsrechte, der Souveränität des Volkes und andere demokratische Ideen mit stark sozialistischem Einschlag haben hier nicht bloss geschickte Vertreter, sondern – und zwar namentlich im Oberlande – auch fruchtbaren Boden gefunden.

Schon vor dem Zusammentritt des Landtages wurde mit verschiedenen Mitteln gegen mich Stimmung gemacht. Ich wurde als Vertreter eines veralteten autokratischen Regimes verrufen, der als Landfremder die Interessen Liechtensteins nicht entsprechend zur Geltung bringe und besonders Österreich gegenüber zu viel Entgegenkommen bezeige. Meine jüngste Auszeichnung mit dem Leopoldsorden, welche in ganz besonderen Umständen ihren Grund hatte, die ich *Euer Durchlaucht* lieber mündlich darlegen möchte,[2] wurde geschickt in obiger Weise ausgebeutet. Tatsache ist aber, dass die Liechtensteiner von allen in Österreich rationierten Artikeln weit grössere Kopfquoten erhielten, als die Österreicher selbst.

---

1   LI LA PA 001/0021/08. Am Kopf des Bogen handschriftlicher Vermerk von Imhof: «Abschrift des Berichtes über meine Demission».
2   Kaiser Karl I. hatte Imhof im September 1918 das Ritterkreuz des kaiserlich österreichischen Leopoldordens verliehen (LI LA SF 01/1918/26, k.k. Innenministerium an Imhof, 20.9.1918). Laut einer Mitteilung in L.Vo., Nr. 39, 27.9.1918, S. 2 («Hohe Auszeichnung») war der Orden eine Anerkennung für Imhofs Bemühungen um die wirtschaftlichen Beziehungen zu Österreich. Die Andeutungen Imhofs gegenüber dem Fürsten geben jedoch zur Vermutung Anlass, die Auszeichnung gehe auf Imhofs Mithilfe bei der Mission der Prinzen Sixtus und Franz Xaver von Bourbon-Parma zurück.

So schmerzlich es mir ist, kann ich doch nicht unterlassen, auch zu erwähnen, dass sich selbst abfällige Äusserungen über *Euer Durchlaucht* ans Licht wagten.

Die Agitation gegen mich begann sich auch im Amte durch ungenaue und lässige Erfüllung der behördlichen Aufträge – in einem Falle in Vaduz selbst durch deren völlige Ausserachtlassung – fühlbar zu machen.

Als ich in der ersten Sitzung des Landtages[3] den Vorwurf des Abgeordneten Dr. [Wilhelm] Beck, die Landräte nicht zur Mitwirkung heranzuziehen, als ungerechtfertigt zurückwies – und dessen Antrag, dass die Bestellung der Landräte künftig durch den Landtag zu erfolgen habe, als Eingriff in die verfassungsmässigen Hoheitsrechte ablehnte, erfuhr die Misstimmung gegen mich bei dessen Partei[4] noch eine Verschärfung und griff auch auf weitere Kreise über.

Der Vorgang der neuen Republik Vorarlberg, die jeden Landfremden entfernt, blieb nicht ohne Rückwirkung.

Nach Notizen der «Neuen Züricher Zeitung» wurde der Anschluss Vorarlbergs und Liechtensteins an die Schweiz in Erwägung gezogen.[5] Zu allem kam noch die kritische Lage des Fürstentums, das mit Mehl nur mehr bis Ende dieses Jahres versorgt ist, weil die vereinbarten Getreidezuschübe aus Österreich nur mehr teilweise eingebracht werden konnten, und welchem gleich Vorarlberg die Invasion durch die rückflutende 10. österreichische Armee droht.

Nun wurde – ob mit oder ohne wirklichen Grund sei dahingestellt – das Gerücht verbreitet, die Schweiz werde ein Ansuchen um Übernahme des militärischen Schutzes der Grenze gegen Vorarlberg und um Lebensmittelaushilfe nur dann günstig aufnehmen, wenn es von einer freigewählten Regierung gestellt werde, mir aber diese Unterstützung versagen. –

Durch Vertrauensmänner wurde mir mitgeteilt, dass nicht bloss die Jubiläumsfeier[6] eine Störung erfahren werde – sondern dass sich auch ernste Unruhe und Demonstrationen vorbereiten.

Unter diesen Umständen stellte ich bei der Landtagssitzung vom 7. November,[7] die über Verlangen der sogenannten «Volkspartei» tagsvorher vom Präsidenten [Albert Schädler] zur Besprechung wichtiger Tagesfragen einberufen worden war und einen noch nie dagewesenen Besuch von Zuhörern aufwies, die Vertrauensfrage und erklärte mich bereit, *Euer Durchlaucht* meine Demission zu überreichen, falls es der Wunsch der Volksvertreter wäre, dass die Verwaltung des Fürstentums in diesen ernsten Zeiten in die Hand von Liechtensteinern gelegt werde.

Ich hielt es für meine Pflicht, der Ruhe im Lande und der bedrohten gegenwärtigen Staatsform meine Stellung zum Opfer zu bringen und in diesen ernsten Zeiten nicht die schwere Verantwortung auf mich zu laden, durch mein Verbleiben im Amte den Erfolg des Hilferufes an die Schweiz zu gefährden. Gegen mein Erwarten und zu meiner Genugtuung votierte mir der Landtag einstimmig sein persönliches Vertrauen, beschloss aber gleichzeitig mit allen Stimmen gegen jene der drei fürstlichen Abgeordneten, dass die Führung der Amtsgeschäfte einem provisorischen Ausschusse zu übertragen sei. Da

---

3 LI LA LTA 1914/S04/2, Protokoll der Landtagssitzung vom 14.10.1918.
4 Die Anfang März 1918 gegründete Christlich-soziale Volkspartei.
5 Vgl. z.B. Neue Zürcher Zeitung, Nr. 1465, 3.11.1918, 4. Blatt («Aus dem Vorarlberg»).
6 Am 12.11.1918 war das 60-jährige Jubiläum des Regierungsantritts von Johann II.
7 LI PA Quaderer, Nachlass Wilhelm Beck, handschriftliches Protokoll der Landtagssitzung vom 7.11.1918; ebd., stenographisches Protokoll der Landtagssitzung vom 7.11.1918; L.Vo., Nr. 46, 15.11.1918, S. 3f. («Zur Landtagssitzung vom 7. des Monats»). Ein offizielles Protokoll existiert nicht.

die gegenwärtigen Verhältnisse die Möglichkeit der sofortigen Einholung der höchsten Schlussfassung *Euerer* Durchlaucht nicht gewährleisteten und Gefahr im Verzuge war, habe ich diesem Ausschuss, welcher aus dem Advokaten Dr. Martin Ritter und dem Dr. Wilhelm Beck – den Trägern der ganzen Bewegung – sowie dem Landrate Emil Batliner gebildet wurde, die Amtsgeschäfte sofort interimistisch übergeben. Damit hat sich mit einem Schlage die Situation ganz geändert; früher teilweise arg angefeindet, bin ich auf einmal der Gegenstand allgemeiner Sympathien, die anti-dynastische Strömung ist verlaufen, der Agitation, welche meinem Vernehmen nach durch sozialistische Elemente aus Vorarlberg genährt wurde, der Boden entzogen, und der glatte und würdige Verlauf der Jubiläumsfeier gesichert.

Ich aber muss schweren Herzens und besorgt um meine und meiner Familie Zukunft mein Amt als Landesverweser in die Hände *Euerer Durchlaucht* zurücklegen.

Ich verbinde hiemit die untertänigste Bitte, *Euer Durchlaucht* geruhen die provisorische Führung der Regierungsgeschäfte durch den oberwähnten Ausschuss gnädigst genehm zu halten, dessen Präsidenten Dr. Martin Ritter interimistisch mit der Vertretung der Regierung im Landtage zu betrauen, und dem Schlagwort «Liechtenstein den Liechtensteinern» nachsichtigst Rechnung tragend, die prinzipielle höchste Geneigtheit kundzugeben, nach Zulass der Umstände den Wünschen des Landtages nachzukommen, dass künftighin an die Spitze der Verwaltung ein Liechtensteiner gestellt werde.

Die Bezüge des Landesverwesers, dessen Betrauung mit den Agenden der Forst- und Domänenverwaltung Vaduz nicht mehr in Aussicht zu nehmen wäre, hätte das Land zu bestimmen und zu tragen. Vorläufig wäre meines ehrerbietigsten Erachtens aber der Ausschuss in Funktion zu lassen und die Entwicklung der Dinge abzuwarten. Es wird dies der beste Prüfstein sein, ob die Mitglieder desselben den schweren Aufgaben, zu denen sie sich gedrängt haben, auf die Dauer gewachsen sind und ob sich nicht in Bälde die Stimmung der Bevölkerung in noch verstärktem Masse gegen sie erhebt, als zuletzt gegen mich.

Bis die höchste Resolution *Euerer Durchlaucht* über mein Demissionsgesuch herablangt,[8] werde ich dem Ausschusse jede mögliche Unterstützung gewähren und nach bestem Wissen beratend zur Seite stehen.

Die Geschäfte als Chef der fürstlichen Forst- und Domänenverwaltung Vaduz bitte ich untertänigst bis auf weiteres noch versehen zu dürfen.

Landrat Emil Batliner hat, wie ich erfuhr, die Berufung in den erwähnten Ausschuss abgelehnt.[9] Er ist vom Anfange an der ganzen Bewegung ferngestanden. Die von *Euerer Durchlaucht* ernannten Abgeordneten, Sanitätsrat Dr. Albert Schädler, Kanonikus [Johann Baptist] Büchel und Emil [richtig: Johann] Wohlwend aus Schellenberg haben ihre Mandate zurückgelegt.[10]

Ich komme, sobald es die Verhältnisse ermöglichen, nach Wien, um über allfälligen höchsten Befehl meine Ausführungen noch mündlich zu ergänzen.

In unwandelbarer Treue und Ergebenheit

Euer Durchlaucht

untertänigster

---

8 Vgl. LI LA PA 001/0021/08, Telegramm Johann II. an Imhof, 13.11.1918.
9 An seiner Stelle wählte der Landtag am 12.11.1918 Franz Josef Marxer (LI LA LTA 1918/S04/2).
10 LI LA RE 1918/4870 ad 4851, Albert Schädler, Johann Baptist Büchel und Johann Wohlwend an Regierung, 7.11.1918.

Dok. 88
Wilhelm Beck berichtet über seine Verhandlungen mit der Schweiz über Grenzschutz und Lebensmittelversorgung

Maschinenschriftlicher Bericht vom Mitglied des provisorischen Vollzugsausschusses Wilhelm Beck, gez. ders.[1]

11.11.1918

Bericht
von Dr. W. Beck, Mitglied der Landesregierung, über seine Mission betr. Grenzschutz und Lebensmittelversorgung beim schweiz. Bundesrate in Bern (9. November 1918).

Wie ich bereits den Herrn Regierungsvorsitzenden [Martin Ritter] verständigte, habe ich Herrn Nationalrat [Emil] Grünenfelder in Flums eingeladen, mir in Bern bei den verschiedenen Amtsstellen behilflich zu sein. Ich ging dabei von der Voraussetzung aus, dass dieser angesehene Herr mit seiner persönlichen Bekanntschaft in Bern den Wünschen unseres Landes einen möglichst wirkungsvollen Nachdruck zu verleihen im Stande sei.

Zuerst sprachen wir bei Herr Bundespräsident [Felix] Calonder vor, teilten ihm den Zweck der Mission mit, darauf liess er Herrn Minister Lardi [Charles Louis Etienne Lardy], Chef für auswärtige Angelegenheiten, kommen und legte ihm das Gesuch betr. Gewährung eines Grenzschutzes gegen Vorarlberg durch schweiz. Mannschaft, eventuell von Lieferung von Waffen und Munition[2] und anderseits betr. die Lebensmittelversorgung vor.

Präsident und Minister äussern Bedenken völkerrechtlicher Natur gegen Abgabe von Mannschaft. Der Bundespräsident will die Frage wegen Abgabe von Waffen wohlwollend prüfen, empfiehlt, diese Frage auch mit dem Vorsteher des Justizdepartementes [Eduard] Müller und des Militärdepartementes [Camille] Decoppet zu besprechen.

Hinsichtlich der Lebensmittelversorgung verwies er auf das Gesuch der Vertreter von Vorarlberg und Tirol und machte Mitteilung, dass der französische Botschafter [Paul Dutasta] heute nachmittags 2 Uhr mitgeteilt habe, dass mit Rücksicht auf die Besetzung Nordtirols durch bayrische Truppen von der Ausfuhr von Lebensmitteln aus der Schweiz nicht die Rede sein könne. Wir machten darauf aufmerksam, dass Liechtenstein ein selbständiger, neutraler Staat sei, der Landesverweser von österr. Herkunft [Leopold von Imhof] demissioniert habe und durch eine Regierung[3] des vom Volke gewählten Landtages ersetzt worden sei. Alle drei Mitglieder[4] seien liechtenst. Staatsangehörige. Im weitern klären wir dahin auf, dass die Zeitungsmeldungen, wornach Liechtenstein den Anschluss an Deutsch-Österreich nachgesucht habe, vollständig unbegründet seien.[5] Für

---

1   LI LA SF 13/1918/4987 ad 1. Eingangsstempel der Regierung vom 19.11.1918. Auf der Rückseite des Hefts handschriftlicher Vermerk von Wilhelm Beck: «Verfügungen im Zuge. 20.XI.18». Zur Mission Becks vgl. auch seinen Bericht in O.N., Nr. 3, 18.1.1919, S. 2 («Zur Lebensmittel-Versorgung»).
2   Hintergrund dieses Anliegens waren Befürchtungen, dass es in Vorarlberg zu Kämpfen zwischen italienischen und bayrischen Truppen kommen könnte. Zudem befürchtete Liechtenstein, von heimkehrenden Kriegsgefangenen überflutet zu werden.
3   Gemeint ist der provisorische Vollzugsausschuss unter Führung von Martin Ritter, der im «Novemberputsch» vom 7.11.1918 an die Macht gelangt war.
4   Drittes Mitglied des provisorischen Vollzugsausschusses nebst Ritter und Beck war Franz Josef Marxer.
5   Vgl. z.B. «St. Galler Tagblatt», Nr. 263, 8.11.1918, Abendblatt, S. 3 («Der liechtensteinische Landesverweser abgesetzt»).

die vollständige Neutralität Liechtensteins dürfte auch der Umstand sprechen, dass die Regierung Liechtensteins nun von der Schweiz Schutz der Grenzen gegen Vorarlberg zu erhalten wünsche, wobei es sich allerdings nicht um einen feindseligen Akt gegen Vorarlberg, sondern einzig und allein um polizeilichen Grenzschutz handelt.

Herrn Bundesrat Müller, Vorsteher des Justizdepartementes, werden die beiden Fragen ebenfalls unterbreitet, er glaubt, dass die Abgabe von Militär für die Grenzbewachung Liechtensteins gegen Vorarlberg kaum angehen werde; dagegen ist er der Meinung, dass rechtlich gegen die Verabfolgung (Verkauf oder Leihe) von Waffen und Munition an Liechtenstein kaum Einwendungen erhoben werden könnten, da es sich nicht um eine feindselige Handlung gegen irgend einen andern Staat, sondern nur um Schutz des eigenen Gebietes und um polizeiliche Massnahmen handle. Er glaubt im Übrigen, dass die Gefahr der Invasion aus Tirol nach den ihm bekannten Meldungen nicht sehr gross sei, indem die Gefangenen, in der Hauptsache Italiener, mit der Eisenbahn aus Österreich durch die Schweiz direkt nach Chiasso raschest befördert werden und sodann scheine die Welle der zurückflutenden österr. Rechtsarmee sich bereits auf der Richtung nach Innsbruck nach Osten verzogen zu haben, er gibt auch Kenntnis von der heute nachmittags eingegangenen obenerwähnten Note des französischen Botschafters hinsichtlich der Lebensmittelversorgung Vorarlbergs und Tirols. Er empfiehlt ebenfalls, über die militärische Frage mit dem Militärdepartement eine Unterhandlung zu pflegen.

Dem Vorsteher des Militärdepartementes, Bundesrat Decoppet, wird die Frage des Grenzschutzes, wie oben erwähnt, ebenfalls auseinandergesetzt. Er teilt die Auffassung der früher erwähnten Mitglieder des Bundesrates in dieser Frage, will sich aber vorerst noch mit dem Generalstabschef von Sprecher [Theophil Sprecher von Bernegg] besprechen und dann definitiven Bescheid erteilen. Am Schlusse machte er die Mitteilung, dass der deutsche Kaiser [Wilhelm II.] nach eben eingelangten Meldungen abgedankt habe.

Auf Empfehlung des Bundespräsidenten und Herrn Minister Lardi wird die Frage der Lebensmittellieferung auch noch mit Herrn Ernährungsdirektor [Eduard] von Goumoëns unterbreitet, er erklärte in erster Linie, dass im gegenwärtigen Zeitpunkte von Abgabe von Lebensmitteln aus der Schweiz aufgrund der Note des französischen Botschafters, die er verliest, nicht die Rede sein könne. Es wird darauf erwidert, dass Liechtenstein mit Vorarlberg und Tirol in keiner Weise in politischer Abhängigkeit oder Angehörigkeit stehe, sondern ein selbständiger Staat sei. Es wird ferner auseinandergesetzt, dass der Bezug einzelner wichtiger Artikel (z.B. Getreide) nicht schon im gegenwärtigen Zeitpunkte, aber doch spätestens anfangs 1919 notwendig sei, während allerdings andere möglichst bald erhältlich gemacht werden sollten. Man werde ein Verzeichnis der verschiedenen Artikel, deren Lieferung man nötig habe, nächstens einreichen und zw. [zwar] deren Quantität und der Zeitpunkt deren Lieferung und Bedarfes darin angeben. Als selbstverständlich wurde angesehen, dass die Lieferung sich höchstens bis zur Quantität der Rationierung in der Schweiz zu gehen habe und dass anderseits Liechtenstein in der Lage wäre, einige Tausend m³ Holz und eine gewisse Anzahl Vieh, beides in näher zu bestimmenden Quantitäten, an die Schweiz kompensationsweise abgeben könnte.[6]

---

[6] Liechtenstein ersuchte in der Folge das deutsch-österreichische Staatsamt der Finanzen, der Ausfuhr von «Kompensationswaren wie Holz, Rindvieh, Streue u.s.w. [...] keine Schwierigkeiten zu bereiten» (LI LA SF 13/1918/5442 ad 1, Regierung an deutsch-österreichisches Staatsamt der Finanzen, 23.12.1918). Die Besichtigung des zur Ausfuhr vorgesehenen Viehs durch einen schweizerischen Viehexperten ergab allerdings das Resultat, dass nur wenig erstklassiges Vieh vorhanden sei und Vieh deshalb nicht in grösserem Umfang für Kompensationsgeschäfte in Frage komme (LI LA SF 13/19185501 ad 1, Regierung an eidgenössisches Ernährungsamt, 28.12.1918).

Der Herr Direktor bezeichnet diese Mitteilung als begrüssenswert und wünscht die Abgabe des überschüssigen Viehes in möglichst kurzer Zeit, was wegen des Heuverbrauches auch im Interesse Liechtensteins liege. Er gibt auch die Bestimmungen bekannt, welche für die Lebensmittellieferung an Vorarlberg aufgestellt worden sind und die sehr entgegenkommend gehalten erscheinen. Daraus ist zu entnehmen, dass die Schweiz die Artikel abliefern würde an die Grenze ohne Verlust und ohne Gewinn und mit der Bestimmung, dass ein dem schweiz. Ernährungsamt unterstehender Inspektor die Bevölkerungszahl und die im Lande schon vorhandenen Quantitäten festzustellen hätte, da die Versorgung nicht reichlicher sein dürfe, als sie sich in der Schweiz selbst gestalte.

Bei der hierauf folgenden zweiten Verhandlung mit dem Vorsteher des Militärdepartements erklärt dieser, dass er nach Rücksprache mit dem Generalstabschef hinsichtlich der Abgabe von Waffen und Munition entschieden habe, dass [durch] die eidgenössische Kriegsmaterialverwaltung 100 Gewehre, Modell 1889/90, samt Bajonett und einer Dotation Munition verabfolgt werden könnte.

Hierauf wird beim Inspektor der Kriegsmaterialverwaltung Major [Adolf] Kunz in erster Linie Erkundigung eingezogen über die Erwerbspreise der Gewehre und Zubehör und Munition, wobei sich folgende Preise ergeben: das Gewehr zu 100 Fr. (einschliesslich Bajonett), Gewehrriemen 1.60, Leibgurt 1.70, Bajonettscheidentasche 1.60, Patronentasche 3.70 Frs., Totalkosten für ein Gewehr 108.60. Munition pro Gewehr 100 Patronen à 9.5 Rappen. Ferner wurden angeboten alte Manlicher Gewehre,[7] ungefähr 90 Frs. pro Stück, diese haben aber den Nachteil eines komplizierten Verschlusses und seien nicht zu empfehlen. Weitere Mitteilungen über die Waffenfrage sind an Herrn Nationalrat Grünenfelder in Flums mitzuteilen.

Dr. Beck behält sich vor, diese Offerte der Landesregierung vorzulegen und dann durch Vermittlung des vorgenannten Herrn weitere Mitteilung an die Kriegsmaterialverwaltung gelangen zu lassen.

Bei allen Departementen wird erklärt, dass die Landesregierung sich hinkünftig auch der Vermittlung für allfällige weitere Unterhandlungen des Herrn Nationalrates Grünenfelder bedienen werde.

Bei allen Departementen wird darauf hingewiesen, dass die Frage des Grenzschutzes dringendster Natur sei mit Rücksicht auf die Verhältnisse in Vorarlberg, die noch unsicherer geworden seien infolge der neuesten Ereignisse in Deutschland.

Der Herr Ernährungsdirektor gibt der sichern Überzeugung Ausdruck, dass infolge des Waffenstillstandes mit Deutschland die Lebensmittelversorgung Liechtensteins durch die Schweiz möglich sei. Inbezug auf Petroleum sei gar keine Aussicht vorhanden, da die Schweiz mit Rücksicht auf die Transportschwierigkeiten aus Rumänien her kein Petrol erhalte.

Die von der Landesregierung an ihr Mitglied Dr. Beck ausgestellte Vollmacht wird an Herrn Minister Lardi übergeben.

Es wird dem Bundespräsidenten, Minister Lardi und dem Direktor des Ernährungsamtes mitgeteilt, dass die Zeitungsmeldungen über Liechtenstein zum grössten Teil falsch seien und es wird ihnen der Vorgang den Tatsachen entsprechend auseinandergesetzt. Beim Bundespräsidenten wird noch auf das Schreiben, welches Herr Fabrikant [Fritz] Jenny in Ziegelbrücke auf Anregung des Direktors [Armin] Arbenz in Triesen an ihn eingesandt habe, aufmerksam gemacht. Der Bundespräsident erklärte, dass er ein solches Schreiben noch nicht erhalten habe. Im weiteren sagte er, dass wir den schweiz. Soldaten für ihren allfälligen Dienst in Liechtenstein mehr als nur den Sold bezahlen müssten.

---

7   Gewehr auf der Basis des 1886 von Ferdinand von Mannlicher patentierten Verschlusssystems.

Dok. 89
Der Vorsitzende des provisorischen Vollzugsausschusses, Martin Ritter, stellt im Landtag das «Regierungsprogramm» vor

Teils maschinenschriftliches, teil gedrucktes Protokoll der öffentlichen Landtagssitzung mit handschriftlichen Ergänzungen, nicht gez.[1]

12.11.1918

Der Vorsitzende des Vollzugsausschusses, Herr Dr. [Martin] Ritter, hält die Programmrede der neuen Regierung und führt wörtlich Folgendes aus:

Herren Landtagsabgeordnete!
Ihrem ehrenvollen Auftrage vom 7. ds. Mts. entsprechend hat die von Ihnen gewählte Regierung sofort die Regierungsgeschäfte vom bisherigen Hrn. Landesverweser [Leopold von Imhof] übernommen,[2] welcher ihr hierbei in entgegenkommender Weise an die Hand gegangen ist und hiefür ihren Dank und die vollste Anerkennung sich erworben hat.

Gestatten Sie nun, meine Herren Abgeordneten, dass ich als Vorsitzender der Regierung Ihnen in Kurzem auseinandersetze, von welchen Gesichtspunkten die Regierung sich bei Ausübung ihrer Amtstätigkeit leiten lassen wird und welche Ziele sie anstrebt.

Die Regierung betrachtet sich als Organ, durch welches die Regierungsgeschäfte strenge nach dem Willen des vom Volke gewählten Landtages in Übereinstimmung mit dem Landesfürsten [Johann II.] ausgeübt werden sollen, die Regierung will also sein und bleiben eine Volksregierung.[3]

Die bisherige Regierungsweise war, wie Herr Landesverweser Herr Baron Imhof selbst an dieser Stelle zugegeben hat, unhaltbar geworden; tatsächlich war sie der Zustand eines verkappten Absolutismus, durch den das Volk von Liechtenstein, welches doch einen Teil des grossen deutschen Kulturvolkes und nicht den schlechtesten, bildet, tatsächlich für unfähig erklärt wurde, sein Schicksal so wie Kulturvölker anderer Staaten es tun und wie die moderne Zeit es so stürmisch fordert, selbst in die Hand zu nehmen und zu bestimmen. Liechtenstein wurde in der Tat von fremden Staatsangehörigen verwaltet und regiert, die Verfassung vom Jahre 1862[4] durch die nachträglich erlassene Amtsinstruktion vom 30. Mai 1871[5] in wesentlichen Punkten praktisch vernichtet und

---

1   LI LA LTA 1918/S04/2. Die gedruckten Teile dieses Protokolls sind den O.N., Nr. 47, 16.11.1918, S. 2 («Landtagssitzung vom 12. Nov. 1918») entnommen.
2   Landesverweser Imhof hatte in der öffentlichen Landtagssitzung vom 7.11.1918 dem Landtag seinen Rücktritt angeboten (vgl. die Rede von Imhof (LI LA PA 001/0021/08)) bzw. seinen Rücktritt erklärt, gleichzeitig war ein provisorischer Vollzugsausschuss mit Martin Ritter, Wilhelm Beck und Emil Batliner gewählt worden (LI PA Quaderer, Nachlass Wilhelm Beck, handschriftliches Protokoll). Anstelle von Batliner, der die Wahl ablehnte, wurde in der öffentlichen Landtagssitzung vom 12.11.1918 Franz Josef Marxer in den Vollzugsausschuss gewählt (LI LA LTA 1918/S04/2).
3   Vgl. in diesem Zusammenhang die vom Abgeordneten Wilhelm Beck in der öffentlichen Landtagssitzung vom 14.10.1918 angestossene Debatte über die Einführung des parlamentarischen Regierungssystems bzw. über die Bestellung der beiden Landräte im Einvernehmen mit dem Landtag (LI LA LTA 1918/S04/2; ferner den diesbezüglichen Antrag von Beck und Konsorten vom 24.10.1918 (LI LA LTA 1918/L03).
4   Vgl. die Verfassung vom 26.9.1862, besonders die §§ 28 ff. (LI LA SgRV 1862).
5   Vgl. die Fürstliche Verordnung vom 30.5.1871 über die Trennung der Justizpflege von der Administration mit Amtsinstruktion für die Landesbehörden des Fürstentums Liechtenstein, LGBl. 1871 Nr. 1, besonders die §§ 2 ff.

jener Willkürherrschaft fremdländischer Beamter Tür und Tor geöffnet, die unser braves Volk durch Jahrzehnte hindurch in unwürdiger Weise knechtete und entrechtete.

Bisher stand die Regierung, richtiger der jeweilige, einem fremden Staate angehörige und ihm ausserdem durch Diensteid verpflichtete Landesverweser, der allein, wenn auch verfassungswidrig, so doch tatsächlich die Regierung darstellte und ausübte, auf dem Standpunkte, dass er als vom Fürsten eingesetztes Vollzugsorgan über dem Landtage und somit über dem Willen des Volkes stehe und wurde der Wille des Landtages bezw. Volkes nur insoweit beachtet, als es dem jeweiligen Landesverweser bezw. der ihm übergeordneten Hofkanzlei in Wien, deren Weisungen er befolgen musste, genehm war.

Grosser Lärm auf der Tribüne, [Friedrich] Walser droht mit Rückzug des Landtages wenn die Vorgänge sich wiederholen. Mit dem Stimmzettel in der Hand, nicht auf solche Weise antworte man, wenn einem der neue Zustand nicht passt.

Dr. Ritter fährt fort: Mit dem Stimmzettel in der Hand möge man es zu erkennen geben, wem der jetzige Zustand nicht passe. Unreife Burschen hätten hier nichts zu sagen.

Die Landräte, welche verfassungsgemäss, bei allen wichtigeren Regierungsgeschäften beizuziehen waren und sohin bei Erledigung derselben ihren Einfluss als Vertreter des Volkes ausschlaggebend auszuüben gehabt hätten, wurden vom jeweiligen Landesverweser ganz nach Willkür oft auch Jahr und Tag nicht einberufen.

Zwischen Fürst und Volk stand für uns Liechtensteiner eine unübersteigliche Mauer, die fürstliche Hofkanzlei in Wien, welche das offenkundige Bestreben hatte, nicht nur uns Liechtensteiner möglichst von ihrem Fürsten fern zu halten, sondern es auch zu verhindern wusste, dass einer von uns Landsleuten überhaupt eine bessere und insbesondere eine auch auf den Gang der Regierungsgeschäfte in Liechtenstein Einfluss nehmende Stelle im Dienste des Fürsten erhalte.

Einen schlagenden Beweis hiefür aus allerneuester Zeit bildet die Diensteinteilung unseres Landsmannes Dr. Otto Walser aus Schaan, welcher für landwirtschaftliche Zwecke eingeteilt wurde, obwohl er seinem Berufe nach nicht dorthin gehört, da er Jurist ist.[6]

So bildete sich schon vor vielen Jahrzehnten im Volksmunde das allgemein bekannte Sprichwort: «Der Fürst wäre scho recht, aber d'Rafa sind nünt.»[7] In diesem Sprichworte, dessen Berechtigung von keinem Liechtensteiner jemals bestritten wurde, hat der Volksmund die tatsächlichen Zustände im Lande mit wenigen Worten auf das Treffendste gekennzeichnet. Dass aber ein solcher Zustand von allen Liechtensteinern, welche auf die Ehre ihres Landes, ihres Volkes und auf ihre eigene halten und das Herz am rechten Fleck haben, als tief beschämend empfunden werden musste, braucht nicht erst bewiesen zu werden und darum musste er, als die Zeit gekommen war, geändert werden; kein Volk das auf Ehre hält, wird seine Schande auch nur eine Stunde länger tragen, als es muss. «Nichtswürdig ist», sagt [Friedrich] Schiller, «die Nation, die nicht ihr Alles setzt an ihre Ehre.»[8]

Aus diesem Grunde haben Sie, meine Herren Abgeordneten, der von Ihnen Ihren Wählern gegenüber übernommenen Pflicht getreu, das schmähliche Joch abgeschüttelt und eine aus Landesangehörigen bestehende Volksregierung gewählt, welche berufen ist, die Rechte des Volkes vor jedermann und gegen jedermann zu wahren und durchzusetzen.

---

6   Otto Walser trat nach seiner Promotion zum Dr. iur. 1918 als Gutssekretär in die fürstliche Verwaltung in Feldsberg ein (vgl. DoA 1918/081; LI LA SF 01/1918/012). 1919 wurde er dann zum Schriftführer des fürstlichen Appellationsgerichtes und der politischen Rekursinsanz in Wien ernannt.

7   Wortspiel: «Der Fürst/First wäre schon recht, ab die Rafen sind nichts.» Rafen sind die vom Dachfirst zur Dachrinne laufenden Dachsparren, auf welche die Dachlatten genagelt werden.

8   Das Zitat lautet korrekt: «Nichtswürdig ist die Nation, die nicht ihr alles freudig setzt an die Ehre.» Es stammt aus dem Drama «Die Jungfrau von Orleans», Fünfter Aufzug, von Friedrich Schiller.

Sie haben eine Befreiungstat gesetzt. Sie haben dem Volke von Liechtenstein seine Ehre und seine Würde zurückgegeben. Sie haben sich als aufrechte, pflichtbewusste Männer gezeigt, wofür Ihnen noch die spätesten Enkel danken werden. Ein Zwinguri[9] wird nicht mehr in Liechtenstein aufgerichtet werden, wir wollen freie und selbstbestimmende Liechtensteiner sein und bleiben immerdar.

Im Einvernehmen mit Ihnen, meine Herren Abgeordneten, wird nun die Regierung mit allem Nachdrucke daran gehen, die Rafen, von denen obiges Sprichwort sagt, gründlich auszuwechseln, damit dem «First» anpassend ein Dach zu errichten, welches gegen jedes Unwetter vollen Schutz gewährt und unter diesem Dache ein Haus zu bauen, wo jeder Liechtensteiner ein trautes Heim finden soll und welches verwaltet werden wird, wie seine Bewohner zu ihrem allgemeinen Wohle es wünschen.

Das Verhältnis zwischen Fürst und Volk soll sich viel näher und inniger gestalten, als es bis jetzt war. Die Mauer, welche die beiden bislang geschieden hat, muss fallen, die vom Landtag gewählte Regierung wird mit allem Nachdrucke darauf bestehen, als Vollzugsorgan des Willens vom Volk und Landtag unmittelbar, wie es bei allen parlamentarisch regierten Staaten der Fall ist, mit dem Staatsoberhaupte zu verkehren und in allen wichtigen seiner Endentscheidung obliegenden Angelegenheiten gehört zu werden. Wir brauchen, soweit es unsere eigenen Landesangelegenheiten betrifft, keine Hofkanzlei mehr, in der ein Tscheche, ein Feind unserer Nation, auf unsere Verhältnisse entscheidenden Einfluss ausübt.[10]

Der Souveränität des Fürsten gegenüber muss die Souveränität des Volkes stehen, die beiden Gewalten müssen miteinander in harmonischen Einklang gebracht werden, weil nur dann ein gedeihliches Zusammenwirken derselben zum Wohle der Gesamtheit möglich ist.

Die Regierung hat die volle Überzeugung, dass es an beiderseitigem guten Willen nicht fehlen wird und erwartet, dass auch in Wien der Fürst nicht übel beraten werde. Ein Zurück gibt es nicht, wir werden uns vor niemandem beugen als vor dem Willen des Volkes, mit dem Stimmzettel ausgedrückt, Gut, Blut, Leben.

Bei Ausübung der Regierungsgeschäfte wird sich die neue Regierung einzig und allein von dem Gedanken leiten lassen, dem Wohle des Vaterlandes zu dienen, sie wird ihr Amt ausüben, niemandem zuliebe, niemandem zuleide, der erste wie der letzte Liechtensteiner wird von ihr in gleicher Weise behandelt werden. Nebenrücksichten gibt es nicht, das Wohl des Einzelnen muss sich dem Wohle der Gesamtheit unterordnen, ein Bewusstsein, das tief ins Volk dringen muss.

Nach aussen hin werden wir unsere Selbständigkeit weitgehendst wahren, wir wollen nicht mehr, wie bisher leider mit einer gewissen Berechtigung gesagt werden konnte, als Anhängsel eines fremden Staates gelten, wir wollen das souveräne, unabhängige Fürstentum Liechtenstein sein und bleiben wie bisher, ja mehr noch als wie bisher, aber regiert nach den Grundsätzen, die die Welt vor unsern Augen unter ungeheuren Opfern erobert haben, d. h. nach den Grundsätzen einer ehrlichen, aufrichtigen Demokratie, aber mit monarchischem Einschlag.

---

9   Vgl. das Drama «Wilhelm Tell», Erster Aufzug, Erste Szene, von Friedrich Schiller: «Zwing Uri soll sie heissen, denn unter dieses Joch wird man euch beugen.»
10 Leiter der fürstlichen Hofkanzlei war seit 1892 Hermann von Hampe. Mit «Tscheche» war vermutlich der fürstliche Justizreferent Josef Jahoda gemeint. Vgl. in diesem Zusammenhang die Polemik der «Oberrheinischen Nachrichten» gegen liechtensteinische Verwaltungs- und Gerichtsinstanzen im Ausland (z.B. O.N., Nr. 25, 12.4.1919, S. 1 («Los von Wien! I.»); O.N., Nr. 26, 16.4.1919, S. 1 («Los von Wien! II.»).

Der neuen Regierung, meine Herren Abgeordneten, und auch Ihnen, obliegt keine leichte Aufgabe.

Ihre Verantwortung ist dadurch, dass Sie nunmehr tatsächlich die Regierung bestimmen und das Wohl des Volkes, des Vaterlandes ausschlaggebend in der Hand halten werden, eine bei weitem grössere geworden, als wie bisher war.

Zur Förderung des allgemeinen Wohles werden eine Reihe schwieriger Fragen an Sie und die Regierung, welche Ihre Beschlüsse auszuführen haben wird, herantreten, insbesondere die Fragen der Verfassungs- und Geschäftsordnungsänderung, Abänderung [sic], Abänderung des bürgerlichen Gesetzbuchs, Steuergesetzgebung, Ernährungswesen, Schul- und Armenwesen, Verkehrswesen usw.[11] Die Landesfinanzen sind durch den Krieg stark in Mitleidenschaft gezogen, es wird daher getrachtet werden müssen, dieselben wieder in Ordnung zu bringen, eine Aufgabe, die sich sehr schwierig gestalten wird. Die Verwaltung des Landes muss nach Möglichkeit verbilligt werden.

Menschlicher Voraussicht nach werden die durch den Krieg auch in unserm Lande hervorgerufenen schweren Übelstände sich nunmehr allmählich verringern, da der Friede nahe, wenn wir auch gerade jetzt durch das Zuströmen von Leuten, welche nach der Schweiz und nach Italien wollen, infolge der Grenzsperre bei unserer Lebensmittelknappheit sehr in Mitleidenschaft gezogen werden.

In dieser Richtung hält die Regierung dafür, dass das Land sich so entgegenkommend wie möglich verhalte, um sein internationales Ansehen zu wahren und zu heben.

Zweifellos haben wir Liechtensteiner, durch die am 7. ds. Mts. erfolgte Einsetzung einer Volksregierung an internationalem Ansehen ungeheuer gewonnen, es wird uns jetzt daher auch leichter möglich sein, künftighin unsere Interessen dem Auslande gegenüber zu wahren.

Indem die Regierung die feierliche Versicherung wiederholt, ihr Amt der übernommenen Pflicht getreu auszuüben, erklärt sie nachdrücklich, keine gerechte Kritik zu scheuen oder zu unterbinden, sie steht auf dem Standpunkte, dass jeder liechtensteinische Staatsbürger als freier Staatsbürger im Rahmen des Gesetzes das Recht vollster freier Meinungsäusserung habe, gerechte Kritik, dem Fortschritt förderlich, wird ihr stets willkommen sein und wohlgemeinten Ratschlägen, seien sie von wem immer, wird sie ihr Ohr nicht verschliessen. Beugen wird sich die Regierung vor niemand. Angst kennt sie nicht, sie wird den durch die Gesetze und den Willen des Landtages ihr vorgezeichneten Weg der Pflicht unbekümmert um Gunst oder Missgunst dahinschreiten, nur bittet sie den hohen Landtag, ihr das geschenkte Vertrauen, das sie nach bestem Können rechtfertigen will, weiterhin zu bewahren, weil sie nur getragen von dem Vertrauen des Landtages und des hinter ihm stehenden Volkes ihre schwere Aufgabe erfüllen kann.

---

11 Vgl. insbesondere die Verfassung des Fürstentums Liechtenstein vom 5.10.1921, LGBl. 1921 Nr. 15; das Steuergesetz vom 11.1.1923, LGBl. 1923 Nr. 2, sowie das Sachenrecht vom 31.12.1922, LGBl. 1923 Nr. 4. Dagegen wurde die Geschäftsordnung für den Landtag des Fürstentums Liechtenstein vom 29.3.1863, LGBl. 1863 Nr. 1, erst 1969 aufgehoben bzw. durch eine neue Geschäftsordnung ersetzt (LGBl. 1969 Nr. 27 und 28).

Dok. 90
Der Landtag debattiert die Sicherheits- und Verpflegungsprobleme bei Kriegsende mit italienischen Soldaten und Kriegsgefangenen wegen der gesperrten Schweizer Grenze und beschliesst in Innsbruck 100 Gewehre zu kaufen

Protokoll der öffentlichen Landtagssitzung[1]

12.11.1918

IX. Die Verpflegung der fremden Soldaten und Kriegsgefangenen

[Friedrich] Walser: Seit einer Woche kommen grosse Massen Soldaten von der Front zurück. Die Leute wollen meistens nach der Schweiz. Bis sie nun die Einreise-Erlaubnis der Schweiz haben, bleiben sie in unserem Lande. Unter den Soldaten seien viele italienische und auch französische Kriegsgefangene, die nach ihrer Heimat möchten. In Schaan seien etwa 200 davon. Letzter Tage sei ein Transport nach Italien abgegangen. Wegen der Italiener und der Franzosen habe man sich an das Rote Kreuz in Buchs gewendet. Sie werden nun von dort verpflegt. Die Gemeinde Schaan gewähre ihnen nur Unterkunft in Massenquartieren. Wegen der ansteckenden Krankheiten sei Vorsicht geboten. Walser stehe auf dem Standpunkte, dass für die Leute gesorgt werde. Auch für Unbemittelte müsse man sorgen, sonst könnte es um die öffentliche Sicherheit schlecht stehen. Man müsse etwas tun. In Betracht komme nur die Gemeinde Schaan, da die Leute mit dem Zug nur bis zur Grenze reisen können. Bisher seien nur Leute vom Hinterland gekommen. Die Kosten für die Verpflegung trage bisher die Gemeinde Schaan. Fleisch sei leicht zu liefern. Die Soldaten erhalten zweimal täglich Essen, am Morgen Kaffee und wenn möglich Milch. Mit den Kartoffeln sei die Gemeinde infolge der durch die Fröste stark geschädigten Ernte schlecht bestellt. Täglich brauche die Gemeinde für die Soldaten einige Säcke Kartoffeln. Das Land soll die Sache in die Hand nehmen, Schaan soll entschädigt werden durch Kartoffellieferungen aus anderen Gemeinden.

[Josef] Marxer: Es sei selbstverständlich, dass nicht nur eine Gemeinde die Last trage. Die anderen Gemeinden sollen nach Schaan Kartoffeln liefern. Für die Kosten soll das Land aufkommen.

[Johann] Wanger: Eine Sicherheitspolizei soll bestellt werden. Auf allen Strassen in Schaan seien Soldaten. Für dieselben soll tägliche Meldepflicht eingeführt werden, damit Ruhe und Ordnung herrsche.

Walser: Am Freitag sei ein Transport Italiener nach der Schweiz abgegangen. Nunmehr sei aber in der Schweiz der Landesstreik ausgebrochen, weshalb die Schweiz niemanden mehr einlasse. Alle Soldaten bleiben nunmehr hier. Man soll eine Verfügung treffen, dass jene Österreicher, welche lange nicht in die Schweiz einreisen können, nach Österreich zurück sollen.

Marxer: unterstützt Wanger. Die Polizei soll verstärkt werden. Im Unterland sei auch fremdes Militär. Man müsse dringend handeln, vor ein paar Hundert Mann da seien.

Dr. [Martin] Ritter: Schliesst sich Marxer's Ausführungen an. Die Regierung trage den Verhältnissen Rechnung. Er habe bereits bewirkt, dass vier Finanzwachleute für Polizeidienste hieher gesendet werden. Dies genüge teilweise. Die Frage sei schwierig; wenn einige Hundert Mann ins Land kommen, müsse die Polizei vermehrt werden. Uns fehlen aber die Waffen. Die Gemeinden sollten Leute ausheben und instruieren. Die

---
1 LI LA LTP 1918, Sitzung vom 12.11.1918, Traktandum 9.

Soldaten gehen voraussichtlich bald nach der Schweiz weiter. Die Schweiz werde ihre Grenzen bald wieder öffnen. Man soll bei Vorarlberg darauf hinweisen, dass wir wegen der Soldatenverpflegung vom Zuschlag bei den Viehpreisen nicht absehen können. Dr. Ritter regt an, dass man von Innsbruck Waffen und Munition beschaffe. Der Kostenpunkt sei kein grosser. Sonst seien wir wehrlos.

Walser: stellt die Anregung zur Debatte.

Dr. [Wilhelm] Beck: Von Bern bekommen wir Waffen und Munition genug. Die Gewehre seien aber sehr teuer (108 Franken). Es seien Magazinsgewehre mit 13 Schüssen. In jeder Gemeinde sollen Gewehre verteilt werden. Die Sache sei zwar noch nicht spruchreif. Man solle die Feuerwehren ausbilden, die man dann immer aufrufen könne. Die Polizei müsse verstärkt werden. Eine Einladung sei bereits ergangen. Es seien blos 3 Anmeldungen erfolgt, von denen 2 von vorneherein wegfallen. Die Regierung müsse schlüssig werden. Waffen bekommen wir.

Ritter: Man soll sich nach Österreich wenden wegen Waffen. Die sehr guten Mannlichergewehre kosten vielleicht 20 K, während die Schweizergewehre 108 Franken, also annähernd 300 K. kosten. 100 Gewehre seien genug. Man soll nicht zu viel kaufen.

Walser: formuliert den Antrag dahin: Der Landtag ist einverstanden, dass die Kosten der Verpflegung der Soldaten und Gefangenen, soweit nicht das schweizerische Rote Kreuz dafür aufkomme, Sache des Landes ist. Wegen der Lieferung von Naturalien aus anderen Gemeinden soll die Regierung Weisung hinausgeben.

Wegen Waffen- und Munitionslieferung soll die Regierung sich an die Militärbehörde in Innsbruck wenden.

Wanger: Man soll 300 Gewehre kaufen.

Walser: 100 Gewehre genügen vorläufig.

Marxer: ist auch für Anschaffung von mehr Gewehren.

Dr. Beck: unterstützt Marxer.

[Karl] Kaiser: Man könne die Gewehre später ja verkaufen.

Walser: erhöht seinen Antrag auf 300 Gewehre von Innsbruck.

Dr. Beck: sagt noch, dass es sich um vollständige Ausrüstungen handeln müsse.

Der Antrag wird einstimmig angenommen.[2]

---

2 Auf den Ankauf der Gewehre wurde schliesslich verzichtet.

Dok. 91
Wilhelm Beck berichtet über ein Gespräch mit Landesrat Franz Unterberger und Gaston Hausmann-Stetten in Feldkirch betr. die Grenzprobleme bei Kriegsende

Maschinenschriftlicher Bericht zuhanden der liechtensteinischen Regierung, gez. Wilhelm Beck[1]

14.11.1918, Vaduz

Bericht von Dr. W. Beck, Mitglied der Landesregierung, über seine Mission in Feldkirch bei Herrn Landesrat [Franz] Unterberger und Baron v. Hausmann [Gaston Hausmann-Stetten]

1. Bezüglich der schweiz. Passstelle in Feldkirch
   Beide Herren teilten in dieser Sache mit, dass alle Österreicher, welche in die Schweiz ziehen wollen, sich auf der schweizerischen Passstelle in Feldkirch zwecks Bewilligung zur Einreise in die Schweiz zu melden haben. Es werde von dort aus im kurzen Wege die nötige Erhebung über die Personalien des Ansuchenden gepflogen und hierauf die Bewilligung erteilt. Es werde hieramts Mitteilung gemacht, wann diese Passstelle funktioniere. Betont wurde während der Unterredung auch, dass in Liechtenstein alle sich dort aufhaltenden Kriegsgefangenen wie auch die österr. Soldaten, welche in die Schweiz zu reisen beabsichtigen, gesammelt und nach Feldkirch zurücktransportiert werden sollten. Schliesslich einigte man sich dahin, dass diese Leute mit einem der nächst fahrenden Züge direkt in die Schweiz transportiert werden sollen.

2. Bezüglich der Kriegsgefangenen
   Es wurde von Baron Hausmann berichtet, dass in Innsbruck Züge von je 750 Mann organisiert werden. Die Leute werden in Feldkirch aufgehalten, ihre bezüglichen Papiere und Personalien geprüft und sodann direkt nach der Schweiz spediert. Baron Hausmann versprach die Landesregierung hievon noch in Kenntnis zu setzen.

3. Bezüglich der Pferde, welche von Liechtensteinern in Österreich gekauft worden sind, wurde von Herrn Landesrat Unterberger mitgeteilt, dass dieselben am 13. Nov. abends zwischen 10 und 11 Uhr nach Liechtenstein passieren konnten. Der Landesrat sei auch fernerhin bereit, auf legalem Wege erworbene Pferde, deren Besitzer die amtlichen Ausweise beibringen, nach Liechtenstein ausführen zu lassen. Vorarlberg habe bei den Beziehungen mit Liechtenstein selbst ein gewisses Interesse daran (Landesversorgung), dass Liechtenstein die nötigen Fuhrwerke zum Anbau u.s.w. besitze.

4. Bezüglich Waffen und Munition erklärte Herr Landesrat Unterberger, dass der Landesrat Liechtenstein[2] bereit sei, 100 Gewehre nebst je 50 Patronen leihweise zu überlassen. Er werde diesbezüglich noch mit dem Landesrat in Bregenz Rücksprache nehmen und die Landesregierung in Vaduz hievon sofort verständigen.[3]

---

1 LI LA RE 1918/ 4986 ad 4843.
2 Die Formulierung ist missverständlich: Gemeint ist wohl, dass der Landesrat Unterberger bereit sei, Liechtenstein 100 Gewehre zu überlassen.
3 Rückvermerk: «Zu Punkt 1 – 3 die nötigen Verfügungen erlassen. Sohin vorläufig ad acta. 20. XI. 1918, Dr. B.»

Dok. 92
Der ehemalige Landesverweser Leopold von Imhof informiert Fürst Johann II., dass Martin Ritter gedroht habe, den fürstlichen Domänenbesitz in Liechtenstein zum Landesvermögen zu erklären

Maschinenschriftliche Abschrift eines Schreibens von Alt-Landesverweser Leopold von Imhof, gez. ders., an Fürst Johann II.[1]

18.11.1918 (12.2.1920), Wien

Euere Durchlaucht!

Ich gestatte mir untertänigst zur höchsten Kenntnis zu bringen, dass ich Dr. [Martin] Ritter heute auf der Strasse getroffen und über seine Pläne ausgeholt habe. – Er will in seiner morgigen Audienz darauf dringen, dass Euere Durchlaucht die provisorische Führung der Regierungsgeschäfte sogleich genehmigen.[2] – Weiters erklärte er unbedingt darauf zu bestehen, dass ihm auch die Geschäfte der Forst- und Domänenverwaltung sofort übertragen werden, da er einen Staat im Staate nicht dulden könne. – Dabei liess er durchblicken, dass der fürstliche Besitz in Liechtenstein gleich den Krongütern des Kaisers [Karl I.] als Landesvermögen erklärt werden könnte.[3] – Ich bemerkte ihm, dass Euer Durchlaucht die verlangte Genehmigung kaum sogleich und uneingeschränkt erteilen würden, da erst auch die Gegenseite gehört werden müsse, dass die Besorgung von Privatangelegenheiten Euer Durchlaucht seinem Systeme einer parlamentarischen, demokratischen Regierung sich nach meiner Ansicht nicht einordne, dass zwischen Krongut und Privatbesitz ein Unterschied bestehe und die Erklärung des Letzteren als Landeseigentum einem Raube gleichkäme, zu welchem sich die Liechtensteiner nie hergeben würden, und gegen den es auch in der neuen Weltordnung Mittel geben werde, endlich, dass von einer privaten Güterverwaltung – sei es nun eine fürstliche oder andere, nicht als von einem Staat im Staate gesprochen werden könne.

Für solche Präpotenzen wird Ritter selbst bei seinen Anhängern keine Unterstützung finden. Es sind keine ernst zu nehmenden Drohungen, sondern nur Einschüchterungsversuche, mit welchen ich Euer Durchlaucht vorzubereiten mich für verpflichtet halte.

Euer Durchlaucht treugehorsamst untertänigster

---

1 LI LA V 003/1198. Aktenzeichen der Gesandtschaft Wien: 92/1-20. Die Abschrift wurde angefertigt auf das Ersuchen des Landgerichts, die Gesandtschaft Wien solle Nachforschungen anstellen nach einigen Papieren, die im Rahmen der Untersuchungen zur Privatklage Martin Ritters gegen Eugen Nipp, Redakteur des «Liechtensteiner Volksblatts», wegen behaupteten ehrverletzenden Äusserungen im «Liechtensteiner Volksblatt» von Bedeutung waren (LI LA V 003/1198, Landgericht an Gesandtschaft Wien, 22.1.1920). Die Gesandtschaft Wien übermittelte die Abschrift vom 12.2.1920 am 13.2. nach Vaduz.
2 Vgl. LI LA SF 01/1918/50, Entwurf Proklamation Johann II., 19.11.1918.
3 Vgl. in diesem Zusammenhang das österreichische Gesetz vom 3.4.1919, betreffend die Landesverweisung und die Übernahme des Vermögens des Hauses Habsburg-Lothringen, öst. StGBl. 1919 Nr. 209.

Dok. 93
Liechtenstein und Vorarlberg treffen eine Vereinbarung über das provisorische Weiterbestehen des Zollvertrags und über die Handhabung des Warenverkehrs

Maschinenschriftliches Protokoll der Besprechungen zwischen Martin Ritter, Vorsitzender des liechtensteinischen Vollzugsausschusses, und Vertretern von Vorarlberger Behörden, gesehen und gefertigt durch Ritter und Otto Ender, Vorarlberger Landeshauptmann[1]

6.12.1918, Feldkirch

Niederschrift über die Beratungen zwischen Vertretern des Landes Vorarlberg und des Fürstentum Liechtenstein, gepflogen im Rathaus zu Feldkirch am 6. Dezember 1918

Anwesend:
1. Herr Dr. Martin Ritter, Vorsitzender des liechtensteinischen Vollzugsausschusses,
2. Herr Dr. Ender, Landespräsident von Vorarlberg,
3. Herr Dr. [Ferdinand] Redler, Vorarlberger Landesrat,
4. Herr Dr. [Gottfried] Riccabona und Herr M.R. [Magistratsrat] [Anton] Gohm, als Vertreter der Stadt Feldkirch,
5. Herr Oberfinanzrat Jos. [Josef] Bitschnau, als Vertreter der Finanz-Bezirksdirektion,
6. Herr Statthaltereirat [Johann] Cornet, als Vertreter der Bezirkshauptmannschaft Feldkirch,
7. Herr Baron [Gaston von] Hausmann[-Stetten], als Vertreter des Polizeikommissariats.

Nach einer längeren Besprechung einigt man sich auf folgende Grundsätze:
1. Die liechtensteinische Regierung anerkennt provisorisch die zwischen Österreich-Ungarn einerseits und Liechtenstein andererseits über die Zölle,[2] Monopole, Verzehrungssteuern etc. abgeschlossenen Staatsverträge als mit dem neuen Staate Deutsch-Österreich zu Recht bestehend.
2. Das Fürstentum Liechtenstein steht auf dem Standpunkt, dass die Ausfuhrverbote des altösterreichischen Staates und ev. Ausfuhrverbote des deutschösterreichischen Staates für das Fürstentum Liechtenstein keine Giltigkeit haben.[3]
3. Das Fürstentum Liechtenstein nimmt aber die tatsächliche Handhabung der bestehenden und noch zu erlassenden Ausfuhrverbote seitens der deutschösterreichischen Ämter hin, wenn die Finanz-Bezirksdirektion Feldkirch zur Erteilung von Ausfuhrbewilligungen für Liechtenstein ermächtigt wird und wenn die Finanz-Be-

---

1 LI LA RE 1918/5226 ad 2/5068. Ebd. ein weiteres, ungezeichnetes Exemplar sowie eine Abschrift. Eingangsstempel der Regierung vom 6.12.1918. Auf der Rückseite des zweiten Blattes stenographische Notizen. Das Protokoll wurde am 23.12.1918 von Landesverweser Prinz Karl ad acta gelegt.
2 Vertrag zwischen Seiner Majestät dem Kaiser von Österreich und apostolischen König von Ungarn und Seiner Durchlaucht dem souveränen Fürsten von Liechtenstein über die Fortsetzung des durch den Vertrag vom 5. Juni 1852 gegründeten Österreichisch-Liechtenstein'schen Zoll- und Steuervereines vom 2.12.1876, LGBl. 1876 Nr. 3.
3 Diesen Standpunkt vertrat Liechtenstein auch gegenüber der deutsch-österreichischen Regierung, vgl. LI LA RE 1918/5068 ad 2, Regierung an deutsch-österreichisches Staatsamt der Finanzen, 25.11.1918.

zirksdirektion Feldkirch solche Ausfuhrbewilligungen für Waren auch tatsächlich erteilt, die liechtensteiner Provenienz sind.
4. Die Versendung der Ausfuhr österreichischer Waren, insbesondere solcher aus Vorarlberg, über Liechtenstein als liechtensteinische Ware wird die Finanz-Bezirksdirektion Feldkirch in geeigneter Weise, z.B. durch Beschränkung der Ausfuhrzahl (bei Pferden) oder durch direkte Ermittlung der Herkunft der Ware (z.B. bei Holz) bewirken.
5. Liechtenstein wünscht wieder etwa 300 Stück Vieh auszuführen, jedoch nur gegen Kompensation und zwar insbesonders Mehl und Fett. Wenn Österreich eine solche Kompensation nicht bieten kann, erstrebt Liechtenstein die Durchfuhrbewilligung nach Ungarn.
6. Bezüglich einer ev. Einschränkung der Ausfuhr von Banknoten und Wertpapieren aus Liechtenstein in die Schweiz ist Liechtenstein insofern interessiert, als es einer diesbezüglichen Einschränkung der liechtensteinischen Bevölkerung nicht zustimmen kann. Dem Staate Deutschösterreich andererseits ist damit nicht gedient, weil bei der Unmöglichkeit einer vollständigen Absperrung der Grenze Vorarlberg und Liechtenstein nicht verhindert werden kann, dass aus Vorarlberg grosse Geldbeträge nach Liechtenstein gebracht und dort von Einheimischen als einheimisches Geld in die Schweiz gebracht werden. Es muss der deutsch-österreichischen Regierung überlassen bleiben, in dieser Richtung mit der liechtensteinischen Regierung weitere Verhandlungen zu pflegen oder sonst ihre Massnahmen zu treffen.

Dok. 94
Die Landtagsabgeordneten legen Fürst Johann II. ein 9-Punkte-Programm zur Revision der Verfassung vor und beantragen, Prinz Karl zum Landesverweser zu bestellen

Maschinenschriftliches Schreiben des Landtagspräsidiums, gez. Landtagspräsident Albert Schädler, an Prinz Karl von Liechtenstein in Vaduz[1]

10.12.1918

Der heute versammelte Landtag hat folgende Beschlüsse gefasst, welche *Seiner Durchlaucht* unserem Landesfürsten [Johann II.] zur baldmöglichsten Abänderung der bisher bestehenden Gesetze unterbreitet werden mögen.
1. Die Regierung des Landes hat aus dem vom Landesfürsten im Einvernehmen mit dem Landtage zu ernennenden Landverweser und zwei durch den Landtag zu wählenden Regierungsräten zu bestehen.

---

1 LI LA SF 01/1918/044. Ein nicht unterzeichnetes Exemplar dieses Schreibens findet sich unter der Signatur LI LA LTA 1918/S04/02. Auf dem Schreiben befinden sich stenographische Randvermerke. Das 9-Punkte-Programm wurde in beiden Landeszeitungen veröffentlicht: L.Vo., Nr. 50, 13.12.1918, Erstes Blatt, S. 1 («Zur Aufklärung»; vgl. ebenda auch den Artikel «Dem Landesfrieden entgegen!») und O.N., 14.12.1918, S. 2 («Verfassungs-Ausbau»). Das Programm war das Ergebnis der Gespräche von Prinz Karl mit den Landesvertretern vom 6. bis zum 9.12.1918 in Vaduz. Formal ist das Programm ein Beschluss der Landtagsabgeordneten, nicht des Landtages, deshalb liegt hierüber kein Landtagsprotokoll vor. Gemäss Dorsalvermerk von Prinz Karl vom 24.12.1918 wurde das Programm dem Fürsten durch Baron Leopold vom Imhof zur Kenntnis gebracht.

2. Die Teilnahme der beiden Regierungsräte an den Regierungsgeschäften soll durch besondere gesetzliche Vorschriften geregelt werden, wobei der Grundsatz zur Anwendung kommen soll, dass die beiden Regierungsräte zu allen wichtigeren Beschlüssen zuzuziehen, mindestens aber alle 14 Tage zu einer Sitzung einzuberufen sind.
3. Wenn ein Mitglied der Regierung durch die Amtsführung das Vertrauen des Volkes und des Landtages verliert, so ist der Landtag berechtigt, beim Landesfürsten die Enthebung des betreffenden Regierungsfunktionärs zu beantragen.
4. Bei Anstellung von Beamten soll der Grundsatz zur Anwendung kommen, dass der Bewerber die liechtensteinische Staatsbürgerschaft besitzen muss. Abweichungen hievon bedürfen der Zustimmung des Landtages.
   Auch bei Bestellung des Landesverwesers sollen in erster Linie hiefür geeignete Liechtensteiner in Betracht kommen.
5. Die Wahl des Landtages soll in der bisherigen Art erfolgen; die drei vom Landesfürsten zu ernennenden Abgeordneten sollen durch kollegialen Beschluss der Regierung dem Landesfürsten in Vorschlag gebracht werden.[2]
6. Die Sitzungen des Landtages sollen nicht in eine Session zusammen gezogen werden, sondern es soll der Landtag das ganze Jahr hindurch nach Bedarf mindestens aber im Frühjahr und im Herbste einberufen werden. Präsidium, Schriftführer und die Kommissionen wären jedes Mal für die Zeitdauer eines Jahres zu wählen.
7. Sämtliche politische und gerichtliche Instanzen mit Ausnahme des Obersten Gerichtshofes sind in das Land zu verlegen. Bei der Organisation dieser Behörden soll unser Kriminalgericht als Vorbild genommen und also insbesondere neben Berufsrichtern auch Laienrichter aus dem Lande aufgenommen werden.
8. In die Verfassung ist die grundsätzliche Bestimmung des freien Vereins- und Versammlungsrechtes aufzunehmen.
9. Das Alter der Wahlfähigkeit und Grossjährigkeit soll auf 21 Jahre herabgesetzt werden.

Sämtliche vorstehende Beschlüsse wurden bei Anwesenheit aller fünfzehn Abgeordneten, also *einstimmig*[3] gefasst mit der einzigen Ausnahme, dass zu Punkt 5 von drei Abgeordneten beantragt wurde, die Sitze der Volksabgeordneten zu vermehren.

Ferner hat der Landtag mit allen gegen eine Stimme beschlossen, zur Regelung der Landesangelegenheiten die Berufung des Prinzen Karl von und zu Liechtenstein als Landesverweser in Vorschlag zu bringen.[4]

Das gefertigte Präsidium beehrt sich, *Euere Durchlaucht* hievon mit der Bitte zu verständigen, die Höchste Zustimmung durch einen bezüglichen Erlass *Seiner Durchlaucht* zu erwirken.[5]

Das Landtags-Präsidium:

---

2 Es finden sich folgende handschriftliche Randvermerke: «8 [Landtagssitze] Oberl», «5 Unterl.» und «2 fürstl.».
3 Am Rande dieses Absatzes findet sich ein handschriftliches Fragezeichen.
4 Fürst Johann II. bestellte – dem Wunsch der Landtagsabgeordneten entsprechend – seinen Neffen Prinz Karl am 13.12.1918 «bis auf Weiteres» zum Landesverweser. Dessen Vereidigung fand am 22.12.1918 statt.
5 Fürst Johann II. erteilte mit Schreiben an den Landtag vom 13.12.1918 grundsätzlich seine Zustimmung zum 9-Punkte-Programm (LI LA RE 1918/5491 ad 4851). Vgl. auch das Protokoll der öffentlichen Landtagssitzung vom 17.12.1918 (LI LA LTA 1918/S04/02).

Dok. 95
Die Regierung ersucht Frankreich, der Schweiz die Versorgung Liechtensteins mit Lebensmitteln zu gestatten

Maschinenschriftliches Konzept eines Schreibens des provisorischen Vollzugsausschusses (Adresse: Postfach Sevelen), gez. Wilhelm Beck, an die französische Botschaft in Bern zu Handen Frankreichs und seiner Verbündeten[1]

12.12.1918

Votre Excellence,

Le gouvernement de la Principauté de Liechtenstein a l'honneur de prier le gouvernement très respecté de la France et ceux de ses Alliés très respectés de bien vouloir agréer que le Conseil Fédéral de la Suisse nous fournisse des vivres et des articles de fourniture (de la farine, du blé, du riz, de la graisse, des étoffes, du café, des allumettes etc.).

Pour motiver sa prière le gouvernement de Liechtenstein se permet d'alléguer les faits suivants:

Comme vous savez, votre Excellence, le Liechtenstein est un état neutre situé à la frontière de l'est de la Suisse, et n'a pris part à la guerre ni directement ni d'une manière indirecte.

Comme la récolte de notre pays n'est absolument pas suffisante pour approvisionner les 8400 habitants le Liechtenstein était depuis tous les temps dépendant de l'approvisionnement par l'étranger.

Dans trois semaines les provisions de farine de pays seront épuisées et nous nous trouverions, quant à l'approvisionnement, devant une catastrophe, si celui-ci ne pouvait pas être garanti le plus tôt que possible.

L'approvisionnement de notre pays par la Suisse pourrait se faire d'une manière analogue à celle du pays de Vorarlberg. Notre pays est prêt à réaliser les ordres qui nous seraient probablement donnés.

Notre pays serait aussi prêt à fournir en récompense à Suisse pour les articles demandés ci-devant à peu près 6000-8000 m³ de bois, dont une partie pourrait être fournie au plus tôt, l'autre au printemps suivant. En considération de la situation très grave de notre pays le gouvernement signé prie votre gouvernement très respecté et ceux des Alliés de la France qu'ils veuillent bien permettre l'approvisionnement de notre pays par la Suisse.

En attendant votre résolution bienveillante nous prions votre Excellence d'en faire part aussi le Conseil Fédéral de la Suisse.[2]

Veuillez bien agréer, votre Excellence, l'assurance de notre parfaite considération.

Le Gouvernement de la Principauté de Liechtenstein

---

1   LI LA SF 13/1918/5294 ad 1. Ebd. eine deutsche Fassung sowie ein handschriftlicher, deutscher Entwurf. Abschriften der Note gingen an den schweizerischen Bundesrat (LI LA SF 13/1918/5294 ad 1, Regierung an Bundesrat, 13.12.1918) und an Nationalrat Emil Grünenfelder (LI LA SF 13/1918/5294 ad 1, Wilhelm Beck an Grünenfelder, 13.12.1918). Das Dokument wurde am 13.12.1918 von David Strub ins Reine geschrieben. Die Übersetzung besorgte Eugen Nipp, vgl. O.N., Nr. 3, 18.1.1919, S. 2 («Zur Lebensmittel-Versorgung»).

2   Frankreich stimmte dem Ansuchen am 29.12.1918 zu (O.N., Nr. 1, 4.1.1919, S. 2 («Lebensmittelversorgung»)). Zu den Lieferbedingungen vgl. LI LA SF 13/1919/0144 ad 1, Eidgenössisches Ernährungsamt an Major Emil Stingelin, 3.1.1919.

Dok. 96
Die Regierung teilt mit, dass Fürst Johann II. seinen Neffen Prinz Karl zum Landesverweser ernannt hat

Kundmachung der Regierung, gez. Regierungssekretär Josef Ospelt (in Vertretung)[1]

19.12.1918

Kundmachung
Seine Durchlaucht der regierende Fürst [Johann II.] haben nachstehendes Handschreiben gnädigst zu erlassen geruht:

«Mein lieber Neffe Carl [Karl von Liechtenstein]!

Über Antrag des Landtages bestelle Ich Dich zum Landesverweser. Zugleich erteile ich den weiteren Landtagsbeschlüssen[2] vom 10. Dezember Meine Zustimmung. Einer allfälligen Vermehrung der Zahl der gewählten Abgeordneten[3] trete ich nicht entgegen. Ich ersuche Dich, die Wahl der beiden Regierungsräte[4] und die Ausarbeitung der obigen Beschlüssen entsprechenden Gesetzesvorlagen[5] ehestens zu veranlassen. Erlass an den Landtag folgt.[6]

Wien, am 13. Dezember 1918

gez. Johann»

Fürstliche Regierung

Der fürstl. Landesverweser:

---

1 LI LA SF 01/1918/039. Handschriftlicher Vermerk: «Urschrift». Die Kundmachung wurde in den Landeszeitungen publiziert (L.Vo., Nr. 51, 20.12.1918, S. 3; O.N., Nr. 52, 21.12.1918, S. 2). Eine Abschrift des Handschreibens unter LI LA SF 01/1918/039. Vgl. auch die Begrüssungsansprache von Landesverweser Prinz Karl im Landtag am 17.12.1918 (LI LA LTA 1918/S04/2).
2 Die Landtagsabgeordneten hatten am 10.12.1918 ein 9-Punkte-Programm zur Revision der Verfassung beschlossen, welches Fürst Johann II. vorgelegt wurde (LI LA SF 01/1918/044).
3 12 der 15 Abgeordneten wurden vom Volk gewählt, 3 vom Fürsten ernannt. Vgl. Ziff. 5 des 9-Punkte-Programmes vom 10.12.1918.
4 Vgl. Ziff. 1 des 9-Punkte-Programmes, wonach die Regierung des Landes aus dem vom Landesfürsten im Einvernehmen mit dem Landtage zu ernennenden Landesverweser und 2 durch den Landtag zu wählenden Regierungsräten bestehen sollte. In der Landtagssitzung vom 17.12.1918 wurde beschlossen, dem Fürsten Franz Josef Marxer und Wilhelm Beck zur Ernennung als Regierungsräte vorzuschlagen. Als Stellvertreter wurden Emil Batliner und Fritz Walser in Vorschlag gebracht (LI LA LTA 1918/S04/2). In der Landtagssitzung vom 7.1.1919 wurde der Landtag über die fürstliche Bestätigung der Wahl orientiert (LI LA LTA 1919/S04).
5 Vgl. den vor Mitte März 1920 erstellten Verfassungsentwurf von Prinz Karl (LI LA V 003/0890).
6 Vgl. LI LA RE 1918/5491 ad 4851, Fürst an Landtag, 13.12.1918.

Dok. 97
Die «Fortschrittliche Bürgerpartei» wird am 22.12.1918 offiziell gegründet

Artikel im «Liechtensteiner Volksblatt»[1]

27.12.1918

Die «Fortschrittliche Bürgerpartei»
Möge der 22. Dezember 1918, der offizielle Gründungstag der Fortschrittlichen Bürgerpartei, für alle Zukunft mit goldenen Buchstaben eingetragen sein ins Buch der Geschichte unseres teuren Vaterlandes! An diesem Tage nämlich fanden sich Vertreter aus allen Gemeinden Liechtensteins, alles schlichte Männer aus unserem Volke, zusammen, um zu beraten und beschliessen, um sich zu sammeln zu einer wohlorganisierten Partei. *Zur Fortschrittlichen Bürgerpartei soll sich jeder unbescholtene Liechtensteiner, wes Standes und Berufes er sei, bekennen, der in Treue zu unserem Fürsten und Fürstenhause für einen gesunden, den Forderungen der Neuzeit und dem Wohle des Landes entsprechenden Fortschritt eintreten will, für einen Fortschritt in den Bahnen der Ordnung und Gesetzlichkeit.* Das politische und volkswirtschaftliche Programm wird in nächster Nummer dieses Blattes veröffentlicht werden, desgleichen weitere Ausführungen über die Partei und ihr Programm.[2]

Wenige Tage vor dem 22. Dezbr. hatten sich mehrere Männer aus dem Volke zu Vorbesprechungen zusammengefunden. Wollen sich aber jene, die nicht dabei waren, nicht zurückgesetzt fühlen. Denn um gleich vorwärts zu kommen, konnten nicht ganze Gemeinden oder das ganze Land zusammenkommen. Jeder darf versichert sein, dass alles auf breiteste Volksgrundlage gestellt ist. Jeder soll auch möglichst über Ziele und Wesen der Partei aufgeklärt werden, denn es soll eine Volkspartei sein. Jeder besonnene Bürger möge sich zu ihr bekennen. *Es soll keine Kampfpartei sein, keine Gehässigkeit oder Feindschaft gegen Andersdenkende soll gesät werden*. Es sei einfach ein organisierter Zusammenschluss aller jener, die ihre Meinung in Ruhe und ohne Furcht vor Einschüchterung vertreten wollen, und zwar im oben angedeuteten und noch näher auszuführenden Sinne. Möge es denn, so Gott will, kommen, dass in naher Zukunft alle ruhigen und besonnenen Liechtensteiner nur mehr eine Partei bilden, die Partei der Liechtensteiner. Bis dahin aber gedeihe und blühe die Fortschrittliche Bürgerpartei Liechtensteins zum Wohle und Ansehen unseres Volkes![3]

---

1 L.Vo., Nr. 52, 27.12.1918, S.1. Schon vor der offiziellen Gründung der Fortschrittlichen Bürgerpartei hatten sich die politischen Kreise um das «Liechtensteiner Volksblatt» zu Besprechungen im Gasthof Löwen in Vaduz getroffen und bereits für die Landtagswahlen vom März 1918 hatten die Männer der «Löwenpartei» bzw. das «Liechtensteiner Volksblatt» eine Wahlempfehlung und Grundsätze für ein Wahlprogramm veröffentlicht (vgl. L.Vo., Nr. 8, 22.2.1918, S. 1 («Unsere Oberländer Abgeordneten für den kommenden Landtag») und O.N., Nr. 9, 2.3.1918, S. 1 («Zum Programm der neuen Partei»)). Erster Landesobmann der Fortschrittlichen Bürgerpartei wurde der Landwirt und Rebmeister Franz Verling.
2 Vgl. L.Vo., Nr. 1, 4.1.1919, S. 1 («Die Fortschrittliche Bürgerpartei und ihr Programm»).
3 Im Gegensatz zur Fortschrittlichen Bürgerpartei kann für die sich um Wilhelm Beck formierende politische Gruppe kein eigentlicher Gründungsakt ausgemacht werden. Die Bezeichnung «christlich-sozial» wurde erstmals am 23.2.1918 verwendet (vgl. O.N., Nr. 8, 23.2.1918, S. 1-2 («Von der praktischen Bedeutung der Landtagswahlen»)). Am 6.3.1918 war dann in den «Oberrheinischen Nachrichten» die Rede von der «Volkspartei» (vgl. O.N., Nr. 10, 6.3.1918, S. 1 («Wahl-Vorschlag der Volkspartei»)).

Dok. 98
Die liechtensteinische Regierung bewilligt die Torfausfuhr in die Schweiz unter Auflagen

Maschinenschriftlicher Erlass der Regierung, gez. Landesverweser Prinz Karl von Liechtenstein und Regierungssekretär Josef Ospelt[1]

31.12.1918

Kundmachung
Zufolge Beschlusses der Landesnotstandskommission vom 27. d.M. wird die Ausfuhr von Torf nach der Schweiz[2] bis auf Weiteres unter folgenden Bedingungen bewilligt[3]:
1. In den bezüglichen, hieramts einzubringenden Gesuchen ist die Stückzahl der auszuführenden Menge anzugeben.
2. Für je 1000 Stück Torf ist ein Betrag von 7 Frs. Schweizerwährung bei der Spar- und Leihkasse in Buchs auf das Konto der fürstl. Regierung einzuzahlen; die bezügliche Bestätigung ist samt der hierämtlichen Ausfuhrbewilligung dem betreffenden Zollamte vorzuweisen.
3. Auf Grund der Erlagsbestätigung der Spar- und Leihkasse Buchs kann der entfallende Betrag in Kronen durch den Verkäufer bei der fürstlichen Landeskasse in Vaduz behoben werden; der Umrechnungskurs wird bei Erteilung der Ausfuhrbewilligung bekanntgegeben.
4. Die Ausfuhr darf nur mittels Fuhrwerk und über die Zollämter Schaan und Bendern erfolgen.
5. Jedes Fuder muss mit einer gemeindeämtlichen Bestätigung gedeckt sein, dass der auszuführende Torf im Gebiete des Fürstentums Liechtenstein gewonnen wurde.[4]

Fürstliche Regierung
Der fürstl. Landesverweser:

---

1 LI LA RE 1918/5545. Eingangsstempel der Regierungskanzlei vom 31.12.1918. Reingeschrieben von David Strub am 2.1.1919. Verweise auf die Akten 2994/Reg. 1916 und 4175/Reg. 1917. Der Erlass wurde in den Landeszeitungen publiziert: L.Vo., Nr. 1, 4.1.1919, S. 4 («Kundmachung») und O.N., Nr. 1, 4.1.1919, S. 2 (ohne Titel). Er erging zudem als Bescheid an die Nebenzollämter in Schaan und Bendern sowie an die Landeskasse in Vaduz, an letztere mit der Weisung, die Auszahlung der entfallenden Beträge in Kronen auf Grund der vorgelegten Erlagsbestätigungen der Spar- und Leihkasse Buchs vorzunehmen und diese Bestätigungen von Zeit zu Zeit der Regierung vorzulegen. Als Umrechnungskurs wurde bis auf Weiteres 2,50 Kronen für 1 Franken bestimmt. Die Regierung ersuchte ferner die Spar- und Leihkasse in Buchs, die für den aus Liechtenstein auszuführenden Torf bei der Anstalt zum Erlag gelangenden Frankenbeträge der liechtensteinischen Regierung gutzuschreiben und die Gutschriftanzeigen anher gelangen zu lassen (LI LA RE 1918/5545 r). Vgl. in diesem Zusammenhang die Kundmachung der Regierung vom 22.12.1918 betreffend die Pferdeausfuhr in die Schweiz (Z. 5410 Reg.) in: L.Vo., Nr. 52, 27.12.1918, S. 3 («Kundmachung»).

2 Im Oktober 1916 war die Torfausfuhr nach der Schweiz von der liechtensteinischen Regierung beschränkt und im Oktober des folgenden Jahres mit Rücksicht auf den Inlandsbedarf an Heizmaterial ganz untersagt worden (L.Vo., Nr. 40, 6.10.1916, S. 1 («Torfausfuhr»); L.Vo., Nr. 43, 26.10.1917, S. 1 («Kundmachung betreffend Torfausfuhr-Verbot»).

3 Das Wort «erteilt» ist handschriftlich durchgestrichen und durch das Wort «bewilligt» ersetzt.

4 Gemäss dem vom Nebenzollamt Bendern erstellten Nachweis vom 9.4.1919 wurden im 1. Quartal 1919 552'900 Torfstücke in die Schweiz ausgeführt. Bewilligungen wurden hierbei an Exporteure in Schellenberg, Ruggell, Mauren und Nendeln erteilt (LI LA RE 1919/1812 ad 1389).

Dok. 99
Die Schweiz teilt die Bedingungen für die Versorgung Liechtensteins mit Lebensmitteln mit

Maschinenschriftliches Schreiben des eidgenössischen Ernährungsamtes, gez. Direktor Eduard von Goumoëns, an Major Emil Stingelin, schweizerischer Kommissär zur Versorgung Vorarlbergs und Liechtensteins, in Bregenz[1]

3.1.1919, Bern

Untenstehend finden Sie die Bedingungen, unter denen wir vorläufig eine Versorgungs-Aktion für das Fürstentum Lichtenstein durchführen können. Wir senden Ihnen diese Zustellung in 3 Exemplaren mit unserer Unterschrift. 1 Exemplar ist uns mit ausdrücklicher Annahmebestätigung der zuständigen Behörde des Fürstentums Lichtensteins zu retournieren; eines ist für Sie und eines für Lichtenstein bestimmt.

Betrifft Hülfsaktion für Lichtenstein[2]
1. Die Schweiz ist durch die Entente ermächtigt worden, bis auf weiteres dem Fürstentum Lichtenstein mit Lebensmittel auszuhelfen, unter der Bedingung, dass diese Waren im Lande Lichtenstein[3] consumiert werden. Der schweiz. Bundesrat hat hierzu diese Zustimmung erklärt.[4]
2. Die Schweiz liefert bis auf Weiteres:
   Mehl entsprechend der Schweiz Mittelration[5]
   Reis entsprechend der Schweiz Mittelration[6]
   Fett auf Basis von 350 gr. per Monat (Butter und Fett darf keinesfalls zusammen 500 gr. per Monat überschreiten)
   Andere Waren nach Convenienz. (Chokolade, Julienne etc.)
   Diese Waren werden nach Schaan instradiert und dort abgenommen.
3. Das Quantum wird auf Basis von 8400 Einwohnern berechnet davon 2400 Selbstversorger. Die Schweiz behält sich die sofortige Revisionsaufnahme der Bevölkerungszahl und der Eigenproduktion vor. Keinesfalls dürfen die in Vorarlberg[7] zur Verteilung kommenden Lebensmittel höhere Rationen ergeben als in der Schweiz oder ohne ausdrückliche Bewilligung aus dem Lande Lichtenstein exportiert werden.

---

1   LI LA SF 13/1919/0144 ad 1. Kürzel: M/K. Eingangsstempel der Regierung vom 9.1.1919. Auf der Rückseite des Schreibens maschinenschriftlicher Vermerk von Landesverweser Prinz Karl von Liechtenstein vom 24.1.1919: «Die hiernach zu treffenden Vorkehrungen in der Landesnotstandskommission beschlossen, und den Vertrag in den Zeitungen veröffentlicht. Je eine Abschrift des Vertrages ist für den Ernährungskommissär [Franz Josef] Schlegel und für den h.ä. [hierämtlichen] Handgebrauch anzufertigen.» Stingelin legte der Regierung den Vertrag am 9.1.1919 zur Unterzeichnung vor (LI LA RE 1919/ ad 270, Bericht Prinz Karl an Johann II., o.D.). Zur Sitzung der Landesnotstandskommission vgl. L.Vo., Nr. 6, 22.1.1919, S. 1 («Über die Sitzung der Landesnotstandskommission»); O.N., Nr. 4, 25.1.1919, S. 2 («Landesnotstandskommission»). Der Vertrag wurde veröffentlicht in L.Vo., Nr. 4, 15.1.1919, S. 1, und O.N., Nr. 3, 18.1.1919, S. 2 («Bedingungen des Eidgenössischen Ernährungsamtes über die Belieferung des Fürstentums mit Lebensmitteln»). David Strub fertigte am 27.1.1919 Abschriften des Dokuments an.
2   Die Bedingungen entsprechen den für Vorarlberg festgesetzten Bedingungen.
3   Handschriftlich (wohl durch den Absender) korrigiert aus: Vorarlberg.
4   DDS, Bd. 7a., Nr. 18.
5   Handschriftlich (wohl durch eine liechtensteinische Stelle) ergänzt: «200gr».
6   Handschriftlich (wohl durch eine liechtensteinische Stelle) ergänzt: «30gr».
7   Handschriftlich (wohl durch eine liechtensteinische Stelle) «in Vorarlberg» in Klammern gesetzt und am Rand angemerkt: «Liechtenstein».

4. Die Schweiz wird den ganzen diese Lieferungen betreffenden Verkehr durch ihren Kommissär für die Verpflegung von Vorarlberg und Lichtenstein vermitteln, welcher gegenüber dem Landesrat[8] in jeder Beziehung als einzig competenter Vertreter der Schweiz funktioniert.
Der Schweiz. Kommissär ist dem Eidg. Ernährungsamt unterstellt.
5. Die Lieferungen erfolgen nach Möglichkeit derart, dass das Fürstentum Lichtenstein stets für mindestens 8 Tage im Voraus mit denen von der Schweiz zu liefernden Lebensmitteln versehen ist. Die Versorgung wird gegen Mitte Januar beginnen.
6. Die Preise für die Lebensmittel berechnet die Schweiz auf Basis ihrer letzten Einheitspreisen ohne Gewinn, ohne Verlust franko Schweizergrenze. Keinesfalls können billigere Preise als in der Schweiz selbst zur Anwendung kommen.
7. Die Bezahlung erfolgt bei convenierender Qualität durch Waren (Holz, Heu etc.), welche zu denen in der Schweiz geltenden Preise franko Schweizergrenze übernommen wird, oder aber durch Geld, woraus der schweizerische Kommissär seiner Regierung Spezialabkommen vorlegen wird.
Die Bezahlung ist nach Präsentierung der Faktura fällig.
Der schweizerische Kommissär wird zur Deckung der Verwaltungskosten 2 % Kommission auf den Schweizer-Fakturen in Rechnung stellen. Was davon nicht verwendet werden muss, wird bei der Schlussabrechnung rückerstattet.
8. Der schweizerische Bundesrat ist jederzeit und ohne Grundangabe berechtigt, die Lebensmittellieferung ganz einzustellen oder zu reduzieren.
Ersteres würde besonders erfolgen:
a) falls im Fürstentum Lichtenstein Unruhen ausbrechen.
b) wenn von den durch die Schweiz gelieferten Waren aus dem Fürstentum Lichtenstein weiter spediert werden.

Dok. 100
Die Fortschrittliche Bürgerpartei veröffentlicht ein Parteiprogramm

Artikel im «Liechtensteiner Volksblatt»[1]

4.1.1919

Die Fortschrittliche Bürgerpartei und ihr Programm

Der 7. November 1918 hat gezeigt, was eine geschlossene Partei, selbst in der Minderheit, zu leisten im Stande ist.[2] Sie konnte, wenn auch nur vorübergehend, der nicht organisierten Mehrheit ihren Willen diktieren. Soll sich das in Zukunft nicht wiederholen,

---

8 Handschriftlich (wohl durch eine liechtensteinische Stelle) «dem Landesrat» in Klammern gesetzt und am Randangemerkt: «die Regierung».

1 L.Vo., Nr. 1, 4.1.1919, S. 1.
2 In der Landtagssitzung vom 7.11.1918 war Landesverweser Leopold von Imhof zur Demission genötigt und ein provisorischer Vollzugsausschuss unter dem Vorsitz von Martin Ritter eingesetzt worden (vgl. dazu etwa das handschriftliche Protokoll von Wilhelm Beck in LI PA Quaderer, Nachlass Wilhelm Beck, oder den diesbezüglichen Bericht von Imhof an Fürst Johann II. vom 10.11.1918 unter LI LA PA 001/0021/08).

so ist ein Zusammenschluss aller jener, die bisher gegen Parteibildung waren und überhaupt jener, die mit der Art und Weise des Vorgehens und mit einigen Forderungen des 7. November nicht einverstanden sind, unbedingt notwendig.

Die Grundlage zu diesem Zusammenschluss ist nun gegeben in der Fortschrittlichen Bürgerpartei.[3] Man braucht kein Fanatiker zu sein, soll es auch nicht sein, aber seine Gesinnung darf und soll nun jeder offen an den Tag legen, sei er nun dieses oder jenes Berufes. Beiderseits ehrliche Gegnerschaft in manchem, aber keine Feindschaft; denn das würde zum Schaden aller führen! Also offenes, ehrliches, nicht aber gehässiges Auftreten! Zur fortschrittlichen Bürgerpartei möge sich jeder bekennen, der gesunden Fortschritt will, aber in den Bahnen der Ordnung und Gesetzlichkeit, nach den Grundsätzen unserer katholischen Religion, jeder der diesen Fortschritt will in Treue zu Fürst [Johann II.] und Fürstenhaus, zum Wohle des gesamten Volkes.

Ausgehend von diesen Grundsätzen wurden dann von der ganzen Gründungsversammlung nachfolgende politische und wirtschaftliche Programmpunkte grosszügig für die Fortschrittliche Bürgerpartei bestimmt. Mit Aufstellung dieses Programmes[4] ist selbstverständlich nicht gesagt, dass es nicht noch erweitert werden wird, falls Zeit und Umstände es erfordern; auch nicht gemeint, dass alle Punkte in wenigen Jahren und in der Reihenfolge ihrer Aufzählung zur Durchführung gelangen müssen, sondern wieder je nach Zeit und Umständen. Aber durchgeführt sollen alle werden, das war der Wunsch der Gründungsversammlung und ist die Forderung eines Grossteils unseres Volkes. Jeder, der für einen gesunden, ruhigen Fortschritt ist, wird sie im Interesse des Gesamtwohles billigen.

Nach den Leitsätzen dieser Programme also tut euch zusammen, Liechtensteiner jeden Standes und Berufes, sie werden euch und euren Nachkommen zum Heile gereichen.[5]

I. Politisches Programm
Dieses stützt sich in den meisten Punkten auf die Landtagsbeschlüsse vom 9. Dezember 1918[6] und lautet:
1. Unentwegte Treue zu Fürst und Fürstenhaus.
2. Gesunder Fortschritt in den Bahnen der Gesetzlichkeit und Ordnung nach den Grundsätzen der katholischen Religion.
3. Die Regierung des Landes hat aus dem vom Landesfürsten im Einvernehmen mit dem Landtage zu ernennenden Landesverweser und zwei durch den Landtag zu wählenden Regierungsräten zu bestehen.

---

3   Die offizielle Parteigründung erfolgte am 22.12.1918 (vgl. L.Vo., Nr. 52, 27.12.1918, S. 1 («Die Fortschrittliche Bürgerpartei»)).
4   Vgl. in diesem Zusammenhang das Wahlprogramm des «Liechtensteiner Volksblattes» bzw. der im Volksmund «Löwenpartei» genannten Vorläuferin der Fortschrittlichen Bürgerpartei für die Landtagswahl im März 1918 (L.Vo., Nr. 8, 22.2.1918, S. 1 («Unsere Oberländer Abgeordneten für den kommenden Landtag»)).
5   Eine Entgegnung zum Programm der Bürgerpartei seitens der Christlich-sozialen Volkspartei findet sich in: O.N., Nr. 2, 11.1.1919, S. 1 («Zum Programm der sog. fortschrittlichen Bürgerpartei»). Kurz darauf veröffentlichte die Volkspartei ihr eigenes Parteiprogramm: O.N., Nr. 3, 18.1.1919, S. 1-2 («Programm der christl.-sozialen Volkspartei Liechtensteins»).
6   Vgl. das Schreiben des Landtagspräsidiums an Prinz Karl von Liechtenstein vom 10.12.1918 betreffend das von den Landtagsabgeordneten beschlossene 9-Punkte-Programm (LI LA SF 01/1918/044). Fürst Johann II. erteilte dem Programm am 13.12.1918 seine Zustimmung und ernannte Prinz Karl zum Landesverweser (vgl. LI LA RE 1918/5491 ad 4851).

4. Die Teilnahme der beiden Regierungsräte an den Regierungsgeschäften soll durch besondere gesetzliche Vorschriften geregelt werden, wobei der Grundsatz zur Anwendung kommen soll, dass die beiden Regierungsräte zu allen wichtigeren Beschlüssen zuzuziehen, mindestens aber alle 14 Tage zu einer Sitzung einzuberufen sind.
5. Wenn ein Mitglied der Regierung durch die Amtsführung das Vertrauen des Volkes und des Landtages verliert, so ist der Landtag berechtigt, beim Landesfürsten die Enthebung des betreffenden Regierungsfunktionärs zu beantragen.
6. Bei Anstellung von Beamten soll der Grundsatz zur Anwendung kommen, dass der Bewerber die liechtensteinische Staatsbürgerschaft besitzen muss. Abweichungen hievon bedürfen der Zustimmung des Landtages.
Auch bei Bestellung des Landesverwesers sollen in erster Linie hiefür geeignete Liechtensteiner in Betracht kommen, falls dieselben das Vertrauen von mindestens Dreivierteln des Landtages besitzen.
7. Die Wahl des Landtages soll in der bisherigen Art erfolgen; die drei vom Landesfürsten zu ernennenden Abgeordneten sollen durch kollegialen Beschluss der Regierung dem Landesfürsten in Vorschlag gebracht werden.
8. Die Sitzungen des Landtages sollen nicht in eine Session zusammengezogen werden, sondern es soll der Landtag das ganze Jahr hindurch nach Bedarf, mindestens aber im Frühjahr und im Herbste einberufen werden. Präsidium, Schriftführer und Kommissionen wären jedesmal für die Zeitdauer eines Jahres zu wählen.
9. Sämtliche politische und gerichtliche Instanzen mit Ausnahme des obersten Gerichtshofes sind in das Land zu verlegen. Bei der Organisation dieser Behörden soll unser Kriminalgericht als Vorbild genommen und also insbesondere neben Berufsrichtern auch Laienrichter aus dem Lande aufgenommen werden.
10. In die Verfassung ist die grundsätzliche Bestimmung des freien Vereins- und Versammlungsrechtes aufzunehmen.
11. Das Alter der Wahlfähigkeit und Grossjährigkeit soll auf 24 Jahren belassen werden.
12. Alle im Landtage zur Sprache kommenden wichtigen Fragen sollen 2 Wochen vorher in der Presse bekannt gemacht werden, um über sie den freien Meinungsaustausch zu ermöglichen.

II. Wirtschaftliches Programm
1. Tunlichste Abhilfe der Lebensmittelnot.
2. Steuerreform; besonders Aufhebung der Schuldenversteuerung.
3. Ausbau, Instandhalten, Verstärkung der Rhein- und Rüfeschutzbauten.
4. Bahnbau, Hebung des Verkehrswesens überhaupt.
5. Nach Möglichkeit schnelle Inangriffnahme und Vollendung der weitern Arbeiten am Bau des Lawenawerkes.
6. Anstreben und Vorarbeiten zur Erstellung eines Krankenhauses.
7. Änderung des Jagd- und Fischereigesetzes im Sinne der Volksmehrheit.
8. Berücksichtigung unserer Landwirtschaft und Industrie bei der künftigen Neuregelung der Zoll- und Staatsverträge mit dem Auslande.
9. Möglichste Hebung der Landwirtschaft in allen ihren Zweigen: Entwässerungsanlagen usw.
10. Förderung der sozialen Fürsorge für die Arbeiterschaft auf dem Wege der Gesetzgebung.
11. Förderung des Handels und Gewerbes.
12. Regelung von Post-, Telegraphen- und Telephonverkehr im Sinne der Interessen des Volkes.

13. Hebung der Forst- und Alpwirtschaft.
14. Begünstigung der Ausbeutung heimischer Bodenschätze (Steinbrüche usw.)
15. Nach Möglichkeit Förderung des Fremdenverkehrs.
16. Hebung und Förderung des Schulwesens den Verhältnissen und Bedürfnissen des Landes entsprechend: Einführung von Haushaltungskursen, Landwirtschaftliche und gewerbliche Schulung usw.
   Unbedingtes Festhalten am Religionsunterricht in den Schulen.
   Ausbau der Jugendfortbildung.
17. Eintreten für Ausbau einer rationellen Wasserversorgung mit Hydrantenanlagen in den Landesgemeinden, wo dieselbe noch fehlt. Im Anschluss daran Einführung einer landschäftlichen Feuerversicherung.
18. Gründung eines Pressevereines, dem die Aufgabe zufällt, auf dem Wege der Presse unser Programm zu fördern, um die freie gegenseitige Aussprache zu ermöglichen und zu unterstützen.

Durch die väterliche Fürsorge unseres Fürsten und das Entgegenkommen des Auslandes sind 2 Punkte unseres wirtschaftlichen Programmes bereits zum Teil erledigt.[7] Das hindert aber nicht, dass wir in Zukunft auch die Krankenpflege in den einzelnen Gemeinden noch heben sollen und dass wir ferner trotz Lebensmittelbezug aus dem Auslande uns gegenseitig aushelfen müssen. Gemeinsinn möge in allem walten!

Dok. 101
Der Liechtensteiner Verein St. Gallen fordert die Einführung des Stimm- und Wahlrechts für Auslandliechtensteiner (Pressebericht)

Artikel von Gustav Matt im «Liechtensteiner Volksblatt»[1]

15.1.1919, St. Gallen

Initiative des Liechtensteiner Vereins St. Gallen

Eine neue Zeit pocht an die Tore unseres lieben Heimatlandes, verlangt Einlass in die Herzen aller, die guten Willens sind. Guten Willens mitzuhelfen an der gegenwärtigen Arbeit des modernen Ausbaues unserer Staatsverfassung, mitzuhelfen an dem Werke der Gleichberechtigung aller unserer Staatsbürger, abzulassen von allen veralteten Bestimmungen wider unsere neuzeitlichen Bestrebungen, kurzum zu kämpfen für die Freiheit, Gleichheit und Brüderlichkeit unseres wackeren Völkleins am Rheine. Die Zeit mahnt uns zu ernster, tätiger und allumfassender Arbeit. Lernen wir die gegenwärtige Stunde kennen und begreifen, erfassen wir sie, um unserer Arbeit ein Gedeihen zu sichern und sie nicht bedenklich zu gestalten. Wir stehen heute ohne Zweifel an einem jener Wendepunkte, wo an Stelle von düsterem Schatten leicht grelles Licht entsendet werden kann, wo unserem Volke breite Wege offen stehen, seine Rechte und Geschicke für dauernde

---

7   Vgl. dazu das Handschreiben von Fürst Johann II. vom 25.12.1918 betreffend Zuwendungen für die Errichtung eines Krankenhauses in Liechtenstein in: L.Vo., Nr. 1, 4.1.1919, S. 1 («Eine soziale Grosstat»). Zur Lieferung von Lebensmitteln und Bedarfsartikeln aus der Schweiz nach Liechtenstein vgl. L.Vo., Nr. 52, 27.12.1918, S. 2 («Lebensmittel») oder das Schreiben des Eidgenössischen Ernährungsamtes vom 3.1.1919 (LI LA SF 13/1919/0144 ad 1).

1   L.Vo., Nr. 4, 15.1.1919, S. 1f. Der Artikel erschien auch in O.N., Nr. 3, 18.1.1919, S. 2.

Zeiten selbst zu bestimmen.

Diese Stunde erkannten auch die Landsleute in der Fremde und suchen nun mit vollem Rechte wirksam zu sein gegen alle Benachteiligungen, in die man sie gegenüber den Mitbürgern im Vaterlande gestellt hat. Das staatliche Wahlrecht, eines der höchsten Rechte, die ein Staatsbürger in einem modernen Staate haben kann, ist ihnen entrissen. Laut unserer bisherigen Verfassung[2] sind aktiv und passiv nur liechtenstein'sche Bürger wahlberechtigt, die im Fürstentum wohnen. Nun zwingen die Verhältnisse einen grossen Teil unserer Bevölkerung, ihr Brot ausserhalb des kleinen Vaterlandes zu verdienen. Die letzte Volkszählung in der Schweiz nennt uns z.B. nicht weniger als 1074 liechtenstein'sche Staatsangehörige. Dies nur einen Beweis der grossen Zahl unserer Landsleute im Auslande. Sie alle verlieren durch den Entzug des Wahlrechtes wohlbegreiflicher Weise auch das Interesse des Heimatstaates. Der Liechtensteiner-Verein hat sich daher veranlasst gesehen, im Interesse sämtlicher Liechtensteiner im Auslande an den hohen Landtag folgende Initiative zu richten:[3]

«Der ergebenst gefertigte Verein der Liechtensteiner in St. Gallen und Umgebung sieht sich angesichts der bevorstehenden Abstimmung über die Verfassungsänderungen[4] in ihrem Heimatstaate veranlasst, an den hohen Landtag mit dem höflichen Gesuche zu gelangen, *es sei den im Auslande wohnenden Liechtensteinern, welche im vorgeschriebenen Alter und in bürgerlichen Ehren stehen, für die Zukunft das staatliche Stimmrecht zu gewähren.*

Die Ausführung dieses Stimmrechtes könnte nach unserer Meinung so geregelt werden, dass die in Frage kommenden Auslands-Liechtensteiner in der liechtenstein'schen Presse jeweils von der bevorstehenden Abstimmung in Kenntnis gesetzt würden, damit sie zur bestimmten Zeit in ihrer Heimatgemeinde eintreffen und nach Abgabe eines bürgerlichen Ausweises von ihrem Stimmrecht Gebrauch machen könnten.

Zur Begründung unseres Gesuches erlauben wir uns folgendes anzuführen:

Eine im Verhältnis zur einheimischen Bevölkerung stattliche Anzahl Liechtensteiner sind genötigt, ihr Brot im Auslande zu verdienen und deshalb dort nicht bloss periodisch, sondern beständig Aufenthalt zu nehmen. Infolgedessen entgeht ihnen nicht nur der Genuss der Gemeindegüter, sondern auch – was von den meisten am schwersten empfunden wird – jegliche Möglichkeit zur Ausübung ihrer staatsbürgerlichen Rechte. Es ist nun gewiss nicht zu verkennen, dass durch diese Ausschliessung das Interesse für den Heimatstaat bei einer grossen Anzahl Staatsbürger abgeschwächt und mit der Zeit ertötet wird. Dies liegt aber gewiss nicht im Interesse des neuzeitlichen Staates, dessen Gedeihen nicht zum wenigsten durch die Teilnahme aller Bürger an den öffentlichen Angelegenheiten gefördert wird.

Wir hoffen zuversichtlich, dass unser ergebenes Gesuch in Ansehung dieses Umstandes von seiten unserer verehrten Landesväter wohlwollende Aufnahme und Unterstützung finden werde, umso mehr, als wir stets bestrebt sind, unsere Leute durch vaterländischen Lesestoff und passende Vorträge über alles, was unseren Staat angeht, zu unterrichten und auf dem Laufenden zu halten.

Wir beehren uns noch, unserm hohen Landtag die Grüsse der liechtensteinischen Kolonie in St. Gallen und Umgebung zu übermitteln etc.»

---

2   Konstitutionelle Verfassung vom 26.9.1862 (LI LA SgRV 1862/5).
3   LI LA LTA 1919/L03, Liechtensteiner-Verein von St. Gallen und Umgebung an Landtag, 8.1.1919.
4   Gemeint sind die Volksabstimmungen vom 2.3.1919 über die Herabsetzung des Wahlrechtsalters sowie über die Erhöhung der Zahl der Landtagsabgeordneten.

Wir wollen hoffen, dass uns diese höchst gerechtfertigte Petition den gewünschten Erfolg davon tragen wird, der die Freude und die Anhänglichkeit der Liechtensteiner im Auslande an das Heimatland voll und ganz erwecken soll.

(Wir stellen es hiemit unseren Lesern anheim, sich in ruhiger. sachlicher Weise über diesen Antrag unserer Landesbrüder im Auslande in unserem Blatte auszusprechen. Die Schriftl.)[5]

Dok. 102
Verfassungsentwurf von Wilhelm Beck

Serie in den «Oberrheinischen Nachrichten» mit einer kurzen Einleitung, verfasst von Wilhelm Beck[1]

Mitte Januar 1919 (publiziert: 12.6.1920-30.6.1920)

Zur Verfassungsrevision

Die Peerfrage[2] und die Neubestellung unserer Regierung, die immer dringender wird, hat das Volksverlangen nach einer neuen, dem demokratischen Empfinden der Zeit entsprechenden Verfassung mit vermehrter Stärke aufleben lassen. Der Vorwurf, es gehe nicht vorwärts, soll durch die mit heutiger Nummer beginnende Veröffentlichung des von Dr. Beck ausgearbeiteten Verfassungsentwurfes widerlegt werden, wie nicht minder, von Volksparteiseite werde nichts getan.

Zu den einzelnen Stadien der Verfassungskrise ist übersichtshalber folgendes zu sagen. Nach dem Sturze der alten Regierung am 7. November 1918 verkündeten Präsident [Friedrich] Walser und Dr. [Martin] Ritter am 12. November die Einführung einer neuen Verfassung mit bestimmten Grundsätzen. Inzwischen kam Durchlaucht Prinz Karl [von Liechtenstein] ins Land und erklärte anfangs Dezember 1919, dass seine Mission in etwa sechs Wochen, nachdem eine auch vom Landesfürsten gewünschte neue Verfassung eingeführt, erfüllt sei. Hieran anschliessend wurde Dr. W. Beck mit der Ausarbeitung eines Verfassungsentwurfes beauftragt, den er *Mitte Januar 1919* überreichte. *Dieser vor nun 1 ½ Jahren überreichte und seither verschollene Entwurf* gelangt nachstehend zur Veröffentlichung.

Da dieser Entwurf nicht genehm war, arbeitete Durchlaucht Prinz Karl eine auf Grund einer Einigungsbesprechung im Februar oder März 1919 und deren Ergebnisse beruhende Novelle zur alten Verfassung aus, die jedoch mit Rücksicht auf den Wunsch nach einer vollen und ganzen Revision der Verfassung nicht weiter in Behandlung kam.[3]

---

5   Die Petition fand zwar einiges Echo in den Landeszeitungen, eine Behandlung im Landtag geht aus den Landtagsprotokollen jedoch nicht hervor.

1   Der «Verfassungs-Entwurf des Fürstentums Liechtenstein» datiert von Mitte Januar 1919 und wurde in den Oberrheinischen Nachrichten Nr. 47, 12.6.1920, S. 1 (Art. 1-13, mit einer Einleitung («Zur Verfassungsrevision»)); Nr. 48, 16.6.1920, S. 1 (Art. 14-34); O.N., Nr. 49, 19.6.1920, S. 1 (Art. 35-52); O.N., Nr. 50, 23.6.1920, S. 1-2 (Art. 53-70); O.N., Nr. 51, 26.6.1920, S. 1 (Art. 71-83) und O.N., Nr. 52, 30.6.1920, S. 2 (Art. 84-87) publiziert.

2   Zentrales politisches Thema war seit Januar 1920 die umstrittene Berufung von Dr. Josef Peer zum Landesverweser.

3   Nicht aufgefunden.

Es wurde nun Dr. [Emil] Beck in Bern mit der Ausarbeitung eines Verfassungsentwurfes betraut. Diese steht bis heute, also mehr als 5/4 Jahre, aus. Im August 1919 wurde die Währungsreform dringend. Damals erklärte Dr. Beck, dass momentan die Reform der Währung dringender sei als die der Verfassung und es solle daher erstere Arbeit in erster Linie und die Verfassungsarbeiten nebenher durchgeführt werden. Die Währungsreformbestrebung verlief im Sand. Neuerdings wurde die neue Verfassung mehrmals im Landtag und in den Kommissionen verlangt.[4] Auf dies hin wies Durchlaucht Prinz Karl vor Ostern 1920 einen von ihm ausgearbeiteten Entwurf vor.[5] Seither ist bekanntlich die Verfassungsfrage durch die Landesverwesermache in verschärfter Form aufgerollt. Die Landesverweserfrage ist in gewissem Sinne eine hervorragende Verfassungsfrage.

Zum Entwurfe selbst sei nur kurz bemerkt, dass er nicht als etwas Vollkommenes gelten soll, wohl aber als Grundlage der Diskussion. Seit seiner Einreichung hat die Zeit Fortschritte gemacht. Manche Korrekturen sind weggefallen, da wir den Entwurf als solchen veröffentlichen. Es konnten auch die Artikel über den Landesausschuss, da dieser nicht mehr notwendig ist, entfallen, und dessen Funktionen der ständigen Landtagskommission übertragen werden. Im übrigen enthalten wir uns vorerst weiterer Ausführungen.

Was aber mit und durch die Publikation bewiesen werden soll, ist der Umstand, dass bei gutem Willen die Verfassungsreform schon längst hätte durchgeführt werden können. Unsere Leser bitten wir, diesen Entwurf eingehend zu studieren; er knüpft unter Berücksichtigung der modernen Volksforderungen an die alte Verfassung an.

Verfassungs-Entwurf des Fürstentums Liechtenstein
von Mitte Januar 1919

I. Hauptstück
Allgemeine Bestimmungen

Art. 1.

Das Fürstentum Liechtenstein bildet in seiner Vereinigung der beiden Landschaften Vaduz und Schellenberg eine unteilbare, unveräusserliche,[6] souveräne demokratische Monarchie auf parlamentarischer Grundlage.

Die Landschaft Vaduz umfasst die Gemeinden Vaduz, Schaan, Planken, Triesen, Triesenberg und Balzers; die Landschaft Schellenberg die Gemeinden Schellenberg, Eschen, Gamprin, Ruggell und Mauren.

Die Grenzen des Staatsgebietes dürfen nur durch ein Gesetz geändert werden.

Vaduz ist der Hauptort des Landes, Sitz der Landesbehörden und der ordentliche Gerichtsstand des Landes und der fürstlichen Domänialbehörden.

Art. 2.

Das Staatswappen ist das des fürstlichen Hauses Liechtenstein und die Landesfarben sind blau und rot.

Die Staatssprache ist die deutsche.

---

4 Z.B. Anfrage des Landtagsabgeordneten Gustav Schädler vom 20.3.1920 betreffend die Verfassungsrevision (LI LA LTA 1920/S04).
5 LI LA V 003/0890.
6 Vgl. § 1 der liechtensteinischen Verfassung vom 26.9.1862.

Art. 3.

Die Staatgewalt beruht auf dem Landesfürsten und dem Volke und wird nach den Bestimmungen dieser Verfassung durch den Landesfürsten und die Volksvertretung ausgeübt.

II. Hauptstück
Die Staatsaufgaben

Art. 4.

Der Staat setzt sich zur Aufgabe die Förderung der gesamten Volkswohlfahrt,[7] die Schaffung und Wahrung des Rechts und Schutz der religiösen, wirtschaftlichen und sittlichen Volksinteressen.

Art. 5.

Die Aufsicht, Leitung und Hebung des öffentlichen Unterrichtes ist Sache des Landes.[8]

Der Staat sorgt für genügenden, obligatorischen, öffentlichen Unterricht unter seiner Leitung.

Der Religionsunterricht wird durch die kirchlichen Organe erteilt.

Die Freiheit des Privatunterrichtes ist unter Vorbehalt gesetzlicher Bestimmungen gewährleistet.[9]

Die oberste Leitung des Erziehungs- und Unterrichtswesens ist dem Landesschulrate, dessen Wahlort, Organisation und Aufgaben durch das Gesetz bestimmt sind, übertragen.

Art. 6.

Das Land unterstützt das Bildungswesen, sorgt für Beschulung von Kindern, die wegen körperlicher oder geistiger Gebrechen die Volksschule nicht besuchen können und leistet hiefür geeignete Beihilfen.[10]

Es beteiligt sich an der Sorge für die Erziehung verwahrloster Kinder, sorgt für die Erziehung jugendlicher Verbrecher und beteiligt sich allenfalls an Besserungsanstalten.[11]

Art. 7.

Der Staat unterstützt und fördert das Fortbildungs- und Realschulwesen.

Er unterstützt und fördert das hauswirtschaftliche, landwirtschaftliche und gewerbliche Unterrichts- und Bildungswesen.

Um den Besuch von höheren Schulen durch weniger bemittelte, aber intelligente Schüler zu erleichtern, werden angemessene Stipendien erteilt.[12]

Art. 8.

Das Land pflegt das öffentliche Gesundheitswesen, unterstützt die öffentliche Krankenpflege und beteiligt sich an der Gründung und dem Betriebe eines Krankenhauses.[13]

---

7   Vgl. Art. 1 der Verfassung des Kantons St. Gallen vom 16.11.1890.
8   Vgl. Art. 2 Verfassung St. Gallen 1890.
9   Vgl. Art. 3 Abs. 4 Verfassung St. Gallen 1890.
10 Vgl. Art. 6 Abs. 3 Verfassung St. Gallen 1890.
11 Vgl. Art. 6 Abs. 5 Verfassung St. Gallen 1890.
12 Vgl. Art. 10 Verfassung St. Gallen 1890.
13 Vgl. Art. 11 Abs. 1 und 2 Verfassung St. Gallen 1890.

Die Gesetzgebung sorgt für die Besserung von Trinkern, arbeitsscheuen und liederlichen Personen.[14]

Art. 9.

Das Land schützt die Arbeitskraft, insbesondere diejenige von Frauen und Kindern, die in Gewerbe und Industrie beschäftigt sind.

Der Sonntag und die staatlich anerkannten Feiertage sind öffentliche Ruhetage.[15]

Art. 10.

Zur Hebung der Erwerbsfähigkeit des Volkes und zur Pflege seiner wirtschaftlichen Interessen fördert und unterstützt der Staat Landwirtschaft, Alpwirtschaft, Gewerbe und Industrie, insbesondere auch durch Förderung der Versicherung gegen Schäden, welche den Arbeiter und den Landwirt bedrohen und Anordnung von Massregeln zur Bekämpfung solcher Schäden; ferner durch Unterstützung der Bestrebungen zur Einführung neuer Verdienstquellen und moderner Verkehrsmittel und zur Verbesserung schon bestehender.[16]

Das Land unterstützt die Rüfeverbauungen, Aufforstungen, Güterzusammenlegungen und Entsumpfungen.[17]

Art. 11.

Dem Staate steht das Hoheitsrecht über die Gewässer zu.

Die Benützung derselben soll auf gesetzlichem Wege geregelt und gefördert werden und es kann hiebei die elektrische Weiterleitung von Wasserkräften unter Vorbehalt allfälliger Privatrechte als Sache des Landes erklärt werden.[18]

Das Land übt die Hoheit über Jagd und Fischerei aus und sorgt für die den landwirtschaftlichen Interessen entsprechenden Gesetze.

Art. 11a).

Das Land übt die Hoheit über das Münzwesen aus, sorgt für eine gerechte Steuergesetzgebung.

Art. 12.

Das öffentliche Armenwesen ist Sache der Gemeinden nach Massgabe gesetzlicher Bestimmungen.

Die Gemeinden können hiefür geeignete Beihilfen des Landes in Anspruch nehmen, insbesondere auch zu zweckmässiger Versorgung von Waisen, Geisteskranken, Unheilbaren und Altersschwachen.[19]

Der Staat unterstützt und fördert die Errichtung und den Betrieb einer Alters- und Invaliden- und einer Brandschadenversicherung.

---

14 Vgl. Art. 12 Verfassung St. Gallen 1890.
15 Vgl. Art. 13 Verfassung St. Gallen 1890.
16 Vgl. Art. 15 Verfassung St. Gallen 1890.
17 Vgl. Art. 16 Abs. 1 Verfassung St. Gallen 1890.
18 Vgl. Art. 18 Verfassung St. Gallen 1890.
19 Vgl. Art. 14 Verfassung St. Gallen 1890.

Art. 12a).
Das Land sorgt für eine gerechte Steuergesetzgebung, die insbesondere Vermögen und Einkommen zu progressiver Besteuerung unter Berücksichtigung des Existenzminimums heranzieht.

Art. 13.
Das Land sorgt für ein rasches, das materielle Recht schützendes Prozess- und Zwangsvollstreckungsverfahren.[20]

In gleicher Weise sorgt das Land für ein rasches und hinreichendes Verwaltungsrechtspflege- und Exekutionsverfahren.

III. Hauptstück
Rechte und Pflichten der Liechtensteiner

Art. 14.
Der Aufenthalt im Lande begründet den Schutz nach dieser Verfassung und verpflichtet zur Beobachtung aller Gesetze.[21]

Die Verfassung gewährleistet den Anspruch auf Schutz gegenüber dem Auslande, den inländischen Gerichten für private und öffentliche Ansprüche und auf Fürsorge des Staates in der Verwaltung.

Die Erlangung der staatsbürgerlichen Rechte steht jedem Bürger nach den Bestimmungen dieser Verfassung zu.[22]

Über Entstehung und Erwerbung, Verlust und Untergang des Staatsbürgerrechtes bestimmen die Gesetze.[23]

Art. 15.
Die gemeinsamen Rechtsnormen der Landesangehörigen bilden die Landesgesetze.

Die Rechtsgleichheit ist gewährleistet und alle öffentlichen Ämter sind unter Einhaltung der gesetzlichen Bestimmungen allen Liechtensteinern zugänglich.[24]

Standes- und persönliche Vorrechte mit Ausnahme für die Familie des fürstlichen Hauses Liechtenstein finden nicht statt.

Art. 16.
Die persönliche Freiheit und die Unverletzlichkeit der Wohnung, das Brief- und Schriftgeheimnis sind gewährleistet.

Niemand darf verhaftet oder in Haft behalten und es darf keine Hausdurchsuchung und Durchsuchung von Personen, Briefen und Schriften stattfinden, ausser in den vom Gesetze bestimmten Fällen und in der vom Gesetze bestimmten Art und Weise.

Ungesetzliche oder unverschuldete Haft oder Verurteilung gibt dem Betroffenen Anspruch auf eine vom Gericht festzusetzende Entschädigung aus der Staatskasse; ob und inwieweit dem Lande hiebei ein Rückgriffsrecht auf Dritte zusteht, bestimmt das Gesetz.[25]

---

20 Vgl. Art. 20 Verfassung St. Gallen 1890.
21 Vgl. § 4 Verfassung 1862.
22 Vgl. § 5 Verfassung 1862.
23 Vgl. § 6 Verfassung 1862.
24 Vgl. § 7 Verfassung 1862.
25 Vgl. Art. 30 Abs. 1-3 Verfassung St. Gallen 1890.

Art. 17.

Niemand darf seinem verfassungsmässigen Gerichtstande entzogen und es dürfen keine Ausnahmegerichte eingeführt werden.[26]

Strafen dürfen nur in Gemässheit der Gesetze angedroht und verhängt werden.

In allen Strafsachen ist dem Angeschuldigten das Recht der Verteidigung gewährleistet.[27]

Art. 18.

Das Eigentum der Einzelnen und Korporationen ist unverletzlich u. gewährleistet.

Es dürfen daher Vermögen, wie einzelne Sachen nur in den durch das Gesetz bestimmten Fällen eingezogen werden.

Art. 19.

Den Gemeinden, öffentlichen Genossenschaften, Korporationen, der Kirche und den Stiftungen ist ihr Eigentum, die gesetzliche Verwaltung und die rechtmässige, bezw. stiftsgemässe Verfügung über das Vermögen und dessen Ertrag gewährleistet.

Ihr Vermögen darf nie unter einzelne Private verteilt werden.[28]

Ist bei Stiftungen ihr ursprünglicher Zweck nicht mehr erfüllbar, so darf eine Verwendung zu andern Zwecken mit Zustimmung der Beteiligten und insoferne Landesanstalten in Betracht kommen, unter Zustimmung des Landtages erfolgen.

Art. 20.

Wo das öffentliche Wohl es erheischt, kann die Abtretung oder Belastung jeglicher Art unbeweglichen und beweglichen Gutes gegen volle, streitigenfalls durch den Richter festzustellende Entschädigung gefordert werden.[29]

Das Gesetz bestimmt das Enteignungsverfahren.

Art. 21.

Die Freiheit des Handels und Gewerbes ist gewährleistet; Beschränkungen trifft die Gesetzgebung, insbesondere zur Bekämpfung eines unreellen und gemeinschädlichen Geschäftsverkehres.[30]

Die Zulässigkeit ausschliesslicher Handels- und Gewerbsprivilegien für eine bestimmte Zeit wird durch das Gesetz geregelt.[31]

Art. 22.

Die Glaubens-, Kultus- und Gewissensfreiheit ist unverletzlich u. gewährleistet.

Es darf die Ausübung bürgerlicher oder politischer Rechte nicht durch Vorschriften kirchlicher oder religiöser Natur beschränkt werden.[32]

Die römisch-katholische Kirche geniesst den Schutz des Staates.

Religiöse und kirchliche Angelegenheiten besorgen die kirchlichen Behörden; über die Verwaltung des Kirchengutes in den Gemeinden wird nach näheren gesetzlichen Bestimmungen ein Kirchenrat bestellt.

---

26 Vgl. Art. 29 Verfassung St. Gallen 1890.
27 Vgl. Art. 30 Abs. 4 Verfassung St. Gallen 1890.
28 Vgl. Art. 32 Abs. 1 und 2 Verfassung St. Gallen 1890.
29 Vgl. Art. 31 Abs. 2 Verfassung St. Gallen 1890.
30 Vgl. Art. 27 Verfassung St. Gallen 1890.
31 Vgl. § 17 Verfassung 1862.
32 Vgl. Art. 22 Abs. 1 und 2 Verfassung St. Gallen 1890.

Art. 23.

Die Freiheit der Meinungsäusserung und Gedankenmitteilung durch die Presse, durch Schrift, Druck, bildliche Darstellung und Rede ist gewährleistet; gegen Missbrauch schützt das Gesetz.

Es darf keine Zensur ausgeübt werden.

Die Verfassung gewährleistet das freie Vereins- und Versammlungsrecht; erforderliche Bestimmungen gegen den Missbrauch dieser Rechte trifft die Gesetzgebung.[33]

Art. 24.

Das Petitionsrecht an den Landtag, den Landesausschuss und an sonstige Behörden ist gewährleistet.[34]

Es steht nicht nur einzelnen Landesangehörigen und andern in ihren Rechten Betroffenen, sondern auch Gemeinden und Korporationen zu, ihre Wünsche und Bitten durch einen Abgeordneten im Landtage vorbringen zu lassen.[35]

Art. 25.

Jeder Liechtensteiner hat das Recht, sich in jeder Gemeinde des Landes unter den näheren gesetzlichen Bestimmungen frei niederzulassen.

Für Ausländer gelten die Staatsverträge, allenfalls das Gegenrecht.

Art. 26.

In allen Landes- und Gemeindeangelegenheiten ist jede männliche Person nach erfülltem 21. Lebensjahre, wenn die sonstigen gesetzlichen Bestimmungen zutreffen, wahl- und stimmberechtigt.

Die Teilnahme an Wahlen und Abstimmungen ist Bürgerpflicht.

Bei der Wahl in kollegiale Behörden ist auf eine verhältnismässige Vertretung der Minderheiten der Bevölkerung Rücksicht zu nehmen.

Das Wahlrecht enthält die näheren Bestimmungen.

Das Grossjährigkeitsalter wird mit erfülltem 21. Lebensjahre erreicht.

Art. 27.

Das Recht der Beschwerdeführung ist gewährleistet.

Jeder Landeseinwohner ist berechtigt, über das seine Interessen benachteiligende Verfassungs-Gesetz oder verordnungswidrige Benehmen oder Verfahren einer öffentlichen Behörde bei der unmittelbar vorgesetzten Stelle Beschwerde zu erheben und solche nötigenfalls bis zur höchsten Stelle zu verfolgen.

Wird die Beschwerde verworfen, so ist die Behörde verpflichtet, dem Beschwerdeführer die Gründe ihrer Entscheidung zu eröffnen.[36]

Vorbehalten bleiben die Bestimmungen über den Staatsgerichtshof.

Art. 28.

Jeder Waffenfähige ist bis zum zurückgelegten sechzigsten Lebensjahre im Falle der Not zur Verteidigung des Vaterlandes verpflichtet.[37]

Die Gesetzgebung trifft die näheren Bestimmungen.

---

33 Vgl. Art. 28 Verfassung St. Gallen 1890.
34 Vgl. Art. 25 Verfassung St. Gallen 1890.
35 Vgl. § 20 Verfassung 1862.
36 Vgl. § 19 Verfassung 1862.
37 Vgl. § 21 Abs. 1 Verfassung 1862.

IV. Hauptstück
Vom Landesfürsten

Art. 29.

Der Landesfürst ist das Staatsoberhaupt und übt sein Recht an der Staatsgewalt gemäss dieser Verfassung und den Gesetzen aus.

Seine Person ist unverletzlich.[38]

Die Regierungsrechte sind erblich im fürstlichen Hause Liechtenstein nach Massgabe der Hausgesetze und dieser Verfassung.

Nach den Hausgesetzen wird die Grossjährigkeit des Landesfürsten und des Erbprinzen sowie allenfalls die Vormundschaft geordnet.[39]

Art. 30.

Der Landesfürst vertritt entweder persönlich oder durch die Regierung den Staat gegenüber fremden Staaten.

Ohne Zustimmung des Landtages darf das Land durch Staatsverträge weder im ganzen, noch zum Teil oder sonstiges Staatseigentum veräussert, auf kein Staatshoheitsrecht verzichtet oder darüber irgendwie verfügt, ferner keine neuen Lasten auf das Fürstentum oder dessen Angehörige übernommen, endlich keinerlei Verpflichtungen zu Lasten des Landes oder seiner Angehörigen eingegangen werden.[40]

Art. 31.

Zur Gültigkeit eines Gesetzes ist ausser der Zustimmung des Landtages die Sanktion des Landesfürsten und die Verkündigung durch die Regierung im Landesgesetzblatt erforderlich.

Wenn nichts anderes im Gesetze selbst bestimmt wird, tritt es acht Tage nach seiner Verkündigung in Kraft.

Alle Gesetze und Verordnungen, ferner alle vom Landesfürsten oder einer Regentschaft ausgehenden Erlasse und Regierungsakte bedürfen zu ihrer Giltigkeit der Gegenzeichnung eines Regierungsmitgliedes, das dadurch die Verantwortung übernimmt.

Art. 32.

Ohne Mitwirkung und Zustimmung des Landtages dürfen keine Gesetze gegeben, abgeändert oder authentisch erklärt werden.[41]

In dringenden Fällen hat der Landesfürst durch die Regierung das zur Sicherstellung und Wohlfahrt des Staates Notwendige vorzukehren; jede solche Massregel bedingt aber die nachträgliche Zustimmung des Landtages; wird dieselbe verweigert, so ist die Anordnung aufzuheben.[42]

Art. 33.

Der Fürst hat das Recht der Begnadigung und Strafmilderung.

Er darf die bereits eingeleitete Untersuchung nur auf Grund der Strafprozessordnung niederschlagen.

---

38 Vgl. § 2 Abs. 2 Verfassung 1862.
39 Vgl. § 3 Verfassung 1862.
40 Vgl. § 23 Abs. 2 Verfassung 1862.
41 Vgl. § 24 Abs. 1 Verfassung 1862.
42 Vgl. dagegen § 24 Abs. 2 Verfassung 1862.

Zu Gunsten eines wegen seiner Amtshandlung verurteilten Regierungsmitgliedes darf die Begnadigung oder Strafmilderung nur auf Antrag des Landtages ausgeübt werden.

Art. 34.
Der Landesfürst bezieht für sich keine Zivilliste.[43]

V. Hauptstück
Vom Landtage

Art. 35.
Der Landtag ist das verfassungsmässige Organ der Gesamtheit der Landesangehörigen und hat die Interessen des Landes und Volkes nach den Bestimmungen dieser Verfassung wahrzunehmen.

Die auf ergangene gesetzliche Einberufung erfolgte Versammlung der Abgeordneten bildet das verfassungsmässige Organ des Landtages.

Art. 36.
Der Landtag zählt 20 Mitglieder.

Drei Mitglieder werden auf Vorschlag des Regierungskollegiums aus der wahlfähigen Bevölkerung des Fürstentums unter Berücksichtigung der beiden Landschaften und der Minderheiten vom Landesfürsten ernannt.[44]

Das Oberland als Wahlbezirk wählt 10 Abgeordnete und 3 Ersatzmänner, das Unterland 7 Abgeordnete und 2 Ersatzmänner.

Art. 37.
Die Wahlperiode (Amtsdauer) des Landtages beträgt 4 Jahre.

Wiederwahl, bezw. Wiederernennung eines ausgetretenen Abgeordneten ist zulässig.

Wenn ein vom Fürsten ernannter Abgeordneter mit Tod abgeht, die Wahlfähigkeit verliert oder dauernd verhindert ist, den Sitzungen beizuwohnen, so erfolgt auf Vorschlag der Regierung durch den Fürsten die Ernennung eines neuen Landtagsmitgliedes.[45]

Das Wahlgesetz trifft auf Grundlage der Verfassungsbestimmungen die näheren Ausführungen.

Art. 38.
Der Landesfürst beruft durch die Regierung den Landtag ein, schliesst ihn und hat das Recht, ihn auf zwei Monate zu vertagen oder aufzulösen.

Die Einberufung des Landtages hat auf Vorschlag von wenigstens fünf Abgeordneten oder von 400 Bürgern, deren Wahlfähigkeit durch die zuständige Ortsvorstehung bestätigt wird, innert einem Monat zu erfolgen, wenn sie in einer begründeten Eingabe an die Regierung verlangt wird.

Art. 39.
Die Einberufung des Landtages hat am Anfang eines jeden Jahres durch eine landesfürstliche Verordnung unter Bezeichnung des Tages, der Stunde und des Ortes der

---

43 Unter «Zivilliste» wird der jährliche Beitrag aus der Staatskasse für den Monarchen und dessen Familie verstanden.
44 Vgl. § 55 Satz 2 Verfassung 1862.
45 Vgl. § 100 Verfassung 1862.

Versammlung zu geschehen. Während des Jahres aber hat die Regierung den Landtag nach Bedarf, mindestens aber zu einer Frühlings- und Herbstsaison einzuberufen.

Nach erfolgter Auflösung des Landtages muss binnen einem Monat die Neuwahl angeordnet werden und es sind die gewählten Abgeordneten binnen zwei Monaten einzuberufen.

Nach Ablauf der Vertagungsfrist ist der Landtag binnen 14 Tagen einzuberufen.

Art. 40.

Bei eingetretenem Wechsel in der Person des Landesfürsten ist der Landtag innerhalb 30 Tagen einzuberufen.

Ist die Auflösung vorhergegangen, so sind die Wahlen so zu beschleunigen, dass die Einberufung auf den 60. Tag nach eingetretenem Wechsel erfolgen kann.

Art. 41.

Alle dem Landtage zukommenden Rechte können nur in der gesetzlich konstituierenden [!] Versammlung ausgeübt werden.

Der Landtag wählt nach gesetzmässiger Einberufung in der ersten Sitzung eines jeden Jahres unter der Leitung des Alterspräsidenten für das laufende Jahr und die Leitung seiner Geschäfte aus den vom Volke gewählten Abgeordneten den Landtagspräsidenten und seinen Stellvertreter mit absolutem Mehr.

Das jüngste Landtagsmitglied versieht bei der konstituierenden Sitzung die Stelle eines Schriftführers.

Mit relativem Mehr wählt er zwei Schriftführer zur Überwachung und Prüfung der von einem Angestellten der Regierungskanzlei verfassten Protokolle; in gleicher Weise werden Landtagskommissionen aus dem Landtage oder der Bevölkerung gewählt.

Art. 42.

Die Abgeordneten haben auf die ergangene Einberufung persönlich am Sitze der Regierung zu erscheinen.

Im Falle gesetzlicher Verhinderung hat das betreffende Mitglied die Anzeige an die Regierung rechtzeitig zu erstatten.

Ist das Erscheinungshindernis bleibend, so muss ein Stellvertreter einberufen werden.

Art. 43.

Der Landtag wird vom Landesfürsten in eigener Person oder durch ein bevollmächtigtes Regierungsmitglied in angemessener Feierlichkeit eröffnet.

Die neugewählten Mitglieder legitimieren sich durch ihre Wahlurkunden und legen dem Vorsitzenden folgenden Eid ab:

«Ich gelobe, die Staatsverfassung und die bestehenden Gesetze zu halten und in dem Landtage das Wohl des Vaterlandes ohne Nebenrücksichten nach meiner eigenen Überzeugung zu beobachten. So wahr mir Gott helfe.»[46]

Die erst nach der Eröffnung eintretenden Mitglieder haben nach ihrem Eintritt den Eid abzulegen.

Der Landtag wird vom Landesfürsten in eigener Person oder durch ein Regierungsmitglied geschlossen.[47]

---

46 Vgl. § 103 Abs. 2 Satz 1 Verfassung 1862.
47 Vgl. § 105 Verfassung 1862.

Art. 44.

Kein Mitglied des Landtages darf während der Dauer der Landtagssitzungen ohne Einwilligung des Landtages verhaftet werden, den Fall der Ergreifung auf frischer Tat ausgenommen.

In letzterem Falle ist dem Landtage mit Angabe des Grundes von der geschehenen Verhaftung unverzüglich Kenntnis zu geben und er hat über die Aufrechterhaltung der Haft zu entscheiden.[48]

Wird ein Landtagsmitglied die letzten sechs Wochen vor der Eröffnung des Landtages in Haft genommen, so ist dem Landesausschusse mit Angabe des Grundes ungesäumt Kenntnis zu geben.[49]

Die Mitglieder des Landtages stimmen einzig nach ihrem Eide und ihrer Überzeugung, und sie sind für ihre in den Sitzungen des Landtages oder seiner Kommissionen geäusserten Ansichten und Behauptungen nur dem Landtage verantwortlich und dürfen hiefür nicht gerichtlich belangt werden.

Art. 45.

Zur Giltigkeit der Landtagsverhandlungen ist die Anwesenheit von wenigstens zwei Dritteln der Mitglieder erforderlich und giltige Beschlüsse können mit relativem Mehr gefasst werden, soferne diese Verfassung nicht etwas anderes bestimmt.

Bei Stimmengleichheit entscheidet nach dreimaliger Abstimmung der Vorsitzende.

Art. 46.

Der Landtag entscheidet über die Giltigkeit der Wahlen seiner Mitglieder.

Die Sitzungen sind in der Regel öffentlich; ausnahmsweise können auf Beschluss geheime Sitzungen abgehalten werden.

Mitglieder der Regierung wohnen, wenn sie nicht zugleich Abgeordnete sind, den Landtagssitzungen mit beratender Stimme bei.

Der Landtag gibt sich unter Rücksicht auf die Bestimmungen dieser Verfassung für die Behandlung der Gegenstände die Geschäftsordnung selbst.

Art. 47.

Die Abgeordneten erhalten für ihre Teilnahme in Landtags- u. Kommissionssitzungen die durch das Gesetz bestimmten Taggelder.[50]

Art. 48.

Die Wirksamkeit des Landtages hat sich vorzugsweise auf folgende Gegenstände zu erstrecken:
a) Die verfassungsmässige Mitwirkung bei der Gesetzgebung;
b) die Abschliessung von Verträgen mit fremden Staaten und kirchlichen Behörden;
c) die Bestimmung des jährlichen Voranschlages und auf die Bewilligung von Steuern und anderen öffentlichen Abgaben;
d) die Beschlussfassung über Kredite, Bürgschaften und Anleihen im Namen des Landes, und über Verkauf von Staatsgütern;
e) die Beschlussfassung über den jährlich von der Regierung über die gesamte Staatsverwaltung zu erstattenden Rechenschaftsbericht;

---

48 Vgl. § 107 Verfassung 1862.
49 Vgl. § 108 Verfassung 1862.
50 Vgl. § 109 Verfassung 1862.

f) das Recht der Anträge und Beschwerden bezüglich der Staatsverwaltung überhaupt, sowie auf einzelne Zweige; endlich auf das Recht des Antrages auf Anklage wegen Verfassungs- und Gesetzesverletzung der verantwortlichen Staatsdiener vor dem Staatsgerichtshof.[51]

Der Landtag wirkt ferner bei Errichtung oder Aufhebung öffentlicher Anstellungen, die nicht durch Verfassung oder Gesetze vorgesehen sind, mit und nimmt die ihm obliegenden Wahlen vor.

Art. 49.

Der Landtag hat die Befugnis behufs Information, Kommissionen zur Untersuchung von Tatsachen zu bestellen.

Dem Landtag steht ein auf das ganze Gebiet der Verwaltung sich ersteckendes Kontrollrecht zu und er kann zur Ausübung dieses Rechtes Untersuchungskommissionen bestellen und ausserdem Petitionen oder Beschwerden an den Landesfürsten richten.

Die Landtagsmitglieder sind befugt, die Regierungsvertreter zu interpellieren und letztere haben zu antworten.

Der Landtag kann gegen die Regierung Resolutionen fassen oder an den Landesfürsten Adressen richten.

Art. 50.

Das Vorschlagsrecht (Initiative) steht dem Landtage und dem Landesfürsten zu.[52]

Ebenso können vierhundert Bürger, deren Wahlfähigkeit durch die zuständigen Ortsvorstehungen ihres Wohnsitzes bestätigt ist, einen Gesetzesvorschlag im Landtage einbringen und es muss diese Initiative im nächsten Landtage behandelt werden.

Die Gesetzgebung kann hierüber nähere Vorschriften aufstellen.

Art. 51.

Ohne Bewilligung des Landtages darf keine direkte oder indirekte Steuer, noch irgend eine sonstige Landesabgabe oder allgemeine Leistung, welchen Namen sie haben möge, ausgeschrieben oder erhoben werden.

Die erteilte Bewilligung ist beim Steuerausschreiben ausdrücklich zu erlassen.[53]

Auch die Art der Umlage und Verteilung aller öffentlichen Abgaben und Leistungen auf Personen und Gegenstände, sowie die Erhebungsweise erfordern die Zustimmung des Landtages.

Die Steuern- und Abgabenbewilligung erfolgt für ein Verwaltungsjahr.

Art. 52.

Hinsichtlich der Landesfinanzverwaltung ist dem Landtage im Herbste für das nächstfolgende Verwaltungsjahr ein Voranschlag über sämtliche Einnahmen und Ausgaben mit möglichster Vollständigkeit zur Prüfung vorzulegen, womit der Antrag auf die zu erhebenden Leistungen zu verbinden ist.

Für das abgelaufene Finanzjahr ist ihm in jedem Frühjahr eine gedruckte Rechnung nebst Bericht über die nach Massgabe des Voranschlages geschehene Verwendung der

---

51 Vgl. § 40 Verfassung 1862.
52 Vgl. § 41 Satz 1 Verfassung 1862.
53 Vgl. § 43 Abs. 1 Verfassung 1862. Art. 51 Abs. 2 des Entwurfes muss richtigerweise wohl heissen: «Die erteilte Bewilligung ist beim Steuerausschreiben ausdrücklich zu erwähnen.»

bewilligten und erhobenen Ausgaben, bezw. Einnahmen von der Regierung mitzuteilen, vorbehaltlich der nachträglichen Genehmigung der gerechtfertigten und der Verantwortlichkeit der Regierung bei nicht gerechtfertigten Überschreitungen.[54]

Vom Landesausschusse

Art. 53.

Solange der Landtag nicht versammelt ist, besteht als sein Stellvertreter ein Ausschuss für diejenigen Geschäfte, die der Mitwirkung bedürfen.[55]

Durch den Bestand des Landesausschusses dürfen die Bestimmungen betreffend die Einberufung des Landtages nicht umgangen werden (Art. 39).

Art. 54.

Der Landesausschuss besteht aus dem Präsidenten und zwei mit relativem Mehr gewählten Landtagsmitgliedern, von denen das eine der obern Landschaft und das andere dem Unterlande anzugehören hat.

In Verhinderung des Präsidenten tritt der Vizepräsident in dessen Verrichtungen ein und die beiden Ausschussmitglieder werden in einem solchen Falle ebenfalls durch Stellvertreter ersetzt.[56]

Die Ausschussmitglieder und deren Stellvertreter werden von sämtlichen Abgeordneten aus ihrer Mitte gewählt.[57] Die Wahlen finden am Schlusse der ersten Tagung eines jeden Jahres für die Dauer des laufenden Jahres statt. Wiederwahl ist zulässig.

Art. 55.

Bei Auflösung eines jeden Landtages muss, soferne der Ausschuss nicht schon gewählt ist, ein solcher gewählt werden.

Zu dieser Wahl muss die Versammlung jedesmal sofort auch nach der Auflösung schreiten.

Sollten ausserordentliche Umstände es ihm unmöglich machen, diese Wahlsitzung noch zu halten, so haben die bisherigen Mitglieder oder deren Stellvertreter die Geschäfte zu führen.

Art. 56.

Der Ausschuss ist berechtigt und verpflichtet:
a) darauf zu achten, dass die Verfassung aufrecht erhalten, die Landtagserledigungen vollzogen und der Landtag bei vorausgegangener Auflösung oder Vertagung rechtzeitig wieder einberufen werde;
b) die Landeskassenrechnung zu prüfen und die gedruckte Rechnung nebst Bericht zur Behandlung und Beschlussfassung an den Landtag zu leiten;
c) die auf die Landeskasse unter Bezug auf einen vorausgegangenen Landtagsbeschluss auszustellenden Schuld- und Hypothekenverschreibungen mit zu unterzeichnen;

---

54 Vgl. § 45 Verfassung 1862.
55 Vgl. § 110 Verfassung 1862.
56 Vgl. § 111 Verfassung 1862.
57 Vgl. § 112 Verfassung 1862.

d) die vom Landtag erhaltenen speziellen Aufträge zur Vorbereitung künftiger Landtagsverhandlungen in die Hände zu nehmen;
e) in dringenden Fällen Anzeige an den Landesfürsten zu erstatten und bei Bedrohung und Verletzung verfassungsmässiger Rechte, Vorstellungen, Verwahrungen u. Beschwerden zu erheben.[58]

Der Ausschuss kann keine bleibende Verbindlichkeit für das Land eingehen und ist dem Landtage für seine Geschäftsführung verantwortlich.[59]

Art. 57.

Der Ausschuss hat sich zur Besorgung der ihm obliegenden Geschäfte alljährlich nach Ermessen des Präsidenten am Sitze der Regierung zu versammeln.

Zur Giltigkeit der Beschlüsse ist dessen Vollzähligkeit und das absolute Mehr erforderlich.[60]

Art. 58.

Die Verrichtungen des Ausschusses hören mit der Eröffnung des nächsten Landtages auf und werden nach einer blossen Vertagung derselben wieder fortgesetzt.[61]

Die Mitglieder des Ausschusses beziehen für ihre Sitzungen die nämlichen Taggelder wie die Landtagsabgeordneten.[62]

VI. Hauptstück
Von den Behörden

a) Die Regierung

Art. 59.

Die Staatsgewalt wird gemäss den Bestimmungen dieser Verfassung durch die Regierung ausgeübt, die dem Landesfürsten und dem Landtage verantwortlich ist.

Art. 60.

Die Regierung besteht aus dem Landammann[63] als Vorsitzenden, zwei Regierungsräten und dem Landschreiber.

Einer der beiden Regierungsräte wird vom Regierungskollegium als Stellvertreter des Landammanns bestimmt, für die beiden Regierungsräte sind Stellvertreter zu wählen.

Der Landammann wird auf Vorschlag des Landtages vom Landesfürsten ernannt, die beiden Regierungsräte und ihre Stellvertreter werden vom Landtage aus der wahlfähigen Bevölkerung des Fürstentums gewählt.

Alle Regierungsmitglieder sind aus Landesbürgern zu bestellen; je ein Regierungsrat und sein Stellvertreter ist zudem von[64] der wahlfähigen Bevölkerung des Oberlandes bezw. des Unterlandes mit absolutem Mehr in geheimer Abstimmung zu wählen.

---

58 Vgl. § 113 Verfassung 1862.
59 Vgl. § 114 Verfassung 1862.
60 Vgl. § 116 Verfassung 1862.
61 Vgl. § 117 Verfassung 1862.
62 Vgl. § 118 Verfassung 1862.
63 Zum Titel «Landammann» vgl. Art. 86 Verfassung St. Gallen 1890.
64 Gemeint ist wohl «aus», da die beiden Regierungsräte vom Landtag gewählt werden sollten.

Art. 61.

Die regelmässige Amtsdauer der Regierung läuft mit der des Landtages und beträgt vier Jahre.

Der neugewählte Landtag hat jedesmal in seiner ersten Sitzung dem Landesfürsten den Vorschlag auf Bestätigung, bezw. Wiederbestätigung des Landammanns unterbreiten zu lassen und die Wahl, bezw. Wiederwahl der Regierungsräte vorzunehmen.

Art. 62.

Es wird parlamentarisch regiert und es hat daher ein Regierungsmitglied von seiner Stelle zurückzutreten, wenn es das Vertrauen der Volksvertretung nicht mehr besitzt.

Bei einem solchen Rücktritt hat die abtretende Regierung solange weiter zu amtieren, bis die neue Regierung bestellt ist.

Art. 63.

Alle wichtigeren Regierungsgeschäfte, insbesonders auch die Verwaltungsstreitsachen sind kollegial zu beraten und zu beschliessen.

Die Regierung hat nach Bedarf des Landammanns, mindestens aber wöchentlich einmal Sitzung zu halten und sie hat überhaupt auf möglichste Beschleunigung der Geschäftserledigung zu dringen.

Zu giltiger Verhandlung ist die Anwesenheit von drei Mitgliedern und zu giltigen Beschlüssen die Mehrheit erforderlich.

Der Landschreiber führt in den Regierungssitzungen das Protokoll.

Art. 64.

Im Fall der Verhinderung des Landammanns, seiner Abwesenheit oder wenn er wegen Verwandtschaft und anderer durch das Gesetz bestimmter Gründe in Ausstand treten muss, hat sein Stellvertreter zu amtieren.

Die gleiche Bestimmung findet auf die Regierungsräte entsprechende Anwendung. Ist auch der Landammann-Stellvertreter verhindert, so hat ein anderes Regierungsmitglied die Geschäfte zu leiten.

Art. 65.

Der Landammann bezw. der Stellvertreter führt den Vorsitz in der Regierung.

Er unterzeichnet die von der Regierung ausgehenden Aktenstücke, verteilt allenfalls Regierungsgeschäfte zur Vorbereitung unter die Regierungsräte, und besorgt die laufenden Angelegenheiten, welche an sich minderwichtig sind oder bloss vorbereitender Natur sind, wie Abverlangung von Beweisen, Einholung von Berichten u. a. unter Vorbehalt der endgiltigen Anordnungen durch das Regierungskollegium.

Der Landammann, bezw. sein Stellvertreter hat über jene Gegenstände, welche der landesherrlichen Verfügung zu unterstellen sind, ferner in wichtigen Angelegenheiten dem Landesfürsten direkt und unmittelbar Vortrag zu halten und zu berichten.

Art. 66.

Die Regierung hat alle Gesetze und rechtlich zulässigen Aufträge des Landesfürsten oder Landtages zu vollziehen.

Verordnungen jeder Art dürfen im Rahmen der Gesetze nur vom Regierungskollegium erlassen werden und nie dürfen Massregeln zum Vollzuge eines Gesetzes andere oder neue Bestimmungen zur Hauptsache enthalten.

Die gesamte Landesverwaltung überhaupt wie das freie Ermessen aller Verwaltungsbehörden hat sich innert den Schranken der Verfassung und Gesetze zu bewegen und es dürfen die Verwaltungsbehörden insbesondere niemals einer gesetzlichen Bestimmung zuwider handeln und in die Freiheit der Bürger und deren Eigentum nur insoweit eingreifen, als die Gesetze dieses zulassen.

Art. 67.

Die Regierung besorgt die gesamte Landesverwaltung direkt oder durch untergeordnete Behörden.

Sie ist die oberste Verwaltungs- und Vollzugsbehörde und in ihren Wirkungskreis fällt insbesondere:

a) Die Aufsicht und Leitung über alle untergeordneten Behörden, Beamten und Angestellten nach Vorschrift der Gesetze mit Ausnahme der Beschwerde- und Gerichtsinstanzen;
b) sie lässt durch ein Mitglied die neu ernannten Beamten und Angestellten beeiden, erteilt Urlaub und übt das Disziplinarrecht über die ihr unterstellten Beamten und Angestellten aus;
c) ihr untersteht die Zuweisung des für das Regierungsamt und die übrigen Behörden nötigen Dienerpersonals;
d) sie überwacht die Gefängnisse und sorgt für die richtige Verpflegung u. Beaufsichtigung der Sträflinge;
e) sie besorgt die Verwaltung der landschäftlichen Gebäude;
f) sie überwacht den gesetzmässigen und ununterbrochenen Geschäftsgang des Landgerichtes und ist verpflichtet, wahrgenommene Vorschriftswidrigkeiten oder einlangende Beschwerden der Parteien unverzüglich dem Berufungsgerichte zur Anzeige zu bringen;
g) sie hat alljährlich über ihre Amtstätigkeit einen Amtsbericht zu erstatten.

Die Regierung kann einzelne Geschäfte (z.B. Landwirtschaft) unter Vorbehalt ihrer Verantwortlichkeit zur Behandlung an ein Regierungsmitglied übertragen; Entscheide gehen aber immer vom Regierungskollegium aus.

Art. 68.

Die Regierung entwirft Vorschläge zu Gesetzen und begutachtet jene, die ihr vom Landtage überwiesen werden.

Sie gibt dem Landtage im Frühling genauen Nachweis über Einnahmen und Ausgaben des Landes im abgelaufenen Verwaltungsjahre und legt ihm jeweils im Herbste einen Voranschlag über Einnahmen und Ausgaben im nächsten Verwaltungsjahre vor.

Die Regierung darf über unvorhergesehene, im Voranschlage nicht aufgenommene *dringende* Ausgaben verfügen, unter Vorbehalt der Verantwortung; sie hat über die Notwendigkeit dieser Ausgaben in der nächsten Landtagssitzung und deren entsprechende Verwendung zu berichten und Genehmigung einzuholen.

Ersparnisse in einzelnen Staatspositionen dürfen nie zur Deckung des Mehraufwandes in anderen Positionen verwendet werden.

Art. 69.

Die Gesetzgebung regelt im übrigen auf Grund der Verfassung die Kompetenzen der Regierung, des Landammanns und seines Stellvertreters, der einzelnen Regierungsräte und ihrer Stellvertreter, trifft die näheren Bestimmungen über Ausstand, die Geschäftsbehandlung und das Verfahren und über das Gehalt, bezw. die Entschädigungen.

b) Die Verwaltungsbeschwerdeinstanz
Art. 70.

Die Verwaltungsbeschwerdeinstanz hat ihren Sitz in Vaduz.

Sie besteht aus einem von der Regierung bestimmten rechtskundigen Vorsitzenden und zwei vom Landtage aus der wahlfähigen Bevölkerung gewählten Rekursrichtern nebst zwei Stellvertretern.

Die Amtsdauer ist die gleiche wie die Legislaturperiode des Landtages. Wiederernennung bezw. Wiederwahl ist zulässig.

Die Beschwerdeinstanz entscheidet über alle gegen die Entscheide der Regierung ergriffenen Beschwerden entgiltig.

Das Gesetz trifft die näheren Bestimmungen über die Garantien richterlicher Unabhängigkeit, das Verfahren, den Ausstand der Mitglieder, die Organisation, über die Gebühren der Parteien u. die Entschädigungen der Rekursrichter.

c) Rechtspflege und Rechtspflegebehörden
Art. 71.

Die Gerichtsbarkeit wird im Auftrage des Landesfürsten durch verpflichtete Richter ausgeübt.[65]

Die Gerichte sind innerhalb der Grenzen ihrer gesetzlichen Wirksamkeit und im gerichtlichen Verfahren unabhängig von aller Einwirkung der Regierung.[66]

Sämtliche Gerichte haben ihren Entscheiden und Urteilen Gründe beizufügen.[67]

Der Fiskus und die fürstlichen Domänenbehörden haben vor den ordentlichen Gerichten Recht zu nehmen und zu geben.[68]

Art. 72.

Neben den ordentlichen Gerichten sind auch Schiedsgerichte zur Ausübung richterlicher Funktionen in Zivilsachen nach Massgabe der Zivilprozessordnung zulässig.[69]

Nach Massgabe der gesetzlichen Bestimmungen sind bürgerliche Rechtsstreite und Ehrenbeleidigungssachen vor der gerichtlichen Anhängigmachung beim zuständigen Vermittleramte zwecks Vergleich oder Sühne zu verhandeln.

Art. 73.

Alle Gerichte müssen ihren Amtssitz in Vaduz haben.

Eine Ausnahme ist nur mit Zustimmung des Landtages hinsichtl. des Obersten Gerichtshofes zulässig.

Art. 74.

Die Gerichtsbarkeit in bürgerlichen Rechtssachen wird durch das Landgericht, das Berufungsgericht und den Obersten Gerichtshof ausgeübt.

In erster Instanz ist zur Ausübung dieser Gerichtsbarkeit das Landgericht berufen.

Der Rechtszug gegen Urteile und Beschlüsse das Landgerichts (Berufung und Rekurs) geht in zweiter Instanz an das Berufungsgericht.

---

65   Vgl. § 33 Verfassung 1862.
66   Vgl. § 34 Verfassung 1862.
67   Vgl. § 37 Verfassung 1862.
68   Vgl. § 35 Verfassung 1862.
69   Vgl. § 36 Verfassung 1862.

In dritter Instanz hat über das Rechtsmittel gegen Urteile und Beschlüsse das Landgerichtes (Revision und Rekurs) der Oberste Gerichtshof zu entscheiden.

Art. 75.

Beim Landgerichte wird die Gerichtsbarkeit in bürgerlichen Rechtssachen durch einen oder mehrere Einzelrichter ausgeübt; beim Berufungsgericht durch ein Kollegium, das aus einem auf Vorschlag der Regierung vom Landesfürsten ernannten rechtskundigen Vorsitzenden und zwei aus der wahlfähigen Bevölkerung vom Landtage auf die Dauer von vier Jahren gewählten Berufungsrichtern nebst vier Ersatzmännern besteht.

Beim Obersten Gerichthof wird die Gerichtsbarkeit in bürgerlichen Rechtssachen durch einen Senat von fünf Richtern ausgeübt.

Art. 76.

Die Gerichtsbarkeit in Strafsachen beruht auf dem Anklageprinzip und wird nach näheren gesetzlichen Bestimmungen in erster Instanz vom Landgerichte, vom Schöffengerichte und vom Kriminalgerichte ausgeübt.

Über Urteile und Beschlüsse der Strafgerichte erster Instanz geht der Rechtszug an das Berufungsgericht in Vaduz, das in gleicher Weise, wie das Berufungsgericht in bürgerlichen Rechtssachen zusammengesetzt ist.

Der Oberste Gerichtshof beurteilt angefochtene Urteile und Beschlüsse der Gerichte erster Instanz und [!] dritter und letzter Instanz.

Art. 77.

Die Gesetzgebung regelt im übrigen die Organisation der Gerichte, die Ausstandspflicht der Richter, deren Entschädigung, das Verfahren, die Aufgaben der Gerichte und die von den Parteien zu bezahlenden Gebühren.

Wenn die Parteien es verlangen oder das Gericht es für angezeigt erachtet, hat vor den Berufungsgerichten über angefochtene Urteile eine mündliche Verhandlung stattzufinden.

Art. 78.

Das Berufungsgericht führt die Oberaufsicht über die Justizpflege, übt dem Landrichter gegenüber die Disziplinargewalt aus und erteilt diesem Urlaub.

d) Der Staatsgerichtshof
Art. 79.

Der Staatsgerichtshof beurteilt positive und negative Kompetenzkonflikte zwischen Gerichten und Verwaltungsbehörden.

Er beurteilt ferner staatsrechtliche Beschwerden über Verletzung verfassungsmässig garantierter Rechte der Bürger (Art. 14 bis 28), Gemeinden und Korporationen, die Verantwortlichkeit der Regierungsmitglieder und Beamten; allenfalls Anklagen des Landtagsvertreters gegen die Regierung.

Der Staatsgerichtshof besteht aus dem Berufungsgerichte und den zwei Rekursrichtern der Beschwerdeinstanz.

Die Ersatzrichter des Berufungsgerichtes und der Beschwerdeinstanz sind zugleich Ersatzrichter des Staatsgerichtshofes. Den Vorsitz führt der Vorsitzende des Berufungsgerichtes.

Die Gesetzgebung trifft die erforderlichen Ausführungsbestimmungen, insbesondere auch über die richterliche Unabhängigkeit.

e) Allgemeine Bestimmungen
Art. 80.

Für die Anstellung im liechtensteinischen Staatsdienste ist das Staatsbürgerrecht erforderlich.

Ausnahmen sind nur mit Zustimmung des Landtages zulässig.

Die näheren Bestimmungen über die Rechte und Pflichten der Beamten und Angestellten, über ihre Verantwortlichkeit, über das Disziplinarrecht trifft die Gesetzgebung.

Die Organisation der Behörden kann gemäss der Verfassung nur im Wege der Gesetzgebung erfolgen.

Art. 81.

Dem Landtage bleibt ausser den bereits angeführten Befugnissen auch jederzeit unbenommen in Beziehung auf Mängel und Missbräuche, die sich in der Landesverwaltung oder Rechtspflege ergeben, oder die aus an ihn gerichteten Vorstellungen, Petitionen und Beschwerden von Einzelnen oder Korporationen hervorgehen, Vorstellungen und Beschwerden direkt an den Landesfürsten zu bringen und auch deren Abstellung anzutragen.

Dahin gehören auch die Beschwerden gegen Staatsdiener wegen Verletzung der Verfassung, Veruntreuung öffentlicher Gelder, Erpressung, Bestechung oder gröbliche Hintansetzung ihrer Amtspflichten, die der Landtag unmittelbar an den Landesfürsten bringen kann.

In diesem Falle wird die erfolgte Abstellung der Beschwerden, oder das Ergebnis der Untersuchung dem Landtage oder dem Ausschuss eröffnet werden.

Vorbehalten bleiben die zivile, strafrechtliche und staatsrechtliche Verantwortlichkeit und ihre Geltendmachung nach der Verfassung und den Gesetzen.

VII. Hauptstück
Vom Gemeindewesen

Art. 82.

Über Bestand, Organisation und Aufgaben der Gemeinden im eigenen und übertragenen Wirkungskreis bestimmen die Gemeindegesetze.

Die Gemeindegesetze beruhen insbesondere auf folgender Grundlage:
a) freie Wahl der Ortsvorsteher und anderer Gemeindeorgane durch die Gemeindeversammlung;
b) selbständige Verwaltung des Gemeindevermögens und der Ortspolizei unter Aufsicht der Landesregierung;
c) Behandlung und Ordnung des Armenwesens;
d) Recht der Gemeinde zur Bürgeraufnahme und Freiheit der Niederlassung der Landesangehörigen in jeder Gemeinde.[70]

---

70 Vgl. § 22 Verfassung 1862.

VIII. Hauptstück
Verfassungsgewähr und Schlussbestimmungen

Art. 83.

Die gegenwärtige Verfassungsurkunde ist nach ihrer Verkündigung als Landesgrundgesetz für alle Einwohner verbindlich.[71]

Anträge auf Abänderungen oder Erläuterungen dieses Grundgesetzes, welche sowohl von der Regierung, als auch vom Landtage gestellt werden können, erfordern auf Seite des Letztern Stimmeneinhelligkeit der auf dem Landtage anwesenden Mitglieder, oder eine auf zwei nacheinander folgenden Landtagssitzungen sich aussprechende Stimmenmehrheit von drei Vierteln derselben.[72]

Art. 84.

Jeder Thronfolger wird noch von Entgegennahme der Erbhuldigung unter Bezug auf fürstliche Ehren und Würden in einer schriftlichen Urkunde an Eidesstatt aussprechen, dass er das Fürstentum Liechtenstein in Gemässheit der Verfassung und den Gesetzen regieren und seine Integrität erhalten werde.[73]

Art. 85.

Alle Staatsdiener, Beamten und Ortsvorsteher schwören beim Dienstantritte folgenden Eid:

«Ich schwöre Treue dem Landesfürsten, Gehorsam den Gesetzen und Beobachtung der Landesverfassung.»

Sie sind alle ohne Ausnahme für die genaue Einhaltung der Verfassung in ihrem Wirkungskreis verantwortlich.[74]

Art. 86.

Alle Gesetze, Verordnungen und Gewohnheiten, die mit einer Bestimmung dieser Verfassung ausdrücklich oder ihrem Sinne nach im Widerspruche stehen, sind hiedurch aufgehoben.

Die bestehenden Gesetze und Verordnungen, welche mit dem Inkrafttreten der Verfassung teilweise aufgehoben werden, sind ehestens zu revidieren.

Die in der Verfassung vorgesehenen Gesetze sind mit tunlichster Beförderung von der Regierung zu entwerfen und verfassungsmässig zu behandeln und zu erlassen.

Art. 87.

Auf Grund dieser Verfassung hat die Neuwahl des Landtages und der Regierung stattzufinden.[75]

---

71 Vgl. § 119 Verfassung 1862.
72 Vgl. § 121 Abs. 2 Satz 1 Verfassung 1862.
73 Vgl. § 123 Verfassung 1862.
74 Vgl. § 124 Abs. 1-3 Verfassung 1862.
75 Die «Oberrheinischen Nachrichten» kündigten für die nächsten Nummern eine Stellungnahme zum Verfassungsentwurf an (O.N., Nr. 52, 30.6.1920, S. 2 («Verfassungsentwurf»)). Der Entwurf sei durch die Zeitumstände und neu auftauchenden Volksforderungen zum Teil überholt. Manche Bestimmung müsse demokratischer ausgestaltet werden. «Wenn das die fstl. Ratgeber doch einsehen möchten.» Eine eigentliche Kommentierung des Entwurfes unterblieb jedoch in der Folge. Vgl. jedoch die im «Liechtensteiner Volksblatt» und in den «Oberrheinischen Nachrichten» ausgetragene «Zeitungsfehde» zwischen Prinz Eduard von Liechtenstein und Wilhelm Beck vom Juli und August 1920.

Dok. 103
Die Christlich-soziale Volkspartei veröffentlicht ein Parteiprogramm

Veröffentlichung in den «Oberrheinischen Nachrichten»[1]

18.1.1919

Programm der christl.-sozialen Volkspartei Liechtensteins
Motto: *«Recht und Gnade sind erhabene Gegenstände; aber sie scheinen einander zu fliehen; denn wo das Recht ist, will es keine Gnade dulden und wo die Gnade waltet, da ist das Recht verwirkt.»* (Peter Kaiser)

Die christlich-soziale Volkspartei steht auf dem Boden einer nationalen, volkstümlichen Politik, die sachlich und nicht persönlich, nicht kleinlich sein soll und auf geschichtlicher und religiöser Grundlage beruht.

I. Verfassungspolitik[2]
1. Die Volkspartei steht uneingeschränkt zur *demokratischen Monarchie auf parlamentarischer Grundlage*, im Sinne der Worte: «Die Demokratie im Rahmen der Monarchie»: sie strebt ein Volksfürstentum als ein selbständiges Glied des Völkerbundes an.[3]
2. Sie verlangt demnach einen demokratischen Ausbau der Verfassung, *durch die alle Teile der Bevölkerung in gerechtem Verhältnisse* zur Gesetzgebung, Verwaltung und Rechtsprechung herangezogen werden.
   Alle Berufs-, Standes- und Klassenvorrechte sollen ausgeschaltet sein, vorbehaltlich der Vorrechte des Monarchen. Klassenherrschaft und Parteidiktatur wird bekämpft.
3. Die Partei fordert die *Herabsetzung des Wahl- und Grossjährigkeitsalters*[4] auf das erfüllte 21. Jahr und besteht auf der Einschränkung der Wahlunfähigkeit infolge strafrechtlicher Verurteilung.
   Sie verlangt überhaupt *den Ausbau der Volksrechte*, insbesondere der Pressfreiheit, des freien Vereins- und Versammlungsrechtes, Schutz der Inländer im Auslande.
4. Die Partei verlangt Aufhebung des Institutes der fürstlichen Abgeordneten[5] oder

---

1   O.N., Nr. 3, 18.1.1919, S. 1-2. Vgl. im Gegensatz dazu das Parteiprogramm der Fortschrittlichen Bürgerpartei in: L.Vo., Nr. 4.1.1919, S. 1. («Die Fortschrittliche Bürgerpartei und ihr Programm»).
2   Vgl. den Verfassungsentwurf von Wilhelm Beck in: O.N., Nr. 47, 12.6.1920, S. 1 («Zur Verfassungsrevision», «Verfassungs-Entwurf des Fürstentums Liechtenstein»); O.N., Nr. 48, 16.6.1920, S. 1; O.N., Nr. 49, 19.6.1920, S. 1; O.N., Nr. 50, 23.6.1920, S. 1-2; O.N., Nr. 51, 26.6.1920, S. 1 und O.N., Nr. 52, 30.6.1920, S. 2.
3   Vgl. in diesem Zusammenhang das Aufnahmeersuchen der liechtensteinischen Regierung an den Völkerbund vom 14.7.1920 (LI LA V 002/0162/02). Dieses wurde jedoch abgelehnt (Bericht des liechtensteinischen Geschäftsträgers in Bern, Emil Beck, an die liechtensteinische Gesandtschaft in Wien vom 20.12.1920 (LI LA V 003/0124)).
4   In der Volksabstimmung vom 2.3.1919 wurde die Herabsetzung der Grossjährigkeit von 24 auf 21 Jahre mit 712 Ja- gegen 863 Nein-Stimmen abgelehnt – in diesem Sinne noch Art. 2 der Landtagswahlordnung vom 27.12.1921, LGBl. 1922 Nr. 2. Vgl. dagegen das Protokoll der öffentlichen Landtagssitzung vom 10.8.1922 zum Gesetzentwurf betreffend die Ausübung der politischen Volksrechte in Landesangelegenheiten (LI LA LTA 1922/S04).
5   3 der 15 Landtagsabgeordneten wurden nach § 55 der liechtensteinischen Verfassung vom 26.9.1862 (in der Fassung von § 1 Satz 2 der Landtagswahlordnung vom 21.1.1918, LGBl. 1918 Nr. 4) vom Fürsten ernannt.

dann entsprechende *Erhöhung der Zahl der Volksabgeordneten*;[6] rechtzeitige Zustellung des Landtagsprogrammes; Einberufung der Volksvertretung nach Bedarf, mindestens aber im Frühling und Herbst; Veröffentlichung der Landesrechnung; Redefreiheit im Landtag; keine fürstliche Bestätigung des Präsidenten und Vizepräsidenten des Landtages mehr. Landtagspräsident darf nur ein vom Volke gewählter Abgeordneter sein.

Der Landtag ist auch auf *Vorschlag* von mindestens 400 Stimmberechtigten einzuberufen. Die gleiche Anzahl von Stimmberechtigten soll ein Initiativrecht zu Verhandlungsgegenständen im Landtage haben.

Wichtigere Gesetze sollen vor der fürstlichen Sanktion zur *Volksabstimmung* gebracht werden und das Volk soll statt des Landtages die Behörden wählen können.

5. Die Gesetzgebung soll *unsern Verhältnissen angepasst und volkstümlich* ausgestaltet werden. Ältere Gesetze und Verordnungen sind modern auszugestalten. *Keine blinde Aufnahme fremder Gesetze ohne Anpassung.*

6. Ausschaltung aller *Zwischenmauern* zwischen Fürst und Volk; Verlangen, dass ein direkter und unmittelbarer Verkehr der Landesbehörden ohne Zwischenbehörde (Hofkanzlei) stattfinden kann.

7. Nach dem Grundsatze: Liechtenstein den Liechtensteinern![7] besteht die Volkspartei auf der *Selbständigkeit und Unabhängigkeit* des Landes; sie bekämpft daher energisch *den ausländischen Einfluss*, verlangt, dass die Beamtenstellen ohne Zustimmung der Volksvertretung mit Ausländern nicht besetzt werden dürfen; sie besteht darauf, dass alle Behörden ihren Sitz im Lande haben und das Land im Auslande, wenn möglich, durch Liechtensteiner vertreten wird.

Die Volkspartei verlangt gemäss dem Satze: «Freie Bahn jedem Tüchtigen!», dass jedem Liechtensteiner die Möglichkeit, eine Staatsstelle zu erlangen, offen steht: sie huldigt dem Satze, *dass die Beamten des Volkes wegen und nicht das Volk der Beamten wegen* da ist und bekämpft demnach jeden volksfremden Bureaukratismus. Die Partei fordert Abberufungsrecht des Landtages gegen unpraktische oder unfähige Beamte.

Die Verantwortlichkeit aller Beamten ist durch ein Gesetz festzulegen.

Die Volkspartei verlangt, dass die Beamten bezw. Angestellten für ihre Tätigkeit einheitlich bezahlt und dass die Gewohnheit, sie für manche Tätigkeiten noch besonders zu entschädigen, abgeschafft werde.

8. Die Regierung hat aus *Landesbürgern* zu bestehen. Der Vorsitzende als Landammann soll vom Landtage vorgeschlagen und vom Fürsten bestätigt, die beiden Regierungsräte und ihre Stellvertreter vom Landtage gewählt werden.

Die Volkspartei verlangt eine *parlamentarische, das Vertrauen des Landtages* besitzende Regierung, die zurückzutreten hat, wenn sie dieses Vertrauen nicht mehr besitzt.

Das Regierungskollegium hat allwöchentlich mindestens eine Sitzung abzuhalten, wobei der *Landschreiber das Protokoll führt*. Der Landammann ist nur das Vollzugs-

---

6 Vgl. dazu etwa einen diesbezüglichen Artikel in: O.N., Nr. 10, 19.2.1919, S. 1 f. («Mehr Volksabgeordnete!»). In der Volksabstimmung vom 2.3.1919 wurde die von der Christlich-sozialen Volkspartei propagierte Erhöhung der Zahl der Volksabgeordneten von 12 auf 17 mit 711 Ja- gegen 863 Nein-Stimmen verworfen.

7 Vgl. die spätere Kontroverse zur Bestellung des österreichischen Juristen Josef Peer zum liechtensteinischen Landesverweser («Landesverweserfrage»), z.B. in: O.N., Nr. 28, 7.4.1920, S. 1 («Liechtenstein – den fremden Beamten!»).

organ des Regierungskollegiums. Der Landschreiber darf nicht als Stellvertreter des Landammanns fungieren und hat kein Stimmrecht.

Die Verwaltungs-Beschwerde-Instanz und die Gerichte sind mehrheitlich durch Wahl aus *Landesbürgern* zu bestellen. Vor den Berufungsgerichten ist mündlich zu verhandeln.[8]

Die Partei verlangt einen *Staatsgerichtshof*[9] zum Schutze der verfassungsmässigen Rechte der Bürger, zur Entscheidung von Zuständigkeitskonflikten zwischen Gerichten und Verwaltungsbehörden und zur Beurteilung der Verantwortlichkeit der Regierungsmitglieder und sonstiger Staatsangestellter.

9. Die Partei fordert den *modernen Ausbau* aller Verwaltungsvorschriften, sie verlangt ein neuzeitliches *Verwaltungsrechtspflege-Verfahren*[10] mit geordnetem Instanzenzuge. In Zollstrafsachen ist das Verfahren im *Inland* durchzuführen. Keine ausländische Zollhaft mehr.[11]

Die Partei fordert ein *modernes*, unsern Verhältnissen *angepasstes Strafrecht*, das auf die Jugend mehr Rücksicht nimmt und neben den Strafen *sichernde Massnahmen* enthält.

Im Strafprozessrecht fordert sie die Einführung der *bedingten Verurteilung* und der *bedingten Strafentlassung*, ferner ein besonderes *Strafverfahren gegen Jugendliche*: endlich verlangt sie ein besonderes Gesetz, das den Staat verpflichtet, für *unschuldig* oder *ungesetzlich* erlittene *Verhaftung* oder *Verurteilung* volle Entschädigung zu leisten.

Die Partei fordert ein modernes, unsern wirtschaftlichen Verhältnissen entsprechendes einfaches *Zwangsvollstreckungsverfahren*, Revision der Grundbuchs- und Konkursordnung und des Verlassenschaftsverfahrens.

Auf privatrechtlichem Gebiete strebt die Volkspartei ein *neuzeitliches bürgerliches Recht*[12] an, das u. a. eine bessere Rechtsstellung der Frau und des unehelichen Kindes enthält: weiter, dass ein Patent-, Marken- [und] Mustergesetz, nebst einem Gesetz über Urheberrecht eingeführt werde.

Unsere Partei fordert insbesondere den *Schutz des Eigentums* und die *Schaffung eines gerechten Erbrechts* und sie wendet sich in gleicher Weise *gegen die Übertreibungen des Sozialismus und gegen die Auswüchse des Kapitalismus*.

Die rechtliche Stellung der Liechtensteiner im benachbarten Auslande soll durch *Staatsverträge* geregelt werden.[13]

---

8 Vgl. die diesbezüglichen Ausführungen von Wilhelm Beck in: O.N., Nr. 25, 29.3.1922, S. 1-2 («Bericht zu den Gesetzesentwürfen betreffend die Gerichtsorganisation, das Nachtragsgesetz zur Zivil- und Strafprozessordnung»).

9 Vgl. dazu etwa: L.Na., Nr. 89, 11.11.1925, Beilage («Kommissions-Bericht zum Gesetzentwurf über den Staatsgerichtshof»).

10 Vgl. die diesbezüglichen Ausführungen von Wilhelm Beck in; O.N., Nr. 29, 12.4.1922, S. 1 («Bericht und Begründung zum Gesetzesentwurfe über die allgemeine Landesverwaltungspflege»); O.N., Nr. 31, 22.4.1922, S. 1 («Bericht und Begründung»); O.N., Nr. 32, 26.4.1922, S. 1 («Bericht zu den Gesetzesentwürfen») und O.N., Nr. 33, 29.4.1922, S. 2 («Bericht und Begründung»).

11 Vgl. Art. 16 des Vertrages zwischen Seiner Majestät dem Kaiser von Österreich und Apostolischen König von Ungarn und Seiner Durchlaucht dem souveränen Fürsten von Liechtenstein vom 2.12.1876 über die Fortsetzung des durch den Vertrag vom 5.6.1852 gegründeten Österreichisch-Liechtensteinischen Zoll- und Steuervereines, LGBl. 1876 Nr. 3 bzw. öst. RGBl. 1876 Nr. 143.

12 Vgl. das Sachenrecht vom 31.12.1922, LGBl. 1923 Nr. 4, sowie das Personen- und Gesellschaftsrecht vom 20.1.1926, LGBl. 1926 Nr. 4.

13 Vgl. z.B. den Bericht des Geschäftsträgers in Bern, Emil Beck, an die liechtensteinische Regierung vom 11.12.1923 über die diesbezüglichen Verhandlungen mit der Schweiz (LI LA V 002/0298/56).

10. Weiterer Ausbau der Gemeindegesetzgebung, insbesondere *selbständigere Stellung der Gemeindebehörden* gegenüber den Staatsbehörden. Hebung der Gemeindewirtschaftspflege.

II. Verwaltungspolitik
11. Die Volkspartei fordert, dass die gesamte Verwaltung nach dem Grundsatze *des Rechtsstaates* geführt wird und dass demnach jede Verwaltungstätigkeit sich innert *den Schranken der Gesetze bewege* und auch *das freie Ermessen* der Verwaltungsbehörden an die Gesetze gebunden ist. In die Freiheit der Person und in das Privateigentum dürfen die Verwaltungsbehörden nur auf Grund gesetzlicher Ermächtigung eingreifen.
Die Partei verwirft jede Willkür, verlangt den Ausbau der Verwaltungsgesetzgebung und bekämpft die Verordnungsmacherei.
Die Verwaltung ist übrigens möglichst in *kaufmännischem Sinne einfach und sparsam* zu führen; es sollen möglichst wenig Angestellte und Beamte gehalten werden.
   a) Die Partei verlangt die Erleichterung der Niederlassung für Einheimische und Abschluss von Niederlassungsverträgen mit dem Ausland; ferner
   b) Ausbau der Armenpflege, vermehrte Unterstützung der schwachen Gemeinden durch das Land; zweckmässige Versorgung von *Waisen, Geisteskranken, Unheilbaren* und *Altersschwachen*; Ausbau einer *Volks-, Alters- und Invalidenversicherung;* Ausgestaltung der Arbeiter- und Krankenversicherung u. der Krankenpflege; Unterstützung des Krankenhausbetriebes.
   Verbesserung der Armenpolizei, insbesondere durch gesetzliche Massnahmen gegen Arbeitsscheue, Liederliche und Trinker: allenfalls Zwangsversorgung, überhaupt *Massnahmen gegen den Alkoholismus.*
   Schutz der Arbeitskraft, insbesondere von Frauen und Kindern in Gewerbe und Industrie.
   c) Vermehrte Pflege des öffentlichen Gesundheitswesens; Bekämpfung der *Volkskrankheiten* wie Tuberkulose; Unterstützung von Trinkwasseranlagen; bessere Ausgestaltung der Lebensmittelkontrolle; Verbesserung der Leichenschau; Freizügigkeit für Medizinstudierende.
   d) Abänderung des *Waffengesetzes*, sodass jeder Erwachsene Waffen besitzen und tragen darf, unter Vorbehalt gesetzlicher Bestimmungen gegen den Missbrauch.
   Ausbau des Löschwesens und Einführung einer *Brandschadensversicherung für Mobilien und Immobilien.*
   e) Anstreben eines neuzeitlichen Baugesetzes, Ausbau des Wasserrechts.
   f) *Kulturpolitik.* Alle kulturellen Fragen will die Partei nach den *unverrückbaren Grundsätzen* des Christentums geregelt wissen. Sie verlangt Freiheit für die katholische Religion, ihre Ausübung und ihre Einrichtungen; *religiöse* Jugenderziehung; Sicherung der *christlichen Ehe und Familie* und Schutz des Volks gegen alle Unmoral, die seine Kräfte zu untergraben drohen; Ausbau der Sonntagsruhe.
   Die christlich-soziale Volkspartei verlangt eine Vertiefung jeglicher Bildung: nur tüchtiges Wissen mit festem Charakter wird in Zukunft das Wohl des Einzelnen wie des Volkes verbürgen. Die Schule soll von allen berufenen Faktoren unter Teilnahme des Volkes gefördert und unsern Verhältnissen angepasst werden und ein praktisches Wissen vermitteln und zu arbeitsfreudigem Pflichtbewusstsein erziehen.

Daher verlangen wir Revision der Schulgesetze, stärkere Heranziehung und vermehrten wirksamen *Einfluss des Ortsschulrates auf die Schule*, Sorge für Beschulung von Kindern, die wegen körperlicher oder geistiger Gebrechen die Volksschule nicht besuchen können, ferner Sorge für *verwahrloste Kinder und jugendliche Verbrecher*, Beteiligung an der Unterstützung von Besserungsanstalten; Unterstützung und Förderung des Fortbildungs- und Realschulwesens; *Ausbau des hauswirtschaftlichen, landwirtschaftlichen und gewerblichen Berufs- und Unterrichtswesens*; insbesondere soll der gewerbliche und landwirtschaftliche Unterricht den Verhältnissen und Zielen entsprechend an der Realschule ausgebaut werden; ausgiebigere Erteilung von Stipendien an intelligentere, aber wenig bemittelte Studierende, gleichviel, in welchem Nachbarstaat sie höhere Schulen besuchen. Abschaffung der Ergänzungsprüfungen für Lehrer; Freiheit des Privatunterrichts. Wir verlangen zu weiterer Bildung die Abhaltung von Kursen und Gründung einer gut geleiteten Volksbücherei durch das Land.

Die Volkspartei verlangt eine wirksame Heimatschutz-Gesetzgebung.

g) *Finanzpolitik*. Die Volkspartei verlangt, dass das Finanzwesen des Landes auf eigene, vom schwankenden Zollerträgnisse *unabhängige Füsse* gestellt werde, dass die Steuern erhöht werden, nachdem durch Sparen einerseits, durch ergiebigere Ausnützung der Landesregalien anderseits sich höhere Einnahmen nicht mehr erzielen lassen.

Die Lasten des Landes sind mehr als bisher auf die Schultern der wirtschaftlich Starken zu legen; es soll ein *gerechtes, auf progressiver Besteuerung von Einkommen und Vermögensbesitz* beruhendes Steuergesetz eingeführt werden, dass ein unsern Verhältnissen angemessenes Existenzminimum und den Schuldenabzug kennt.

Die Landwirtschaft soll in der Besteuerung begünstigt werden.

Wirtschaftspolitik

11. Die Volkspartei fordert vom Lande, dass es sich mehr der Wohlfahrt und der Hebung der Erwerbsfähigkeit des Volkes annehme als bisher, und sie verlangt erhöhte Unterstützung des landwirtschaftlichen und gewerblichen Vereinswesens.

Wir fordern:
a) Für die *Landwirtschaft* vermehrte staatliche Mithilfe bei Güterzusammenlegung, Verbot der Güterzerstückelung, Entsumpfungen, Rüfeverbauungen; neben Förderung der Grossviehzucht vermehrte Unterstützung der Kleinviehzucht; Schaffung eines neuzeitlichen Tierseuchengesetzes, das den Bauern für abgetane Tiere entschädigt; ein den landwirtschaftlichen wie nicht minder den finanziellen Interessen dienendes Jagdgesetz. Das neue Jagdgesetz soll die Einnahmen aus der Jagd in den Alpgebieten den betreffenden Alpbesitzern zur Alpverbesserung, die Einnahmen aus dem Nicht-Alpgebiete den betreffenden Gemeinden dauernd zuweisen. Es soll die Jagd als Sportvergnügen möglichst einträglich verpachtet werden. Im neuen Jagdgesetz dürfen die Strafen für Wildfrevel nicht verschärft und noch erhöht werden.

Wir verlangen die Einführung der Heimstätten und Abschaffung des Bestiftungszwanges; Einführung des Notwegrechts, überhaupt Ausgestaltung des Nachbarrechtes; Unterstützung der landwirtschaftlichen Versicherung, Unterstützung und Förderung der Landwirtschaft in jeder Hinsicht.

b) In der *Forstwirtschaft* die staatliche Unterstützung von Aufforstungen im Hochgebirge.
d) [!] *In der Gewerbe- und Handelspolitik:* Gewerbefreiheit, besondere Bestimmungen gegen unlauteren Wettbewerb und gemeinschädlichen Geschäftsverkehrs; vermehrte Förderung des Lehrlingswesens durch staatliche Beihilfen; Unterstützung gewerblicher Kurse; Regelung des staatlichen und gemeindlichen Submissionswesen, Unterstützung aller Bestrebungen zum wirtschaftlichen Heimatschutz, Förderung der bestehenden und Erleichterung neuer Erwerbsquellen durch Subventionen jeder Art; Förderung und Unterstützung von freiwilligen Gewerbevereinen.
Ausbau der Sozialgesetzgebung zu Gunsten der Arbeiter, Regelung des Arbeitsnachweises, Koalitionsfreiheit der Arbeiter.
Die Volkspartei verlangt bei allfälligem Abschluss von Handels-Zollverträgen nicht nur Rücksichtnahme auf die Finanzen des Landes, sondern in erster Linie auf die Wirtschaft des Volkes [und] auf die Bereitstellung billiger Lebensmittel und besteht darauf, dass das Land an seiner Selbständigkeit nichts einbüsst (Kriegszeiten); sie bekämpft die Abführung und Bestrafung von Inländern im Auslande; sie fordert überhaupt die genaue Prüfung der Frage eines Zollanschlusses oder des Freihandels.
e) In der *Verkehrspolitik*: In erster Linie Ausbau des Lawena-Werkes, Ausbau der Wasserrechts-Gesetzgebung; Ausbau des Strassenwesens (besonders im Unterland). Das Verkehrswesen soll nach volkswirtschaftlichen Gesichtspunkten ausgebaut und gefördert werden. Daher bestehen wir vor allem auf einer eigenen, kaufmännisch geleiteten Post, mit Telegraph und Telephon, die dem praktischen Verkehr entsprechen; allenfalls Anschluss dieser Verkehrsanstalten an einen Nachbarstaat, der diesen Wünschen am meisten entspricht; Einführung von Postämtern in allen grösseren Gemeinden.
Förderung des Eisenbahnbaues, vermehrte Einflussnahme auf die das Land berührende österreichische Staatsbahn, Unterstützung des Personenverkehrs.
Wir verlangen eine der heimischen Volkswirtschaft möglichst zusagende Lösung der *Valutafrage*, und bekämpfen zugleich die *einseitige, verhängnisvolle* Anlage der Sparkassagelder.
Die christlich-soziale Volkspartei ist der Überzeugung, dass nur einmütiges Zusammenwirken aller Volksschichten, der Bauern, der Gewerbetreibenden und Arbeiter eine glückliche staatliche Zukunft unseres Volkes verbürgt, *daher lehnt sie die Politik des Hasses und der Klassenherrschaft* – von welcher Seite sie immer kommen möge – ab. Ihre Sorge ist das fortschrittliche Wohl des Vaterlandes.

Die Delegiertenversammlung der christlich-sozialen Volkspartei

Nun kennen Freund und Gegner unser Programm, das im Gegensatz zu andern Programmen absichtlich etwas mehr konkret gehalten ist. Jeder Anhänger soll wissen, für was er eintritt. Die Gegenpartei wird freilich behaupten, wir hätten den Mund wieder recht voll genommen. Nun, mag die Kritik sagen, was sie will, die Volkspartei wird dessen ungeachtet für die Verwirklichung des aufgestellten Programmes eintreten. In der nächsten Zeit werden wir hiezu Artikel im Blatte veröffentlichen.[14]
Diese Nummer aufbewahren!

---

14 Vgl. O.N., Nr. 4, 25.1.1919, S. 1 («Zu unserer Landespolitik») und O.N., Nr. 5, 1.2.1919, S. 1 («Heimstätten»).

Dok. 104
Die liechtensteinischen Ziele für die Verhandlungen an der Pariser Friedenskonferenz

Memorandum, ungez., basierend auf der Besprechung der Finanzkommission, Vertretern der Industrie sowie Emil Beck, designierter liechtensteinischer Vertreter bei der Pariser Friedenskonferenz, vom 28.2.1919[1]

o.D. (zu 28.2.1919)

Zusammenstellung
jener Fragen, die der Vertreter Liechtensteins beim Friedenskongress vorzubringen hat.
1. Die Sicherung der Neutralität des Fürstentums einschliesslich der Stellung des Fürstenhauses und der Exterritorialität desselben in Österreich.
   Die Frage des Anschlusses an den Völkerbund.
   Die Vorsorge, dass nicht die das Fürstentum durchziehende Strecke der österreichischen Staatsbahn als Pfand für österreichische Verpflichtungen in Anspruch genommen wird.
   Als das erstrebenswerteste erscheint die Wahrung der Neutralität und die Freiheit hinsichtlich der Wahl des wirtschaftlichen Anschlusses.
   Bezüglich der Gewährleistung der Neutralität wird auf die Militärfreiheit des Landes hingewiesen.
   Die Frage der Gerichtshöfe höherer Instanzen war bisher nach praktischen Gesichtspunkten geregelt.
   Die Wahrung der Selbständigkeit des Fürstentums auch für den Fall des Anschlusses Vorarlbergs an die Schweiz.
2. Die Valutafrage. In dieser Hinsicht wäre die Gleichstellung Liechtensteins mit den übrigen neutralen Staaten anzustreben.
3. Es soll angestrebt werden, dass dann, wenn die neutralen Staaten angehörenden Besitzer österreichischer Papiere keiner Vermögensabgabe unterworfen werden, diese Begünstigung auch Liechtenstein zuteil wird.
4. Die Frage der Rohstoffversorgung.
5. Die Vertretung Liechtensteins im Auslande. Aufklärung, warum Liechtenstein bisher von Österreich bezw. während des Krieges von den diesen letzteren Staat vertretenden Mächten vertreten wurde.

---

1 LI LA RE 1919/1144 ad 589. Ebd. ein weiteres Exemplar. Landesverweser Prinz Karl von Liechtenstein übermittelte das Memorandum mit Bericht vom 3.3.1919 Fürst Johann II. (LI LA RE 1919/1144 ad 589). Eine leicht abweichende Fassung unter LI LA V 002/0169/22. Zu den Zielen, die Liechtenstein mittels der Teilnahme an der Friedenskonferenz erreichen wollte, vgl. auch LI LA V 002/0170/05, Information von Prinz Eduard von Liechtenstein an Emil Beck, 6.3.1919.

Dok. 105
Das «Liechtensteiner Volksblatt» lehnt die Herabsetzung des Wahlrechtsalters auf 21 Jahre und die Erhöhung der Zahl der vom Volk gewählten Landtagsabgeordneten auf 17 (mit den fürstlichen Abgeordneten auf 20) ab

Artikel im «Liechtensteiner Volksblatt»[1]

1.3.1919

Zwei strittige Punkte
Gegenwärtig sind die Meinungen bei uns wieder geteilt inbezug auf zwei Punkte: Die einen halten es im Interesse ihrer Partei und in dem der Allgemeinheit, das Alter der Wahlfähigkeit und Grossjährigkeit auf 21 herabzusetzen, ferner die Zahl der Abgeordneten von 15 auf 20 zu erhöhen, bezw. von 12 vom Volke gewählten auf deren 17. Die andern sind überzeugt, dass diese beiden Forderungen nicht zum Wohle des Volkes seien. Wir sind der grundehrlichen Überzeugung, dass vor allem in diesen beiden Fragen nicht Parteiinteressen, sondern nur das Wohl der Allgemeinheit den Ausschlag geben dürfen. Wer die vorgebrachten Gründe vorurteilslos prüft, muss vorerst zugestehen, dass einzelne derselben nur auf den ersten Blick für die Forderungen zu sprechen scheinen. Ohne ernstlich geprüft zu haben, darf man nicht ablehnen. Aber einer tiefer gehenden Prüfung halten diese Gründe nicht stand.

Was vorerst die Herabsetzung der Altersgrenze anbelangt, so scheint der Grund dafür zu sprechen, dass alle umliegenden Staaten auch 20 oder 21 Jahre eingeführt haben. Ist damit gesagt, dass unser kleines Ländchen mit seinen kleinen Verhältnissen auch mitmachen muss? Was müsste es dann noch alles durchführen? Der Wirrwarr in manchen Staaten wäre uns z.B. wohl kaum erwünscht. Dabei ist der Hauptgrund nicht zu übersehen, dass die niedrigere Altersgrenze des Auslandes auf dem Umstande beruht, dass der junge Mann schon mit 20 Jahren ins Militär muss, ja mit 18 Jahren in den Krieg gezogen wurde. Soll ein Mann fürs Vaterland kämpfen, so soll er auch alle Rechte haben, wenns auch volkswirtschaftlich nicht von Vorteil ist. Bei uns fällt aber dieser Grund weg, wir haben gottlob kein Militär, und unsere jungen Männer können diese kostbare Zeit für ihre Ausbildung benützen. Setzen wir uns also, wie die fortschrittliche Bürgerpartei will, besonders für eine gesunde Fortbildung der Jugend ein, richten wir allenthalben Jugendfortbildungskurse ein mit Fachvorträgen, Fachliteratur und staatsbürgerlich erziehenden Vorträgen. Das wird ihnen und dem Volke mehr nützen als die Wahlberechtigung mit 21 Jahren.

Damit ist der Jugend mehr gedient und wer dies will, meint es mit ihr besser, als wer sie an den Parteiwagen spannen will. Dieser gewichtigste Grund, das Ausland sei ringsum auf 20 oder 21 Jahre herunter, hält aber schon deshalb auch nicht stand, weil wir sonst auch das Frauenwahlrecht unbedingt einführen müssten, denn in den meisten

---

1   L.Vo., Nr. 17, 1.3.1919, S. 1. – Sowohl die Herabsetzung des Stimmrechtsalters wie auch die Erhöhung der Zahl der Landtagsabgeordneten (alternativ dazu der Verzicht auf die Ernennung von Abgeordneten durch den Fürsten) waren zwei wichtige Punkte aus dem Programm der Volkspartei. Der Landtag beschloss am 13.2.1919 einstimmig, über die beiden Fragen eine Volksabstimmung durchzuführen (wofür es keine rechtliche Grundlage gab, der Fürst hatte aber im Voraus seine Zustimmung gegeben). Beide Vorlagen wurden verworfen: Im Unterland stimmten alle Gemeinden gegen beide Vorlagen, im Oberland lehnten Vaduz und Planken beide Vorlagen ab, Balzers, Triesen und Triesenberg stimmten beiden zu. Schaan stimmte der Erhöhung der Zahl der Abgeordneten zu, lehnte aber die Senkung des Stimmrechtsalters ab.

Staaten ist es bereits eingeführt oder auf Weg, auch in der Schweiz wird es kommen. Warum also denn nicht zugleich auch das Frauenstimmrecht usw. verlangen? Auch das würde allerdings für unsere kleinen Verhältnisse nicht besonders passen, aber wenn schon das eine, dann auch das andere! Unsere Frauen und erwachsenen Töchter würden sich bedanken, wenn nur der 21jährige Sohn bezw. Bruder wählen könnte, sie aber nicht, und die meisten Mütter haben entschieden mehr politische Einsicht als ein 21jähriger. Mütter und Töchter, würdet ihr euch so auf die Seite stellen lassen?

Der Umstand, dass 14jährige schon strafmündig sind, beweist für Grossjährigkeit und Politik gar nichts, denn erstens ist diese Strafmündigkeit nur beschränkt, sie werden als Jugendliche milder behandelt, und dann darf man im allgemeinen von einem 14jährigen doch schon die Unterscheidung zwischen Gut und Bös verlangen. Dies besagt aber doch nicht, dass er auch in Politik und wirtschaftlichen Fragen die nötige Einsicht habe. Bekanntlich gilt heute noch der wissenschaftliche Grundsatz, dass der Mann im Durchschnitt mit 24 Jahren die volle geistige Entwicklung erlangt habe. Ausnahmen gibt es immer, mancher 21jährige ist reifer als viele 30jährigen, aber Ausnahmen bestätigen nur die Regel.

Frühheirat ist für ein Volk nicht von Vorteil. Ist aber ein junger Mann mit 21 Jahren schon vollständig Herr über sich selbst, dann wird es entschieden auch mehr Frühheiraten geben und zwar bei solchen, die nicht durch gewisse Umstände ohnehin zum Heiraten sich veranlasst fühlen. Immer ist zu bedenken, wir leben auf dem Lande, in einfach bäuerlichen Verhältnissen, haben keine Städte.

Raumeshalber können wir nicht auf alle angeführten Gründe eingehen, dies ist zum Teil schon in Einsendungen geschehen. Gegenbeweise und zwar schwer ins Gewicht fallende, lassen sich für alle leicht aufbringen.

Zum Punkte Erhöhung der Abgeordnetenzahl sei, ebenfalls nur kurz, folgendes bemerkt:

Grund der Forderung auf Erhöhung sind die fürstlichen Abgeordneten, denn wenn diese fallen, sei man mit 15 Abgeordneten zufrieden. Das beruht auf falscher Voraussetzung; denn unsere fürstl. Abgeordneten werden ja in Zukunft nicht mehr vom Landesverweser allein vorgeschlagen, sind also von diesem absolut unabhängig, sie werden vorgeschlagen von der Gesamtregierung, also unter Mitwirkung der beiden vom Volke gewählten Regierungsräte, die beide doch den Landesverweser überstimmen können. Sie werden also wohl Stützen der Volksregierung sein, nicht mehr aber nur des Landesverwesers. Sollen also diese Stützen der Volksregierung fallen, dann muss auch unbedingt der Punkt in die Verfassung aufgenommen werden, dass ein Regierungsrat überhaupt nicht in den Landtag gewählt werden darf, weil er sich dort selbst stützt. Was sagen da gewisse Herren Regierungsräte dazu? Zudem: Sollen wir dem Fürsten [Johann II.] auch dieses Recht noch nehmen, ihm, der doch unser Wohltäter, nicht ein volksfremder Potentat ist? Geschichtliche Beweise für die Zahl 20 sind überhaupt hinfällig. Denn erstens hatte die Richterverfassung nur rechtliche Sachen im Auge. Die «Richter» waren, wie eben ihr Name schon dartut, nur Richter, nicht politische Vertreter. Desgleichen hatte die Ständeverfassung von 1818[2] nur Budgetfragen im Auge. Das war noch zum Teil eine kapitalistische Vertretung; wer ein gewisses Kapital versteuerte, kam in den Landtag, hatte doch sogar das Rentamt in Feldkirch, weil in Liechtenstein reich begütert, einen Vertreter im Liechtensteiner Landtag. So allerdings wuchs die Zahl der Vertreter auf ziemlich über 20. War das aber zur Gänze eine Volksvertretung? Zudem waren den

---

2   Landständische Verfassung vom 9.11.1818 (LI LA SgRV 1818).

Vertretern in der Ständeverfassung nach dem Wortlaut im § 16 «Vorschläge im bürgerlichen, politischen und peinlichen Fache – nicht erlaubt.» Und trotzdem sollen unsere Vorahnen weiter gewesen sein als wir, falls wir jetzt nicht auf 20 hinaufgehen? Ist das gründliche Geschichtsforschung?

So liesse sich auch hier Grund um Grund widerlegen. Hingewiesen sei aber nur noch darauf, dass im Landtage stets nur wenige die Arbeit leisten müssen, wenn auch 100 Abgeordnete wären. «Je mehr, desto minder»,[3] so heisst es im Volksmunde.

Männer Liechtensteins! Lasst euch nicht durch Vorträge momentan überreden. Überlegt das Für und Wider! Nehmt die Sache ernst und stimmt nach eurer vollsten Überzeugung und nach reiflicher Überlegung, dann wird eure Stimme ablehnend lauten. Geschehe, wie das Volk es will! Es hat die Folgen zu tragen.

Dok. 106
Prinz Eduard erteilt Emil Beck Instruktionen für die angestrebte Teilnahme Liechtensteins an der Pariser Friedenskonferenz, insbesondere hinsichtlich der Sequestration fürstlicher Besitzungen in der Tschechoslowakei

Maschinenschriftliche Instruktion des designierten liechtensteinischen Gesandten in Wien, Prinz Eduard von Liechtenstein, gez. ders., gedacht als Verhaltensanweisung für den designierten liechtensteinischen Spezialbevollmächtigten an der Pariser Friedenskonferenz, Emil Beck, mit handschriftlichen Ergänzungen und Korrekturen eines Unbekannten[1]

6.3.1919, Wien

Information für Dr. Emil Beck

Dr. Beck hätte bei der Friedenskonferenz in Paris unbedingt die Neutralität des Fürstentums während des Krieges zu betonen und die volle Souveränität auch gegenüber der bestandenen österreichisch-ungarischen Monarchie nachdrücklichst hervorzuheben.[2] Er hätte darauf hinzuwirken, dass diese Souveränität des Landes und des Landesfürsten von der Konferenz ausdrücklich anerkannt werde, ebenso die Neutralität. Zur Begrün-

---

3   Wortspiel: «minder» meint hier nicht «weniger», sondern «schlechter».

1   LI LA V 002/0170/05. Die Information Becks war eine Ergänzung einer 5-Punkte-Liste für die anvisierte Teilnahme an der Pariser Friedenskonferenz. Diese Liste basierte auf der Besprechung der Finanzkommission des Landtags mit inländischen Fabrikanten und Emil Beck vom 28.2.1919 (vgl. den diesbezüglichen Bericht von Landesverweser Prinz Karl von Liechtenstein an Fürst Johann II. vom 3.3.1919 (LI LA RE 1919/1144 ad 0589)).

2   Die angestrebte Anerkennung der liechtensteinischen Souveränität und Neutralität durch die Friedenskonferenz hätte wohl die Stellung des Fürstenhauses gegen die bevorstehenden Enteignungen im Rahmen der tschechoslowakischen Bodenreform gestärkt. In diesem Sinne bat Prinz Eduard den französischen Gesandten in Wien, Henri Allizé, mit Schreiben vom 23.4.1919 sich für eine Einladung Liechtensteins zur Pariser Friedenskonferenz einzusetzen (LI LA V 003/0042/01 (Aktenzeichen der liechtensteinischen Gesandtschaft in Wien: 6/1)). Am 5.5.1919 ermächtigte Fürst Johann II. Emil Beck, die liechtensteinischen Interessen bei der Friedenskonferenz als Spezialbevollmächtigter zu vertreten (LI LA RE 1919/2273 ad 0589). Eine Teilnahme Liechtensteins kam jedoch nicht zustande, sodass Liechtenstein in der Folge zu schriftlichen Eingaben an die Friedenskonferenz gezwungen war (vgl. etwa das Memorandum der liechtensteinischen Regierung vom 20.5.1919 unter LI LA V 003/0045 (Aktenzeichen: 57/19)).

dung sei insbesondere darauf hingewiesen, dass die čechoslovakische Regierung die Anerkennung der Exterritorialität des Schlosses zu³ Eisgrub von einer Anerkennung der Neutralität und Souveränität des Fürstentums durch die Pariser Konferenz abhängig machen zu sollen glaubt.

Die Anerkennung der Souveränität des Fürsten [Johann II.] bedingt aber in hohem Grade die ausnahmsweise Behandlung des fürstlichen Besitzes bei den bevorstehenden Vermögensabgaben und insbesondere Güter-Enteignungen, hat daher für die Familie und rückwirkend für das Land eine hohe Bedeutung. Dieses Argument ist aber nach Aussen, insbesondere dem Vertreter der čechoslovakischen Republik Bennesch [Edvard Beneš] gegenüber,⁴ nicht zur Geltung zu bringen, sondern dient nur zur eigenen Information.

Besonderer Wert ist auf die einen Teil des Familienfideikommisses bildenden Kunstschätze wie Galerie, Bibliothek und Kupferstichsammlung zu legen. Es ist zu betonen, dass das Hauptfideikommiss der Familie dem jeweiligen Regierer des Landes zuzufallen hat und dass es sohin die Grundlage für die Lebensführung des Landesfürsten, der keine Zivilliste erhält und im Gegenteil für das Land viel Aufwände macht, bildet und aus diesem Titel einen besonderen Schutz und eine exzeptionelle Behandlung jedenfalls verdient.

Mit dem čechischen Minister des Äussern, Bennesch,⁵ der ständig in Paris ist, und mit Präsident [Woodrow] Wilson sowie den Franzosen sehr gut stehen soll, wäre eine freundschaftliche Verbindung zu suchen und ihm auseinanderzusetzen, dass die Sequestrationen, welche sein Staat in den letzten Tagen über die Grenzgüter Lundenburg und Eisgrub ausgesprochen hat, gegen das Völkerrecht sind und die Souveränität verletzen. Speziell hinsichtlich Eisgrub gilt dies, dessen Exterritorialität als Wohnsitz des Fürsten mit dem Erlasse des k. u. k. Ministeriums des Äussern vom 24. Oktober 1880, Z: 18702, ausdrücklich anerkannt worden ist.⁶

Sollte Bennesch auf die Enteignung des landw. Besitzes zu sprechen kommen, so kann der Standpunkt vertreten werden, dass derartige Schritte gegen einen Souverän nicht usuell sind und der internationalen Höflichkeit zuwiderlaufen. Zur persönlichen Information wird bemerkt, dass Präsident [Thomas] Masaryk dem Prinzen Alois [von Liechtenstein] gegenüber ausdrücklich und zwar spontan bemerkte, dass das Enteignungsgesetz⁷ den regierenden Fürsten als Souverän nicht berühre. Diese Äusserung des Präsidenten ist aber Bennesch gegenüber besser nicht preiszugeben. In einzelnen Ämtern und Regierungsstellen Prags wird sie nicht gebilligt und geteilt.

Auf den Einwand, der Fürst sei ein Reichsdeutscher und daher čechischfeindlicher Souverän, der in Böhmen gerne erhoben wird, wäre auf die Geschichte des Landes und darauf hinzuweisen, dass das Fürstentum seit 1866⁸ nicht zu Deutschland gehört habe,

---

3 Handschriftlich eingefügt: «des Schlosses zu».
4 Handschriftlich eingefügt: «gegenüber».
5 Handschriftlich eingefügt: «Bennesch».
6 Vgl. das Schreiben des österreichisch-ungarischen Aussenministeriums an Hermann von Hampe bzw. die fürstliche Hofkanzlei vom 24.10.1880 unter LI LA RE 1919/6087 ad 0589 (Aktenzeichen des Aussenministeriums: 18702/80/7).
7 Vgl. jedoch das kurz darauf, am 19.4.1919, erlassene Enteignungsgesetz, das die tschechoslowakische Regierung ermächtigte, alle Landgüter, die mehr als 150 ha landwirtschaftlich nutzbaren oder mehr als 250 ha Grund und Boden umfassten, zu enteignen.
8 Handschriftlich eingefügt: «seit 1866». – Im Prager Frieden vom 23.8.1866 wurde der 1815 gegründete Deutsche Bund aufgelöst.

sondern selbständig und nur mit Österreich-Ungarn im Zollverbande[9] war. Der Fürst hat niemals auf seinen Gütern gegen čechische nationale Interessen zu verstossen gesucht und wiederholt [10] bei Verpachtung[11] von Meierhöfen und Fabriken, des Lundenburger Brauhauses, der dortigen Mühle, und noch jüngst eines Meierhofs bei Olmütz, bei Verkauf des Lundenburger Meierhofs[12] čechische Interessen gefördert, ebenso in kultureller Beziehung, z.B. Überlassung eines Baugrundes im damals überwiegend[13] deutschen Lundenburg für eine čechische Bürgerschule, für deren Bestehen infolge der[14] Čechischen[15] Umgebung ein[16] Bedürfnis bestand, obwohl[17] die Gemeinde Lundenburg dies[18] nicht erkennen wollte. Erst durch Überlassung des Baugrundes konnte die Schule gesichert werden. Die Museen in Prag, Brünn u. Troppau wurden in ziemlich analoger Weise ohne Rücksicht auf die Nationalität munificent unterstützt, ebenso die Academie in Prag.[19]

Ebenso war der Fürst in der zu Niederösterreich gehörigen, aber überwiegend von Čechen bewohnten Gemeinde Themenau stets bemüht, den gerechten Wünschen der čechischen Bevölkerung Förderung angedeihen zu lassen. Dass er auf seinen deutschen Besitzungen deutsche Beamte anstellte, kann ihm wohl nicht verübelt werden. Es trat eben überall sein Bestreben zu Tage, den nationalen Wünschen je[20] nach den nationalen Verhältnissen auf den einzelnen Besitzungen möglichst gerecht zu werden.

Für Deutschösterreich sind die zu vertretenden Fragen noch nicht genügend geklärt. Es werden spätere Informationen gegeben werden müssen. Die Anerkennung der Exterritorialität des Palais in der Bankgasse, in dem der Fürst wohnt und die mit dem obigen Ministerialerlass anerkannt war, dürfte zweifellos wieder erfolgen.[21] Angestrebt wird die Ausdehnung der Exterritorialität auf Feldsberg[22] als dem hauptsächlichsten Landsitz des Fürsten in Deutsch-Österreich[23]. Weiters auch auf das sogenannte Rossauer Palais, in dem sich die Gemäldegalerie, die Bibliothek und ein Grossteil der Kupferstichsammlung befindet. Diesbezügliche Schritte wären in Paris im Bedarf zu unterstützen,

---

9   Vgl. den Vertrag zwischen Seiner Majestät dem Kaiser von Österreich und Apostolischen König von Ungarn und Seiner Durchlaucht dem souveränen Fürsten von Liechtenstein vom 2.12.1876 über die Fortsetzung des durch den Vertrag vom 5.6.1852 gegründeten Österreichisch-Liechtensteinischen Zoll- und Steuervereines, LGBl. 1876 Nr. 3. Zur Auflösung des Zollvertrages siehe das Schreiben von Prinz Eduard an das deutschösterreichische Staatsamt für Äusseres (Theodor von Ippen) vom 12.8.1919 (LI LA RE 1919/3979 ad 4/3761 (Aktenzeichen der liechtensteinischen Gesandtschaft in Wien: 219/2).
10 Durchgestrichen: «bei Bankgründungen, Verpachtungen».
11 Handschriftlich eingefügt: «bei Verpachtung».
12 Handschriftlich eingefügt: «des Lundenburger Brauhauses, der dortigen Mühle, und noch jüngst eines Meierhofs bei Olmütz, bei Verkauf des Lundenburger Meierhofs».
13 Handschriftlich eingefügt: «damals überwiegend».
14 Durchgestrichen: «ganz».
15 Durchgestrichen: «unmittelbaren».
16 Durchgestrichen: «entschiedenes».
17 Durchgestrichen: «was». Handschriftlich eingefügt: «obwohl».
18 Handschriftlich eingefügt: «dies».
19 Dieser Satz wurde handschriftlich eingefügt.
20 Handschriftlich eingefügt: «je».
21 Vgl. die Note des österreichischen Aussenministeriums an die liechtensteinische Gesandtschaft in Wien vom 13.12.1920 betreffend die Exterritorialität des Stadtpalais in der Bankgasse (AT HALW, Karton 35 (LI LA MFS 00288). Aktenzeichen des Aussenministeriums: 73401/13).
22 Feldsberg wurde jedoch durch Art. 27 Z. 6 und Art. 54 des Staatsvertrages von St.-Germain-en-Laye vom 10.9.1919, öst. StGBl. 1920 Nr. 303, der Tschechoslowakei zugeschlagen.
23 Handschriftlich eingefügt: «in Deutsch-Österreich».

soferne in dieser Hinsicht telegraphisches Ersuchen an Dr. Beck ergehen sollte. Ebenso sind Verhandlungen im Zuge, um grössere Vermögensteile nach Vaduz oder die Schweiz befördern zu können, um die Existenz des Fürsten vor bolschewistischen oder selbst radikal-sozialistischen Richtungen und volkswirtschaftlichen Experimenten zu sichern.

Jedenfalls wird mit den deutschösterreichischen Vertretern freundschaftliche Beziehung zu suchen sein, und wird es zweckentsprechend sein, ihnen gegenüber[24] die Souveränität des Landes entsprechend zu betonen. Konkrete Forderungen sind im gegenwärtigen Augenblick aber nicht zu stellen, da diesbezüglich freundschaftliche Verhandlungen hier eingeleitet sind.

Bei den Verhandlungen sowohl mit der Prager wie mit der Wiener Regierung soll versucht werden, ein direktes gütliches Einvernehmen zu erzielen, und ist die Einbringung von Protesten wegen Verhängung der Sequester in Eisgrub bei den Ententestaaten und namentlich den neutralen Staaten[25] oder sonstiger Ansuchen und deren Unterstützung in diesem oder jenem Belange erst beabsichtigt, wenn die Verhandlungen mit den Regierungen keinen guten Verlauf nehmen.

Hinsichtlich der das Land betreffenden Zoll- und handelspolitischen Fragen sowie hinsichtlich des künftigen Anschlusses des Fürstentums an Deutschösterreich, Vorarlberg oder die Schweiz dürfte Dr. Beck von der Landesregierung selbst Informationen erhalten.

Dok. 107
Der Landtag beschliesst, das Krankenhaus in Schaan zu bauen und bewilligt eine allenfalls notwendige Expropriation für diesen Zweck

Handschriftliches Landtagsprotokoll, gez. Johann Wohlwend und Wilhelm Beck[1]

6.3.1919

Krankenhausplatzfrage und Expropriationsbewilligung
Zunächst kommen mehrere Aktenstücke zur Verlesung und zwar je eines von Vaduz und Schaan, worin diese Gemeinden erklären, was sie für die Bauplätze und Zufahrtsstrassen leisten würden. Von Triesen kommt eine Zuschrift zur Verlesung, nach welcher sich diese Gemeinde mit der Spitalplatzfrage nicht mehr befasse, da nur Vaduz oder Schaan in Betracht kommen. Dann überreicht der Abg. [Fritz] Walser ein Parere[2] von Dr. [Alfons] Brunhart in Schaan. Der Präsident [Dr. Albert Schädler] liest es vor. Es ist für den Schaaner Platz in der Resch, das Spital sei zunächst kein Sanatorium und keine Nervenheilanstalt. – Nun stellt der Präsident die Platzfrage zur Besprechung.

Der Abg. Walser will nur zwei Punkte aus dem Gutachten der Ärzte herausgreifen. Ein Arzt aus der Schweiz habe ihm erklärt, es kommen für Lungenkranke nur Plätze in Höhen von 1200 bis 1500 m in Betracht. In Bezug auf die Nähe des Waldes habe ihm derselbe Arzt gesagt, dass ein Kranker, bevor er aus der ärztlichen Behandlung entlassen

---

24 Handschriftlich eingefügt: «gegenüber».
25 Handschriftlich eingefügt: «und namentlich den neutralen Staaten».

1 Landtagsprotokoll vom 6.3.1919, S. 2-6 (Originalpaginierung).
2 Parere: medizinisches Gutachten.

sei, nicht das Haus zu Spaziergängen verlassen dürfe. Seine Durchlaucht [Fürst Johann II. von Liechtenstein] habe sich bereit erklärt, sowohl das Haus als auch die Einrichtung zu erstellen, aber das Land müsse für den Bauplatz und die nächste Umgebung sorgen.[3] Man könne sich vorstellen, was die Gärten in Vaduz kosten würden. Man könne da wohl mit 100'000 Kronen rechnen, es sei ja Rüfegrund. Seine Durchlaucht Landesverweser Prinz Karl [von Liechtenstein] habe mit Recht gesagt, man solle in dieser Frage zuerst das Wohl der Kranken im Auge haben. Er als Abgeordneter sei im Prinzip damit einverstanden, aber die Ärzte hätten beide Plätze für gut befunden, nur der Herr Landesphysikus [Dr. Felix Batliner] habe den Platz in Vaduz für besser gehalten. Von unparteiischen Ausländern habe man kein Gutachten geholt. Als Beispiel von früher erwähne er nur das Amtsgebäude, das auf der Ostseite das ganze Jahr keine Sonnenstrahlen habe. Die Pfählungen dazu hätten grosse Kosten verursacht. Es sei nicht nötig, dass der heutige Landtag wieder hereinfalle. Er beantrage, schriftlich abzustimmen.

Der Präsident sagt hierauf, er werde in seiner Eigenschaft als früherer praktischer Arzt auch etwas zur Platzfrage sagen. Er möchte nicht auf jeden Punkt eingehen, sondern nur einiges kurz berühren. Der Abg. Walser habe gesagt, dass ein Sanatorium 1200 m Höhe haben müsse. Das sei zuviel verlangt, die Vorarlberger seien auch nicht auf den Kopf gefallen, ihre Lungenheilanstalt in Gaisbühel sei lange nicht so hoch gelegen. Die Isolation werde heute vielfach mit Quarzlampen ersetzt, wissenschaftlich sei diese Frage heute noch nicht abgeschlossen. Walser habe gesagt, Rekonvaleszenten bekämen nicht die Erlaubnis zum Spazieren, das sei nicht richtig, denn es gebe Fälle, wo Spaziergänge im Walde für den Genesenden von grossem Vorteile wären. Das Verbot des Spazierengehens finde nur Anwendung bei Leuten, die soeben eine schwere Operation durchgemacht hätten. Er sei auch ganz dafür, dass bei der Wahl des Spitalplatzes nur das Wohl der Kranken bestimmend sei, nicht Örtlegeist oder der geographische Standpunkt. Der Platz solle möglichst zentral gelegen sein, das sei zwar bei Schaan und Vaduz der Fall, aber die klimatischen Verhältnisse seien besser in Vaduz. In Eschen oder Gamprin wären sie noch günstiger. Walser habe gesagt, die Ärzte hätten beide Plätze für gut befunden, er könne jedoch sagen, dass sich die Ärzte für keinen bestimmten Platz entschieden haben, aber er als Arzt, nicht als Abgeordneter, müsse den Platz vorziehen, der möglichst windgeschützt und sonnig sei. Wenn zwischen gut und besser zu wählen sei, so wähle er das Bessere; er behaupte durchaus nicht, dass der Platz in Schaan nicht recht sei, aber die Nord- und Südwinde seien in Schaan sehr bedeutend, auf dem Vaduzer Platz aber nicht. Er habe nur das Wohl der Kranken im Auge, auch die Baumeister[4] hätten Vaduz den Vorzug gegeben, nur Herr [Lorenz] Hilty hätte bei Schaan die Nähe des Bahnhofes und den leichteren Verkehr hervorgehoben.

Nach dieser Wechselrede wird der Antrag Walsers, dass über die Platzfrage schriftlich abgestimmt werden solle, vom Landtage angenommen. Bei der nun folgenden schriftlichen Abstimmung über die Platzfrage des Krankenhauses sind 12 Stimmen für Schaan, 1 für Vaduz und 2 Stimmzettel sind leer. Das Krankenhaus kommt also nach Schaan.

---

3   Vgl. fürstliches Handschreiben vom 25.12.1918.
4   Zur Frage, ob der Bauplatz in Schaan oder in Vaduz besser geeignet sei, wurden drei Gutachten eingeholt: Ein medizinisches Gutachten von Landesphysikus Felix Batliner, ein Bausachverständigengutachten von Franz Roeckle, Egon Rheinberger und Lorenz Hilti sowie ein weiteres von Landestechniker Gabriel Hiener. Alle drei sprachen sich für den Standort Vaduz aus. Die ersten beiden Gutachten sind abgedruckt im «Liechtensteiner Volksblatt», Nr. 16, 26.2.1919, S. 1f. («Zur Bauplatzfrage für das Fürst Johannes Jubiläumsspital»).

Der Präsident liest hierauf eine Resolution vor, welche der Landtag an Seine Durchlaucht den regierenden Fürsten zu senden beabsichtigt. Es wird darin der Dank des Landes an den Schenkgeber ausgesprochen und die innere Einrichtung des Spitals näher beleuchtet.

Abg. Dr. Beck erkundigt sich noch nach den Betriebskosten, es möchte wohl mancher wissen, was das eigentlich ausmache.

Der Präsident meint, das sei jetzt schwer zu bestimmen, er könne nur mitteilen, dass Grabs, welches die Hälfte mehr Betten habe, einen Zuschuss vom Kanton St. Gallen mit zirka 20'000 Fr. bekommen hätte. Bei den jetzigen Preisverhältnissen könne man über die Betriebskosten nichts Sicheres sagen, vielleicht würden 10'000 K[5] hinreichen; wenn aber der Fürst das Spital baue und einrichte und noch fünf Betten zahle, brauchen wir darüber den Kopf nicht zu verbrechen.

Bei der Abstimmung wird die erwähnte Resolution einstimmig angenommen.

Es kommt hierauf noch die Frage allfälliger Expropriationsbewilligung für den Spitalbauplatz zur Sprache. Der Präsident liest die hierauf bezüglichen Gesetzesparagraphen vor und bemerkt, es sei zweifellos, dass hier das allgemeine Beste vorliege, er empfehle die Bewilligung zur Enteignung.

Abg. Walser meint, damit die Sache auch formell richtig sei, sollte die Expropriation auch von der Regierung beantragt werden. Die Gemeinde Schaan habe auch um Bewilligung zur Enteignung angesucht.

Regierungskommissär Prinz Karl stellt dann den Antrag, dass die Expropriation, wenn notwendig, durchgeführt werden solle. Der Landtag bewilligt hierauf einstimmig die Expropriation zu genanntem Zweck.

Dok. 108
Prinz Eduard begründet, weshalb er die Errichtung von liechtensteinischen Gesandtschaften für notwendig hält

Maschinenschriftliches Schreiben von Prinz Eduard von Liechtenstein, gez. ders., an Landesverweser Prinz Karl von Liechtenstein[1]

14.4.1919, Wien

Euer Durchlaucht!

Im Auftrage Seiner Durchlaucht, des Fürsten [Johann II.], habe ich die Ehre im Nachhange zu meiner telefonischen Mitteilung vom 13. d.M. Nachstehendes *Euerer Durchlaucht* zur Kenntnis zu bringen:

Die in Deutschösterreich eingetretenen Verhältnisse, nicht zuletzt das bereits beschlossene Gesetz über die Aufhebung der nicht im Völkerrecht begründeten Exterri-

---

5   Gemeint sind wohl Franken.

1   LI LA V 003/1165. Aktenzeichen: Nr. 3/1a. Das Schreiben wurde am 14.4. abgeschickt und langte am 18.4.1919 bei der Regierung ein (LI LA SF 01/1919/015a). Dem Schreiben lagen zwei Beilagen bei: Prinz Eduard an Prinz Karl, o.D.; Prinz Eduard an Franz Klein im Staatssekretariat des Äussern (das deutschösterreichische Staatsamt für Äusseres), 14.4.1919 (LI LA V 003/1165; LI LA SF 01/1919/ad 015a)

torialität,² nicht weniger aber auch die in Vorbereitung befindlichen Gesetze über die Einziehung von Grund und Boden und über die Aufhebung der Fideikommisse, über deren Inhalt und Tragweite ein sicheres Urteil derzeit unmöglich gewonnen werden kann, drängen immer mehr den Gedanken auf, dass es notwendig sei, dass der regierende Fürst im Interesse der Aufrechterhaltung seiner Souveränität und der souveränen Stellung des Landes an die Bestellung von Gesandten herantrete.

Die Aufgabe dieser Gesandten wäre die Vertretung der kommerziellen Interessen des Landes, sowie dessen Bewohner, beziehungsweise Angehörigen im Auslande, zugleich aber auch wenigstens in Deutschösterreich oder Čecho-Slavien die Vertretung der Interessen des fürstlichen Hauses und seines Immobiliar-Besitzes im ehemaligen Österreich.

Die Vertretung der Interessen der liechtensteinischen Staatsbürger im Auslande, die bisher durch die k.u.k. auswärtigen Vertretungen erfolgte, weiterhin dem Staatssekretariat des Äusseren in Wien zu überlassen, hat keine rechte Begründung. Der eventuelle Anschluss Deutschösterreichs an Deutschland wird diese Frage erst recht schwierig gestalten und jedenfalls haben die politischen Umwälzungen der ehemaligen österreichischen Monarchie eine ganze Reihe von Verhandlungen zur notwendigen Folge, die das künftige Verhältnis des Fürstentumes zu Deutschösterreich auf dem Gebiete des Zoll-, Währungs-, Postwesens und der Handelsverträge nach Bedarf regeln. Auch die Versorgung des Fürstentums mit den erforderlichen Cerealien und mit Zucker wird wohl nur durch freundschaftliche Beziehungen zum čecho-slovakischen Staate möglich sein, da Deutschösterreich als getreideproduzierendes Land nicht in Frage kommen wird.

Dass der Gedanke der Bestellung liechtensteinischer Gesandtschaften oder Konsulate, welcher schon im Jahre 1896 in einem Gutachten über die Souveränität des Hauses Liechtenstein angeregt und besprochen wurde,³ den Intentionen des Landes entsprechen dürfte, beweist der in No. 23 der Oberrheinischen Nachrichten vom 5. April 1919 enthaltene Leitartikel.⁴ Schon vorher wurde die bezügliche Anregung meinerseits Seiner Durchlaucht unterbreitet und habe ich diesbezüglich mit dem Staatssekretariat des Äussern in Wien Fühlung genommen, und dort eine Geneigtheit, dem Projekte zuzustimmen, gefunden. Ganz unabhängig davon hat die fürstliche Beamtenschaft spontan eine diesbezügliche Anregung für die Čecho-Slovakei gegeben und erblickt darin eines der wesentlichsten Mittel, um den Familienbesitz vor Enteignung oder wenigstens grosser Schädigung zu bewahren, eine Frage, an der nicht nur die Mitglieder der Familie, sondern in hohem Masse auch die Bewohner des Landes interessiert sind, die an dem Reichtum, an dem Glanze der Familie in hohem Masse teilnehmen.

Gedacht wäre zunächst die Bestellung eines Gesandten, der gleichzeitig bei den Regierungen in Wien und Prag akkreditiert wäre. Daneben müsste in Prag ein der čechischen Sprache vollkommen mächtiger Konsul ernannt werden. Ausserdem käme zunächst die Ernennung eines Konsuls oder Gesandten in Bern in Frage.

---

2   Gesetz vom 3.4.1919 über die Abschaffung der nicht im Völkerrecht begründeten Exterritorialität, öst. StGBl. 1919 Nr. 210.
3   Wohl das «Gutachten über einzelne Fragen bezüglich der Eheschliessung, Ebenbürtigkeit, Sukzession, Titel und Wappen im souveränen fürstlichen Hause Liechtenstein» von Graf von Pettenegg vom 15.1.1895 (AT HALW, Karton 35; Kopie in LI LA SgK 410). In diesem Gutachten wird darauf hingewiesen, dass Liechtenstein in «selbstmörderischer Bescheidenheit» bisher stets auf die Bestellung von Gesandten verzichtet habe, obwohl dies für «ein regierendes Haus [...] zu den Konsequenzen und zu den unvermeidlichen Abzeichen [...] der Souveränität» gehöre (a.a.O., S. 11).
4   O.N., Nr. 23, 5.4.1919, S. 1 («Landeswochenschau»).

Die Besetzung dieser Posten mit Liechtensteiner Staatsbürgern wäre naturgemäss äusserst wünschenswert. Für Bern dürften *Euere Durchlaucht* mit Leichtigkeit eine geeignete Persönlichkeit in Vorschlag bringen können. Schwieriger ist die Frage für Wien und Prag und insbesondere bezüglich Prag wäre wenigstens für die nächste Zeit die Bestellung eines Honorar-Konsuls, also eines Nicht-Liechtensteiners aus Kreisen der Advokaten oder der Industrie sehr wünschenswert, weil ein der böhmischen Sprache mächtiger und mit den lokalen Verhältnissen einigermassen vertrauter Liechtensteiner kaum sofort zur Verfügung stehen würde. Für den Gesandtenposten käme vielleicht ein Mitglied des fürstlichen Hauses selbst am besten in Betracht, welches durch seine persönliche Stellung sich die im Interesse des angestrebten Zweckes notwendige Position sowohl bei den Behörden, als vor allem im übrigen diplomatischen Korps verschaffen wird, die ihm bei der Kleinheit des Landes und der Schwierigkeit mit Repressalien zu drohen, sonst vielleicht leicht fehlen könnte.

Die finanzielle Seite der Besoldung dieser neuen Funktionäre, für die wohl je 25'000 bis 30'000 Kronen in Aussicht genommen werden muss, würde der Fürst im Wesen aus eigenen Mitteln tragen. Immerhin wäre es wünschenswert, zumindest einen Teil der Entlohnung grundsätzlich aus Landesmitteln zur Verfügung zu stellen. *Euere Durchlaucht* werden daher ersucht, mit tunlichster Beschleunigung festzustellen, ob im Lande für das Projekt Verständnis und Sympathie besteht und welche Mittel vom Lande hiefür zur Verfügung gestellt werden können. Endlich wollen *Euere Durchlaucht* sich über die etwa in Frage kommenden Persönlichkeiten äussern. *Euere Durchlaucht* möchten jedoch sich vor Augen halten, dass wenn in der gedachten Massnahme ein Erfolg für den Familienbesitz erzielt werden soll, die rascheste Durchführung von besonderer Bedeutung ist, und Seine Durchlaucht, der Fürst, möglichst gleich nach Ostern um die Akkreditierung des Gesandten in Wien und in Prag einkommen müsste.

Genehmigen *Euere Durchlaucht* den Ausdruck meiner vorzüglichsten Hochachtung
Euerer Durchlaucht
ergebener

Dok. 109
Landesvikar Johann Baptist Büchel beruft sich als Beschuldigter in einer Ehrenbeleidigungssache vor dem F.L. Landgericht auf das privilegium fori

Handschriftliches Schreiben von Kanonikus und Landesvikar Johann Baptist Büchel, gez. ders., an das F.L. Landgericht[1]

17.4.1919, Vaduz

Wohllöbliches fürstliches Landgericht!
Das f. Landgericht hat mich auf den 23. d. M. in einer Klagesache der beiden Advokaten Dr. [Wilhelm] Beck und Dr. [Martin] Ritter[2] vor sein Forum zitiert.

---

1 LI LA J 007/S 046/100 (Aktenzeichen des F.L. Landgerichts: Z. 355 Sts.). Eingangsstempel des F.L. Landgerichts vom 18.4.1919.
2 Vgl. die Privatanklageschrift gegen Landesvikar Johann Baptist Büchel vom 2.4.1919 wegen Übertretung gegen die Sicherheit der Ehre (LI LA J 007/S 046/100 (Aktenzeichen des Landgerichtes: Z. 314 Sts.)).

Nun aber ist in dem neuestens [1917] von der obersten Kirchenbehörde veröffentlichten Codex Iuris Canonici das den Priestern zustehende alte privilegium fori aufrecht erhalten worden und lautet der Canon 120 § 1 dieses Gesetzbuches: *Clerici in omnibus causis sive contentiosis sive criminalibus apud iudicem ecclesiasticum conveniri debent, nisi aliter pro locis particularibus legitime provisum fuerit.* Und Canon 123 sagt: *Memoratis privilegiis clericus renuntiare nequit.*[3]

Ein dem entgegenstehendes Partikularrecht existiert für das Fürstentum Liechtenstein nicht.

Daher habe ich mich, um nicht gegen das kirchliche Gesetz zu handeln, an das hochwürdigste bischöfliche Generalvikariat in Chur gewendet mit der Bitte, mir zu sagen, was ich in dieser Sache zu tun habe. Der H. Generalvikar [Laurenz Matthias Vincenz] liess mir nun heute durch den Herrn Katecheten [Johann Peter Alois] Balzer (Gutenberg), der heute von Chur kam, sagen, ich solle mich auf das privilegium fori berufen. Das möchte ich nun auch hiemit getan haben.

Um meinen Anwalt[4] von der Entschliessung des wohllöbl. Landgerichtes möglichst bald verständigen zu können, bitte ich um ehetunlichste Bekanntgabe derselben.[5]

Des wohllöblichen Landgerichtes ergebenster

---

3 Das *privilegium fori* (wörtlich Privileg des Gerichtsorts) war ein Rechtsprivileg für Kleriker aus dem Mittelalter und bedeutete, dass diese nicht vor ein weltliches Gericht zitiert werden konnten. Der CIC von 1917 erneuerte dieses kirchliche Recht. Vom CIC 1917 gibt es keine offizielle Übersetzung. Canon 120 § 1 besagt, dass Kleriker sowohl in Zivil- wie auch in Strafsachen vor ein kirchliches Gericht geladen werden müssen, ausser wenn für bestimmte Gebiete etwas anderes bestimmt sei. Canon 123 besagt, dass der Geistliche auf diese Privilegien nicht verzichten kann.

4 Vgl. die schriftliche Bevollmächtigung des Feldkircher Rechtsanwaltes Ferdinand Redler bzw. des Rechtsanwaltsanwärters Arthur Ender durch Landesvikar Büchel am 18.4.1919 (LI LA J 007/S 046/100).

5 Landrichter Julius Thurnher teilte dem Landesvikar mit Schreiben vom 17.4.1919 mit, dass die staatlichen Gesetze das kanonische privilegium fori für Kleriker nicht anerkannten. Es bestand somit für das Gericht kein Grund, von den getroffenen Verfügungen abzugehen (LI LA J 007/S 046/100 (Aktenzeichen des Landgerichtes: Z. 355 Sts.)). Am 30.4.1919 zogen allerdings Beck und Ritter ihre Privatanklage zurück (LI LA J 007/S 046/100 (Aktenzeichen des Landgerichtes: 406 Sts.)) und erschienen auch nicht zur Gerichtsverhandlung am 1.5.1919, sodass im Hinblick auf den Vorwurf der Übertretung der Sicherheit der Ehre nach den §§ 488, 491 des Strafgesetzes 1852/1859 ein Freispruch gemäss § 201 Z. 2 der Strafprozessordnung, LGBl. 1914 Nr. 3, erging (LI LA J 007/S 046/100 (Aktenzeichen des Landgerichtes: Z. 411 Sts.)).

Dok. 110
Prinz Eduard teilt mit, Fürst Johann II. wünsche, dass bei den Verhandlungen über den Abschluss von Verträgen mit der Schweiz Rücksicht auf die Beziehungen zu Österreich genommen wird

Maschinenschriftliches Schreiben von Prinz Eduard von Liechtenstein, designierter Gesandter in Wien, gez. ders., an Landesverweser Prinz Karl von Liechtenstein[1]

16.5.1919, Wien

Betreff: Zollvertrag mit der Schweiz
Euer Durchlaucht!

Das schweizerische politische Departement, Abteilung für auswärtige Angelegenheiten, hat unterm 6. Mai l.J., ohne Zahl, an die schweizerische Gesandtschaft in Wien eine Note in französischer Sprache gerichtet, deren Übersetzung nachfolgend lautet:[2]
«Prinz Karl von Liechtenstein, Gouverneur des Fürstentums, hat uns den Wunsch ausgesprochen, die Schweiz einen Vertrag mit seinem Lande betreffend *Post und Zölle* abschliessen zu sehen, ähnlich dem, der das Fürstentum mit Österreich verband[3] und mit uns im *Allgemeinen* (d'une manière générale) in dieselben Beziehungen zu treten, wie mit Österreich vor dem Krieg.[4] Wir bitten Sie uns so rasch wie möglich *alle* Verträge (Dokuments) senden zu wollen, welche die internationalen Rechtsbeziehungen zwischen Österreich und Liechtenstein festsetzen.»

Die schweizerische Gesandtschaft in Wien hat unterm 14. Mai 1919, Z. C. 7.19.65, nachstehende Zuschrift an die Fürstlich Liechtensteinische Hofkanzlei gerichtet:[5]

«Unter Bezugnahme auf die gestrige mündliche Besprechung beehre ich mich Ihnen beigeschlossen die Abschrift des Schreibens des schweizerischen politischen Departements die internationale Lage des Fürstentums Liechtensteins betreffend zu übermitteln.»

Ein Vertreter der Gesandtschaft hat mündlich die besondere Dringlichkeit der Angelegenheit in der Hofkanzlei noch betont.

Da obige Note des politischen Departements in ihrem zweiten Teile anscheinend über den Rahmen des von Euerer Durchlaucht gestellten Begehrens hinausgeht, und den Eindruck erweckt, als ob nicht nur an den Abschluss eines Vertrages über das Zoll- und Postwesen mit der Schweiz gedacht wäre, sondern dass auch alle übrigen zwischen

---

1   LI LA SF 27/1919/2482 ad 1710. Aktenzeichen: 14. Eingangsstempel der Regierung vom 21.5.1919. Ein weiteres Exemplar sowie ein Entwurf in LI LA V 003/0184.
2   CH BAR E 2001 (E), 1969/262, Bd. 11, Az. B.14.24.P.4, Vereinbarungen mit Liechtenstein, 1919-1920, Abteilung für Auswärtiges des Eidgenössischen Politischen Departements an Charles-Daniel Bourcart, schweizerischer Gesandter in Wien, 6.5.1919 (Kopie in LI LA MFE 19; Abschrift sowie handschriftliche Übersetzung in LI LA V 003/0184).
3   Postvertrag von 1911, LGBl. 1911 Nr. 4; Zoll- und Steuerverein von 1852, fortgesetzt 1876, LGBl. 1876 Nr. 3.
4   Prinz Karl hatte am 22.4.1919 bei Bundesrat Felix Calonder vorgesprochen. In einem kurzen Gespräch versuchte er in Erfahrung zu bringen, ob die Schweiz bereit wäre, mit Liechtenstein ähnliche Abmachungen zu schliessen, wie sie bis anhin mit Österreich-Ungarn bestanden hatten. Weitere Anliegen waren die Ernennung eines eigenen diplomatischen Vertreters in der Schweiz und die Frage, ob die Schweiz bereit wäre, die diplomatische Vertretung Liechtensteins im Ausland zu übernehmen (LI LA RE 1919/2023, Prinz Karl an Johann II., 25.4.1919).
5   LI LA V 003/0184, Schweizerische Gesandtschaft in Wien an Hermann von Hampe, Leiter der Hofkanzlei, 14.5.1919.

dem Fürstentume und der bestandenen österreichisch-ungarischen Monarchie abgeschlossen gewesenen Verträge nunmehr analog mit der Schweiz abgeschlossen werden sollten, wird, um den Entschlüssen Euerer Durchlaucht nicht vorzugreifen, und um der Schweizer Gesandtschaft rasch eine Antwort zu erteilen, ohne der Sache selbst zu präjudizieren, unter einem die in Abschrift zuliegende Note an die Schweizer Gesandtschaft übermittelt.[6]

Euere Durchlaucht werden eingeladen, dem genannten politischen Departement in Bern auf dessen oben angeführte Zuschrift je eine Ausfertigung des Zoll- und Steuervertrages vom 3. Dezember 1876, L.G.Bl. No. 3, und der Additionalkonvention vom 27. November 1888, L.G.Bl. No. 2 ex 1889, weiters des Postübereinkommens vom 4. Okt. 1911, L.G.Bl. No. 4, und vom 21. Januar 1917, L.G.Bl. No. 5, ehetunlichst zugehen zu lassen.[7] Soferne die fürstliche Regierung erachtet, dass dem Wunsche des schweizerischen politischen Departements nach Übermittlung weiterer zwischen Liechtenstein und Österreich bestandener Verträge ebenfalls zu entsprechen wäre, wird es Euerer Durchlaucht anheimgegeben, auch Ausfertigungen des Justizvertrages[8] und der Münzkonvention[9] und etwaiger sonstiger das gegenseitige Verhältnis regelnder Abmachungen zu übermitteln.[10] Es wird ersucht, anher Mitteilung zu machen, welche Staatsverträge dem politischen Departement in Bern zugesandt wurden und dieselben unter Anschluss einer Abschrift der bezüglichen Note in je zwei Exemplaren anher zu übermitteln, damit die schweizerische Gesandtschaft in Wien ebenfalls ein Pare dieser Stücke von hier aus zugemittelt erhalten könne.[11]

Bei diesem Anlasse wird bemerkt, dass Seine Durchlaucht der regierende Fürst [Johann II.] besonderen Wert darauf legen und voraussetzen, dass die fürstliche Regierung bei den bezüglichen Verhandlungen mit der Schweiz, welche zunächst wohl von Euerer Durchlaucht nur als informative gedacht worden sein dürften, und als solche ohne Präjudiz für einen künftigen etwaigen Vertragsabschluss zu führen wären, in stetem Einvernehmen mit dem Landtage vorgeht und dass mit Rücksicht darauf, als die Frage, ob der Vorteil des Fürstentums in der Aufrechterhaltung seines Zollvertrages und seiner anderen Beziehungen mit Österreich-Ungarn bei der erforderlichen Umänderung auf Deutschösterreich oder in einem neuen Vertragskomplexe mit der Schweiz zu erblicken ist, noch nicht allseitig geklärt zu sein scheint, alles vermieden werde, was von der deutschösterreichischen Regierung als unfreundlicher Akt empfunden werden oder geeignet sein könnte, die zwischen derselben und dem Fürstentume bestehenden guten Beziehungen zu trüben, zumal ja nicht verkannt werden darf, dass die deutschösterreichische Regierung in der Frage der Notenabstempelung im Fürstentume das weitgehendste Entgegenkommen bereits gezeigt hat.[12]

---

6   LI LA SF 27/1919/2482 ad 1710, Prinz Eduard an Charles-Daniel Bourcart, 16.5.1919.
7   Prinz Karl hatte Calonder bereits mit Schreiben vom 9.5.1911 den Zoll-, den Post- und den Justizvertrag übermittelt (LI LA SF 27/1919/2282 ad 1710).
8   LGBl. 1884 Nr. 8.
9   Wohl der Münzvertrag vom 24.1.1857, öst. RGBL. 1857 Nr. 101; LGBl. 1900 Nr. 2, Anhang.
10 Prinz Karl sandte Calonder am 22.5.1919 die Landesgesetzesblätter betreffend die Einführung der Kronenwährung, LGBl. 1898 Nr. 2 und LGBl. 1900 Nr. 2 (LI LA SF 27/1919/2482 ad 1710).
11 Prinz Karl sandte Prinz Eduard am 24.5.1919 die Landesgesetzesblätter betreffend die Einführung der Kronenwährung, LGBl. 1898 Nr. 2 und LGBl. 1900 Nr. 2 (LI LA SF 27/1919/2482 ad 1710).
12 Die aus der österreichisch-ungarischen Monarchie hervorgegangenen Nationalstaaten wollten durch Abstempelung feststellen, wie viele österreichisch-ungarische Banknoten in ihrem Gebiet im Umlauf

Ich beehre mich, diesen Anlass zu benützen, um Euere Durchlaucht vorbehaltlich weiterer, in den allernächsten Tagen abgehenden Mitteilungen davon in Kenntnis zu setzen, dass die deutschösterreichische Regierung der Errichtung der fürstlichen Gesandtschaft in Wien ihre Zustimmung erteilt hat[13] und dass ich demgemäss faktisch mit der Erfüllung meiner bezüglichen Aufgaben begonnen habe.

Der Fürstlich Liechtensteinische Gesandte:

Dok. 111
Liechtenstein versucht die Pariser Friedenskonferenz zu überzeugen, dass das Land im Ersten Weltkrieg neutral gewesen sei

Maschinenschriftliches Memorandum der Regierung, verfasst von Prinz Eduard von Liechtenstein, an die Pariser Friedenskonferenz[1]

20.5.1919, Vaduz

Aide-Mémoire

Das souveräne Fürstentum Liechtenstein besteht seit dem Jahre 1719 und erlangte als Mitglied des von Kaiser Napoleon I. gegründeten Rheinbundes durch die Rheinbunds-Akte vom 12. Juli 1806[2] volle Souveränität, welche durch die Wiener Kongress-Akte vom 9. Juni 1815[3] eine weitere Bestätigung fand. Es bildet seit 1862[4] eine konstitutionelle Monarchie mit eigener gesetzgebender Versammlung, Verwaltung und Justiz. Nach Auf-

---

waren. In Österreich fand die Abstempelung im März 1919 statt. Liechtenstein verzichtete auf eine Abstempelung, führte jedoch am 24.3.1919 eine Zählung sämtlicher Kronenbestände durch. Österreich erklärte sich darauf bereit, die österreichisch-ungarischen Banknoten, die nachweislich im Besitz liechtensteinischer Staatsangehöriger waren, in deutsch-österreichische Noten umzutauschen. Vgl. LI LA RE 1919/0600.

13 LI LA V 003/1165, Note deutschösterreichisches Staatsamt für Äusseres an Hofkanzlei, 2.5.1919.

1 LI LA V 003/0045. Aktenzeichen: 57/19. Am Kopf der ersten Seite handschriftliche Vermerke von Prinz Eduard von Liechtenstein und Alfred von Baldass: «Endgiltige Fassung», «I Memorandum (nur deutsch)», «abgedruckt Nr. 44/19 des Volksblattes in Vaduz [L.Vo., Nr. 44, 4.6.1919, S. 1f.]». Auf der Rückseite handschriftlicher Entwurf eines Schreibens an Georges Clemenceau. Die französische Fassung unter LI LA RE 1919/2906 ad 589; Entwürfe unter LI LA V 003/0045. Das Memorandum wurde am 20.5.1919 von Wien aus an Clemenceau gesandt (LI LA RE 1919/2906 ad 589), wobei die Unterfertigung durch Prinz Franz junior von Liechtenstein (ohne explizite Begründung) mit dem Namen Karl von Liechtenstein erfolgte (LI LA RE 1919/4654 ad 589, Prinz Eduard an Regierung, 6.9.1919; LI LA V 003/0058, Vermerk von Prinz Eduard auf Couvert «Originalexemplar der Note an Clemenceau»). Zusätzlich wurde das Memorandum durch die Gesandtschaft Wien an Grossbritannien, die USA, Italien, Deutschland, Schweden, die Niederlande, weitere europäische Staaten sowie an den Papst gesandt (LI LA V 003/0045; LI LA SF 01/1919/036, Prinz Eduard an den deutschen Gesandten in Wien, 16.6.1919; LI LA V 003/0049; LI LA RE 1919/3026 ad 589, Gesandtschaft Wien an den apostolischen Nuntius in Wien, 16.6.1919).

2 LI LA U 107. Faksimile der Rheinbund-Akte vom 12. Juli 1806, hg. vom Liechtensteinischen Landesmuseum.

3 Acten des Wiener Congresses in den Jahren 1814 und 1815, hrsg. von Johann Ludwig Klüber. Osnabrück 1966 (Nachdruck der Ausgabe von 1815-1835), Bd. 6, S. 12-96.

4 Konstitutionelle Verfassung vom 26.9.1862 (LI LA SgRV).

lösung des Rheinbundes trat das Fürstentum dem «Deutschen Bunde» (Confédération Germanique) bei, welchem es bis zu dessen Auflösung im Jahre 1866 angehörte. Seither ist das Fürstentum, welches das bis dahin bestandene geringe Militär-Kontingent aufgelassen hat,[5] mit anderen Staaten nicht mehr in ein Bündnisverhältnis getreten.

Demgemäss hat sich das Fürstentum als vollkommen neutral betrachtet und auch während des Weltkrieges stets diese Haltung beobachtet. Der Neutralität des Fürstentumes wurde durch eine Reihe konkreter Akte Ausdruck gegeben und wurde dieselbe auch von den kriegführenden Mächten mehrfach anerkannt. Die fürstliche Regierung gibt sich die Ehre, nachstehend die wichtigsten Akte, durch die das Fürstentum seine strikte Neutralität bewiesen hat, hier zusammenfassend anzuführen:

Die fürstliche Regierung hat

1. den zu Kriegsbeginn aus Österreich ausgewiesenen französischen und englischen Lehrschwestern im Fürstentume bereitwillig Asyl geboten und auch wiederholt Angehörige der Ententestaaten aufgenommen.
2. den in wiederholten Fällen aus dem Gebiete der Mittelmächte entwichenen Kriegsgefangenen freien Durchgang gewährt.
3. gegen das Ansuchen des österreichisch-ungarischen Kriegsministeriums um Überstellung der sich im Fürstentume aufhaltenden Stellungsflüchtigen eine ablehnende Haltung eingenommen und das grundsätzliche Begehren des Gerichtes des Militärkommandos in Innsbruck vom 27. Jänner 1916 um Auslieferung österreichischer Deserteure unter Berufung auf die Neutralität abgelehnt.[6]
4. dem Ansuchen der Spinnweberei Rankweil-Hohenems in Vorarlberg um Gestattung der Ausfuhr in Liechtenstein lagernder Rohbaumwolle nach Österreich keine Folge gegeben.[7]
5. der Firma Jenny Spörry & Co. in Vaduz die Weiterbegebung der für ihre Spinnerei aus England bezogenen Maschinenteile an kriegführende Staaten untersagt.

Auch in sonstiger Hinsicht hat die fürstliche Regierung den Warenverkehr nach Österreich den durch die Neutralitätspflichten bedingten Beschränkungen unterworfen, indem sie dem bereits vor dem Kriege bestandenen Ausfuhrverbote für Holz eine Reihe weiterer Ausfuhrverbote folgen liess, welche sich nicht bloss auf das in den ersten Kriegsjahren aus der Schweiz bezogene Mehl und die von dort im kleinen Grenzverkehr eingeführten Waren, sondern in der Folge auch auf alle wichtigeren Lebens- und Futtermittel, sowie sonstigen Bedarfsartikel wie besonders Wolle und Baumwollwaren aller Art erstreckte.

Diesen Verboten hat die fürstliche Regierung durch Aufstellung und successive Verstärkung einer eigenen Grenzwache gegen Österreich sowie durch wiederholte Verschärfung der Strafsätze für etwaige Übertretungen vermehrten Nachdruck gegeben.

Die fürstliche Regierung hat weiters einer Reihe im Auslande wohnhafter Liechtensteinscher Staatsbürger über deren Ansuchen amtliche Bestätigungen über die Neutralität des Fürstentumes ausgefertigt und es auch nicht unterlassen, dieselbe bei gegebenen Anlässen den Ententestaaten und der Schweiz gegenüber gleichfalls zu betonen, so in ihrer Note an das amerikanische Konsulat in St. Gallen vom 18. August 1914, Zahl 2243,[8] worin dessen Intervention zu Gunsten der Freigabe mehrerer in Frankreich irrigerweise internierter Liechtensteiner erbeten wurde, weiters in jener an den Herrn Präsidenten

---

5   Liechtenstein hatte das Militär-Kontingent 1868 aufgelöst.
6   LI LA RE 1916/0407 ad 207, k.u.k. Gericht des Militärkommandos Innsbruck an die liechtensteinische Regierung, 27.1.1916; LI LA RE 1916/0407 ad 207, Regierung an k.u.k. Gericht des Militärkommandos Innsbruck, 29.1.1916.
7   Vgl. LI LA RE 1915/2477.
8   LI LA RE 1914/2243 ad 2131.

des Ministerrates der ägyptischen Regierung [Hussein Rushdi] in Cairo vom 12. Dezember 1914, Zahl 3262,[9] welche das Ansuchen der Firma Jenny Spörry & Co. in Liechtenstein um Gestattung des Bezuges von Rohbaumwolle zum Gegenstande hatte, sowie in der Note an das schweizerische Oberkriegskommissariat in Bern vom 28. Jänner 1915, Zahl 304 worin um die Überlassung von Brotmehl für Liechtenstein angesucht wurde.[10]

Weiters hat die fürstliche Hofkanzlei auf eine im Wege des k.u.k. Ministeriums des Äussern in Wien an sie gelangte Anfrage der Botschaft der Vereinigten Staaten von Amerika in Wien durch die Verbalnote des genannten Ministeriums vom 25. September 1914, Zahl 76617/1914, mitteilen lassen, dass sich das Fürstentum Liechtenstein im gegenwärtigen Kriege als neutral betrachtet.[11]

Mittels Verbalnote vom 20. August 1915, Zahl 77284/7, hat das k.u.k. Ministerium des Äussern der amerikanischen Botschaft in Petrograd weiters das Ersuchen der fürstlichen Hofkanzlei vermittelt, dass die Liechtensteinischen Staatsbürger im Allgemeinen und Josef [richtig: Johann] Beck in Ekaderinodar[12] im Besonderen als Angehörige eines neutralen Staates erklärt und behandelt werden.[13]

Diese Schritte hatten auch Erfolg; die anfänglich in Frankreich internierten Liechtensteiner wurden wieder in ihre Heimat entlassen, die Besitzungen des in Paris wohnhaften Liechtensteiners Franz Paul Fischer dortselbst wie in Saigon und Cochinchina[14] der für die Besitzungen von Angehörigen Frankreich bekriegender Staaten verfügten Sequestrierung nicht unterzogen[15] und der Firma Jenny Spörry & Co in Vaduz der Bezug ägyptischer Baumwolle auf Grund der Erklärung der fürstlichen Regierung, den Wiederexport zu verhindern, bis zu der im Mai 1915 auch für Italien und die Schweiz erfolgten Einstellung des Baumwolleinfuhr aus Ägypten gestattet.[16]

Weiters hat das schweizerische Oberkriegs-Kommissariat mit Note 6. Februar 1915[17] mitgeteilt, dass es ihm mit Rücksicht auf die Neutralität des Fürstentumes und die freundnachbarlichen Beziehungen zu der Schweiz gestattet sei, das Fürstentum unter der Bedingung mit Weizen zu versehen, dass dieser im Lande konsumiert werde. Für die strikte Einhaltung dieser Bedingung hat die fürstliche Regierung nicht bloss durch entsprechende Grenzabsperrung und Strafbestimmung, sondern auch besonders dadurch Vorsorge getroffen, dass jeweils nur die dem dringendsten Bedarfe entsprechenden Mengen zur Verteilung gebracht wurden, sodass eine Weiterbegebung praktisch nicht in Frage kommen konnte.

Auch die Ententemächte haben die Neutralität des Fürstentumes anerkannt. In dieser Hinsicht wird zunächst auf die Notiz der «The Times» in ihrer Nummer 40'700 vom 18. November 1914, Seite 12, Spalte 2 hingewiesen, laut welcher Sir Edward Grey namens der englischen Regierung im Parlamente eine ausdrückliche bezügliche Erklärung abgegeben hat.[18]

Gelegentlich eines Ansuchens der fürstlichen Regierung um Entlassung des in England internierten liechtensteinischen Staatsbürgers Robert Hämmerle [richtig: Albert Hemmerle] hat das Foreign Office laut an die amerikanische Botschaft in London

---

9 LI LA SF 05/1914/3262.
10 LI LA RE 1915/0304
11 LI LA V 003/0040/1, Verbalnote des k.u.k. Ministerium des Äussern an die US-amerikanische Botschaft in Wien, 25.9.1914.
12 Heute: Krasnodar.
13 Nicht aufgefunden. Zum Gesuch Becks um eine Bestätigung der liechtensteinischen Neutralität vgl. Anm. 22.
14 Französische Kolonie, die den Süden Vietnams und Teile Kambodschas umfasste.
15 Vgl. LI LA RE 1914/3046 ad 2131; LI LA RE 1915/2130.
16 Vgl. LI LA SF 05/Jenny & Spörry Vaduz/1915/1617.
17 LI LA RE 1915/0454 ad 304.
18 The Times, Nr. 40'700, 18.11.1914, S.12 («The prince of Liechtenstein»).

gerichteter Note vom 27. Oktober 1915, Zahl 153724/15, ausgesprochen, dass der Genannte nicht als feindlicher Staatsbürger, sondern lediglich wegen seiner «feindlichen Verbindungen» (hostiles associations) im Haft genommen worden sei.[19] Ein weiterer Beweis, dass die englische Regierung das Fürstentum auch in der Folge als neutral anerkannte, ist darin zu erblicken, dass das königlich grossbritannische Auswärtige Amt laut Note an die königlich schwedische Gesandtschaft in London vom 13. Dezember 1918 Nr. 117945/1203/P, die Freilassung des Genannten unter der Voraussetzung in Aussicht stellte, dass die fürstliche Regierung für dessen Verbleiben im Lande bürge;[20] auf Grund der bezüglichen im Wege der grossbritannischen Gesandtschaft in Bern übermittelten Erklärungen der fürstlichen Regierung vom 11. Dezember 1918, Zahl 5293,[21] wurde Hämmerle auch tatsächlich in seine Heimat entlassen.

Die kaiserlich russische Regierung hat nach einer Mitteilung des k.u.k. Ministeriums des Äussern vom 14. Dezember 1915, Zahl 116293/7 an die fürstliche Hofkanzlei, einer Verbalnote der amerikanischen Botschaft in Wien vom 27. November 1915, Z. 3982, zufolge, den in Ekaterinodar wohnhaften liechtensteinischen Staatsangehörigen Johann Beck eine Bestätigung über die ihrerseits erfolgte Anerkennung der Neutralität Liechtensteins zukommen lassen.[22]

Nach einer an die fürstliche Hofkanzlei gerichteten Note der schweizerischen Gesandtschaft in Wien vom 26. Februar 1916, C.19, 15, 243,[23] hat die französische Regierung jedoch durch ihren Botschafter in Bern [Paul Beau] der schweizerischen Regierung allerdings mitgeteilt, dass das Fürstentum Liechtenstein nach ihrer Auffassung durch seine Zugehörigkeit zum österreichischen Zollgebiet ausserstande sei, seine Rechte zu verteidigen und die Pflichten eines neutralen Staates zu erfüllen, weshalb dasselbe *in kommerzieller Hinsicht* als Feindesland betrachtet werde.

Gegen diese inhaltlich der zitierten Note auch von der Anschauung der schweizerischen Regierung abweichende, die Neutralität des Fürstentumes nachträglich, jedoch einzig nach der angegebenen Richtung hin bestreitende Auffassung, hat die fürstlich Regierung bei der französischen Botschaft in Bern Vorstellungen erhoben, wobei zugleich um Bekanntgabe jener Bedingungen angesucht wurde, unter welchen die weitere Approvisionierung des Fürstentumes im Wege der Schweiz gestattet werden würde. Gleichzeitig wurde der Bereitwilligkeit Ausdruck gegeben, jede gewünschte Kontrolle über die Verwendung der eingeführten Waren einzuräumen.[24] Diese Vorstellungen stützten sich im Wesentlichen darauf, dass das Fürstentum trotz seiner Zugehörigkeit zum österreichischen Zollgebiet seine wirtschaftliche Selbständigkeit gewahrt und durch die bereits im vorstehenden angeführten Verbote des Warenverkehres nach Österreich auch in kommerzieller Hinsicht seine Pflichten als neutraler Staat korrekt erfüllt habe. Diese wirtschaftliche Selbständigkeit hat die fürstliche Regierung trotz des gegen die erwähnten Ausfuhrverbote von der österreichischen Regierung erhobenen Einspruches nachdrücklichst bestätigt, indem sie gegenüber dem Standpunkte der österreichischen Regierung, welche diese Ausfuhrverbote als dem bestehenden Zollvertrage[25] zuwiderlaufend erklärte, sich auf die Bestimmung des Artikels 23 dieses Vertrages stützte, nach welchem der freie Verkehr zwischen Liechtenstein und Vorarlberg nur in jenem Masse stattzuhaben hat, als der freie Verkehr

---

19 LI LA RE 1915/4367 ad 2962.
20 LI LA RE 1919/ad 1070
21 LI LA RE 1918/5293 ad 3542
22 LI LA RE 1915/4461 ad 2720.
23 LI LA SF 13/1916/0961 ad 31.
24 LI LA SF 13/1916/3342 ad 31, Landesverweser Leopold von Imhof an Paul Beau, 15.9.1916.
25 LGBl. 1876 Nr. 3.

zwischen letzterem Lande und den übrigen Teilen der österreichisch-ungarischen Monarchie gestattet sei. Durch die infolge des Krieges eingetretene Wirtschaftsgrenze zwischen beiden Teilen der Monarchie sei auch für Liechtenstein die Möglichkeit gegeben worden, seine Grenze gegen Vorarlberg und damit gegen Österreich abzuschliessen.[26]

Auch der Bestand eines Postübereinkommens mit Österreich[27] vermochte diesen Pflichten keinen Eintrag zu tun, da der Post- und Telefonverkehr im Lande von jeder Zensur freigeblieben ist und lediglich Österreich die Post nach und aus Liechtenstein in gleicher Weise auf österreichischem Gebiet der Zensur unterwarf, wie dies bei allen kriegsführenden Staaten neutralen Ländern gegenüber der Fall war. Die Unterbrechung des telefonischen Verkehres zwischen Liechtenstein und Österreich wurde seitens der Obertelegraphen-Direktion in Bern einvernehmlich mit der schweizerischen Militär-Behörde laut Zuschrift vom 23. Juli 1915, Zahl 581.8, zur Bedingung der Wiederzulassung des vorher seitens der Schweiz abgeschnittenen Telefon-Verkehrs zwischen Liechtenstein und der Schweiz gemacht,[28] und wurde letzterer Verkehr auf dieser Basis auch tatsächlich wieder aufgenommen.

Die französische Regierung hat gegenüber den Ausführungen der fürstlichen Regierung im Gegenstande nicht neuerlich Stellung genommen und das Ersuchen um weitere Belieferung des Landes mit Lebensmitteln aus der Schweiz nicht beantwortet; die fürstliche Regierung war daher in die schliessliche Zwangslage versetzt, das zu der Fleischversorgung des Landes nicht benötigte Vieh, für welches übrigens in der Schweiz keine günstige Absatzmöglichkeit bestand, nebst geringen Mengen von Bodenerzeugnissen an Österreich abzugeben, um von dort im Kompensationswege jene Lebensnotwendigkeiten wie Mehl, Zucker, Petroleum zu erlangen, deren Weiterbezug aus der Schweiz dem Lande verwehrt war. Dessungeachtet hat jedoch das Fürstentum auch nach Einstellung der Lebensmittelzuschübe aus der Schweiz diesem Lande seine sonstigen Überschüsse an Landesprodukten wie Holz, Torf, Streu, etc. weiter zugänglich gemacht und von den notwendigen Kompensationsartikeln abgesehen die Absperrungsmassnahmen gegen Österreich in vollem Umfange aufrecht erhalten. Die fürstliche Regierung glaubt sohin die volle Neutralität des Landes auch in kommerzieller Hinsicht nicht in geringerem Masse wie andere in diesem Kriege neutral gebliebene Staaten wie Dänemark, Holland Schweden und die Schweiz beobachtet und gewahrt zu haben.

Unter den dargestellten Umständen glaubt die fürstliche Regierung sich der sicheren Erwartung hingeben zu dürfen, die Friedenskonferenz werde dem Fürstentume Liechtenstein als neutralem Staate durch Zulassung einer Vertretung zur Friedenskonferenz in Versailles die Möglichkeit bieten, seine staatlichen Interessen, welche durch die bevorstehende politische Neugestaltung, insbesonders durch die allfällige staatsrechtliche Stellung des dem Fürstentume benachbarten Landes Vorarlberg und die Möglichkeit der Bildung neuer Zollgebiete auf dem durch den mit Österreich-Ungarn abgeschlossenen Zollvertrag umfassten Territorium in einschneidenster Weise berührt werden, an massgebender Stelle zur Geltung zu bringen, sowie dem Fürstentume durch Aufnahme in den Völkerbund die Gewähr einer gedeihlichen politischen und wirtschaftlichen Entwicklung schaffen.[29]

---

26   Vgl. LI LA SF 13/1915/3851 ad 304, Imhof an Hofkanzlei, 9.11.1915.
27   Postvertrag vom 4.10.1911, LGBl. 1911 Nr. 4.
28   LI LA SF 03/1915/2167.
29   Konkrete Antworten auf das Memorandum blieben weitestgehend aus. Eine Einladung an die Friedenskonferenz erfolgte nicht. Hingegen wurde im Staatsvertrag von Saint-Germain-en-Laye die liechtensteinisch-österreichische Staatsgrenze bestätigt. Vgl. LI LA SF 01/1919/046, Prinz Eduard an Prinz Karl, 26.6.1919.

Dok. 112
Die österreichische Generaldirektion für Post-, Telegrafen- und Fernsprechwesen teilt der Regierung mit, dass Deutschösterreich nicht Rechtsnachfolger des früheren österreichischen Staates sei und der Postvertrag von 1911 deshalb nur noch provisorische Anwendung finde

Maschinenschriftliches Schreiben der deutschösterreichischen Generaldirektion für Post-, Telegrafen- und Fernsprechwesen, gez. Generaldirektor Konrad Hoheisel, an die liechtensteinische Regierung in Wien [!][1]

21.5.1919, Wien

Pauschale an die fürstl.-Liechtenstein'sche Regierung

Der fürstlich Liechtensteinischen Regierung wird unter einem auf Grund des Artikels 10 des zwischen der fürstlich Liechtensteinischen Regierung und dem k.k. Handelsministerium abgeschlossenen Post-, Telegraphen- und Fernsprechübereinkommens vom 4. Oktober 1911[2] nebst Zusatzartikel vom 21. Jänner 1917[3] das Pauschale im Betrage von 11'666 K 67 h., das ist für die Zeit vom 1. Jänner – 31. Oktober 1918, für Rechnung des bestandenen k.k. österreichischen Handelsministeriums überwiesen.

Was die Zeit nach dem 31. Oktober 1918 betrifft, so hat sich die Rechtsgrundlage insoferne wesentlich geändert, als mit dem Zerfall des früheren österreichischen Staates und mit der Gründung der Nationalstaaten der eine Vertragsteil, das k.k. Handelsministerium, weggefallen ist. Insbesondere ist die neuentstandene Republik Deutschösterreich nicht als Rechtsnachfolger des früheren österreichischen Staates anzusehen (Ges. vom 12.XI.1918, St.G.Bl. Nr. 5, Art. 4).

Allerdings führt die deutschösterreichische Postverwaltung diesen Dienst auch nach dem 31. Oktober 1918 weiter, allein dies ändert nichts daran, dass mit diesem Zeitpunkte das Übereinkommen von 1911 mit dem Zusatzartikel von 1917 rechtlich zu bestehen aufgehört hat und damit für die deutschösterreichische Postverwaltung die Rechtsgrundlage für die Flüssigmachung des Pauschales über den 31. Oktober fehlt.

Wir beabsichtigen jedoch, in der allernächsten Zeit der Regierung Vorschläge wegen einer vorläufigen Regelung dieses Verkehres zu machen.[4]

---

1 LI LA V 003/0207 (Aktenzeichen: 4454/P-1919). Das Schreiben langte am 24.5.1919 bei der Gesandtschaft Wien ein. Diese übermittelte der Regierung am 28.5.1919 eine Abschrift des Schreibens (LI LA SF 03/1919/2649 ad 406) und bat Hoheisel um Mitteilung der angekündigten Vorschläge (LI LA V 003/0207, Prinz Eduard von Liechtenstein an Konrad Hoheisel, 25.5.1919). Die Regierung antwortete am 9.6.1919, Deutschösterreich habe durch die Fortführung des Postdienstes den «tatsächlichen Fortbestand» des Abkommens anerkannt, beziehe die Einnahmen aus dem Postdienst und habe daher auch die Pflichten des Übereinkommens zu übernehmen (LI LA V 003/0207).
2 LGBl. 1911 Nr. 4. Österreichischerseits wurde das Übereinkommen nicht publiziert.
3 LGBl. 1917 Nr. 5. Österreichischerseits wurde der Zusatzartikel nicht publiziert.
4 Mit Schreiben vom 5.6.1919 unterbreitete die Generaldirektion für Post-, Telegraphen- und Fernsprechwesen den Vorschlag, den Post-, Telegraphen- und Fernsprechverkehr auf der Grundlage zu betreiben, dass allfällige Überschüsse zur Gänze Liechtenstein verbleiben würden, dieses hingegen die gesamten Selbstkosten der Verwaltung und des Betriebs zu übernehmen hätte (LI LA SF 03/1919/67/2892 ad 406). Die Regierung erklärte sich mit diesem Vorschlag grundsätzlich einverstanden (LI LA SF 03/1919/72/3907 ad 406, Gesandtschaft Wien an Regierung, 6.8.1919; LI LA SF 03/1919/72/4572 ad 406, Regierung an Gesandtschaft Wien, 17.9.1919), ebenso der Landtag, der die Regierung mit der Einleitung von Verhandlungen beauftragte (LI LA SF 03/1919/72/5056 ad 406, Landtagspräsidium an Regierung, 14.10.1919). Zu den Verhandlungen vgl. LI LA SF 03/1919/72/5957 ad 406, Prinz Eduard an Regierung, 3.12.1919.

Dok. 113
Fürst Johann II. behält sich die Entscheidung über die Anzahl der von ihm zu ernennenden Landtagsabgeordneten bis zur endgültigen Verfassungsrevision vor

Maschinenschriftliches Schreiben der liechtensteinischen Gesandtschaft in Wien, gez. Prinz Eduard von Liechtenstein, an die Regierung[1]

10.6.1919, Vaduz [!]

Unter Bezugnahme auf die dortigen Berichte an *Seine Durchlaucht* den Fürsten [Johann II.] vom 25.IV. und 12.V l.J, Zl. 2023[2] u. 2230[3], beehre ich mich auf Grund hoher Weisung *Seiner Durchlaucht* ergebenst mitzuteilen, dass *Seine Durchlaucht* sich derzeit nicht bestimmt finden, in der Frage der Anzahl der Landtags-Abgeordneten, welche von *Seiner Durchlaucht* ernannt werden, Höchstseine Stellungnahme zu erklären, sondern vielmehr der Meinung sind, dass über diese Frage erst anlässlich der Entscheidung über die im Zuge befindliche Verfassungsänderung, welche nur als ein Ganzes und nicht stückweise erfolgen kann, ein Entschluss zu fassen sein wird.[4]

Der fürstliche Gesandte:

---

1   LI LA RE 1919/2874 ad 71.

2   LI LA RE 1919/2023 ad 71, Bericht der Regierung an Prinz Eduard vom 25.4.1919 «betr. die derzeitige politische Lage». Nach § 55 der Verfassung vom 26.9.1862 wurden 3 der 15 Mitglieder des Landtags vom Fürsten ernannt. In der Landtagssitzung vom 16.4.1919 war als Grundlage für die bevorstehende Verfassungsrevision einstimmig der Beschluss gefasst worden, dass künftig das Oberland 8 Abgeordnete und das Unterland 5 Abgeordnete stellen sollten. Vom Fürsten sollten hingegen nur mehr 2 Abgeordnete über kollegialen Vorschlag der Regierung ernannt werden (vgl. das Protokoll der öffentlichen Landtagssitzung vom 16.4.1919, LI LA LTA 1919/S04). Eine Erhöhung der Zahl der vom Volk gewählten Landtagsabgeordneten von 12 auf 17, wobei die Zahl der vom Fürsten ernannten Abgeordneten bei drei geblieben wäre, war in der Volksabstimmung vom 2.3.1919 abgelehnt worden.

3   LI LA RE 1919/2230 ad 71, Schreiben des Landtagsvizepräsidenten Friedrich Walser an die Regierung vom 30.4.1919. Darin findet sich auch ein kurzer Bericht von Landesverweser Prinz Karl von Liechtenstein vom 12.5.1919 «betr. Verschiebung des Verhältnisses zwischen den zu ernennenden und zu wählenden Landtagsabgeordneten», in welchem Fürst Johann II. um die Genehmigung des obgenannten Landtagsbeschlusses vom 16.4.1919 ersucht wurde.

4   Die Angelegenheit wurde am 12.6.1919 ad acta gelegt. Die Verfassung des Fürstentums Liechtenstein vom 5. Oktober 1921, LGBl. 1921 Nr. 15, sieht keine vom Fürsten ernannte Landtagsabgeordnete mehr vor.

Dok. 114
Das «Liechtensteiner Volksblatt» wünscht sich eine mindestens teilweise Verlegung der fürstlichen Gemäldegalerie nach Vaduz

Zeitungsartikel im «Liechtensteiner Volksblatt» [1]

14.6.1919

Die fürstliche Gemäldegalerie

Gegenwärtig wird viel von der Verlegung der Fürstlich Liechtenstein'schen Gemäldegalerie nach Vaduz gesprochen. Die wenigsten aber bedenken, welch grosse technische und andere Hindernisse der Verlegung der Galerie im Wege stehen. Es müsste vorerst ein Palast zur Unterbringung der gesamten Galerie gebaut werden. Das wird jeder, der die ungeheuren Säle der Galerie[2] kennt, einsehen. Wünschenswert wäre aber vorläufig die Verlegung eines Teiles der Galerie. Wir zweifeln nicht, dass diesem Wunsche der Liechtensteiner nach Möglichkeit entsprochen werden wird. Das würde den Fremdenverkehr in unserem Ländchen gewaltig heben. Hand in Hand damit ginge dann eine Hebung des Hotelwesens und der Aufschwung des Gewerbes.

Dok. 115
Eine Deputation der Volkspartei unterbreitet Fürst Johann II. ihre Wünsche zur Verfassungsrevision

Handschriftliche Eingabe, gez. Anton Walser, Arnold Gassner, Johann Beck[1] *und Josef Vogt, an Fürst Johann II.*[2]

20.6.1919, o.O.

Durchlauchtigster Landesfürst!
Die bevollmächtigte Depatation der liechtensteinischen Volkspartei erlaubt sich Eurer Durchlaucht in nachstehendem die heute schon mündlich vorgetragenen Wünsche und Bitten auch noch schriftlich zu unterbreiten:
I. Die Depatation stellt zunächst fest, dass die Volkspartei und ihre Führer am Fürstenhause festhalten; die Partei besteht aber unbedingt auf Ausschaltung aller, die guten Beziehungen zwischen Fürst und Volk schädigenden Zwischenglieder.

---

1 L.Vo., Nr. 47, 14.6.1919, S. 1.
2 Die fürstlichen Sammlungen waren im Palais in der Rossau in Wien untergebracht.

1 Nicht sicher identifiziert, vermutlich Johann Gerold Beck.
2 LI LA RE 1919/2998 ad 71. Stenographische Bemerkung auf der letzten Seite. Die Eingabe wurde zusammen mit einem Bericht über den Besuch des Fürsten im Lande in den «Oberrheinischen Nachrichten» abgedruckt: ON, Nr. 46, 25.6.1919, S. 1-2 («Dem Landesfürsten zum Abschied»). Johann II. weilte vom 4.6. bis zum 23.6.1919 in Liechtenstein. Am 18.6. und am 20.6.1919 sprach die Volkspartei mit je einer Delegation beim Fürsten vor. Die Volkspartei war der Auffassung, dass der Landesfürst zu wenig bzw. zu einseitig Aufklärung über die Wünsche des Volkes erhalten habe. Am 20.6.1919 brachte die Deputation der Volkspartei mit dem gegenständlichen Dokument ihre bereits mündlich vorgetragenen Wünsche und Bitten schriftlich vor.

II. Wir bitten um eheste Revision der Verfassung in demokratischem Geiste, so dass das Band zwischen Fürst und Volk gerade dadurch inniger, im Sinne eines Volksfürstentumes geschlungen werde.
III. Wir hegen die Hoffnung, dass die Beamtenstellen, vor allem auch die des Regierungschefs, mit Landesbürgern parlamentarisch besetzt und dass die Gerichts- und Verwaltungsinstanzen ins Land verlegt werden.[3]
IV. Wir wünschen, dass die neue Strömung in gerechtem Verhältnisse zu Gesetzgebung, Verwaltung und Rechtsprechung zugelassen werde. Insbesondere bitten wir um allerhöchste Ernennung des von uns bereits vorgeschlagenen Kandidaten als fürstlichen Abgeordneten.[4]
V. Die Volkspartei ersucht Eure Durchlaucht, ihre Bestrebungen, den Verkehr und die Schulen zeitgemäss auszubauen, ganz besonders unterstützen zu wollen, damit unsere Arbeiter ihr Brot in der Heimat verdienen können.

Wir geben uns um so mehr der angenehmen Hoffnung hin, dass die angeführten Wünsche und Bitten erfüllt werden, als die Volkspartei die Hälfte des liechtensteinischen Volkes vertritt und eine Monarchie in Zentraleuropa um so sicherer Bestand hat, wenn sie im Sinne der zeitgemässen Postulate der Volkspartei ausgebaut wird und wenn sich die liechtensteinischen Vertreter an der Friedenskonferenz in Paris[5] auf einen modernen Standpunkt stellen können.

Euer Durchlaucht ganz ergenbste[6]

---

3 Gegen die Entscheidungen der Regierung stand das Rechtsmittel der Berufung, ab 1871 an die politische Rekursinstanz in Wien, offen. In Justizangelegenheiten fungierte das fürstliche Appellationsgericht in Wien als 2. Instanz und das k.k. Appellationsgericht für Tirol und Vorarlberg in Innsbruck bzw. das spätere Oberlandesgericht ebd. als 3. Instanz (kaiserliche Entschliessung vom 9.12.1817, Hofdekret vom 13.2.1818, JGS Nr. 1418, sowie Art. I des Staatsvertrages vom 19. Januar 1884 bezüglich der Justizverwaltung im Fürstentum Liechtenstein, LGBl. 1884 Nr. 8 bzw. öst. RGBl. 1884 Nr. 124). Die letzte Entscheidung durch das OLG Innsbruck – in einer Strafsache – erging am 26.7.1922.
4 Dr. Albert Schädler hatte im April 1919 sein Mandat niedergelegt. An seiner Stelle wurde Gustav Schädler (VP) zum fürstlichen Abgeordneten ernannt.
5 Das Fürstentum Liechtenstein wurde zu den Friedensverhandlungen in den Pariser Vororten nicht zugelassen.
6 Dorsalvermerk vom 25.6.1919, gez. «FL» (Franz von Liechtenstein?): «Durch die am 20. d.M. stattgehabte Audienz bei Sr. Durchlaucht dem reg. Fürsten erledigt.» – Die angestrebte Verfassungsreform entwickelte sich auch nach dem Besuch des Fürsten im Lande vorerst nicht weiter.

Dok. 116
Die französischen Behörden weisen den liechtensteinischen Staatsangehörigen Max Mündle mit seiner Familie aus dem Elsass aus und sequestrieren dessen Liegenschaften

Maschinenschriftliches Schreiben des liechtensteinischen Landesverwesers Prinz Karl von Liechtenstein, gez. ders., an die schweizerische Gesandtschaft in Paris[1]

26.6.1919

Max Mündle aus Mauren war durch 11 Jahre in St. Ludwig [St. Louis], Oberelsass, wohnhaft und hat dort den in seiner beiliegenden Eingabe[2] näher bezeichneten Besitz erworben.

Nach der Besetzung des Elsass durch Frankreich wurde Mündle samt seiner Familie ausgewiesen und soll ihm auch die Mieteinnahme aus seinen Häusern in St. Ludwig mit Beschlag belegt worden sein.

Eine h.ä. [hierämtliche] Mitteilung an das Generalkommando der IV. Armee in Strassburg vom 7. März 1919, dass das Fürstentum Liechtenstein neutral und von Deutschland unabhängig sei sowie dass Mündle Bürger der liechtenst. Gemeinde Mauren sei, scheint wirkungslos geblieben zu sein.[3]

Bei dem Umstande, als die Schweiz während des Krieges die Vertretung der Interessen Liechtensteins in Frankreich übernommen hat, beehrt sich die fürstl. Regierung die Schweiz. Gesandtschaft höflichst zu ersuchen, sich bei der französischen Regierung gef. dahin verwenden zu wollen, dass Max Mündle die Rückkehr nach St. Ludwig gestattet und ihm sein Besitztum wieder freigegeben oder im Falle, als die Rückkehr derzeit nicht in Frage kommen kann, ihm wenigstens das Erträgnis seines Besitzes in St. Ludwig nach seinem derzeitigen Aufenthaltsorte in Lörrach (Baden), Wallbrunnstr. 100, ausgefolgt werde.[4]

---

1   LI LA RE 1919/2918 ad 1160. Reingeschrieben von Anton Seger am 30.6.1919. Beiliegend eine französische Übersetzung des Dokumentes. Mündle wurde mit Schreiben der Regierung vom 26.6.1919 über den diplomatischen Vorstoss in Paris informiert; für den Notfall empfahl Landesverweser Karl von Liechtenstein eine Rückkehr nach Mauren (ebd.).
2   Besagte Eingabe vom 9.6.1919 wurde nicht aufgefunden.
3   Besagtes Telegramm wurde nicht aufgefunden.
4   Die schweizerische Gesandtschaft in Paris orientierte die liechtensteinische Regierung mit Note vom 16.9.1919 über die Auskunft des französischen Aussenministeriums, wonach Mündle in seiner Eigenschaft als österreichisch-ungarischer Staatsangehöriger am 15.3.1919 aus St. Ludwig ausgewiesen worden war (LI LA RE 1919/4622 ad 1160 (Aktenzeichen der Gesandtschaft). Demgegenüber betonte Landesverweser Prinz Karl von Liechtenstein mit Schreiben an die liechtensteinische Gesandtschaft in Bern vom 23.9.1919, dass Mündle zweifellos liechtensteinischer Staatsangehöriger sei und niemals das österreichische Staatsbürgerrecht besessen habe, und ersuchte darum, die Angelegenheit des Mündle «geeigneten Ortes neuerlich in Fluss zu bringen und möglichst nachdrücklich zu vertreten» (LI LA RE 1919/4622 ad 1160). Den Bemühungen der liechtensteinischen Gesandtschaft war jedoch vorerst kein Erfolg beschieden; 1921 drohte gar der Zwangsverkauf der sequestrierten Liegenschaften in St. Ludwig (LI LA RE 1921/4665; LI LA V 002/0875). Die Sequestration wurde erst 1922 aufgehoben (LI LA RE 1922/4494).

Dok. 117
Das «St. Galler Tagblatt» wundert sich, dass die Behörden dem blühenden Schmuggel zwischen Liechtenstein und der Schweiz auf der Luziensteig noch kein Ende bereitet haben

Kurzbericht im «St. Galler Tagblatt», nicht gez.[1]

25.7.1919

Aus Graubünden
a. Wie man vernehmen konnte, ist dem Stumpenhandel längs der Grenze von den Behörden ein Ende gemacht worden. Da ist es nun verwunderlich, dass dem Marktreiben auf der *Luziensteig* nicht ebenfalls ein Riegel gestossen wurde. Bis Maienfeld kommen täglich ganze Scharen Liechtensteiner mit Fuhrwerken, beladen mit Schuhen, Velos, Feldstecher, Fellen, Pferdedecken usw., das meistens als herrenloses österreichisches Heeresgut zu gelten hat und von Schmugglern ins kleine Fürstentum «hinübergerettet» wurde. Dafür handeln die Fremden, die sich über Abnahme nach Schweizerwährung nicht zu beklagen haben, ganze Fuder Tabak, Zigarren und anderes ein. Es darf hier festgestellt werden, dass auch schweizerische Grossisten an diesem Handel sich beteiligen.

Dok. 118
Die Regierung ersucht die Schweiz, Emil Beck als liechtensteinischen Geschäftsträger in Bern anzuerkennen

Schreiben von Landesverweser Prinz Karl von Liechtenstein an das Schweizerische Politische Departement, Abteilung für Auswärtiges (maschinenschriftlicher Entwurf von Prinz Eduard von Liechtenstein, Gesandter in Wien)[1]

5.8.1919

Entwurf des Einführungsschreibens der fürstlichen Regierung für Dr. Emil *Beck* bei der eidgenossenschaftlichen Regierung
Von dem Wunsche beseelt, die zwischen der Schweiz und dem Fürstentume Liechtenstein bestehenden freundschaftlichen Beziehungen in ihrem bisherigen glücklichen Bestande zu erhalten und deren gedeihliche Entwicklung zu fördern, hat Seine Durchlaucht der regierende Fürst [Johann II.] von Liechtenstein sich veranlasst gesehen, bei der schweizerischen Eidgenossenschaft in Bern eine fürstliche Gesandtschaft zu errichten und mit der Leitung derselben den fürstlichen Legationsrat Dr. Emil *Beck*, Privatdozent an der Universität in Bern, zu betrauen.[2]

---

1   «St. Galler Tagblatt», Nr. 172, 25.7.1919 (LI LA SgZs 1919).

1   LI LA SF 01/1919/ad 70. Der Entwurf wurde der Regierung durch Prinz Eduard übersandt mit Schreiben vom 1.8.1919 (LI LA SF 01/1919/070). Das Schreiben, das auch Entwürfe des Ernennungsschreibens und einer Kundmachung enthielt, traf in Vaduz am 5.8.1919 ein. Am 6.8.1919 wurde es durch Anton Seger ins Reine geschrieben.

2   Vgl. das Ernennungsschreiben vom 5.8.1919 (LI LA SF 01/1919/ad 70).

Im Sinne des mit der dortigen Note vom 19. Juni 1919, Zahl B 14/24 P 4. – 109/ LB.,[3] ausgesprochenen Wunsches wird Dr. Beck als Privatmann in seiner Eigenschaft als Schweizer Bürger auf die Vorrechte der Exterritorialität keinen Anspruch erheben.

Ich gestatte mir daher, an das geehrte schweizerische politische Department das ergebene Ersuchen zu richten, Herrn Dr. Emil Beck in seiner Eigenschaft als Geschäftsträger der Gesandtschaft des Fürstentumes Liechtenstein in Bern anzuerkennen, demselben eine wohlwollende Aufnahme und geneigtes Gehör zu gewähren und allem, was er im Auftrage der fürstlichen Regierung vorzubringen die Ehre haben wird, vollkommenen Glauben beimessen zu wollen.

Indem ich mich beehre, namens Seiner Durchlaucht des regierenden Fürsten Hochdessen besonderer Genugtuung Ausdruck zu geben, eine offizielle Vertretung des Fürstentumes in der benachbarten Eidgenossenschaft, mit welcher das Fürstentum so rege Beziehungen verbinden, errichtet zu sehen, benütze ich den Anlass zur erneuerten Versicherung meiner ausgezeichneten Hochachtung

Der Landesverweser:

Dok. 119
Liechtenstein kündigt den Zollvertrag mit Österreich

Schreiben von Prinz Eduard von Liechtenstein, Gesandter in Wien, an Theodor von Ippen, Leiter des deutschösterreichischen Staatsamts des Äusseren (maschinenschriftliche Abschrift zuhanden der Regierung)[1]

12.8.1919, Wien

Der Landtag des Fürstentumes Liechtenstein hat in seiner Sitzung vom 2. August 1919 einstimmig beschlossen,[2] «den im Jahre 1876 abgeschlossenen und seit 1919 provisorisch verlängerten Zollvertrag mit Österreich-Ungarn[3] im Verhandlungswege aufzukündigen.»

In Durchführung dieses Landtagsbeschlusses habe ich im Auftrage der fürstlichen Regierung die Ehre, hiemit den Zollvertrag zu kündigen.

---

3   LI LA SF 01/1919/ad 46, Verbalnote des Schweizerischen Politischen Departementes an Prinz Karl, 19.6.1919.

1   LI LA RE 1919/3979 ad 4/3761. Aktenzeichen: 219/2. Ein weiteres Exemplar unter LI LA V 003/0227. Das Schreiben wurde offenbar erst am 13.8.1919 verschickt. Die vorliegende Abschrift wurde am 13.8.1919 verschickt, langte mit dem Begleitschreiben (LI LA RE 1919/3978 ad 4/3761, Prinz Eduard an Regierung, 12.8.1919, mit Nachtrag vom 14.8.1919) am 17.8.1919 bei der Regierung ein, wurde in der Regierungssitzung vom 21.8.1919 zur Kenntnis genommen und anschliessend ad acta gelegt. Weitere Abschriften gingen am 13.8.1919 an Joseph Schumpeter, deutschösterreichischer Staatssekretär für Finanzen, Johann Zerdik, deutschösterreichischer Staatssekretär für Handel und Gewerbe, Industrie und Bauten, sowie an Emil Beck, Geschäftsträger in Bern.

2   LI LA LTA 1919/S04, Protokoll der Landtagssitzung, 2.8.1919.

3   Vertrag zwischen Seiner Majestät dem Kaiser von Österreich und apostolischen König von Ungarn und Seiner Durchlaucht dem souverainen Fürsten von Liechtenstein über die Fortsetzung des durch den Vertrag vom 5. Juni 1852 gegründeten Österreichisch-Liechtenstein'schen Zoll- und Steuervereines vom 2.12.1876, LGBl. 1876 Nr. 3. Liechtenstein hatte bei einer Besprechung in Feldkirch am 6.12.1918 mit Vertretern des Landes Vorarlberg das Weiterbestehen der Staatsverträge zwischen Österreich-Ungarn und Liechtenstein betreffend Zölle, Monopole, Verzehrungssteuern «provisorisch» anerkannt (LI LA RE 1918/5226 ad 2/5068).

Der Landtag hat bei diesem Anlass ebenfalls einstimmig erklärt, «dass weder durch den Auflösungsbeschluss noch durch die Auflösung des Vertrages selbst ein unfreundlicher Akt gegen Deutschösterreich begangen werden soll; einzig die Wahrung der vitalen Interessen des Landes veranlassen ihn zu diesem Beschlusse.»

Um in Ausführung dieses Teiles des Landtagsbeschlusses auch nur den Schein einer unfreundlichen Absicht bei dieser Kündigung eines durch viele Jahre erprobt gewesenen Verhältnisses zu vermeiden, beehre ich mich, zur näheren Begründung des Beschlusses auf meine in letzter Zeit mit dem Staatsamte für Finanzen geführten Verhandlungen bezüglich der Eindämmung des im Fürstentume überhandnehmenden Schmuggels hinzuweisen, welcher seinen Hauptgrund wohl in der Tatsache gehabt hat, dass dem Fürstentume die aus dem Zollvertrage gebührenden Einnahmen eine Zeit lang gar nicht zuflossen und in letzter Zeit nur in dem garantierten Mindestausmasse zukommen, während der gleiche Vertrag dem Lande nicht nur eine 350%ige Erhöhung der Zölle, sondern auch eine sehr fühlbare Erhöhung der Verzehrungssteuer und die gleichzeitige Münzunion eine furchtbare Devalierung seiner Valuta eingebracht hat, gegen welche die als schweres wirtschaftliches Hemmnis empfundenen Verfügungen der österreichischen Devisenzentrale leider keine Abhilfe brachten. Diesen schweren Opfern des kleinen Landes steht jedoch bei Aufrechterhaltung des Vertrages nicht einmal die Aussicht auf gleiche, geschweige denn auf höhere Einnahmen wie früher gegenüber.

Die fürstliche Regierung ist daher auch zu der Ansicht gekommen, dass die in letzter Zeit vereinbarte kostspielige Verstärkung der Finanzwache kaum genügen wird, um den aus der inneren Abwendung eines Grossteiles der liechtensteinischen Bevölkerung vom Zollvertrage und von der alleinigen wirtschaftlichen Orientierung des Fürstentumes nach Deutschösterreich entspringenden Hang zum Schmuggel wirksam zu bekämpfen, ohne im Lande selbst die schwersten politischen Wirkungen hervorzurufen.[4] Deutschösterreich wird voraussichtlich weit besser in der Lage sein, an der eigenen Grenze den Schmuggel einzudämmen. Das Fürstentum selbst muss bei Aufrechterhaltung des Vertrages bei den für Deutschösterreich höchst ungünstigen wirtschaftlichen Bedingungen des vor dem Abschluss stehenden Friedensvertrages dagegen weitere Zoll- und Steuererhöhungen gewärtigen, die seine Bewohner umso weniger tragen können, als sie gezwungen sind, einen grossen Teil ihrer Lebensbedürfnisse mit der entwerteten deutschösterreichischen Krone sich in der Schweiz und anderen Ländern zu beschaffen.

Diese Gründe zwingen die fürstliche Regierung, dem einstimmigen Beschluss des Landtages beizutreten und das durch nahezu 50 Jahre bestandene enge wirtschaftliche Verhältnis des Fürstentumes mit Österreich-Ungarn bzw. mit Deutschösterreich mit lebhaftem Bedauern zur Lösung zu bringen. Sie legt aber besonderen Wert darauf, die Beziehungen beider Länder und ihrer Bewohner auch in Hinkunft auf gleich herzlicher Stufe und in freundschaftlicher Weise zu gestalten. Im Sinne meiner heutigen Vorsprache[5] wäre ich sehr dankbar, wenn mir Gelegenheit geboten würde, in den allernächsten Tagen mit den Vertretern der interessierten d.ö. Stellen in einer mündlichen Aussprache festlegen zu können, bis zu welchem tunlichst nahen Zeitpunkte es der d.ö. Regierung technisch möglich sein wird, ihren Grenzschutz effektiv hinter die Vorarlberger Grenze zu verlegen, bis zu welchem Zeitpunkte die bisherige Grenzbewachung liechtensteinischerseits loyal aufrecht zu halten versucht werden wird und in welcher Weise es weiters möglich sein wird, ein provisorisches Abkommen über gegenseitigen Warenaustausch

---

4 Vgl. LI LA V 003/0346, Prinz Karl von Liechtenstein an Gesandtschaft Wien, 25.7.1919.
5 Prinz Eduard hatte am 12.8.1919 bei Theodor von Ippen vorgesprochen und das Kündigungsschreiben übergeben.

und über die Einräumung des kleinen Grenzverkehrs zu treffen, zu dessen Anbahnung der Landtag die fürstliche Regierung eingeladen hat und zu welchem einzelne für Deutschösterreich gewiss wertvolle Exportprodukte des Fürstentumes auch für Deutschösterreich einen Anreiz bieten.[6] Ich erlaube mir beizufügen, dass der Landtag die Zuziehung von seinerseits gewählten Vertretern zu diesen Verhandlungen wünscht; ohne diesen Vertretern vorzugreifen, möchte ich in möglichst kurzer Frist einige Grundzüge im Gegenstande besprechen, um ehestens meiner Regierung genaue Daten zur Verfügung stellen zu können.

Je eine Abschrift dieses Schreibens ergeht gleichzeitig an den Herrn Staatssekretär für Finanzen [Joseph Schumpeter] und an den Herrn Staatssekretär für Handel und Industrie [Johann Zerdik].

Genehmigen Herr Gesandter den Ausdruck meiner vorzüglichsten Hochachtung.

Dok. 120
Die liechtensteinische Gesandtschaft in Wien ersucht die deutsche Regierung um den Bezug von Kunstdünger und Koks im Kompensationsweg gegen die Lieferung von Vieh

Maschinenschriftliche Note der liechtensteinischen Gesandtschaft in Wien, gez. Prinz Eduard von Liechtenstein, an die deutsche Regierung, über den deutschen Geschäftsträger in Wien, Wilhelm von Stolberg-Wernigerode[1]

14.8.1919, Wien

Im Auftrage meiner Regierung[2] beehre ich mich, an die Deutsche Regierung die ergebene Anfrage zu stellen, ob die Deutsche Regierung geneigt und in der Lage wäre, die Deckung des an sich geringen Bedarfes des Fürstentumes Liechtenstein an Kunstdünger und Koks im Kompensationswege zu übernehmen.

Die liechtensteinische Landwirtschaft leidet seit geraumer Zeit infolge des Fehlens künstlicher Düngemittel schwere Not. Vor dem Kriege und noch während der ersten Zeit des Krieges wurden für die liechtensteinische Landwirtschaft jährlich grosse Mengen derselben durch die Thomasphosphatfabriken, Gen.m.b.H. in Berlin W. 35 und das Kalksyndikat G.m.b.H. in Berlin S.W. Dessauerstrasse 28/29 [Kalisyndikat GmbH] aus Deutschland eingeführt. Im Verlaufe des vergangenen Krieges war es nicht mehr mög-

---

6 Zu dieser Konferenz vgl. LI LA V 003/0227, Protokoll der Konferenz im Staatsamte für Äusseres vom 18.8.1919 über die Lösung des Zollvertrages.

1 LI LA V 003/0638 (Aktenzeichen der liechtensteinischen Gesandtschaft: 225/2). Mundiert und expediert durch Josef Martin am 14.8.1919. Abschrift der Note unter LI LA SF 13/1919/3982. Prinz Eduard teilte der liechtensteinischen Regierung am 14.8.1919 mit, dass der deutsche Geschäftsträger Stolberg-Wernigerode eine rasche Erledigung sowie eine energische Förderung der Angelegenheit zugesagt habe (LI LA V 003/0638r Aktenzeichen der Gesandtschaft: 225/2)).

2 Die liechtensteinische Regierung hatte mit Schreiben vom 6.8.1919 die liechtensteinische Gesandtschaft in Wien ersucht, mit den deutschen Behörden baldigst Verhandlungen anzubahnen, damit das im Fürstentum benötigte Koks aus Deutschland im Kompensationsverkehr gegen Vieh bezogen werden könne (LI LA V 003/0637; Aktenzeichen der Gesandtschaft: 227/1. Aktenzeichen der Regierung: 3800). Ein gleichgelagertes Schreiben an die Gesandtschaft betreffend den Bezug von deutschen Düngemitteln war am 2.8.1919 ergangen (LI LA V 003/0638; Aktenzeichen der Gesandtschaft: 225/1. Aktenzeichen der Regierung: 3755).

lich, Düngemittel von auswärts hereinzubekommen. Auch die zuletzt im vergangenen Frühjahr in dieser Richtung unternommenen Schritte scheiterten sowohl in Deutschland als auch in der Schweiz. Der dringendste Bedarf der Landwirtschaft des Fürstentumes beträgt 40 Waggons Thomasschlaken.

Desgleichen muss die fürstliche Regierung der Beschaffung von Kohle für die kommende Heizperiode ihr Augenmerk zuwenden. In früheren Jahren wurden die im Lande benötigten Kohlen von Vorarlberger Grossfirmen gekauft, wo es sich wiederum zum grossen Teile um Deutsche Ware handelte. Unter den obwaltenden Verhältnissen muss es wohl als ausgeschlossen gelten, aus Österreich Kohlen zu beziehen. Auch die in Böhmen erzeugte Kohle wird sich für Zwecke des Fürstentumes wenig eignen, da für das Land vorzüglich Koks in Betracht kommt. Benötigt werden nach einer vorläufigen Schätzung (nach dem letztjährigen Bezuge) etwa 25 Waggons Koks. Besonders gedient wäre den Verbrauchern, wenn Zechenkoks in Nussgrösse geliefert werden könnte.

Für die Lieferung beider Artikel durch Deutschland ist die fürstliche Regierung bereit, im Kompensationswege liechtensteinisches Vieh nach Deutschland zu exportieren, wobei die fürstliche Gesandtschaft darauf hinzuweisen sich erlaubt, dass das liechtensteinische Vieh vor dem Kriege von deutschen Händlern sehr gesucht war, dass es sich fast ausschliesslich um hochwertiges Zuchtvieh handelt und dass im Lande schon seit Jahren keine ansteckende Viehseuche mehr herrschte.

Die fürstliche Regierung glaubt daher die Ansicht vertreten zu dürfen, dass dieser Austausch nicht nur zum Vorteile des Fürstentumes, sondern in gleichem Masse zu dem Deutschlands gereicht und beehre ich mich, meiner zuversichtlichen Erwartung einer entgegenkommenden Aufnahme meines Ersuchens Ausdruck zu geben. Ich wäre namentlich in der Frage der Kunstdünger-Lieferung für eine möglichst rasche aufrechte Erledigung dankbar, da die bedrängte Landwirtschaft des Fürstentumes eine Düngung des Bodens gleich nach der im Zuge befindlichen Ernte erfordert, zumal im Lande früher Frost die späte Einackerung unmöglich macht.

Was die Lieferung von Koks anbelangt, so wird die fürstliche Regierung sofort nach der Mitteilung, dass die deutschen Behörden mit der kompensationsweisen Abgabe prinzipiell einverstanden sind, den Bedarf des Landes definitiv feststellen und werde ich der Deutschen Regierung die nötigen Angaben ungesäumt zugehen lassen.[3]

Der fürstliche Gesandte:

---

3 Mit Note vom 19.9.1919 teilte der deutsche Geschäftsträger in Wien Stolberg-Wernigerode dem liechtensteinischen Gesandten Prinz Eduard mit, dass es der deutschen Regierung leider nicht möglich sei, die Lieferung von Koks in das Fürstentum Liechtenstein und zwar auch nicht im Kompensationswege zu übernehmen. Der Reichskommissar für die Kohlenverteilung habe ausgeführt, dass die Lage in der deutschen Inlandsversorgung, besonders in Süddeutschland, derart unbefriedigend sei, dass er die Übernahme nicht verantworten könne. Auch dort, wo schon staatliche Kompensationsverträge bestünden, wie z.B. mit der Schweiz, könnten die deutschen Brennstofflieferungen nur zu einem Bruchteil ausgeführt werden, sodass auch aus diesem Grunde die Übernahme neuer Verpflichtungen ausgeschlossen erscheine. Wegen der gewünschten Lieferung von Kunstdünger behielt sich die deutsche Regierung eine weitere Mitteilung vor (LI LA V 003/0638; Aktenzeichen der deutschen Botschaft: D 1120. Aktenzeichen der liechtensteinischen Gesandtschaft: 225/4). Am 22.10.1919 teilte die deutsche Botschaft in Wien dem liechtensteinischen Gesandten Prinz Eduard mit, dass die deutsche Regierung dem Wunsch der liechtensteinischen Regierung auf Lieferung von 40 Waggons Thomasschlacke aus Deutschland zur Zeit leider nicht nachkommen könne, da die Produktion an Thomasmehl aus dem linksrheinischen Gebiet nur in ganz geringem Umfang der deutschen Landwirtschaft zugeführt werden könne und diese in erster Linie ihren dringendsten Bedarf erhalten müsse. Aus dem gleichen Grunde habe auch dem Wunsch Österreichs auf Zuteilung von 100 Waggons Thomasmehl nicht entsprochen werden können (LI LA V 003/0639; Aktenzeichen der deutschen Botschaft: D 1409. Aktenzeichen der liechtensteinischen Gesandtschaft: 366/3).

Dok. 121
Die Regierung legt dem Landtag einen Gesetzentwurf betreffend die Staatsbürgerschaft der fürstlichen Agnaten vor

Maschinenschriftliche Regierungsvorlage zuhanden des Landtags, nicht gez.[1]

o.D. (vor dem 25.8.1919)[2]

Gesetz
vom ... 1919 (L.G.Bl. Nr. ...), mit dem in Bezug auf die Agnaten der regierenden Linie[3] des im Fürstentume Liechtenstein herrschenden Fürstenhauses einzelne Bestimmungen des Gemeindegesetzes vom 24. Mai 1864, Nr. 4, LGBl., authentisch erklärt und ergänzt werden

Auf Grund des § 24 der Verfassungsurkunde vom 26. September 1862[4] verordne ich mit Zustimmung des Landtages wie folgt:

«Sämtliche vom Fürsten Johann I. (gest. 1836) abstammende Mitglieder des liechtensteinischen Fürstenhauses, zufolge dieser Abstammung liechtensteinische Staatsbürger,[5] sind unbeschadet des ihnen[6] als solchen gewährleisteten, ihre unverjährbare liechtensteinische Staatsbürgerschaft nicht beeinflussenden Rechtes auf den allfälligen Besitz einer auswärtigen Staatsbürgerschaft, der Verbindlichkeit, einer liechtensteinischen Gemeinde als Bürger anzugehören, enthoben. Es entfallen daher ihnen gegen über alle an die Gemeindezugehörigkeit eines Staatsbürgers vom Gemeindegesetze geknüpften Rechtsfolgen.

Sie sind von den – nicht aus allgemeinen staatsrechtlichen Pflichten resultierenden – Verbindlichkeiten der niedergelassenen liechtensteinischen Staatsbürgerschaft befreit.»[7]

Begründung

Im monarchischen Staate sind die Agnaten Untertanen des Landes, zu dessen Regierung das Fürstenhaus, dem sie angehören, berufen ist. Ihre Staatsangehörigkeit hat die ihnen in gleicher Weise wie den anderen Staatsbürgern übergeordnete Staatsoberhaupte gemeinsame Abstammung von dem Erwerber der Staatsgewalt zur *ausschliesslichen Voraussetzung*.[8]

Die Staatsangehörigkeit der Agnaten des regierenden Fürstenhauses ist daher *vollkommen unabhängig* von den Bedingungen, an die das Gesetz die Staatsbürgerschaft der anderen Untertanen knüpft, also im Fürstentume Liechtenstein unabhängig von der

---

1 LI LA LTA 1919/L26. Weitere Exemplare ebd.
2 Am 25.8.1919 wurde vom Landtagspräsidium die Einladung bzw. die Tagesordnung für die Landtagssitzung am 28.8. mit der betreffenden Regierungsvorlage als Beilage versendet (ebd.).
3 Handschriftlich durchgestrichen: «der regierenden Linie».
4 Nach § 24 Abs. 1 der Verfassung von 1862 durfte ohne Mitwirkung und Zustimmung des Landtages kein Gesetz gegeben, aufgehoben, abgeändert oder authentisch erklärt werden (LI LA SgRV 1862/5).
5 Die Wortfolge «zufolge dieser Abstammung liechtensteinische Staatsbürger» wurde handschriftlich zwischen Gedankenstriche gesetzt.
6 Handschriftlich eingefügt: «gesetzlich».
7 Zur endgültigen Fassung des Textes siehe das Schreiben des liechtensteinischen Gesandten in Wien, Prinz Eduard von Liechtenstein, an die liechtensteinische Regierung bzw. Landesverweser Prinz Karl von Liechtenstein vom 1.9.1919 (LI LA LTA 1919/L26 (Aktenzeichen der Gesandtschaft in Wien: 92/4. Aktenzeichen der Regierung: 4350 ad 4322)).
8 Der Satz ergibt keinen Sinn. Gemeint ist wohl, dass auch bei den Agnaten (wie bei den andern Staatsbürgern) die Abstammung die ausschliessliche Voraussetzung für die Staatsangehörigkeit sei mit der Besonderheit, dass die Agnaten vom Erwerber der Staatsgewalt abstammen.

Zugehörigkeit zu einer Gemeinde, sei es als Gemeindebürger, sei es als niedergelassener Staatsbürger im Sinne des liechtensteinischen Gemeindegesetzes.

Die – auf die eingangs angeführte staatsrechtliche Voraussetzung ausschliesslich zurückführende – Staatsangehörigkeit der Agnaten kann daher auch der (im § 13 des Gesetzes vom 28. März 1864, LGBl. Nr. 3,[9] vorgesehenen) Verjährung nicht unterliegen, weil – durch § 3 des Verfassungsgesetzes[10] staatsgrundrechtlich gewährleistet – aus ihrem Kreise, dem sie für ihre Lebensdauer angehören, der künftige Monarch hervorgeht.

Wenngleich nun die Auslegung der einschlägigen Gesetznormen an der Hand des Verfassungsgesetzes und der oben angeführten allgemein anerkannten staatsrechtlichen Erwägungen zu dem in dem Gesetzentwurfe niedergelegten Ergebnisse führen müsste, schien es doch, zumal nach Lage der Verhältnisse für die Agnaten der regierenden Linie des Fürstenhauses regelmässig bestehenden Notwendigkeit, ihren Aufenthalt ausser Landes zu nehmen, zur Hintanhaltung der Möglichkeit einer verschiedenartigen Interpretation geboten, so wie dies im vorliegenden Entwurfe geschehen, die einschlägigen Bestimmungen des Gemeindegesetzes im Sinne des § 24 der Verfassung authentisch zu erklären. Hieran knüpft sich naturgemäss die am Schlusse des Entwurfes niedergelegte Gesetzbestimmung, nach welcher die Agnaten des fürstlichen Hauses auch als Niedergelassene von der *Verpflichtung* zur Teilnahme an Gemeindeversammlungen und von der passiven Wahlpflicht befreit sind, ohne dass ihr Recht zur Teilnahme an der Gemeindeversammlung oder ihr Recht gewählt zu werden, dadurch geschmälert werden soll.[11]

Dok. 122
Das «Liechtensteiner Volksblatt» berichtet über eine Protestversammlung in Eschen gegen die Auflösung des Zollvertrags mit Österreich

Artikel im «Liechtensteiner Volksblatt»[1]

10.9.1919

Protestversammlung des Unterlandes am 8. September
In wenigen Stunden zusammengerufen versammelten sich am Montag in Eschen etwa 300 Männer des Unterlandes, um gegen den voreiligen Entschluss des Landtages, den

---

9   Gemäss § 13 Satz 1 des Gesetzes vom 28.3.1864 über die Erwerbung und über den Verlust des liechtensteinischen Staatsbürgerrechts, LGBl. 1864 Nr. 3/1, trat der Fall der Verjährung ein, wenn ein Staatsbürger, welcher in einem auswärtigen Staat nach den dortigen Gesetzen das Staatsbürgerrecht erworben hatte, vom Tag des Erwerbs an angerechnet, 30 Jahre verstreichen liess, ohne seinen Heimatschein erneuern zu lassen.

10 Laut § 3 Satz 1 der Verfassung von 1862 war die Regierung erblich im Fürstenhause Liechtenstein nach Massgabe der Hausgesetze.

11 Der Gesetzentwurf wurde vom Landtag in der öffentlichen Sitzung vom 28.8.1919 – nach ausführlicher Begründung durch Prinz Eduard – einstimmig angenommen (LI LA LTA 1919/S04). Fürst Johann II. bedankte sich mit Telegramm vom 30./31.8.1919 für die «loyale und patriotische Haltung» des Landtags (LI LA LTA 1919/L26). Vgl. schliesslich das Gesetz vom 1.9.1919, mit dem in Bezug auf die Agnaten des im Fürstentume Liechtenstein herrschenden Fürstenhauses einzelne Bestimmungen des Gemeindegesetzes vom 24.5.1864, LGBl. 1864 Nr. 4, authentisch erklärt und ergänzt werden, LGBl. 1919 Nr. 10.

1   L.Vo., Nr. 72, 10.9.1919, S. 2-3.

Zollvertrag «sofort zu kündigen», Stellung zu nehmen.[2] Die ganze Versammlung nahm einen ruhigen, würdigen Verlauf, und es wurde folgende Resolution gefasst:

«Die heute im Kreuz in Eschen versammelten zirka 300 Bürger des Unterlandes haben nach Anhörung mehrerer Referate über unser gegenwärtiges Zollverhältnis und nach gewalteter reger Diskussion folgende

Resolution

gefasst:

Die versammelten Wähler ersuchen durch die Ortsvorsteher und die gewählten Vertreter die fürstliche Regierung dahin zu wirken, dass die durch die kürzlich erfolgte Sperre für das Unterland ganz unhaltbar gewordenen Zustände möglichst sofort beseitigt werden.[3]

Die Versammlung ist der Ansicht, dass der alte Zustand wieder in Kraft gesetzt und solange beibehalten werde, bis neue Verträge ausgearbeitet sind.

Die Versammlung fordert, dass die Regierung Massnahmen trifft, dass die Finanzwache auch in Balzers wieder ihres Amtes walten kann, und dass das Oberland die gleichen Pflichten wie das Unterland hat.»[4]

In der Versammlung wurde auch der Wunsch ausgesprochen und ihm lebhaft zugestimmt, das Unterland solle mit den Oberland-Gemeinden Fühlung nehmen.

Zu beachten ist, dass wir in den Feldkircher Geschäftsleuten Bundesgenossen haben im Wunsche nach möglichst regem Warenaustausch. Die Feldkircher werden sich jedenfalls auch bemühen, einen geregelten Verkehr zu bewirken.

Unserem Landtage aber ist der Vorwurf, wieder einmal voreilig gehandelt zu haben, nicht zu ersparen. Die Abgeordneten sollten eben mit ihren Wählern mehr Fühlung nehmen und nicht gar zu selbstherrlich vorgehen.[5]

---

2 LI LA LTA 1919/S04, Protokoll der Landtagssitzung, 2.8.1919.
3 Nach der Kündigung des Zollvertrags durch Liechtenstein hatte die Vorarlberger Landesregierung per 1.9.1919 verfügt, dass bis zur endgültigen Verlegung der Zollgrenze die Ausfuhr sämtlicher Waren nach Liechtenstein bewilligungspflichtig sei (LI LA RE 1919/4268 ad 4, Telegramm Vorarlberger Landesregierung an liechtensteinische Regierung, 1.9.1919).
4 Die Resolution wurde von einer Delegation auch der Regierung unterbreitet (LI LA SF 27/1919/4424a ad 4, Aktennotiz Regierung, 9.9.1919).
5 Diese Bemerkung des «Liechtensteiner Volksblatts» gab Anlass zu einer kleinen Pressekontroverse, vgl. L.Vo., Nr. 73, 13.9.1919, S. 2 («Feststellung»); O.N., Nr. 69, 13.9.1919, S. 2 («Die Volksversammlung in Eschen»); L.Vo., Nr. 73, 13.9.1919, S. 2 («Unterland – Zollvertrag»).

Dok. 123
Die Firma Jenny, Spoerry & Cie spricht sich für den Zollanschluss Liechtensteins an Deutschösterreich aus

Maschinenschriftliches Schreiben mit handschriftlichen Ergänzungen der Firma Jenny, Spoerry & Cie an die liechtensteinische Regierung[1]

16.9.1919, Ziegelbrücke (Kt. Glarus)

Unser Herr Fritz Spoerry in Vaduz hat uns davon unterrichtet, dass es Ihrer hohen Regierung erwünscht wäre, unsere Ansicht als Industrielle im Lande über die Frage des Anschlusses des Fürstenthums an die Schweiz für das Zoll-, Post- und Telegrafenwesen zu vernehmen. – [2]

Wir kommen diesem Wunsche gerne nach und teilen ihnen mit, dass wir vom Standpunkte unserer Industrie den Anschluss nicht besonders[3] begrüssen könnten. – Die schweizerische Textilindustrie ist bekanntlich im Verhältnis zur Einwohnerzahl der Schweiz im Grunde viel zu gross und leistungsfähig und sie ist demzufolge in ihrer Hauptsache auf den Export angewiesen. – Der Export für ein Binnenland, wie die Schweiz es ist, war je und je eine schwere Aufgabe für jeden Industriellen und der Ausblick auf künftige Zeiten ist keineswegs ermutigend, nachdem überall die Tendenz vorherrscht, in erster Linie die einheimische Industrie auszubauen oder wenigstens zu schützen. –

Wir fürchten im Gegenteil, es werde die schweizerische Textilindustrie in Zukunft einen zum Mindesten ebenso schweren Stand im Welthandel haben, als es in den Vorkriegsjahren der Fall war, und es ist demnach ein Zuwachs darin nicht erwünscht. –

Dem gegenüber steht Deutsch-Österreich einschl. Vorarlberg entschieden besser da, weil hier im Vergleich zur Gesamt-Einwohnerzahl keine übermässig grosse Textilindustrie vorhanden ist und demnach für unsere Fabriken in Ihrem Fürstenthume beim Zollanschluss an Deutsch-Österreich die Lebensfähigkeit besser bewahrt erscheint. –

Das sind die Gesichtspunkte, die sich uns als Industrielle in durchaus objectiver Beurteilung gegenüber einem Zollanschluss an die Schweiz aufdrängen. –

Eine Beurteilung vom finanzwirtschaftlichen Standpunkte aus dürfte wahrscheinlich zu einem ähnlichen Schlusse führen, denn das Problem der Valuta-Regulierung ist ein überaus schwieriges und wäre schwerlich anders als mit grossen finanziellen Opfern von Seite des Fürstenthums zu lösen, ganz abgesehen davon, als der Grenzschutz beim Anschluss an die Schweiz für diese eine ungleich schwierige und auch unverhältnismässig kostspieligere Aufgabe werden würde, als es bis jetzt mit der Rheingrenze der Fall ist. – Alle diese Mehrkosten gingen selbstverständlich auch wieder zu Lasten des Fürstenthums. –

---

1   LI LA RE 1919/4641 ad 4.
2   Der Landtag hatte am 2.8.1919 beschlossen, den 1876 mit Österreich abgeschlossenen und 1918/1919 provisorisch verlängerten Zollvertrag zu kündigen. Gleichzeitig war die Regierung ersucht worden, mit Deutschösterreich Verhandlungen wegen eines provisorischen Abkommens über den gegenseitigen Verkehr und Warenaustausch aufzunehmen; ebenso mit der Schweiz für die Zeit bis zu einem definitiven Zollanschluss (LI LA LTA 1919/S04). Vgl. in diesem Zusammenhang das schweizerisch-liechtensteinische Übereinkommen vom 3.11.1921 betreffend die Besorgung des Post-, Telegraphen- und Telephondienstes im Fürstentum Liechtenstein durch die schweizerische Postverwaltung und schweizerische Telegraphen- und Telephonverwaltung, LGBl. 1922 Nr. 8, sowie den schweizerisch-liechtensteinischen Zollanschlussvertrag vom 29.3.1923, LGBl. 1923 Nr. 24.
3   Handschriftlich eingefügt: «besonders».

Gefühlsmässig geurteilt und lediglich die gute Nachbarschaft sowie die geographische Lage des Fürstenthums betrachtet, so müssten wir freilich einem Anschluss ohne Weiteres zustimmen, doch wissen wir sehr wohl, dass Gefühlssache und Staatsraison keine leicht zu vereinbarende Dinge sind, und schon gar nicht, wenn die finanzielle Seite für das Land als solches sowie für seine Industrie von grossem Nachteil begleitet sein würde. –

Indem wir bitten, diese freimütige Meinungsäusserung als solche hinzunehmen und ihr freundliche Beachtung zu schenken, verbleiben wir mit dem Ausdruck unserer vorzüglichen Hochachtung.[4]

Wir möchten uns in der ganzen Frage neutral verhalten, schliesslich werden wir sowohl im schweizerischen als deutschösterreichischen Zollgebiet nach und nach die Fabriken wieder in Gang bringen, aber heute sind die Verhältnisse noch zu unabgeklärt, um ein abschliessendes Urteil pro und contra zu fällen.[5]

Dok. 124
Prinz Eduard schlägt dem Fürsten vor, dass der liechtensteinische Gesandte in Wien als Leiter der Aussenpolitik sowie als Schaltstelle zwischen dem Fürsten und der Regierung in Vaduz fungieren soll

Schreiben von Prinz Eduard von Liechtenstein, liechtensteinischer Gesandter in Wien, an Fürst Johann II.[1]

21.9.1919, Seebenstein (Niederösterreich)

Euere Durchlaucht!
Euere Durchlaucht haben meinen bei Euerer Durchlaucht erliegenden Bericht vom 7. September 1919, Zahl 237/1[2] in Angelegenheit der vom Herrn Landesverweser [Prinz Karl von Liechtenstein] beantragten fürstlichen Verordnung über die Kompetenz der fürstlichen Gesandtschaft in Wien noch nicht zu unterzeichnen geruht und mündlich Bedenken gegen den § 2 der Verordnung ausgesprochen.[3] Es hängt diese Frage auch

---

4   Vgl. die neuerliche Stellungnahme der Firma Jenny, Spoerry und Cie, Ziegelbrücke, gegenüber der Regierung vom 8.12.1919 zur zollvertraglichen Ausrichtung Liechtensteins (LI LA RE 1919/6050 ad 0004): Die Firma erklärte, dass eine Stellungnahme zum jetzigen Zeitpunkte schwer falle, solange die Frage des Anschlusses Vorarlbergs an die Schweiz nicht geklärt sei. Man gebe zwar zu, dass das bisherige Absatzgebiet immer das nahe Vorarlberg und Österreich-Ungarn gewesen sei. Es sei angesichts des Zerfalls der früheren Monarchie nicht vorauszusehen, inwieweit sich die alten Beziehungen aufrechterhalten liessen. Beim Zollanschluss an die Schweiz käme man in die Lage der schweizerischen Industrie, die in der Hauptsache auch auf den Export angewiesen sei.
5   Dieser Absatz wurde handschriftlich hinzugefügt.

1   LI LA V 003/1167. Aktenzeichen der Gesandtschaft: 237/2. Eine Abschrift des Schreibens ging gleichzeitig an Prinz Franz (LI LA V 003/1167). Ein Entwurf in LI LA V 003/1167.
2   LI LA V 003/1167, Prinz Eduard an Johann II., 7.9.1919.
3   Prinz Karl hatte Anfang August dem Fürsten Entwürfe der Amtsinstruktionen für die Gesandtschaft in Wien und die Gesandtschaft in Bern vorgelegt (LI LA SF 01/1919/060, Entwürfe fürstliche Verordnungen, o.D.; LI LA SF 01/1919/ad 60, Prinz Karl an Johann II., 11.8.1919). Die Amtsinstruktion für die Gesandtschaft Wien sah in § 2 vor: «Die Gesandtschaft vermittelt den gesamten Verkehr der fürstlichen Regierung mit Seiner Durchlaucht dem regierenden Fürsten.»

mit jenem Punkte meines zuliegenden Berichtes vom 8. September 1919, Zahl 268/1, betreffend Abtrennung der Domänenverwaltung Vaduz von der fürstlichen Regierung zusammen, bezüglich dessen Euere Durchlaucht laut Marginalbemerkung auf Seite 3 noch Aufklärung wünschen.[4]

Ich erlaube mir Nachstehend meine gegenständlichen Gedanken Euerer Durchlaucht zu entwickeln, wobei ich bitte, daran festzuhalten, dass dieselben nicht von der Tatsache beeinflusst sind, dass ich derzeit der Gesandte Euerer Durchlaucht in Wien bin, sondern dass mich lediglich die Absicht leitet, die durch die politischen Verhältnisse gebotene Neuorganisation der Verwaltung des Landes im Interesse desselben auszubauen und die Beziehungen zwischen dem Lande und seinem Souverän möglichst innig zu gestalten, wobei ich mich wohl auf gewisse, in der politischen Verwaltung gewonnene Erfahrungen und auf im Lande gemachte Beobachtungen stützen zu können glaube.

I.

Die Gestaltung der politischen Verhältnisse in Österreich hat die Notwendigkeit gebracht, die Souveränität des Landes durch Schaffung auswärtiger Vertretungen zu betonen, einerseits weil das Land selbst in der begreiflichen Besorgnis, als zu Deutschösterreich gehörig angesehen zu werden und dadurch in seiner wirtschaftlichen Entwicklung gehemmt zu sein, dies wünschte, andererseits weil gehofft wurde, darin eine gewisse Gewähr für die Sicherung des fürstlichen Besitzes im altösterreichischen Gebiete zu finden. Es wurde daher an die Errichtung von Gesandtschaften in Wien und Bern geschritten, die Accreditierung des Wiener Gesandten für Deutschland ist erfolgt, eine diplomatische oder konsularische Vertretung in Prag geplant, die Accreditierung eines Vertreters in Paris steht über Anregung des französischen Gesandten in Wien [Henri Allizé] derzeit in Erwägung und an die Schweiz wurde wegen der Übernahme der Vertretung der liechtensteinischen Interessen in den übrigen Staaten, – allerdings bisher ohne Erfolg – herangetreten. Jedenfalls ist beabsichtigt, die bisher der österreichungarischen Monarchie übertragen gewesene Vertretung dieser Interessen nicht mehr Deutschösterreich anzuvertrauen. Dies bedeutet, dass das Fürstentum Liechtenstein trotz seiner Kleinheit eine gewisse eigene Aussenpolitik zu entwickeln beabsichtigt, ja geradezu dazu gezwungen ist, weil die Auflösung seiner mit dem alten Österreich bestandenen Verträge, insbesonders des Zollvereines und der Münzunion[5] das Eingehen neuer Vereinbarungen mit den verschiedensten Staaten geradezu verlangt, wenn die Bevölkerung nicht wirtschaftlich, ja geradezu physisch zu Grunde gehen soll. Die Leitung dieser Aussenpolitik mit ausgesprochen nur rein wirtschaftspolitischen Zielen muss aber in *einer Hand* liegen, umsomehr als die dem Lande zur Verfügung stehenden diplomatischen Kräfte nicht die mindeste Vorbildung mitbringen, ja selbst in der einfachsten Aktenbehandlung gänzlich unerfahren sind und ohne zielbewusste Leitung ihren Zweck trotz der erheblichen Kosten nicht erfüllen werden; bei aller Feindschaft gegen übertriebenen Bürokratismus ist aber eine gedeihliche Zusammenarbeit verschiedener Stellen ohne eine gewisse harmonische Anleitung und Beeinflussung nicht möglich und versagt der Apparat vollkommen, wenn beim Wechsel der beteiligten Personen die persönliche Erinnerung des Einzelnen ebenfalls entfällt. Der Leiter dieser Aussenpolitik muss sich daher erst seinen Apparat und den dazu gehörigen Beamtenkörper bilden und schulen.

---

4   Nicht aufgefunden.
5   Vertrag zwischen Sr. Majestät dem Kaiser von Österreich etc. etc. etc. und Sr. Durchlaucht dem souverainen Fürsten von Liechtenstein, den Beitritt Sr. Durchlaucht zu dem österreichischen Zoll- und Steuergebiete betreffend vom 5.6.1852 (LI LA SgRV 1852). Gemäss Artikel 12 des Zollvertrags war Liechtenstein an das Münzsystem Österreichs gebunden.

Die Vertretung des Landes nach aussen obliegt jedoch nach der Verfassung dem Landesfürsten und daher sind auch früher bis zum Kriege alle diesbezüglichen Emanationen des Landes von der fürstlichen Hofkanzlei erfolgt, die von Euerer Durchlaucht ihre Weisungen erhielt und mit dem k.u.k. Ministerium des Äusseren bei sich ergebender Gelegenheit in Verbindung trat. Der Justiz- und Zollvertrag[6] z.B. wurde namens des Fürstentumes vom Grafen [Clemens von] *Westphalen* verhandelt und unterfertigt, die Additionalkonvention zu Letzterem[7] von Hofrat [Hermann] von *Hampe*.

Es ist nur naturgemäss, dass diese Agenden nunmehr von einem diplomatischen Organ des Fürstentumes besorgt werden und zwar von jenem, welches durch die geografische Lage seines Sitzes die Möglichkeit hat, mit Euerer Durchlaucht im regsten persönlichen Kontakte zu stehen, also derzeit dem Wiener Gesandten, welcher überdies augenblicklich der rangälteste diplomatische Beamte des Landes ist.

Es ist selbstverständlich, dass die fürstliche Regierung, insbesondere ihr Chef, der Landesverweser, die Grundzüge aller aussenpolitischen Aktionen nicht nur kennen, sondern nach den Stimmungen im Lande und den wirtschaftlichen Erfordernissen auf dieselben einen bestimmenden Einfluss ausüben muss. Zur eigenen Ausarbeitung der bezüglichen schriftlichen Arbeiten dürfte er aber bei seiner starken Inanspruchnahme durch die innere Verwaltung des Landes ebenso wenig in der Lage sein, wie durch die Schwierigkeit seines fortlaufenden direkten Verkehres mit dem Landesfürsten und den vollkommen Mangel einer persönlichen Fühlungnahme mit Vertretern jener Staaten, mit denen man dies oder jenes abzumachen anstrebt und von denen nicht erwartet werden kann, dass sie eigene Vertreter nach Vaduz entsenden. Tatsächlich hat auch bisher die Wiener Gesandtschaft die erforderlichen Arbeiten für die Regierung in Vaduz, wie die Abfassung der Note nach Paris[8], die Verhandlungen wegen Errichtung der Gesandtschaft in Bern und Accreditierung des Wiener Gesandten in Deutschland, die Ausarbeitung der Accreditierung der Wiener und Berner Gesandtschaft besorgt, ja sogar sämtliche Verhandlungen mit den auswärtigen Staaten in der Ernährungsfrage eingeleitet.

Es hat mir bei der Errichtung des Postens eines Wiener Gesandten der Gedanke vorgeschwebt, in diesem fürstlichen Amtsorgan gleichzeitig stillschweigend jene Persönlichkeit zu schaffen, welche gewissermassen den Leiter der Aussenpolitik des Fürstentumes darstellt und dabei gleichzeitig den politischen und wirtschaftlichen Verkehr des Fürstentumes mit der neuen Republik Österreich, in welcher der Schwerpunkt der wirtschaftlichen Interessen des Fürstentumes derzeit noch liegt und anscheinend noch recht lange liegen wird, besorgt. Er steht mit dem Landesfürsten in unmittelbaren Kontakte, ist in der Lage, nach Bedarf mit dem Regierungschef und eventuell anderen fürstlichen Gesandten in Vaduz jederzeit zusammenzutreten, kann mit den Vertretern anderer Staaten manches erörtern und sondieren, ob dieser oder jener Wunsch des Fürstentumes Aussicht auf Erfolg hat, bzw. einen ausgesprochenen Wunsch mündlich unterstützen, er

---

6   Staatsvertrag bezüglich der Justizverwaltung im Fürstenthum Liechtenstein vom 19.1.1884, LGBl. 1884 Nr. 8; Vertrag zwischen Seiner Majestät dem Kaiser von Österreich und apostolischen König von Ungarn und Seiner Durchlaucht dem souverainen Fürsten von Liechtenstein über die Fortsetzung des durch den Vertrag vom 5. Juni 1852 gegründeten Österreichisch-Liechtenstein'schen Zoll- und Steuervereines vom 2.12.1876, LGBl. 1876 Nr. 3.

7   Additionalkonvention wegen Abänderung der Bestimmung des Artikel XVIII, Punkt d des Vertrages vom 3. Dezember 1876, über die Erneuerung, beziehungsweise Fortsetzung des zwischen Österreich-Ungarn und Liechtenstein bestehenden Zoll- und Steuervereines vom 27.12.1888, LGBl. 1889 Nr. 2.

8   Wohl LI LA RE 1919/0589, Memorandum der fürstlichen Regierung an die Pariser Friedenskonferenz, 20.5.1919.

kann für diese oder jene Arbeit Sachverständige und andere Hilfsmittel herbeiziehen, die in Vaduz immer fehlen werden oder nur mit erheblichen Kosten und Schwierigkeiten von weiters zur Mitarbeit herangezogen werden könnten, kurz er ist in der Lage jenen, wenn auch bescheidenen, aussenpolitischen Apparat in Bewegung zu setzen und nutzbringend zu machen, der die absolute Voraussetzung einer noch so bescheidenen aussenpolitischen Betätigung eines so kleinen Landes wie des Fürstentumes bildet.

Natürlich wäre es das Einfachste, dieser Persönlichkeit für dieses Amt den Titel eines Aussenministers des Fürstentumes zu geben. Dies halte ich aber für nicht recht angängig, weil es im Lande vielleicht peinlich empfunden werden würde, den Aussenminister in Wien zu haben, wofür als Begründung in erster Linie die Nähe des normalen Aufenthaltes des Landesfürsten angegeben werden müsste, weil weiters dann vielleicht die Notwendigkeit bestehen würde, eine zweite Persönlichkeit als Gesandten bei der deutschösterreichischen Regierung zu accreditieren und weil es endlich vielleicht überhaupt zu vermeiden ist, für das kleine Land ein Aussenministerium derzeit auch unter irgend einem bescheideneren Namen ins Leben zu rufen.

Es ergibt sich dagegen als vorzügliches Auskunftsmittel der Weg, den fürstlichen Gesandten in Wien in der Verordnung über die Kompetenz dieser Gesandtschaft zum Vermittler des Verkehres zwischen Land und Fürsten zu bestimmen und ihm damit gewissermassen die Stellung des Leiters einer fürstlichen Kabinettskanzlei zu geben. Hiedurch bekommt er, ohne ausdrücklich als Leiter der Aussenpolitik ernannt zu sein – was wohl nur nach einem entsprechenden verfassungsrechtlichen Schritte geschehen könnte – eine autoritative Stellung, die es ihm ermöglicht, im Auftrage des *verfassungsmässig allein zur Vertretung des Landes* nach aussen berufenen Fürsten sowohl dem Landesverweser, wie den übrigen diplomatischen Vertretern Informationen zukommen zu lassen und von ihnen solche zu verlangen. Wenn hiebei dieser Wiener Gesandte auch noch Mitglied der fürstlichen Familie ist, so wird ihm dadurch die Gewinnung der hiefür notwendigen Autorität nur sehr erleichtert.

II.

Der selbe Gedanke, den Wiener Gesandten auch zum Vermittler zwischen Fürst und Regierung in allen innerpolitischen Angelegenheiten zu machen, schwebte bei Schaffung der Gesandtschaft aber auch aus rein innerpolitischen Gründen vor. Ich habe in bezüglichen seinerzeitigen Besprechungen mit dem Herrn Landesverweser und anderen Familienmitgliedern wiederholt den Ausdruck «Minister à latere» für den Wiener Gesandten gebraucht, womit ich ausdrücken wollte, dass er analoge Aufgaben wie die des ehemaligen ungarischen Ministers à latere zu erfüllen haben würde, welcher dem in Wien domizilierenden Herrscher sämtliche Gesetze über Ersuchen der zuständigen Ressortministerien, sämtliche Anträge über Ernennungen, Auszeichnungen, Gnadensachen, kurz alle laufenden Angelegenheiten vorzulegen hatte, soweit sie nicht in den Audienzen der Minister selbst in mündlichen Vorträgen erledigt wurden. Dass der Minister à latere hiebei nicht ein lediglich unterbreitendes Organ war, zu welcher Rolle sich übrigens ein ernster Politiker oder Staatsbeamter nie hergeben könnte, sondern dass ihm die Möglichkeit zustand, bei Vorlage der einzelnen Angelegenheiten dem Herrscher seine Meinung zur Kenntnis zu bringen, ist selbstverständlich, weswegen immer danach gestrebt wurde, für diesen Posten eine Persönlichkeit zu gewinnen, die das Vertrauen der Krone genoss, aber auch das Vertrauen des jeweiligen Ministerpräsidenten in hohem Masse besass. Wie neulich Euere Durchlaucht mir gegenüber bemerkten, hat der Herr Landesverweser den Ausdruck «Minister à latere» Euerer Durchlaucht gegenüber mit Bezug auf den Posten ebenfalls gebraucht, und schien es mir, als ob Euerer Durchlaucht diesen

Ausdruck als entsprechend bezeichnet hätten. Ich habe ihn geflissentlich in keinem Aktenstücke verwendet, weil der Begriff des «Ministeriums» in der Verfassung des Landes noch fehlt und ich nicht den Anschein erwecken wollte, – da ich persönlich für den Posten in Frage kam – irgend eine Stelle anzustreben, die durch ihren Titel eine dem Regierungschef übergeordnete Stellung auch nur hätte andeuten können, was umso naheliegender gewesen wäre, als man in Österreich gewohnt war, in den «Landespräsidenten», somit auch im «Landesverweser» die zweite, im Minister die dritte Instanz zu erblicken. Ich habe am 17. Mai l.J. Euerer Durchlaucht eine Resolution über den Wirkungskreis der fürstlichen Gesandtschaft in Wien[9] vorgelegt, in welcher es heisst:

«Weiters hätte die fürstliche Gesandtschaft den bisher von der fürstlichen Hofkanzlei besorgten verfassungsmässigen oder usuellen Verkehr zwischen der fürstlichen Regierung und Euer Durchlaucht in Angelegenheit des Landes zu besorgen und gewissermassen als Exponent der fürstlichen Regierung bei Euer Durchlaucht zu dienen.»

Am Schlusse dieser Resolution hiess es:

«Ich erlaube mir daher Euer Durchlaucht ergebenst zu ersuchen, den vorstehenden Bericht gnädigst zu genehmigen und mich zu ermächtigen, mit der fürstlichen Hofkanzlei im obigen Sinne die erforderlichen Detailverfügungen zu vereinbaren, und die angeschlossene Note an die fürstliche Regierung in Vaduz abgehen lassen zu dürfen.»

Euere Durchlaucht haben diesen Resolutionsvortrag mit dem Bemerken «Ich nehme obigen Bericht genehmigend zur Kenntnis» und [mit] der höchsten Unterschrift versehen und damit gleichzeitig, die unterm 18. Mai l.J., Zahl 3/3, an die fürstliche Regierung im Gegenstande ergangene Note[10] genehmigt. Die vom Herrn Landesverweser nunmehr vorgelegte fürstliche Verordnung, welche nach längeren mündlichen und schriftlichen Verhandlungen, die sich aber nur auf Detailfragen bezogen,[11] unterbreitet wird, ist der Ausfluss dieser fürstlichen Resolution vom 18. Mai.

Ich erachte den § 2 dieser fürstlichen Verordnung aber auch sachlich für durchaus den Verhältnissen entsprechend.

Im Lande besteht einmal eine ungeheure Voreingenommenheit gegen die fürstliche Hofkanzlei, welche – wie nicht in Abrede gestellt werden kann – in der Vertretung der Interessen des Fürstentumes und seiner Bewohner in der alten Monarchie nicht immer eine glückliche Hand gehabt hat, wodurch das Schlagwort «Liechtenstein den Liechtensteinern» entstanden ist und günstigen Nährboden im Lande finden konnte. Wenn ich sehe, wie viel wirtschaftliche Interessen einzelner Staatsbürger in Österreich jetzt zu vertreten sind, wie viele Gänge und Interventionen, bei diesen oder jenen Staatsämtern, Banken, bei der Postsparkassa u.s.w. zu besorgen oder Schriftstücke auszufertigen sind, – ganz abgesehen von der Sicherung der Versorgung des Landes auf Grund der Weisungen der Regierung – dann verstehe ich die wiederholte Klage des Baron [Leopold von] Imhof während des Krieges, dass er in der Hofkanzlei keine genügende Unterstützung gefunden habe und dass er in Wien nur etwas erreichte, wenn er selbst hinfahren konnte. Die Art, wie beispielsweise die für das Land so enorm wichtige Frage der Publizierung der Neutralität im Kriege in der Hofkanzlei behandelt wurde, ist ein bezeichnendes Beispiel. Euere Durchlaucht werden sich erinnern, dass ich seinerzeit gemeldet habe, wie

---

9 LI LA V 003/1165, Prinz Eduard an Johann II., 17.5.1919.
10 Wohl LI LA SF 01/1919/020, Prinz Eduard an Prinz Karl, 17.5.1919.
11 Vgl. dazu LI LA SF 01/1919/042, Prinz Eduard an Regierung, 21.6.1919; LI LA SF 01/1919/ad 42, Prinz Karl an Gesandtschaft Wien, 27.6.1919; LI LA SF 01/1919/048, Prinz Eduard an Prinz Karl, 30.6.1919; LI LA SF 01/1919/ad 48, Prinz Karl an Gesandtschaft Wien, 11.7.1919; LI LA SF 01/1919/060, Prinz Eduard an Prinz Karl, 21.7.1919.

Herr von *Hold* [Alexander Hold-Ferneck], der im Auftrage des Ministeriums des Äussern über von der englischen Regierung angeregte Anfrage der amerikanischen Botschaft in Wien in der Hofkanzlei über die Neutralität des Fürstentumes verhandelte,[12] bzw. geradezu das Anbot Österreichs zu dieser Neutralitätserklärung brachte, sich über die ihm zuteil gewordene unfreundliche Behandlung beleidigt fühlte. Effektiv liess man es auch bei dieser, lediglich an die amerikanische Botschaft gerichteten Erklärung der Neutralität bewenden. Mangels jedwedes diplomatischen Apparates erfolgte auch bei keiner späteren Kriegserklärung, von denen ja noch viele erfolgten, die neuerliche Neutralitätserklärung, die alle anderen Staaten immer wieder wiederholten und es geschah überhaupt keinerlei Notifikation dieser Neutralität an irgend eine andere Macht, ja nicht einmal als die Vereinigten Staaten von Nordamerika in den Krieg traten, wurde die amerikanische Regierung ersucht, die weitere Vertretung der liechtensteinischen Interessen, die Amerika mit jenen Österreichs übernommen und mehrfach bestens gewahrt hatte, beizubehalten, wodurch die Neutralität des Fürstentumes einwandfrei dokumentiert worden wäre, oder bedankte man sich in irgend einer Form hiefür.

Die Situation des Landes im gegenwärtigen Augenblicke, die Möglichkeit seiner Versorgung, wahrscheinlich auch der Wert seiner Valuta wäre aber heute zweifellos besser, wenn die Hofkanzlei, welcher im Lande der schwerste Vorwurf des Passivität gemacht wird, auf Grund von Besprechungen mit dem k.u.k. Ministerium des Äussern, welches dem Lande in dieser Richtung in weitestgehender Weise entgegenzukommen gewiss bereit war, Euerer Durchlaucht in dieser Frage sachgemässe und überlegte Anträge gestellt hätte. Ein weiteres Beispiel von der geringen Sorgfalt, mit der die Angelegenheiten des Landes in der Hofkanzlei behandelt wurden, bilden die Verhältnisse im fürstlichen Appellationsgerichte und der fürstlichen Rekursinstanz, über welche ich Euerer Durchlaucht unlängst schriftlich Bericht erstattet habe und die durch die hohe Resolution Euerer Durchlaucht vom 15. September l.J. saniert wurden.[13]

Ich erwähne dies alles nicht, um irgend einen Vorwurf zu erheben, ich will nur zeigen, dass Verwaltungsfehler eben unvermeidlich sind, wenn wichtige Agenden im *Nebengeschäfte* bei ungeheurer Überbürdung der Organe durch ihnen näherliegende und ihre Hauptaufgabe bildende Agenden und bei Mangel an entsprechender Schulung für diese Aufgaben werden sollen.

Durch die Gestaltung der Verhältnisse in Böhmen wird die fürstliche Hofkanzlei naturgemäss an Personalumfang und an Wirkungskreis verlieren. Wenn der politische Effekt, der durch die Errichtung der *Zentralkanzlei* für die in der čechoslovakischen Republik gelegenen fürstlichen Güter unter Aufwendung erheblicher Mittel angestrebt wurde, erreicht werden soll, so wird die Hofkanzlei zu einer *Zentralkanzlei* der fürstlichen *Güter* in *Deutschösterreich* und dem *Fürstentume* umgestaltet werden müssen, während in unmittelbarer Nähe Euerer Durchlaucht sich ein fürstliches Hofsekretariat entwickeln wird, welches die von den beiden Zentralkanzleien einlangenden Berichte Euerer Durchlaucht unterbreitet und die Weisungen Euerer Durchlaucht den beiden Stellen übermittelt, bezw. dort wo Euere Durchlaucht initiativ als Grundherr etwas anordnen wollen, dies besorgt. Alle diese Organe werden aber immer mehr lediglich für die Besorgung der Vermögensangelegenheiten Euerer Durchlaucht die Eignung besitzen und von diesem Gesichtspunkte

---

12 Grossbritannien fragte im September 1914 an, ob die Interessenvertretung Österreich-Ungarns in Grossbritannien durch die USA auch die Vertretung Liechtensteins einschliesse und welche Stellung Liechtenstein im Krieg einnehme (LI LA V 003/0041/1, US-amerikanische Botschaft Wien an k. u. k. Ministerium des Äussern, 14.9.1914).

13 LI LA V 003/924, Bericht Prinz Eduard an Johann II., 11.9.1919, von Johann II. genehmigt 15.9.1919.

aus ausgewählt werden, und es wird sich dem Lande gegenüber immer empfehlen, die Angelegenheiten des Fürstentumes von den Privatangelegenheiten Euerer Durchlaucht zu trennen und durch besondere Organe behandeln zu lassen. Die fürstliche Gesandtschaft in Wien wird aber durch die aussenpolitische Betätigung allein in ein bis zwei Jahren nach Abflauen der bezüglichen derzeitigen Hochkonjunktur dauernd nicht voll beschäftigt sein, zumal schon mit Rücksicht auf die Urlaube, die mögliche Erkrankung ihres Leiters, unabweisliche Dienstreisen desselben, und weil ein Gesandter niemals gewisse Kanzleiarbeiten machen wird, und auch viele Interventionen nicht persönlich machen darf, wenn er nicht den Nimbus verlieren soll, eine zweite Konzeptskraft immer unvermeidlich sein wird. Es ist daher auch die finanziell beste Massnahme, wenn der Verkehr zwischen Fürst und Regierung in die Hände der Gesandtschaft gelegt wird, die in diesem Belange wieder der Stellung einer Kabinettskanzlei oder eines Ministeriums a latere bedarf.

Andererseits erfordert der in letzter Zeit aufgetauchte Gedanke, eine eigene Kraft für diese Agenda zu bestellen, nicht nur eine neuerliche grössere finanzielle Belastung, – zumal auch hier wieder aus obigen Gründen zwei Personen unvermeidlich sein dürften – er bedeutet aber auch eine ungeheuere Erschwerung der aussenpolitischen Aufgaben der Gesandtschaft. Das Land ist viel zu klein, um nicht eine absolute Harmonie der innen- und aussenpolitischen Ziele unabweislich zu machen; entweder stimmen der Leiter der Gesandtschaft und jener dieser eigenen Kabinettskanzlei überein, dann ist die Bestellung zweier Personen nicht notwendig oder sie wissen einer vom anderen nichts, dann gefährden sie die Einheitlichkeit der Aktion und damit die Interessen des Landes wie des Fürsten, oder sie bringen vor dem Herrscher verschiedene Anschauungen zur Geltung und dann wirken sie erst recht für die Entscheidungen verzögernd und für die fürstliche Regierung hemmend.

Die bisherige Tätigkeit der Wiener Gesandtschaft, die im Lande selbst und einzelnen seiner Bewohner schon manches in Deutschösterreich zu erreichen vermochte, hat – wenn nicht alle Anzeichen trügen – sich das Vertrauen der liechtensteinischen Bevölkerung anscheinend erworben. Selbst Dr. Wilhelm *Beck* anerkennt die Ziele, die mir für die Hebung des Wirtschaftslebens im Lande vorschweben. Die Stimmen sind zahlreich, die mir im Lande zukamen, welche die Vermittlung des Verkehres zwischen Land und Fürsten durch die Gesandtschaft in Wien auf das aller lebhafteste begrüssen, zumal man in mir ausser dem Mitgliede der Familie doch den in Landesdienste getretenen und in dieser Eigenschaft beeideten Beamten erblickt.

Ich bitte Euere Durchlaucht nicht einwenden zu wollen, dass dies alles vielleicht insolange gilt, als meine Person für den Wiener Posten in Frage kommt, dass dieser bereits bestehende und stillschweigend aufrechtzuerhaltende tatsächliche Zustand aber nicht in einer Verordnung niedergelegt zu sein brauche. Im Gegenteile, glaube ich, dass, wer immer Gesandter in Wien ist, die Verhältnisse die gleichen sein werden und sogar für einen Gesandten, der nicht Mitglied der Familie ist, erst recht bestehen bleiben. Sicher ist, dass, wen immer der Landesfürst zum Wiener Gesandten ernennt, dieser ein Mann seines besonderen Vertrauens wird sein müssen und dass gar nicht einzusehen ist, warum dieser Mann nur das landesfürstliche Vertrauen in aussenpolitische und nicht auch in den inneren Landesangelegenheiten besitzen soll. Wird aber der Posten eines Gesandten in Wien überhaupt aufgelassen, was vielleicht in zwei Jahren möglich sein wird – dessen Beibehaltung aber wahrscheinlich schon aus dem Grunde nicht zu vermeiden sein wird, um die Souveränität des Landes durch Erhaltung einiger selbständiger Vertretungen an einigermassen plausiblen Orten entsprechend zum Ausdrucke zu bringen – so entfällt die fürstliche Verordnung für die Kompetenz dieser Gesandtschaft ohnehin und muss eine Neuregelung des ihr im § 2 übertragenen Wirkungskreises erfolgen; wenn dagegen der § 2 der Verordnung in der Praxis sich nicht bewähren sollte und Euere Durchlaucht bei Beibehaltung der Gesandtschaft den Kompetenzkreis derselben in anderer Weise regeln wollen, so kann ja die Verordnung jederzeit ausser Kraft gesetzt werden, bezw. ergibt sich ihre teilweise Ausserkraftsetzung von selbst dadurch, dass in einer neuen Verordnung jenes Organ geschaffen wird, welches den Verkehr zwischen Fürst und Land zu vermitteln haben wird. Übrigens sehe ich heute im Lande kaum die geeignete Persönlichkeit die bezügliche Rolle in Wien zu übernehmen. Herr Walter *Probst*, welchen Euere Durchlaucht neulich in diesem Zusammenhange nannten, ist hiefür gänzlich ungeeignet, würde seine Wahl im Lande schwer verstimmen und hat der Herr Landesverweser seine Mitwirkung bei der in Gründung begriffenen Bank[14] – anscheinend in leitender Stellung – in Aussicht genommen. Dr. Otto *Walser* rückt jetzt zur Dienstleistung bei der Gesandtschaft ein, wo er unter meiner Leitung die entsprechende Erfahrung sammeln und über seinen Charakter ein Urteil gewonnen werden soll, aus dem sich die Möglichkeit seiner weiteren Verwendung in einer Vertrauensstellung Euerer Durchlaucht erst ergeben kann.

Jedenfalls wird heute durch die Verordnung im Lande der Eindruck erweckt, dass die Verbindung zwischen Fürst und Land nicht mehr durch die unpopuläre Hofkanzlei erfolgt, in der man nur ein Organ der fürstlichen Vermögensverwaltung erblickt, sondern durch ein staatliches Organ, und dies wird die beste Wirkung erzielen und dazu dienen, manche Schwierigkeit bei der im Zuge befindlichen Verfassungsänderung vielleicht zu beseitigen oder wenigstens zu vermindern.

Die vorherige Publizierung der von Euerer Durchlaucht bereits genehmigten fürstlichen Verordnung über die Kompetenz der Gesandtschaft in Bern[15] kann jedoch nicht leicht früher erfolgen, nachdem die Wiener Gesandtschaft um fast drei Monate älter ist als die Berner und ein Nichterscheinen einer bezüglichen Verordnung im Lande gewiss Erstaunen und manches zu vermeidende Gerede hervorrufen würde.

III.

Wenn Euere Durchlaucht nun den Wunsch ausgesprochen haben, darüber aufgeklärt zu werden, aus welchem Grunde ich angeregt habe, dass auch die aus dem Privatvermögen geleisteten Unterstützungen im Lande durch die fürstliche Regierung im Wege der Gesandtschaft und nicht durch die Domänenverwaltung und die Hofkanzlei zu behandeln und vorzulegen seien, so ergibt sich die Vorlage durch die Gesandtschaft aus ihrer Eigenschaft als Kabinettskanzlei oder Ministerium a latere aus dem Vorgesagten von selbst. Aber auch der Gedanke, dass in diesen Angelegenheiten die fürstliche Regierung und nicht der Domänenverwalter der Antragstellende zu sein habe, ist durch die österreichischen Verwaltungserfahrungen im vollsten Masse begründet. Die gesamte politische Verwaltung Österreichs hat immer darunter gelitten, dass der Bezirkshauptmann in den Augen der Bevölkerung nur der Polizeibüttel war, der zu strafen hatte, dem aber niemals Mittel zur Verfügung standen, selbst zu helfen und durch finanzielle Förderung sich und der Regierung Vertrauen zu erwerben. Die Donationen Euerer Durchlaucht im Lande sind das stärkste politische Hilfsmittel der Regierung Euerer Durchlaucht im Lande und *der* Landesverweser wird Erfolg haben und sich im Lande behaupten, welchem es gelingt, bei Euerer Durchlaucht finanzielle Förderung für dies oder jenes mit Erfolg zu beantragen; *diesem* Landesverweser wird man es auch nicht verübeln, wenn er dort, wo es notwendig ist, die feste strafende Hand zeigt, die man heute im Lande selbst sogar

---

14   Die Bank in Liechtenstein.
15   LGBl. 1919 Nr. 12.

vielfach als notwendig bezeichnet. Nur *die* Regierung *führt*, die weitausschauende Ideen vertritt, von der Richtigkeit derselben die öffentliche Meinung zu überzeugen sucht und das Vertrauen der Bevölkerung durch sachlich gerechtfertigte, materielle Förderung ihres Wirtschaftslebens erringt. Eine Regierung, die richtig führt, ist aber im Fürstentume Liechtenstein sehr mächtig, weil sie es mit einer an sich sehr gut gesinnten Bevölkerung zu tun hat, die Einsicht genug besitzt, um zu wissen, dass sie nicht über genügend fachlich geschulte Persönlichkeiten verfügt, um aus sich selbst allein zu handeln.

Aus diesen Gesichtspunkten heraus, erlaube ich mir Euere Durchlaucht ergebenst zu bitten, den Entwurf der Verordnung über die Kompetenz der Wiener Gesandtschaft zu genehmigen und mich zur Durchführung der in meinem bei Euer Durchlaucht erliegenden Berichte vom 7. September 1919, Zahl 237/1, gestellten Anträge zu ermächtigen.[16]

Der fürstliche Gesandte:

Dok. 125
Der liechtensteinische Gesandte in Wien, Prinz Eduard, berichtet über die Verhandlungen mit dem tschechoslowakischen Aussenminister Edvard Beneš betreffend die Errichtung einer liechtensteinischen Gesandtschaft in Prag

Maschinenschriftlicher Bericht des liechtensteinischen Gesandten in Wien, Prinz Eduard von Liechtenstein, gez. ders., an Landesverweser Prinz Karl von Liechtenstein[1]

10.10.1919, Prag

Euer Durchlaucht!

Nachdem ich vor meiner Ankunft in Prag das Telegramm[2] der Wiener Gesandtschaft vorgefunden, dass mich Minister [Edvard] Beneš sofort, wenn ich mich bei ihm melden würde, empfangen wird, wurde ich heute mittag von ihm empfangen.

Er war über die Angelegenheit des Fürstentums vollkommen orientiert, kannte die nach Paris im Mai abgegangene Note über die Neutralität[3] und wusste von den bis-

---

16   Der Fürst lehnte eine Festschreibung der von Prinz Eduard gewünschten weitreichenden Kompetenzen des Wiener Gesandten in der Amtsinstruktion ab (LI LA V 003/1167, Prinz Eduard an Fürst, 2.10.1919), worauf der § 2 in der definitiven Fassung der fürstlichen Verordnung gestrichen wurde (LGBl. 1919 Nr. 13). Prinz Eduard übermittelte die genehmigte Fassung der Verordnung am 2.10.1919 an Prinz Karl und teilte ihm dabei als Begründung für die Haltung des Fürsten mit, dieser meine, «dass bei einer Veränderung des derzeitigen gewöhnlichen Aufenthaltes des Landesherrn oder unter Umständen in der Person des Landesverwesers oder des fürstlichen Gesandten in Wien Gründe vorliegen können, den Verkehr zwischen dem Landesherrn und der fürstlichen Regierung in anderer Weise zu regeln, und der Bestand einer diesbezüglichen Verordnung für eine Änderung der bezüglichen Bestimmungen Schwierigkeiten bereiten könnte» (LI LA SF 01/1919/093, Prinz Eduard an Prinz Karl, 2.10.1919).

1   LI LA RE 1919/0105. Handschriftliche Vermerke: «Betr. Gesandtschaft Prag», «Empfang bei Min. Beneš, 10./X.1919, wegen Prager Gesandtschaft». Eingelaufen bei der liechtensteinischen Regierung am 19.10.1919. Dort am 28.10.1919 vorläufig ad acta gelegt. Weiteres Exemplar unter LI LA V 003/0065.

2   Nicht aufgefunden.

3   Vgl. das liechtensteinische Memorandum über die Neutralität des Fürstentums vom 20.5.1919 an den Präsidenten der Pariser Friedenskonferenz Georges Clemenceau (LI LA RE 1919/2906 ad 0589).

herigen Verhandlungen[4] über die Errichtung einer Liechtenstein'schen Gesandtschaft in Prag. Ich betonte ihm den lebhaften Wunsch des Landes, eine solche Gesandtschaft jetzt auch nach Friedensschluss ins Leben zu rufen, insbesondere aus dem Grunde, weil die wirtschaftliche Situation des Landes, welches früher auf den engen Verkehr mit der ehemaligen österreichischen Monarchie angewiesen war, unbedingt die Versorgung mit Lebensmitteln, insbesondere mit Mehl und Kohle, aus der čechoslovakischen Republik erfordere, wobei die Möglichkeit von Kompensation in Zuchtvieh gegeben sei, die wieder dem Ackerbauministerium sehr wünschenswert erscheine. Die Tatsache, dass der regierende Fürst [Johann II.] doch vielfach in der Tschechoslovakei, Feldsberg und anderen Besitzungen wohne, mache die Errichtung der Gesandtschaft doppelt wünschenswert. Die Verwaltung der bedateten [sic] fürstlichen Güter im Lande sei nunmehr in die Hände des vom Ackerbauministerium empfohlenen Zentraldirektors *Krešl* gelegt und die Zentralkanzlei für die fürstlichen Güter in der Tschechoslovakei sei seit dem 1. Oktober l.J. tatsächlich errichtet. Die Aufgabe der Gesandtschaft sei daher nicht die Einflussnahme auf die eng mit der Verwaltung zusammenhängenden Fragen, sondern die Pflege der wirtschaftlichen und politischen Verbindungen des Fürstentums mit der Republik und in zweiter Linie die Vertretung des Fürsten in seiner Eigenschaft als im Lande vielfach wohnenden Souveräns. -

Der Minister, der sehr aufmerksam meinen Ausführungen folgte, erkundigte sich nach der Stellung des Lande zur Republik Österreich, in welcher Hinsicht ich ihn auf die Tatsache verwies, dass der Zollvertrag momentan aufgelöst sei,[5] was eine leichte Verstimmung der österreichischen Republik zur Folge gehabt habe, da Österreich auf die Beibehaltung der Rheingrenze als Zollgrenze einen gewissen Wert lege, dass aber die Beziehungen freundschaftliche seien und an dem Abschlusse von Vereinbarungen über Grenzverkehr und Warenaustausch[6] gearbeitet wird.

Die Stellung des Fürsten als Souverän sei in Österreich vollkommen anerkannt und selbst Dr. *[Otto] Bauer* hat als Leiter des Staatsamtes des Äussern in allen den Fürsten betreffenden Fragen eine durchaus zufriedenstellende Haltung eingenommen. Weiters erkundigte er sich nach der Stellung des Landes gegenüber der Schweiz und nahm die Tatsache der Errichtung der Gesandtschaft in Bern[7] zur Kenntnis, sowie weiters die Mitteilung, dass das Land voraussichtlich zunächst die volle Zollfreiheit aufrecht erhalten will, um seine Bedürfnisse nach Massgabe der Möglichkeit in der Schweiz oder in den auf österreichischem Gebiete entstandenen Staaten zu decken. – Endlich erkundigte er

---

4   Vgl. den Bericht von Prinz Eduard vom 14.5.1919 über die Besprechungen mit tschechoslowakischen Regierungsstellen am 7./8.5.1919 (LI LA V 003/0043/06).

5   Der liechtensteinische Landtag hatte am 2.8.1919 beschlossen, den 1876 abgeschlossenen und 1919 provisorisch verlängerten Zollvertrag mit Österreich zu kündigen (LI LA LTA 1919/S04). Eine diesbezügliche liechtensteinische Note erging am 12.8.1919 an das deutschösterreichische Staatsamt für Äusseres (LI LA RE 1919/3979 ad 4/3761 (Aktenzeichen der liechtensteinischen Gesandtschaft in Wien: 219/2)).

6   Am 2.12.1919 einigten sich in Wien liechtensteinische und österreichische Vertreter über die Grundsätze für ein Handelsverkehrsabkommen (LI LA RE 1919/5963 ad 0004 (Aktenzeichen der liechtensteinischen Gesandtschaft in Wien: 490/1)). Vgl. die liechtensteinische Verordnung vom 1.5.1920 betreffend die Abmachungen über den Handelsverkehr zwischen dem Fürstentum Liechtenstein und der Republik Österreich, LGBl. 1920 Nr. 2, bzw. den Notenwechsel zwischen der Republik Österreich und dem Fürstentum Liechtenstein vom 22.4.1920 betreffend die Regelung der Handels- und Verkehrsbeziehungen, öst. BGBl. 1921 Nr. 136.

7   Vgl. in diesem Zusammenhang etwa das Schreiben von Landesverweser Prinz Karl an das Schweizerische Politische Departement vom 5.8.1919 betreffend die Anerkennung von Emil Beck als liechtensteinischer Geschäftsträger in Bern (LI LA SF 01/1919/ad 70).

sich eingehend nach dem Verhalten Frankreichs gegenüber dem Fürstentume, worauf ich ihm mitteilte, dass die französische Gesandtschaft in Wien eine äusserst liebenswürdige und wohlwollende Stellung einnehme, von dieser Seite sogar die Anregung gegeben wurde, den Liechtenstein'schen Gesandten in Bern eventuell auch in Paris formell zu accreditieren und dass der Gesandte *Alizé* [Henri Allizé] mir empfohlen habe, jetzt wo der Friede abgeschlossen sei, mich beim Minister einzufinden und die schon seit längerer Zeit schwebende Angelegenheit zu betreiben. –

Der Minister erklärte hierauf, er werde sich über die rechtliche Seite der Frage nunmehr genau informieren und insbesondere in Paris anfragen, welche Stellung dort eingenommen wird, er denke jedoch, dass der Errichtung der Gesandtschaft kein Hindernis entgegenstehe und er hoffe, mir in einiger Zeit wieder Mitteilung zukommen lassen zu können. Er nehme mit Befriedigung zur Kenntnis, dass ich jederzeit bereit sei, wenn er es wünsche, nach Prag zu kommen, wobei ich ihm vorschlug, mir durch den čechischen Vertreter in Wien Dr. *[Robert] Flieder* eventuell diesen seinen Wunsch mitteilen zu lassen. Insbesondere befriedigte ihn meine Mitteilung, dass ich mit Dr. Flieder in den besten persönlichen Beziehungen stünde, er sagte mir auch, dass der Präsident [Thomas] Masaryk ihn über die ganze Angelegenheit bereits informiert habe.

Ich teile dies Alles auf zuverlässigem Wege gleichzeitig Herrn Dr. *[Alfred von] Baldass* in Wien mit und beauftrage ihn sofort beim Gesandten *Alizé* anzufragen, wann er ihn empfangen könne. Er habe demselben ein nicht mit der Unterschrift des Herrn Landesverwesers unterfertigtes Exemplar des Entwurfes der nach Paris beabsichtigten Note[8] von anfangs September vertraulich zu überreichen, ihn zu informieren, dass Minister Beneš nunmehr wahrscheinlich in den nächsten Tagen in Paris sich über die Stellungnahme Frankreichs gegenüber dem Fürstentume erkundigen wird und dass ich den Gesandten Alizé bitten lasse, eventuell unter Anschluss des Entwurfes der Note, die französische Regierung zu ersuchen, eine unseren Intentionen Rechnung tragende Antwort nach Prag gelangen zu lassen. Hiebei hat *Baldass* ausdrücklich darauf hinzuweisen, dass die Note nicht abgegangen sei, sondern eben nur einen Entwurf bildet, den ich der französischen Regierung vertraulich zur Verfügung stelle, weil in derselben eine Reihe von rechtlichen und historischen Argumenten enthalten sind, die die Souveränität des Landes und des Fürsten beweisen und gegen jene Ansichten sprechen, die in der Presse der čechoslovakischen Republik im Gegenstande zum Ausdrucke gelangt sind. Ich erachte diesen Vorgang für zweckentsprechend, weil ich selbst fürchte, dass die französische Regierung gewisse Schwierigkeiten haben könnte, die Prager Anfrage in dem von uns gewünschten Sinne raschestens zu beantworten.

Ich habe des Weiteren mit Minister *Beneš* auch die Personalfrage erörtert und zwar deswegen, weil sein Sekretär Herr *Strümpl*, der gewisse gute Freund vom Grafen *[Hans von] Kolowrat*, vor einigen Tagen mit Grafen *Kolowrat* hierüber eingehend gesprochen hat, ich daher annehmen musste, dass Beneš über die diesbezüglichen Projekte informiert sei. Ich sagte Beneš, dass allerdings ein Projekt bestanden habe, mich auch mit der Vertretung in Prag zu betrauen, dass ich ihn aber bitte, mir in dieser Hinsicht ganz offen zu sagen, falls die Regierung meine, dass meine Person als Mitglied der Familie nicht die gewünschte Persönlichkeit sei. Er meinte, dass ihm scheine, dass diese Wahl eine zweckentsprechende sei. Ich führte dann noch aus, dass der Fürst mit der Errichtung der Gesandtschaft einen Akt der Höflichkeit gegenüber der Republik erfüllen will und dass das Land bei seiner Kleinheit nicht allzu reich an passenden Elementen sei,

---

8 Vermutlich die undatierte liechtensteinische Note an die Pariser Friedenskonferenz zuhanden von Georges Clemenceau von Anfang September 1919 (LI LA RE 1919/4654 ad 589).

ein Argument, das hier umsomehr Verständnis findet, als, wie Sekretär Stümpl mitteilt, selbst die hiesige Regierung die grössten Schwierigkeiten habe, geeignete Vertreter für auswärtige Posten zu finden. Ich sagte *Beneš*, dass das Land wenig akademisch Gebildete produziere, dass ich es für durchaus notwendig halte, dass der Chef der Gesandtschaft Liechtenstein'scher Staatsbürger sei und dass ich glaube, dass die Regierung doch gerne jemanden sehen würde, der im Verwaltungsgetriebe einigermassen bewandert sei und der auch eine gewisse Repräsentationsfähigkeit besitze, aus welchem Grunde eben an meine Person gedacht worden sei, als Stellvertreter hätte ich die Ernennung eventuell auch eines čechoslovakischen Staatsbürgers im Auge. Der Minister billigte dieses Projekt vollinhaltlich. –

Ich habe ihm die Person des Grafen *Kolowrat* nicht genannt, weil nach Mitteilungen Strümpl's die Ernennung von *Kolowrat*, *Lobkowitz* und *Kinsky* auf Gesandtenposten schon nahezu perfekt war und nur infolge der letzten Ereignisse anlässlich der Verhaftung mehrerer Mitglieder der Familie Lobkowitz wieder zurückgestellt wurde. – Strümpl hat Kolowrat aber sehr nahe gelegt, nicht in den diplomatischen Dienst Liechtenstein's zu treten, weil er dann doch schwer von der čechoslovakischen Republik in Dienst genommen werden könne. Es wird also bei der Beibehaltung des gesamten Projektes doch die Namhaftmachung einer anderen Person ins Auge gefasst werden müssen.

Jedenfalls bitte ich Euer Durchlaucht, die Angelegenheit nunmehr ernstlich in Erwägung zu ziehen, sie ungesäumt Seiner Durchlaucht dem Fürsten vorzutragen und Höchstdessen Entschliessungen in der Personenfrage zu betreiben, denn wenn eine positive Antwort bezüglich der Errichtung der Gesandtschaft einläuft, so wird die Ernennung des betreffenden Leiters der Gesandtschaft nicht mehr auf lange hinausgeschoben werden können, sondern rasch erfolgen müssen.

Ich erlaube mir noch beizufügen, dass Dr. [Rudolf] Siebenschein, welchen ich heute noch in Prag sehe, nach seinen Besprechungen mit Hopser an seinem Projekt festhält, das Seiner Durchlaucht dem Fürsten übergebene Elaborat[9] in der Frage der Vermögensabgabe bei den hiesigen Überreichungsstellen so rasch als möglich zu überreichen, obwohl Prinz Franz sen. [von Liechtenstein] und Prinz Louis [Alois von Liechtenstein] gegen die scharfe Betonung der Eigenschaft des fürstlichen Besitzes als Krongutes die gleichen Bedenken haben wie ich, Bedenken, welche Graf Kolowrat, mit dem Siebenschein vor meiner Ankunft in Prag bereits hierüber konferierte, auch teilt. Ich möchte unmassgeblich meinen, dass jetzt, wo Minister *Beneš* eine Stellungnahme von Paris zu provozieren scheint, mit der Überreichung dieser Siebenschein'schen Eingabe durch den auch von Siebenschein noch nicht fix ins Auge gefassten Zustellungsbevollmächtigten, dem auch er einen gewissen diplomatischen Charakter geben möchte, doch zugewartet werden soll, bis die Gesandtschaft zugelassen ist und dadurch dieser Zustellungsbevollmächtigte von selbst gegeben erscheint.

Vielleicht wird bis zur Rückkehr Seiner Durchlaucht nach Wien die erste Frage geklärter sein und wird es dann noch immer Zeit sein, das Siebenschein'sche Projekt weiter zu verfolgen, wenn die Antwort der čechoslovakischen Regierung noch nicht erfolgt wäre oder Anzeichen vorliegen, dass sie negativ ausfällt.

Eine Abschrift dieses Berichtes geht auch an die fürstliche Gesandtschaft nach Wien (Dr. Baldass), Prinzen Louis nach Ullersdorf und Grafen Kolowrat.[10]

---

9   Nicht aufgefunden.
10 Vgl. in weiterer Folge das Schreiben der liechtensteinischen Gesandtschaft in Wien an die liechtensteinische Regierung vom 30.10.1919 (LI LA RE 1919/5402 ad 0589).

Dok. 126
Die liechtensteinischen Priester ermahnen das Volk, die Errichtung einer Spielbank (einer «Spielhölle») zu verhindern

Im «Liechtensteiner Volksblatt» vom 22.10.1919 publizierter Aufruf, gez. «Die gesamte Geistlichkeit Liechtensteins»[1]

15.10.1919, Schaan

An unser katholisches Volk

Die Seelsorger Liechtensteins sehen sich vor Gott und ihrem Gewissen verpflichtet, in der hochernsten Frage, die gegenwärtig die Gemüter bewegt, an das ihrer geistlichen Leitung anvertraute Volk nachfolgende öffentliche Mahnung zu richten. Es handelt sich um die Zulassung einer Spielbank, einer sogenanntem Spielhölle im Lande.

Wie verderblich diese Spielhöllen sind, geht schon daraus hervor, dass sie zu allen Zeiten verboten wurden, und zwar aus wirtschaftlichen und sittlichen Gründen. Sie bringen viele um ihr Vermögen und tragen sittliche Verdorbenheit in das Volk. Der niedrigen Leidenschaft der Spielwut und deren sittenverderbenden Auswüchsen wird da gefrönt. Sie geben dem Volke das Beispiel der Genusssucht und machen es darum unzufriedener und unglücklicher.

In vielen Staaten wurden deshalb solche Spielgesellschaften niemals zugelassen und wo sie einige Zeit gestattet waren, wurden sie wieder verboten. Man wird nicht behaupten wollen, dass die modernen Staaten in Sachen der öffentlichen Sitte zu ängstlich seien, aber dennoch haben alle Staaten von ganz Europa diesen Gesellschaften die Türe gewiesen mit Ausnahme des kleinen Fürstentums Monaco am Mittelländischen Meere, dessen Fürst sich dafür gut bezahlen lässt, dessen Einwohner aber durch die Spielhölle nicht glücklicher geworden sind. Eine Spielhölle würde daher unser Land vor der ganzen zivilisierten Welt in Unehre und Verruf bringen. Der Name Liechtenstein, der bisher in der ganzen Welt einen guten Klang hatte, würde zu den verachtetsten der Welt gehören, und es wäre für uns hochedles, auch jetzt noch in aller Welt hochgeachtetes Fürstenhaus keine Ehre mehr, ein Land zu regieren, auf dem die Schande einer Spielhölle lastete.

Das Land würde auch seine Selbständigkeit zum Teil oder ganz verlieren. Ihr wäret keine Liechtensteiner mehr, sondern Untertanen fremder Geldaristokraten. Warum gehen diese Gesellschaften nicht in die freie Schweiz? Eben deshalb nicht, weil die Schweiz es ihnen verwehrt und weil das Schweizervolk von ihnen nichts wissen will.

Wir hielten es darum für die grösste Gewissenlosigkeit, um eines persönlichen Vorteiles willen sein Vaterland an eine Spielhölle zu verraten und dem sittlichen Untergang zu überantworten. Diejenigen, die sich zu einer solchen Judasrolle herbeilassen würden, könnten es vor dem Richterstuhle Gottes nicht verantworten und würden den Fluch des betörten Volkes und der Nachwelt auf ihr Haupt laden, wenn diesen einmal die Augen aufgehen würden über dem wirtschaftlichen und sittlichen Elende, das sie verschuldet haben.

Käme, was Gottes Gnade verhüten wolle, die Spielhölle wirklich ins Land, dann würde Liechtenstein nicht mehr den Liechtensteinern, sondern fremden Geldaristokraten gehören. Diese hätten das Geld und damit auch die Macht in Händen. Sie würden regie-

---

1 L.Vo., Nr. 84, 22.10.1919, S. 1. Zu diesem Aufruf gibt es eine Entgegnung in den O.N., Nr. 81, 25.10.1919, S. 1-2 («Zum neuen Projekt»).

ren und Ihr wäret Fremde im eigenen Lande. Sie wollen sogar das Recht haben, auch zwangsweise sich in den Besitz Eures Grundes und Bodens zu setzen und könnten Euch, wenn es ihnen beliebt, von Euerem Eigentum verdrängen, denn sie verlangen ausdrücklich das Recht der zwangsweisen Enteignung Eueres Grundes und Bodens.

Auch ihre Versprechungen sind genau betrachtet nicht so glänzend, wie sie auf den ersten Blick erscheinen. Dass diese Leute aus uneigennütziger Liebe zu Euch daher kommen wollen, wird kein Vernünftiger behaupten. Das, was sie versprechen, kann mit der Zeit grossenteils auch ohne Spielhölle geschaffen werden. Dann bleiben wir Liechtensteiner doch Herren im eigenen Hause. Wir verkennen keineswegs die gegenwärtige Notlage des Landes, allein man schildert Euch dieselbe doch vielfach schlimmer als sie wirklich ist. Die Geschichte unseres Vaterlandes lehrt, dass unsere Voreltern mehr als einmal noch viel schlimmer daran waren als wir, viel härtere Zeiten durchgemacht haben als die jetzige ist; unvergleichlich grösser waren ihre Heimsuchungen durch Krieg, Pest, Armut und Not. Aber sie haben auf Gott vertraut, sie haben keine schlechten Mittel zur Besserung ihrer Lage zu Hilfe genommen. Sie haben aus eigener Kraft sich wieder zu Glück und Wohlstand emporgeschwungen. Unsere bäuerliche Bevölkerung ist nicht ärmer geworden. Sie wurde im Gegenteil wohlhabender. Gott der Herr hat uns besonders in diesem Jahre wieder einen reichen Erntesegen geschenkt. Unsere Nachbarstaaten sind durch den Krieg viel schwerer heimgesucht worden und haben eine furchtbare Schuldenlast auf sich nehmen müssen. Aber keinem von ihnen ist es eingefallen, deswegen eine Spielhölle ins Land zu rufen. Sollte das Volk von Liechtenstein feiger und schlechter sein als andere Völker? Und wir haben einen edlen Landesvater, der immer zur Hilfe bereit war und noch ist. Uns haben die anderen Völker stets um unsere glückliche Lage beneidet. Warum sollten wir nicht mit Mut und Vertrauen in die Zukunft schauen! Wozu brauchen wir durch eine Spielhölle den sittlichen Ruin unseres Volkes herbeizuführen?

Höret also nicht auf die Reden derjenigen, die für diese schlechte Sache eintreten. Ladet nicht den Fluch der Nachwelt und die Verachtung der Mitwelt auf Euch, indem Ihr gegen Eueren Fürsten Euch undankbar zeiget und weiset den Gedanken an eine Spielhölle entschieden ab. Lasset Euch nicht täuschen durch den neuen Namen «Hotelgesellschaft», mit dem man jetzt den Namen «Spielhölle» ersetzen will, denn die nur die Konzession ansuchende Gesellschaft hat ja ausdrücklich die Erlaubnis für ein Unternehmen wie das in Monte Carlo (Monaco) verlangt und das ist eine Spielhölle und nichts anderes. Lasset Euch auch nicht Sand in die Augen streuen durch die Angaben, es werde gute Ordnung gehalten werden. Lägen gegen die gute Ordnung und Sitte keine schwerwiegenden Bedenken vor, so müssten solche Unternehmungen doch gewiss nicht aus ihrem eigenen Lande in ein fremdes wandern! Trauet also solchen Vortäuschungen nicht! Haltet treu zum Fürsten! Haltet fest an den Grundsätzen des christlichen Sittengesetzes!

Gott dem Allmächtigen sei unsere Sache befohlen!

Dok. 127
Die «Oberrheinischen Nachrichten» reagieren auf den Aufruf der Geistlichkeit zur Verhinderung der Spielbank

Artikel in den «Oberrheinischen Nachrichten» als Antwort auf einen Aufruf der Geistlichkeit vom 15.10.1919 zur Verhinderung einer Spielhölle, nicht gez. (ev. Anton Walser)[1]

25.10.1919

Zum neuen Projekt.
Landesfinanzen. Wundern muss man sich, dass unsere Leute nicht mehr über die traurige finanzielle Lage des Landes und der Gemeinde[n] nachdenken. Unsere Schulden wachsen täglich, die Landeserfordernisse nehmen zu und die Einnahmen gehen zurück. Mehr als zehn Millionen Kronen Schulden. Alles, was das Land bauen will, muss es auf dem Anleiheweg decken. Die Sparkasse ist das Mädchen für alles beim Land. Wenn behauptet wird, unsere finanzielle Lage sei nicht so schlimm, dann veröffentliche man ungeschminkt sämtliche Schulden. Was ist es denn mit der *Landesgarantie* für die Sparkassagelder? Der Steuervogt steht für unsere Leute vor der Türe. Auch nach einem neuen und gerechteren Steuergesetze wird der Besitzende entsprechend Steuern leisten müssen. Nun gehört aber der Bauer in unserem Lande vielfach zu den Besitzenden und er wird steuern und erst recht steuern müssen. Davon verschont ihn die stärkere Heranziehung des Kapitals nicht. Früher hat es nur geheissen, die Steuern sollen nicht zu stark erhöht werden, heute aber will man sie erhöhen! Unsern Steuerzahlern werden die Augen einstens ebenso ganz anders aufgehen, wie den Stammeltern im Paradies. Wer hilft den steuern? Das Kapital kann leicht die Steuer fliehen. Der Grundbesitzer hingegen kann mit seinem Boden nicht fliehen. Die Kasinogesellschaft würde uns ermöglichen, dass wir nicht zuviel Steuern bekämen. Schliesslich würden die Leute bei mehr *Verdienst* auch mehr Steuern zahlen wie in der Schweiz; dort haben sie Verdienstgelegenheit; bei uns nicht. Das vermag uns die Landesgeistlichkeit mit ihrem Schreiben nicht wegzustreiten. Mehr Verdienst und Brot, meine Herren! Von keiner Seite ist etwas für den Verdienst getan worden. Traurig ist es, wenn ein Abgeordneter sagen darf, unsere Leute können nach wie vor im Auslande verdienen gehen. Es wäre gewiss nicht zu viel verlangt, wenn der Fürst Verdienst ins Land bringen würde, wie es schon 1809 beabsichtigt war. Die Gesellschaft bringt uns Verdienst, indem sie viele Leute im Hotelwesen, für den Bahndienst u. a. anstellen muss. Mögen das die Kleinbauern und das arbeitende Volk nicht vergessen! Was tut die jetzige Regierung für den Verdienst? Wie lange gehts noch bis nur die Strasse nach Triesenberg angefangen wird? Schaffen wir statt aller Worte Verdienst und dem Arbeiter eine Heimat.
Liechtenstein den Liechtensteinern! Wie lange schon verlangen wir es und bestehen wir auf Erfüllung dieses berechtigten Wunsches. An die Gesellschaft und durch Annahme ihres Angebotes werden wir nicht verkauft. Das ist alles eitles Gerede, denn zuerst muss doch das Angebot im *Verhandlungswege* ernstlich geprüft und besprochen werden. Das scheut man sich zuständigen Ortes und gibt dem Volke lieber gleich an, man werde verkauft. Eine höchst sonderbare Kampfesweise. Wieso können denn – wenn mit dem gegnerischen Blatte Liechtenstein den Liechtensteinern gehören soll – neuerdings in Wien unten Wiener Rechtsanwälte zu unsern Richtern über Leben und Tod

---

1 O.N., Nr. 81, 25.10.1919, S. 1-2. Aufruf der Geistlichkeit im L.Vo., Nr. 84, 22.10.1919, S. 1.

bestellt werden? Das muss berechtigte Empörung hervorrufen und zeigt, dass einzig Liechtenstein seine Unabhängigkeit noch nicht hat. Liechtenstein muss erst noch den Liechtensteinern werden. Bis jetzt war es nicht der Fall. Die Gesellschaft will ihr Geschäft betreiben und ermöglichen, dass liechtensteinische Arbeitskraft möglichst im Inlande ihr Auskommen finden. Nennt man das verkaufen? Übrigens sind wir durch unsere traurige Geldanlage doppelt an Österreich verpfändet und verkauft. Wir sind Kronenuntertanen und als solche haben wir keinen Kredit mehr. Soweit ist es bei uns gekommen. –

Enteignungsrecht. Im Artikel der gesamten Geistlichkeit Liechtensteins wird das Begehren um Enteignung unrichtig dargestellt. Niemand will unsere Leute von Grund und Boden verdrängen. Einmal will die Gesellschaft nur im Einvernehmen mit der Behörde Grund und Boden erwerben, sonst überhaupt nicht. Heute kann jeder Ausländer sogar ohne die Behörde Grund und Boden zusammenkaufen und unsere Leute verkaufen. Also ist das Anerbieten der Gesellschaft nur entgegenkommend. Sie beabsichtigt ausserdem, nur den zu ihrem Betriebe erforderlichen Boden zu erwerben. Dort, wo das Kasino mit seinen Nebengebäuden zu stehen käme, würde es nicht einmal 40'000 Klafter Boden erfordern. Das ist doch nichts Ungeheures und beeinträchtigt unsere Landwirtschaft nicht im geringsten. *In Betracht kommt nur Boden ausserhalb einer Ortschaft an einer Berghalde, also gar nicht der beste Boden, sondern nur minderwertiger.* Z.B. auf Matschils oder ausserhalb Schaans gegen den Berg zu. Bauer, man will dich fürchten machen wegen Bodenwegnahme, aber man sagt dir nichts vom Steuervogt, der dir alljährlich einen Teil der Arbeitsfrüchte ohne Erbarmen wegnimmt – die Leute sollen über die bevorstehenden Steuern vorerst hinweggetäuscht werden! Den nötigen Boden will die Gesellschaft zuerst *freihändig gegen Bezahlung in Franken* zu erwerben suchen. Das Enteignungsrecht käme nur für den Fall in Betracht, wenn die Gesellschaft für den Kasinobauplatz (40'000 Klafter höchstens) den Boden gar nicht erhalten könnte. Andern Boden dürfte die Gesellschaft freihändig unter Kontrolle der Regierung kaufen. Aber auch in diesem Fall müsste auf die Interessen aller Beteiligten volle Rücksicht genommen werden. Man wendet ein, das Enteignungsrecht komme nur bei Fällen, in denen es das allgemeine Beste erheischt, vor. Nach unserer Ansicht liegt hier, wenn man die wirklich grossen Leistungen für das allgemeine Beste betrachtet (Hebung des Verkehrs, des Verdienstes, soziale Leistungen, ferner Leistungen für Schul- und Unterrichtswesen, für Lebensmittel usw.) zweifellos dieser Fall vor. Dem allgemeinen Besten kommen diese Leistungen zugute und niemand anders – nicht einigen Herren. *Andere Staaten enteignen sogar für industrielle Unternehmungen* (Ungarn) oder geben unentgeltlich Grund und Boden an solche ab (Bulgarien, Rumänien) usw. Bei anderer Gelegenheit soll unser Volk aufgeklärt werden, was andere Staaten zur Entwicklung der Industrie beitragen und was bei uns immer versäumt wurde.

Länder, in denen Kasinogesellschaften sich befinden, sind nicht nur Monaco, sondern Frankreich, Italien, zum Teil Belgien, Schweiz und Spanien in engerem oder weiterem Umfange. Die Behauptungen der Herren Geistlichen bedürfen diesbezüglich einer Richtigstellung. Monaco ist gar nicht verschrieen, wie man den guten Leuten glauben machen will, und die Zustände und die Volkswirtschaft Monacos sind auf einer viel höheren Stufe als bei uns. In Monaco denkt, so wird berichtet, niemand an einen Fluch! Laut ihrer Eingabe wollen die Unternehmer eine Spielbank oder Spielhölle nicht betreiben. Diese Kraftausdrücke sollen nur dazu dienen, den Unkundigen den Teufel an die Wand zu malen.

Schwere Verantwortung und vielleicht den Fluch laden die auf sich, die aus ganz andern Gründen als wegen des allgemeinen Interesses das Unternehmen nicht hereinlassen wollen. Wieviel Flüche sind bei Einhebung der sogen. Kriegsgewinnsteuer gefallen und welchen Fluch laden sich jene auf, die uns nur Steuern aufladen wollen? Die Herren Moralisten mögen uns doch mit Tatsachen statt mit leeren Behauptungen aufrücken, *unsere* Moral werde verderben.

Höret nicht auf die Reden derjenigen, die euch wieder alles versprechen, aber dann das Halten vergessen. Volk, prüfe die Sache genau und dann entscheide du, und nicht Leute, denen es immer gut gegangen ist.

Dok. 128
Die liechtensteinische Textilindustrie ersucht die Regierung um Unterstützung bei der Kohlenversorgung aus dem Ausland

Handschriftliches Schreiben der Firma Jenny, Spoerry & Cie an die Regierung[1]

27.10.1919, Vaduz

An hohe Fürstlich Liechtenstein'sche Regierung, Vaduz

Nach langer Zeit Stillstand unserer Betriebe infolge des Krieges beabsichtigen Weberei Mühleholz[2] u. wir die Arbeit wieder aufzunehmen, um den Arbeitern jenen Verdienst zu ermöglichen, dass sie imstande sind, ihre in dieser furchtbar schweren Zeit so teueren Lebensmitteln zu beschaffen u. sich ernähren zu können.

Rohstoffe wären erhältlich u. ein Teil davon bereits eingetroffen.

Der Winter steht vor der Tür u. damit auch die Beheizungsfrage. Kohle muss von auswärts bezogen werden u. die Industrie ist ohne Beihilfe der hohen Regierung ausserstande, Kohle zu beschaffen.

Hier ist notwendig, dass beide Teile sich unterstützen u. die hohe Regierung wird dasselbe Interesse an der Arbeit der unvermögenden Klasse bekunden wie die Firmen selbst.

Wir gestatten uns gerne, auf unsere persönliche Aussprache Bezug zu nehmen u. bitten die hohe Regierung raschestens bei jener Stelle, welche uns Kohle liefern könnte, die Bedingungen zum baldigen Bezuge einholen zu wollen, um urteilen zu können, ob das Land u. die Industrie imstande ist, diese erfüllen zu können.

Sollten diese Bedingungen zu hart sein, wäre wohl die Schliessung sämtlicher Betriebe von selbst gegeben, ebenso damit jene Lieferung unserer fertigen Produkte in Bekleidungsstoffen an die Bevölkerung des Landes.

---

1 LI LA RE 1919/5304 ad 3800. Eingangsstempel der Regierung vom 28.10.1919. Abschrift des Dokumentes unter LI LA V 003/0763 (Aktenzeichen der liechtensteinischen Gesandtschaft in Wien: Blge Z. 430/1). Gemäss Aktenvermerk von Landesverweser Prinz Karl von Liechtenstein vom 31.10.1919 wurde der Fabrikdirektor von Jenny, Spoerry & Cie, Armin Arbenz, eingeladen, ehestens schriftliche Vorschläge für die von den Fabriken zu leistenden Kompensationen zu erstatten (LI LA RE 1919/5304 ad 3800). – Zur Problematik der Kohlenversorgung des Fürstentums vgl. etwa auch das Schreiben der liechtensteinischen Gesandtschaft in Wien an den deutschen Geschäftsträger in Wien, Wilhelm von Stolberg-Wernigerode, vom 14.8.1919 (LI LA V 003/0638 (Aktenzeichen der Gesandtschaft: 225/2)).
2 Es handelte sich um den Betrieb der Firma Adolf Schwab in der Nachfolge der im Januar 1918 gelöschten Firma der Gebrüder Rosenthal AG. 1923 wurde auch dieser Betrieb aufgelöst.

Wir bitten eine hohe Regierung, den Ernst dieser Angelegenheit zu bemessen u. eine wohlwollende Mithilfe uns zu gewähren.

Nötig ist zu wissen der Preis der Kohle, die Marke, ob unten angeführtes Quantum erhältlich, in welcher Währung die Regulierung erfolgen muss u. ob rasch ein Teil geliefert werden kann.[3]

Kohlen-Quantum:
Weberei Mühleholz, 8 Wagon
Jenny Spörry u. Cie Vaduz, Triesen 40 Wagon
Hochachtungsvoll

---

3   Armin Arbenz liess die Regierung am 3.11.1919 wissen, dass Jenny, Spoerry & Cie als Kompensationsobjekt für die benötigte Kohle Baumwolltücher verschiedenster Qualität offeriere. Der Preis betrage 14 Schweizerfranken per Kilogramm ab der Bahnstation Schaan-Vaduz und man sei eventuell auch einverstanden, die Kohle gleichfalls in Franken zu verrechnen. Die Kohlennot sei gross und der ganze Kompensationsverkehr nützte nur dann etwas, wenn ca. 10 Waggons Kohle spätestens bis zum Neujahr 1920 einträfen. Die weiteren 30 Waggons könnten dann auf die Monate Januar bis September 1920 verteilt werden (LI LA RE 1919/5425 ad 3800). Eine diesbezügliche Mitteilung seitens der Regierung am 6.11.1919 erging als Grundlage für die Weiterführung der Verhandlungen über den Kohlenbezug an die liechtensteinische Gesandtschaft in Wien (ebd. revers). Mit Schreiben an die Gesandtschaft vom 9.11.1919 erklärte die Regierung die Kohlenbezüge für die öffentlichen Gebäude wie für die hiesigen Fabriken als sehr dringlich, da beiden Seiten die Gefahr drohe, dass der Betrieb in Bälde eingestellt werden müsse, was die schwersten Folgen haben könnte. Es solle daher alles getan werden, um die eheste Kohlenlieferung zu erreichen und zwar 10 Waggons für die öffentlichen Gebäude und mindestens 10 Waggons als erste Rate für die Fabriken (LI LA RE 1919/5967 ad 3800). Die Deutsche Viehverkehrsgesellschaft für Böhmen in Prag teilte dem Kohleninspektorat in Karlsbad mit Schreiben vom 15.11.1919 mit, dass aufgrund des Erlasses des tschechoslowakischen Landwirtschaftsministeriums vom 14.11. aus der Kohlenkompensation für Vorarlberg 10 Waggons für das Fürstentum Liechtenstein disponiert worden seien. Das Kohleninspektorat wurde ersucht, die Sendung an das liechtensteinische Ernährungsamt zu «intradieren» (Abschrift vom 15.11.1919 zuhanden der liechtensteinischen Gesandtschaft unter LI LA V 003/0763 (Aktenzeichen der Gesandtschaft: 430/2)). Vgl. auch das Schreiben des Kohlengrosshändlers Gustav Steiner in Prag an den liechtensteinischen Gesandten Prinz Eduard von Liechtenstein vom 28.11.1919 in der Sache (ebd. (Aktenzeichen der Gesandtschaft: 430/5)). Das «Liechtensteiner Volksblatt» meldete am 6.2.1920, dass kürzlich Kohle und Hafer in Liechtenstein angelangt und grössere Mengen im Anrollen seien. «Die Tätigkeit der Wiener Gesandtschaft war also von Erfolg gekrönt» (L.Vo., Nr. 11, 6.2.1920, S. 2 («Kohle und Hafer»)).

Dok. 129
Der liechtensteinische Gesandte in Wien, Prinz Eduard, berichtet über eine Unterredung mit dem schweizerischen Gesandten Charles-Daniel Bourcart betreffend die liechtensteinische Interessenvertretung im Ausland, insbesondere in Paris, durch die Schweiz

Maschinenschriftliches Schreiben der liechtensteinischen Gesandtschaft in Wien, gez. Prinz Eduard von Liechtenstein, an die liechtensteinische Regierung, mit einem Nachtrag[1]

6.11.1919, Wien

Im Nachhange zu meinem Berichte vom 30. Oktober l.J., Zahl 397/1,[2] beehre ich mich Nachstehendes zu berichten:

Im Auftrage Sr. Durchlaucht des Fürsten [Johann II.] habe ich Montag den schweizerischen Gesandten *[Charles-Daniel] Bourcart* aufgesucht und ihm den Dank Seiner Durchlaucht ausgesprochen für die Bereitwilligkeit der Schweizer Regierung, das Fürstentum in Paris zu vertreten. Ich habe ihn gleichzeitig verständigt, dass uns sehr daran gelegen sei, dass die schweizerische Regierung die Vertretung Liechtensteins in allen Staaten übernehme, in welchen das Fürstentum nicht eigene Vertretungen unterhält.[3] Dies sei gegenwärtig in der Schweiz, in Österreich und in der Cechoslovakei sowie in Deutschland der Fall. Man habe allerdings daran gedacht auch bei den Westmächten an einem Orte eine eigene Vertretung zu errichten, wofür Paris schon aus dem Grunde in erster Linie in Betracht gekommen sei, weil der liechtensteinische Vertreter in Bern [Emil Beck] leicht und ohne grosse Kosten sich im Bedarfsfalle nach Paris begeben könne. Nachdem der Schritt der Schweizer Regierung aber bereits in Paris geschehen sei – ob auf Grund einer Weisung der Vaduzer Regierung oder aus Initiative Dr. Becks sei mir nicht bekannt – so werde voraussichtlich diese eigene Vertretung des Fürstentumes bei der Entente entfallen. Der Fürst lege aber grossen Wert darauf, dass mit Rücksicht auf die zwischen London und Paris bestehende Rivalität – welche, wie ich zur dortigen Information bemerke, beim Zusammenarbeiten der französischen und englischen Mission in Wien des öfteren zu Tage tritt, und von den beiderseitigen Diplomaten hier gar nicht verhehlt wird – gleichzeitig mit der Publizierung der Übernahme der Vertretung Liechtensteins in Paris auch eine solche in London erfolge.[4] Ich bäte Herrn *Bourcart* daher, dies mit dem Dank des Fürsten der Berner Regierung zur Kenntnis zu bringen und diese zu ersuchen, einen analogen Schritt wie in Paris auf rascheste Weise auch in

---

1 LI LA RE 1919/5623 ad 0589 (Aktenzeichen der liechtensteinischen Gesandtschaft in Wien: 397/3). Bei der liechtensteinischen Regierung am 16.11.1919 eingelangt und ebd. am 18.11.1919 ad acta gelegt. Weiteres Exemplar (Konzeptschreiben) unter LI LA V 003/0067 (genanntes Aktenzeichen der Gesandtschaft Wien).

2 Vgl. das Schreiben des Gesandten Prinz Eduard an die liechtensteinische Regierung vom 30./31.10.1919, in welchem dieser die Akkreditierung eines eigenen liechtensteinischen Vertreters in Paris empfohlen hatte (LI LA RE 1919/5402 ad 0589 (Aktenzeichen der liechtensteinischen Gesandtschaft in Wien: 397/2)).

3 Zur Vorgangsweise bei der Übernahme der liechtensteinischen Interessenvertretung im Ausland durch die Schweiz vgl. das Schreiben der liechtensteinischen Gesandtschaft in Bern an die liechtensteinische Regierung vom 26.11.1919 (LI LA RE 1919/5810 ad 0589).

4 Vgl. den Bericht des Gesandten Prinz Eduard an Landesverweser Prinz Karl von Liechtenstein vom 11.11.1919 über eine Unterredung mit dem britischen Bevollmächtigten in Wien, Sir Francis Lindley, betreffend die Vertretung der liechtensteinischen Interessen in London durch die Schweiz (LI LA V 002/0170/12 (Aktenzeichen der liechtensteinischen Gesandtschaft in Wien: 422/1)).

London zu unternehmen, nach dessen günstiger Erledigung das offizielle Ansuchen in der ganzen Sache unsererseits nach Bern und schweizerischerseits nach London und Paris zu richten sein werde.[5]

Ich habe mit *Bourcart* auch die Grundlinien besprochen, nach welchen die Vertretung der liechtensteinischen Interessen in Paris und London zu erfolgen haben würde und insbesonders darauf hingewiesen, dass die Hauptaufgabe der Schweizer Diplomatie darin liegen werde, bei der englischen und französischen Regierung immer wieder die staatliche Selbständigkeit des Fürstentumes zu betonen und dahin zu wirken, dass dem kleinen Lande, welches durch sein Vieh und die Exporte seiner Wollindustrie in hohem Masse kompensationsfähig sei, insbesondere seitens der cechoslovakischen Republik, auf deren Territorium der Landesfürst so grosse Besitzungen habe, das für den Lebensunterhalt seiner Bewohner unbedingt Notwendige an Mehl, Zucker, Kohle etc., geliefert werden müsse, so lange die zentrale Wirtschaft in Europa nicht dem freien Handel Platz mache. Da die Schweiz sich vielfach in einer ähnlichen wirtschaftlichen Lage befindet, wird die Vertretung der liechtensteinischen Interessen in dieser Richtung ihr nicht allzuschwer fallen.

Ich habe mit *Bourcart* vorläufig rein persönlich und unter ausdrücklicher Betonung, in dieser Hinsicht nur einen persönlichen Gedankenaustausch mit ihm pflegen wollen, die Frage der Aufnahme des Fürstentumes in den Völkerbund erörtert und der diesbezüglichen Vertretung seiner Wünsche durch die Schweiz. *Bourcart* billigte vollkommen meine Ausführungen im vorerwähnten Berichte, Zahl 397/1,[6] über die Aufnahme Liechtensteins unter Anerkennung seiner immerwährenden Neutralität, wofür zwar nicht wie bei der Schweiz völkerrechtliche Verträge sprächen, sondern vielmehr die Kleinheit des Landes und die dadurch bedingte militärische Bedeutungslosigkeit, sowie die geographische Lage des Landes, das mit der Schweiz leicht Kriegsgebiet werden könnte, und das als Durchzugsgebiet eben nur dann in Frage kommen kann, wenn auch die Schweiz Durchzugsgebiet sein darf. Er hegte nicht die Befürchtung, dass die Vertretung dieses Standpunktes für Liechtenstein der Schweiz die Vertretung ihres eigenen Standpunktes erschwere und meinte, dass auch in dieser Hinsicht die Interessen Liechtensteins durch die Schweizer Regierung gewahrt werden könnten. Er sprach weiter seine Meinung dahin aus, und erachte ich diese Meinung für durchaus richtig, dass die Schweiz das Fürstentum zum Völkerbunde nicht anmelden kann, nachdem sie selbst noch nicht Mitglied ist, und die Frage, ob sie Mitglied werde, was der Bundesrat beantrage und er auch für richtig halte, noch unentschieden sei. Dagegen könne der Schweizer Gesandte, wenn er einmal als Vertreter Liechtensteins in Paris nominiert sei, die Anmeldung Liechtensteins zum Völkerbunde zweifellos durchführen. Im Übrigen meine er, dass dies für Liechtenstein noch nicht besonders dringlich sei, was ich bis zu einem gewissen Grade auch anerkenne. Ich möchte auch nur soweit kommen, dass im Gegenstande Verhandlungen eingeleitet werden, aus denen Liechtensteins Souveränität klar hervorgeht und die zur Folge haben, dass ich mir die Unterstützung Frankreichs und Englands für die Interessen des Landes

---

5   Der folgende Satz ist gestrichen: «Hiezu bemerkte ich übrigens, dass die Form der weiteren Verfolgung der Angelegenheit noch von mir hier klar gestellt werden wird und ich mir vorbehielte, diesbezügliche Anträge bezw. Entwürfe zu übermitteln.» Daneben der handschriftliche Randvermerk: «überholt siehe Zl. 399/3». Vgl. in diesem Zusammenhang das private Schreiben von Prinz Eduard an Prinz Karl vom 7.11.1919 u.a. betreffend die Vorgangsweise von Emil Beck bei der Frage der liechtensteinischen Vertretung in Paris (LI LA V 003/0068 (Aktenzeichen der liechtensteinischen Gesandtschaft in Wien: 399/2)) bzw. das Schreiben von Prinz Karl an Prinz Eduard vom 18.11.1919 (ebd. (Aktenzeichen: 399/3)).

6   Siehe Fussnote 2.

bei der Wiener Reparationskommission in höherem Masse sichere, denn ich gestehe offen, dass mir die Schwierigkeit der Beschaffung von Lebensmittel und Kohle grosse Sorgen macht und der Verlauf der Verhandlungen in Prag,[7] die doch - zunächst wenigstens nur Hafer und etwas Gerste – eingebracht haben, ist nicht erfreulich. Ich bin auch jetzt mit dem Staatsamte für Verkehrswesen in Verbindung getreten, um bei einer Aufteilung der Waggons des alten Österreichs für das Fürstentum eine gewisse Anzahl rollenden Materials zu sichern, aber in allen diesen Fragen werde ich einen Erfolg wohl nur erhoffen können, wenn Frankreich und England und vielfach auch Amerika sich der Landesinteressen in der Waggon- und Kohlenkommission etc. annimmt.

Ich beehre mich, den vorstehenden Bericht unter gleichzeitiger Übermittlung einer Abschrift an Dr. *Beck* in *Bern*[8] zu übermitteln.[9] So viel ich heute, durch einen Herrn der Schweizer Gesandtschaft hörte, hat Minister *Bourcart* die an ihn gestellte Bitte seiner Regierung im telegrafischen Wege übermittelt. Jedenfalls hätte Dr. Beck der Berner Regierung gegenüber sich ebenfalls dahin zu äussern, dass der Fürst durch mich bereits seiner hohen Befriedigung und seinen warmen Dank für das liebenswürdige Entgegenkommen der Schweizer Regierung, dem Schweizer Gesandten in Wien ausgesprochen habe.

Eine telegrafische Erledigung der Angelegenheit erschien mir ausgeschlossen, – abgesehen von der Unmöglichkeit eine solche Materie in entsprechend ausführlicher Form telegrafisch zu erledigen – auch deswegen, weil, wie auch Bourcart sagt, dies alles wohl nur chiffriert behandelt werden könne.

Nachtrag

Heute übermittelte *Bourcart* die zuliegende Information, Zahl 397/4,[10] aus welcher ich entnehme, dass die Schweiz die Anfrage wegen unserer Vertretung bereits überall hin offiziell und nur nach Paris inoffiziell gerichtet hat, will wir noch zweifeln, ob wir uns dort selbständig vertreten lassen sollen. Seine Durchlaucht der Fürst erklärt sich nunmehr einverstanden, dass die Schweiz uns auch in Paris vertrete. Bezüglich Deutschland wäre ihm eine eigene Vertretung mit Rücksicht auf seinen Besitz in Sachsen erwünscht, doch hat er darüber noch nichts Definitives verfügt. Jedenfalls könnte man jetzt die offizielle Anfrage nach Paris richten sowie an die anderen Staaten, und zwar nicht von hier oder von Vaduz aus, sondern durch die Berner Regierung. Ich ersuche nur um ungesäumte Mitteilung, wenn die Zustimmung der verschiedenen Staaten einlangt, schon um das liquidierende k.u.k. Ministerium des Äussern, das uns ja noch vertritt,[11] entsprechend verständigen zu können.

---

7   Vgl. hiezu die Korrespondenz betreffend die Kompensationsverhandlungen mit der tschechoslowakischen Republik wegen der Lieferung von Getreide nach Liechtenstein bzw. von Zuchtvieh in die Tschechoslowakei (LI LA V 003/0626 (Aktenzeichen der liechtensteinischen Gesandtschaft in Wien: 413)). Vgl. auch Ziff. 2 des Berichts von Prinz Eduard an Landesverweser Prinz Karl vom 11.11.1919 über eine Unterredung mit dem britischen Bevollmächtigten in Wien, Sir Francis Lindley (LI LA V 002/0170/12 (Aktenzeichen der liechtensteinischen Gesandtschaft in Wien: 422/1)).
8   Durchgestrichen. «mit dem Ersuchen».
9   Durchgestrichen: «die beiden gegenständlichen Berichte der Finanzkommission zur Kenntnis zu bringen».
10 Liegt nicht bei. Vgl. LI LA V 003/0067 (Aktenzeichen der liechtensteinischen Gesandtschaft in Wien: 397).
11 Österreich-Ungarn hatte 1880 den diplomatischen Schutz der liechtensteinischen Staatsangehörigen im Ausland übernommen: Vgl. das Schreiben des österreichisch-ungarischen Aussenministeriums an die fürstliche Hofkanzlei vom 24.10.1880 (LI LA RE 1919/6087 ad 0589 (Aktenzeichen des Aussenministeriums: 18702/80/7)).

Ich möchte nicht ermangeln noch zu berichten, dass ich aus anderem Anlass ebenfalls Montag den Vertreter Allizees [Henri Allizé] Botschaftsrat *Romieu* aufsuchte und ihm von der hocherfreulichen Tatsache Mitteilung machte, dass Frankreich der Vertretung Liechtensteins in Paris zugestimmt habe, welche anscheinend in der Form der Vertretung durch die Schweiz geplant sei. Er schien sehr erfreut und bat überzeugt zu sein, dass diese Zustimmung gewiss auf Allizees gegenwärtigen Aufenthalt in Paris und Einwirkung dortselbst zurückzuführen sei, dem er auf Grund meiner Interventionen nach meinen Prager Verhandlungen zweimal Informationen gesendet habe.

Wie mir gestern im Staatsamte für Äusseres zur sicheren Kenntnis gelangte, reist Minister *Benes* [Edvard Beneš] mit dem morgigen Entantezug nach Paris und dürfte jetzt auch den Angelegenheiten Liechtensteins dort näher treten.

Ich habe gestern dem cechischen Gesandten in Wien Dr. *[Robert] Flieder* gesprächsweise die Tatsache der Zulassung der liechtensteinischen Vertretung in Paris mitgeteilt und auch [Hans von] Kolowrat bereits angewiesen, diese Tatsache so rasch wie möglich durch Vermittlung seines Freundes Strümpl dem Sekretär Benes zur Kenntnis zu bringen.

Der fürstliche Gesandte:[12]

Dok. 130
Der neugegründete «Liechtensteinische Bauernbund» erlässt Statuten

Maschinenschriftliche Statuten, gez. Franz Xaver Beck (Gasthaus Schäfle, Triesen)[1]

9.11.1919, Schaan

Statuten des liechtensteinischen «*Bauernbundes*»

I.) Firma, Sitz und Zweck
Art. 1.

Unter dem Namen liechtensteinischer Bauernbund bildet sich eine Vereinigung der liechtensteinischen Bauern. Der Sitz des Vereines ist der jeweilige Wohnort des Präsidenten.

Der Bauernbund ist im Handelsregister einzutragen.

Art. 2.

Der Bund stellt sich zur Aufgabe die Landwirtschaft zu fördern durch:
1.) Ausarbeitung der landwirtschaftlichen Berufsbildung durch Vorträge, Kurse etc. etc.;

---

12   Vgl. in weiterer Folge das Schreiben der liechtensteinischen Gesandtschaft in Wien an die liechtensteinische Gesandtschaft in Bern vom 3.12.1919 (LI LA RE 1919/5966 ad 0589 (Aktenzeichen der liechtensteinischen Gesandtschaft in Wien: 450/5)).

1   LI LA RE 1919/5716. Entwertete Stempelmarke zu 60 Heller. Die Statuten mit dem Begleitschreiben Becks vom 21.11.1919 liefen laut Eingangsstempel am 22.11. bei der Regierung ein. Nach Einsichtnahme durch Landesverweser Karl von Liechtenstein erging noch am selben Tag das Antwortschreiben an den Bauernbund. Die Regierungskanzlei wurde angewiesen, die Statuten im Vereinsregister vorzumerken (ebd.). Vgl. in diesem Zusammenhang: O.N., Nr. 94, 10.12.1919, S. 2 («Bauernbund») und O.N., Nr. 96, 17.12.1919, S. 1-2 («Vom Bauernbunde»).

2.) gemeinsamen Bezug landwirtschaftlicher Bedarfsartikel;
3.) gemeinsamen Absatz eigener Produkte;
4.) Beratung und Unterstützung von wichtigen Veranstaltungen und zweckmässigen Einrichtungen landwirtschaftlicher Natur;
5.) Stellungnahme zu wirtschaftspolitischen Fragen im Interesse der Landwirtschaft unter Ausschluss parteipolitischer Rücksichten.

Durch Beschluss der Bundesversammlung kann das Tätigkeitsgebiet erweitert werden. Der Bauernbund liefert seine Waren in erster Linie an die Mitglieder. Nichtmitglieder bezahlen einen jeweils vom Vorstand festzusetzenden Zuschlag.

II.) Mitgliedschaft
Art. 3.

Mitglied kann jeder unbescholtene, in bürgerlichen Ehren und Rechten stehende Landwirt in Liechtenstein werden, soferne er nicht bauernfeindliche Tendenzen verfolgt. Die Aufnahme gilt als vollzogen, wenn der Eintretende die Statuten eigenhändig unterzeichnet oder in anderer Weise gestützt auf die Statuten seinen Beitritt zu dem Bunde unterschriftlich erklärt hat und das Aufnahmegesuch vom Vorstande genehmigt worden ist.

Art. 4.

Durch die Bundesversammlung kann ein bescheidener Eintrittsbeitrag festgesetzt werden (Kronen 10.–).

Art. 5.

Der jährliche Mitgliederbeitrag wird an der ordentlichen Hauptversammlung festgesetzt; Bruchteile eines Jahres werden als volles Jahr gerechnet.

Art. 6.

Die Mitgliedschaft erlischt:
a) infolge Tod;
b) infolge Wegzug aus Liechtenstein;
c) durch schriftliche Austrittserklärung;
d) infolge Ausschluss;
e) durch Verlust der zum Eintritt erforderlichen Eigenschaften.

Der freiwillige Austritt kann nach vorausgegangener vierteljährlicher Kündigung auf den Schluss eines Rechnungsjahres erfolgen. Der Ausschluss kann durch den Vorstand erfolgen, wogegen dem Ausgeschlossenen das Berufungsrecht an die Bundesversammlung zusteht.

Art. 7.

Ausscheidende Mitglieder haben kein Anrecht auf das Bundesvermögen.

Art. 8.

Für die Verpflichtungen des Bundes haften die Mitglieder, soweit das Vermögen des Bundes zur Bestreitung der Verbindlichkeiten nicht ausreicht, persönlich und solidarisch.

III.) Die Organisation und der Geschäftsbetrieb
Art. 9.

Der Bund besteht aus Abteilungen. Jede Gemeinde, welche wenigstens zehn Mitglieder zählt, bildet eine solche. Sind in einer Gemeinde nicht zehn Mitglieder vorhanden, so haben sich dieselben der nächstliegenden Abteilung anzuschliessen. Jede Abteilung wählt ihren Sektionsvorstand und auf je zehn Mitglieder einen Delegierten.

Jedes Jahr findet eine Hauptversammlung und zwar in Schaan statt, wozu sämtliche Mitglieder eingeladen werden.

Über Gutachten des Vorstandes, sowie auf Verlangen von einem Drittel der Mitglieder kann auch eine ausserordentliche Generalversammlung einberufen werden, jedoch nur unter Angabe der Gründe und dürfen dann auch speziell nur diese behandelt werden.

Die Organe des Bundes sind:
1.) Die Bundesversammlung;
2.) der Vorstand und die Sektionsvorstände;
3.) die Rechnungskommission.

Art. 10.

Die Bundesversammlung entscheidet endgiltig in allen Angelegenheiten des Bundes; insbesondere fallen ihr zu:

a) die Wahl des Präsidenten; des Kassiers; des Schriftführers und der Rechnungskommission.

Die einzelnen Ortschaften sind bei der Wahl der Vorstandsmitglieder nach Möglichkeit zu berücksichtigen.

b) Festsetzung der Entschädigungen für den Vorstand;
c) Abnahme der Jahresrechnung und des Geschäftsberichtes;
d) Genehmigung von Verträgen, sowie die Bewilligung des nötigen Kredites;
e) Beschlussfassung über die Jahresbeiträge und allfällige Eintrittsbeiträge;
f) Beschlussfassung über das Arbeitsprogramm und Entgegennahme von diesbezüglichen Anträgen;
g) Endgiltige Entscheidung über Ausschluss von Mitgliedern;
h) Beschlussfassung über Auslegung und Abänderung der Statuten und über die Liquidation des Bundes.

Zur giltigen Beschlussfassung ist Mehrheit der abgegebenen Stimmen erforderlich.[2]

Die Bundesversammlung kann einzelne dieser angegebenen Befugnisse dem Vorstande übertragen.

Art. 11.

Der Vorstand besteht aus Präsident, Kassier und Schriftführer. Er wird auf ein Jahr gewählt und ist jedes Mitglied verpflichtet, eine Wahl für eine Amtsdauer anzunehmen. Bisherige Vorstandsmitglieder sind wieder wählbar. Die Wahl kann schriftlich oder mündlich erfolgen. Zur Giltigkeit der Wahl ist 2/3 Mehrheit der abgegebenen Stimmen erforderlich.[3]

Der Präsident oder dessen Stellvertreter und der Kassier führen kollektiv die rechtsverbindliche Unterschrift. Der Vorstand kann dem Geschäftsführer für den Geschäftsverkehr Vollmachten für die verbindliche Einzelunterschrift erteilen.

Mitglieder, die ein ähnliches Geschäft betreiben, sind nicht in den Vorstand wählbar und können auch nicht mit der Geschäftsleitung betraut werden.

Der Vorstand ist für Vollzug der Beschlüsse der Bundesversammlung und für regelrechte Geschäftsführung nach Gesetz und Statuten verantwortlich.

---

2   Dieser Satz findet sich auch handschriftlich wieder.
3   Dieser Satz findet sich als Randvermerk auch handschriftlich wieder.

Art. 12.

Dem Vorstande liegt ob:

a) Die Konstituierung nach Art. 11;

b) Vorbereitung der Traktanden sowie Einberufung und Leitung der Bundesversammlung;

c) Besorgung der laufenden Geschäfte des Bundes.

Der Vorstand ist berechtigt für die Durchführung einzelner Aufgaben Spezialkommissionen zu ernennen;

d) Wahl des Geschäftsführers, die Anfertigung des Anstellungsvertrages und die Festsetzung der Kaution für denselben.

Art. 13.

Das Rechnungsjahr schliesst mit dem 31. Dezember ab.

Der Geschäftsführer hat bis spätestens Ende Jänner seine Rechnung abzuschliessen und dem Vorstand zur Überprüfung und Weiterleitung an die Rechnungskommission vorzulegen.

Art. 14.

Eine Rechnungskommission von 3 Mitgliedern hat die Aufgabe, alljährlich die Rechnung zu prüfen, die für einen geordneten Geschäftsbetrieb notwendigen Bücher zu kontrollieren und der Bundesversammlung schriftlich Bericht zu erstatten. Sie hat das Recht von Büchern, Kassa und Warenlager jederzeit Einsicht zu nehmen.

Die Amtsdauer der Rechnungskommission läuft mit derjenigen des Vorstandes ab.

Art. 15.

Ein direkter Gewinn wird nicht beabsichtigt. Überschüsse, die sich aus der Tätigkeit des Bauernbundes ergeben, dürfen nicht verteilt werden. Sie müssen als unteilbares Vermögen des Bauernbundes erhalten bleiben.

Art. 16.

Der Bauernbund kann seine Lieferungen an säumige Zahler verweigern. Wenn die Schuldbetreibung gegen ein Mitglied angewendet werden muss, berechtigt dies zum Ausschluss des betreffenden Mitgliedes.

Zuwiderhandlung gegen die Beschlüsse der Bundesversammlung, gegen die Statuten, sowie eine die Interessen des Bauernbundes schädigende Tätigkeit anderer Art kann mit dem Ausschluss des fehlbaren Mitgliedes geahndet werden.

IV.) Statutenrevision und Auflösung
Art. 17.

Anträge auf Abänderung der Statuten müssen mindestens 14 Tage vor der Bundesversammlung dem Vorstande in schriftlicher Form und begründet eingereicht werden.

Statutenänderungen können nur durch Beschluss der Mehrheit aller Mitglieder Rechtskraft erlangen. Sind in der ersten Versammlung weniger als die Hälfte plus ein Mitglied anwesend, dann ist unter spezieller Hervorhebung des Traktandums «Statutenrevision» innerhalb einer Stunde eine zweite Versammlung einzuberufen. An dieser Versammlung kann die einfache Mehrheit der anwesenden Mitglieder die geplante Revision durchführen.

Art. 18.

Die Auflösung des Bauernbundes kann erst beschlossen werden, wenn die Mitgliedschaft unter 20 sinkt, dann findet der Modus, wie er für Statutenrevisionen vorgesehen ist (Art. 17), Anwendung.

Art. 19.

Ein bei der Liquidation nach Bezahlung aller Schulden sich ergebendes Reinvermögen ist der Landesverwaltung in Vaduz zur Verwaltung und zinstragenden Anlage zu übergeben. Wenn sich im Gebiete des Fürstentum Liechtensteins ein neuer landwirtschaftlicher Verein (Bauernbund) mit gleicher Zweckbestimmung bildet, soll das Vermögen diesem zufallen, soferne Art. 19 dieser Statuten in unveränderter Form in die Statuten des neugegründeten Bauernbundes aufgenommen wird.

Dieser Artikel darf nicht abgeändert werden.

Art. 20.

Ein bei der Liquidation verbleibender Passivsaldo ist von den Mitgliedern zu gleichen Teilen zu tragen. Gegenüber den Gläubigern besteht die Haftung nach Artikel 8 dieser Statuten.

V.) Schiedsgericht
Art. 21.

Alle Streitigkeiten über den Sinn einzelner Bestimmungen dieser Statuten, sowie über einzelne Vereinsbeschlüsse werden durch ein Schiedsgericht endgiltig ausgetragen, gegen dessen Ausspruch keinem Mitglied eine weitere Berufung offen steht und insbesondere der Rechtsweg ausgeschlossen ist.

Art. 22.

Zu diesem Schiedsgericht hat jeder Streitteil einen Schiedsrichter zu wählen; die gewählten Schiedsrichter haben gemeinschaftlich eine dritte Person als Obmann zu bestimmen. Sollten sie sich aber über den zu bestellenden Obmann nicht einigen, so wird dieser über Anlangen von der fürstlichen Regierung bestimmt.

Art. 23.

Jedes Mitglied des Vereines ist verpflichtet, die auf seine Person gefallene Wahl als Schiedsrichter des Bauernbundes oder als Obmann des Schiedsgerichtes unweigerlich zu übernehmen, bei sonstiger Konventionalstrafe bis zu 50 K.-, deren Höhe jeweilig vom Ausschuss festgesetzt wird.

VI.) Schlussbestimmungen
Art. 24.

Vorliegende Statuten sind im Drucke zu vervielfältigen und jedem Mitgliede zuzustellen.[4]

---

[4] 1922 fusionierten der «Liechtensteinische landwirtschaftliche Verein» und der «Liechtensteinische Bauernbund» zum «Liechtensteinischen Bauernverein»: Vgl. L.Vo., Nr. 3, 11.1.1922, S. 2 sowie das diesbezügliche Schreiben von Lehrer Johann Meier an die Regierung vom 23.1.1922 (LI LA RE 1922/0385 ad 0061). Vgl. ferner Statuten des Bauernvereins unter LI LA RE 1922/0691.

Dok. 131
Der liechtensteinische Gesandte in Wien, Prinz Eduard, berichtet über eine Unterredung mit dem britischen Bevollmächtigten Sir Francis Lindley betreffs die Vertretung der liechtensteinischen Interessen in London

Maschinenschriftliche Abschrift eines Schreibens des liechtensteinischen Gesandten in Wien, Prinz Eduard von Liechtenstein, gez. ders., an den liechtensteinischen Landesverweser Prinz Karl von Liechtenstein, mit einem Nachtrag[1]

11.11.1919, Wien

Euere Durchlaucht!

Ich habe heute beim neuen Bevollmächtigten der englischen Regierung in Wien, Sir *[Francis] Lindley*, vorgesprochen und ihn eingehend über die völkerrechtliche Situation des Fürstentumes Liechtenstein informiert. Das Ergebnis des Gespräches ist Folgendes:

1.) Ich habe Lindley von dem Schritt der Schweizerischen Regierung informiert bezüglich der Vertretung der liechtensteinischen Interessen in London durch die Schweizerische Regierung[2] und habe ihn ersucht, seine Regierung zu bitten, die bezügliche willfahrende Antwort so rasch als möglich abgeben zu wollen, nachdem die Pariser Regierung bereits zugesagt habe,[3] und wir vermeiden wollen, die tatsächliche Betrauung der Schweizerischen Gesandtschaft in Paris mit der Vertretung der liechtensteinischen Interessen früher zu vollziehen als in London. – Lindley hat zugesagt, in London in dieser Richtung vorstellig zu werden.

2.) Ich habe weiters Lindley eine deutsche Übersetzung der an Sir *Francis Dent* gerichteten französischen h.ä. [hierämtlichen] Note, Zahl 417,[4] in Angelegenheit der Zuweisung von Waggons an das Fürstentum übergeben und ihn gebeten, auch diese Angelegenheit bei Sir *Dent* entsprechend zu unterstützen. Lindley hat die Berechtigung des Fürstentumes anerkannt, trotzdem die dasselbe durchquerende Eisenbahn der österreichischen Staatsverwaltung gehört, über eigene Waggons zu verfügen, und ich habe den Eindruck, dass er diese Angelegenheit wohlwollend fördern wird, was mir im enormen Interesse des Fürstentumes gelegen zu sein scheint.

3.) Ich habe Sir Lindley auf die dringende Notwendigkeit der Belieferung des Fürstentumes mit Lebensmitteln aus der Cechoslovakei aufmerksam gemacht und darauf verwiesen, dass diese Belieferung, gegen welche sich nach der gleichzeitig mit-

---

1   LI LA V 002/0170/12 (Aktenzeichen der liechtensteinischen Gesandtschaft in Wien: 422/1). Eine Abschrift ging an die liechtensteinische Gesandtschaft in Bern zur Kenntnisnahme, Eingang ebd. am 19.11.1919. Weiteres Exemplar unter LI LA V 003/0069 (Aktenzeichen der liechtensteinischen Gesandtschaft in Wien: 422/1).
2   Vgl. in diesem Zusammenhang etwa das Schreiben der liechtensteinischen Gesandtschaft in Bern an die liechtensteinische Gesandtschaft in Wien vom 12.12.1919 betreffend die Übernahme der liechtensteinischen Interessenvertretung im Ausland durch die Schweiz (LI LA RE 1919/6087 ad 0589).
3   Vgl. das Schreiben des liechtensteinischen Gesandten in Wien, Prinz Eduard, an die liechtensteinische Regierung vom 30./31.10.1919 betreffend die liechtensteinische Interessenvertretung bei der französischen Regierung (LI LA RE 1919/5402 ad 0589 (Aktenzeichen der liechtensteinischen Gesandtschaft in Wien: 397/2)).
4   Vermutlich falsches Aktenzeichen: Die Akte der liechtensteinischen Gesandtschaft in Wien mit dem Aktenzeichen 417 betrifft die Pläne für die Schaffung eines liechtensteinischen Konsulates für Süddeutschland (LI LA V 003/0107).

folgenden Note 413/4⁵ neuerlich Schwierigkeiten auftürmen, die nunmehr in der Staatsgetreideanstalt in Prag liegen, sehr dringlich ist, und ich ihn bäte, auch in dieser Richtung englischerseits einen Einfluss in Prag auszuüben. Naturgemäss wird eine diesbezügliche Einflussnahme von London wohl erst erwartet werden können, wenn die Übernahme der Vertretung der liechtensteinischen Interessen durch die Schweiz in London effektiv erfolgt sein wird.

4.) Sir Lindley erkundigte sich eingehend nach dem Verhältnisse des Fürstentumes zu Deutschösterreich, in welcher Richtung ich auf die ebenfalls in Abschrift mitfolgende h.ä. Note Zahl 388/2⁶ des Staatsamtes für soziale Fürsorge betreffend die Anerkennung der vollen Exterritorialität des Fürsten und die Befreiung der von ihm tatsächlich benützten Immobilien vom Volkspflegestättengesetze, dem sogenannten Schlössergesetze,⁷ verweisen konnte, aus welcher ebenso wie aus der Zulassung der liechtensteinischen Gesandtschaft in Wien⁸ die Anerkennung der Souveränität des Fürstentumes durch Österreich klar hervorgeht.

5.) Ich habe weiters Sir Lindley auf die Forderungen Liechtensteins aus dem Zollvertrage⁹ aufmerksam gemacht und ihm mitgeteilt, dass nach meiner vortägigen Unterredung mit Sektionschef *[Theodor von] Ippen*, dem Stellvertreter des Staatskanzlers *[Karl] Renner* in der Leitung des Staatsamtes für Äusseres, diese Angelegenheit voraussichtlich von der Reparationskommission werde in die Hand genommen werden müssen, da die sogenannte Gesandtenkonferenz der Successionsstaaten nicht aktionsfähig sei und – wie mir Ippen sagte – mit der Ratifizierung des Friedensvertrages von St. Germain wahrscheinlich sofort verschwinden würde.

---

5   Dokument liegt nicht bei. Siehe jedoch LI LA V 003/0626 (Aktenzeichen der Gesandtschaft in Wien: 413) mit der Korrespondenz betreffend die Kompensationsverhandlungen mit der tschechoslowakischen Republik wegen der Lieferung von Getreide nach Liechtenstein bzw. von Zuchtvieh in die Tschechoslowakei.

6   Dokument liegt nicht bei. Vermutlich falsches Aktenzeichen: Die Akte der liechtensteinischen Gesandtschaft in Wien mit dem Aktenzeichen 388/2 betrifft die Errichtung eines amerikanisches Konsulats für Liechtenstein (LI LA V 003/0145).

7   Gesetz vom 30.5.1918 über die Errichtung und Unterbringung von Volkspflegestätten, öst. StGBl. 1919 Nr. 309.

8   Vgl. die Note des deutschösterreichischen Staatsamtes für Äusseres an die liechtensteinische Hofkanzlei vom 2.5.1919 betreffend die Errichtung einer liechtensteinischen Gesandtschaft in Wien (LI LA V 003/1165 (Aktenzeichen: I-3329/2)).

9   Nach Art. 17 des österreichisch-liechtensteinischen Zollvertrages von 1876, öst. RGBl. 1876 Nr. 38, idF. RGBl. 1889 Nr. 29, erhielt das Fürstentum eine Quote aus dem Reinerträgnis der in Vorarlberg und Liechtenstein eingehobenen Verzehrungssteuern, des Tabak- und Schiesspulvermonopols und einiger anderer Einnahmequellen im Verhältnisse der Bevölkerung dieser Gebiete; ferner aus dem Reingewinne der an den Zollämtern Vorarlbergs und Liechtensteins eingelaufenen Zölle nach Abzug eines «Präzipuums» von einem Drittel für Österreich-Ungarn einen im Verhältnis der Bevölkerung von Vorarlberg und Liechtenstein festgesetzten Anteil. Die näheren Bestimmungen über die Festsetzung dieses Reinertrages enthielt Art. 18 des Zollvertrages. Nach Art. 22 des Zollvertrages verbürgte Österreich dem Fürstentum ein jährliches Reineinkommen an Zöllen und Verzehrungssteuern von mindestens 2,2 Gulden pro Kopf der Bevölkerung. Dieser verbürgte Minimalreinertrag hatte in vierteljährlichen Raten im Vorhinein bezahlt zu werden. 1919 bemühte sich der liechtensteinische Gesandte in Wien, Prinz Eduard, im Auftrage der liechtensteinischen Regierung bei der Wiener Gesandtenkonferenz um die Auszahlung des dem Fürstentum aus dem Zollvertrag zukommenden Gewinnanteils von 65'255 Kronen. Begründet wurde dies damit, dass diese Zahlungsverpflichtung aus der Jahresabrechnung pro 1917/1918 der Gesamtheit der Nationalstaaten, welche ehemals die österreichisch-ungarische Monarchie gebildet hatten, obliege (vgl. das Schreiben der liechtensteinischen Gesandtschaft in Wien an die Wiener Gesandtenkonferenz zuhanden ihres Vorsitzenden Theodor von Ippen vom 14.8.1919 (LI LA V 003/0347 (Aktenzeichen der liechtensteinischen Gesandtschaft in Wien 233/1); vgl. ferner LI LA V 003/0348 (Aktenzeichen der Gesandtschaft: 102/1)).

6.) Sir Lindley erkundigte sich nach den valutarischen Verhältnissen des Fürstentumes, in welcher Hinsicht ich ihm mitteilte, dass ich noch immer hoffe, dass das Land zunächst eine Abstempelung der d.ö. [deutschösterreichischen] Krone vornehmen werde, wodurch ein wesentlich höherer Kurs in Zürich erreicht werden würde, und dass ich glaube, dass das Land beabsichtige, auf Grund dieser in Zürich gebesserten liechtensteinischen Krone mit der Zeit auf die Frankenwährung überzugehen, wobei der liechtensteinische France in der Schweiz ebenso wie die Frances anderer Länder der lateinischen Münzunion[10] Umlaufkraft haben sollte. Etwas Bestimmtes wurde aber noch nicht beschlossen. Lindley erachtete diesen Gedanken in beiden Richtungen für durchaus akzeptabel.

7.) Sir Lindley erkundigte sich auch, ob tatsächlich die Absicht bestehe, die Spielbank in Vaduz zu errichten und äusserte sich gegen dieses Projekt in durchaus nicht günstigem Sinne.

8.) Sir Lindley stellte ferner die Frage, wohin der liechtensteinische Viehexport eigentlich gehe, nahm zur Kenntnis, dass damit in erster Linie Kompensationen aus der Cechoslovakei und Italien versucht werden, welch erstere Verhandlungen bereits einen gewissen Erfolg gebracht hätten, während mir über den Erfolg der Kompensationsverhandlungen mit Italien nichts Positives bekannt sei. Er meinte, dass hier in Wien wohl ein starker Bedarf an Fleisch wäre, worauf ich ihm entgegnete, dass das Land gewiss bereit sei, auch hieher zu liefern, dass aber die Schwierigkeit, Kompensationsware aus Deutschösterreich zu erhalten, sowie die geringe Kaufkraft der österreichischen Krone ein grosses Hindernis bilden.

9.) Ich machte Lindley darauf aufmerksam, wie wichtig für das Land es sei, dass die Gesandtschaft in Prag[11] bald zugelassen werde, um dadurch die Verpflegung des Fürstentumes zu sichern und um die Interessen des fürstlichen Besitzes in Böhmen zu wahren. Da England – wie ich annähme – wohl Interesse habe, bolschewistische Strömungen in der Tschechoslovakei nicht aufkommen zu lassen, müsse es ein Interesse daran haben, den fürstlichen Besitz in Böhmen zu schützen, zumal eine Konfiskation dieses dreihundertjährigen Besitzes auf Grund des Umstandes, dass ein Teil dieser Besitzungen aus Konfiskationen von Rebellen stamme,[12] auch dazu führen müsse, dass die Güter einer ganzen Reihe anderer hervorragender Familien in der Cechoslovakei einer ähnlichen Behandlung unterworfen würden.

10.) Endlich bat ich Lindley seinem Kollegen in Prag, Mister [Cecil] Gosling, den Besuch des Prinzen Louis jun. [Alois von Liechtenstein] anzukündigen, welcher Samstag nach Prag fährt, um auch diesen in gleichem Sinne zu orientieren und dessen Einwirkung in der selben Richtung sowohl in London wie in Prag zu erreichen.

Ich hatte den Eindruck, dass Sir Lindley, welcher früher in Wien als Diplomat tätig war und über die Verhältnisse des Hauses Liechtenstein und des Fürstentumes ziemlich orientiert ist, die Bestrebungen der hiesigen Gesandtschaft in freundlichster Weise fördern wird.

Eine Abschrift dieses Berichtes ergeht gleichzeitig an die Gesandtschaft in Bern.

---

10 Die Lateinische Münzunion war eine Währungsunion zwischen Frankreich, Belgien, Italien, der Schweiz und Griechenland, welche zwischen 1865 und 1914/1926 bestand.

11 Vgl. etwa den Bericht des liechtensteinischen Gesandten Prinz Eduard an die liechtensteinische Regierung vom 10.10.1919 über die Verhandlungen mit dem tschechoslowakischen Aussenminister Edvard Beneš betreffend die Errichtung einer liechtensteinischen Gesandtschaft in Prag (LI LA RE 1919/0105).

12 Nach der Schlacht am Weissen Berg vom 8.11.1620 kam es seitens Habsburgs zu umfangreichen Güterkonfiskationen bei den böhmischen «Rebellen».

Nachtrag: Nach Fertigstellung dieses Berichtes kommt heute abends die telefonische Mitteilung vom Schweizer Gesandten [Charles-Daniel Bourcart], dass seine Regierung ihm auf die von mir veranlasste Anfrage telegrafiert habe, dass London vor zirka 10 Tagen das Agrement zur Vertretung Liechtensteins durch die Schweiz erteilt habe. Ich werde Sir Lindley heute sofort von dieser erfreulichen Tatsache Mitteilung machen, um ihm einen unnötigen Schritt in dieser Richtung zu ersparen.[13] – Es dürfte aber empfehlenswert sein, vorzusorgen, dass derartige wichtige Mitteilungen direkt von Bern oder Vaduz rasch hieher kommen und die hiesige Gesandtschaft nicht auf Informationen im Wege der schweizerischen Gesandtschaft in Wien angewiesen bleibt. Die in den Oberrheinischen Nachrichten[14] gerügte Verschleppung der Kompensationsverhandlungen in Prag fällt gewiss zum Teil der mangelnden diplomatischen Organisation des Fürstentumes zur Last und wäre die neuerliche Komplikation vielleicht zu vermeiden gewesen, wenn ich vor 6 Tagen in der Lage gewesen wäre, auf die effektive Anerkennung des Fürstentumes durch Frankreich und England zu verweisen bzw. durch [Hans von] Kolowrat verweisen zu lassen.

Der Fürstliche Gesandte:

Dok. 132
Der designierte liechtensteinische Generalkonsul für die Schweiz, Walter F. Probst, beklagt missbräuchliche Einbürgerungen in Liechtenstein, namentlich von Juden, Schiebern und Kriegsgewinnlern sowie von Deserteuren und Refraktären

Maschinenschriftliches Schreiben von Walter F. Probst, gez. ders., an den liechtensteinischen Geschäftsträger in Bern, Emil Beck[1]

1.12.1919, Basel («Margarethenstr. 77 bei Herrn Guba»)

Sehr geehrter Herr Legationsrat!

Indem ich auf Ihre hochgeschätzte Mitteilung vom 11. pass.[2] Bezug nehme, erlaube ich mir, bei Ihnen anzufragen, ob Ihnen das Exequatur vom Bundesrat bereits zugestellt wurde, evtl. dürfte es sich wohl empfehlen, dieserhalb dort einmal heranzutreten. Die 24 Kantone dürften ihre Zustimmung nunmehr gegeben haben.

Bei dieser Gelegenheit möchte ich Sie auf einen gewissen Dr. E. Huber, Wallenstadt, *unter strengster Diskretion* aufmerksam machen. Dieser Herr sichert Leuten, die

---

13 Vgl. die Note des englischen Bevollmächtigten Sir Francis Lindley an den liechtensteinischen Gesandten vom 15.12.1919 (LI LA V 003/0069 (Aktenzeichen der Gesandtschaft: 422/2): «... le Gouvernement de Sa Majesté ne voit aucune objection à ce que la représentation de la Principauté de Liechtenstein dans le Royaume Uni soit confiée aux agents diplomatiques et consulaires suisses.»

14 Vgl. etwa O.N., Nr. 66, 3.9.1919, S. 2 («Viehausfuhr»); O.N., Nr. 70, 17.9.1919, S. 1-2, hier S. 2 («Landesumschau»); O.N., Nr. 84, 5.11.1919, S. 1 («Landesprattig»).

1 LI LA V 002/0050. Eingangsstempel der liechtensteinischen Gesandtschaft in Bern vom 2.12.1919 (Ohne Aktenzeichen der Gesandtschaft).

2 Mit Schreiben vom 11.11.1919 hatte Beck Probst mitgeteilt, dass er den Schweizer Bundesrat gebeten habe, Probst das Exequatur als Generalkonsul mit Sitz in Genf für die ganze Schweiz zu erteilen, und nun dessen Antwort abwarte (LI LA V 002/0050). Am 5.12.1919 bat dann aber Beck Bundesrat Felix Calonder dem Gesuch keine weitere Folge zu geben, da sich inzwischen in der Person von Probst Hindernisse eingestellt hätten, deren Erledigung noch abzuwarten sei (ebd.). Die Errichtung des Generalkonsulates in Genf kam aufgrund des Widerstandes des liechtensteinischen Gesandten in Wien, des Prinzen

ihre Nationalität ändern möchten, zu, dieselben binnen *10 Tagen* in Liechtenstein eingemeinden zu können! Meines Erachtens kann man diesen Herrn nicht in dieser ungehinderten Form weiter gewähren lassen, wenn nicht das Ansehen des Fürstentums auf den Nullpunkt sinken soll. Kein Kulturstaat, selbst die Negerrepublik Liberia nicht, gestattet Einbürgerungen innerhalb weniger Monate, geschweige Tage. Die Schweiz arbeitet ein Gesetz aus, wonach Einbürgerungen erst nach Ablauf von 8 Jahren in Erwägung gezogen werden; ähnliche Erschwerungen arbeiten andere Staaten aus. Wie ist es möglich, dass sich angesichts dieser Tatsachen der bezeichnete Dr. Huber, der obendrein noch ein Rechtsanwalt ist, herausnimmt, das Ansehen unseres Landes zu untergraben, indem er den Leuten verspricht, Liechtensteinische Einbürgerungen in wenigen Tagen (!) vermitteln zu können? Leider stehen mir die nötigen Nachschlagebücher hier nicht zur Verfügung & bitte ich Sie daher, die Angelegenheit im Interesse unseres Landes verfolgen zu wollen, indem Sie zunächst ermitteln, ob es sich um einen echten Rechtsanwalt handelt oder nicht. Es gibt ja Verzeichnisse hierüber. Wegen des Weiteren hoffe ich Sie, sehr geehrter Herr Legationsrat, in kurzer Zeit mündlich sprechen zu können. Jedenfalls handelt es sich um einen empörenden Fall. Ebenso strafbar machen sich m. E. diejenigen Gemeinden, die nur des Geldes wegen solchen Gesuchen um Einbürgerungen binnen weniger Tage Folge leisten. Denn es liegt doch klar auf der Hand, dass nur recht eigenartige Elemente so schnelle Einbürgerungen haben *müssen*. Im grossen & ganzen wird es sich 1) um Juden, 2) um Schieber & Kriegsgewinner, die ihre Millionen noch schnell sicherstellen möchten, & 3) um Deserteure & Refraktäre handeln. Alle drei Klassen sind uns wie jedem anderen Staate *sehr* unerwünscht. Leider sind einige unserer Gemeinden so unerfahren & arglos, dass sie tatsächlich solche Elemente dennoch aufnehmen; sie lassen sich durch ein Leumundszeugnis, das im Grunde genommen gar nichts beweist, hereinlegen! Eine umfassende Aufklärung erscheint mir angesichts der drohenden Gefahren dringend geboten! Vielleicht sind Sie so liebenswürdig & erwägen bereits die zu treffenden Massnahmen, ich werde mir dann erlauben, Ihnen meine Ideen mündlich zu unterbreiten, Ihre hochgeschätzten Nachrichten[3] gern erwartend, verbleibe ich mit freundlichem Gruss,

Ihr sehr ergebener

Eduard von Liechtenstein, der besonders auf die Zuständigkeit des Fürsten Johann II. in dieser Sache verwies, nicht mehr zustande. Mit fürstlicher Resolution vom 29.2.1920 erfolgte jedoch die Ernennung von Probst zum Honorarkonsul. Der in Basel wohnhafte Probst wurde dabei der liechtensteinischen Gesandtschaft in Bern als konsularische Hilfskraft zugeteilt. 1922 schied Probst nach einer kritischen Anfrage des Eidgenössischen Politischen Departements aus dieser Position wieder aus.

3 Mit Zuschrift vom 18.12.1919 wandte sich Probst erneut an Emil Beck (LI LA V 002/0050). Dieser orientierte Probst am 19.12.1919, dass die Erwirkung des Exequaturs für das Genfer Konsulat «vorläufig» sistiert sei, da noch die Genehmigung des Fürsten eingeholt werden müsse. Hinsichtlich der von Probst angesprochenen Einbürgerungen bemerkte Beck, dass gegen Huber nicht wirksam vorgegangen werden könne. «Zweckmässiger wäre es wohl, einen bestimmten längeren Wohnsitz im Land als Voraussetzung für die Einbürgerung zu verlangen» (LI LA V 002/0050). Zur Tätigkeit von Huber als Einbürgerungsagent vgl. auch LI LA RE 1922/5284.

Dok. 133
Die Vertreter Liechtensteins und Österreichs einigen sich über die Grundsätze für ein Handelsverkehrsabkommen

Maschinenschriftliches Protokoll, mit handschriftlichen Ergänzungen, der liechtensteinischen Gesandtschaft in Wien, gez. Prinz Eduard von Liechtenstein[1]

o.D. (2.12.1919), Wien

Aufzeichnungen
der liechtensteinischen Gesandtschaft über die Sitzung vom 2. Dezember 1919 im österreichischen Staatsamt für Äusseres in Angelegenheit der Regelung der wirtschaftlichen Beziehungen zwischen Österreich und Liechtenstein
Anwesend:
für Österreich:
Gesandter [Theodor von] Ippen für das Staatsamt für Äusseres
Generalkonsul [Heinrich] Wildner für das Staatsamt für Äusseres
Vizekonsul [Karl] Hudecek für das Staatsamt für Äusseres
Sektionschef Mühlwenzel [Josef von Mühlvenzl] für das Staatsamt für Finanzen
Ministerialrat [Friedrich] Schauberger für das Staatsamt für Finanzen
Oberfinanzrat [Richard] Blaha für das Staatsamt für Finanzen
Sektionschef Riedel [Richard Riedl] für das Staatsamt für Handel
Ministerialrat Mörch [Karl Mörth] für das Staatsamt für Handel
Sektionsrat Hardt-Stremayr [Hardt-Stremayer] für das Staatsamt für Verkehrswesen
Bahn-Oberkommissär Dr. Hummel für das Staatsamt für Verkehrswesen
Ministerial-Sekretär Dr. Szabo für das Staatsamt für Verkehrswesen
Sektionsrat Ruber für das Staatsamt für Inneres
Ministerialrat [Johann] Monschein für die Generalpostdirektion
für Liechtenstein:
Gesandter Prinz Eduard
Landtagspräsident Friedrich Walser
Legations-Sekretär [Alfred von] Baldass
Der Vorsitzende begrüsst den Herrn Landtagspräsident Walser und bittet ihn, eine Darstellung über die im Fürstentum gegenüber Österreich bestehende Stimmung und gehegten Absichten zu geben. Präsident Walser und ergänzend Prinz Eduard präzisierten den Standpunkt Liechtensteins dahin, dass eine zollpolitische Bindung des Landes nach irgend einer Seite bei den gegenwärtigen ungeklärten Verhältnissen ausgeschlossen erscheine. Wenn Österreich den zollpolitischen Anschluss an ein grösseres Gebiet, sei es nun Deutschland, sei es eine Donauföderation, finde, dann werde die Majorität des Landes, nach ihrer gegenwärtigen Stimmung zu schliessen, ohne Zweifel für den Zollan-

---
[1] LI LA RE 1919/5963 ad 0004. Aktenzeichen der Gesandtschaft: Zl. 490/1. Weiteres Exemplar in LI LA V 003/231. Vgl. das gedruckte Protokoll des österreichischen Staatsamtes für Äusseres über die gemeinsame Sitzung vom 2.12.1919 «betreffend die Gestaltung der Zoll- und Handelsbeziehungen zu Liechtenstein» (LI LA RE 1919/6185 ad 0004; LI LA V 003/321 (Aktenzeichen des Staatsamtes für Äusseres: III.15181.10.1919). Hintergrund der Verhandlungen war die vom liechtensteinischen Landtag am 2.8.1919 beschlossene Kündigung des Zollvertrages mit Österreich, welche einen neuen Staatsvertrag hinsichtlich des Warenverkehrs erforderlich machte (LI LA LTA 1919/S04).

schluss an Österreich sein, trotzdem eine Minderheit stark nach der Schweiz gravitiere. Da sowohl diese Entwicklung abzuwarten ist, wie auch die Klärung der Vorarlberger Frage,[2] wolle Liechtenstein einstweilen keinen Zollvertrag abschliessen, sondern lediglich Vereinbarungen über den Warentausch mit seinen Nachbaren. Da Liechtenstein nicht in der Lage ist, gleich dem übrigen Auslande die aus Österreich bezogenen Waren in Schweizer Franken zu zahlen, habe man bei den Besprechungen in Feldkirch[3] an die Errichtung einer Kompensationsstelle gedacht, welche den Warenverkehr zwischen den beiden Staaten im Kompensationswege regeln würde. Jene Waren, die Liechtenstein in Franken zahle, sollten nicht auf das Kompensationskonto zählen. Auf die Frage des Vorsitzenden, ob Liechtenstein konkrete Vorschläge zu machen in der Lage sei und wie es sein Verhältnis zur Schweiz zu gestalten gedenke, verwies der Gesandte auf die ihm von der Regierung übermittelten Entwürfe,

1.) den Entwurf eines Regulativs für den kleinen Grenzverkehr[4]
2.) den Entwurf eines Übereinkommens betreffend den Warenverkehr zwischen Österreich und Liechtenstein,[5] der eine Bearbeitung des Österreich-Schweizerischen Warenverkehrsabkommen[6] darstellt. Diese beiden Entwürfe, die mit der Finanzbezirksdirektion in Feldkirch vereinbart seien und der österreichischen Regierung wohl ebenso zugemittelt sein dürften, würden[7] vorzüglich Substrate für die Besprechungen bieten. Mit der Schweiz will Liechtenstein ein ähnliches Abkommen über Warenverkehr treffen und im übrigen für das eigene Gebiet die gegenwärtige, volle Zollfreiheit beibehalten. Der Gesandte erörterte weiter, welche Artikel für Liechtenstein hauptsächlich aus Österreich benötigt werden (Salz, Baumaterialien, Bekleidungsartikel, Petroleum) und verwies auf die vorhandenen Kompensationsmöglichkeiten: nicht allzu grosse Mengen von Vieh und Erzeugnisse der Textilindustrie. Die Industrie wünsche an Stelle des jetzigen autonomen Zolltarifes bei der Einfuhr nach Österreich die gleiche Stellung mit dem der Schweiz gewährten vertragsmässigen Tarif. Dies gelte besonders auch für die Schaaner Fabrik Schlumpf, welche Automobilbestandteile und Glühkerzen nach Österreich liefert. Es stellte sich nun zunächst heraus, dass die österreichische Regierung nur im Besitze des Entwurfes für den Grenzverkehr ist. Österreichischerseits wird auf den Hinweis, dass das Übereinkommen 2 mit den Feldkirchner Stellen eingehend erörtert wurde, betont, dass diese hiefür ja gar nicht kompetent seien.

---

2 Verweis auf die Anschlussbestrebungen Vorarlbergs an die Schweiz 1919.
3 Die Besprechungen mit der Finanz-Bezirks-Direktion Feldkirch fanden am 11. und 23.9.1919 statt (vgl. hiezu etwa das Schreiben von Landesverweser Prinz Karl von Liechtenstein an die liechtensteinische Gesandtschaft in Wien vom 1.10.1919 (LI LA RE 1919/4829 ad 0004).
4 Vgl. den Entwurf zu einem Regulativ für den kleinen Grenzverkehr zwischen Vorarlberg und Liechtenstein an der neu errichteten Zolllinie vom 12.9.1919 (LI LA RE 1919/4829 ad 0004 (Aktenzeichen der Finanz-Bezirks-Direktion: Zl. 21.886)).
5 Vgl. die Grundzüge über die Ein- und Ausfuhr von Waren nach bezw. von Liechtenstein während der Dauer der Ein-, Aus- und Durchfuhrverbote vom 24.9.1919 (LI LA RE 4829 ad 0004 (Aktenzeichen der Finanz-Bezirks-Direktion Feldkirch: Zl. 23.378)). Vgl. ferner den undatierten Entwurf für ein Übereinkommen betr. den Warenverkehr zwischen Österreich und dem Fürstentum Liechtenstein (LI LA RE 1919/4829 ad 0004).
6 Vgl. den Handelsvertrag und das Viehseuchenübereinkommen zwischen Österreich-Ungarn (gleichzeitig in Vertretung des Fürstentums Liechtenstein) einerseits und der Schweiz anderseits vom 9.3.1906, LGBl. 1906 Nr. 8.
7 Handschriftlich ergänzt: «würden».

Sektionschef Riedel vom Staatsamt für Handel erklärt, dass der Kompensationsverkehr als Basis für das Abkommen mit Liechtenstein unannehmbar sei. Österreich habe die Absicht, den Kompensationsverkehr abzubauen und stehe mit den Nationalstaaten in diesbezüglichen Verhandlungen, für welche ein Kompensationsabkommen mit Liechtenstein ein gefährliches Präjudiz bedeuten würde. Der Gesandte erwiderte, dass dieser Standpunkt dem Lande ja nur sympathisch sein könnte, man habe Kompensationen ja nur in Aussicht genommen, weil man glaubte, ohne solche nichts erhalten[8] zu können. Es handle sich also jetzt nur mehr[9] um die Regelung des kleinen Grenzverkehrs und der Einräumung der Meistbegünstigungen in demselben Ausmass, wie sie die Schweiz besitzt, sowie um[10] die Bezahlungen der Waren in schweizerischer respektive österreichischer Valuta.

Sektionschef Mühlvenzel erklärt im Namen des Staatamtes für Finanzen, dass der Einräumung der Meistbegünstigung im selben Ausmasse wie der Schweiz kein Hindernis im Wege stehe, und erklärt sich auch mit dem Feldkircher Entwurf bezüglich Regelung des kleinen Grenzverkehrs für einverstanden. Er bittet den Entwurf des Übereinkommens über den Nahverkehr im Wesentlichen vorzutragen. Der Gesandte bringt den Entwurf in grossen Zügen zum Vortrag, worauf derselbe als Basis für den Warenverkehr als geeignet erkannt und die Ausarbeitung eines Gegenvorschlages durch das Staatsamt für Handel beschlossen wird.

Als Grundlage des Abkommens zwischen Österreich und Liechtenstein wird im Prinzip Meistbegünstigung gegen Zollfreiheit anerkannt. Bezüglich der Zahlungswährung wäre Österreich zu einem Entgegenkommen bereit, doch befürchtet es ein Abfliessen der Waren nach der Schweiz. Wenn Garantien gegen dasselbe geboten werden, wird die Devisenzentrale, welche in ihren Verfügungen autonom ist, fallweise Entgegenkommen zeigen, doch ist eine Bindung ihrer Entschliessungen ausgeschlossen. Der Gesandte schlägt vor, den Bedarf des Landes in gewissen Belangen, beispielsweise Zement, Petroleum, Schuhe, zu kontingentieren und die bezügliche Bezahlung in österreichischer Valuta zu gestatten. Was darüber hinausginge, müsste in schweizer Franken gezahlt werden. Dieser Vorschlag wird österreichischerseits mit Zustimmung entgegengenommen. Der Gesandte verlangt auch ein Abkommen bezüglich des Strickereiveredelungsverkehrs und verweist auf die diesbezüglichen Wünsche der Vorarlberger Arbeiter, die in Ruggell beschäftigt werden; zwischen[11] der Schweiz und Liechtenstein sei[12] bereits der Strickereiveredelungsverkehr geregelt und wünscht Liechtenstein[13] den gleichen Vertrag, wie ihn Österreich mit der Schweiz[14] hat. Österreichseits wird erwidert, dass dies möglich sei, jedoch eingeschränkt auf das engere Grenzgebiet in Vorarlberg.[15]

Sektionschef Riedel erklärt, dass es im Interesse beider Teile liege, eine ganz kurze und durchaus provisorische Abmachung zu treffen. Wegen der Gefahr, durch Meistbegünstigungen Schwierigkeiten zu schaffen, und der Unmöglichkeit, vor Ablauf von 6 Monaten nach Ratification des Friedens[16] einen Überblick über die voraussichtliche

---

8   Handschriftlich ergänzt: «erhalten».
9   Handschriftlich ergänzt: «nur mehr».
10 Handschriftlich ergänzt: «sowie um».
11 Handschriftlich ergänzt: «zwischen».
12 Handschriftlich ergänzt: «sei».
13 Handschriftlich ergänzt: «Liechtenstein».
14 Handschriftlich ergänzt: «mit der Schweiz».
15 Dieser Satz wurde handschriftlich eingefügt. Vgl. in diesem Zusammenhang die Verordnung vom 5.11.1919 über den Stickereiveredlungsverkehr mit der Schweiz, LGBl. 1919 Nr. 16.
16 Handschriftlich eingefügt: «nach Ratification des Friedens». Vgl. den Staatsvertrag von Saint-Germain-en-Laye vom 10.9.1919, öst. StGBl. 1920 Nr. 303.

wirtschaftliche Entwicklung zu gewinnen, empfehle es sich, jetzt nur einen kurz gefassten Modus vivendi zu stipulieren, in dessen Schlusspassus erwähnt wird, dass jederzeit eingehende Abmachungen möglich sind. Giltigkeit ein Jahr, nach dem es verlängert werden kann, kurze Kündigungsfrist. Österreich räumt Liechtenstein Meistbegünstigung ein, Liechtenstein Österreich[17] die Zollfreiheit. Die Wünsche Liechtensteins bezüglich Einfuhr bestimmter Waren, ebenso des Stickereiveredelungsverkehrs, werden durch Sonderabmachungen geregelt, eventuell Kontingentierungen für bestimmte Waaren[18], wobei die kontingentierte Menge in Kronen, was darüber hinaus geht, in Franken zu bezahlen ist; diese Abmachung hätte jedoch nicht im Vertrag, der nur 2 oder 3 § umfassen soll, zu stehen, sondern in einer speziellen Vereinbarung auf Grund des Vertrages. Als Schlussprotokoll wäre das Übereinkommen betreffend Regelung des kleinen Grenzverkehrs unverändert nach dem Entwurf beigefügt.[19]

Es entwickelt sich nun eine eingehende Diskussion hinsichtlich weiterer Fragen:
1.) Verkehrswesen. Der Gesandte erklärt über Anfrage, ob Liechtenstein die Trennung der Bahnverwaltung anstrebe, dass ihm dies gar nicht einfalle. Liechtensteinischerseits bestehen in dieser Frage derzeit keine Wünsche. Die Bahnverwaltung bleibt österreichisch.[20] Es wird hierauf die Eingabe der Gesandtschaft an die Reparationskommission[21] wegen Beistellung von Waggons erörtert und setzt der Gesandte auseinander, dass er mit dieser Forderung von etwa 50 Waggon für Liechtenstein der österreichischen Bahnverwaltung zu Hilfe kommen will in ihrem Bestreben wegen Zuteilung von Waggons gegenüber den Successionsstaaten. Österreich hätte dann in dieser Hinsicht den Wunsch Liechtenstein's vor der Reparationskommission zu vertreten und werde bei Frankreich und England Unterstützung finden. Der Vertreter des Staatsamtes nahm dies zur Kenntnis und wird die Richtigkeit der Forderung und der dadurch Österreich gewährte Succurs anerkannt. Präsident Walser wünscht die Aufnahme eines Punktes über den Durchfuhrverkehr in den Vertrag, worauf bemerkt wird, dass die Durchfuhr ja frei ist.[22]
2.) Ministerialrat Monschein und der Gesandte[23] skizzierten in grossen Zügen das Ergebnis der gestrigen Besprechung bezüglich des Postvertrages. Die rechtlichen Schwierigkeiten, die darin bestanden haben, dass die österreichische Postverwaltung schwer ein Abkommen mit der liechtensteinischen Regierung treffen könne, wäre jetzt leicht zu[24] beseitigen, indem man in dem von Sektionschef Riedel skizzierten Staatvertrag einen Punkt bezüglich der Post aufnimmt, auf Grund dessen dann das Abkommen zwischen liechtensteinischer Regierung und österreichischer

---

17 Handschriftlich eingefügt: «Österreich».
18 Handschriftlich eingefügt: «Waaren» [sic].
19 Vgl. die Verordnung vom 1.5.1920 betreffend die Abmachungen über den Handelsverkehr zwischen dem Fürstentum Liechtenstein und der Republik Österreich, LGBl. 1920 Nr. 2; bzw. den Notenwechsel zwischen der Republik Österreich und dem Fürstentum Liechtenstein vom 22.4.1920 betreffend die Regelung der Handels- und Verkehrsbeziehungen, öst. BGBl. 1921 Nr. 136.
20 Vgl. Art. 8 der genannten Verordnung vom 1.5.1920, LGBl. 1920 Nr. 2, wonach Österreich und Liechtenstein bezüglich der Eisenbahnen die Fortdauer des geltenden Rechtszustandes anerkannten.
21 Handschriftlich eingefügt: «an die Reparationskommission».
22 Vgl. Art. 5 der Verordnung vom 1.5.1920, in welchem die Befreiung von Durchgangsabgaben stipuliert wurde.
23 Handschriftlich eingefügt: «Gesandte».
24 Handschriftlich eingefügt: «zu».

Postverwaltung getroffen wird. Das Staatsamt des Äussern erklärt sich einverstanden und Ministerialrat Monschein wird den diesbezügliche Passus für den Vertrag an Sektionschef Riedel übermitteln.[25] Der Vorsitzende ersucht Präsident Walser, von dem Ergebnis der Beratung in Liechtenstein Mitteilung zu machen.[26] Sektionschef Riedel wird den Vertragsentwurf fertig stellen, hiebei mit dem Gesandten kooperieren. Dieser wird mit dem Entwurf eventuell nach Vaduz kommen, um die Wünsche des Landes nach Abänderung zur Kenntnis zu nehmen, worauf dann, falls erforderlich, eine neuerliche formelle Besprechung im Staatsamt des Äussern unter Zuziehung von Vertretern des Fürstentums oder nur mit dem Gesandten erfolgen wird.

Dok. 134
Die Staatenwelt nimmt die Übernahme der liechtensteinischen Interessenvertretung durch die Schweiz zur Kenntnis

Maschinenschriftliche Abschrift eines Schreibens der liechtensteinischen Gesandtschaft in Bern, gez. Geschäftsträger Emil Beck, an die liechtensteinische Gesandtschaft in Wien[1]

12.12.1919, Bern

Auslandsvertretung

Im Nachgang zu meinem Schreiben vom 28. November[2] kann ich Ihnen auf Grund einer mündlichen Mitteilung des Herrn Minister [Charles Louis Etienne] Lardy melden, dass die offizielle Zustimmung zur Übernahme der Vertretung liechtensteinischer Interessen durch die Schweiz bisher von folgenden Staaten eingetroffen ist:[3] Griechenland, Schweden, Polen, Spanien, Rumänien, Italien, England, Holland und Equador. Frankreich und Deutschland haben bisher nur inoffiziell zugesagt. Während die andern Staaten nur mit-

---

25 Vgl. Art. 7 der Verordnung vom 1.5.1920, demzufolge Bestimmungen über den Post-, Telegraphen- und Fernsprechdienst in besonderen Übereinkommen vereinbart werden sollten. Vgl. in diesem Zusammenhang das öffentliche Landtagsprotokoll vom 30.1.1920 über die Genehmigung des Postvertrages mit Österreich (LI LA LTA 1920/S04).

26 Vgl. das Protokoll vom 17.1.1920 über die Besprechung des Gesandten Prinz Eduard, der liechtensteinischen Regierung und der liechtensteinischen Landtagsabgeordneten betreffend den Handelsvertrag mit Österreich (LI LA LTA 1920/S04).

1 LI LA RE 1919/6087 ad 0589. Das Dokument langte am 15.12.1919 bei der liechtensteinischen Regierung ein. Stenografische Bemerkungen.

2 Vgl. das Schreiben der liechtensteinischen Gesandtschaft in Bern an die liechtensteinische Gesandtschaft in Wien vom 28.11.1919 (LI LA RE 1919/5811 ad 0589): Geschäftsträger Emil Beck teilte darin nach Rücksprache mit dem Landesverweser in Bezug auf die Interessenvertretung Liechtensteins durch die Schweiz mit, dass eine besondere liechtensteinische Notifizierung an die ausländischen Regierungen nicht für notwendig erachtet werde, da die Schweiz ihrer Notifizierung die Note der liechtensteinischen Gesandtschaft in Bern an Bundesrat Felix Calonder vom 21.10.1919 beigelegt habe. Zur Note vom 21.10.1919 siehe CH BAB, E 2001(E)/1969/262, Schachtel 42.

3 Zur völkerrechtlichen Vorgangsweise bei der Notifizierung durch die Schweiz siehe das Schreiben der liechtensteinischen Gesandtschaft in Bern an die liechtensteinische Gesandtschaft in Wien vom 26.11.1919 (LI LA RE 1919/5810 ad 0589): Abhängig vom diplomatischen bzw. konsularischen Status wurden seitens der Schweiz drei unterschiedlich gefasste Notifizierungen an ausländische Regierungen vorgenommen (ebd. Beilagen; die Note 3 ist in LI LA V 002/0057 (Aktenzeichen der liechtensteinischen Gesandtschaft in Bern: 450/4 Beilage 3) zu finden). Gemäss Mitteilung des Eid-

teilen, dass sie von der betreffenden Note Akt genommen [haben], haben England und Griechenland in einem sehr freundlichen Briefe ihre ausdrückliche Zustimmung erklärt.

Für die Durchführung dieser Interessenvertretung sollten nun dem Politischen Departement zuhanden der Schweizerischen Gesandtschaften und Konsulate bestimmte Richtlinien angegeben werden. Das Politische Departement schreibt darüber:[4]

«In Anbetracht der Tatsache, dass die Schweizerische Regierung die Vertretung der liechtensteinischen Interessen übernimmt, wäre es für unsere Vertreter von Wichtigkeit, über die Dokumente orientiert zu werden, welche ein Angehöriger des Fürstentums vorweisen soll, um seine Staatsangehörigkeit nachzuweisen (Pass, Heimatschein usw.). Auch sollten unsere Vertreter wissen, welche fürstliche Behörde befugt ist, solche Dokumente auszustellen. Es ist nämlich von Wichtigkeit, dass unsere Gesandtschaften und Konsulate es vermeiden, ungültige Dokumente zu visieren oder Leute zu beschützen, welche nicht nachweisbar Liechtensteiner sind.»

Nachdem ich diese Angelegenheit mit Lardy besprochen [habe], schiene es mir am zweckmässigsten, wenn in einem Schreiben der hiesigen Gesandtschaft an das Politische Departement alle in Betracht fallenden Punkte genau festgelegt würden. Diesem Schreiben wäre auch der Stempel der Regierung und der Gesandtschaften aufzudrücken. Das Schreiben müsste dann vervielfältigt werden, vielleicht in Druck, damit dem Departement zuhanden der schweizerischen Gesandtschaften und Konsulate ca. 160 Exemplare überreicht werden könnten.

Den Text dieser Note kann ich noch nicht entwerfen, da ich inbezug auf einzelne Fragen noch nicht weiss, in welcher Weise sie geregelt werden sollen. Jedoch wären in derselben etwa folgende Punkte klarzustellen.

Gemäss einer mit dem Herrn Landesverweser [Prinz Karl von Liechtenstein] gehabten Besprechung wäre inbezug auf den Identitätsnachweis etwa zu sagen, dass liechtensteinische Staatsangehörige sich legitimieren entweder durch den Heimatschein, welcher von der Vorstehung einer liechtensteinischen Gemeinde (deren Namen in dieser Note alle aufzuführen wären) ausgestellt und von der fürstlichen Regierung beglaubigt ist, oder dann durch einen Reisepass, der entweder von der fürstlichen Regierung oder von einer Gesandtschaft ausgestellt ist. Die Heimatscheine müssen also alle den Stempel der Regierung oder einer Gesandtschaft tragen, sodass es genügen würde, den Stempel der Regierung und denjenigen der Gesandtschaften auf der Note abzudrucken.

Sodann wären die Aufgaben und Kompetenzen der schweizerischen Gesandtschaften und Konsulate hinsichtlich der liechtensteinischen Interessenvertretung zu umschreiben. Vielleicht lässt sich hier eine allgemeine Formel finden, durch welche die Abgrenzung im allgemeinen gegeben ist. Einzelne Fälle aber bedürfen einer besonderen Regelung.

---

genössischen Politischen Departements an die Gesandtschaft in Bern vom 28.10.1919 wurden die schweizerischen Gesandtschaften in Belgien, Deutschland, Frankreich, Grossbritannien, Italien, Portugal, Rumänien, Schweden, Spanien, den Vereinigten Staaten von Amerika, Argentinien, Uruguay, Brasilien, Chile, Paraguay, Japan, Niederlande und Kuba beauftragt, die Note 1 an die Regierungen zu richten, bei welchen sie akkreditiert waren. An die in Bern akkreditierten Gesandtschaften von Bulgarien, Dänemark, Griechenland, Norwegen, Serbien, Türkei, Kolumbien, Ecuador, Peru, Venezuela, und Polen wurde die Note 2 gerichtet. Die Note 3 wurde direkt den Regierungen von Bolivien, Finnland, Mexiko, Panama, El Salvador, Costa Rica und Guatemala mitgeteilt; bei diesen Staaten hatte die Schweiz lediglich Konsulate und sie waren in der Schweiz nicht durch Gesandtschaften vertreten (LI LA RE 1919/5810 ad 0589 (Aktenzeichen des EPD: 111.T/M.-B.14.24.P4)).

4 Vgl. die Note des Eidgenössischen Politischen Departements an die liechtensteinische Gesandtschaft in Bern vom 21.11.1919 (LI LA V 002/0059 (Aktenzeichen des EPD: 111.T/M.-B14.24.P.4)).

So fragt es sich namentlich inbezug auf die konsularische Vertretung, unter welchen Voraussetzungen die schweizerischen Vertreter Pässe von Liechtensteinern visieren sollen. Ferner wäre zu bestimmen, ob sie auch Pässe neu ausstellen können und gegebenenfalls unter welchen Voraussetzungen und in welcher Weise, speziell, ob schweizerische Passhefte zu verwenden sind, in welchen vermerkt würde, dass der Inhaber liechtensteinischer Staatsangehöriger ist. Ferner fragt es sich z.B., ob die Ausstellung eines Passes nur gegen Deponierung des Heimatscheines erfolgen darf, wie dies in der Schweiz der Fall ist. Falls die schweizerischen Vertreter keine Pässe ausstellen sollen, wäre zu bestimmen, an wen sie sich in solchen Fällen zu wenden haben. Wohl an die hiesige Gesandtschaft durch Vermittlung des Politischen Departements. Eventuell wäre auch die Berechtigung zur Erhebung von Gebühren zu regeln, worüber jedoch mit dem Departement nichts besprochen worden ist. Zur Visierung eines Passes hat sich bereits ein Liechtensteiner beim schweizerischen Konsulat in Rotterdam gemeldet.

Diplomatische Aktionen hingegen wären wohl auf die Fälle eines besonderen Auftrages zu beschränken, welcher regelmässig durch die hiesige Gesandtschaft dem Politischen Departement übermittelt würde.

Zu regeln wäre dann beispielsweise auch die Frage, ob und unter welchen Voraussetzungen liechtensteinischen Staatsangehörigen Unterstützungen verabreicht werden sollen. In Betracht fallen wohl nur Reisespesen. Die schweizerischen Gesandtschaften unterstützen Schweizer nur, soweit Fonds aus besondern Zuwendungen durch Private hiefür vorhanden sind.

Für die ganze Regelung dürfte die bisher mit der Vertretung durch Österreich-Ungarn gemachten Erfahrungen eine gute Richtschnur bilden.

Sobald diese Fragen abgeklärt sind, könnte das erwähnte Schreiben dem Politischen Departement überreicht werden und damit wäre die nötige Grundlage geschaffen für die praktische Durchführung der Interessenvertretung. Bis dahin aber will das Departement mit der Wahrung der liechtensteinischen Interessen zuwarten, um nicht seine Kompetenzen zu überschreiten.

Ich bitte Sie daher um Mitteilung, ob Sie mit dieser Art des Vorgehens einverstanden sind und gegebenenfalls, in welchem Sinne die oben aufgeworfenen Fragen zu beantworten wären. Würde eventuell die Vervielfältigung dieses Schreibens vorteilhafter in Wien erfolgen?[5]

Eine Abschrift dieses Schreibens geht gleichzeitig an die fürstliche Regierung in Vaduz.

Der fürstliche Geschäftsträger

Der fürstlichen Regierung zur gef. Kenntnisnahme übermittelt.[6]

---

5   Zu den Fragen betreffend die verwaltungstechnische Abwicklung der Interessenvertretung durch die Schweiz erging am 22.12.1919 eine Stellungnahme der liechtensteinischen Regierung zuhanden der liechtensteinischen Gesandtschaft in Wien (LI LA RE 1919/6087 ad 0589; LI LA V 003/0081 (Aktenzeichen der Gesandtschaft Wien: 5/1). Vgl. des weiteren das Schreiben des liechtensteinischen Gesandten in Wien, Prinz Eduard von Liechtenstein, an die Gesandtschaft in Bern vom 17.12.1919 (LI LA V 003/0076 (Aktenzeichen der Gesandtschaft Wien: 531/1)). Am 13.2.1920 übermittelte Prinz Eduard der Gesandtschaft in Bern den abgeänderten Entwurf einer diesbezüglichen Note an den Bundesrat (LI LA V 003/0081 (Aktenzeichen der Gesandtschaft Wien: 1920/5/1)).

6   Es folgt ein handschriftlicher Vermerk: «Akt betr. Vertretung durch Österr. 1880er Jahre». Siehe hiezu das Schreiben des österreichisch-ungarischen Aussenministeriums an die liechtensteinische Hofkanzlei vom 24.10.1880 u.a. betreffend die Übernahme des diplomatischen Schutzes liechtensteinischer Staatsangehöriger im Ausland (LI LA RE 1919/6087 ad 0589 (Aktenzeichen des Aussenministeriums: 18702/80/7); LI LA V 003/0081 (Beilage 5/1/20); LI LA SgRV 1910/01; LI LA MFE 04/05).

Dok. 135
Der Wiener Gesandte Prinz Eduard, die Regierung und die Landtagsabgeordneten debattieren über die Handelsbeziehungen mit Österreich, den Zollanschluss an die Schweiz und die Einführung der Frankenwährung

Handschriftliches Protokoll der Besprechung zwischen Prinz Eduard von Liechtenstein, Gesandter in Wien, der Regierung und den Landtagsabgeordneten, gez. Schriftführer Johann Wohlwend und Landtagspräsident Friedrich Walser[1]

17.1.1920

Protokoll
über die Besprechung des Wiener Gesandten Durchlaucht Prinz Eduard mit der Regierung und den Landtagsabgeordneten im kleinen Sitzungssaale zu Vaduz am 17. Jänner 1920

Anwesend sind der Herr Regierungschef Durchlaucht Prinz Karl [von Liechtenstein], der Herr Gesandte Durchlaucht Prinz Eduard und alle Abgeordneten mit Ausnahme des Herrn Kanonikus [Johann Baptist] Büchel und des Herrn Regierungsrates [Johann] Wanger. Diese sind entschuldigt abwesend. Ferner ist noch anwesend Herr Regierungsratstellvertreter Emil Batliner.

Herr Landesverweser Prinz Karl eröffnet die Versammlung und begrüsst die Erschienenen herzlich.

Der Herr Gesandte Prinz Eduard führt dann in längerer Rede über seine Tätigkeit im Dienste des Landes ungefähr folgendes aus: Es sei in einer Zeitung des Landes scharfe Kritik an seiner Tätigkeit als Gesandter geübt worden.[2] In einem grossen Lande, wo viele Zeitungen erscheinen, finde man solche Zeitungsartikel begreiflich, aber in unsern kleinen Verhältnissen sei solches nicht angenehm. Er halte heute eine offene Aussprache für zweckmässig. Jede Partei habe Wünsche, die annehmbar seien, tiefe politische Kontraste seien nicht vorhanden. Man wolle sich heute gegenseitig aussprechen. Dieses sei nötig, damit viele Unklarheiten verschwinden. Nach § 23 der Verfassung[3] stehe es dem Landesfürsten [Johann II.] zu, Aussenpolitik zu treiben. Das Land solle in engster Fühlung stehen mit dem Fürsten, dieser brauche aber eine Mittelsperson. Früher sei es durch die Hofkanzlei geschehen, jetzt sei *er* dafür da.[4] Es habe im Volke den Eindruck

---

1 LI LA LTA 1920/S04.
2 Vgl. O.N., Nr. 95, 13.12.1919, S. 1 («Politisches»); O.N., Nr. 96, 17.12.1919, S. 1 («Zeitgedanken»); O.N., Nr. 1, 3.1.1920, S. 1f. («Die Aufklärung des Wiener Gesandten»); O.N., Nr. 2, 7.1.1920, S. 1 («Die Aufklärung des Wiener Gesandten») und O.N., Nr. 3, 10.1.1920, S. 1 («Zur Aufklärung von Wien»). Vgl. auch LI LA V 003/0177; LI LA V 003/0187.
3 Nach § 23 Abs. 1 der liechtensteinischen Verfassung vom 26.9.1862 (LI LA SgRV 1862/5) vertrat der Landesfürst den Staat in allen seinen Verhältnissen gegen auswärtige Staaten. Gemäss Abs. 2 war jedoch für bestimmte Staatsverträge die Zustimmung des Landtages erforderlich.
4 Vgl. dagegen § 3 der Fürstlichen Verordnung vom 5.10.1919 betreffend Erlassung einer Amtsinstruktion für die Fürstlich Liechtensteinische Gesandtschaft in Wien, LGBl. 1919 Nr. 13, wonach der Gesandtschaft in dieser Hinsicht lediglich die Übermittlung der Vorlagen der Regierung an die fürstliche Rekursinstanz bzw. jener des Landgerichtes an das fürstliche Appellationsgericht oblag. Vgl. in diesem Zusammenhang auch das Schreiben von Prinz Eduard an die Regierung vom 17.5.1919, in welchem dieser seine Vorstellungen über den Aufgabenkreis der Gesandtschaft in Wien darlegte (LI LA SF 01/1919/020).

gemacht, als sei die Hofkanzlei eine Kluft zwischen Fürst und Volk. Als Mitglied der fürstlichen Familie habe er ein Interesse, dass Zufriedenheit im Lande herrsche. Er setze sein ganzes Können in den Dienst des Landes. Da es ausgeschlossen sei, dass der Fürst in solchem Alter alles beherrsche, habe er den Auftrag, ihm die Sachen zu vermitteln, dann auch, die Regierung zu vertreten und ihr die vielen Arbeiten zu erleichtern. Auf Grund der Fühlungnahme mit der Regierung bringe er die Sachen dem Fürsten zur Kenntnis. Er weise daher den Vorwurf zurück, dass er sich um Sachen kümmere, die ihn nichts angingen, und tue, was über den Rahmen der Gesandtschaft hinausgehe. Er habe mehr zu tun als ein Gesandter. Wenn geschrieben worden sei, die Gesandtschaft habe keinen Erfolg gehabt, so müsse er sagen, man könne zufrieden sein mit dem, was erreicht worden sei. Redner erinnert an den Ausnahmetarif der Eisenbahn Schaan-Feldkirch, an die Versorgung mit Salz (monatlich ein Waggon) und mit Papier, an die Vermögensabgabebefreiung von Liechtensteinern im Auslande etc. Den Vorwurf, auf eigene Faust gehandelt zu haben, weise er zurück. Das Postübereinkommen[5] greife auf den letzten Juni zurück,[6] es sollte im September fertig sein. Weil nicht alles klar war wegen der Valuta, sei die Sache mit Ermächtigung der Finanzkommission vertagt worden. Aber auf Grund des Landtagsbeschlusses vom 11. Oktober[7] habe er von der Regierung Auftrag bekommen, das Postübereinkommen zu bewerkstelligen. Er habe es gestern in der Kommission vorgelegt. Also habe er auftragsgemäss gehandelt und nicht auf eigene Faust. In Bezug auf den Handelsvertrag mit Österreich[8] sei er gedeckt durch die Weisungen der Regierung und des Landtags.[9] Am 23. August [1919] sagte man, man wolle heraus aus dem vertragslosen Zustand.[10] Der Vorwurf, dass er hierin nicht rasch gehandelt habe, sei nicht gerechtfertigt. Er habe die Aufträge immer so schnell als möglich erledigt, gewöhnlich am selben Tag, er sei mit nichts im Rückstand gewesen. Er habe auch mündlich schon verhandelt, von schwerfälligem Bürokratismus sei keine Rede. Immer habe er Wert darauf gelegt, mit Österreich freundliche Beziehungen zu unterhalten. Soweit habe er es gebracht, dass Liechtenstein noch für Kronen etwas bekomme, so das Land eine grosse Papiersendung, die Vaduzer eine Mühle aus Vorarlberg gegen Kronen. Er habe mit Diplomaten die Ansicht gehabt, dass die Vorarlberger Frage[11] nicht im Schweizersinne gelöst werde. Die Bemühungen der Schweiz seien nicht ernst gewesen. Österreich habe einen Zollanschluss proponiert, die Stimmung im Fürstentum sei jedoch nicht dafür gewesen. Man wünschte das Aufhören des vertragslosen Zustandes durch einen Han-

---

5   LI LA RE 1919/3062, Postübereinkommen mit Österreich vom 18.2.1920.
6   Vgl. LI LA SF 03/1919/72/5959 ad 406, Deutschösterreichische Generaldirektion für Post-, Telegrafen- und Fernsprechwesen an Regierung, 21.5.1919.
7   Die Regierung war vom Landtag in der öffentlichen Landtagssitzung vom 11.10.1919 ersucht worden, mit der österreichischen Regierung wegen des Abschlusses eines provisorischen Postvertrages in Verhandlungen zu treten (LI LA LTA 1919/S04).
8   Verordnung vom 1.5.1920 betreffend die Abmachungen über den Handelsverkehr zwischen dem Fürstentum Liechtenstein und der Republik Österreich, LGBl. 1920 Nr. 2; Notenwechsel zwischen der Republik Österreich und dem Fürstentum Liechtenstein vom 22.4.1920 betreffend die Regelung der Handels- und Verkehrsbeziehungen, öst. BGBl. 1921 Nr. 136.
9   Der Landtag hatte am 2.8.1919 beschlossen, den 1876 mit Österreich abgeschlossenen Zollvertrag zu kündigen. Gleichzeitig war die Regierung ersucht worden, wegen des Abschlusses eines provisorischen Warenverkehrsabkommens mit Deutschösterreich in Verhandlungen zu treten (LI LA LTA 1919/S04).
10 Am 23.8.1919 fand eine Sitzung der Finanzkommission des Landtags statt, an der auch die Gesandten Prinz Eduard und Emil Beck teilnahmen (L.Vo., Nr. 67, 23.8.1919, S. 2 («Finanzkommission»)).
11 Es handelte sich um die Frage des Anschlusses Vorarlbergs an die Schweiz.

delsvertrag mit Österreich. Das Land selbst wolle Zollfreiheit.[12] Österreich lasse sich von uns die Waren ohne Kompensation im freien Handel für Kronen abkaufen, sofern die Waren nicht zum Lande hinausgehen. Ein Vertrag mit Österreich präjudiziere nicht die Verhandlungen mit der Schweiz. Was wir mit Österreich abschliessen, tangiere nicht die Schweiz. Es sei ja auch halbjährige Kündigung und alles nur provisorisch.[13] Die Verhandlungen mit der Schweiz seien nicht in 8 oder 14 Tagen fertig. Die Schweiz habe schwere Bedenken, sie wolle erst mündlich reden im kontradiktorischen Verfahren, sie werde sich schwer entschliessen. Grosse Einnahmen aus einem eventuellen Zollvertrag hätten wir wohl nicht zu erwarten.[14] Die Einfuhr aus Österreich nach der Schweiz sei nicht gross. Redner könne sich nicht vorstellen, dass die Schweiz grosse Einnahmen biete auch wegen der Grenzbewachung. Ziffermässiges Material sei nicht vorhanden. *Wir* sollten Proposition machen. Der vertragslose Zustand sei für das Unterland geradezu verhängnisvoll. Vor Juli [1920] hätten wir keinen Zollvertrag mit der Schweiz.[15] Auf Grund des Postübereinkommens können wir neue Marken herausgeben. In Bezug auf die Valuta habe er in einer Zeitung gelesen, dass ihn diese Frage nichts angehe. Er sei selber kein Finanzmann, wolle aber ernst und energisch arbeiten in dieser Sache, er hoffe, dass bis Ende nächster Woche die Frankenschuld in Zürich weggetilgt werde (500'000 Franken unverzinslich vom Fürsten).[16] Dieses sei das erste. Wegen der Währungsänderung gehe er auch noch nach Basel zu Professor [Julius] Landmann. [Joseph] Schumpeter erlaube Waren aus Österreich nach der Schweiz gegen Franken. Wie wir heute zur Frankenwährung übergehen, wisse er noch nicht. Der Kredit des Landes sei durch Zeitungsartikel erschüttert. Wenn wir nicht gar zu sehr zugeknöpft seien, bekämen wir noch eine ganze Reihe von Steuerquellen, denn durch unsre exzeptionelle neutrale Stellung seien wir viel umworben. Man könne durch Anleihe die Valuta fundieren. Es sei notwendig, dass wir ein einig Volk von Brüdern seien, er empfinde es als physischen Schmerz, wenn ihm das Vertrauen fehle. Der Fürst gebe sofort seine Zustimmung zu allem, was ihm gerecht erscheine.

Präsident Walser dankt dem Herrn Gesandten für seine grossartigen Ausführungen und für seine Tätigkeit und ersucht die Herren, in zwangsloser Weise Aufschluss zu verlangen. Das Postabkommen sei in der Kommission einstimmig befürwortet worden. Besonderer Freund des Schweizer Anschlusses sei er nie gewesen, er hätte immer gehofft, Österreich käme zu Deutschland, dann könnten wir uns an das grosse deutsche Wirtschaftsgebiet anschliessen.[17] Aber wenn wir Jahre lang warten müssten, wäre es besser, wir schlössen uns der Schweiz an, wenn sie uns entgegenkommt, denn sonst müssten wir wirtschaftlich zugrunde gehen.

---

12 Vgl. in diesem Zusammenhang das Protokoll der liechtensteinisch-österreichischen Wirtschaftsverhandlungen vom 2.12.1919 (LI LA RE 1919/5963 ad 0004).
13 Der Handelsvertrag mit Österreich vom 22.4.1920 sah schliesslich in Art. 9 Satz 2 nur mehr eine dreimonatige Kündigungsfrist vor.
14 Im Mai 1919 ging Prinz Eduard davon aus, dass Liechtenstein mit einer Entschädigung von etwa 12 Franken pro Einwohner rechnen könne (LI LA V 003/0184, Prinz Eduard an Prinz Karl, 18.5.1919).
15 Der Zollvertrag mit der Schweiz wurde erst am 29.3.1923 abgeschlossen (vgl. LGBl. 1923 Nr. 24).
16 Vgl. das Fürstliche Handschreiben vom 10.2.1920 betreffend Gewährung eines unverzinslichen Darlehens an das Fürstentum Liechtenstein für die Lebensmittelschuld und für Beamtengehälter, LGBl. 1920 Nr. 4: Das Darlehen über 550'000 Schweizer Franken diente in erster Linie zur Rückzahlung der bei der Schweizerischen Kreditanstalt in Zürich bestehenden Lebensmittelschuld des Landes.
17 Vgl. dagegen die «Unabhängigkeitsverpflichtung» Österreichs in Art. 88 des Staatsvertrages von Saint-Germain-en-Laye, öst. StGBl. 1920 Nr. 303, die nur mit Zustimmung des Völkerbundrates abänderbar war.

Abg. Regierungsrat [Franz Josef] Marxer wünscht, dass der Handelsvertrag mit Österreich sogleich abgeschlossen werde, wenn er dem Vertrag mit der Schweiz nicht hinderlich sei, denn so hätte man noch Gelegenheit, die Kronen abzustossen.

Abg. [Emil] Risch hält dafür, dass wir die Valuta ändern müssen, aber ohne Zollanschluss an die Schweiz sei es unmöglich; bis dahin würde der Handelsvertrag mit Österreich gut sein. Wir kaufen besser in Österreich. Wenn Vorarlberg an Deutschland komme, könne man wieder künden. Alles wolle jetzt Franken.

Der Präsident glaubt, wir werden mit Kronen die Beamten und Lehrer nicht mehr zahlen können. Ein Lehrer, der vor 60 Jahren 120 Gulden gehabt habe, sei besser gestanden als einer mit der heutigen Summe.

Abg. Marxer: Ohne Zufluss von Franken nützt alles nichts.

Präsident Walser sagt, man sei ganz entzückt gewesen vom Valutaplan Professor Landmanns,[18] aber das Gutachten Landmanns habe bloss das «Wie» der Währungsreform behandelt, ob es volkswirtschaftlich jetzt gut sei, darüber habe er sich nicht geäussert. Man habe dann auch andere Sachverständige gehört.[19] Er halte dafür, dass eine eigene Währung infolge der Kleinheit des Landes uns gefährlich werden könnte.[20] Man könne die Einführung der Franken auch Privaten überlassen, gegen Hypothek, aber dann werden unsre Leute bewuchert.

Gesandter Prinz Eduard meint, Pfandbriefe wären da gut, man könnte Gemeindewälder und -boden und den fürstlichen Besitz im Lande verpfänden. Eine Belehnung auf fürstlichen Besitz in Österreich sei nicht gut möglich. In Böhmen sei die Stimmung geteilt. Dort bestehe ein Gesetz zur Enteignung der grossen Güter. Vom grossen Grundbesitz sollen 200'000 Hektar weggenommen werden für Leute ohne Boden. Ohne Zustimmung des Bodenamtes sei eine Belastung in Böhmen nicht möglich. In Deutschösterreich habe der Fürst Kunstschätze und Paläste. Aber Kunstschätze unterliegen der Vermögensabgabe, sie seien nur frei, wenn sie der Öffentlichkeit zugänglich seien. Im Interesse des Landes könne man den Fürsten nicht gefährden. In solchen Sachen sei Vorsicht nötig.

Abg. [Gustav] Schädler bemerkt, er sei früher dem Anschluss an die Schweiz skeptisch gegenübergestanden, aber jetzt denke er anders. Er habe die Überzeugung, dass wir mit der Schweiz anbinden müssen. Alles Geld sei nach Österreich geschoben, man habe nur Misstrauen wegen eines definitiven Anschlusses an Österreich. Österreich werde noch eine ganze Generation lang nicht aufkommen. Er hätte unsern Berner Gesandten Dr. [Emil] Beck gerne hier begrüsst und um Aufschluss gefragt.

Abg. [Wilhelm] Beck teilt auch die Ansicht Schädlers, dass der Gesandte Dr. Beck in Bern uns Aufschluss über die Schweiz hätte geben sollen. Wir kämen nach Bern wie Buben, nichts sei vorbereitet.[21] Die Schweiz habe 6 Zollkreise, es sei eine Frage, ob wir in den Zollkreis Chur kommen oder zur ganzen Schweiz, eine andre Frage sei es betreffs der Steuern, die Schweiz habe wenig indirekte Steuern, dagegen Zolleinnahmen und Al-

---

18 Vgl. das Gutachten von Professor Dr. Julius Landmann in Basel über die Frage der Einführung der Frankenwährung in Liechtenstein vom 22.8.1919 (LI LA LTA 1920/L03; LI LA DM 1919/1).

19 Ein zweites Gutachten wurde eingeholt bei Ludwig Calligaris (LI LA SF 7/1919/4537 ad 1067, September 1919).

20 Vgl. in diesem Zusammenhang die Ermächtigung der Regierung durch den Landtag zur Ausgabe von Notgeld am 25.11.1919 (LI LA LTA 1919/S08/2; LI LA LTA 1919/S04).

21 Gemeint sind die ersten Verhandlungen über den Zollvertrag vom 23./24.1.1920 in Bern, an denen auf Liechtensteiner Seite Prinz Eduard, Emil Beck, Friedrich Walser, Emil Batliner und Wilhelm Beck teilnahmen. Vgl. LI LA SF 27/1920/0650 ad 64, Protokoll der Konferenz vom 23./24.1.1920.

koholeinnahmen hätten sie, ebenso Stempelsteuer und eine Auflage auf Bier. Alle diese Sachen sollten geklärt sein. Der freie Geldverkehr sei notwendig, deshalb sei die Sache zu beschleunigen. Die Schweiz könne mit uns kein grosses Geschäft machen. Politisch halte die Schweiz die Sache für erledigt. Beamte in Bern hätten schon Wochen daran gearbeitet. Die Depesche des Wiener Korrespondenzbüros sei auch ein Wink nach Bern gewesen.[22] Den Unterländern solle man den kleinen Grenzverkehr mit Österreich sichern.

Präsident Walser glaubt, es sei besser, von den Zollkreisen nichts zu erwähnen, denn in Industrieorten werde mehr gebraucht als in ländlichen Bezirken, die ganze Bevölkerungsziffer solle gelten, nicht bloss ein Sektor.[23] Er schlägt Peter Büchel zu den Unterhandlungen nach Bern vor. Dieser lehnt jedoch ab und bringt Regierungsratsstellvertreter Emil Batliner in Vorschlag.

Batliner sagt, er sei eingeladen als Regierungsratsstellvertreter. Im Prinzip sei er mit dem Anschluss an die Schweiz einverstanden, mit Österreich müssen wir aber unbedingt auch einen Vertrag haben. Er erwarte nicht viel von der Schweiz, jeder Grossstaat habe mit ihr nachgeben müssen, er glaube, auch wir werden benachteiligt.

Abg. Dr. Beck behauptet, Österreich habe am meisten indirekte Steuern.

Abg. [Albert] Wolfinger will unbedingt Zollanschluss an die Schweiz, man sei auf den Verdienst drüben angewiesen.

Der Präsident glaubt, früher hätten im ganzen Land nicht 100'000 K zirkuliert. Man müsse nicht zuviel Franken anschaffen und von vorne anfangen. Die österreichischen Pfandbriefe seien noch gut, man könne auch die Wälder verpfänden. Die Klassengegensätze seien jetzt auf das höchste gestiegen.

Batliner stellt sich die Sache so vor: Das Land nimmt eine grosse Frankenanleihe auf und verteilt sie auf den Kopf gegen Deckung.

Abg. Peter Büchel erklärt Batliner noch näher.

Der Präsident meint, eine halbe Million Franken genüge als Anlehen. Die Kasse könne als Privatinstitut die Kronenwährung fortführen. Ein Postabkommen wie jetzt mit Österreich sei vielleicht auch später mit der Schweiz möglich.[24] Wir müssen frisch anfangen. Wer nicht auswechseln lassen wolle, brauche es ja nicht zu tun, er könne die Kronen stehen lassen.

Abg. [Josef] Sprenger sagt, mit Sacharin- und Zigarrenschmuggel kämen mehr Kronen herein als Franken.

Abg. [Franz Josef] Hoop hält dafür, die Schweiz habe an unseren Hauptprodukten, Obst und Vieh, Überfluss. Wir hätten ein besseres Absatzgebiet in Österreich. Wo wollen wir mit unsern Produkten denn hin?

Abg. Beck sagt, die Schweizer Bauern seien gut organisiert, man finde schon Absatz drüben.

---

22 Gemeint ist wohl eine Agenturmeldung, die Anfang Dezember in österreichischen Zeitungen erschien (vgl. z.B. «Arbeiter Zeitung», Nr. 335, 9.12.1919, S. 2 («Liechtenstein»)) und über die Verhandlungen Liechtensteins mit Österreich und der Schweiz informierte. Charles-Daniel Bourcart, Schweizer Gesandter in Wien, informierte das Schweizerische Politische Departement mit Schreiben vom 10.12.1919 über die Meldung (CH BAR E 2001 (E), 1969/262, Bd. 11, Az. B.14.24.P.4, Vereinbarungen mit Liechtenstein, 1919-1920).

23 Gemeint ist die Grundlage für die Berechnung des liechtensteinischen Anteils an den Zolleinnahmen. Liechtenstein erhoffte sich eine jährliche Entschädigung, die die Grundlage des Staatshaushaltes bilden könnte und die Erhöhung der Steuern unnötig machen würde.

24 Vgl. das schweizerisch-liechtensteinische Post-, Telegraphen- und Telephonübereinkommen vom 10.11.1920, LGBl. 1922 Nr. 8.

Abg. Wohlwend ist auch für einen wirtschaftlichen Anschluss an die Schweiz, wenn wir schon Frankenwährung bekommen, aber der Handelsvertrag und der kleine Grenzverkehr mit Österreich sollten schon vorher im Interesse des Unterlandes perfekt werden.

Abg. Schädler spricht über unsre Postzustände, dass Briefschaften von Triesen nach Vaduz 3 bis 4 Tage brauchen.

Abg. [Johann] Hasler bemerkt, durch einen Zollanschluss an die Schweiz kämen die Unterländer mit ihren Vorarlberger Alpen in eine kritische Lage wegen der Alpbesetzung (veterinärpolizeiliche Vorschriften beim Auf- und Abtrieb etc.). Man möge dies wohl beachten.

Der Präsident fordert dann die Abgeordneten auf, sich frei auszusprechen, wenn jemand von ihnen gegen die Unterhandlungen sei punkto Wirtschaftsanschluss an die Schweiz.

Alle Abgeordneten waren dafür auf der besprochenen Grundlage.

Es wurde noch beschlossen, dass Regierungsratsstellvertreter Batliner zu den Verhandlungen nach Bern mitgehe.

Auf eine Anfrage des Abg. Schädler über den Abgang des Dr. [Otto] Walser vom Posten des Gesandtschaftssekretärs in Wien wurde vom Herrn Gesandten Durchlaucht Prinz Eduard in der Verhandlung eingehend Aufschluss gegeben.

Hierauf Schluss der Sitzung.[25]

Dok. 136
Das «Liechtensteiner Volksblatt» teilt mit, dass das liechtensteinische Notgeld zur Ausgabe gelangt ist

Kurzmeldung im «Liechtensteiner Volksblatt»[1]

21.1.1920

Notgeld[2]

Die letzten Tage kam das liechtensteinische Notgeld zur Ausgabe. Da es eine Neuheit und künstlerisch sehr schön ist, dürfte es auch von Sammlern sehr gesucht sein. Es wurden gedruckt je 200'000 Stück zu 10, 20 und 50 Heller.

---

25 Das Warenverkehrsabkommen mit Österreich wurde vom liechtensteinischen Landtag in der öffentlichen Sitzung vom 30.1.1920 mit der Massgabe einer nochmaligen Überprüfung durch die Finanzkommission angenommen (LI LA LTA 1920/S04). In derselben Sitzung wurde die Regierung ersucht, bei der schweizerischen Regierung den Zollanschluss Liechtensteins an die Schweiz zu beantragen und zugleich um eine kommissionelle Begehung der Grenze gegen Vorarlberg zur Feststellung des erforderlichen Zollpersonals anzusuchen.

1 L.Vo., Nr. 6, 21.1.1920, S. 1.

2 Das liechtensteinische Notgeld wurde durch die fürstliche Verordnung vom 24. Dezember 1919 betreffend Ausgabe von Notgeld im Fürstentum Liechtenstein, LGBl. 1920 Nr. 1, eingeführt. In der Praxis erlangte es keine grosse Bedeutung (vgl. L.Vo., Nr. 102, 29.12.1920, S. 1 («Vom Geldwesen»)).

Dok. 137
Das österreichische Staatsamt für Verkehrswesen droht mit dem Abzug des Eisenbahnpersonales aus Liechtenstein, falls nicht die Lebensmittelversorgung für die Eisenbahnbediensteten durch Frankenzuschüsse oder durch Warenabgabe in Kronenwährung zu marktüblichen Preisen sichergestellt wird

Maschinenschriftliches Schreiben mit handschriftlichen Ergänzungen und Korrekturen der liechtensteinischen Gesandtschaft in Wien, gez. Legationssekretär Alfred von Baldass, an die liechtensteinische Regierung[1]

30.1.1920, Wien

Heute Vormittag erschien Sektionsrat *Hardt-Strehmayer* [Hardt-Stremayer] in der fürstlichen Gesandtschaft, um im Namen des Staatsamtes für Verkehrswesen und im Namen des Staatsamtes für Äusseres in folgender Angelegenheit Beschwerde zu führen.

Das Staatsamt für Verkehrswesen wurde von der Staatsbahndirektion in Innsbruck verständigt, dass den auf Liechtensteinischem Boden befindlichen Staatsbahnbediensteten (cirka 60 Personen) die Exsistenz im Fürstentume durch die Haltung sämtlicher Geschäftsleute und Verkäufer – besonders hervorgehoben wurde das diesbezügliche Verhalten der Apotheker –, welche ihre Waren nur gegen Frankenzahlung abgeben wollen, aufs Schwerste bedroht ist.[2] Da die österreichische Regierung nicht in der Lage ist, die Gehalte der im Fürstentum Dienst tuenden Beamten und Angestellten in Frankenwährung auszubezahlen, würde sich die österreichische Regierung, sofern nicht binnen längstens 8 Tagen diesbezüglich Remedure geschaffen wird, gezwungen sehen, die Eisenbahnbediensteten aus dem Fürstentum zurückzuziehen und die Züge auf der liechtensteinischen Strecke nicht mehr halten zu lassen. Das Staatsamt für Verkehrswesen wird, um den Bediensteten die Exsistenz sicher zu stellen, bis zum 6. Februar durch besondere Beihilfen diesen den Ankauf der Lebensmittel u.s.w. in Frankenwährung zu ermöglichen [suchen]. Auf die Dauer ist sie [!] sowohl aus finanziellen Gründen und wegen der Konsequenzen, die dies für die Angestellten in Vorarlberg zur Folge hätte, nicht in der Lage, dies zu tun, und würde daher zu dem genannten Zeitpunkt die Angestellten aus dem Fürstentum zurückziehen, was für das Land das Aufhören der Eisenbahnbenützung zur Folge hätte.

Die Weiterbelassung des Eisenbahnpersonals im Fürstentum ist nach dem Standpunkt der österreichischen Regierung nur dann möglich, wenn entweder das Fürstentum die Mehrkosten, welche der österreichischen Eisenbahnverwaltung durch Auszahlung der Gehalte in Frankenwährung erwachsen, zur Tragung übernimmt, oder die Fürstliche Regierung durch entsprechende Massnahmen ermöglicht, dass die österreichischen Bediensteten die für ihre Lebenshaltung notwendigen Waren (Lebensmittel und Medizinalien) zu den Marktpreisen in österreichischer Währung erhalten.

Da nach dem Gesetz vom 17. August 1900 die österreichische Kronenwährung als ausschliesslich gesetzliche Landeswährung eingeführt worden ist,[3] scheint es mir nicht

---
1 LI LA V 003/0873 (Aktenzeichen der liechtensteinischen Gesandtschaft in Wien: 99/1 1920)).
2 Vgl. in diesem Zusammenhang das Schreiben der Staatsbahndirektion in Innsbruck an die liechtensteinische Regierung vom 7.11.1919 betreffend die Versorgung der Eisenbahnbediensteten mit Lebensmitteln (LI LA RE 1919/5560 (Aktenzeichen der Staatsbahndirektion: Z. 365/1/W)), gemäss welchem 57 Bedienstete im Fürstentum in Verwendung standen. Der Gesamtversorgungsstand belief sich auf 237 Personen in Mauren, Nendeln, Eschen und Schaan.
3 Vgl. § 1 des Gesetzes vom 17.8.1900 betreffend Einführung der Kronenwährung als Landeswährung, LGBl. 1900 Nr. 2.

ausgeschlossen, dass man auf die liechtensteinischen Geschäftsleute eine Pression dahin ausübt, dass sie den im Fürstentum gegen Zahlung Dienst tuenden österreichischen Staatsbediensteten die Waren gegen Zahlung in der gesetzlichen Landeswährung überlassen. Eventuell müsste sich die Angelegenheit auch dadurch regeln lassen, dass die fürstliche Regierung die Belieferung der in Betracht kommenden geringen Personenanzahl von amtswegen übernimmt. Jedenfalls scheint mir eine rascheste Regelung dieser Angelegenheit dringend zu sein, da nach den Äusserungen Herrn von Hardt-Strehmayers ein Abgehen der österreichischen Regierung von ihrem Standpunkt aus den oben genannten Gründen – nach den Berechnungen des Staatsamtes für Verkehrswesen würde die Auszahlung der Bezüge der genannten 60 Personen in Frankenwährung eine Mehrbelastung des Budgets von cirka 30 Millionen Kronen bedeuten – kaum wahrscheinlich ist und die Durchführung der Züge durch das Fürstentum ohne Anhalten eine schwere wirtschaftliche Schädigung des Landes bedeuten [würde].

Ich ersuche um eheste telegraphische Antwort,[4] um dem Staatsamt für Verkehrswesen von den Entschliessungen der Fürstlichen Regierung zeitgerecht Mitteilung machen zu können.

Im Anschluss daran teilte mir Herr von Hardt-Strehmayer auch noch Folgendes mit. Die fürstliche Regierung hat unter dem 13. Oktober 1919, Zl. 4960/Reg.,[5] einen Erlass an die Bahn und Postämter, sowie die Wachposten an der Liechtensteinisch-Vorarlberger Grenze hinausgegeben, in dem die Anlegung von Verzeichnissen über die Ein- und Ausfuhr verlangt wird. Die Bahnämter im Fürstentum, welche der Staatsbahndirektion Innsbruck unterstehen, haben dies an dieselbe gemeldet, welche sich wiederum um Weisung an das Staatsamt für Verkehrswesen gewendet hat. Das Staatsamt für Verkehrswesen hat Weisung gegeben, dass die betreffenden Verzeichnisse vorbereitet werden, glaubt jedoch, dass angesichts des Umstandes, dass die Bahnämter im Fürstentum nicht der fürstlichen Regierung unterstehen, dieselbe auch nicht berechtigt sei, direkt Befehle und Erlässe an dieselben hinaus zugeben und daher die Ablieferung der Verzeichnisse bis jetzt zurückhalten lassen. Da nach dem hier vorliegenden zwischen Österreich und Liechtenstein geschlossenen Vertrag, die österreichische Regierung als Rechtsnachfolgerin der zum Bau der Eisenbahn in Liechtenstein konzessionierten Vorarlberger Bahn lediglich das Recht erhalten hat, die Eisenbahn im Fürstentum zu betreiben ohne aber, dass der fürstlichen Regierung eine Ingerenz oder ein Befehlgebungsrecht auf die betreffenden Bahnämter, auch wenn sie im Fürstentum sich befinden, zusteht, wäre in dieser Angelegenheit der richtige Weg wohl gewesen, dass die Fürstliche Regierung durch Vermittlung der Wiener Gesandtschaft an die österreichische Regierung das Ersuchen stelle, durch ihre im Fürstentum befindlichen Bahnämter jene Verzeichnisse, auf welche die Fürstliche Regierung Wert legt, herstellen zu lassen. Das Staatsamt für Verkehrswesen sieht vollkommen ein, dass die Fürstliche Regierung für die Kontrolle der Ein- und Ausfuhr nicht eigene Beamte anstellen will, und dass die Bahnämter im Fürstentum jene Stellen sind, welche naturgemäss am besten und ohne wesentliche Belastung diese Verzeichnisse zu führen in der Lage sind. Es ist auch zu den grössten Entgegenkommen in

---

4   Mit Telegramm vom 3.2.1920 teilte die Regierung der liechtensteinischen Gesandtschaft in Wien mit, dass vom Lande Lebensmittel gegen Kronen abgeben würden bzw. die Apotheken Arzneien gegen Kronen abzugeben hätten, widrigenfalls die Anzeige – wohl an die Regierung – freistehe. Eine Note in der Angelegenheit – so die Regierung – folge noch (LI LA RE V 003/0873 (Aktenzeichen der Gesandtschaft: 99/2)). Das Telegramm wurde Hardt-Stremayer am 4.2.1920 von Baldass vorgelegt.
5   Vgl. § 4 der Verordnung vom 16.10.1919 betreffend die Neuregelung der Ein- und Ausfuhr von Waren jeder Art, LGBl. 1919 Nr. 11. Vgl. L.Vo., Nr. 87, 1.11.1919, S. 4 («Verordnung»).

dieser Beziehung bereit, legt aber trotzdem Wert darauf, dass in der Art, wie dies durchgeführt wird, das tatsächliche Rechtsverhältnis zum Ausdruck kommt.[6]

Für die Fürstliche Gesandtschaft:

Dok. 138
Eugen Nipp unterbreitet Fürst Johann II. Wünsche betreffend die Einführung der Frankenwährung, die Gewährung einer Schenkung und eines Darlehens, die Verfassungsrevision, die Einführung des Proporzwahlrechts sowie die Schuldentilgung beim «Liechtensteiner Volksblatt»

Handschriftliches Schreiben von Prof. Dr. Eugen Nipp, dem Schriftleiter des «Liechtensteiner Volksblattes», gez. ders., an Fürst Johann II.[1]

o.D. (vor dem 12.2.1920)

Euere Durchlaucht!
Gnädigster Herr und Fürst!
Euere Durchlaucht wollen einem einfachen Landkinde gnädigst gestatten, in schwerer Zeit einige Worte im Interesse des teuren Heimatlandes und des hochverehrten Fürstenhauses an seinen lieben Landesvater zu richten.

Im Lande Liechtenstein gehen die Dinge meines Erachtens einer gewissen Hochspannung entgegen. Und zwar liegen die Gründe in einer wirtschaftlichen Notlage des Landes. Infolge der Entwertung des Kronengeldes besteht eine völlige Unsicherheit in der Bewertung von Arbeit und Produkten. Die Krone begegnet einem vollständigen Misstrauen und fast jeder fordert Franken für seine Produktion.

Wo Franken gefordert werden, sollten aber auch Franken da sein. Wenn die gegenwärtigen Zustände auch nur ein halbes Jahr fortdauerten, müsste ein Teil der Liechtensteiner verhungern, und auch das Land als Staat käme durch Gewähren von nötigen Unterstützungen immer mehr in Schulden. Es bleibt also leider nichts anderes übrig als die möglichst rasche Einführung der Frankenwährung, obwohl auch dies manche Enttäuschung im Gefolge haben wird; denn einesteils wird die Umrechnung der Kronen in Franken Schwierigkeiten ergeben, andernteils wird unser späterer Export darunter bedeutend leiden. Die Schweiz kann infolge ihrer hohen Valuta nur wenig exportieren.

Diese nötige, trotz allem leider nötige, Einführung der Frankenwährung[2] ist aber wieder nur möglich, d.h. auf friedlichem Wege möglich, mit der huldvollen Hilfe Euerer

---

6   Vgl. in weiterer Folge das Schreiben der liechtensteinischen Regierung an die liechtensteinische Gesandtschaft in Wien vom 4.2.1920 (LI LA V 003/0873 (Aktenzeichen der Regierung: 539. Aktenzeichen der Gesandtschaft: 99/3)) sowie die Note der liechtensteinischen Gesandtschaft an das österreichische Staatsamt für Verkehrswesen vom 18.2.1920 (LI LA V 003/0873 (Aktenzeichen der Gesandtschaft: 99/3 – 20)). – Hinsichtlich der Frankenzuschüsse an die Eisenbahner in Liechtenstein vgl. etwa auch LI LA V 003/0914 und LI LA V 003/0917.

1   LI LA V 003/0529. Eingangsstempel der liechtensteinischen Gesandtschaft in Wien vom 12.2.1920 mit der Nr. 159/1. Ebd. eine maschinenschriftliche Abschrift. Eine weitere maschinenschriftliche Abschrift findet sich unter LI LA PA 102/161, dabei handelt es sich um ein Dokument aus dem Nachlass von Ferdinand Nigg, der ab 1920 die Regierungskanzlei leitete.

2   Vgl. das Gesetz betreffend die Einführung der Frankenwährung vom 26. Mai 1924, LGBl. 1924 Nr. 8. In dessen Artikel 1 Abs. 1 wird bestimmt, dass die ausschliessliche gesetzliche Währung der

Durchlaucht. Im Lande erwarten alle diese Hilfe, auch die meisten Anhänger der Bürgerpartei.

Wollen Euere Durchlaucht gnädigst verzeihen, wenn ich Vorschläge zu machen wage, die auch im Interesse des hohen Fürstenhauses liegen, trotzdem sie anderseits demselben finanzielle Opfer bedeuten müssen. Je mehr Euere Durchlaucht helfen, umso mehr verpflichten Eure Durchlaucht das Volk und umso zufriedener wird es sein. Denn der grösste Teil ist noch nicht verdorben. Es ist trotz aller Schwächen im Kerne noch gut und arbeitsam.

So glaube ich, es sollte Euerer Durchlaucht mit den geeigneten Mitteln möglich gemacht werden, dem Lande wenigstens 3 Millionen Franken zur Verfügung zu stellen, und zwar 1 Million geschenkweise und 2 Millionen darlehensweise, dies ausser der dem Lande in so huldvoller Weise schon gewährten Hilfe von über einen halben Million Franken. Wenn dann die Gemeinden auch noch einspringen, was ihre Pflicht ist, indem sie für etwa 2 Millionen auf ihre Wälder Hypotheken aufnehmen, dann ist die jetzige Situation und wohl auch die Zukunft des Landes gerettet. Es haben dann Fürst und Volk Hand in Hand dazu beigetragen, einen herrlichen Fleck Erde zu erhalten. Wenn dann so gezeigt werden kann, dass der Fürst das Doppelte von dem, was das Land geleistet hat, dann haben wir wieder viel freieren Spielraum im Kampfe für Fürst und Vaterland. Dann kann auch die hohe Regierung mit starker Hand eingreifen gegen nach aussen strebende Kräfte; und diese starke Hand tut bitter not, ist unbedingtes Erfordernis.

Die Einführung der Frankenwährung sollte *vor* der Zollunion[3] durchgeführt werden, da letztere doch noch unsicher und in einiger Ferne ist. Der Prozess, dass alles Franken fordert, ist leider zu weit entwickelt und fortgeschritten, als dass er noch aufgehalten werden könnte. Wäre es der hohen Regierung ermöglicht gewesen, von Anfang an mit starker Hand dagegen aufzutreten, dann ständen die Dinge vielleicht anders. Jetzt tut rasches Handeln not, und kräftiges Handeln. Leider fehlten und fehlen der hohen Regierung die Machtmittel dazu.

Ein weiterer Punkt, der einer baldmöglichsten Lösung bedarf, ist die Verfassungsfrage. Es gibt hier Leute, die durchblicken lassen und damit zu gewissen Zwecken gleichsam hausieren, dass die Verfassungsrevision[4] mit Absicht verzögert werde. Solche unstichhältigen Behauptungen sind natürlich geeignet zur Hetze. Daher sähen es auch die Anhänger der Bürgerpartei gerne, wenn die Verfassung baldmöglichst zustande käme, damit wir hierin im Klaren wären und damit wieder ein Stein des Anstosses und ein Anlass zur Hetze beseitigt wäre. Dass an der Verzögerung nicht etwa Absicht vonseiten höherer oder allerhöchsten Stelle schuld ist, davon sind alle wahrhaft Fürstentreuen, und diese bilden die übergrosse Mehrheit, vollständig überzeugt. Das allernötigste ist jetzt allerdings die Lösung der wirtschaftlichen Fragen, aber die Verfassungsfrage sollte sobald es eben möglich ist, gelöst werden und zwar aus oben angeführten Gründen. So ist die Ansicht vieler. Die Ansicht weitblickender Leute ist auch die, dass in die neue Verfassung

---

Schweizerfranken als «Liechtensteiner Franken» ist. Nach Abs. 2 gelten als gesetzliche Zahlungsmittel diejenigen Münzen und Banknoten, welche in der Schweiz jeweils als gesetzliche Zahlungsmittel anerkannt sind. Vgl. auch das Gesetz vom 27. August 1920 betreffend Umwandlung der Kronenbeträge in Schweizerfranken in den Gesetzen und Verordnungen über Steuern, Stempel, Taxen und sonstigen Gebühren, sowie in den Strafbestimmungen, LGBl. 1920 Nr. 8.

3   Der Zollanschluss Liechtensteins an die Schweiz trat erst auf den 1. Januar 1924 in Kraft: Vgl. Art. 45 des Vertrages vom 29. März 1923 zwischen der Schweiz und Liechtenstein über den Anschluss des Fürstentums Liechtenstein an das schweizerische Zollgebiet, LGBl. 1923 Nr. 24.

4   Vgl. die Verfassung des Fürstentums Liechtenstein vom 5. Oktober 1921, LGBl. 1921 Nr. 15.

auch die *Verhältniswahl*[5] aufgenommen werden sollte. Und dies darum, weil sie in den meisten modernen Staaten durchgeführt ist, ferner ein Gebot der Gerechtigkeit ist und endlich auch darum, weil die Bürgerpartei sonst im Oberlande ungerechtfertigterweise verkürzt würde, wie dies eben jetzt schon der Fall ist, oder möglicherweise gar ganz an die Wand gedrückt werden könnte, falls es zu einer Neuwahl kommt. Denn die Anhänger der Volkspartei sind viel agiler, und manche davon scheuen kein Mittel, um bei einer eventuellen Neuwahl alles durchzusetzen. Der Proporz ist also sehr notwendig, wenn es auch manche, selbst von der Bürgerpartei, noch nicht einsehen.

Seine Durchlaucht Prinz Karl [von Liechtenstein] ist der Ansicht, man könnte aus dem ganzen Lande einen einzigen Wahlkreis[6] machen, damit würde man aber dem Unterlande ein Recht nehmen, da es ja kleiner ist als das Oberland, und somit die Unterländer vor den Kopf stossen, was unbedingt zu vermeiden ist. Durchlaucht Prinz Karl ist besonders dem Gedanken des Stände-Parlamentes sehr nahestehend. So würden also die Bauern, Arbeiter, Gewerbetreibenden und die freien Berufe ihre Vertreter in den Landtag senden, soviele jedem Stande dann verfassungsgemäss zukommen würden.

Ich für meine Person, und jedenfalls auch viele andere halten dies aber deshalb für gefährlich, weil dadurch die Kluft zwischen den einzelnen Ständen vergrössert würde und unser kleines Land stets der Schauplatz wirtschaftlicher Kämpfe bliebe.

Daher ist nur der Proporz zu empfehlen, wenn auch dagegen eingewendet wird, es würden dadurch die Parteien gleichsam gesetzlich festgelegt. Denn die Parteien sind nun einmal da und werden wohl auch geraume Zeit bleiben, möge der Name dann so oder anders lauten.

Endlich gestatte ich mir, Euerer Durchlaucht zu erwähnen, dass das «Liechtensteiner Volksblatt» vom Jahre 1919 her infolge der Valutadifferenz noch mit etwa 6500 Franken im Rückstande ist. Die Bürgerpartei kann gegenwärtig noch keine Franken aufbringen, diese Schuld zu tilgen. Das Volksblatt aber sollte lebenskräftig erhalten werden. Daher richte ich an Euere Durchlaucht die ergebene Bitte, gnädigst gestatten zu wollen, dass aus den Privatmitteln Euerer Durchlaucht diese Schuld getilgt werden dürfe; denn ich persönlich habe die Mittel nicht, dafür aufzukommen. Leider wird sich auch für 1920 eine grössere Differenz ergeben.

Obige Ausführungen gestatte ich mir zu machen im Einverständnis mit Prinz Karl und bitte Euere Durchlaucht, über obige Gedanken auch Durchlaucht Prinz Eduard [von Liechtenstein] zurate zu ziehen. Die Ausführungen kommen aus treumeinendem Herzen und von einem fürstentreuen und vaterlandsliebenden Liechtensteiner, der sich mit Stolz und Freude bekennt als

Euerer Durchlauchttreu ergebenes Landeskind[7]

---

5   Es blieb vorerst beim Majorzwahlrecht. Das Proporzwahlrecht wurde erst 1939 eingeführt und kam erstmals bei den Landtagswahlen vom 29. April 1945 zur Anwendung. Vgl. das Gesetz vom 18. Januar 1939 über die Einführung des Verhältniswahlrechtes, LGBl. 1939 Nr. 4. Vgl. etwa LI LA LTP 1939/015.
6   Infolge der «Münzwirren» waren 1878 in Abänderung von § 55 der Verfassung vom 26. September 1862 zwei Wahlkreise – für das Oberland und für das Unterland – eingeführt worden. Vgl. Gesetz vom 19. Februar 1878 über Abänderung des Landtagswahlmodus, LGBl. 1878 Nr. 2. Gemäss dem neugefassten § 111 der Verfassung bestand im übrigen der Landesausschuss aus dem Präsidenten und zwei anderen Landtagsmitgliedern, von denen nunmehr das eine der «obern Landschaft» und das andere dem «Unterland» anzugehören hatte.
7   Der weitere Verlauf dieser Eingabe an den Fürsten ist nicht bekannt.

Dok. 139
Vor dem Hintergrund der drohenden Bodenreform in der Tschechoslowakei ersucht die liechtensteinische Gesandtschaft in Bern die schweizerische Regierung um Intervention in London, Paris und Rom

Maschinenschriftlicher Entwurf einer Note des liechtensteinischen Geschäftsträgers in Bern, Emil Beck, an den Schweizer Bundespräsidenten Giuseppe Motta[1]

15.2.1920, Bern

Euere Exzellenz!

Anlässlich der mündlichen Besprechungen, welche der mit der Vertretung der aussenpolitischen Interessen des Fürstentumes Liechtenstein von dem verfassungsmässig hiezu berufenen Landesfürsten [Johann II.] betraute Gesandte in Wien, Prinz Eduard von und zu Liechtenstein, mit *Euer Exzellenz* und dem politischen Departement zu führen die Ehre hatte, hat derselbe darauf hingewiesen, dass sich die fürstliche Regierung auch vorbehalten müsse, rücksichtlich der Behandlung des ausgedehnten in Österreich und der Čechoslovakei gelegenen Besitzes ihres Landesherrn den schweizerischen Bundesrat um eventuelle Vorbringung einschlägiger Wünsche bei den Ententemächten zu ersuchen, falls es wider Erwarten nicht immer möglich sein sollte, die dem Fürsten und seinem Vermögen auf Grund seiner völkerrechtlich anerkannten Souveränität zukommende Behandlung zu sichern.

Während die vom politischen Departement mit Note vom 21. November 1919[2] erbetene schriftliche Mitteilung über die Art der Interessenvertretung Liechtensteins durch die Schweiz sich noch in Ausarbeitung befindet[3] und ich hoffe, dieselbe *Euer Exzellenz* in allerkürzester Zeit in der für die Verständigung der schweizerischen diplomatischen und konsularischen Vertretungen erforderlichen Anzahl zur Verfügung stellen zu können, haben die Verhältnisse in der Čechoslovakei eine Entwicklung genommen, welche die fürstliche Regierung gezwungen hat, mich zu beauftragen, die Aufmerksamkeit der Schweizerischen Regierung auf nachstehende Tatsachen zu lenken:

Mit Gesetz vom 16. April 1919, Sg. Nr. 215,[4] wurde in der čechoslovakischen Republik theoretisch die Beschlagnahme des gesamten Grossgrundbesitzes gegen eine, durch

---

1 LI LA V 002/0170/14. Die handschriftliche Randbemerkung «abgegeben» ist durchgestrichen und durch den Verweis «abgeändert» ersetzt. Mit Schreiben des liechtensteinischen Gesandten in Wien, Prinz Eduard, vom 19.2.1920 wurde der liechtensteinischen Gesandtschaft in Bern ein umredigierter Entwurf der der schweizerischen Regierung zu überreichenden Note übermittelt. Fürst Johann II. wollte die Nennung der Namen der Gutachter in der Note vermieden haben, weil diese Gutachten der fürstlichen Rechtsanwaltschaft in Prag nur inoffiziell und auf einige Stunden zur Verfügung gestellt wurden (LI LA V 002/170/018 (Aktenzeichen der liechtensteinischen Gesandtschaft in Wien: 121/3)). Vgl. die maschinenschriftliche Abschrift der schliesslich an Bundespräsident Giuseppe Motta übermittelten Note, datiert vom 19.2.1920, unter LI LA SF 01/1921/205.
2 Vgl. das diesbezügliche Schreiben des Eidgenössischen Politischen Departementes an den liechtensteinischen Geschäftsträger Emil Beck vom 21.11.1919 unter LI LA V 002/0059 (Aktenzeichen des EPD: 111.T/M.-B.14.24.P.4).
3 Vgl. die Note der liechtensteinischen Gesandtschaft in Bern an Bundespräsident Motta vom 10.3.1920 betreffend die Modalitäten für die Interessenvertretung Liechtensteins durch die Schweiz im Ausland (LI LA RE 1920/1104 ad 0141).
4 Mit genanntem Gesetz vom 16.4.1919 wurde die tschechoslowakische Regierung ermächtigt, alle Landgüter, die mehr als 150 ha landwirtschaftlich nutzbaren oder mehr als 250 ha an Grund und Boden umfassten, zu enteignen. Das Bodenzuweisungsgesetz vom 30.1.1920 sollte vor allem den Kleinbauern zu Gute kommen.

weitere Gesetze zu regelnde Entschädigung[5] verfügt und gleichzeitig die Möglichkeit einer entschädigungslosen Übernahme einiger Grossgrundbesitze ausgesprochen, wobei insbesondere gegen diejenigen Grossgrundbesitzer vorgegangen werden sollte, welche sich gegen die čechoslovakische Nation vergangen haben.

Die čechoslovakische Regierung ist unter dem Drucke gewisser Parteien daran, Ausführungsgesetze zu diesem, den Grossgrundbesitz in seiner Gesamtheit gefährdenden Enteignungsgesetze auszuarbeiten, welche der derzeit provisorischen Nationalversammlung vorgelegt werden sollen und zwar noch vor den für den März oder April geplanten Neuwahlen zur Nationalversammlung,[6] zu welcher die Abgeordneten jener zur Čechoslovakei gehörigen deutschen und slovakischen Gebiete gehören werden, die den radikal gegen den Grossgrundbesitz gerichteten Bestrebungen abhold sind und bei der derzeitigen Nationalversammlung noch keine Vertretung besitzen.

Wie der fürstlichen Regierung auf Grund zuverlässiger Informationen bekannt geworden ist, ist zwar der ursprünglich in einzelnen Köpfen vorhanden gewesene Gedanke, in einem eigenen Gesetzesparagraphen die Konfiskation des unbeweglichen Vermögens der fürstlich liechtensteinischen Familie in Böhmen auszusprechen, anscheinend fallen gelassen worden; es liegen aber Anzeichen in der Richtung vor, dass eine generelle Bestimmung aufgenommen werden soll, welche in der Praxis gegen den fürstlichen Besitz verwendbar sein wird.

Der Historiker Professor Dr. Josef *Pekař* hat ein Gutachten vom 23. November 1919 ausgearbeitet, in welchem er als widerrechtlich erworbenen Grundbesitz, der in Gemässheit des vorzitierten Gesetzes ohne Entschädigung vom Staate übernommen werden kann, jenen bezeichnet, welcher bei dem grossen Umsturze nach der Schlacht am weissen Berge[7] aus dem Besitze des durch Konfiszierung seiner Güter bestraften böhmischen Adels in den Besitz von neuen Eigentümern, der Vorfahren oder Rechtsvorgänger der gegenwärtigen Eigentümer gelangt ist. – Die Frage, ob solcher Besitz ohne Entschädigung eingezogen werden könne, werde – erklärt er – ein Jurist negativ beantworten müssen, da die rechtswidrigen Akten verjährt seien und die gegenwärtigen Eigentümer ihre Güter mit vollem Rechte besitzen. Die Öffentlichkeit, «welche die Sühnung der von den Habsburgern verübten Ungesetzlichkeiten und Frevel, insbesonders der als Strafe des böhmischen Aufstandes im Jahre 1618 bis 1620 erfolgten Konfiskation von Gütern der Aufständischen und Überweisung dieser Güter an Getreue der Dynastie, erwartet», könne dieser juridische Standpunkt allerdings nicht befriedigen, weshalb der Gutachter die gestellte Frage als strittig betrachte. Die Konfiskation habe zwar dem Rechtsgefühle und der rechtlichen Praxis jener Zeit entsprochen, wenn sie auch dem Gesetze vom Jahre 1608 widersprach, nach welchem Hochverrat nicht mit Vermögenskonfiskation zu bestrafen war. Der grösste Teil der damals konfiszierten Güter sei durch Kauf oder auf Grund von Forderungen der Erwerber gegen den König in den ordentlichen und rechtmässigen Besitz der jetzigen Eigentümer gelangt; unrechtmässig erworbene Güter seien nur jene, welche gewissen Getreuen der Habsburger schenkungsweise gegeben wurden, was nur bei einer geringen Anzahl der Fall sei. Nur wenige solcher Schenkungen befänden sich noch heute im Besitze der gleichen Familie. Die Erwartungen des Volkes

---

5 Das Schadenersatzgesetz vom 8.4.1920 regelte die Höhe der Entschädigung, die nur einen Teil des tatsächlichen Wertes ausmachte.

6 Am 18.4.1920 fanden die ersten Parlamentswahlen in der Tschechoslowakei statt. Aus ihnen ging die Tschechoslowakische Sozialdemokratische Arbeiterpartei als stärkste Partei hervor.

7 In der Schlacht am Weissen Berg unterlagen die aufständischen böhmischen Stände am 8.11.1620 den Truppen der katholischen Liga.

würden daher in der Praxis sehr enttäuscht werden und die Strafe würde den Käufer oder den Beschenkten, aber nicht mehr den schuldigen König treffen. *Pekař* kommt daher zu dem, seinen eigenen Ausführungen nach eine schwere Rechtsverletzung bildenden und lediglich national-chauvinistischen Masseninstinkten gefälligen Schlusse, «man solle eine gewissermassen manifestationelle Strafe verhängen, nämlich die Bestrafung der Hauptrepräsentanten, sowohl der damaligen absolutistischen Regierungswillkür, als auch des ersten Repräsentanten, vielmehr Ausführers der Korruptionsklique, welche das meiste Unheil gestiftet hat, das ist des Fürsten Karl von Liechtenstein, welcher als bevollmächtigter Vertreter des Königs mit der Bestrafung des böhmischen Adels» – vor dreihundert Jahren – «betraut war».

«Derselbe könne freilich nicht anders als in seinen Nachkommen bestraft werden, also durch Konfiskation ohne Entschädigung, zum mindesten jener Güter, welche seine Vorfahren, wenn es auch nicht Vorfahren direkter Vorfahren waren» (und dies ist bei der Familie Liechtenstein der Fall, übrigens hat Fürst Karl die Güter nicht schenkungsweise, sondern gegen bedeutende Zahlungen an den Kaiser erworben) «aus der Beute nach der Schlacht am weissen Berge für ihr Geschlecht erworben haben.»

Pekař fügt dann bei, dass, wenn mit Rücksicht auf die *besondere rechtliche Stellung der Familie Liechtenstein* eine solche manifestationelle Bestrafung untunlich sei, so könne eine ähnliche Strafe in anderen Fällen nicht empfohlen werden; «*einen anderen so repräsentativen Schuldigen* gäbe es nicht und in keinem anderen Falle könnte ein so ausserordentlicher Vorgang durch eine derart überzeugende und die Ungewohnheit der Strafe rechtfertigende Begründung gestützt werden.»

Der Historiker Professor Dr. Josef *Šusta* weiss in seiner Äusserung vom 28. November 1919 nichts anderes als seine Überzeugung mit *Pekař* zu erklären.

Der Jurist Professor Dr. Karl [Karel] *Kadlec* erachtet in seinen Bemerkungen vom 27. November 1919 für unbillig, solche Güter ohne Entschädigung wegzunehmen, deren Eigentum seinem Ursprunge nach in die Zeit des Umsturzes nach der Schlacht am weissen Berge zurückreicht.

Was jedoch das fürstlich liechtensteinische Eigentum betrifft, so empfiehlt derselbe, «der fürstlichen Familie ohne jede Entschädigung den gesamten aus den Konfiskationen nach 1620 herrührenden Besitz wegzunehmen und ausserdem auch den Jägerndorfer Besitz, welcher dem Fürsten Karl, der den Fussstapfen Ferdinands II. eifrig folgte, im Jahre 1622 als Lehenfürstentum zum Geschenke gemacht wurde.» (Bezieht sich auf die Herzogtümer Jägerndorf und Troppau in Schlesien, mit denen Fürst Liechtenstein seinerzeit belehnt wurde; die Familie besitzt dort ausgedehnten privaten Waldbesitz.) «Dies wird für die grundlose, zum Nachteil des böhmischen Adels sowie des böhmischen Staates erfolgte Bereicherung eine gerechte Strafe sein und diese Strafe ist als minimal zu bezeichnen, da der Familie noch die Nutzungen für 3 Jahrhunderte verbleiben.»

Professor Dr. Anton *Hobza* führt in seinem, vom Standpunkte des Völkerrechtes abgegebenen Gutachten hinsichtlich des liechtensteinischen unbeweglichen Vermögens im Gebiet der čechoslovakischen Republik etwa Folgendes an:

«Der regierende Fürst von Liechtenstein hatte in Österreich eine doppelte rechtliche Stellung:
a) als einheimischer Adeliger (ausgedehnte Besitzungen, ständiger Sitz in Wien, Mitglied des Herrenhauses),
b) als Souverän.

Da derselbe unstreitig im Subjektionsverhältnisse zu Österreich stand, kam ihm der Anspruch auf Exterritorialität nicht zu.»[8]

Für die Beurteilung der rechtlichen Stellung der Immobilien des regierenden Fürsten von Liechtenstein führt Professor Hobza Nachstehendes an:

1.) Die čechoslovakische Republik ist nach dem Völkerrechte nicht verpflichtet, dem Fürsten die Stellung einer exterritorialen Persönlichkeit zuzugestehen und zwar auch dann nicht, wenn ihm andere Staaten eine solche Stellung zuerkennen würden, weil derselbe nicht völlig souverän ist (Justiz, Zollgebiet, Diplomatie) und das Fürstentum ein blosses Annex oder eine Pertinenz Österreichs bildet.

2.) Das Fürstentum Liechtenstein befindet sich der čechoslovakischen Republik gegenüber im Kriegszustande, als ein Annex Österreichs, bezw. die čechoslovakische Republik kann hierüber nach freiem Ermessen entscheiden (Dagegen allerdings das Verbot der Warendurchfuhr und gegenwärtig die Anstrebung der eigenen Diplomatie). Die Entente ist teilweise für die Neutralität, allein Frankreich betrachtet 1916 in seiner Mitteilung an die Schweizer Regierung das Fürstentum Liechtenstein für ein feindliches Land.[9]

Wenn aber die *Neutralität* anerkannt werden wird:

1.) ist die Konfiskation des Vermögens, insoweit sich dieselbe auf eine spezielle, direkt gegen den Fürsten gerichtete gesetzliche Vorschrift gründen würde, mit Rücksicht auf das Völkerrecht prinzipiell ausgeschlossen.

2.) die Verstaatlichung des Eigentums ohne Entschädigung wäre auf Grund eines Gesetzes möglich, welches dieselbe in abstracto für alle Fälle statuiert, wo gewisse Bedingungen erfüllt sind, ohne zwischen In- und Ausländern zu unterscheiden

3.) jedenfalls kann der Staat gegen Entschädigung den gesamten liechtensteinischen Grossgrundbesitz im Gebiete der Republik konfiszieren.»

Von der Mentalität des Gutachters zeugt die weitere Bemerkung, «er empfehle zur Sicherheit des Staates unter allen Umständen die Liquidation des liechtensteinischen Vermögens, wenn auch gegen Entschädigung, *weil es Eigentum des Oberhauptes eines fremden Staates, also eines internationalen Faktors sei.*» Ein Standpunkt, den andere Staaten – auch wenn sie Republiken sind – vom Standpunkte des Völkerrechtes wohl ebenso wenig begrüssen können, wie von dem des Schutzes des Eigentumes fremder Staatsbürger in anderen Staaten.

Es scheint nun tatsächlich die Absicht zu bestehen, eine solche allgemeine Formulierung des Gesetzes in Antrag zu bringen, welche dann das Einschreiten gegen die fürstliche Familie ermöglichen würde. Professor Dr. [Jan] *Krčmář* (Professor des bürgerlichen Rechtes an der Prager Hochschule), welcher mit der definitiven Redaktion der sämtlichen, die Bodenreform betreffenden Gesetze betraut ist, hat sich in seinem Gutachten hauptsächlich mit der Frage der Stilisierung der Bestimmung, welche auf die Einlösung des Grossgrundbesitzes ohne Entschädigung abzielen würde, befasst und sich gegen dieselbe ausgesprochen. Er macht hiebei auf die Schwierigkeiten aufmerksam, welche der Wahl solcher Formel entgegenstehen und darauf, dass dieselbe stets zu Streitigkeiten Anlass geben würde.

---

8 Vgl. dagegen das Rechtsgutachten des Wiener Völkerrechtsprofessors Leo Strisower vom Februar/März 1921 über die Souveränität des Fürstentums Liechtenstein und des Fürsten von Liechtenstein unter LI LA V 003/0337 (Aktenzeichen der liechtensteinischen Gesandtschaft in Wien: 153/1).

9 Vgl. die Note der französischen Botschaft in Bern an das Eidgenössische Politische Departement vom 16.2.1916 unter LI LA SF 13/1916/0961 ad 0031: Die französische Regierung betrachtete Liechtenstein jedoch nur im Hinblick auf den Handelsverkehr als feindliches Territorium.

Die fürstliche Regierung beauftragt mich, *Euer Exzellenz* ein Exemplar jener Note zu unterbreiten, welche dieselbe seinerzeit an die Friedenskonferenz in Paris über die Frage der Neutralität des Fürstentumes gerichtet hat und welche von der Friedenskonferenz voll gewürdigt wurde, indem alle Grossmächte der Entente die Vertretung Liechtensteins durch die Schweiz zugelassen haben, ohne dass Liechtenstein an den Friedensverhandlungen teilgenommen oder einen Frieden in anderer Form geschlossen hätte.[10] In dieser Frage muss gegenüber Hobza ausdrücklich betont werden, dass Frankreich in seiner an den Schweizerischen Bundesrat gerichteten Mitteilung vom 16. Februar 1916 die Neutralität des Fürstentumes lediglich in kommerzieller Hinsicht als nicht vorhanden bezeichnete (Französischer Wortlaut: ... «Dans ces conditions je suis chargé d'informer Votre Excellence que tant que le Liechtenstein sera compris dans les frontières douanières de l'Autriche-Hongrie mon Gouvernement considéra la Principauté comme assimilée aux territoires ennemis *en matière de transactions commerciales*.»)[11]

Die königlich englische Regierung hat in letzter Zeit diese Neutralität ausdrücklich anerkannt und die Freigabe des Vermögens zweier Mitglieder der fürstlichen Familie aus diesem Titel verfügt.

Im Übrigen beehre ich mich, den Entwurf einer Note vorzulegen, welche die fürstliche Regierung im September 1919 an die Friedenskonferenz zu richten beabsichtigte[12] und welche das bereits damals bekannte Gutachten *Hobza's* widerlegt. – Diese Note wurde nicht abgesendet, um die Susceptibilität der Čechoslovakei nicht zu wecken, zumal damals eine Gefahr für den fürstlichen Besitz nicht mehr zu bestehen schien und der fürstliche Gesandte in Wien in freundschaftlichster Weise mit verschiedenen massgebenden Faktoren der Republik in amtlichem Verkehr stand. Sie wurde jedoch in vertraulicher Weise der französischen Regierung übermittelt und dürfte bei der bald darauf inoffiziellerweise dem fürstlichen Gesandten in Wien kundgemachten Stellungnahme der Entente gegenüber dem Fürstentume von ausschlaggebender Bedeutung gewesen sein.

Dass die Souveränität des Fürstentumes niemals bezweifelt wurde, beweist übrigens ja die Tatsache, dass im Friedensvertrage von St. Germain die Grenze Österreichs im Westen als «gegen die Schweiz und Liechtenstein unverändert» bezeichnet wurde.[13]

Der čechoslovakische Minister des Äussern Dr. [Edvard] *Beneš* hat in letzter Zeit zwar in liebenswürdigster Weise zu erkennen gegeben, dass er persönlich – wohl aus der in den Gutachten selbst dargelegten juridischen Unhaltbarkeit und wegen der schwerwiegenden wirtschaftlichen Konsequenzen derartiger Schritte – nicht die Absicht habe, bei den auf die Enteignung des fürstlichen Besitzes abzielenden Bestrebungen mitzuwirken. Immerhin hat er aber die Souveränität und Neutralität des Fürstentumes bezweifelt und nur erklärt, dass er sich in dieser Hinsicht den Entschlüssen der Grossmächte der Entente anschliessen werde.

Die fürstliche Regierung beauftragt mich daher, *Euere Exzellenz* zu ersuchen, durch die Gesandten der Schweiz in Paris, London und Rom die bezüglichen Regierungen über

---

10 Randvermerk mit Hinweis auf die Beilage A), welche allerdings dem Akt nicht beiliegt. Vgl. jedoch unter LI LA V 003/0045 (Aktenzeichen: 57/19) das Memorandum der liechtensteinischen Regierung an die Pariser Friedenskonferenz vom 20.5.1919 betreffend die liechtensteinische Neutralität im Ersten Weltkrieg.
11 Vgl. Fussnote 9.
12 Randvermerk mit Hinweis auf die Beilage B), welche dem Akt ebenfalls nicht beiliegt. Vgl. jedoch unter LI LA RE 1919/4654 ad 0589 den Memorandumsentwurf der liechtensteinischen Regierung von Anfang September 1919.
13 Vgl. Art. 27 Ziff. 1 des Staatsvertrages von St.-Germain-en-Laye vom 10.9.1919, öst. StGBl. 1920 Nr. 303.

die Lage informieren zu wollen, in welcher der fürstliche Besitz in der Čechoslovakei sich derzeit befindet und dieselben zu ersuchen, in geeignet scheinender Weise, jedoch mit der grössten Beschleunigung dem čechischen Ministerium des Äussern erkennen geben zu wollen, dass sie die Souveränität des Fürstentums als ausser Zweifel stehend erachten und auch die Neutralität desselben während des Krieges anerkannt haben.[14]

Sollten *Euere Exzellenz* glauben, den Vertretern der Schweiz die hier angeschlossenen Beilagen behufs eventueller Übergabe an die betreffenden Regierungen zur Verfügung stellen zu sollen, so erlaube ich mir hiefür je drei weitere Exemplare der inerwähnten Operate A und B zu übermitteln.

Endlich ersuche ich *Euere Exzellenz* um freundliche Mitteilung, in welcher Weise und in welchem Zeitpunkte *Euere Exzellenz* an die Schweizerischen Gesandten heranzutreten beabsichtigen, weil der fürstliche Gesandte in Wien auch einen direkten Schritt bei dem čechischen Minister des Äussern in Prag vorhat, welchen er derart einrichten möchte, dass die erbetene Einwirkung der drei Grossmächte der Entente kurze Zeit nach seinem Schritte in Prag erfolgt.

Genehmigen *Euere Exzellenz* den Ausdruck meiner vorzüglichsten Hochachtung.
Der fürstliche Geschäftsträger:

Dok. 140
Liechtenstein ersucht die Schweiz, Verhandlungen über den Abschluss eines Zollvertrags aufzunehmen

Maschinenschriftliches Schreiben von Landesverweser Prinz Karl von Liechtenstein, gez. ders., an den schweizerischen Bundesrat[1]

16.2.1920

Aufgrund des von *Seiner Durchlaucht* dem Landesfürsten [Johann II.] genehmigten Beschlusses des liechtensteinischen Landtages vom 30. Jänner 1920[2] habe ich die Ehre, an den hohen Bundesrat der Schweizerischen Eidgenossenschaft das Ersuchen zu stellen, Verhandlungen wegen Abschluss eines Zollvertrages zwischen der Schweiz und dem Fürstentum Liechtenstein einzuleiten. Ich kann mich wegen der Gründe, die das Fürstentum zu diesem Ersuchen veranlassen, wohl auf die bereits am 23. und am 24. Jänner l.J. in Bern zwischen Vertretern des hohen Bundesrates und des Landes Liechtenstein

---

14 Das Eidgenössische Politische Departement wies hierauf die schweizerischen Gesandtschaften in London, Paris und Rom am 26.2.1920 an, die jeweiligen Regierungen vertraulich zu bitten, dem tschechoslowakischen Aussenministerium zu bedeuten, dass sie die Souveränität Liechtensteins als ausser Zweifel betrachteten. Hinweise auf die tschechoslowakische Bodenreform bzw. auf die fürstlichen Besitzungen in der Tschechoslowakei sollten jedoch unterbleiben (CH BAB 2001(E)/1969/262, Schachtel 43). Vgl. auch das diesbezügliche Schreiben von Geschäftsträger Emil Beck an die liechtensteinische Gesandtschaft in Wien vom 4.3.1920 (LI LA V 002/0170/25 (Aktenzeichen der liechtensteinischen Gesandtschaft in Bern: 239)).

1 LI LA SF 27/1920/0782 ad 64. Ein weiteres Exemplar unter LI LA V 002/0293/30. Die Regierung übermittelte das Schreiben am 16.2.1920 in zwei Exemplaren an die Gesandtschaft in Bern, die es dem Bundesrat mitteilte.
2 LI LA LTA 1920/S04.

gepflogenen Besprechungen berufen.[3] Namentlich möchte ich aber anführen, dass das Fürstentum und seine Bewohner infolge des katastrophalen Niederganges der bisher im Lande geltenden österreichischen Kronenwährung den lebhaftesten Wunsch hegen, möglichst bald zur Frankenwährung überzugehen und das für diese Währungsänderung ein Zollanschluss mit der Schweiz ein grosser Vorteil ist. Ich glaube auch nicht unerwähnt lassen zu sollen, dass für den Abschluss eines Zollvertrages mit der Schweiz auch der Wunsch bestimmend ist, die seit undenklichen Zeiten mit der Schweiz bestehenden freundnachbarlichen Verhältnisse, die namentlich während der verflossenen Kriegszeit sich wieder neu bewährten, immer inniger zu gestalten.

Aus der Niederschrift der Verhandlungsergebnisse der Besprechungen vom 23. und 24. Jänner 1920 geht deutlich die Befürchtung der Vertreter der schweizerischen Zollverwaltung hervor, dass die Verlegung der Zollgrenze an die liechtensteinisch-österreichische Grenze eine beträchtliche Vermehrung der Zollorgane zur Folge haben werde. Die Besprechungen zeitigten den Wunsch, durch eine kommissionelle Begehung des in Frage kommenden Gebietes eine Übersicht zu gewinnen, wie sich die Personalverhältnisse bereinigen lassen würden.[4]

In der Annahme, dass der hohe Bundesrat dem eingangs angeführten Ansuchen wohlwollend zustimmen werde, beehre ich mich das weitere Ersuchen zu stellen, in nächster Zeit eine schweizerische Kommission abzuordnen, um die lokalen Verhältnisse einer eingehenden Besichtigung zu unterziehen. Um dieser Kommission die Arbeiten zu erleichtern, beehre ich mich weiters, heute schon auf die mitfolgenden 2 Pläne und die zuliegenden Erläuterungen[5] aufmerksam zu machen.

Indem ich noch bitte, mich die Entscheidung des hohen Bundesrates in diesen Fragen möglichst bald wissen zu lassen,[6] versichere ich den hohen Bundesrat meiner ausgezeichnetsten Hochachtung.

Der fürstl. Landesverweser:

---

3 Vgl. LI LA SF 27/1920/0650 ad 64, Protokoll der Konferenz vom 23./24.1.1920.
4 Die Grenzbegehung, die vom 24.-30.5.1920 stattfand, ergab, dass die Bewachung der Grenze mit wesentlich weniger Personal geschehen könne als befürchtet. Vgl. LI LA V 002/0299/049, Bundesrat Jean-Marie Musy an Prinz Karl, 3.6.1920; LI LA V 002/0299/050, Eidgenössische Oberzolldirektion an Emil Beck, 3.6.1920.
5 Beilagen fehlen.
6 Die Schweiz teilte mit Note vom 30.3.1920 mit, sie sei grundsätzlich bereit, die gegenseitigen Beziehungen vertraglich zu regeln. Das Finanz- und Zolldepartement sei beauftragt, alle mit dem Zollvertrag zusammenhängenden Fragen zu prüfen, und sei ermächtigt worden, eine Kommission nach Liechtenstein abzuordnen (LI LA V 002/0299/045).

Dok. 141
Eduard von Liechtenstein drängt Landesverweser Karl von Liechtenstein, dass die Regierung beim Fürsten die Niederschlagung des Strafverfahrens gegen Andreas Vogt wegen dessen Ausruf «Nieder die Regierung, hoch die Republik» beantragen soll

Maschinenschriftlicher Bericht des Gesandten in Wien, Eduard von Liechtenstein, gez. ders., an Landesverweser Karl von Liechtenstein[1]

28.2.1920, Wien

Euere Durchlaucht!
Anlässlich ihrer Anwesenheit in Wien kamen die Herren Dr. [Wilhelm] Beck und Dr. [Martin] Ritter mehrfach auf die zwischen Euer Durchlaucht und mir bereits in Vaduz besprochene Angelegenheit des [Andreas] Vogt in Balzers zurück, gegen den wegen des Aufrufes «Hoch die Republik» die Anklage erhoben worden ist. Sie wiesen nachdrücklichst darauf hin, dass es bei der gegenwärtigen Stimmung der Bevölkerung einen ausserordentlich ungünstigen Eindruck machen würde, wenn *Vogt* wegen einer Äusserung, die allgemein nicht als Ausfluss einer revolutionären Gesinnung, sondern lediglich als eine in der Erregung gefallene Unbedachtsamkeit aufgefasst wird, unter Anklage eines Verbrechens vor Gericht käme. Sie fürchten, dass dies nicht nur eine grosse Erbitterung hervorrufen würde, sondern eventuell sogar zu Sympathiebezeugungen für den Angeklagten, die, wenn sie sich selbst in gewissen Grenzen halten, doch die innerpolitische Situation des Landes äusserst ungünstig beeinflussen würden, unter Umständen aber auch Formen annehmen könnten, welche die fürstliche Regierung und die Person Euer Durchlaucht in die peinlichste, vielleicht sogar verhängnisvollste Situation bringen würden. - Die Herren erklärten, dass durch eine Abolierung der Anklage durch Seine Durchlaucht den Fürsten [Johann II.] nicht nur alle diese, sehr wahrscheinlichen Folgen vermieden, sondern ausserdem ein sehr günstiger Eindruck im Volke hervorgerufen würde, da dieser Akt die väterliche Milde und Güte des Landesherrn ins helle Licht setzen müsste.

Ich habe über diese Angelegenheit schon seinerzeit nach meiner Rückkehr von Vaduz zunächst mit Sr. Durchlaucht dem Prinzen Franz. sen. [von Liechtenstein], sowie dann auch mit dem Fürsten selbst gesprochen, welche beide dem Gedanken an eine Abolierung durchaus sympathisch gegenüberstehen. Die Abolierung scheint auch deshalb günstiger, weil eine Begnadigung nach erfolgter Verurteilung bei der mit Gewissheit vorauszusehenden Stellungnahme eines Teiles der Bevölkerung leicht den Charakter des Erzwungenen erhalten und dadurch den Eindruck erwecken könnte, dass es sich nicht um einen Akt der Gnade, sondern der Furcht, um ein Zurückweichen nach missglückten Versuche, energisch aufzutreten, handle. Um die Spontanität und das Gnadenweise der Abolierung entsprechend zu betonen, scheint es auch opportun, nicht erst abzuwarten, bis 1 oder 2 Abgeordnete mit einem diesbezüglichen Ersuchen an Euere Durchlaucht herantreten, namentlich, da ein solcher Schritt leicht den Eindruck hervorrufen könnte, dass es sich bei dem inkriminierten Rufe nicht um eine vereinzelte, nicht im Bewusstsein

---

1   SF 1/1920/035. Aktenzeichen bei der Gesandtschaft Wien: Zahl 198/1–20. Andreas Vogt hatte in der Landtagssitzung vom 25.11.1919 aus dem Zuschauerraum gerufen: «Nieder mit der Regierung, hoch die Republik!» Landtagspräsident Fritz Walser erstattete darauf Anzeige bei der Staatsanwaltschaft. Auf Drängen von Prinz Eduard wie auch von Martin Ritter und Wilhelm Beck beantragte die Regierung am 5.3.1920 die Abolition des Verfahrens. Der Fürst kam dem Antrag am 8.3.1920 gerne nach.

ihrer Tragweite gefallene Äusserung, sondern um eine Bewegung in Volke handle, der die betreffenden Abgeordneten, zumindest nicht feindlich gegenüberstehen; daher würde auch in diesem Falle die hohe Entschliessung Seiner Durchlaucht leicht als ein Akt der Schwäche missdeutet werden können.

Um allen diesen Unzukömmlichkeiten auszuweichen und die Aufbauschung einer nach allgemeiner Anschauung belanglosen Episode zu einer unter Umständen gefährlichen Krise zu vermeiden, gestatte ich mir entsprechend den Intentionen des Fürsten Euer Durchlaucht nahezulegen, Euere Durchlaucht wollen Hochdenselben den Antrag unterbreiten, die Abolierung der gegen *Vogt* schwebenden Strafsache anzuordnen. Seine Durchlaucht der Fürst, welchem ich gestern neuerlich im Gegenstande berichtet habe, würde einem solchen Antrag gerne zustimmen, sobald er von der fürstlichen Regierung gestellt wird. Ich würde jedenfalls empfehlen, die Sache in der Regierungssitzung *vertraulich* vorzubringen und habe Dr. *Beck* nahegelegt, den seinerzeit beabsichtigten Schritt, bei Euer Durchlaucht im Gegenstande zu intervenieren, zunächst zu unterlassen.

Der fürstliche Gesandte:

Dok. 142
Verfassungsentwurf des Prinzen Karl von Liechtenstein

Maschinenschriftlicher Verfassungsentwurf, ungez., verfasst von Prinz Karl von Liechtenstein[1]

o.D. (spätestens Mitte März 1920)[2]

Erstes Hauptstück
Von dem Fürstentume und dessen Regierung

§ 1.

Das Fürstentum Liechtenstein bildet in der Vereinigung seiner beiden Landschaften Vaduz und Schellenberg ein unteilbares und unveräusserliches Ganzes; die Land-

---

1   LI LA V 003/0890. Eingangsstempel der Gesandtschaft Wien: 6.IV.20, Nr. 269/1. Handschriftliche Betreffangabe der Gesandtschaft Wien: «Entwürfe Karl». Anstreichungen und Randbemerkungen von Prinz Eduard von Liechtenstein. Ende Juni 1920 übermittelte Prinz Karl seinen Verfassungsentwurf dem Landtag, zu einer Behandlung des Entwurfs im Landtag kam es jedoch nicht. Der Verfassungsentwurf von Prinz Karl beruht zu weiten Teilen auf der konstitutionellen Verfassung vom 26.9.1862 (LI LA SgRV). Die Volkspartei, die eine vollständig neue Verfassung forderte, lehnte den Entwurf daher entschieden ab. Wilhelm Beck soll bereits am 18.4.1920 in einer Versammlung in Triesen gesagt haben: «Quod non! (d.h. ‹gibts nicht!›) Nicht verhandelt werde darüber.» (L.Vo., Nr. 32, 21.4.1920, S. 1 («Die Fürchtemacher»)). Zur Haltung der Volkspartei vgl. auch O.N., Nr. 71, 4.9.1920, S. 1 («Vom Tage»). Positiver beurteilt wurde der Entwurf durch Prinz Eduard und Fürst Johann II. (vgl. LI LA V 003/0890, Prinz Eduard an Prinz Karl, 6.4.1920) sowie durch die Bürgerpartei (vgl. L.Vo., Nr. 72, 8.9.1920, S. 1). Vom Verfassungsentwurf existieren zwei Fassungen. Drei weitere Exemplare der vorliegenden Fassung (im Folgenden: Fassung 1) in LI LA RE 1921/0963. Ebd. finden sich zudem zwei Exemplare einer überarbeiteten Fassung (im Folgenden: Fassung 2); ein Entwurf dieser Fassung unter LI LA PA 013/013/4. Die Unterschiede zwischen den beiden Fassungen sind hauptsächlich redaktioneller Art (Zusammenziehungen und Umstellungen von Paragraphen). In den nachstehenden Anmerkungen wird lediglich auf wichtige inhaltliche Neuerungen in Fassung 2 hingewiesen.

2   Die überlieferten Exemplare des Verfassungsentwurfs sind alle undatiert. Prinz Karl dürfte den Entwurf spätestens Mitte März 1920 abgeschlossen haben. In Kreisen der Volkspartei verlautete am

schaft Vaduz (Oberland) besteht aus den Gemeinden: Vaduz, Triesen, Balzers, Triesenberg, Schaan und Planken; die Landschaft Schellenberg (Unterland) aus den Gemeinden: Eschen, Mauren, Gamprin, Ruggell und Schellenberg.

Die Landesfarben sind blaurot, das Wappen des Landes ist das des fürstlichen Hauses. Der Hauptort ist Vaduz.

Schaffung neuer Gemeinden, Zusammenlegung oder Teilung bestehender Gemeinden, sowie Abänderung ihrer Grenzen bleiben der Gesetzgebung des Landes vorbehalten.

§ 2.

Der Landesfürst ist Oberhaupt des Staates, vereinigt in sich alle Rechte der Staatsgewalt und übt sie unter den in gegenwärtiger Verfassungsurkunde festgesetzten Bestimmungen aus.

Seine Person ist heilig und unverletzlich.

§ 3.

Die Regierung ist erblich im Fürstenhause Liechtenstein nach Massgabe der Hausgesetze.

Auch wird nach letzteren die Volljährigkeit des Landesfürsten und des Erbprinzen, sowie die Vormundschaft vorkommenden Falles geordnet.

Zweites Hauptstück
Von den allgemeinen Rechten und Pflichten der Landesangehörigen

§ 4.

Alle Staatsbürger sind vor dem Gesetze gleich. Die Glaubens- und Gewissensfreiheit ist jedermann gewährleistet.

§ 5.

Die römisch-katholische Religion geniesst Gewährleistung und Schutz des Landes für ihre Betätigungen, für ihre Einrichtungen; allen anderen Konfessionen ist innerhalb der Schranken der Sittlichkeit und öffentlichen Ordnung die Ausübung gottesdienstlicher Handlungen gewährleistet.

Das Eigentum und andere Rechte der Religionsgesellschaften und religiösen Vereine an ihren für Kultus-, Unterrichts- und Wohltätigkeitszwecke bestimmten Anstalten, Stiftungen und sonstigen Vermögen werden gewährleistet.

§ 6.

Der Sonntag und die Feiertage bleiben als Tage der Arbeitsruhe und religiöser Erhebung gesetzlich geschützt.[3]

12.3.1920, Prinz Karl habe einen Verfassungsentwurf gemacht (LI LA V 002/0461, Telegramm Volkspartei, gez. Anton Walser, an Emil Beck, liechtensteinischer Geschäftsträger in Bern). Prinz Karl selbst sagte in der Landtagssitzung vom 20.3.1920, er habe einen Verfassungsentwurf erstellt und sei bereit, ihn dem Landtag vorzulegen (LI LA LTA 1920/S04).

3   In Fassung 2 ist hier folgender Paragraph eingefügt: «Die Bestimmungen des allgemeinen bürgerlichen Gesetzbuches über die Ehegesetzgebung bleiben aufrecht» (§ 8).

§ 7.

Die deutsche Sprache als die Sprache des Volkes geniesst die Gewährleistung und den Schutz des Landes; sie ist die Amtssprache des Landes.

§ 8.

Jeder stimmberechtigte und stimmfähige Bürger ist verpflichtet an allen verfassungsmässigen Wahlen und Abstimmungen des Landes teilzunehmen.[4]

§ 9.

Die Erlangung aller staatsbürgerlichen Rechte steht jedem Landesangehörigen nach Massgabe der Bestimmungen dieser Verfassung zu.

§ 10.

Der Aufenthalt innerhalb der Grenzen des Fürstentumes verpflichtet zur Beobachtung der Gesetze desselben und begründet dagegen den gesetzlichen Schutz.

§ 11.

Über Entstehung und Erwerbung, über Verlust und Untergang des Staatsbürgerrechtes und der Landesangehörigkeit bestimmen die Gesetze.

§ 12.

Die Freiheit der Gedankenmitteilungen durch das Mittel der Presse wird durch ein besonderes Gesetz normiert.

§ 13.

Niemand darf in der Regel seinem ordentlichen Richter entzogen und anders als in den durch das Gesetz bestimmten Fällen und unter Wahrung der gesetzlichen Formen verhaftet und bestraft werden.

Ausser der Ergreifung auf frischer Tat darf die Verhaftung immer nur in Kraft eines ämtlichen, mit Gründen versehenen Befehles vollzogen werden.

§ 14.

Jeder Verhaftete muss, womöglich sofort, jedenfalls innerhalb der nächsten 24 Stunden von der Ursache seiner Verhaftung in Kenntnis gesetzt und durch einen Gerichtsbeamten verhört werden. Geschah die Verhaftung nicht von der zum weiteren Verfahren zuständigen Gerichtsbehörde, so soll der Verhaftete an diese abgeliefert werden.

§ 15.

Jeder Angeschuldigte soll, soferne nicht dringende Anzeigen eines Verbrechens wider ihn vorliegen, der Regel nach gegen Stellung einer angemessenen, durch das Gericht zu bestimmenden Kaution oder Bürgschaft seiner Haft unverzüglich entlassen werden.

§ 16.

Die Haussuchung findet nur in unabwendbaren Fällen und auf Grund einer Verfügung des zuständigen Gerichtes mit Beobachtung der gesetzlichen Formen statt. Dem Hausbesitzer muss der gerichtliche Auftrag schriftlich vorgewiesen werden.

---

4 Fassung 2 hält zusätzlich fest, dass die Wahlen nach dem «System des Verhältniswahlrechtes» zu erfolgen haben (§ 14).

§ 17.

Der Verhaftete ist berechtigt, unter der geeigneten gerichtlichen Aufsicht mündlich oder schriftlich über seine Familienangelegenheiten mit seinen Angehörigen sich zu benehmen und während der Untersuchung aus seinen eigenen Mitteln bessere als die gewöhnliche Kost sich zu verschaffen. Wegen Missbrauches oder aus sonst wichtigen Gründen kann aber diese Berechtigung vom Gerichte aus sistiert und förmlich inhibiert werden.[5]

§ 18.

Das Eigentum oder sonstige Rechte und Gerechtsame können für Zwecke des Staates oder einer Gemeinde nur in den durch die Gesetze bestimmten Fällen und Formen und gegen vorgängige volle Entschädigung in Anspruch genommen werden.

§ 19.

Alle Vermögenskonfiskationen sind aufgehoben, es kann aber die Konfiskation einzelner Sachen, welche als Werkzeug oder Gegenstand eines Verbrechens oder einer Übertretung gedient haben oder dienen können, auch künftig stattfinden.

§ 20.

Das Vereinsrecht, durch ein Gesetz geregelt, geniesst den Schutz der Verfassung.[6]

§ 21.

Das Recht der Beschwerdeführung ist gewährleistet. In dessen Folge ist jeder Landesangehörige berechtigt, über das seine Interessen benachteiligende verfassungs-, gesetz- oder verordnungswidrige Benehmen oder Verfahren einer öffentlichen Behörde bei der unmittelbaren vorgesetzten Stelle Beschwerde zu erheben und solche nötigenfalls bis zur höchsten Behörde zu verfolgen. Wird die angebrachte Beschwerde von der vorgesetzten Behörde verworfen, so ist dieselbe verpflichtet, dem Beschwerdeführer die Gründe ihrer Entscheidung zu eröffnen.

§ 22.

Das Petitionsrecht an den Landtag ist gewährleistet und es steht nicht nur einzelnen Landesangehörigen und anderen in ihren Interessen Betroffenen, sondern auch Gemeinden und Korporationen zu, ihre Wünsche und Bitten durch ein Mitglied des Landtages daselbst vorzubringen.

§ 23.

Für die Bildung der Jugend ist durch öffentliche Anstalten zu sorgen. Bei ihrer Einrichtung sollen Familie und Kirche, Land und Gemeinden zusammenwirken. Es besteht allgemeine Schulpflicht. Der Unterricht in den Volksschulen und Fortbildungsschulen ist unentgeltlich. In allen Schulen ist religiös-sittliche Bildung, vaterländische Gesinnung und berufliche Tüchtigkeit zu erstreben.

---

5   Ganzer Paragraph gestrichen in Fassung 2.
6   Fassung 2 gewährleistet zudem das Versammlungsrecht (§ 12).

Drittes Hauptstück
Rechte des Landesfürsten

§ 24.
Der Landesfürst vertritt den Staat in allen seinen Verhältnissen gegen auswärtige Staaten.

Es kann jedoch ohne Verwilligung des Landtages durch Verträge mit Auswärtigen weder der Staat im Ganzen noch ein Teil desselben oder Staatseigentum veräussert, auf kein Staatshoheitsrecht oder Staatsregal zu Gunsten eines auswärtigen Staates verzichtet, oder darüber irgendwie verfügt werden, weiters keine neue Last auf das Fürstentum oder dessen Angehörige übernommen, endlich keinerlei Verpflichtung, welche den Rechten der Landesangehörigen Eintrag tun würden, eingegangen werden.

§ 25.
Ohne Mitwirkung und Zustimmung des Landtages darf kein Gesetz gegeben, aufgehoben, abgeändert oder authentisch erklärt werden.

Der Landesfürst wird aber ohne Mitwirkung des Landtages die zur Vollstreckung und Handhabung der Gesetze erforderlichen, sowie die aus dem Aufsichts- und Verwaltungsrechte fliessenden Einrichtungen treffen und die einschlägigen Verordnungen erlassen. Auch wird der Fürst in dringenden Fällen das Nötige zur Sicherheit und Wohlfahrt des Staates vorkehren.

§ 26.
Eben diese Bestimmungen finden bei den Gesetzen im Landespolizeiwesen Anwendung.

§ 27.
Jedes Gesetz und jede Verordnung bedürfen zu ihrer Giltigkeit der Sanktion des Landesfürsten.

§ 28.
Jeder Regierungsnachfolger wird noch vor Empfangnahme der Erbhuldigung unter Bezug auf fürstliche Ehren und Würden in einer schriftlichen Urkunde aussprechen, dass er das Fürstentum Liechtenstein in Gemässheit der Verfassung und der Gesetze regieren, die Integrität desselben erhalten und die landesfürstlichen Rechte unzertrennlich und in gleicher Weise beobachten werde.

§ 29.
Alle Angestellten des Landes, die Ortsvorstände und öffentlichen Funktionäre sowie die neueintretenden Staatsbürger haben folgenden *Eid* zu schwören:
«Ich schwöre bei Gott dem Allmächtigen Treue dem Landesfürsten und dem Vaterlande, Gehorsam den Gesetzen und Beobachtung der Landesverfassung».

Sie sind alle ohne Ausnahme für die genaue Beobachtung der Verfassung in ihrem Wirkungskreise verantwortlich.

§ 30.
Die in der Hand des Fürsten liegende Regierungsgewalt wird nach Massgabe der Bestimmungen dieser Verfassung durch die verantwortliche Regierung ausgeübt.

Viertes Hauptstück
Rechte des gesamten Volkes

§ 31.

Das Volk übt seine verfassungsmässigen Rechte aus:
a. durch Annahme oder Verwerfung der Verfassung und ihrer Abänderungen;
b. durch Begehren einer Abänderung der Verfassung;
c. durch die Wahl des Landtages;
d. durch Genehmigung oder Verwerfung von Gesetzen;
e. durch Volksbegehren.

§ 32.

Alle Gesetze, die nicht dringlicher Natur sind, unterliegen der Abstimmung des Volkes, wenn binnen 21 Tagen nach Erlass des Gesetzes 600 Wähler, deren Stimmberechtigung beglaubigt ist, unterschriftlich die Abstimmung verlangen; daher ist die Sanktion des Landesfürsten, welche zur Giltigkeit aller Gesetze und Verordnungen notwendig ist, in diesen Fällen erst nach Ablauf dieser Frist von der Regierung einzuholen.

Für die Dringlichkeit eines Gesetzes ist die Zweidrittel-Mehrheit des Landtages und die Zustimmung des Landesfürsten erforderlich.

§ 33.

Der Landesfürst, seine Regierung und der Landtag sind befugt, eine Volksabstimmung ergehen zu lassen. Im Landtage ist hierzu eine Zweidrittel-Mehrheit erforderlich.

§ 34.

Das Recht des Volksbegehrens umfasst das Verlangen auf Erlass oder Aufhebung oder Abänderung eines Gesetzes oder auf Abänderung einzelner Teile der Verfassung oder der ganzen Verfassung.

Derartige Begehren können in der Form der einfachen Anregung oder des ausgearbeiteten Entwurfes gestellt und im einen wie im anderen Falle begründet werden. Volksbegehren auf Aufhebung oder Abänderung eines Gesetzes können erst drei Jahre nach Inkrafttreten desselben gestellt werden.

Ein Volksbegehren muss zur Volksabstimmung gebracht werden, wenn es von mindestens 1000 Wählern, deren Stimmberechtigung beglaubigt ist, unterschriftlich gestellt wird.

Dem Landtage und der Regierung steht das Recht zu, neben den aus der Mitte des Volkes gemachten Vorschlägen gleichzeitig eigene Anträge auf Verwerfung des Vorschlages oder auf eine abgeänderte Fassung desselben zu stellen.

§ 35.

Die Wahlen und die Volksabstimmung finden allgemein, geheim und direkt statt.

Bei allen Volksabstimmungen über Erlass oder Aufhebung oder Abänderung eines Gesetzes oder eine teilweise oder vollständige Änderung der Verfassung entscheidet die absolute Mehrheit der Stimmen.

Fünftes Hauptstück
Der Landtag

§ 36

Der Landtag besteht aus 15 Mitgliedern. Die näheren Bestimmungen über die Einteilung der Abgeordneten, über die Wahlberechtigung und Wählbarkeit, über das Verfahren bei der Wahl und über die Prüfung der Wahlergebnisse enthält die Wahlordnung.

§ 37.

Der Landtag gibt sich selbst und dem Landesausschusse eine Geschäftsordnung.

§ 38.

Der Landtag wird auf 4 Jahre gewählt. Die Neuwahlen finden im ersten Viertel jedes Wahljahres statt. Mit dem Tage der Neuwahlen sind die bisherigen Landesabgeordneten ihres Volksauftrages enthoben. Der Landesausschuss hat die Geschäfte bis zu ihrer Übernahme durch den neugewählten Landtag weiterzuführen.

§ 39.

Der ordentliche Landtag versammelt sich zweimal im Jahre und zwar im Frühling und im Herbste. Er wird vom Landesfürsten einberufen, der allein befugt ist, ihn zu schliessen und aus erheblichen, der Versammlung jedes Mal mitzuteilenden Gründen auf drei Monate zu vertagen oder aufzulösen.

§ 40.

Der aussergewöhnliche Landtag wird einberufen:
a. so oft es der Landesfürst zur Erledigung dringender Landesangelegenheiten nötig erachtet;
b. wenn zwei Drittel der Mitglieder des Landtages darum ansuchen.

§ 41.

Nach erfolgter Auflösung des Landtages muss binnen vier Monaten eine neue Wahl angeordnet und die neuerwählten Landtagsmitglieder wieder einberufen werden.

Innerhalb derselben Frist hat auch die Wiedereinberufung des vertagten Landtages zu geschehen.

§ 42.

Ein ausserordentlicher Landtag ist jedesmal nötig bei einem Regierungswechsel, und muss derselbe innerhalb 30 Tage nach eingetretener Regierungsveränderung einberufen werden. Ist eine Auflösung vorhergegangen, so sind die Wahlen so zu beschleunigen, dass die Einberufung längstens auf den 60sten Tag nach eingetretener Regierungsänderung zu erfolgen hat.

§ 43.

Durch einen ausserordentlichen Landtag kann die regelmässige Reihenfolge der ordentlichen nicht unterbrochen werden.

§ 44.

Alle dem Landtage zukommenden Rechte können nur in der gesetzlich konstituierten Versammlung ausgeübt werden.

§ 45.

Die Landtagssitzungen sind öffentlich. In welchen Fällen ausnahmsweise vertrauliche Sitzungen abzuhalten sind, bestimmt die Geschäftsordnung.

§ 46.

Die einzelnen Beratungsgegenstände gelangen vor den Landtag
 a. als Vorlagen der Regierung,
 b. als Vorlagen der Landtagskommissionen,
 c. durch Anträge einzelner Mitglieder.

Solche selbständige Anträge, die sich nicht auf eine Vorlage der Regierung oder einer Kommission beziehen, müssen dem Vorsitzenden des Landtages schriftlich überreicht werden. Die weitere Behandlung solcher Anträge regelt die Geschäftsordnung.

§ 47.

Anträge, die ausserhalb des Geschäftskreises des Landtags liegen, sind vom Vorsitzenden des Landtages von der Beratung auszuschliessen.

§ 48.

Der Landtag kann die Beiziehung von Vertretern der Behörden und Ämtern oder von Sachverständigen zu den Sitzungen fallweise beschliessen.

§ 49.

Zu einem gültigen Beschlusse des Landtages ist die Anwesenheit von mindestens acht Landtagsabgeordneten und die absolute Stimmenmehrheit der Anwesenden notwendig.

Der Vorsitzende übt sein Stimmrecht wie jeder andere Landtagsabgeordnete aus.

Bei Stimmengleichheit gilt der Antrag als abgelehnt.

§ 50.

Die Mitglieder des Landtages stimmen einzig nach freier Überzeugung.

Sie können wegen der in Ausübung ihres Berufes geschehenen Abstimmungen niemals von einer Strafbehörde zur Verantwortung gezogen werden, für Äusserungen im Landtage und Landesausschusse nur mit Zustimmung dieser Vertretungskörper.

§ 51.

Die Mitglieder des Landtages erhalten eine angemessene Entschädigung aus der Landeskasse.

§ 52.

Der Landtag ist das gesetzmässige Organ der Gesamtheit der Landesangehörigen und als solches berufen, deren Rechte nach den Bestimmungen der Verfassungsurkunde geltend zu machen und das allgemeine Wohl des Fürsten und des Landes mit treuer Anhänglichkeit an die Grundsätze der Verfassung möglichst zu befördern.

§ 53.

Die Wirksamkeit des Landtages hat sich vorzugsweise auf folgende Gegenstände zu erstrecken:
 a. auf die verfassungsmässige Mitwirkung zur Gesetzgebung;
 b. auf die Steuerbewilligung;

c. auf das Recht der Anträge und Beschwerden in Beziehung auf die Staatsverwaltung überhaupt, sowie auf die einzelnen Zweige, endlich auf das Recht des Antrages auf Anklage wegen Verfassungs- und Gesetzesverletzungen der verantwortlichen Staatsdiener.

§ 54.

Dem Landtage bleibt jederzeit unbenommen, in Beziehung auf Mängel und Missbräuche, die sich in der Landesverwaltung oder Rechtspflege ergeben, oder die aus an ihn gerichteten Vorstellungen, Petitionen und Beschwerden von Einzelnen oder Korporationen hervorgehen, Vorstellungen und Beschwerden direkt an den Landesfürsten zu bringen, und auf deren Abstellung anzutragen. Dahin gehören auch die Beschwerden gegen Staatsdiener wegen Verletzung der Verfassung, Veruntreuung öffentlicher Gelder, Erpressung, Bestechung oder gröbliche Hintansetzung ihrer Amtspflichten, die der Landtag unmittelbar an den Landesfürsten bringen kann. Die erfolgte Abstellung der Beschwerden oder das Ergebnis der Untersuchung wird jederzeit dem Landtage oder dem Ausschusse eröffnet werden.

§ 55.

Ohne Verwilligung des Landtages kann keine direkte oder indirekte Steuer noch irgend eine sonstige Landesabgabe oder allgemeine Leistung, welchen Namen sie haben möge, ausgeschrieben und erhoben werden. Die erteilte Verwilligung ist bei dem Steuerausschreiben ausdrücklich zu erwähnen.

Auch die Art der Umlegung und Verteilung aller öffentlichen Abgaben und Leistungen auf Personen und Gegenstände, sowie die Erhebungsweise erfordern die Beistimmung des Landtages.

Abgaben und Leistungen, welche zur Bestreitung anerkannter und genehmigter Auslagen des Staatshaushaltes erforderlich und dabei genüglich ausgewiesen sind, dürfen nicht verweigert werden.

§ 56.

Die Steuerbewilligung erfolgt in der Regel von einem ordentlichen Landtage zum andern.

§ 57.

In Beziehung auf die Landes-Finanzverwaltung ist dem Landtage für die nächstfolgende Finanzperiode ein Voranschlag über sämtliche Einnahmen und Ausgaben mit möglichster Vollständigkeit zur Prüfung, Beurteilung und Beistimmung zu übergeben, mit welchem der Antrag auf die zu erhebenden Abgaben zu verbinden ist. Bezüglich der vergangenen Finanzperiode ist eine genaue Nachweisung über die nach Massgabe des Voranschlages geschehene Verwendung der bewilligten und erhobenen Ausgaben von der Regierung mitzuteilen, vorbehaltlich der nachträglichen Genehmigung von gerechtfertigten und der Verantwortlichkeit der Regierung bei nicht gerechtfertigten Überschreitungen.

§ 58.

Der Landtag hat in Übereinstimmung mit dem Landesfürsten über die Aktiven der Landeskasse zu verfügen.

§ 59.
Der Landtag ist berechtigt, zur Deckung ausserordentlicher Bedürfnisse die Aufnahme von Anlehen [!] auf die Landeskasse zu beschliessen und ohne seine Zustimmung darf kein Darlehen für das Land kontrahiert werden.

§ 60.
Die Gehalts- und Pensionsetats, insoferne die Gehalte und Pensionen ganz oder teilweise aus der Landeskasse gezahlt werden, sollen dem Landtage zur Zustimmung mitgeteilt werden.
Die Pensionsansprüche der Beamten überhaupt sind durch ein besonderes Gesetz zu normieren.

§ 61
Alle Vereinbarungen mit kirchlichen Behörden sind dem Landtage vorzulegen, sofern sie in das [!] Bereich der Gesetzgebung eingreifen.

Sechstes Hauptstück
Der Landesausschuss

§ 62.
Solange der Landtag nicht versammelt ist, besteht als Stellvertreter desselben ein Ausschuss für diejenigen Geschäfte, welche der Mitwirkung der Landesvertretung bedürfen.

§ 63.
Der Landesausschuss besteht aus dem Präsidenten und zwei anderen Mitgliedern des Landtages, von denen das eine der oberen Landschaft und das andere dem Unterlande anzugehören hat. In Verhinderung des Präsidenten tritt der Vizepräsident in dessen Verrichtungen und die beiden Ausschussmitglieder werden in einem solchen Falle ebenfalls durch Stellvertreter, von welchen der eine aus der oberen, der andere aus der unteren Landschaft zu entnehmen ist, ersetzt.

§ 64.
Die Ausschussmitglieder und deren Stellvertreter werden von sämtlichen Abgeordneten aus ihrer Mitte gewählt.

§ 65.
Der Ausschuss ist berechtiget und verpflichtet:
a. darauf zu sehen, dass die Verfassung aufrecht erhalten, die Landtagserledigungen vollzogen und der Landtag bei vorausgegangener Auflösung oder Vertagung rechtzeitig wieder einberufen werde;
b. die Landeskassenrechnung zu prüfen und den Rechnungsbescheid zur Vorlage an und zur Beschlussfassung durch den Landtag zu entwerfen;
c. die auf die Landeskasse mit Beziehung auf einen vorausgegangenen Landtagsbeschluss auszustellenden Schuld- und Hypothekenverschreibungen mit zu unterzeichnen;
d. die von dem Landtage erhaltenen speziellen Aufträge zur Vorbereitung künftiger Landtagsverhandlungen in Händen zu nehmen;

e. in dringenden Fällen Anzeige an den Landesfürsten zu erstatten und bei Bedrohung und Verletzung verfassungsmässiger Rechte Vorstellungen, Verwahrungen und Beschwerden zu erheben und
f. nach Erfordernis der Umstände die Einberufung eines ausserordentlichen Landtages zu beantragen, welcher nicht verweigert werden wird, wenn der Dringlichkeitsgrund nachgewiesen ist.[7]

§ 66.
Der Ausschuss kann keine bleibende Verbindlichkeit für das Land eingehen und ist dem Landtage für seine Geschäftsführung verantwortlich.

§ 67.
Der Ausschuss hat sich zur Besorgung der ihm obliegenden Geschäfte alljährlich im Monate August am Sitze der Regierung zu versammeln.

§ 68.
Zur Gültigkeit der Beschlüsse des Ausschusses ist dessen Vollzähligkeit erforderlich.

§ 69.
Die Verrichtungen des Ausschusses hören mit der Eröffnung des nächsten Landtages auf und werden nach einer blossen Vertagung desselben oder nach Beendigung eines ausserordentlichen Landtages wieder fortgesetzt.

§ 70.
Die Mitglieder des Ausschusses beziehen während ihrer Sitzung ohne Unterschied die nämlichen Diäten, welche für die Landtagsabgeordneten festgesetzt sind.

Siebentes Hauptstück
Von der Regierung und sonstigen Staatsbehörden

§ 71.
Die Regierung besteht aus dem Landesverweser als Vorsitzendem, zwei Regierungsräten und zwei Stellvertretern.
Der Landesverweser wird vom Fürsten ernannt, falls er Ausländer ist im Einvernehmen mit dem Landtage.
Die zwei Regierungsräte und ihre zwei Stellvertreter werden vom Landtage aus der Mitte der stimmberechtigten Bevölkerung auf die Dauer einer Landtagsperiode gewählt. Ein Regierungsrat und ein Stellvertreter sind aus der Bevölkerung der oberen Landschaft, ein Regierungsrat und ein Stellvertreter aus der unteren Landschaft zu entnehmen.
Ihre Wahl bedarf der Bestätigung des Landesfürsten.[8]

§ 72
Alle Gesetze und Verordnungen, alle Erlässe, welche vom Fürsten oder einer Regentschaft ausgehen, bedürfen zu ihrer Gültigkeit der Gegenzeichnung des Landesverwesers oder seines Stellvertreters.

---

7   Absatz f) gestrichen in Fassung 2 (§ 68).
8   In Fassung 2 folgt zudem die Bestimmung: «Die Regierungsmitglieder dürfen nicht Mitglieder des Landtages sein» (§ 74).

§ 73.

Der Chef der Regierung gibt dem Landtage bei jeder ordentlichen Sitzung genaue Nachweisung über die Einnahmen und Ausgaben des Landes und legt die von der Regierung entworfenen Voranschläge zu den Einnahmen und Ausgaben für das nächstfolgende Jahr vor. Diese Ausgaben haben, da der Fürst von den Landeseinnahmen nichts für sich behält, nur das in sich zu begreifen, was zur inneren Verwaltung und rücksichtlich der äusseren Verhältnisse erforderlich ist. Der Landeschef stellt endlich die entsprechenden Anträge über die Art der Deckung der sich herausstellenden Abgänge.

§ 74.

Die Regierung ist berechtigt, über unvorhergesehene, in den Etat nicht aufgenommene dringende Ausgaben zu verfügen, vorbehaltlich der Verantwortung der betreffenden Staatsbehörde, die verpflichtet ist, in der nächsten Landtagssitzung über die Notwendigkeit dieser Ausgaben sowohl, als deren entsprechende Verwendung Vorlage zu machen und die nachträgliche Genehmigung einzuholen.

§ 75.

Etwaige Ersparnisse in einzelnen Etatpositionen dürfen nicht zur Deckung des Mehraufwandes in anderen Positionen verwendet werden.

§ 76.

Die Gerichtsbarkeit wird im Auftrag des Fürsten verwaltet.

§ 77.

Die Gerichte sind innerhalb der Grenzen ihrer gesetzlichen Wirksamkeit in dem Materiellen der Justizerteilung und in dem gerichtlichen Verfahren unabhängig von aller Einwirkung durch die Regierung.

§ 78.

Der Fiskus und die fürstlichen Domänialbehörden haben vor den ordentlichen Gerichten Recht zu geben und zu nehmen.

§ 79.

Neben den ordentlichen Gerichten sind auch Kompromiss- und Schiedsgerichte zur Ausübung der richterlichen Funktionen in Zivilsachen berechtigt. Die Bestellung und Wahl derselben, sowie das Verfahren hängt von dem Willen der Parteien ab.

§ 80.

Sämtliche Gerichte haben ihren Entscheidungen und Urteilen Gründe beizufügen.

§ 81.

Die nähere Organisation des Gerichtswesens und des Instanzenzuges bleibt einem besonderen Gesetze vorbehalten.

§ 82.

Die Organisation der Regierung sowie die Amtsinstruktion für die Landesbehörden wird im Verordnungswege durch den Landesfürsten normiert.

§ 83.
Der Landesschulrat ist mit der Leitung des Schulwesens im Fürstentume betraut. Seine Zusammensetzung und sein Wirkungskreis bestimmt das Gesetz vom ...[9]

§ 84.
Alle Mitglieder der Behörden, alle Beamten und Angestellten sind für ihre Amtsführung persönlich verantwortlich.

Achtes Hauptstück
Von der Gewähr der Verfassung

§ 85.
Die gegenwärtige Verfassungsurkunde ist nach ihrer Verkündigung als Landesgrundgesetz für alle Landesangehörigen verbindlich.

§ 86.
Alle Gesetze und Verordnungen, welche mit einer ausdrücklichen Bestimmung der gegenwärtigen Verfassungsurkunde im Widerspruche stehen, sind hiemit aufgehoben.
Diejenigen gesetzlichen Bestimmungen, welche mit dem Geiste dieses Grundgesetzes aber nicht im Einklange sind, werden einer verfassungsmässigen Revision unterzogen.

§ 87.
An diesem Landesgrundgesetze darf ohne Übereinstimmung der Regierung und des Landtages bezw. des Volkes nichts geändert werden.
Anträge auf Abänderungen oder Erläuterungen dieses Grundgesetzes, welche sowohl von der Regierung als auch von dem Landtage bezw. dem Volke gestellt werden können, erfordern auf Seite des Landtages Stimmeinhelligkeit der auf dem Landtage anwesenden Mitglieder, oder eine auf zwei nacheinander folgenden ordentlichen Landtagssitzungen sich aussprechende Stimmenmehrheit von drei Vierteilen derselben. In gleicher Weise sind auch entsprechende Anträge von Seite der Regierung zu behandeln.[10]

Allfällig einzufügendes Sechstes Hauptstück [11]
Der Wirtschaftsrat

I.
Alle Angelegenheiten, welche nicht rein politischer, sondern politisch wirtschaftlicher oder rein wirtschaftlicher Natur sind, können über Antrag der Regierung auf Anordnung des Fürsten, über Beschluss des Landtages oder des Volkes an den Wirtschaftsrat gewiesen werden; in diesem Falle tritt an Stelle des Landtages die Kompetenz des Wirtschaftsrates ein.

---

9   Kein Gesetz angegeben.
10 In Fassung 2 folgt zudem die Bestimmung: «Bei der Volksabstimmung ist eine Zweidrittelmehrheit erforderlich» (§ 90).
11 Nachtrag auf einem losen Blatt.

II.

Der Wirtschaftsrat besteht aus 15 Mitgliedern, von welchen 9 Mitglieder von dem landwirtschaftlichen, 2 Mitglieder vom Handels- und Gewerbestande, 2 Mitglieder vom Arbeiterstande, 2 Mitglieder von den Beamten, Lehrern und Geistlichen gewählt werden. Die Mandatsdauer dieser Mitglieder beträgt ein Jahr. Die Neuwahl des Wirtschaftsrates findet in der Zeit vom 26. April bis 6. Mai statt. Die Bestimmungen betr. den Vorsitz und die Geschäftsordnung sind analog jenen des Landtages.[12]

Dok. 143
Die liechtensteinische Gesandtschaft in Wien holt Auskünfte zur Person Josef Peers ein

Vertraulicher Bericht der fürstlichen Kabinettskanzlei zuhanden der liechtensteinischen Gesandtschaft in Wien, nicht gez.[1]

Vor dem 9.3.1920, Wien

Dr. Josef Peer, Hofrat beim Verwaltungsgerichtshofe[2] Wien;

geboren 1863[3] in Erl in Tirol und dorthin zuständig, römisch-katholisch, verheiratet [Margaretha geb. Leone], angeblich 2 Kinder,[4] wohnhaft in Wien VIII. [Bezirk] Josefstädterstrasse 52, Tür 18; war Landeshauptmann-Stellvertreter von Vorarlberg[5] und vorher lange Zeit Bürgermeister von Feldkirch;[6] dessen Tätigkeit war vornehmlich juristischer Natur, – war ein gesuchter Advokat[7] in Feldkirch, – doch hat er sich auch in wirtschaftlicher Hinsicht betätigt, so beim Vorarlberger Elektrizitätswerk und bei Wahrung landwirtschaftlicher Interessen;

dessen Einkünfte bestehen vornehmlich aus dem Gehalte und den Funktionszulagen; die Frau war nach Vorkriegsbegriffen wohlhabend; hat angeblich kleinere land-

---

12 In Fassung 2 eine ausführlichere Fassung dieses Paragraphen: «Der Wirtschaftsrat besteht aus 15 Mitgliedern, von welchen 9 Mitglieder vom Bauernstande, 2 Mitglieder vom Handels- und Gewerbestande, 2 Mitglieder vom Arbeiterstande, 2 Mitglieder von den freien Berufen (Beamte, Lehrer, Geistliche u.s.w.) gewählt werden. Die Mandatsdauer dieser Mitglieder beträgt 4 Jahre. Die Neuwahl des Wirtschaftsrates findet in der Zeit vom 26. April bis 6. Mai statt. Die Bestimmungen betr. den Vorsitz und die Geschäftsordnung sind analog jenen des Landtages. Die Wahlen finden auf Grund eines Berufskatasters statt, in welchen sich jeder stimmberechtigte Bürger nach freier Wahl einzutragen hat; an diese Eintragung bleibt er durch 4 Jahre beruflich gebunden; er darf sich nur in einen Berufskataster eintragen. Mitgliedschaft des Landtages und Wirtschaftsrates schliessen sich aus.» (§ 64)

1 LI LA SF 01/1920/214 (I). Prägestempel der Kabinettskanzlei. Der Bericht langte gemäss Eingangsstempel am 9.3.1920 bei der liechtensteinischen Gesandtschaft in Wien ein (Aktenzeichen der Gesandtschaft: Nr. 211/1). Die Abklärungen erfolgten vor dem Hintergrund der diskutierten Berufung Peers als Landesverweser nach Vaduz.
2 Seit dem 1.10.1917.
3 Tatsächlich wurde Peer am 13.6.1864 geboren.
4 Das Ehepaar Peer hatte drei Kinder.
5 1902-1909 unter Landeshauptmann Adolf Rhomberg.
6 1901-1909.
7 Eröffnung einer eigenen Kanzlei in Feldkirch am 1.10.1894 (zuvor in Kanzleien in Bozen und Meran).

wirtschaftliche Besitzungen; gegenwärtig wohlhabend kaum zu bezeichnen; aber in vollkommen geordneten finanziellen Verhältnissen befindlich; –

durchaus religiös, hat der bestandenen alpenländischen liberalen Partei[8] angehört; persönlich von allergrösster Ehrenhaftigkeit, besitzt er den besten Leumund und wird von massgebender Stelle in jeder Hinsicht als sehr befähigt geschildert.

Dok. 144
Liechtenstein schlägt der Schweiz die Modalitäten für die Interessenvertretung des Fürstentums im Ausland vor, insbesondere für die Passausstellung an liechtensteinische Staatsbürger durch schweizerische Vertretungen

Maschinenschriftliche Abschrift einer Note der liechtensteinischen Gesandtschaft in Bern, gez. Geschäftsträger Emil Beck, an den Schweizer Bundespräsidenten Giuseppe Motta[1]

10.3.1920, Bern

Euere Exzellenz!

Der Schweizerische Bundesrat hat mit Schreiben vom 24. Oktober 1919[2] sich in liebenswürdigster und sehr dankenswerter Weise bereit erklärt, die Vertretung der liechtensteinischen Interessen in den Ländern zu übernehmen, wo das Fürstentum Liechtenstein keine eigene Vertretung hat oder zu errichten gedenkt, während die Schweiz eine solche besitzt. Für diese Vertretung fallen somit derzeit ausser Betracht, die Schweiz selbst und Österreich, wo das Fürstentum eigene Gesandtschaften unterhält, sowie die Cechoslovakei, in welcher die Errichtung einer liechtensteinischen Vertretung in Erwägung steht.[3] Mit Schreiben vom 21. November 1919 hat der Bundesrat sodann den Wunsch geäussert, über die Art und Weise, wie die Durchführung dieser Interessenvertretung sich ge-

---

8   Als solcher Vorarlberger Landtagsabgeordneter 1902-1909 und 1914.

1   LI LA RE 1920/1104 ad 0141. Weitere Abschrift in LI LA V 143/4375. Vgl. die Stellungnahme des liechtensteinischen Gesandten in Wien, Prinz Eduard von Liechtenstein, zum Entwurf der Note zuhanden der liechtensteinischen Gesandtschaft in Bern vom 13.2.1920 bzw. die Stellungnahme von Landesverweser Prinz Karl von Liechtenstein zuhanden der liechtensteinischen Gesandtschaft in Wien vom 19.2.1920 (LI LA RE 1920/0773 ad 0141). Vgl. ferner die Stellungnahme von Prinz Eduard an die liechtensteinische Gesandtschaft in Bern vom 2.3.1920 (LI LA RE 1920/1104 ad 0141 (Aktenzeichen der Gesandtschaft Wien: 202/1)). Vgl. auch LI LA V 002/0059 und LI LA V 003/0081.

2   Vgl. das Schreiben der Abteilung für Auswärtiges des Eidgenössischen Politischen Departements an den liechtensteinischen Geschäftsträger Emil Beck vom 24.10.1919 (CH BAR, E 2001(E)/1969/262/Schachtel 1). Abschrift in LI LA V 002/0057 (Aktenzeichen EPD: 111.T/M.-B.14.24.P.4). Vgl. auch die diesbezügliche Mitteilung der liechtensteinischen Gesandtschaft in Bern an die liechtensteinische Regierung vom 24.10.1919 (LI LA V 002/0057).

3   1919 wurden liechtensteinische Gesandtschaften in Wien und Bern eingerichtet (vgl. z.B. LI LA V 003/1165). Die Errichtung einer Gesandtschaft in Prag scheiterte dagegen, weil die tschechoslowakische Regierung Liechtenstein wegen der anstehenden Bodenreform nicht als souveränen Staat anerkannte. Mit Schreiben vom 20.4.1921 teilte die liechtensteinische Gesandtschaft in Bern dem Eidgenössischen Politischen Departement mit, dass Liechtenstein von der Errichtung einer eigenen Vertretung in Prag absehe (CH BAR 2001(E)/1969/, 262, Schachtel 43). Doch auch die Vertretung der liechtensteinischen Interessen in Prag durch die Schweiz stiess auf unüberwindliche Schwierigkeiten.

stalten soll, nähere Angaben zu erhalten.⁴ Indem ich die Ehre habe, Euer Excellenz unter Bezugnahme auf das vor kurzem überreichte Handschreiben Seiner Durchlaucht des regierenden Fürsten [Johann II.] an Euer Excellenz,⁵ den Dank Höchstdesselben und der fürstlichen Regierung nochmals zum Ausdruck zu bringen, erlaube ich mir, im Folgenden auseinanderzusetzen, in welchen Richtungen die fürstliche Regierung diese Interessenvertretung erbittet, wobei sie von der Grundlage ausgeht, dass der schweizerische Bundesrat, entsprechend seiner freundlichen Zustimmungserklärung vom 24. Oktober 1919, die Interessenvertretung für Liechtenstein unbeschadet der Souveränitätsrechte des Fürstentums auf unbestimmte Zeit und vorbehältlich des Rechtes des regierenden Fürsten, eigene Vertretungen dort zu schaffen, wo sich dies als notwendig herausstellen sollte, übernimmt.

Die Interessenvertretung würde nach der Ansicht der fürstlichen Regierung in erster Linie die *Wahrung der wirtschaftlichen Interessen* der liechtensteinischen Staatsbürger zu umfassen haben, wobei ich mir auf die Tatsache hinzuweisen erlaube, dass diese Interessen derzeit vielfach dadurch gefährdet erscheinen, dass liechtensteinische Staatsbürger als Angehörige der Zentralmächte angesehen und in vermögensrechtlicher Beziehung behandelt werden.

Weiterhin würde die fürstliche Regierung sich erlauben, den schweizerischen Bundesrat in einzelnen Fällen, wo ihr dies notwendig erscheint, zu bitten, durch seine Gesandtschaften den *Verkehr* mit *fremden Regierungen* zu vermitteln oder bei dieser für die Wahrung der wirtschaftlichen Lebensnotwendigkeiten des Fürstentums, wie beispielsweise die Versorgung des Landes mit gewissen Lebensmitteln und Kohlen, zu intervenieren. Sie würde sich erlauben, jeweils mit einer entsprechenden Note an das schweizerische Politische Departement heranzutreten.

Der schweizerische Bundesrat würde sich ferner der fürstlichen Regierung sehr zu Dank verpflichten, wenn er seine Vertreter in den oben genannten Staaten anweisen wollte, liechtensteinischen Staatsbürgern, die sich als solche ausweisen und im Bezirk der betreffenden Vertretung Wohnsitz haben, auf ihr Begehren *Pässe zu vidieren oder zu erneuern oder neue Pässe auszustellen*.

Liechtensteinische Staatsbürger würden dabei ihre Identität durch einen Heimatschein oder Reisepass nachweisen.

Für die Ausstellung von Heimatscheinen sind derzeit zuständig die Gemeindevorstehungen von Vaduz, Triesen, Balzers, Triesenberg, Schaan, Planken, Eschen, Mauren, Gamprin, Ruggell, Schellenberg. Ausser dem Stempel einer dieser Gemeindevorstehungen und der Unterschrift des Gemeindevorstehers müssen die Heimatscheine zu ihrer Gültigkeit den Stempel der fürstlichen Regierung und die Unterschrift des Landesverwesers oder dessen Stellvertreters tragen.

Reisepässe, die aus der Zeit vor dem 1. März 1920 stammen, wären nur dann als richtig anzuerkennen, wenn sie entweder von der fürstlichen Regierung in Vaduz oder von der fürstlichen Gesandtschaft in Wien oder Bern ausgestellt sind und demgemäss den Stempel der Regierung oder einer der beiden Gesandtschaften tragen, während die

---

4   Vgl. das Schreiben der Abteilung für Auswärtiges des Eidgenössischen Politischen Departements an den liechtensteinischen Geschäftsträger Emil Beck vom 21.11.1919 (LI LA V 002/0059 (Aktenzeichen des EPD: 111.T/M.-B.14.24.P.4.)). Vgl. in diesem Zusammenhang auch das Schreiben der liechtensteinischen Gesandtschaft in Bern an die liechtensteinische Regierung vom 26.11.1919 (LI LA RE 1919/5810 ad 0589).

5   Vgl. den Briefwechsel zwischen Fürst Johann II. und dem Schweizer Bundespräsidenten Giuseppe Motta vom 6. und 24.1.1920 (LI LA RE 1920/0141).

in einem späteren Zeitpunkt ausgestellten Pässe auch von schweizerischen Vertretern ausgestellt sein können.

Der fürstlichen Regierung wäre es sehr erwünscht, wenn die Neuausstellung, sowie die Erneuerung eines Passes jeweils auf dem Heimatschein angemerkt, wie auch anderseits auf dem Pass eine Anmerkung angebracht würde, auf Grund welcher Papiere derselbe ausgestellt worden ist. Damit dürfte eine genügende Grundlage geschaffen sein, um zu verhindern, dass ein und derselbe Inhaber gleichzeitig mehrere Pässe besitzt, indem die Ausstellung eines Passes, sobald auf dem Heimatschein bereits ein Pass angemerkt ist, nur erfolgen würde gegen Aushändigung des alten, wenn nicht dessen Verlust glaubhaft gemacht wird. Hingegen würde die fürstliche Regierung auf die Aushändigung und Deponierung des Heimatscheines keinen Wert legen.

Über die jeweilige Ausstellung eines Passes, an welchem die Anbringung einer Photographie und der eigenhändigen Unterschrift des Inhabers zu erfolgen hat, wird eine kurze Mitteilung, gegebenenfalls unter Anschluss des eingezogenen Passes, durch Vermittlung des Politischen Departements, an die fürstliche Gesandtschaft in Bern erbeten.

Für Kinder unter 10 Jahren werden liechtensteinischerseits gegenwärtig keine besonderen Pässe ausgestellt, wenn sie nicht allein reisen. Sie werden dann auf dem Pass der Begleitperson angemerkt.

Bezüglich der zu erhebenden Gebühren nimmt die fürstliche Regierung an, dass die schweizerischen Vertreter für die Ausstellung, Erneuerung und Vidierung von Pässen von Liechtensteinern die gleichen Gebühren einheben wie von Schweizern, die dann der schweizerischen Eidgenossenschaft zufallen würden.

Für die Neuausstellung wird sich die fürstliche Gesandtschaft erlauben, dem Politischen Departement eine Anzahl liechtensteinischer Passhefte mit deutschem und französischem Text zu übermitteln, mit der Bitte dieselben nach Gutdünken unter die schweizerischen Vertretungen im Auslande verteilen zu wollen.[6] Bei diesem Anlass werden auch Reproduktionen der vorbezeichneten 3 Stempel der kompetenten Ämter und zwar der fürstlichen Regierung in Vaduz sowie der fürstlichen Gesandtschaften in Wien und Bern nachfolgen. Bei der fürstlichen Regierung stand bis 1910 eine Stampiglie in Verwendung, deren Abdruck ebenfalls mitfolgt und welche auch auf Pässen der letzten Jahre noch Anwendung fand.

Falls an schweizerische Vertreter Gesuche oder Anfragen von Nichtliechtensteinern betreffend die Erteilung der Einreisebewilligung nach dem Fürstentum gestellt werden sollten, wäre die fürstliche Regierung denselben sehr verbunden, wenn sie die Petenten darauf hinweisen wollten, dass solche Gesuche an die fürstliche Gesandtschaft in Wien beziehungsweise Bern zu richten sind, je nachdem die Einreise durch die Schweiz oder Österreich gewünscht wird, da die Bestimmungen über die Einreise und Aufenthaltsbewilligung einem ziemlich häufigen Wechsel unterworfen sind. Jedenfalls würde es den Petenten frei gestellt sein, zu diesem Zweck persönlich auf der betreffenden Gesandtschaft vorzusprechen oder aber ein schriftliches Gesuch direkt oder durch die Vermittlung der schweizerischen Vertretung durch das Politische Departement an die fürstliche Gesandtschaft zu richten.

Wenn schweizerische Vertreter von Liechtensteinischen Bürgern um Ausstellung oder Erneuerung von Zivilstandsurkunden (wie Heimats-, Geburts-, Ehe-, Todesscheine,

---

6   Landesverweser Prinz Karl teilte der liechtensteinischen Gesandtschaft in Wien am 26.3.1920 mit, dass die Drucklegung von 3000 Pässen zur Verwendung bei den schweizerischen Auslandsmissionen genehmigt wurde (LI LA RE 1920/1416 ad 0141).

Familienhefte usw.) angegangen werden, so möchten sie die Gesuchsteller darauf aufmerksam machen, dass derartige Gesuche an die fürstliche Regierung zu stellen sind, sei es direkt oder durch eine der beiden fürstlichen Gesandtschaften in Wien oder Bern oder durch die gütige Vermittlung der schweizerischen Vertretung.[7]

Bezüglich der Unterstützung in Not geratener liechtensteinischer Staatsbürger wäre die fürstliche Regierung dem Politischen Departement sehr verbunden, wenn es seine Vertretungen anweisen wollte, Liechtensteinern in Fällen äusserster Notlage die dringenst nötigen Mittel vorzuschiessen, unter sofortiger Mitteilung an die fürstliche Regierung durch Vermittlung des Politischen Departements. Die dergestalt gemachten Auslagen würden von der fürstlichen Regierung sofort ersetzt werden.

Die fürstliche Regierung würde auch grossen Wert darauf legen, wenn Liechtensteiner sich zur *Beglaubigung von Privaturkunden* gegen Erlegung der gleichen Gebühren wie Schweizer an die schweizerischen Vertreter wenden dürften.

Ferner wäre die fürstliche Regierung dem schweizerischen Bundesrat sehr zu Dank verpflichtet, wenn seine Vertretungen im Auslande ganz allgemein die Interessen liechtensteinischer Bürger, ihren Schutz und ihre Unterstützung in gleicher Weise wahrnehmen wollten wie schweizerische.

Dabei wäre es wohl sehr wünschenswert, wenn die im Bezirk einer schweizerischen Vertretung wohnhaften Liechtensteiner sich direkt an die schweizerische Vertretung wenden könnten wie Schweizer. In den anderen Fällen dagegen würde jeweils ein entsprechendes Gesuch an das schweizerische Politische Departement gestellt werden.

Endlich glaubt die fürstliche Regierung im Sinne der seinerzeit vom k.u.k. Ministerium des Äussern an die ehemaligen k.u.k. österreichisch-ungarischen Vertretungen ergangenen Weisung[8] ersuchen zu dürfen, Seiner Durchlaucht dem regierenden Fürsten von Liechtenstein und seinen Familienmitgliedern bei deren Verweilen im Auslande, die ihrer Stellung angemessenen Rücksichten und eventuell förderlichsten Schutz und Beistand angedeihen lassen zu wollen.

Es gereicht Seiner Durchlaucht dem regierenden Fürsten zur hohen Genugtuung und Freude, die liechtensteinischen Interessen in den Ländern, wo das Fürstentum keine eigene Vertretung hat, dem bewährten Schutz der Schweiz anvertrauen zu dürfen, und ist Höchstderselbe überzeugt, die liechtensteinischen Interessen auf diese Weise am besten gewahrt zu wissen.

Genehmigen Euer Excellenz, die Versicherung meiner vorzüglichsten Hochachtung.[9]

Der fürstliche Geschäftsträger:

---

7 Vgl. LI LA V 002/0062 und LI LA V 002/0064.
8 Vgl. das Zirkular des österreichisch-ungarischen Aussenministeriums an die k.u.k. Missionen vom 24.10.1880 (Abschrift unter LI LA RE 1919/6087 ad 0589).
9 Ein Antwortschreiben des Politischen Departements bzw. des Schweizer Bundespräsidenten konnte im Liechtensteinischen Landesarchiv nicht aufgefunden werden.

Dok. 145
In Triesen wird ein christlich-sozialer Arbeiterinnenverein gegründet

Bericht in den «Oberrheinischen Nachrichten»[1]

20.3.1920

Arbeiterinnen-Versammlung
(Eingesandt.)
Ein glücklicher Stern leuchtete der Arbeiterinnen-Versammlung letzten Sonntag im Vereinshaus in Triesen. Es hat sich trefflich erwiesen, auch für Vorträge und Vereine, wo ernste Lebensfragen zur Sprache kommen, ist das schöne Geschlecht zu haben. Weit über 150 Arbeiterinnen aus allen Gemeinden des Oberlandes haben sich im genannten Versammlungslokal eingefunden, auch eine Vertretung aus dem Vorstand des liechtensteinischen Arbeitervereines. Nach kurzer Begrüssung durch den Vorsitzenden ergriff die Tagesreferentin Arbeiterinnen-Sekretärin Frl. Ida Lehner aus Zürich das Wort. In glänzender Sprache, mit meisterhafter Gewandtheit, Witz und aus reicher Erfahrung sprach die Referentin über die Notwendigkeit des christlich-sozialen Arbeiterinnen-Vereins für Liechtenstein, über Ziele und Zwecke, hauswirtschaftliche Ausbildung wie Nähen, Kochen, Glätten, über Dienstboten und Pflege des religiösen Lebens. Kein Wunder, wenn alle Zuhörerinnen fast eine Stunde lang mit gespannter Aufmerksamkeit und regstem Interesse ihren beredten Worten und Ratschlägen lauschten. Grossen herzlichen Beifall erntete die vorzügliche Rednerin für ihren begeisterten Vortrag. Der Wunsch aller war und ist: Arbeiterinnen-Sekretärin Frl. Ida Lehner aus dem schönen Limmat-Athen möge uns recht bald wieder mit einem Referat erfreuen.

Die Diskussion wurde lebhaft benützt, Missverständnisse aufgeklärt und Differenzen friedlich gehoben. Man schritt darauf zur Gründung eines christlich-sozialen Arbeiterinnen-Vereins, dem nahezu 50 Töchter und Frauen aus dem Arbeiterstand sogleich ihren Beitritt erklärten. Als Präses wurde mit Begeisterung gewählt Hochw. Herr Hofkaplan [Alfons] Feger von Vaduz, der schon früher als Vikar in Zürich mit bestem Geschick dieses Amtes waltete. Sekretärin Fräulein Lehner anerbot sich grossmütig für eine baldige und kostenlose Abhaltung eines Nähkurses für Vereinsmitglieder. Die Textilarbeiterinnen werden im Laufe von 8 Tagen noch Verhandlungen pflegen mit dem Vorstand des Arbeitervereins in Sachen des Beitritts.

Mögen alle Arbeiterinnen, die am letzten Sonntag mit dem neuen Arbeiterinnen-Verein, seinem Zweck und Ziel Bekanntschaft gemacht haben, nur herzhaft die Verlobung unterzeichnen und auch andere dafür gewinnen, es wird keine verfehlte Ehe geben. — Einigkeit macht stark!

Von diesem Grundsatz geleitet, möge der neu gegründete christlich-soziale Arbeiterinnenverein wachsen, blühen und gedeihen zum Nutzen und Vorteil der einzelnen Vereinsmitglieder und des gesamten Arbeiterstandes, zum Segen für Gemeinde und Vaterland.

---
1 O.N., Nr. 23, 20.3.1920, S. 1.

Dok. 146
Prinz Eduard führt in Vaduz Sondierungsgespräche hinsichtlich der Bestellung von Josef Peer zum Landesverweser

Maschinenschriftliches Schreiben des liechtensteinischen Gesandten in Wien, Prinz Eduard von Liechtenstein, gez. ders., an Landesverweser Prinz Karl von Liechtenstein[1]

6.4.1920, Wien

Lieber Karl!

Im Nachhange zu meinem Schreiben vom 22/III. [1920] Zl. 211/2[2] in der Angelegenheit [Josef] Peer und mit Beziehung auf unsere kurze Unterredung im Gegenstande möchte ich Dir folgendes mitteilen:

Ich habe auftragsgemäss mit Präsident [Fritz] Walser, Dr. [Wilhelm] Beck und Dr. [Eugen] Nipp im Gegenstande Rücksprache genommen.[3] Walser habe ich mitgeteilt, dass der Fürst [Johann II.] seine Anregung weiter verfolgt und ihm meine Bedenken bezüglich des Verhaltens Beck's und seiner Partei[4] vorgestellt. Er erklärte, man dürfe sich um die üblichen Proteste von dieser Seite nicht kümmern, man müsse vorwärts gehen. Ich ersuchte ihn, die Regierung in dieser Frage zu unterstützen; ich würde mich Beck gegenüber darauf berufen, dass *er* der Anreger des Gedankens sei, weil es gar nicht gut wäre, wenn ich als solcher erschiene; und er sich im Hintergrund hielte. Er erklärte, hiezu vollkommen bereit zu sein. Die Art des weiteren Vorgehens konnte ich mit Walser nicht mehr erörtern, da wir zur Sitzung mussten.

Beck bat mich, ihn [am] Nachmittag zu empfangen, bedankte sich zunächst wegen der Angelegenheit [Andreas] Vogt[5] und kam dann auf die Ernennung [Josef] Ospelts zum Domänenverwalter und auf [Ludwig] Hasler zu sprechen.[6] Er lenkte meine Aufmerksamkeit auf Dr. [Josef] Gassner, den Sohn des Schulinspektors, der Jurist sei, jeden Moment

---

1   LI LA SF 01/1920/062 (Aktenzeichen: 211/4). Weiteres Exemplar unter LI LA V 003/1188 (Aktenzeichen: 211/4). Abschrift unter LI LA V 003/1239. Vgl. auch den ausführlichen Bericht von Prinz Eduard vom 4.4.1920 «über meine Besprechungen in Vaduz in Angelegenheiten der Berufung des Hofrates Peer» (LI LA V 003/1188).
2   Handschriftlich ergänzt: «vom 22/III Zl. 211/2». Schreiben von Prinz Eduard an Landesverweser Prinz Karl vom 22.3.1920 (LI LA V 003/1188 (Aktenzeichen: 211/2).
3   Die Gespräche mit Walser, Beck und Nipp fanden am 1.4.1920 in Vaduz statt.
4   Christlich-soziale Volkspartei.
5   Gegen Andreas Vogt aus Balzers, welcher in der Landtagssitzung vom 25.11.1919 «Nieder mit der Regierung, hoch die Republik» ausgerufen hatte, war wegen des Verbrechens der Störung der öffentlichen Ruhe nach § 65 Bst. a St.G. 1852/1859 ein Strafverfahren beim Landgericht in Vaduz anhängig gemacht worden. Nach dieser Strafbestimmung machte sich u.a. schuldig, wer öffentlich oder vor mehreren Leuten zur Verachtung oder zum Hass wider die Regierungsform oder die Staatsverwaltung aufzureizen suchte. Das Strafverfahren gegen Vogt wurde gemäss fürstlicher Resolution vom 8.3.1920 niedergeschlagen (Schreiben von Prinz Eduard an Landesverweser Prinz Karl vom 8.3.1920, LI LA SF 01/1920/041; vgl. auch den Abolitionsantrag des Landesverwesers an den Fürsten vom 5.3.1920, LI LA SF 01/1920/035).
6   Josef Ospelt wurde mit der Führung der nunmehr von der Regierung getrennten Domänenverwaltung betraut. Von seinem Posten als Regierungssekretär wurde er nicht – wie ursprünglich vorgesehen – enthoben. Die fallweise Vertretung des Landesverwesers fiel ihm daher weiterhin zu. Ospelt erhielt den Praktikanten Ludwig Hasler zugeteilt, der zum Adjunkten befördert wurde (Schreiben von Prinz Eduard an die Regierung vom 19.3.1920 (LI LA SF 01/1920/055)). Vgl. des weiteren die Kundmachung der Regierung betreffend die Enthebung von Ospelt von seinem Posten als Regierungssekretär und Staatsanwaltstellvertreter vom 23.9.1920 (LI LA SF 01/1920/136).

in Triesenberg ohne Zahlung einer Taxe wieder zuständig werden könne und jetzt bei der Landesregierung in Bregenz in Verwendung stehe und demnächst definitiv dort angestellt werden solle; er werde von Landeshauptmann Enders [Otto Ender] sehr gelobt. Beck wolle noch durchaus nicht ein Begehren stellen, aber doch meine Aufmerksamkeit auf den jungen Mann lenken. Es ergab sich so leicht die Gelegenheit, auf Peer zu sprechen zu kommen. Beck betonte seiner und seiner Partei Standpunkt, dass der Landesverweser ein Liechtensteiner sein müsse, während er für den Regierungssekretär, den er grundsätzlich Landschreiber[7] nennt, nur einen Juristen, der auch Ausländer sein könne, verlangt; er gab aber zu, dass gegenwärtig im Lande ein geeigneter Landesverweser nicht vorhanden sei und dass er selbst für den Posten nicht in Betracht kommen könne. Nachdem er erklärte namens der Partei sich nicht binden und keine Erklärungen abgeben zu können, schlug ich ihm schliesslich vor, er möge dahin wirken, dass sich die Partei mit einem milden formellen Protest zur Wahrung ihres grundsätzlichen Standpunktes begnüge, mich aber die Angelegenheit im Einvernehmen mit Dir, Präsident Walser und der Bürgerpartei in ein für das Land glückliches Geleise schieben lasse. Er lachte sehr herzlich zu diesem Vorschlag und erklärte, darüber könne man reden, wenn ich ihm verspräche, dass die Wahl des Betreffenden für das Land eine gute sei. Ich empfahl ihm, darüber mit Präsident Walser zu sprechen.

Unmittelbar nach Beck kam Nipp mit verschiedenen Wünschen. In der Peer Frage teilte ich ihm den Stand der Verhandlungen mit diesem und die Erklärungen Walsers und Becks mit. Ich verhehlte ihm nicht die Bedenken [Alfons] Fegers, die Du mir mitgeteilt hast. Er teilte mir mit, er habe bereits mit Kanonikus [Johann Baptist] Büchel gesprochen, der keine Einwendungen gegen Peer erhebe. Im übrigen sei [Karl von] In der Mauer [Maur] auch liberal gewesen, habe aber zu gar keinen Beschwerden in dieser Hinsicht Anlass gegeben. Man könne nicht zu viel auf diesem Gebiet verlangen. Ich bat Nipp, diesen Standpunkt Büchel gegenüber zu betonen, den ich aus Zeitmangel leider nicht mehr besuchen könne, und durch ihn auf den Bischof [Georg Schmid von Grüneck] einzuwirken. Er versprach mir dies zu tun, und erklärte der Zustimmung Büchels gewiss zu sein. Ich erörterte auch mit ihm die formale Seite der Erledigung im Sinne meiner drei Vorschläge[8] an Dich. Nipp fand die Idee ausgezeichnet, Peer mit Deiner Stellvertretung unter besonderer Betonung der Währungs-, Verfassungs- und insbesondere Steuerreform zu betrauen, welch letztere durchzuführen für Dich fast unmöglich wäre. Ich bat ihn, sich mit Walser über das weitere Vorgehen zu besprechen und mir Mitteilung darüber zu machen.

Beck hat unter anderen auch bemerkt, dass die Verfassungsrevision jetzt unbedingt zurückgestellt werden muss, um die Parteien nicht zu zerreissen; die wirtschaftlichen Arbeiten seien wohl die wichtigeren. Er frug mich, ob ich den von Dir gearbeiteten Verfassungsentwurf[9] schon gesehen habe, scheint also gut unterrichtet zu sein. Über Deinen

---

7 Vgl. Art. 60 Abs. 1 des Verfassungsentwurfes von Wilhelm Beck (O.N., Nr. 50, 23.6.1920, S. 1-2 («Verfassungsentwurf des Fürstentums Liechtenstein»)).

8 Schreiben von Prinz Eduard an Landesverweser Prinz Karl vom 22.3.1920 (LI LA V 003/1188 (Aktenzeichen: 211/2): 1. Demission von Prinz Karl als Regierungschef und provisorische Betrauung von Peer mit den Regierungsgeschäften. 2. Ernennung von Peer zum Stellvertreter von Landesverweser Prinz Karl in der Führung der Regierungsgeschäfte. 3. Peer quasi als «Coadiutor cum iure successionis» von Landesverweser Prinz Karl.

9 Der spätestens Mitte März 1920 erstellte Verfassungsentwurf von Prinz Karl findet sich unter LI LA V 003/0890 (Aktenzeichen: 269/1).

Verfassungsentwurf, den ich mit grossem Interesse durchgesehen habe, schreibe ich Dir gesondert unter Zl. 269/1.[10]

Hier möchte ich Dich nur noch bitten, den zweiten Teil meines seinerzeitigen Briefes[11] in Angelegenheit Peer umgehend zu beantworten. Ich muss die finanzielle Seite der Abmachungen mit ihm vorwärts bringen. Von Ospelt bekam ich über mein Ersuchen die zuliegenden[12] Daten über die Emolumente[13] des Landesverwesers.[14] Sie sind etwas mager. Ich möchte doch gern wissen, was der Garten und die «Bündt» produziert hat, quantitativ oder dem Wert nach. Anzahl der Wohnbestandteile wäre auch nützlich. In der Equipage Frage liess ich Dir durch Nipp die hohe Resolution[15] zukommen und erbitte Deine Stellungnahme. Ich kann nicht anders als unbedingt den Standpunkt vertreten, dass der Wagen, Fuhrwerk des Landesverwesers bezw. seines Stellvertreters für amtliche Fahrten in erster Linie sein muss, dass hindert nicht, dass die Domaine für die Instandhaltung, Kost des Kutschers und Fütterung der Pferde zu sorgen hat und die Pferde in der Wirtschaft benützen kann, wenn der Landesverweser sie eben nicht braucht. Die Zur-Verfügungstellung für Mitglieder des Fürstenhauses ist etwas Selbstverständliches und eine Frage des Taktes. Wenn der Landesverweser den Wagen für eine Amtsfahrt braucht, wird das Mitglied des Fürstenhauses seine Cupido nach seiner Spazierfahrt selbstverständlich zurückstellen. Will der Landesverweser spazieren fahren, so wird er bei einigem Takt, dem Mitglied des Fürstenhauses den Wagen geben, wenn dieses spazieren fahren will. Die Bedürfnisse der Wirtschaft werden in beiden Fällen zurücktreten, ausser wenn sie in einzelnen Fällen, z.B. dringende Heueinfuhr vor Regenwetter, besonders dringend sind. Bei einer Konkurrenz von Dienstfahrten eines Mitgliedes des Hauses und des Landesverwesers, die nicht häufig vorkommen dürfte, wird eben der Landesverweser fallweise sich ein Fuhrwerk mieten und der Regierung in Rechnung stellen. Ich möchte es aber unbedingt vermeiden, dass grundsätzlich der Landesverweser zu amtlichen Kommissionen in gemietetem Fuhrwerk komme und Kommissionskosten aufrechne oder das Land mit erheblichen Auslagen belastet werde. Ich kenne die Nachteile der Kommissionskostenwirtschaft aus der österreichischen Verwaltung zur Genüge.

Ich sehe also Deinen weiteren Mitteilungen in der Peer Angelegenheit entgegen. Onkel Johannes [Johann II.] erhält einen eingehenden Bericht über meine Besprechungen in Vaduz. Leider konnten wir beide fast gar nicht allein miteinander sprechen, aber ich denke ja mit [Alfred] Treichl zu den Schlussverhandlungen über die Bank[16] wieder ins Land zu kommen und dann mit mehr Musse zu bleiben; diesmal sass mir der Ostersonntag im Nacken.

Herzlichen Gruss und Dank für Deine Gastfreundschaft.

Dein

---

10 Handschriftlich ergänzt: «269/1». Schreiben von Prinz Eduard an Landesverweser Prinz Karl vom 6.4.1920 zu dessen Verfassungsentwurf (LI LA V 003/0890 (Aktenzeichen: 269/1); LI LA SF 01/1920/064).
11 Wohl das schon genannte Schreiben vom 22.3.1920 (LI LA V 003/1188 (Aktenzeichen: 211/2).
12 Handschriftlich beigefügt: «zuliegenden».
13 Emolumente: Einkünfte, Nutzungen, Vergütungen.
14 Vgl. das Dokument «Bisherige Naturalbezüge des f. Landesverwesers», o.D., unter der Signatur LI LA SF 01/1920/062. Vgl. das diesbezügliche Antwortschreiben an die Gesandtschaft in Wien vom 13.4.1920 (LI LA V 003/1189 (Aktenzeichen: 296/2)).
15 Vgl. die Verfügung der fürstlichen Hofkanzlei vom 15.3.1920, Nr. 2427, betreffend die Pferdehaltung und -nutzung durch die in Vaduz wohnhaften Mitglieder des fürstlichen Hauses sowie das Schreiben des Gesandten Prinz Eduard vom 27.3.1920 (LI LA V 003/844 (Aktenzeichen: 172/5).
16 1920 erfolgte die Gründung der Bank in Liechtenstein (BiL) durch ein Konsortium um die Anglo-Österreichische Bank in Wien.

Dok. 147
Polizeirat Gaston Hausmann-Stetten und Landesverweser Prinz Karl vereinbaren die Ausweitung des kleinen Grenzverkehrs zwischen Vorarlberg und Liechtenstein

Maschinenschriftliche Vereinbarung mit handschriftlichen Ergänzungen und Korrekturen, nicht gez.[1]

o.D. (12.4.1920), o.O. (Schaan)

Betreff: Regelung des kleinen Grenzverkehrs zwischen dem Fürstenthum Liechtenstein und Vorarlberg

Zwischen der fürstlichen Liechtensteinischen Regierung, vertreten durch S.D. Prinzen Karl [von] Liechtenstein, und der Vorarlbergischen Landesregierung, vertreten durch Polizeirat Gaston Haussman-Stetten [Hausmann-Stetten] in Feldkirch, wurde heute zur[2] Regelung des kleinen Grenzverkehrs zwischen dem Fürstenthum Liechtenstein und Vorarlberg folgendes Übereinkommen abgeschlossen:[3]

1. Zum gegenseitigen kleinen Grenzverkehr sind beiderseits alle Personen zugelassen, welche in einer der nachfolgenden Gemeinden ihren ständigen Wohnsitz[4] haben.

   A. Liechtensteinischerseits: Alle Gemeinden des Fürstenthums.[5]

   B. Vorarlbergischerseits die Gemeinden:

---

1 LI LA RE 1920/1506. Stenographische Notiz. – Gemäss der im Gasthaus «Post» in Schaan von Schriftführer Ferdinand Nigg aufgenommenen Niederschrift war wegen Regelung des kleinen Grenzverkehrs auf den Nachmittag des 12.4.1920 eine Zusammenkunft zwischen Landesverweser Prinz Karl und dem Vorarlberger Polizeirat Gaston Hausmann-Stetten angesetzt worden. Dem Ergebnis der Besprechungen wurde beiderseits zugestimmt (LI LA RE 1920/1725 ad 1506). Das mit 15.4.1920 von Landesverweser Prinz Karl gezeichnete «Übereinkommen» wurde in den liechtensteinischen Landeszeitungen kundgemacht und trat sofort in Kraft (L.Vo., Nr. 31, 17.4.1920, S. 4; O.N., Nr. 31, 17.4.1920, S. 4). Die Vereinbarung wurde nicht im liechtensteinischen Landesgesetzblatt publiziert. Vgl. auch die Verordnung der Vorarlberger Landesregierung vom 24.4.1920, prs. Zl. 315, betreffend die Änderung der Verordnung der Vorarlberger Landesregierung vom 15.10.1919, LGBl. Nr. 93, über die Regelung des Verkehres an der Vorarlberger-Schweizerischen bzw. Liechtensteinischen Grenze, Vorarlberger Landesgesetzblatt 1920 Nr. 40.

2 Durchgestrichen: «(endgültigen)».

3 Anlass für die Verhandlungen zwischen Vorarlberg und Liechtenstein war die Eingabe der Gemeindevorstehungen von Balzers, Triesen und Triesenberg an die Vorarlberger Landesregierung vom 3.3.1920, worin diese ersuchten, wieder ohne Visumzwang zum kleinen Grenzverkehr mit Vorarlberg zugelassen zu werden. Im Auftrag der Vorarlberger Landesregierung schlug daraufhin Polizeirat Gaston Hausmann-Stetten der liechtensteinischen Regierung am 29.3.1920 die Aufnahme von Verhandlungen über den kleinen Grenzverkehr vor (LI LA RE 1920/1506 (Aktenzeichen Z. 116/10); vgl. ferner das Schreiben der Gemeindevorstehung von Balzers an die liechtensteinische Regierung vom 2.4.1920 (LI LA RE 1920/1595 ad 1506).

4 Zur Einbeziehung von «Reichsdeutschen» in den kleinen Grenzverkehr zwischen Liechtenstein und Vorarlberg sowie zur Interpretation des Begriffes «ständiger Wohnsitz» vgl. das Schreiben der liechtensteinischen Regierung an das Polizeikommissariat Feldkirch vom 15.11.1920 (LI LA RE 1920/5022 ad 1506).

5 Vgl. § 4 Abs. 2 der Verordnung der Vorarlberger Landesregierung vom 15.10.1919, prs. Z. 568, betreffend die Regelung des Verkehres an der Vorarlberger-Schweizerischen bzw. Liechtensteinischen Grenze, Vorarlberger Landesgesetzblatt 1919 Nr. 93, wonach die Bewohner von Balzers, Triesen und Triesenberg als Fernreisende galten, welche gemäss § 2 Abs. 2 über einen Auslandspass mit einem von der Polizeiabteilung der Bezirkshauptmannschaft Feldkirch ausgestellten Sichtvermerk verfügen mussten (vgl. LI LA RE 1919/5355 ad 1716).

Feldkirch, Altenstadt, Tisis, Tosters, Frastanz, Nenzing, Thüringen, Ludesch, Bludesch, Thüringerberg, Satteins, Röns, Düns, Schlins, Schnifis, Dünserberg, Göfis, Übersaxen, Rankweil, Meinigen, Laterns, Zwischenwasser, Sulz, Röthis, Weiler, Klaus, Koblach, Victorsberg, Fraxern, Götzis, Altach und Mäder.[6]

2. Der kleine Grenzverkehr erfolgt auf Grund eines ordnungsmässigen giltigen Reisepasses und zwar ausschliesslich über nachfolgende Übergangsstellen:[7]
Bahn Feldkirch – Buchs
Reichsstrasse Tisis – Schaanwald
Strasse Hub – Mauren
Strasse Fresch – Schellenberg und
Strasse Nofels – Ruggell.
Im kleinen Grenzverkehr bedürfen die Reisepässe beiderseits keines weiteren Visums.

3. Im kleinen Grenzverkehr muss Ein- und Ausreise *am selben* Tage erfolgen. Zuwiderhandelnde werden nach den bestehenden Vorschriften bestraft.[8]

4. Erfolgt die Ein- und Ausreise nicht am selben Tag, so treten die Vorschriften des Fernverkehrs auch für die Bewohner der Nahverkehrszone in Kraft, d.h. in diesem Falle darf der Grenzübertritt nur mit der Bahn Feldkirch – Buchs oder auf der Reichsstrasse Tisis – Schaanwald erfolgen und ist vorher das Passvisum der Fürstlich Liechtensteinschen Regierung bezw. der Bezirkshauptmannschaft Feldkirch einzuholen.

5. In besonders dringenden Ausnahmsfällen kann im kleinen Grenzverkehr der Grenzübertritt auf Grund eines von der fürstlichen Liechtensteinschen Regierung oder von der Grenzkontrollstelle Feldkirch ausgestellten Passierscheines (nach vorliegendem Muster) erfolgen[9].
Ebenso bedürfen alle diejenigen Personen eines solchen Passierscheines, welche aus beruflichen Gründen (Holzarbeiten, Bebauung der Grundstücke oder dgl.) die Grenze abseits der unter Punkt 2 aufgezählten Übergangsstellen passieren müssen, oder hart an der Grenze zu arbeiten haben.

6. Beide Theile behalten sich das Recht vor, in konkreten Fällen (insbesondere bei Übertretung der Grenzverkehrsvorschriften, oder bei Schmuggel) einzelne Personen dauernd oder zeitweise vom Grenzübertritt auszuschliessen.
Eine solche Verfügung muss der Partei aber bekannt gegeben werden und unterliegt dem Instanzenzuge.

---

6 Handschriftliche Ergänzung: «Bludenz – Hohenems». – Vgl. Bst. c Z. 2 der Kundmachung der liechtensteinischen Regierung vom 23.8.1919, der die Vorarlberger Zone des kleinen Grenzverkehrs wie folgt festlegte (L.Vo., Nr. 69, 30.8.1919, S. 4): Die Ortschaften Koblach, Klaus, Weiler, Röthis, Buchebrunnen, Muntlix, Batschuns, Wies, Dünserberg, Düns, Schnifis Schlins, Bludesch, Nenzing, Bürserberg, Brand und Lünersee sowie die näher als diese zur Grenze gelegenen Orte. Vgl. auch § 5 Bst. a der Verordnung der liechtensteinischen Regierung vom 23.10.1919 betreffend Erlassung von Vorschriften über die Einreise nach Liechtenstein, LGBl. 1919 Nr. 14, welches hinsichtlich des kleinen Grenzverkehrs mit Vorarlberg die Ortschaften Altenstadt, Feldkirch, Frastanz, Göfis, Rankweil, Sulz, Tisis und Toster sowie die näher als diese gelegenen Orte nannte.
7 Vgl. § 4 Abs. 1 der Verordnung der Vorarlberger Landesregierung vom 15.10.1919, der ausserdem Bangs als Übergangspunkt festlegte.
8 Gemäss § 9 der liechtensteinischen Verordnung vom 23.10.1919 wurden Übertretungen mit Geldstrafe bis zu 80 Kronen oder Haft bis zu zehn Tagen geahndet. Vgl. die höheren Strafsätze in § 6 der Vorarlberger Verordnung vom 15.10.1919.
9 Siehe das Passierscheinformular der Grenzpolizei Feldkirch in der Akte LI LA RE 1920/1506.

7. Durch diese Vereinbarung werden die[10] Vorschriften, welche den Aufenthalt im Fürstenthum Liechtenstein bezw. im Lande Vorarlberg an eine besondere Aufenthaltsbewilligung der Fürstlich Liechtensteinschen bezw. der Vorarlberger Landesregierung knüpfen, nicht berührt.[11]

Dok. 148
Die Anhänger der Fortschrittlichen Bürgerpartei begrüssen in Eschen die etwaige Ernennung von Josef Peer zum liechtensteinischen Landesverweser und geloben dem Fürsten Treue

Maschinenschriftliche Erklärung der Fortschrittlichen Bürgerpartei zuhanden von Fürst Johann II., nicht gez.[1]

25.4.1920, Eschen

Resolution!
Wir am 25. April 1920 in Eschen versammelten über 500 stimmberechtigten Bürger begrüssen die fürstliche Ernennung des Herrn Dr. [Josef] Peer zum Landesverweser von Liechtenstein für den Fall, als der jetzige Landesverweser Durchlaucht Prinz Karl [von Liechtenstein] nicht mehr auf seinem Posten zu verbleiben gedenkt.

Wir verharren auf dem Standpunkte, dass das Recht des Fürsten, einen Landesverweser zu ernennen,[2] der das Vertrauen der Volksmehrheit hat, nicht geschmälert werden soll.

Wir verurteilen auf das Entschiedenste jedes Vorgehen[3] gegen den Bestand des

---

10 Durchgestrichen: «besonderen».
11 Zu den liechtensteinischen Verhandlungen mit Österreich wegen Aufhebung des Visumzwanges vgl. die Akte LI LA RE 1922/2295. Vgl. ferner die Kundmachung der liechtensteinischen Regierung betreffend den kleinen Grenzverkehr mit Vorarlberg vom 1.1.1924 in: L.Vo., Nr. 1, 3.1.1924, S. 4; O.N., Nr. 1, 3.1.1924, S. 4.

1   LI LA V 003/1190 (Aktenzeichen 353/1). Es handelte sich um eine von Obmann Franz Verling geleitete Gegenaktion der Fortschrittlichen Bürgerpartei zu den Versammlungen der Christlich-sozialen Volkspartei, insbesondere zur Triesner Protestresolution vom 18.4.1920 gegen die etwaige Bestellung des österreichischen Juristen Josef Peer zum liechtensteinischen Landesverweser (vgl. LI LA SF 01/1920/072). Vgl. die ausführliche Berichterstattung in: L.Vo., Nr. 34, 28.4.1920, S. 1 («Die grosse Volkskundgebung im Unterland»). Ferner O.N., Nr. 34, 28.4.1920, S. 1-2 («Unterländer Versammlung»). Franz Verling benachrichtigte Fürst Johann II. mit einem Telegramm über diese Versammlung (vgl. das Schreiben des Gesandten Prinz Eduard von Liechtenstein an Landesverweser Prinz Karl von Liechtenstein vom 27.4.1920 (LI LA SF 01/1920/074, Aktenzeichen 296/4)).
2   Nach § 27 der liechtensteinischen Verfassung vom 26.9.1862 wurde die in der Hand des Fürsten liegende Regierungsgewalt durch verantwortliche Staatsdiener ausgeübt, welche der Fürst zu ernennen hatte.
3   Neben der erwähnten Protestresolution der Volkspartei vgl. deren Entschliessung in der Peerfrage vom 25.4.1920 (LI LA SF 01/1920/072); vgl. ferner das Telegramm von Parteiobmann Anton Walser-Kirchthaler an Fürst Johann II. vom 26.4.1920 (LI LA V 003/1190 (Aktenzeichen 353/2)), in welchem feierlich gegen die Besetzung der Regierung durch Ausländer protestiert wurde.

Landes als konstitutionelle Monarchie und geloben als freie Bürger unserem Fürsten unentwegte Treue.
Hoch Fürst und Vaterland![4]

Dok. 149
Fürst Johann II. lehnt die Eingaben der Christlich-sozialen Volkspartei in der Peer- bzw. Landesverweserfrage als verfassungswidrig ab

Maschinenschriftliches Schreiben der liechtensteinischen Gesandtschaft in Wien, gez. Prinz Eduard von Liechtenstein, an Landesverweser Prinz Karl von Liechtenstein[1]

27.4.1920, Wien

Seine Durchlaucht der Regierende Fürst [Johann II.] haben ein von dem Obmann der Volkspartei Herrn [Anton] Walser-Kirchthaler unterfertigtes Telegramm[2] sowie ein Schreiben[3] erhalten, in welchem übereinstimmend mit dem diesbezüglichen Bericht der Oberrheinischen Nachrichten Nr. 32[4] die in der Versammlung von Triesen am 18. April 1920 beschlossene Protestresolution[5] seiner Durchlaucht dem Fürsten zur Kenntnis gebracht worden ist. Seine Durchlaucht hat mich durch Kabinettssekretär [Josef] Martin telephonisch von Feldsberg zu beauftragen geruht, Euere Durchlaucht mit heutigem Kurier zu ersuchen, dem Unterzeichner des Telegrammes sofort Nachstehendes zu eröffnen:[6]

---

4   Während die Eingaben der Volkspartei von Fürst Johann II. als verfassungswidrig zurückgewiesen wurden (Schreiben des Gesandten Prinz Eduard an Landesverweser Prinz Karl vom 27.4.1920 (LI LA SF 01/1920/074, Aktenzeichen 296/4)), wurde den Mitgliedern der Bürgerpartei der «aufrichtige Dank für die in den jetzigen Zeiten doppelt erfreuliche Kundgebung» ausgesprochen (Konzeptschreiben der liechtensteinischen Gesandtschaft in Wien an Bürgerparteiobmann Franz Verling vom 30.4.1920 (LI LA V 003/1190, Aktenzeichen 353/1).

1   LI LA SF 01/1920/074. Aktenzeichen 296/4. Betreff: Hofrat Peer. Ferner stenographische Bemerkungen.
2   Telegramm von Anton Walser-Kirchthaler an Fürst Johann II. in Feldsberg vom 26.4.1920, welches von Kabinettssekretär Josef Martin telefonisch an die liechtensteinische Gesandtschaft in Wien übermittelt wurde (LI LA V 003/1190, Aktenzeichen 353/2). Darin protestierten die «gut 400» versammelten Bürger aus Vaduz, Triesen und Balzers gegen die Besetzung der Regierung durch Ausländer und verwiesen auf eine nachfolgende Protestresolution.
3   Vermutlich das Begleitschreiben von Walser-Kirchthaler an die Regierung vom 26.4.1920 betreffend die Triesner Protestresolution vom 18.4.1920 und die Entschliessung vom 25.4.1920 zuhanden von Fürst Johann II. (LI LA SF 01/1920/072).
4   O.N., Nr. 32, 21.4.1920, S. 1 («Zur Landesverwesermache»).
5   LI LA SF 01/1920/072.
6   Die Regierung kam diesem Auftrag mit Schreiben vom 30.4.1920 an Walser-Kirchthaler nach (LI PA VU, Schlossabmachungen, Nr. 2; ediert in: Die Schlossabmachungen vom September 1920. Studien und Quellen zur politischen Geschichte des Fürstentums Liechtenstein im frühen 20. Jahrhundert, hrsg. von der Vaterländischen Union, Vaduz 1996, S. 164). Nach dessen Zustellung erschienen gemäss Amtsvermerk von Regierungssekretär Josef Ospelt noch gleichentags Wilhelm Beck, Anton Walser-Kirchthaler und Gustav Schädler. Sie protestierten feierlich gegen die zum Ausdruck gebrachte «Herausforderung» und lehnten jede Verantwortung für die Folgen ab. Den Genannten wurde von Ospelt vorgehalten, dass die Triesner Protestresolution doch unzweifelhaft einen Eingriff in die verfassungsmässigen Rechte des Fürsten darstelle, «welchem Vorhalte die Genannten kein Nein entgegenzusetzen vermochten.» (LI LA SF 01/1920/074).

Seine Durchlaucht der Regierende Fürst ist nicht in der Lage, die ihm durch ein von Herrn Walser-Kirchthaler, Obmann der Volkspartei, unterzeichnetes Telegramm und im Anschluss daran schriftlich übermittelte, am 18. April 1920 in einer öffentlichen Versammlung in Triesen beschlossene Protestresolution zur Kenntnis zu nehmen, da sich dieselbe in der mitgeteilten Form mehrfach als befremdend und inhaltlich als Versuch eines Eingriffes in das dem Landesfürsten nach § 27 der derzeit geltenden Verfassung zustehende Recht der Ernennung der Staatsdiener erweist. Hiebei wäre Herr Walser-Kirchthaler auf das durch §§ 20 und 42 der Verfassung gewährleistete Petitionsrecht an den Landtag zu verweisen.

Euere Durchlaucht werden weiter beauftragt, von dieser Herrn Walser-Kirchthaler übermittelnden Antwort dem Herrn Landtagspräsidenten Fritz Walser im Hinblick auf die §§ 20 und 42 Mitteilung zu machen[7] und die Antwort selbst im Wege amtlicher Verlautbarung[8] zur allgemeinen Kenntnis zu bringen.

Zur persönlichen Information Euerer Durchlaucht füge ich bei, dass Hofrat [Josef] Peer sein Gesuch um Krankenurlaub nicht früher einzubringen sich geneigt zeigte, als bis mit den Parteien im Lande Fühlung genommen worden sei. Aus diesem Grunde hatte ich den Auftrag von Seiner Durchlaucht dem Fürsten anlässlich meines letzten Vaduzer Aufenthaltes mit den Herren Walser, [Wilhelm] Beck und [Eugen] Nipp im Gegenstande zu sprechen.[9] Eine Beurlaubung Peer's vor 1. Juni ist kaum durchführbar[10] und es ist daher beabsichtigt, etwa nächste Woche den Regierungssekretär [Josef] Ospelt zum Domänenverwalter oder Rentmeister zu ernennen und von der Stelle eines Regierungssekretärs zu entheben,[11] gleichzeitig Hofrat Peer mit einem Handschreiben an Euere Durchlaucht zur Landesregierung zu berufen und ihn unter Abänderung der Verordnung vom 14. Mai 1915[12] zum Stellvertreter Euerer Durchlaucht zu

---

7   Schreiben an Fritz Walser vom 30.4.1920 (LI LA SF 01/1920/074).
8   Kundmachung der Regierung vom 30.4.1920 (LI LA SF 01/1920/074); erschienen in L.Vo., Nr. 35, 1.5.1920, S. 4 und O.N., Nr. 35, 1.5.1920, S. 4.
9   Vgl. hiezu das Schreiben von Prinz Eduard an Prinz Karl vom 6.4.1920 über die Gespräche mit den Genannten in Vaduz am 1.4.1920 (LI LA SF 01/1920/062).
10 Josef Peer fungierte seit Oktober 1917 als Richter am österreichischen Verwaltungsgerichtshof.
11 Durch die Trennung der Domänenverwaltung von den Regierungsagenden und den dadurch ins Auge gefassten Weggang von Regierungssekretär Josef Ospelt wurde eine Neuordnung der Dienstverhältnisse nötig (Bericht von Landesverweser Prinz Karl vom 16.2.1920 betreffend die Regelung der Dienstverhältnisse bei der fürstlichen Regierung (LI LA SF 01/1920/032)). Im Auftrag des Fürsten teilte Prinz Eduard der Regierung am 19.3.1920 mit, dass Ospelt mit der Führung der Domänenverwaltung zu betrauen sei, ohne ihn jedoch von seinem Posten als Regierungssekretär zu entheben (LI LA SF 01/1920/046). Kurz darauf wurde Josef Ospelt vom Landesverweser zur Durchführung der dringlichsten Domänengeschäfte in seiner Eigenschaft als Regierungssekretär für zwei Monate beurlaubt (Dekret vom 24.3.1920 (LI LA SF 01/1920/046)). Regierungssekretär Ospelt sollte jedoch im Falle einer Verhinderung des Landesverwesers zur «Dienstleistung bei der fürstl. Regierung wieder einrücken.» (Schreiben von Prinz Karl an die Gesandtschaft in Wien vom 6.4.1920 (LI LA SF 01/1920/058)).
12 Gemäss der Fürstlichen Verordnung vom 14.4.1915 betreffend die Abänderung des § 15 und die Ergänzung des § 18 der Amtsinstruktion für die Landesbehörden des Fürstentums Liechtenstein, LGBl. 1915 Nr. 7, hatte in Abwesenheit oder Erkrankung des Landesverwesers der Sekretär die Leitung der Regierungsgeschäfte zu besorgen. Nach dem von Landesverweser Prinz Karl ausgearbeiteten Verordnungsentwurf sollte dagegen im Vertretungsfall ein von der fürstlichen Regierung beauftragter Beamter die Regierungsgeschäfte besorgen. Dieser mit Schreiben vom 9.3.1920 nach Wien übermittelte Entwurf wurde von Fürst Johann II. jedoch nicht sanktioniert, da die Änderung der genannten Verordnung als «nicht opportun» erschien (LI LA SF 01/1920/040; Schreiben der liechtensteinischen Gesandtschaft in Wien an die Regierung vom 19.3.1920 (LI LA SF 01/1920/046)).

bestellen.[13] Die Resolution der Bürgerpartei vom 13.IV.1920[14] sowie der glänzende Verlauf der Sonntagsversammlung[15] bilden die Grundlage dieser Absichten. Die diesbezüglichen Anträge, welche mit Hofrat Peer eingehend verhandelt werden, werden Seiner Durchlaucht nächster Tage unterbreitet. Euere Durchlaucht werden nun ersucht, die eigene Meinung zu diesem Vorhaben ehestens bekannt zu geben und insbesonders meinen letzten Bericht Zl. 296/2 vom 19. April 20[16] meritorisch zu erledigen. Die Mitteilung Euerer Durchlaucht vom 23. April kann wohl als eine meritorische Antwort nicht angesehen werden.[17]

Der fürstliche Gesandte:

Nachtrag: Soeben hat Seine Durchlaucht den Wortlaut des ihm heute vom Obmann der Bürgerpartei zugekommenen Telegrammes über die Eschner Versammlung[18] telephonisch mir zur Kenntnis gebracht und bezügliche Weisungen erteilt. Die Antwort[19] auf das Telegramm geht mit Freitagkurier, vielleicht auch Donnerstag Abend telegraphisch ab. Der vorstehende Auftrag soll aber unbedingt vorher Walser-Kirchthaler, Präsident Walser und den Redaktionen der Zeitungen[20] gegenüber zur Durchführung gelangen. Einlangen des heutigen Kurier wolle telegraphisch gemeldet werden.

---

13 Tatsächlich wurde Landesverweser Prinz Karl ab dem 15.7.1920 «aus Gesundheitsrücksichten» beurlaubt. Während dieser Beurlaubung hatte Regierungssekretär Josef Ospelt im Sinne des § 15 der obgenannten Amtsinstruktion die Regierungsgeschäfte zu besorgen (Schreiben der Kabinettskanzlei an Landesverweser Prinz Karl vom 10.6.1920 (LI LA SF 01/1920/093)). Bereits am 8.6.1920 wurde Ospelt zum Regierungskommissär im Landtag bevollmächtigt (Schreiben der Kabinettskanzlei an Landesverweser Prinz Karl (LI LA SF 01/1920/092)).

14 Schreiben von Franz Verling, Obmann der Fortschrittlichen Bürgerpartei, an die Regierung vom 13.4.1920, wonach die Parteiversammlung vom 11.4.1920 Josef Peer als etwaigem zukünftigen Landesverweser das volle Vertrauen ausprochen habe und ihn als Landesverweser wärmstens begrüssen würde (LI LA SF 01/1920/068).

15 Resolution vom 25.4.1920 (LI LA V 003/1190, Aktenzeichen 353/1): Als Gegenaktion zu den Versammlungen der Volkspartei organisierte die Bürgerpartei über 500 stimmberechtigte Bürger in Eschen. Diese begrüssten die zur Diskussion stehende Ernennung von Peer zum Landesverweser und verharrten auf dem Standpunkt, dass das Recht des Fürsten, einen Landesverweser zu ernennen, der das Vertrauen der Volksmehrheit habe, nicht geschmälert werden solle. Abschliessend gelobten sie dem Fürsten als freie Bürger unentwegte Treue.

16 Schreiben von Prinz Eduard an Landesverweser Prinz Karl vom 19.4.1920 betreffend die Beurlaubung von Josef Peer vom Verwaltungsgerichtshof, eine mögliche Besprechung des Landesverwesers mit Peer in Wien, die Beurlaubung und Entlohnung von Regierungssekretär Josef Ospelt, die Frage des Gehaltes von Josef Peer einschliesslich der Frankenzahlung und der Haushaltskosten (LI LA V 003/1189, Aktenzeichen 296/2).

17 Schreiben von Landesverweser Prinz Karl an Prinz Eduard vom 23.4.1920 (LI LA V 003/1189, Aktenzeichen 296/5).

18 Resolution vom 25.4.1920 (LI LA V 003/1190, Aktenzeichen 353/1).

19 Mit Schreiben der liechtensteinischen Gesandtschaft in Wien vom 30.4.1920 wurde Parteiobmann Franz Verling mitgeteilt, dass Fürst Johann II. die anlässlich der Eschner Versammlung verabschiedete Resolution «mit lebhaftester Befriedigung» zur Kenntnis genommen habe. Die darin zum Ausdruck kommende Gesinnung sei die beste Gewähr dafür, dass Liechtenstein in treuer Zusammenarbeit zwischen Fürst und Volk einer aussichtsreichen Zukunft entgegengehen werde (LI LA V 003/1190, Aktenzeichen 353/1).

20 Vgl. O.N., Nr. 35, 1.5.1920, S. 4 («Kundmachung») und L.Vo., Nr. 35, 1.5.1920, S. 4 («Kundmachung»).

Dok. 150
Anton Walser, Obmann der Volkspartei, teilt Josef Peer mit, dass die Volkspartei mit allen erlaubten Mitteln gegen dessen Bestellung zum Landesverweser kämpfen werde

Handschriftliches Konzeptschreiben von Anton Walser, Obmann der Volkspartei, gez. ders., an Josef Peer, Richter am Verwaltungsgerichtshof in Wien[1]

28.4.1920, Vaduz

Wir telegrafierten Ihnen heute: «Nehmen Hofrat zur Kenntnis, dass bis jetzt schon ca. 600 Bürger gegen die Besetzung des Landesverweserpostens durch Sie oder einen anderen Ausländer protestieren. Brief folgt.»

Vorerst erlauben wir uns, auf beiliegendes Parteiprogramm hinzuweisen:[2]

Im November 1918 verlangte das Volk den Ausbau unserer Verfassung, und zwar auf demokratischer Grundlage. In dieser revidierten Verfassung sollte das Prinzip festgelegt werden: Es wird in Liechtenstein parlamentarisch regiert & zwar hat diese Regierung aus Landesbürgern zu bestehen.

Von höchster Seite wurde uns versprochen, die Verfassung sofort zu revidieren & dem Volk grösstes Entgegenkommen versichert. Und heute stehen wir noch am selben Flecken. Wie es nun den Anschein hat, will man jetzt durch die Besetzung des Landverweserpostens einen der Hauptpunkte der Verfassungsänderung & unseres Parteiprogrammes, für das wir mit aller Entschiedenheit eintreten, einfach aus der Welt schaffen.

Es wird heute jeder zeitgemäss denkende Mann zugeben, dass es nicht mehr angeht, die politischen Wünsche einer ca. die Hälfte Wähler des Landes umfassende Partei, auf diese Art & Weise zu erledigen.

Es wird auch weiter nicht mehr angehen, vielleicht mit wenigen Stimmen eine Partei zu majorisieren.

Wir sind der Überzeugung, dass bei uns nur eine Regierung, die das Vertrauen des ganzen Volkes besitzt, segensreich wirken kann. Es liegt uns heute ganz ferne, um die Person zu kämpfen. Wir halten aber fest an unseren Grundsätzen und das ist im vorliegendem Falle: «Die Regierung muss aus Liechtensteinern zusammengesetzt sein.» Den Kampf für dieses Postulat werden [wir] mit allen erlaubten Mitteln führen.

Aus verschiedenen Gründen gestatteten wir uns, Herr Hofrat, diese Auseinandersetzungen zu machen.

Es liegt uns ganz ferne, und wir schätzen Ihre Person viel zu hoch, als dass wir aus persönlichen Gründen zur Landesverweserfrage Stellung nehmen würden.

Wir versichern Herr Hofrat, dass die Volkspartei Ihre Person ebenso hoch ehrt & achtet wie andere. In diesem Fall handelt es sich um prinzipielle politische Landesfragen & absolut nicht um Personen.

---

1   LI PA VU, Schlossabmachungen, Nr. 1. Ediert in: Die Schlossabmachungen vom September 1920. Studien und Quellen zur politischen Geschichte des Fürstentums Liechtenstein im frühen 20. Jahrhundert, hrsg. von der Vaterländischen Union, Vaduz 1996, S. 162f. Das Dokument stammt aus dem Nachlass von Gustav Schädler und wurde von dessen Söhnen dem Parteiarchiv der Vaterländischen Union übergeben.

2   O.N., Nr. 3, 18.1.1919, S. 1f. (»Programm der christl.-sozialen Volkspartei Liechtensteins«).

Genehmigen Sie im übrigen, verehrter Herr Hofrat, die Versicherung unserer vorzüglichen Hochachtung.[3]

Liechteinsteinische Volkspartei
Der Obmann

Dok. 151
Fürst Johann II. nimmt die Eschner Resolution der Fortschrittlichen Bürgerpartei in der Peerfrage mit Befriedigung zur Kenntnis

Handschriftliches Konzept der liechtensteinischen Gesandtschaft in Wien mit handschriftlichen Ergänzungen des Gesandten Prinz Eduard von Liechtenstein, gez. ders., an den Parteiobmann der Fortschrittlichen Bürgerpartei, Franz Verling, in Vaduz[1]

30.4.1920, Wien

Geehrter Herr Obmann

Im hohen Auftrage Seiner Durchlaucht des regierenden Fürsten [Johann II.] beehre ich mich, Ihnen geehrter Herr Obmann[2], mitzuteilen, dass Hochderselbe das von Ihnen gefertigte Telegramm der fortschrittlichen[3] Bürgerpartei anlässlich der Versammlung in Eschen vom 25. April mit lebhaftester Befriedigung zur Kenntnis genommen haben.[4] Seine Durchlaucht begrüsst wärmstens den von Loyalität und Fürstentreue durchdrungenen Standpunkt der Partei, deren Obmann Sie sind,[5] und bittet Sie, allen Mitgliedern derselben seinen aufrichtigen Dank für die in den jetzigen schweren Zeiten doppelt erfreuliche Kundgebung auszusprechen. Die Gesinnung, die in derselben zum Ausdruck kommt, ist die beste Gewähr dafür, dass Liechtenstein in treuer und verfassungsgemässer[6] Zusammenarbeit zwischen Volk und Fürsten einer glücklichen Lösung der schwierigen derzeit schwebenden wirtschaftlichen und verfassungsrechtlichen Fragen und damit[7] einer aussichtsreichen Zukunft entgegengehen wird.

---

3   Peer antwortete Walser mit Schreiben vom 3.5.1920, veröffentlicht in L.Vo., Nr. 40, 19.5.1920, S. 1 («Zur Landesverweserfrage»).

1   LI LA V 003/1190, Aktenzeichen 353/1. Das Schreiben wurde an der Versammlung der Bürgerpartei in Vaduz am 2.5.1920 verlesen und – im Sinne des Gesandten Prinz Eduard – im «Liechtensteiner Volksblatt» vom 5.5.1920 abgedruckt (L.VO., Nr. 36, 5.5.1920, S. 1 («Die Versammlung vom 2. Mai 1920 in Vaduz»). Eine Abschrift des Schreibens erging zur Kenntnisnahme an die Regierung.
2   Handschriftlich eingefügt: «Ihnen geehrter Herr Obmann».
3   Handschriftlich eingefügt: «fortschrittlich».
4   Vgl. die Eschner Resolution vom 25.4.1920, in welcher sich die Bürgerpartei hinter die etwaige Ernennung des österreichischen Juristen Josef Peer zum liechtensteinischen Landesverweser stellte (LI LA V 003/1190, Aktenzeichen 353/1). Im Gegensatz dazu wurden die Eingaben der Christlichsozialen Volkspartei, darunter die Triesner Protestresolution vom 18.4.1920, von Fürst Johann II. als verfassungswidrig zurückgewiesen (Schreiben des Gesandten Prinz Eduard von Liechtenstein an Landesverweser Prinz Karl von Liechtenstein vom 27.4.1920 (LI LA SF 01/1920/074. Aktenzeichen 296/4).
5   Handschriftlich eingefügt: «deren Obmann Sie sind».
6   Handschriftlich eingefügt: «und verfassungsgemässer».
7   Handschriftlich eingefügt: «einer glücklichen Lösung der schwierigen derzeit schwebenden wirtschaftlichen und verfassungsrechtlichen Fragen und damit».

Genehmigen geehrter Herr Obmann[8] den Ausdruck der ausgezeichneten Hochachtung, mit der ich verbleibe
Ihr ergebener

Dok. 152
Der Gewerkschaftsverband der deutschösterreichischen Postangestellten droht der liechtensteinischen Regierung mit Streik, falls nicht bis zum 15. Mai 1920 Lohnerhöhungen in Frankenwährung für die Postbediensteten im Fürstentum bewilligt werden

Handschriftliche Eingabe der Ortsgruppe Feldkirch des Gewerkschaftsverbandes der Postangestellten Deutschösterreichs, gez. Obmann Basil Büchel, Emil Büchel, Karl Riedl, Emil Wolfinger, Hans Hoffmann, Johann Georg Maier, Otto Hasler, Emmerich Paulweber, Theodor Rheinberger, Rudolf Marxer, Josef Marxer, Johann Meier, Gabriel Hermann und Alois Seeger, an die liechtensteinische Regierung[1]

4.5.1920, Feldkirch

An die hohe fürstlich liechtensteinische Regierung in Vaduz

Wie Ihnen bekannt sein wird, führen die jetzigen Verhältnisse im Fürstentum Liechtenstein die Postangestelltenschaft dortselbst vollkommen dem Ruine entgegen. Die Bezahlung, bestehend aus dem Kronengehalte und der Zulage von 40 bezw. 20 Franken, stehen den Teuerungsverhältnissen weit zurück.

Die Postangestelltenschaft sah sich daher genötigt, in einer Vollversammlung (3. Mai 1920) schlüssig zu werden, Forderungen aufzustellen, um wenigstens halbwegs über die schweren Zeiten hinwegzukommen.

Im folgenden geben wir Ihnen die Beschlüsse wort-wörtlich bekannt.

Pkt. 1.) Jedem Postangestellten sind mit erstem eines Monates folgende Beträge in Frankenwährung flüssig zu machen.
a) Den Beamten ein Betrag vom 300 Franken, deren Frauen 50 Franken und für jedes unversorgte Kind 20 Franken.
b) Jedem vollbeschäftigten Landpostdiener bezw. Landbriefträger ein Betrag von 200 Franken, deren Frauen 40 Franken und für jedes unversorgte Kind 15 Franken.
c) Jedem *nicht* vollbeschäftigten Landpostdiener bezw. Landbriefträger ein Betrag von 100 Franken, deren Frauen 20 Franken und für jedes unversorgte Kind 10 Franken.

---

8   Handschriftlich hinzugefügt: «geehrter Herr Obmann».
1   LI LA SF 03/1920/2078. Stempel der Ortsgruppe Feldkirch des Gewerkschaftsverbandes der Postangestellten Deutschösterreichs. Eingangsstempel der Regierung vom 5.5.1920. Gemäss undatiertem Vermerk zogen Otto Hasler und Theodor Rheinberger ihre Unterschrift wieder zurück. – Vgl. in diesem Zusammenhang die Forderungen der Eisenbahnbediensteten in Liechtenstein nach Gehaltszuschüssen in Frankenwährung, um angesichts der Inflation der österreichischen Kronenwährung die Versorgung mit Lebensmitteln gewährleisten zu können (Schreiben der liechtensteinischen Gesandtschaft in Wien an die liechtensteinische Regierung vom 30.1.1920 unter LI LA V 003/0873 (Aktenzeichen der Gesandtschaft: 99/1 1920)). Die Eisenbahner in Liechtenstein waren schliesslich am 19.4.1920 in den Streik getreten (L.Vo., Nr. 32, 21.4.1920, S. 1 («Eisenbahnerstreik»)).

(Die Zahl der Postbeamten im Fürstentum Liechtenstein beträgt neun, der vollbeschäftigten Landpostdiener bezw. Landbriefträger sechs und die der *nicht* vollbeschäftigten drei.)

Pkt. 2.) Dem Fahrtunternehmer Schaan-Balzers ist monatlich ein Betrag von 500 Franken zu überweisen.

Pkt. 3.) Das Amtspauschale hat gegen nachträgliche Rechnungslegung gedeckt zu werden.

Pkt. 4.) Die in Pkt. 1-3 angeführten Forderungen haben rückwirkend mit 1. Mai 1920 zu gelten.

Zu umseitig angeführten Forderungen bemerken wir, dass wir auch auf die finanzielle Lage des Fürstentums Liechtenstein Rücksicht genommen haben und deshalb die niedersten Gebührensätze aufstellten, die angeführten Frankenbeträge braucht man, um leben zu können. Wir brauchen da nur auf die Löhne der schweizerischen Postangestellten hinweisen. Die Teuerungsverhältnisse in der Schweiz sind denen in Liechtenstein zurück und dorten bezieht ja der jüngste Postdiener im Monat 400-500 Franken.

Wir geben der Hoffnung Ausdruck, dass Sie unsere Forderungen voll und ganz einsehen und dieselben im günstigen Sinne erledigen.

Es wurde beschlossen, falls die Forderungen *bis (fünfzehnten) 15. Mai 1920 abends 6 h* nicht vollwertig bewilligt sind, die Arbeit gänzlich niederzulegen.

Es würde daher mit genanntem Zeitpunkte der ganze Post-, Telegraphen- und Telephondienst ruhen.

Der Streik würde erst als beendigt angesehen werden

1.) Wenn die Forderungen vollwertig bewilligt sind.

2.) Wenn die schriftliche Versicherung gegeben wird, dass keinem der Postangestellten in Liechtenstein nahe getreten wird, bezw. auch Amtshandlungen gegen dieselben eingeleitet werden.

N.B. In allen diesen Fragen nimmt die Antwort entgegen die «Ortsgruppe Feldkirch» des Gewerkschaftsverbandes der Postangestellten Deutschösterreichs mit dem Sitz in *Feldkirch*.[2]

---

2   Die liechtensteinische Regierung bemerkte mit Schreiben an die österreichische Postdirektion in Innsbruck vom 7.5.1920, dass «natürlich grundsätzlich nicht» mit der in der Eingabe genannten Ortsgruppe Feldkirch des Gewerkschaftsverbandes der Postangestellten Deutschösterreichs, sondern nur mit im Lande wohnhaften Vertretern der Gesuchsteller bzw. mit letzteren selbst verhandelt werde und dass die Streikdrohung zurückgewiesen werde. Im Übrigen werde der finanzielle Teil der Angelegenheit in der Finanzkommission des Landtags zur Verhandlung kommen, zu der die Postbeamten Johann Georg Maier, Vaduz, und Emil Wolfinger, Balzers, als Vertretung der Gesuchsteller sowie Postkommissär Zingerle als Vertreter der Postverwaltung zugezogen wurden (LI LA SF 03/1920/2078). Vgl. dazu das Schreiben der Ortsgruppe Feldkirch des genannten Gewerkschaftsverbandes an die liechtensteinische Regierung vom 12.5.1920 (LI LA SF 03/1920/2210 ad 2078). Mit Schreiben vom 7.5.1920 informierte die fürstliche Regierung die liechtensteinische Gesandtschaft in Wien, dass beim Gewerkschaftsverband die Absicht bestehe, in Feldkirch die Annahme der Post aus Liechtenstein bzw. die Weiterleitung der nach Liechtenstein bestimmten Post zu verweigern: «Es wäre vielleicht zweckmässig, wenn seitens der fürstl. Gesandtschaft dahin zu wirken versucht würde, dass die zuständigen österreichischen Behörden ein derartiges Vorgehen in Feldkirch zum Vornherein unterbinden würden» (LI LA SF 03/1920/2078). – Vgl. in weiterer Folge die Entschliessung der Ortsgruppe Feldkirch des Gewerkschaftsverbandes der Postangestellten Deutschösterreichs zuhanden der liechtensteinischen Regierung vom 14.5.1920 (LI LA SF 03/1920/2239 ad 2078). Am 15.5.1920 erklärte sich schliesslich die Gewerkschaft «als im Streike befindlich» (Telegramm an die Regierung unter LI LA SF 03/1920/2250 ad 2078).

Dok. 153
Die auf Wunsch des Fürsten Johann II. modifizierte Regierungsvorlage zur Novellierung des Staatsbürgerschaftsgesetzes von 1864 wird vom Landtag mit geringfügigen Änderungen einstimmig verabschiedet

Handschriftliches Protokoll der öffentlichen Landtagssitzung, gez. Landtagssekretär Johann Wohlwend und Landtagspräsident Friedrich Walser[1]

22.5.1920

1. Gesetz, womit eine Nachtragsbestimmung zu § 3 des Gesetzes vom 28. März 1864, L.Gbl. N 3, über die Erwerbung und den Verlust des liecht. Staatsbürgerrechtes geschaffen und § 7 dieses Gesetzes durch neue Bestimmungen ergänzt wird

Das Gesetz[2] wird vom Präsidenten verlesen. Abg. Dr. [Eugen] Nipp beantragt, den Artikel 1 stilistisch so zu formulieren:

«Der in Punkt b des § 3 des Gesetzes vom 28. März 1864, L.Gbl. N 3,[3] über die Erwerbung und den Verlust des liechtensteinischen Staatsbürgerrechtes verlangte Nachweis der bedingten Entlassung aus der Heimat kann durch die Regierung in besonders berücksichtigungswürdigen Fällen und ausnahmsweise nachgesehen werden. In der Staatsbürgerurkunde ist *jedoch* der Vorbehalt aufzunehmen, dass dem Lande aus der Beibehaltung des fremden Staatsbürgerrechtes keine gesetzlichen Verpflichtungen erwachsen.»

Zum Artikel 2 macht Abg. Dr. [Wilhelm] Beck den Vorschlag, es solle heissen. «Für *jede* Verleihung des liechtensteinischen Staatsbürgerrechtes ist vom Gesuchsteller eine Gebühr an die fürstl. Landeskasse zu entrichten» statt bloss «Für die Verleihung».

Diese Abänderungsvorschläge Dr. Nipps und Dr. Becks werden einstimmig angenommen. Ebenso wird das ganze Gesetz mit diesen stilistischen Änderungen einstimmig angenommen.[4]

---

1 LI LA LTA 1920/S04. Vgl. L.Vo., Nr. 42, 26.5.1920, S. 3-4, hier S. 3 («Landtagssitzung vom 22. Mai»).
2 Der Text der Regierungsvorlage findet sich in Punkt 1 der Einladung des Landtagspräsidiums zur Landtagssitzung vom 22.5.1920 (LI LA LTA 1920/L01; vgl. auch LI LA LTA 1920/L04). Erläuternde Bemerkungen der Regierung zur Vorlage liegen nicht vor. Vgl. jedoch das Schreiben des liechtensteinischen Gesandten in Wien, Prinz Eduard von Liechtenstein, an die liechtensteinische Regierung vom 12.2.1920, wonach Fürst Johann II. dem zunächst vorgelegten Gesetzesbeschluss des Landtags vom 11.10.1919, welcher die ausnahmsweise Beibehaltung der fremden Staatsbürgerschaft nur für die Einbürgerung ehemaliger liechtensteinischer Staatsangehöriger vorsah, seine Sanktion verweigerte und verschiedene gesetzlich zu berücksichtigende Punkte aufzählte: «Es dürfte sich empfehlen, dem hohen Landtag zu geeigneter Zeit einen entsprechend modifizierten Entwurf vorzulegen ...» (LI LA RE 1920/0768 (Aktenzeichen der liechtensteinischen Gesandtschaft in Wien: Zl. 436/3); vgl. dazu das Protokoll der genannten öffentlichen Landtagssitzung unter LI LA LTA 1919/S04).
3 Vgl. LGBl. 1864 Nr. 3/1.
4 Vgl. LGBl. 1920 Nr. 9.

Dok. 154
Emil Beck teilt dem schweizerischen Postdepartement mit, dass Liechtenstein mit dem Entwurf des Postvertrags grundsätzlich einverstanden ist

Maschinenschriftliches Schreiben von Emil Beck, Geschäftsträger in Bern, an das schweizerische Postdepartement[1]

16.6.1920, Bern

Betrifft: Postvertrag
Ihr Schreiben Nr.1084,28 [2]
Unter Bezugnahme auf die geschätzte Note vom 1. Mai 1920 beehre ich mich, Ihnen mitzuteilen, dass ich den mir gütigst übermittelten Entwurf eines Übereinkommens betr. die Besorgung das Post-, Telegraph- und Telephondienstes im Fürstentum Liechtenstein durch die schweizerische Postverwaltung und die schweizerische Telegraphen- und Telephonverwaltung[3] der Fürstlichen Regierung unterbreitet habe und dass diese mit den darin enthaltenen Bestimmungen, vorbehältlich der Ratifizierung durch den Landtag und den regierenden Fürsten [Johann II.], im Wesentlichen einig geht.[4] Eine weitere Abklärung scheint ihr nur in wenigen Punkten wünschenswert zu sein, die ich hier kurz zu erörtern mir erlaube.

1. Art. 4 Absatz 2: Wie sich aus einer mündlichen Erörterung mit Ihrem Herrn Oberpost Inspektor [Florian] Meng ergeben hat, will diese Bestimmung nicht etwa die schweizerischen Marken im liechtensteinischen Postdienst den liechtensteinischen Marken gleichstellen, sondern sie soll lediglich die Möglichkeit schaffen, dass Passanten, Touristen, Reisende usw., welche für kurze Zeit den liechtensteinischen Boden betreten, zur Aufgabe von Briefen, Karten usw. bei einem liechtensteinischen Postamt Schweizermarken, welche sie gerade bei sich haben, benützen dürfen. Gegen die Verwendung [von] Schweizermarken in diesen seltenen Fällen, welche die Einnahmen der Fürstlichen Regierung aus dem Markenverkauf nicht wesentlich beeinträchtigt, hat dieselbe nichts einzuwenden und sie erhebt auch keinen Anspruch auf Ersatz der ihr dadurch entgehenden Einnahmen. Was sie vermeiden möchte, ist lediglich die Verwendung schweizerischer Marken durch die in Liechtenstein wohnhaften oder sich aufhaltenden Personen für den regulären Postverkehr. Denn dadurch könnte ihr ein wesentlicher Teil der Einnahmen entgehen, indem Privatpersonen oder Firmen irgend ein Interesse daran haben können, ihre Postsachen in Liechtenstein mit schweizerischen Marken aufzugeben. Wenn Absatz 2 in diesem Sinne interpretiert werden dürfe, so hat die Fürstliche Regierung gegen seine Fassung nichts einzuwenden.
Wie sich bereits aus Absatz 1 von Artikel 4 ergibt, dürfen auf liechtensteinischen Postämtern ausschliesslich liechtensteinische Postwertzeichen verkauft werden.

---

1 LI LA V 002/0480/15. Aktenzeichen: 705. Eine Kopie unter LI LA V 002/0480/16.
2 LI LA V 002/0480/13, Postdepartement an Emil Beck, 1.5.1920.
3 LI LA SF 03/1920/ad 2216. Zum definitiven Vertrag vgl. LGBl. 1922 Nr. 8. Der Entwurf beruhte auf den Besprechungen vom 23./24.1.1920 in Bern (LI LA SF 27/1920/0650 ad 64).
4 Beck hatte der Regierung den Entwurf mit Schreiben vom 12.5.1920 übermittelt (LI LA V 002/0478/06). Diese unterbreitete den Entwurf der Finanzkommission und der Gesandtschaft in Wien (LI LA SF 03/1920ad 2216, Regierung an Gesandtschaft Wien, 18.5.1920). Prinz Eduard von Liechtenstein teilte, nachdem er die Meinung von Josef Peer eingeholt hatte (LI LA V 003/0193, Äusserung Dr. Peer, o.D.), seine Bemerkungen zum Vertrag am 29.5.1920 der Gesandtschaft Bern mit (LI LA V 003/0193).

Dabei wäre immerhin der mögliche Fall ins Auge zu fassen, dass in einem gegebenen Moment nicht genügend liechtensteinische Postwertzeichen vorhanden wären. Für diesen Fall möchte die fürstliche Regierung gerne von dem durch Herrn Meng in freundlicher Weise vorgeschlagenen Rechte Gebrauch machen, schweizerische Postmarken zum Selbstkostenpreise von der schweizerischen Postverwaltung zu beziehen. Dieser Gedanke könnte etwa durch Beifügung des folgenden Absatzes zum Ausdrucke gebracht werden:

«Schweizerische Postwertzeichen dürfen bei den liechtensteinischen Postämtern nur verkauft werden, wenn augenblicklich keine liechtensteinischen Marken zur Verfügung stehen. Der Wert der so verkauften Marken ist dem Fürstentum Liechtenstein gutzuschreiben, abzüglich der Erzeugungskosten.»

2. Art. 11 Absatz 2. Nach der Auffassung der Fürstlichen Regierung hat diese Bestimmung nicht die Bedeutung, dass von den erfolgten Einlagen nur 80 % jeweils abgehoben werden können, während die restlichen 20 % stehen bleiben müssten. Sondern jeder Kontoinhaber kann jeder Zeit die Auszahlung seines ganzen Guthabens verlangen. In diesem Sinne kann die Fürstliche Regierung der Verwendung von 20 % für den Postbetrieb unbedenklich zustimmen.

3. Art. 17 Absatz 1. Die Bestimmung dieses Absatzes möchte die Fürstliche Regierung durch den Zusatz ergänzen: «Für Bauten und grössere Anschaffungen ist jedoch die Zustimmung der Fürstlichen Regierung erforderlich.» Eine nennenswerte Behinderung der Postverwaltung darf in diesem Zusatz, der lediglich formelle Bedeutung hat, nicht erblickt werden, da nur bei Änderungen von grösserer finanzieller Tragweite eine Verständigung zwischen der Schweizerischen Postverwaltung und der Fürstlichen Regierung Platz greifen müsste, was praktisch wohl auch ohne eine solche Bestimmung der Fall wäre.

4. Art. 18 Absatz 1. In Bezug auf die Kündigung wäre es der Fürstlichen Regierung erwünscht, ausser dem 1. Januar auch den 1. Juli als Kündigungstermin aufzunehmen, sodass die Kündigung auf die beiden Termine 1 Jahr zum Voraus erfolgen müsste.

5. Die Lieferung der liechtensteinischen Marken hätte, nach den erhaltenen Mitteilungen, an die Kreispostdirektion in St. Gallen zu erfolgen. Dabei darf wohl vorausgesetzt werden, dass die Einfuhr dieser Marken keiner Zollabgabe unterliegt.

6. Gemäss dem in Artikel 4 Absatz 1 vorgesehenen Vorschlagsrecht möchte die Fürstliche Regierung vorschlagen, dass beim Inkrafttreten des Übereinkommens das dannzumalige Postpersonal, das sich für den Postdienst wohl eignen dürfte, von der Schweizerischen Postverwaltung übernommen wird.

Nach der Auffassung der Fürstlichen Regierung könnte das Übereinkommen auf den 1. September dieses Jahres in Kraft gesetzt werden. Für diesen Fall aber müsste der gegenüber Österreich geltende Postvertrag[5] spätestens am 1. Juli gekündigt werden. Ich wäre daher dem Departemente sehr verbunden für eine baldige Mitteilung darüber, ob es das Inkrafttreten des Übereinkommens auf diesen Zeitpunkt für möglich hält.[6]

Genehmigen Sie die Versicherung meiner ausgezeichneten Hochachtung

Der fürstliche Geschäftsträger

---

5   LI LA RE 1919/3062, Postvertrag, 18.2.1920.
6   Das Schweizerische Postdepartement teilte mit Schreiben vom 2.7.1920 sein Einverständnis zu den gewünschten Änderungen mit (LI LA V 002/0480/17). Die Unterzeichnung des Abkommens erfolgte am 10.11.1920, die Genehmigung durch das schweizerische Parlament am 10. bzw. 17.12.1920, diejenige durch den Landtag am 29.12.1920 (LI LA LTA 1920/S04). Das Übereinkommen trat am 1.2.1921 in Kraft.

Dok. 155
Prinz Eduard erstattet dem Landesverweser Karl von Liechtenstein verschiedene Vorschläge betreffend die diplomatische Vertretung Liechtensteins beim Heiligen Stuhl

Maschinenschriftliches Schreiben des liechtensteinischen Gesandten in Wien, Prinz Eduard von Liechtenstein, nicht gez., an Landesverweser Prinz Karl von Liechtenstein[1]

20.6.1920, Wien

Euere Durchlaucht! (Prinz Karl, Landesverweser)
Mit Beziehung auf die Anfrage betreffend die Vertretung des Fürstentumes beim *Vatikan*[2] habe ich Seiner Durchlaucht dem Fürsten [Johann II.] seinerzeit die Anregung hiezu, die von Hofkaplan *[Alfons] Feger* ausging,[3] vorgetragen. Nach der Mitteilung Dr. *[Emil] Beck's* vom 10. Dezember 1919, von welcher eine Abschrift in Vaduz erliegt,[4] über den Mangel der Vertretung der Schweiz beim Vatikan, habe ich daran gedacht, die Vertretung Liechtensteins dortselbst mit jener des souveränen Malteser Ritter-Ordens zu verbinden. Es ergab sich aber, dass dieser Orden, der bekanntlich hier eine Gesandtschaft besitzt, beim Vatikan durch einen Kardinal vertreten wird, der als «Protektor» des Ordens fungiert, so dass es auch nicht angängig war, ihm die Vertretung Liechtensteins anzutragen. Ich habe dem Fürsten dann den Gedanken vorgetragen, das Fürstentum durch den spanischen Botschafter vertreten zu lassen, mit Rücksicht auf die katholische Monarchie, die Spanien wie das Fürstentum darstellt. Ebenso war ja auch in Erwägung den hiesigen Gesandten, also derzeit mich, beim Vatikan zu accreditieren, wobei die

---

1   LI LA V 003/0109 (Aktenzeichen der liechtensteinischen Gesandtschaft in Wien: 449/1). «Betreff: Errichtung einer Gesandtschaft beim Vatikan».
2   Landesverweser Prinz Karl hatte mit undatiertem Schreiben vom Mai 1920 der liechtensteinischen Gesandtschaft in Wien mitgeteilt, dass von kirchlicher Seite die Anfrage gestellt worden war, ob der Plan einer Vertretung Liechtensteins beim Heiligen Stuhl noch fortbestehe. Falls ja, so würde sich hiezu eine nicht namentlich genannte Persönlichkeit aus der italienischen Aristokratie bereit finden und dem Land jährlich 20'000 Franken zahlen. Das Schreiben ging bei der Gesandtschaft in Wien am 29.5.1920 ein (LI LA V 003/0109 (Aktenzeichen der Gesandtschaft: 449/1)).
3   Vgl. das Schreiben des Vaduzer Hofkaplans Alfons Feger an den liechtensteinischen Gesandten Prinz Eduard vom 30.12.1919 (LI LA V 003/0075 (Aktenzeichen der Gesandtschaft in Wien: 492/1)): Er führte darin u.a. aus, dass der Churer Bischof Georg Schmid von Grüneck, mit dem er im Sommer des Jahres Rücksprache gehalten hatte, den Gedanken einer Vertretung beim Vatikan sehr begrüsse. Feger hielt eine Vertretung des «hochfürstlichen» Hauses und des Landes für «sehr geboten» und schlug Prinz Eduard vor, damit den österreichischen Gesandten beim Heiligen Stuhl zu betrauen. – Ein weiteres Schreiben erging seitens des Hofkaplans am 24.12.1919 an Prinz Eduard (LI LA V 003/0085 (Aktenzeichen der Gesandtschaft in Wien: 51/1)): Feger äusserte sich dahingehend, dass unter den gegebenen Verhältnissen die von Prinz Eduard vorgeschlagene Akkreditierung des jeweiligen fürstlichen Gesandten in Wien beim Vatikan der geeignetste Weg sei.
4   Vgl. das Schreiben der liechtensteinischen Gesandtschaft in Bern an die liechtensteinische Gesandtschaft in Wien – mit einer Abschrift an die Regierung in Vaduz – vom 10.12.1919 (LI LA RE 1919/6091 ad 0589; LI LA V 003/0075 (Aktenzeichen der Gesandtschaft in Wien: 492/2)): Geschäftsträger Emil Beck wies darauf hin, dass zwischen der Schweiz und dem Heiligen Stuhl keine diplomatischen Beziehungen bestünden und daher in diesem Fall die Vertretung Liechtensteins durch die Eidgenossenschaft nicht in Betracht komme. Vgl. in diesem Zusammenhang auch das Schreiben von Prinz Eduard an Hofkaplan Feger vom 3.12.1919 (LI LA V 003/0075 (Aktenzeichen der Gesandtschaft in Wien: 492/1)) bzw. an die liechtensteinische Gesandtschaft in Bern (LI LA RE 1919/5966 ad 0589 (Aktenzeichen der Gesandtschaft in Wien: 450/5)).

eventuellen geschäftlichen Beziehungen, die ja nicht sehr vielseitig sein können, im Verkehr mit der hiesigen vatikanischen Vertretung ausgezeichnet hätten erledigt werden können, während in Rom nur etwa eine erste Aufwartung bei Überreichung des Accreditives und ein eventuelles Erscheinen bei ganz seltenen Angelegenheiten notwendig gewesen wäre. Eine Entscheidung ist nicht erflossen, der Gedanke aber auch noch nicht aufgegeben.

Was nun den gemachten Vorschlag mit dem italienischen Aristokraten betrifft, so glaube ich, dass dieser Gedanke mit grosser Vorsicht zu verfolgen ist. Wenn der Betreffende hiefür ein Geldopfer zu bringen bereit ist, so verfolgt er sicher irgend einen eigenen Zweck, also entweder die Verbesserung seiner sozialen Stellung, die aus irgend einem Grunde notleidend geworden sein mag, oder die Erlangung der diplomatischen Exterritorialität. Da der Betreffende aber wohl italienischer Staatsangehöriger ist, durfte diese wieder italienischerseits nicht zugestanden werden. Es müsste also wohl zunächst der Name des Kandidaten bekannt sein und sind die Beziehungen des Prinzen Johannes [von Liechtenstein] zur römischen Gesellschaft, weiters Erkundigungen, die man ja durch Grafen Nikolaus Revertera[-Salandra][5] in durchaus sicherer Weise einziehen kann, eine genügende Gewähr, um in der Personenfrage klar zu sehen und das Projekt danach zu verfolgen. Ich habe Seiner Durchlaucht dem Fürsten darüber noch nicht berichtet, nur mit Prinz Johannes darüber gesprochen, und erwarte weitere Mitteilungen bzw. Weisungen, falls Euere Durchlaucht die Sache überhaupt noch zu verfolgen beabsichtigen.[6]

Der fürstliche Gesandte:

Dok. 156
Liechtenstein ersucht um Aufnahme in den Völkerbund

Maschinenschriftliche Abschrift des Schreibens der Regierung, gez. Landesverweser Prinz Karl von Liechtenstein, an Sir Eric Drummond, Generalsekretär des Völkerbunds[1]

14.7.1920

En se référant à l'article Ier al. 2, du Pacte de la Société des Nations,[2] en vertu duquel tout Etat qui se gouverne librement peut devenir Membre de la Société si son admission est prononcée par les deux tiers de l'Assemblée, le Gouvernement de la Principauté de

---

5   Ehemaliger österreichisch-ungarischer Diplomat und Vertrauter Kaiser Karls I.
6   Die Frage der Vertretung Liechtensteins beim Heiligen Stuhl wurde nach den vorliegenden Akten erst 1927 wieder offiziell aufgegriffen (vgl. die Denkschrift von Rechtsanwalt und Landtagspräsident Wilhelm Beck an die fürstliche Kabinettskanzlei vom 8.7.1927 (LI LA RE 1927/3265 ad 0506)).

1   LI LA V 002/0162/02. Hinweis auf das Siegel der fürstlichen Regierung. Auf der Rückseite handschriftlicher Vermerk von Emil Beck, Geschäftsträger in Bern: «Handschriftliches Original dem Schweiz. Politischen Departement zur Weiterleitung übermittelt.» Weitere Exemplare unter LI LA RE 1920/4038 ad 141; LI LA V 002/0162/01; LI LA V 002/161/01; LI LA V 003/0113. Vgl. die Entwürfe unter LI LA V 002/0162/04-07 sowie den diesbezüglichen Bericht von Emil Beck an Prinz Eduard von Liechtenstein vom 21.7.1920 (LI LA V 002/0160/09-18). Das Aufnahmegesuch Liechtensteins wurde von der schweizerischen Gesandtschaft in London dem Generalsekretariat des Völkerbunds mitgeteilt (LI LA V 002/0162/08).

2   Die Satzung des Völkerbunds war als Artikel 1 bis 26 Bestandteil des Versailler Vertrags (dt. RGBl. 1919 Nr. 140) und der übrigen Pariser Vorortverträge.

Liechtenstein a l'honneur d'adresser à la Société des Nations sa demande d'être admis au nombre des Membres de la Société.

Le Gouvernement Princier du Liechtenstein est demeuré neutre au cours de la dernière guerre et a donné toute garantie de son intention sincère d'observer ses engagements internationaux. Depuis l'année 1866, la Principauté ne possède plus de contingents militaires.[3] Le Gouvernement Princier se croit donc fondé à admettre qu'il a déjà réalisé toutes les mesures que la Société pourrait être amenée à exiger en ce qui concerne les forces et armements militaires du Liechtenstein.

Désirant vivement collaborer, dans la mesure des ses forces, à l'oeuvre de la paix entreprise par la Société des Nations, le Gouvernement du Liechtenstein se permet donc de prier le Conseil de la Société de bien vouloir transmettre sa demande d'admission à l'Assemblée de la Société des Nations.

Le Gouverneur de la Principauté de Liechtenstein

Dok. 157
Die schweizerischen Bischöfe schliessen Personen, die sich offen zum Sozialismus bekennen oder für diesen kämpfen, vom Empfang der Sakramente aus

Abdruck des «Bettagsmandates» der Schweizer Bischofskonferenz im «Liechtensteiner Volksblatt» vom 25.9.1920, gez. Jakob Stammler, Georg Schmid von Grüneck, Robert Bürkler, Aurelio Bacciarini, Viktor Bieler, Marius Besson und Joseph-Tobie Mariétan[1]

29.7.1920, Luzern

Ansprache der schweizerischen Bischöfe an die Gläubigen ihrer Diözesen auf den Eidgenössischen Bettag 1920[2]
Die vereinigten Bischöfe der Schweiz allen Gläubigen ihrer Diözesen Gruss und Segen im Herrn.
Geliebte Diözesanen!
Am Tage, da das gesamte Volk der Eidgenossen dem Allmächtigen im Gebete huldigt, ihm dafür dankt, dass mitten in der Brandung des Weltkrieges die Schweiz ein Eiland des Friedens und der versöhnenden Liebe bleiben durfte, empfinden wir es als unsere Pflicht, auf das Hirtenschreiben des Hl. Vaters [Benedikt XV.] vom 23. Mai 1920[3] hinzuweisen. In wahrhaft apostol. Worten redet er darin vom Frieden. Der Stern des Friedens, von den Guten gewünscht, von den Frommen erbetet, von den Tränen der Mütter herbeigefleht, habe endlich begonnen, den Völkern aufzugehen. Aber noch seien viele Keime alten Grolles vorhanden. Wenn gegenseitige Liebe den Hass nicht lösche, könnte der Friede trotz aller Verträge keinen Bestand haben. Nun sei aber das Christentum das «Evangelium des Friedens». Einander lieben, einander verzeihen, einander Gutes tun, sei

---

3 Liechtenstein hatte 1868 sein Militärkontingent aufgelöst.

1 L.Vo., Nr. 77, 25.9.1920, S. 1-2. Vgl. in diesem Zusammenhang L.Vo., Nr. 96, S. 2 («Christentum und Sozialismus»); Nr. 97, 4.12.1920, S. 1 («Christentum und Sozialismus»); Nr. 98, 11.12.1920, S. 1-2 («Christentum und Sozialismus») und Nr. 99, 14.12.1920, S. 1 («Christentum und Sozialismus»).
2 Der Eidgenössische Bettag fand am 19.9.1920 statt.
3 Vgl. die Enzyklika «Pacem Dei munus Pulcherrimum».

eine Pflicht, die der Heiland und die Apostel mit allem Nachdruck eingeschärft. Solcher Liebe Vorbild sei der barmherzige Samaritan. Mit bewegten Worten mahnt der Papst einerseits nichts zu unterlassen, um den Armen zu helfen, die Betrübten zu trösten, die Kranken zu heilen, die Opfer des Krieges zu unterstützen; anderseits alles zu vermeiden, was gegenseitig reizen und verbittern könnte. Diese Mahnung richtet der Hl. Vater besonders eindringlich an die Männer der Presse. Der Geist der Liebe müsse herrschen nicht nur von Mensch zu Mensch, sondern auch von Volk zu Volk und müsse auch die Seele der Völkerverträge bilden.

Indem wir, vielgeliebte Brüder, mit diesem hochherzigen Ruf nach Friede und Versöhnung, der vom Stuhle Petri in die Welt erging, auch unsere Stimme vereinigen, sehen wir uns veranlasst, Euch vor einem Geist zu warnen, der mehr als jeder andere den Frieden und die Versöhnung zu stören sucht. Es ist der Geist der Revolution, des Umsturzes, als dessen vordersten Träger heute der Sozialismus oder Kommunismus sich selbst bezeichnet. Obschon die Kirche schon oft vor ihm gewarnt, gilt doch das Wort des Propheten: «Rufe ohne Aufhören, wie eine Posaune erhebe deine Stimme» (Js. 58, 1). Dazu kommt der Umstand, dass der Sozialismus sein wahres Antlitz weder immer noch überall ganz sehen lässt, ja sogar dass er Unerfahrene mit dem Schmeichellaut zu betören sucht, er, der Sozialismus, sei der wahre Sohn des Christentums. In Wirklichkeit ist er sowohl in seiner Grundlage, als in seinen Hauptzielen und in seiner vollen Auswirkung der schärfste Abfall und Gegensatz zum Christentum.

1. Der grosse Papst Leo XIII. erklärte in seinem Rundschreiben vom 28. Dezember 1878 «Über die Sekte der Sozialisten oder Kommunisten»[4]: «Zwischen ihren falschen Lehrsätzen und der reinen Lehre Christi ist ein so grosser Widerspruch, wie er grösser gar nicht sein könnte. Denn, welche Gemeinschaft hat die Gerechtigkeit mit der Ungerechtigkeit? Oder wie kann sich Licht zur Finsternis gesellen?» (2 Cor. 6, 14.)

Unvereinbar mit dem Christentum ist die Hauptgrundlage des Sozialismus: der vollendete Unglaube oder Atheismus. Keine gottgestiftete Kirche, keine übernatürliche Erlösung durch Christus, kein jenseitiges Gericht, keine Willensfreiheit, keine Unsterblichkeit, keine geistige Menschenseele, keine Vorsehung, kein Gott: dieses furchtbare Nein, diese entsetzliche Empörung gegen den Himmel ruft der Sozialismus in die Welt. Da können die Worte des Propheten gelten: «Er wird sich erheben und gross tun wider jeden Gott und wider den Gott der Götter wird er gross sprechen ... er wird den Gott seiner Väter nicht achten ... und nach keinem Gotte fragen; denn er wird sich wider alles auflehnen.» (Daniel 11, 36, 37). Wohl sagen sie: «Religion ist Privatsache.» Es ist, als wenn die Lawine beteuern würde: «Für Mensch und Baum und Haus, die ich im Sturz berühre, ist es Privatsache, weiter zu existieren» – die Lawine fegt sie fort. Und wie einst Holofernes auf seinem Siegeszuge alles verwüstete, auch die religiösen Stätten, die heiligen Haine umhieb, so liegt es in der Folgerichtigkeit und im System des Sozialismus, nicht nur dem Christentum immer fremd und fern zu sein, sondern es zu bekämpfen und auszurotten.

Unvereinbar mit dem Christentum sind gewisse Grundforderungen des Sozialismus. Es soll das Privateigentum abgeschafft werden; nur so schaffe man Gleichheit und banne die Armut. Was lehrt aber das Christentum? Freilich, es brandmarkt den sündhaften Erwerb, den ungerechten Besitz und die Verwendung des Vermögens ohne Rücksicht auf das Gebot der christlichen Nächstenliebe. Feierlich verkündet aber das Gebot vom Sinai auch: «Du sollst nicht stehlen; du sollst nicht begehren deines Nächsten Haus ... noch

---

4   Vgl. die Enzyklika «Quod apostolici muneris ratio».

alles, was sein ist» (Exodus 20). Christus hat dieses Gebot ausdrücklich bestätigt (Mt. 19, 18). Die Kirche hat das Recht auf Privateigentum stets geschützt.

In seinem berühmten Rundschreiben über die Arbeiterfrage[5] hat Leo XIII. die Forderung des Sozialismus auf Abschaffung des Privateigentums verworfen und erklärt, wer die soziale Frage lösen wolle, müsse von dem Punkte ausgehen, der gerechte Privatbesitz sei unantastbar. Auch Papst Pius X. betonte, der Mensch habe einen naturrechtlichen Anspruch nicht nur auf den Gebrauch, sondern auch auf den Besitz von Gütern, nicht nur auf Verbrauchsgüter, sondern auch auf andere, gleichviel ob sie durch Erbschaft, durch Arbeit oder Schenkung erworben seien (Motu Proprio 18. Dezember 1903).[6]

Unvereinbar mit dem Christentum ist der Sozialismus, weil er die Familie in der Wurzel zerstören will. Der Ehe nimmt er die Heiligkeit, indem er sie des sakramentalen Charakters und der unantastbaren Würde entkleidet. Die Hl. Schrift aber sagt: «Die Ehe ist ein grosses Sakrament, ich sage aber in Christus und in der Kirche» (Ephes. 5, 32); und wiederum: «Ehrbar sei die Ehe in allem» (Hebr. 13, 4). Der Sozialismus nimmt der Ehe die Unauflöslichkeit. Die Hl. Schrift aber sagt: «Was Gott verbunden, soll der Mensch nicht trennen» (Mt. 19, 6).

Der Sozialismus zerstört das vierte Gebot Gottes, die Rechte und Pflichten der Eltern und Kinder gegeneinander, indem er die unbedingte Gleichheit aller verkündet. Das Christentum aber sagt, dass die Menschen zwar gleich sind, insofern alle die gleiche Natur haben, zur gleichen Würde der Gotteskindschaft berufen sind, bestimmt für das gleiche ewige Ziel, unterworfen der gleichen Gerechtigkeit im Diesseits und Jenseits, dass es aber dabei gerade in der Familie eine Verschiedenheit an Recht und Gewalt gibt, die von Gott stammt, «von dem alle Vaterschaft im Himmel und auf Erden herkommt» (Ephes. 3, 15). Es gebietet: «Kinder, gehorchet euren Eltern im Herrn ... Ehre deinen Vater und deine Mutter, denn das ist das erste Gebot mit der Verheissung, dass es dir wohl gehe und du lange lebst auf Erden. Und ihr Väter, erbittert eure Kinder nicht, sondern erziehet sie in der Lehre und Zucht des Herrn» (Ephes. 6, 1-4).

Endlich verkündet der Sozialismus das unbedingte Recht auf Revolution und die Abschaffung der staatlichen Regierungsgewalt. Unter steter Aufpeitschung des Klassenhasses treibt er zur Gewalttätigkeit gegen Schuldlose, zum entsetzlichsten aller Kriege, zum Bürgerkrieg. Die Hl. Schrift aber sagt: «Jedermann unterwerfe sich der obrigkeitlichen Gewalt; denn es gibt keine Gewalt ausser von Gott, und die, welche besteht, ist von Gott angeordnet. Wer sich demnach der obrigkeitlichen Gewalt widersetzt, der widersetzt sich der Anordnung Gottes; und die sich widersetzen, ziehen sich selbst die Verdammnis zu ... Gebet also jedem, was ihr schuldig seid: Steuer wem Steuer, Zoll wem Zoll, Ehrfurcht wem Ehrfurcht, Ehre wem Ehre gebührt» (Röm. 13, 1 f.). «Gebet dem Kaiser, was des Kaisers ist, und Gott, was Gottes ist» (Mt. 22, 21). Eigenmächtige, willkürliche Revolution gegen die rechtmässige Regierung erklärt die katholische Kirche für unerlaubt. Anderseits ermahnt die Hl. Schrift die Inhaber der Gewalt: «Von dem Herrn ist euch die Macht gegeben ... der eure Werke untersuchen und eure Gedanken erforschen wird. Denn wenn ihr als Diener seines Reiches nicht recht gerichtet, das Gesetz der Gerechtigkeit nicht beobachtet und nach dem Willen Gottes nicht gehandelt habet, wird er schrecklich und schnell über euch kommen ... denn einem Geringen widerfährt Barmherzigkeit; aber die Mächtigen werden mächtig gestraft werden.» (Weisheit 6, 4-7).

---

5   Vgl. die Enzyklika «Rerum novarum» vom 15.5.1891.
6   Vgl. das Motu proprio «Fin dalla prima nostra».

So liegt es im System und in der Folgerichtigkeit des Sozialismus, mit allem aufzuräumen, was das Christentum stets wie seinen Lebensnerv gehütet hat: Gott, Seele, Religion, christliche Schule, Privateigentum, Ehe, Autorität, väterliche und staatliche Gewalt, Gesetze und Einrichtungen, soweit sie nicht sozialistischen Ursprunges sind, sind der Abschaffung und Zerstörung geweiht. Der Sozialismus hält sich für den Herrn der nächsten Zukunft. Was er durch den ehernen Gang der Dinge nicht erreicht, will er erzwingen durch Drohung und Gewalt. Kühn erhebt er sein Haupt, rastlos ist sein Mühen, gross die Zahl seiner bewussten und unbewussten Helfer. Und wenn dann am Bau der bürgerlichen Gesellschaft der Mörtel abgeschlagen, die Fugen gelöst, die Wächter auf der Zinne betört sind, wenn die Stützen wanken, die den Giebel trugen, wenn selbst die Fundamente bersten, dann droht weithin jäher Einsturz.

2. Bei dieser Sachlage bitten und beschwören wir diejenigen, in deren Hand das öffentliche Leben liegt, dem Sozialismus oder Kommunismus als solchem jede Förderung zu versagen.

Eine Förderung wäre es aber, wollte man das Staats- und Familienleben, das Unterrichts- und Erziehungswesen in der Weise gestalten, dass die christliche Religion dabei zu Schaden käme. Das Ungeheuer der Revolution von Zeit zu Zeit mit dem Bajonett zurückdrängen, hilft nicht. Den Wildbach bändigt man nicht, indem man unten im Tal rasche Notdämme aufwirft; im Gebirg, im ersten Einzugsgebiet sind Verbauungen anzulegen. Viel Idealismus lebt im Volke. Aber wird es Ordnung und Obrigkeit gebührend achten, wenn auf den Lehrstühlen und in der Presse ein Geist herrscht, der das Christentum herabwürdigt, wenn die Autorität von heute aus der Revolution von gestern stammt, wenn der Besitz von heute den Raub von gestern verherrlicht? Wird das Volk in seiner Lebenshaltung bescheiden, genügsam sein, wenn die oberen Schichten masslos geuden? Wird es zufrieden und opferwillig arbeiten, wenn andere in unersättlicher Selbstsucht dem Wucher und der Ausbeutung ungeahndet fröhnen dürfen? Wird es Pietät und Anhänglichkeit nach oben betätigen, wenn von dort nur Unverstand, Geringschätzung, Missachtung kommen, wenn es nur Sockel sein soll für die Reichen und Grossen? Soll das öffentliche Leben, soll Staat und Gesetz anders und besser werden, so müssen zuerst die Menschen anders und besser werden. Denn Verfassung und Gesetz wachsen, wie ein Philosoph des heidnischen Altertums sagt, nicht aus den Felsen und Eichen heraus, sondern aus der Sinnesart der Staatsbürger (Plato, der Staat 8, 2). Soll wieder ein Geschlecht erstehen, das opferwillig, vaterländisch denkt und handelt, wird in Gesellschaft, in Familie und Schule ein neuer Geist, ein neues Pfingsten flammen müssen. Oder will man, hartnäckiger als Antiochus, auch dann seinen Sinn nicht ändern, wenn die Gesellschaft bereits gelähmt und in Zersetzung ist? Scheut man denn das Heilmittel mehr, als man die Heilung wünscht?

Eine Förderung des Sozialismus oder Kommunismus wäre es auch, wollte man die Freiheit der Kirche unterbinden und sie hindern, unter den Menschen ihre vollen Segenskräfte der Wahrheit und Gnade zu entfalten. Die Perle der Freiheit ist zu kostbar und zu teuer erkauft, als dass sie jedem wahllos und schrankenlos preisgegeben würde. Die Freiheit darf nicht gehen bis zur Selbstvernichtung. Wo sie die Fahne des allgemeinen Umsturzes entrollt, wo sie die Brandfackel der Zerstörung schwingt, wo sie den Rahmen der öffentlichen Ruhe und Ordnung leichtfertig sprengt, wo sie zur «Freiheit des Unterganges» werden will, möge ihr ein Halt geboten werden. Aber unbegreiflich wäre es, wollte der Staat die Freiheit derjenigen beschränken, die Ruhe und Ordnung halten und schützen, in deren Herz und Kirche neben der hl. Ampel der Gottesliebe auch die geweihte Ampel der Vaterlandsliebe leuchtet. Dass diese Einsicht im Geist und Gemüte aller Eidgenossen sich immer mehr Bahn breche, ist unser Wunsch und unser inniges

Gebet zu Gott am hochfeierlichen Tage, da die Eidgenossen gemeinsam vor Gott, dem Herrn, sich betend neigen.

Euch aber, hochwürdige Seelsorger, bitten wir, erkläret dem Volke, dass wir jederzeit für die soziale Besserstellung des Volkes einzustehen bereit sind, dass wir aber niemals billigen können, dass dieses Ziel mit unerlaubten Mitteln angestrebt werde, wie Aufruhr, ungerechte Arbeitseinstellung, Ausschreitungen und Gewalttätigkeiten gegen Arbeitswillige und dergleichen mehr; machet das Volk aufmerksam auf die Gefahren, die von Seite des Sozialismus drohen. Die Aufklärung eines Volkes ist schwer, aber möglich, und heute leichter als früher. Tage des Leidens sind Tage der Erleuchtung. Eine einzige Sturmnacht lässt tausend Keime reifen. Manches Feld ist reif geworden zur Ernte. Der Brand des Weltkrieges hat Licht auf Wahrheiten geworfen, die früher dunkel schienen und nicht verstanden werden wollten. Mögen alle Christen es immer wieder beherzigen: Die irdischen Güter sind weder die einzigen, noch die höchsten. Der Heiland, der, da er reich war, selbst arm geworden ist (2 Cor. 8, 9), ruft uns zu: «Suchet zuerst das Reich Gottes und seine Gerechtigkeit, und alles andere wird auch hinzugelegt werden» (Mt. 6, 33). Der hl. Paulus brandmarkt das masslose Streben nach Geld und Gut mit den Worten: «Die Wurzel aller Übel ist die Habsucht; einige, die sich ihr ergaben, sind vom Glauben abgefallen» (1 Timoth. 6, 10). Und der Prophet Jsaias ermuntert zu tatkräftigem Christentum mit den Worten: «O dass du in Acht genommen meine Gebote! Dann wäre dein Friede wie ein Strom geworden, und deine Gerechtigkeit wie die Abgründe des Meeres» (Js. 48,18).

Dem siegreichen Holofernes unterwarfen sich einst die Länder und Städte der Reihe nach; sie empfingen ihn sogar freudig mit Fackeln, mit Reigen und Kränzen. Aber obwohl sie dieses taten, konnten sie doch die Grausamkeit seines Herzens nicht besänftigen (Judith 3, 9-11). Nur eine kleine Stadt, der Schlüssel zum hl. Lande, Bethulia rüstete sich mutig zum Widerstand. Hier scheiterte die Kriegsmacht des gewaltigen Holofernes, hier fiel sein Ruhm und sein Haupt.

Bethulia, das sich dem Holofernes von heute, dem Sozialismus, entgegenstellt, sei du, katholisches Volk! Das feste Bollwerk deines Gewissens soll dem Herold des Antichrist trotzen. Erkenne unter dem Schafskleide der Schmeichelreden den reissenden Wolf, der alles verschlingen will: Privateigentum, Familie, Autorität, Religion. Wenn er dir die ganze Welt verspricht, falle nicht nieder, ihm zu huldigen. Verteidige, baue den Tempel katholischen Lebens. Baue ihn wie die Israeliten in angustia temporum – trotz der Zeiten Ungunst (Dan. 9, 25); baue ihn, auch wenn man dich bedroht und umzingelt; denn nicht dem Furchtsamen, sondern dem Mutigen ist der Himmel verheissen. Baue ihn nicht neben, sondern auf das Kreuz. «Das Kreuz», sagt der hl. Hieronymus, «ist die Säule des menschlichen Geschlechtes; an dieser Säule ist sein Haus errichtet» (Über den Psalm 95). Und der hl. Geist gibt uns die Versicherung: «Das ist der Sieg, der die Welt überwindet, unser Glaube» (1 Jo. 5, 4).

Als einst über das mächtige Römerreich die Sturmwoge der Völkerwanderung hereinbrach, klagte der hl. Hieronymus: «Durch unsere Sünden sind die Barbaren stark, durch unsere Fehler wird das römische Heer besiegt. Das Römerreich bricht zusammen, aber die Ursachen unserer Übel schneiden wir nicht ab» (Epist. 35). Um das Unheil des Sozialismus fern zu halten, scheuet auch Opfer nicht. Wir sagen daher denjenigen, die in den Reihen des Sozialismus stehen, sei es, dass sie sich zu dessen Lehranschauung und Wesen bekennen, sei es, dass sie aus gewissen Rücksichten und Befürchtungen widerwillig mitmachen, ihnen allen sagen wir mit dem Propheten: «Fliehet aus Babylon!» (Jeremias 50, 8). Bildet eine gemeinsame, eine geschlossene, eine katholische Front gegen den Umsturz. Oder was wollet ihr, auch nur als Mitläufer, unter einem Banner marschieren, das die Kirche nicht segnet, sondern verurteilt? Was wollt ihr durch irgendwelche Mitwirkung die Reihen derjenigen verstärken, deren Weltanschauung und deren Hauptziele durchaus widerchristlich sind?

***

Auf Grund obiger Darlegung sehen wir uns, wie die Bischöfe anderer Länder, veranlasst, unsere Glaubensbrüder vor dem Eintritt in sozialistische Vereine und Verbände ernstlich zu warnen und für den Bereich unserer Bistümer folgende Richtlinien aufzustellen:

1. Wer zum Sozialismus als System, zu seinen Grundanschauungen und Hauptzielen sich offen bekennt, oder wer offen für die sozialistische Sache kämpft und wirbt, entbehrt, solange er in dieser Gesinnung unbelehrbar verharren will und verharrt, derjenigen Vorbedingung, welche zum würdigen Empfang eines Sakramentes unerlässlich ist.
2. Wer glaubt, aus schwerwiegenden Gründen gezwungen zu sein, einem sozialistischen Verbande anzugehören, ohne dass er zum Sozialismus als System sich bekennt oder für die sozialistische Sache wirkt (agitiert), der hat sich darüber mit seinem Pfarramte zu verständigen.
3. Wird vom Pfarramte ein vorläufiges Verbleiben als duldbar erklärt, so ist unterdessen alles zu tun und zu meiden, hauptsächlich in Bezug auf sozialistische Presserzeugnisse – damit für ihn oder andere keine schweren Gefahren der Seele erwachsen.

Wir haben pflichtschuldig diese Weisungen erlassen, um euch, geliebte Diözesanen, vor dem zeitlichen und ewigen Verderben zu bewahren, das die sozialistische Irrlehre in ihrer Auswirkung mit sich bringt.

Bei der Liebe Christi aber und bei der Wohlfahrt des Vaterlandes bitten wir euch: Betet für jene, die, von falschen Propheten umworben, in Gefahr sind, wegen zeitlicher Vorteile ihrem hl. Glauben und der Kirche Christi untreu zu werden.

Betet für jene, die bereits in die Schlingen der sozialistischen Vereine geraten sind, auf dass sie im Vertrauen auf Gott und Seine Vorsehung, Mut und Kraft finden, die Fesseln zu sprengen und sich von der Gesellschaft von Menschen loszusagen, die, wie die Schrift sagt, «stets murren und klagen. Ihr Mund redet stolze Worte, und sie schmeicheln den Menschen um des Gewinnes willen» (Jud. 16).

Betet für unser geliebtes Vaterland mit dem seligen Canisius, dass Gott, der Herr, von ihm abwende wohlverdiente Strafen, gegenwärtige und zukünftige Gefahren, schädliche Empörung, Kriege, Teuerung, Krankheiten und betrübte armselige Zeiten.

Betet für die Obrigkeit, auf dass Gott sie erleuchte und stärke in allem Guten, damit sie alles fördere, was zur göttlichen Ehre, zu unserem Heile und zum gemeinen Frieden und zur Wohlfahrt der Christenheit gedeihen mag.

Und dem Gebete folge die soziale Tat. Zur Erhaltung des hl. Glaubens und zur Linderung der vielfachen sozialen Not empfehlen wir eurer Mildtätigkeit insbesondere das Werk der Inländischen Mission, das jährliche Charitasopfer, sowie die christlich-sozialen Werke.

Möge Gott, der gütige Lenker aller Geschicke, unser geliebtes Heimatland auch im Wogendrang der gegenwärtigen Zeit gnädig beschirmen, wie er unsere Väter behütet hat in den Fährnissen vergangener Jahrhunderte!

«Ihm, dem alleinigen Gott, unserem Heilands sei durch Jesum Christum Ehre und Preis, Macht und Gewalt jetzt und in alle Ewigkeit. Amen» (Jud. 25).

Gegeben zu Luzern, den 29. Juli 1920, anlässlich der Konferenz der schweizerischen Bischöfe.

Jakobius [Jakob Stammler], Bischof von Basel und Lugano, Dekan.
Georgius [Georg Schmid von Grüneck], Bischof von Chur.
Robertus [Robert Bürkler], Bischof von St. Gallen.
Aurelius [Aurelio Bacciarini], Bischof von Daulia, apostolischer Administrator im Tessin.
Viktor [Bieler], Bischof von Sitten.
Marius [Besson], Bischof von Lausanne und Genf.
Joseph [Joseph-Tobie Mariétan], Bischof von Bethlehem, Abt von St. Maurice.

Dok. 158
Die Regierung erteilt der Anglo-österreichischen Bank eine Bankenkonzession

Maschinenschriftliches Konzeptschreiben, mit handschriftlichen Korrekturen, gez. Prinz Karl von Liechtenstein, an die Anglo-Österreichische Bank in Wien[1]

30.8.1920

Die fürstl. Regierung erteilt hiemit der Anglo österr. Bank die erbetene Konzession zur Errichtung und zum Betriebe einer Bank im Gebiete des Fürstentumes Liechtenstein auf Grund der angeschlossenen Statuten, welche gleichzeitig in allen Teilen genehmigt werden, unter nachstehenden, einen integrierenden Bestandteil der Konzession bildenden Bedingungen:
1. Bei Anstellung von Angestellten ist die Bank verpflichtet, geeignete Bewerber liechtensteinischer Staatsangehörigkeit in erster Linie zu berücksichtigen.
2. Die Bank ist verpflichtet, alljährlich innerhalb eines Monates nach Abhaltung jener Generalversammlung, in der die Dividende für das abgelaufene Jahr festgesetzt wurde, an die Landeskassa eine Steuerleistung nach folgenden Grundsätzen abzuführen:
   a) Wenn eine Dividende bis höchstens 5 % (fünf von hundert) ausgeschüttet wird, beträgt die Steuer 2 ‰ (zwei von tausend) des eingezahlten Aktienkapitales, bei Ausschüttung einer Dividende von mehr als 5 % (fünf von hundert) beträgt die Steuer für jedes über 5 % (fünf von hundert) ausgeschüttete Dividendenprozent ein weiteres ½ ‰ (einhalb von tausend) und für jedes über 10 % ausgeschüttete Dividendenprozent noch ein weiteres ½ ‰ (einhalb von tausend) des eingezahlten Aktienkapitales.
   b) Ausser der in den vorstehenden Bestimmungen angeführten Steuerleistung bleiben die Bank und die bei ihr hinterlegten Depots von nicht im Fürstentume domizilirenden Déponenten für die Dauer der Konzession frei von allen sonstigen wie immer bezeichneten Abgaben, Steuern und Gebühren.
   Vorbehalten bleiben jedoch die allgemeinen Grund- und Gebäudesteuern, die Stempelabgaben für die im inländischen Geschäftsverkehre ausgefertigten Urkunden sowie die bestehenden gesetzlichen Vorschriften über die Gerichts- und Verwaltungsgebühren, soferne die Bank die entsprechenden Amtshandlungen bei den Gerichts- oder Verwaltungsbehörden des Fürstentumes veranlasst.

---
1   LI LA RE 1920/3909 ad 505. Das Schreiben wurde gemäss Entwurf ausgefertigt.

3. Der Bank wird zugesichert, dass sie zu Auskunftserteilung über die bei ihr liegenden Gelder und Effekten und über die von ihr ausgegebenen Aktien und Pfandbriefe nur deren Eigentümern gegenüber verpflichtet ist.
Weiters wird die Bank nicht verpflichtet werden, über die von ihr gewährten Kredite und über die ihr durch ihre geschäftlichen Beziehungen bekannt gewordenen Verhältnisse ihrer Komitenten Auskünfte zu erteilen.
Selbstverständlich wird hiedurch die Berechtigung der statutenmässigen Revisionsorgane[2] und der Strafgerichte, Auskünfte zu fordern, nicht berührt.
4. Die Bank übernimmt[3] die Verpflichtung, nach Massgabe der verfügbaren Mittel für Befriedigung des wirtschaftlichen legitimen Kreditbedarfes im Fürstentum, in den dem wirtschaftlichen Charakter des Landes entsprechenden Kreditformen Sorge zu tragen und überhaupt der wirtschaftlichen Weiterentwicklung des Landes zu dienen.
Die fürstl. Regierung gibt anlässlich der Erteilung dieser Konzession ihrer Überzeugung Ausdruck, dass die Bank sich bei Führung ihrer Geschäfte von den Grundsätzen strengster Solidität leiten lassen wird und dass ihre Gebahrung keinen Anlass zu berechtigen internationalen Reklamationen Anlass geben wird.
Der fürstl. Landesverweser

Dok. 159
Fürst Johann II. trifft auf Grundlage der «Schlossverhandlungen» Beschlüsse über die Grundsätze der Verfassungsrevision und über die Bestellung von Josef Peer zum Landesverweser

Maschinenschriftliche Abschrift einer Entschliessung, gez. Fürst Johann II., deren Richtigkeit durch Kabinettsrat Josef Martin, Vorsteher der Kabinettskanzlei, bestätigt wurde[1]

11.9.1920, Vaduz

I. Ich werde Meine Regierung beauftragen, dem Landtage ehestens eine Verfassungsrevisionsvorlage unter Einhaltung folgender Richtlinien zur Schlussfassung vorzulegen:
1. Das Fürstentum ist eine konstitutionelle Monarchie auf demokratischer Grundlage; die Staatsgewalt ist im Fürsten und im Volk verankert und wird von beiden nach Massgabe der Bestimmungen der Verfassung ausgeübt.
2. Der Landesfürst wird bei längerer Abwesenheit jährlich auf eine gewisse Zeit und ausserdem fallweise nach Bedarf einen Prinzen aus seinem Hause in's Land entsen-

---

2   Die Worte «statutenmässigen Revisionsorgane» wurden zunächst gestrichen und durch «f[ürstliche] Regierung» ersetzt, die Korrektur wurde aber wieder rückgängig gemacht.
3   Der Passus «alle Pflichten einer Liechtensteinischen Landesbank und insbesondere» wurde gestrichen.

1   LI PA VU, Schlossabmachungen, Nr. 7. Ediert in: Die Schlossabmachungen vom September 1920. Studien und Quellen zur politischen Geschichte des Fürstentums Liechtenstein im frühen 20. Jahrhundert, hrsg. von der Vaterländischen Union, Vaduz 1996, S. 187–190. Das Dokument stammt aus dem Nachlass von Gustav Schädler und wurde von dessen Söhnen dem Parteiarchiv der Vaterländischen Union übergeben. Die Entschliessung beruht auf den Ergebnissen der Verhandlungen zwischen Vertretern der Volkspartei einerseits und Josef Peer und Josef Martin andererseits vom 10.9.1920 (vgl. LI PA VU, Schlossabmachungen, Nr. 5). Die Entschliessung wurde am 13.9.1920 revidiert (LI PA VU, Schlossabmachungen, Nr. 8).

den und ihn als seinen Stellvertreter mit der Ausübung ihm zustehender Hoheitsrechte betrauen.
3. Die dem Fürsten und dem Landtage verantwortliche Kollegialregierung besteht aus dem Landammann als Vorsitzendem und zwei Regierungsräten mit ebensovielen Stellvertretern.
Der Landammann und sein Stellvertreter werden vom Fürsten im Einvernehmen mit dem Landtage ernannt; die Regierungsräte und ihre Stellvertreter werden vom Landtage unter Berücksichtigung beider Landschaften gewählt.
Bei Bestellung des Landammanns und seines Stellvertreters haben in erster Linie hiefür geeignete gebürtige Liechtensteiner in Betracht zu kommen.
Wenn ein Mitglied der Regierung durch seine Amtsführung das Vertrauen des Volkes und des Landtages verliert, so ist der Landtag berechtigt, beim Landesfürsten die Enthebung des betreffenden Regierungsfunktionärs zu beantragen.
Die Zuweisung der Geschäfte an die einzelnen Regierungsmitglieder wird durch eine vom Landtag zu beschliessende und vom Fürsten zu genehmigende Geschäftsordnung geregelt.
4. Die gesammte Staatsverwaltung ist nach den Grundsätzen des Rechtsstaates unter Einführung eines Verwaltungsrechtspflegeverfahrens und Wahrung des Instanzenzuges zu ordnen und sparsam zu führen.
Sämmtliche Verwaltungs- und Justizbehörden mit Ausnahme des obersten Gerichtshofes in Zivil- und Strafrechtssachen sind in's Land zu verlegen.
Ausserdem ist im Wege eines besonderen Gesetzes ein Staatsgerichtshof als Gerichtshof des öffentlichen Rechtes zum Schutz der staatsbürgerlichen Rechte, zur Entscheidung von Kompetenzkonflikten und als Disziplinargerichtshof für öffentliche Angestellte zu errichten. Seine Mitglieder sollen vom Landtage gewählt werden und wenigstens zur Hälfte gebürtige Liechtensteiner sein. Die Wahl des Präsidenten bedarf der landesherrlichen Bestätigung.
5. Ausländer dürfen als Beamte nur mit Zustimmung des Landtages angestellt werden. Dieser ist auch berechtigt, beim Landesfürsten die Enthebung öffentlicher Funktionäre zu beantragen, die durch ihre Amtsführung das Vertrauen des Landtages und des Volkes verloren haben.
6. Der Landtag hat zukünftig nurmehr aus gewählten Abgeordneten zu bestehen. Er ist je nach Bedarf, jedenfalls aber über begründetes schriftliches Verlangen von wenigstens 400 wahlberechtigten Landesbürgern oder über Beschluss von mindestens drei Gemeinden einzuberufen.
Bei Abänderung der Landtagswahlordnung ist das Proportionalwahlrecht einzuführen und die Zahl der Abgeordneten im Verhältnis zur Bevölkerungszahl festzulegen.
Der Landtag übt die Kontrolle über die gesamte Staatsverwaltung durch eine von ihm zu wählende Geschäftsprüfungskommission aus.
7. Die Grundrechte der Bürger sind in der Verfassung eingehend und in zeitgemässer Weise festzulegen. Das Recht des Referendums und der Initiative ist mit Fixierung der Stimmenzahl einzuführen und zu regeln.
8. Die Staatsaufgaben sind in der Verfassung mit besonderer Bedachtnahme auf die Beförderung der gesammten Volkswohlfahrt und die Schaffung von Gesetzen zum Schutze der religiösen, sittlichen und wirtschaftlichen Interessen des Volkes, zur Förderung des Unterrichts-, Erziehungs- und Pflegewesens mit spezieller Berücksichtigung der haus- und landwirtschaftlichen sowie der gewerblichen Fortbildung tunlichst eingehend zu umschreiben.

9. Die Regelung der zoll- und handelspolitischen Beziehungen zu einem Nachbarstaate und die gesetzliche Ordnung des Geldwesens zur Überleitung in eine gesunde Währung sind mit möglichster Beschleunigung durchzuführen.
Das Jagdwesen ist im Interesse der Landwirtschaft und der Gemeindefinanzen ehestens zu regeln.
Der Ordnung der Landesfinanzen ist ein besonderes Augenmerk zuzuwenden; sie ist durch Erschliessung neuer Einnahmequellen und Schaffung gerechter Steuergesetze zu sichern.
10. Im Interesse der arbeitenden Bevölkerung ist auf die Schaffung von Arbeitsgelegenheit im Lande kräftig Bedacht zu nehmen. Nach Zulass der Verhältnisse und der finanziellen Mittel des Landes ist möglichst bald die Einführung der Kranken-, Unfalls- und Altersversicherung in die Wege zu leiten.

II. Ich bestelle den Hofrat Dr. Josef *Peer* provisorisch auf die Dauer eines Jahres zum Leiter der Regierungsgeschäfte mit den Rechten und Vorzügen eines Regierungschefs und betraue ihn vornehmlich mit der Aufgabe, die ad I umschriebene Verfassungsrevision, die gesetzliche Ordnung des Geldwesens und des Landeshaushaltes, sowie den Abschluss der Zoll- und Handelsverträge mit einem Nachbarstaate durchzuführen.

Ich genehmige auch die Heranziehung eines katholischen Schweizerfachmannes zur beratenden Mitarbeit bei Einführung von Einrichtungen, die in der Schweiz gesetzlich geregelt sind und sich dort praktisch bewährt haben.

III. Ich erwarte, dass nunmehr auf Grund dieser Meiner Entschliessungen die politischen Parteien im Lande einmütig dem geplanten Reformwerke zum Wohle des Landes ihre Mitarbeit widmen werden.

Dok. 160
Fürst Johann II. ernennt Josef Peer zum Leiter der Regierungsgeschäfte für die Dauer von 6 Monaten

Maschinenschriftliche Abschrift des fürstlichen Bestellungsdekretes, gez. Fürst Johann II., gegengez. Landesverweser Prinz Karl von Liechtenstein, ausgefertigt von Josef Martin[1]

15.9.1920, Vaduz

Mein lieber Hofrat Dr. [Josef] *Peer*!
Indem Ich gleichzeitig der Mir von Meinem Landesverweser, Seiner Durchlaucht dem Herrn Prinzen Karl von und zu Liechtenstein vorgebrachten Bitte um Enthebung

---

1 LI LA SF 01/1920/125. Die Richtigkeit der Ausfertigung wurde am 16.9.1920 von Josef Martin, dem Leiter der fürstlichen Kabinettskanzlei, bestätigt. Vgl. Ziff. II Abs. 1 der Entschliessung von Fürst Johann II. in den «Schlossverhandlungen» vom 15.9.1920 (LI PA VU, Schlossabmachungen, o.Nr.). Vgl. auch die fürstliche Kundmachung betreffend die Ernennung Peers in: L.Vo., Nr. 75, 18.9.1920, S. 1 («Meine lieben Liechtensteiner»); O.N., Nr. 75, 18.9.1920, S. 1 («Meine lieben Liechtensteiner»). Die Vereidigung Peers erfolgte am 20.9.1920 im fürstlichen Majoratshaus in Wien (LI LA SF 01/1920/140).

von seinem Amte willfahre,[2] finde Ich mich bestimmt, Sie provisorisch auf die Dauer eines halben Jahres als Leiter der Regierungsgeschäfte mit allen, nach der Verfassung[3] und der Amtsinstruktion[4] dem Regierungschef zukommenden Rechten und Vorzügen ins Land zu berufen und Sie vornehmlich mit der Aufgabe zu betrauen, im Wege der Verfassungsrevision,[5] der Valutaregulierung und der Ordnung des Landeshaushaltes die Wiedergesundung des öffentlichen und wirtschaftlichen Lebens im Lande anzubahnen und dauernd zu sichern.

Dok. 161
Prinz Eduard von Liechtenstein informiert Josef Peer über den Plan Matthias Erzbergers, Liechtenstein dem Papst zu übertragen

Maschinenschriftliches Schreiben von Prinz Eduard von Liechtenstein, Gesandter in Wien, gez. ders., an Landesverweser Josef Peer[1]

27.10.1920, Wien

Geehrter Herr Hofrat!

Im Buche [Matthias] Erzbergers «Kriegserinnerungen» finden sich nähere Ausführungen über seinerzeitige Verhandlungen mit dem Hause Liechtenstein wegen einer eventuellen Abtretung des Fürstentumes Liechtenstein an den Papst.[2] Die Darstellung Erzbergers ist derart, dass ein Verhalten des Fürstenhauses oder einiger seiner Mitglieder daraus gefolgert werden könnte, welches lediglich dahin abzielt, ihre Souveränität zu bewahren, ohne aber diese Souveränität auf einer Verbindung mit dem Fürstentume aufgebaut zu sehen. Es wird behauptet, dass eine Bereitwilligkeit bestand für den Plan und zwar gegen Schaffung eines neuen Fürstentumes Liechtenstein, etwa in Vorarlberg. Wie tendenziös die ganze Mitteilung ist, beweist die Tatsache, dass Erzberger seine Ausführungen mit der Mitteilung schliesst, dass das Haus jetzt, kaum 24 Monate nach dieser Angelegenheit, seine Souveränität verloren habe, ohne dass daraus ein welthistorischer Akt geworden sei.

Es ist natürlich begreiflich, wenn diese Angelegenheit, falls sie im Lande bekannt wird, böses Blut hervorruft. Dass sie bekannt wird, ist ziemlich sicher vorauszusehen. Hofkaplan [Alfons] Feger beschäftigt sich mit derselben,[3] wenn auch durchaus im Sinne des Fürstenhauses und wird gewiss nicht davon sprechen, wenn dies von anderer Seite

---

2 Vgl. das fürstliche Abberufungsdekret für Landesverweser Prinz Karl vom 15.9.1920 in der Akte LI LA SF 01/1920/125.
3 Vgl. die Verfassung vom 26.9.1862 (LI LA SgRV 1862/5).
4 Vgl. die Amtsinstruktion für die Landesbehörden des Fürstentums Liechtenstein (Beilage zur Fürstlichen Verordnung vom 30.5.1871 über die Trennung der Justizpflege von der Administration, LGBl. 1871 Nr. 1 idF. LGBl. 1915 Nr. 7), besonders die §§ 2-10.
5 Vgl. den am 12.1.1921 von Fürst Johann II. «vorsanktionierten» Verfassungsentwurf von Josef Peer (LI LA RE 1921/0963).

1 LI LA SF 01/1920/156. Aktenzeichen: 760/1. Das Schreiben langte am 29.10.1920 bei Peer ein.
2 Matthias Erzberger: Erlebnisse im Weltkrieg, Stuttgart 1920, S. 135-137.
3 Vgl. die Korrespondenz zwischen Prinz Eduard und Feger in LI LA V 003/0118.

nicht geschieht. Nach einer Notiz in den «O.N.», Nr. 84[4] ist anzunehmen, dass die Sache bereits bekannt ist und dass darüber gesprochen wird, wenn die Notiz auch zweifellos nicht freundlich für Erzberger ist und er wegen seiner Idee, aus Liechtenstein einen Kirchenstaat zu machen, als für das Land nicht sympatische politische Figur hingestellt wird.

Zu Ihrer Orientierung bitte ich Sie einstweilen folgende Momente zur Kenntnis zu nehmen:

1. Seine Durchlaucht der Fürst [Johann II.] erinnert sich undeutlich an einen Besuch Erzbergers, bei dem von einem ähnlichen Plane die Rede war. Es scheint, dass Erzberger von einem Fürstentume in der Gegend von Feldsberg – Eisgrub sprach, ein Gedanke, der Seiner Durchlaucht naturgemäss praktisch undurchführbar und ausser ernster Diskussion stehend schien, weswegen Seine Durchlaucht der Angelegenheit auch keine besondere Beachtung schenkte. Seine Durchlaucht hat mir auch sofort erklärt, dass es doch ganz ausgeschlossen sei, einen derartigen Gebietstausch ins Auge zu fassen, dass zumindest man sich der Zustimmung des Landes hätte vergewissern müssen und dass er auch ohne Kenntnis wenigstens der nächststehenden Agnaten, nie in einer ähnlichen Sache gehandelt hätte; von was seines Erinnerns allerdings auch in den Zeitungen die Rede war, war nur, dass Seiner Heiligkeit [Benedikt XV.] eventuell ein Aufenthalt im Vaduzer Schloss anzutragen wäre, um die Freiheit des Papstes während eines italienischen Krieges zu sichern. Ein solcher vorübergehender Aufenthalt Seiner Heiligkeit wäre nicht nur eine Auszeichnung für das Fürstenhaus und das Land gewesen, sondern hätte gewiss auch im Lande nur die vollste Zustimmung gefunden.

2. Erzberger kam auch zufällig einmal mit Seiner Durchlaucht Prinz *Franz* sen. [von Liechtenstein] zusammen, welcher über dessen Pläne, wie ich höre, wenig erbaut war; das Nähere über dessen Besprechung mit Erzberger ist mir noch nicht bekannt.[5] In der Richtung der Erzbergerischen Pläne scheint allerdings der österreichische Botschafter am Vatikan [Johannes von Schönburg-Hartenstein] sich bemüht zu haben, was den Ärger Sr. Durchlaucht des Prinzen Franz hervorrief, den dieser dem Botschafter gegenüber auch zum Ausdrucke brachte.

3. Meine Rücksprache mit dem damaligen österr. Minister des Äussern und des kaiserlichen Hauses, Grafen *Burian* [Stephan Burián von Rajecz] und dem ersten Sektionschef des Ministeriums des Äussern, Baron [Ludwig von] Flotow hat in einwandfreier Weise ergeben, dass diesen beiden Herren über die ganze Angelegenheit nichts bekannt geworden ist und dass keinesfalls Akten im Gegenstande erlaufen sind. Flotow wusste von gar nichts, Graf Burian sagte mir heute, dass er zweimal mit Erzberger gesprochen habe, der ihm einen sehr ungünstigen Eindruck machte und mit dem er ernstere Unterredungen ablehnte, weil er sich die Rolle eines Vertreters der deutschen Regierung anmasste, ohne irgendwie dazu legitimiert zu sein. Er erinnert sich, dass Erzberger über die Stellung des Papstes sprach, dass vorübergehend davon die Rede war, dem Papste Trient anzutragen und dass der österreichische Botschafter sich sehr bemühte, für den Papst einen Aufenthaltsort zu finden; vom Fürstentume Liechtenstein und von einschlägigen Projekten sei ihm aber gar nichts zur Kenntnis gekommen.

---

4 Die «Oberrheinischen Nachrichten» brachten einige Tage zuvor eine kurze Notiz über Erzbergers Plan (O.N., Nr. 84, 20.10.1920, S. 2 («Liechtenstein ein Kirchenstaat»)).

5 Prinz Eduard holte in der Folge weitere Informationen bei Prinz Franz ein, vgl. LI LA V 003/0118, Prinz Eduard an Alfons Feger, 13.11.1920.

Aus dem allen geht für mich unzweifelhaft hervor, dass, wenn Erzberger in dieser Richtung tätig war – er beruft sich auf Besprechungen in Hofkreisen, die das Projekt förderten – dass er vielleicht mit einzelnen Persönlichkeiten am kaiserlichen Hofe, die als eifrige Katholiken mit Freuden bereit waren, für den Papst tätig zu sein, verschiedene persönliche Erörterungen gepflogen haben mag, dass aber die ganze Angelegenheit niemals ernst weder von der Seite der österreichischen Regierung noch von Seite Seiner Durchlaucht des Fürsten oder des Fürstenhauses in Erörterung gezogen worden war.

Die Redaktion der Zeitschrift «Das neue Reich» erbittet von mir einen Artikel im Gegenstande,[6] wie überhaupt verschiedene Kreise gegen die Publikationen Erzbergers Stellung nehmen wollen. Ich trachte zunächst, insbesonders durch Befragung des österreichischen Botschafters im Vatikan festzustellen, was sich eigentlich hinter den Kulissen abgespielt hat[7] und werde dann eventuell, wenn Seine Durchlaucht es genehmigt, eine entsprechende Veröffentlichung ausarbeiten.

Ich teile Ihnen Herr Hofrat dies alles mit, um Sie in die Lage zu versetzen, gelegentlich etwa auftauchenden Gerüchten gleich mit positiven Tatsachen entgegentreten zu können und weiters um Sie zu bitten, mir mitzuteilen, ob im Lande über die Sache gesprochen wird und in welchem Sinne, denn vielleicht ist es, wenn im Lande von der Sache nicht gesprochen wird, besser, überhaupt zu der ganzen Frage keine Stellung öffentlich zu nehmen.[8] Von hiesigen politisch katholischen Kreisen wird allerdings eine Stellungnahme gewünscht, weil man findet, dass die Schenkung eines Landes an den Papst mitten im Weltkriege von einem Freunde der Zentralmächte unter Mitwirkung dieser Zentralmächte von der Entente als ein Bestechungsversuch grössten Stiles der Kurie durch Mitteleuropa aufgefasst worden wäre; man müsse daher den Verdacht, sich mit dieser Angelegenheit beschäftigt zu haben, von der Kurie abwälzen.

Mit vorzüglichster Hochachtung:

---

6   LI LA V 003/0118, Joseph Eberle an Prinz Eduard, 23.10.1920.
7   Vgl. LI LA V 003/0118, Prinz Eduard an Johannes von Schönburg-Hartenstein13.11.1920; LI LA V 003/0176, Schönburg-Hartenstein an Prinz Eduard, o.D. Prinz Eduard zog zudem bei Prinz Alois von Liechtenstein (LI LA V 003/0118, Prinz Alois an Prinz Eduard, 2.11.1920) und beim ehemaligen Landesverweser Leopold von Imhof Erkundigungen ein (LI LA PA 001/0021/08, Prinz Eduard an Imhof, 27.10.1920; LI LA V 003/0118, Imhof an Prinz Eduard, 29.10.1920).
8   Peer riet in seinem Antwortschreiben vom 1.11.1920 (LI LA SF 01/1920/156) entschieden von einer öffentlichen Stellungnahme ab.

Dok. 162
Das Textilunternehmen Adolf Schwab ersucht die Regierung um die Befreiung der im Veredlungsverkehr hergestellten Papiergewebe von der Ausfuhrtaxe nach Österreich

Maschinenschriftliches Schreiben der Firma Adolf Schwab, Hammersteiner Weberei und Spinnerei AG, gez. vermutlich Fabrikdirektor Hermann Wenzel, an die Regierung[1]

28.10.1920, Schaan

Hohe Fürstlich Liechtensteinische Regierung *Vaduz*

Die gefertigte Firma hat in Erkenntnis der Notlage ihrer Arbeiterschaft, während und nach der Kriegszeit, in den Jahren 1918 & 1919, als Ersatz der fehlenden Baumwollgarne, aus der Spinnerei Theresiental bei Gmunden, Firma Samuel Singers Erben, somit von einer zu ihr verwandten Firma,[2] Papiergarne bezogen u. dieselben in der Weberei Mühleholz[3] zu Papiergeweben verarbeiten lassen.

Im vollsten Sinne des Wortes hatte diese Aktion nur den Zweck, den Arbeitern den Verdienst zu erhalten u. ist infolgedessen als Notstandsarbeit zu betrachten.

In Kürze sei nochmals klargelegt, dass die Garne aus unserer Spinnerei in das Fürstentum eingeführt, dieselben hier verwoben wurden u. das fertige Produkt wieder ausgeführt werden soll, weil hierzulande kein Bedarf an solchen Waren vorliegt.

Die Lieferung der Garne fällt somit in die Zeit vor der Ausgabe N. 7 der Verordnung v. 21. Juli 1920,[4] wo nach § 3 betreffend den Veredlungsverkehr ein Vermerk[5] vorgesehen ist.

Die ergebenst Gefertigte bittet daher die Hohe Regierung, in Anbetracht der Tatsache, dass der hier erzeugte u. zur Ausfuhr bereitliegende Posten Papiergewebe keinen Nutzen abwirft, den § 4 der Verordnung[6] nicht zur Geltung zu bringen, sondern den § 3, besonders den letzten Absatz[7] desselben zu berücksichtigen u. von einer Ausfuhrtaxe von 5 % des Fakturenwertes freundlichst absehen zu wollen.

Einer wohlwollenden Prüfung u. baldigen Erledigung dieser Angelegenheit sieht die Gefertigte gerne entgegen[8] u. zeichnet mit gewohnter Hochachtung

ergebenst

---

1 LI LA RE 1920/4987.
2 1936 fusionierte die Hammersteiner Weberei und Spinnerei AG mit der Theresienthaler Baumwollweberei und Spinnerei AG.
3 Die Weberei und Spinnerei Schwab im Vaduzer Mühleholz war die Nachfolgerin der im Januar 1918 gelöschten Firma Gebrüder Rosenthal AG.
4 Verordnung vom 21.7.1920 betreffend die Ein-, Durch- und Ausfuhr von Waren, LGBl. 1920 Nr. 7. Vgl. auch die Verordnung vom 16.10.1919 betreffend die Neuregelung der Ein- und Ausfuhr von Waren jeder Art, LGBl. 1919 Nr. 11.
5 Nach § 3 Abs. 1 der genannten Verordnung von 1920 mussten im Veredlungsverkehr ein- oder ausgeführte Waren in der Aus- und Einfuhr besonders vorgemerkt werden.
6 Gemäss § 4 Abs. 1 dieser Verordnung blieben für die Ausfuhr von Waren bis auf weiteres die bestehenden Vorschriften mit der Massgabe in Kraft, dass in den Fällen, wo nicht Übereinkommen mit anderen Staaten entgegenstanden oder für einzelne Waren etwas anderes bestimmt war, wie bisher einstweilen eine Ausfuhrtaxe von 5 % des Rechnungswertes zu entrichten war.
7 Die Zurückbringung der Waren im Veredlungsverkehr hatte nach § 3 Abs. 2 der Verordnung in angemessener Frist zu erfolgen, sofern nicht seuchenpolizeiliche Vorschriften dies verboten.
8 Die Regierung bzw. Regierungschef Josef Peer teilte dem Textilunternehmen Schwab mit Schreiben vom 8.11.1920 mit, dass hinsichtlich der Papiergewebe, welche aus den 1918 und 1919 von der Spinnerei Theresienthal bezogenen Papiergarnen erzeugt worden waren, von einer Ausfuhrtaxe abgesehen werde. – 1923 musste der Betrieb im Mühleholz eingestellt werden: Zur Ausfuhr der Fabrikswebstühle ins Ausland vgl. das Schreiben des Unternehmens Schwab an die Regierung vom 25.9.1923 (LI LA RE 1923/3074 ad 2700).

Dok. 163
Emil Beck teilt der Regierung mit, dass der Postvertrag mit der Schweiz unterzeichnet wurde

Maschinenschriftliches Schreiben von Emil Beck, Geschäftsträger in Bern, gez. ders., an die Regierung[1]

12.11.1920, Bern

Postvertrag
Indem ich mein gestriges Telegramm: «Postvertrag heute 10. November unterzeichnet»[2] bestätige, übermittle ich Ihnen in der Beilage eine Abschrift des Originalvertrages,[3] den Herr Bundespräsident [Giuseppe] Motta und ich gestern Abend unterzeichneten unter Beisetzung des Siegels des Politischen Departements und der hiesigen Gesandtschaft.

Damit ist also der Postvertrag abgeschlossen, unter Vorbehalt der beiderseitigen Ratifikation.

Herr Motta hat mir versprochen, das Mögliche zu tun, um die Ratifikation in der Dezembersession durchzusetzen. Leider ist die Frist hierzu infolge der Verspätung unserer Vollmacht knapp geworden. Auch wird mit einer gewissen, wenn auch geringen Opposition gerechnet werden müssen, welche die Erledigung hinauszuschieben geeignet ist.[4]

An Ihnen wird es nun liegen, für die möglichst baldige Ratifikation unsererseits besorgt zu sein.[5] Nachdem Sie zu den Bestimmungen des Vertrages Ihre Zustimmung bereits gegeben haben,[6] nehme ich an, dass die Ratifikation keinen Schwierigkeiten begegnen wird, und dass Sie daher in der Lage sein werden, mir die Ratifikationsurkunde rechtzeitig zuzustellen.

Im weitern werden wir für die Auflösung des Postvertrages mit Österreich sorgen müssen.[7] Wenn das Auswärtige Amt sich bereit finden würde, nicht auf der Einhaltung der Kündigungsfrist zu beharren, so wäre dies wohl die beste Lösung. Es könnte dann mit der Kündigung zugewartet werden, bis die Ratifikation stattgefunden hat, ohne dass deswegen die Inkraftsetzung des neuen Vertrages zu weit hinausgeschoben würde.

Ich glaube, dass dieser Vertrag für unser Land günstig ausgefallen ist, und dass er seine guten Früchte tragen wird. Wenn auch einige redaktionelle Änderungen, die ich gern gesehen hätte, wegen der Kürze der verfügbaren Zeit nicht mehr angebracht werden konnten, so werden daraus, hoffe ich, doch keine Inkonvenienzen entstehen. Denn ich zweifle nicht daran, dass die Schweiz. Behörden zu einer loyalen Interpretation und Durchführung des Vertrages Hand bieten werden, wie sie schon beim Abschluss des Vertrages ihre Interessen nicht allzu sehr in den Vordergrund gestellt haben. Ich erwähne z.B. den völligen Verzicht auf einen Gewinn-Anteil und die Verwendung von Schweizermarken.

---

1 LI LA SF 03/1920/5142. Aktenzeichen: 1388. Eingangsstempel der Regierung vom 15.11.1920. Weitere Exemplare unter LI LA V 002/0478/31; LI LA V 003/0200.
2 LI LA V 002/0478/30, Telegramm Beck an Regierung und Gesandtschaft Wien, 10.11.1920.
3 LGBl. 1922 Nr. 8.
4 Das schweizerische Parlament genehmigte den Vertrag am 10. bzw. 17.12.1920.
5 Der Landtag stimmte dem Vertrag am 29.12.1920 zu (LI LA LTA 1920/S04).
6 Vgl. LI LA V 002/0480/15, Beck an Regierung, 16.6.1920.
7 Der Postvertrag mit Österreich vom 18.2.1920 (LI LA RE 1919/3062) wurde auf den 1.2.1921 gekündigt.

Dass die Postverwaltung teurer zu stehen kommen wird als bisher, ist wohl zweifellos. Dies ergibt sich aber heute für jede Postverwaltung als zwingende Notwendigkeit aus der heutigen Weltlage. Dafür werden wir eine wesentliche Verbesserung des Post-, Telegraphen- und Telephondienstes erhalten, was volkswirtschaftlich hoch einzuschätzen ist. Ich hoffe, dass dieser Vertrag zum Segen des Landes gereichen möge.

Ich wollte die Gelegenheit der Unterzeichnung nicht vorbeigehen lassen, ohne dem Herrn Bundespräsidenten für das freundliche Entgegenkommen zu danken und die Hoffnung daran zu knüpfen, dass die Unterzeichnung des Zollvertrages auch bald stattfinden könne. Herr Motta antwortete, der Schweiz. Bundesrat freue sich, dem Fürstentum diesen Dienst erweisen zu können. Er studiere auch die Frage des Zollvertrages, der er sympathisch gegenüberstehe, und er hoffe, dass diese beiden Verträge geeignet sein werden, die guten Beziehungen der beiden Länder dauernd zu erhalten.

Das Original des Vertrages werde ich Ihnen beim nächsten Besuch in Vaduz persönlich überbringen. Eine Abschrift dieses Schreibens geht gleichzeitig an die fürstliche Gesandtschaft in Wien.

Der fürstliche Geschäftsträger:

Dok. 164
Landesverweser Josef Peer spricht sich entschieden gegen die Einbürgerung des Wiener Industriellen Salomon Manfred Singer aus und warnt vor der Durchdringung Liechtensteins durch die jüdische Rasse

Maschinenschriftliches Schreiben von Landesverweser Josef Peer, gez. ders., an die fürstliche Kabinettskanzlei in Wien[1]

13.11.1920

Betrifft Dr. M. Singer
Sehr verehrter Herr Kabinettsrat [Josef Martin]!

Gegen Mitte Oktober 1920 erschien eines Tages der Herr Landtagsabgeordnete Dr. [Eugen] *Nipp* bei mir und teilte mir vertraulich mit, er sei von dem Industriellen Dr. S. M. [Salomon Manfred] *Singer* in Wien, Hauptaktionär der Spinnerei Rankweil und der Weberei in Mühleholz, ersucht worden, in folgender Angelegenheit zu sondieren:

Dr. S. plane, die seit längerem stillstehende Weberei in Mühleholz wieder in Betrieb zu setzen, event. auch weiters ein grosses industrielles Aktienunternehmen im Land ins Leben zu rufen, das für das Fürstentum eine sehr ausgiebige Steuerquelle werden dürfte. Die Frage des Herrn Professor Nipp wegen der Erteilung der Konzession für ein solches Unternehmen konnte ich sehr einfach dahin beantworten, dass ein Grund, eine solche Konzession nicht zu erteilen, nicht vorliege, wenn nur der Zweck der zu gründenden Gesellschaft erlaubt und einwandfrei sei, was Herr Professor Nipp ohne weiters zusichern konnte.

Nun kam aber Herr Professor Nipp auf den zweiten Teil, nämlich auf den Wunsch des Herrn S. nach Verleihung der liechtensteinischen Staatsbürgerschaft zu sprechen, dessen Erfüllung in, wie Herr Professor Nipp meinte, *unlöslicher Verbindung* mit dem Plane der oben erwähnten Gründung stehe.

---

1   LI LA SF 01/1920/160. Weiteres Exemplar unter LI LA SF 01/1920/206. Zur Frage der Einbürgerung des Österreichers Singer vgl. auch LI LA V 003/0979 und LI LA V 003/0980.

Ich bemerkte Herrn Dr. Nipp, dass meines Wissens Dr. S. ein Jude sei und bereits kurze Zeit vorher die Regierung in einem gleichen Falle, in welchem die Anfrage ohne Nennung von Namen durch Herrn Dr. [Rudolf] Siebenschein gestellt worden war, letzterem bedeutete, es bestehe wohl keine Aussicht für seinen Mandanten, in Liechtenstein als Bürger aufgenommen zu werden.

Dr. Nipp konnte mir nur sagen, dass seines Wissens Dr. Singer «konfessionslos» sei, während seine Kinder evangelisch sein sollen. Ich machte Herrn Nipp lediglich auf jene Bestimmungen der liechtensteinischen Gesetze aufmerksam, nach welchen die Verleihung des Staatsbürgerrechtes ausschliesslich dem Fürsten [Johann II.] zusteht und die Regierung lediglich die Erhebungen über das Verhalten des Aufnahmswerbers u.s.w. zu pflegen und die Sache sohin dem Fürsten vorzulegen habe. Bei der offenkundigen Wichtigkeit der Sache ihrer finanzieller Seite nach würde ich, so sagte ich Herrn Dr. Nipp weiters, inzwischen solche Erhebungen pflegen.

Dr. Nipp benahm sich in der ganzen Angelegenheit vollkommen korrekt und sah auch ein, dass, falls Dr. Singer ein Jude wäre, die Sache nicht ganz unbedenklich sei.

Ich habe sodann mich an einen mir persönlich verlässlichen Vorarlberger Grossindustriellen um Auskunft über Herrn Dr. Singer gewendet[2] und diese alsbald in einem Brief erhalten,[3] dessen Abschrift ich beischliesse.

Gleich hernach erhielt ich das Schreiben der fürstl. Hofkanzlei vom 16.X. 1920, Zl. 7319,[4] mit zwei Promemoria's des fürstl. Finanzrechtskonsulenten Dr. Siebenschein vom 9.10.1920,[5] die ich *gegen gefl. Rückschluss* beilege.

Das Promemoria No. 1, betreffend die beabsichtigte Gründung einer Aktiengesellschaft, ist *an und für sich* natürlich vollkommen harmlos, der Kern der Sache steckt dafür im Promemoria No. 2 und auch hier *in dessen letztem Absatze*, in welchem mit dem Wunsche nach Verleihung der liechtensteinischen Staatsbürgerschaft herausgerückt wird.

Ich gestehe nun ganz offen, dass ich der Einbürgerung von Juden – dass Dr. Singer, ehe er «konfessionslos» wurde, Jude war,[6] ist wohl im Ernste nicht zu bezweifeln – in Liechtenstein nicht sympathisch gegenüberstehe. Lässt man sich, verlockt durch die materiellen Vorteile im einzelnen Falle, einmal dazu herbei, mit dieser Rasse anzubandeln, so wird es nicht sehr lange dauern, bis das Land von ihr, sagen wir, penetriert ist, was ich unbedingt nicht für wünschenswert ansehe!

Was auf mich aber geradezu abstossend wirkt, ist die Art und Weise, wie Herr Dr. Siebenschein in Vertretung Singer's die Sache aufzäumt.

Ich bin nicht naiv genug, zu glauben, dass Herr Dr. Singer zuerst daran gedacht hätte, seine Aktiengesellschaft in der Schweiz zu gründen und dass er erst von seinem Anwalte Dr. Siebenschein auf den Gedanken gebracht werden musste, diese Gründung in Liechtenstein vorzunehmen. Wenn es sich nun auch noch über diesen Punkt reden liess, so liegt die Sache schon erheblich anders bezüglich dessen, was im Promemoria No. 2 gesagt wird. Die lange Einleitung, die Herr Dr. Siebenschein dem eigentlichen Wunsche

---

2   Vgl. das «vertrauliche» Schreiben von Landesverweser Peer an den Dornbirner Industriellen Julius Rhomberg vom 15.10.1920 (LI LA SF 01/1920/200).
3   Eine Abschrift des Antwortschreibens Rhombergs vom 19.10.1920 findet sich unter LI LA SF 01/1920/201.
4   Vgl. LI LA SF 01/1920/160.
5   Abschriften dieser Dokumente finden sich unter LI LA SF 01/1920/197.
6   Vgl. das vom Matrikelamt der Israelitischen Kultusgemeinde in Wien ausgestellte Geburtszeugnis für Singer vom 25.5.1921. Nach einem Vermerk des Matrikelamtes war Singer jedoch am 23.10.1919 aus dem Judentum ausgetreten (LI LA V 003/979).

seines Klienten vorauszuschicken für gut fand, lässt nämlich auch eine Deutung zu, die nichts weniger als sympathisch ist.

Seine Durchlaucht haben bekanntlich dem Lande einen Lebensmittelkredit von Fr. 550'000. – gewährt.[7] Einen Bestandteil dieser Summe bilden nach der Darstellung des Promemorias auch die von Herrn Dr. Siebenschein beigestellten, auf das Konto Seiner Durchlaucht hinterlegten Fr. 37'500 . –

Man kann nun allerdings bei wohlwollender Auslegung die Sache so nehmen, als ob Dr. Singer den Verzicht auf eine Rückzahlung dieser Summe *nur zu Gunsten des Landes* erklären wollte; gerade so gut aber kann man sie auch dahin auffassen, dass das Land nun einmal *Seiner Durchlaucht dem Fürsten* 550'000 Fr. schuldet, *wovon* 37'500 Franken von Herrn Dr. Singer vorgestreckt wurden und nunmehr von letzterem erlassen worden sind.

Seine Durchlaucht der Herr Prinz Karl, mit dem ich über die Sache sprach, weiss von einer Rückerstattung dieser Summe nichts und da auch Herr Dr. Siebenschein davon nichts weiss, dürfte sie eben nicht stattgefunden haben.

Ich finde diese ganze Aufmachung so *undelikat* und so *echt jüdisch*, dass ich einfach empört darüber war, dass man sich getraute, mit derselben zu kommen.

Sollte ich in diesem Punkte zu schwarz sehen, so bitte ich es mir zu sagen.

Wie übrigens Herr Dr. Siebenschein erklären konnte, es liege «konfessionell kein Hindernis» gegen die Einbürgerung des Herrn Dr. Singer vor, ist mir schwer verständlich, da ja doch genannter Herr aus dem früheren, von mir oben erwähnten Falle wissen musste, dass die Aufnahme von Juden nicht erwünscht sei und ihm noch weniger unbekannt sein kann, dass Dr. Singer trotz seiner gegenwärtigen Konfessionslosigkeit glattweg als Jude zu bezeichnen ist.

Aufgefallen ist mir, dass Herr Dr. Nipp, offenbar auf Grund der ihm von Dr. Singer gemachten Eröffnungen, ein *Junctim* zwischen der Gründung der Gesellschaft und der Verleihung der Staatsbürgerschaft an Dr. Singer und seine Familie als feststehend annahm, während Dr. Siebenschein in den beiden Promemoria diese beiden Dinge getrennt und als *scheinbar* von einander unabhängig behandelt.

Ich bitte Sie nun, sehr verehrter Herr Kabinettsrat, mir Weisungen zukommen zu lassen, wie ich mich bei einem allfälligen weiteren Fortgang der Sache zu verhalten habe.[8]

Mit dem Ausdrucke meiner ganz besonderen Hochachtung bin ich, sehr verehrter Herr Kabinettsrat,

Ihr ganz ergebenster

---

7 Vgl. hiezu das Fürstliche Handschreiben vom 10.2.1920 betreffend Gewährung eines unverzinslichen Darlehens an das Fürstentum Liechtenstein für die Lebensmittelschuld und für Beamtengehalte, LGBl. 1920 Nr. 4: Das Darlehen über 550'000 Franken diente in erster Linie der Rückzahlung der bei der Schweizerischen Kreditanstalt in Zürich bestehenden Lebensmittelschuld des Landes.

8 Die Bürgerversammlung der Gemeinde Vaduz sicherte Singer und seinen 4 Kindern am 17.2.1921 für den Fall der Erlangung der liechtensteinischen Staatsbürgerschaft und unter der Bedingung, eine Aufnahmstaxe von 20'000 Franken zu bezahlen, das Gemeindebürgerrecht zu (vgl. die «Einbürgerungsurkunde» vom 17.2.1921 unter LI LA RE 1921/0876; vgl. ferner LI GAV A 01/482/2). Ein gewichtiges Argument für die Annahme des Gesuches war das Versprechen Singers, den Betrieb der Weberei in Mühleholz wieder aufzunehmen und damit Arbeitsplätze zu schaffen. Auch sicherte er die Zahlung einer jährlichen Einkommenssteuer von 30'000 Franken zu (Schreiben von Josef Ospelt an Prinz Eduard von Liechtenstein vom 19.4.1921 (LI LA RE 1921/0876); Schreiben Singers an Prinz Eduard vom 27.5.1921 (LI LA V 003/0980 (Aktenzeichen der liechtensteinischen Gesandtschaft in Wien: Nr. 275/1)). Im September 1921 konnte Singer aber diese Summe nicht mehr garantieren, weil sein Einkommen in österreichischen Kronen bestand, die einem «ungeheuren Kurssturz» unterlagen (Schreiben der liechtensteinischen Gesandtschaft in Wien bzw. des liechtensteinischen Geschäftsträgers Alfred von Baldass an die liechtensteinische Regierung vom 7.9.1921 unter LI LA RE 1921/4094 ad 0876 bzw. unter LI LA V 003/0980 (Aktenzeichen der Gesandtschaft: Nr. 275/3)).

Dok. 165
Liechtenstein beantwortet die vier Fragen des Völkerbunds zur Prüfung des liechtensteinischen Aufnahmegesuchs

Maschinenschriftliches Schreiben von Emil Beck, liechtensteinischer Geschäftsträger in Bern und Delegierter für die Verhandlungen mit dem Völkerbund, an Gerald Abraham, Sekretär der 2. Unterkommission der 5. Kommission der Völkerbundversammlung[1]

o.D. (26.11.1920), o.O.

Monsieur le Secrétaire,

Par sa note du 22 novembre[2] Lord Robert Cecil, Président de la Sous-Commission qui est chargé de faire à la Cinquième Commission de l'Assemblée de la Société des Nations, un rapport sur les faits se rapportant à la candidature du Liechtenstein, a bien voulu me poser quelques questions auxquelles j'ai l'honneur de répondre ce qui suit:

1. Votre Gouvernement a-t-il été reconnu de jure ou de facto et par quels Etats?

   La Principauté de Liechtenstein existe comme telle depuis l'année 1719, date à laquelle l'Empereur Charles IV [Karl VI.] a réuni la Comtée Immédiate de Vaduz et la Seigneurie Immédiate de Schellenberg en Principauté Immédiate et Souveraine de Liechtenstein. Cette dernière se sépara du Saint Empire en 1806 en formant avec d'autres Etats, sous le protectorat de Napoléon I, la Confédération du Rhin. Napoléon I reconnut expressément à la Principauté la pleine souveraineté qui fut à nouveau reconnue par le Congrès de Vienne en 1815. Depuis lors la souveraineté de la Principauté n'a jamais été contestée. En 1919, à l'époque où la Suisse s'est chargée d'assumer la représentation diplomatique de la Principauté dans les pays où elle n'avait pas des représentants, la plupart des Etats ont renouvelé expressément la reconnaissance de la souveraineté de mon Gouvernement.[3] J'en citerais par exemple la Grande-Bretagne, la France, l'Italie, la Grèce, les Etats-Unis d'Amérique du Nord. L'autre voisin de la Principauté l'Autriche, a fait une déclaration expresse dans ce sens à diverses reprises, par exemple en 1851 et en 1880.[4] Le Prince Régnant n'a jamais été sujet autrichien. Il était toujours considéré comme Souverain étranger qui jouissait de l'exterritorialité.

2. Etes-vous une Nation avec un Gouvernement stable et des frontières définies? Quelles sont la superficie et la population de votre pays?

   La Principauté a toujours eu un Gouvernement stable depuis la première reconnaissance comme Etat souverain et indépendant. Le Prince Régnant Jean II. gouverne

---

1 LI LA V 002/0162/32-34. Eingangsstempel der Gesandtschaft Bern vom 26.11.1920. Aktenzeichen: 1442. Weitere Exemplare unter LI LA V 002/0162/35-36; LI LA V 003/0122.
2 LI LA V 002/0162/22-23.
3 Vgl. LI LA RE 1919/6087 ad 589, Emil Beck an Gesandtschaft Wien, 12.12.1919.
4 1851 bewilligte Österreich dem souveränen Fürsten von Liechtenstein für sich und seine Familie sowie den Gliedern des Hauses Bourbon älterer Linie den Gerichtsstand des Obersthofmarschall-Amtes, welcher jenen Personen vorbehalten war, denen das Recht der Exterritorialität zustand (Erlass des Justizministeriums vom 10.8.1851, mit dem die Allerhöchste Entschliessung vom 30.7.1851 kundgemacht wird, öst. RGBl. 1851 Nr. 183). 1880 gestand Österreich der Schwester des Fürsten, Prinzessin Therese von Liechtenstein, und seinem Bruder, Prinz Franz von Liechtenstein, das Recht der Exterritorialität zu (Kundmachung des Justizministeriums vom 5.11.1880, öst. RGBl. 1880 Nr. 134).

depuis 1858. Les frontières, qui n'ont jamais été contestées par les Etats voisins, n'ont pas changé depuis la première reconnaissance de la Principauté.

La superficie est de 159 kilomètres carrés. La population était, au dernier recensement, de 11'000 âmes. A présent elle compte probablement un peu moins.

3. Votre Gouvernement se gouverne-t-il librement?

Notre Gouvernement est absolument indépendant et se gouverne librement. Sa législative est la Diète qui est élue par le peuple. Il n'existe pas de contrats avec d'autres Etats qui ne puissent pas être dénoncés à bref délai.

4. Quelle est l'attitude de votre Gouvernement tant dans ses actes que dans les déclarations qu'il a faites:

(1) concernant ses engagements internationaux, et

(2) concernant les prescriptions de la Société relativement aux armements?

ad. (1): Notre Gouvernement a toujours tenu scrupuleusement ses engagements internationaux.

ad. (2): Depuis l'année 1866 la Principauté a réalisé le désarmement complet.[5]

Veuillez agréer, Monsieur le Secrétaire, l'assurance de ma considération la plus distinguée.

Dok. 166
Die fürstlich-liechtensteinische Residenz in Wien wird von Österreich als exterritoriales Gebäude eines fremden Souveräns anerkannt

Maschinenschriftliche Note des österreichischen Aussenministeriums an die liechtensteinische Gesandtschaft in Wien, nicht gez.[1]

13.12.1920, Wien

Verbalnote

In Beantwortung der geschätzten Verbalnote Z. 838/1 vom 1. Dezember l.J.[2] beehrt sich das Bundesministerium für Äusseres der Fürstlich Liechtensteinischen Gesandtschaft ergebenst zu bestätigen, dass das Palais in Wien I. Bankgasse 9 und I. Minoritenplatz No. 4 als Residenz Seiner Durchlaucht des regierenden Fürsten [Johann II.] von Liechtenstein, also eines fremden Souveräns, hierlands nach den Grundsätzen des Völkerrechtes als exterritoriales Gebäude angesehen wird.[3]

---

5 Liechtenstein hatte sein Militärkontingent 1868 aufgelöst.

1 AT HALW Karton 35 (LI LA MFS 00288). Aktenzeichen des österreichischen Aussenministeriums: Zl. 73401/13.

2 Dokument in den Wiener Gesandtschaftsakten nicht aufgefunden.

3 Vgl. in diesem Zusammenhang das Gesetz vom 3.4.1919 über die Abschaffung der nicht im Völkerrecht begründeten Exterritorialität, öst. StGBl. 1919 Nr. 210. Zur Souveränität des Fürsten von Liechtenstein vgl. auch das Gutachten des Wiener Völkerrechtsprofessors Leo Strisower vom Februar/März 1921 (LI LA V 003/0337 (Aktenzeichen der liechtensteinischen Gesandtschaft in Wien: 153/1)).

Dok. 167
Der fürstliche Musikdirektor Severin Brender bittet Fürst Johann II. um die Übernahme des Protektorates und die Subventionierung einer zu gründenden Musik- und Malschule, ferner um ein unverzinsliches Darlehen für die Anschaffung der benötigten Musikinstrumente

Handschriftliches Schreiben des fürstlichen Musikdirektors Severin Brender, gez. ders., an Fürst Johann II.[1]

14.12.1920, Vaduz

Eure Durchlaucht,
Gnädigster Fürst und Herr!
Bei der anlässlich der letzten Anwesenheit Euer Durchlaucht im September l. Jahres in Vaduz dem ehrfurchtvollst Gefertigten gnädigst gewährten Audienz in Sachen verschiedener musikalischen Angelegenheiten haben Eure Durchlaucht dem Wunsche Ausdruck gegeben, über die beabsichtigte Gründung einer Musikschule, in bescheidenem Rahmen der hiesigen Verhältnisse gehalten, ausführlichen Bericht zu erhalten.

Diesem Höchsten Auftrage Eurer Durchlaucht ehrerbietigst nachkommend, gestattet sich der gehorsamst Gefertigte, in der Anlage einen von ihm ausgearbeiteten schriftlichen Plan[2] Eurer Durchlaucht gnädigst zu unterbreiten.

Um der Schwesterkunst der Musik, der Malerei, eine gediegene Ausbildung zu sichern, möge es mir gestattet sein, hierüber Eure Durchlaucht auch einen Vorschlag gütigst unterbreiten zu dürfen und könnte obengenannter Musikschule, eine Schule für Malerei und Zeichnen leicht angegliedert werden, zumal sich dafür eine einheimische, ausgebildete Kraft in der Person des Herrn Friedrich Kaufmann[3] gewinnen liesse.

Als Lehrer der Musikschule müsste ausser dem gehorsamst Gefertigten wohl noch eine zweite Kraft, wie im beiliegenden Plan vorgesehen, herangezogen werden, denn unmöglich würde es mir fallen, neben meinen jetzigen häufigen Arbeiten noch die der Schule allein bewältigen zu können.

Aus vorangeführtem Grunde gestatte ich mir, gleich eine zweite Kraft in Vorschlag zu bringen, da sich als solche ein mir bekannter, junger Mann gewinnen liesse u. zw. in der Person des Kapellmeisters Josef Zwengauer in München.

Den Lebenslauf und Zeugnisse[4] des Herrn Zwengauer erlaube ich mir, gegenständlichem Berichte beizuschliessen; ebenfalls liegen auch Lebenslauf und Zeugnisse[5] des Herrn Fr. Kaufmann bei.

Von sehr grossem Werte und Vorteil für die zu gründende Schule würde es sein, wenn Eure Durchlaucht die Güte hätten und meiner ehrfurchtvollsten Bitte um Übernahme des Protektorates für die Schule stattgeben und sich geneigt finden würden, die anfänglich aller Voraussicht nach notwendig werdende Subventionierung in Aussicht zu stellen, denn nur so wird es möglich sein, die hierlands im Verborgenen weilenden für Kunst Sinn habenden, nicht wenigen Kräfte einigermassen einer Ausbildung zuzuführen.

---
1 LI LA SF 01/1921/020.
2 Vgl. den Plan von Severin Brender für die Musik- und Malschule in Liechtenstein vom 1.12.1920 unter LI LA SF 01/1921/020.
3 Vgl. in diesem Zusammenhang das Schreiben von Friedrich Kaufmann, u.a. einen Lebenslauf beinhaltend, an Fürst Johann II. vom November 1920 (ebd.).
4 Lebenslauf und Zeugnisse von Josef Zwengauer liegen der Akte nicht bei.
5 Zeugnisse von Friedrich Kaufmann liegen der Akte nicht bei.

Endlich gestattet [sich] der untertänigst Gefertigte, an die Gnade Eurer Durchlaucht in der Richtung zu appellieren, dass Euer Durchlaucht den für die Anschaffung der im beiliegenden Plane verzeichneten Instrumente nötigen Betrag von reichlich bemessen 35'100 Mark als unverzinsliches Darlehen gnädigst zur Verfügung stellen zu wollen. Die Tilgung dieses Darlehens würde in der Art geplant sein, dass nach Ablauf der ersten drei Jahre jährlich 100 Franken zurückbezahlt würden.

Indem gehorsamst Gefertigter hofft, Euer Durchlaucht werden vorstehenden Zeilen einer wohlwollenden Beurteilung unterziehen,[6] ist er Euer Durchlaucht für allfällig weiter gewünschte Auskunft gerne zu Verfügung stehender, in aller Ergebenheit dankbarst unterzeichneter

gehorsamster

Dok. 168
Emil Beck informiert die Gesandtschaft Wien über die Ablehnung des liechtensteinischen Gesuchs um Aufnahme in den Völkerbund

Maschinenschriftliches Schreiben von Emil Beck, Geschäftsträger in Bern, gez. ders., an die Gesandtschaft in Wien[1]

20.12.1920, Bern

Völkerbund
Anmeldung

Ich bestätige mein Telegramm vom 17. dieses Monats aus Genf, lautend: «Aufnahme als reguläres Mitglied durch Versammlung abgelehnt. Prüfung besonderer Stellung für Kleinstaaten an Kommission verwiesen.»[2]

Auf eine Mitteilung der Schweiz. Delegation, dass unsere Anmeldung wahrscheinlich schon am 15. dieses Monates in der Versammlung zur Behandlung gelange und meine Anwesenheit in Genf wünschenswert sei,[3] begab ich mich am 15. dorthin.

In erster Linie versuchte ich, mit dem Referenten der Kommission eine Besprechung zu haben, um ihn zu veranlassen, in seinem Referat darauf hinzuweisen, dass die Anträge der Kommission sich nicht darauf stützen, dass die Souveränität des Fürstentums nur als eine beschränkte anerkannt wird, wie man aus der Formulierung der Kommission schliessen könnte.[4] Es gelang mir aber nur, mit Herrn [Gerald] Abraham vom Generalsekretariat zu sprechen, der diese Anträge formuliert hatte. Dieser bestätigte mir,

---

6   Kabinettsdirektor Josef Martin teilte der Regierung am 19.1.1921 mit, dass Fürst Johann II. dem Projekt «unter Umständen» einen einmaligen Beitrag widmen, aber keinerlei Bürgschaft übernehmen würde (ebd.). Gemäss Amtsvermerk von Regierungschef Josef Ospelt wurde die Angelegenheit am 10.2.1922 ad acta gelegt, «da derzeit eine Durchführung dieser Pläne unmöglich» erschien (ebd.).

1   LI LA V 003/0124. Aktenzeichen: 1530. Eingangsstempel der Gesandtschaft Wien, wo das Schreiben am 22.12.1920 unter Nr. 867/3 einging. Handschriftliche Randbemerkungen, Anstreichungen und Korrekturen von Prinz Eduard von Liechtenstein. Laut Rückvermerk von Prinz Eduard vom 22.12.1920 wurde der Bericht an die Kabinettskanzlei weitergeleitet zur Vorlage an Fürst Johann II. Weitere Exemplare unter LI LA V 002/0160/51-53; LI LA RE 1920/5629 ad 141.

2   LI LA V 003/0124.

3   LI LA V 002/0160/27, Telegramm Schweizerische Völkerbundsdelegation an Emil Beck, 14.12.1920.

4   LI LA V 003/0131, Bericht der 5. Kommission der Völkerbundsversammlung, 6.12.1920.

dass die volle Souveränität durchaus anerkannt sei. Der Grund für die Verweigerung der Aufnahme sei lediglich die Kleinheit des Staates.

Herr [Giuseppe] Motta, den ich hierauf sprach, hatte anfänglich die Absicht, zu unserer Frage im Zusammenhang mit der österreichischen und vorarlbergischen Frage zu sprechen. Die Versammlung beschloss dann aber, Liechtenstein in einer anderen Sitzung zu behandeln. Herr Motta erklärte mir daher, er würde gerne das Wort für uns ergreifen. Nachdem er aber bereits für Österreich, Vorarlberg und Deutschland habe sprechen müssen, sei ihm dies nicht wohl möglich. Er veranlasste aber Lord Robert Cecil, das Wort zu ergreifen und auf die besondere Stellung hinzuweisen, die das Fürstentum einnehmen müsse.

Freitag, den 17. dieses Monats, gelangte dann unsere Anmeldung als erstes Traktandum zur Behandlung. Lord Cecil vertrat den Standpunkt der Kommission, dass die Aufnahme wegen der Kleinheit des Gebietes nicht empfohlen werden könne. Dagegen sei eine Kommission zu bestellen, welche die Frage zu studieren habe, ob den Kleinstaaten im Völkerbund nicht eine besondere Stellung zu geben sei, und ob und event. welche Änderungen des Paktes[5] hiefür notwendig seien. Die Kommission hätte der nächsten Versammlung über diese Frage Bericht zu erstatten.

Auf Antrag des Präsidenten [Paul Hymans] wurde die Abstimmung hierüber verschoben, bis mehr Vertreter anwesend sein würden. Für die Abstimmung wurden zwei Fragen unterschieden: 1. Die Aufnahme in den Völkerbund und 2. Der Vorschlag, die Angliederung der Kleinstaaten durch eine Kommission prüfen zu lassen. Zur Abstimmung mit Namensaufruf gelangte nur die Frage der Aufnahme. Dabei stimmte nur die Schweiz dafür, alle andern dagegen. Bezüglich des zweiten Vorschlages der Kommission bestand kein Gegenantrag, sodass er ohne Abstimmung angenommen wurde.[6]

Diese Abweisung, die wir uns vielleicht hätten ersparen können durch Rückzug oder Verschiebung der Anmeldung, hat immerhin den Vorteil, dass die Schaffung einer besonderen Stellung für die Kleinstaaten (Liechtenstein, Monaco, St. Marino, Andorra und Island) schon in die Wege geleitet ist.[7]

Ich hoffe, dass diese Lösung für uns günstiger sei, als die Aufnahme in den Völkerbund. Wir werden eben versuchen müssen, uns die Vorteile des Völkerbundes (Anerkennung der Souveränität, Gebietsgarantie, Gewährleistung der Lebensmittel-, Kohlen- und Rohstoffzufuhr u.s.w.) zu sichern, ohne die Verpflichtungen eines Mitgliedes übernehmen zu müssen (z.B. Beitragspflicht, militärische Pflichten u.s.w.). Hiefür wird der Bericht der Kommission ausschlaggebend sein. Daher ist es wichtig, die Redaktion ihrer Anträge zu beeinflussen. Ich nehme an, dass das Generalsekretariat uns zu gegebener Zeit zu einer Sitzung einladen wird.[8]

Eine Abschrift dieses Schreibens geht gleichzeitig an die Fürstliche Regierung in Vaduz.

Der fürstliche Geschäftsträger:

---

5   Die Satzung des Völkerbunds war als Artikel 1 bis 26 Bestandteil des Versailler Vertrags (dt. RGBl. 1919 Nr. 140) und der übrigen Pariser Vorortverträge.
6   Vgl. Société des Nations. Actes de la Première Assemblée. Séances plénières / League of Nations. The records of the First Assembly. Plenary meetings, Genf 1920, S. 642 f., 652. In der Frage der Angliederung von Kleinstaaten an den Völkerbund wurde 1921 eine Kommission eingesetzt. Im Herbst 1921 diskutierte die Völkerbundsversammlung das Problem, fasste jedoch keine konkreten Beschlüsse. In der Folge verschwand die Frage von der Agenda.
7   Handschriftliche Randbemerkung von Prinz Eduard: «Ein Zurückziehen hätte die Aufnahme für immer unmöglich gemacht, was ich verhindern wollte. Das Erreichte ist dagegen ein Schritt vorwärts.»
8   Handschriftliche Randbemerkung von Prinz Eduard: «Meiner Meinung nach wird jetzt an alle Staaten mit entsprechenden Noten heranzutreten sein und zwar noch Anfang Januar.»

Dok. 169
Prinz Eduard ermahnt Emil Beck, seinen gesellschaftlichen und repräsentativen Pflichten als Diplomat nachzukommen

Maschinenschriftliche Abschrift eines vertraulichen Schreibens von Prinz Eduard von Liechtenstein, liechtensteinischer Gesandter in Wien, gez. ders., an Emil Beck, liechtensteinischer Geschäftsträger in Bern[1]

3.1.1921, Wien[2]

Euer Hochwohlgeboren!

Mit Bericht vom 30. Oktober v.J., Zl. 1339,[3] haben Euer Hochwohlgeboren mir mitgeteilt, «dass das Bureau der Berner Gesandtschaft ab 15. November sich Muldenstrasse 19 befindet», wo Sie «drei Zimmer gemietet haben.» Von der fürstlichen Regierung erfahre ich unter dem 10. Dezember,[4] dass dieselbe von dieser Übersiedlung erst durch einen Bericht von mir, in welchem ich diese besprach,[5] Kenntnis erhielt. Ich bin vom Herrn Regierungschef [Josef Peer] beauftragt, Euer Hochwohlgeboren darauf aufmerksam zu machen, dass, sosehr man auch im diplomatischen Dienst Initiative und im gegebenen Moment selbstständiges Vorgehen schätzt, das Aufgeben einer Dienstwohnung und von Amtsräumen und das Neumieten von solchen doch überall eine Angelegenheit ist, welche von dem betreffenden Missionschef nur im Einvernehmen und mit Genehmigung seiner vorgesetzten Behörde in Angriff genommen und durchgeführt werden kann.[6] Ich kann jetzt nur der Hoffnung Ausdruck geben, dass Ihre Wahl eine glückliche war und Ihre neuen Amtsräume sich in einer günstigeren Weise präsentieren als die in der Optingenstrasse, welche nach ihrem Meublement wie nach ihrer ganzen Aufmachung wohl kaum als einer diplomatischen Vertretung entsprechend bezeichnet werden konnten.

Ich kann diesen Anlass nicht vorübergehen lassen, ohne Sie zu ersuchen, auf die gesellschaftlichen und repräsentativen Pflichten Ihrer Stellung ein etwas grösseres Gewicht legen zu wollen als bisher. Es liegt mir vollkommen ferne, einem übertriebenen Aufwand das Wort zu reden, welcher bei der Kleinheit des Fürstentumes auch keineswegs einen guten Eindruck machen würde. Ebenso verfehlt ist es aber, in den entgegengesetzten Fehler zu verfallen. Ein Diplomat muss, um dem Staat, dem er dient, erfolgreiche Dienste leisten zu können, Konnexionen pflegen, da die persönlichen Beziehungen in ganz ausserordentlicher Weise den dienstlichen Verkehr fördern und erleichtern und es nur durch sie möglich ist, einflussreiche Persönlichkeiten für sich zu gewinnen, eine den Interessen des Staates günstige Stimmung zu erzeugen und Gerüchte und Auffassungen, die die-

---

1 LI LA V 003/1150. Aktenzeichen: 823/2. Ebd. ein handschriftlicher Entwurf, der Regierungschef Josef Peer vorgelegt und von diesem zur Kenntnis genommen wurde.
2 Das Dokument ist irrigerweise auf den 3.1.1920 datiert.
3 LI LA V 003/1149, Beck an Gesandtschaft Wien, 30.10.1920.
4 LI LA V 003/1150, Peer an Prinz Eduard, 10.12.1920.
5 LI LA V 003/1149, Prinz Eduard an Peer, 16.11.1920.
6 Peer hatte Prinz Eduard geschrieben, er habe bisher darauf verzichtet, die Miete der Räume an der Muldenstrasse «zum Anlass einer leisen Rekrimination» zu nehmen, da er Prinz Eduard «den Vortritt lassen wollte.» Er sei aber «über weiteren Wunsch bereit, Herrn Dr. Emil Beck im Sinne der erhobenen Bemängelung eine sanfte Weisung für die Zukunft zukommen zu lassen» (LI LA V 003/1150, Peer an Prinz Eduard, 10.12.1920).

sem schädlich sein könnten, zu zerstreuen. Welch grosse Wichtigkeit dies gerade für das Fürstentum hat, haben die Verhandlungen über eine Aufnahme in den Völkerbund wohl zur Genüge bewiesen. Es ist für einen solchen Kontakt absolut nicht notwendig, dass Sie Empfänge und Diners geben, wozu Sie als Geschäftsträger auch als Erwiderung für erhaltene Einladungen nach internationalem Brauch nicht bemüssigt sind,[7] wohl aber müssen die einfachen Formen des gesellschaftlichen Verkehrs, Besuche u.s.w. eingehalten werden. Ich habe nun nicht nur von verschiedener Seite mehrfach gehört, dass es recht schwierig ist, Sie aufzufinden und zu erreichen, sondern es wurde mir auch gesagt, dass die Gesandtschaft nicht im Berner Telephonverzeichnis zu finden sei und dass man selbst auf dem Postamte die Adresse nicht ersehen konnte. Ich ersuche, falls dies richtig ist, entsprechende Veranlassungen zu treffen. Zu meinem lebhaften Bedauern hat mir auch Graf Mensdorf [Albert von Mensdorff-Pouilly-Dietrichstein], mit dem wegen der Völkerbundangelegenheit in Verbindung zu treten ich Euer Hochwohlgeboren so dringend nahe gelegt hatte, mitgeteilt, dass er nicht das Vergnügen hatte, Sie in Genf zu begrüssen, und ebenso sagte mir Graf [Walther von] Berchem, bezüglich dessen ich Ihnen mündlich empfohlen hatte, ihn, als er als bayrischer Geschäftsträger in Bern war, zu besuchen, dass er Sie während seiner ganzen Berner Amtstätigkeit nicht kennen gelernt hat. Auch andere Berner Diplomaten sagen mir, sie hätten Sie nie kennen gelernt. Ich beehre mich daher, Euer Hochwohlgeboren wärmstens zu ersuchen, dieser wichtigen Seite Ihrer Amtstätigkeit in Hinkunft ein grösseres Augenmerk zuwenden zu wollen.

Indem ich Sie bitte, mir diese im Interesse des Ansehens unseres gemeinsamen Vaterlandes und des Dienstes gemachten freundschaftlichen Bemerkungen nicht zu verübeln,[8] bin ich mit dem Ausdruck meiner vorzüglichsten Hochachtung

---

[7] Vor der Ernennung von Beck zum Vertreter Liechtensteins in Bern hatten sich Regierung und Prinz Eduard mit der Frage beschäftigt, ob Beck als Gesandter oder als Geschäftsträger ernannt werden solle. Prinz Eduard holte bei Charles-Daniel Bourcart, schweizerischer Gesandter in Wien, Auskünfte ein, der darauf hinwies, dass ein Gesandter viel weitergehende Repräsentationspflichten habe als ein Geschäftsträger. Vgl. LI LA SF 01/1919/046, Prinz Eduard an Prinz Karl von Liechtenstein, 26.6.1919.

[8] Prinz Eduard gab Beck wiederholt Hinweise (in etwas belehrendem Ton), worauf dieser bei seiner Amtstätigkeit zu achten habe. Vgl. etwa LI LA SF 01/1919/110, Prinz Eduard an Emil Beck, 23.10.1919, sowie die Korrespondenz in LI LA V 002/0001.

Dok. 170
Verfassungsentwurf von Regierungschef Josef Peer (1. Fassung)

Maschinenschriftlicher Verfassungsentwurf mit maschinen- und handschriftlichen Berichtigungen und Ergänzungen, «Vorsanktion erteilt» durch Fürst Johann II., gegengez. durch Kabinettsrat Josef Martin[1]

12.1.1921, Wien

Regierungsvorlage
Verfassung des Fürstentums Liechtenstein vom ...
Wir Johann II. von Gottes Gnaden souveräner Fürst zu Liechtenstein, Herzog zu Troppau, Graf zu Rietberg etc. etc. tun hiemit kund, dass von Uns die Verfassung vom 26. September 1862 mit Zustimmung Unseres Landtages in folgender Weise geändert worden ist:

I. Hauptstück
Das Fürstentum

§ 1

Das Fürstentum Liechtenstein bildet in der Vereinigung seiner beiden Landschaften Vaduz und Schellenberg ein unteilbares und unveräusserliches Ganzes;[2] die Landschaft Vaduz (Oberland) besteht aus den Gemeinden Vaduz, Balzers, Planken, Schaan, Triesen und Triesenberg, die Landschaft Schellenberg (Unterland) aus den Gemeinden Eschen, Gamprin, Mauren, Ruggell und Schellenberg.[3]

Vaduz ist der Hauptort und der Sitz der Landesbehörden.[4]

---

1   LI LA RE 1921/0963. Stempel der Kabinettskanzlei des regierenden Fürsten von Liechtenstein mit der Nr. 9 sowie Amtssiegel derselben. Fürstliches Wachssiegel. Der Verfassungsentwurf stammt aus der Feder von Regierungschef Josef Peer, der dabei den Schweizer Juristen Emil Grünenfelder zu Rate zog. Der Verfassungsentwurf wurde in Vaduz und Feldkirch ausgearbeitet und wohl Anfang Januar 1921 fertiggestellt. Vgl. in diesem Zusammenhang das Schreiben von Peer an die fürstliche Kabinettskanzlei vom 12.1.1921, in welchem Peer erwähnt, dass er in dieser Sache bereits Fürst Johann II. Vortrag gehalten und dieser sein Einverständnis mit dem Entwurf ausgedrückt habe. Im selben Schreiben ersuchte Josef Peer im übrigen um die Einholung der fürstlichen «Vorsanktion» für die Regierungsvorlage (LI LA SF 01/1921/194). Der Verfassungsentwurf ging den Landtagsabgeordneten in leicht veränderter und in gedruckter Form zu (LI LA LTA 1921/L03, o.D.). Der Landtag zog die Vorlage in der öffentlichen Sitzung vom 8.3.1921 in Behandlung, in der Peer u.a. die Vorgeschichte der Vorlage darlegte, und wies den Entwurf schliesslich einer siebengliedrigen Verfassungskommission zur Weiterbehandlung zu (LI LA LTA 1921/S04). Die Vorlage wurde nach der genannten Landtagssitzung in den Landeszeitungen publiziert: O.N., Nr. 30, 23.4.1921, S. 1-2 («Der Peer-Verfassungsentwurf»); O.N., Nr. 31, 27.4.1921, S. 1-2; O.N., Nr. 32, 30.4.1921, S. 1-2; O.N., Nr. 33, 4.5.1921, S. 1-2; O.N., 34, 7.5.1921, S. 1; ferner L.Vo., Nr. 33, 27.4.1921, S. 1-2 («Verfassung des Fürstentums Liechtenstein»); L.Vo., Nr. 34, 30.4.1921, S. 1-2; L.Vo., Nr. 35, 4.5.1921, S. 1-2.
2   Vgl. § 1 der liechtensteinischen Verfassung vom 26.11.1862.
3   Vgl. Art. 1 Abs. 1 und 2 des Verfassungsentwurfes von Wilhelm Beck. Der Verfassungsentwurf wurde im Juni 1920 in den «Oberrheinischen Nachrichten» publiziert: O.N., Nr. 47, 12.6.1920, S. 1 («Verfassungs-Entwurf des Fürstentums Liechtenstein»); O.N., Nr. 48, 16.6.1920, S. 1; O.N., Nr. 49, 19.6.1920, S. 1; O.N., Nr. 50, 23.6.1920, S. 1-2; O.N., Nr. 51, 26.6.1920, S. 1; O.N., Nr. 52, 30.6.1920, S. 2.
4   Vgl. Art. 1 Abs. 3 Verfassungsentwurf Beck.

§ 2
Das Fürstentum ist eine konstitutionelle Erbmonarchie auf demokratischer und parlamentarischer Grundlage; die Staatsgewalt ist im Fürsten und im Volke verankert und wird von beiden nach Massgabe der Bestimmungen dieser Verfassung ausgeübt.[5]

§ 3
Die im Fürstentum Liechtenstein erbliche Thronfolge, die Volljährigkeit des Landesfürsten und des Erbprinzen, sowie vorkommendenfalls die Vormannschaft werden durch die Hausgesetze geordnet.[6]

§ 4
Die Änderung der Grenzen des Staatsgebietes oder einzelner Gemeinden desselben, die Schaffung neuer und die Zusammenlegung bestehender Gemeinden können nur durch ein Gesetz erfolgen.[7]

§ 5
Das Staatswappen ist das des Fürstenhauses Liechtenstein; die Landesfarben sind blau-rot.[8]

§ 6
Die deutsche Sprache ist die Staats- und Amtssprache.[9]

II. Hauptstück
Vom Landesfürsten

§ 7
Der Landesfürst ist das Oberhaupt des Staates und übt sein Recht an der Staatsgewalt in Gemässheit der Bestimmungen dieser Verfassung und der übrigen Gesetze aus. Seine Person ist geheiligt und unverletzlich.[10]

§ 8
Der Landesfürst vertritt den Staat in allen seinen Verhältnissen gegen auswärtige Staaten.[11]
Staatsverträge, durch die Staatsgebiet abgetreten[12] oder Staatseigentum veräussert, über Staatshoheitsrechte oder Staatsregale verfügt, eine neue Last auf das Fürstentum oder seine Angehörigen übernommen oder eine Verpflichtung, durch die den Rechten der Landesangehörigen Eintrag getan würde, eingegangen werden soll, bedürfen zu ihrer Giltigkeit der Zustimmung des Landtages.[13]

---

5   Vgl. Art. 3 Verfassungsentwurf Beck; Z. I/1 der «Schlossabmachungen» vom 15.9.1920 (LI PA VU, Schlossabmachungen, o.Nr.).
6   Vgl. § 3 liechtensteinische Verfassung 1862; Art. 29 Abs. 4 Verfassungsentwurf Beck.
7   Vgl. Art. 1 Abs. 3 Verfassungsentwurf Beck hinsichtlich der Grenzen des Staatsgebietes.
8   Vgl. Art. 2 Abs. 1 Verfassungsentwurf Beck.
9   Vgl. Art. 2 Abs. 2 Verfassungsentwurf Beck.
10 Vgl. § 2 Abs. 1 und 2 Verfassung 1862; Art. 29 Abs. 1 und 2 Verfassungsentwurf Beck.
11 Vgl. § 23 Abs. 1 Verfassung 1862.
12 Maschinenschriftlich ergänzt: «Staatsgebiet abgetreten.»
13 Vgl. § 23 Abs. 2 Verfassung 1862; Art. 30 Abs. 2 Verfassungsentwurf Beck.

§ 9
Jedes Gesetz bedarf zu seiner Giltigkeit der Sanktion des Landesfürsten.[14]

§ 10
Der Landesfürst wird ohne Mitwirkung des Landtages durch die Regierung die zur Vollstreckung und Handhabung der Gesetze erforderlichen, sowie die aus dem Verwaltungs- und Aufsichtsrechte fliessenden Einrichtungen treffen und die einschlägigen Verordnungen erlassen. In dringenden Fällen wird er das Nötige zur Sicherheit und Wohlfahrt des Staates vorkehren.[15]

§ 11
Der Landesfürst ernennt unter Beobachtung der Bestimmungen dieser Verfassung die Staatsdiener.[16]

§ 12
Dem Landesfürsten steht das Recht der Begnadigung, der Milderung und Minderung rechtskräftig zuerkannter Strafen und der Niederschlagung eingeleiteter Untersuchungen zu.

Zu Gunsten eines wegen seiner Amtshandlungen verurteilten Mitgliedes der Regierung wird der Fürst das Recht der Begnadigung oder Strafmilderung nur auf Antrag des Landtages ausüben.[17]

§ 13
Jeder Regierungsnachfolger wird noch vor Empfangnahme der Erbhuldigung[18] unter Bezug auf die fürstlichen Ehren und Würden in einer schriftlichen Urkunde aussprechen, dass er das Fürstentum Liechtenstein in Gemässheit der Verfassung und der übrigen Gesetze regieren, seine Integrität erhalten und die landesfürstlichen Rechte unzertrennlich und in gleicher Weise beobachten wird.[19]

Der Landesfürst wird bei längerer Abwesenheit vom Lande jährlich auf eine gewisse Zeit und ausserdem fallweise einen Prinzen seines Hauses ins Land entsenden und ihn als seinen Stellvertreter mit der Ausübung ihm zustehender Hoheitsrechte betrauen.[20]

III. Hauptstück
Von den Staatsaufgaben

§ 14
Die oberste Aufgabe des Staates ist die Förderung der gesamten Volkswohlfahrt. In diesem Sinne sorgt der Staat für die Schaffung und Wahrung des Rechtes und für den Schutz der religiösen, sittlichen und wirtschaftlichen Interessen des Volkes.[21]

---

14 Vgl. Art. 31 Abs. 1 Verfassungsentwurf Beck.
15 Vgl. § 24 Abs. 2 Verfassung 1862.
16 Vgl. § 27 Verfassung 1862.
17 Vgl. Art. 33 Abs. 1-3 Verfassungsentwurf Beck.
18 «(Erb)hofordnung» durchgestrichen und handschriftlich durch «(Erb)huldigung» ersetzt.
19 Vgl. § 123 Verfassung 1862; Art. 84 Verfassungsentwurf Beck.
20 Vgl. Z. I/2 Schlossabmachungen 1920.
21 Vgl. Art. 1 der Verfassung des Kantons St. Gallen vom 16.11.1890; Art. 4 Verfassungsentwurf Beck; Z. 8 Schlossabmachungen 1920.

§ 15
Der Staat wendet seine besondere Sorgfalt dem Erziehungs- und Bildungswesen zu. Dieses ist so einzurichten und zu verwalten, dass aus dem Zusammenwirken von Familie, Schule und Kirche der heranwachsenden Jugend eine religiös-sittliche Bildung, vaterländische Gesinnung und künftige berufliche Tüchtigkeit zu eigen wird.

§ 16
Das gesamte Erziehungs- und Unterrichtswesen steht unter staatlicher Aufsicht.[22]
Es besteht allgemeine Schulpflicht.
Der Staat sorgt dafür, dass der obligatorische Unterricht in den Elementarfächern in genügendem Ausmass in öffentlichen Schulen unentgeltlich erteilt wird.[23]
Der Religionsunterricht wird durch die kirchlichen Organe erteilt.[24]
Niemand darf die unter seiner Aufsicht stehende Jugend ohne den für die öffentlichen Elementarschulen vorgeschriebenen Grad von Unterricht lassen.
Der Besuch der Fortbildungsschule kann als obligatorisch erklärt werden.
Der Staat übt die ihm zustehende oberste Leitung des Erziehungs- und Unterrichtswesens durch den Landesschulrat aus, dessen Organisation und Aufgaben durch das Gesetz bestimmt werden.[25]
Der Privatunterricht ist zulässig, soferne er den gesetzlichen Bestimmungen über die Schulzeit, die Lehrziele und die Einrichtungen in den öffentlichen Schulen entspricht.

§ 17
Der Staat unterstützt und fördert das Fortbildungs- und Realschulwesen, sowie das hauswirtschaftliche, landwirtschaftliche und gewerbliche Unterrichts- und Bildungswesen.
Er wird unbemittelten, gut veranlagten[26] Schülern den Besuch höherer Schulen durch Gewährung von angemessenen Stipendien erleichtern.[27]

§ 18
Der Staat sorgt für das öffentliche Gesundheitswesen, unterstützt die Krankenpflege und strebt auf gesetzlichem Wege die Besserung von Trinkern und von arbeitsscheuen Personen an.[28]

§ 19
Der Staat schützt die Arbeitskraft, insbesonders jene der in Gewerbe und Industrie beschäftigten Frauen und jugendlichen Personen.
Der Sonntag und die staatlich anerkannten Feiertage sind öffentliche Ruhetage.[29]

---

22 Vgl. Art. 2 Verfassung St. Gallen 1890.
23 Vgl. 3 Abs. 1 Verfassung St. Gallen 1890; Art. 27 Abs. 2 Satz 1 der Bundesverfassung der Schweizerischen Eidgenossenschaft vom 29. Mai 1874.
24 Vgl. Art. 3 Abs. 3 Satz 1 Verfassung Kanton St. Gallen; Art. 5 Abs. 3 Verfassungsentwurf Beck.
25 Vgl. Art. 5 Abs. 5 Verfassungsentwurf Beck.
26 «Intelligenten» durchgestrichen und handschriftlich durch «gut veranlagten» ersetzt.
27 Vgl. Art. 10 Satz Verfassung St. Gallen 1890; Art. 7 Abs. 1-3 Verfassungsentwurf Beck.
28 Vgl. Art. 8 Abs. 1 und 2 Verfassungsentwurf Beck.
29 Vgl. Art. 9 Verfassungsentwurf Beck.

§ 20

Zur Hebung der Erwerbsfähigkeit und zur Pflege seiner wirtschaftlichen Interessen fördert und unterstützt der Staat Land- und Alpwirtschaft, Gewerbe und Industrie; er fördert insbesonders die Versicherung gegen Schäden, die Arbeit und Güter bedrohen, und trifft Massregeln zur Bekämpfung solcher Schäden.

Er wendet seine besondere Sorgfalt einer den Bedürfnissen des modernen Verkehres entsprechenden Ausgestaltung des Kommunikationswesens zu.

Er unterstützt die Rüfeverbauungen, Aufforstungen und Entwässerungen[30] und wird allen Bestrebungen zur Erschliessung neuer Verdienstquellen sein Augenmerk und seine Förderung zuwenden.[31]

§ 21

Dem Staate steht das Hoheitsrecht über die Gewässer nach Massgabe der hierüber bestehenden und zu erlassenden Gesetze zu.[32] Die Benützung, Leitung und Abwehr der Gewässer soll auf gesetzlichem Wege unter Bedachtnahme auf die Entwicklung der Technik geregelt und gefördert werden. Das Elektrizitätsrecht ist gesetzlich zu regeln.

§ 22

Der Staat übt die Hoheit über Jagd und Fischerei aus und schützt bei Erlassung der diesbezüglichen Gesetze die Interessen der Landwirtschaft[33] und der Gemeindefinanzen.[34]

§ 23

Die Regelung des Münzwesens ist Sache des Staates.[35]

§ 24

Der Staat sorgt für eine gerechte Besteuerung[36] unter Freilassung eines Existenzminimums und mit stärkerer Heranziehung höherer Vermögen oder Einkommen.[37]

Die finanzielle Lage des Staates ist nach Tunlichkeit zu heben und es ist besonders auf die Erschliessung neuer Einnahmsquellen zur Bestreitung der öffentlichen Bedürfnisse Bedacht zu nehmen.

§ 25

Das öffentliche Armenwesen ist Sache der Gemeinden nach Massgabe der besonderen Gesetze. Der Staat übt jedoch die Oberaufsicht hierüber aus. Er kann den Gemeinden, insbesondere zur zweckmässigen Versorgung von Waisen, Geisteskranken, Unheilbaren und Altersschwachen geeignete Beihilfe leisten.[38]

---

30 Vgl. Art. 16 Abs. 1 Verfassung St. Gallen 1890.
31 Vgl. Art. 10 Abs. 1 und 2 Verfassungsentwurf Beck. Gemäss Z. I/10 Satz 1 der Schlossabmachungen 1920 sollte im Interesse der arbeitenden Bevölkerung auf die Schaffung von Arbeitsgelegenheit im Land kräftig Bedacht genommen werden.
32 Vgl. Art. 18 Abs. 1 Verfassung St. Gallen 1890; Art. 11 Abs. 1 Verfassungsentwurf Beck.
33 Vgl. Art. 11 Abs. 3 Verfassungsentwurf Beck.
34 Handschriftlich ergänzt: «und der Gemeindefinanzen.»
35 Vgl. Art. 11 a Verfassungsentwurf Beck.
36 Vgl. Art. 11 a Verfassungsentwurf Beck; Z. I/9 Abs. 2 Satz 1 und 2 Schlossabmachungen 1920, wonach der Ordnung der Landesfinanzen ein besonderes Augenmerk zuzuwenden war. Diese sollte durch die Erschliessung neuer Einnahmequellen und die Schaffung gerechter Steuergesetze gesichert werden.
37 Vgl. Art. 12 a Verfassungsentwurf Beck.
38 Vgl. Art. 12 Abs. 1 und 2 Verfassungsentwurf Beck.

§ 26
Der Staat unterstützt und fördert das Alters-, Invaliden- und Brandschaden-Versicherungswesen.[39]

§ 27
Der Staat sorgt für ein rasches, das materielle Recht schützendes Prozess- und Vollstreckungsverfahren, ebenso für ein den gleichen Grundsätzen angepasstes Verwaltungsrechtspflege- und Exekutionsverfahren.[40]

IV. Hauptstück
Von den allgemeinen Rechten und Pflichten der Landesangehörigen[41]

§ 28
Jeder Landesangehöriger hat das Recht, sich unter Beobachtung der näheren gesetzlichen Bestimmungen an jedem Orte des Staatsgebietes frei nieder[zu]lassen und Vermögen jeder Art zu erwerben.
Die Niederlassungsrechte der Ausländer werden durch die Staatsverträge, allenfalls durch das Gegenrecht bestimmt.[42]
Der Aufenthalt innerhalb der Grenzen des Fürstentums verpflichtet zur Beobachtung der Gesetze desselben und begründet den Schutz nach der Verfassung und den übrigen Gesetzen.[43]

§ 29
Die staatsbürgerlichen Rechte stehen jedem Landesangehörigen nach den Bestimmungen dieser Verfassung zu.[44]

§ 30
Über Erwerb und Verlust des Staatsbürgerrechtes bestimmen die Gesetze.[45]

§ 31
Alle Landesangehörigen sind vor dem Gesetze gleich.[46] Die öffentlichen Ämter sind ihnen unter Einhaltung der gesetzlichen Bestimmungen gleich zugänglich.[47]
Die Rechte der Ausländer werden zunächst durch die Staatsverträge und in Ermangelung solcher durch das Gegenrecht bestimmt.

---

39 Vgl. Art. 12 Abs. 3 Verfassungsentwurf Beck. Gemäss Z. I/10 Satz 2 der Schlossabmachungen 1920 sollte nach Zulassung der Verhältnisse und der finanziellen Mittel des Landes möglichst bald die Einführung der Kranken-, Unfall- und Altersversicherung in die Wege geleitet werden.
40 Vgl. Art. 20 Verfassung St. Gallen 1890 betreffend das Zivilprozessrecht; Art. 13 Abs. 1 und 2 Verfassungsentwurf Beck; Z. I/4 Abs. 1 Schlossabmachungen 1920.
41 Vgl. Z. I/7 Satz 1 der Schlossabmachungen 1920, wonach die Grundrechte der Bürger in der Verfassung eingehendst und in vollkommen zeitgemässer Weise festgelegt werden sollten.
42 Vgl. Art. 25 Abs. 1 und 2 Verfassungsentwurf Beck.
43 Vgl. § 4 Verfassung 1862; Art. 14 Abs. 1 Verfassungsentwurf Beck.
44 Vgl. § 5 Verfassung 1862; Art. 14 Abs. 3 Verfassungsentwurf Beck.
45 Vgl. § 6 Verfassung 1862; Art. 14 Abs. 4 Verfassungsentwurf Beck.
46 Vgl. § 7 Verfassung 1862.
47 Vgl. Art. 15 Abs. 2 Verfassungsentwurf Beck.

§ 32

Die Freiheit der Person,[48] das Hausrecht und das Brief- und Schriftengeheimnis sind gewährleistet.

Ausser [in] den vom Gesetze bestimmten Fällen und [in] der durch das Gesetz bestimmten Art und Weise darf weder jemand verhaftet oder in Haft behalten, noch eine Hausdurchsuchung oder Durchsuchung von Personen, Briefen oder Schriften oder eine Beschlagnahme von Briefen oder Schriften vorgenommen werden.

Ungesetzlich Verhaftete und unschuldig Verurteilte haben Anspruch auf volle, vom Staat zu leistende, gerichtlich zu bestimmende Entschädigung.[49] Ob und inwieweit dem Staate ein Rückgriffsrecht gegen Dritte zusteht, bestimmen die Gesetze.[50]

§ 33

Niemand darf seinem ordentlichen Richter entzogen,[51] Ausnahmegerichte dürfen nicht eingeführt werden.[52]

Strafen dürfen nur in Gemässheit der Gesetze angedroht oder verhängt werden.

In allen Strafsachen ist dem Angeschuldigten das Recht der Verteidigung gewährleistet.[53]

§ 34

Die Unverletzlichkeit des Privateigentums ist gewährleistet; Konfiskationen finden nur in den vom Gesetze bestimmten Fällen statt.[54]

§ 35

Wo es das öffentliche Wohl erheischt, kann die Abtretung oder Belastung jeder Art von Vermögen gegen angemessene, streitigenfalls durch den Richter festzusetzende Schadloshaltung verfügt werden.

Das Enteignungsverfahren wird durch das Gesetz bestimmt.[55]

§ 36

Handel und Gewerbe sind innerhalb der gesetzlichen Schranken frei; die Zulässigkeit ausschliesslicher Handels- und Gewerbeprivilegien für eine bestimmte Zeit wird durch das Gesetz geregelt.[56]

§ 37

Die Glaubens- und Gewissensfreiheit ist jedermann gewährleistet.[57]

Die römisch-katholische Kirche geniesst als Landeskirche den Schutz des Staates;

---

48 Vgl. § 8 Verfassung 1862.
49 Vgl. Art. 30 Abs. 3 Verfassung St. Gallen 1890.
50 Vgl. Art. 16 Abs. 1-3 Verfassungsentwurf Beck.
51 Vgl. § 9 Verfassung 1862.
52 Vgl. Art. 29 Verfassung St. Gallen 1890.
53 Vgl. Art. 30 Abs. 4 Verfassung St. Gallen 1890; Art. 17 Abs. 1-3 Verfassungsentwurf Beck.
54 Vgl. Art. 18 Abs. 1 und 2 Verfassungsentwurf Beck.
55 Vgl. Art. 31 Abs. 2 und 3 Verfassung Kanton St. Gallen 1890; Art. 20 Abs. 1 und 2 Verfassungsentwurf Beck.
56 Vgl. § 17 Verfassung 1862; Art. 21 Abs. 1 und 2 Verfassungsentwurf Beck.
57 Vgl. Art. 22 Verfassung Kanton St. Gallen 1890; Art. 22 Abs. 1 Verfassungsentwurf Beck; Art. 14 Abs. 1 des österreichischen Staatsgrundgesetzes vom 21.12.1867 über die allgemeinen Rechte der Staatsbürger für die im Reichsrate vertretenen Königreiche und Länder, öst. RGBl. 1867 Nr. 142.

allen anderen gesetzlich anerkannten[58] Konfessionen ist die Betätigung ihres Bekenntnisses und die Ausübung ihres Gottesdienstes innerhalb der Schranken der Sittlichkeit und der öffentlichen Ordnung gewährleistet.[59, 60]

Das Eigentum und alle anderen Vermögensrechte der Religionsgesellschaften und religiösen Vereine an ihren für Kultus-, Unterrichts- und Wohltätigkeitszwecken bestimmten Anstalten, Stiftungen und sonstigen Vermögenheiten sind gewährleistet.[61] Die Verwaltung des Kirchengutes in den Gemeinden wird durch ein besonderes Gesetz geregelt.[62]

§ 38

Der Genuss der staatsbürgerlichen und politischen Rechte ist vom Religionsbekenntnisse unabhängig; den staatsbürgerlichen Pflichten darf durch denselben kein Abbruch geschehen.[63]

§ 39

Jedermann hat das Recht, durch Wort, Schrift, Druck oder bildliche Darstellung innerhalb der gesetzlichen Schranken seine Meinung frei zu äussern und seine Gedanken mitzuteilen, eine Zensur findet nicht statt.[64]

§ 40

Das freie Vereins- und Versammlungsrecht ist innerhalb der gesetzlichen Schranken gewährleistet.[65]

§ 41

Das Petitionsrecht an den Landtag ist gewährleistet und es steht nicht nur einzelnen, in ihren Rechten oder Interessen Betroffenen, sondern auch Gemeinden und Korporationen zu, ihre Wünsche und Bitten durch ein Mitglied des Landtages daselbst vorbringen zu lassen.[66]

§ 42

Das Recht der Beschwerdeführung ist gewährleistet. Jeder Landesangehörige ist berechtigt, über das seine Rechte benachteiligende, Verfassungs-, Gesetz- oder Verordnungswidrige Benehmen oder Verfahren einer Behörde bei der ihr unmittelbar vorgesetzten Stelle Beschwerde zu erheben und dies nötigenfalls bis zur höchsten Stelle zu verfolgen, soweit nicht eine gesetzliche Beschränkung des Rechtsmittelzuges entgegen-

---

58 Maschinenschriftlich eingefügt: «gesetzlich anerkannten.»
59 Vgl. 23 Abs. 2 Verfassung St. Gallen 1890; Art. 3 Abs. 1 der Verfassung des Kantons Unterwalden ob dem Wald vom 27.4.1902; Art. 3 Abs. 1 der Verfassung des Kantons Unterwalden nid dem Wald vom 2.4.1877; Art. 2 der Verfassung des eidgenössischen Standes Schwyz vom 23.10.1898; Art. 50 Abs. 1 der Schweizer Bundesverfassung 1874; Art. 22 Abs. 3 Verfassungsentwurf Beck.
60 Durchgestrichen: «§ 37.»
61 Vgl. § 51 Verfassung 1862; Art. 15 des österreichischen Staatsgrundgesetzes 1867.
62 Gesetz vom 14.7.1870 über die Verwaltung des Kirchengutes in den Pfarrgemeinden, LGBl. 1870 Nr. 4.
63 Vgl. Art. 14 Abs. 2 des österreichischen Staatsgrundgesetzes 1867; Art. 49 Abs. 3 der Schweizer Bundesverfassung 1874; Art. 22 Abs. 2 Verfassungsentwurf Beck.
64 Vgl. Art. 23 Abs. 1 und 2 Verfassungsentwurf Beck.
65 Vgl. § 18 Verfassung 1862 betreffend das Vereinsrecht; Art. 23 Abs. 3 Verfassungsentwurf Beck.
66 Vgl. § 20 Verfassung 1862; Art. 24 Abs. 1 und 2 Verfassungsentwurf Beck.

steht. Wird die eingebrachte Beschwerde von der vorgesetzten Stelle verworfen, so ist diese verpflichtet, dem Beschwerdeführer die Gründe ihrer Entscheidung zu eröffnen.[67]

§ 43

Jeder Waffenfähige ist bis zum zurückgelegten 60. Lebensjahre im Falle der Not zur Verteidigung des Vaterlandes verpflichtet.[68]

Ausser diesem Falle dürfen bewaffnete Formationen nur insoweit gebildet und erhalten werden, als es zur Versehung des Polizeidienstes und zur Aufrechterhaltung der Ordnung im Innern notwendig erscheint. Die näheren Bestimmungen hierüber trifft die Gesetzgebung.

V. Hauptstück
Vom Landtage[69]

§ 44

Der Landtag ist das gesetzmässige Organ der Gesamtheit der Landesangehörigen und als solches berufen, nach den Bestimmungen dieser Verfassung die Rechte und Interessen des Volkes im Verhältnis zur Regierung wahrzunehmen[70] und geltendzumachen und das Wohl des fürstlichen Hauses[71] und des Landes mit treuer Anhänglichkeit an die in dieser Verfassung niedergelegten Grundsätze möglichst zu fördern.[72]

Die dem Landtage zukommenden Rechte können nur in der gesetzlich konstituierten Versammlung desselben ausgeübt werden.[73]

§ 45

Der Landtag besteht aus einer im Verhältnis zur Bevölkerungsziffer festzusetzenden Zahl von Abgeordneten, die vom Volke im Wege des allgemeinen, gleichen und geheimen Stimmrechtes nach den Grundsätzen der Proportionalwahl gewählt werden.[74] Das Ober- und das Unterland bilden je einen Wahlbezirk.

Die Zahl der Abgeordneten und Ersatzmänner, ihre Verteilung auf die Wahlbezirke, das aktive und passive Wahlrecht und der Wahlvorgang werden auf gesetzlichem Wege durch eine zu erlassende Wahlordnung bestimmt.

Die Grundsätze des Proportionalwahlrechtes sind sinngemäss auch dann anzuwenden, wenn der Landtag im Wege der Wahl Kommissionen oder Behörden zu beschicken hat.[75]

---

67 Vgl. § 19 Verfassung 1862; Art. 27 Abs. 1-3 Verfassungsentwurf Beck.
68 Vgl. § 21 Abs. 1 Verfassung 1862; Art. 28 Abs. 1 Verfassungsentwurf Beck.
69 Vgl. Z. I/6 Schlossabmachungen 1920.
70 Vgl. Art. 35 Abs. 1 Verfassungsentwurf Beck.
71 Maschinenschriftlich ergänzt: «Wohl des fürstlichen Hauses.»
72 Vgl. § 39 Verfassung 1862.
73 Vgl. § 96 Verfassung 1862; Art. 35 Abs. 2 und Art. 41 Abs. 1 Verfassungsentwurf Beck.
74 Vgl. dagegen § 55 Satz 1 Verfassung 1862 (15 Abgeordnete); Art. 36 Abs. 1 Verfassungsentwurf Beck (20 Abgeordnete). Nach Z. I/6 Abs. 2 der Schlossabmachungen 1920 sollte bei der Abänderung der Landtagswahlordnung die Zahl der Abgeordneten im Verhältnis zur Bevölkerungszahl festgelegt werden, ferner sollte das Proporzwahlrecht eingeführt werden.
75 Vgl. Z. I/6 Abs. 3 Schlossabmachungen 1920.

§ 46
Die Mandatsdauer zum Landtage beträgt 4 Jahre;[76] Wiederwahl ist zulässig.[77]

§ 47
Der Landesfürst hat, mit der im folgenden Absatze normierten Ausnahme, allein das Recht, den Landtag einzuberufen, zu schliessen und aus erheblichen Gründen, die der Versammlung jedesmal mitzuteilen sind, auf 3 Monate zu vertagen, oder ihn aufzulösen.[78]

Über begründetes, schriftliches Verlangen von wenigstens 300 wahlberechtigten Landesbürgern oder über Gemeindeversammlungsbeschluss von mindestens drei Gemeinden ist der Landtag einzuberufen.[79]

§ 48
Die regelmässige Einberufung des Landtages findet zu Anfang eines jeden Jahres mittels landesfürstlicher Verordnung unter Bezeichnung von Ort, Tag und Stunde der Versammlung statt.

Innerhalb des Jahres ordnet der Präsident die Sitzungen an.

Nach Ablauf einer Vertagungsfrist hat die Wiedereinberufung innerhalb eines Monates durch fürstliche Verordnung zu geschehen.

§ 49
Wird der Landtag aufgelöst, so muss binnen 3 Monaten eine neue Wahl angeordnet werden. Die neugewählten Abgeordneten sind sodann binnen einem Monate einzuberufen.

§ 50
Im Falle eines Regierungswechsels ist der Landtag innerhalb 30 Tagen nach eingetretener Regierungsveränderung zu einer ausserordentlichen Sitzung einzuberufen. Ist eine Auflösung vorhergegangen, so sind die Neuwahlen so zu beschleunigen, dass die Einberufung spätestens auf den 60. Tag nach eingetretener Regierungsveränderung erfolgen kann.

§ 51
Der Landtag wählt in seiner ersten gesetzmässig einberufenen Sitzung unter Leitung eines Altersvorsitzenden für das laufende Jahr zur Leitung der Geschäfte aus seiner Mitte einen Präsidenten und einen Stellvertreter desselben. Diese Wahlen bedürfen der landesherrlichen Bestätigung.[80]

Ausserdem wählt der Landtag aus seiner Mitte zwei Schriftführer zur Verfassung der Protokolle über seine Sitzungen.

Bis zu ihrer Wahl versieht das jüngste Landtagsmitglied das Amt eines Schriftführers.[81]

---

76 Vgl. dagegen § 98 Verfassung 1862 (6 Jahre).
77 Vgl. § 99 Verfassung 1862; Art. 37 Abs. 1 und 2 Verfassungsentwurf Beck.
78 Vgl. § 90 Verfassung 1862.
79 Vgl. Z. I/6 Abs. 1 Satz 2 Schlossabmachungen 1920.
80 Vgl. § 97 Verfassung 1862.
81 Vgl. Art. 41 Abs. 1-4 Verfassungsentwurf Beck.

§ 52

Die Abgeordneten haben auf die ergangene Einberufung persönlich am Sitze der Regierung zu erscheinen. Ist ein Abgeordneter am Erscheinen verhindert, so hat er unter Angabe des Hinderungsgrundes rechtzeitig die Anzeige an die Regierung zu erstatten. Ist das Hindernis bleibend, so muss ein Stellvertreter einberufen werden.[82]

§ 53

Der Landtag wird vom Landesfürsten in eigener Person oder durch einen Bevollmächtigten mit angemessener Feierlichkeit eröffnet. Sämtliche neu eingetretenen Mitglieder legen folgenden Eid in die Hände des Fürsten oder seines Bevollmächtigten ab:

«Ich gelobe, die Staatsverfassung und die bestehenden Gesetze zu halten und in dem Landtage das Wohl des Vaterlandes ohne Nebenrücksichten nach meiner eigenen Überzeugung zu beobachten, so wahr mir Gott helfe!»

Später eintretende Mitglieder legen diesen Eid in die Hände des Präsidenten ab.[83]

§ 54

Der Landtag wird vom Fürsten in eigener Person oder durch einen Bevollmächtigten geschlossen.[84]

§ 55

Kein Abgeordneter darf während der Dauer der Sitzung ohne Einwilligung des Landtages verhaftet werden, den Fall der Ergreifung auf frischer Tat ausgenommen.

Im letzteren Falle ist die Verhaftung unter Angabe ihres Grundes unverzüglich zur Kenntnis des Landtages zu bringen,[85] welcher über die Aufrechterhaltung der Haft entscheidet. Auf sein Verlangen sind ihm die den Fall betreffenden Akten sofort zur Verfügung zu stellen.

Erfolgt die Verhaftung eines Abgeordneten zu einer Zeit, während welcher der Landtag nicht versammelt ist, so ist hievon ungesäumt dem Landesausschusse mit Angabe des Grundes Mitteilung zu machen.[86]

§ 56

Die Mitglieder des Landtages stimmen einzig nach ihrem Eid und ihrer Überzeugung. Sie sind für ihre Abstimmungen niemals, für ihre in den Sitzungen des Landtages oder seiner Kommissionen gemachten Äusserungen aber nur dem Landtage verantwortlich und können hiefür niemals gerichtlich belangt werden.[87]

§ 57

Zu einem giltigen Beschluss des Landtages ist die Anwesenheit von wenigstens zwei Dritteln der gesetzlichen Zahl der Abgeordneten und die absolute Stimmenmehrheit unter den anwesenden Mitgliedern erforderlich, soweit in dieser Verfassung oder in der Geschäftsordnung nicht etwas anderes bestimmt wird. Das gleiche gilt für Wahlen, die der Landtag vorzunehmen hat.

---

82 Vgl. 41 Abs. 1-3 Verfassungsentwurf Beck.
83 Vgl. § 103 Verfassung 1862; Art. 43 Abs. 1-3 Verfassungsentwurf Beck.
84 Vgl. § 105 Verfassung 1862; Art. 43 Abs. 4 Verfassungsentwurf Beck.
85 Vgl. § 107 Verfassung 1862.
86 Vgl. Art. 44 Abs. 1-3 Verfassungsentwurf Beck.
87 Vgl. Art. 44 Abs. 4 Verfassungsentwurf Beck.

Bei Stimmengleichheit entscheidet nach dreimaliger Abstimmung der Vorsitzende.[88]

§ 58

Der Landtag entscheidet über die Giltigkeit der Wahlen seiner Mitglieder.[89]

§ 59

Der Landtag setzt beschlussweise unter Beobachtung der Bestimmungen dieser Verfassung seine Geschäftsordnung fest.[90]

§ 60

Die Abgeordneten erhalten aus der Landeskassa für ihre Teilnahme an den Sitzungen und Kommissionen die durch das Gesetz zu bestimmenden Taggelder und Reisevergütungen.[91]

§ 61

Zur Wirksamkeit des Landtages gehören vorzugsweise folgende Gegenstände:[92]
a. die verfassungsmässige Mitwirkung an der Gesetzgebung;
b. die Abschliessung von Staatsverträgen (§ 8);
c. die Festsetzung des jährlichen Voranschlages und die Bewilligung von Steuern und anderen öffentlichen Abgaben;
d. die Beschlussfassung über Kredite, Bürgschaften und Anleihen zu Lasten des Landes, sowie über den An- und Verkauf von Staatsgütern;
e. die Beschlussfassung über den alljährlich von der Regierung über die gesamte Staatsverwaltung zu erstattenden Rechenschaftsbericht;
f. die Antragstellung und Beschwerdeführung bezüglich der Staatsverwaltung überhaupt, sowie einzelner Zweige derselben;
g. die Erhebung der Anklage gegen Mitglieder der Regierung wegen Verletzung der Verfassung oder sonstiger Gesetze vor dem Staatsgerichtshof.[93]

§ 62

Dem Landtage steht das Recht der Kontrolle über die gesamte Staatsverwaltung zu; er übt dieses Recht durch eine von ihm zu wählende Geschäftsprüfungskommission aus.[94]

Es bleibt ihm jederzeit unbenommen, von ihm wahrgenommene Mängel oder Missbräuche in der Staatsverwaltung im Wege der Vorstellung oder Beschwerde direkt zur Kenntnis des Landesfürsten zu bringen und ihre Abstellung zu beantragen. Das Ergebnis der hierüber einzuleitenden Untersuchung und die auf Grund derselben getroffene Verfügung ist dem Landtage zu eröffnen.[95]

Der Landtag hat das Recht, zur Feststellung von Tatsachen Kommissionen zu bestellen.[96]

---

88 Vgl. Art. 45 Abs. 1 und 2 Verfassungsentwurf Beck.
89 Vgl. Art. 46 Abs. 1 Verfassungsentwurf Beck.
90 Vgl. Art. 46 Abs. 4 Verfassungsentwurf Beck.
91 Vgl. § 109 Verfassung 1862; Art. 47 Verfassungsentwurf Beck.
92 Vgl. dagegen § 40 Verfassung 1862.
93 Vgl. Art. 48 Abs. 1 Bst. a-f Verfassungsentwurf Beck.
94 Vgl. Art. 49 Abs. 2 Verfassungsentwurf Beck; Z. I/6 Abs. 4 Schlossabmachungen 1920.
95 Vgl. § 42 Verfassung 1862; Art. 81 Abs. 1 und 3 Verfassungsentwurf Beck.
96 Vgl. Art. 49 Abs. 1 Verfassungsentwurf Beck.

Der Regierungsvertreter ist verpflichtet, Interpellationen der Abgeordneten zu beantworten.[97]

§ 63

Das Recht der Initiative in der Gesetzgebung, d.h. zur Einbringung von Gesetzesvorschlägen steht zu[98]

  a. dem Landesfürsten in der Form von Regierungsvorlagen,
  b. dem Landtage selbst,
  c. den wahlberechtigten Landesbürgern nach Massgabe folgender Bestimmungen:

Wenn wenigstens 300 wahlberechtigte Landesbürger, deren Stimmberechtigung von der Gemeindevorstehung ihres Wohnsitzes beglaubigt ist, unterschriftlich oder wenigstens drei Gemeinden in Form übereinstimmender Gemeindeversammlungsbeschlüsse unter Vorlage eines ausgearbeiteten Gesetzentwurfes das Begehren um Erlassung, Abänderung oder Aufhebung eines Gesetzes stellen, so ist dieses Begehren in der darauffolgenden Sitzung des Landtages in Verhandlung zu ziehen.

Ein die Verfassung betreffendes Initiativbegehren kann nur von wenigstens 500 wahlberechtigten Landesbürgern oder wenigstens 4 Gemeinden gestellt werden.[99]

Die näheren Bestimmungen über diese Volksinitiative werden durch ein Gesetz getroffen.

§ 64

Ohne Mitwirkung des Landtages darf kein Gesetz gegeben, abgeändert oder authentisch erklärt werden.[100] Zur Giltigkeit eines jeden Gesetzes ist ausser der Zustimmung des Landtages die Sanktion des Landesfürsten, die Gegenzeichnung eines verantwortlichen Regierungsmitgliedes und die Kundmachung im Landesgesetzblatte erforderlich.[101]

Überdies hat nach Massgabe der Anordnungen des folgenden § eine Volksabstimmung (Referendum)[102] stattzufinden.

§ 65

Jedes vom Landtage beschlossene, von ihm nicht als dringlich erklärte Gesetz unterliegt der Volksabstimmung, wenn innerhalb [von] 30 Tagen nach amtlicher Verlautbarung des Landtagsbeschlusses wenigstens 300 wahlberechtigte Landesbürger oder wenigstens 3 Gemeinden in der in § 63 vorgesehenen Weise ein darauf gerichtetes Begehren stellen.

Handelt es sich um die Verfassung im Ganzen oder um einzelne Teile derselben, so ist hiezu das Verlangen von wenigstens 500 wahlberechtigten Landesbürgern oder von wenigstens 4 Gemeinden erforderlich.

Die Volksabstimmung erfolgt gemeindeweise; die absolute Mehrheit der im ganzen Lande giltig abgegebenen Stimmen entscheidet über Annahme oder Ablehnung des Gesetzesbeschlusses.

---

97 Vgl. Art. 49 Abs. 3 Verfassungsentwurf Beck.
98 Vgl. dagegen § 41 Verfassung 1862; Art. 50 Abs. 1-3 Verfassungsentwurf Beck.
99 Vgl. Z. I/7 Satz 3 Schlossabmachungen 1920, ferner Z. I/7 Satz 4 iVm Z. I/6 Abs. 1 Satz 2 ebd.
100 Vgl. § 24 Abs. 1 Verfassung 1862; Art. 32 Abs. 1 Verfassungsentwurf Beck.
101 Vgl. Art. 31 Abs. 1 Verfassungsentwurf Beck.
102 Vgl. Z. I/7 Satz 2 Schlossabmachungen 1920.

Dem Referendum unterliegende Gesetzesbeschlüsse werden erst nach Durchführung der Volksabstimmung, bezw. nach fruchtlosem Ablaufe der für die Stellung des Begehrens nach Vornahme einer Volksabstimmung normierten 30 tägigen Frist dem Landesfürsten zur Sanktion vorgelegt.

Hat der Landtag einen ihm im Wege der Volksinitiative (§ 63 c) zugegangenen Gesetzentwurf abgelehnt, so ist derselbe der Volksabstimmung zu unterziehen. Die Annahme des Entwurfes durch die wahlberechtigten Landesbürger vertritt in diesem Falle den sonst zur Annahme eines Gesetzes erforderlichen Beschluss des Landtages.

Die näheren Bestimmungen über das Referendum werden im Wege eines Gesetzes getroffen.

§ 66

Wenn in einem Gesetze nichts anderes bestimmt ist, tritt es nach Verlauf von 8 Tagen nach erfolgter Kundmachung im Landesgesetzblatte in Wirksamkeit.

§ 67

Ohne Bewilligung des Landtages darf keine direkte oder indirekte Steuer, noch irgend eine sonstige Landesabgabe oder allgemeine Leistung, welchen Namen sie haben möge, ausgeschrieben oder erhoben werden. Die erteilte Bewilligung ist bei der Steuerausschreibung ausdrücklich zu erwähnen.

Auch die Art der Umlegung und Verteilung aller öffentlicher Abgaben und Leistungen auf Personen und Gegenstände, sowie ihre Erhebungsweise erfordern die Zustimmung des Landtages.[103]

Die Bewilligung von Steuern und Abgaben erfolgt in der Regel für ein Verwaltungsjahr.[104]

§ 68

In Bezug auf die Landesverwaltung ist dem Landtage für das nächstfolgende Verwaltungsjahr von der Regierung ein Voranschlag über sämtliche Ausgaben und Einnahmen zur Prüfung und Bestimmung zu übergeben, womit der Antrag auf die zu erhebenden Abgaben zu verbinden ist.

Für jedes abgelaufene Verwaltungsjahr hat die Regierung in der ersten Hälfte des folgenden Verwaltungsjahres dem Landtage eine genaue Nachweisung über die nach Massgabe des Voranschlages geschehene Verwendung der bewilligten und erhobenen Einnahmen mitzuteilen, vorbehaltlich der Genehmigung von gerechtfertigten und der Verantwortlichkeit der Regierung bei nicht gerechtfertigten Überschreitungen.[105]

Unter gleichem Vorbehalte ist die Regierung berechtigt, im Voranschlage nicht vorgesehene, dringliche Ausgaben zu machen.[106]

Etwaige Ersparnisse in den einzelnen Positionen des Voranschlages dürfen nicht zur Deckung des Mehraufwandes in anderen Positionen verwendet werden.[107]

---

103 Vgl. § 43 Abs. 1 und 2 Verfassung 1862.
104 Vgl. Art. 51 Abs. 1-4 Verfassungsentwurf Beck.
105 Vgl. § 45 Verfassung 1862.
106 Vgl. §§ 30, 31 Verfassung 1862; Art. 52 Abs. 1 und 2 Verfassungsentwurf Beck.
107 Vgl. § 32 Verfassung 1862.

§ 69
Der Landtag hat in Übereinstimmung mit dem Landesfürsten über die Aktiven der Landeskassa zu verfügen.[108]

§ 70
Alle in den Bereich der Gesetzgebung eingreifenden Vereinbarungen mit Kirchenbehörden sind dem Landtage zur Genehmigung vorzulegen.[109]

VI. Hauptstück
Vom Landesausschusse

§ 71
Solange der Landtag nicht versammelt ist, besteht, unbeschadet der §§ 47, 48 und 51, zur Besorgung von Geschäften, die der Mitwirkung der Landesvertretung bedürfen,[110] der aus ihrer Mitte zu bestellende Landesausschuss.[111]

Dieser besteht aus dem Landtagspräsidenten, der im Verhinderungsfalle durch seinen Stellvertreter ersetzt wird, und aus zwei vom Landtag in seiner ersten Sitzung (§ 51) unter gleichmässiger Berücksichtigung des Ober- und des Unterlandes zu wählenden weiteren Mitgliedern und ebensovielen Stellvertretern für den Verhinderungsfall.[112]

Wenn ein gewähltes Mitglied stirbt oder des Mandates verlustig wird, ist sofort eine Ersatzwahl vorzunehmen.

§ 72
Die Mandatsdauer des Landesausschusses fällt mit jener der Landesvertretung zeitlich zusammen; doch hat, auch im Falle ihrer Auflösung, der Landesausschuss seine Verrichtungen bis zur ersten Sitzung des neuen Landtages fortzusetzen.

§ 73
Der Landesausschuss ist insbesonders berechtigt und verpflichtet
   a. darauf zu achten, dass die Verfassung aufrecht erhalten, die Vollziehung der Landtagserledigungen besorgt und der Landtag bei vorausgegangener Auflösung oder Vertagung rechtzeitig wieder einberufen wird;
   b. die Landeskassenrechnung zu prüfen und dieselbe mit seinem Bericht und seinen Anträgen an den Landtag zu leiten;
   c. die auf die Landeskassa unter Bezug auf einen vorausgegangenen Landtagsbeschluss auszustellenden Schuld- und Pfandverschreibungen mit zu unterzeichnen;
   d. die vom Landtag erhaltenen besonderen Aufträge zur Vorbereitung künftiger Landtagsverhandlungen zu erfüllen;
   e. in dringenden Fällen Anzeige an den Landesfürsten zu erstatten und bei Bedrohung oder Verletzung verfassungsmässiger Rechte Vorstellungen, Verwahrungen und Beschwerden zu erheben;[113]

---

108 Vgl. § 46 Verfassung 1862.
109 Vgl. § 50 Verfassung 1862.
110 Vgl. § 110 Verfassung 1862.
111 Vgl. § 112 Verfassung 1862; Art. 53 Abs. 1 Verfassungsentwurf Beck.
112 Vgl. dagegen § 111 Verfassung 1862; Art. 54 Abs. 1 Verfassungsentwurf Beck.
113 Vgl. Art. 56 Abs. 1 Bst. a-e Verfassungsentwurf Beck.

f. nach Erfordernis der Umstände die Einberufung eines ausserordentlichen Landtages zu beantragen, die bei nachgewiesener Dringlichkeit nicht verweigert werden wird.[114]

§ 74

Der Landesausschuss kann keine bleibende Verbindlichkeit für das Land eingehen und ist dem Landtage für seine Geschäftsführung verantwortlich.[115]

§ 75

Die Sitzungen des Landesausschusses finden nach Bedarf über Einberufung des Präsidenten am Sitze der Regierung statt. Zur Giltigkeit seiner Beschlüsse ist Vollzähligkeit erforderlich.[116]

Seine Mitglieder beziehen während ihrer Sitzungen ohne Unterschied die nämlichen Taggelder und Reisevergütungen, wie die Abgeordneten.[117]

§ 76

Sollte eine Auflösung des Landtages platzgreifen, noch ehe der Landesausschuss gewählt wird, so ist ihm noch unter allen Umständen Gelegenheit zur Vornahme der Wahl zu geben.[118]

VII. Hauptstück
Von den Behörden

A. Die Regierung

§ 77

Die gesamte Landesverwaltung mit Ausnahme der Schulangelegenheiten wird von der dem Landesfürsten und dem Landtage verantwortlichen Kollegialregierung in Gemässheit der Bestimmungen dieser Verfassung und der übrigen Gesetze ausgeübt.[119]

§ 78

Die Regierung besteht aus dem Landammann[120] und zwei Regierungsräten und ebensovielen Stellvertretern für den Verhinderungsfall. Der Landammann und sein Stellvertreter werden vom Landesfürsten einvernehmlich mit dem Landtage über dessen Vorschlag aus der wahlfähigen Bevölkerung des Fürstentums ernannt. Beide müssen gebürtige Liechtensteiner sein.

Die beiden Regierungsräte und ihre Stellvertreter werden vom Landtage aus der wahlfähigen Bevölkerung des Fürstentums unter gleichmässiger Berücksichtigung beider Landschaften gewählt; ihre Wahl unterliegt der Bestätigung durch den Landesfürsten.[121]

---

114 Vgl. § 113 Verfassung 1862.
115 Vgl. § 114 Verfassung 1862; Art. 56 Abs. 2 Verfassungsentwurf Beck.
116 Vgl. § 116 Verfassung 1862; Art. 57 Abs. 1 und 2 Verfassungsentwurf Beck.
117 Vgl. § 118 Verfassung 1862; Art. 58 Abs. 2 Verfassungsentwurf Beck.
118 Vgl. Art. 55 Abs. 1 und 2 Verfassungsentwurf Beck.
119 Vgl. Art. 59 Verfassungsentwurf Beck.
120 Zum Amtstitel «Landammann» siehe Art. 86 Verfassung St. Gallen 1890.
121 Vgl. Art. 60 Verfassungsentwurf Beck; Z. I/3 Abs. 1 und 2 Schlossabmachungen 1920.

Der Landtag hat in seiner ersten Sitzung den Vorschlag auf Ernennung des Landammanns und seines Stellvertreters zu erstatten und die Wahl der Regierungsräte und ihrer Stellvertreter vorzunehmen.

Die regelmässige Amtsdauer der Regierung fällt mit jener des Landtages zusammen.[122] Bis zur Bestellung einer neuen Regierung hat die bisherige die Geschäfte verantwortlich weiterzuführen.

Wiederernennung, bezw. Wiederwahl ist zulässig.

§ 79

Wenn ein Mitglied der Regierung durch seine Amtsführung das Vertrauen des Volkes und des Landtages verliert, so kann der Landtag, unbeschadet seines Rechtes auf Erhebung der Klage vor dem Staatsgerichtshofe, beim Landesfürsten die Enthebung des betreffenden Funktionärs beantragen.[123]

§ 80

Den Mitgliedern der Regierung gebühren keine festen Bezüge; sie erhalten für ihre amtlichen Funktionen aus der Landeskassa Taggelder und Reiseentschädigungen in gleicher Höhe, wie die Landtagsabgeordneten.

§ 81

Das Amt eines Mitgliedes der Regierung ist mit der berufsmässigen Führung von Parteienvertretungen nicht vereinbar.

§ 82

Der Regierung werden zur Besorgung ihrer Geschäfte der Landschreiber, der Kassenverwalter, der Landesphysikus, der Landestechniker, der Forstinspektor und der Landestierarzt, sowie die erforderlichen Kanzleifunktionäre als besoldete Berufsbeamte beigegeben und unterstellt.

§ 83

Die Geschäftsbehandlung durch die Regierung ist entweder eine kollegiale oder eine ressortmässige.[124]

§ 84

Der Landammann ist der Chef der Regierung und des Landesschulrates. Er führt den Vorsitz in der Regierung,[125] besorgt die ihm unmittelbar vom Fürsten übertragenen Geschäfte und die Gegenzeichnung der Gesetze, sowie der vom Fürsten oder einer Regentschaft ausgehenden Erlässe und Verordnungen[126] und geniesst bei öffentlichen Feierlichkeiten die dem Repräsentanten des Landesfürsten vorschriftsmässig zustehenden Vorzüge.

---

122 Vgl. Art. 61 Abs. 1 Verfassungsentwurf Beck.
123 Vgl. Z. I/3 Abs. 3 Satz 1 Schlossabmachungen 1920; ferner Z. I/5 Satz 2 ebd. betreffend die Amtsenthebung öffentlicher Funktionäre.
124 Vgl. dagegen Art. 63 Abs. 1 Verfassungsentwurf Beck.
125 Vgl. Art. 65 Abs. 1 Verfassungsentwurf Beck.
126 Vgl. § 29 Satz 1 Verfassung 1862; Art. 31 Abs. 3 Verfassungsentwurf Beck.

§ 85

Der Landammann hat über die der landesherrlichen Verfügung unterstellten Gegenstände dem Landesfürsten Vortrag zu halten, bezw. Bericht zu erstatten; ihm steht auch das Recht zu, in wichtigen Angelegenheiten dem Fürsten unmittelbar Bericht zu erstatten.

Die Ausfertigungen der über seinen Antrag ergehenden landesherrlichen Resolutionen erhalten die eigenhändige Unterschrift des Landesherrn und überdies die Gegenzeichnung des Landammanns.

§ 86

Der Landammann legt den Diensteid in die Hände des Landesfürsten oder des Regenten ab; die übrigen Mitglieder der Regierung und die anderen Staatsdiener werden vom Landammann in Eid und Pflicht genommen.

§ 87

Im Falle der Verhinderung oder der Abwesenheit des Landammanns oder wenn er wegen eines durch das Gesetz bestimmten Grundes in Ausstand zu treten hat, tritt der Landammann-Stellvertreter in seine Funktionen ein. Ist auch dieser in einer der angegebenen Arten verhindert, so tritt für ihn der an Jahren ältere Regierungsrat ein.

Im Falle der Verhinderung eines der Regierungsräte ist ein Stellvertreter einzuberufen.[127]

§ 88

Der Landammann unterzeichnet die von der Regierung auf Grund kollegialer Behandlung ausgehenden Erlässe und Verfügungen gemeinsam mit dem Landschreiber; ihm steht auch die unmittelbare Überwachung des gesamten Geschäftsganges in der Regierung zu.

§ 89

Alle wichtigeren, der Regierung zur Behandlung zugewiesenen Angelegenheiten, insbesonders auch die Erledigung der Verwaltungsstreitsachen unterliegen[128] der kollegialen Beratung und Beschlussfassung der Regierung in deren Gremium,[129] das aus dem Landammann als Vorsitzendem, den beiden Regierungsräten als Votanten und dem Landschreiber als Protokollführer besteht.

Diese Sitzungen finden in der Regel wöchentlich einmal, ausserdem nach Bedarf statt. Die Beschlüsse werden mit Stimmenmehrheit gefasst.[130]

§ 90

Die in § 82 erwähnten bleibend angestellten Fachbeamten haben nach Bedarf den Sitzungen der Regierung als Referenten oder Sachverständige mit beratender Stimme beizuwohnen, wenn in ihr Fach einschlägige Gegenstände zur Behandlung gelangen.

---

127 Vgl. Art. 64 Abs. 1-3 Verfassungsentwurf Beck.
128 Maschinenschriftlich ergänzt: «unterliegen.»
129 Vgl. Art. 63 Abs. 1 Verfassungsentwurf Beck.
130 Vgl. Art. 63 Abs. 2-3 Verfassungsentwurf Beck.

§ 91

Der Regierung obliegt der Vollzug aller Gesetze und rechtlich zulässigen Aufträge des Landesfürsten oder des Landtages. Sie erlässt die zur Durchführung der Gesetze erforderlichen Verordnungen, die nur im Rahmen der Gesetze erlassen werden dürfen.

Die gesamte Landesverwaltung überhaupt hat sich innerhalb der Schranken der Verfassung und der übrigen Gesetze zu bewegen; auch in jenen Angelegenheiten, in welchen das Gesetz der Verwaltung ein freies Ermessen einräumt, sind die demselben durch die Gesetze gezogenen Grenzen strenge zu beobachten.[131]

§ 92

In den Wirkungskreis der Regierung fallen insbesonders[132]

a. die Beaufsichtigung aller ihr unterstellten Behörden und Beamten und die Ausübung der Disziplinargewalt über letztere;
b. die Zuweisung des für die Regierung und die übrigen Behörden nötigen Personales;
c. die Überwachung der Gefängnisse und die Oberaufsicht über die Behandlung der Untersuchungshäftlinge und Sträflinge;
d. die Verwaltung der landschaftlichen Gebäude;
e. die Überwachung des gesetzmässigen und ununterbrochenen Geschäftsganges des Landgerichtes und die Anzeige wahrgenommener Vorschriftswidrigkeiten an das Berufungsgericht;
f. die Erstattung des jährlich dem Landtage vorzulegenden Berichtes über ihre Amtstätigkeit;
g. die Ausarbeitung von Regierungsvorlagen an den Landtag und die Begutachtung der ihr zu diesem Zwecke vom Landtag überwiesenen Vorlagen;
h. die Verfügung über dringende, im Voranschlage nicht aufgenommene Auslagen.

§ 93

Die an sich minder wichtigen oder bloss vorbereitende Verfügungen betreffenden Angelegenheiten werden auf Grund eines zu Beginn jeden Jahres von der Regierung kollegial zu beschliessenden Geschäftsverteilungsplanes vom Landammann, bezw. von den Regierungsräten einzeln ressortmässig erledigt. Die hierüber ergehenden Ausfertigungen werden von jenem Regierungsmitglied unterzeichnet, dem die Angelegenheit zugewiesen ist.

B. Der Landesschulrat

§ 94

Die Zusammensetzung und der Wirkungskreis des Landesschulrates sind durch das Gesetz vom 11.I.1869, Landesgesetzblatt No. 2 normiert.

§ 95

Hinsichtlich der Entlohnung der Mitglieder des Landesschulrates gelten sinngemäss die Bestimmungen des § 80 dieser Verfassung.

---

131 Vgl. Art. 66 Abs. 1-3 Verfassungsentwurf Beck.
132 Vgl. Art. 67 Abs. 2 Bst. a-g Verfassungsentwurf Beck.

C. Die Verwaltungsbeschwerdeinstanz

§ 96

Soweit das Gesetz nichts anderes bestimmt, unterliegen sämtliche Entscheidungen und Verfügungen der Regierung dem Rechtsmittel der Beschwerde an die zu errichtende Verwaltungsbeschwerdeinstanz.

Dieselbe besteht aus einem vom Landesfürsten über Vorschlag des Landtages ernannten rechtskundigen Vorsitzenden und zwei vom Landtage aus der wahlfähigen Bevölkerung des Landes gewählten Rekursrichtern mit ebensovielen Stellvertretern. Ihre Amtsdauer fällt mit jener des Landtages zusammen.[133]

Ihre Entscheidungen sind endgiltig.

§ 97

Die näheren Bestimmungen zur Sicherung richterlicher Unabhängigkeit der Mitglieder des Beschwerdesenates, über das Verfahren, über die Ausstandspflicht, über die Entlohnung und über die von den Parteien zu entrichtenden Gebühren werden durch ein besonderes Gesetz getroffen.

D. Die Rechtspflege

§ 98

Die gesamte Gerichtsbarkeit wird im Auftrage des Landesfürsten durch verpflichtete Richter ausgeübt.[134]

Die Gerichte sind innerhalb der gesetzlichen Grenzen ihrer Wirksamkeit und im gerichtlichen Verfahren unabhängig von aller Einwirkung durch die Regierung.[135] Sie haben ihren Entscheidungen und Urteilen Gründe beizufügen.[136]

§ 99

Der Fiskus und die fürstlichen Domänenbehörden haben vor den ordentlichen Gerichten Recht zu nehmen und zu geben.[137]

§ 100

In erster Instanz wird die Gerichtsbarkeit durch das fürstliche Landgericht in Vaduz, in zweiter Instanz durch das fürstliche Berufungsgericht in Vaduz und in dritter Instanz durch den fürstlichen obersten Gerichtshof ausgeübt, dessen Sitz durch das Gesetz bestimmt wird.[138]

Die Organisation der Gerichte, das Verfahren und die Gerichtsgebühren werden durch das Gesetz bestimmt.[139]

---

133 Vgl. Art. 70 Abs. 2 und 3 Verfassungsentwurf Beck.
134 Vgl. § 33 Verfassung 1862; Art. 71 Abs. 1 Verfassungsentwurf Beck.
135 Vgl. § 34 Verfassung 1862.
136 Vgl. § 37 Verfassung 1862; Art. 71 Abs. 2 und 3 Verfassungsentwurf Beck.
137 Vgl. § 35 Verfassung 1862; Art. 71 Abs. 4 Verfassungsentwurf Beck.
138 Vgl. betreffend den Amtssitz der Gerichte Z. I/4 Abs. 2 Schlossabmachungen 1920; Art. 73 Abs. 1 und 2 Verfassungsentwurf Beck. Vgl. ferner Art. 74 Abs. 1-4 Verfassungsentwurf Beck.
139 Vgl. Art. 77 Abs. 1 Verfassungsentwurf Beck.

§ 101

Das Verfahren in bürgerlichen Rechtsstreitigkeiten ist nach den Grundsätzen der Mündlichkeit, Unmittelbarkeit und freien Beweiswürdigung zu regeln. In Strafsachen gilt ausserdem das Anklageprinzip.[140]

In bürgerlichen Rechtssachen wird die Gerichtsbarkeit in erster Instanz durch einen oder mehrere Einzelrichter ausgeübt; das Berufungsgericht und der oberste Gerichtshof sind Kollegialgerichte, deren Präsidenten vom Landesfürsten einvernehmlich mit dem Landtage über dessen Vorschlag ernannt werden.[141]

Die Gerichtsbarkeit in Strafsachen wird in erster Instanz vom Landgerichte, vom Schöffengerichte und vom Kriminalgerichte ausgeübt.

§ 102

Der Landrichter ist der Vorstand des Landgerichtes und übt in erster Instanz die Disziplinargewalt über die nicht richterlichen Beamten desselben aus.

Das Berufungsgericht führt die Oberaufsicht über die Justizpflege und übt die Disziplinargewalt über die richterlichen Beamten des Landgerichtes aus;[142] in Disziplinarsachen der nichtrichterlichen Beamten des Landgerichtes fungiert er als zweite Instanz. Er ist zugleich Syndikatsgericht erster Instanz.[143]

Der oberste Gerichtshof übt die Disziplinargewalt über die Mitglieder des Berufungsgerichtes und ist zugleich Beschwerdeinstanz in Disziplinarangelegenheiten der richterlichen Beamten des Landgerichtes. In Syndikatssachen fungiert er als letzte Instanz.

E. Der Staatsgerichtshof

§ 103

Im Wege eines besonderen Gesetzes ist ein Staatsgerichtshof als Gerichtshof des öffentlichen Rechtes zum Schutze der verfassungsmässig gewährleisteten Rechte, zur Entscheidung von Kompetenzkonflikten zwischen den Gerichten und den Verwaltungsbehörden und als Disziplinargerichtshof für die Mitglieder der Regierung zu errichten.

In seine Kompetenz fallen weiter die Prüfung der Verfassungsmässigkeit von Gesetzen und die Gesetzmässigkeit der Regierungsverordnungen; in diesen Angelegenheiten urteilt er kassatorisch. Endlich fungiert er auch als Verwaltungsgerichtshof und entscheidet über Klagen des Landtages auf Entlassung oder Schadenersatzpflicht der Mitglieder und Beamten der Regierung wegen behaupteter Pflichtverletzungen.[144]

§ 104

Der Staatsgerichtshof besteht aus einem Präsidenten und der erforderlichen Anzahl von Stimmführern; seine Mitglieder werden vom Landtage gewählt und zwar so, dass er mehrheitlich mit gebürtigen Liechtensteinern besetzt ist. Die Wahl des Präsidenten, der ein gebürtiger Liechtensteiner sein muss, unterliegt der landesfürstlichen Bestätigung.[145]

---

140 Zum Anklageprinzip siehe Art. 77 Abs. 1 Verfassungsentwurf Beck.
141 Vgl. Art. 75 Abs. 1 Verfassungsentwurf Beck.
142 Vgl. Art. 78 Verfassungsentwurf Beck.
143 Bei den Syndikatssachen handelt es sich um die vermögensrechtliche Haftung des Staates für bestimmte Amtspflichtverletzungen im Bereich der Justiz und der Verwaltung.
144 Vgl. Art. 79 Abs. 1 und 2 Verfassungsentwurf Beck; Z. I/4 Abs. 4 und 5 Schlossabmachungen 1920.
145 Vgl. Z. I/4 Abs. 6 Schlossabmachungen 1920.

Er urteilt in Fünfersenaten, die ebenfalls mehrheitlich mit Liechtensteinern zu besetzen sind.

§ 105
Die Mitglieder des Staatsgerichtshofes stehen unter dem Schutze der richterlichen Unabhängigkeit.[146]

F. Allgemeine Bestimmungen

§ 106
Für die Anstellung im liechtensteinischen Staatsdienste ist, unbeschadet weitergehender Bestimmungen dieser Verfassung, das liechtensteinische Staatsbürgerrecht erforderlich; Ausnahmen sind nur mit Zustimmung des Landtages zulässig.[147]

§ 107
Die Organisation der Behörden erfolgt im Wege der Gesetzgebung.[148] Sämmtliche Behörden mit Ausnahme des Obersten Gerichtshofes sind ins Land zu verlegen; kollegiale Behörden sind mindestens mehrheitlich mit Liechtensteinern zu besetzen.[149]

§ 108
Alle Staatsdiener, sowie alle Ortsvorstände haben beim Dienstantritt folgenden Eid abzulegen:
«Ich schwöre Treue dem Landesfürsten, Gehorsam den Gesetzen und genaue Beobachtung der Verfassung, so wahr mir Gott helfe.»[150]

VIII. Hauptstück
Vom Gemeindewesen

§ 109
Über Bestand, Organisation und Aufgaben der Gemeinden im eigenen und übertragenen Wirkungskreise bestimmen die Gesetze.
In den Gemeindegesetzen sind folgende Grundsätze festzulegen:
  a. Freie Wahl der Ortsvorsteher und der übrigen Gemeindeorgane durch die Gemeindeversammlung;
  b. selbständige Verwaltung des Gemeindevermögens und der Ortspolizei unter Aufsicht der Landesregierung;
  c. Pflege eines geregelten Armenwesens unter Aufsicht der Landesregierung;
  d. Recht der Gemeinde zur Aufnahme von Bürgern und Freiheit der Niederlassung der Landesangehörigen in jeder Gemeinde.[151]

---

146 Vgl. Art. 79 Abs. 5 Verfassungsentwurf Beck betreffend die richterliche Unabhängigkeit.
147 Vgl. Art. 80 Abs. 1 und 2 Verfassungsentwurf Beck; Z. I/5 Satz 1 Schlossabmachungen 1920.
148 Vgl. Art. 80 Abs. 4 Verfassungsentwurf Beck.
149 Dieser Satz wurde handschriftlich eingefügt. Vgl. Z. I/4 Abs. 2 und 3 Schlossabmachungen 1920.
150 Vgl. § 124 Abs. 1 und 2 Verfassung 1862; Art. 85 Abs. 1-3 Verfassungsentwurf Beck.
151 Vgl. § 22 Verfassung 1862; Art. 82 Abs. 1 und 2 Bst. a-d Verfassungsentwurf Beck.

IX. Hauptstück
Verfassungsgewähr und Schlussbestimmungen

§ 110

Die gegenwärtige Verfassungsurkunde ist nach ihrer Verkündung als Landesgrundgesetz allgemein verbindlich.[152]

Anträge auf Abänderungen oder Erläuterungen dieses Grundgesetzes, welche sowohl von der Regierung, als auch vom Landtage oder im Wege der Initiative (§ 63) gestellt werden können, erfordern auf Seite des Landtages Stimmeinhelligkeit seiner anwesenden Mitglieder oder eine auf zwei nacheinander folgenden Landtagssitzungen sich aussprechende Stimmenmehrheit von drei Vierteln derselben.[153]

§ 111

Wenn über die Auslegung einzelner Bestimmungen der Verfassung Zweifel entstehen und nicht durch Übereinkunft zwischen der Regierung und dem Landtage beseitigt werden können, so hat hierüber der Staatsgerichtshof zu entscheiden.[154]

§ 112

Alle Gesetze und Verordnungen, die mit einer ausdrücklichen Bestimmung der gegenwärtigen Verfassungsurkunde im Widerspruch stehen, sind hiemit aufgehoben; jene gesetzlichen Bestimmungen, die mit dem Geiste dieses Grundgesetzes nicht im Einklange sind, werden einer verfassungsmässigen Revision unterzogen.

Die Regierung hat die in dieser Verfassung vorgesehenen Gesetze mit tunlichster Beförderung zu entwerfen und der verfassungsmässigen Behandlung zuzuführen.[155]

§ 113

Mit der Durchführung dieser Verfassung ist Meine Regierung betraut.

---

152 Vgl. § 119 Verfassung 1862; Art. 83 Abs. 1 Verfassungsentwurf Beck.
153 Vgl. § 121 Verfassung 1862; Art. 83 Abs. 2 Verfassungsentwurf Beck.
154 Vgl. dagegen § 122 Verfassung 1862, welcher die Zuständigkeit des Bundesschiedsgerichtes des Deutschen Bundes vorsah.
155 Vgl. § 26 Abs. 1 und 2 Verfassung 1862; Art. 86 Abs. 1-3 Verfassungsentwurf Beck.

Dok. 171
Die Teilnehmer einer Versammlung vom 13.2.1921 im Restaurant Adler in Vaduz fordern in einer Resolution, dass die Regierung den Vertrag mit dem Briefmarkenkonsortium löse, die Briefmarken in Zusammenarbeit mit der Schweiz herstellen lasse und die Marken nur in Liechtenstein verkauft werden

Maschinenschriftliche Resolution des Organisationskomitees für eine Informationsversammlung am 13.2.1921 im Restaurant Adler in Vaduz an die Regierung,[1] gez. Alois Schädler, Vorsitzender; Josef Beck, Franz Wachter, Franz Verling[2], Arnold Gassner, Anton Beck, [Franz Josef] Schlegel, Xaver Beck v. Schäfle, W. [Walter] Feger, Alois Frick, Fidel Büchel, Bernh. Risch[3]

16.2.1921, Vaduz

Hohe fürstliche Regierung, Vaduz

Die heute, Sonntag den 13. Februar ds. Jhrs, nachmittags 2 Uhr im Adlersaale in Vaduz versammelten zweihundert Liechtensteiner aller Parteirichtungen haben nach Anhörung der Vorträge nachstehende Resolution gefasst und fordern feierlich und ausdrücklich die fürstliche Regierung auf, Vorsorge zu treffen, dass:

1.) Der bestehende Vertrag mit dem österreichischen liechtensteinischen Konsortium gänzlich und binnen unten angeführter Frist zu lösen ist und bis dahin jede weitere Ausgabe von Liechtensteinmarken unterlassen wird.
2.) Die liechtensteinischen Postwertzeichen von der schweizerischen Postverwaltung für Rechnung des Landes hergestellt und vom Lande nur durch die bereits bestehenden oder eventuell noch einzurichtenden Postämter vertrieben werden.
3.) Sofort sämtliche Markenbestände des Konsortiums in Wien und Salzburg, sowie die Originalplatten zu Handen der fürstlichen Regierung in Vaduz übermittelt werden; ebenso genaue Aufstellung der Auflagen und Verkäufe und Vorlage der Geschäftsbücher seitens des Konsortiums zu geben ist.
4.) Zur Deckung des Postbedarfes vorerst Schweizer Marken in Liechtenstein zur Verwendung gelangen, bis genügende Liechtensteinmarken, neuer, noch herzustellender Zeichnung, durch die Schweiz hergestellt sind.
5.) Der Verkauf der Liechtensteinmarken zu Nominale ausschliesslich von den liechtensteinischen Postämtern aus stattfindet und letztere mit allen Werten genügend versorgt werden.
6.) Von den kommenden Postwertzeichen in Frankenwährung nur dann ein neuer Wert zur Ausgabe gelangt, wenn ein Vorrat von mindestens 500'000 Stück jedes dieser Werte vorhanden ist.

---

1 LI LA SF 3/1921/653. Die Informationsversammlung wurde von der Regierung nicht bewilligt; die Versammelten beschlossen, dass Leopold Kronik, Briefmarkenfachmann in Wien, trotzdem den Vortrag halten sollte, zu dem er eingeladen war. Die Organisatoren wurden darauf mit 10 Fr. gebüsst. Als sie sich mehrheitlich weigerten, die Busse zu bezahlen, beschloss Fürst Johann II. eine «Amnestie» in der Form, dass die Bezahlung nicht durchgesetzt werden sollte. Da die Resolution nicht im Sinne des Komitees erledigt wurde, wurde auf den 26.2.1921 eine Demonstration organisiert.
2 Franz Verling ging am 23.2.1921 zu Regierungschef Josef Peer und zog seine Unterschrift zurück.
3 Bernhard Risch unterschrieb «vorbehaltlich ruhigen, gesetzmässigen Vorganges in dieser Sache», wie auf der Resolution vermerkt ist.

7.) Von der Druckerei die Marken direkt an die schweizerische Postverwaltung zur Beteilung der liechtensteinischen Postämter gesandt werden. Probedrucke dürfen nur der fürstlichen Regierung unterbreitet werden. Von der Druckerei darf an niemanden etwas abgegeben werden. Druckausschüsse, Fehldrucke, etc. sind auszuscheiden und in bestimmten Zeiträumen kommissionell zu vernichten.
8.) Die Ausgabe von Überdruckmarken in kleinen Auflagen zu unterlassen ist.
9.) Alle bisherig erschienenen einschliesslich der z. Zt. kursierenden Frankenmarken dürfen keinerlei postalische Verwendung mehr finden.

Die fürstliche Regierung wird ersucht bis *Samstag den 19. ds. Mts.* eine bestimmte klare Antwort *zu Handen des Vorsitzenden* zu geben, ob sie gedenkt, vorangeführte neun Punkte durch sofortige Einberufung eines Landtages zu regeln, andernfalls trägt die fürstliche Regierung allein die Verantwortung aller hieraus entstehenden Folgen.

Gleichzeitig wird die fürstliche Regierung ersucht, die in dieser Sache stattfindende Landtagssitzung so frühzeitig zu puplizieren, dass die Öffentlichkeit rechtzeitig von derselben Kenntnis erhält.

Das Komitee:

Dok. 172
Peter Büchel und weitere Landtagsabgeordnete beantragen die Schaffung einer Landeswehr

Maschinenschriftlicher Antrag der Landtagsabgeordneten Peter Büchel, Johann Wanger und Johann Hasler an den Landtag, ungez.[1]

Anfang März 1921, Vaduz

Antrag

der Abgeordneten Peter Büchel und Genossen auf Erlassung eines Gesetzes betr. die Errichtung einer bewaffneten Landeswehr.

Am 26. Febr. 1921 hat eine Versammlung von etwa 700 wahlberechtigten Landesbürgern in Vaduz[2] durch ihre gemeindeweise gewählten Vertrauensmänner folgenden Beschluss gefasst:

«Die Versammlung spricht den Wunsch aus, dass zum Schutze der Regierung und zur Aufrechterhaltung der Ordnung ehestens eine bewaffnete Bürgerwehr organisiert werde.»

---

1 LI LA SF 01/1921/ad 36. Es dürfte sich um eine von der Regierung erstellte Abschrift handeln.
2 Am 26.2.1921 fand in Vaduz eine aus Kreisen der Volkspartei organisierte Demonstration wegen der Briefmarkenfrage sowie eine grössere Gegendemonstration von Anhängern der Bürgerpartei statt. Vgl. LI LA SF 01/1921/027, Landesverweser Josef Peer an Kabinettsrat Josef Martin, 27.2.1921; L.Vo., Nr. 17, 2.3.1921, S. 1 («Ein denkwürdiger Tag»). Die Gegendemonstranten wählten «Vertrauensmänner», die sich mit Landesverweser Josef Peer, Landtagspräsident Friedrich Walser und den Abgeordneten in den Landtagssaal begaben und dort eine Reihe von Beschlüssen fassten (LI LA SF 01/1921/208, Friedrich Walser an Regierung, 26.2.1921).

Durch das Gesetz,³ welches wir hiemit dem Landtage zur Beschlussfassung vorlegen, soll der vorerwähnte Beschluss ausgeführt werden.

Die Zustände, die sich leider seit einigen Jahren im Lande gezeigt haben und die sich kurz dahin beschreiben lassen, dass dank einer unablässig, teils offen, teils geheim getriebenen Verhetzung die Ruhe und Ordnung im Lande einer beständigen Gefährdung ausgesetzt ist und die der Regierung zur Verfügung stehenden bescheidenen, nur für normale Zustände berechneten Machtmittel nicht mehr ausreichen, sind den Mitgliedern des Hauses zu gut bekannt und es stehen insbesondere die Ereignisse des 26. Februars 1921 und der Vortage in zu frischer Erinnerung, als dass es noch einer weiteren Begründung für die unbedingte Notwendigkeit kräftiger «Abwend [!] und Steuerung» bedürfte – ein Hinweis auf diese Zustände und Ereignisse reicht hiezu vollkommen aus!

Die Landeswehr, deren Organisierung durch das von uns beantragte Gesetz in die Wege geleitet werden soll, bezweckt nichts anderes, als die Aufrechterhaltung von Ruhe und Ordnung im Lande und die wirksame Bekämpfung von Unruhen, die dem Lande schon schweren Schaden gebracht haben und sein Ansehen und den ihm so notwendigen Kredit in empfindlichster Weise beeinträchtigen.

Die Landeswehr soll und wird nie eine Parteitruppe sein.

Durch ihre Errichtung erwachsen dem Lande keinerlei weitere Kosten, als jene aus der Beschaffung von Waffen und Munition, aus der Vergütung des Taglohns im Falle ihrer Beanspruchung zur Bekämpfung von Unruhen und aus der Entschädigung für im Dienste den Mitgliedern der Landeswehr zugehende Unglücksfälle; letzterer Aufwand kann durch Eingehung einer zweckmässigen Versicherung auf ein sehr bescheidenes Mass herabgedrückt werden.

Allen diesen, einzeln und zusammen genommen nicht bedeutenden Kosten steht der viel höhere, ja unschätzbare Wert gegenüber, den die Sicherung von Ruhe und Ordnung und die Wiederherstellung der Achtung vor dem Gesetze und den ihm entsprechenden Anordnungen der Regierung für das Land haben.

Der Dienst bei der Landeswehr soll nie zu einem Erwerbe führen, sondern grundsätzlich eine Ehrensache und Ehrenpflicht zur Wahrung der lebenswichtigsten Landesinteressen sein.

In Anbetracht der Dringlichkeit der Sache beantragen wir, den vorliegenden Gesetzentwurf ohne Zuweisung an eine Kommission sofort im Hause in Beratung zu ziehen und empfehlen ihn zur Annahme.⁴

---

3   Gesetz vom 12.3.1921 betreffend die Errichtung einer bewaffneten Landeswehr, LGBl. 1921 Nr. 5. Vgl. auch die Entwürfe einer Verordnung zu den näheren organisatorischen Bestimmungen sowie von Satzungen der Landeswehr in LI LA RE 1921/1466.

4   Der Landtag stimmte dem Antrag am 8.3.1921 nach einer kurzen Diskussion, in der sich einzig Josef Gassner gegen die Schaffung einer Landeswehr aussprach, mit elf zu zwei Stimmen zu. Landesverweser Peer unterbreitete das Gesetz umgehend Fürst Johann II. zur Sanktion (LI LA SF 01/1921/036, Bericht Josef Peer an Johann II., 8.3.1921). Der Fürst unterzeichnete das Gesetz am 12.3.1921. Das Gesetz gelangte jedoch nicht zur Umsetzung. Die Regierung setzte weder die Satzungen der Landeswehr noch die Verordnung in Kraft. Regierungschef Josef Ospelt erlangte schliesslich im Juli 1921 von Johann II. die Genehmigung, mit der Ausführung des Gesetzes zuwarten zu dürfen (LI LA RE 1921/3147 ad 1466, Amtsvermerk Josef Ospelt, 13.7.1921).

Dok. 173
Der Wiener Völkerrechtsprofessor Leo Strisower erstattet ein Rechtsgutachten über die Souveränität des Fürstentums Liechtenstein und des Fürsten von Liechtenstein

Maschinenschriftliches Gutachten von Leo Strisower, nicht gez.[1]

o.D. (Februar/März 1921)

Die Souveränetät des Fürsten von Liechtenstein

I.

Die Souveränetät des Fürsten beruht auf der Souveränetät des liechtensteinischen Staates.

Dass Liechtenstein diejenigen Elemente eines Staates vereinigt, die mit überwiegenden Gründen als die wesentlichen angesehen werden, lässt sich nicht bezweifeln. Es besitzt ein eigenes Staatsgebiet, dessen Absonderung von dem österreichischen Gebiet jüngst in dem Vertrag von St. Germain, Art. 27, durch die Bestimmung der österreichischen Grenze gegenüber Liechtenstein betont worden ist,[2] es besitzt ein Staatsvolk und dasjenige, was man ursprüngliche Herrschermacht genannt hat. Die liechtensteinische Staatsgewalt leitet sich nicht von einer anderen ab, beruht nicht, wie die Gewalt irgend eines mit Selbstverwaltung ausgestatteten, in dem häufigen Sinne des Wortes autonomen Verbandes, auf dem Rechte eines anderen Staates, etwa auf österreichischem Recht, die österreichische Verfassung hat sich niemals auf die Ordnung des liechtensteinischen Staates bezogen.

Wohl ist aber anscheinend Zweifel in der Richtung erhoben worden, ob Liechtenstein *Souveränetät* oder volle Souveränetät besitzt. Nach derjenigen Meinung, welche die Souveränetät als ein begriffliches Merkmal jedes Staates auffasst, würde man hiemit Liechtenstein die Eigenschaft als Staat absprechen. Nach der entgegengesetzten Meinung würde ein nicht souveränes Liechtenstein zwar Staat bleiben, jedoch in eine tiefere Stufe von Staaten herabgedrückt werden.

Bei der Beurteilung der Frage fällt ins Gewicht, dass Liechtenstein mit Auflösung des alten deutschen Reiches und bis in die neueste Zeit ausdrücklich und förmlich als ein souveräner Staat *bezeichnet* worden ist. Wenn die Unrichtigkeit dieser allseitigen Be-

---

1 LI LA V 003/0337 (Aktenzeichen der liechtensteinischen Gesandtschaft in Wien: 153/1). Handschriftliche Bemerkungen vom liechtensteinischen Gesandten Prinz Eduard: «hochinteressant», «Anregung [?] v. [Josef] Hoop gemacht», «Wer ist Strisower», «Das Gutachten erst 1921 erfolgt». Ferner handschriftliche Bemerkung: «Gutachten Strisower». Von der liechtensteinischen Zentralkanzlei wurde das Gutachten mit Schreiben vom 4.6.1921 der liechtensteinischen Gesandtschaft in Wien übermittelt, wo es am 15.6.1921 einlangte (LI LA V 003/0337 (Aktenzeichen der Zentralkanzlei: No. 2512. Aktenzeichen der Gesandtschaft: 153/2). Auf dem Gutachten selbst findet sich jedoch der Eingangsstempel der liechtensteinischen Gesandtschaft in Wien vom 8.3.1921 (Aktenzeichen der Gesandtschaft: 153/1). Weiteres Exemplar des Gutachtens in: AT HALW, Karton 35 (LI LA MFS 00288). Die Beauftragung Strisowers ergab sich vor dem Hintergrund der Bodenreform in der Tschechoslowakei bzw. im Hinblick auf die Haltung des tschechoslowakischen Aussenministeriums, das den Standpunkt vertrat, dass Fürst Johann II. kein Souverän sei (vgl. hiezu das Schreiben der liechtensteinischen Gesandtschaft in Wien an Strisower vom 24.2.1921 (LI LA V 003/0129 (Aktenzeichen der Gesandtschaft; 131/1)). Vgl. in diesem Zusammenhang auch die Stellungnahme des österreichischen Ministerialrates Gottfried Klein vom Januar 1945 zum Gutachten von Strisower (LI LA V 003/0336).
2 Staatsvertrag von St.-Germain-en-Laye vom 10.9.1919, öst. StGBl. 1920 Nr. 303.

zeichnung, etwa ihr Widerspruch mit dem Begriffe der Souveränetät, behauptet werden will, so muss für diese Behauptung der Beweis erbracht werden. Wichtige Zeugnisse für jene allgemeine Bezeichnung sind bekanntlich aus den Zeiten des Rheinbundes, zu welchem der Fürst von Liechtenstein gehörte, Art. 4 der Akte vom 12. Juli 1806, wo besagt wird, dass jeder der Verbündeten «la plénitude de la souveraineté» geniessen soll (vgl. Art. 17 ff.),[3] das Schreiben Napoleons an die Reichsversammlung vom 1. August 1806, in dem er erklärt, «die volle und absolute Souveränetät jedes der Fürsten, deren Staaten heute Deutschland bilden» anzuerkennen u.s.w. ([Johann Ludwig] Klüber, Staatsrecht des Rheinbundes, Seite 103);[4] aus den Zeiten des Deutschen Bundes die Bundesakte vom 8. Juni 1815,[5] Eingang und Art. 1, wo sich «die souveränen Fürsten und freien Städte Deutschlands» zum Bunde vereinigen, der dem Art. 1 entsprechende Art. 53 der Wiener Kongressakte;[6] Art. 1 und 2 (vgl. Art. 57) der Wiener Schlussakte vom 15. Mai 1820. In neuester Zeit haben die Verhandlungen des Völkerbundes über die Aufnahme Liechtensteins zu einer Anerkennung seiner Souveränetät durch jene Gesamtheit von Staaten geführt, die den Völkerbund bilden. Die Aufnahme wurde von der Völkerbundversammlung abgelehnt, gemäss einem Bericht der betreffenden Kommission, der hiefür geltend machte, dass Liechtenstein «nicht in der Lage zu sein scheine, alle von dem (Völkerbunds)-Vertrage auferlegten Verpflichtungen zu erfüllen». Zugleich aber nahm die Versammlung «aus Anlass des von der ... (fürstlichen) Regierung gestellten Begehrens um Aufnahme» eine Resolution an, in der einerseits die Rücksicht auf die Kleinheit des Landes als das bestimmende Moment des Entschlusses, andererseits eine Anerkennung seiner Souveränetät zum Ausdruck kommt: «Die Versammlung spricht den Wunsch aus, dass die Spezialkommission, die vom Völkerbundsrate bestimmt werden wird, die Vorschläge betreffend die Modifikationen des Vertrages zu prüfen, prüfen wolle, ob und wie es möglich wäre, souveräne Staaten, die mit Rücksicht auf ihre Kleinheit nicht als ordentliche Mitglieder zugelassen werden können, an den Völkerbund anzuschliessen». In dem Berichte der Kommission heisst es, man könne nicht in Zweifel ziehen, dass im Rechtssinne das Fürstentum Liechtenstein ein souveräner Staat sei (s. den Bericht der Kommission vom 6. Dezember 1920[7] und die Zuschrift an den Fürsten [Johann II.] vom 20. Dezember 1920[8]).

Seit altersher wird die Souveränetät der Staatsgewalt (oder auch der Gewalt derjenigen Organe, die in den einzelnen Staaten Träger der Staatsgewalt sind), dahin verstanden, dass diese Gewalt die rechtlich höchste und, was damit zusammenfällt, von jeder anderen Gewalt unabhängig ist. Diese Souveränität drückt sich nach aussen in den Völkerrechtssätzen aus, die auf ihre Achtung gerichtet sind, und über das Völkerrecht hinaus doch auch auf Grund der rechtlichen Qualifikation, in einem besonderen sozialen Verhalten anderer Staaten, wie es der überragenden Stellung und Ehre einer souveränen Gewalt entspricht. Ob irgend einem Gemeinwesen die Souveränetät zukommt, bestimmt sich nach Rechtssätzen, ist sie ihm rechtlich zuerkannt, so geniesst es sie. Wenn man

---

3   Vgl. die Rheinbunds-Akte vom 12.7.1806 (LI LA U 107).
4   Johann Ludwig Klüber, Staatsrecht des Rheinbundes, Tübingen 1808.
5   Vgl. LI LA SgRV 1815/1.
6   Vgl. die Wiener Kongress-Akte vom 9.6.1815.
7   Der Bericht vom 6.12.1920 findet sich in: LI LA V 003/0131 (Aktenzeichen der Gesandtschaft in Wien: 146/1-21).
8   Vgl. das Schreiben von Emil Beck, liechtensteinischer Geschäftsträger in Bern, an die liechtensteinische Gesandtschaft in Wien vom 20.12.1920 (LI LA V 003/0124 (Aktenzeichen der liechtensteinischen Gesandtschaft in Bern: 1530. Aktenzeichen der Gesandtschaft in Wien: 867/3)).

manchmal, neben der Souveränetät dem Rechte nach, von einer faktischen Unabhängigkeit spricht, die dem souveränen Staate zukommen soll, und daher etwa ganz kleinen Staaten die Souveränetät absprechen möchte, so berührt man eine heterogene Frage, die mit dem bisher erörterten Begriffe der Souveränetät nichts zu tun hat. Sicher ist ein schwacher Staat oft tatsächlich nicht in der Lage, sein Recht mit Gewalt zu schützen, er wird auch vielleicht weniger Rechte erwerben können, mitunter sogar begründeterweise im Rechtserwerbe, namentlich inbezug auf seine Stellung in den grossen internationalen Organisationen, hinter den grösseren und mächtigeren Staaten hintangesetzt werden; er wird insofern beim Rechtsgenusse und Rechtserwerbe *faktisch* von dem guten Willen der anderen Staaten besonders abhängen. Das sind tatsächliche Nachteile, die übrigens vielleicht durch gewisse tatsächliche Vorteile wieder aufgewogen werden. Aber keinesfalls ändert sich durch diese je nach der individuellen Beschaffenheit des einzelnen Staates sehr abgestuften Momente seine Souveränetät. Das Mehr oder Minder von einzelnen Rechten bestimmt nicht die Qualität des Staates und das tatsächliche Unvermögen des Berechtigten, sein Recht durchzusetzen, berührt nicht sein Recht selbst. Es gehört vielmehr zum Wesen der Rechtsordnung, dass das Recht trotz dieser faktischen Ohnmacht geachtet werden soll. [Woodrow] Wilson sagt in seiner Botschaft vom 23. Jänner 1917 «die Gleichheit der Nationen, auf die der Frieden, wenn er dauerhaft sein soll, gegründet sein muss, muss die Gleichheit der Rechte sein. Die gegenseitigen Bürgschaften dürfen keinen Unterschied zwischen den kleinen, den mächtigen und den schwachen Völkern weder ausdrücklich anerkennen, noch stillschweigend in sich begreifen» *([Friedrich] Purlitz*, Der europäische Krieg VI. 1, Seite 203⁹).

Gegen jene rechtliche Souveränetät Liechtensteins können aber keinerlei genügende Gründe vorgebracht werden.

Es hat keine Bedeutung, dass Liechtenstein vertragsgemäss die Ausübung von Verwaltungsbefugnissen in seinem Bereiche in gewissem Umfange Österreich übertragen hat. Mittelst und auf Grund solcher Verträge trat Liechtenstein 1842 in den österreichischen Zollverband ein,¹⁰ wurde der Post-, Telegraphen- und Telephondienst im Fürstentume von der österreichischen Postverwaltung geführt¹¹ und bildet ein österreichisches Gericht die oberste Instanz für das Fürstentum.¹² Aus Gründen praktischer Angemessenheit kommt aber die vertragsmässige Überlassung von solchen Verwaltungsangelegenheiten an andere Staaten immer vor, ohne dass darin eine Beeinträchtigung der Souveränetät erkannt wird; so der Betrieb von Eisenbahnen auf fremden Grenzstrecken mit daran sich schliessenden öffentlichrechtlichen Befugnissen oder die Ausübung der Polizei auf hoher See gegen die Schiffe der anderen Staaten, wenn dies wegen gewisser Delikte notwendig wird. Kleine Staaten sind nach der Natur der Sache im besonderen Masse und Umfange veranlasst, solche Hilfe der anderen Staaten in Anspruch zu nehmen, aber

---

9   Hg. Friedrich Purlitz, Der europäische Krieg in aktenmässiger Darstellung, Leipzig 1914-1921.
10 Vertrag zwischen Sr. Majestät dem Kaiser von Österreich und Sr. Durchlaucht dem souverainen Fürsten von Liechtenstein den Beitritt Sr. Durchlaucht zu dem österreichischen Zoll- und Steuergebiete betreffend vom 5.6.1852 (LI LA SgRV 1852/17).
11 Übereinkommen zwischen der k.k. österreichischen und der fürstlichen liechtensteinischen Regierung betreffend die Verwaltung des Post-, Telegraphen- und Telephondienstes im Fürstentum Liechtenstein vom 4.10.1911, LGBl. 1911 Nr. 4. In Art. 1 dieses Übereinkommens wurden die «landesherrlichen Hoheitsrechte des souveränen Fürsten von Liechtenstein» ausdrücklich vorbehalten.
12 Nach Art I des Staatsvertrages bezüglich der Justizverwaltung im Fürstentum Liechtenstein vom 19.1.1884, LGBl. 1884 Nr. 8, fungierte das k.k. Oberlandesgericht für Tirol und Vorarlberg – weiterhin – als dritte Gerichtsinstanz für das Fürstentum (vgl. auch das öst. Hofdekret vom 18.2.1818, JGS Nr. 1418).

es handelt sich immer bloss um völkerrechtliche Bindung nach den allgemeinen völkerrechtlichen Grundsätzen über Staatsverträge, es wird keine höhere Autorität anerkannt, der sich der Verpflichtete unterwirft. Die erwähnten Verträge Liechtensteins (s. zuletzt vor dem Zusammenbruche der österreichisch-ungarischen Monarchie den Vertrag vom 3. Dezember 1876, öst. R.G.Bl. No. 143, Art. 28,[13] Übereinkommen vom 4. Oktober 1911, l. L.G.Bl. No. 4, Art. 11, Vertrag vom 19. Jänner 1884, öst. R.G.Bl. No. 124, Art. 4) waren auch binnen nicht langen Fristen *kündbar*. Eine Unterwerfung eines Staates unter den anderen auf Zeit, auf Kündigung, sodass der andere Staat auf dem unterworfenen Gebiete die Staatsgewalt wieder verlieren kann, wieder aufhören soll, dort Staat zu sein, widerspräche aber der Natur des Staates, der auf die Dauer, für die «Ewigkeit», bestimmt ist. In der Tat ist derzeit der Zollverband mit Österreich durch Kündigung Liechtensteins erloschen,[14] das Land bildet zur Zeit ein selbstständiges Zollgebiet und die Besorgung des Telegraphen- und Telephondienstes im Fürstentume wurde mit Übereinkommen vom 10. November 1920 auf die Schweiz übertragen.[15]

Am ehesten könnte noch beanständet werden, dass in gewissem Umfange die Vertretung der liechtensteinischen Angelegenheiten im Auslande von Österreich-Ungarn übernommen wurde,[16] da das Recht der Vertretung nach aussen kennzeichnend für das *Protektorat* ist und protegierte Staaten oft zu den «halbsouveränen» Staaten gezählt werden. Es kann hier der sehr zweifelhafte Begriff der «Halbsouveränetät» bei Seite gelassen werden und ebenso die Frage, ob die protegierten Staaten mit den anderen, die man als halbsouverän bezeichnet, in eine Linie gestellt werden dürfen. Aber zwischen Liechtenstein und Österreich-Ungarn bestand überhaupt kein Protektoratsverhältnis und diese Meinung ist offenbar die allgemeine, da man Liechtenstein bei Aufzählung aller protegierten oder halbsouveränen Staaten nicht anführt (s. z.B. [Henry] Bonfils – [Paul] Fauchille, Droit international public 2, No. 177 ff.,[17] *[Milos] Boghitchevitch*, Halbsouveränetät, Seite 1 ff.[18]). Die (in einer Abschrift des Entwurfes mir vorliegende) Note des öst.-ung. Ministeriums des Äusseren an den fürstlichen Vertreter vom 24. Oktober 1880 besagt, dass den k.u.k. Missionen im Auslande die erforderlichen Instruktionen erteilt werden, damit seitens derselben einerseits dem regierenden Fürsten und seinen Familienangehörigen «bei deren Verweilen im Auslande die ihrer Stellung angemessenen Rücksichten

---

13 Vertrag zwischen Seiner Majestät dem Kaiser von Österreich und Apostolischen König von Ungarn und Seiner Durchlaucht dem souveränen Fürsten von Liechtenstein über die Fortsetzung des durch den Vertrag vom 5.6.1852 gegründeten Österreichisch-Liechtensteinischen Zoll- und Steuervereines, LGBl. 1876 Nr. 3.

14 Vgl. das Schreiben des liechtensteinischen Gesandten Prinz Eduard von Liechtenstein an Theodor von Ippen, Leiter des deutschösterreichischen Staatsamtes des Äusseren, vom 12.8.1919 betreffend die Kündigung des Zollvertrages (LI LA RE 1919/3979 ad 4/3761 (Aktenzeichen der Gesandtschaft in Wien: 219/2)).

15 Vgl. das Übereinkommen zwischen der Fürstlich Liechtensteinischen Regierung und dem Schweizerischen Bundesrat betreffend die Besorgung des Post-, Telegraphen- und Telephondienstes im Fürstentum Liechtenstein durch die schweizerische Postverwaltung und schweizerische Telephonverwaltung vom 10.11.1920, LGBl. 1922 Nr. 8. Vgl. das diesbezügliche Schreiben des liechtensteinischen Geschäftsträgers Emil Beck an die liechtensteinische Regierung vom 12.11.1920 (LI LA SF 03/1920/5142 (Aktenzeichen der Gesandtschaft in Bern: 1388)).

16 Vgl. das Schreiben des österreichisch-ungarischen Aussenministeriums an die fürstliche Hofkanzlei vom 24.10.1880 betreffend den diplomatischen Schutz der liechtensteinischen Staatsangehörigen im Ausland (LI LA RE 1919/6087 ad 0589 (Aktenzeichen des Aussenministeriums: 18702/80/7)).

17 Henry Bonfils, Paul Fauchille, Manuel de droit international public (droit des gens), Paris 1898.

18 Milos Boghitchevitch, Halbsouveränität: Administrative und politische Autonomie seit dem Pariser Vertrage (1856), Berlin 1901.

und eventuell der förderlichste Schutz und Beistand entgegengebracht, andererseits die Vertretung der Angehörigen des Fürstentums Liechtenstein im Auslande, wo dieselben keine eigene Vertretung haben, ... übernommen werden». Die Zirkularnote des Ministeriums des Äussern an die einzelnen Missionen vom 24. Oktober 1880[19] (bei *[Leopold] Neumann* et *[Adolf] Plason*, Recueil, Nouvelle suite XI, S. 950 f.)[20] geht sodann davon aus, dass der Fürst das Anliegen vorgebracht habe, dass die Vertretung seiner Angelegenheiten so wie jener seiner Familienmitglieder, welche liechtensteinische Landesangehörige sind, und seiner Untertanen im Auslande durch die k.u.k. Missionen übernommen werden möchten. «Die Erwägung dieses ... Begehrens führte zur Überzeugung, dass dessen Gewährung einem Bedenken nicht unterliegen könne. Die k.u.k. Regierung hat sich schon wiederholt der Aufgabe unterzogen, die Interessen anderer Staaten und ihrer Angehörigen dort, wo dieselben keine eigene Vertretung haben, zu wahren. Sie ist umsomehr in dem Falle [gemeint wohl: «in der Lage»], dies in Ansehung des Fürstentums Liechtenstein zu tun» (im Hinblick auf den Zolleinigungsvertrag und eine Erklärung des Fürsten in Ansehung der Auslagen der Vertretung und der von den Staatsangehörigen zu leistenden Gebühren). Es handelt sich also nur um eine jederzeit rücknehmbare Vertretung derselben Art, wie sie oft im Interesse des in solcher Weise unterstützten Staates bei Mangel einer eigenen Vertretung ohne Beanspruchung irgend eines Rechts gewährt wird. Seither hat sich die Schweiz, ebenfalls auf Ansuchen Liechtensteins, mit Note vom 24. Oktober 1919[21] bereit erklärt, die Vertretung der liechtensteinischen Interessen in den Ländern zu übernehmen, wo sie einen Vertreter hat und das Fürstentum keinen besitzt, also ebenfalls nur bei Mangel einer eigenen liechtensteinischen Vertretung. Diese Übernahme der Vertretung ist durchgeführt worden. Von liechtensteinischer Seite wurde noch mit Note vom 10. März 1920 ausdrücklich betont, dass dies unbeschadet der Souveränetät des Fürstentumes stattfinden soll und vorbehaltlich des Rechtes des Fürsten, eigene Vertretungen zu ernennen, wenn er es für angemessen hält.[22]

Zur Zeit ist in Bern und Wien ein liechtensteinischer Gesandter akkreditiert.[23] Staatsverträge hat Österreich oder Österreich-Ungarn öfters zugleich in Vertretung Liechtensteins abgeschlossen. Andererseits sind aber auch Verträge von Liechtenstein *direkt* abgeschlossen worden; so, abgesehen von den Verträgen mit Österreich oder Österreich-Ungarn und neben verschiedenen Verträgen aus älterer Zeit, in den letzten Jahrzehnten vor dem Zusammenbruch der Monarchie, mit der Schweiz der Niederlassungsvertrag vom 6. Juli 1874[24] *([Georg Friedrich von] Martens*, L.R.G., 2me série, II., Seite 72 ff.)[25] und der Vertrag vom 1. Juli 1885 wegen gegenseitiger Zulassung der Ärzte und sonsti-

---

19 Vgl. die Abschrift dieser Zirkularnote unter LI LA RE 1919/6087 ad 0589 (Aktenzeichen des öst.-ung. Aussenministeriums: 18702/7).
20 Leopold Neumann, Adolf Plason, Recueil des traités et conventions conclus par l'Autriche avec les puissances étrangères, depuis 1763 jusqa'à nos jours, Leipzig 1855-1912.
21 Vgl. die Abschrift in LI LA V 143/4375 (Aktenzeichen des Eidgenössischen Politischen Departements: 111.T/M.-B.14.24.P4).
22 Vgl. dazu den Briefwechsel zwischen Fürst Johann II. und dem Schweizer Bundespräsidenten Giuseppe Motta betreffend die Übernahme der liechtensteinischen Interessenvertretung im Ausland durch die Schweiz vom 6.1.1920 (LI LA RE 1920/041) und vom 24.1.1920 (ebd.).
23 In Bern fungierte Emil Beck als liechtensteinischer Geschäftsträger und in Wien Prinz Eduard als Gesandter.
24 Vgl. LGBl. 1875 Nr. 1.
25 Vermutlich: Georg Friederich von Martens, Nouveau recueil général des traités et autres actes relatifs aux rapports de droit international (ab 1876 als deuxième série).

ger Medicinalpersonen[26] (ebd. XIV, S. 341 ff.). In dem Sanitätsübereinkommen zwischen Österreich-Ungarn und der Schweiz vom 20. März 1896[27] wird von den vertragschliessenden Teilen Liechtenstein der Beitritt vorbehalten, der auch erfolgte (L.G.Bl. No. 6).[28]

Der Nichtbestand eines Protektoratsverhältnisses steht sonach ausser Frage.

II.

Wenn Liechtenstein ein souveräner Staat ist, so ist der regierende Fürst von Liechtenstein souverän. Die Souveränetät des Monarchen besteht darin, dass er das höchste unmittelbare Organ, Träger der souveränen Staatsgewalt seines Staates ist.

Mit dieser Rechtsstellung des Fürsten ist aber ein persönliches *Untertanenverhältnis* gegenüber einem *anderen* Staate, wie insbesondere gegenüber dem österreichischen Staate, nicht vereinbar; dieselbe Person auf der einen Seite als fremden *Souverän*, auf der anderen Seite als Staatsbürger unseres Staates aufzufassen, bildet einen inneren Widerspruch. Es ist das Wesen der Staatsbürgerschaft, dass der Staatsbürger seinem Heimatstaate allgemeinen Gehorsam schuldet und wir können daher nicht eine Person zugleich als unseren Staatsbürger und zugleich als Träger einer fremden Staatsgewalt auffassen, für die er und in welcher Eigenschaft er uns nicht unterworfen sein kann. In einzelnen Beziehungen mag er als Privater unserer Gewalt unterstehen, und zwar wie sonst ein Fremder, abgesehen von besonderen völkerrechtlichen Privilegien. Aber er kann nicht zugleich unser Staatsbürger, im vollen allgemeinen Sinne ein Glied unseres Staates, sein. Die Möglichkeit der sogenannten *doppelten Staatsbürgerschaft* bei anderen Personen steht dem nicht entgegen. Denn bei dieser doppelten Staatsbürgerschaft übt *jeder* der beiden Staaten gegen die betreffende Person wirklich die *Fülle* seiner Staatsgewalt, ohne Rücksicht auf den anderen Staat aus, wie gegen einen sonstigen Untertanen. Das Zugeständnis, dass die betreffende Person auch die Staatsbürgerschaft des anderen Staates hat, bedeutet bloss negativ, dass er nicht *völkerrechtlich* gegenüber diesem anderen *Staate* eine ausschliessende Gewalt über sie in Anspruch nehmen kann, vielmehr zugeben muss, dass der andere Staat in gleicher Weise gegen sie verfahre. Aber die Herrscherstellung eines fremden Souveräns muss von uns so anerkannt werden, wie die seines Staates selbst; wir müssen anerkennen, dass er die Staatsgewalt unabhängig auszuüben berufen ist, und uns danach benehmen, so daher, dass er von uns nicht wie ein Untertan beherrscht werden darf.

Im Anschluss an ein englisches Urteil (s. [Robert] *Phillimore*, International Law 3, II, § 109,[29] [John] *Westlake*, Private international law 4, § 191[30]) ist das nach dem eben gesagten widerspruchsvolle Verhältnis, dass ein Souverän zugleich Untertan eines anderen Staates sein könne, öfters angesprochen worden. Jenes Urteil des englischen Kanzleigerichtshofes von 1844 wies zwar eine Klage gegen den König von Hannover ab, nahm aber an, dass er als englischer Untertan vor englischen Gerichten geklagt werden könnte, wenn er nicht als König von Hannover oder in seinem Charakter als souveräner Fürst ge-

---

26 Übereinkunft zwischen dem Fürstentum Liechtenstein und der Schweizerischen Eidgenossenschaft vom 1.7.1885 über die beiderseitige Zulassung der an den Grenzen domizilierenden Medizinalpersonen zur Berufsausübung, LGBl. 1886 Nr. 1.
27 Vgl. die Kundmachung der Ministerien des Innern und des Handels vom 30.7.1896, betreffend das Übereinkommen zwischen Österreich-Ungarn und der Schweiz bezüglich der Anwendung besonderer Sanitätsmassnahmen für den Grenzverkehr und für den Verkehr über den Bodensee bei Choleragefahr vom 20.3.1896, öst. RGBl. 1896 Nr. 154.
28 Vgl. die Kundmachung des Übereinkommens vom 5.8.1896, LGBl. 1896 Nr. 6.
29 Robert Phillimore, Commentaries upon International Law, 1854-1857.
30 John Westlake, A Treatise on Private International Law, or the Conflict of Laws, London 1858.

handelt, sondern die Sache irgend welche Akte und Transaktionen betroffen hätte, «die von ihm vorgenommen wurden oder in denen er engagiert sein mochte als ein solcher Untertan. Inbezug auf jeden Akt, den er ausserhalb des Königreiches vornahm oder bezüglich dessen es zweifelhaft sein könnte, ob er seinem Charakter als souveräner Fürst oder dem Charakter eines Untertans beigelegt werden sollte, wäre zu präsumieren, dass er eher dem Charakter eines souveränen Fürsten beizulegen sei, als dem Charakter eines Untertans.» Dieses Urteil, zu dem sich das Haus der Lords in analoger, jedoch minder bestimmten Weise äusserte, beruht aber auf der älteren spezifisch englischen Doktrine, dass die englische Untertanenschaft, abgesehen von einer Mitwirkung der Legislative, nicht aufgegeben werden könne. Nemo potest exuere patriam. Im Sinne dieser Doktrin konnte daher auch ein englischer Untertan durch Annahme einer fremden Krone die englische Untertanenschaft nicht aufgeben, die souveräne Gewalt eines Engländers über ein fremdes Land konnte nicht nach ihrem vollen Inhalte anerkannt werden und es mochten sich dann komplizierte Unterscheidungen von der Art ergeben, wie sie in dem angeführten Urteile enthalten sind. Vielleicht ist der erörterte Rechtssatz noch nicht einmal durch die englische Naturalisationsakte von 1870 ganz aufgehoben, aber Westlake ist allerdings der Ansicht, dass in der Annahme eines fremden Throns durch einen Engländer jene freiwillige Naturalisation in dem fremden Staate liege, wodurch *jetzt* auch Engländer gemäss dieser Akte die englische Staatsbürgerschaft *verlieren*.

Auf dem Boden des in Betracht kommenden österreichischen Rechts ist aber von einer solchen Doktrin nicht die Rede. Die Anerkennung des Fürsten von Liechtenstein als Souverän eines anderen Staates ist ohne allen Vorbehalt erfolgt und musste notwendigerweise eine österreichische Staatsbürgerschaft ausschliessen. So ist denn auch tatsächlich der regierende Fürst nicht als österreichischer Staatsbürger angesehen worden.

Die Argumentationen, welche jetzt dagegen versucht worden sind, bewegen sich vornehmlich um seine Stellung als Mitglied des österreichischen Herrenhauses. Dass der Familienvertrag vom 1. August 1842[31] der Genehmigung durch das österreichische Gesetz vom 12. Jänner 1883 (öst. R.G.Bl. No. 15)[32] unterstellt wurde, hat keinerlei Bedeutung. Der Vertrag enthält Bestimmungen über solche Rechtsverhältnisse, die ungeachtet der Stellung des Fürsten als Ausländer dem österreichischen Rechte unterliegen oder bei denen man doch an die Beurteilung nach österreichischem Rechte denken konnte. Es mochte daher mindestens vorsichtig erscheinen, diese Bestimmungen und den Vertrag durch die österreichische Gesetzgebung zu sanktionieren; so die Bestimmungen über eine besondere Succession in gewisse Kapitalien, die in Österreich aushafteten, und die Bestimmungen, wodurch dem Allodialerben, dessen Erbrecht, soweit es sich um österreichische Immobilien handelt, dem österreichischen Rechte untersteht, Pflichten und Lasten auferlegt werden.

Ob die erbliche Mitgliedschaft des Herrenhauses die österreichische Staatsbürgerschaft voraussetzte, ist streitig. In der Praxis hat man allgemein auch Ausländer als erbliche Herrenhausmitglieder behandelt (so abgesehen von den Mitgliedern des fürstlichen Hauses Liechtenstein den Fürsten von Fugger-Babenhausen,[33] den Herzog von

---

31 Handschriftliche Randbemerkung: «Was sagt dieser».
32 Vgl. das Gesetz vom 12.1.1893, betreffend die Genehmigung des fürstlich Liechtensteinschen Familienvertrages vom 1.8.1842, öst. RGBl. 1893 Nr. 15.
33 Karl Ludwig Fürst Fugger von Babenhausen (1829-1906) war lebenslängliches Mitglied des österreichischen Herrenhauses.

Beaufort-Spontin,[34] den Prinzen von Schaumburg-Lippe[35]) sowie auch der Fürstbischof von Breslau[36] ohne Rücksicht auf seine Staatsbürgerschaft als Herrenhausmitglied anerkannt wurde. Auch das österreichische Reichsgericht hat in der Entscheidung vom 11. Mai 1874 (Sammlung [Anton] Hye [von Glunek] II. No. 55)[37] diesen Standpunkt eingenommen, während allerdings die Entscheidung des Verwaltungsgerichtshofes vom 19. März 1907 (Sammlung [Adam von] Budwinski No. 5065 A)[38] aus den alsbald zu besprechenden Gründen mindestens zu dem Ergebnis kam, dass die Statthalterei in der Eigenschaft einer Person als Mitglied des Herrenhauses eine «so massgebende Bescheinigung des Bestandes der österreichischen Staatsbürgerschaft erblicken (durfte), dass sie ihre Entscheidung (über ein Wahlrecht) auf den Tatbestand des Besitzes der österreichischen Staatsbürgerschaft ... zu stützen berechtigt war und von der Vornahme weiterer Erhebungen sich als enthoben erachten konnte.»

Massgeblich ist der bekannte Wortlaut des § 3 des Staatsgrundgesetzes vom 21. September 1867, R.G.Bl. No. 141,[39] wonach die zweite Kategorie der Herrenhausmitglieder (nach den Prinzen des kaiserlichen Hauses), die der erblichen Herrenhausmitglieder, von den «grossjährigen Häuptern jener inländischer Adelsgeschlechter (gebildet wird), welche in den durch den Reichsrat vertretenen Königreichen und Ländern durch ausgedehnten Grundbesitz hervorragen und welchen der Kaiser die erbliche Reichsratswürde verleiht». Staatsbürgerschaft wird hier dem Wortlaut nach nicht verlangt, gerade sowenig als bei der dritten Kategorie, den Kirchenfürsten. Dass darin Absicht lag, dass an diese Frage gedacht wurde, ist aus dem Gesetze selbst zu folgern. Bei der nachfolgenden vierten Kategorie wird die Staatsbürgerschaft verlangt: Zu lebenslangen Mitgliedern sollen «aus den im Reichsrate vertretenen Königreichen und Ländern» ausgezeichnete Männer berufen werden u.s.w. Dass die Frage bei den erblichen Herrenhausmitgliedern übersehen wurde, ist daher gewiss nicht anzunehmen; ohnehin erscheinen bei ihnen zwei Beziehungen zum Inlande, es muss sich um ein inländisches Adelsgeschlecht handeln, der Grundbesitz muss im Inlande liegen; aber die nächstliegende Beziehung, die der Staatsbürgerschaft, wird nicht angeführt. Auch das Verhältnis des Gesetzes zu dem Grundgesetze über die Reichsvertretung nach dem Februarpatente von 1861[40] führt zu diesem Schlusse. In diesem Gesetze fehlt bei den erblichen Mitgliedern die Bedingung, dass der ausgedehnte Gutsbesitz ihres Geschlechtes in den durch den Reichsrat vertretenen Königreichen und Ländern liegen muss, und fehlt bei den lebenslänglichen Mitgliedern auch die Bedingung, dass die ausgezeichneten Männern aus den im Reichsrate vertretenen Königreichen und Ländern sein müssen. Obwohl also 1867 bei dem neuen Gesetze die Beziehungen zum Inlande nach allen Richtungen neu durchdacht wurden, wurde die österreichische Staatsbürgerschaft bei den erblichen Herrenhausmitgliedern nicht verlangt. – Was man im entgegengesetzten Sinne angeführt hat, erscheint dagegen

---

34 Das Haus Beaufort-Spontin hatte seit 1867 einen erblichen Sitz im österreichischen Herrenhaus. 1876 erfolgte die Verleihung des Titels «Herzog und Fürst von Beaufort» seitens Österreichs.

35 Als eines von 3 souveränen Fürstenhäusern – neben Liechtenstein sowie Sachsen-Coburg und Gotha – hatte Schaumburg-Lippe einen erblichen Sitz im österreichischen Herrenhaus inne.

36 Der deutsche Fürstbischof von Breslau war teilnahmeberechtigt, weil ein Teil seiner Diözese in Österreichisch-Schlesien lag.

37 Anton Hye von Glunek, Sammlung der nach gepflogener öffentlicher Verhandlung geschöpften Erkenntnisse des k.k. österreichischen Reichsgerichtes, Wien 1874 ff.

38 Adam von Budwinski, Erkenntnisse des k.k. Verwaltungsgerichtshofes, 1876 ff.

39 Vgl. das Gesetz vom 21.12.1867, wodurch das Grundgesetz über die Reichsvertretung vom 26.2.1861 abgeändert wird, öst. RGBl. 1867 Nr. 141.

40 Vgl. das Grundgesetz über die Reichsvertretung. I. Beilage zum öst. RGBl. 1861 Nr. 20.

unmassgeblich. Dass Art. 3 des Staatsgrundgesetzes über die allgemeinen Rechte der Staatsbürger vom 21. Dezember 1867, R.G.Bl. No. 142,[41] den Eintritt in die *öffentlichen Ämter* für Ausländer von der Erwerbung des österreichischen Staatsbürgerrechtes abhängig macht, gehört nicht hieher, da die Mitgliedschaft des Herrenhauses kein Amt ist. Wenn der Verwaltungsgerichtshof darauf hinweist, dass das Oktoberdiplom[42] mit «behufs einer zweckmässigen geregelten Teilnahme unserer Untertanen an der Gesetzgebung und Verwaltung» erlassen wird und das Februarpatent davon spricht, dass durch die Verfassungen «die Vertretungen *unserer Völker* gegliedert, auch ihre Teilnahme an der Gesetzgebung und Verwaltung geordnet ist», so vertragen sich diese prinzipiellen Erklärungen durchaus damit, dass in der einen oder anderen Beziehung aus besonderen Gründen auch Ausländer zur Teilnahme an der Gesetzgebung und Verwaltung berufen werden.

Auch das Gelöbnis der Treue und des Gehorsams gegen den Kaiser, der Beobachtung der Gesetze und der Erfüllung der Pflichten, welches die Mitglieder des Reichsrates nach § 1 der Gesetze über die Geschäftsordnung vom 31. Juli 1861, R.G.Bl. No. 78,[43] vom 15. Mai 1868, R.G.Bl. No. 42,[44] und vom 12. Mai 1873, R.G.Bl. No. 94,[45] abzulegen hatten, macht denjenigen, der es ablegt, nicht zum Staatsbürger. Trotz einer allgemeinen Fassung handelt es sich selbstverständlich nicht um jeden beliebigen Gehorsam, sondern um den im Rechte begründeten Gehorsam, wie er sich bei Reichsratsmitgliedern z.B. bei der Vertagung und dem Schlusse einer Session äussern mochte. Eine Änderung der Staatsbürgerschaft tritt durch ein solches Gelöbnis ebensowenig ein, wie z.B. die Organe des Post-, Telegraphen- und Telephondienstes in Liechtenstein, welche österreichische Staatsbürger waren, und nach Art. 5 des Übereinkommens über diesen Dienst vom 22. Oktober 1911 und nach Art. 4 des späteren Übereinkommens mit der Republik,[46] für die Zeit ihrer Dienstleistung in Liechtenstein dem regierenden Fürsten Gehorsam und Treue anzugeloben hatten, dadurch zu Liechtensteinern wurden.

---

41 Vgl. das Staatsgrundgesetz vom 21.12.1867, über die allgemeinen Rechte der Staatsbürger für die im Reichsrathe vertretenen Königreiche und Länder, öst. RGBl. 1867 Nr. 142.
42 Vgl. das Kaiserliche Diplom vom 20.10.1860, zur Regelung der inneren staatsrechtlichen Verhältnisse der Monarchie, öst. RGBl. 1860 Nr. 226.
43 Vgl. das Gesetz vom 31.7.1861, in Betreff der Geschäftsordnung des Reichsrathes, öst. RGBl. 1861 Nr. 78.
44 Vgl. das Gesetz vom 15.5.1868, womit mehrere Paragraphe des Gesetzes in Betreff der Geschäftsordnung des Reichsrathes vom 31.7.1861, Reichs-Gesetz-Blatt Nr. 78, abgeändert werden, öst. RGBl. 1868 Nr. 42.
45 Vgl. das Gesetz vom 12.5.1873, in Betreff der Geschäftsordnung des Reichsrathes, öst. RGBl. 1873 Nr. 94.
46 Das nicht publizierte Postübereinkommen mit Österreich vom 18.2.1920, dem der Landtag am 31.1.1920 zugestimmt hatte, findet sich unter LI LA RE 1919/3062. Vgl. in diesem Zusammenhang den Verhandlungsbericht des liechtensteinischen Gesandten Prinz Eduard an die liechtensteinische Regierung vom 3.12.1919 (LI LA SF 03/1919/72/5957 ad 406).

Dok. 174
FBP-Landtagsabgeordnete beantragen die Durchführung einer Volksabstimmung über den vorläufigen Verbleib von Josef Peer als Regierungschef

Maschinenschriftliche Eingabe dreier FBP-Abgeordneter an den Landtag, ungez.[1]

o.D. (vermutlich vor dem 8.3.1921), o.O.

Antrag
des Abgeordneten Peter Büchel und Genossen[2]

Wie wir aus dem Munde des Herrn Regierungschefs [Josef Peer] vernommen haben, ist dieser gewillt, in Gemässheit der im September 1920 mit der Volkspartei getroffenen Abmachungen[3] und des Handschreibens[4] Seiner Durchlaucht [Johann II.] schon in der zweiten Hälfte März dieses Jahres seine hiesige Wirksamkeit als beendet zu betrachten und von seinem Posten zurückzutreten.

Nach dem, was wir gehört haben, glaube ich annehmen zu dürfen, dass die zeitliche Abkürzung der Berufung des Herrn Dr. Peer zur Leitung der Regierungsgeschäfte mit seinem Einverständnisse vom Fürsten deshalb genehmigt worden ist, weil jene Herren,[5] die damals für die Volkspartei die Unterhandlungen führten, diese Abkürzung als dem Willen des Volkes oder doch eines grossen Teiles desselben entsprechend hingestellt haben.

Es liegt mir ferne, an der Entschliessung Seiner Durchlaucht eine Kritik zu üben und Herrn Dr. Peer rechne ich es zur Ehre an, wenn er ein gegebenes Versprechen nun mit seinem Rücktritte einlösen will.

Dies kann und darf uns aber nicht hindern, im Interesse des Landes zu dieser für letzteres so wichtigen Frage Stellung zu nehmen, da gerade jetzt eine durch den Rücktritt des Herrn Dr. Peer sich ergebende, neuerliche Aufrollung der Landesverweserfrage eine schwere Gefährdung der mühsam angebahnten, dem Lande so notwendigen Ruhe und Ordnung bedeuten würde.

Wir haben auch ein gutes Recht, uns mit dieser Frage jetzt und hier zu befassen, da wir – ich meine damit jene Abgeordneten, die entweder nicht der Volkspartei angehören oder doch nicht mit Allem einig gehen, was damals ausgemacht wurde – nicht nur im September nicht gefragt worden sind, ob wir damit einverstanden seien, sondern auch weder damals, noch seither Gelegenheit hatten, zu dieser Sache Stellung zu nehmen. Wir

---

1 LI LA LTA 1921/L19. Der begründete Antrag wurde publiziert in: L.Vo., Nr. 20, 12.3.1921, S. 1-2 («Landtag»). Der Antrag – ohne Vorspann – wurde publiziert in: O.N., Nr. 20, 12.3.1921, S. 1 («Landtagssitzung vom 8. März 1921»).
2 Der Antrag Büchels wurde von den Abgeordneten Johann Hasler und Johann Wanger unterstützt (LI LA LTA 1921/L19).
3 Nach Ziff. II Abs. 1 der Entschliessung von Fürst Johann II. in den «Schlossverhandlungen» vom 15.9.1920 wurde Josef Peer provisorisch auf die Dauer von 6 Monaten zum Leiter der Regierungsgeschäfte bestellt (LI PA VU, Schlossabmachungen, o.Nr.). Peer trat sein Amt am 23.9.1920 an.
4 Vgl. das fürstliche Bestellungsdekret für Josef Peer vom 15.9.1920 (LI LA SF 01/1920/125).
5 Es waren dies Wilhelm Beck, Gustav Schädler, Anton Walser-Kirchthaler, Felix Hasler, Alois Frick und Andreas Vogt.

haben ja den Inhalt der Abmachungen erst aus den Oberrheinischen Nachrichten⁶ und heute vom Regierungschef⁷ erfahren müssen!

Wir können ruhig behaupten, dass es schon im September vorigen Jahres nicht der Wille der Mehrheit des Volkes war, Herrn Dr. Peer nur auf ein halbes Jahr hier als Regierungs-Chef zu sehen und noch weniger ist es der Wille des Volkes heute, ihn schon so bald von seinem Posten scheiden zu lassen. Herr Dr. Peer hat sich in den wenigen Monaten seines hiesigen Wirkens durch seine streng rechtliche, ruhige und unvoreingenommene Art, die Regierungsgeschäfte zu führen, nicht nur den Beifall derjenigen gesichert, die seine Berufung gewünscht haben, sondern auch die Anerkennung und Sympathie sogar vieler solcher erworben, die voriges Jahr noch nichts von seiner Berufung wissen wollten.

Heute kann man ruhig sagen, dass der weitaus überwiegende Teil des Liechtensteiner-Volkes absolut nichts davon wissen will, dass Herr Dr. Peer uns jetzt schon verlassen soll.

Wenn heute das Volk befragt wird, ob es in seinem Willen gelegen sei, dass Herr Dr. Peer als Chef der fürstl. Regierung hier bleiben soll, so wird die übergrosse Mehrheit des Volkes darauf mit «Ja» antworten.

Ich glaube auch, dass der Landtag sich fast einhellig im gleichen Sinne äussern wird.

Weil wir im Scheiden des Herrn Dr. Peer von seinem Posten gerade jetzt eine Gefahr für die Ruhe und Ordnung im Lande erblicken und weil wir sein vorläufiges Verbleiben auf seinem Posten als eine Notwendigkeit für das Land ansehen, endlich weil wir der sicheren Überzeugung sind, dass auch unser Fürst, gerade so wie er damals dem *vermeintlichen* Willen des Volkes Rechnung trug, nun auch dem *wirklichen* Willen des Volkes Rechnung tragen und Herrn Dr. Peer auffordern wird, noch auf seinem Posten zu bleiben, so stelle ich den

Antrag:
1. Seiner Durchlaucht dem Fürsten die Bitte zu unterbreiten, die wahlfähige Bevölkerung des Fürstentums im Wege einer von der fürstlichen Regierung durchzuführenden Volksabstimmung befragen zu lassen, ob sie mit dem vorläufigen weiteren Verbleiben des derzeitigen Hofrates Dr. Peer auf seinem Posten einverstanden sei;
2. Aufgrund des Ergebnisses dieser Volksabstimmung sodann neuerdings an den Fürsten mit der weiteren Bitte heranzutreten, Seine Durchlaucht geruhen, den Regierungschef Dr. Peer mit der vorläufigen Fortführung seines bisherigen Amtes zu betrauen.

Der zweite Teil dieses Antrages wird natürlich nur für den, von mir als sicher erwarteten Fall gestellt, dass die Volksabstimmung eine beträchtliche Mehrheit für das Verbleiben Dr. Peer's auf seinem Posten ergibt.

Ich empfehle diesen Antrag dem Landtage zur Annahme.⁸

Ausserdem bitte ich, diesen Antrag im Wortlaute dem Sitzungsprotokolle beizuschliessen.

---

6   Vgl. z.B. O.N., Nr. 76, 22.9.1920, S. 1 («Zur Entwirrung der Landeskrise»).
7   Vgl. in diesem Zusammenhang die Ausführungen von Josef Peer zur Verfassungsrevision in der öffentlichen Landtagssitzung vom 8.3.1921 (LI LA LTA 1921/S04/2, insbesondere S. 6).
8   Der Antrag von Büchel und Konsorten wurde in der öffentlichen Landtagssitzung vom 8.3.1921 mit 12 gegen 1 Stimme angenommen (LI LA LTA 1921/S04/2, S. 13). In der Volksabstimmung vom 28.3.1921 sprachen sich 993 gegen 615 Stimmberechtigte für den Verbleib von Peer als provisorischer Regierungschef aus. Dieser stellt sich jedoch nicht mehr zur Verfügung.

Dok. 175
Die Verfassungskommission empfiehlt dem Landtag die Annahme der von Regierungschef Josef Peer ausgearbeiteten Verfassungsvorlage mit einigen Abänderungsvorschlägen

Gedruckter Bericht, Berichterstatter Eugen Nipp[1]

Nach dem 18.3.1921

Bericht über die Beschlüsse der Verfassungskommission gefasst in den Sitzungen vom 15. und 18. März 1921
(Berichterstatter Dr. Eugen Nipp)[2]

Vor Beginn der Beratungen gab der Verfasser der Vorlage,[3] Hofrat Dr. Josef Peer, eine prinzipielle Erklärung ab, dahin lautend, dass vorliegender Entwurf auf Vereinbarungen[4] beruhe und dass seine, als des Verfassers, Stellungnahme zu den Beratungen zum vorhinein gegeben sei: er werde lediglich Auskunft geben auf Fragen, die ihm möglicherweise gestellt werden, und sich lediglich zwecks Formulierungen etwaiger Änderungen, die die Kommission beschliessen würde, zur Verfügung stellen.

Aus dem Verlaufe der Beratungen ergab sich, dass die Kommission sich grundsätzlich auf den Standpunkt der Vorlage stellte. Aufgrund unserer besonderen Landesverhältnisse aber wären nach Ansicht der Kommission folgende Abänderungen bezw. Erweiterungen und neue Formulierungen erforderlich, die die Kommission zu beantragen beschloss:

In § 2 ist nach den Worten «parlamentarischer Grundlage» in Klammer beizufügen: §§ 79 und 80.

In § 3 ist das Wort «Fürstentume» in «Fürstenhause» richtigzustellen.

Der erste Satz des § 8 hat zu lauten: Der Landesfürst vertritt unbeschadet der erforderlichen Mitwirkung der verantwortlichen Regierung den Staat in allen seinen Verhältnissen gegen auswärtige Staaten.

§ 11 hat zu lauten: Der Landesfürst ernennt unter Beobachtung der Bestimmungen dieser Verfassung die Staatsangestellten. Neue ständige Beamtenstellen dürfen nur mit Zustimmung des Landtages geschaffen werden.

---

1 LI LA LTA 1921/L03, o.D. Weitere Exemplare des Kommissionsberichtes in LI LA RE 1921/0963 und in LI LA PA 013/013/004 (Nachlass Josef Ospelt). Unter letzterer Signatur findet sich auch ein unvollständiger Entwurf zu den Beschlüssen der Verfassungskommission. In die Verfassungskommission waren in der öffentlichen Landtagssitzung vom 8.3.1921 folgende Abgeordneten gewählt worden: Friedrich Walser, Josef Gassner, Franz Josef Marxer, Albert Wolfinger, Peter Büchel, Emil Risch, Eugen Nipp. Wolfinger nahm jedoch krankheitsbedingt nicht an den Kommissionssitzungen teil. Diese Verfassungskommission ersetzte die im Dezember 1918 gewählte Verfassungskommission, der auch Wilhelm Beck angehört hatte.
2 Im Bericht heisst es irrtümlich «Nigg» statt «Nipp».
3 Vgl. die gedruckte Regierungsvorlage in LI LA LTA 1921/L03, o.D., welche in der genannten Landtagssitzung behandelt wurde, sowie eine davon leicht abweichende, von Fürst Johann II. am 12.1.1921 «vorsanktionierte» Fassung in LI LA RE 1921/0963.
4 Vgl. die sogenannten «Schlossabmachungen» zwischen Fürst Johann II. und der Volkspartei vom September 1920, insbesondere die fürstlichen Entschliessungen vom 11. und 13.9.1920 (LI PA VU, Schlossabmachungen, Nr. 7 und Nr. 8).

In § 12 wird das Wort «Minderung» durch «Umwandlung» ersetzt.

Im zweitletzten Absatz des § 16 wird für das Wort «Organisation» das Wort «Einrichtung» eingestellt.

Der zweite Absatz des § 19 hat zu lauten: «Der Sonntag und die staatlich anerkannten Feiertage sind unbeschadet gesetzlicher Regelung der Sonn- und Feiertagsruhe öffentliche Ruhetage.»

Der zweite Absatz des § 20 hat zu lauten: «Er wendet seine besondere Sorgfalt einer den modernen Bedürfnissen entsprechenden Ausgestaltung des Verkehrswesens zu».

In § 22 wird nach dem Worte «Fischerei» eingesetzt und «Bergwesen».

§ 23 hat zu lauten: Die Regelung des Münz- und öffentlichen Kreditwesens ist Sache des Staates.

In § 24 wird nach den ersten drei Worten «Der Staat sorgt» eingesetzt «im Wege zu erlassender Gesetze».

§ 27 hat zu lauten: Der Staat sorgt für ein rasches, das materielle Recht schützendes Prozess- und Vollstreckungsverfahren, ebenso für eine den gleichen Grundsätzen angepasste Verwaltungsrechtspflege.

Die berufsmässige Ausübung der Parteienvertretung ist gesetzlich zu regeln.

Zu § 34 wird als neuer Absatz beigefügt: Das Urheberrecht ist gesetzlich zu regeln.

Im zweiten Absatz des § 37 sind die Worte «allen» und «gesetzlich anerkannten» zu streichen.

Der Schlusssatz des § 40 hat zu lauten: «eine Zensur findet nur öffentlichen Aufführungen und Schaustellungen gegenüber statt.»

In § 42 wird nach dem Worte Landtag eingesetzt «und den Landesausschuss.»

§ 46 wird in der jetzigen Fassung abgelehnt und folgender Beschluss gefasst:

Die Kommission beantragt, der Landtag wolle die Einholung der Meinung der wahlfähigen Bevölkerung über die Regelung der Landtagswahl in der Weise beschliessen, dass den Stimmberechtigten folgende Fragen zur alternativen Beantwortung vorgelegt werden:

Sollen die Landtagsabgeordneten aus der wahlfähigen Bevölkerung des Fürstentums
I. nach den bisherigen Grundsätzen unter Verteilung der zur wählenden 15 Abgeordneten auf das Ober- und Unterland, oder
II. bei gleicher Anzahl der Abgeordneten nach den Grundsätzen des Proporzionalwahlrechtes mit den Wahlbezirken Ober- und Unterland, oder
III. gemeindeweise derart gewählt werden, dass Gemeinden mit weniger als 150 Wahlberechtigten je einen Abgeordneten, Gemeinden mit 150-349 Wahlberechtigten je zwei und Gemeinden mit wenigstens 350 Wahlberechtigten je drei Abgeordnete wählen?

In § 48 wird nach dem ersten Absatz eingeschaltet: «Eine Vertagung, Schliessung oder Auflösung kann nur vor dem versammelten Landtage ausgesprochen werden». Im zweiten Absatz wird die Zahl 300 auf 500 abgeändert.

In § 50 werden die Worte «drei Monaten» in «sechs Wochen» und die Worte «einem Monate» in «vierzehn Tage» abgeändert.

§ 51 hat zu lauten: Im Falle eines Thronwechsels ist der Landtag innerhalb dreissig Tagen zu einer ausserordentlichen Sitzung zwecks Entgegennahme der im § 13 vorgesehenen Erklärung des Regierungsnachfolgers und Leistung der Erbhuldigung einzuberufen.

Ist eine Auflösung vorhergegangen, so sind die Neuwahlen so zu beschleunigen, dass die Einberufung spätestens auf den 30. Tag nach eingetretener Regierungsveränderung erfolgen kann.

In § 52 wird der Schlusssatz des ersten Absatzes «Diese Wahlen bedürfen der landesherrlichen Bestätigung» gestrichen und der zweite Absatz neu formuliert:
«Die Sitzungsprotokolle werden über Beschluss des Landtages entweder durch zwei aus seiner Mitte gewählte Schriftführer oder durch einen Regierungsbeamten geführt.»
Der dritte Absatz entfällt.
Der zweite Satz des § 53 hat zu lauten: «Ist ein Abgeordneter am Erscheinen verhindert, so hat er unter Angabe des Hinderungsgrundes rechtzeitig die Anzeige bei der ersten Einberufung an die Regierung und hernach an den Präsidenten zu erstatten.»
Der letzte Satz des § 53 bleibt bis zur Entscheidung bezüglich § 46 in suspenso.
In § 56 wird das Wort «Sitzung» in «Sitzungsperiode» abgeändert. Im zweiten Absatz wird das Wort «Aufrechterhaltung» richtiggestellt in «Aufrechthaltung».
Zu § 57 wird beigefügt: «Die Regelung der Disziplinargewalt des Landtages bleibt der zu erlassenden Geschäftsordnung vorbehalten.»
In § 58 wird an Stelle des letzten Absatzes zum ersten Absatz beigefügt: «jedoch entscheidet hier bei Stimmengleichheit nach dreimaliger Abstimmung der Vorsitzende».
Zu § 60 wird beigesetzt: «Dieselbe unterliegt der landesherrlichen Genehmigung.»
§ 62, lit. b soll lauten: die Mitwirkung bei Abschliessung von Staatsverträgen (§ 8);
Der zweite Satz in § 63 wird abgeändert in «er kann dieses Recht auch durch eine von ihm zu wählende Geschäftsprüfungskommission ausüben.»
§ 64 hat zu lauten: Das Recht der Initiative in der Gesetzgebung, d. h. zur Einbringung von Gesetzesvorschlägen steht zu
a) dem Landesfürsten in der Form von Regierungsvorlagen;
b) dem Landtage selbst;
c) den wahlberechtigten Landesbürgern nach Massgabe folgender Bestimmungen:
Wenn wenigstens 500 wahlberechtigte Landesbürger, deren Unterschrift und Stimmberechtigung von der Gemeindevorstehung ihres Wohnsitzes beglaubigt ist, schriftlich oder wenigstens drei Gemeinden in Form übereinstimmende[r] Gemeindeversammlungsbeschlüsse das Begehren um Erlassung, Abänderung oder Aufhebung eines Gesetzes stellen, so ist dieses Begehren in der darauffolgenden Sitzung des Landtages in Verhandlung zu ziehen.
Ist das Begehren auf Erlassung eines Gesetzes gerichtet, aus dessen Durchführung dem Lande entweder eine einmalige im Finanzgesetz nicht schon vorgesehene oder eine länger andauernde Belastung erwächst, so ist das Begehren nur dann vom Landtage in Verhandlung zu ziehen, wenn es zugleich auch mit einem Bedeckungsvorschlag versehen ist.
Ein die Verfassung betreffendes Initiativbegehren kann nur von wenigstens 700 wahlberechtigten Landesbürgern oder wenigstens vier Gemeinden gestellt werden.
Die näheren Bestimmungen über diese Volksinitiative werden durch ein Gesetz getroffen.
In § 65 wird der letzte Satz des ersten Absatzes abgeändert: «die Gegenzeichnung des verantwortlichen Regierungschefs oder seines Stellvertreters und die Kundmachung im Landesgesetzblatte erforderlich.»
Zweiter Absatz hat zu lauten: Überdies findet nach Massgabe der Anordnungen des folgenden Paragraphen eine Volksabstimmung (Referendum) statt.
In § 66 wird die Anzahl der Wahlberechtigten von 300 auf 500 und von 500 auf 700 abgeändert.
Im zweitletzten Absatz des § 66 wird nach dem Wort «zugegangenen» eingesetzt: «ausgearbeiteten und erforderlichen Falles mit einem Bedeckungsvorschlag versehen.»
In § 69 ersten Absatz wird das Wort «Bestimmung» korrigiert in «Beistimmung».

VI. Hauptstück
Vom Landesausschusse

§ 72

Für die Zeit zwischen einer Vertagung, Schliessung oder Auflösung des Landtages und seinem Wiederzusammentreten besteht, unbeschadet der Bestimmungen der §§ 48-51 über die Fristen zur Wiedereinberufung beziehungsweise Neuwahl, an Stelle des Landtages zur Besorgung der seiner Mitwirkung oder jener seiner Kommissionen bedürftigen Geschäfte der Landesausschuss.

Dieser besteht aus dem bisherigen Landtagspräsidenten, der im Verhinderungsfalle durch seinen Stellvertreter ersetzt wird, und aus zwei vom Landtage aus seiner Mitte unter gleichmässiger Berücksichtigung des Ober- und des Unterlandes zu wählenden weiteren Mitgliedern und ebensovielen Stellvertretern für den Verhinderungsfall.

Zu dieser Wahl ist dem Landtage noch in jener Sitzung, in der seine Vertagung, Schliessung oder Auflösung ausgesprochen wird, unter allen Umständen Gelegenheit zu geben.

§ 73

Die Mandatsdauer des Landesausschusses erlischt mit dem Wiederzusammentritte des Landtages.

§ 74

Der Landesausschuss ist insbesondere berechtigt und verpflichtet
a) darauf zu achten, dass die Verfassung aufrecht erhalten, die Vollziehung der Landtagserledigungen besorgt und der Landtag bei vorausgegangener Auflösung oder Vertagung rechtzeitig wieder einberufen wird;
b) die Landeskassenrechnung zu prüfen und dieselbe mit seinem Bericht und seinen Anträgen an den Landtag zu leiten;
c) die auf die Landeskassa unter Bezug auf einen vorausgegangenen Landtagsbeschluss auszustellenden Schuld- und Pfandverschreibungen mit zu unterzeichnen;
d) die vom Landtag erhaltenen besonderen Aufträge zur Vorbereitung künftiger Landtagsverhandlungen zu erfüllen;
e) in dringenden Fällen Anzeige an den Landesfürsten zu erstatten und bei Bedrohung oder Verletzung verfassungsmässiger Rechte Vorstellungen, Verwahrungen und Beschwerden zu erheben;
f) nach Erfordernis der Umstände die Einberufung eines ausserordentlichen Landtages zu beantragen, die bei nachgewiesener Dringlichkeit nicht verweigert werden wird.

§ 75

Der Landesausschuss kann keine bleibende Verbindlichkeit für das Land eingehen und ist dem Landtage für seine Geschäftsführung verantwortlich.

§ 76

Die Sitzungen des Landesausschusses finden nach Bedarf über Einberufung durch den Präsidenten am Sitze der Regierung statt. Zur Giltigkeit ist Vollzähligkeit erforderlich.

§ 77

Die Mitglieder des Landesausschusses beziehen während ihrer Sitzungen die nämlichen Tagegelder und Reisevergütungen, wie die Abgeordneten.

In § 78 werden an Stelle der Worte «von der» die Worte «durch die» und an Stelle des Wortes «ausgeübt» das Wort «besorgt» gesetzt.

§ 79 wird in der bisherigen Fassung abgelehnt und folgende neue Formulierung beschlossen:
Die Regierung besteht aus dem Regierungschef, dessen Stellvertreter und zwei Regierungsräten mit ebensovielen Stellvertretern für den Verhinderungsfall.
Der Regierungschef und sein Stellvertreter werden vom Landesfürsten im Einvernehmen mit dem Landtage ernannt.
Für die Stelle des Regierungschefs hat bei ihrer Neubesetzung in erster Linie ein gebürtiger Liechtensteiner in Betracht zu kommen, der die Fähigkeiten für dieses Amt besitzt und das Vertrauen des Volkes (§ 45) geniesst.
Die beiden Regierungsräte und ihre Stellvertreter werden vom Landtage unter gleichmässiger Berücksichtigung beider Landschaften aus der wahlfähigen Bevölkerung gewählt, der auch der Stellvertreter des Regierungschefs zu entnehmen ist.
Der Landtag hat in seiner ersten Sitzung die Wahl der Regierungsräte und ihrer Stellvertreter vorzunehmen; sie unterliegt der Bestätigung durch den Landesfürsten.
Die Amtsdauer des Regierungschefs-Stellvertreters, der Regierungsräte und ihrer Stellvertreter fällt mit jener des Landtages zusammen; bis zur Neubestellung haben sie ihr Amt verantwortlich weiterzuführen.
Der erste Satz des § 81 wird abgeändert, wie folgt: Mit Ausnahme des Regierungschefs gebühren den Mitgliedern der Regierung keine festen Bezüge.
Zu § 82 wird als zweiter Absatz beigefügt: Ein Staatsangestellter, der das Amt eines Regierungsrates oder Stellvertreters eines solchen annimmt, ist für die Dauer dieses Amtes unter Einstellung seiner Bezüge zu beurlauben.
§ 83 hat zu lauten: Der Regierung werden zur Besorgung ihrer Geschäfte der Regierungssekretär, der Kassenverwalter und der Landestechniker sowie die erforderlichen Kanzleifunktionäre als besoldete Berufsbeamte beigegeben und unterstellt.
Zur Versehung des Sanitäts-, Veterinär- und Forstdienstes sowie anderer Geschäfte, deren Besorgung eine besondere fachliche Eignung erheischt, werden von der Regierung im Einvernehmen mit dem Landtage (Finanzkommission desselben) Fachleute gegen zu vereinbarende Entlohnung bestellt.
In § 84 werden die Worte «entweder» und «oder» in «teils» abgeändert und am Schlusse in Klammer beigesetzt: § 94.
In allen folgenden Paragraphen wird das Wort «Landammann» durch «Regierungschef» und das Wort «Landschreiber» durch «Regierungssekretär» ersetzt.
Der erste Satz des § 85 hat zu lauten: Der Regierungschef ist auch Chef des Landesschulrates.
In § 87 wird das Wort «anderen» gestrichen und das Wort «Staatsdiener» durch «Staatsangestellten» ersetzt.
In § 88 werden die Worte «Landammann-Stellvertreter» abgeändert auf «sein Stellvertreter» und das drittletzte Wort «ein» auf «sein».
In § 90 werden die Worte «deren Gremium, das» durch die Worte «ihrer Versammlung, die» und das Wort «Votanten» durch «Mit-Stimmführer» ersetzt.

Als Nachsatz wird diesem Paragraphen beigefügt: Der Regierungschef hat die gefassten Beschlüsse in Vollzug zu setzen. Nur in dem Falle, als er vermeint, dass ein gefasster Beschluss gegen bestehende Gesetze oder Verordnungen verstosse, kann er mit der Vollziehung desselben innehalten, jedoch hat er hievon ohne jeden Verzug die Anzeige an die Beschwerdeinstanz zu erstatten, welche unbeschadet des Beschwerderechtes einer Partei, über den Vollzug entscheidet.

In § 91 werden die Worte «bleibend angestellten» gestrichen und das Wort «Fachbeamten» in «Fachleute» abgeändert.

§ 94 wird neu formuliert wie folgt: Damit der Gang der Geschäfte nicht nachteilig verzögert werde, sollen die laufenden Angelegenheiten nicht bis zum Sitzungstage aufgeschoben, sondern auf Grund eines von der Regierung zu Beginn eines jeden Jahres kollegial aufzustellenden Geschäftsverteilungsplanes vom Regierungschef, beziehungsweise den Regierungsräten bis zur endgiltigen, der kollegialen Behandlung vorbehaltenen Entscheidung (§ 90) einzeln ressortmässig behandelt werden.

Unter laufenden Angelegenheiten sind alle Gegenstände, welche an sich minderwichtig sind oder blosse vorbereitende Verfügungen betreffen, wodurch noch Berichte abverlangt, Beweise gefordert, kommissionelle Erhebungen gepflogen oder Bestimmungen getroffen werden, die vorbehaltlich der Enderledigung nur den Zustand festsetzen, in welchem die Sache bis zur erfolgenden endgiltigen Entscheidung verbleiben soll.

Der zweite Absatz des § 97 wird abgeändert wie folgt: Dieselbe besteht aus einem vom Landesfürsten im Einvernehmen mit dem Landtage ernannten rechtskundigen Vorsitzenden und zwei weiteren vom Landtage gewählten Rekursrichtern, von denen der eine rechtskundig, der andere der wahlfähigen Bevölkerung des Landes entnommen sein muss.

Die gleichen Grundsätze gelten für die Stellvertreter des Vorsitzenden und der Rekursrichter.

Die Amtsdauer der Mitglieder der Beschwerdeinstanz fällt mit jener des Landtages zusammen. Ihre Entscheidungen sind entgiltig.

In § 98 wird das Wort «Beschwerdesenat» abgeändert in «Beschwerdeinstanz».

In § 102 soll im zweiten Absatz der zweite Satz «das Berufungsgericht» u.s.f. als neuer Absatz erscheinen. Der letzte Satz dieses Paragraphen hat zu lauten: Die Gerichtsbarkeit in Strafsachen wird in erster Instanz beim Landgerichte von diesem, vom Schöffengerichte und vom Kriminalgerichte ausgeübt.

Für § 105 wird folgende neue Fassung bestimmt: Der Staatsgerichtshof besteht aus einem Präsidenten, vier weiteren Stimmführern und zwei Ersatzmännern. Seine Mitglieder werden vom Landtage gewählt. Die Wahl des Präsidenten unterliegt der landesherrlichen Bestätigung.

Der Präsident, zwei Stimmführer und ein Ersatzmann müssen rechtskundig, zwei Stimmführer und ein Ersatzmann gebürtige Liechtensteiner sein.

In § 108 werden im letzten Satze die Worte «mindestens mehrheitlich» ersetzt durch «nach Tunlichkeit».

Der erste Satz des § 109 hat zu lauten: Die Mitglieder der Regierung, die Staatsangestellten, sowie alle Ortsvorstände, deren Stellvertreter und die Gemeindekassiere haben beim Dienstantritt folgenden Eid abzulegen:

Im zweiten Absatz des § 111 werden die zwei ersten Worte «Anträge auf» gestrichen und das Wort «gestellt» durch «beantragt» ersetzt.

Das dritte Wort «und» in § 113 wird gestrichen und neu eingesetzt nach dem Worte «Verordnungen» die Worte «und statutarischen Bestimmungen» und nach dem Worte «aufgehoben» die Worte «beziehungsweise unwirksam».

Sämtliche Abänderungsbeschlüsse und neuen Formulierungen sind mit Ausnahme der Fassung des § 79 einhellig gefasst worden. Die neue Fassung des § 79 wurde mit 5 Stimmen gegen diejenige des Abgeordneten [Josef] Gassner beschlossen.

Das letztgenannte Kommissionsmitglied ist dagegen, dass der Regierungschef ohne zeitliche Begrenzung der Amtsdauer ernannt werden soll; im übrigen Teil ist auch Gassner mit der Fassung dieses Paragraphen einverstanden.

Zur Klarstellung einzelner wesentlichen Änderungen bezw. Erweiterungen der Vorlage mögen folgende kurze Bemerkungen dienen; stilistische oder aus dem Zusammenhang leicht verständliche oder weniger tief greifende Abänderungen sollen dabei nicht gestreift werden:

In § 8: Der Zwischensatz «unbeschadet der erforderlichen Mitwirkung der verantwortlichen Regierung» wurde eingeschoben aus der Erwägung heraus, dass z. B. der Regierungschef auch Ministerpräsident und Aussenminister in einer Person ist. Wenn also die Gesamtregierung die Trägerin der Verantwortlichkeit ist, so können z. B. die Gesandtschaften bezw. Aussenvertretungen nur in deren Einverständnis handeln.

Zu § 40: Der Schlusssatz wurde abgeändert aus Gründen der öffentlichen Sittlichkeit und Ordnung.

Zu § 46: Da die Auffassung über die Art der Landtagswahlen sowohl in der Kommission als auch unter der Bevölkerung ziemlich geteilt sind, und um dem Landtage seine Stellungnahme in dieser Frage wesentlich zu erleichtern, wurde vorliegender Beschluss gefasst. Auf Grund des Wahlergebnisses wäre dann der § 46 entsprechend zu formulieren.

Zu § 48: Die Zahl wurde auf 500 erhöht, um oberflächlichen Treibereien, woher sie auch kommen mögen, eine Schranke zu setzen.

Zu § 52: Der Schlusssatz des ersten Absatzes wurde gestrichen aus demokratischen Gründen; so war z. B. auch in den letzen Jahren der österr.-ungar. Monarchie die kaiserliche Bestätigung für das Abgeordnetenhaus nicht mehr erforderlich.

In § 57: Dieser Immunitätsparagraph gewinnt durch den Zusatz dadurch mehr an Klarheit, als aus letzterem mehr ersichtlich ist, dass die Ehre eines zu Unrecht Beleidigten durch das Eingreifen des Landtages geschützt ist.

In § 64: Die Erhöhung der Zahl auf 500, bezw. 700 geschah aus oben (§ 48) erwähntem Grunde. Auch in der Schweiz ist zur Giltigkeit eines Initiativbegehrens eine grosse Zahl (50'000) von Unterschriften erforderlich. Aus dem gleichen Grunde wie in § 48 und um schädlicher Popularitätshascherei entgegenzuwirken, wurde auch die Bestimmung des Bedeckungsvorschlages aufgenommen.

Zum VI. Hauptstück: Die vorliegende Neuformulierung des VI. Hauptstückes in dem von der Kommission beschlossenen Sinne nahm über Ansuchen der Kommission Hofrat Dr. Peer vor.

Zu § 79: Die Neufassung des § 79 entspricht in den wesentlichsten Punkten der Vorlage. Die Abänderungen geschahen auf Grund eingehendster Debatte.

Der Name Landammann entspricht weder der Stellung des Regierungschefs noch auch der Landesgeschichte, da die Funktionen der alten Landammänner mehr richterlicher Natur waren.

«Für die Stelle des Regierungschefs hat bei ihrer Neubesetzung in erster Linie ein gebürtiger Liechtensteiner in Betracht zu kommen.» Ein Ausländer ist also nicht unter allen Umständen ausgeschlossen. Auch grosse Städte schauen bei Besetzung des Bürgermeisterpostens nicht immer nur auf die Eigenschaft als Bürger, sondern auf die Tüchtigkeit und das Volksvertrauen.

Die Regierungsräte *müssen nicht* Abgeordnete sein, sie *können* es aber sein. Die Kommission hielt es bei unseren kleinen Verhältnissen für untunlich, die Gleichzeitigkeit der Funktion als Regierungsrat und als Abgeordneter zu verunmöglichen, wie dies z. B. in der Schweiz der Fall ist.

Mit dem letzten Absatze des neuformulierten § 79 glaubt die Kommission, mit Ausnahme eines Mitgliedes, dem parlamentarischen Prinzipe Genüge geleistet zu haben.

Die Kommission findet es für unsere Verhältnisse nicht tunlich, alle 4 Jahre mit dem Wechsel des Regierungschefs und mit den unruhigen Begleiterscheinungen dieses Wechsels rechnen zu müssen. Es würde unserem Lande nicht zum Vorteile gereichen, den starren Parlamentarismus der grossen Staaten mit allen seinen Begleiterscheinungen nachzuahmen. Auch die Schweiz mit ihrer freien Verfassung tat das nicht.

Ganz besonders massgebend für den Standpunkt der Kommission war die finanzielle Seite dieser Frage. Bei der Fassung dieser Vorlage würden nämlich dem Lande grössere finanzielle Opfer aufgebürdet.

Um grössere und andauernde Übergriffe von Seiten des Regierungschefs zu verhindern, erachtet die Kommission den § 80 als vollauf genügend.

Zu § 83: Diese Neufassung geschah aus Sparsamkeitsrücksichten.

Zu § 90: Dieser Nachsatz ergab sich aus Erwägungen fussend auf § 96 der Gemeindeordnung.[5]

Zu § 94: Diese Formulierung erfolgte aus Gründen der Einheitlichkeit der Regierung und aus finanziellen Rücksichten. Sie fusst auf dem Schlussparagraph der Amtsinstruktion.[6]

Zu den §§ 97, 105 und 108: Die Neuformulierungen erfolgen wegen der Kleinheit unseres Landes und aus der Notwendigkeit der Tatsache, dass es zur Hauptsache Aufgabe von Juristen sein muss, über die Recht- und Gesetzmässigkeit von Verfügungen usw. zu urteilen. Doch soll das Laienelement dabei nicht ausgeschlossen sein. So ist die Kommission mit der Vorlage einerseits dem Begehren entgegengekommen, möglichst alle Behörden ins Land zu verlegen, anderseits hat das Land die Gewähr, dass in diesen Körperschaften in hohem Grade fachkundige Urteile gefällt werden.

Die Kommission empfiehlt dem Landtage die Annahme der Verfassungsvorlage mit den von ihr vorgeschlagenen Abänderungen, bezw. Erweiterungen und Neuformulierungen.[7]

---

5   § 96 Abs.1 des Gemeindegesetzes vom 24.5.1864, LGBl. 1864 Nr. 4, sah vor, dass der Ortsvorsteher die gefassten Gemeinderatsbeschlüsse in Vollzug zu setzen hatte. Bei vermeintlichen Verstössen des Beschlusses gegen die bestehenden Gesetze und Verordnungen konnte er jedoch mit dem Vollzug innehalten und der Regierung die Anzeige zu erstatten.

6   Vgl. § 16 der Amtsinstruktion für die Landesbehörden des Fürstentums Liechtenstein (Beilage zur Fürstlichen Verordnung vom 30. Mai 1871 über die Trennung der Justizpflege von der Administration, LGBl. 1871 Nr. 1). Vgl. auch § 89 der Amts-Instruktion für die Staatsbehörden des souveränen Fürstenthums Liechtenstein vom 26.9.1862.

7   In den Landtagssitzungen im Mai und Juli 1921 war die Verfassungsrevision nicht traktandiert, erst am 24.8.1921 befasste sich der Landtag in einer eigenen Sitzung mit der von der Verfassungskommission bearbeiteten Verfassungsvorlage (LI LA LTA 1921/S04/002).

Dok. 176
Fürst Johann II. ernennt Josef Ospelt zum Fürstlichen Rat

Maschinenschriftliche Abschrift eines Handschreibens von Fürst Johann II., gez. ders., an Rentmeister Josef Ospelt, derzeitiger Leiter der Regierung[1]

4.4.1921, Feldsberg

Lieber Rentmeister Ospelt!

Sie haben in langjähriger, von treuer Hingebung an Mich und an Ihr Amt geleiteter und beseelter Arbeit Mir und Meinem Lande wertvolle Dienste geleistet und erst jüngst sah Ich Mich infolge des Scheidens des provisorischen Chefs Meiner Regierung, des Hofrates Dr. [Josef] Peer, von seinem Amte veranlasst, Ihre auf verschiedenen Gebieten bewährte Arbeitskraft neuerlich durch Ihre Berufung zur einstweiligen Leitung der Regierungsgeschäfte in Anspruch zu nehmen.[2]

In Anerkennung Ihrer Verdienste und als Zeichen Meines vollen Vertrauens verleihe Ich Ihnen in Gnaden den Titel eines fürstlichen Rates.

Dok. 177
Das Schweizerische Politische Departement hat «grosse Bedenken» gegen die Übernahme der liechtensteinischen Interessenvertretung in Prag in den Angelegenheiten der tschechoslowakischen Bodenreform

Maschinenschriftliche Abschrift eines Schreibens des liechtensteinischen Geschäftsträgers in Bern, Emil Beck, nicht gez., an den Leiter der fürstlichen Kabinettskanzlei in Wien, Josef Martin[1]

4.4.1921, Bern

Interessenvertretung in Prag
Hochgeehrter Herr Kabinettsrat!
Ich besitze Ihr Schreiben vom 14. März betr. die Übernahme der Vertretung der Interessen Seiner Durchlaucht des regierenden Fürsten [Johann II.] und Seiner Durchlaucht des Prinzen Alois [von Liechtenstein] bei der bevorstehenden Bodenreform in

---

1 LI LA SF 01/1921/ad 57a. Die Regierung liess das Schreiben als Kundmachung in den Landeszeitungen publizieren (L.Vo., Nr. 30, 16.4.1921, S. 1; O.N., Nr. 28, 16.4.1921, S. 4).

2 Ospelt war am 14.3.1921 vom Fürsten mit der «einstweiligen Leitung» der Regierung betraut worden (LI LA SF 01/1921/ad 38, Entschliessung Johann II., 14.3.1921). Nachdem der Fürst nach der Volksabstimmung über Peers Verbleiben im Amt auf dessen Bitte von einer Wiederberufung abgesehen hatte (LI LA SF 01/1921/056, Johann II. an Peer, 4.4.1921), blieb Ospelt mit der einstweiligen Leitung der Regierungsgeschäfte betraut.

1 LI LA V 002/0048 (Aktenzeichen der liechtensteinischen Gesandtschaft in Bern: 371/21). Stempel der Gesandtschaft vom 5.4.1921. Bezugnahme auf das Aktenzeichen Präs. 84/4 [richtig: 48/4] der fürstlichen Kabinettskanzlei in Wien.

der Tschechoslowakei durch die Schweiz[2] und bestätige mein Telegramm vom 18. März lautend: «[Gerold F.] Déteindre[3] nach Prag zurückgekehrt. Übernahme der Vertretung wahrscheinlich. Instruktionen Regierung fehlen».[4]

Sofort nach Empfang Ihres Schreibens suchte ich mich, mit Konsul Déteindre in Verbindung zu setzen, um mit ihm die event. Übernahme der Interessenvertretung im einzelnen zu besprechen. Wie ich dann erfuhr, war Herr Déteindre bereits wieder nach Prag zurückgereist. Herr Déteindre ist, wie es scheint, selbst Grundbesitzer in der Tschechoslowakei und wird die Interessen der schweizerischen Grundbesitzer selbst vertreten.

Meine Anfrage, ob das Politische Departement zur Übernahme dieser speziellen Interessenvertretung in Prag bereit sei, schien dem Vertreter des Departements, Herrn Dr. [Peter Anton] Feldscher unbedenklich zu sein. Er behielt jedoch den definitiven Entscheid dem Abteilungschef[5], Herrn Minister [Paul] Dinichert, vor. Dieser hatte nun allerdings grosse Bedenken, die Interessenvertretung nur für diesen besonderen Fall zu übernehmen. Die Schweiz habe bisher die Übernahme der Vertretung eines Staates gegenüber einem andern für einen besonderen Fall regelmässig abgelehnt. Eine solche spezielle Vertretung sei unter Staaten überhaupt nicht üblich, es müsste daher mit der Möglichkeit gerechnet werden, dass die tschechoslowakische Regierung eine solche Vertretung ungern sehen würde.

Etwas anderes wäre es hingegen, wenn dem Politischen Departement die allgemeine und regelmässige Vertretung in der Tschechoslowakei, wie in andern Ländern, übertragen würde. Nachdem die Schweiz die Vertretung in allen anderen Ländern, wo das Fürstentum keine eigene Vertretung besitzt, übernommen hat, könnte dieses Vorgehen keine Bedenken erwecken. Allerdings wäre es dem Departement für diesen Fall erwünscht zu erfahren, aus welchen Gründen die seinerzeit in Aussicht genommene eigene Vertretung in Prag[6] unterblieben ist, damit nicht der schweizerischen Regierung aus diesen Gründen Schwierigkeiten erwachsen.[7]

Das Politische Departement wäre bereit, die Anfrage bei der tschechoslowakischen Regierung sofort zu besorgen. Der Vertretung der Interessen Seiner Durchlaucht des re-

---

2 Vgl. das «streng vertrauliche» Schreiben der fürstlichen Kabinettskanzlei in Wien an den liechtensteinischen Geschäftsträger in Bern, Emil Beck, vom 14.3.1921 (LI LA V 002/0048 (Aktenzeichen der Kabinettskanzlei: Präs. 48/4)). Darin erhielt Beck den Auftrag, bei der Schweizer Regierung die Interessenvertretung für Fürst Johann II. und Prinz Alois durch das Schweizer Generalkonsulat in Prag in den Angelegenheiten der tschechoslowakischen Bodenreform zu erreichen. Vgl. die diesbezügliche Note der liechtensteinischen Gesandtschaft in Bern an das Schweizerische Politische Departement vom 22.3.1921 (LI LA V 002/0048 (Aktenzeichen der Berner Gesandtschaft: 312/21)).
3 1921-1927 Schweizer Honorar-Generalkonsul in Prag.
4 Kopie des Telegrammes unter LI LA V 002/0048 (Aktenzeichen der liechtensteinischen Gesandtschaft in Bern: 290/21).
5 Abteilung für Auswärtiges im Politischen Departement.
6 Vgl. hiezu etwa den Bericht des liechtensteinischen Gesandten in Wien, Prinz Eduard von Liechtenstein, vom 14.5.1919 über diesbezügliche Verhandlungen mit tschechoslowakischen Regierungsstellen (LI LA V 003/0043/06 (Aktenzeichen der liechtensteinischen Gesandtschaft in Wien: 8/2)); ferner den Bericht von Prinz Eduard zuhanden von Landesverweser Prinz Karl von Liechtenstein vom 10.10.1919 betreffend diesbezügliche Verhandlungen mit dem tschechoslowakischen Aussenminister Edvard Beneš (LI LA RE 1919/0105; LI LA V 003/0065)).
7 Vgl. hiezu das Schreiben von Prinz Eduard an die liechtensteinische Regierung vom 30./31.10.1919 (LI LA RE 1919/5402 ad 0589 (Aktenzeichen der liechtensteinischen Gesandtschaft in Wien: 397/2)): Demnach war nach Erachten von Prinz Eduard die Schaffung einer liechtensteinischen Gesandtschaft in Prag ohne Einfluss der französischen Regierung kaum durchführbar. Das Haupthindernis sah Prinz Eduard in einer ausserordentlich starken Gegenströmung in der tschechoslowakischen sozialdemokratischen Partei.

gierenden Fürsten und Seiner Durchlaucht des Prinzen Alois würde dann kein Hindernis mehr entgegenstehen.

Ich gewärtige gerne Ihre baldige Mitteilungen im Gegenstand und verbleibe mit dem Ausdruck besonderer Hochachtung.[8]

Der fürstliche Geschäftsträger

P.S. Eine frühere Berichterstattung war leider nicht möglich, weil der letzte Kurier ausgefallen ist und ich dieses Schreiben nicht der Post übergeben wollte.

Dok. 178
Die Regierung ersucht den liechtensteinischen Geschäftsträger in Bern, Emil Beck, um Intervention zwecks Zulassung von etwa 250 liechtensteinischen Bauarbeitern in der Schweiz

Maschinenschriftliches Schreiben von Regierungschef Josef Ospelt, gez. ders., an die liechtensteinische Gesandtschaft in Bern[1]

15.4.1921

An die fürstlich liechtensteinische Gesandtschaft in *Bern*

Seit mehreren Jahrzehnten haben bekanntlich eine grössere Anzahl liechtensteinischer Bauarbeiter während der Sommermonate und zum Teil während des ganzen Jahres in der Schweiz Beschäftigung gefunden.

In jüngerer Zeit wurde dies nicht nur durch die schweizerischen Vorschriften über die Beschränkung der Einreise für Arbeiter sehr erschwert und zum Teile unmöglich gemacht, sondern ziemlich vielen Arbeitern wurde die Bewilligung zum Aufenthalte in der Schweiz noch entzogen.

Infolgedessen befinden sich derzeit nach Schätzung der Arbeitsnachweisstelle des liechtensteinischen Arbeiterverbandes etwa 250 Bauarbeiter im Lande,[2] die gerne wieder nach der Schweiz in Arbeit gehen möchten und zu einem beträchtlichen Teile hier in ihren Berufen keine Arbeit finden können.

---

8   Mit Schreiben vom 14.4.1921 ersuchte der fürstliche Kabinettsdirektor Josef Martin im Auftrag des Fürsten die liechtensteinische Regierung darum, Geschäftsträger Beck in Bern unverzüglich anzuweisen, die schweizerische Regierung zu ersuchen, die allgemeine und regelmässige Vertretung der liechtensteinischen Interessen in der Tschechoslowakei – so wie auch in anderen Ländern – übernehmen zu wollen. Fürst Johann II. habe wohl anfangs in einzelnen Staaten eine eigene liechtensteinische Vertretung ins Auge gefasst, habe sich aber später, und zwar der eigenen Überzeugung folgend und dem Wunsche des Landes Rechnung tragend, entschlossen, überall eine Vertretung des Fürstentums durch die Schweiz anzustreben. Aus diesem Grunde sei auch die Frage der seinerzeit in Aussicht genommenen eigenen Vertretung in Prag nicht zur Erledigung gelangt (LI LA V 002/0048 (Aktenzeichen der fürstlichen Kabinettskanzlei: Präs. Nr. 104)). Vgl. weiters die diesbezügliche Note der liechtensteinischen Gesandtschaft in Bern an das Politische Departement vom 20.4.1921 (LI LA V 002/0048 (Aktenzeichen der Berner Gesandtschaft: 473/21)).

1   LI LA RE 1921/1556 ad 1379. Regierungschef Ospelt orientierte Oswald Kindle von der Liechtensteinischen Arbeitsnachweisstelle in Triesen am 15.4.1921 über dieses Schreiben (ebd. revers).

2   Vgl. das Schreiben der Arbeitsnachweisstelle an die Regierung vom 12.4.1921 (LI LA RE 1921/1556 ad 1379).

Die genannte Arbeitsnachweisstelle hat nun an die fürstl. Regierung das Ersuchen[3] gerichtet, bei dem schweizerischen Baumeisterverbande in Zürich, Börsenstrasse 14, zu vermitteln, damit dieser für die Zulassung einer entsprechenden Zahl liechtensteinischer Arbeiter zur Einreise in die Schweiz bei den zuständigen Bundesstellen eintrete.

Hochverehrter Herr Legationsrat [Emil Beck] werden ersucht, zunächst mündlich sowohl bei dem genannten Baumeisterverbande als bei der zuständigen Stelle in Bern ehestens Fühlung zu nehmen, ob bezügliche Schritte irgend welche Aussicht auf Erfolg hätten, und bejahenden Falles wollen Sie sofort das *Möglichste* tun, um für eine entsprechende Zahl liechtensteinischer Bauarbeiter den Eintritt in ein Arbeitsverhältnis in der Schweiz zu ermöglichen.

Die genannten 250 Bauarbeiter würden sich nach Schätzung der Arbeitsnachweisstelle auf die verschiedenen Baufächer etwa wie folgt verteilen:

90 Maurer, 20 Gipser, 5 Zimmerleute, 10 Schreiner, 10 Maurerlehrlinge, 20 Steinbrecher, 20 Erdarbeiter und 75 Bauhandlanger.

Ein kleinerer Teil dieser Arbeiter dürfte im heurigen Sommer zwar in Lande selbst Beschäftigung finden, aber der grössere Teil ist wie seit Jahren auf den auswärtigen Verdienst angewiesen.[4]

Der fürstl. Regierungs-Chef:

Dok. 179
Der Arbeiter Anton Walser ersucht Fürst Johann II. vor dem Hintergrund des Wohnungsmangels in Schaan um ein Darlehen für einen Hausbau

Maschinenschriftliches Schreiben von Anton Walser, gez. ders., an Fürst Johann II.[1]

o.D. (Mai 1921), o.O.

Eure hochfürstliche Durchlaucht!

Ich endesgefertigter *Anton Walser* von Schaan wage es im Vertrauen auf die allbekannte grosse Güte und Freigebigkeit Euerer fürstlichen Durchlaucht, mich heute ebenfalls an Euere fürstliche Durchlaucht zu wenden.

---

3 Vgl. das diesbezügliche Gesuch der Arbeitsnachweisstelle an die Regierung vom 7.4.1921 (LI LA RE 1921/1469 ad 1379).

4 Geschäftsträger Beck teilte der liechtensteinischen Regierung mit Schreiben vom 10.6.1921 mit, dass – nach einer Rückäusserung des Eidgenössischen Politischen Departements – den zuständigen Amtsstellen angesichts der gegenwärtig in der Schweiz herrschenden Arbeitslosigkeit die Erteilung einer Kollektiveinreisebewilligung als ausgeschlossen erscheine. Besonders schlimm sei dabei die Lage im Bauhandwerk. Die liechtensteinischen Gesuchsteller seien daher auf den ordentlichen Weg der Einzelgesuche zu verweisen (LI LA RE 1921/2556 ad 1379 (Aktenzeichen der liechtensteinischen Gesandtschaft in Bern: 750/21)). Dagegen war die Regierung des Kantons Graubünden – wie Beck mit Schreiben vom 8.9.1921 an die liechtensteinische Regierung ausführte – mit der Einführung eines Spezialverfahrens für Bauarbeiter aus dem Fürstentum Liechtenstein einverstanden, wies allerdings darauf hin, dass der dortige Bedarf an Bauarbeitern für das Jahr 1921 gedeckt sei. Dieses Verfahren bestand aufgrund der besonderen Verhältnisse Graubündens schon für Bauarbeiter aus Tirol und Italien (LI LA RE 4057 ad 1379 (Aktenzeichen der Gesandtschaft: 1157)).

1 LI LA RE 1921/2382.

Ich bin ein Arbeiter ohne Vermögen, habe eine Frau im Alter von 27 Jahren und vier Kinder im Alter von 1 bis 4 Jahren.

Seit längerer Zeit muss ich mit meiner Familie in einer so feuchten Wohnung leben, dass meine Frau bereits mehrmals erkrankt ist und die Kinder ebenfalls in Gefahr sind zu erkranken und hiedurch vielleicht für ihr ganzes Leben den Keim des Siechtums in sich aufzunehmen. Dabei muss ich für die Wohnung einen Mietzins von monatlich Fr. 35.- bezahlen. Es ist mir wegen des grossen Wohnungsmangels[2] in der Gemeinde Schaan bis heute nicht gelungen, eine Wohnung, die für mich passend wäre, aufzutreiben.

In dem Bestreben, aus dieser für die Gesundheit meiner Frau und meiner Kinder so gefährlichen Wohnung hinauszukommen und mich selbständig zu machen, habe ich mir in der Parzelle Besch, Gemeinde Schaan, zwei Grundstücke im Ausmasse von ca. 250 Klafter um den hohen Preis von Fr. 10.- pro Klafter angekauft, in der festen Hoffnung, mir zu einem Hausbau ein Darlehen verschaffen zu können, wodurch meinem Wohnungselende für immer Abhilfe geschaffen worden wäre.

Meine wiederholten Versuche, ein Darlehen zu erhalten, sind bis heute gescheitert, obwohl ich in der ganzen Gemeinde Schaan und auch auswärts als ein sehr fleissiger, tüchtiger und redlicher Arbeiter bekannt bin. Die Anglobank in Vaduz gibt Darlehen nur auf drei Monate hinaus, bei der Sparkassa in Vaduz sind Frankendarlehen überhaupt nicht zu bekommen.

Von kundigen Männern wird die Ansicht vertreten, dass ein Häuserbau heute sich billiger stellt, als dies in einiger Zeit der Fall sein wird. Die Materialpreise und die Löhne sind heute noch niedriger, als dies für eine spätere Zeit zu erwarten steht.

Da mir keine andere Möglichkeit offen steht, wage ich es, mich an die fürsorgliche landesväterliche Güte Eurer Durchlaucht zu wenden und die ergebene
Bitte
zu stellen, mir gegen Sicherstellung auf meinen Liegenschaften und über Verlangen auch gegen Stellung eines tauglichen Bürgen ein Darlehen von 8-10'000 Fr. auf die Dauer von etwa 8 bis 10 Jahren zu gewähren.

Allenfalls wäre ich gerne bereit, jeden gewünschten Vorschlag anzunehmen.

In der zuversichtlichen Hoffnung, dass Euere Durchlaucht meine Bitte nicht abschlagen werden[3] und mit der Versicherung meinerseits, Euerer Durchlaucht immer und bei jeder Gelegenheit dankbar zu sein, zeichne ich
Euerer Durchlaucht
ergebenster

---

2   Zur Thematik der Wohnungsnot in Liechtenstein vgl. auch die Kundmachung von Landesverweser Karl von Liechtenstein vom 20.4.1920, mit welcher gegenüber Vermietern ein vorläufiges Kündigungsverbot für Mietwohnungen verfügt wurde (L.Vo., Nr. 33, 24.4.1920, S. 4 («Kundmachung»); O.N., Nr. 34 (tatsächlich Nr. 33), 23.4.1920, S. 4 («Kundmachung»)).

3   Die fürstliche Kabinettskanzlei bzw. der fürstliche Kabinettsdirektor Josef Martin beauftragte die Regierung mit Schreiben vom 29.5.1921 aus Feldsberg, Walser eine ablehnende Antwort zu erteilen (LI LA RE 1921/2382 revers). Regierungschef Josef Ospelt teilte Walser am 8.6.1921 mit, dass es Fürst Johann II. zu seinem lebhaften Bedauern wegen der ganz ungewöhnlichen anderweitigen Inanspruchnahme für öffentliche und private Zwecke und wegen der sonst zu gewärtigenden Folgen im Augenblick nicht möglich sei, der Bitte zu entsprechen (ebd.).

Dok. 180
Der tschechoslowakische Aussenminister Edvard Beneš lehnt gegenwärtig die liechtensteinische Interessenvertretung in Prag durch die Schweiz ab

Maschinenschriftliches Schreiben der liechtensteinischen Gesandtschaft in Bern bzw. des Geschäftsträgers Emil Beck an die fürstliche Kabinettskanzlei in Wien[1]

19.5.1921, Bern

Vertretung in Prag
Hochgeschätzter Herr Kabinettsdirektor [Josef Martin],
    Im Nachgang zu meinem Schreiben Zl. 627/21,[2] welches durch eine Abänderung im Kurrierfahrplan leider eine Verspätung erlitten hat, telegrafierte ich Ihnen unterm 18. dieses Monats: «Anfrage vorläufig abgelehnt, Vorschlag [Victor] Kaplan durchführbar.»[3]
    Inzwischen habe ich nämlich vom [Schweizerischen] Politischen Departement inoffiziell die Mitteilung erhalten, dass die Übernahme unserer Interessenvertretung in Prag durch die Schweiz gegenwärtig infolge der Widerstände bei der Pragerregierung nicht wohl möglich ist. Herr Benesch [Edvard Beneš] erklärte dem Schweizerischen Vertreter, Herrn [Gerold F.] Déteindre[4], wie ich vertraulich erfahren habe, auf seine inoffizielle Anfrage, dass die Pragerregierung grundsätzlich sehr gerne bereit sei, der Interessenvertretung in der Tschechoslowakei durch den Schweizerischen Vertreter zuzustimmen. Immerhin könnte dies erst nach der Durchführung der dortigen Bodenreform geschehen. Zur nähern Begründung dieses Standpunktes führte Herr Benesch an, dass die Pragerre-

---

1   LI LA V 002/0048 (Aktenzeichen der liechtensteinischen Gesandtschaft in Bern: 649/21). Stempel der Gesandtschaft vom 21.5.1921. Vgl. die Note der liechtensteinischen Gesandtschaft in Bern an das Schweizerische Politische Departement vom 20.4.1921, in welcher die Schweiz um die generelle Übernahme der liechtensteinischen Interessenvertretung in Prag ersucht wurde (LI LA V 002/0048 (Aktenzeichen der liechtensteinischen Gesandtschaft in Bern: 463/21)), nachdem das genannte Departement grosse Bedenken gegen die Vertretung Liechtensteins lediglich in den Angelegenheiten der tschechoslowakischen Bodenreform geäussert hatte (vgl. das Schreiben der Gesandtschaft in Bern an die fürstliche Kabinettskanzlei vom 4.4.1921, LI LA V 002/0048 (Aktenzeichen der Gesandtschaft in Bern: 371/21)).
2   Vgl. das Schreiben des liechtensteinischen Geschäftsträgers in Bern, Emil Beck, an Kabinettsdirektor Josef Martin vom 14.4.1921 (LI LA V 002/0048 (Aktenzeichen der liechtensteinischen Gesandtschaft in Bern: 627/21)) sowie das Schreiben von Kabinettsdirektor Martin an Beck vom 2.5.1921 (LI LA V 002/0048 (Aktenzeichen der Kabinettskanzlei: Ad Präs. Nr. 104)): Demzufolge habe der tschechoslowakische Aussenminister Edvard Beneš gegenüber dem fürstlichen Justizrat Victor Kaplan die zusätzliche Akkreditierung von Emil Beck in der Tschechoslowakei angeregt. Die bezüglichen Agenden könnten durch die fürstliche Zentraldirektion in Prag im übertragenen Wirkungskreis geführt werden. Es sei lediglich erforderlich, dass sich Beck bei der Prager Regierung einmal wegen Ausfertigung des Akkreditivs vorstelle und später innerhalb von einem bis zwei Jahren wieder vorspreche. Justizrat Kaplan könne zur Führung der Agenden in Vertretung als eine Art Honorar-Legationsrat fungieren. Emil Beck gab dagegen zu bedenken, dass eine «Redressierung» der Anfrage in Prag betreffend die Übernahme der liechtensteinischen Interessenvertretung seitens der Schweiz nicht möglich sei (Aktennotiz vom 12.5.1921 über eine Besprechung mit Peter Anton Feldscher vom Schweizerischen Politischen Departement (LI LA V 002/0048 (Aktenzeichen der Gesandtschaft in Bern: 614/21). In diesem Sinne erging gleichentags folgendes Telegramm der Gesandtschaft an Kabinettsdirektor Martin: «Bitte mit neuer Anregung Kaplan zuwarten, da Anfrage bereits erfolgt» (LI LA V 002/0048 (Aktenzeichen der Gesandtschaft in Bern: 615/21)).
3   Kopie des Telegramms der Gesandtschaft in Bern an Kabinettsdirektor Martin vom 18.5.1921 (LI LA V 002/0048 (Aktenzeichen der Gesandtschaft in Bern: 645/21)).
4   1921-1927 Schweizer Honorar-Generalkonsul in Prag.

gierung die Ansprüche Seiner Durchlaucht des Fürsten [Johann II.] bei der Bodenreform nicht berücksichtigen könne, da sie den Fürsten als österreichischen Staatsangehörigen betrachte und seine Souveränität und die daraus abgeleiteten Rechte nicht anerkenne könne. Auch der Völkerbund habe die Souveränität des Fürsten nicht anerkannt.[5] Nach Bereinigung dieser Angelegenheit aber sei die Schweiz. Vertretung sehr erwünscht.

Also eine ziemlich glatte Absage. Das Politische Departement glaubt, unter diesen Umständen vorläufig eine Vertretung nicht übernehmen zu können, wodurch allerdings zu den von der Pragerregierung angerufenen Rechtsfragen nicht Stellung genommen ist.

Damit ist nun der Weg wieder frei für die Durchführung des Vorschlags des Herrn Justizrat Dr. Kaplan, wonach Seine Durchlaucht der Fürst eine eigene Vertretung in der Weise errichten würde, dass meine Akkreditierung in Prag nachgesucht würde. Wie ich Ihnen bereits mitteilte, bin ich zur Übernahme einer solchen Vertretung grundsätzlich gern bereit, in der Meinung, dass mich dieselbe nicht zu sehr in Anspruch nimmt.

Bezüglich der Bodenreform, welche in ein akutes Studium getreten zu sein scheint, dürfte der Nachweis, dass Seine Durchlaucht der Fürst nicht österreichischer Staatsangehöriger ist, von der grössten Bedeutung sein.

Ich warte nun in dieser Frage Ihre weitern Berichte ab.[6]

Der fürstliche Geschäftsträger:

Dok. 181
Zur Bekämpfung der Arbeitslosigkeit finanziert Fürst Johann II. aus seiner Privatschatulle Strassenbauprojekte

Maschinenschriftliches Schreiben der fürstlichen Kabinettskanzlei, gez. Kabinettsdirektor Josef Martin, an Regierungschef Josef Ospelt[1]

4.6.1921, Feldsberg

Schaffung von Arbeitsgelegenheit
Hochgeschätzter Herr Regierungschef!

Mit dem anbei rückfolgenden Berichte, Zl. 2078/Reg. vom 20. Mai l. J.[2] hat sich die

---

5 Das Aufnahmegesuch Liechtensteins als reguläres Mitglied wurde von der Völkerbundversammlung am 17.12.1920 abgelehnt (vgl. das Schreiben Emil Becks an die liechtensteinische Gesandtschaft in Wien vom 20.12.1919 (LI LA RE 1920/5629 ad 0141).

6 Vgl. weiter das Schreiben von Geschäftsträger Beck an die liechtensteinische Regierung vom 6.6.1921 (LI LA V 002/0048 (Aktenzeichen der Gesandtschaft in Bern 727/21)). Darin wiederholte Beck seinen Standpunkt, dass schweizerischerseits der Errichtung einer eigenen Vertretung in Prag nichts mehr entgegenstehe und er auch bereit sei, diese Vertretung zu übernehmen, unter der Bedingung, dass ihm daraus keine wesentliche Belastung und Verantwortung erwachse. Er ersuchte ferner um Auskunft über die Person von Justizrat Kaplan.

1 LI LA RE 1921/2513 ad 2078 (Aktenzeichen der fürstlichen Kabinettskanzlei: Nro. 133). Eine Abschrift dieses Schreibens erging gemäss Anweisung von Regierungschef Ospelt vom 9.6.1921 zur Äusserung und Vorlage der geforderten Behelfe bzw. Unterlagen an den fürstlichen Forstmeister Julius Hartmann (ebd.).

2 LI LA RE 1921/2078. Es handelte sich um den Begleitbericht des Regierungschefs Ospelt zur Eingabe des Liechtensteinischen Arbeiterverbandes in Triesen bzw. des Verbandspräsidenten Augustin Marogg an Fürst Johann II. vom 13.5.1921 um die Schaffung von Arbeitsgelegenheiten, speziell für ungelernte Arbeiter (ebd.).

Ausgabe von Nro 125 KK [Kabinettskanzlei] vom 27/5.,[3] wornach für den Strassenbau Iragell-Tid ein Betrag von 3000 Fr. gewidmet worden ist, gekreuzt. Nachdem durch den vorgenannten Strassenbau momentan Arbeitsgelegenheit geschaffen wurde, ersuche ich um gef. Bekanntgabe, ob der gestellte Antrag auf einen Kredit von 1000-1500 Fr. für die Schwefelstrasse aufrechterhalten wird.

Seine Durchlaucht [Johann II.] wünschen Skizzen über den Strassenbau Iragell [Iraggell]-Tid, – über die von Höchstdemselben vor Einbringung des vorgenannten Strassenprojektes angeregte Strassenherstellung ab dem fürstlichen Absteigquartier durch den Wald über zwei Riesen bis in die Gegend zum Schaaner Krankenhausplatz, endlich über die geplante Strassenweiterführung von Stillböden [Stellböda] gegen Triesenberg; mit der Ausarbeitung der Skizzen wolle Herr Forstmeister [Julius] Hartmann betraut werden. Auch wolle derselbe ersucht werden, einen Kostenvoranschlag für den Weiterbau der Strasse nach Triesenberg vorzulegen.[4]

Bei Vorlage des vorgenannten Kostenvoranschlages wollen Euer Hochwohlgeboren berichten, wie von Haus aus die Aufbringung der Kosten für den Weiterbau der Strasse nach Triesenberg gedacht war. Wenn der Fürst abermals beitragen soll, ersuche ich um gef Wohlmeinung, ob dies nicht vorschussweise bzw. an wen /Gemeinde, Land?/ geschehen könnte. Bezüglich des Schwefelweges möchte ich noch bemerken, dass der Fürst einen Kredit von 1000-1500 Fr. gerne gewähren wird, wenn es sich um eine Massnahme wirtschaftlicher und rentabler Natur handelt. Ich bitte in letzterer Hinsicht noch zu berichten und, wie eingangs erwähnt, nach Ihrem Ermessen Nro 125 KK zu berücksichtigen. Vielleicht kann unter Hinweis auf diese höchste Verfügung auch die Eingabe der Liechtensteinischen Zentralverwaltung, Arbeiterverband, von Euer Hochwohlgeboren eventuell nur vorläufig Erledigung finden.[5]

Im Übrigen muss natürlich daran festgehalten werden, dass Seine Durchlaucht der Schaffung von Arbeitsgelegenheiten wohlwollendst gegenüber stehen.

Mit den Ausdrucke der besonderen Hochachtung
ergebenster

---

3   Dieses Schreiben findet sich unter LI LA RE 1921/2383 ad 1985: Die Spende von Fürst Johann II. an die Gemeinde Vaduz war an die Bedingung geknüpft, dass die Arbeiten nach dem mit dem fürstlichen Forstmeister Hartmann vereinbarten Plan sofort in Angriff genommen werden sollten und dass bei der Ausführung nur inländische Arbeiter Beschäftigung finden durften. Wegen der Flüssigmachung der Mittel sollte sich die Ortsvorstehung Vaduz mit der fürstlichen Domänenverwaltung ins Benehmen setzen. Vgl. auch L.Vo., Nr. 45, 8.6.1921, S. 2 («Höchste Spende») bzw. O.N., Nr. 43, 8.6.1921, S. 2 («Höchste Spende»).

4   Vgl. das Antwortschreiben von Forstmeister Hartmann an Regierungschef Ospelt vom 28.6.1921 (LI LA RE 1921/2906 ad 2078 (Aktenzeichen: 512/1921)).

5   Vgl. in weiterer Folge das Schreiben der Regierung an den Liechtensteinischen Arbeiterverband vom 23.7.1921 über die Finanzierung diverser Strassenbauarbeiten aus fürstlichen Privatmitteln (LI LA RE 1921/3099 ad 2078).

Dok. 182
Felix Real zeigt den galizischen Juden Marian Thuna wegen unerlaubten Hausierens bei der Regierung an

Maschinenschriftliches Schreiben von Felix Real, gez. ders., an die Regierung[1]

15.6.1921, Vaduz

An die Hohe *Fürstliche Regierung, Vaduz*
Der Unterfertigte bringt hiermit einer hohen fürstlichen Regierung zur Anzeige, dass in Vaduz und wahrscheinlich auch in anderen Orten des Landes ein gewisser *Marian Thuna* Chocolade direkt an Private verkauft. Genannter wohnt in Vaduz bei Frau Wwe. Olga Seeger. Ein einzelner Fall sei hier angeführt. Er besuchte die Frau Ingenieur [Gertrud] Riedl, Tochter des Herrn Doktor Rudolf Schädler, in der elterlichen Wohnung in Vaduz und trug ihr Packungen von Chocolade im Werte von zwölf Franken an. Als die Waren kamen, kosteten sie fünfzehn Franken. Thuna hat die Bestellung nebenbei bemerkt nicht für Gaflei,[2] sondern ganz privat für Frau Ingenieur Riedl aufgenommen.

Solche Leute würden in der Schweiz sofort des Landes verwiesen und ist dies bei uns nun auch endlich am Platze. Es geht nicht an, dass das einheimische Gewerbe von Polnischen Juden, die nicht einmal um die Bewilligung ansuchen, langsam erdrückt wird.[3]

Ergebenst

---

1 LI LA J 007/S 051/146 (Zl. 1. Aktenzeichen der Regierung: 2652 ad 0569 Sts). Briefkopf der Handlung Felix Real in Vaduz. Eingangsstempel der Regierung vom 16.6.1921. Die Anzeige wurde von Josef Ospelt am 16.6.1921 der Staatsanwaltschaft zur Amtshandlung abgetreten. Der stellvertretende Staatsanwalt Ferdinand Nigg beantragte noch selbentags beim F.L. Landgericht die Einleitung eines Strafverfahrens gegen Thuna wegen Übertretung der Gewerbeordnung. – Am 17.7.1921 zeigte Felix Real einen weiteren Fall unerlaubten Hausierens seitens des Thuna an: Fast jede Woche komme dieser in das Bürgerheim Vaduz, um seine Waren zu offerieren und werde dabei sehr aufdringlich. Er gehe einfach nicht aus dem Haus, bevor er nicht eine Bestellung habe ((LI LA J 007/S 051/146).
2 Rudolf und Albert Schädler erbten 1907 von ihrem Bruder Karl Schädler das Kurhaus Gaflei, das dieser 1894 erworben hatte. Rudolf leitete jahrzehntelang des Kurhaus und war dort auch als Arzt tätig.
3 Vgl. in weiterer Folge das Schreiben von Rudolf Real (Präsident des Verbandes der liechtensteinischen Kaufleute) gegen Thuna, der «doch eigentlich schon vorbestraft» gehöre, an die Regierung vom September 1921 (LI LA RE 1921/4349). Thuna wurde schliesslich am 19.1.1922 vom F.L. Landgericht von der Anklage, das Hausierpatent übertreten zu haben, freigesprochen (LI LA J 007/S 051/146 (Zl. 4)).

Dok. 183
Regierungschef Josef Ospelt informiert den Churer Bischof Georg Schmid von Grüneck über die Beschlüsse des Landtags zu dessen die Verfassungsrevision betreffenden Forderungen

Maschinenschriftliches Schreiben von Regierungschef Josef Ospelt, gez. ders., an Georg Schmid von Grüneck, Bischof von Chur[1]

27.8.1921

Euere bischöflichen Gnaden, Hochwürdigster Herr Bischof!
Als ich am letzten Montage[2] nach meiner Rückkehr aus dem Urlaub die zwei hochgeschätzten Schreiben Euer bischöflichen Gnaden vom 17. und 18. August betr. die neue Verfassung erhielt,[3] habe ich nicht ermangelt, sofort auf Dienstag Vormittag das Landtagspräsidium zu einer Besprechung der Vorschläge und Wünsche Euerer bischöflichen Gnaden einzuladen.[4]

Bei dieser Besprechung wurden alle *für* und *wider* soweit als möglich erwogen und ich habe sodann das amtliche Schreiben Euer bischöflichen Gnaden dem Landtagspräsidium offiziell mit dem Ersuchen übermittelt, den Gegenstand noch vor der auf Mittwoch vormittags anberaumten Landtagssitzung mit der Verfassungskommission bezw. den Landtagsabgeordneten einlässlich zu behandeln.[5]

Der Landtag hat dann am Mittwoch die Verfassung durchberaten und einstimmig angenommen.[6]

In der vom Landtage beschlossenen Fassung sind nun infolge der Vorstellungen des hochwürdigsten bischöflichen Ordinariates folgende Änderungen gegenüber dem früheren Entwurfe[7] enthalten:

Der erste Absatz des Art. 16 wird nun lauten: «Das gesamte Erziehungs- und Unterrichtswesen steht unbeschadet der Unantastbarkeit der kirchlichen Lehre unter staatlicher Aufsicht.»

Weitere Änderungen an diesem Artikel 16 waren nicht zu erreichen.

Der erste Absatz des Art. 37 bleibt unverändert.

Der zweite Absatz hingegen wird lauten: «Die römisch-katholische Kirche ist die Landeskirche und geniesst als solche den vollen Schutz der Staates;». Der übrige Teil des Satzes bleibt unverändert.

Der letzte Satz des Art. 38 lautet nun: «Die Verwaltung des Kirchengutes in den Kirchgemeinden wird durch ein besonderes Gesetz geregelt; vor dessen Erlassung ist das Einvernehmen mit der kirchlichen Behörde zu pflegen.»

---

1 LI LA RE 1921/3693 ad 963. Eine Abschrift des Schreibens sandte Ospelt am 27.8.1921 an Landesvikar Johann Baptist Büchel (LI LA SF 01/1921/ad 141).
2 22.8.1921.
3 LI LA RE 1921/3690 ad 963, bischöfliches Ordinariat Chur an Ospelt, 17.8.1921; LI LA SF 01/1921/141, Schmid von Grüneck an Ospelt, 18.8.1921.
4 Vgl. LI PA Paul und Judith Kaiser-Eigenmann, Nachlass Josef Ospelt, Ospelt an Kabinettsdirektor Josef Martin, 24.8.1921.
5 LI LA RE 1921/3690 ad 963, Ospelt an Landtag, 23.8.1921.
6 LI LA LTA 1921/S04/2, Protokoll der Landtagssitzung vom 24.8.1921.
7 LI LA RE 1921/0963, Regierungsvorlage von Josef Peer, 12.1.1921.

Bezüglich des Art. 16 war für den Landtag bestimmend, das bereits der Art. 14 dem Staat die Sorge für das religiöse und sittliche Interesse des Volkes auferlegt, der Art. 15 vorschreibt, das Erziehungs- und Unterrichtswesen sei so zu verwalten, dass aus dem Zusammenwirken von Familie, Schule und Kirche der Jugend eine religiös-sittliche Bildung und vaterländische Gesinnung zu eigen wird.

Da nach Absatz 4 des Art. 15 der Religionsunterricht (wie selbstverständlich) durch die kirchlichen Organe erteilt wird, diese Organe diese Aufgabe selbstverständlich nur nach den Weisungen und im Sinne der Kirche erteilen können, widrigenfalls ihnen doch gewiss von den kirchlichen Obern die Erlaubnis zur Erteilung des Religionsunterrichtes entzogen würde, glaubt der Landtag den Wünschen des hochwürdigsten bischöflichen Ordinariates bezüglich des Art. 16 vollkommen entsprochen zu haben und ich möchte nur noch dem beifügen, dass sowohl im Landesschulrate als im Lokalschulrate Seelsorger sitzen müssen und dass der Ortspfarrer zugleich auch der Lokalschulinspektor ist.

Bezüglich des § 37 glaubt der Landtag in der neuen Fassung seine kirchentreue Gesinnung ebenfalls hinlänglich zum Ausdruck gebracht zu haben, und von mir befragte katholische Juristen der Schweiz und aus Vorarlberg, Männer von besten Namen und bestem Ansehen, finden die Fassung vollkommen entsprechend und dem Interesse und der Stellung der katholischen Kirche voll Rechnung tragend.

Die neue Fassung des Art. 38 trägt den Wünschen des hochwürdigsten bischöflichen Ordinariates unseres Erachtens vollkommen Rechnung, weshalb ich hiezu nichts zu bemerken habe. –

Für mich ist nun der Weg in der Richtung gezeichnet, dass ich die Verfassung in der vom Landtage beschlossenen Form Seiner Durchlaucht dem regierenden Herrn [Johann II.] zur Höchsten Genehmigung beantragen werde.[8] Bei der Gesamtbeurteilung der Angelegenheit sind für mich unter anderem auch folgende Erwägungen massgebend:

Seit bald 3 Jahren schwebte ein zeitweise heftiger Kampf im ganzen Lande um die Verfassung. Wie Euer bischöflichen Gnaden zur Genüge bekannt ist, nahm dieser Kampf mitunter ziemlich scharfe Formen an. Wie ich die Stimmung sowohl unter den Abgeordneten als auch sonst in der Bevölkerung kenne, weiss ich vollkommen sicher, dass es ein Leichtes gewesen wäre selbst dann, wenn der Landtag mit Dreiviertel-Mehrheit schliesslich für die vom hochwürdigsten bischöflichen Ordinariate vorgeschlagenen Formeln sich entschieden hätte (was aber nie zu erreichen gewesen wäre), die Volksstimmung derart in Aufregung zu bringen, dass eine Durchführung der Verfassung einfach ausgeschlossen geschienen hätte.

Nachdem das Dazwischentreten Seiner Durchlaucht des Herrn Prinzen Franz sen. [von Liechtenstein] hinsichtlich einiger staatspolitischer, den besonderen Zankapfel zwischen den Parteien bildender Punkte, besten Erfolg hatte,[9] die vom hochwürdigsten bischöflichen Ordinariate gemachten Vorschläge von den Abgeordneten weniger vom parteipolitischen Standpunkte behandelt wurden und sich nun eben nach fast dreijährigem Kampfe endlich geeinigt hatten, hielt ich mich im Gewissen verpflichtet, diese Einigung

---

8   LI LA RE 1921/4017 ad 963, Regierung an Fürst, 10.9.1921; LI LA RE 1921/4017 ad 963, Ospelt an Kabinettsdirektor Josef Martin, 10.9.1921.

9   Am 2.8.1921 traf sich Prinz Franz mit zwölf der 15 Landtagsabgeordneten. Dank seiner vermittelnden Rolle konnte bei diesem Treffen eine Einigung bezüglich der Frage der «Qualifizierung des Landesverwesers» gefunden werden. Anschliessend führten die Abgeordneten die Diskussion unter sich weiter und einigten sich dabei über den Wahlmodus für den Landtag (LI LA SF 01/1921/125, Prinz Franz an Kabinettskanzlei, 2.8.1921).

im Hinblicke auf das meines Erachtens immerhin nicht unwesentliche Entgegenkommen des Landtages gegenüber den Wünschen Euer bischöflichen Gnaden nicht weiter zu gefährden.

Ich gebe mich der Hoffnung hin, dass Euer bischöflichen Gnaden und das hochwürdigste bischöfliche Ordinariat die Stellungnahme sowohl des Landtages als der Regierung vollkommen würdigen werden und dass unter der Wirksamkeit der neuen Verfassung die altüberlieferten guten Beziehungen zwischen dem Stuhle des heiligen Luzius und der Regierung des Fürstentumes nicht nur erhalten, sondern noch vertieft werden. Die fürstl. Regierung ihrerseits wird nicht ermangeln, in diesem Sinne zu wirken.

Genehmigen hochwürdigster Herr Bischof die Versicherung meiner ausgezeichnetsten Hochverehrung, womit ich zeichne als

Euer bischöflichen Gnaden

Dok. 184
Josef Peer schlägt ein Prozedere vor, damit die neue Verfassung am Geburtstag des Fürsten Johann II. in Vaduz unterzeichnet werden kann

Maschinenschriftliches Memorandum von Josef Peer, gez. ders.[1]

22.9.1921, Feldkirch

Promemoria zur Frage der Sanktionierung der Verfassung

Die gegenwärtige Verfassung[2] entbehrt einer *ausdrücklichen* Bestimmung über die *Sanktionierung* der vom Landtage beschlossenen Gesetze durch den Landesfürsten. Der Grund dafür ist wohl in der Anordnung des § 2 zu suchen, derzufolge *der Landesfürst alle Rechte der Staatsgewalt,* die er allerdings unter den in der Verfassungsurkunde festgesetzten Bestimmungen ausübt, *in sich vereiniget.* Zu diesen Bestimmungen der Verfassungsurkunde gehört insbesondere jene des § 24, nach welcher ohne Mitwirkung und Zustimmung des Landtages kein Gesetz gegeben werden darf. Die Notwendigkeit der Unterzeichnung eines jeden Gesetzes durch den Landesfürsten ergibt sich einerseits aus der bereits erwähnten Eigenschaft des Fürsten als Trägers der Staatsgewalt und andererseits aus der Anordnung des § 29, wonach *alle Gesetze* zu ihrer Giltigkeit der «Gegenzeichnung» der verantwortlichen Regierung bedürfen. In § 3 der Amtsinstruktion[3] gehört diese «Gegenzeichnung» zum Wirkungskreise des Landesverwesers und aus der Fassung dieses § 3 ist zu entnehmen, dass der Relativsatz in § 29 «welche vom Fürsten oder einer Regentschaft ausgehen» sich *auch auf die Gesetze* bezieht.

Aus all dem ist die Notwendigkeit der Unterzeichnung eines jeden Gesetzes durch den Landesfürsten zu erschliessen.

Eine Stellvertretung für den Landesfürsten ist in der gegenwärtigen Verfassung nur in den §§ 103 & 105 (Eröffnung und Schliessung des Landtages) vorgesehen; hieraus und

---

1   LI LA RE 1921/4348 ad 963. Das Memorandum wurde von Regierungschef Josef Ospelt mit Schreiben vom 26.9.1921 Kabinettsdirektor Josef Martin zur Kenntnis gebracht (LI LA RE 1921/4243 ad 963), der es am 3.10.1921 retournierte.
2   Konstitutionelle Verfassung vom 26.9.1862 (LI LA SgRV).
3   Fürstliche Verordnung vom 30.5.1871 über die Trennung der Justizpflege von der Administration (mit Amtsinstruktion für die Landesbehörden des Fürstentums Liechtenstein), LGBl. 1871 Nr. 1.

aus der Bestimmung des ersten Absatzes des § 2 wäre zu folgern, dass der Landesfürst alle anderen, ihm nach der Verfassung zustehenden Rechte *persönlich auszuüben hat*. Es wäre daher nach den Bestimmungen *der gegenwärtigen Verfassung*, die erst *mit dem Inkrafttreten der neuen Verfassung* ihre Giltigkeit verliert, die Unterzeichnung eines Gesetzes durch einen Bevollmächtigten des Fürsten in dessen Stellvertretung *nicht zulässig*, weil in der gegenwärtigen Verfassung *eben nicht vorgesehen*.

Man könnte sich allerdings auf den Standpunkt stellen, dass Alles, was nicht verboten und nicht zweckwidrig ist, auch erlaubt sei und damit die Zulässigkeit der Unterzeichnung eines Gesetzes durch einen hiezu vom Fürsten ausdrücklich Bevollmächtigten begründen, zumal ja gerade die Erteilung einer solchen Bevollmächtigung die Gutheissung des betreffenden Gesetzes durch den Fürsten in sich schliesst.

Nachdem aber dieser Standpunkt meines Wissens in der Liechtensteinischen Gesetzgebung *noch nie betätiget* worden ist, hätte ich doch ernstlich Bedenken dagegen, ihn gerade beim *allerwichtigsten* Akte der ganzen Gesetzgebung, *bei Erlassung der neuen Verfassung*, erstmals zu betätigen!

Nun liesse sich aber meines Erachtens unschwer ein vollkommen zulässiger Ausweg finden.

Wie ich aus dem Telegramme der Kabinettskanzlei vom 19. September 1921[4] erschliesse, billigt Seine Durchlaucht der regierende Herr [Johann II.] die Anregung, dass die neue Verfassungsurkunde am *5. Oktober als an Höchstseinem Geburtstage* in *Vaduz* durch Seine Durchlaucht den Herrn Prinzen Karl [von Liechtenstein] in Höchstseiner Vertretung *unterzeichnet* werde.[5]

Diese *Unterzeichnung der Verfassungsurkunde* könnte nun in vollkommen verfassungsmässiger Weise durch Se. Durchlaucht den Herrn Prinzen *Karl* erfolgen, wenn Seine Durchlaucht der regierende Herr zwar *die Sanktion* der neuen Verfassung in einem *an den Regierungschef [Josef Ospelt] zu erlassenden Handschreiben* ausspricht, *zugleich aber auf Grund der damit in Kraft tretenden neuen Verfassung* in Gemässheit des Art. 13 Abs. 2 derselben[6] den Herrn Prinzen *Karl* als Höchstseinen Stellvertreter mit der Ausübung des Ihm zustehenden Hoheitsrechtes der feierlichen Unterzeichnung der Verfassungsurkunde betraut.

Auf diese Art ist es möglich, *der Verfassungsurkunde* das Datum des Höchsten Geburtstages zu geben und ihre feierliche Unterzeichnung in Vaduz erfolgen zu lassen. Will man diesen, in der Verfassungsgeschichte des Landes gewiss denkwürdigen Akt besonders feierlich gestalten, so kann er vor dem zu diesem Zwecke am 5. Oktober zu einer Festsitzung einzuberufenden Landtage vor sich gehen. Nach Eröffnung durch den Präsidenten [Friedrich Walser] verliest der Regierungschef das die Sanktion aussprechende und den Herrn Prinzen *Karl* zur Unterfertigung der Verfassungsurkunde ermächtigende Höchste Handschreiben, worauf die Unterzeichnung durch den Herrn Prinzen

---

4   LI LA RE 1921/4175 ad 963.

5   Diesen Vorschlag hatte Regierungschef Ospelt gemacht (LI LA RE 1921/4017 ad 963, Ospelt an Martin, 10.9.1921).

6   Art. 13 Abs. 2 der neuen Verfassung (LGBl. 1921 Nr. 15) lautet: «Der Landesfürst wird bei längerer Abwesenheit vom Lande jährlich auf eine gewisse Zeit und ausserdem fallweise einen Prinzen seines Hauses ins Land entsenden und ihn als seinen Stellvertreter mit der Ausübung ihm zustehender Hoheitsrechte betrauen.»

und die Gegenzeichnung durch den Regierungschef erfolgt. Selbstredend sind hiebei dem Prinzen jene Ehren zu erweisen, die ihm in diesem Falle als dem Stellvertreter des Landesfürsten gebühren.⁷

Dok. 185
Die Kabinettskanzlei rechtfertigt den Beschluss, die Gesandtschaft in Wien aufzuheben

Maschinenschriftliches Schreiben der fürstlichen Kabinettskanzlei, gez. Kabinettsdirektor Josef Martin, an Regierungschef Josef Ospelt[1]

6.10.1921, Wien

Interessenvertretung in Wien
Sehr geehrter Herr Regierungschef!
In Erledigung des d.a. [dortamtlichen] Schreibens vom 27. September 1921, Zl. 148 Präs.,[2] bitte ich Folgendes zur Kenntnis zu nehmen:

Am 11.8.1921 langten bei der Kabinettskanzlei die beiden in Kopie angeschlossenen Schreiben Seiner Durchlaucht des Herrn Prinzen Franz sen. [von Liechtenstein], ddo. Bern 18. u. 19. Juli l.J., ein.[3]

Seine Durchlaucht der Herr Prinz hat mir nach seiner Rückkehr aus der Schweiz über seine Intervention in Bern mündlich Mitteilungen gemacht, die sich mit dem Inhalte seiner ebenerwähnten Schreiben *vollkommen decken* und hat insbesondere betont, dass die letzteren von ihm *im vollen Einverständnisse mit Herrn Dr. Emil Beck abgefasst worden seien.*

Hienach bestand – wie Herr Regierungschef insbesondere aus der rot unterstrichenen Stelle des Schreibens vom 18/7.[4] zu entnehmen belieben, zwischen Seiner Durchlaucht und dem Herrn Geschäftsträger in Bern *volles Einverständnis darüber, dass die Schweiz baldmöglichst Liechtenstein in Wien vertreten solle.*

---

7   Die Sanktion und die Unterzeichnung der neuen Verfassung erfolgte am 5.10.1921 in der von Peer vorgeschlagenen Form. Von der Einberufung des Landtags wurde allerdings aus Sparsamkeitsgründen abgesehen. Um trotzdem «eine gewisse Feierlichkeit bei dem hochwichtigen Anlasse zu haben» wurden Landtagspräsident Friedrich Walser, Landtagsvizepräsident Wilhelm Beck, der Regierungschef sowie die beiden Regierungsräte Franz Josef Marxer und Oskar Bargetze zur Unterzeichnung der neuen Verfassung eingeladen (LI LA RE 1921/4243 ad 963, Ospelt an Martin, 26.9.1921; L.Vo., Nr. 80, 8.10.1921, S. 1 («Sanktion der neuen Verfassung»). Die beiden Handschreiben des Fürsten wurden mit der neuen Verfassung zusammen in LGBl. 1921 Nr. 15 veröffentlicht.

1   LI LA SF 01/1921/153. Aktenzeichen: Zl. 119/11. Stenografische Randbemerkungen. Schlussvermerk: «Mit 3 Blg. [Beilagen]».
2   LI LA SF 01/1921/ad 148, Ospelt an Martin, 27.9.1921.
3   LI LA SF 01/1921/ad 153, Bericht Prinz Franz, 18.7.1921; LI LA SF 01/1921/ad 153, Bericht Prinz Franz, 19.7.1921.
4   In dieser Stelle hielt Prinz Franz fest: «Herr Dr. Beck und ich sind der Ansicht, dass die Schweizer Vertretung auch, und dies so bald als möglich, Liechtenstein in Prag und Wien vertreten soll, da doch die reiche und sehr beachtete Schweiz ein anderes Gewicht in die Wagschale werfen kann als, sei's auch der beste, nur Liechtensteinischer Vertreter.»

Die Einschaltung der Worte «oder selbst nach Bern reist» in der h.a. [hieramtlichen], der fürstl. Regierung abschriftlich bereits zugegangenen Mitteilung an die Berner Gesandtschaft vom 16.IX.I.J., Zl. 119/8,[5] ist *auf direkten Wunsch S.D. des* Herrn Prinzen Franz sen. erfolgt, der selbst bereit gewesen wäre, die weite Reise nach Bern zu unternehmen, um die Angelegenheit in dem Sinne, wie sie eingeleitet wurde, baldigst zu Ende zu bringen.

Da schon im Jänner l.J. *der damalige Regierungschef Herr Hofrat Dr. [Josef] Peer* über Antrag Sr. D. des regierenden Fürsten [Johann II.] in Bern den dortigen Herrn Geschäftsträger ersuchte, *vorsichtig bei den massgebenden Stellen der Schweizer Bundesregierung Fühlung zu nehmen,* wie letztere sich gegenüber einem Wunsche nach Übernahme der diplomatischen Vertretung Liechtensteins in Österreich verhalten würde, so erscheint die Aktion Seiner Durchlaucht des Herrn Prinzen Franz sen. *nur als konsequente Weiterführung eines schon vor vielen Monaten gefassten und in den obwaltenden Umständen wohlbegründeten Planes.*

Jene Zwecke, um derentwillen die fürstliche Gesandtschaft in Wien seinerzeit ins Leben gerufen wurde und die hauptsächlich darin gipfelten, in den Zeiten des Umsturzes die Souveränität des Fürsten und des Fürstentumes zu betonen und zu wahren, sind mittlerweile erreicht worden; ich brauche wohl nur darauf hinzuweisen, dass inzwischen ja England und Frankreich diese Souveränität in unzweifelhafter Weise rückhaltlos anerkannt haben.

Jene weiteren, in den Aufgabenkreis der Liechtensteinischen Gesandtschaft fallenden Agenden, die sich zusammenfassend kurz als die Vertretung der Interessen Liechtenstein'scher Staatsbürger in Österreich bezeichnen lassen, können *ebenso wirksam,* wie durch eine eigene Vertretung, auch durch die in Wien accreditierte diplomatische Vertretung der Schweiz besorgt werden.

Es ist Ihnen, sehr verehrter Herr Regierungschef, ja wohl bekannt, dass der Wunsch Seiner Durchlaucht des regierenden Fürsten, in der Aussenvertretung Liechtensteins einen Wandel im eben gedachten Sinn eintreten zu lassen, nicht zuletzt auf Rücksichten finanzieller Art zurückzuführen ist, nachdem die bisher *ausschliesslich vom Fürsten* getragenen Kosten der Gesandtschaft auf die gedachte Weise *ohne irgendwelche Beeinträchtigung des Zweckes ganz erheblich reduziert* werden können – ein Umstand, der auch für das Land, das ja schliesslich doch auch einmal an den Kosten seiner Aussenvertretung wird mittragen müssen, zumal im Hinblick auf seine finanzielle Lage und Leistungsfähigkeit *nicht ohne Bedeutung* sein dürfte!

Jene Mitteilungen, die Herr Regierungschef von, mir allerdings nicht bekannter Seite über die Kosten der Übertragung unserer Vertretung an die Schweiz erhalten haben und im eingangs zitierten Schreiben erwähnen, *entsprechen nicht den Tatsachen.*[6]

Allfälligen Bedenken, die sich einer Übertragung unserer diplomatischen Vertretung an die Schweiz in der Richtung entgegenstellen könnten, dass derzeit die Vertragsverhandlungen mit der Schweiz noch im Zuge sind und für die mit Österreich noch in einigen Belangen zu führenden Unterhandlungen die Schweiz nicht wohl als Anwalt der Liechtensteinischen Interessen in Frage kommen könne, kann, wie schon von allem An-

---

5   LI LA SF 01/1921/146, Josef Martin an Emil Beck, 16.9.1921.
6   Alfred von Baldass, Geschäftsträger ad interim in Wien, hatte Ospelt mitgeteilt, dass eine Übernahme der Interessenvertretung durch die Schweiz auf jährlich 6000–8000 Franken zu stehen komme (LI LA SF 01/1921/148, Baldass an Ospelt, 23.9.1921).

fang an gedacht, durch eine für solche Fälle zu schaffende Vertretung ad hoc begegnet werden, wogegen sicher auch die Schweiz nichts wird einzuwenden finden.[7]

Zugleich mit dem eingangs erwähnten d.a. Schreiben erhielt ich auch jenes des Herrn Geschäftsträgers in Bern, vom 27. v.M., Zl. 1243, das ich abschriftlich beilege.[8] Ich bin *einigermassen erstaunt* darüber, dass Herr Dr. E. Beck, der ja doch in voller Kenntnis der bestehenden Absichten und der zu ihrer Verwirklichung eingeleiteten Schritte war und ist, gegenüber dem ihm vom Herrn Regierungschef erteilten, mit diesen Absichten nicht vereinbarlichen Auftrage zur dilatorischen Behandlung und zur Sondierung, ob die gemachte Anfrage nicht redressiert werden könnte, *nicht schon selbst jene Bedenken erhoben haben sollte*, die sich aus den bereits eingeleiteten Schritten gegen einen solchen Auftrag ergeben. Es lag doch sehr nahe, dass Herr Dr. *Beck* den Herrn Regierungschef aufmerksam machte, in welch peinlich unangenehme Lage Liechtenstein durch eine solche schwankende Haltung gegenüber der Schweizerischen Bundesregierung kommen müsste!

Ich glaube, in Vorstehendem den Herrn Regierungschef ebenso über das in der Sache bereits Vorgekehrte, wie über die Gründe der getroffenen Massnahmen erschöpfend informiert zu haben.

Davon, dass «über den Kopf der Regierung hinweg» Massnahmen getroffen würden, kann umsoweniger die Rede sein, als ja, wie bereits erwähnt, die einleitenden Schritte, als deren konsequente Fortsetzung sich die nunmehrigen Massnahmen darstellen, seinerzeit vom Herrn Regierungschef Dr. *Peer* selbst in Bern unternommen worden sind.

Indem ich verehrten Herrn Regierungschef ersuche, mir den Standpunkt, welchen Euer Hochwohlgeboren nach Kenntnis meiner vorstehenden Ausführungen in Angelegenheit der Interessenvertretung Liechtensteins in Wien nunmehr einzunehmen gedenken, ehehtunlichst mitteilen zu wollen, bezw. nach Bedarf auf Zl. 119/8 KK. vom 10. September l.J. neuerliche Weisungen an die fürstliche Gesandtschaft in Bern ergehen zu lassen,[9] bin ich mit dem Ausdrucke der besonderen Hochachtung

Euer Hochwohlgeboren
ergebenster

---

[7] Emil Beck war allerdings der Meinung, dass «die Schweiz es nicht gern sehen» werde, wenn «sog. Ad hoc-Vertretungen zum vorhinein [...] in Aussicht genommen würden» (LI LA SF 01/1921/ad 153, Ospelt an Kabinettskanzlei, 12.10.1921).

[8] LI LA SF 01/1921/ad 153, Emil Beck an Kabinettskanzlei, 27.9.1921.

[9] Ospelt antwortete mit Schreiben vom 9.10.1921. Darin rechtfertigte er seinen Standpunkt und wies darauf hin, dass er informiert gewesen sein, «wie weit die Frage gediehen sei und welchen grossen Wert man von Höchster Seite auf die baldige Auflösung der Wiener Gesandtschaft lege» (LI LA SF 01/1921/ad 153). Nach Besprechungen mit Emil Beck plädierte Ospelt dafür, mit der Aufhebung der Gesandtschaft in Wien zuzuwarten, bis der Bundesrat einen Entscheid zum Zollvertrag gefällt haben werde (LI LA SF 01/1921/ad 153, Ospelt an Martin, 12.10.1921). Diesen Standpunkt übernahm in der Folge auch der Fürst (LI LA SF 01/1921/161, Martin an Ospelt, 24.10.1921).

Dok. 186
Regierungschef Josef Ospelt drängt auf eine Beschleunigung der Verhandlungen über den Zollvertrag mit der Schweiz

Vertrauliches maschinenschriftliches Schreiben von Regierungschef Josef Ospelt, gez. ders., an Emil Beck, Geschäftsträger in Bern[1]

4.11.1921

Sehr geehrter Herr Legationsrat!

Wie Sie sich erinnern werden, hat uns Herr Bundesrat [Giuseppe] Motta des bestimmtesten versprochen, dass der Bundesrat spätestens bis Ende Oktober zum Zollvertrage endgültig Stellung nehmen werde.[2] Die Tatsache, dass ich bis heute noch ohne jede Nachricht geblieben bin im Vereine mit der Ihnen kürzlich übersandten Zeitungsnotiz, die die Runde durch eine Reihe von Schweizer Blättern machte,[3] beunruhigt uns. Diese Unruhe wird noch etwas erhöht durch Gerüchte, wornach wieder Bestrebungen auf Niederlassung einer Spielbank im Gange sind. Diese Bestrebungen hätten meines Erachtens ziemlich geringe Aussicht auf Erfolg, wenn wir eine Gewähr dafür hätten, dass der Zollvertrag mit für uns ziemlich günstigen Bedingungen zustande kommt, während sonst ein Kampf gegen das Spielbankprojekt bei der derzeitigen furchtbaren Geldknappheit sehr schwer werden dürfte.

Vielleicht könnten Herr Legationsrat dieses Argument in geeigneter Weise für eine Beschleunigung in der Zollvertragssache verwerten.

Jetzt drängt überhaupt unsere ganze Wirtschaft auf eine Entscheidung in der Zollvertragsfrage und wir könnten eine weitere Verzögerung der Entscheidung kaum anders als eine gewisse Unfreundlichkeit oder als eine Vermäntelung der Absicht, den Zollvertrag nicht abzuschliessen, betrachten. Diese Folgerung ist natürlich vorläufig *nur für Sie*, sehr geehrter Herr Legationsrat, mitgeteilt.

Bei fast allen grösseren Fragen wirtschaftlicher, fiskalischer und organisatorischer Art stossen wir auf die Frage, hat das Inangriffnehmen einen Zweck, oder wird die ganze Frage nicht durch den von uns erhofften baldigen Abschluss des Zollvertrages überflüssig, oder wenigstens in entscheidender Weise beeinflusst. Eine weitere Verzögerung dieser nun schon so oft in Aussicht gestellten Entscheidung bedeutet für das Fürstentum nunmehr einen Schaden. Lassen Sie nichts unversucht, eine möglichst rasche Klarstellung zu erlangen.

Jedenfalls bitte ich Sie, mir umgehend oder allenfalls drahtlich Mitteilung zukommen zu lassen, wie die Angelegenheit augenblicklich steht.[4]

Mit hochachtungsvoller Begrüssung bin ich Ihr ergebener

---

1   LI LA V 002/0294/45.
2   Ospelt weilte am 11. und 12.10.1921 in Bern und traf sich mit allen Bundesräten sowie mehreren National- und Ständeräten, um sich u.a. über den Stand der Zollvertragsverhandlungen zu informieren. Dabei sagte ihm Motta zu, der Bundesrat werde den Vertragsentwurf bis spätestens Ende Oktober behandeln. Vgl. LI LA SF 27/1921/4405 ad 1935, Bericht Josef Ospelt an Johann II., 15.10.1921.
3   LI LA V 002/0294/44, Ospelt an Gesandtschaft Bern, 27.10.1921. In der betreffenden Meldung hiess es, die Schweiz habe Bedenken, dass Liechtenstein nach Abschluss des Zollvertrags schweizerische Steuerzahler zur Abwanderung verlocken könnte.
4   Beck informierte Ospelt mit Schreiben vom 8.11.1921 über den Stand der Verhandlungen und gab der Überzeugung Ausdruck, dass die Schweiz weiterhin an einem Vertrag interessiert sei. Bis wann der Entwurf vorliegen werde, habe er aber nicht feststellen können (LI LA V 002/0294/46). Die Verabschiedung des Entwurfs und die Zusendung an Liechtenstein zur «Kenntnisnahme und Gegenäusserung» erfolgte schliesslich Anfang 1922 (LI LA V 002/0299/058, Schweizerisches Politisches Departement an Emil Beck, 3.2.1922).

Dok. 187
Der Vaduzer Pfarrer Johannes De Florin lehnt in seiner Stellungnahme an die Regierung die Veranstaltung von Lustbarkeiten, namentlich die Aufführung eines Lustspieles im Gasthaus «Adler», während der Advents- und Fastenzeit ab

Handschriftliches Schreiben des Pfarramtes Vaduz, gez. Pfarrer Johannes De Florin, an die Regierung[1]

28.11.1921, Vaduz

Auf die geehrte mündliche Anfrage der hohen Fürstl. Regierung von heute,[2] bezüglich einer theatralischen Aufführung am nächsten Sonntag dahier, teile ich hiemit aus der bischöflichen «Mahnung betreffend Lustbarkeiten» vom 25. Januar 1921[3] Folgendes mit:

«Wir möchten wiederum an das erinnern, was wir bereits am 13. Dec. 1916[4] angeordnet haben. Besonders möchten wir betonen, dass während der hl. Advents- u. Fastenzeit – den ersten Fastensonntag nicht ausgenommen – von katholischer Seite niemals Lustbarkeiten irgend welcher Art, noch theatralische oder musikalische Aufführungen weltlicher Art veranstaltet werden. Er soll ferner unbedingt katholischen Vereinen u. katholischer Mitwirkung untersagt sein, Unterhaltungen u. Veranstaltungen irgend welcher Art auf einen Samstagabend oder auf einen Vorabend vor einem gebotenen Feiertage zu verlegen. Ebenso sollen die Pfarrämter darauf dringen, dass auch der *Sonntag*, der Tag des Herrn, nicht durch Tanzanlässe entheiligt werde.»[5]

---

1 LI LA RE 1921/5164. Stempel des Pfarramtes Vaduz. Ohne Anrede und Grussformel.
2 Gemäss Amtsvermerk der Regierung vom 21.11.1921 hatte Othmar Roitner vom Stadttheater Innsbruck darum ersucht, am Sonntag den 4.12. ein Lustspiel im Gasthaus «Adler» in Vaduz aufführen zu dürfen (ebd.).
3 Nicht aufgefunden.
4 Nicht aufgefunden.
5 Auch die Ortsvorstehung von Vaduz verhielt sich ablehnend und äusserte, dass die Aufführung besser im Fasching bewilligt werden sollte (LI LA RE 1921/5164). – In diesem Sinne teilte die Regierung Othmar Roitner mit Schreiben vom 1.12.1921 mit, dass dem Ansuchen während der Adventszeit nicht stattgegeben werden könne, und legte ihm nahe, sein Begehren in der kommenden Faschingszeit zu wiederholen, «da es dann eher Aussicht auf Erfolg hat» (ebd.).

Dok. 188
Der Liechtensteinische Arbeiterverband und drei Politiker aus beiden Parteien richten Forderungen zur Bekämpfung der hohen Arbeitslosigkeit an die Regierung

Handschriftliches Schreiben von Augustin Marogg, Wilhelm Beck, Gustav Schädler und Eugen Nipp, gez. dies., an die Regierung[1]

11.1.1922, Vaduz

Hohe Fürstliche Regierung in *Vaduz*

Angesichts der grossen Arbeitslosigkeit in Liechtenstein erlaubt sich hiemit die Verbandsleitung des Liechtenst. Arbeiter-Verbandes sowie auch mit unterzeichnete Politische Parteiführer, der hohen fürstlichen Regierung folgende Vorschläge zu unterbreiten:

I. Die hohe fürstl. Regierung sorgt dafür, dass sofort notwendige Arbeiten am Rheine und den Rüfen als Notstands-Arbeiten ausgeführt werden.

II. Die hohe fürstl. Regierung sorgt dafür, dass die von Seiner Durchlaucht dem Fürsten Johan [Johann II.] bewilligten Arbeiten auch sofort durchgeführt werden, damit ein Teil dieser bedauernswerten Arbeitslosen an diesen Arbeiten beschäftigt werden könnten.

III. Die hohe fürstl. Regierung beordned sofort, dass ein der französischen Sprache kundiger Liechtensteiner in die zerstörten Gebiete nach Franchreich und Belgien entsand wird, um für die hissigen Arbeiter dort Arbeitsgelegenheit ausfindig zu machen und auch bei den competenten Behörden in Frankreich u. Belgien die Einreiseformalitäten zu beschleunigen.[2]

IV. Die hohe fürstl. Regierung soll die fürstl. Gesandschaft in Bern beauftragen, dass dieselbe sofort bei der Holländischen Gesandschaft sich erkundigt, wie es in Holland mit den Arbeitsgelegenheiten bezgw. mit der Einreise nach Holland sich verhält.[3]

V. Es soll sofort dahin gewirkt werden, dass die ausländischen Arbeiter auf der Grenze zurückgewiesen werden, das heisst, es habe jeder, der das Land betritt, eine

---

1 LI LA RE 1922/0168 ad 0013. Eugen Nipp hielt dabei fest, dass er mit den Forderungen im Prinzip einverstanden sei und die Sache wärmstens befürworte, aber nicht als Parteiführer handle. Eingangsstempel der Regierung vom 12.1.1922. Vermerk von Regierungschef Josef Ospelt vom 27.1.1922, wonach sich die Angelegenheit mit Zl. 316 [ex 19]22 erledige (vgl. LI LA RE 1922/0316 ad 0013). Stenographische Randbemerkungen.

2 Gemäss Aktennotiz der Regierung vom 28.1.1922 reiste der liechtensteinische Gesandtschaftsattaché in Wien, Josef Hoop, in Begleitung des Triesenberger Gipsers Johann Schädler nach Frankreich, um an Ort und Stelle Erkundigungen über die Arbeitsverhältnisse einzuziehen (LI LA RE 1922/0444 ad 0013). Vgl. in diesem Zusammenhang O.N., Nr. 12, 11.2.1922, S. 2-3 («Bericht über das Ergebnis der Informationsreise in die zerstörten Gebiete Frankreichs»). Nach der Aktennotiz der Regierung vom 24.5.1922 teilte der liechtensteinische Geschäftsträger in Bern, Emil Beck, mündlich mit, dass das französische Konsulat in Zürich beauftragt sei, 50 liechtensteinischen Arbeitern das Einreisevisum ohne Beibringung einer Arbeitsbewilligung zu erteilen (LI LA RE 1922/2313 ad 0013). In der Folge reisten ca. 25 Bauarbeiter nach Frankreich.

3 Die liechtensteinische Gesandtschaft in Wien wurde mit Schreiben der Regierung vom 25.4.1922 beauftragt, «sofort mit der holländischen Vertretung Verhandlungen über die Arbeitsbeschaffung in Holland» einzuleiten, «nachdem sich die Arbeitereinreisen nach Frankreich schwieriger gestalten und die Verhandlungen mit der Schweiz wegen Arbeitereinreise sich in die Länge ziehen» (LI LA RE 1922/1823 ad 0013). Die Gesandtschaft antwortete der Regierung am 19.5.1922, dass in Holland eine sehr bedeutende Arbeitslosigkeit herrsche, sodass an einen «Arbeiterimport» dorthin nicht gedacht werden könne (LI LA RE 1922/2265 ad 0013).

Bewilligung bei der fürstl. Regierung, bevor er die Grenze übertritt, ein zu holen, andernfall ist keinem Arbeiter die Einreise zu gestatten und hätte die Regierung, bevor eine Bewilligung diesbezgl. erteilt würde, sich über den Stand des inländischen Arbeitsmarktes zu erkundigen und demselben Rechnung zu tragen.[4]

Dok. 189
Der liechtensteinische Geschäftsträger in Bern, Emil Beck, nimmt Stellung zur Gültigkeit der von Roeckle-Hilsenbek, Vogt-Sprecher und Quaderer-Lehmann eingegangenen Ehen

Maschinenschriftliches Schreiben des liechtensteinischen Geschäftsträgers in Bern, Emil Beck, gez. ders., an die liechtensteinische Regierung[1]

29.3.1922, Bern

Internationales Privatrecht. Eherecht
Ihr Schreiben 920[2]

Sie stellten mir die Akten in drei Fällen, welche das internationale Eherecht betreffen, zur Ansichts-Äusserung zu. Ich beehre mich, Ihnen zu den daraus sich ergebenden grundsätzlichen Fragen folgende Erwägungen zu unterbreiten.

1.) Am einfachsten liegen die Dinge wohl bezüglich der (in der Angelegenheit Röckle[3] aufgetretenen) Frage, *ob die Eheschliessung zwischen einem katholischen Liechten-*

---

4 «Um die liechtensteinischen Arbeiter vor der grossen Konkurrenz der ausländischen, besonders der österreichischen Arbeiter, zu schützen», bestimmte die Regierung mit Erlass vom 25.2.1922, dass die Arbeitsannahme jeder Art durch Ausländer an die Bewilligung derjenigen Ortsvorstehung gebunden war, in deren Gemeinde die Arbeit verrichtet wurde (LI LA RE 1922/ad 0778). Die Regierung zog dann aber mit Kundmachung vom 19.5.1922 die Erteilung von Arbeitsbewilligungen für fremde Arbeiter, Knechte und Mägde an sich. Bewilligungsvoraussetzung war die Bestätigung der liechtensteinischen Arbeitsnachweisstelle in Triesen, dass dagegen vom Standpunkt des liechtensteinischen Arbeitsmarktes nichts einzuwenden war. Arbeiter, auch Fabrikarbeiter, die im kleinen Grenzverkehr nach Liechtenstein einreisten und täglich wieder ins Ausland zurückkehrten, hatten ebenfalls um die Arbeitsbewilligung einzuschreiten (LI LA RE 1922/2237 ad 0778).

1 LI LA RE 1922/1475 ad 0110/0435 (Aktenzeichen der liechtensteinischen Gesandtschaft in Bern: Zahl 356). Verweis auf die beiliegenden Akten in den Fällen Roeckle-Hilsenbek, Vogt-Sprecher und Quaderer-Lehmann. Eingangsstempel der Regierung vom 1.4.1922. Am 3.4.1922 dem katholischen Pfarramt Vaduz zur Einsicht übermittelt. Zu Ziff. 2. Absatz 8 (tatsächlich Abs. 9) des Dokumentes hielt Pfarrer Johannes De Florin am 10.4.1922 fest: «Meines Erachtens lässt sich hierin ein Gewohnheitsrecht nicht recht leugnen. Die bestehende Praxis ist nicht neu. Wohl mögen die Fälle von offener Widerspenstigkeit selten sein, nicht aber die Fälle, in welchen auf einfache Mahnung hin und auch ohne solche anstandslos Folge geleistet wurde.» Stempel des Pfarramtes Vaduz.

2 Das Schreiben der Regierung findet sich nicht unter LI LA RE 1922/0920, sondern lediglich ein Brief von Regierungschef Gustav Schädler an die Gesandtschaft in Bern vom 23.10.1922.

3 Es handelte sich um die am 4.7.1913 in Kesselstadt bei Hanau abgeschlossene Ehe des Franz Josef Roeckle und der Johanna geb. Hilsenbek. Zur Verweigerung des erbetenen Ehefähigkeitszeugnisses seitens der liechtensteinischen Regierung vgl. den Erlass vom 8.1.1913 (LI GAV A 03/26/140). Vgl. weiters das Schreiben der Regierung an die Gemeinde Vaduz vom 9.11.1923, wonach die Ehe des Roeckle nach den Bestimmungen des ABGB ungültig sei (LI GAV A 03/25/06). Roeckles Ehefrau war jedoch nicht jüdischer, sondern evangelischer Religion (LI GAV A 03/25/07).

steiner und einer [nicht-]christlichen[4] *Ausländerin* zuzulassen sei. Auf Grund von § 64 des österreichischen a. B.G.B. [ABGB],[5] welche Bestimmung m.W. auch für Liechtenstein Geltung hat, muss diese Frage wohl verneint werden. Und zwar auch dann, wenn die Eheschliessung im Ausland erfolgt. Das Ehehindernis der Religionsverschiedenheit gehört zu den Voraussetzungen der Ehe, welche sich inbezug auf jeden Nupturienten nach seinem eigenen Heimatrecht beurteilen (§ 4 a. B.G.B.),[6] sodass die Eheschliessung nicht möglich ist, solange nach dem Heimatrecht des einen Nupturienten ein Ehehindernis besteht. Daher ist nach geltendem liechtensteinischem Recht in ähnlichen Fällen die Eheschliessung nicht zuzulassen. (Vergleiche Jettel: Handbuch des internationalen Privat- und Strafrechts, Seite 34[7] und Krainz-Ehrenzweig I. 88[8] und dort angegebene Entscheidungen).

2.) Schwieriger gestaltet sich die Sachlage bei der zweiten Frage (in der Angelegenheit Vogt-Sprecher),[9] *ob die im Ausland abgeschlossene Ehe eines Liechtensteiners gültig sei, wenn sie ohne kirchliche Trauung erfolgt ist.*

Die fürstliche Regierung hat im Jahr 1912 in dem erwähnten Fall und in früheren Fällen eine solche Ehe als nichtig bezeichnet. Dies bedarf der nähern Prüfung.

Zweifellos ist die m.W. auch in Liechtenstein geltende Bestimmung des § 75 des österreichischen a. B.G.B[10] Gültigkeitsvorschrift, sodass jede Ehe, auf welche diese Bestimmung anwendbar ist, als ungültig betrachtet werden muss, solange die kirchliche Trauung nicht erfolgt ist. (Krainz-Ehrenzweig 2 II. Seite 50).

Hingegen fragt es sich weiter, ob diese Vorschrift auch für die im Ausland abgeschlossene Ehe Geltung hat.

Die Vorschrift der kirchlichen Trauung ist zweifellos eine Formvorschrift. Bezüglich der Form aber gilt im internationalen Verhältnis ganz allgemein und speziell auch nach dem österreichischen und liechtensteinischen Recht grundsätzlich nicht das Heimatrecht der Nupturienten, sondern die lex loci actus. (Jettel a.a.O. 40 II.). Die Regel locus regit actum hat im internationalen Privatrecht so allgemein Geltung, dass sie auch ohne besondere gesetzliche Unterlagen anerkannt werden muss, soweit sich aus der Gesetzgebung nicht etwas anderes ergibt. Demnach darf eine von einem Liechtensteiner im Ausland abgeschlossene Ehe im allgemeinen auch in Liechtenstein nicht wegen Formmangels als ungültig betrachtet werden, auch wenn nur diejenigen Formen der Eheschliessung beobachtet worden sind, welche am Orte der Eheschliessung Geltung haben. Z.B. eine in St. Gallen nach den dortigen Formvorschriften abge-

---

4 Handschriftlicher Randvermerk: «muss wohl heissen: nichtchristlichen».
5 Nach § 64 ABGB konnten Eheverträge zwischen Christen und Personen, welche sich nicht zur christlichen Religion bekannten, nicht gültig eingegangen werden.
6 § 4 Satz 1 und 2 ABGB lautete: «Die bürgerlichen Gesetze verbinden alle Staatsbürger der Länder, für welche sie kund gemacht sind. Die Staatsbürger bleiben auch in Handlungen und Geschäften, die sie ausser dem Staatsgebiethe vornehmen, an diese Gesetze gebunden, in so weit als ihre persönliche Fähigkeit, sie zu unternehmen, dadurch eingeschränkt wird, und als diese Handlungen und Geschäfte zugleich in diesen Ländern rechtliche Folgen hervorbringen sollen.»
7 Vgl. Emil Jettel: Handbuch des internationalen Privat- und Strafrechtes: Mit Rücksicht auf die Gesetzgebungen Österreichs, Ungarns, Croatiens und Bosniens. Verschiedene Auflagen.
8 Vgl. Josef Krainz, Armin Ehrenzweig: System des österreichischen allgemeinen Privatrechts. Verschiedene Auflagen.
9 Es handelte sich um die am 21.8.1909 in Winterthur vorerst nur ziviliter abgeschlossene Ehe des Anton Vogt und der Margarethe geb. Sprecher. Erst am 28.3.1912 erfolgte die kirchliche Trauung nach katholischem Ritus in St. Gallen (vgl. LI LA RE 1912/0282 ad 0004).
10 Nach § 75 ABGB musste die feierliche Erklärung der Eheeinwilligung vor dem ordentlichen Seelsorger eines der Brautleute (Pfarrer, Pastor etc.) oder vor dessen Stellvertreter in Gegenwart zweier Zeugen geschehen.

schlossene Ehe eines Liechtensteiners wird im allgemeinen als formgültig betrachtet werden müssen.

Dies gilt allerdings nur, soweit das Heimatrecht nicht eine Ausnahme von dieser Regel statuiert hat, d.h. soweit nicht das liechtensteinische Recht bestimmt, dass die kirchliche Trauung auch bei der Eheschliessung von Liechtensteinern im Ausland beobachtet werden müsse. Die völkerrechtliche Zulässigkeit einer solchen Vorschrift wäre wohl nicht zu bestreiten (vergleiche z.B. Haager Eheschliessungs-Übereinkommen vom Jahr 1902 Art. 5, Absatz 2).[11]

Kennt aber unser Recht eine solche Ausnahme von der Regel locus regit actum inbezug auf die kirchliche Trauung? Für das österreichische Recht ist dies zu verneinen. Österreich anerkennt vielmehr die von Österreichern im Ausland abgeschlossenen Ehen hinsichtlich der Form auch dann als gültig, wenn die Eheschliessung nach der lex loci actus nur ziviliter erfolgt ist. (Jettel a.a.O. 40 und dort angegebene Entscheidungen des obersten Gerichtshofes). Für Liechtenstein ist mir eine solche Ausnahmebestimmung auch nicht bekannt. Und dies führt mich zu dem Schluss, dass auch in Liechtenstein hinsichtlich der kirchlichen Trauung keine Ausnahme vom Grundsatze der lex loci actus gilt, sodass eine in der Schweiz ziviliter abgeschlossene Ehe eines Liechtensteiners als formgültig anerkannt werden muss.

Der von der fürstlichen Regierung in der Note 1760/Reg. 1912[12] hiegegen erhobene Einwand, dass «diejenigen Grundsätze, welche die österreichischen Zentralbehörden inbezug auf das Eherecht aussprechen, nicht ohne weiteres für Liechtenstein anwendbar sind», bleibt deswegen unwirksam, weil die Anerkennung der lex loci actus inbezug auf die Form sich nicht auf einen solchen Erlass einer österreichischen Behörde stützt, sondern auf einen international-privatrechtlich ganz allgemein und fast unbestritten geltenden Grundsatz, welchem gegenüber eine Ausnahmebestimmung in unserem Recht sich nicht nachweisen lässt.

Höchstens könnte man sich fragen, ob nicht ein gegenteiliges Gewohnheitsrecht sich im Fürstentum gebildet habe. Angesichts der Tatsache, dass nur zwei solcher Fälle bekannt sind, würde ich dies aber verneinen.

Auch gesetzpolitisch geht die Tendenz heute dahin, die Eheschliessung im internationalen Verhältnis nicht durch Anwendung der heimatlichen Formvorschriften zu erschweren, und die modernen Staaten anerkennen fast alle die Anwendbarkeit der lex loci actus inbezug auf die Form der Eheschliessung, speziell auch hinsichtlich der Ziviltrauung.

Die Anerkennung dieses Grundsatzes für Liechtenstein ist wohl um so unbedenklicher, als ja immer noch das Erfordernis des Konsenses der Regierung bestehen bleibt. Aus diesen Erwägungen schiene es mir richtiger, die eingeschlagene Praxis zu ändern und die im zivilisierten Ausland nach der lex loci actus ziviliter abgeschlossene Ehe als formgültig anzuerkennen.

3.) In einem neuern Falle (Quaderer-Lehmann)[13] hat sich die Frage erhoben, ob nach liechtensteinischem Recht eine Ehe als gültig anerkannt werden müsse, welche von

---

11 Art. 5 Abs. 2 des Haager Eheschliessungsabkommens vom 12.6.1902 lautet: «Il est toutefois entendu que les pays dont la législation exige une célébration religieuse, pourront ne pas reconnaître comme valables les mariages contractés par leurs nationaux à l'étranger sans que cette prescription ait été observée.»

12 Vgl. das Schreiben von Landesverweser Karl von In der Maur an die fürstliche Hofkanzlei vom 1.7.1912 (LI LA RE 1912/1760 ad 0004/0282).

13 Es handelte sich um die am 26.11.1921 vor dem Zivilstandesamt Zürich abgeschlossene Ehe des Josef Lorenz Quaderer und der Marie Elise geb. Lehmann. Vgl. dazu das Urteil des F.L. Obergerichtes vom 17.9.1923 (LI LA J 005/J 310/256 (Ordnungsnummer 14)).

einem katholischen Liechtensteiner mit einer Ausländerin, welche nach ihrem Heimatrecht in gültiger Weise von ihrem früheren Manne geschieden (nach österreichischer Terminologie «getrennt») worden ist, im Ausland eingegangen wurde. Mit andern Worten: Kann das *Ehehindernis des Katholizismus* auch dann geltend gemacht werden, wenn der ausländische Verlobte eines liechtensteinischen Staatsangehörigen früher verheiratet war, aber nach diesem Heimatrecht gültig geschieden ist?

Das Ehehindernis des Katholizismus stützt sich auf § 62 des österreichischen a.B.G.B.,[14] welcher die Polygamie verbietet, in Verbindung mit § 111, welcher bestimmt: «Das Band einer gültigen Ehe kann zwischen katholischen Personen nur durch den Tod des einen Ehegatten getrennt werden. Ebenso unauflöslich ist das Band der Ehe, wenn auch nur ein Teil schon zur Zeit der geschlossenen Ehe der katholischen Religion zugetan war».

Der Inhalt dieser beiden Bestimmungen ist für die zu entscheidende Frage klar: Diejenigen Ehen, bei denen wenigsten ein Ehegatte Katholik ist, können dem Bande nach nicht geschieden werden. Eine trotzdem erfolgte Scheidung wird nicht als gültig anerkannt. Vielmehr besteht auch eine solche Ehe rechtlich noch weiter bis zum Tode des einen Ehegatten, solange also beide Ehegatten leben, sind beide verheiratet, und es kann daher keiner (weder der Katholische noch der andere) sich zu Lebzeiten des andern wiederverheirateten. Denn das wäre eine Doppelehe im Sinne von § 62.

Die Unauflösbarkeit der Ehe gilt aber nur, sofern wenigstens der eine Ehegatte Katholik ist. Sind dagegen beide Protestanten, so ist die Scheidung nach dem Bande (in Österreich «Trennung» genannt) gemäss § 115[15] in Österreich selber durchaus zulässig. Durch eine solche Scheidung aber wird die Ehe in gleicher Weise aufgehoben wie durch den Tod eines Ehegatten. Jeder der geschiedenen Ehegatten hat daher (auch zu Lebzeiten des andern) grundsätzlich die Möglichkeit, sich wieder zu verheiraten, § 119 a.B.G.B.[16] So gilt dies im internen Recht.

Wie gestaltet sich nun die Anwendung dieser Bestimmung im internationalen Verhältnis?

Die Frage, ob eine Ehe geschieden werden kann oder nicht, beurteilt sich gemäss einer auch für Liechtenstein und Österreich geltenden Regel des internationalen Privatrechtes, wenn die Scheidung im Ausland stattfindet, nach dem Rechte der Heimat der beiden Ehegatten. Die im Ausland erfolgte Scheidung ausländischer Ehegatten muss daher bei uns anerkannt werden, wenn sie nach dem Recht der Heimat der geschiedenen Ehegatten gültig ist.

Eine ganz andere Frage ist es aber, ob ein geschiedener Ausländer sich mit einem katholischen Liechtensteiner verheiraten könne. Dies ist zweifellos eine Frage der Voraussetzungen der Ehe, welche sich ebenfalls nach Heimatrecht beurteilt. Nur bleibt zweifelhaft, wessen Heimatrecht hier massgebend ist, dasjenige des katholischen liechtensteinischen oder des geschiedenen ausländischen Verlobten.

---

14 § 62 ABGB lautete: «Ein Mann darf nur mit einem Weibe, und ein Weib nur mit einem Manne zu gleicher Zeit vermählet seyn. Wer schon verehelicht war und sich wider verehelichen will, muss die erfolgte Trennung, das ist die gänzliche Auflösung des Ehebandes, rechtmässig beweisen.»

15 § 115 Satz 1 ABGB gestattete «nicht katholischen christlichen Religions-Verwandten» aus bestimmten erheblichen Gründen die Trennung der Ehe.

16 § 119 ABGB lautete: «Den Getrennten wird zwar überhaupt gestattet, sich wieder zu verehelichen; doch kann mit denjenigen, welche vermöge der bey der Trennung vorgelegten Beweise durch Ehebruch, durch Verletzungen, oder auf eine andere sträfliche Art die vorgegangene Trennung veranlasset haben, keine gültige Ehe geschlossen werden.»

Offenbar das Recht desjenigen Nupturienten, dessen Ehefähigkeit durch das Ehehindernis des Katholizismus eingeschränkt werden soll. Tatsächlich muss diese Einschränkung allerdings beide zugleich treffen: Der Katholik kann keine geschiedene Person heiraten, der geschiedene Nichtkatholik kann ebenso wenig katholische Personen heiraten. Der legislatorische Zweck aber geht nur dahin, den katholischen Teil gesetzlich zu verpflichten, sich in dieser Frage den Satzungen seiner Kirche gemäss zu verhalten. D.h. es werden in diesem Punkte die Satzungen der katholischen Kirche zum verbindlichen Gesetz für die Katholiken erhoben. Die Tatsache, dass dadurch auch ein (geschiedener) Nichtkatholik an einer Ehe verhindert werden kann, ist nur die mittelbare, nicht beabsichtigte, wenn auch notwendige Folge der Ausführung dieses Willens des Gesetzgebers. (Vergleiche Jettel 36).

Demnach wird durch das Ehehindernis des Katholizismus die Ehefähigkeit des Katholiken eingeschränkt. Es gilt somit das Heimatrecht des betreffenden Katholiken. Daher kann ein Liechtensteiner auch im Ausland eine geschiedene Ausländerin nicht heiraten, auch wenn jene Scheidung grundsätzlich als gültig anerkannt wird, weil seine Ehefähigkeit in dieser Richtung beschränkt ist. (Ebenso Krainz-Ehrenzweig I. 89. Zum gleichen Schluss gelangt der französische Professor Champcommunal in seinem neuesten Aufsatze in der Revue de droit international privé et de droit pénal international 1921, S. 41 ff., betitelt «Un conflit nouveau: L'exclusion du divorce entraine-t-elle l'interdiction d'épouser des étrangers divorcés?»).

Diese Lösung ist gesetzpolitisch allerdings nicht sehr erfreulich. Wir stellen uns damit in Gegensatz zur Auffassung der meisten modernen Gesetzgebungen. Auch Italien z.B. welches an der Untrennbarkeit der Ehe für Katholiken festhält, gestattet seinen katholischen Untertanen die Verheiratung mit geschiedenen Ausländern und anerkennt sogar die Scheidung ehemaliger Italiener (Champcommunal a.a.O. 44). Vom liechtensteinischen Standpunkt aus aber muss diese Lösung wohl festgehalten werden, solange das Ehehindernis des Katholizismus im internen Recht in so weitem Umfange Geltung hat.

A fortiori muss die Ehe eines katholischen liechtensteinischen mit einem geschiedenen ausländischen Ehegatten dann als ungültig behandelt werden, wenn einer der geschiedenen Ehegatten katholischer Liechtensteiner ist. In diesem Falle wäre schon die Scheidung selbst nicht anzuerkennen.

Von diesem Standpunkt aus ist die Ehe Quaderer-Lehmann nicht rechtsgültig erfolgt, weil nach liechtensteinischem Recht ein Ehehindernis vorlag.

Dieses Ehehindernis ist auch durch die Erteilung des politischen Ehekonsenses nicht aufgehoben worden. Hingegen frägt es sich, ob die fürstliche Regierung nicht den schweizerischen Behörden gegenüber die Verpflichtung übernommen hat, die rechtlichen Folgen einer solchen Ehe anzuerkennen. Hierüber fehlen mir jedoch tatsächliche Angaben.

Die vorstehenden Ausführungen gelten nur unter der Voraussetzung, dass die angerufenen Bestimmungen des österreichischen a. B.G.B auch für Liechtenstein Geltung haben. Ob dies der Fall ist, kann jedoch aus unserer amtlichen Gesetzessammlung nicht festgestellt werden. Ist vielleicht eine Zusammenstellung der in Liechtenstein geltenden zivilrechtlichen Bestimmungen erhältlich? Besteht wenigstens ein neueres Inhaltsregister für das Landesgesetzblatt (nach 1892)?

Die weitere Frage, ob unsere Gesetzgebung in den erwähnten Punkten revisionsbedürftig sei, habe ich hier nicht zu erörtern.

Die mir zugestellten Akten gebe ich Ihnen in der Beilage zu meiner Entlastung zurück.

Der fürstliche Geschäftsträger:

Dok. 190
Wilhelm Beck begründet die Verlegung der auswärtigen Gerichtsinstanzen nach Liechtenstein sowie die Abänderung der Zivil- und Strafprozessordnung

Ausführungen von Wilhelm Beck in den «Oberrheinischen Nachrichten»[1]

29.3.1922

Bericht zu den Gesetzesentwürfen betreffend die Gerichtsorganisation, das Nachtragsgesetz zur Zivil- und Strafprozessordnung[2]
von Dr. [Wilhelm] Beck
(Aus den Landtagsverhandlungen)

Die neue Verfassung verlangt in Art. 99 ff.[3] die Verlegung der Gerichte (Obergericht [Appellationsgericht], Oberster Gerichtshof [Oberlandesgericht für Tirol und Vorarlberg]), welche sich heute noch in Wien bezw. in Innsbruck befinden,[4] ins Land.

Bereits am 20. Juli 1921 reichte der Berichterstatter die damals in einem Stück zusammengefassten drei Entwürfe und überdies weitere Bestimmungen über die Verlegung der politischen Rekursinstanz in Wien nach Vaduz und über das von ihr einzuhaltende Beschwerdeverfahren ein.[5] Dieser Entwurf ist die Grundlage der heutigen Entwürfe. Ausserdem wurde eine ausführliche Begründung eingereicht. Aus ihr ist unter anderem mit einigen Änderungen zu entnehmen:

---

1 O.N., Nr. 25, 29.3.1922, S. 1-2. Die Fortsetzung des Berichtes erfolgte in O.N., Nr. 26, 1.4.1922, S. 2 («Bericht zu den Gesetzesentwürfen. 2. Die finanzielle Tragweite») und in O.N., Nr. 27, 5.4.1922, S. 1f. («Bericht zu den Gesetzesentwürfen (Schluss)»); im letztgenannten Artikel wurde die Gebührenordnung für das Zivil- und Strafverfahren abgehandelt. Betreffend den Bericht von Beck zu den Gesetzesentwürfen siehe auch LI LA DM 1922/002. Vgl. ferner O.N., Nr. 32, 26.4.1922, S. 1 («Zur Heimschaffung und Verheimatlichung unserer Gerichte»). Schon im April 1919 hatten sich die «Oberrheinischen Nachrichten» gegen liechtensteinische Gerichts- und Verwaltungsinstanzen im Ausland gewandt: O.N., Nr. 25, 12.4.1919 S. 1 («Los von Wien! I.»); O.N., Nr. 26, 16.4.1919, S. 1 («Los von Wien! II.»). Vgl. schliesslich L.Vo, Nr. 27, 5.4.1922, S. 1 («Entwurf für das Gerichtsorganisations-Gesetz»).
2 In der öffentlichen Landtagssitzung vom 28.3.1922 wurden die diesbezüglichen Gesetzesentwürfe – z.T. mit Abänderungen – verabschiedet: vgl. das Gerichtsorganisations-Gesetz vom 7.4.1922, LGBl. 1922 Nr. 16; das Gesetz vom 7.4.1922 betreffend Abänderung der Strafprozessordnung vom 31.12.1913, LGBl. 1914 Nr. 3, LGBl. 1922 Nr. 17; das Nachtragsgesetz vom 7.4.1922 zur Zivilprozessordnung vom 10.12.1912, LGBl. 1912 Nr. 9, LGBl. 1922 Nr. 18. Vgl. in diesem Zusammenhang die Punkte 7 und 8 des Protokolls der Sitzung der Finanzkommission des Landtages vom 16.3.1922 unter LI LA LTA 1922/S03; ferner LI LA LTA 1922/L36 und LI LA LTA 1922/L44. Vgl. auch LI LA RE 1922/1430. Der im Index unter LI LA J 006 OLG 366 verzeichnete Bericht des Landesgerichtes Feldkirch betreffend die Neuordnung der Gerichtsorganisation im Fürstentum Liechtenstein fehlt.
3 Vgl. insbesondere Art. 101 Abs. 1 der Verfassung des Fürstentums Liechtenstein vom 5.10.1921, LGBl. 1921 Nr. 15, wonach die Gerichtsbarkeit durch Gerichte in Vaduz ausgeübt wird.
4 Auf Grund von Art. XII der Deutschen Bundesakte vom 8.6.1815 wurde mit Kaiserlicher Entschliessung vom 9.12.1817 (Hofdekret vom 13.2.1818, JGS Nr. 1418) das Appellationsgericht für Tirol und Vorarlberg in Innsbruck als Oberster Gerichtshof in Zivil- und Strafsachen für das Fürstentum Liechtenstein eingesetzt. Am 19.1.1884 wurde zwischen Österreich und Liechtenstein ein Staatsvertrag geschlossen, in welchem die Zuständigkeit des nunmehrigen Oberlandesgerichtes für Tirol und Vorarlberg als 3. Instanz für Liechtenstein übernommen und näher ausgeführt wurde (LGBl. 1884 Nr. 8; öst. RGBl. 1884 Nr. 124).
5 Vgl. die Aktennotiz der Regierung vom 25.7.1921 betreffend die Vorlage eines Gesetzentwurfes durch Wilhelm Beck unter LI LA RE 1921/3335.

I. Allgemeines

Die angeführten Bestimmungen über die Gerichtsorganisation, die Abänderung der Zivil- und Strafprozessordnung hängen innerlich zusammen. Ihr Hauptzweck ist zu ermöglichen, dass sowohl in Zivil- als auch in Strafsachen der in unserer Prozessordnung niedergelegte Grundsatz der Mündlichkeit und Unmittelbarkeit nicht papierene Wahrheit sei, sondern in Wirklichkeit angewendet werde.

Neuere Zivil- und Strafprozessordnungen der meisten Länder haben den Grundsatz der Mündlichkeit und Unmittelbarkeit, d.h. dem erkennenden Richter werden die Grundlagen zu seiner Entscheidung von den Parteien mündlich vorgetragen, aufgestellt. Diese Grundsätze gelten auch für das Berufungsverfahren und davon geht nun auch die im Jahre 1896 in Kraft getretene österreichische Zivilprozessordnung[6] und ebenso die österreichische Strafprozessordnung[7] aus. Trotzdem nach diesen Prozessordnungen in den ersten Instanzen die wichtigeren Prozesse unter Vermittlung der Anwälte als Gehilfen des Richters besser durchgeführt werden und bei wichtigeren Rechtssachen die Gerichte kollegial besetzt sind, fand es der österreichische Gesetzgeber wie in andern Staaten geraten, ein mündliches Berufungs- resp. Richtigkeits- bzw. Revisionsverfahren einzuführen. In Liechtenstein ist die österreichische Zivilprozessordnung im Jahre 1912[8] und die Strafprozessordnung im Jahre 1913[9] eingeführt worden und damit sind auch die Bestimmungen der Zivilprozessordnung über die mündliche Berufungsverhandlung übernommen worden, während die mündliche Verhandlung in den oberen Instanzen in Strafsachen geflissentlich beiseite gelassen worden ist. Aber auch die Zivilprozessordnung erfuhr wesentliche Änderungen, einmal mit Rücksicht darauf, dass bei uns immer der Landrichter als Einzelrichter Recht spricht, ferner weil kein Anwaltszwang besteht. Die Vorteile des kollegialen, gerichtlichen Verfahrens können bei wichtigen Streitsachen hierlands nicht aufkommen. Nach der bestehenden Rechtsordnung ist das Schwergewicht in allen Rechtssachen in die erste Instanz verlegt und zwar vor allem in die Stoffsammlung. Im Berufungsverfahren in bürgerlichen Rechtssachen dürfen nämlich die Parteien in der Regel keine neuen Tatsachen und Beweismittel zur Dartuung der Unrichtigkeit des vom Erstrichter gefällten Urteils vorbringen. Will die Partei in diesem Sinne neue Tatsachen und Beweise dennoch im Berufungsverfahren verwenden, so ist darauf nach ausdrücklicher gesetzlicher Vorschrift kein Bedacht zu nehmen. Die Partei kann unter Umständen sich nur dadurch Abhilfe verschaffen, dass sie das sogenannte Wiederaufnahmeverfahren einleitet, also gleich einen neuen Prozess austragen müsste, weil die bestehende Prozessordnung ihnen die richtige Austragung des Rechtsstreites in höheren Instanzen verwehrt. Ein solches Prozessverfahren ist für ein Land mit entsprechendem Anwaltsstande berechnet, nicht aber für unsere kleinen Verhältnisse. Unser Zivilprozess ist im Grunde ein verkappter Anwaltsprozess. Der Anwalt kennt die Gesetze und er weiss, dass in erster Instanz auf die Sammlung des Prozessstoffes das Hauptgewicht gelegt werden muss, um allenfalls in höheren Instanzen den zu seinem Nachteil ausgefallenen Prozess mit Aussicht auf Erfolg weiter verfechten zu können. Bei

---

6   Gesetz vom 1.8.1895 über das gerichtliche Verfahren in bürgerlichen Rechtsstreitigkeiten (Civilprocessordnung), öst. RGBl. 1895 Nr. 113.
7   Gesetz vom 23.5.1873 betreffend die Einführung einer Strafprocess-Ordnung, öst. RGBl. 1873 Nr. 119.
8   Gesetz vom 10.12.1912 über das gerichtliche Verfahren in bürgerlichen Rechtsstreitigkeiten (Zivilprozessordnung), LGBl. 1912 Nr. 9/1. Vgl. auch das Gesetz vom 10.12.1912 über die Ausübung der Gerichtsbarkeit und die Zuständigkeit der Gerichte in bürgerlichen Rechtssachen (Jurisdiktionsnorm), LGBl. 1912 Nr. 9/2, und das Gesetz vom 10.12.1912 betreffend die Einführung der Zivilprozessordnung und der Jurisdiktionsnorm, LGBl. 1912 Nr. 9/3.
9   Gesetz vom 31.12.1913 betreffend die Einführung einer Strafprozessordnung, LGBl. 1914 Nr. 3.

unseren Verhältnissen dient aber ein solches Prozessverfahren nicht den wirtschaftlichen Interessen der Partei. Die ohne Anwalt prozessual handelnde Partei erleidet in ihrer meist erfahrungsgemässen Gesetzesunkenntnis oder weil sie glaubt, sie könne neue Einreden, Tatsachen und Beweise auch noch im Berufungsverfahren vorbringen, eine schwere Enttäuschung oder oft schweren Schaden. Dafür wird dann über die angebliche Ungerechtigkeit des Gerichtes losgezogen, während es in Wirklichkeit an den Gesetzen fehlt.

Das österreichische Berufungsverfahren ist eine beschränkte Überprüfung des Verfahrens und Urteils erster Instanz, also weder eine volle Überprüfung noch eine volle Berufung. Nach der österreichischen Prozessordnung ist im Rahmen der Berufungserklärung, der Berufungsgründe und -Anträge eine mündliche Verhandlung durchzuführen, sofern nicht ausnahmsweise schon im Vorverfahren der Prozess erledigt wird. Diese Bestimmungen sind nun fast alle in unsere Prozessordnung aufgenommen worden, aber die Regel ist umgekehrt worden: es gilt nämlich der Satz, dass in der Regel eine mündliche Berufungsverhandlung nicht stattfindet, dass also nur auf Grund der dem Appellationsgericht in Wien vorgelegten Akten entschieden wird. Ganz ausnahmsweise kann zwar eine mündliche Verhandlung stattfinden, das sagt der der österreichischen Prozessordnung unbekannte, unscheinbare, aber tief in das praktische Leben eingreifende § 449 unserer Zivilprozessordnung.[10] Ausnahmsweise soll eine mündliche Berufungsverhandlung stattfinden! Die Verfasser dieser Bestimmung wussten sehr wohl, dass eine mündliche Berufungsverhandlung bei dem gegenwärtigen Sitze des Appellationsgerichtes ein Ding der Unmöglichkeit ist, denn man kann von den Parteien, Zeugen usw. nicht verlangen, dass sie eine Reise nach Wien antreten. In Tat und Wahrheit haben wir eine rein auf Akten begründete, beschränkte Überprüfung der Streitsachen im Berufungsverfahren. Die Appellationsrichter kennen Land, Leute und Verhältnisse zu wenig, die trotz aller Gesetzmässigkeit der Entscheidung bekanntlich nicht ohne Einfluss auf die Überzeugung des Richters sind.

Diesem Übelstande will der Entwurf dadurch abhelfen, dass das Obergericht ins Land verlegt werden soll und dass sodann in der Regel eine *mündliche* Berufungsverhandlung stattzufinden hat. Es wird also die österreichische Regel wiederum eingeführt und die Regel unserer Prozessordnung aufgehoben. In Vaduz können die Parteien, Zeugen usw. zur Verhandlung erscheinen und das Gericht gewinnt auf Grund der Verhandlung einen unmittelbaren Eindruck von der Streitsache zur Urteilsfällung. Der Entwurf geht aber auch über die beschränkte Überprüfung des Verfahrens und Urteils erster Instanz durch das Berufungsgericht hinaus und will das Berufungsverfahren in dem Sinne erweitern, dass die Berufung im Rahmen der Berufungserklärung, der Anträge und der Berufungsgründe eine *volle Berufung* ist, dass die Streitsache innerhalb dieser Grenze von neuem verhandelt und entschieden wird. Der Entwurf lehnt sich an die Hannoversche Prozessordnung[11] an (vgl. Rintelen, Berufungsgrund und Berufungsantrag usw.).[12]

---

10 § 449 Abs. 1 ZPO lautete: «Das Appellationsgericht hat in der Regel über die Berufung in nichtöffentlicher Sitzung ohne vorhergehende mündliche Verhandlung zu entscheiden.» Abs. 2 sah hiezu einschränkend vor: «Das Appellationsgericht kann jedoch, wenn beide Teile durch Advokaten vertreten sind, beide Teile den Antrag auf Anordnung einer mündlichen Berufungsverhandlung stellen und es im einzelnen Falle dem Appellationsgerichte behufs Entscheidung über die Berufung erforderlich erscheint, auch eine Tagsatzung zur mündlichen Verhandlung anberaumen.»

11 Auf Grundlage der allgemeinen bürgerlichen Prozessordnung für das Königreich Hannover von 1850 wurde ebd. der Entwurf einer Allgemeinen Zivilprozessordnung für die Deutschen Bundesstaaten erarbeitet, welcher 1866 vorgelegt wurde.

12 Anton Rintelen, Berufungsgrund und Berufungsantrag nach dem neuen österreichischen Zivilprozessrecht, Wien 1901.

Die Berufung ist also nicht eine volle Berufung im Sinne der deutschen Zivilprozessordnung,[13] wo der Streitfall vor dem Berufungsgericht in vollem Umfange neu verhandelt und entschieden wird. Denn Schranken gegen die volle Berufung sind eben Berufungserklärung, Antrag und Gründe. Innerhalb dieser kann aber der Beschwerdeführer neue Einreden, neue Tatsachen und Beweise anführen und dartun, dass die Beurteilung der Streitsache durch den Erstrichter deswegen nicht richtig ist, weil ihm gewisse Tatsachen und Beweise in erster Instanz nicht vorlagen. Dies ist nun nach den heutigen Bestimmungen unserer Zivilprozessordnung ausgeschlossen. Gegen missbräuchliche Prozessströlerei durch fortwährendes Nachschieben von neuen Tatsachen und Beweisen ist im Entwurfe vorgesorgt (§ 452).[14]

Ebenso notwendig, wenn nicht notwendiger, ist eine mündliche Berufungsverhandlung in Strafsachen, wo es in manchen Fällen noch um viel höherwertige Güter, um Freiheit, Ehre, Leben geht. Es gibt wohl wenige moderne Prozessordnungen, die im Strafverfahren zweiter Instanz nur eine derartige Überprüfung des erstrichterlichen Verfahrens und Urteils auf Grund der eingesandten Akten haben, wie unsere Prozessordnung. Nach dieser werden die Strafakten dem Obergerichte mit einem Einbegleitungsberichte übersandt, der Regierungschef hat noch sein Visum dazuzusetzen und es soll nun das Obergericht, ohne dass es aus der lebendigen und unmittelbaren Verhandlung einen Eindruck gewinnt, das Urteil verbessern, besser machen als die erste Instanz, welcher die Personen unmittelbar gegenüber gestanden sind. Die Berufung ist in der Strafprozessordnung sehr mangelhaft geregelt und es ist zu bedauern, dass nicht wenigstens die Bestimmungen über die Berufung gegen bezirksgerichtliche Urteile der österreichischen Strafprozessordnung entsprechend eingeführt worden sind. Noch viel mangelhafter ist aber die Oberberufung an die dritte Instanz geregelt und fast gar nicht das Beschwerdeverfahren. Wie ganz anders nehmen sich dagegen die Bestimmungen der österreichischen Strafprozessordnung und der neuen Entwürfe hiezu aus.

Um eine wahre Justizpflege zu ermöglichen, will der Entwurf nun wenigstens das Obergericht und den Obersten Gerichtshof ins Land verlegen. Das Obergericht in Zivil- und Strafsachen ist als ein kleines Kollegium gedacht, bestehend aus einem rechtskundigen Präsidenten (nebst Stellvertreter) und zwei Oberrichtern (nebst zwei Ersatzmännern), die vom Landtage aus der wahlfähigen Bevölkerung auf die Dauer von vier Jahren gewählt werden sollen. Im übrigen sei auf den Entwurf verwiesen. Für den Obersten Gerichtshof ist auf § 2 des Gerichtsorganisationsgesetzes zu verweisen; er besteht aus fünf Richtern.

Bei dieser Gelegenheit mag auch die Frage zu Diskussion gestellt sein, ob das bisherige Schöffengericht als Gerichtshof erster Instanz zur Beurteilung von Vergehen nicht aufgelassen werden sollte. Tatsächlich tritt dieser Gerichtshof fast nie in Funktion. Es könnte die Beurteilung der Vergehensfälle entweder dem Kriminalgerichtshofe oder dann dem Landgerichte überwiesen werden.

---

13 Die deutsche Zivilprozessordnung vom 30.1.1877, dt. RGBl. S. 83, trat als eines der sogenannten Reichsjustizgesetze 1879 in Kraft.

14 § 452 Abs. 3 der liechtensteinischen ZPO 1912 idF. des Nachtragsgesetzes vom 7.4.1922, LGBl. 1922 Nr. 18, sah bzw. sieht vor, dass das Gericht das Vorbringen von neuen Ansprüchen oder Einreden, neuen Tatsachen und Beweismitteln als unstatthaft erklären kann, wenn es in der Absicht geschieht, den Prozess zu verschleppen, oder es können stattdessen vom Gericht die Prozesskosten der betreffenden Partei ganz oder teilweise auferlegt oder es kann eine Mutwillensstrafe wegen Prozessverschleppung verhängt werden. § 452 ZPO wurde mit Nachtragsgesetz vom 26.5.1924 novelliert, LGBl. 1924 Nr. 9.

Kurz sei noch der Einwand gegen das «Laienrichtertum» gestreift. Es ist darauf hinzuweisen, dass heute schon in Gewerbegerichten, in Handelsgerichten und ähnlichen beruflich und fachlich organisierten Gerichten die moderne Gesetzgebung immer mehr und mehr das Laienelement zur Rechtsprechung in bürgerlichen Rechtssachen heranzieht. Damit sind im Grossen und Ganzen auch recht gute Erfahrungen gemacht worden. In vielen Staaten ist überdies das Laienelement zur Rechtsprechung nicht nur in allen Strafsachen, sondern in allen Zivilsachen herangezogen worden. Nach dem Entwurfe soll das teilweise auch bei uns geschehen. Der Antragsteller ist nach seinen eigenen Erfahrungen überzeugt, dass man damit in Liechtenstein recht gute Erfahrungen machen wird. Allerdings werden die Laienrichter in erster Instanz nur in Strafsachen herangezogen, dagegen beim Obergerichte in allen bürgerlichen Rechtsstreitigkeiten und Strafsachen.

Bei dem Übergewichte, das der rechtskundige Richter infolge seiner Kenntnisse besitzt, ist nicht zu befürchten, dass die beiden Laienrichter ihre eigenen Wege gehen werden.

Der Entwurf will mit dem Laienelemente wenigstens im Berufungsverfahren und Revisionsverfahren auch die oben gestreifte, moderne berufs- und fachgerichtliche Ausbildung mit in den Kreis der Regelung ziehen. Deshalb soll der Landtag bei Auswahl der Richter und Ersatzrichter auf den Stand der Bauern, Gewerbetreibenden, Arbeiter und Erzieher Rücksicht nehmen und es soll das Gericht, wenn ein Berufskenntnisse erfordernder Fall zur Behandlung kommt (z.B. ein speziell die Landwirtschaft interessierender Fall, Gewährleistungsfall, Dienstbarkeit usw. oder wenn ein Fall vorliegt, bei dem ein Jugendlicher beteiligt ist und der anderswo vor das Jugendgericht gehört) entsprechend besetzt werden.

Geschichtlich sei daran erinnert, dass die Grundgedanken des Entwurfes für frühere, liechtensteinische Verhältnisse nichts Neues bringen. Es sei daran erinnert, dass jede der beiden Landschaften ein eigenes Gericht, bestehend aus dem Landammann und zwölf Richtern hatte, und dass die Appellationsinstanz im Lande war. Der Berufungswerber musste «Gold und Silber hinter den Stab» des Gerichtes legen. Die Appellation ging zum Teil an das Zeitgericht und von diesem an das Hofgericht in Vaduz. In den Freiheitsbriefen ist das Privilegium de non evocando et de non appellando enthalten, d.h. Freiheit fremden Gerichts. Durch kaiserliche Privilegien ist der Herrschaft damals ein eigenes im Lande ansässiges Gericht zugebilligt worden, gegen dessen Urteilsspruch nicht an auswärtige Richter appelliert werden durfte (vgl. zum Ganzen: Die alten Rechtsgewohnheiten und Landesordnungen. Jahrbuch V., S. 57 ff., von A. [Albert] Schädler,[15] dann Akten im Regierungsarchiv;[16] [Peter] Kaiser, Geschichte des Fürstentums Liechtenstein, S. 411 und 433[17]).

(Fortsetzung folgt).
[...]

---

15 Albert Schädler, Die alten Rechtsgewohnheiten und Landsordnungen der Grafschaft Vaduz und Herrschaft Schellenberg, sowie des nachherigen Fürstentums Liechtenstein. In: JBL 5 (Vaduz 1905) S. 39-85.

16 Zu den sogenannten «Brandisischen Freiheiten» siehe z.B. LI LA SchäU 116 (1614) oder LI LA RA 74/034 (1620).

17 Peter Kaiser, Geschichte des Fürstenthums Liechtenstein: nebst Schilderungen aus Chur-Rätien's Vorzeit, Chur 1847.

Dok. 191
Josef Ospelt erläutert im «Liechtensteiner Volksblatt» die Gründe für seinen Rücktritt als Regierungschef

Artikel von Alt-Regierungschef Josef Ospelt, gez. ders., im «Liechtensteiner Volksblatt»[1]

17.5.1922 (10.5.1922, Vaduz)

Die «O.N.» beschäftigen sich in ihren Nummern 34[2] und 36[3] in einer Art und Weise mit mir bezw. meinem Rücktritte vom Posten des Regierungschefs,[4] die verschiedene Vorwürfe gegen mich in sich schliesst. Ich lehne es ab, auf alle Einzelheiten einzugehen und sehe mich derzeit nur zu folgenden Feststellungen veranlasst:

Es ist richtig, dass ich aus Gesundheitsrücksichten meine Demission gab; es ist aber auch richtig, dass meine Gesundheit durch die beruflichen Anstrengungen des nun hinter mir liegenden Jahres in Mitleidenschaft gezogen wurde.

Neben diesen Tatsachen bleibt aber auch jene bestehen, dass andere Gründe mir meinen Entschluss erleichterten.

Von dem Gesetze über die Verwaltungspflege[5] habe ich nie das ganze Manuskript in Händen gehabt. In gedrucktem Zustande bekam ich es einige Tage vor der Landtagseröffnung in die Hand, also zu einer Zeit, wo ich ohnehin stark in Anspruch genommen war. Vor meiner Abreise in den ordnungsmässig erwirkten Urlaub[6] (von dem ich den Herrn Regierungschefstellvertreter [Alfons Feger] und den Herrn Landtagspräsidenten [Wilhelm Beck] frühzeitig mündlich in Kenntnis setzte und auf den ich in meiner Antwort an den Landtag auf die Vertrauenskundgebung[7] hinwies), habe ich dem Verfasser dieses Gesetzentwurfes Herrn Dr. W. Beck erklärt, dass ich diesen Entwurf in meinem *Urlaube* studieren werde, so bald ich mich einigermassen erholt habe, was ich tatsächlich machte. Gerade als ich mitten im Studium dieses die Führung der Regierungsgeschäfte äusserst stark beeinflussenden Gesetzes war, erfuhr ich auf privatem Wege, dass der Entwurf bereits von der Finanzkommission behandelt werde,[8] worauf ich sofort am 5. April brieflich durch den Herrn Regierungschefstellvertreter dem Herrn Landtagspräsidenten die Hoffnung aussprach, man möge Verwaltungspraktiker hören und auch mir Gelegenheit zur Aussprache geben.[9] Dessen ungeachtet wurde das 134 Druckseiten umfassende

---

1 L.Vo., Nr. 39, 17.5.1922, S. 1.
2 O.N., Nr. 34, 3.5.1922, S. 2 («Solls beginnen»).
3 O.N., Nr. 36, 10.5.1922, S. 1f. («Landeskalender»).
4 Ospelt hatte am 24.4.1922 Fürst Johann II. ersucht, ihn vom Posten des Regierungschefs zu entheben. Der Landtag nahm die Demission am 26.4.1922 zur Kenntnis (LI LA LTP 1922/039; LI LA SF 01/1922/052, Regierung an Kabinettskanzlei, 26.4.1922), der Fürst genehmigte das Demissionsgesuch am 27.4.1922 (LI LA SF 01/1922/051, Johann II. an Ospelt, 27.4.1922).
5 Gesetz vom 21.4.1922 über die allgemeine Landesverwaltungspflege (die Verwaltungsbehörden und ihre Hilfsorgane, das Verfahren in Verwaltungssachen, das Verwaltungszwangs- und Verwaltungsstrafverfahren), LGBl. 1922 Nr. 24.
6 Ospelt hatte wenige Tage nach seiner Wahl zum Regierungschef am 2.3.1922 (LI LA LTP 1922/002) einen zweimonatigen Urlaub «aus Gesundheitsrücksichten» angetreten (LI LA SF 01/1922/041, Kabinettsdirektor Josef Martin an Ospelt, 5.3.1922).
7 Der Landtag hatte Ospelt am 2.3.1922 das Vertrauen ausgesprochen und ihn zum Regierungschef gewählt (LI LA LTP 1922/002).
8 Vgl. LI LA LTA 1922/S03, Protokoll der Sitzungen der Finanzkommission vom 29.3., 30.3 und 1.4.1922.
9 Nicht aufgefunden.

Gesetz vom Landtage am 11. April in *einer* Sitzung und ohne Lesung beschlossen[10] und mir dadurch die Gelegenheit zur Stellungnahme abgeschnitten. Es ist sicher, dass kaum irgendsonst in der Welt ein Gesetz von dieser Bedeutung und diesem Umfange mit solcher Eile und ohne einlässliche Mitwirkung von Fachleuten beschlossen würde.

Während man in Nr. 34 der «O.N.» annimmt, dass die Gehaltsfrage[11] keinen entscheidenden Einfluss auf meine Demission ausgeübt habe, ist man in Nr. 36 des gleichen Blattes gerade der gegenteiligen Meinung. Wären in diesem Belange die zuständigen Stellen an mich herangetreten, so wäre sicher eine beide Teile befriedigende Vereinbarung zustande gekommen (die Finanzlage unseres Staates ist mir wohl hinlänglich bekannt). Statt dessen wurde ich ohne jedes Wort der Einladung zur Stellungnahme einfach in Kenntnis gesetzt, welche Beschlüsse Regierung und Finanzkommission gefasst haben. Das Urteil über ein solches Vorgehen überlasse ich jedem objektiv Denkenden.

Die in den angeführten Nummern der «O.N.» enthaltenen Vorwürfe der Unordnung und der Rückstände stehen in einem merkwürdigen Verhältnisse zu der mir gegenüber gerade von heute massgebenden Herren oft und oft wiederholten Beteuerung, dass man allgemein anerkenne, wie ich viel arbeite und wie gerade ich mich mit Erfolg bemüht habe, im Amtsbetriebe Ordnung zu halten; das ganze gegen mich beliebte Vorgehen lässt die einstimmige Vertrauenskundgebung vom 3. März in einem eigenartigen Lichte erscheinen. Es ist mir peinlich, diese Dinge feststellen zu müssen, aber es scheint nun einmal nicht anders zu gehen.

Bezeichnend ist auch die Art und Weise, wie man mit den Zeitungsäusserungen über mich auch jene gegen meinen Bruder [Alois Ospelt], der im guten Glauben gehandelt hat, verbindet.[12] –

Bei mir scheint sich nur zu wiederholen, was im gleichen Blatte gegen den seligen Kabinettsrat [Karl] v. In der Maur, den nun ebenfalls verewigten Baron [Leopold von] Imhof und gegen Hofrat Dr. [Josef] Peer beliebt wurde, eine Tatsache, die jedenfalls auch für meinen Nachfolger gute Aussichten eröffnet.

---

10   LI LA LTP 1922/019.
11   Die Finanzkommission hatte am 16.3.1922 entschieden, dass das Gehalt des Regierungschefs künftig zur Gänze vom Lande zu übernehmen sei und hatte gleichzeitig eine deutliche Kürzung des bisher 10'000 Fr. betragenden Gehalts beschlossen (LI LA LTA 1922/S03, Protokoll der Sitzung der Finanzkommission vom 16.3.1922). Nachdem Fürst und Regierung diesen Beschlüssen zugestimmt hatten, setzte der Landtag am 4.7.1922 das Gehalt des Regierungschef auf 6500 Fr. fest (LI LA LTP 1922/105).
12   Die «Oberrheinischen Nachrichten» hatten publik gemacht, dass ein Landesangestellter namens «A. O.» einen Zirkularerlass der Regierung, der die Beamten zur Einhaltung der Amtsstunden anhielt, mit der Bemerkung versehen hatte, er nehme den Inhalt nicht zur Kenntnis (O.N., Nr. 31, 22.4.1922, S. 3 («Zur Abbaufrage»)). Der Landtag hatte deswegen Alois Ospelt am 11.4.1922 keine Teuerungszulage bewilligt (LI LA LTP 1922/024). Zudem wurde eine Disziplinaruntersuchung eingeleitet, die ergab, dass Ospelt auf diese Weise dagegen protestieren wollte, dass ihm der Erlass nicht auf dem üblichen Weg, d.h. durch seinen Vorgesetzten, Landrichter Julius Thurnher, zugestellt worden war (LI LA RE 1922/1785; vgl. auch L.Vo., Nr. 34, 29.4.1922, S. 1 («Erklärung»)).

Dok. 192
Die Regierung berichtet Fürst Johann II. über die Wahl von Gustav Schädler zum Regierungschef

Maschinenschriftliches Schreiben, mit handschriftlichen Korrekturen und Ergänzungen, der Regierung, gez. Regierungsrat Felix Gubelmann, an Fürst Johann II. [1]

8.6.1922

Bericht betreffend die Wahl des Regierungschefs
E.D. [Eure Durchlaucht]

Die f. Regg. erlaubt sich, E.D. über die am 6. Juni 1922 vom Landtage vorgenommene Wahl eines neuen Regierungschefs[2] ehrerbietigst Bericht zu erstatten.

Der Sitzung wohnten 13 Abgeordnete bei, da die Herren [Josef] Gassner und [Emil] Bargetze krankheitshalber verhindert waren. Als Regierungskommissär fungierte Abgeordneter und Regierungsrat Gubelmann. Da letzterer mit Rücksicht auf seine Funktion als Regierungsvertreter nicht mitstimmte, nahmen nur 12 Abgeordnete an der Abstimmung teil. Regierungsrat [Gustav] Schädler erhielt 7 Stimmen, 4 Zettel wurden leer abgegeben und 1 Stimme entfiel auf Dr. [Josef] Hoop. Nach der Wahl liessen die Abgeordneten Gassner und Bargetze mitteilen, dass sie bei ihrer Anwesenheit unbedingt für Regierungsrat Schädler gestimmt hätten. Regierungsrat Gubelmann erklärte ebenfalls, der Wahl Schädlers zuzustimmen, nur sei er vermöge seiner Tätigkeit als Regierungskommissär an der Ausübung seines Stimmrechtes verhindert gewesen. Es vereinigen sich somit auf Regierungsrat Schädler 10 Stimmen, d.h. eine Zweidrittelsmehrheit, die allgemein als Bürgschaft für ein gedeihliches Zusammenarbeiten mit dem Landtage betrachtet wird.

Nicht für Schädler stimmten die Mitglieder der Bürgerpartei und die Abgeordneten [Stephan] Wachter und [Baptist] Quaderer der Volkspartei. In einer Vorbesprechung unter den Abgeordneten der Volkspartei brachte Abg. Wachter R.A. Dr. [Martin] Ritter in Innsbruck in Vorschlag und verfocht diese Kandidatur hartnäckig. Ritter hätte bei einer Abstimmung nur die Stimmen Wachters und Quaderers auf sich vereinigt.

An der Sitzung selbst vertrat Wachter den Standpunkt, man solle mit der Wahl solange zuwarten, bis E.D. ins Land kommen. Tatsächlich handelte es sich Wachter um die Kandidatur Ritter.

Nachdem sich durch die Erklärungen Gassners, Bargetzes und Gubelmanns eine Zweidrittelsmehrheit für Schädler ergibt und auch mehrere Abgeordnete (darunter Wachter und Quaderer) keine prinzipiellen Gegner desselben sind, so hat Schädler die Annahme der auf ihn gefallenen Wahl erklärt, jedoch mit der Bedingung, dass ihm E.D., der Landesschulrat und der Landtag volle Garantie bieten, dass er von seiner Stelle als Professor an der Realschule nur beurlaubt, diese also bloss provisorisch besetzt werde und er somit zu jeder Zeit wieder an seinen Posten zurückkehren könne.[3]

Die fürstl. Regierung gestattet sich, E.D. ehrerbietigst den Entwurf eines Höchsten Handschreibens an Regierungsrat Schädler[4] mit der ergebensten Bitte zu unterbreiten, E.D. geruhen, dieses Höchste Handschreiben gnädigst unterfertigen und ehebaldigst herabgelangen zu lassen.[5]

---

1 LI LA RE 1922/2497.
2 LI LA LTP 1922/068.
3 Vgl. LI LA RE 1922/2522 ad 2497.
4 LI LA RE 1922/2497.
5 Vgl. LI LA RE 1922/2600 ad 2497, Kabinettskanzlei an Regierung, 10.6.1922.

⁶ Die Beeidigung des neu ernannten Reg.Chefs könnte wohl am besten bei der demnächst erhofften Anwesenheit E.D. im Fürstentume vorgenommen werden, was allgemein begrüsst würde.⁷ Nur wenn innerhalb eines Monats E.D. den angekündigten h. Besuch nicht verwirklichen, müsste Reg.Chefstellvertreter [Alfons] Feger zur Abnahme des Eides veranlasst werden. Schädler würde sein Amt aber schon zu Beginn nächster Woche antreten.

Dok. 193
Liechtenstein nimmt Stellung zum Entwurf des Zollvertrags

Maschinenschriftliches Schreiben der Gesandtschaft Bern, gez. Geschäftsträger Emil Beck, an Bundesrat Giuseppe Motta, Vorsteher des Schweizerischen Politischen Departements[1]

19.7.1922, Bern

Zollvertrag

Herr Bundesrat,

Im Auftrage der Fürstlich Liechtensteinischen Regierung haben wir die Ehre, Eurer Exzellenz die mit der geschätzten Note B 14/24 P 4 III – D.N. vom 3. Februar dieses Jahres[2] erfolgte freundliche Zustellung des Entwurfs zu einem Zollanschlussvertrag[3] nebst zwei Anlagen[4] bestens zu verdanken.

Die Fürstliche Regierung ist sehr erfreut, aus diesem Entwurf entnehmen zu können, dass der hohe Bundesrat geneigt ist, der Fürstlichen Regierung zum Abschluss dieses wichtigen Vertrages Hand zu bieten. Der Entwurf lässt das verdankenswerte Bestreben erkennen, dem Fürstentum die Teilnahme am Schweizerischen Wirtschaftsleben zu ermöglichen unter voller Wahrung seiner Souveränität. Zur Erreichung dieses Zweckes wird der Entwurf in allen wesentlichen Punkten eine sehr geeignete Grundlage bilden. Nur in einzelnen, zum Teil minderwichtigen Punkten scheint der Fürstlichen Regierung eine nähere Abklärung oder eine Abänderung wünschenswert. Wir beehren uns, Eure

---

6   Der folgende Abschnitt ist ein handschriftlicher Nachtrag.
7   Tatsächlich legte Schädler den Eid am 7.7.1922 vor Fürst Johann II. ab (LI LA RE 1922/3056 ad 2497), der seit dem 27.6.1922 in Liechtenstein weilte (L.Vo., Nr. 52, 1.7.1922, S. 2 («Hoher Besuch»)).

1   LI LA V 002/0299/095-099. Aktenzeichen: 774. In LI LA V 002/0299 mehrere Entwürfe und Abschriften des Schreibens. Beck besprach den Entwurf des Schreibens zweimal mit Peter Anton Feldscher vom Schweizerischen Politischen Departement, um zu sondieren, welche liechtensteinischen Abänderungsanträge Aussicht auf Erfolg haben. Am 25.7.1922 übermittelte Beck der Regierung eine Abschrift des Schreibens (LI LA SF 27/1922/3361 ad 30).
2   LI LA V 002/0299/058.
3   LI LA SF 27/1922/0569 ad 30, Entwurf Zollvertrag, o.D. Vgl. die definitive Fassung des Vertrags in LGBl. 1923 Nr. 24.
4   LI LA SF 27/1922/0569 ad 30, Anlage 1 zum Entwurf Zollvertrag: Verzeichnis der bundesrechtlichen Erlässe, die im Fürstentum Liechtenstein Anwendung finden, o.D. (bereinigt per 1.1.1922); LI LA SF 27/1922/0569 ad 30, Anlage 2 zum Entwurf Zollvertrag: Verzeichnis derjenigen Handels- und Zollverträge, die im Fürstentum Liechtenstein in gleicher Weise Anwendung finden wie in der Schweiz, o.D.

Exzellenz im folgenden auf dieselben aufmerksam zu machen, mit dem Ersuchen, sie einer geneigten Prüfung unterziehen und Ihre Stellungnahme zu denselben bekannt geben zu wollen.[5]

Art. 1: Art. 1 erklärt das Fürstentum als Bestandteil des Schweizerischen Zollgebietes. Dies bedingt einerseits die Aufhebung der Zollinie zwischen der Schweiz und Liechtenstein und andererseits die Verlegung derselben an die Grenze zwischen Liechtenstein und Vorarlberg.

a. Die Aufhebung der Zolllinie zwischen der Schweiz und Liechtenstein schliesst in sich die Aufhebung aller bestehenden Einfuhr- und Ausfuhrverbote und aller Beschränkungen und der Zölle an dieser Grenze, sowie das Verbot der Neuerrichtung solcher Schranken beiderseits.

Vielleicht wäre es im Interesse der Klarheit, dies in einem zweiten Absatz zu Art. 1 ausdrücklich zu sagen. Eventuell, wenn der hohe Bundesrat dies wünscht, könnte die Errichtung solcher Schranken im gleichen Umfange wie im interkantonalen Verkehr als zulässig bezeichnet werden.

Der neue Absatz 2 könnte dann etwa folgende Fassung erhalten: «An der Schweizerisch-Liechtensteinischen Grenze dürfen daher während der Dauer dieses Vertrages von keiner Seite Abgaben erhoben oder Ein- und Ausfuhrbeschränkungen und Verbote erlassen werden, die interkantonal nicht zulässig sind.»

b. Der Anschluss ans Schweizerische Wirtschaftsgebiet lässt es als zweckmässig erscheinen, dass auch die Einreise zu Arbeitszwecken, wenigstens inbezug auf die Angehörigen der vertragschliessenden Teile, frei gegeben wird. Die Fürstliche Regierung würde es daher begrüssen, wenn diese Frage entweder im Vertrag selbst oder in einem besondern Abkommen geregelt würde. (Vergl. Art. 23 des Zollvertrages mit Österreich vom Jahre 1876).[6]

c. *Die Viehsömmerung im Vorarlberg:*

Die Gemeinden des Liechtensteinischen Unterlandes besitzen im Vorarlberg folgende sechs Grossviehalpen:

1. Tiefensee (bei Bludenz) mit ca. 55 Stück
2. Fahren (Montafon) mit ca. 70 Stück
3. Ziersch (bei Wadans, Montafon) mit ca. 55 Stück
4. Rautz (am Passübergang des Vorarlbergs auf Vorarlbergerseite) mit ca. 150 Stück
5. Silbertal (bei Schruns) mit ca. 60 Stück

---

5 Die folgenden Änderungswünsche waren das Resultat umfangreicher Konsultationen: Nachdem Emil Beck am 8.2.1922 zuhanden der Regierung eine Stellungnahme mit verschiedenen Ergänzungen und Kommentaren abgeben hatte (LI LA SF 27/1922/0705 ad 30), wählte der Landtag am 2.3.1922 eine Kommission (LI LA LTP 1922/004), die den Entwurf am 6.3.1922 (LI LA V 002/0295/53-54, Josef Ospelt an Emil Beck, 6.3.1922; LI LA V 002/0295/55, Ospelt an Beck, 7.3.1922) und am 15.5.1922 beriet (LI LA SF 27/1922/0030, Protokoll der Sitzung vom 15.5.1922). Am 1.6.1922 traf sich die Kommission zudem mit Vertretern der Arbeiterschaft, des Handels und der Oberländer Gemeinden (LI LA SF 27/1922/0030, Protokoll der Sitzung vom 1.6.1922), am 2.6.1922 mit Vertretern der Unterländer Gemeinden sowie der Konsumenten (LI LA SF 27/1922/0030, Protokoll der Sitzung vom 2.6.1922; LI LA SF 27/1922/0030, Stellungnahme der Gemeindevorstehung Ruggell, 5.6.1922; LI LA SF 27/1922/0030, Stellungnahme von Lehrer Georg Kindle als Vertreter der Konsumenten, 2.6.1922), am 7.6.1922 mit Vertretern der Bauern, der Handwerker, der Gemeinde Mauren sowie von Industrie und Gewerbe (LI LA SF 27/1922/0030, Protokoll der Sitzung vom 7.6.1922; vgl. auch LI LA SF 27/1922/0030, Stellungnahme der Vertreter des Handwerks, o.D.). Am 8.7.1922 debattierte schliesslich der Landtag in Anwesenheit von Emil Beck über den Entwurf (LI LA LTP 1922/111).
6 LGBl. 1876 Nr. 3.

6. Heuberg (bei Talosch im Klostertal) mit ca. 30 Stück
im ganzen *420 Stück.*

Diese Alpen werden alle ausschliesslich mit Liechtensteinervieh bestossen, mit Ausnahme der Alp Heuberg, wo neben den 30 Stück Liechtensteinervieh noch etwas Vorarlbergervieh aufgetrieben wird.

Die Bauern des Unterlandes haben nun ein bedeutendes Interesse daran, dass sie auch beim Zollanschluss an die Schweiz die Möglichkeit haben, ihr Vieh auf diese Vorarlbergeralpen zu treiben und im Herbst samt Zuwachs und Molken wieder nach Liechtenstein einzuführen.

Sollte dieses Vieh im Falle des Seuchenverdachtes an der Grenze eine Quarantäne durchmachen müssen, so wäre es sehr erwünscht, dass dieselbe auf Liechtensteinischem Boden durchgeführt werden könnte, da in der Nähe der Grenze auf Liechtensteinischer Seite im Ruggeller Ried ein geeigneter Platz vorhanden wäre und die Pflege des Viehs dadurch bedeutend erleichtert würde.

Gegen die Weiterverbreitung der Seuche würden alle nötigen Vorsichtsmassregeln ergriffen. Nötigenfalls könnte das Unterland (unterhalb Schaan), event. das ganze Fürstentum gegenüber der Schweiz für diese Zeit abgesperrt werden, damit genügende Gewähr dafür geboten wäre, dass die Seuche nicht in die Schweiz verschleppt würde. Übrigens ist eine Einschleppung der Seuche ins Fürstentum aus den Vorarlbergeralpen bisher nie konstatiert worden.

Wenn die Wiedereinfuhr des gesömmerten Viehs nebst Zuwachs und Molken in der genannten Weise erleichtert werden könnte, so würde dies sehr begrüsst.

Da es sich um eine Wiedereinfuhr handelt, dürfte die Zollpflicht entfallen.

Art. 4: Die Fürstliche Regierung interpretiert Ziffer 2 dieses Artikels in dem Sinne, dass von der übrigen Bundesgesetzgebung nur diejenigen Artikel zur Anwendung gelangen müssen, deren Anwendung der Zollanschluss seinem Zweck nach bedingt, was nicht für alle Artikel der in der Anlage genannten Gesetze zutreffen würde.

Für die Fälle, wo die sofortige Anpassung an die Bundesgesetzgebung sich als eine Härte erweist, könnte in einer Übergangsbestimmung vielleicht eine Anpassungsfrist vorgesehen werden.

Art. 5: Ziffer 2 will unseres Erachtens nur ausschliessen, dass dem Fürstentum die gleichen Beiträge bezahlt werden müssen wie den Kantonen. Dagegen würde die Entschädigungspflicht gegenüber Privaten dadurch nicht ausgeschlossen.

Art. 8: Bei Handels- und Zollverträgen, die mit Österreich abgeschlossen werden, wäre die Fürstliche Regierung dankbar, wenn sie vor Abschluss der Verträge angehört würde, da sie in diesem Fall speziell interessiert ist.

Art. 9: Mit dem Inhalt dieser Bestimmung geht die Fürstliche Regierung einig, bloss möchte sie diese Klausel in ein separates Abkommen verweisen.

Art. 15: Aus redaktionellen Gründen wäre es vielleicht angezeigt, dem Schluss dieses Artikels etwa folgende Fassung zu geben: «... von der Schweizerischen Oberzolldirektion im Einvernehmen mit der Fürstlichen Regierung festgesetzt.»

Art. 16: Die Fürstliche Regierung hat sich mit der österreichischen Regierung bezüglich der Zollstelle in Nendeln und der Haltestelle in Schaanwald ins Einvernehmen gesetzt. Mit der Aufhebung der Haltestelle in Schaanwald hat sich die österreichische Regierung einverstanden erklärt. Bezüglich der Errichtung einer Zollstelle für den liechtensteinischen Verkehr in Nendeln scheint die österreichische Regierung keine Einwendungen machen zu wollen und sich auf den Standpunkt zu stellen, dass die beabsichtigte Neuregelung der Zollverhältnisse zwischen der Schweiz und Liechtenstein ohne Einfluss auf die Entschliessungen Österreichs bezüglich der Beibehaltung oder Verlegung des Zollamtes Buchs sein soll.[7]

Immerhin sind wir bereit, im Vertrag ausdrücklich zu sagen, dass durch ihn die Verhältnisse im Österreichisch-Schweizerischen Verkehr in keiner Weise berührt werden, dass also diejenigen Reisenden, die mit der Vorarlbergbahn aus der Schweiz nach Österreich oder in umgekehrter Richtung reisen, wie bisher auf der Liechtensteinischen Strecke keiner Passkontrolle unterliegen.

Die österreichische Regierung hat sich ferner bereit erklärt, die Schnellzüge wie bisher in Schaan anhalten zu lassen.

Die Fürstliche Regierung möchte nun auf das Anhalten der Schnellzüge in Schaan nicht gerne verzichten. Darin würde eine nicht unbedeutende Schädigung des Liechtensteinischen Verkehrs liegen. Anderseits dürfte es ohne grosse technische Schwierigkeiten und Mehrauslagen möglich sein, für diese wenigen Fälle die Zollabfertigung in Schaan vorzunehmen. Wir würden daher vorschlagen, Absatz 3 wie folgt zu ergänzen: «Für die in Schaan anhaltenden Schnellzüge dagegen erfolgt sie auf dem Bahnhof Schaan.»

Art. 21: Wir beehren uns, die Frage aufzuwerfen, ob es nicht tunlich wäre, für diese Grenzwächter ein besonderes Kennzeichen (z.B. Kokarde) einzuführen, wie dies auch im Postvertrag (Art. 4 Ziffer 3) statuiert ist.[8] (Vergl. ferner Art. 11 Absatz 4 des Zollvertrages mit Österreich).[9]

Art. 23: Die Fürstliche Regierung würde es begrüssen, eine allgemeine Schiedsgerichtsklausel, ähnlich wie im Postvertrag (Art. 20), aufzunehmen. Diesem Schiedsgericht könnten dann auch die Streitigkeiten im Sinne dieses Artikels übertragen werden.

Art. 27: In Absatz 1 wäre eine bestimmtere Fassung wünschenswert, etwa in folgendem Sinne: «Bei Erennung von Beamten und Angestellten wird die Schweizerische Zollverwaltung Anmeldungen Liechtensteinischer Staatsangehöriger, welche die erforderlichen Eigenschaften besitzen, gebührend berücksichtigen.» (Vergl. Art. 11 Absatz 6 des Zollvertrages mit Österreich).

Art. 28 und 29: Im Momente der Vorlegung dieses Entwurfes befand sich nur die erste Liechtensteinische Gerichtsinstanz[10] im Fürstentum selbst. Seither ist als zweite Instanz ein Obergericht in Vaduz bestellt worden. Es erhebt sich daher die Frage, ob event.

---

7   Vgl. LI LA SF 27/1922/2066 ad 30, Gesandtschaft Wien an Regierung, 8.5.1922; LI LA SF 27/1922/2263 ad 30, Gesandtschaft Wien an Regierung, 19.5.1922.
8   Übereinkommen vom 10.11.1920 zwischen dem Fürstentum Liechtenstein und der Schweiz betr. die Besorgung des Post-, Telegraphen und Telephondienstes im Fürstentum Liechtenstein (LGBl. 1922 Nr. 8).
9   LGBl. 1876 Nr. 3.
10 Das Landgericht.

die in Art. 28 Absatz 2 und Artikel 29 Absatz 2 dem Kantonsgericht in St. Gallen vorbehaltenen Kompetenzen dem Liechtensteinischen Obergericht übertragen werden könnten.

Art. 34: Der Anteil des Fürstentums an den Einnahmen aus den Zöllen und den zu übernehmenden indirekten Steuern und Monopolen liesse sich vielleicht zweckmässiger durch eine verhältnismässige Beteiligung an den Brutto- oder Nettoeinnahmen festsetzen, wobei die Höhe dieses Pauschalansatzes so berechnet werden könnte, dass alle besondern Verhältnisse (geringere Kaufkraft der Liechtensteinischen Bevölkerung u.s.w.) darin berücksichtigt wären. Insbesondere dürfte die Bruttosumme dazu geeignet sein, da sie eine einfache und klare Lösung gibt und gleichzeitig die jeweilgen tatsächlichen Einnahmen berücksichtigt. Damit würde namentlich auch die Schwierigkeit entfallen, beim Sinken oder Steigen der Einnahmen oder bei Einführung neuer, indirekter Steuern u.s.w. die Pauschalsumme den neuen Verhältnissen anzugleichen. Die Fürstliche Regierung kann sich aber auch mit der vorgeschlagenen Lösung einverstanden erklären, dass der Anteil des Fürstentums an den Zolleinnahmen durch eine Pauschalsumme fixiert wird, welche alle drei Jahre den effektiven Einnahmen angepasst werden kann.

Für die Bemessung der Höhe dieser Summe geben die gegenwärtigen Zolleinnahmen im Fürstentum einen Anhaltspunkt. Dieselben betrugen für das erste Quartal des laufenden Jahres netto Fr. 33'800.–, was einer Jahreseinnahme von ca. Fr. 135'000. – entspricht. Dabei sind die Zollansätze bedeutend niedriger als die Schweizerischen und könnten ganz wesentlich erhöht werden. Die vorgeschlagene Summe von Fr. 150'000. –, welche auf Grund der Einnahmen der letzten Jahre berechnet wurde, scheint der Fürstlichen Regierung das richtige Äquivalent für die damaligen Verhältnisse darzustellen. Da aber inzwischen die Zölle und damit auch die Zolleinnahmen erhöht worden sind, darf die Fürstliche Regierung voraussetzen, dass diese Pauschalsumme den Einnahmen des laufenden Jahres angepasst wird, wie Sie bereits in der Begleitnote anzudeuten die Freundlichkeit hatten.

Es wäre erwünscht, diese Summe in drei-monatlichen Raten ausbezahlt zu erhalten.

Art. 36: Aus redaktionellen Gründen wäre statt des Schlusssatzes im Eingang zu sagen: «Das Fürstentum Liechtenstein wird im Einverständnis mit dem Schweizerischen Bundesrat vor dem Inkrafttreten ...»

Art. 39: Angesichts der eingreifenden Änderungen, welche die Auflösung des Vertrages im Wirtschaftsleben und in der Organisation der Zollverwaltung mit sich bringt, würde die Fürstliche Regierung es vorziehen, dass der Vertrag sich jeweilen nicht nur auf ein Jahr, sondern auf weitere fünf Jahre erneuert. Absatz 2 würde daher etwa folgendermassen lauten: «Seine Gültigkeit erneuert sich jeweilen um weitere fünf Jahre, sofern keine der hohen vertragschliessenden Teile ein Jahr vor Ablauf dieser Frist seine Absicht bekannt gegeben hat, den Vertrag zu künden.»

Von diesen Anregungen sind diejenigen betr. die Vorarlbergeralpen, Arbeitereinreise und Pauschale für das Fürstentum die wichtigsten. Wir möchten dieselben einer geneigten Prüfung besonders empfehlen.[11]

Genehmigen, Eure Exzellenz, die Versicherung unserer vorzüglichen Hochachtung.

---

11 Die schweizerische Antwort erfolgte mit Note vom 18.1.1923 (LI LA V 002/0300/001).

Dok. 194
Der Landtag verabschiedet das Gesetz betreffend die Ausübung der politischen Volksrechte in Landesangelegenheiten

Protokoll der öffentlichen Landtagssitzung, gez. Landtagspräsident Wilhelm Beck sowie die Schriftführer Stefan Wachter und Felix Gubelmann[1]

10.8.1922

Es wird sodann zur Tagesordnung übergeschritten und kommt als 1. Punkt derselben das *Gesetz betreffend die Ausübung der politischen Völkerrechte in Landesangelegenheiten* zur Beratung.[2]

Präsident: weist bezüglich dieses Gesetzes in erster Linie auf das den Abgeordneten zugekommene Referat[3] hin, greift jedoch die einzelnen wichtigen Bestimmungen noch besonders auf und erteilt hinreichende Aufklärung derselben. Er gibt auch bekannt, dass im vorliegenden Gesetze die Volljährigkeit auf das 21. Altersjahr herabgesetzt sei, trotzdem die im März 1919 stattgefundene Volksabstimmung[4] eine bezügliche Vorlage verworfen habe. Der Referent betont jedoch, dass es kommen müsse, dass die Volljährigkeit auf das 21. Altersjahr herabgesetzt werde, denn wir kämen sonst mit verschiedenen gesetzlichen Bestimmungen in Konflikt. So müsse nach den derzeit geltenden Gesetzesvorschriften einem Ausländer, z. B. einem Schweizer, da die Schweiz Gewerbegegenrecht ausübt, die Konzession zur Ausübung irgend eines Gewerbes erteilt werden, wenn er *volljährig* sei und die sonstigen vorgeschriebenen gesetzlichen Unterlagen beibringe.[5] Der Schweizer sei nun mit 21 Jahren – in einzelnen Kantonen sogar schon mit 19 und 20 Jahren – volljährig, folgedessen müsse also dem Schweizer die Konzession mit dem 20. Altersjahr bzw. noch darunter erteilt werden, während sie einem Inländer erst mit 24 Jahren erteilt werden könne. Der Präsident bringt noch andere Beispiele, so auch des Eherecht, nach welchem nach Erfüllung des 14. Lebensjahres die Eingehung einer Ehe gestattet sei,[6] was in verschiedenen anderen Staaten, in denen eine frühere Grossjährigkeit festgelegt sei, nicht gestattet werde. Redner betont auch besonders noch, dass die meisten zivilisierten und kulturell hochstehenden Staaten der Welt für die Grossjährigkeit eine niederige Altersgrenze festgesetzt haben.

---

1   LI LA LTA 1922/S04. Vgl. L.Vo., Nr. 64, 12.8.1922, S. 1 («Landtagssitzung vom 10. August»); L.Vo., Nr. 65, 16.8.1922, S. 1-2 («Nichtamtliches Protokoll der Landtagssitzung vom 10. August 1922»); O.N., Nr. 64, 19.8.1922, S. 1 («Landtagssitzung vom 10. August 1922»); O.N. Nr. 65, 23.8.1922, S. 1-2 («Von der Landtagssitzung»); O.N., Nr. 66, 26.8.1922, S. 1-2 («Von der Landtagssitzung»).
2   Der Gesetzentwurf findet sich unter LI LA LTA 1922/L04.
3   Das undatierte Referat von Wilhelm Beck zum Gesetze betreffend die Ausübung der politischen Volksrechte in Landesangelegenheiten findet sich ebenfalls unter LI LA LTA 1922/L04. Es wurde publiziert in: L.Vo., Nr. 64, 12.8.1922, S. 1 («Referat zum Gesetze betreffend die Ausübung der politischen Volksrechte in Landesangelegenheiten»); O.N., Nr. 64, 19.8.1922, S. 1 («Landtagssitzung vom 10. August 1922»).
4   In der Volksabstimmung vom 2.3.1919 war die Herabsetzung des Grossjährigkeits- und Wahlfähigkeitsalters von 24 auf 21 Jahre mit 712 Ja- zu 863 Nein-Stimmen abgelehnt worden. Vgl. L.Vo., Nr. 17, 1.3.1919, S. 1 («Zwei strittige Punkte»); L.Vo., Nr. 18, 5.3.1919, S. 1 («Die Volksabstimmung»).
5   Vgl. § 6 Satz 2 der Gewerbeordnung vom 13.12.1915, LGBl. 1915 Nr. 14.
6   Zum Eherecht vgl. §§ 44 ff. des Allgemeinen Bürgerlichen Gesetzbuches (ABGB) vom 1.6.1811(LI LA DS 100/1811/01), eingeführt in Liechtenstein durch Fürstliche Verordnung vom 18.2.1812 (LI LA RB G1/1812).

Ferner sei auch das Landtagswahlrecht in gegenständlicher Gesetzesvorlage neu geregelt. In der erst vor kurzem ausgearbeiteten Landtagswahlordnung[7] seien nämlich krasse Widersprüche vorhanden, und um nicht schon wieder eine Gesetzesabänderung vornehmen zu müssen, sei die Wahlordnung in dieses Gesetz einbezogen worden.

Zur Wahlordnung möchte er noch bemerken, dass bezüglich der Stimm- u. Wahlzettel eine Änderung getroffen worden sei, indem *nicht mehr amtliche Stimmzettel verwendet werden müssen.* Es werden jedoch jedem Stimmberechtigten amtliche Stimmzettel zugestellt und müssen auch in jedem Abstimmungslokale genügend amtliche Stimmzettel aufliegen. Es müsse aber nicht gerade ein amtlicher, sondern könne auch ein anderer Stimmzettel benützt werden, nur müsse dieser aus weissem Papier bestehen. Diese Änderung sei in dieses Gesetz aufgenommen worden, da das bisherige System völlig versagt habe. Ein Missbrauch sei nicht zu befürchten, da ein solcher strenge gesetzliche Bestrafung zur Folge hätte.

Der Präsident stellt sodann die Gesetzesvorlage zur allgemeinen Diskussion.

Abg. Wachter: beantragt Lesung des Gesetzes.

Präsident: beginnt mit der Lesung und gibt bekannt, dass nach jedem Artikel die Debatte benützt werden könne.

Abg. [Peter] Büchel: In Art. 2 Abs. 1 sei nun die Volljährigkeit auf das 21. Altersjahr herabgesetzt. Er bemerke, dass er kein grundsätzlicher Gegner dieser Bestimmung sei, möchte jedoch anfragen, ob der Landtag ohne weiters berechtigt sei, diese Gesetzesbestimmung so festzusetzen. Im Jahre 1919 sei eine bezügliche Vorlage durch die Volksabstimmung verworfen worden und er könne sich aus diesem Grunde nicht ohne weiters für die Herabsetzung erklären. Es sei vielleicht auch angezeigt, wenn eine Bestimmung in dieses Gesetz aufgenommen werde, dass ein Antrag, der von der Volksabstimmung verworfen worden sei, erst etwa nach 3 oder 4 Jahren wieder in den Landtag eingebracht werden dürfe.

Abg. Wachter: Ist in diesem Punkte auch der Ansicht des Vorredners. Bezüglich des Absatzes 2 des Art. 2 möchte er noch Aufklärung, ob zum B. ein Handwerker, der die grösste Zeit des Jahres als Geselle im Auslande sich aufhalte, auch stimmberechtigt sei.

Abg. [Anton] Walser: Für ihn sei es leicht begreiflich, dass sich Büchel gegen die Herabsetzung der Altersgrenze für die Volljährigkeit ins Zeug setze. Man erinnere sich nur an die seinerzeitigen Partei- und Zeitungskämpfe und falle es einem dann gewiss nicht schwer, den Standpunkt Büchels zu begreifen. Bei Schaffung des jetzt noch geltenden Gesetzes betr. die Bürgerwehr sei es anders gewesen. In jenem Gesetze sei die Bestimmung enthalten, dass einer, wenn er das 20. Altersjahr vollendet habe, Mitglied der Wehr werden könne, folgedessen auch die Berechtigung zum Waffentragen erlange.[8] Ihm komme es sonderbar vor, dass einer für die Aufnahme in eine bewaffnete Wehr, die unter Umständen gewiss ein verantwortungsvolles eigenes Handeln eines jeden Einzelnen bedinge, früher fähig sein solle, als zum Stimmen und Wählen.

Abg. Büchel: Er könne der Ansicht des Vorredners nicht beistimmen. Er (Büchel) und viele andere haben seinerzeit aus Überzeugung gegen die Herabsetzung der Altersgrenze gestimmt und nicht aus Parteirücksicht.

Präsident: Es dürfte am zweckmässigsten sein, diese Punkte noch zurückzustellen und dieselben dann später nochmals in Behandlung ziehen.

---

7 Vgl. die Landtagswahlordnung vom 27.12.1921, LGBl. 1922 Nr. 1.
8 Vgl. den Antrag von Peter Büchel und Konsorten von Anfang März 1921 auf Schaffung einer Landeswehr unter LI LA SF 01/1921/ad 36. Vgl. § 3 des Gesetzes vom 12.3.1921 betreffend die Errichtung einer bewaffneten Landeswehr, LGBl. 1921 Nr. 5.

Abg. [Karl] Kaiser: Bezüglich des Absatzes 1 sei er auch der Ansicht Büchels, den zweiten Absatz möchte er auch noch näher aufgeklärt.

Abg. Wachter: Er werde später nochmals auf diese Punkte zurückkommen.

Abg. [Albert] Wolfinger: Bezüglich der Herabsetzung der Altersgrenze könnten wir auf Schwierigkeiten stossen, da doch die seinerzeitige Volksabstimmung massgebend sei.

Abg. Gubelmann: Er würde diesen Punkt der Entscheidung durch eine neuerliche Volksabstimmung überlassen.

Abg. [Josef] Gassner: Er finde den Abs. 1 für zeitgemäss, trotzdem er seinerzeit auch gegen die Herabsetzung der Altersgrenze gewesen sei. Er sei jedoch auch der Ansicht Büchels, dass vom Volke verworfene Initiativbegehren erst nach Ablauf einer bestimmten Frist wieder eingebracht werden dürfen, denn sonst könnte Missbrauch getrieben werden. Er stelle diesen Antrag, jedoch im Allgemeinen.

Abg. Büchel: Er habe diesen Antrag auch im Allgemeinen und nicht nur für den jetzt strittigen Punkt gestellt.

Präsident: beantragt, diesen Punkt noch zurückzustellen. Er werde einen diesbezüglichen Antrag formulieren und könne dann nochmals darauf zurückgekommen werden.

Abg. Wachter: beantragt, den ganzen Art. 2 zurückzustellen.

Der Antrag wird angenommen.

Abg. Büchel: beantragt, dass in Art. 4 Abs. 2 auch unaufschiebbare Geschäfte als Entschuldigungsgründe aufgenommen werden.

Wird statt gegeben.

Abg. Wolfinger: Er halte es nicht für notwendig, dass das schon zur öffentlichen Einsicht aufgelegte Stimmregister auch in der Amtstafel ausgehängt werden müsse (Art. 5 Abs. 3).

Präsident: Die Aushängung des Registers in der Amtstafel bedeute auch eine Entlastung für die Vorsteher, denn hie u. da einer erkundige sich lieber in der Amtstafel als beim Vorsteher. Die bezügliche Bestimmung wolle daher belassen werden.

Abg. Büchel: Wünscht in Art. 10 Abs. 3 eine Abänderung und zwar, dass es den Stimmberechtigten «in der Regel» freistehe, auch andere als amtliche Stimmzettel zu benützen. Der Landtag habe so freie Hand, in besonderen Fällen nur amtliche Stimmzettel zu bewilligen.

Abg. Walser: Er würde vorläufig in dieser Hinsicht keine einschränkende Bestimmung beifügen. Wenn sich die freie Benützung von Stimmzetteln nicht bewähre, könne dies später wieder anders gesetzlich geregelt werden.

Abg. Büchel: Nach dem Antrage Walsers müsse später allenfalls wieder eine Gesetzesabänderung stattfinden, was sich sonst erübrigen liesse.

Abg. Walser: Er lege besonderen Wert darauf, dass der Landtag in solchen Sachen keinen freien Spielraum besitze. Auch der Landtag solle sich an die Gesetze halten.

Der Antrag Büchels wird mit 13 Stimmen abgelehnt.

Abg. Walser: wünscht Auskunft bezüglich Beglaubigung der Unterschriften durch den Ortsvorsteher bei Sammelbegehren. Der Vorsteher müsse lediglich den Unterschriftensammlern Vertrauen schenken und die Unterschriften im guten Glauben bestätigen. Er könne doch später hiefür nicht verantwortlich gemacht werden (Art. 23 Abs. 2)

Präsident: gibt Aufklärung, nach welcher der Vorsteher nicht verantwortlich gemacht werden kann. Bei Unterschriftenfälschungen haben die Schuldigen gesetzliche Bestrafung zu gewärtigen.

Abg. Walser frägt an, ob gegen einen vom Landtage gefassten, das ganze Land betreffenden Finanzbeschluss z.B. nur von der oberen bezw. unteren Landschaft gegen die sie treffenden Verpflichtungen das Referendums- und Initiativbegehren gestellt werden könne (Art. 24)

Präsident bejaht dies.

Abg. Gassner hält die in Art. 44 Abs. 1 enthaltene dreitägige Einberufungsfrist, besonders mit Rücksicht auf die Verhältnisse in Triesenberg, für zu kurz bemessen. Er beantragt Verlängerung dieser Frist auf acht Tage.

Der Antrag Gassners wird angenommen.

Präsident: Mit Rücksicht auf die vorgeschrittene Zeit (½ 1 Uhr) beantrage er eine Mittagspause u. Fortsetzung der Sitzung um ½ 3 Uhr.

Angenommen.

Präsident eröffnet nachmittags die Sitzung und kommt auf Art. 2 zurück.

Abg. Gassner: Bezüglich Herabsetzung der Altersgrenze für die Volljährigkeit auf 21 Jahre glaube er, dass die letzte Volksabstimmung hierüber entschieden habe und der Landtag diesen Beschluss nicht ohne weiters sistieren könne. Grundsätzlich sei er auch nicht gegen die Herabsetzung.

Abg. Walser: Nachdem die Gründe über diesen Punkt schon zur Genüge auseinandergesetzt worden sind, halte er es für überflüssig, noch länger darüber zu sprechen und ersuche um Abstimmung.

Abg. (Wachter) [!] *Büchel*. Er sei auch kein grundsätzlicher Gegner der Herabsetzung der Altersgrenze, verweise jedoch auf das von ihm in der vormittägigen Sitzung zu diesem Punkte Gesagte.

Abg. Wachter: Vielleicht wären mit Rücksicht auf den von Büchel eingenommenen Standpunkt noch Abgeordnete hier, die Vertagung der Beschlussfassung über vorliegendes Gesetz wünschen. Er lege Wert darauf, dass ein solches Gesetz mit überwiegender Stimmenmehrheit beschlossen werde.

Abg. Walser: Wenn wir dem Volke Rechte einräumen wollen, so wollen wir dies tun und nicht mehr lange hin und her zögern, er beantrage Abstimmung.

Abg. Wachter: Es handle sich ja nur um die Volljährigkeit und möchte er wegen diesem einzigen strittigen Punkte keine Spaltung herbeiführen, sondern, wie schon gesagt, durch Vertagung dem Gesetze ein überwiegendes Mehr für die Annahme sichern.

Abg. Walser: Er lasse sich vom Vorredner keine andere Überzeugung aufdrängen. Er handle nach seiner eigenen festen Überzeugung und beantrage nochmals Abstimmung.

Abg. [Augustin] Marogg: unterstützt Walser. Er (Marogg) könne nur, wenn Art. 2 Abs. 1 angenommen werde, für die Annahme des Gesetzes stimmen. Andernfalls sei er grundsätzlich dagegen.

Abg. Büchel: erklärt nochmals, dass er nicht grundsätzlich dagegen sei, sondern nur gegen den eingeschlagenen Weg.

Präsident: lässt über die Annahme des Art. 2. Abs. 1 abstimmen.

Absatz 1 wird mit 11 gegen 4 Stimmen angenommen.

Präsident: Er habe den von Büchel vormittags gestellten Antrag formuliert, derselbe laute:

«Initiativbegehren (Gemeinde- und Sammelinitiativen) auf Erlass, Abänderung oder Aufhebung eines Gesetzes oder der Verfassung dürfen, wenn ein solches Begehren in einer Volksabstimmung verworfen worden ist, über denselben Gegenstand erst nach Umfluss von zwei Jahren seit der Volksabstimmung und ein Abberufungsbegehren darf im Zeitraume eines Jahres nur einmal gestellt werden.

Eingaben, die gegen vorstehende Bestimmungen verstossen, können von der Behörde zurückgewiesen und die Einberufung einer Gemeindeversammlung kann verweigert werden (Art. 44). Gegen diese Zurückweisung oder Verweigerung ist Beschwerde zulässig.»

Vorstehender Antrag wäre als 3 und 4 Absatz dem Art. 24 beizufügen.

Abg. Wachter: Er sei auch für die Aufnahme dieses Antrages. Es gehe denn doch nicht an, dass eine von der Volksversammlung verworfene Vorlage nach einem halben Jahre schon wieder zur Behandlung im Landtage eingebracht werde. Er glaube, eine bezügliche Bestimmung, dass vom Volke verworfene Vorlagen erst nach gewisser Zeit wieder eingebracht werden dürfen, auch in einem Schweizergesetze gelesen zu haben.

Es scheine ihm aber, das Abberufungsbegehren sollte mehr als einmal im Jahre vom Volke gestellt werden dürfen. Er habe dies übrigens auch schon in der Kommission beantragt. Im andern Falle sei es eine gewisse Bevormundung des Volkes.

Präsident: In diesem Falle könnte dann jedoch auch Missbrauch getrieben werden und dafür schaffe man keine Gesetze.

Abg. Wachter: Nach seiner Ansicht wäre ein Missbrauch nicht zu befürchten.

Abg. Walser: Nach seiner Ansicht werden durch Aufnahme des Antrages Büchel dem Volke seine Rechte eingeschränkt. Er macht auch aufmerksam, dass [nach] Art 111 der Verfassung[9] der Landtag, wenn in der ersten Sitzung keine Stimmeneinhelligkeit erlangt werde, in zwei dann aufeinanderfolgenden Sitzungen mit Dreiviertelstimmenmehrheit das Grundgesetz abändern könne.

Präsident bringt den Antrag Büchels zur Abstimmung.

Der Antrag wird mit 9 Stimmen angenommen.

Abg. Kaiser: Bezüglich der Beglaubigung der Unterschriften bei Sammelbegehren durch den Vorsteher sei er noch nicht ganz im Klaren. Der Vorsteher könne nur jene Unterschriften beglaubigen, die vor seinen Augen beigesetzt wurden. Er wünsche eine etwas präzisere Fassung des Art. 23 Abs. 2.

Präsident: formuliert dem 2. Absatz des Art. 23 neu und hätte dieser zu lauten: «Die Stimmberechtigung und Unterschrift der Unterzeichner ist von der Ortsvorstehung derjenigen Gemeinde, in welcher dieselben ihre politischen Rechte ausüben, auf der betreffenden Eingabe selbst unter Beifügung das Datums am Schlusse samthaft auf Grund des Wahl- bezw. Stimmregisters und der Angaben des Unterschriftensammlers oder des Unterschriebenen selbst zu bescheinigen (beglaubigen). Hiefür dürfen keine Gebühren berechnet werden.»

Der Antrag Kaisers wurde gegen 2 Stimmen angenommen.

Präsident: beantragt nun Abstimmung über das ganze Gesetz.

Abg. Wachter: wünscht Vertagung, damit mehr Einhelligkeit in der Abstimmung erlangt werde.

Abg. Gassner: Er sei der Ansicht, nachdem schon über die strittigen Punkte abgestimmt worden sei, könne ruhig auch über das ganze Gesetz abgestimmt werden.

Abg. Wachter: Er halte seinen Antrag aufrecht.

Abg. Walser: Nachdem man Art. nach Art. gelesen habe und das Meiste ja einstimmig angenommen wurde, wisse er nicht, warum die Abstimmung verschoben werden sollte. Er beantrage Abstimmung.

Abg. Wachter: Früher habe man Gesetzesvorlagen immer einer zweiten Lesung unterzogen.

Präsident: Diese Behauptung sei nicht richtig, es seien die meisten Gesetzesvorlagen nur einer Lesung unterzogen worden.

---

9   Verfassung des Fürstentums Liechtenstein vom 5. Oktober 1921, LGBl. 1921 Nr. 15.

Abg. Walser: Artikel nach Artikel sei angenommen worden, er könne nun nicht begreifen, warum jetzt nicht über die ganze Vorlage abgestimmt werden solle.
Präsident: bringt den Antrag auf Vertagung zur Abstimmung.
Dieser Antrag wurde gegen 4 Stimmen abgelehnt.
Präsident: Nachdem der Antrag auf Vertagung gefallen sei, bringe er den Antrag auf Annahme des ganzen Gesetzes zur Abstimmung.
Das Gesetz wurde mit 13 Stimmen angenommen.[10]

Dok. 195
Das österreichische Aussenministerium begrüsst die von der liechtensteinischen Regierung vorgeschlagene Aufhebung des Sichtvermerkzwanges

Maschinenschriftliche Note des österreichischen Aussenministeriums an die liechtensteinische Gesandtschaft in Wien[1]

12.8.1922, Wien

Verbalnote
Das Bundesministerium für Inneres und Unterricht hat dem Bundesministerium für Äusseres die Abschrift des Schreibens der fürstlichen Regierung von Liechtenstein in Vaduz an die Grenzkontrollstelle in Feldkirch vom 23. Mai d.J., Z. 2295/Reg,[2] betreffend die Aufhebung des Visumzwanges für österreichische Bundesangehörige bei Einreisen nach Liechtenstein[3] zur weiteren Veranlassung mit dem Beifügen übermittelt, dass dieser Entschluss des Fürstentums Liechtenstein als weiterer Schritt zum Abbau der Verkehrsbeschränkungen nur wärmstens begrüsst werden kann.

---

10   Vgl. das Gesetz vom 31.8.1922 betreffend die Ausübung der politischen Volksrechte in Landesangelegenheiten, LGBl. 1922 Nr. 28.

1   LI LA V 003/0159. Stempel des österreichischen Aussenministeriums. Aktenzeichen des Aussenministeriums: 44162/4B. Eingangsstempel der Gesandtschaft vom 16.8.1922. Aktenzeichen der Gesandtschaft: 163/2/III. Handschriftliche Notizen: «I. Dep. [Depesche]. Drahtet, ob Visumsaufhebung ersten September genehm. Gesandtschaft. exped. [expediert] 16.VIII.22 Ho [Josef Hoop].» und «II. inliegend 16.VIII.22 Ho».

2   Vgl. das Konzeptschreiben der liechtensteinischen Regierung an die Grenzkontrollstelle Feldkirch vom 23.5.1922 (LI LA RE 1922/2295), in welchem u.a. auf die Aufhebung des liechtensteinischen Visumzwanges gegenüber der Schweiz verwiesen wurde (vgl. L.Vo., Nr. 15, 22.2.1922, S. 1 («Grenzverkehr mit der Schweiz»)). Ausgenommen von der Abschaffung des Visumzwanges sollten lediglich solche Personen werden, die zum Antritt einer Arbeitsstelle ins Fürstentum einreisten. Die Grenzkontrollstelle Feldkirch antwortete der liechtensteinischen Regierung am 30.5.1922, dass sie die Anregung zur Aufhebung des Visumzwanges zwischen Liechtenstein und Österreich begrüsse; eine bindende Rückäusserung jedoch in der Kompetenz des Bundesministeriums für Inneres und Unterricht liege (LI LA RE 1922/2295 (Aktenzeichen Zl. 1195/25)).

3   Vgl. in diesem Zusammenhang etwa die §§ 1 und 2 der liechtensteinischen Verordnung vom 23.10.1919 betreffend Erlassung von Vorschriften über die Einreise nach Liechtenstein, LGBl. 1919 Nr. 14, welche die Einreise nach Liechtenstein von einem gültigen, mit einem liechtensteinischen Sichtvermerk versehenen Reisepass abhängig machte. Eine Ausnahme von der Visumspflicht bestand nach § 4 der Verordnung für den kleinen Grenzverkehr, sofern der Austritt am Tag des Eintritts erfolgte.

Das Bundesministerium für Äusseres kann sich seinerseits dieser Auffassung, die auch von der Vorarlberger Landesregierung geteilt wird, nur anschliessen, und stimmt daher gerne dem Vorschlage der fürstlichen Regierung zu, naturgemäss mit dem Vorbehalte, dass auch österreichischerseits an dem Sichtvermerkzwange für Personen, die sich aus dem Fürstentume Liechtenstein zwecks Antrittes einer Arbeit nach Österreich begeben wollen, festgehalten werde.

Das Bundesministerium für Äusseres beehrt sich, die Fürstlich Liechtenstein'sche Gesandtschaft vom Vorstehenden ergebenst in Kenntnis zu setzen und um gefällige Mitteilung zu ersuchen, von wann an die fürstliche Regierung den Sichtvermerkzwang für österreichische Bundesangehörige bei Einreisen nach Liechtenstein aufzuheben gedenkt, damit zum gleichen Zeitpunkte analoge Weisungen an die zuständigen österreichischen Behörden zwecks gleicher Behandlung der Liechtensteinischen Staatsangehörigen hinausgegeben werden können.[4]

4   Die fürstliche Gesandtschaft in Wien orientierte die liechtensteinische Regierung mit Schreiben vom 16.8.1922 über die Verbalnote des österreichischen Aussenministeriums (LI LA RE 1922/3747 ad 2295). Am 17.8.1922 telegrafierte die liechtensteinische Regierung der fürstlichen Gesandtschaft in Wien, dass die Visumsaufhebung am 1.9.1922 freudig begrüsst werde (LI LA RE 1922/3711 ad 2295). Eine entsprechende Verbalnote erging am 18.8.1922 seitens der fürstlichen Gesandtschaft an das österreichische Aussenministerium (LI LA V 003/0159 (Aktenzeichen Zl. 163/3/III-1922)). Mit Verbalnote vom 19.9.1922 gab das Aussenministerium der fürstlichen Gesandtschaft bekannt, dass das Bundesministerium für Inneres und Unterricht die Landesregierungen in Innsbruck und Bregenz über die grundsätzliche Abschaffung des Visumzwanges zwischen Österreich und Liechtenstein ab 1.9.1922 orientiert habe (LI LA V 003/0159 (Aktenzeichen Zl. 52.212/4-B)). Die Kundmachung der liechtensteinischen Regierung betreffend die Aufhebung des Visumszwanges gegenüber Österreich auf den 1.9.1922 war zu diesem Zeitpunkt bereits erfolgt (LI LA RE 1922/ 3823 ad 2295; L.Vo., Nr. 68, 26.8.1922, S. 4 («Kundmachung» vom 24.8.1922); O.N., Nr. 68, 26.8.1922, S. 4 («Kundmachung»)). Zu einer diesbezüglichen Kundmachung im Vorarlberger Landesgesetzblatt bzw. im österreichischen Bundesgesetzblatt kam es, soweit ersichtlich, nicht. Folgt man dem Schreiben der fürstlichen Gesandtschaft in Wien an diverse Mitglieder des Fürstenhauses, so wurde der Visumzwang im Verkehr zwischen Liechtenstein und Österreich erst am 30.9./1.10.1922 aufgehoben (LI LA V 003/1093 (Aktenzeichen Zl. 281/1/XII-1922)). Vgl. dagegen die Kundmachung der liechtensteinischen Regierung betreffend den kleinen Grenzverkehr mit Vorarlberg (L.Vo., Nr. 1, 3.1.1924, S. 1 («Kundmachung»)). Vgl. ferner den Notenwechsel zwischen Österreich einerseits, der Schweiz und Liechtenstein andererseits über die Aufhebung des Sichtvermerkzwanges vom 21. und 29.12.1925, öst. BGBl. 1926 Nr. 14, sowie die Kundmachung des Bundeskanzleramtes vom 26.11.1929, öst. BGBl. 1929 Nr. 379.

Dok. 196
Der Schützenverein Vaduz feiert sein 40jähriges Bestehen

Bericht im «Liechtensteiner Volksblatt», gez. «Einges.»[1]

28.10.1922

Vierzig Jahre Schützenverein Vaduz (Einges.)

Sonntag, den 22. d. M. beging der Schützenverein Vaduz in festlicher Weise die Feier seines 40-jährigen Bestandes. Es war ein familiäres Festchen, im Schosse des Vereines, ohne äusseren Pomp und ohne offizielles Gepräge. Das Endschiessen gestaltete sich zu einem sogen. Grümpelschiessen. Der einfach in Grün geschmückte Schiessstand, besonders aber die Jubiläums-Festscheibe verliehen schon dem Schiessen den Jubiläumscharakter. Diese Festscheibe mit manchem Schuss im Schwarzen, mit mehr noch daneben, wird für immer eine Zierde des schmucken Schützenheimes sein. Das schwarze Zentrum ist sinnreich umrahmt von den Schützenkennzeichen mit den Jahrzahlen 1882 und 1922. Das Ganze krönt das schöne Bild der mächtigen Vaduzer Fürstenburg. Die prächtige Scheibe ist ein Werk des Schützen Augustin Hilty in Schaan, den schönen Rahmen schuf Schütze [Josef] Schmidle in Vaduz.

Der von Forstmeister [Julius] Hartmann und Vereinskassier Hugo Nigg im Verein mit kunstsinnigen Helferinnen und Helfern wirklich geschmackvoll geschmückte Schlösslesaal vereinigte abends 8 Uhr die Schützen mit ihren Familienmitgliedern und Gästen zur gemütlichen Feier. Nach dem gemeinschaftlichen trefflich zubereiteten Abendessen gab Oberschützenmeister Karl Hartmann in einer sehr gehaltvollen Ansprache einen interessanten Überblick über die Entwicklung des Schiesswesens in unserem Lande und über das Gedeihen des Vereines. Mit Überraschung vernahmen wir, dass unser Verein schon vor fast 200 Jahren Vorgänger hatte und dass in früheren Vereinen auch Patres aus Feldkirch und Damen aus Vaduz dem edlen Schiesssport in unserem Lande huldigten. Redner hob das Verdienst der verstorbenen und der noch lebenden Gründer und Förderer des Vereins hervor. In besonders ehrenvoller Weise gedachte er der grossen Verdienste des Mitgründers, langjährigen Oberschützenmeisters, jetzt noch aktiven Vereinsmitgliedes und von den Gründern allein am Feste, auf dem Ehrenplatz anwesenden Herrn Dr. Rudolf Schädler. Die Gründer bezw. ältesten Schützen sind seit längerer Zeit schon bezw. wurden kürzlich zu Ehrenmitgliedern ernannt: Die Herren Anton Real, Peter Kuen, Schlosswirt Nigg, Theodor Jehle, senior und Reinold Amann.

Der grösste Förderer des Vereins aber ist unser allgeliebter Landesvater, Fürst Johann II., der durch seine wahrhaft fürstliche Spende den Bau des von Architekt [Franz] Röckle entworfenen schmucken Schützenheims ermöglichte.

Es war daher eine Selbstverständlichkeit, dass nach Schluss der Rede das vom Oberschützenmeister ausgebrachte dreifache Fürstenhoch begeistert aufgenommen wurde. Nach Absingen der Volkshymne wurde einstimmig die Absendung eines Huldigungstelegrammes an Seine Durchlaucht den Landesfürsten beschlossen.

Hierauf toastierte nach dem Ausdruck des Dankes für die aufopfernde Tätigkeit der Schützenkönig, Herr [Xaver] Weisshaupt, auf die Vereinsvorstandschaft, der Schützenmeister Dr. [Eugen] Nipp auf die Gründer und Förderer des Vereins und den Schützenkönig.

---

[1] L.Vo., Nr. 86, 28.10.1922, S. 2.

Die nun erfolgende Dekorierung mit Lorbeerzweigen für die besten Schiessresultate und die Verteilung der Grümpelgaben löste köstlichen Humor.

Nachdem schon während des Abendessens der Orchesterverein Vaduz unter der trefflichen Leitung des Herrn fürstl. Musikdirektors [Severin] Brender zum köstlichen gastrischen Schmaus des Wirtes auch feinen Ohrenschmaus serviert hatte, begann das Konzert, wirklich genussreich, wie nicht anders zu erwarten. Eine gute Tanzmusik spielte zum anschliessenden Kränzchen flotte Weisen, und der reiche Damenflor war die beste Gewähr, dass auch das Kränzchen zum Ganzen harmonisch stimmte. So wirkten also Wirt und Verein zusammen, dass das Festchen einen des Anlasses und des Vereines würdigen Abschluss fand. Schützenheil!

Dok. 197
Emil Beck kommentiert zuhanden der Regierung den zweiten bzw. definitiven Entwurf des Zollvertrags

Eingeschriebenes maschinenschriftliches Schreiben von Emil Beck, liechtensteinischer Geschäftsträger in Bern, an die Regierung[1]

2.2.1923, Bern

Zollvertrag

Ich bin nunmehr endlich in der glücklichen Lage, Ihnen beigeschlossen die Antwort des Bundesrates vom 18. Januar dieses Jahres[2] auf unsere Note vom 22. Juli 1922[3] betr. den Zollvertrag in Abschrift samt dem Verzeichnis der bundesrechtlichen Erlasse und der schweizerischen Staatsverträge, deren Anwendung in Liechtenstein durch den Zollvertrag bedingt sein wird, zu übermitteln.[4] Obschon diese Note vom 18 Januar datiert, ist sie auf unserer Gesandtschaft erst heute eingelangt.

Wie Sie aus dieser Note ersehen, ist dieser Entwurf nun der definitive Vorschlag des Bundesrates. Änderungen materieller Art werden kaum mehr möglich sein. Höchstens formelle Modifikationen könnten noch in Betracht fallen. In diesem Sinne würde ich in der Gegennote[5] noch den Vorbehalt einfügen, dass die Stempel- und Kuponssteuern in Liechtenstein nicht rückwirkende Kraft besitzen und gegenüber Handelsgesellschaften, mit welchen Steuerpauschalierungen vereinbart worden sind, für die Dauer dieser Pauschalierungen nicht zur Anwendung gelangen sollen.

Im übrigen aber werden wir in dieser letzten Gegennote nur mitzuteilen haben, ob wir den Vertragsentwurf in dieser Fassung annehmen wollen oder nicht. Im Falle der vorbehaltlosen Zustimmung könnte dann unmittelbar nachher die Unterzeichnung des

---

1 LI LA SF 27/1923/ad 0553/8. Aktenzeichen: 108. Eingangsstempel der Regierung vom 7.3.1925 unter Nr. 982 ad 30. Das Dokument wurde am 7.3.1925 von Regierungschef Gustav Schädler ad acta gelegt. Ein weiteres Exemplar unter LI LA V 002/0296/51-53.
2 LI LA V 002/0300/001, Note des Eidgenössischen Politischen Departements an die Gesandtschaft Bern, 18.1.1923.
3 LI LA V 002/0299/095-099, Gesandtschaft Bern an Bundesrat Giuseppe Motta, 19.7.1922.
4 LI LA V 002/0300/002, Entwurf Zollvertrag, o.D. Vgl. die definitive Fassung des Vertrags in LGBl. 1923 Nr. 24.
5 LI LA V 002/0300/036-043, Note Gesandtschaft Bern an Eidgenössisches Politisches Departement, 13.3.1923.

Vertrages stattfinden. Es handelt sich also jetzt um die endgültige Stellungnahme Ihrer Regierung zum vorliegenden Zollvertragsentwurf.

Wie Sie aus demselben selbst erkennen, ist unseren verschiedenen Abänderungsanträgen ganz oder teilweise Rechnung getragen worden, während in andern Punkten eine Abänderung des Entwurfes leider nicht erzielt werden konnte. Im ganzen darf aber gesagt werden, dass in den Hauptpunkten eine befriedigende Lösung erreicht worden ist.

1. Vor allem ist zu erwähnen, dass die *Viehausfuhr*, wie überhaupt jede Einfuhr in die Schweiz (Wein, Obst, Milch, Holz usw.), *vollständig* frei sein wird, wie von einem schweizerischen Kanton in den andern (Art. 1 Absatz 2).
Ebenso fallen auch die schweizerischen Ausfuhrbeschränkungen und -Verbote dahin.
Die ausdrückliche Feststellung dieser Rechte im Vertrag ist ein bedeutender Fortschritt gegenüber dem früheren Entwurf. In diesem freien Verkehr mit dem schweizerischen Wirtschaftsgebiet liegt vielleicht der Hauptvorteil des Vertrages. Es mag diesbezüglich nur an den Mehrerlös erinnert werden, welcher durch den Viehverkauf jährlich erzielt werden kann.

2. Von grosser wirtschaftlicher Tragweite ist sodann die Tatsache, dass die *Arbeitereinreise* in die Schweiz *ganz frei gegeben* ist (Art. 34). Die Einreise wird nun also auch zu Arbeitszwecken keinen anderen Beschränkungen unterworfen sein als im interkantonalen Verkehr.
Auch dies ist eine nicht zu unterschätzende Errungenschaft gegenüber dem ersten Entwurfe. Derselbe hatte keine Verlegung der Fremdenpolizeigrenze vorgesehen. Abgesehen von der Beschränkung der Arbeitereinreise hätte dies den Nachteil gehabt, dass bedeutende Mehrkosten entstanden wären, welche wohl von uns hätten getragen werden müssen. Nach dem vorliegenden Entwurf würde nun die Fremdenpolizei von den Zollorganen an der Vorarlbergergrenze ausgeübt und zwar unentgeltlich und unter Anwendung der von uns aufgestellten Ein- und Ausreisebestimmungen. Der Bundesrat würde dieselben jeweils daraufhin prüfen, ob sie einen genügenden Schutz für die Schweiz bieten. Wenn das nicht der Fall sein sollte, so hätte der Bundesrat die Möglichkeit, die Fremdenpolizeikontrolle an den Rhein zurückzuverlegen und uns die daraus erwachsenden Mehrkosten zu überbinden.
In diesem Sinne sind die Art. 33 und 34 des Entwurfes aufzufassen nach der soeben gehabten mündlichen Besprechung dieser Frage mit Herrn Dr. [Peter Anton] Feldscher. Der Wortlaut des Vertrages und der Note (Seite 3) scheint allerdings darauf hinzudeuten, dass die Aufhebung der Fremdenpolizeigrenze am Rhein erst erfolge, wenn ein neues Übereinkommen in diesem Sinne geschlossen würde.[6]
Ich würde in der Gegennote darauf hinweisen, dass die Art. 33 und 34 in diesem Sinne interpretiert werden müssen.[7] Diese Lösung hat, abgesehen von der Aufhebung der Fremdenpolizeigrenze, den Vorteil, dass wir keine Ausgaben für die Fremdenpolizei an der Grenze haben, und dass wir die schweizerische Niederlassungs- und

---

6 Zur Vereinbarung vom 28.12.1923 zwischen Liechtenstein und der Schweiz über die Regelung der fremdenpolizeilichen Beziehungen (LI LA SgSTV 1923.12.28) vgl. LI LA V 002/0298, Emil Beck an Regierung, 11.12.1923.
7 In der Gegennote (vgl. Anm. 5) schlug Liechtenstein eine redaktionelle Änderung der Art. 33 und 34 vor, aus der aus «taktischen Gründen» deutlicher hervorgehen sollte, dass die fremdenpolizeilichen Kontrollen an der schweizerisch-liechtensteinischen Grenze mit dem Zollvertrag aufgehoben werden und dass die Kontrollen an der Grenze zu Österreich unentgeltlich ausgeübt werden. Die vorgeschlagene Neufassung wurde von der Schweiz akzeptiert.

Einbürgerungsgesetzgebung nicht übernehmen müssen. Allerdings wird es nötig sein, dieselbe in dem Sinne abzuändern, dass die Schweiz genügend geschützt ist. So wird z.B. die gegenwärtig mit Österreich bestehende Regelung des Grenzverkehrs nicht mehr aufrecht erhalten werden können. Dass der Bundesrat sich den Entscheid hierüber selbst vorbehalten hat, ist verständlich. Ebenso der Vorbehalt der Zurückverlegung der Fremdenpolizeigrenze an den Rhein und die Überbindung der daraus erwachsenden Kosten, soweit uns ein Verschulden trifft.

3. Die Frage der *Vorarlbergeralpen* ist in Art. II des Schlussprotokolls, welches gleiche Kraft hat wie Vertragsbestimmungen, in dem Sinne geregelt, dass die Ausfuhr und Wiedereinfuhr des Viehs zu diesem Zwecke grundsätzlich ohne weiteres erlaubt sein soll, und dass überdies die Quarantäne auf liechtensteinischem Gebiet gemacht werden kann. Beides jedoch unter Vorbehalt der seuchenpolizeilichen Vorschriften. Dies ist ein gegenüber dem früheren Entwurf wichtiges Zugeständnis. Mehr war jedoch infolge des Widerstandes des Volkswirtschaftsdepartementes nicht erreichbar. Dagegen ist Herr Dr. Feldscher der Meinung, dass die Praxis hier keine Schwierigkeiten bereiten werde.

4. Die *Pauschalabfindungssumme* ist auf Fr. 150'000 geblieben. Eine Erhöhung unserer Einnahmen konnte gegenüber dem ersten Entwurf nur in dem Sinne erreicht werden, dass in Art. 37 die auf Grund der Stempel- und Kuponssteuergesetzgebung erzielten Einnahmen in Liechtenstein nach Abzug von 10 % Verwaltungskosten uns ausbezahlt werden.

Ein weitergehendes Entgegenkommen war, trotz den Andeutungen des Bundesrates in der Note vom 3. Februar 1922, nicht zu erreichen. Ich hatte eine solche Erhöhung auf den verschiedensten Wegen zu erlangen gesucht: entweder durch eine prozentuale Beteiligung mit einer Mindestgarantie von Fr. 120'000–150'000, oder durch eine spezielle Beteiligung an den Stempel- und Kuponsteuereinnahmen, oder durch eine gleiche Behandlung dieser Einnahmen mit den Zolleinnahmen, sowie endlich durch Berücksichtigung der Einnahmen des Jahrganges 1922. Leider aber zeigten sich unüberwindliche Widerstände.

Als Hauptgrund dafür wird die Befürchtung angeführt, dass die Zolleinnahmen in den nächsten Jahren infolge verschiedener Handelsverträge bedeutend zurückgehen werden, und sodann die Tatsache, dass die gegenwärtigen hohen Zollansätze nur auf einem Bundesratsbeschluss beruhen, welche leicht herabgesetzt werden könnten. Namentlich gibt die Zollinitiative, welche gegenwärtig in den Räten behandelt wird, zu grossen Befürchtungen Anlass, meines Erachtens allerdings ohne genügenden Grund.[8] Endlich wird die liechtensteinische Kauf- und Konsumkraft gering eingeschätzt.

Demgegenüber ist aber in der Note ausdrücklich das bestimmte Versprechen abgegeben, dass wir in *vollem Umfange den Gegenwert der durch die Bundesgesetzgebung übernommenen Verpflichtungen erhalten sollen*. Wir müssten spätestens Ende 1925 einen dahin gehenden Antrag stellen. Unsere Sache ist es, auf diesen Zeitpunkt die nötigen Beweismittel dafür zu sammeln, dass uns eine grössere Summe zukommt. Die Einnahmen des Bundes werden dabei leicht festzustellen sein. Dagegen wäre es

---

8   Die von der Sozialdemokratischen Partei und Konsumvereinen lancierte Volksinitiative «Wahrung der Volksrechte in der Zollfrage» verlangte die Aufhebung des geltenden Zolltarifs. Zudem sollten künftig alle Beschlüsse über Zolltarife dem Referendum unterstellt werden. Die Initiative wurde am 15.4.1923 von den Stimmberechtigten mit 73,2 % Nein zu 26,8 % Ja verworfen.

wichtig, wenn wir auch einen Ausweis über unsere Konsumkraft erbringen könnten. Dabei fallen namentlich die Erfahrungen mit unserem eigenen Zollgesetz bis zum Januar 1924 in Betracht.

Dem Art. 36 möchte ich den Sinn beimessen, dass die Abänderung der Summe ohne Mitwirkung des Schweizerischen Parlamentes möglich wäre. Indessen ist dies eine interne schweizerische Angelegenheit.

5. Endlich ist auch die Einsetzung eines Schiedsgerichtes zu erwähnen (Art. 43), während bisher in einzelnen Fällen eine einseitige Entscheidung durch das Bundesgericht vorgesehen war.

In anderen Punkten ist allerdings unseren Wünschen nicht Rechnung getragen worden. So z.B. ist mein Antrag, dass die im Anhang umschriebene Bundesgesetzgebung nur soweit zur Anwendung gelange, als dies durch den Zollanschluss unbedingt nötig ist, nicht durchgedrungen. Ferner hatten wir zu Art. 15 des neuen Entwurfes vorgeschlagen, statt «unter Mitteilung an die fürstliche Regierung» zu sagen «im Einvernehmen mit der fürstlichen Regierung», was ebenfalls nicht erreicht werden konnte. Im ganzen handelt es sich aber doch nur um Punkte von geringerer Bedeutung, die wir schon damals nur als wünschenswert, nicht als conditio sine qua non betrachtet haben.

Inbezug auf die Bedenken religiöser Art, welche mir geäussert worden sind,[9] habe ich von der Oberzolldirektion die Zusicherung erhalten, dass in dieser Beziehung den Verhältnissen nach Möglichkeit Rücksicht getragen werde und in katholische Gebiete womöglich katholische Beamte geschickt würden. In den schweizerischen katholischen Grenzkantonen (z.B. Wallis) haben sich in dieser Beziehung keine Schwierigkeiten ergeben.

Wenn wir nun Vor- und Nachteile des Vertrages gegeneinander abzuwägen haben, so unterliegt es für mich keinem Zweifel, dass die Vorteile unbedingt überwiegen. Entscheidend ist wohl der Vorteil, welcher uns aus dem Anschluss an ein gesundes Wirtschaftsgebiet in wirtschaftlicher und anderer Art erwachsen wird. Unsere Volkswirtschaft könnte auf die Dauer die Einklemmung in die Grenzen unseres kleinen Landes wohl nicht ohne wesentliche Schädigung ertragen. Sie braucht wenigstens nach einer Richtung hin freies Feld. Und da kann nur die Schweiz in Betracht fallen, und zwar scheint mir dieser gegenüber ein Zollanschluss die richtigste Lösung zu sein, indem keine andere uns so weitgehenden freien Verkehr gestattet. Der Entwurf kommt in dieser Richtung unseren Wünschen vollkommen entgegen. Und ich bin überzeugt, dass die Ausführung desselben in loyaler Art und Weise erfolgen wird.

Sofern nun der Entwurf auf den 1. Januar 1924 in Kraft gesetzt werden soll, müsste die Unterzeichnung so frühzeitig erfolgen, dass einer der beiden Räte den Entwurf in der Junisession, der andere in der Septembersession beraten könnte. Da aber vorher der Vertrag noch ins französische übersetzt, eine Botschaft ausgearbeitet und übersetzt und gedruckt,[10] Kommissionen bestellt werden müssen und der Vertrag von ihnen durchberaten werden muss, wäre es wünschenswert, wenn unsere Antwort nicht lange auf sich warten liesse.

---

9   Die liechtensteinische Geistlichkeit befürchtete, dass der konfessionelle Friede in Liechtenstein durch reformierte Schweizer Zollbeamte gestört werde.
10 Botschaft des Bundesrates an die Bundesversammlung betreffend den Vertrag zwischen der Schweiz und Liechtenstein über den Anschluss des Fürstentums Liechtenstein an das schweizerische Zollgebiet vom 6.6.1923, Bundesblatt 1923, Bd. 2, S. 374-418.

Ich nehme an, dass die Unterzeichnung in gleicher Weise wie beim Postvertrag[11] durch Herrn Bundesrat [Giuseppe] Motta und mich hier in Bern erfolgen wird.[12] Für diesen Fall ersuche ich Sie, für die rechtzeitige Zustellung einer Vollmachtsurkunde besorgt sein zu wollen, welche der beim Postvertrag überreichten entsprechen wird.

Ich gewärtige gerne Ihre weiteren Mitteilungen in dieser Angelegenheit.[13]

Der fürstliche Geschäftsträger:

Dok. 198
Das «Liechtensteiner Volksblatt» stellt in einem historischen Abriss die Entwicklung der liechtensteinischen Krankenversicherung dar und fordern Verbesserungen

Leitartikel im «Liechtensteiner Volksblatt», nicht gez.[1]

3.2.1923

Krankenversicherung.

Nicht selten tritt bei Aufnahme eines Arbeiters im Gewerbe oder eines Dienstboten im Haushalte und in der Landwirtschaft an den Arbeitgeber die Frage der Versicherung des Arbeiters oder Dienstboten für den Fall der Erkrankung heran. Und nicht selten weiss der betreffende Arbeitgeber nicht, was das Gesetz vorschreibt. Im Nachstehenden sei versucht, eine kurze Übersicht über den Stand dieser Frage und deren Entwicklung zu geben.

Der § 70 der Gewerbeordnung vom 13. Dezember 1915 L.Gbl. Nr. 14 schreibt in seinem ersten Absatze vor, dass jeder *Fabriksinhaber* verpflichtet sei, sein Hilfspersonal gegen Krankheit zu versichern. Als *Hilfspersonal* im Sinne der Gewerbeordnung gelten «alle Arbeitspersonen, welche bei Gewerbeunternehmungen in regelmässiger Beschäftigung stehen, ohne Unterschied des Alters und Geschlechtes und zwar sowohl die Gehilfen (Gesellen, Handlungsdiener, Fabriksarbeiter- und Hilfsarbeiter, als auch die Lehrlinge» (§ 36 der Gewerbe Ordnung). Der Begriff Fabriksbetrieb ist in dieser Gewerbeordnung nicht genauer umschrieben.

Die Gewerbeordnung vom 30. April 1910 L.Gbl. Nr. 3 schrieb die Pflicht zur Versicherung des Hilfspersonales *allen* Gewerbetreibenden vor; die Versicherung hätte bei einer mit behördlich genehmigten Statute versehenen Krankenkasse zu erfolgen gehabt.

Die drei liechtensteinischen Fabriken haben schon seit langen Jahren ihre gut eingerichteten Betriebskrankenkassen und es ist die Krankenversicherung der Fabrikarbeiter bestens geregelt.

---

11 Postvertrag vom 10.11.1920, LGBl. 1922 Nr. 8.
12 Die Unterzeichnung erfolgte am 29.3.1923 in Bern.
13 Die Regierung antwortete mit Schreiben vom 15.2.1923, sie sei durch die jetzige Vertragsfassung, die sie auch der Zollkommission vorgelegt habe, «befriedigt», und beauftragte Beck, dem Bundesrat «ehestens» mittzuteilen, dass Liechtenstein zur Vertragsunterzeichnung bereit sei (LI LA SF 27/1923/0553 ad 8).

1 L.Vo., Nr. 9, 3.2.1923, S. 1.

Anders stund es, als nach der Gewerbeordnung von 1910 *alle gewerblichen Hilfsarbeiter versichert werden sollten*. Der allgemeine Liechtensteinische Kranken- und Unterstützungsverein schreibt in seinen Satzungen vor, dass seine Mitglieder erst nach 3-monatiger Zugehörigkeit zu dem Vereine bezugsberechtigt werden. Überdies zahlt dieser Verein nur Taggelder, nicht aber die Arzt- und Apothekerkosten.

Die Gewerbeordnung von 1910 verlangte jedoch folgende Mindestleistungen der Krankenkasse an ihre Mitglieder:

1. vom Beginn der Krankheit an freie ärztliche Behandlung mit Inbegriff des geburtshilflichen Beistandes sowie der notwendigen Heilmittel;
2. ein tägliches Krankengeld für die Dauer der Erwerbsunfähigkeit, und falls diese nicht früher endet, bis zu 20 Wochen; das tägliche Krankengeld beträgt 50 % des aus dem Mittel von 8 Wochen sich ergebenden Lohnes, jedoch nicht weniger als:
für erwachsene männliche Arbeiter Kr. 1.20
für erwachsene weibliche Personen Kr. 1.–
und für jugendliche Arbeiter Kr. –.80
Wöchnerinnen erhalten bei normalem Verlauf des Wochenbettes das Krankengeld durch 4 Wochen, bei abnormalem Verlauf entsprechend der Dauer der Erwerbsunfähigkeit bis zu 20 Wochen; ein Begräbnisgeld von 40 Kronen für die Hinterbliebenen des durch Tod abgegangenen Versicherten.

An Stelle der unter 1 und 2 erwähnten Unterstützungen kann freie Kur und Verpflegung in einem Krankenhause gewährt werden. In diesem Falle hat die Familie des im Spital Verpflegten Anspruch auf die Hälfte des Krankengeldes ihres Ernährers.

Genau die gleichen Bestimmungen gelten auch nach der Gewerbeordnung von 1915 hinsichtlich der von den Betriebskrankenkassen zu gewährenden Mindestleistungen.

Nach Erlass der 1910er Gewerbeordnung wurden dann Verhandlungen mit dem schon erwähnten Liechtenstein. Kranken- und Unterstützungsvereine eingeleitet, die bezweckten, dass dieser Verein seine Satzungen der Gewerbeordnung entsprechend abändern bzw. die gewerblichen Hilfsarbeiter, soweit sie nicht den Fabrikskrankenkassen angehören, unter Gewährung der von der Gewerbeordnung vorgeschriebenen Leistungen aufnehme. Die Verhandlungen zerschlugen sich und auch die von der 1910er Gewerbeordnung vorgeschriebene Gewerbegenossenschaft brachte es nicht zu einer Regelung dieser Frage, wie überhaupt jene alle Gewerbe umfassende Genossenschaft sich nicht bewährte.

Die hiedurch geschaffene Lage in der Krankenversicherungsfrage war mit ein Grund, dass die 1910 erlassene Gewerbeordnung schon 1915 wieder abgeändert wurde.

Hinsichtlich der in anderen Gewerbsbetrieben als in Fabriken beschäftigten Hilfsarbeiter schreibt die 1915er Gewerbeordnung nun vor, dass für den Fall der Erkrankung derselben (mit Ausnahme der im gemeinschaftlichen Haushalte lebenden Familienangehörigen des Gewerbeinhabers), *entsprechend vorzusorgen sei. Die näheren Bestimmungen hierüber sind der fürstl. Regierung überlassen worden*.

Nach Schaffung dieser Vorschrift sind neuerlich Verhandlungen mit dem allgemeinen Liechtenstein. Kranken- und Unterstützungsvereine eingeleitet und länger geführt worden; jedoch auch diese zerschlugen sich. Die unseligen wirtschaftlichen Verhältnisse während des Krieges und der Nachkriegszeit waren aber einer anderweitigen Regelung der Krankenversicherung für das Hilfspersonal der nicht fabrikmässigen Gewerbebetriebe denkbar ungünstig, so dass eine solche Regelung wieder nicht zustande kam. 1920 hat sich dann *Seine Durchlaucht der Landesfürst [Johann II.]* für die Kranken-,

Unfall- und Altersversicherung persönlich interessiert und der damalige *Landesverweser Seine Durchlaucht Herr Prinz Karl [von Liechtenstein]* hat die Ausarbeitung eines Gutachtens und von Vorschlägen durch einen schweizerischen Fachmann eingeleitet. Mit diesem Fachmanne blieb dann die Regierung auch noch 1921 in Fühlung und stund damals das Gutachten in naher Aussicht. Wie heute die Sache steht, entzieht sich unserer Kenntnis; doch scheint uns die Frage wieder um so zeitgemässer, als das neue Steuergesetz vorschreibt, dass die Hälfte der dem Lande zufallenden Erbschafts- und Schenkungssteuern zur Aeuffnung eines Fonds für eine Kranken-, Alters- und Invaliditätsversicherung verwendet werden müsse und als nach einer Mitteilung in den «O. N.» ein neues Gewerbegesetz durch Herrn Professor [Julius] Landmann ausgearbeitet werden soll.

Über die Versicherung der Dienstboten für den Krankheitsfall *bestehen keine gesetzlichen Vorschriften.* Trotzdem möchte gar mancher Dienstgeber gerne sein Personal in eine Krankenkasse aufnehmen lassen. Bei dem allgemeinen Liechtensteinischen Kranken- und Unterstützungsvereine kann dies jedoch schwer geschehen, weil dieser Verein, wie schon gesagt, erst nach 3-monatiger Mitgliedschaft Krankengelder auszahlt, und eine andere öffentliche Krankenkasse, die für Dienstboten zugänglich wäre, besteht derzeit leider nicht.

Wenn auf dem Gebiete der sozialen Fürsorge namhaftes geschehen soll (*und es wird etwas geschehen müssen*), so wird eines des Ersten die Regelung des Krankenkassenwesens für gewerbliche Hilfsarbeiter und Dienstboten sein.

Dok. 199
Fürst Johann II. verkauft fünf wertvolle Gemälde aus seinen Sammlungen; der Erlös soll für wohltätige Zwecke im Fürstentum Liechtenstein eingesetzt werden

Agenturmeldung im «Alttoggenburger»[1]

21.2.1923

Wien, 20. Febr. Aus der berühmten fürstlich Liechtensteinischen Galerie in Wien wurden fünf Gemälde alter Meister, darunter ein Rubens u. ein Botticelli, für eine Milliarde Kronen nach London verkauft. Fürst [Johann II. von] Liechtenstein erklärt, dass er den Erlös zu wohltätigen Zwecken im Fürstentum Liechtenstein verwenden will.

---

1 «Alttoggenburger», Bazenhaid, 21.2.1923. Die gleiche Agenturmeldung auch in anderen Zeitungen. LI LA SgZS 21.2.1923.

Dok. 200
Die Regierung ruft alle Liechtensteiner auf, das Auftauchen fremder Vagabunden und Bettler sofort dem nächsten Polizeiposten zu melden und erinnert daran, dass die Beherbergung Fremder ohne Bewilligung durch den Ortsvorsteher streng bestraft wird

Aufruf der Regierung in beiden Landeszeitungen, gez. Regierungschef Gustav Schädler[1]

10.3.1923

Liechtensteiner!
Unsere Heimat ist gegenwärtig täglich von einer Menge zweifelhafter Existenzen besucht.

Bürgerpflicht eines jeden ist es, den Behörden und berufenen Organen in der Abwehr von Vagabunden und Bettlern tatkräftig mitzuhelfen. Die Durchführung einer wirksamen Fremdenkontrolle ist unmöglich, wenn nicht die ganze Bevölkerung zur Mithilfe die Hand bietet. Auch der harmloseste Bettler verbirgt hinter seinem Bettlergewande oft einen viel und schwer abgestraften oder noch steckbrieflich verfolgten Verbrecher.

Wir laden daher jeden ein, sofort dem nächsten Polizeiposten (Landweibel, Grenzwächter oder Dorfpolizisten) das Auftauchen eines fremden Vagabunden oder Bettlers anzuzeigen und besonders keinem Bettler ein Almosen zu verabfolgen.

Wenn durch etliche Wochen hindurch kein Bettler mehr ein Almosen erhält, wird unser Land sicher bald von diesen Elementen gemieden.

Die Beherbergung fremder Personen in Privathäusern ist ohne Bewilligung des Ortsvorstehers verboten und wird strenge bestraft.

Nur durch vereinte Kräfte wird es gelingen, alles Gesindel von unserem Lande fernzuhalten.

Fürstliche Regierung

Dok. 201
Fürst Johann II. von Liechtenstein teilt dem Regierungschef zuhanden des Landtags mit, dass die Prinzen Franz und Alois auf die Thronfolge verzichtet haben und somit sein Grossneffe Franz Josef nach dem Ableben seines Bruders Franz die Thronfolge antreten wird

Fürstliches Handschreiben, gez. Fürst Johann II. und gegengez. Regierungschef Gustav Schädler[1]

15.3.1923, Feldsberg

Lieber Regierungschef Professor Schädler!
Unter Hinweis auf Artikel 3 der Verfassung finde Ich Mich bestimmt, Ihnen mitzuteilen, dass Meine beiden Neffen Ihre Durchlauchten die Prinzen Franz und Alois auf die

---

1   L.Vo., Nr. 19, 10.3.1923, S. 4; O.N., Nr. 19, 10.3.1923, S. 4. – Anlass für den Aufruf der Regierung war der Raubmord vom 4.3.1923 an Franz Josef Wachter, Alt-Bürgermeister von Vaduz.

1   Abgedruckt in: O.N., Nr. 42, 30.5.1923, S. 1. Das Handschreiben wurde in der Landtagssitzung vom 28.5.1923 vom Regierungschef verlesen und vom Landtag mit einem Hoch auf das Fürstenhaus zur Kenntnis genommen. Der Text des Handschreibens ist im Landtagsprotokoll vom 28.5.1923 nicht enthalten.

ihnen nach der Verfassung und Meinem Hausgesetze zukommenden Anwartschaften auf die Regierung Meines Fürstentums verzichtet haben.

Hieraus folgt, dass nach dem Thronfolger, Seiner Durchlaucht dem Prinzen Franz, Meinem Bruder, der nächste Anwärter auf die Regierung Mein Grossneffe Seine Durchlaucht Prinz Franz Josef ist.

Ich beauftrage Sie, von Vorstehendem den Landtag in geeigneter Form in Kenntnis zu setzen.

Dok. 202
Emil Beck berichtet dem Landtag über die Zollvertragsverhandlungen mit der Schweiz

Maschinenschriftlicher Bericht von Emil Beck, liechtensteinischer Geschäftsträger in Bern, vorgetragen in der Landtagssitzung vom 25.5.1923[1]

24.5.1923, Bern

Bericht über die Zollanschlussverhandlungen mit dem Schweizerischen Bundesrat erstattet von der fürstlich Liechtensteinischen Gesandtschaft in Bern

Der erste Antrag an den Schweizerischen Bundesrat, das Fürstentum Liechtenstein ans schweizerische Zollgebiet anzuschliessen, erfolgte durch die fürstliche Regierung direkt, weil sie damals in Bern noch keine Gesandtschaft unterhielt. Am 22. April 1919 besuchte der damalige Landesverweser, Seine Durchlaucht Prinz Karl [von Liechtenstein], Herrn Bundesrat [Felix] Calonder, den damaligen Vorsteher des Eidgenössischen Politischen Departements, und sprach den Wunsch aus, «dass zwischen der Schweiz und dem Fürstentum Verträge abgeschlossen werden inbezug auf Zoll, Post und Justiz, wie solche ehemals zwischen dem Fürstentum und Österreich bestanden.»[2] Die Regierung verfolgte damit die Absicht, der Schweiz womöglich diejenigen Funktionen zu übertragen, welche bisher von Österreich ausgeübt worden waren, ausgehend von der Erkenntnis, dass infolge der durch den Weltkrieg eingetretenen Änderung der Verhältnisse die Auflösung der diesbezüglichen Verträge mit Österreich ein Gebot der Selbsterhaltung sei. Als Unterlagen für das Studium dieser Fragen überreichte sie dem Bundesrat am 9. und 22. Mai eine Anzahl Dokumente, worunter speziell den Text der wichtigsten Verträge mit Österreich.[3]

Die weitere Verfolgung dieser Angelegenheit wurde dann der fürstlichen Gesandtschaft in Bern übertragen, welche inzwischen durch die Akkreditierung des derzeitigen Geschäftsträgers am 13. August 1919[4] errichtet worden war. Dieselbe leitete sofort

---

1 LI LA LTP 1923/012. Weitere Exemplare in LI LA V 003/0300/047-056; LI LA SF 27/1923/ad 1790/8. Emil Beck trug den Bericht bei der ersten Lesung des Zollvertrags im Landtag (LI LA LTP 1923/004) vor. Zu Becks Sicht der Verhandlungen vgl. auch LI LA RE 1925/0027, Rechenschaftsbericht der Gesandtschaft Bern 1923 und 1924.

2 Vgl. LI LA RE 1919/2023, Prinz Karl an Johann II., 25.4.1919.

3 Prinz Karl übermittelte Bundesrat Calonder mit Schreiben vom 9.5.1911 (LI LA SF 27/1919/2282 ad 1710) den Zollvertrag (LGBl. 1876 Nr. 3), den Postvertrag (LGBl. 1911 Nr. 4) sowie den Justizvertrag (LGBl. 1884 Nr. 8), mit Schreiben vom 22.5.1919 (LI LA SF 27/1919/2482 ad 1710) zudem die Landesgesetzesblätter betreffend die Einführung der Kronenwährung (LGBl. 1898 Nr. 2; LGBl. 1900 Nr. 2).

4 Vgl. LI LA SF 01/1919/ad 70, Prinz Karl an Schweizerisches Politisches Departement, 5.8.1919; LI LA SF 01/1919/079, Politisches Departement an Prinz Karl, 8.9.1919.

Verhandlungen mit dem Bundesrat ein, deren Ergebnis der Vorschlag des Politischen Departements vom 24. Oktober war, eine gemischte Kommission aus liechtensteinischen und schweizerischen Vertretern zu ernennen, welche diese Fragen in allen Einzelheiten prüfen sollten.[5]

Unterm 8. November teilte die Gesandtschaft dem Bundesrat mit, dass die fürstliche Regierung mit diesem Vorgehen einverstanden sei und die Herren Regierungsrat J. [Josef] Marxer, Regierungsrat J. [Johann] Wanger und Postmeister Fritz Walser als ihre Vertreter bezeichnet hatte.[6] Nachträglich wurden die Herren Marxer und Walser dann ersetzt durch Seine Durchlaucht Prinz Eduard [von Liechtenstein] und Dr. Wilh. [Wilhelm] Beck.

Die Verhandlungen waren anfänglich auf den 1. Dezember angesetzt, mussten dann aber auf unser Verlangen auf den 12., dann auf den 17. Dezember und schliesslich auf den 23. Januar 1920 verschoben werden, da Seine Durchlaucht Prinz Eduard verhindert war.[7]

Schweizerischerseits nahmen an denselben[8] teil die Herren Minister [Paul] Dinichert, Chef der Abteilung für Auswärtiges, Dr. [Werner] Kaiser, Chef der Justizabteilung, Prof. Dr. [Ernst] Delaquis, Chef der Polizeiabteilung, [Florian] Meng, Stellvertreter des Oberpostdirektors, [Joseph] Vögeli, Direktor des Zollkreises Chur und A. [Arthur] Immer, Chef des Ausfuhrdienstes.

Die Verhandlungen welche zwei Tage dauerten, sollten den Vertretern der interessierten schweizerischen Departements Gelegenheit geben, sich über die liechtensteinischen Wünsche und die tatsächlichen Verhältnisse, namentlich auch über das bisherige Verhältnis zu Österreich, zu orientieren, damit der Bundesrat sich ein Urteil bilden könne, ob und unter welchen Bedingungen auf unsere Vorschläge eingetreten werden könne.

Die Kommission gelangte hinsichtlich der Post zum Schlusse, dass der Postvertrag[9] vom Zollvertrag getrennt behandelt werden solle, da er dringender sei und weniger Schwierigkeiten biete.

Die Frage eines Justizvertrages wurde als am wenigsten dringend zurückgestellt.

Bezüglich des Zollvertrages beschränkte man sich auf die tatsächlichen Feststellungen, welche als Basis für die weiteren Verhandlungen nötig waren. Die Vertreter der Schweiz behielten sich vor, dem Bundesrat auf Grund dieser Besprechungen ihre Anträge zu unterbreiten, damit dieser Beschluss fasse, ob er auf weitere Unterhandlungen eintreten könne.

Mit Note vom 30. März 1920 teilte dann das Politische Departement mit, dass der Bundesrat auf weitere Verhandlungen eintreten wolle, und das Finanz- und Zoll Departement mit der Prüfung der mit dem Zollanschluss zusammenhängenden Fragen beauftragt und das Post- und Eisenbahn Departement ermächtigt habe, mit der fürstlichen Regierung Fühlung zu nehmen betreffend den Abschluss eines Postvertrages.[10]

---

5 LI LA V 002/0299, Schweizerisches Politisches Departement an Emil Beck, 24.10.1919.
6 LI LA V 002/0299/002.
7 Vgl. CH BAR E 2001 (E), 1969/262, Bd. 11, Az. B.14.24.P.4, Vereinbarungen mit Liechtenstein, 1919-1920, Schweizerisches Politisches Departement an Charles-Daniel Bourcart, schweizerischer Gesandter in Wien, 20.12.1919.
8 LI LA SF 27/1920/0650 ad 64, Protokoll der Konferenz vom 23./24.1.1920.
9 Übereinkommen zwischen der Fürstlich Liechtensteinischen Regierung und dem Schweizerischen Bundesrat betreffend die Besorgung des Post-, Telegraphen- und Telephondienstes im Fürstentum Liechtenstein durch die schweizerische Postverwaltung und schweizerische Telegraphen- und Telephonverwaltung vom 10.11.1920, LGBl. 1922 Nr. 8.
10 LI LA V 002/0299/045.

Im Anschluss daran wurde anfangs Mai eine Begehung der liechtensteinisch-vorarlbergischen Grenze durch einige Vertreter der Schweizerischen Oberzolldirektion und der fürstlichen Regierung angesetzt, welche aber infolge der Schneeverhältnisse verschoben werden musste und vom 24. bis 30. Mai durchgeführt wurde. Dabei wurde festgestellt, dass diese Zollgrenze einen Beamten, einen Aufseher und 48 Unteroffiziere und Grenzwächter erfordere. Überdies wurden über die notwendig werdenden Bauten provisorische Angaben gemacht.[11]

Auf Grund des derart gesammelten Materials hatte die Oberzolldirektion nun den Auftrag, einen Entwurf zu einem Zollvertrage auszuarbeiten. Ende August 1920 soll derselbe fertig gestellt und den Beteiligten Departementen zur Vernehmlassung unterbreitet worden sein.[12]

Als Ende November 1920 noch kein Vorschlag des Bundesrates vorlag und unsere Gesandtschaft um Beschleunigung der Zollvertragsangelegenheit ersuchte, ergab sich, dass die Schweizerischen Bundesbahnen die Befürchtung hatten, dass durch den Zollanschluss die Vorarlbergerlinie in ihrer Konkurrenzfähigkeit geschädigt werde, weil die Tarife für die Strecke Buchs–Feldkirch in Franken verrechnet würden. Es wurde deshalb gewünscht, dass sich unsere Regierung von der Österreichischen Regierung gewisse Zusicherungen geben lasse. Ebenso hatte das Volkswirtschaftsdepartement Bedenken wegen der Handhabung der Bundesgesetzgebung.[13]

Infolge der zwischen den einzelnen Abteilungen der Bundesverwaltung nötig werdenden internen Verhandlungen konnte ein bereinigter Entwurf dem Bundesrat erst Ende April 1921 zur Beschlussfassung vorgelegt werden. Dieser Bundesratsbeschluss war unserer Gesandtschaft schon für den Monat März in Aussicht gestellt worden. Er verzögerte sich aber infolge anderweitiger Inanspruchnahme des Bundesrates bis zum 13. Mai 1921. Leider konnte sich der Bundesrat nicht entschliessen, den Entwurf ohne weiteres anzunehmen, sondern er beschloss, denselben an das Volkswirtschaftsdepartement zum Mitbericht zu überweisen.[14] Dieses letztere sollte dadurch Gelegenheit erhalten, seine Bedenken zur Geltung zu bringen und sie auf Grund neuer Erhebungen zu belegen. Damit war eine weitere Verzögerung um viele Wochen unabwendbar geworden.

In dieser Zeit, im Laufe des Monats Januar 1921, erhielt das Politische Departement die erste Eingabe von Alt-Nationalrat [Gallus] Schwendener in Buchs im Namen eines Buchser Oppositionskomitees, in welchem dieses gegen den Zollanschluss Stellung nahm.[15]

Inzwischen hatte sich das Volkswirtschaftsdepartement mit dem Vertragsentwurf befasst.[16] Es gelangte aber nicht zu einem positiven Schluss, sondern beantragte, dass das Justiz- und Polizei Departement den Auftrag erhalte, die Frage der Anwendung der

---

11 Vgl. LI LA V 002/0299/049, Bundesrat Jean-Marie Musy an Prinz Karl, 3.6.1920; LI LA V 002/0299/050, Eidgenössische Oberzolldirektion an Emil Beck, 3.6.1920.
12 Tatsächlich hatte die Eidgenössische Oberzolldirektion im Sommer 1920 einen ersten Vertragsentwurf ausgearbeitet (CH BAR, E 2001 (E), 1969/262, Bd. 11, Az. B.14.24.P.4 III, Zollanschlussvertrag mit Liechtenstein, 1921-1924, Vertragsentwurf, o.D.; Kopie in LI LA SgK 353).
13 Vgl. LI LA SF 27/1920/5394 ad 64, Beck an Josef Peer, 2.12.1920.
14 Vgl. LI LA SF 27/1921/2221 ad 1935, Beck an Regierung, 19.5.1921.
15 Nicht aufgefunden. Regierungschef Josef Ospelt informierte Beck mit Schreiben vom 20.6.1921, dass Schwendener eine Eingabe gegen den Zollvertrag an den Bundesrat gerichtet habe (LI LA V 002/0294/13).
16 CH BAR, E 2001 (E), 1969/262, Bd. 1, Az. B.14.21.Liecht.0.Uch.2, Zollanschlussvertrag zwischen der Schweiz und Liechtenstein, 1920-1924, Stellungnahme des Volkswirtschaftsdepartements vom 14.6.1921.

schweizerischen Bundesgesetzgebung im Fürstentum näher zu prüfen, was auch geschah. Und damit war die Erledigung neuerdings hinausgeschoben.

Unsere Gesandtschaft beantragte daher der fürstlichen Regierung am 20. Januar 1921,[17] den Bundesrat um Gewährung von Einfuhrerleichterungen (für Vieh u.s.w.) und Einreiseerleichterungen für Arbeiter schon vor Inkrafttreten des Vertrages zu ersuchen und durch eine besondere Delegation den dringenden Wunsch um Beschleunigung der Verhandlungen ausdrücken zu lassen.

Dies geschah zunächst in einer persönlichen Besprechung Seiner Durchlaucht Prinz Franz [von Liechtenstein], begleitet vom Geschäftsträger in Bern, mit Herrn Bundesrat [Giuseppe] Motta und Herrn Minister Dinichert.[18] Diese beiden Herren stellten damals die Möglichkeit der Behandlung des Vertrages in der Oktobersession der Bundesversammlung in Aussicht.

Inzwischen war der Entwurf des Vertrages dem Bundesrat neuerdings zur Behandlung unterbreitet worden (anfangs September 1921). Da aber verschiedene Mitglieder des Bundesrates sich in den Ferien und Herr Motta in der Völkerbundsversammlung befanden, konnte damals noch kein Beschluss gefasst werden.

Der in Aussicht gestellte Besuch des Herrn Regierungschefs (Rat [Josef] Ospelt) konnte aus ähnlichen Gründen erst im Oktober stattfinden,[19] worauf die Vorlage eines Entwurfes auf Ende Oktober in Aussicht gestellt wurde.

Indessen genehmigte der Bundesrat den neuen Entwurf wieder nicht, sondern verwies ihn ins Finanzdepartement zurück zur erneuten Prüfung einiger Fragen. Wie nachträglich festgestellt werden konnte, sollte speziell die Frage der liechtensteinischen Steuern neu geprüft werden, weil dem Bundesrat die Vermutung ausgesprochen worden war, es bestehe die Absicht, in Liechtenstein ein Steuerparadies einzurichten und der Schweiz Steuerkapital zu entziehen. Unsere Gesandtschaft sah sich daher neuerdings veranlasst, Herrn Motta um Beschleunigung zu ersuchen, welcher hierauf die Vorlage des Entwurfes auf anfangs Januar 1922 in Aussicht stellte.[20]

Am 19. Januar 1922 endlich beschloss der Bundesrat den vorgelegten Entwurf des Vertrages[21] anzunehmen und der fürstlichen Regierung zu unterbreiten. Die Zustellung des Entwurfes selbst aber verzögerte sich infolge Krankheit des zuständigen Beamten (Dr. [Peter Anton] Feldscher). Am 4. Februar 1922 endlich war die Gesandtschaft auf Grund mehrfacher Interventionen in der Lage, der fürstlichen Regierung den ersten Vertragsentwurf zuzustellen.[22]

Dieser Entwurf gelangte am 6. März 1922 in der Zollkommission des Landtages zur Behandlung.[23] Auf Grund derselben wurden in der Folge eine Reihe von Fragen auf dem Wege der mündlichen Unterhandlungen abgeklärt (z.B. Haltestation Schaanwald, Zollbehandlung in Schaan, Behandlung des im Vorarlberg gealpten Viehs, Lebensmittelpolizei, u.s.w.).[24]

---

17 Gemeint ist wohl LI LA V 002/0294/12, Beck an Regierung, 20.6.1921.
18 LI LA SF 01/1921/ad 153, Prinz Franz an Kabinettskanzlei, 19.7.1921.
19 Vgl. LI LA SF 27/1921/4405 ad 1935, Bericht Josef Ospelt an Johann II., 15.10.1921.
20 LI LA V 002/0294/52, Beck an Regierung, 23.12.1921.
21 LI LA SF 27/1922/0569 ad 30, Entwurf Zollvertrag, o.D
22 LI LA SF 27/1922/0569 ad 30, Beck an Regierung, 4.2.1922.
23 LI LA V 002/0295/53-54, Josef Ospelt an Beck, 6.3.1922; LI LA V 002/0295/55, Ospelt an Beck, 7.3.1922.
24 Vgl. LI LA V 002/0295/56-57, Beck an Regierung, 14.3.1922; LI LA V 002/0295/61, Beck an Regierung, 17.3.1922.

Inzwischen war in der Presse auch die Angliederung des Fürstentums als Kanton an die Schweiz als beabsichtigt hingestellt worden, wogegen unsere Gesandtschaft Stellung nahm.[25] Andererseits war die Idee der Einrichtung von Freizonen lanciert worden, welche von unserer Gesandtschaft ebenfalls als unzweckmässig bezeichnet wurde.[26]

Die definitive Besprechung des Entwurfes erfolgte dann in der Sitzung der Zollkommission am 23. Mai 1922, an welcher der Berner Geschäftsträger referierte.[27]

Das Ergebnis dieser Besprechung war, dass die Gesandtschaft den Auftrag erhielt, auf dem Wege der Verhandlung mit dem Politischen Departement und, soweit möglich, mit einzelnen Verwaltungsabteilungen eine Reihe von Fragen besser abzuklären. Es handelt sich speziell um die Vorarlberger Viehsommerung, Arbeitereinreise, Mietzins für die Gebäude, Lebensmittelversorgung im Kriegsfalle, Zollbehandlung auf der Station Nendeln und Schaan, Erhöhung der Pauschalabfindung, u.s.w.

Über diese Fragen wurden mit den einzelnen Abteilungen Verhandlungen gepflogen und in den wesentlichen Punkten eine Abänderung zu unseren Gunsten erzielt.[28]

Besprochen wurde mit dem Politischen Departement speziell auch die Frage einer Kriegsklausel, wonach die Schweiz sich verpflichtet hätte, das Fürstentum im Kriegsfalle mit Lebensmitteln und Kohlen zu versehen.

Es zeigte sich jedoch, dass eine solche Klausel gar keine Aussicht hatte, vom Bundesrat oder gar von der Bundesversammlung angenommen zu werden. Die grundsätzliche Verpflichtung zu einer solchen Versorgung ist aber bereits in Art. 1 gegeben, solange der Vertrag besteht.

Besonders wünschenswert erscheint dem Politischen Departement, dass von der Österreichischen Regierung eine offizielle Erklärung aufgebracht würde, wonach dieselbe den Zollanschluss nicht als Anlass dazu benützen werde, ihre Zollstationen von Buchs nach Feldkirch zurückzulegen. Diese Erklärung war jedoch nicht erhältlich, vielmehr teilte die Österreichische Regierung dem Bundesrat mit, dass sie eine solche Verlegung in Aussicht nehmen müsse, trotzdem sie vorher, laut einem Bericht unserer Wiener Gesandtschaft vom 26. Mai[29] erklärt hatte, dass der Zollanschluss ohne Einfluss auf diese Frage sein werde. Tatsächlich wird die Ursache einer solchen Absicht nur in der schweren Belastung des österreichischen Budgets durch die Frankenauslagen in Buchs zu suchen sein, und der Zweck war die Erlangung eines schweizerischen Beitrages an diese Kosten.

Nachdem die wichtigsten Fragen auf diesem Wege nach Möglichkeit abgeklärt worden waren, wurde der Vertragsentwurf von unserer Zollkommission im Beisein des Berner Geschäftsträgers am 8. Juli 1922 nochmals besprochen, wobei man zum Schlusse gelangte, dass die bereits früher besprochenen Abänderungsanträge, mit Ausnahme einiger Punkte, welche von vornherein aussichtslos erschienen (z.B. Kriegsklausel), dem Bundesrat in einer Note zu unterbreiten.[30] Dies geschah durch die Antwortnote vom 19. Juli 1922,[31] welche den einzelnen Verwaltungsabteilungen zur Vernehmlassung zugestellt wurde.

---

25 LI LA V 002/0295/64-65, Beck an Regierung, 20.3.1922. Zur Berichterstattung in der schweizerischen Presse vgl. die Presseausschnitte in LI LA SgZs 1922.
26 LI LA V 002/0295/67-70, Beck an Regierung, 8.4.1922.
27 Über diese Besprechung wurden keine Akten aufgefunden.
28 Vgl. LI LA V 002/029/81, Beck an Regierung, 14.6.1921.
29 Wohl LI LA SF 27/1922/2263 ad 30, Gesandtschaft Wien an Regierung, 19.5.1922.
30 LI LA LTP 1923/111; vgl. auch LI LA SF 27/1922/2970 ad 30, Regierung an Beck, 8.7.1922.
31 LI LA V 002/0299/095-099, Gesandtschaft Bern an Bundesrat Giuseppe Motta, 19.7.1922.

Inzwischen wurden mit dem Gesundheitsamt Verhandlungen betreffend die Durchführung der Lebensmittelpolizei gepflogen.[32] Ferner wurden dem Bundesrat in einer besondern Note die auf Grund des liechtensteinischen Zolltarifes erzielten Zolleinnahmen mitgeteilt, um den Antrag auf Erhöhung der Pauschalabfindungssumme besser zu begründen.[33]

Bald darauf begannen die mündlichen Verhandlungen über die in unserer Note gemachten Anregungen und Gegenvorschläge. Die Beantwortung derselben durch den Bundesrat wurde jedoch infolge Ferien, Völkerbundsversammlung, Verhandlungen mit Deutschland u.s.w. hinausgeschoben, zuerst auf den Monat Oktober, dann auf den Dezember.

Bevor die Antwort jedoch eintraf, tauchte die Frage der Kupons- und Stempelsteuer neu auf. Das Finanzdepartement hielt nun die Anwendung der diesbezüglichen Gesetze für unumgänglich, währenddem das Politische Departement früher stets die Auffassung vertreten hatte, dass diese Gesetzgebung nicht übernommen werden müsse.

Als die erwartete Antwortnote, durch die Prüfung dieser Fragen verzögert, im Dezember noch immer nicht eintraf, ersuchte die Gesandtschaft wiederholt um rasche Erledigung, welche für den Monat Januar bestimmt zugesichert wurde.

Gegen Ende Januar machte Herr Regierungschef [Gustav] Schädler mehreren Bundesräten in Begleitung des Geschäftsträgers seine Aufwartung, wobei namentlich die Dringlichkeit der Behandlung des Zollvertrages betont wurde.[34]

Am 2. Februar endlich traf die Note vom 18. Januar ein, mit welcher der Bundesrat seinen definitiven Entwurf vorlegte, in welchem einzelne (die wichtigeren) unserer Vorschläge Berücksichtigung gefunden hatten.[35]

Nachdem dieser neue Entwurf von unserer Zollkommission behandelt worden war,[36] konnte am 13. März unsere Schlussnote[37] abgesandt werden, in welcher die Annahme des Vertrages erklärt wurde, unter Vorbehalt der Abklärung der Stempel- und Kuponssteuerpflicht der Handelsgesellschaften in Liechtenstein mit Steuer-Pauschalierungen über das Jahr 1924 hinaus. Ferner wurde eine neue Fassung der Bestimmungen über die Fremdenpolizei angeregt. Diese beiden Fragen wurden in der Folge zu unserer Zufriedenheit gelöst durch direkte Verhandlungen mit der Eidgenössischen Steuerverwaltung, der Polizeiabteilung und der Fremdenpolizei.

Der in diesem Sinne bereinigte Entwurf[38] konnte endlich am 29. März 1923 von Herrn Bundesrat Motta und unserem Berner Geschäftsträger unterzeichnet werden und bedarf nun noch der Ratifikation unseres Landtages und der schweizerischen Bundesversammlung. Letztere wird die Ratifikation voraussichtlich im Juni und September dieses Jahres vornehmen. Die Botschaft des Bundesrates an die Bundesversammlung liegt bereits gedruckt vor.[39] Es ist anzunehmen, dass die Ratifikation mit einer schönen Mehrheit ausgesprochen werden wird.

---

32 Vgl. LI LA V 002/0296/08, Beck an Regierung, 1.8.1922.
33 LI LA V 002/0299/102, Note Gesandtschaft Bern an Schweizerisches Politisches Departement, 25.9.1922.
34 Der Besuch fand statt am 19.1923., vgl. LI LA V 002/0296/47, Beck an Regierungschef Gustav Schädler, 20.1.1923.
35 LI LA V 002/0300/001.
36 Vgl. LI LA V 002/0296/61, Gustav Schädler an Gesandtschaft Bern, 15.2.1923.
37 LI LA V 002/0300/036-043, Note Gesandtschaft Bern an Eidgenössisches Politisches Departement, 13.3.1923.
38 LGBl. 1923 Nr. 24.
39 Botschaft des Bundesrates an die Bundesversammlung betreffend den Vertrag zwischen der Schweiz und Liechtenstein über den Anschluss des Fürstentums Liechtenstein an das schweizerische Zollgebiet vom 6.6.1923, Bundesblatt 1923, Bd. 2, S. 374-418.

Inzwischen sollen von der fürstlichen Regierung alle Massnahmen getroffen werden, welche nötig sind, um eine übermässige Einfuhr von Waren vor dem Inkrafttreten des Zollvertrages zu verhüten. Das nähere hierüber wird mit der von der Oberzolldirektion bestellten Kommission zu besprechen sein, welche am 28. dieses Monats in Vaduz eintreffen wird.[40]

Damit ist nur der äussere Gang der Verhandlungen dargestellt, aus welchem namentlich hervorgehen dürfte, warum sich die Verhandlungen so lange hinausgeschoben haben. Die Darstellung des Ringens um die einzelnen materiellen Positionen würde hier zu weit führen. Es mag daher ein kurzer Hinweis auf einzelne im Verlauf der Verhandlungen erzielte Verbesserungen des Vertrages genügen.

Während anfangs die Meinung vorherrschte, dass der ganze Anteil des Fürstentumes an den Zolleinnahmen durch die Mehrkosten der Verwaltung aufgezehrt werde, wurde später mit einer Pauschalsumme von 100'000.– Franken gerechnet, welche dann auf 150'000.– Franken erhöht wurde. Dazu kam nachträglich, dass überdies der ganze Ertrag unserer effektiven Einnahmen und Kupons Stempelsteuer [sic], nach Abzug von 10 % Verwaltungskosten, uns zufallen soll.

Ferner wurde inbezug auf die Viehsömmerung auf den Vorarlbergeralpen, an welcher Frage der Vertrag beinahe zu scheitern schien, die in Art. II des Schlussprotokolles getroffene, befriedigende Lösung erzielt.

Inbezug auf die Freiheit der Warenein- und Ausfuhr wurde die Einfügung von Art. I Absatz 2 erreicht, sodass vollständige Freiheit des Verkehrs gegeben ist, was namentlich für die Vieheinfuhr eine grosse Bedeutung haben wird.

Endlich ist zu erwähnen, dass die Regelung der Fremdenpolizeifrage infolge der Verhandlungen wesentlich zu unseren Gunsten geändert worden ist. Die neue Ordnung hat gegenüber der früheren den dreifachen Vorzug, dass wir die eigene Gesetzgebung behalten können, dass die Fremdenpolizei unentgeltlich von der Schweiz besorgt wird, und dass auch der Personenverkehr mit der Schweiz vollständig freigegeben wird. Dies ist äusserst wichtig für die Einreise von Arbeitern, welche damit ohne weiteres gestattet ist. Es ist sogar in Aussicht genommen, dass die liechtensteinischen Arbeiter in erster Linie beschäftigt werden sollen, bevor andere hereingelassen werden.

Diese Änderungen in Verbindung mit einer Reihe anderer dürfen als bedeutende Verbesserungen des Vertrages zu unseren Gunsten bezeichnet werden. Viel wichtiger aber als alle diese Verbesserungen ist die Tatsache, *dass* der Vertrag überhaupt zustande kommt. Die Schwierigkeiten, die sich ihm entgegenstellten, waren gross. Die Hoffnung aber, dass er dem Lande zum grossen Vorteil gereichen wird, wird sicher nicht getäuscht werden.

Der fürstliche Geschäftsträger

---

40 Vgl. LI LA SF 27/1923/ad 1790/8, Protokoll der Besprechung vom 4.6.1923.

Dok. 203
Der Landtag stimmt dem Zollvertrag mit der Schweiz einstimmig zu

Maschinenschriftliches Protokoll der Landtagssitzung vom 25./26.5.1923, gez. Schriftführer Stephan Wachter und Landtagspräsident Wilhelm Beck[1]

26.5.1923

Zweite Lesung des Zollvertrages[2]
Präsident ruft Artikel für Artikel auf und ersucht die Abgeordneten Stellung dazu zu nehmen.

Referent Dr. [Emil] Beck, Bern erklärt das Alkoholgesetz[3] und die eventuell durch die Abänderung entstehenden Bestimmungen.

[Baptist] Quaderer fragt, im Falle das Abänderungsgesetz angenommen werde, wie sich dann Liechtenstein stelle.

Präsident. Für Liechtenstein gelten dieselben Bestimmungen wie für die Schweiz.

Wachter. Wir haben also nur die Lasten zu tragen, die dieses Gesetz bringt, nicht aber vom Vorteil ein Genussrecht.

[Albert] Wolfinger frägt wegen Verordnung betr. Hebung der Landwirtschaft.[4]

Präsident. Es bezieht sich dies auf Bekämpfung der Reblaus.

Präsident eröffnet die Generaldebatte über das ganze Gesetz. Man hat dem Lande viele Vorschläge gebracht gegen den Zollvertrag, man solle Handelsverträge abschliessen, doch diese beruhen ja nur auf gegenseitigem Interesse und wir können einem Kontrahenten nicht viel bieten. Von Freizonen hat man auch gesprochen und geschrieben, doch von dem hat das Land auch keinen Aufschwung zu erwarten. Das Land soll sich an den Fürsten [Johann II.] wenden, der solle dem Lande helfen aus seinen Nöten, er sei aber der Meinung, man soll sich so viel als möglich selber helfen, dann werde auch der Fürst das seine dazu beitragen. Er weise Zumutungen, wie sie in einer vorliegenden Flugschrift enthalten seien, auf das entschiedenste zurück.

[Felix] Gubelmann. Jeder Vertrag hat Vor- und Nachteile. Ich sehe im vorliegenden wohl für den Arbeiter und Gewerbetreibenden Vorteile, weil diese bessere Löhne und höhere Preise erzielen werden, nicht aber für den Bauern, zu dessen Lasten die Vorteile der Vorgenannten gehen. Die Viehpreise sind heute schon in Österreich fast so gross wie bei uns.

Präsident. Dr. [Julius] Landmann hätte gesagt, jeder Bauer muss froh sein, wenn der Anschluss kommt.

[Karl] Kaiser unterstützt Gubelmann, der Bauer hätte nicht viel Nutzen, nur die Lebenshaltung verteuere sich für Staat und Familie.

[Anton] Walser interpelliert die Regierung. Was für einen Standpunkt hat die kollegiale Regierung bei Behandlung der Zollanschlussfrage eingenommen.

Reg.Chef [Gustav Schädler] erwähnt gegenüber Kaiser die bessere Verdienstmöglichkeit der einzelnen Familienglieder. Auch in der Schweiz lebe man nicht überall in

---

1 LI LA LTP 1923/022.
2 LGBl. 1923 Nr. 24.
3 Bundesgesetz über gebrannte Wasser vom 29.6.1900 (AS, Bd. 18, 1902, S. 297-309); Bundesgesetz vom 22.6.1907 betreffend die teilweise Revision des Alkoholgesetzes vom 29.6.1900 (AS, Bd. 23, 1907, S. 663-665). Die im Schweizer Parlament seit 1919 diskutierte Neuregelung der Alkoholgesetzgebung führte erst 1930 bzw. 1932 zu neuen Verfassungs- und Gesetzesbestimmungen.
4 Vollziehungsverordnung vom 10.7.1894 zum Bundesgesetz betreffend die Förderung der Landwirtschaft durch den Bund (AS, Bd. 14, 1895, S. 287-321).

gleichen Verhältnissen, am einen Ort lebe man billiger, am einen teurer. Auf die Interpellation des Abg. *Walser*, wie sich die kollegiale Regierung zum Abschluss des Zollvertrages bisher gestellt habe, legte Reg.Chef Schädler an der Hand der Akten dar, dass sie den Vertragsentwurf im Verlaufe des abgelaufenen Jahres des öftern behandelt und immer einstimmige Beschlüsse in dem Sinne gefasst habe, der Vertrag möchte baldigst abgeschlossen und ratifiziert werden.

Auch Reg.Chef [Josef] Ospelt sei seinerzeit *für* das Zustandekommen des Vertrages eingestanden. So habe derselbe am 31. Mai 1921 an die fürstl. Kabinettskanzlei u.a. berichtet:[5]

Weil geplant gewesen sei, schon mit dem Zeitpunkte der Annahme des Entwurfes durch den Bundesrat, also *vor* Behandlung in der Bundesversammlung, wesentliche Erleichterungen im Verkehre zwischen der Schweiz und Liechtenstein, so insbesondere hinsichtlich der Einreise von Arbeitern und der Einfuhr von Vieh platzgreifen zu lassen, sei die eingetretene Verzögerung sehr zu bedauern.

Wie sich einmal die wirtschaftlichen und politischen Verhältnisse im Lande entwickelt haben, glaube er, dass der Zollvertrag sehr zur Ordnung und Festigung der Verhältnisse im Lande beitragen würde, einmal durch die wesentliche Bessergestaltung der Landesfinanzen, dann durch eine gute Besetzung der Grenzen und die Anwesenheit einer grösseren Anzahl von Sicherheitsorganen an den Grenzen und im Lande.

Am 10. Dezember 1921 schrieb Regierungschef Ospelt an die Berner Gesandtschaft: «Die neuerliche Verzögerung beunruhigt mich ziemlich stark, ... Wie Sie wissen, liegt mir aus wirtschaftlichen Gründen sehr viel daran, dass der Zollvertrag zustande komme und es muss mir deshalb auch viel daran gelegen sein, schädigende Einflüsse auszuschalten. Dies ist aber natürlich nur möglich, wenn ich über das Vorhandensein solcher Einflüsse jeweils rasch und möglichst genau informiert werde.

Ich bitte Sie daher, mir vertraulich, jedoch ohne jeden Rückhalt ehestens mitteilen zu wollen, ob Ihnen von Einflüssen der gedachten Art irgend etwas bekannt ist, ob Sie insbesondere davon wissen, dass Prinz Eduard [von Liechtenstein] das Fortschreiten der Zollvertragsverhandlungen beeinträchtigt hätte und bejahendenfalls, ob irgendwelche Schritte Ihrerseits unternommen worden sind. ...»[6]

[Augustin] *Marogg* ist der Meinung, die Landwirtschaft habe die grösseren Vorteile wie der Arbeiter, doch sei auf einen besseren Gang in der Industrie zu rechnen.

Wolfinger hat keine Bedenken für die Bauern, er könne mit gutem Gewissen ja zu dieser Frage sagen.

Walser. Man strebt den Anschluss schon seit Jahren an und die vorgehenden Regierungen waren ohne Ausnahme für einen Zollanschluss.

Gubelmann. Die Lage war vor 4 Jahren besser wie heute und in der Schweiz waren die Viehpreise nur mit Bundessubventionen hoch gehalten.

Quaderer ist ausser Zweifel, dass sich das Wirtschaftsleben heben wird, auch für die Viehzucht erwarte er Besserung.

Büchel Joh. [Johann] erwartet mehr Verdienstmöglichkeit durch eventl. Einführung von Kleingewerbe mit Hinweis auf die heute darniederliegende Stickerei.

Reg.Chef erwähnt, dass unsere Industrie ein grosses Interesse am Zustandekommen des Zollvertrages habe und führt dann weiter aus, dass in einem Blatte die Behauptung aufgestellt worden sei, die Fabriken können nur deshalb bloss mehr 3 Tage arbeiten, weil

---

5   LI LA SF 01/1921/072, Josef Ospelt an Kabinettsdirektor Josef Martin, 31.5.1921.
6   LI LA SF 01/1921/245, Josef Ospelt an Emil Beck, 10.12.1921.

sie mit zu hohen Steuern belastet würden. Er stelle deshalb fest, dass im Gegenteile kürzlich das von den Fabriken Jenny, Spörry & Cie. zu entrichtende Steuerbetreffnis pro 1922 und 1923 in vollkommenem Einverständnis zwischen der Fabriksleitung einerseits und der Steuerverwaltung bezw. der Regierung andererseits festgesetzt worden sei, weshalb die angeführte Zeitungsnotiz lediglich als Hetze zu betrachten sei.

Wachter. Ich habe mich während der ganzen Kommission[7] und Verhandlungen über die Zollanschlusssache immer rege beteiligt und möchte zum Schluss nur noch der Meinung Ausdruck geben, dass ich heute nicht nur als Vertreter eines einzelnen Standes, sondern für das ganze Volk in der Erwartung einer Gesundung des Liechtensteiner Wirtschaftslebens durch den Zollanschluss mit gutem Gewissen für den Anschluss eintreten kann und empfehle dem ganzen Landtage die Annahme. Die Verhandlungen waren keine kurzen. Von beiden Seiten wurden für und wider Gründe ins Feld geführt, auch die Schweiz hat unseren Wünschen Verständnis und Berücksichtigung entgegengebracht und wenn sich Mängel zeigen werden, so haben wir ja nach 3 Jahren schon Gelegenheit, da oder dort zu verbessern.

Walser. In den letzten Jahren ist eine Gesundung unseres Staats- und Volkslebens zu konstatieren. Wie nun zum Menschenleben das Blut, so gehört zum Leben des Staates ein gesundes Wirtschaftsleben. Dies ist für uns nur möglich durch wirtschaftliche Annäherung an ein auch wirklich lebensfähiges Staatswesen. Aus dem Zollanschlusse gewinnt unsere gesamte Bevölkerung. Die Industrie macht den Weiterbetrieb davon abhängig. Absatzgebiet für Vieh können wir gemeinsam mit der Schweiz gewinnen. Auch dem Gewerbe werden im schweizerischen Wirtschaftsgebiete Vorteile erwachsen. Dem Fürstenhause mag die Trennung von der Jahrhunderte alten traditionellen Verbindung mit Österreich gewiss auch nicht leicht gewesen sein, aber schliesslich und endlich blieb zur Gesundung des Wirtschaftslebens nichts anderes übrig und heute stimmt der Fürst freudigen Herzens dem Anschlusse zu. Der heutige Tag sei ein derart wichtiger, dass selten ein Tag so tief in unser Volksleben eingegriffen habe. Wir müssen uns für unsere Erzeugnisse ein Absatzgebiet nach der Schweiz sichern.

Die Pauschalsumme von 150'000 Fr. sei allerdings niedrig gehalten, aber es sei ja vorgesehen, dass nach 3 Jahren eine Revision stattfinden könne, wenn sich die schweizerischen Zolleinnahmen auf der heutigen Höhe erhalten. Die Hoffnung sei begründet, dass nach dieser Zeit eine Jahressumme von mindestens 200'000 Fr. ausbezahlt werde. Das Erträgnis der Stempelsteuer sei nicht in der Pauschalsumme inbegriffen.

Bei unserem kleinen Wirtschaftsgebiete seien wir nicht fähig, günstige Handelsverträge zu schliessen. Die Schweiz aber habe erst kürzlich mit Italien und Spanien sehr günstige Handelsverträge abgeschlossen,[8] die nichts anderes als Kompensationsverträge seien. Unser kleines Land sei kein Aufnahmegebiet, weshalb wir zum Abschluss von guten Handelsverträgen unfähig seien.

Er habe nie geglaubt, dass die Industrie mit dem jetzigen Absatzgebiete besser abschliesse. Die Vorteile des Zollvertrages seien auch Jenny bekannt gewesen. Das Projekt der Donaukonföderation[9], mit dem die Fabrikanten lange liebäugelten, war eine Utopie und ist wohl endgiltig begraben. Der Zollvertrag bringt Arbeitsgelegenheit und dem

---

7   Der Landtag hatte eine Kommission zur Beratung des Zollvertragsentwurfs bestellt.
8   Handelsvertrag zwischen der Schweiz und Italien vom 27.1.1923 (AS, Bd. 40, 1924, S. 104-232); Handelsvertrag zwischen der Schweiz und Spanien vom 15.5.1922 (vgl. Bundesblatt 74 (1922), Bd. II, S. 147-164).
9   Nach dem Ersten Weltkrieg diskutierter politischer und wirtschaftlicher Zusammenschluss der Staaten des Donauraums und des Balkans.

Gewerbe Ausdehnung seines Arbeitsfeldes. Eine weitere Gefahr drohe uns mit unserer Obstwirtschaft, wenn wir selbständiges Wirtschaftsgebiet bleiben, die Erfahrungen von 1922 sind noch in frischer Erinnerung. Österreich und Süddeutschland seien mit Obst sehr gesegnet; im schweiz. Wirtschaftsverbande winke uns, trotzdem die Schweiz Obst im Überflusse erzeuge, die Möglichkeit, unsere Obstproduktion zu verwerten. Die Schweiz habe ihr Obst letztes Jahr besser abgesetzt als wir. Die Vorteile des Vertrages für unser Wirtschaftsgebiet seien sehr grosse. Er könne deshalb jedem Abgeordneten die Annahme des Zollvertrages nur empfehlen.

[Rudolf] Matt empfiehlt jedem Unterländer die Annahme.

Reg.Chef. Die so notwendige Geldbeschaffung wird allseits von der Annahme des Zollvertrages abhängig gemacht.

[Josef] Gassner. In dieser Sache hat man nun schon durch viele Jahre verhandelt und er beantrage deshalb, dass über die Annahme abgestimmt werde.

Präsident. Liechtenstein soll die Gelegenheit, einen Zollvertrag mit der Schweiz zu schliessen, mit Händen und Füssen ergreifen. Dem Landesfürsten sei es sicher auch schwer gefallen, sich von einer mehrere Generationen alten Tradition loszumachen, aber schliesslich habe auch er eingesehen, dass der wirtschaftliche Anschluss an die Schweiz für das Land vorteilhaft sei. Wenn schon unser Fürst den Vertrag empfehle, so dürfen wir umso befriedigter Ja sagen. Die Nachteile des Vertrages sind uns wohl bekannt, manche Bedingungen fallen uns schwer; die Vorteile aber, die wir aus dem Vertrage ziehen, überwiegen aber bedeutend.

Er empfiehlt die Annahme des Vertrages.

Abstimmung mit Namensaufruf.

Der Zollvertrag wird einstimmig von allen anwesenden Abgeordneten angenommen.

Gesetz
vom ...
betreffend die Genehmigung des Vertrages vom 29. März 1923 zwischen dem Fürstentum Liechtenstein und der Schweizerischen Eidgenossenschaft über den Anschluss des Fürstentums Liechtenstein an das schweizerische Zollgebiet

Ich erteile dem nachstehenden Landtagsbeschluss vom 26. Mai 1923 Meine Zustimmung:

Art. 1

Der am 29. März 1923 unterzeichnete Vertrag zwischen dem Fürstentum Liechtenstein und der Schweizerischen Eidgenossenschaft über den Anschluss des Fürstentums Liechtenstein an das schweizerische Zollgebiet, sowie das Schlussprotokoll vom gleichen Datum werden genehmigt.

Art. 2

Die Regierung wird mit dem Vollzuge dieses Gesetzes beauftragt.[10]

Gesetz betr. Ratifizierung des Zollvertrages wird, wie es vorliegt, einstimmig angenommen.

Reg.Chef und *Landtagspräsident* sprechen dem liechtenst. Gesandten Dr. Beck den Dank für seine erfolgreiche Tätigkeit in Sachen des Zollvertrages aus.

---

10 Gesetz vom 10.7.1923 betreffend die Genehmigung des Vertrages vom 29. März 1923 zwischen dem Fürstentum Liechtenstein und der Schweizerischen Eidgenossenschaft über den Anschluss des Fürstentums Liechtenstein an das schweizerische Zollgebiet, LGBl. 1923 Nr. 23.

Dok. 204
Die Regierung rechtfertigt ihr Vorgehen bei der Aufhebung der Gesandtschaft in Wien

Maschinenschriftlicher Text des Referats von Regierungschef Gustav Schädler in der Landtagssitzung vom 11.6.1923[1]

o.D. (zu 11.6.1923)

Zur Auflösung der Wiener Gesandtschaft

Anlässlich der Auflösung der liechtensteinischen Gesandtschaft in Wien wurden verschiedene unwahre Gerüchte verbreitet,[2] um unser Volk zu beunruhigen und der Regierung Schwierigkeiten zu machen. Die Regierung sah sich deshalb veranlasst, in Nr. 15 der beiden Landesblätter[3] folgende kurze Aufklärung im Gegenstande zu veröffentlichen:

«1. Die Auflösung der Gesandtschaft ist schon seit Herbst 1920 ein Wunsch Seiner Durchlaucht des Fürsten [Johann II.] und Seiner Durchlaucht des Prinzen Franz sen. [von Liechtenstein], dem Seine Durchlaucht, der Fürst, die aussenpolitische Vertretung übertragen haben (L.Gbl.Nr. 1 Jahrgang 1922).

2. Die Auflösung wurde von Seiner Durchlaucht dem regierenden Fürsten wiederholt angeordnet, aber jedesmal von interessierter Seite wieder hintertrieben, einmal sogar aus parteipolitischen Gründen.

3. Die Auflösung ist daher kein Werk, das die jetzige Regierung eingeleitet hat, sondern der Weg ist derselben vorgezeichnet durch fürstliche Entschliessungen und vorzüglich durch einen Beschluss der vorhergehenden Regierung, welche im Oktober 1921 dem Fürsten vorgeschlagen hat, die Auflösung solange aufzuschieben, bis der Bundesrat bezüglich des Zollvertrages Beschluss gefasst habe.[4] Der Fürst stimmte diesem Antrage zu und die Regierung fasste am 29. Oktober 1921 den Beschluss, ‹bezüglich Wiener Vertretung Entschliessung des Fürsten begrüsst›.[5] Schriftführer bei der bezüglichen Sitzung war Dr. [Josef] Hoop. In dem erwähnten Berichte führte die Regierung auch an: ‹Eine von Höchster Seite gewünschte Regelung zu durchkreuzen, war nicht meine Absicht.›[6]

---

1 LI LA RE 1923/ad 50. Ebd. ein weiteres Exemplar sowie ein Entwurf. Regierungschef Gustav Schädler berichtete dem Landtag am 11.6.1923 über die Schliessung der Gesandtschaft in Wien (LI LA LTP 1923/041). Die Regierung stellte das Referat den Landeszeitungen zur Verfügung, die es vollständig veröffentlichten: O.N., Nr. 50, 27.6.1923, S. 1f.; Nr. 51, 29.6.1923, S. 1f.; Nr. 52, 4.7.1923, S. 1f.; L.Vo., Nr. 58, 25.7.1923, S. 1; Nr. 59, 28.7.1923, S. 1f.; Nr. 60, 1.8.1923, S. 1; Nr. 61, 4.8.1923, S. 1; Nr. 62, 8.8.1923, S. 1f. Das «Liechtensteiner Volksblatt» veröffentlichte zusätzlich ein «Eingesendet», in dem Kritik am Referat geübt wurde (L.Vo., Nr. 64, 15.8.1923, S. 1f. («Die Aufhebung der Wiener Gesandtschaft»)).

2 Das «Liechtensteiner Volksblatt» publizierte im Februar 1923 zwei Artikel, die die Aufhebung der Wiener Gesandtschaft per 1.3.1923 kritisierten: L.Vo., Nr. 11, 10.2.1923, S. 1f. («Die fürstliche Gesandtschaft in Wien soll aufgelöst worden sein»); Nr. 13, 17.2.1923, S. 1 («Die liechtenstein. Gesandtschaft in Wien»).

3 L.Vo., Nr. 15, 24.2.1923, S. 1; O.N., Nr. 15, 24.2.1923, S. 1f. («Zur Auflösung der Wiener Gesandtschaft»).

4 Vgl. LI LA SF 01/1921/ad 153, Regierungschef Josef Ospelt an Kabinettsdirektor Josef Martin, 12.10.1921; LI LA SF 01/1921/161r, Martin an Ospelt, 24.10.1921; LI LA SF 01/1921/161v, Ospelt an Kabinettskanzlei, 29.10.1921.

5 LI LA AS 33/02, Protokoll der Regierungssitzung vom 29.10.1921, Traktandum 17.

6 Diese Äusserung machte Regierungschef Ospelt in einem Schreiben an Kabinettsdirektor Martin vom 9.10.1921 (LI LA SF 01/1921/ad 153).

4. Tatsache ist, dass die Kosten der Wiener Interessen-Vertretung durch die Schweiz geringe sein werden, besonders wenn man bedenkt, dass die Wiener Gesandtschaft äusserst schwach beschäftigt ist.»

Da nun das Liechtensteiner Volksblatt vom 24. Febr. d.J. das Mitgeteilte der fürstlichen Regierung als Unwahrheit darstellte und sohin versuchte, die Autorität der Regierung zu untergraben,[7] sieht sich diese veranlasst, dem hohen Landtage hiemit eine eingehende Darstellung vom Verlaufe der Gesandtschafts-Auflösung zu unterbreiten und den Landtag zu ersuchen, derselbe wolle seine Geschäftsprüfungskommission beauftragen, diese Angelegenheit auf Grund der Akten zu prüfen und dann dem Landtage vom Ergebnisse der Untersuchung Mitteilung zu machen.

Die Auflösung der Wiener fürstl. Gesandtschaft zieht sich schon seit September 1920 hin. Immer wieder befahl der Fürst die Aufhebung der Gesandtschaft, ordnete deren Liquidation an und verfügte wiederholt die Anbahnung von Verhandlungen mit dem Schweiz. Bundesrate wegen Übernahme der liechtensteinischen Interessenvertretung in Österreich durch die Schweizerische Gesandtschaft in Wien. Sobald wieder eine fürstliche Entschliessung bezüglich der Auflösung erflossen war, erfolgte von irgendeiner Seite ein Einspruch; so kam es, dass unsere Gesandtschaft in Bern einigemal die bereits mit dem Bundesrate eingeleiteten Abmachungen rückgängig machen musste, was gewiss nicht zur Förderung des Ansehens des Fürstentums beitrug. Die Akten, die durch diese Auflösung verursacht wurden, sind sehr umfangreich. Es kann sich jedoch im Rahmen dieses kurzen Referates nur darum handeln, das Hauptsächlichste aus diesen Akten auszugsweise und, wo es nötig erachtet wurde, wörtlich anzuführen.

Die Akten wurden in der Zeitfolge ihres Entstehens benützt.

I.

1. Bei der allgemeinen Übertragung der Interessenvertretung an die Schweiz wurde von uns eine Ausnahme bezüglich der Schweiz, Österreich und der Cechoslovakei gemacht und zwar in der Schweiz und in Österreich mit Rücksicht auf unsere Gesandtschaften in Bern und Wien, für die Cechoslovakei trug man sich durch Jahre hindurch mit dem Plane, eine eigene Vertretung in Prag zu errichten.[8]
2. Am 24. September 1920 wurde von der Berner Gesandtschaft das Schweiz. Politische Departement erstmals angefragt, ob es bereit wäre, die liechtensteinische Vertretung in Österreich zu übernehmen.[9]
3. Das Schweiz. Politische Departement frug nun bei der österr. Regierung inoffiziell an, wie sich dieselbe zur Übernahme der Interessenvertretung durch die Schweiz stellen werde; die Wiener Regierung antwortete in zustimmendem Sinne. Das Politische Departement seinerseits aber äusserte auf Grund eines Berichtes des Schweizer Gesandten in Wien [Charles-Daniel Bourcart] gewisse Bedenken mit Rücksicht auf unsere besonderen Verträge mit Österreich.[10]

---

7 L.Vo., Nr. 15, 24.2.1923, S. 1 («Zur Auflösung der Wiener Gesandtschaft»).
8 Vgl. LI LA V 002/0047, Geschäftsträger Emil Beck an Regierung, 24.10.1919.
9 LI LA V 002/0047, Emil Beck an Paul Dinichert, Leiter der Abteilung für Auswärtiges des Eidgenössischen Politischen Departementes, 24.9.1920.
10 Vgl. LI LA SF 01/1920/180, Kabinettskanzlei an Regierung, 17.12.1920; LI LA V 002/0047, Prinz Eduard, Gesandter in Wien, an Emil Beck, 23.1.1921.

II.

1. In einem von Feldkirch vom 14. Nov. 1920 datierten Briefe (Zl. 207/Präs. 1920) berichtete der damalige Regierungschef *Dr. [Josef] Peer* unter anderem dem Vorstand der Kabinettskanzlei [Josef Martin]:[11] «Was die Auflösung der Gesandtschaft anlangt, wird man es schliesslich ohne dieselbe nach dem 31. Dezember 1920[12] auch richten können, wenn auch manchmal das Bestehen der Einrichtung ganz bequem und erwünscht war, wenn man irgendetwas bei einer österr. Behörde zu besorgen hatte.»

2. Schon 5 Tage später, also am 19. Nov. 1920 änderte Hofrat Dr. Peer seine Haltung, indem er nach Wien meldete (Zl. 209/Präs. 1920):[13] «Es sind heute bei mir die Herren Landtagspräsident [Friedrich] Walser und Professor Dr. [Eugen] Nipp erschienen und es hat insbesondere der Letztere darauf aufmerksam gemacht, dass es in weiten, nicht zur Volkspartei gehörigen Kreisen einen ziemlich üblen Eindruck machen müsste, wenn mit der Tatsache zu rechnen wäre, dass am 31. Dezember 1920 nicht nur die Gesandtschaft, sondern auch ihr derzeitiger Chef [Prinz Eduard von Liechtenstein] vom Schauplatze verschwindet, weil eine solche Massnahme bei der bekannten Gegnerschaft der Volkspartei und ihrer Führer gegen den Prinzen Eduard notwendigerweise als eine Konzession an diese Partei ausgelegt würde.
Ich habe selbstverständlich von der im Prinzipe ja längst beschlossenen und hernach verfügten Auflösung der Gesandtschaft absichtlich nichts verlauten lassen, um diese Angelegenheit nicht überflüssigerweise zum Gegenstande von Erörterungen werden zu lassen. Inzwischen scheint aber doch darüber so manches an die Öffentlichkeit durchgesickert zu sein, woran vielleicht nicht zuletzt eine gewisse Mitteilsamkeit Seiner Durchlaucht des Prinzen Eduard selbst Schuld tragen dürfte. ...
Es dürfte daher aus politischen Gründen empfehlenswert sein, die Sache noch ein wenig zu überlegen, und ich stelle es daher Euer Hochwohlgeboren anheim, in dieser Richtung bei Seiner Durchlaucht dem regierenden Fürsten vorstellig zu werden. ...

3. Was immer geschehen mag, wird es gut sein, allfällige Massnahmen in aller Stille zu treffen und so zu vermeiden, dass sie zum Gegenstande öffentl. Erörterungen werden.»

III.

1. Die Kabinettskanzlei teilte am 16. Jänner 1921, Z. 12/Präs. (Regierungszahl 16/Präs. 1921), dem Prinzen Eduard mit, «dass Seine Durchlaucht der regierende Fürst nunmehr als *endgiltigen Termin* für die Auflösung der Gesandtschaft den 31. März 1921 *unwiderruflich* festzusetzen geruhten.»[14]

2. Hofrat Dr. Peer schrieb darauf am 6. Februar 1921 (Z. 201/Präs. 1921)[15] an den Vorstand der fürstl. Kabinettskanzlei, dass Durchlaucht *Prinz Eduard* ihn in einem Berichte ersucht habe, mit seinen Schritten in Bern wegen Auflösung der Gesandt-

---

11 LI LA SF 01/1920/207.
12 Fürst Johann II. hatte Ende September 1920 beschlossen, die Gesandtschaft in Wien per 31.12.1920 aufzuheben (LI LA V 003/1140, Kabinettskanzlei an Prinz Eduard, 1.10.1920). In der Folge wurde der Termin für die Aufhebung wiederholt hinausgeschoben (LI LA V 003/1140, Prinz Eduard an Kabinettskanzlei, 24.11.1920; LI LA SF 01/1920/180, Kabinettskanzlei an Regierung, 17.12.1920).
13 LI LA SF 01/1920/209, Regierungschef Josef Peer an Josef Martin, 19.11.1920.
14 LI LA SF 01/1921/016; LI LA V 003/1141.
15 LI LA SF 01/1921/201.

schaft in Wien nicht zu sehr zu eilen, da der regierende Herr vielleicht doch noch aufgrund seines Memorandums eine Stellungnahme der Regierung und des Landes wünschen werde.[16]

Er (Dr. Peer) habe aber in Bern Dr. [Emil] Beck vom Stand der Dinge in Kenntnis gesetzt, da für ihn die Wünsche des Fürsten und dessen Resolution betreffend die Auflösung der Gesandtschaft massgebend wären.

Wenn er auch den Standpunkte des Prinzen Eduard begreife, dass dieser nach Kräften bemüht sei, die Auflösung der Gesandtschaft hinauszuschieben, so sei ihm doch begreiflicherweise die durch das Memorandum des Prinzen Eduard etwas geänderte Haltung des Fürsten nicht ganz gelegen, da er ja schon im Sinne der früheren Weisungen tätig geworden sei.[17]

3. Unsere Gesandtschaft in Wien liess die Berner Gesandtschaft am 23. Jänner 1921 wissen, dass die Schweiz nach Aussage ihres Wiener Gesandten unsere Vertretung in Österreich nicht vor Abschluss des Zollvertrages übernehmen werde. Weiters wurde der Berner Geschäftsträger ersucht, die Verhandlungen in dem Sinne zu führen, dass der direkte Verkehr des Fürsten und unserer Regierung mit dem Schweizer Gesandten in Wien durch Vermittlung der fürstl. Kabinettskanzlei möglich wäre. Endlich wurde unserem Berner Vertreter Weisung (von Wien aus) gegeben, «auf die Überleitung in das neue System für Anfang April bedacht zu sein», jedoch vorläufig zuzuwarten, bis der neue Regierungschef sich dem Bundespräsidenten [Edmund Schulthess] vorgestellt und mündliche Weisungen erteilt haben werde.[18]

4. Nach dem Besuch Dr. Peers beim Bundespräsidenten[19] teilte Dr. Beck, Bern, dem Politischen Departemente inoffiziell mit, dass die Auflösung des Justizvertrages mit Österreich[20] in Aussicht genommen sei und erhielt die ebenfalls inoffizielle mündliche Antwort, dass diese Erklärung genügen würde. Gleichzeitig wurden die näheren Bedingungen der Übernahme besprochen und die Kabinettskanzlei am 25. April 1921 ersucht, ihre Stellungnahme mitzuteilen, um ein Gesuch in Bern einreichen zu können.[21]

5. Bis zum Herbste 1921 lässt sich dann aus den Akten nichts feststellen, was im Gegenstande weiter geschah. Es scheint, dass es wieder gelang, die Auflösung der Wiener Gesandtschaft zu hintertreiben.

IV.

1. Der österr. Minister für Äusseres, [Johannes] Schober, schrieb am 6. September 1921, Z. 4419 Präs., an Prinz Franz sen.: «Ich habe ... davon Kenntnis genommen, dass das Fürstentum Liechtenstein nach Liquidation der hiesigen fürstl. Gesandtschaft künftighin durch die Schweiz. Gesandtschaft in Wien vertreten sein wird.»[22]

---

16 Wohl LI LA V 003/1141, Prinz Eduard an Johann II., 22.1.1921.
17 Die Regierung gibt hier den Inhalt des Schreibens von Peer etwas selektiv wieder, dieser wies nämlich auch darauf hin, dass die Schweiz vor der Übernahme der diplomatischen Vertretung Liechtensteins in Wien noch «einige Hindernisse beseitigen haben möchte» und dass er Emil Beck deswegen anweisen werde, vorerst keine weiteren Schritte zu unternehmen.
18 LI LA V 002/0047, Prinz Eduard an Emil Beck, 23.1.1921.
19 Peer wurde in Begleitung von Emil Beck am 28.1.1921 empfangen durch Bundesrat Giuseppe Motta und Bundespräsident Schulthess.
20 Staatsvertrag bezüglich der Justizverwaltung im Fürstenthum Liechtenstein vom 19.1.1884, LGBl. 1884 Nr. 8; öst. RGBl. 1884 Nr. 124.
21 LI LA V 002/0047, Emil Beck an Kabinettskanzlei, 25.4.1921.
22 LI LA SF 01/1921/ad 145.

2. Unterm 16. September 1921 ersuchte die fürstl. Kabinettskanzlei die Berner Gesandtschaft, die «Interessenvertretung in Wien durch den Schweizer Gesandten dortselbst derart betreiben zu wollen, dass unbedingt mit dem 1. Januar 1922 eine Übernahme erfolgen kann.»[23] Am gleichen Tage teilte die Kabinettskanzlei dem Geschäftsträger Dr. [Alfred] v. Baldass mit, die seit längerem geplante Auflösung der Wiener Gesandtschaft, deren provisorischer Charakter stets aufrecht erhalten wurde, sei in ein neues Stadium getreten, sodass für ihn (v. Baldass) ein Verbleiben in der gegenwärtigen Dienstverwendung über den 31. Dezember 1921 hinaus nicht möglich sein werde.[24]
Ebenfalls am 16. September 1921 wurde von der Kabinettskanzlei an die fürstl. Regierung berichtet (Präs. 146 Jahrg. 1921):[25]
«Im Hinblicke auf die durch das Entgegenkommen der österr. Regierung geschaffene Sachlage wolle nunmehr die Gesandtschaft in Wien alle für die Auflösung erforderlichen Arbeiten derart betreiben, dass mit Ende dieses Jahres der Abschluss der Liquidation zuversichtlich ermöglicht erscheint. ...»
3. *Legationssekretär Dr. v. Baldass*, dem nach dem Rücktritte des Prinzen Eduard von der Leitung der Gesandtschaft die Führung der Geschäfte bis zur weiteren Regelung am 8. Juli 1921 übertragen worden war,[26] wandte sich nun aber am 23. September 1921 an Herrn Regierungschef [Josef] Ospelt und gab seinem Befremden über den Auflösungsbeschluss Ausdruck. Er stellte fest, dass die Auflösungsordre nicht die verfassungsmässige Gegenzeichnung der Regierung trage und legte nahe, die Auflösungsfrage noch einmal zu erwägen und den Landtag anzuhören. Übrigens sei nur die Regierung befugt, die Gesandtschaft aufzulösen. Baldass untersuchte noch die Kostenfrage und kam zur Überzeugung, dass die Schweizer Vertretung das Land mindestens 8000 Fr. pro Jahr koste.[27]
4. Regierungschef Ospelt berichtete dann sofort, nämlich am 27. September 1921 (Zl. 148/Präs), an die fürstl. Kabinettskanzlei:[28] Er sei durch die Erlasse Z. 119/6-8[29] sehr überrascht worden. Anfangs Juli habe er wiederholt mündlich in Wien zum Ausdrucke gebracht, dass die Auflösung der Wiener Gesandtschaft einstweilen unterbleiben solle, um nicht den Vorwand zu nähren, das Fürstentum sei nun in gleicher Weise von der Schweiz abhängig wie bisher von Österreich etc. ... Ein solcher Schritt bedürfe überhaupt der Mitwirkung der Regierung ... Solange der Zollvertrag nicht abgeschlossen sei, sei die Auflösung verfrüht.
Die Berner Geschäftsträger erhielt gleichfalls unter dem 27. September 1921 von der fürstl. Regierung eine Mitteilung und zwar die vertrauliche Weisung, im Sinne folgenden Berichtes der Regierung an die Kabinettskanzlei vorzugehen:[30] «Eine Abschrift dieses Briefes[31] sende ich an unsern Herrn Geschäftsträger in Bern, mit dem Ersuchen, im Falle, als er infolge Ihres Schreibens vom 16. d.M. Zl. 119/8 nicht etwa

---

23 LI LA V 002/0047.
24 LI LA SF 01/1921/144.
25 LI LA SF 01/1921/145.
26 Zur Demission von Prinz Eduard vgl. LI LA SF 01/1921/ad 100, Prinz Eduard an Johann II., 6.7.1921; LI LA SF 01/1921/ad 101, Johann II. an Prinz Eduard, 8.7.1921.
27 LI LA SF 01/1921/148.
28 LI LA SF 01/1921/ad 148, Josef Ospelt an Josef Martin, 27.9.1921.
29 LI LA SF 01/1921/145, Erlass der Kabinettskanzlei, 16.9.1921; LI LA SF 01/1921/144, Josef Martin an Alfred von Baldass, 16.9.1921; LI LA SF 01/1921/146, Josef Martin an Emil Beck, 16.9.1921.
30 LI LA V 002/0047, Josef Ospelt an Emil Beck, 27.9.1921.
31 D.h. des Schreibens an Kabinettsdirektor Martin vom 27.9.1921 (LI LA SF 01/1921/ad 148).

schon entscheidende Schritte getan habe, einstweilen mit solchen zuzuwarten und ich bitte hochverehrten Herrn Kabinettsdirektor, mir die Gründe der im Gegenstande verflossenen Verfügungen ehestens mitteilen zu wollen.»

5. Der Berner Geschäftsträger sondierte darauf beim Politischen Departement, ob es ungehalten wäre, falls unsere Anfrage betr. Interessenvertretung rückgängig gemacht würde. Dies wurde verneint, da offizielle Schritte bei der österr. Regierung noch nicht getan worden seien.
Von dieser Auskunft machte der Berner Gesandte an Kabinettskanzlei und Regierung Mitteilung und fügte noch bei, dass das Departement zur Übernahme bereit gewesen wäre und sich schon früher verschiedentlich über den Stand der Angelegenheit erkundigt habe.[32]

6. Schon am 6. Oktober 1921 (Z. 119/11) antwortete die Kabinettskanzlei auf die Regierungsnote vom 27. Sept. 1921 und führte unter anderem aus: Die Auflösung der Gesandtschaft sei schon seit langem geplant. Schon Hofrat Dr. Peer habe den fürstl. Auftrag gehabt, in Bern mit den Bundesbehörden vorsichtig Fühlung zu nehmen. Die ganze Aktion sei daher «*nur als konsequente Weiterführung eines schon vor vielen Monaten gefassten und in den obwaltenden Umständen wohlbegründeten Planes*» zu betrachten. Der Zweck der Gesandtschaft, die Souveränität des Fürsten und des Landes zu betonen, sei erreicht. ... Die Angaben des Herrn Dr. v. Baldass über die Kostenfrage entsprechen den Tatsachen nicht.[33]

7. Endlich schrieb Prinz Franz sen. am 18. Juli 1921 aus Bern an die fürstl. Kabinettskanzlei:[34] «Herr Dr. Beck (in Bern) und ich sind der Ansicht, dass die Schweizer Vertretung auch, und dies sobald als möglich, Liechtenstein in Prag und Wien vertreten soll, da doch die reiche und sehr beachtete Schweiz ein anderes Gewicht in die Wagschale werfen kann als, sei's auch der beste, nur Liechtensteiner-Vertreter.»

8. Die Antwort des Regierungschefs Ospelt an die Kabinettskanzlei vom 9. Oktober 1921 betont, dass er sich in Unkenntnis darüber befunden habe, wie weit die Auflösung der Gesandtschaft gediehen sei. Es sei nicht seine Absicht gewesen, eine von Höchster Seite gewünschte Sache zu durchkreuzen. Er fahre jetzt nach Bern und werde nach seiner Rückkehr berichten.[35]

9. Anlässlich seines Antrittsbesuches beim schweiz. Bundespräsidenten äusserte dann Herr Regierungschef Ospelt Bedenken gegen die Übertragung der Vertretung in Wien vor Abschluss des Zollvertrages. Jedenfalls sollte sie nach seiner Ansicht nur unter der Bedingung erfolgen, dass wir uns besondere ad-hoc Vertretungen für Handelsverträge u.s.w. vorbehalten würden. Nachdem der Bundesrat aber einer solchen teilweisen Vertretung nicht günstig war, wurde Herr Dr. Beck in Bern angewiesen, zuzuwarten, bis neue Weisungen erfolgen. In diesem Sinne schrieb Herr Regierungschef Ospelt am 12. Oktober 1921 von Bern aus direkt an die Kabinettskanzlei in Wien[36] und diese teilte dann der fürstl. Regierung am 24. Oktober (Z. 119/14) mit,[37] «dass es Seine Durchlaucht unter den obwaltenden Verhältnissen vorziehen würden, wenn mit der Änderung der Interessenvertretung in Wien zugewar-

---

32 Vgl. LI LA V 002/0047, Emil Beck an Kabinettskanzlei, 27.9.1921; LI LA SF 01/1921/149, Emil Beck an Regierung, 27.9.1921.
33 LI LA SF 01/1921/153.
34 LI LA SF 01/1921/ad 153, Bericht Prinz Franz, 18.7.1921.
35 LI LA SF 01/1921/ad 153, Josef Ospelt an Josef Martin, 9.10.1921.
36 LI LA SF 01/1921/ad 153, Josef Ospelt an Josef Martin, 12.10.1921.
37 LI LA SF 01/1921/161r, Josef Martin an Josef Ospelt, 24.10.1921.

tet werden könnte, bis der Bundesrat in der Zollvertragsangelegenheit Beschluss gefasst» habe, worauf nun die Regierung am 29. Oktober 1921 in obigem Sinne beschloss: «bezüglich Wiener Gesandtschaft Entscheidung des Fürsten begrüsst.»[38]

10. In Erwägung stand für eine Zeit auch die Übertragung der Interessenvertretung vom Tage der Auflösung der Gesandtschaft bis zur Übernahme durch die Schweizer Gesandtschaft an die Zentralkanzlei.[39] Doch wurde dieser Plan fallen gelassen, in der Erinnerung an das üble Renommé, welches die Hofkanzlei, nun Zentralkanzlei, in der Bevölkerung genossen habe und wie schwer die Bekämpfung auftauchender Einwände wäre. Zum erstenmale tauchte hier der Gedanke auf, die Interessenvertretung bis auf weiteres durch die fürstl. Kabinettskanzlei besorgen zu lassen und ihr Dr. Hoop beizugeben (Schreiben der Regierung vom 14. November 1921, Zl. 163/Präs.).[40]

Eine Kabinettsordre vom 16. Jänner 1922, Zl. 19/Präs., meldete dann die Übertragung der Gesandtschaftsgeschäfte an die Kabinettskanzlei und die Zuweisung Dr. Hoops zu dieser Kanzlei mit dem Auftrage, insbesondere die in Betracht kommenden Gesandtschaftsagenden zu bearbeiten.[41] Der Vorstand der Kabinettskanzlei ersuchte jedoch noch vor Antritt des Amtes um Enthebung von demselben, worauf Dr. Hoop zum Geschäftsträger ad interim bestellt wurde.[42]

V.

1. Bis anfangs Juli 1922 geschah nun im Gegenstande nichts mehr. Bei der Anwesenheit Seiner Durchlaucht des Fürsten im Sommer 1922 wurde auch die Frage des Weiterbestehens der Wiener Gesandtschaft erörtert und hiebei der Standpunkt eingenommen, dass nach wie vor anzustreben sei, dass die gegenständlichen Agenden von der schweiz. Gesandtschaft in Wien übernommen werden. Dr. Beck, Bern, wurde ersucht, hinsichtlich einer endlichen Regelung mit der schweiz. Regierung in Fühlung zu bleiben und die Regelung zu betreiben. Im Auftrage Seiner Durchlaucht des Fürsten wurde auch wegen Übernahme der Wiener Interessenvertretung zu gleicher Zeit mit der schweiz. Gesandtschaft in Wien und zwar vor allem hinsichtlich einer Klarstellung des Agendenumfanges in Verbindung getreten.[43] Am 8. Juli erging von der Regierung in Ausführung des fürstlichen Wunsches ein Schreiben nach Bern, damit die Angelegenheit wieder aufgegriffen werde.[44] Nach neuen Verhandlungen mit dem Politischen Departemente teilte Geschäftsträger Dr. Beck am 21. Juli 1922 mit, dass namentlich einige Auskünfte über die Stellung Seiner Durchlaucht des Fürsten zu Österreich erwünscht wären.[45] Dieselben wurden am 23. August nach Fühlungnahme mit der Kabinettskanzlei erteilt.[46] Auf die bezüg-

---

38 Vgl. Anm. 5.
39 Vgl. LI LA SF 01/1921/163, Josef Martin an Josef Ospelt, 3.11.1921.
40 LI LA SF 01/1921/ad 163, Josef Ospelt an Josef Martin, 14.11.1921.
41 LI LA SF 01/1922/019. Es handelt sich nicht um einen Erlass der Kabinettskanzlei, sondern um ein Schreiben von Kabinettsdirektor Martin an Ospelt, in dem er diesem dem Vorschlag unterbreitet, die Gesandtschaftsgeschäfte der Kabinettskanzlei zu übertragen. Der Erlass der Kabinettskanzlei datiert vom 1.2.1922 (LI LA SF 01/1922/023).
42 Vgl. LI LA SF 01/1922/034, Josef Martin an Johann II., 26.2.1922; LI LA SF 01/1922/ad 34, Josef Ospelt an Josef Martin, 4.3.1922; LI LA V 003/1135, Alfred von Baldass an den österreichischen Aussenminister Leopold Hennet, 20.3.1922; LI LA V 003/1135, Erlass der Kabinettskanzlei, 31.3.1922.
43 Vgl. LI LA RE 1923/0467 ad 50, Kabinettskanzlei an Regierung, 6.2.1923.
44 LI LA V 002/0047, Regierung an Gesandtschaft Bern, 8.7.1922.
45 LI LA RE 1922/3239 ad 2969, Emil Beck an Regierung, 21.7.1922.
46 Vgl. LI LA RE 1922/3845 ad 2969, Josef Martin an Gesandtschaft Bern, 21.8.1922.

lichen Mitteilungen des Berner Geschäftsträgers holte das Politische Departement die Ansichtsäusserungen seines Wiener Gesandten ein und ersuchte Dr. Beck im November um Mitteilung der bestehenden Staatsverträge, worauf sich dieser sofort um Aufschluss nach Vaduz wandte.[47] Das Politische Departement äusserte namentlich auch Bedenken wegen des Justizvertrages, welche Bedenken Dr. Beck am 5. Dezember 1922 der Regierung mitteilte.[48] Die Regierung antwortete am 6. Dezember, dass der Bestand des Justizvertrages sehr umstritten sei und dass vor allem einige Artikel durch das Gerichtsorganisationsgesetz[49] ausser Kraft gesetzt worden seien. Namentlich Österreich bezwifle den Fortbestand des Vertrages und in Wien schweben übrigens gerade bezüglich dieses Vertrages schon seit langer Zeit Verhandlungen.[50] Aufgrund dieser Mitteilungen setzte Dr. Beck, Bern, nun nach einer mündlichen Verhandlung der Angelegenheit mit dem Politischen Departement mit Note vom 15. Dezember das Rechtsverhältnis zu Österreich auseinander und ersuchte das Departement, die Vertretung nunmehr «binnen kurzer Frist» übernehmen zu wollen.[51] Die Antwort auf diese Note erfolgte mit Note vom 27. Jänner 1923 in zustimmendem Sinne.[52]

2. Etwas überrascht wurde die fürstl. Regierung durch ein Schreiben der Gesandtschaft in Wien vom 7. Febr. d.Js., worin Dr. Hoop mitteilte, dass er beim Bundesminister für Äusseres [Alfred Grünberger] anlässlich einer Erkundigung, wie sich Österreich zur Auflösung der Wiener Gesandtschaft verhalte, erfahren habe, dass man keinen Grund für die Auflösung der Gesandtschaft sehe, nachdem Liechtenstein in den besten Beziehungen mit Österreich lebe. Er (Dr. Hoop) schlug dann eine mündliche Besprechung seitens des Herrn Regierungschefs oder des Herrn Kabinettsdirektors mit dem Bundesminister vor, da er den Eindruck hätte, dass die Auflösung der Gesandtschaft auf Österreich keinen günstigen Eindruck hervorrufen würde.[53]

Die Regierung wies aber sofort in einem Schreiben an die Kabinettskanzlei[54] auf das Präsidialschreiben des österr. Bundesministeriums für Äusseres vom 6. September 1921 hin, womit zur Kenntnis genommen wurde, dass Liechtenstein nach Liquidation der Wiener Gesandtschaft durch die Schweiz vertreten werde.[55]

Die Situation wurde jedoch bald geklärt, indem Durchlaucht Prinz Franz sen. am 10. Febr. beim Bundesminister für Äusseres, Dr. Grünberger, vorsprach, wobei laut Mitteilung der fürstl. Kabinettskanzlei (Z. 509/Reg. 1923) ausdrücklich festgestellt wurde, dass das Präsidialschreiben vom 6. September 1921 nach wie vor zurecht bestehe.[56] Dr. Grünberger erklärte, dass er vom Standpunkte, welchen der seinerzeitige Bundesminister für Äusseres, Dr. Schober, mit Note Z. 4419 Präs. vom 6. September 1921 im Gegenstande eingenommen hatte, nichts gewusst habe und

---

47 LI LA RE 1922/5428 ad 2969, Emil Beck an Regierung, 30.11.1922; Regierung an Gesandtschaft, 3.12.1922.
48 LI LA RE 1922/5502 ad 2969, Emil Beck an Regierung, 5.12.1922.
49 LGBl. 1922 Nr. 16.
50 LI LA V 002/0047, Regierung an Gesandtschaft, 6.12.1922.
51 LI LA V 002/0047.
52 LI LA V 002/0047, Note des Schweizerischen Politischen Departements an die Gesandtschaft Bern, 27.1.1923.
53 LI LA V 003/1130.
54 LI LA RE 1923/0486 ad 50.
55 LI LA SF 01/1921/ad 145, Johannes Schober, Bundesminister für Äusseres, an Prinz Franz, 6.9.1921.
56 LI LA RE 1923/0509 ad 50, Kabinettskanzlei an Regierung und an Gesandtschaft Wien, 10.2.1923. Vgl. auch LI LA RE 1923/0569 ad 50, Kabinettskanzlei an Regierung, 14.2.1923.

dass österreichischerseits gegen eine bezügliche Durchführung keine Bedenken obwalten und sich eine Vertretung Liechtensteins durch die Schweiz auch bei Behandlung gleicher Interessenangelegenheiten, wie Vieh-Ein- und Ausfuhr etz., als praktisch erweisen würde.

3. Mit Note vom 22. Febr. 1923 wurde der österr. Aussenminister von der Auflösung verständigt.[57] Derselbe nahm, wie er am 27. Febr., Zl. 312/Präs., an die Regierung mitteilte, von der Auflösung der Gesandtschaft und der Übernahme der Interessenvertretung Kenntnis und schrieb weiter: «Ich bitte Sie, Herr Regierungschef, bei diesem Anlasse versichert zu sein, dass die österr. Regierung sich die Pflege der bestehenden freundschaftlichen Beziehungen zwischen dem Fürstentum und der Republik Österreich nach wie vor besonders angelegen sein lassen wird und dass ich dem Herrn Schweiz. Gesandten in Wien auch in der ihm künftighin übertragenen Vertretung der liechtensteinischen Angelegenheit jederzeit volles Vertrauen und grösste Bereitwilligkeit entgegenbringen werde.»[58]

Mit der Wirksamkeit vom 1. März 1923 wurde die Gesandtschaft in Wien nun aufgelöst.[59] Dr. Hoop erhielt für seine Tätigkeit ein fürstl. Handschreiben[60] und ist vorläufig der fürstl. Zentralkanzlei in Wien zugewiesen.[61]

Resumiert man die vorstehenden Ausführungen, so ergibt sich folgendes:
1. Erstmals wurde die Auflösung der Gesandtschaft am 24. September 1920 in die Wege geleitet. Die Schweiz äusserte damals Bedenken aufgrund eines Berichtes ihres Wiener Gesandten, mit Rücksicht auf unsere besonderen Verträge mit Österreich.
2. Die Fortsetzung dieser Schritte erfolgte im November des gleichen Jahres. Am 14. November 1920 berichtete Hofrat *Dr. Peer* an den Vorstand der Kabinettskanzlei, dass man schliesslich auch ohne Gesandtschaft auskomme.
Schon am 19. November sah sich Dr. Peer aber veranlasst einen zweiten Brief zu schreiben, des Inhaltes, dass Präsident Walser und Dr. Nipp bei ihm vorstellig wurden und sich gegen die Auflösung der Gesandtschaft wehrten, «weil eine solche Massnahme bei der bekannten Gegnerschaft der Volkspartei und ihrer Führer gegen den Prinzen Eduard notwendigerweise als eine Konzession an diese Partei ausgelegt würde.»
3. Am 16. Jänner 1921 erfolgte dann eine fürstliche Resolution, dass die Auflösung unwiderruflich am 31. März 1921 zu erfolgen habe. *Prinz Eduard* arbeitete nun ein Memorandum aus, um die Auflösung hinauszuschieben.
4. Am 16. September 1921 wurde die Auflösung der Gesandtschaft neuerlich aufgerollt und beschlossen, dass, nachdem die österr. Regierung am 6. September 1921 die Übertragung der Interessenvertretung an die Schweiz zur Kenntnis genommen hatte, die Auflösung unbedingt mit dem 1. Jänner 1922 erfolgen solle.
Hier trat nun der damalige Geschäftsträger *Dr. v. Baldass* der Gesandtschaftsauflösung mit einem Schreiben an den Herrn Regierungschef Ospelt entgegen. Die damalige Regierung ging auf die Baldass'schen Anregungen ein, da die Auflösung nicht am Platze sei, solange die Zollanschlussfrage noch schwebe.

---

57 LI LA RE 1923/0639 ad 50, Gustav Schädler an Alfred Grünberger, 22.2.1923.
58 LI LA RE 1923/0911 ad 50, Alfred Grünberger an Gustav Schädler, 27.2.1923.
59 Vgl. LI LA RE 1923/0747 ad 50, Regierung an Gesandtschaft Wien, 1.3.1923.
60 LI LA RE 1923/1019 ad 50, Kabinettskanzlei an Regierung, 12.3.1923.
61 LI LA RE 1923/0891 ad 50, Erlass der Kabinettskanzlei, 5.3.1923.

Dem gegenüber wies Herr Kabinettsdirektor Martin darauf hin, die Auflösung der Gesandtschaft sei schon lange beschlossen, die ganze Aktion sei nur als konsequente Weiterführung eines schon vor Monaten gefassten, und in den obwaltenden Umständen wohlbegründeten Planes zu betrachten. Der Zweck der Gesandtschaft, die Souveränität des Fürsten und des Landes zu betonen und zu wahren, sei erreicht. Die Angaben des Herrn Dr. v. Baldass über die Kosten seien unrichtig.
Besonders trat auch Prinz Franz sen. für die Übertragung der Interessenvertretung an die Schweiz ein.
5. Seit Juli 1922 dauerten nun die Verhandlungen wegen der Interessenvertretung in Österreich fort und führten nun endlich zum Erfolge.

Es steht nun fest, dass die Auflösung der Gesandtschaft seit September 1920 wiederholt versucht und ebensooft hintertrieben wurde. Es steht weiter fest, dass der Zweck der Gesandtschaft, die Souveränität des Fürsten und des Landes zu betonen, erreicht ist, dass die Gesandtschaft schon lange nur mehr als Provisorium betrachtet wurde und dass dieser Umstand gerade auch bei der Übernahme der Gesandtschaft durch Dr. Hoop betont wurde. Endlich ist auch erwiesen, dass die Behauptung, die Auflösung unserer Wiener Gesandtschaft würde auf Österreich keinen guten Eindruck machen, vollkommen grundlos ist.

Aus den Mitteilungen der Berner Gesandtschaft ergibt sich ferner, dass dem Pol. Departement gegenüber mehrfach ein zögerndes Vorgehen eingeschlagen und ihm sogar einmal in Aussicht gestellt werden musste, dass unser Antrag gänzlich zurückgezogen werde. Es ist klar, dass eine so schwankende Politik keinen guten Eindruck machte. Das Departement erklärte jedoch damals, darüber nicht ungehalten zu sein, weil offizielle Schritte bei der österr. Regierung noch nicht unternommen worden seien und die Schweiz somit durch eine solche Redressierung nach aussen hin nicht kompromitiert erscheine.[62]

Im Frühling dieses Jahres wäre aber ein Rücktritt von den Verhandlungen wesentlich ungünstiger gewesen, nachdem wir damals bereits die offizielle und verbindliche Zusage erhalten hatten. Jedenfalls hätte ein solches Vorgehen der Schweiz gegenüber einen sehr schlechten Eindruck machen müssen. Die Gesandtschaftsauflösung wurde übrigens im Herbst 1921 für solange aufgeschoben, bis ein Bundesratsbeschluss bezüglich des Zollvertrages vorliege. Dieser Zeitpunkt war nun eingetreten, als die heutige Regierung die Auflösung auf den 1. März ds. Jahres beschloss.[63]

Tatsache ist auch, dass die Geschäfte der Wiener Gesandtschaft so abgenommen hatten, dass oft 14 Tage hindurch kein einziger Akt von der Wiener Gesandtschaft bei der fürstl. Regierung einlief oder von der Regierung an diese abging.

---

62 LI LA RE 1923/0416 ad 50, Emil Beck an Regierung, 3.2.1923. In diesem Schreiben fasste Beck auf Wunsch der Regierung den «Gang der Verhandlungen» mit der Schweiz über die Übernahme der Interessenvertretung zusammen.
63 Der Bundesrat hatte am 23.1.1923 dem Zollvertrag (LGBl. 1923 Nr. 24) zugestimmt.

Dok. 205
Die fürstliche Kabinettskanzlei ersucht die Gesandtschaft in Bern um inoffizielle Sondierungen zwecks Übernahme der liechtensteinischen Interessenvertretung in Prag durch die Schweiz

Maschinenschriftliches Schreiben des fürstlichen Kabinettsdirektors Josef Martin, gez. ders., an den liechtensteinischen Geschäftsträger in Bern, Emil Beck[1]

24.7.1923, Schloss Sternberg[2]

Prager Interessenvertretung
Hochgeschätzter Herr Legationsrat!
  Durch Vermittlung eines bekannten Ökonomieoberbeamten wurde mir kürzlich eine Unterredung mit dessen Vetter, dem Schweizerischen Generalkonsul in Prag, Herrn [Gerold F.] Déteindre,[3] herbeigeführt.
  Im Verlauf des Gespräches wurde auch die Frage einer fürstl. Interessenvertretung in Prag berührt. Ich habe das Stadium, in welchem sich die Angelegenheit befindet, sodann im blg. Memorandum[4] kurz skizziert.
  Im Gegenstande habe ich Ihren Durchlauchten dem Landesfürsten [Johann II.] und Prinzen Franz sen. [von Liechtenstein] vorgetragen und haben Höchstdieselben, sowie der fürstl. Herr Regierungschef [Gustav Schädler], mit welchem ich kürzlich in Wien gesprochen, den Standpunkt vertreten, dass vielleicht doch, nachdem eine zustimmende Antwort auf die Verbalnote der fürstl. Regierung vom Februar 1922[5] an das Prager Ministerium des Äusseren kaum mehr zu erwarten ist, mit Rücksicht auf die geänderten Verhältnisse die Wiederaufnahme der Frage einer Übernahme durch die Schweiz in Erwägung gezogen werden könnte.[6]

---

1   LI LA V 002/0048 (Aktenzeichen der fürstlichen Kabinettskanzlei: Präs. No. 55/5. Aktenzeichen der liechtensteinischen Gesandtschaft in Bern, wo das Schreiben am 1.9.1923 registriert wurde: 873).
2   Als Postadresse wurde angegeben: «Wien I. Minoritenplatz 4, von wo die Dienstpost täglich nachgeschickt wird».
3   1921-1927 Schweizer Honorar-Generalkonsul in Prag.
4   Liegt nicht bei, nicht aufgefunden.
5   Vgl. den Entwurf A der liechtensteinischen Gesandtschaft in Bern für eine Verbalnote der liechtensteinischen Regierung an das tschechoslowakische Aussenministerium, welcher am 3.2.1922 der liechtensteinischen Regierung sowie der fürstlichen Kabinettskanzlei zugesandt wurde (LI LA V 002/0048 (Aktenzeichen der Gesandtschaft in Bern: Beilage zu Zl. 135 und 136)). Darin wurde von der liechtensteinischen Regierung «ins Auge gefasst», eine Gesandtschaft in Prag zu errichten und Emil Beck mit dieser Mission zu betrauen. Wie aus dem Schreiben von Kabinettsdirektor Josef Martin an Emil Beck vom 11.4.1922 hervorgeht, wurde die Verbalnote von der liechtensteinischen Regierung Mitte Februar 1922 an das Aussenministerium in Prag gerichtet (LI LA V 002/0048 (Aktenzeichen der Kabinettskanzlei: Ad No. 12/5. Aktenzeichen der liechtensteinischen Gesandtschaft in Bern: 431)). Im Schreiben von Martin an die liechtensteinische Regierung vom 9.2.1923 wurde die Verbalnote auf den 2.2.1922 datiert (vgl. LI LA V 002/0048 (Aktenzeichen der Kabinettskanzlei: No. 55/2. Aktenzeichen der liechtensteinischen Gesandtschaft in Bern: 153 Blg. 2)), ebenso im vertraulichen Ergänzungsschreiben von Martin vom selben Tag (Aktenzeichen der Kabinettskanzlei: Ad No. 55/2. Aktenzeichen der Gesandtschaft in Bern: 153a).
6   Das Schweizerische Politische Departement hatte im Juli 1921 die liechtensteinische Interessenvertretung in Prag wegen der ablehnenden Haltung der tschechoslowakischen Regierung nicht übernehmen wollen (vgl. das Schreiben des liechtensteinischen Geschäftsträgers Beck an die liechtensteinische Regierung vom 28.7.1921 (LI LA V 002/0048 (Aktenzeichen der Gesandtschaft in Bern: 998/21))).

Im Höchsten Auftrag ersuche ich Sie, sehr geehrter Herr Legationsrat, im Sinne des Schlussabsatzes meines Memorandums in dieser Hinsicht inoffiziell in Bern zu sondieren.

Sollten Sie hiebei den Eindruck gewinnen, dass der geeignete Zeitpunkt zu einer Übernahme durch die Schweiz noch nicht gekommen, müsste an dem Projekt einer Akkreditierung Ihrer werten Person festgehalten werden. Nur erschiene es sehr vorteilhaft, wenn dann die fallweise Vermittlerstelle in Prag, welche Justizrat Dr. *[Victor] Kaplan* zugedacht war, das Schweizerische Generalkonsulat, wenn dies nicht angängig, Herr Generalkonsul Déteindre oder wenn dies mit Rücksicht auf dessen Rang nicht opportun erschiene, sonst ein Organ des Generalkonsulates übernehmen würde. Eine Klärung des Berner Standpunktes in dieser Hinsicht – siehe vorletzten Absatz meiner Darstellung – könnte sich vielleicht der vorstehend angegebenen Sondierung dann anschliessen, wenn diese ein negatives Ergebnis zeitigen sollte.

Beifügen möchte ich noch, dass die Sondierungen Ihrerseits streng vertraulich zu erfolgen hätten, weil sonst immerhin mit einer event. Durchkreuzung unserer Pläne in Prag durch Justizrat Dr. Kaplan gerechnet werden müsste.

Eine Abschrift meiner Zeilen sende ich unter einem dem fürstl. Herrn Regierungschef ein.

Indem ich um baldige Bekanntgabe Ihrer Wohlmeinung bzw. des Ergebnisses der von Ihnen unternommenen Schritte bitte,[7] bin ich mit dem Ausdrucke besonderer Wertschätzung

Ihr ergebenster

fürstl. Kabinettsdirektor.

---

7   Im Auftrage der liechtensteinischen Regierung unterbreitete Geschäftsträger Beck mit Note vom 22.9.1923 dem Eidgenössischen Politischen Departement die Frage, ob es sich bereit finden würde, die Vertretung der liechtensteinischen Interessen in Prag in der gleichen Weise zu übernehmen, wie dies bereits in den übrigen Staaten geschehe (LI LA V 002/0048 (Aktenzeichen der Gesandtschaft in Bern: 966)). Das Eidgenössische Politische Departement teilte der liechtensteinischen Gesandtschaft mit Note vom 11.10.1923 mit, dass der Schweizer Bundesrat beschlossen habe, dem Ansuchen zu entsprechen. Es fügte an, dass in der Regel alle Vertretungsaufträge der liechtensteinischen Regierung dem Politischen Departement abzugeben seien, welches in jedem Einzelfall dem schweizerischen Generalkonsulat in Prag die notwendigen Anordnungen erteile. Nur in sehr dringlichen Angelegenheiten, die keinen Aufschub gestatten, könne ausnahmsweise die fürstliche Kabinettskanzlei direkt an die schweizerische Vertretung in Prag das Ersuchen zur sofortigen Inschutznahme bedrohter Interessen und zur Vorkehrung zweckmässiger Massnahmen stellen (LI LA V 002/0048 (Aktenzeichen des Politischen Departementes: B 23/1 Liecht.2/1 – Fl. Aktenzeichen der liechtensteinischen Gesandtschaft in Bern: 1070)). Eine entsprechende Mitteilung seitens der Gesandtschaft an die liechtensteinische Regierung erging am 23.10.1923 (LI LA V 002/0048 (Aktenzeichen der Gesandtschaft: 1091)). Hingegen unterblieb vorläufig eine Benachrichtigung der tschechoslowakischen Regierung durch die Schweiz; diese erfolgte erst im Oktober 1924. Am 23.2.1925 teilte jedoch die tschechoslowakische Regierung dem Eidgenössischen Politischen Departement mit, dass sie gezwungen sei, auf das schweizerische Angebot zu verzichten, die Interessenvertretung für Liechtenstein durch das schweizerische Generalkonsulat in Prag zu übernehmen (vgl. CH BAR 2001(E)/1969/262, 43). Erst am 30. Juli 1938 erklärte die tschechoslowakische Regierung ihre Zustimmung zur Vertretung der liechtensteinischen Interessen in Prag durch die Schweiz.

Dok. 206
Das Werdenberger Initiativkomitee gegen den Zollvertrag mit Liechtenstein legt seine Argumente in der Broschüre «Zum Zollvertrag mit Liechtenstein: der Standpunkt der Anschluss-Gegner» dar

Gedruckte Broschüre, 24 Seiten, gez. Gallus Schwendener, Präsident des Werdenbergischen Initiativkomitees, und Jakob Vetsch, Aktuar des Werdenbergischen Initiativkomitees[1]

August 1923, Buchs

Zum Zollvertrag mit Liechtenstein – Der Standpunkt der Anschluss-Gegner
Buchdruckerei Buchs A.G.

Inhalt

		Seite
Karte (Titelblatt)		
Einführung		1
I.	Das österreichische Hauptzollamt in Buchs	2
II.	Der Zollvertrag mit Liechtenstein	10
	1. Der politische Aspekt	11
	2. Die Rechnung	16
	3. Die neue Zollgrenze	20
III.	Der Gegenvorschlag	21
IV.	Rekapitulation	24

Zum Zollvertrag mit Liechtenstein. Der Standpunkt der Anschluss-Gegner

Der liechtensteinische Nachbar ist in bedrängter Lage. Dem Manne muss geholfen werden. Darüber herrscht auch bei den Gegnern des Zollvertrages nur *eine* Meinung. Weit entfernt, der humanitären Tradition der Schweiz, wie sie die bundesrätliche Botschaft (Seite 10) mit beredten Worten schildert, untreu werden zu wollen, sind wir dieser in der Bezeugung freundnachbarlicher Gesinnung gegen Liechtenstein, unter gebotener Wahrung der schweizerischen Landesinteressen, schon in unsern Eingaben an das Politische Departement vom 15. Februar und 28. Oktober 1922 zuvorgekommen und können auch heute das dort Gesagte nur bestätigen.

Die Frage, *ob* dem Fürstentum Liechtenstein vonseiten der Schweiz Hülfe gebracht werden solle oder nicht, fällt daher, als allseitig bejaht, aus Abschied und Traktanden. Worüber die Meinungen auseinander gehen, das ist allein das Wie. Wir haben am 15. Februar 1922 gegen den damals geplanten und heute unterzeichneten und zur Ratifikation vorliegenden Zollvertrag mit Liechtenstein eine Reihe von Bedenken geltend gemacht, und einen dort angedeuteten, den schweizerischen Interessen gemässeren und dem Bedürfnis Liechtensteins vollauf gerecht werdenden Gegenvorschlag am 28. Oktober 1922 in concreto begründet und ausgeführt.

Da die Botschaft uns die Ehre erweist, unsere Einwände gegen die Zollunion in relativ breitem Räume einer kritischen Beleuchtung zu unterwerfen, so dürfte es der Abklärung der Sache und zugleich der schuldigen Rücksicht auf die den Kommissionen und den hohen Räten zur Verfügung stehende Zeit und auf die daher gebotene Kürze unserer

---

[1] Zum Zollvertrag mit Liechtenstein: der Standpunkt der Anschluss-Gegner. Hrsg. von Gallus Schwendener und Jakob Vetsch im Namen des «Werdenberger Initiativkomitees». Buchs: Buchdruckerei Buchs, 1923. LI LA SgZg 1923/2.

Ausführungen dienlich sein, wenn wir hier von einem Resümee unserer diversen Eingaben absehen und dafür die Thesen der Botschaft selber näher ins Auge fassen, mit andern sachkundigen Feststellungen vergleichen und durch weitere Dokumente ergänzen.

Nach dem Vorgang unserer Eingaben befasst sich auch die Botschaft nicht allein mit dem schweizerisch-liechtensteinischen Zollvertrage, sondern auch mit dem österreichischen Hauptzollamt in Buchs. Ob die Verkoppelung dieser zwei Gegenstände nur auf dem zufälligen Zusammentreffen äusserer Umstände oder ob sie auf einem inneren Zusammenhang beruhe, das wird sich aus dem Nachstehenden ergeben.

I. Das österreichische Hauptzollamt in Buchs

Die Verlegung des österreichischen Hauptzollamtes von Buchs nach Feldkirch hätte zur Folge, dass das schweizerische Zollamt nachfolgen müsste, und das um so sicherer, als im Falle der Zollunion mit Liechtenstein die schweizerische Zollgrenze bis vor die Tore Feldkirchs vorgeschoben würde. Eine zweifache Abfertigung von Passagieren und Gütern in Feldkirch und Buchs könnte nur zum grossen Schaden der internationalen Route Wien-Paris[2] eingeführt werden. Was aber die Übersiedlung beider Zollämter und damit die Erhebung Feldkirchs zum internationalen Transitbahnhof an Stelle von Buchs dem *Bund* (durch die Entwertung der Anlagen und durch seine Beteiligung an den Betriebs- und Unterhaltskosten des Bahnhofes Feldkirch) und der Gemeinde *Buchs* (durch den Wegzug der Speditionsgeschäfte und des Grossteils der Beamten — nicht zu reden von dem Umstände, dass künftig ein halbes Hundert Grenzwächter den beträchtlichen Gesamtbetrag ihrer Besoldung nicht mehr auf Schweizer-, sondern auf fremdem Boden verzehren würden) für schwere Nachteile bringen müsste, ergibt sich aus den nachstehenden Daten.

Die Speditionsgeschäfte in Buchs beschäftigen zusammen zirka 80 Angestellte. Prinzipalschaft und Angestellte repräsentieren ein steuerbares Einkommen von Fr. 255'000 und ein Steuervermögen von Fr. 436'000.

Die Post im Bahnhof Buchs beschäftigt 45 Angestellte mit einem steuerbaren Einkommen von Fr. 152'000 und einem Steuervermögen von Fr. 209'300.

Das schweizerische Hauptzollamt Buchs ohne das Grenzwachtpersonal zählt 31 Angestellte mit einem steuerbaren Einkommen von Fr. 110'800 und einem Steuervermögen von Fr. 197'400.

Das Bahnpersonal im Bahnhof Buchs zählt 210 Mann mit einem steuerbaren Einkommen von Fr. 558'100 und einem steuerbaren Vermögen von Fr. 301'700.

Rechnet man zwecks besserer Übersicht und um von der effektiven Steuereinnahme eine richtige Vorstellung zu erhalten, das steuerbare Einkommen in das entsprechende Steuervermögen um, so hat man die Einkommenssteuersumme auf das ungefähr Sechsfache zu erhöhen und erhält so an Stelle des Einkommens ein Steuervermögen von Fr. 7'060'800, hiezu den Betrag des direkten Steuervermögens von 1'144'400 Franken gezählt, ergibt ein Steuervermögen von Fr. 8'205'200. Hiezu das Lagerhaus der S.B.B. im Bahnhof Buchs mit seinem Steuervermögen von Fr. 669'000 gezählt, ergibt eine mit dem Bahnhof Buchs verbundene Totalsteuersumme von Fr. 8'874'200. Diese Zahlen zeigen, welch' eminentes Interesse sich für die zum Steuerbezug berechtigten staatlichen Organisationen (Bund, Kanton und Gemeinde) an die Erhaltung der bisherigen vertraglichen Einrichtungen im internationalen Grenzbahnhof Buchs knüpft und wie sehr sie für Buchs die eigentliche Lebensfrage bedeutet. In diesem Zusammenhang sei auch auf die Tatsa-

---

2 Fussnote im Original: «S. Eingabe des offiziellen Verkehrsbureaus St. Gallen vom 21. Januar 1922 an das Volkswirtschaftsdepartement zu Händen der st. gallischen Regierung und des Bundesrates.»

che hingewiesen, dass die S.B.B, und durch sie die schweizerische Eidgenossenschaft im Bahnhof Buchs mit einem Brandassekuranzkapital von Fr. 1'265'200 engagiert sind.

Die angegebenen Zahlen können wünschendenfalls amtlich belegt werden.

Nun drängt sich aber die Frage auf, ob der Fortbestand des österreichischen Hauptzollamtes in Buchs durch die Zollunion mit Liechtenstein zu unsern Ungunsten präjudiziert werden könnte, d. h. ob die Einverleibung Liechtensteins in das schweizerische Zollgebiet dem Freistaate Österreich, wenn nicht einen Rechtsgrund, so doch einen Vorwand liefern könnte, sich den aus den Staatsverträgen von 1870 und 1872[3] folgenden Pflichten zu entziehen. Über diesen Punkt gehen die Ansichten auseinander.

Der Bundesrat schreibt hierüber in seiner Botschaft (Seite 11): «Schweizerischerseits ist man dabei in der Lage, sich auf einen unanfechtbaren Rechtsboden zu stützen, indem der Artikel 18 des Staatsvertrages vom 28. August 1870 mit Österreich ausdrücklich bestimmt, dass an der österreichisch-schweizerischen Grenze für die Zollbehandlung an den Anschlusspunkten der beiderseitigen Eisenbahnen *vereinigte* (österreichisch-schweizerische) Zollämter mit den erforderlichen Befugnissen errichtet werden sollen. Ein Zollanschluss Liechtensteins an die Schweiz ist nun, wie schon gesagt, ohne Einfluss auf die Beurteilung dieser Verhältnisse, da die Eisenbahnlinie Buchs-Feldkirch nach wie vor sich im Eigentum der österreichischen Staatsbahnen befindet, welche, wie auch die österreichischen Zollbehörden, durch die zitierte Vertragsbestimmung gebunden bleiben.»

So liquid scheint uns die Sache doch nicht. Bei Abschluss des Staatsvertrages vom 27. August 1870 zwischen der Schweiz einerseits und Österreich-Ungarn mit Liechtenstein anderseits, über die Herstellung einer Eisenbahn von Feldkirch nach Buchs (Concessionsvertrag) bildeten Österreich-Ungarn und Liechtenstein ein *zusammengehöriges Zollgebiet*. Die politischen und Zollgrenzen der beiden vertragschliessenden Teile fielen zusammen und es wurde in Art. 18 des Vertrages bestimmt: «An der *österreichisch-schweizerischen Grenze* (offenbar Zollgrenze) sollen für die Zollbehandlung an den Anschlusspunkten der beidseitigen Eisenbahnen vereinigte (österreichisch-schweizerische) Zollämter mit den erforderlichen Befugnissen errichtet werden.»

Im Jahre 1919 hat Liechtenstein den Zollvertrag mit Österreich-Ungarn aufgehoben und sich in der Folge zu einem selbständigen Zollstaat aufgetan. Damit ist eine neue zollpolitische Lage geschaffen worden, welche die bisherigen faktischen und vertraglichen Verhältnisse vollkommen umgestaltet. Die Zollgrenze gegen Österreich ist von der politischen Grenze der Schweiz hinweg, an die politische Grenze eines andern Staates (Liechtenstein) verlegt worden. Diese Veränderung der tatsächlichen Verhältnisse aber muss neuen vertraglichen Regelungen rufen, gleichgültig, ob Liechtenstein selbständiger Zollstaat bleibe oder sich an die Schweiz anschliesse, gleichgültig auch, ob Deutsch-Österreich die Nachfolge von Österreich-Ungarn im Vertrage von 1870 anerkenne oder nicht. Hätten wir es mit grösseren Verhältnissen zu tun, als sie beim Fürstentum Liechtenstein vorliegen, so würde die Notwendigkeit der Vertragsrevision noch viel augenfälliger und zwingender in die Erscheinung treten. Wir wissen, wie in unsern Eingaben vom 15. Februar 1922 und 26. März 1923 an den Bundesrat näher ausgeführt worden ist, dass in Deutsch-Österreich Aspirationen zu Gunsten von Feldkirch und zum Schaden

---

3   Staatsvertrag vom 27.8.1870 zwischen Österreich-Ungarn, zugleich in Vertretung für Liechtenstein, Bayern und der Schweiz über die Herstellung einer Eisenbahn von Lindau über Bregenz nach St. Margarethen sowie von Feldkirch nach Buchs, öst. RGBl. 1871 Nr. 13. Zum österreichisch-schweizerischen Staatsvertrag vom 2.8.1872 vgl. die Kundmachung des österreichischen Finanzministeriums vom 26.2.1873, öst. RGBl. 1873 Nr. 30.

von Buchs bestehen und Deutsch-Österreich seine Nachfolge in den Verträgen von 1870 und 1872 keineswegs anerkennt. Diese Verumständungen erzeugen eine derart unübersichtliche Lage, dass es für die Schweiz im Interesse der Ordnung und Klarheit geboten ist, für Abklärung zu sorgen, bevor man neue bleibende Verhältnisse schafft, deren Tragweite ebenfalls noch im Dunkeln liegt.

Es gäbe allerdings noch eine andere Lösung der Rechtsfrage, eine Lösung, die der Zustimmung Österreichs von vornherein sicher wäre und jedem Streit über die Auslegung der Verträge mit einem Ruck den Boden entzöge: Der Ankauf der heute billig zu habenden Bahnstrecke Feldkirch-Buchs durch den Bund. Es ist ein offenes Geheimnis, dass die stillen Wünsche und Bestrebungen der österreichischen Finanz- und Eisenbahnverwaltung auf nichts anderes hinauslaufen, als sich dieses Anhängsels an ihr Bahnnetz und der damit verknüpften kostspieligen Verpflichtungen je bälder je lieber zu entledigen. Aber es bedarf wohl keines besondern Nachweises, dass eine solche Durchschneidung des gordischen Knotens zugleich den Lebensfaden der Gemeinde Buchs hoffnungslos entzwei schnitte.

Wenn somit die radikale Beseitigung des Rechtsstreits durch die Übernahme der fraglichen Bahnstrecke unsern Interessen direkt zuwiderläuft, wenn ein Rechtsverfahren gegen Österreich, wie oben gezeigt, aussichtslos oder sein Erfolg zum mindesten zweifelhaft ist, wenn wir folglich zur Sicherung des status quo auf gütliche Verhandlungen mit Österreich angewiesen sind, so erscheint es als ein Gebot der Klugheit, alles zu vermeiden, was die Willfährigkeit des Mitkontrahenten, und wäre es auch nur durch imponderable Stimmungen, herabsetzen könnte. Deshalb hat uns schon die eigentümliche Art des Vorgehens bei den Verhandlungen mit Liechtenstein Grund zur Besorgnis gegeben. Man erinnere sich der historischen Vorgänge beim Austritt Liechtensteins aus dem Zollverband mit Österreich. Eines schönen Tages wurden die österreichischen «Landvögte», die weiter nichts als ihre Vertragspflicht taten, mit blutigen Köpfen aus dem Lande gejagt, und der liechtensteinischen Regierung blieb nichts anderes übrig als die nachträgliche Sanktionierung des durch das «Volk» neugeschaffenen Zustands. Und nach dieser Gewalttat breiten wir dem vertragsflüchtigen Bundesgenossen des uns befreundeten Österreich die Bruderarme entgegen, nehmen ihn in einen engen Verband auf, der ihn durch neue Zollschranken von seinem früheren Bundesgenossen noch weiter trennt, und all das, ohne Österreich mit einem Worte zu begrüssen, obgleich Liechtenstein doch auch zu den Unterzeichnern der Verträge von 1870 und 1872 gehörte. Ob ein derartiges Vorgehen gegenüber dem Kaiserstaate vor dem Kriege oder gegenüber einem andern mächtigen Nachbarstaate unserseits für statthaft gehalten worden wäre, wollen wir dahingestellt sein lassen. Aber das wissen wir aus guter Quelle, dass diese Beiseitesetzung als einer quantité négligeable auf österreichischer Seite peinlich empfunden worden ist.

Kommt somit zur Unsicherheit der Rechtsgrundlage für den Fortbestand der Verträge von 1870 und 1872 bei unserem Vertragspartner noch eine, zwar nicht offiziell kundgegebene – der Unterstützungsgenössige lernt schlucken – aber innerlich um so mehr wurmende Verstimmung, so lag darin für uns ein weiterer Grund zur Befürchtung, die Zollunion mit Liechtenstein möchte, wenn vollzogen, früher oder später neues Wasser auf die Mühle der Feldkircher Bahnhofbestrebungen leiten.

Wenn nun die Botschaft jeden innern Zusammenhang zwischen der Zollunion und der Frage des österreichischen Zollamtes in Buchs kategorisch bestreitet, so muss uns der bezügliche Passus um so mehr überraschen, als sich der Bundesrat, beziehungsweise das Politische Departement verschiedentlich, sowohl vor als nach dem Erscheinen der Botschaft, in wesentlich anderem Sinne ausgesprochen hat. Belege dafür sind die nachstehenden Dokumente.

1. Am 8. März 1923 hatte eine Delegation des werdenbergischen Initiativkomitees contra Zollanschluss die Ehre einer Konferenz im Bundeshause mit den Herren Bundesrat Motta und Minister Dinichert. Unsere hierüber gemachten Aufzeichnungen schliessen mit nachstehendem Passus:

   «Herr Minister [Paul] Dinichert gibt hierauf die Erklärung ab, dass der Liechtensteinervertrag erst ratifiziert werden könne, wenn einmal die Rechtslage gegenüber Österreich im Sinne der angeführten Verträge, welche Buchs als Gemeinschaftsbahnhof vorsehen, restlos abgeklärt sei.

   Herr Bundesrat [Giuseppe] Motta schliesst die Konferenz mit zustimmenden Worten.»

   Die von Herrn Motta nicht beanstandete Erklärung des Herrn Dinichert war für die Vertreter der werdenbergischen Interessen eine grosse Beruhigung. Sie wurde ihnen auch psychologisch erklärlich, als sie nachträglich erfuhren, dass unterm 12. Februar 1923, also der Konferenz vorgängig, die österreichische Regierung an den schweizerischen Bundesrat ein Schreiben gerichtet hatte, in welchem sie erklärte, dass sie die Verträge von 1870 und 1872 nicht als bindend anerkenne und der Belassung des österreichischen Zollamtes in Buchs nur dann zustimmen könne, wenn zwischen Feldkirch und Buchs kein neues Zollamt errichtet werde.

2. Nach dem Bekanntwerden der Unterzeichnung des Zollvertrages mit Liechtenstein durch die beidseitigen Regierungen, richtete der Vorsitzende des werdenbergischen Initiativkomitees, Herr alt Nationalrat G. Schwendener, an das Politische Departement ein Gesuch um Auskunft über den Stand der Bahnhoffrage und erhielt unterm 13. April 1923, also noch vor dem Erscheinen der Botschaft, nachstehende Antwort:

   Bern, den 13. April 1923.
   Herrn alt Nationalrat G. Schwendener, Buchs (St. Gallen).
   Sehr geehrter Herr!
   Im Besitze Ihrer Zuschrift vom 9. d. M. beehren wir uns, Ihnen mitzuteilen, dass wir gegenwärtig im Begriffe stehen, durch Verhandlungen mit der Österreichischen Regierung diese zur Anerkennung der Geltungskraft der Staatsverträge vom 27. August 1870 und 2. August 1872 zu veranlassen.
   In Bestätigung der Ihnen seinerzeit gemachten Zusage bemerken wir ferner, dass wir den inzwischen unterzeichneten Zollvertrag mit Liechtenstein nicht vorher in Kraft setzen werden, als bis die Rechtslage betreffend Sicherstellung der Grenzzollämter in Buchs abgeklärt sein wird. Die Aufnahme eines bezüglichen Vorbehalts in den Zollanschlussvertrag konnte nicht wohl in Frage kommen, da, wie auch von Ihnen selbst anerkannt worden ist, die Frage der Belassung der Grenzzollämter in Buchs nicht in direktem Zusammenhang mit dem Zollanschluss steht. Hingegen besitzt der Bundesrat die Möglichkeit, die Inkraftsetzung von sich aus hinauszuschieben, bis nach seiner Auffassung die Voraussetzungen zur Ausführung des Vertrages gegeben sind. Eine Ratifikation des Vertrages durch die zuständigen Behörden beider Länder präjudiziert somit die obenerwähnten Verhandlungen mit Österreich in keiner Weise.
   Genehmigen Sie, sehr geehrter Herr, die Versicherung unserer vorzüglichen Hochachtung
   Eidgenössisches Politisches Departement: sig. Motta.

3. Nach dem Erscheinen der Botschaft bestätigte das Politische Departement seine Zuschrift vom 13. April mit nachstehendem Schreiben vom 19. Juni abhin.

Bern, den 19. Juni 1923.
Herrn G. Schwendener, Advokatiebureau,
Buchs (St. Gallen).
In Erledigung Ihrer Zuschrift vom 9. d. M. beehren wir uns, Ihnen beifolgend wunschgemäss ein Exemplar der bundesrätlichen Botschaft über den Zollanschlussvertrag mit Liechtenstein zu übermitteln.
Was die Frage der Anerkennung der Staatsverträge vom 27. August 1870 und 2. August 1872 durch die Österreichische Regierung betrifft, so steht eine definitive Antwort derselben noch aus. Der Bundesrat wird den Zeitpunkt der Inkraftsetzung des Vertrages erst dann endgültig festzusetzen in der Lage sein, wenn die eidgenössischen Räte den Vertrag genehmigt haben und die vorerwähnte Frage bereinigt ist. Genehmigen Sie, sehr geehrter Herr, die Versicherung unserer vorzüglichen Hochachtung.
Der Chef der Abteilung für Auswärtiges: sig. Dinichert.

Aus den hier mitgeteilten Dokumenten ergeben sich nachstehende
Feststellungen und Folgerungen

1. Zwischen Zollunion und Buchser *Bahnhoffrage* besteht ein Zusammenhang. Ob dieser als ein direkter oder, wie im Schreiben des Politischen Departementes vom 13. April, als ein «nicht direkter» bezeichnet werde, ist für seine Wirkung vollkommen irrelevant.

2. Die österreichische Regierung zieht die von uns zum voraus befürchteten Konsequenzen. Sie begründet den Abbau des Hauptzollamtes in Buchs allerdings mit dem Hinweis auf ihre Finanzlage, wovon in der Botschaft die Rede ist, aber auch mit zwei Argumenten, von denen in der Botschaft nicht die Rede ist: Mit der ihrerseits behaupteten Nichtverbindlichkeit der Verträge von 1870/72 und mit der eventuellen Errichtung einer schweizerischen Zollstation zwischen Feldkirch und Buchs, wie sie durch den Zollvertrag mit Liechtenstein vorgesehen ist.

3. Aber auch das Politische Departement selber betrachtet die beiden Fragen in seinen Kundgebungen an das werdenbergische Initiativkomitee nicht, wie es in der Botschaft geschieht, als zwei zu einander völlig beziehungslose Dinge, sondern verheisst Massregeln, die ohne die Voraussetzung eines direkten oder indirekten Zusammenhangs der beiden Fragen vollkommen unverständlich wären. Herr Dinichert ist noch am 8. März, unwidersprochen von dem mitanwesenden Chef des Politischen Departementes, der Meinung, dass der «Liechtensteinervertrag *nicht ratifiziert werden könne, ehe die Rechtslage gegenüber Österreich etc. restlos abgeklärt* sei». Und der Chef des Politischen Departementes selbst will am 13. April, in der Voraussetzung, dass der Liechtensteinervertrag von der Bundesversammlung unzweifelhaft ratifiziert werde, wenigstens seine Inkraftsetzung soweit hinausschieben, «bis die Voraussetzungen zur Ausführung des Vertrages nach seiner Auffassung gegeben sind», was vom Chef der Abteilung für Auswärtiges am 19. Juni dahin präzisiert wird: «bis die vorerwähnte Frage bereinigt ist».

4. Herr Bundesrat Motta hat in seiner Beantwortung eines Votums des Herrn Nationalrat [Johann Jakob] Gabathuler in der Junisession der Bundesversammlung 1922 erklärt, dass er die Interessen der Gemeinde Buchs nicht aus den Augen verliere, und hat damit die Erklärung bestätigt, die der Bundesrat in pleno schon am 5. April in seiner Antwort auf eine «Kleine Anfrage» des nämlichen Ratsmitgliedes abgegeben hatte. Wir sind vom landesväterlichen Wohlwollen, das sich in diesen Erklärungen kundgibt, vollkommen überzeugt, sehen uns aber doch genötigt, die am 13. April und 19. Juni vom Politischen Departement erhaltenen Zusicherungen nach

ihrem *Beruhigungswert* abzuwägen. Wir wollen gerne annehmen, dass die etwas vagen Ausdrücke «Voraussetzungen zur Ausführung des Vertrages» (13. April) und «die vorerwähnte Frage bereinigen» (19. Juni) bona fide im Sinne der Wahrung der Buchser Bahnhofinteressen zu deuten seien, und dass das uns gegebene Wort des Politischen Departements nicht mehr und nicht weniger besage, als dass die Inkraftsetzung des Liechtensteiner Vertrages so lange hinausgeschoben werden solle, bis der Fortbestand des Rechtsverhältnisses von 1870/72 sichergestellt sei.

Aber da erhebt sich die schliesslich entscheidende Frage: Hat der Bundesrat nach der Ratifikation des Vertrages durch die Bundesversammlung noch die Kompetenz dazu? Für das Inkrafttreten des Vertrages ist durch Art. 45 des Vertrages selbst der 1. Januar 1924 festgesetzt. Der Bundesrat wird allerdings durch das Schlussprotokoll zur Hinausschiebung dieses Termins ermächtigt, aber unter ebenda genau festgesetzten Bedingungen, und diese liegen einzig und allein in gewissen, von der liechtensteinischen Regierung zu erfüllenden Forderungen, nicht aber in irgendwelchen Unterhandlungen mit einem dritten Staate. Woraus folgt: Wenn der Liechtensteinervertrag so, wie er vorliegt, von der Bundesversammlung ratifiziert und das von der liechtensteinischen Regierung zu Leistende klaglos geleistet ist, so ist der Bundesrat gehalten und gebunden, den Zollvertrag auf 1. Januar 1924 in Kraft zu setzen, gleichviel, ob die zwischen uns und Österreich pendente Rechtsfrage bis dahin «bereinigt» sei oder nicht, und gleichviel, in welchem Sinne sie bereinigt sei. Damit würde die das Geschäftsleben von Buchs bedrohende Unsicherheit chronisch. Das Damoklesschwert des wirtschaftlichen Rückganges hängt nicht an einem Drahtseil, sondern an einem Faden und lähmt Gewerbefleiss und Unternehmungslust der davon bedrohten Bevölkerung. Ein wirtschaftliches Opfer könnte man sich gefallen lassen, wenn es wenigstens zu Gunsten des Vaterlandes gefordert würde. Die glorreiche Humanitätspolitik der Schweiz scheint uns jedoch zu weit getrieben, wenn man, um 8000 Fremden, denen in anderer Weise ausreichend geholfen werden kann, unter die Arme zu greifen, die wirtschaftliche Existenz einer beträchtlich grösseren Zahl eigener Landeskinder in einer ihrer Hauptgrundlagen erschüttert.

Bei solchem Sachverhalt sehen wir uns veranlasst, den von der *St. Galler Regierung* und uns schon immer und am 6. März 1923 auch von Herrn Dinichert eingenommenen Standpunkt neuerdings zu betonen, *es möchte, einem allfälligen Vertragsabschluss mit Liechtenstein vorgängig oder doch gleichzeitig mit demselben, die Belassung der beidseitigen Zollämter in Buchs, nach Massgabe der Zollverträge von 1870 und 1872 oder durch neue Verträge sicher gestellt werden.*

Nachdem im Liechtensteinervertrag ein diesbezüglicher Vorbehalt nicht angebracht ist, ersuchen wir die zuständigen Instanzen um Aufnahme eines solchen in geeigneter Form.

II. Der Zollvertrag mit Liechtenstein

Wenn der Abbau des österreichischen Zollsitzes in Buchs in erster Linie lokale Interessen gefährdet, so lässt sich das Gleiche vom Liechtensteiner Zollanschluss, an und für sich betrachtet, nicht sagen. Im Gegenteil, die neue Zollschranke gegen Feldkirch zwingt den Liechtensteiner auf die werdenbergischen Märkte und stellt uns somit einen Gewinn in Aussicht, einen Gewinn allerdings, der die aus einem Verlust des österreichischen Zollsitzes zu erwartenden Schädigungen von Ferne nicht aufwiegen würde. Unsere Gegnerschaft gegen den Zollanschluss an sich beruht daher nicht auf lokalen, sondern auf allgemein schweizerischen Gesichtspunkten. Nun sind wir allerdings nicht die berufenen Hüter des Landesinteresses. Aber nach gutem Schweizerbrauch haben wir uns erlaubt, als wohlmeinende Bürger unsere Bedenken gegen den geplanten Vertrag bei der obersten Landesbehörde geltend zu machen. In gleicher Eigenschaft ersuchen wir auch die hohen Räte um Gehör und hoffen, um so weniger eine Fehlbitte zu tun, als die Wiedergabe unserer Einwände durch die bundesrätliche Botschaft da und dort der Berichtigung und Ergänzung bedarf. In Bezug auf das Tatsächliche stützen wir uns teils auf eigene Erfahrungen, teils auf das Zeugnis von Männern, die sich im Laufe von Jahrzehnten die genaueste Vertrautheit sowohl mit Land und Leuten als mit dem Zolldienst erworben haben, und wir hoffen, auf dieser Grundlage manches beizubringen, was in dem Läuterungsfilter des Instanzenzuges nur zu leicht verloren geht. Wir möchten Ihre Aufmerksamkeit auf nachstehende Hauptpunkte richten.

1. *Der politische Aspekt*
Ein Zollvertrag ist zweifellos eine wirtschaftliche, will sagen nicht politische Angelegenheit. Gilt das auch von der völligen Verschmelzung zweier Zollgebiete mit dem Rattenschwanz von Gesetzen und Gerichtsbarkeit, der sich vom einen Lande auf das andere überträgt? Oder lassen sich hier neben den wirtschaftlichen Zügen unverkennbare Keime eines andersartigen, nicht mehr bloss wirtschaftlichen Gebildes nachweisen? Befremdend war schon während der Inkubationszeit des Zollvertrages das Verhalten eines Teiles unserer, allem Anschein nach inspirierten oder inspirieren wollenden Grosspresse: die über den Anschlussgegner verhängte Sperre, die anschlussfreundliche Speisung der Regionalpresse durch eine zentrale Propagandastelle, endlich im psychologischen Moment, als man laut «Oberrheinischen Nachrichten», dem liechtensteinischen Regierungsblatt, hoffen zu dürfen glaubte, den Vertrag schon in der Junisession der Bundesversammlung unter Dach und Fach zu bringen, die Maientagung der Schweizerpresse in Vaduz und als Epilog dazu die einheitlich organisierte Suggestion, unter die das Leserpublikum zwei Wochen lang durch die journalistischen Dithyramben auf das bedrängte Nachbarvölklein gestellt wurde. Bei der Betrachtung dieser Vorgänge stellte und verneinte man kopfschüttelnd die Frage, ob es denn wirklich einen so grossen Apparat und so viel rauschendes Gepräge brauche, um das Schweizervolk zu einem freundnachbarlichen «Liebesdienst» aufzurütteln. Man konnte sich des Eindrucks nicht erwehren, dass es den schweizerischen Führern des vielstimmigen Chors weit mehr daran gelegen sei, den «Liebesdienst» zu *erweisen*, als die Liechtensteinern ihn zu *empfangen*. Man las endlich das Horoskop, das ein klarblickender und ehrlicher Welscher in einem Artikel «Un Etat en miniature» in der «Gazette de Lausanne» dem Nachbarlande stellte: «Schweizerwährung, Schweizerpost, Schweizer Zollverwaltung – was bleibt unserer bescheidenen Nachbarin an wirtschaftlicher Autonomie noch übrig? Lehrt uns die Geschichte nicht, dass der Verlust der wirtschaftlichen Selbständigkeit verhängnisgleich dem Verluste der politischen Unabhängigkeit vorausgeht? Sollte Liechtenstein eine Ausnahme zu dieser Regel bilden?»[4] Man erinnerte sich auch, wie schon vor Jahresfrist das grösste deutschschweizerische Blatt die Anschlussbewegung präludierte, wie es seine Leser für ein neues, grosshelvetisches Staatsideal

---

4 Fussnote im Original: «Monnaie Suisse, postes Suisses, douanes Suisses, que reste-t-il de l'autonomie économique de notre modeste voisine? L'histoire ne nous enseigne-t-elle que la perte de l'autonomie économique précède fatalement celle de l'indépendance politique? Le Liechtenstein ferait-il exception à la regle? (Gazette de Lausanne 1923, N° 126).»

empfänglich zu machen und sie darauf vorzubereiten suchte, im «stammverwandten» Liechtenstein nicht nur einen Geschäftsteilhaber, sondern eine Art «zugewandten Ort» («Neue Zürcher Zeitung» 1922, Nr. 184) zu begrüssen und ihm dadurch, wie in der alten Eidgenossenschaft, die Anwartschaft auf ein engeres Verhältnis zu unserem Staate zuzuerkennen.

Das Schwinden der liechtensteinischen Souveränität würde uns wahrlich wenig kümmern, wenn sie sich wie ein Schneckenhorn still und ohne Nebenwirkung in sich selbst zurückzöge. Aber so verhält sich die Sache nicht. Jedes Minus an liechtensteinischer Souveränität bedeutet infolge der Zollunion ein Plus an schweizerischer Staatshoheit, und das Ende vom Lied ist: ein zugewandter Ort – ein neues Glied der schweizerischen Eidgenossenschaft.

Die Frage, die heute zur Diskussion vorliegt, ist daher nicht: «Wollen wir unsere *Zoll*grenze verlegen?» Sondern sie lautet, wenn man die mit dieser Verlegung gegebenen Möglichkeiten und Wahrscheinlichkeiten der Entwicklung mit in Rechnung bringt, so: «Wollen wir unsere politische Grenze verlegen?»

Wenn die Botschaft zur Entkräftung unserer Einwände darauf hinweist (Seite 9), dass Liechtenstein dank der Kündigungsklausel es periodisch in der Hand habe, sich wieder in den Vollbesitz seiner Souveränität zu setzen, so betrachtet sie die Sache nicht vom schweizerischen, sondern vom liechtensteinischen Standpunkte aus. Für uns ist eine andere Betrachtungsweise geboten. Keine Regierung vermag die durch die einmal vollzogene Zollunion freiwerdenden Assimilierungskräfte auf die Dauer zu hemmen, auch wenn sie wollte. Wenn es ihr aber überhaupt nicht daran liegt, die mit der Zollunion einsetzende Entwicklung zu bremsen, wenn massgebende, sogar allernächst interessierte Kreise im Liechtensteinischen auf die Erhaltung der politischen Selbständigkeit keinen Wert legen, ja, darin eine gern abzutretende Last erblicken sollten? Wie dann? Dann mögen die Liechtensteiner den Verzicht mit sich selbst ausmachen. Für *uns* aber erhebt sich die Frage: Ist es für uns geboten, diesen Verzicht zu unsern Gunsten anzunehmen? Ist die Zustimmung zu einem Wirtschaftsvertrag, der uns mit allmählich wachsenden Souveränitätsrechten über ein fremdes Land belastet, im Interesse des schweizerischen Staates? Ist es heute geraten, eine Gebietserweiterung ins Auge zu fassen, durch eine Zollunion vorzubereiten und gar, wie es in einem Teil der Presse geschieht, durch die Berufung auf die heute durch irredentistische Bestrebungen ominös gewordene und für uns Schweizer dreifach ominöse «Stammesverwandtschaft» zu begründen? Oder ist es heute, wo alles fliesst, rätlicher, mit allen uns zu Gebote stehenden Mitteln, *Eines* vor dem allgemeinen Fluss zu schützen: unsere politischen Grenzen?

Die Botschaft weist jeden Expansionsgedanken weit von der Hand, sintemal ja auch jene Gebietserweiterung, die vor wenig Jahren noch die Gemüter bewegte, «gegenwärtig» (Seite 12) aus Abschied und Traktanden falle. Gegenwärtig! Was heisst gegenwärtig?

«Pfeilschnell ist das *Jetzt* entflogen,
Ewig still steht die Vergangenheit».

Dass die Logik der Tatsachen häufig unerwartete Wege geht, haben wir in der Vorgeschichte des Zollvertrages im eigenen Lande erlebt. In der nationalrätlichen Kommission zur Beratung des Postvertrages mit Liechtenstein wurde aus dem Schosse des Rates die Zusicherung verlangt und von höherer Stelle abgegeben, dass der Postvertrag kein Präjudiz für einen künftigen Zollvertrag abgeben solle. Und heute? Heute beruft man sich zu Gunsten des Zollvertrages auf den «bewährten» Postvertrag. Man hätte auch damals erklären können, «gegenwärtig» sei von einem Zollanschluss keine Rede, obwohl er laut Einleitung der Botschaft damals schon im Plane lag.

Unsere Öffentlichkeit behandelt den Zollanschluss en bagatelle. Liechtenstein ist nur ein Pünktchen auf der Weltkarte. Auch der J-Tupf ist nur ein Pünktchen und bildet dennoch einen integrierenden Bestandteil eines Buchstabens des Alphabets. Und die Diplomatie hat nicht nur ihre eigene Sprache, sondern zuweilen auch ihre eigene Schreibmethode: Sie setzt zuerst den J-Tupf und lässt den Raum für den Unterbau dazu vorläufig offen. Eben diese Leere unter dem Tupf ist es, die uns beunruhigt, nicht als Buchser beunruhigt, sondern als Eidgenossen, die vorläufig zum neuen grosshelvetischen Staatsideal noch nicht bekehrt sind.

Aber wir sind weit entfernt, uns der Erkenntnis zu verschliessen: so selbstverständlich jedem Bürger die Unverletzlichkeit der Landesgrenze sein muss — ihre Unveränderlichkeit darf nicht ein starres Dogma werden! Die theoretische Möglichkeit des Eintritts von Weltumständen, die ein Hinausrücken unserer Grenzpfähle als eine unabweisbare Notwendigkeit für die Lebensfähigkeit unseres Landes erscheinen lassen, muss ohne weiteres zugegeben werden. Ob eine solche Notwendigkeit der Grenzerweiterung und damit die Notwendigkeit, ein Prinzip unserer traditionellen Politik an einem Pünktchen zu durchbrechen, heute tatsächlich vorliege oder in absehbarer Zukunft zu erwarten sei, diese Frage zu entscheiden fehlt uns die zureichende Sachkenntnis. *Wenn* sie bejaht werden muss, dann möge sie im Hinblick darauf, dass ihre Bejahung zweifellos, schon durch die Schaffung eines Präzedenzfalles, von tiefgreifenden und heute nicht übersehbaren Folgen für unser Land begleitet sein wird, *nicht* mit dem Schleier eines Liebesdienstes verhüllt und *nicht* mit der augenblicklichen und in kopfloser Überstürzung selbstverschuldeten Verlegenheit des Nachbars verquickt werden, zumal dem Bedrängten mit einfacheren und den status quo der Eidgenossenschaft in keiner Weise berührenden Mitteln geholfen werden kann.

Es sind nicht allein am fernen Horizonte auftauchende Gefahren von zur Stunde noch unbestimmten Umrissen, mit denen die Verlegung der Grenze unser Land bedroht – mit der Übernahme und Ausübung von Hoheitsrechten und Gerichtsbarkeit jenseits unserer politischen Grenze hängen unmittelbar andere Unzukömmlichkeiten zusammen, die weder im politischen noch im fiskalischen Interesse der Eidgenossenschaft liegen. Ein gewiss achtenswertes Argument der liechtensteinischen Anschlussgegner war bekanntlich der schmerzliche Gedanke an «ein gänzliches Untertauchen in einem fremden Staate» (Liechtensteinisches Volksblatt 1922). Die liechtensteinische Opposition ist heute stumm. Das glückliche Zusammentreffen einer Notlage unserer Landwirtschaft mit den Unterhandlungen der beidseitigen Regierungen liess es als gerechtfertigt erscheinen, in währender Unterhandlung die liechtensteinische Ausfuhr nach der Schweiz in dem Masse zu unterbinden oder zu erschweren, dass auch den Anschlussgegnern das Wasser an den Hals reichte und die Zollunion schliesslich als rettende Planke willkommen sein musste. So wenig nun auch von jenen ehrenwerten Patrioten nach dem eventuellen Inkrafttreten des Zollvertrages irgendwelche Illoyalität zu besorgen sein wird, so nahe liegt die Möglichkeit, dass Zolldelinquenten und ihr Anhang zur Beschönigung ihrer Privatinteressen und ihrer Ranküne sich des patriotischen Mäntelchens bedienen, zum passiven und aktiven Widerstand gegen die schweizerischen «Landvögte» aufwiegeln und unserer Zollmannschaft im fremden Lande ohne Rückendeckung ihr Amt nicht eben erleichtern werden. Wie sehr das neue Grenzgelände solchem Treiben Vorschub zu leisten geeignet ist, haben wir in unserer Eingabe vom 15. Februar

1922 an den hohen Bundesrat ausgeführt. Dass es dem liechtensteinischen «Volke» im gegebenen Augenblick an Entschlussfähigkeit nicht fehlt, haben die Novembertage 1919 gezeigt.

Schweizerische Interessen also sind es, die wir durch die Verlegung der Zollgrenze in naher und in fernerer Zeit gefährdet sehen. Von diesem Standpunkt aus haben wir den Abbau der liechtensteinischen Souveränität in unsern diversen Eingaben betrachtet. Wir glauben, es sei ein gut schweizerischer Standpunkt. Danach mag man die Berechtigung einer seither von vielen nachgeplapperten Zwischenbemerkung beurteilen, die die Botschaft in ihre Ausführungen (Seite 9) einfliessen lässt: «Die mit Rücksicht auf eine Schmälerung der Souveränität Liechtensteins geäusserten Bedenken würde man im Grund *eher von liechtensteinischer als schweizerischer Seite erwarten*».

2. *Die Rechnung*

Wenn schweizerseits politische Gesichtspunkte für den Zollanschluss massgebend sein sollten, so ist die Kostenfrage natürlich von sekundärer Bedeutung. Aber betrachten wir den Vertrag, so wie er vorliegt, als rein wirtschaftliche Angelegenheit, so fällt im Gegensatz zu früheren ähnlichen Vorlagen, die Dürftigkeit der rechnerischen Basis auf. Wir erlauben uns, nachstehend einige Punkte näher zu prüfen.

Für die mutmasslichen Zolleinnahmen aus dem Fürstentum Liechtenstein dürften die Ergebnisse, wie sie aus dem Zollverhältnis zwischen Liechtenstein und Österreich resultierten, wegleitend sein. In den Jahren 1908–1917 wurde in Liechtenstein an Zöllen eingehoben:

1908	Kr. 10'972.69
1909	Kr. 9'310.51
1910	Kr. 13'962.86
1911	Kr. 13'210.78
1912	Kr. 36'271.79
1913	Kr. 15'208.48
1914	Kr. 9'134.14
1915	Kr. 14'171.—
1916	Kr. 16'581.99
1917	Kr. 9'991.79

oder durchschnittlich Kr. 14'882.10 per Jahr.

Dazu kommen noch die Verzollungen bei den Zollämtern Buchs, Feldkirch und Bregenz mit jährlich 5000 Kronen, so dass sich der Jahresdurchschnitt auf 19'882.10 Kronen erhöht. Diese Zahlen sind einer Publikation in dem «Liechtensteiner Volksblatt» vom 21. Mai 1919 entnommen, die Herr Dr. [Jakob] *Lorenz* in seinem Gutachten an den liechtensteinischen Landtag als eine «verdienstvolle Arbeit» bezeichnet. Der Verfasser derselben (ein Liechtensteiner) schreibt: «Für Verzollungen bei andern Zollämtern (Buchs, Feldkirch, Bregenz) habe ich 5000 Kronen jährlich angenommen, bin also offenbar sehr hoch gegangen. Auf den Kopf ausgerechnet bedeuten diese Zahlen: Jeder Liechtensteiner zahlte jährlich 1.93 Kronen Zollgebühr». Zu dieser jährlichen Belastung mit Zollgebühren von 1.93 Kronen kam noch die Belastung durch die Verzehrungssteuer in der Höhe von 93 Heller pro Kopf und Jahr, die aber hier nicht in Betracht kommt.

Wenn nun anderseits Österreich dem Fürstentum pro Kopf und Jahr durchschnittlich eine Entschädigung von 21 Kronen ausrichtete, so ist dies auf die eigentümliche Verrechnungsweise zurückzuführen. Von den Brutto-Einnahmen der *vorarlbergischen* und liechtensteinischen Zollämter wurden die Vergütungen wegen unrichtiger Abhebungen und die Kosten der Zollämter abgezogen, dann von den Reinerträgnissen der Zölle ein Drittel als Ertrag der in Vorarlberg und Liechtenstein *für andere* Teile Österreich-Ungarns stattfindende Verzollungen zurückbehalten und die übrigen zwei Drittel nach Verhältnis der Bevölkerungszahl von Vorarlberg und Liechtenstein verteilt. Hiezu ist zu bemerken, dass zum Beispiel beim österreichischen Hauptzollamt in Buchs gegen 99 Prozent aller vorgenommenen Verzollungen Waren betrafen, die für andere Teile Österreichs bestimmt waren, und dass die *für Vorarlberg und Liechtenstein* verzollten Waren höchstens *1 – 2 Prozent ausmachten*; dessen ungeachtet wurde den Liechtensteinern ihr Anteil an den verbleibenden 66 2/3 Prozent *aller* Verzollungen ausgerichtet. Der Verfasser der vorerwähnten Publikation, wie auch Herr Dr. Lorenz erklären daher übereinstimmend, dass der österreichisch-liechtensteinische Zollvertrag für *Liechtenstein ausserordentlich günstig war*.

Die Verhältnisse in Liechtenstein haben sich im letzten Dezennium nicht wesentlich geändert, zum mindesten nicht derart, dass man den damaligen Zolleinnahmen von 1.93 Kronen pro Kopf und Jahr, heute eine solche von Fr. 16 gegenüberstellen darf, wie dies in der bundesrätlichen Botschaft (Seite 16, Absatz 3) geschieht. Aber auch dann, wenn wir diesen Ansatz von Fr. 16 in Rechnung stellen, kommen wir, wie die nachstehenden Ausführungen zeigen, nur auf eine Einnahme von rund Fr. 128'000, von der dann noch die Mehrkosten für die Personalvermehrung in Abzug zu bringen sind.

Eingangs der Botschaft (Seite 2, Absatz 2) ist erwähnt, dass das Fürstentum Liechtenstein, nach einer Volkszählung vom 21. Dezember 1921 eine Einwohnerzahl von 11'565 Personen aufweise. Hievon waren aber 3531 Einheimische als «abwesend» gemeldet, was zwar in der bundesrätlichen Botschaft nicht enthalten ist, wohl aber in dem Gutachten, das Herr Dr. Jakob Lorenz, Privatdozent an der eidgenössischen technischen Hochschule in Zürich, über die Zollanschlussfrage zu Handen des liechtensteinischen Landtages ausgearbeitet hat. Diese nicht im Lande anwesenden Personen scheiden für die Berechnung der Zolleinnahmen aus, so dass nur noch eine Bevölkerungszahl von 8034 bleibt, die bei einer Belastung von Fr. 16 pro Kopf eine Zolleinnahme von 8034 × 16 = 128'544 Franken in Aussicht stellt. Wie schon erwähnt, müssen von diesem Betrag noch die Mehrkosten, die aus der notwendig werdenden Vermehrung des Zollpersonals erwachsen, in Abzug gebracht werden, so dass die an Liechtenstein zu entrichtende Entschädigung von jährlich Fr. 150'000 bei weitem nicht durch die neuen Zolleinnahmen gedeckt wird.

Sodann wird in der Botschaft (Seite 5) darauf hingewiesen, dass Liechtenstein im verflossenen Jahre auf Grund seines gegenwärtig in Kraft stehenden Zolltarifs eine Zolleinnahme von Fr. 160'241.46 erzielte. Zu diesen Einnahmen bemerkt Herr Dr. Lorenz in seinem Gutachten, dass die Einfuhrzahlen von 1922 von einer *ausserordentlichen* Bautätigkeit beeinflusst waren; ferner fand im Jahre 1922 noch eine starke Ausnutzung der Kronen- und Markkonjunktur in Gebrauchsgegenständen statt. Die Gesamteinfuhrmenge dürfte nach seiner Auffassung in normalen Jahren um mehr als einen Drittel kleiner sein als 1922.

Die liechtensteinischen Zolleinnahmen von 1922 können für die Berechnung der zukünftigen Zolleinnahmen, die durch den Anschluss des Fürstentums an das schweizerische Zollgebiet bedingt werden, überhaupt nicht zu Vergleichen herangezogen werden, weil von den eingeführten Waren ein grosser Teil aus der Schweiz bezogen

und dafür auch der Schweizerzoll bezahlt wurde. Herr Dr. Lorenz schätzt die Einfuhr aus der Schweiz, für welche der Schweizerzoll bezahlt wurde, auf:
50% der Nahrungsmittel;
10% des Tabaks;
20% der Gebrauchsgegenstände;
10 % des Baumaterials.
Es bleibt noch zu erwähnen, dass nach dem Zollanschluss die Waren (Vieh, Wein, Holz etc.) aus dem Fürstentum, welche in die Schweiz eingeführt werden, dem Schweizerzoll nicht mehr unterliegen. Daraus resultiert ein weiterer Passivposten für die Schweiz.
Wir gelangen daher im allergünstigsten Falle zu folgender Bilanz:
Aktiva: Aus Zöllen Fr. 128'000.
Passiva: Jährliche Entschädigung an Liechtenstein Fr. 150'000, plus Kosten der Personalvermehrung, plus Ausfall der Zölle auf liechtensteinische Produkte.
Nach der annähernden Schätzung mit dem liechtensteinisch-schweizerischen Güterverkehr durch Beruf und Amt vertrauter Persönlichkeiten wird, beim geringen Verbrauch importierter Waren im Liechtensteinischen, der obige Aktivposten allein schon durch Entgang der Zölle auf Artikel liechtensteinischer Provenienz (Vieh, Holz, Wein etc.) aufgewogen, wo nicht überboten. Diese Gleichung gewinnt an Wahrscheinlichkeit, wenn man bedenkt, dass Liechtenstein bei wieder normal werdendem Verkehr sein Absatzgebiet – schon mit Rücksicht auf die bereits eingeführte Frankenwährung – fast ausschliesslich in der Schweiz wird suchen müssen. Somit verbleiben in der Rechnung allein die zwei Passivposten: Entschädigung an Liechtenstein und Mehrkosten für Grenzbewachung.
Wenn also laut obiger Gleichung die durch die Angliederung Liechtensteins an das schweizerische Zollgebiet zu erwartenden Mehreinnahmen der schweizerischen Zollverwaltung durch den künftigen Ausfall an Schweizerzoll auf liechtensteinische Produkte aufgezehrt werden, so stehen den 150'000 Franken, die dem Fürstentum als jährliche «Entschädigung» zugedacht sind, effektiv keine Einnahmen gegenüber, so dass die dem Fürstentum Liechtenstein zugesicherte jährliche Pauschale nicht eine Entschädigung im Sinne einer Gewinnbeteiligung darstellt, sondern ein – Geschenk.
Der Berechnung der Mehrkosten für Grenzbewachung legt die Botschaft einen Personalzuwachs von 12 Mann (künftig 50 gegen heute 38) zu Grunde, was den Mann zu Fr. 5000 gerechnet, eine jährliche Mehrausgabe von Fr. 60'000 bedeutet. Diese Differenz beruht aber auf einer optischen Täuschung, denn sowohl der Minuend als der Subtrahend sind anfechtbare Grössen. Durfte man nach Einführung der durchschnittlich um eine Stunde verkürzten Arbeitszeit auch nicht erwarten, dass die Grenzwache auf den vorkriegszeitlichen Bestand von 29 Mann zurückgehen werde, so durfte man doch auf eine mit der Pazifierung der näheren Umwelt Schritt haltende Annäherung an diese Zahl hoffen. Auf der andern Seite wird die in der Botschaft vorgesehene Bewachungsmannschaft, wie wir im nächsten Abschnitt zeigen werden, von sehr kompetenter Seite als numerisch zu schwach taxiert. Somit erscheint der Minuend als zu niedrig, der Subtrahend als zu hoch angesetzt. Woraus folgt, dass wir, wenn der Grenzkordon nicht zu weitmaschig und dadurch illusorisch werden soll, mit einer 12 Mann beträchtlich übersteigenden Differenz und daher auch mit entsprechend höhern Mehrkosten zu rechnen haben werden. Daraus ergibt sich summa summarum für unser Budget eine jährlich wiederkehrende Unterbilanz von einigen hunderttausend Franken.

3. *Die neue Zollgrenze*
Vergleiche hiezu die vorstehende Karte:
ac = die neue Zollgrenze 33 km
ab = die Rheingrenze 27 ½ km
bc = die liechtensteinisch-bündnerische Grenze 10 km
Kein Satz in der ganzen Botschaft vermochte unter der Grenzbevölkerung, ob Freund oder Gegner des Vertrages, ebenso beim gesamten ortskundigen Zollpersonal, hoch und niedrig, so viel Befremden, ja, förmliche Bestürzung auszulösen als dieser eine (Seite 7 und 8): Die neue Zollgrenze sei zur Abwehr des Schmuggels besser geeignet als die alte Rheinlinie!
Ehe wir den Vater Rhein als untauglich aus dem Dienst entlassen, wird es doch geboten sein, die Karte genauer anzusehen und in der Wacht am Rhein ergraute Beamte zu hören. Der mächtige Strom mit seinen hohen Dämmen, mit seiner Breite von reichlich 100 Meter, ist von jeder Stelle des Dammes aus, nicht nur auf seine Breite, sondern auch auf einige hundert Meter Länge zu überblicken. Die neue Grenze hingegen durchschneidet, vom Rhein ausgehend in zirka drei Kilometer langer Strecke ein mit Gebüsch durchsetztes Streueriet, überquert dann die Strasse Nofels-Rugell und steigt von da durch Waldung auf den Rücken des Schellenbergs, der von ihr nicht umfasst, sondern in liechtensteinisches und österreichisches Zollgebiet geteilt wird. Etwas unterhalb der südlichen Seite des Hügelrückens biegt die Grenzlinie gegen Südwesten um, läuft zirka 1 ½ Kilometer parallel dem Kamme, windet sich dann um die kleine österreichische Ortschaft Hub herum und erreicht von dort quer über das Riet die Strasse Feldkirch-Schaan, um von hier aus sich dem Gebirge zuzuwenden. Die ganze Strecke vom Rhein bis hieher, besonders aber die zirka drei Kilometer lange, auf dem Schellenberg liegende Teilstrecke ist leicht begehbar, aber sehr unübersichtlich und daher, gleich der Strecke Sareiserjoch-Naaf, wie die letzten Jahre zur Genüge zeigten, ein wahres Dorado für den Schmuggel und den Übertritt von schriftenlosem Gesindel. Die *vier* Rheinbrücken sind dagegen Tag und Nacht vom Zollpersonal bewacht oder geschlossen, der übersichtliche Rhein ist von verhältnismässig wenig Grenzpersonal sicher zu überwachen, da derselbe für den mit Kontrebande beladenen Schmuggler nur mit Hilfsmitteln (Schiff oder Floss) traversiert werden kann. Man sollte nicht glauben, dass hierüber Meinungsverschiedenheiten bestehen könnten. Nicht zuletzt war es die gute Rheingrenze, die seinerzeit Österreich veranlasste, mit Liechtenstein den Zollvertrag einzugehen und dem Fürstentum derart günstige finanzielle Bedingungen zu gewähren, wie sie bereits an anderer Stelle erwähnt worden sind. Als im Jahre 1873 der Zollvertrag mit Österreich im liechtensteinischen Landtag zur Beratung vorlag, äusserte sich der Referent, Abgeordneter [Markus] Kessler, dahin: «Österreich hat überhaupt den Vorteil, dass es die Überwachung einer nassen anstatt einer trockenen Grenze bekommt». Und für diese von der Natur selber gegen den Schmuggel geschützte, sollen wir nun eine dafür wie geschaffene Zollgrenze eintauschen! Dagegen verwahrte sich auch der kürzlich verstorbene Zollamtsvorstand Künzler, der über 30 Jahre in Buchs tätig war und sämtliche an Liechtenstein grenzenden Schweizerzollämter kontrollierte. Er äusserte sich dazu unter anderem wie folgt: «Könnte wenigstens eine Verbesserung, das heisst Günstigergestaltung der Zollgrenze durch den Anschluss erzielt werden, so wäre dieser erklärlich. Es ist nun aber gerade das Gegenteil der Fall, indem *die schöne, durch den Rheinstrom gebildete Grenze* verlassen und diese zum Teil in *schwer zu überwachendes Gebirge* verlegt werden muss.» In Bezug auf die Grenzwache bemerkt er, dass der vorgesehene Mannschaftsbestand zu einem wirksamen Zollschutz keineswegs genügen werde.

III. Der Gegenvorschlag

Das werdenbergische Initiativkomitee contra Zollanschluss hat dem Bundesrat unterm 28. Oktober 1922 nachstehenden Gegenvorschlag unterbreitet:

«Der hohe Bundesrat wolle eine Regelung der nachbarlichen Verhältnisse zwischen unserem Lande und dem Fürstentum im Sinne eines vertraglich zu vereinbarenden Zonenregimes mit gegenseitig bevorzugtem kleinem Grenzverkehr in Erwägung ziehen. Wir halten eine solche Regelung für möglich und zweckdienlich für beide Teile auf folgender Grundlage:

1. Der bevorzugte kleine Grenzverkehr zwischen uns und Liechtenstein wird mit allen gegenseitigen Erleichterungen wieder hergestellt, wie derselbe vor dem Kriege bestanden hat. In diesen kleinen Grenzverkehr ist auch der Verkehr zur Bewirtschaftung des jenseits der Grenze liegenden Grundbesitzes einzuschliessen.
2. Auf Produkte liechtensteinischen Ursprungs, deren Herkunft sich einwandfrei nachweisen lässt, finden die Einfuhrverbote keine Anwendung. Gegenrecht der Gegenpartei bleibt vorbehalten.
3. Die Zölle auf die liechtensteinischen Hauptprodukte, Nutzvieh, Schlachtvieh, Wein, Holz, werden auf ein Minimum herabgesetzt oder ganz aufgehoben. Sache der Ausführung ist es, festzustellen, ob die Kontrolle der Herkunft mittelst Ursprungszeugnisses oder Kontingentierung zu erfolgen habe. (Über die Produktion des Landes existieren ausführliche und weit zurückreichende Statistiken, sodass einem zollfreien Transit durch Liechtenstein leicht vorgebeugt werden könnte.)
4. Waren nicht liechtensteinischer Herkunft bezahlen den gewöhnlichen schweizerischen Eingangszoll und unterstehen den geltenden Einfuhrverboten.
5. Der Personen-, Fuhrwerk- und Autoverkehr soll möglichst erleichtert und von Abgaben befreit werden.
6. Über die schweizerische Einfuhr nach Liechtenstein werden Vorschriften in ebenso entgegenkommendem Sinne vereinbart.
7. Dieses Abkommen wird erstmals auf kurze Frist, jedoch mit der Möglichkeit der Verlängerung abgeschlossen und tritt sobald als möglich in Kraft.

    Gegen diesen Vorschlag erhebt die Botschaft folgende Einwände:
    a) Die Regelung der liechtensteinisch-schweizerischen Zollverhältnisse im Sinne des kleinen Grenz- oder Zonenverkehrs entspreche nicht den liechtensteinischen Interessen.
    b) Sie gefährde die schweizerische Landwirtschaft.
    c) Sie gefährde die Chancen der Errichtung eines Zollfreilagers in Buchs.

Es sei uns gestattet, diese Einwände näher zu beleuchten. Den Vorhalt, dass durch Erleichterungen im Grenzverkehr liechtensteinische Interessen nicht restlos befriedigt werden, würde man eher von liechtensteinischer als von schweizerischer Seite erwarten. Setzen wir rein hypothetisch den Fall, dass unser Vorschlag den liechtensteinischen Ansprüchen wirklich nicht ohne Rest gerecht würde, so ist zu bemerken, dass wir dazu auch nicht gehalten sind. Unsere moralische Pflicht ist es, an der Konsolidierung des liechtensteinischen Staatshaushaltes ohne Gefährdung des eigenen mitzuwirken. Aber nichts verpflichtet uns, weder diese Aufgabe restlos zu erfüllen, noch sie *allein* zu übernehmen. In diesem Sinne gibt unser Vorschlag auch andern von humanem Geiste erfüllten Staaten Gelegenheit, sich an dem Hülfswerk dadurch zu beteiligen, dass sie bei den Liechtenstein unserseits zugedachten Zollerleichterungen auf die Geltendmachung etwaiger Meistbegünstigungsrechte zu Gunsten des Fürstentums verzichten, was ihnen bei der geringen finanziellen Tragweite solchen Verzichtes nicht allzu schwer fallen dürfte.

Aber genau besehen liegt der hypothetisch angenommene Fall gar nicht vor. Die behauptete Unzulänglichkeit unseres Vorschlags ist eine Deduktion aus rein theoretischen und darum unsicheren Überlegungen. In Wirklichkeit verlangt der Durchschnittsliechtensteiner nichts Besseres als die Möglichkeit einer ungehemmten Ausfuhr seines Viehs und einiger anderen Landesprodukte nach der Schweiz und ihren Absatzgebieten, und beständen an seiner Landesgrenze heute noch der freie Verkehr und die kulanten Zollansätze der Vorkriegszeit, der Gedanke an eine Änderung des status quo wäre ihm nicht im Traum gekommen und er wünschte zweifellos Zollunion samt Zubehör in ein Land, wo andere Dinge wachsen als Türken und Kartoffeln.

Vollkommen unverständlich ist uns aber auch hier die rechnerische Grundlage der Botschaft. Im Gegensatz zum problematischen Charakter der Bilanz einer Zollunion mit Liechtenstein steht das Budget für die vorgeschlagene Zollordnung im Sinne des kleinen Grenz- oder Zonenverkehrs auf einem der Rechnung zugänglicheren Boden. Die Einfuhr aus Liechtenstein nach der Schweiz ist heute (infolge Zolltarif und Sperre) gleich Null. Daraus folgt mit mathematischer Gewissheit, dass sich auch die daraus resultierende Zolleinnahme zu keinem positiven Werte erhebt. Ja, sie ist genau besehen eine negative Grösse, denn sie reicht kaum zur Besoldung des Zollpersonals, geschweige zu einem fiskalischen Überschusse. Folglich ergibt die Öffnung der Grenze und die nachgesuchte Erleichterung des lang gestauten Grenzverkehrs im Sinne unseres Antrages auch beim bescheidensten Zolltarif einen Aktivposten für unser Budget, und zwar einen Posten, der trotz der minimalen Einzelabgabe sich beträchtlich über den Nullpunkt erheben wird, weil mit der Herabsetzung des Zolles die Einfuhr, mit der Verminderung des Multiplikanden der Multiplikator in steigender Progression wächst.

Die aus dem kleinen Grenzverkehr sich ergebenden Zolleinnahmen sind aber für uns nicht nur ein fiskalischer Gewinn, sondern sie bedeuten, so kulant die Tarifsätze gehalten sein mögen, auch einen Schutz der schweizerischen Landwirtschaft gegen den liechtensteinischen Wettbewerb, während im Fall der Zollunion jede Abgabe an unserer Grenze wegfällt und somit der liechtensteinischen Konkurrenz auf unserem landwirtschaftlichen Markte vollkommen freie Bahn geöffnet wird. Damit vergleiche man nun die Bemerkung der Botschaft (Seite 12): «Grössere Erleichterungen im Grenzverkehr müssten auf Kosten unserer Landwirtschaft zugestanden werden». Soll das heissen, dass ihr der gänzliche Wegfall der Einfuhrzölle, wie ihn die Zollunion vorsieht, zuträglicher wäre?!

Was endlich die Neuschaffung eines Zollfreilagers in Liechtenstein anbelangt, so erachten wir die diesbezüglich geäusserten Befürchtungen als unbegründet, indem in Buchs bereits ein Transitlager besteht, das den gegenwärtigen Anforderungen genügt und es somit bei unveränderten Verhältnissen vernünftigerweise kaum jemanden einfallen wird, einem neu zu schaffenden Freilager in Liechtenstein den Vorzug geben zu wollen. Dem eventuellen Ausbau des Transitlagers in Buchs in ein Zollfreilager steht nichts im Wege.

IV. Rekapitulation

Auf Grund der vorstehenden Darlegungen ersuchen wir die hohen Räte, in geeignete Erwägung ziehen zu wollen:

Ob es heute nicht rätlich sei, von einer Einverleibung Liechtensteins in das schweizerische Zollgebiet *grundsätzlich* abzusehen und dem Nachbarlande in anderer Weise entgegenzukommen.

Eventuell: Ob es nicht zu empfehlen sei, den vorliegenden Vertrag behufs Abänderung der unserem Lande ökonomisch nachteiligen Bestimmungen an den Bundesrat zurückzuweisen.

Und vor allem: Ob es nicht dringend geboten sei, die Ratifikation des bereinigten Vertrages, konform dem Standpunkt Dinichert (Seite 6 hievor) so lange hinauszuschieben, bis hinsichtlich des österreichischen Hauptzollamtes in Buchs unsere Rechtslage gegenüber Österreich restlos zu unsern Gunsten abgeklärt ist.

Namens des Werdenbergischen Initiativkomitees

Dok. 207
Emil Beck versucht, die Argumente des Werdenbergischen Initiativkomitees gegen den liechtensteinischen Zollanschluss zu widerlegen

Maschinenschriftliches Argumentarium von Emil Beck, Geschäftsträger in Bern[1]

29.8.1923, Bern

Bemerkungen zur Broschüre des Werdenbergischen Initiativkomitees[2] betreffend den Schweizerisch-Liechtensteinischen Zollvertrag[3]

Gegen den Anschluss des Fürstentums Liechtenstein an das Schweizerische Zollgebiet verbreitet das Werdenbergische Initiativkomitee in Buchs eine im August 1923 in Buchs gedruckte Broschüre, in welcher es zum Schlusse gelangt, dass von der Einverleibung Liechtensteins in das Schweizerische Zollgebiet grundsätzlich abzusehen und dem Nachbarlande in anderer Weise entgegenzukommen sei. Den Ausführungen dieser Broschüre ist folgendes entgegenzuhalten.

1. *Das österreichische Hauptzollamt in Buchs.* Das Werdenbergische Initiativkomitee behauptet (S. 2 ff.), der liechtensteinische Zollanschluss hätte die Verlegung des österreichischen Zollamtes von Buchs nach Feldkirch zur Folge. Das schweizerische Zollamt müsste nachfolgen. Und daraus ergebe sich für Buchs eine grosse Schädigung.

   Die Bedeutung des Zollamtes für Buchs soll nicht bestritten werden. Dagegen ist die Annahme, dass Österreich zur Verlegung seines Zollamtes von Buchs nach Feldkirch berechtigt sei, unzutreffend.

---

1 LI LA SF 27/1923/ad 2768/8.
2 Zum Zollvertrag mit Liechtenstein. Der Standpunkt der Anschluss-Gegner, Buchs 1923; auch erschienen in: «Werdenberger & Obertoggenburger», Nr. 99, 24.8.1923, S. 1-3 (LI LA V 003/0241). Emil Beck wollte den Argumenten des Initiativkomitees zunächst mit einer Note ans Eidgenössische Politische Departement entgegentreten. Nachdem er einen Entwurf einer Note (LI LA V 002/0297/68-77) mit Peter Vieli vom Politischen Departement besprochen hatte, entschied er sich auf dessen Rat, den Entwurf zu «blossen Bemerkungen» umzuarbeiten. Beck überreichte die «Bemerkungen» samt einer dreiseitigen Zusammenfassung (LI LA SF 27/1923/ad 2768/8) und einer Karte in mehreren Exemplaren dem Politischen Departement. Weitere Exemplare gingen an die Regierung (LI LA SF 27/1923/2768 ad 8, Beck an Regierung, 31.8.1923).
3 LGBl. 1923 Nr. 24.

Österreich, das sich im Friedensvertrag von St. Germain als Nachfolgestaat der österreichisch-ungarischen Monarchie bekannt hat, ist auch heute noch an den Staatsvertrag vom 27. August 1870[4] gebunden, welcher in Art. 18 Absatz 3 bestimmt: «An der österreichisch-schweizerischen Grenze sollen für die Zollbehandlung an den Anschlusspunkten der beiderseitigen Eisenbahnen vereinigte (österreichisch-schweizerische) Zollämter mit den erforderlichen Befugnissen errichtet werden.» Diese Anschlusspunkte befinden sich aber nach wie vor in Buchs.

Es könnte höchstens gesagt werden, der Vertrag sei deswegen hinfällig, weil eine wesentliche Voraussetzung nicht mehr gegeben sei, nämlich die *gemeinsame Zolllinie*. Tatsächlich schiebt sich heute zwischen das österreichische und das schweizerische Zollgebiet ein drittes, nämlich das Liechtensteinische hinein. Es mag richtig sein, dass die österreichische Zollabfertigung in Buchs dadurch beeinträchtigt erscheint, indem die Verbindung zwischen dem österreichischen Zollamt in Buchs und dem österreichischen Zollgebiet nunmehr durch das liechtensteinische Zollgebiet unterbrochen ist. Dieser Zustand aber soll gerade *durch den Zollanschluss beseitigt werden*, sodass die gemeinsame Zollinie und jene unmittelbare Verbindung wieder hergestellt ist. Die Tatsache, dass Liechtenstein nachher zum schweizerischen Zollgebiet gehört statt zum österreichischen, ist dabei irrelevant, da dieser Umstand für die Zollabfertigung in Buchs keine Erschwerung bedeutet.

Im weitern ist zu beobachten, dass die Zollabfertigung für das schweizerische Gebiet durch den Zollanschluss in keiner Weise verändert wird. Dieselbe bleibt in vollem Umfange in Buchs. In Liechtenstein werden lediglich Zollämter für den *liechtensteinischen Verkehr* errichtet. Und diese bestehen zur Hauptsache heute schon. Zur Überwachung der liechtensteinischen Zollgrenze ist Österreich schon seit dem Ausscheiden Liechtensteins aus dem österreichischen Zollgebiet genötigt. Eine Erschwerung der Zollabfertigung entsteht also Österreich auch aus diesem Umstande nicht.

Die Belassung des österreichischen Zollamtes in Buchs wird somit durch den Zollanschluss erleichtert und der Rechtsstandpunkt der Schweiz verbessert. Die wirklichen Motive Österreichs sind denn auch ganz andere. Sie sind zu suchen in der finanziellen Belastung, welche sich für Österreich aus dem Zollamt Buchs ergibt, welche aber mit dem liechtensteinischen Zollanschluss nicht das Geringste zu tun hat.

2. *Die Zollgrenze.* Ein Blick auf die beiliegende Karte zeigt, dass durch den Zollanschluss die Zollgrenze sich nicht unwesentlich verkürzt. Die gegenwärtige Zollinie Sennwald–Klein Mels–Naafkopf setzt sich zusammen aus der Hypotenuse und der einen Kathete des Dreieckes, welches das Fürstentum darstellt, während die neue Zollinie aus der andern Kathete Naafkopf–Sennwald besteht. Die alte Grenze beträgt daher 37.5 km, die neue dagegen nur 33 km, sodass also eine Verkürzung der Linie um 4.5 km sich ergeben würde. Dabei ist zu beachten, dass die politische Grenzlinie in vielen Windungen verläuft, welchen die Zollinie nicht folgen wird, woraus eine weitere Verkürzung der neuen Zollinie resultiert.

Sodann wird in der erwähnten Broschüre behauptet, dass der Zollanschluss eine gute Zollinie durch eine schlechte ersetzen würde. Demgegenüber ist zu bemer-

---

4 Staatsvertrag vom 27.8.1870 zwischen Österreich-Ungarn, zugleich für das Fürstentum Liechtenstein, Bayern und der Schweiz betr. die Herstellung einer Eisenbahn von Lindau über Bregenz nach St. Margrethen, sowie von Feldkirch nach Buchs (LI LA SgSTV 1870.08.27; öst. RGBl. 1871 Nr. 13; AS, Bd. 10, 1872, S. 380-399).

ken, dass die neue Zollinie zum grossen Teil über Bergkämme geht, welche im Winter und zum Teil auch im Sommer überhaupt nicht passiert werden können. Der übrige Teil ist infolge der günstigen Bodengestaltung so übersichtlich, dass er von einem Wachtposten im Steg mit verhältnismässig wenig Personal wirksam überwacht werden kann. Dazu kommt, dass die Entfernung der Zollinie von den nächsten Ortschaften beiderseits sehr gross ist, sodass auch durch diesen Umstand der Schmuggel wesentlich erschwert wird. Die Erfahrung der letzten Jahre hat denn auch gelehrt, dass der Schmuggel über den Rhein, der mit seinen hohen, von Erlen und Gesträuch bewachsenen Dämmen den Schmuggler deckt, viel leichter ist als über die Bergkämme. Trotzdem die Rheingrenze sehr intensiv bewacht war, während die Bergkämme nur wenig geschützt wären, ging der grösste Teil der geschmuggelten Waren über den Rhein, der im Winter durchwatet und im Sommer auch bei ungünstigen Wasserverhältnissen mit allen möglichen Fahrzeugen leicht durchquert werden kann.

Schwieriger ist allerdings die Strecke vom Rhein bei Bangs bis Schaanwald zu überwachen, da sie leicht begehbar ist. Dagegen ist es unzutreffend, dass diese Strecke auch sehr unübersichtlich ist. Vielmehr kann gesagt werden, dass beinahe die ganze Strecke von einem einzigen Punkt aus überblickt werden kann, da es sich mit Ausnahme der Strecke über den Schellenberg um offenes Streueland mit wenig Bäumen und Gebüsch handelt. Anderseits aber wird der ganze Nachteil reichlich kompensiert durch die Tatsache, dass durch den Zollanschluss die noch längere Strecke Sargans–Naafkopf in Wegfall kommt, ein Gebiet, das mit viel mehr Berechtigung als ein Dorado für den Schmuggel bezeichnet werden kann. Jedenfalls ist dieses Gebiet ebenso leicht begehbar wie die Strecke Rhein–Schaanwald, und dabei ist sie zweifellos viel unübersichtlicher als jene. Es bestätigt sich hier die auch andernorts gemachte Erfahrung, dass eine nasse Grenze den Schmuggel eher begünstigt als verhindert. Die eidgenössischen Zollorgane sind denn auch bei der neuesten Grenzbegehung zum Schlusse gelangt, dass eine Vermehrung des Zollpersonals kaum nötig sein werde, trotzdem bei der Bemessung des liechtensteinischen Anteils an den Zolleinnahmen 12 Mann verrechnet worden sind.

3. *Die Rechnung.* Ebenso unzutreffend sind die rechnerischen Ausführungen der Broschüre (Seit 16 ff.). Es ist allerdings sehr schwer, den liechtensteinischen Anteil genau den Verhältnissen entsprechend zu bestimmen, da hierüber keinerlei statistische Daten vorhanden sind. Soviel ist jedoch leicht erkennbar, dass die in der Broschüre aufgestellte Rechnung, wonach die Zolleinnahmen unter dem liechtensteinisch-österreichischen Zollvertrag[5] 1.93 k pro Kopf betrugen, gänzlich unrichtig ist.

    a. Die dort angegebenen Zolleinnahmen der liechtensteinischen Zollämter in den Jahren 1908–1917 beziehen sich, wie die Broschüre selbst angibt, nur auf die Einnahmen an der Schweizergrenze, unter Ausschluss der Zollämter in Buchs, Feldkirch und Bregenz. Diese erfassen aber nur einen geringen Teil der Zölle, welche auf Liechtenstein entfallen. Denn der grösste Teil der Waren wurde damals naturgemäss eben nicht aus der Schweiz, sondern aus Österreich bezogen. Dies war die notwendige Folge des Zollanschlusses an Österreich. Weder Zölle, noch Ein- und Ausfuhrverbote hinderten hier den Verkehr. Es darf daher an-

---

5   LGBl. 1876 Nr. 3.

genommen werden, dass schätzungsweise mehr als 90 % aller Waren damals aus Österreich bezogen wurden. Die in der Broschüre berechnete Ziffer müsste daher in entsprechendem Masse vervielfacht werden. Welche Zahlen hier aber genau einzusetzen, das kann nur aus dem mutmasslichen Konsum der Bevölkerung unter Berücksichtigung ihrer Eigenproduktion bestimmt werden.

b. Eine Wegleitung dürfte hier jedoch der Anteil sein, den Liechtenstein aus dem Zollanschlusse von Österreich bezogen hat. Derselbe betrug:
1908: 200'132.81 K
1909: 239'880.32 K
1910: 217'725.46 K
1911: 260'086.96 K
1912: 281'874.94 K
1913: 264'239.66 K
1914: 231'922.16 K

Durchschnittlich konnte also in den Jahren vor dem Kriege mit einer jährlichen Summe von *242'233.14 K* gerechnet werden. Dabei ist zu berücksichtigen, dass dieser Anteil nicht etwa in Unkenntnis der Verhältnisse von Österreich zugestanden worden war. Vielmehr ist derselbe letztmals im Jahre 1888 erhöht worden, nachdem die österreichischen Beamten also während 36 Jahren Gelegenheit hatten, die Ein- und Ausfuhr und den Konsum in Liechtenstein zu beobachten. Endlich ist zu erwähnen, dass die Zollansätze seither in allen Ländern bedeutend erhöht worden sind.

c. Eine weitere Richtlinie für die Bemessung des liechtensteinischen Anteils kann sich ergeben aus den Zöllen, welche Liechtenstein seit Einführung des eigenen Zolltarifes eingenommen hat. Dieselben betrugen 1922 151'448.38 und für die ersten 6 Monate des laufenden Jahres 72'062.63 Frs., sodass mit einer durchschnittlichen Jahreseinnahme von rund 150'000.– Franken gerechnet werden kann. Dabei ist zu berücksichtigen, dass die liechtensteinischen Zollansätze bedeutend niedriger sind als die schweizerischen Ansätze. Legt man der Rechnung diese letzteren zu Grunde – und diese sind für den Fall des Zollanschlusses allein massgebend – so ergibt sich nach der Berechnung von Herrn Dr. [Jacob] Lorenz eine Netto-Einnahme von jährlich 380'000.– Franken.[6]

d. Will man aber auch diesen Zahlen nicht als Grundlage der Berechnung anerkennen, so kann nur die von der eidgenössischen Oberzolldirektion vorgeschlagene Berechnungsweise in Betracht fallen: die Berechnung des Anteiles proportional der Bevölkerung unter der Berücksichtigung der besonderen Verhältnisse.

Bei Annahme einer Durchschnittsbelastung von 20.– Fr. pro Kopf der Bevölkerung durch Zölle und Alkoholmonopol gelangte die Oberzolldirektion nach Abzug von 25 % für verminderte Kaufkraft der liechtensteinischen Bevölkerung und 60'000.– Fr. für vermehrte Verwaltungskosten (12 Mann) zu einer Entschädigung von 150'000.– Fr. Dabei ist die liechtensteinische Bevölkerung mit 11'565 Köpfen angenommen. Diese Zahl umfasst allerdings die Bevölkerung mit Einschluss der

---

6 Vgl. LI LA V 002/0297/68-77, Entwurf Note, 27.8.1923. Lorenz war der Verfasser von: Gutachten über den Zollanschluss Liechtensteins an die Schweiz, dem Landtag des Fürstentums Liechtenstein erstattet, Zürich 1923.

auswärtigen Liechtensteiner. Diese Art der Zählung stützt sich auf die Verordnung vom Jahre 1861,[7] welche sich an die österreichische Gesetzgebung anlehnt, und sie ist im Einverständnis mit Österreich auch beim österreichischen Zollvertrag stets verwendet worden für die Bemessung des liechtensteinischen Anteils. Die ortsanwesende Bevölkerung beläuft sich allerdings nur auf 8'841 Personen, jedoch nicht auf 8'034 wie die Broschüre angibt.

Andererseits sind zwei Umstände in Betracht zu ziehen, welche den Zollvertrag für die Schweiz in finanzieller Beziehung günstig beeinflussen. Die Zolleinnahmen für das Jahr 1922 betragen nämlich 163.6 Millionen Franken, während die Oberzolldirektion nur 75–80 Millionen Franken in ihre Rechnung eingesetzt hatte. Und sodann hat die Oberzolldirektion bei ihrer neuesten Grenzbegehung festgestellt, dass höchstens mit einer Personalvermehrung von durchschnittlich zwei Mann zu rechnen ist, während vorsichtshalber 12 Mann verrechnet worden waren. Der diesbezügliche Abzug reduziert sich daher von 60'000.– Franken auf 10'000.– Franken.

Das Werdenbergische Initiativkomitee verlangt ferner, dass derjenige Betrag in Abzug gebracht werde, den die aus Liechtenstein eingeführten Waren für die Schweiz gegenwärtig an Einfuhrzöllen betragen, während die im Falle des Zollanschlusses zollfrei wären. Derselbe beziffert sich nach einer Berechnung von Dr. Lorenz allerhöchstens auf 35'000.- Fr.

Endlich wird ein Abzug postuliert für diejenigen Waren, welche Liechtenstein bisher schon aus der Schweiz bezogen hat. Demgegenüber braucht nur darauf hingewiesen zu werden, dass der Zoll auch für diese Waren von der *liechtensteinischen* Bevölkerung getragen werden muss.

Rechnet man nun nach der Methode der Oberzolldirektion mit diesen neuen Daten, so ergibt sich folgende Rechnung:

Zolleinnahmen pro 1922 netto	145 Millionen Franken	
Zolleinnahmen pro Kopf der Bevölkerung	41.3 Franken	
Zolleinnahmen auf 8'841 Einwohner		365'000.–
Abzug 25 % für verminderte Kaufkraft	91'000.–	
Abzug für vermehrte Verwaltungskosten	10'000.–	
Abzug Zollausfall	35'000.–	136'000.–
		229'000.–

4. Was die Behauptung anbetrifft, dass die österreichischen Zollbeamten eines Tages mit blutigen Köpfen aus dem Lande gejagt worden seien, so genügt die Feststellung, dass dies den Tatsachen widerspricht. Tatsächlich ist der Vertrag im beiderseitigen Einvernehmen der beiden Regierungen aufgelöst worden.[8]

---

7   Vorschrift über die Vornahme der Zählung der Bevölkerung vom 28.10.1861 (LI LA SgRV 1861).
8   Tatsächlich fühlten sich die deutsch-österreichischen Finanzwachbediensteten im Sommer 1919, kurz vor der Kündigung des Zollvertrags durch Liechtenstein (vgl. dazu LI LA RE 1919/3978 ad 4/3761, Prinz Eduard an Regierung, 12.8.1919, mit Nachtrag vom 14.8.1919) bedroht und sahen sich ausserstande, ihrer Aufgabe weiter nachzukommen (LI LA RE 1919/3217 ad 4, Personalrat der Bezirksgruppe Vaduz des Finanzwach-Vereines an Personalrat des Finanzwach-Vereines in Vorarlberg und Liechtenstein, 4.7.1919).

5. Die Vermutung des Werdenbergischen Initiativkomitees sodann, dass mit dem Zollanschluss ein *politischer* Anschluss vorbereitet werde, dürfte sich am besten durch die Eingangsklausel des Vertrages widerlegen, welche sich auf den ausdrücklichen Willen *beider* Vertragsstaaten stützt.
6. Inbezug auf die Gegenvorschläge des Werdenbergischen Initiativkomitees, welche auf ein begünstigtes Regime für den kleinen Grenzverkehr hinauslaufen, ist zu bemerken, dass dieselben den dringenden wirtschaftlichen Bedürfnissen Liechtensteins in keiner Weise zu genügen vermögen. Was diesem kleinen Lande nottut, ist die Beseitigung der engen Wirtschaftsgrenze nach einer Seite hin, d.h. der Anschluss an ein grösseres Wirtschaftsgebiet. Vom Standpunkte der Schweiz aus aber würde eine solche Vereinbarung wegen ihrer Rückwirkung auf die andern Handelsverträge (Meistbegünstigung) bedenklich sein.

Dok. 208
Regierungschef Gustav Schädler kritisiert mit Blick auf die liechtensteinische Selbständigkeit und Souveränität, dass mehrere Mitglieder des Fürstenhauses im «Gothaischen Hofkalender» als ehemalige k.u.k. Offiziere und Beamte aufgeführt werden

Maschinenschriftliches Schreiben von Regierungschef Gustav Schädler, gez. ders., an die fürstliche Kabinettskanzlei in Wien[1]

18.10.1923

Hochverehrter Herr Kabinettsdirektor [Josef Martin]!

Die Durchsicht des Bürstenabzuges für den Gotha'er Almanach für 1924[2] hat uns den Gedanken reifen lassen, ob es nicht endlich an der Zeit wäre, die früheren Dienstleistungen von Mitgliedern des Fürstenhauses im österreichischen Zivilstaatsdienste oder im österr. ungarischen Militärdienste nicht mehr zu erwähnen und die Ordensbezeichnungen dieser Monarchie endgiltig fallen zu lassen. Das Gotha'er Handbuch wird weit in der Welt herumgelesen und mancher Leser wird wohl – wenn er von den Bemühungen unserer Regierung und namentlich auch des Fürstenhauses um die Betonung und Verteidigung unserer Selbständigkeit gelesen hat – verwundert den Kopf schütteln, dass soviele Mitglieder des Fürstenhauses eines neutralen Landes (oder die meisten Mitglieder sogar) als k.u.k. Offiziere oder Beamte geführt werden. Ich erinnere mich, dass gerade diese Zugehörigkeit liechtensteinischer Prinzen zur vergangenen österr. ungarischen Armee wiederholt Bedenken wegen unserer Souveränität hervorgerufen hat und ich bin der

---

1 LI LA RE 1923/3288. Das Schreiben enthält die maschinenschriftliche Ergänzung, dass diesem eine Subskriptionserklärung für Hofkalender und Diplomatisches Jahrbuch beizuschliessen sei. Vgl. auch LI LA RE 1924/4673. Der «Gothaische Hofkalender» bzw. der «Gothaer Almanach» war bzw. ist ein – erstmals 1763 herausgebenes – genealogisches Nachschlagewerk für den europäischen Adel. Zwischen 1785 und 1944 erschien es im Justus Perthes Verlag in Gotha.

2 Die Schriftleitung des Gothaischen Kalenders hatte mittels undatierter Korrespondenzkarte um «genaue Durchsicht und baldige Rücksendung» des Abzuges gebeten. Vgl.: Gothaischer Hofkalender 1924. Familienstand der regierenden und ehemals regierenden Häuser, der deutschen standesherrlichen Häuser und der meisten nicht souveränen europäischen Fürstenhäuser. Gotha 1924.

sicheren Überzeugung, dass diese Tatsache gerade bei den cechischen Verhandlungen eine ausserordentliche bedenkliche Rolle gespielt hat.³ Meine unmassgebliche Meinung ist daher die, diese Titel wären aus Zweckmässigkeitsgründen zu streichen. Zu erwägen wäre auch, ob die Ordensauszeichnungen einer vergangenen Monarchie weiter bemerkt werden sollen. Einen Zweck kann ich in der Fortführung nicht erblicken, sehe darin allerdings keinerlei Gefahr für unsere Selbständigkeit, nachdem ja immer Souveräne ihre Standesgenossen dekoriert haben.

Jedenfalls bitte ich, meine Bedenken Seiner Durchlaucht [Johann II.] zur Entscheidung mitzuteilen, und dabei besonders zu bemerken, dass ich mit meinem Antrage durchaus nicht an den verwandtschaftlichen und freundschaftlichen Beziehungen des Fürstenhauses zu Habsburg-Lothringen rütteln wollte. Das läge mir vollständig ferne, sondern ich habe nur die Absicht, einen sehr im Bereiche der Möglichkeit liegenden Stein des Anstosses für unsere staatliche Eigenheit aus dem Wege zu räumen. Wenn Seine Durchlaucht meine Bedenken nicht teilen, bitte ich, den Bürstenabzug unverändert (jener für das Land ist vollständig korrigiert) an den Verlag Perthes zu expedieren. Sollte Seine Durchlaucht meinem Antrage beipflichten, so bitte ich, die Korrekturen dort vorzunehmen und den Korrekturbogen ebenfalls an Perthes zu senden. In jedem Falle bitte ich um kurze Nachricht der fürstl. Entscheidung und um rascheste Erledigung der Sache, damit unbedingt der berichtigte Abzug für das 1924er Buch Verwendung findet.⁴

Empfangen Sie, hochverehrter Herr Kabinettsdirektor, die Versicherung meiner vorzüglichsten Hochachtung, womit ich Sie begrüsse

Ihr ergebener

---

3   Zur Haltung der Prager Regierung zur Souveränität des Fürsten von Liechtenstein vor dem Hintergrund der tschechoslowakischen Bodenreform vgl. etwa: «Prager Tagblatt», Nr. 225, 27.9.1923, S. 3 («Liechtenstein und die Tschechoslowakei»).

4   Vgl. das – eher reservierte – Antwortschreiben der fürstlichen Kabinettskanzlei an Regierungschef Schädler vom 7.11.1923 (LI LA RE 1923/3644 ad 3288 (Aktenzeichen der Kabinettskanzlei: No. 279)).

Dok. 209
Fürst Johann II. wandelt das Darlehen an das Land Liechtenstein für die aus dem Ersten Weltkrieg herrührende Lebensmittelschuld in eine Schenkung um

Maschinenschriftliches Schreiben, gez. Fürst Johann II., gegengez. Regierungschef Gustav Schädler[1]

12.11.1923, Schloss Feldsberg

Lieber Regierungschef Schädler!

Ich will den heutigen Tag, an welchem ich vor 65 Jahren die Regierung angetreten habe, nicht vorübergehen lassen, ohne Meinem Lande neuerlich einen Beweis Meiner väterlichen Fürsorge gegeben zu haben.

Um die Sanierung der Landesfinanzen möglichst zu Ende zu führen, vernichte Ich jenen Schuldbrief über 550'000 Franken, der als Lebensmittelschuld noch an die Schrecknisse wirtschaftlicher Nöte erinnert, welche der Weltkrieg verursacht hat.[2]

---

1   LI LA RE 1923/3623 ad 2327. Eingangsstempel der Regierung vom 12.11.1923. Handschriftliche Bemerkung von Regierungschef-Stellvertreter Alfons Feger vom 14.11.1923: «Einschaltung im LGbl. [Landesgesetzblatt] veranlasst». Vgl. die Kundmachung vom 12.11.1923 des Fürstlichen Handschreibens betreffend die Schenkung der Lebensmittelschuld, LGBl. 1923 Nr. 21. Das Handschreiben wurde von Regierungschef Gustav Schädler an der Festsitzung des Landtages zum 65jährigen Regierungsjubiläum des Fürsten am 12.11.1923 verlesen (vgl. LI LA LTP 1923/046). Vgl. auch die daraufhin ergangene Huldigungsadresse des Landtags an den Fürsten vom 12.11.1923 (LI LA RE 1923/2327; LI LA LTA 1923/L47). Das Handschreiben wurde ferner in den Landeszeitungen abgedruckt: O.N., Nr. 90, 14.11.1923, S. 1 («Landtagsbericht vom 12. November 1923»); L.Vo., Nr. 91, 17.11.1923, S. 1 («Fürstliches Handschreiben Seiner Durchlaucht unseres hochherzigen Jubelmonarchen»).

2   Vgl. das Fürstliche Handschreiben vom 10.2.1920 betreffend Gewährung eines unverzinslichen Darlehens an das Fürstentum Liechtenstein für die Lebensmittelschuld und für Beamtengehalte, LGBl. 1920 Nr. 4; sowie das Gesetz vom 8.4.1920 betreffend die Rückzahlungsbedingungen des zur Zahlung der Lebensmittelschuld bei der Schweizerischen Kreditanstalt in Zürich für die Gewährung einer Teuerungszulage in Franken an die Landesbeamten und –Angestellten und für die Kosten der fürstlich liechtensteinischen Gesandtschaft in Bern bestimmten Darlehens von 550'000 Franken schweizerischer Währung, LGBl. 1920 Nr. 5.

Dok. 210
Der neue bischöfliche Landesvikar Georg Marxer sagt der Regierung zu, seinen Einfluss für ein «freundliches Zusammenwirken» von Kirche und Staat geltend zu machen

Maschinenschriftliches Schreiben des Landesvikars Georg Marxer, gez. ders., an die Regierung[1]

8.2.1924, Vaduz

Hohe Regierung!
Gestern bei der Priesterconferenz [des Liechtensteinischen Priesterkapitels] in Vaduz wurde mir das Schreiben des Hochwürdigsten Bischofs [Georg Schmid von Grüneck] zugestellt, welches mir die Bürde eines Landesvikars zumutete.[2] In Gehorsam musste ich sie annehmen. Ich danke bei diesem Anlasse für das freundliche Schreiben einer Hohen Regierung vom 19. Januar dieses Jahres.[3] Diese freundlichen Worte machen mir Mut und wenn die Hohe Regierung meine Bemühungen unterstützen wird, so darf ich gewiss hoffen, dass unsere Arbeiten gesegnet werden. Wie ich gewiss aus Gewissenhaftigkeit alle Massnahmen einer Regierung achten werde und in diesem Sinne meinen Einfluss benütze, so wird auch eine Hohe Regierung den Absichten der Priesterschaft wohlwollend gegenüberstehen. Ein Sichverstehen und ein freundliches Zusammenwirken trägt die beste Gewähr des Volksglückes, welches ja sowohl Staat wie Kirche, ein jedes in seinem Kreise herbeiführen will.[4]
Indem ich Herr Prof. [Gustav] Schädler als Chef der Regierung[5] und alle Herren Beamten freundlich und hochachtungsvoll grüsse

---

1   LI LA RE 1924/0733 ad 0335. Einlaufstempel der Regierung vom 9.2.1924.
2   Vgl. in diesem Zusammenhang das Schreiben des Churer Bischofs an die Regierung vom 15.1.1924 (LI LA RE 1924/0335). – Zum Rücktritt von Johann Baptist Büchel vom Amt des Landesvikars vgl. dessen Schreiben an die Regierung vom 23.1.1924 (LI LA RE 1924/0436 ad 0335).
3   Vgl. das Schreiben der Regierung bzw. des Regierungschefs Gustav Schädler an Georg Marxer vom 19.1.1924: «Soeben geht uns die erfreuliche Kunde zu, dass Euer Hochwürden an Stelle des leider zurückgetretenen Landesvikars, des Hochwürdigsten Herrn Prälaten J. B. Büchel zum Bischöflichen Landesvikar für das Fürstentum Liechtenstein ernannt werden sollen. Wir stimmen selbstverständlich dem Bischöflichen Vorschlage gerne zu und beglückwünschen Sie zu der Ihnen zuteil werdenden Ehre bestens. Wir hoffen gerne und zuversichtlich, dass die bisher zwischen dem Landesvikariate und der Regierung bestehenden, angenehmen Beziehungen fortdauern und dass Sie uns wie bisher auch künftig Ihre Unterstützung leihen werden» (LI LA RE 1924/0335).
4   Vgl. etwa auch L.Vo., Nr. 15, 20.2.1924, S. 1 («Zum Landesvikarwechsel»).
5   Handschriftlich eingefügt: «als Chef der Regierung».

Dok. 211
Das Fürstentum Liechtenstein wird dem Eidgenössischen Fabrikinspektorat des IV. Kreises mit Sitz in St. Gallen zugeteilt

Maschinenschriftliche Note der Abteilung für Industrie und Gewerbe des Eidgenössischen Volkswirtschaftsdepartementes, gez. Franz Kaufmann, an die liechtensteinische Gesandtschaft in Bern[1]

5.6.1924, Bern

Herr Geschäftsträger [Emil Beck],
Indem ich Ihre Mitteilungen vom 30. Mai[2] bestens verdanke, beehre ich mich, Ihnen im Einverständnis des Volkswirtschaftsdepartements folgendes zur gefälligen Kenntnis zu bringen:

In Bestätigung unserer vorläufigen Unterredung wird als zuständiges eidgenössisches Fabrikinspektorat für Liechtenstein dasjenige des angrenzenden schweizerischen Gebiets (IV. Kreis, Sitz in St. Gallen, Chef: Fabrikinspektor Dr. E. [Ernst] Isler) bezeichnet.

Gemäss dem von Ihnen mitgeteilten Wunsche hat Herr Fabrikinspektor Dr. Isler von uns den Auftrag erhalten, sich nächstens nach Vaduz zu begeben, um mit der fürstlichen Regierung die betreffend den Vollzug des Fabrikgesetzes zu erledigenden Fragen zu besprechen und sich hiefür mit der Regierung direkt in Verbindung zu setzen.

Das genannte Fabrikinspektorat wird hierseits ermächtigt, in Sachen des Fabrikgesetzes mit der fürstlichen Regierung künftig in gleicher Weise zu verkehren wie mit einer Kantonsregierung.[3]

---

1   LI LA V 002/0310/07 (Aktenzeichen der liechtensteinischen Gesandtschaft: 764). Eingangsstempel der Gesandtschaft vom 6.6.1924. Hintergrund dieses Vorganges war die Anwendbarkeit der schweizerischen Fabrikgesetzgebung, besonders des Fabrikgesetzes vom 18.6.1914 idF des 27.6.1919, auf das Fürstentum Liechtenstein aufgrund von Art. 4 Abs. 1 Ziff. 2 sowie Anlage I des Zollanschlussvertrages vom 29.3.1923, LGBl. 1923 Nr. 24. – Auf Grundlage des nunmehr in Liechtenstein geltenden Fabrikgesetzes erfolgte z.B. auch die Erlassung der Fabrikordnung für die Spinnerei und Weberei von Jenny, Spoerry & Cie in Vaduz und Triesen am 23.6.1926/5.7.1926 (LI LA RE 1926/2575 ad 0753). – Vgl. zur Handhabung der eidgenössischen Fabrikgesetzgebung in Liechtenstein im Übrigen die Art. 89-102 des liechtensteinischen Einführungsgesetzes vom 13.5.1924 zum Zollanschlussvertrag, LGBl. 1924 Nr. 11. – Die gewerblichen Inspektionen in Liechtenstein waren ab 1886 vom zuständigen k.k. Gewerbeinspektorat, zuletzt von jenem für Vorarlberg mit Sitz in Bregenz, ausgeübt worden und umfassten nicht nur die Inspektion von Fabriken, sondern überhaupt aller gewerblicher Betriebe, wo maschinelle Einrichtungen benutzt wurden. Wie die liechtensteinische Regierung mit Schreiben an die liechtensteinische Gesandtschaft in Bern vom 9.8.1923 ausführte, hatte der k.k. Gewerbeinspektor der Regierung dabei stets in gewerblichen Fragen zur Verfügung gestanden. Die Regierung bzw. Regierungschef-Stellvertreter Alfons Feger wünschte sich, das diese Art der Inspektion im Rahmen des Zollanschlussvertrages mit der Schweiz beibehalten werde und ersuchte die Gesandtschaft um Mitteilung, ob in den schweizerischen Kantonen der Gewerbeaufsichtsdienst auch in dieser Form geregelt sei (LI LA V 002/0310/01 (Aktenzeichen der Regierung: 2471. Aktenzeichen der Gesandtschaft: 827)).
2   Vgl. LI LA V 002/0310/06 (Aktenzeichen der Gesandtschaft: 375).
3   Vgl. dazu Art. 6 des Zollanschlussvertrages vom 29.3.1923, wonach in Ansehung der gemäss Art. 4 und 5 im Fürstentum anzuwendenden schweizerischen Gesetzgebung dem Fürstentum Liechtenstein die gleiche Rechtsstellung zukommt bzw. zukam wie den schweizerischen Kantonen. Nach Art. 3 des Vertrages konnte bzw. kann der schriftliche Verkehr zwischen den eidgenössischen und den liechtensteinischen Behörden direkt und ohne Inanspruchnahme des diplomatischen Weges erfolgen, soweit er die Anwendung des Vertrages betrifft.

Was die Kosten der Inspektionstätigkeit für Liechtenstein betrifft, so gestatte ich mir den Vorschlag, es sei diese Frage noch zwischen uns zu besprechen.[4]

Genehmigen Sie, Herr Geschäftsträger, die Versicherung meiner vollkommenen Hochachtung.

Der Chef der Abteilung für Industrie und Gewerbe

Dok. 212
Der Schweizer Bundesrat gesteht Liechtenstein in Abweichung von der eidgenössischen Fabrikgesetzgebung mehr als 8 gesetzliche Feiertage pro Jahr zu

Maschinenschriftliche Note der Abteilung für Auswärtiges des Eidgenössischen Politischen Departements, gez. Giuseppe Motta, an die liechtensteinische Gesandtschaft in Bern[1]

11.12.1924, Bern

Mit Beziehung auf die geschätzte Note 1341 vom 15.v.M.[2] beehrt sich das Eidgenössische Politische Departement der Fürstlich Liechtensteinischen Gesandtschaft mitzuteilen, dass der in der geschätzten Note enthaltene Wunsch auf Zulasssung einer Abänderung des Art. 58 Abs. 1 des Fabrikgesetzes betreffend die gesetzliche Normierung der Feiertage dem Bundesrate unterbreitet worden ist.

Der Bundesrat hat in seiner Sitzung vom 5.d.M. beschlossen, dass dem von der Fürstlichen Gesandtschaft vorgebrachten Anliegen entsprochen werden solle, nachdem auf dessen Berücksichtigung von der Fürstlichen Regierung anscheinend grosses Ge-

---

4   Geschäftsträger Emil Beck teilte der liechtensteinischen Regierung mit Schreiben vom 21.6.1924 mit, dass diese Frage in einer Besprechung mit Abteilungsleiter Franz Kaufmann vom Eidgenössischen Volkswirtschaftsdepartement dahin abgeklärt wurde, dass von Liechtenstein in dieser Beziehung keinerlei Kosten zu tragen seien (LI LA V 002/0310/11 (Aktenzeichen der Gesandtschaft: 841)).

1   LI LA V 002/0310/15 (Aktenzeichen des Eidgenössischen Politischen Departementes: B 14/2 Liecht. – HI. Aktenzeichen der liechtensteinischen Gesandtschaft in Bern: 1440). Eingangsstempel der liechtensteinischen Gesandtschaft vom 12.12.1924.

2   Der liechtensteinische Geschäftsträger Emil Beck führte in dieser Note aus, dass gemäss Art. 4 Abs. 1 Z. 2 des Zollanschlussvertrages vom 29.3.1923, LGBl. 1923 Nr. 24, neben der schweizerischen Zollgesetzgebung die übrige Bundesgesetzgebung im Fürstentum zur Anwendung gelange, soweit der Zollanschluss dies bedinge. Nach der Anlage I zum Zollanschlussvertrag gehörte dazu auch das Bundesgesetz vom 18.6.1914 betreffend die Arbeit in den Fabriken. Gemäss Art. 58 Abs. 1 des Fabrikgesetzes konnten die Kantone 8 Feiertage im Jahr bestimmen, die im Sinne dieses Gesetzes als Sonntage zu gelten hatten. – Nach Art. 6 des Zollanschlussvertrages kam bzw. kommt in Bezug auf die gemäss Art. 4 und 5 im Fürstentum anwendbare Gesetzgebung dem Fürstentum Liechtenstein die gleiche Rechtsstellung zu wie den schweizerischen Kantonen. – Bislang waren aber in Liechtenstein nicht nur 8, sondern 12 Feiertage im Jahr gefeiert worden, nämlich Neujahr, Drei-König, Ostermontag, Auffahrt, Pfingstmontag, Fronleichnam, Mariä Himmelfahrt, Allerheiligen, St. Luzius, Maria Empfängnis, Weihnachten und St. Stefanstag. Die liechtensteinische Regierung wollte diese Feiertage auch in Zukunft beibehalten und argumentierte damit, dass die Anwendung des schweizerischen Fabrikgesetzes durch den Zollanschluss nur insoweit geboten sei, als dadurch die erleichterte Konkurrenzierung schweizerischer Fabriken durch liechtensteinische Betriebe vermieden werden solle. Dies gelte umso mehr, als die Beschränkung auf 8 Feiertage im Fabrikgesetz auf Erwägungen zurückzuführen seien, welche mit dem Zollanschlussvertrag in keiner Beziehung stünden. Auch in anderen Fällen kämen die schweizerischen Bundesgesetze im Fürstentum nur teilweise zur Anwendung. So habe sich beispielsweise das Eidgenössische Veterinäramt damit einverstanden

wicht gelegt werde. Der an das liechtensteinische Einführungsgesetz[3] geknüpfte Vorbehalt des Bundesrates in Bezug auf die Bezeichnung acht gesetzlicher Feiertage wird demnach fallen gelassen.

Indem das Departement die Fürstliche Gesandtschaft ersuchen darf, die Fürstliche Regierung entsprechend verständigen zu wollen,[4] benützt es den Anlass, die Fürstliche Gesandtschaft erneut seiner ausgezeichneten Hochachtung zu versichern.[5]

Dok. 213
Regierungschef Gustav Schädler bemüht sich gegen den Widerstand von Pfarrer Anton Frommelt darum, dass die Protestantin Mina Schädler auf dem Triesner Friedhof wie eine Katholikin «in der Reihe» bestattet werden darf

Maschinenschriftliche Aktennotiz, mit Korrekturen und Ergänzungen, von Regierungschef Gustav Schädler, gez. ders.[1]

31.8.1925

Amtsvermerk

In der Beerdigungsangelegenheit der Mina Schädler (Frau des Heinrich) auf dem Friedhof in Triesen[2] erschien heute Hochw. Herr Pfarrer [Anton] Frommelt, um seinen Stand-

---

erklärt, dass die Bestimmungen der Seuchengesetzgebung, soweit sie eine Beitragspflicht des Staates an die Viehbesitzer statuierten, nicht zur Anwendung in Liechtenstein kommen sollen (LI LA V 003/0310/14). Mit Schreiben vom 31.7.1924 an die Gesandtschaft in Bern hatte sich die Regierung zudem auf die angeblich 9 nach Can. 1247 § 1 des Codex Iuris Canonici von 1917 gebotenen Feiertage berufen, nämlich auf Weihnachten, Neujahr, Dreikönig, Christ Himmelfahrt, Fronleichnam, Maria Himmelfahrt, Unbefleckte Empfängnis, Hl. Josefsfest, Allerheiligen (LI LA V 002/0310/12 (Aktenzeichen der Regierung: 2372. Aktenzeichen der Gesandtschaft: 1041)). Die genannte Bestimmung hatte allerdings folgenden Wortlaut: Dies festi sub praecepto in universa Ecclesia sunt tantum: Omnes et singuli dies dominici, festa Nativitatis, Circumcisionis, Epiphaniae, Ascensionis et sanctissimi Corporis Christi, Immaculatae Conceptionis et Assumptionis Almae Genitricis Dei Mariae, sancti Joseph eius sponsi, Beatorum Petri et Pauli Apostolorum, Omnium denique Sanctorum.

3   Vgl. Art. 102 Abs. 1 des liechtensteinischen Einführungsgesetzes vom 13.5.1924 zum Zollvertrag mit der Schweiz vom 29.3.1923, LGBl. 1924 Nr. 11, betreffend die Landesfeiertage.

4   Vgl. das diesbezügliche Schreiben der Gesandtschaft in Bern an die liechtensteinische Regierung vom 13.12.1924 (LI LA V 002/0310/16 (Aktenzeichen der Gesandtschaft: 1445)).

5   Mit Schreiben vom 13.12.1924 sprach Geschäftsträger Emil Beck dem Eidgenössischen Politischen Departement seinen «verbindlichsten Dank» aus (LI LA V 002/0310/17 (Aktenzeichen der Gesandtschaft: 1446)).

1   LI LA RE 1925/3651. Einlaufstempel der Regierung vom 31.8.1925. Gemäss Vermerk von Gustav Schädler am selben Tag ad acta gelegt. – Zu den Streitigkeiten über die Beerdigung von Protestanten auf dem Triesner Friedhof vgl. auch LI LA PfAT 10/262.

2   Vgl. L.Na., Nr. 69, 2.9.1925, S. 2 («Triesen») sowie L.Na., Nr. 70, 5.9.1925, S. 2 («Eingesandt») und S. 4 («Danksagung»). In letzterer hiess es: «Für die wohltuenden, herzlichen Beweise aufrichtiger Teilnahme an meinem schweren Schicksalsschlage anlässlich dem Hinscheiden meiner lieben Gattin Frau Mina Schädler geb. Spies spreche ich hiemit meinen innigsten Dank dem Herrn Pfarrer von Sevelen für seine ergreifende, trostreiche Grabrede, dem Herrn Regierungschef für seine Bemühungen, dank denen es möglich war, die liebe Verstorbene in ihrer Heimatscholle zu beerdigen, ferner dem Hochw. Herrn Pfarrer von Triesen für die vielen Krankenbesuche und für das Grabgeleite, dem Herrn Vorsteher Risch für seine werktätige Mithilfe und das ehrende Grabgeleite, ebenso auch den ehrwürdigen Schwestern von Triesen für die vielen Besuche am Krankenbette.»

punkt dahin zu präzisieren, dass die genannte Verstorbene in einer Ecke, also nicht in der Reihe beerdigt werden müsse, denn so sei die diesbezügliche Antwort von Chur eingetroffen und er müsse sich danach halten. Ich erwiderte ihm, dass ich im Gegenstande heute vormittags mit drei Juristen, die alle katholisch seien, sogar einem Führer der konservativen Partei, gesprochen [hätte] und es hätten alle drei der Meinung Ausdruck verliehen, dass die Leiche unbedingt in der Reihe zu bestatten sei, also genau dort, wo irgend eine andere heute verstorbene *katholische* Person beerdigt würde. Ich berief mich auf Art. 37 und 39 der Verfassung[3] und die Verordnung über die Beerdigung von Leichen vom Jahre 1873 Nr. 7,[4] wonach die Beerdigung auf den Friedhöfen in der Regel der Reihe nach zu geschehen hat. Pfarrer Frommelt sagte, dass er sich mit der ganzen Kraft gegen eine solche regierungsamtliche Anordnung wahren müsste, wenn er nicht von Chur die Erlaubnis dazu erhielte. Schliesslich einigte man sich auf ein Telephongespräch mit dem bischöflichen Ordinariate in Chur und der Vertreter des Ordinariates sagte mir, dass die Verstorbene in der Reihe beerdigt werden könne, wenn die Regierung dies anordne. In der Schweiz sei die Beerdigung der Reihe nach allgemein gültig. Darauf telephonierte dann auch Pfarrer Frommelt und sagte dem bischöflichen Vertreter, es möchte die Bewilligung für diesen Fall gegeben und nachher sollte dann die Angelegenheit prinzipiell geregelt werden.

Es ist also festzustellen, dass die Schwierigkeiten wegen der Beerdigung der Frau Schädler nicht von Chur, sondern in Triesen, d.h. von Pfarrer Frommelt, gemacht wurden.

Ich stellte in Aussicht, dass demnächst diese Frage für das ganze Land zu regeln sei, wobei aber allerdings schon Präzedenzfälle vorhanden seien, nachdem beispielsweise in Vaduz ein Kind des Fabrikanten Spörry so beerdigt wurde wie das Kind eines Katholiken.

---

3   Art. 37 Abs. 1 der Verfassung des Fürstentums Liechtenstein vom 5.10.1921, LGBl. 1921 Nr. 15, garantiert die Glaubens- und Gewissensfreiheit. Nach Abs. 2 ist die katholische Kirche zwar die Landeskirche, aber anderen Konfessionen ist die Betätigung ihres Bekenntnisses und die Abhaltung des Gottesdienstes innerhalb der Schranken der Sittlichkeit und der öffentlichen Ordnung gewährleistet. Gemäss Art. 39 der Verfassung ist der Genuss der staatsbürgerlichen und politischen Rechte vom Religionsbekenntnis unabhängig, wobei den staatsbürgerlichen Rechten durch denselben kein Abbruch geschehen darf.

4   Nach § 8 Abs. 1 der Verordnung vom 20.11.1873 über die Totenbeschau und die Beerdigung der Leichen, LGBL. 1873 Nr. 7, waren alle Leichname auf dem Friedhof jener Gemeinde, in deren Sprengel der «Entseelte» starb oder tot aufgefunden wurde, zu beerdigen. Gemäss § 10 Abs. 1 der genannten Verordnung hatte die Begrabung der Verstorbenen auf den Friedhöfen in der Regel der Reihe nach zu geschehen. – Zur Aufhebung bzw. Abänderung dieser Verordnung vgl. Art. 109 Z. 7 Bst. a des Einführungs-Gesetzes vom 13.5.1924 zum Zollvertrag mit der Schweiz vom 29.3.1923, LGBl. 1924 Nr. 11.

Dok. 214
Die Christlich-soziale Volkspartei stellt die Grundsätze ihres neuen Parteiprogrammes vor

Artikel in den «Liechtensteiner Nachrichten»[1]

20.1.1926

Das Partei- und Arbeitsprogramm der Volkspartei
(Korrespondenz)

1918 und 1922 hatten beide Parteien ein Programm für ihre Tätigkeit aufgestellt. Die Volkspartei ein ausführlicheres und nicht nur auf die Einstellung der Wahlzeit berechnetes, die Bürgerpartei dagegen mehr ein Gelegenheitsprogramm.[2]

Nach all dem vorausgegangenen Lärm und Geräusch, der Siegeszuversicht der Gegner hätte man wohl annehmen dürfen, es werde dem Wähler[3] programmatisch der neue politische Stern am Liechtensteiner Landeshimmel mit einem voll von aus- und aufbauenden Programmpunkten enthaltenen Kometenschweif vor Augen geführt. Nichts ist von alledem eingetroffen, nicht einmal soviel als wie bei früheren Wahlzeiten. Haben vielleicht jene Recht behalten, die da behaupteten, es bestehe ein verborgenes politisches Programm, das dem Wähler erst im Nachhinein vor Augen geführt wird? Soll doch z.B. eine politische Grösse als einen Programmpunkt ausgeplaudert haben, wenn die Bürgerpartei ans Ruder komme, müsse der Regierungschef [Gustav Schädler] am zweiten Tage vom Posten weg. Andere haben ähnliche Hiobsposten verbreitet. Nun, so tragisch sind auf unserer Seite diese Andeutungen nicht genommen worden, weil man sich ruhig sagte, wir sind denn auch noch da und sorgen dafür, dass die Bäume nicht in den Himmel wachsen.

Gegenüber diesem geheimnisvollen Gebahren ist die Volkspartei den Wählern gegenüber mit einem offenen Partei- und Arbeitsprogramm aufgetreten, damit der Wähler Ziele und Aufgaben der Partei kennen lerne und weiss, wofür er stimmt.

Das alte Programm ist durch die Entwicklung der letzten Jahre teilweise infolge Erfüllung und anderer Umstände überholt worden. Während unser früheres Programm mehr einen verfassungs- und rechtspolitischen Einschlag enthielt mit der ausgesprochenen Absicht, zuerst das Haus recht auszubauen und andere politische Probleme nebenbei berührte, hat sich das Verhältnis den Bedürfnissen und Aufgaben der nächsten Zukunft entsprechend umgekehrt: im Vordergrund steht beim Arbeitsprogramm die Wirtschafts-, Sozial- und Finanzpolitik. Erst in zweiter Linie, wenn auch nicht nebensächlich, stehen andere, insbesondere verfassungs- und gesetzgebungspolitische Bestrebungen.

Die *einleitenden grundsätzlichen Erklärungen* sind sich gleich geblieben. Die Volkspartei ist eine *demokratische* Partei und steht auf dem unverrückbaren Standpunkte des

---

1   L.Na., Nr. 7, 20.1.1926, S. 1-2. Das Parteiprogramm war von einer Vertrauensmännerversammlung der Christlich-sozialen Volkspartei am 26.12.1925 im Gasthaus Kirchthaler in Vaduz genehmigt worden. Am 20.2.1926 erschien es im Wortlaut in den «Liechtensteiner Nachrichten» (vgl. L.Na., Nr. 16, 20.2.1926, Beilage («Partei- und Arbeits-Programm der liechtensteinischen Volkspartei»)).
2   1919 waren Parteiprogramme der Volkspartei sowie der Fortschrittlichen Bürgerpartei veröffentlicht worden: vgl. L.Vo., Nr. 1, 4.1.1919, S. 1 («Die Fortschrittliche Bürgerpartei und ihr Programm») und O.N., Nr. 3, 18.1.1919, S. 1-2 (»Programm der christl.-sozialen Volkspartei Liechtensteins»).
3   Die Landtagswahlen fanden am 10.1. und die Stichwahlen am 24.1.1926 statt. Die Volkspartei erhielt 9 und die Bürgerpartei 6 Mandate.

Ausbaues der Landeseinrichtungen in gut demokratischem Willen, wie es übrigens die Verfassung[4] will. Sie zieht den Staatsbürger zum Träger und Mitbildner des Staatswillens heran. Nicht Untertan soll er mehr sein, sondern eben mehr: auf- und ausbauendes Mitglied unseres staatlichen Verbandes. In diesem Sinne ist die Periode des Untertanentums vorbei und der Bürger ist Mitträger d. Staatswillens. – Die Politik der Volkspartei soll eine *liechtensteinische* (nationale) sein, das Schielen nach auswärts findet an der Stellung der Partei Grenzen und Halte. *Volkstümlich* soll und will die politische Tätigkeit der Volkspartei sein. Gesunde Wünsche und Interessen des Volkes oder einzelner Kreise und Landesgegenden finden bei ihr Verständnis. Weil nicht volkstümlich bekämpft die Partei das Dorfbonzentum und Dorfmagnatentum. Unter gleichen sonstigen Voraussetzungen kennt die Partei keinen Unterschied, insbesondere anerkennt sie nicht die Herrschaft des Geldsäckels und ein durch diesen etwa hervorgerufenes Ansehen. Verurteilt wird von der Partei das Kleinliche, weil es zu nichts, höchstens zu noch Kleinerem führt und unser Volk in den Augen der Umwelt zur Lächerlichkeit zu stempeln geeignet ist. Sind wir nicht schon klein genug, sollen wir uns noch kleinlicher gebärden? *Sachliche* Politik soll getrieben werden, nicht persönliche, nicht Personenkultus. Das allzu Persönliche im Widerstreite politischer Anschauungen soll vermieden und an dessen Stelle eine die Sache, statt die Person behandelnde kritische Würdigung treten. Wer hat denn etwas von diesem allzu Persönlichen?

Die Volkspartei ist politisch auf dem Boden der *katholischen* Weltauffassung, entsprechend der Überzeugung, entsprechend aber auch der Zusammensetzung unserer Bevölkerung, vor allem unserer Anhänger. Das ist ein alter, von uns von jeher befolgter Programmpunkt, an dem wir uns durch wohlfeile Kritik anderer – um das ein- für allemal zu betonen – von Unberufenen eine Kritik nicht erlauben und auch keine hinnehmen.

Die Volkspartei steht auf dem Boden der *Geschichte*, als beste Lehrmeisterin. Besonders auf dem Boden der Landesgeschichte, auf dem der weitere Ausbau der Verfassung und Gesetze zu erfolgen hat. Ungeschichtlich und unliechtensteinisch ist die unschöne Bezeichnung: Regierungschef, Regierungssekretär und ähnliches; geschichtlich und alemannischem Geiste entsprechend ist Landammann, Landschreiber, welche Bezeichnungen in unserer Verfassung fehlen.[5] Sie werden gelegentlich wieder einzuführen sein. Ähnlich ergeht es manch andern Postulaten, so vor allem solchen, welche bei Schaffung eines neuen Gemeindegesetzes[6] – aber auch anderer Gesetze – an Stelle volksfremder, übernommener – zu berücksichtigen sind.

«Die Volkspartei ist der Anschauung, dass nur *einmütiges Zusammenwirken* aller Stände: der Landwirte, Gewerbetreibenden und Arbeiter (mit Einschluss der geistigen Arbeiter) eine glückliche staatliche und politische Zukunft verbürgt. Sie lehnt daher die Politik des Hasses, der unfruchtbaren Kritik, der Parteidiktatur und der Klassenherrschaft – von welcher Seite sie immer kommen mag – ab.» Diese Sätze sind in jedes Haus getragen worden, als ehrliches Bekenntnis zum Zusammenwirken; das war die Hand geboten, dafür haben die Parteianhänger Hiebe und Schläge bekommen. Und man bekommt den Eindruck, dass man keinen Frieden will und doch immer auf den «andern» als den Unfriedenstifter zeigt. So greisenhaft ist jedoch die Partei gottlob noch nicht, als dass sie diese den Frieden nicht fördernde Rolle parieren und ein Halt gebieten könnte. Hass und

---

4 Verfassung des Fürstentums Liechtenstein vom 5.10.1921, LGBl. 1921 Nr. 15.
5 Vgl. dagegen Art. 60 des im Juni 1920 veröffentlichten Verfassungsentwurfes von Wilhelm Beck (O.N., Nr. 50, 23.6.1920, S. 1-2 («Verfassungs-Entwurf des Fürstentums Liechtenstein»)).
6 Vgl. hiezu das Gemeindegesetz vom 24.5.1864, LGBl. 1864 Nr. 4, sowie das Gemeinde-Nachtragsgesetz vom 3.1.1927, LGBl. 1927 Nr. 1.

unfruchtbare Kritik rufen schliesslich im Menschen die niedersten Instinkte an und gegen ein solches Gebahren gibt es nur ein Mittel: zu zeigen, dass man sich nicht alles gefallen lässt, dass man es, wenn es schon sein muss, mit einem furchtlosen Gegner zu tun hat.

Bei alledem hat aber zu gelten, was das Programm unter den grundsätzlichen Erklärungen am Ende sagt: «Ihr *Zweck* ist die Hebung des Wohlergehens des Volkes, seiner Glieder und des Staates sowie der Gemeinden, wobei dem volkswirtschaftlichen Aus- und Aufbau ein besonderes Augenmerk zu widmen ist, und der Ausbau der Gesetze, insbesondere unter diesen Gesichtspunkten zu erfolgen hat.»

Nicht um ihrer selbst willen, nicht um persönlicher Machtgelüste willen kann eine Partei Daseinsberechtigung haben, sondern nur im Sinne der vorausgehenden Ausführungen. Und das ist Sinn und Inhalt des Programmes der Volkspartei.

Dok. 215
Das Fürstentum Liechtenstein und der Kanton St. Gallen vereinbaren die Gegenseitigkeit bei der Zulassung zur Gewerbeausübung

Maschinenschriftliches Schreiben des Landammanns und des Regierungsrates des Kantons St. Gallen, gez. Regierungsrat Emil Mäder und Staatsschreiber Hans Gmür, an die liechtensteinische Regierung[1]

13.2.1926, St. Gallen

Hochgeachtete Herren!
In Beantwortung Ihrer Anfrage vom 16. Januar a.c.[2], ob liechtensteinischen Gewerbetreibenden (Schlossermeistern, Installateuren, Baugewerbeleuten usw.) die Ausübung des Berufes bezw. die Übernahme von Arbeiten im Kanton St. Gallen von ihrem liechtensteinischen Wohnorte aus gestattet sei,[3] beehren wir uns, Ihnen mitzuteilen, was folgt:

Diese Frage ist seit dem Inkrafttreten des Zollanschlussvertrages[4] bereits einmal von unserem Bezirksamt Werdenberg mit Ihrem Herrn Regierungschef [Gustav Schädler] besprochen worden. Das Bezirksamt hat in unserem Einverständnis die Erklärung abgegeben, dass der in Frage stehenden Arbeitsübernahme durch liechtensteinische Gewerbetreibende nichts entgegenstehe, wenn für unsere st. gallischen Gewerbetreibenden Gegenrecht gehalten werde. Im übrigen wurde inbezug auf die Arbeitsübernahme von liechtensteinischen Angehörigen auf die Vereinbarung zwischen der Schweiz und Liechtenstein über die Regelung der fremdpolizeilichen Beziehungen vom 28. Dezember

---
1 LI LA RE 1926/0619 ad 0018 (Aktenzeichen: 242). Im Briefkopf findet sich das Schweizerkreuz und das Wappen des Kantons St. Gallen mit einem Lorbeerzweig. Das Schreiben ging am 18.2.1926 bei der liechtensteinischen Regierung ein und wurde gleichentags abschriftlich dem F.L. Landgericht zur «Gebrauchsnahme» übermittelt.
2 Anni currentis: des laufenden Jahres.
3 Vgl. das Schreiben der liechtensteinischen Regierung an die Kantonsregierung von St. Gallen vom 16.1.1926, das auf eine Anfrage des F.L. Landgerichtes vom 28.12.1925 zurückging, bei dem mehrere Strafverfahren gegen schweizerische Gewerbetreibende anhängig waren (LI LA RE 1926/0018).
4 Der Vertrag vom 29.3.1923 zwischen der Schweiz und Liechtenstein über den Anschluss des Fürstentums Liechtenstein an das schweizerische Zollgebiet, LGBl. 1923 Nr. 24, trat nach dessen Art. 45 am 1.1.1924 in Kraft.

1923[5] verwiesen und st. gallischerseits eine möglichst loyale Handhabung zugesichert.

Im weitern hat unser Volkswirtschaftsdepartement Ihrem Herrn Regierungschef unterm 16. Januar 1925 auf eine bezügliche Anfrage[6] hin mitgeteilt, dass wir, gestützt auf das Ihrerseits unter Hinweis auf Art. 29 des Gesetzes betreffend die teilweise Abänderung der Gewerbeordnung vom 13. Dezember 1915[7] angebotene Reziprozitätsverhältnis, bereit seien, liechtensteinischen Angehörigen, auch wenn sie ihren liechtensteinischen Wohnort beibehalten, auf Zusehen hin Patente zur Ausübung des Gewerbebetriebes im Umherziehen[8] zu gleichen Bedingungen wie an unsere Staatsangehörigen zu bewilligen. Bezüglichen Gesuchen ist in der Folge auch ohne Ausnahme entsprochen worden.

Diesem Gegenseitigkeitsprinzip ist nun Ihrerseits insoweit nicht in vollem Umfange nachgelebt worden, als st. gallischen Angehörigen, die der Arbeit in Liechtenstein nachgingen, indessen täglich oder wöchentlich zu ihren Familien nach Buchs oder Sevelen zurückkehrten, vom Lohn eine Steuer in Abzug gebracht wurde. Dasselbe traf auch zu bei einem st. gallischen Gewerbetreibenden, der hin und wieder in Liechtenstein Arbeiten übernahm.

Gemäss Ihrem Schreiben[9] vom 15. vor. Mts. an unser Bezirksamt Werdenberg, das hierüber Einsprache erhoben hatte, ist diese Steuererhebung lediglich auf eine unrichtige Auslegung der einschlägigen Steuergesetzgebung durch die dortigen Arbeitgeber zurückzuführen. Es soll auf keinen Fall in der Absicht der Regierung gelegen haben, die schweizerischen Arbeitnehmer mit einer Steuer zu belasten. Wir haben dann von der Gemeindebehörde Sevelen auch die Mitteilung erhalten, dass den betroffenen Arbeitern die abgezogenen Steuern auf gemachte Vorstellungen hin «soweit dies noch möglich» zurückbezahlt worden sind.

Unter der ausdrücklichen Bedingung, dass das aufgestellte Gegenseitigkeitsprinzip auch Ihrerseits in vollem Umfange eingehalten werde, sind wir bereit, die vom Bezirksamt Werdenberg und von unserem Volkswirtschaftsdepartement gegebenen Zusicherungen weiterhin aufrecht zu erhalten.[10]

---

5 Dieses Abkommen wurde nicht im Liechtensteinischen Landesgesetzblatt publiziert. Vgl. jedoch LI LA SgSTV 1923.12.28.

6 Vgl. Schreiben des Volkswirtschaftsdepartements von St. Gallen an die liechtensteinische Regierung vom 16.1.1925 (LI LA RE 1925/0245 ad 0011) bzw. die Anfrage der liechtensteinischen Regierung an das Justizdepartement des Kantons St. Gallen vom 13.1.1925 (LI LA RE 1925/0011).

7 Nach Art. 29 der genannten Gewerbeordnung, LGBl. 1915 Nr. 14, konnten die im Ausland wohnhaften Gewerbetreibenden über Bestellung Gewerbsarbeiten im Fürstentum Liechtenstein ausführen, wenn den liechtensteinischen Landesangehörigen gleiches im jenseitigen Staat gestattet war. Bei jenen Beschäftigungen jedoch, bei denen zum selbständigen Betrieb im Inland eine behördliche Bewilligung (Konzession) erforderlich war, blieben sie an den Nachweis der in der Gewerbeordnung vorgeschriebenen Bedingungen gebunden.

8 Vgl. in diesem Zusammenhang das Gesetz vom 11.1.1916 betreffend die Erlassung neuer Hausiervorschriften, LGBl. 1916 Nr. 2, und das Gesetz vom 24.11.1921 betreffend Ergänzung und teilweise Abänderung des Hausiergesetzes, LGBl. 1921 Nr. 23.

9 Nicht aufgefunden.

10 Die liechtensteinische Regierung erklärte gegenüber der Kantonsregierung St. Gallen mit Schreiben vom 20.2.1926 die Reziprozität in Gewerbesachen, soweit es sich um Gewerbe handelte, die in der Gewerbeordnung behandelt wurden. Bezüglich des Hausiergewerbes machte die liechtensteinische Regierung jedoch einen Vorbehalt, da die Gesetzgebung für die Wandergewerbe eine Ausnahme enthalte (LI LA RE 1926/0619 ad 0018). Das Volkswirtschaftsdepartement des Kantons St. Gallen teilte der liechtensteinischen Regierung am 1.3.1926 mit, dass man umgekehrt, je nach dem Stand der Bedürfnisfrage, an liechtensteinische Staatsangehörige Patente erteile (LI LA RE 1926/0811 ad 0018).

Genehmigen Sie, hochgeachtete Herren, die Versicherung unserer vorzüglichen Hochachtung.

Für den Landammann, Der Regierungsrat:

Im Namen des Regierungsrates, Der Staatsschreiber:

Dok. 216
Johann II. von Liechtenstein genehmigt den Antrag der Regierung auf Einbürgerung von Baron Emilio Sternberg de Armella mit Familie

Maschinenschriftliches Schreiben der Regierung an Fürst Johann II. von Liechtenstein, gez. von Alfons Feger[1, 2]

3.6.1926

Euere Durchlaucht!

Mit dem in tiefster Ehrfurcht anverwahrten Gesuche bittet der Rechtsanwalt Dr. *Wilhelm Beck* in Vaduz um Verleihung des liechtensteinischen Bürgerrechtes für Herrn Baron Emilio Sternberg de Armella, geboren am 28. Mai 1852 in Frankfurt a.M., bisher spanischer Staatsbürger, für dessen Gattin Yvonne geb. Baronin Duperrier, 36 Jahre alt und dessen Sohn Leon Baron Sternberg de Armella, 18 Jahre. Herr Baron Sternberg de Armella befindet sich in glänzenden Vermögensverhältnissen und geniesst einen sehr guten Ruf. Die über das Gesuch bei unserer Berner Gesandtschaft eingezogenen Erkundigungen ergaben ein günstiges Bild Baron de Armella's. Dieser war allerdings in jüngster Zeit Gegenstand einer aufsehenerregenden Verhaftung in Zürich, die über Betreiben eines rumänischen Juden in einer – nach hiesiger Beurteilung rein zivilrechtlichen – Affäre in Zürich erfolgte und die Auslieferung de Armellas nach Mailand zur Folge hatte. Auch über die Haltlosigkeit dieser Verhaftung gibt das beiliegende Schreiben der fürstlichen Gesandtschaft in Bern erschöpfende Auskunft. Die Verhaftung konnte denn auch nicht aufrecht erhalten bleiben, da es sich, wie Herr Dr. Emil Beck nach einer Mitteilung des spanischen Konsuls in Bern beifügt, um eine Erpressung an Herrn Baron de Armella handelt. Wir betrachten übrigens diesen Fall als beigelegt und für die Einbürgerung in keinem Falle hindernd.

Herr Baron de Armella hat für die wirtschaftlich gute Zukunft unseres Landes – seiner neuen Heimat – ein grosses Interesse gezeigt, hat sich bereits in Vaduz eine Villa gekauft, hat bei der Spar- und Leihkasse ziemliche Guthaben und wird sich aller Voraussicht nach auch an der neuen Industrie in Eschen beteiligen. Die Vertreter der Gemeinde Eschen haben bereits mit Baron de Armella unterhandelt. Die in tiefster Ehrfurcht gefertigte fürstliche Regierung hält dafür, dass mit der Einbürgerung de Armella's in Liechtenstein eine gute finanzielle Acquisition gewonnen wird.

Die Gemeinde Triesenberg hat sich mit grossem Mehr für die Aufnahme de Armella's in den Gemeindebürgerverband ausgesprochen und das Regierungskollegium hat in seiner Sitzung vom 1. Juni 1926 einstimmig beschlossen, *Euerer Durchlaucht* die Stattgebung des Ansuchens ehrerbietigst zu empfehlen. Von der Anschaffung von

---

1 LI LA V 4/1926/4.
2 Registraturvermerk: «Zahl 1088/2118. N».

Pfandbriefen durch de Armella kann mit Rücksicht auf seinen hiesigen Hausbesitz abgesehen werden. Ebenso von der Beibringung einer Staatsverbandsentlassung, denn nach spanischem Rechte verliert ein Bürger das spanische Staatsbürgerrecht, sobald er sich irgendwo anders einbürgert.

Wir gestatten uns daher ehrerbietigst zu beantragen:

Euere Durchlaucht geruhen, dem Baron Sternberg de Armella, seiner Gattin Yvonne geb. Baronin Duperrier und seinem Sohne Leon das liechtensteinische Staatsbürgerrecht gnädigst zu verleihen.[3, 4]

Euerer Durchlaucht
untertänigster

Dok. 217
Die «Neue Bündner Zeitung» berichtet über die Vorbereitungen zum Rheinberger-Jubiläum

Bericht in der «Neuen Bündner Zeitung», nicht gez.[1]

9.9.1926

Aus der liechtensteinischen Nachbarschaft

(Korr.) Die Rheinbergerfeier findet am 11. und 12. September in Vaduz, dem Geburtsorte des grossen Tonkünstlers, statt. Die künstlerischen und wirtschaftlichen Vorbereitungen zur Feier gehen der Beendigung entgegen. Die bereits geleistete Arbeit auf musikalischem Gebiete bedeutet mit viel Sicherheit und Gewähr, dass der Tag des Gedenkens an den grossen Sohn unserer Heimat würdig, doch aber schlicht und einfach, nach Liechtensteiner Art begangen wird. Nicht bei farbigem Häuser- und Strassenschmuck, auch nicht bei einer schönklingenden Festrede wird man's bewenden lassen, sondern mehrere Werke des Meisters werden durch Aufführung[en] von beachtenswerter Qualität zum schönen Mittelpunkt des Gedenkens werden. Aus Anlass der Rheinberger Feier haben verschiedene bedeutende Musiker des Auslandes, darunter ehemalige Schüler Rheinbergers, ihren Besuch in Vaduz angemeldet.

---

3   Eigenhändiger Genehmigungsvermerk des Fürsten am linken Rand: «Genehmigt 7. Juni 1926 Johann».

4   Auf der Rückseite folgt die Erledigung durch die Kabinettskanzlei des Regierenden Fürsten von Liechtenstein (No 130): Fürst Johann II. wollte vor der Verleihung der Staatsbürgerschaft eine Bestätigung der Gesandtschaft in Bern, dass die «Verhaftungsangelegenheit» einwandfrei erledigt sei. Nachdem Emil Beck dies bestätigt hatte, erteilte der Fürst der Einbürgerung von Baron Emilio de Armella, dessen Gattin Yvonne und dessen Sohn Leon seine Zustimmung.

1   «Neue Bündner Zeitung», 9.9.1926 (LI LA SgZS 1926).

Dok. 218
Eugen Meier legt der Regierung eine Fabrikordnung für seine mechanische Bau- und Möbelschreinerei in Mauren vor

Vorgedrucktes Formular mit maschinenschriftlichen Einfügungen, gez. Eugen Meier[1]

30.9.1926, Mauren

Fabrik-Ordnung

der Firma Eugen Meier mech. Werkstätte f. Holzbearbeitung, Bau- und Möbelschreinerei, Mauren, Liechtenstein

1. Die Dauer der täglichen Arbeit beträgt 8 ¾ Stunden, an Samstagen 4 ¼ Stunden. An Vorabenden gesetzlicher Feiertage endigt die Arbeit spätestens um 5 Uhr. Die Einteilung der Arbeitszeit und deren allfällige Änderungen[2] werden in einem Stundenplan[3] angeschlagen und der Ortsbehörde jeweilen angezeigt. Diese Arbeitszeit gilt nur für Arbeiten in der Werkstätte.
2. Die Arbeit muss pünktlich begonnen und darf ohne Erlaubnis vor der festgesetzten Zeit nicht verlassen werden.
3. Wer von der Arbeit wegzubleiben wünscht, soll dem Vorgesetzten zum voraus davon Anzeige machen. Wer durch unvorhergesehene Ereignisse verhindert ist, zur Arbeit zu erscheinen, hat sich nachher beim Vorgesetzten zu melden und den Grund der Verspätung oder des Ausbleibens anzugeben. Von eingetretener Krankheit und von Unfall ist so bald als möglich Meldung zu machen.
4. Grösste Gewissenhaftigkeit in der Ausführung der übertragenen Arbeiten, sorgfältige Behandlung des Arbeitsmaterials, der Maschinen und Werkzeuge, Reinlichkeit, anständiges Benehmen gegen Vorgesetzte, Untergebene und Mitarbeiter ist jedermanns Pflicht.
5. Die zum Schutze von Gesundheit und Leben der Arbeiter getroffenen Vorkehren sind gewissenhaft zu benützen, zu jenem Zweck erlassene Vorschriften pünktlich zu befolgen. Das Rauchen und das Ausspucken auf den Boden sind verboten. Die zum

---

1 LI LA RE 1926/4226 ad 0753. Stempel der liechtensteinischen Regierung. Die Fabrikordnung wurde von der Regierung bzw. Regierungschef Gustav Schädler am 27.10.1926 genehmigt. – Das Eidgenössische Fabrikinspektorat des IV. Kreises hatte zum Entwurf der Fabrikordnung u.a. mit Schreiben an die liechtensteinische Regierung vom 14.9.1926 Stellung genommen. Insbesondere war bemängelt worden, dass die in Ziffer 1 des zunächst vorgelegten Entwurfes von einer Wochenarbeitszeit von 52 Stunden ausgegangen worden war. Massgebend für die Festlegung der Dauer der täglichen Arbeit war jedoch die gesetzliche Normalarbeitswoche von 48 Stunden; Überschreitungen derselben bedurften einer besonderen Bewilligung und waren befristet (LI LA RE 1926/3563 ad 0753). – Die Anwendung der eidgenössischen Fabrikgesetzgebung im Fürstentum Liechtenstein erfolgte aufgrund von Art. 4 Abs. 1 iVm Anlage I des Zollanschlussvertrages vom 29.3.1923, LGBl. 1923 Nr. 24. Vgl. auch die Art. 89 ff. des liechtensteinischen Einführungsgesetzes zum Zollanschlussvertrag vom 13.5.1924, LGBl. 1924 Nr. 11.

2 Im Sinne von Art. 41 Bst. a des schweizerischen Fabrikgesetzes von 1914/1919 wurde der Schreinerei vom Eidgenössischen Volkswirtschaftsdepartement (Abteilung für Industrie und Gewerbe) mit Schreiben vom 16.9.1926 eine Überzeitbewilligung für höchstens 52 Wochenstunden bis Ende Februar 1927 erteilt (LI LA RE 1026/3598 ad 0753/2935). Mit Schreiben des Volkswirtschaftsdepartements vom 11.3.1927 wurde diese Bewilligung bis Ende August 1927 verlängert (LI LA RE 1927/1093 ad 0014).

3 Vgl. den Stundenplan der Schreinerei für eine abgeänderte Normalarbeitswoche vom 16.3.1927 (LI LA RE 1927/1453 ad 0014 (Beilage)).

Aufbewahren von Kleidern und andern Gegenständen bestimmten Einrichtungen müssen benützt werden.

6. Übertretungen der Fabrikordnung, sowie der genehmigten besondern Reglemente und der Vorschriften zum Schutze von Gesundheit und Leben der Arbeiter können mit Bussen bis zu einem Viertel des Taglohnes bestraft werden. Schwerere Fälle können Kündigung zur Folge haben oder im Sinne von Art. 41. G.O. [Gewerbeordnung][4] als wichtige Gründe zur sofortigen Auflösung des Dienstverhältnisses geltend gemacht werden.

7. Die Auszahlung des Lohnes erfolgt alle 14 Tage am Freitag. Der Arbeiter soll den Lohnbetrag mit der Abrechnung vergleichen. Beschwerden sind bis spätestens am folgenden Arbeitstag bei der Zahlstelle vorzubringen. Der Lohn von 5 Tagen bleibt bis zur folgenden Lohnzahlung ausstehen.

8. Als Kündigungstermin gilt der Zahltag oder der Samstag. Die Kündigungsfrist wird im Arbeitsvertrag geregelt.

9. Diese Fabrikordnung tritt sofort nach der regierungsrätlichen Genehmigung in Kraft.[5]

Der Arbeitgeber:

Dok. 219
Die «Neuen Zürcher Nachrichten» kommentieren das Ende der Regierungskrise in Liechtenstein

Bericht in den «Neuen Zürcher Nachrichten», nicht gez.[1]

2.10.1926

Beendigung der politischen Krise in Liechtenstein

Bekanntlich bestund in Liechtenstein seit letzten Winter eine politische Krise, weil die Landtagsmehrheit (9 der Volkspartei angehörende Abgeordnete des Oberlandes) für die Besetzung des dem Unterlande zustehenden Mandates eines Regierungsrates den Vorschlag der Landtagsminderheit (6 der Bürgerpartei angehörende Abgeordnete des Unterlandes) nicht annahmen, deswegen den im Januar gewählten Landtag durch die der Volkspartei angehörende Regierung auflösen und im April Neuwahlen durchführen liess, die aber keine Änderung in dem Verhältnisse der Parteien zu einander brachten. Weil bei der Einberufung des am Ostermontag neugewählten Landtages Mitte April die Unterländer bei ihrem Vorschlag für die Regierungsratsstelle blieben und die Wahl ihres Kandidaten, Herrn Rechtsanwalt Dr. Ludwig Marxer aus Eschen, erreichen wollten,

---

4 Der Verweis auf Art. 352 des schweizerischen Obligationenrechts wurde durch einen Hinweis auf § 41 der liechtensteinischen Gewerbeordnung vom 13.12.1915, LGBl. 1915 Nr. 14, ersetzt. Vgl. hiezu das Schreiben des Eidgenössischen Fabrikinspektorates des IV. Kreises an die liechtensteinische Regierung vom 23.10.1926, in dem im Übrigen die Genehmigung des revidierten Entwurfes empfohlen wurde (LI LA RE 1926/4226 ad 0753).

5 Vgl. auch die Fabrikordnung der Firma Jenny, Spoerry & Cie vom 23.6.1926 für die Spinnerei in Vaduz und die Weberei in Triesen (LI LA RE 1926/2575 ad 0753).

1 «Neue Zürcher Nachrichten», 2.10.1926 (LI LA SgZS 1926).

ging der Landtag wieder auseinander, ohne sich zu konstituieren. Seither bestund ein verfassungswidriger Zustand. Da auf ein Nachgeben der Mehrheit nicht zu rechnen war – obwohl der Kampf gegen Dr. Marxer einen persönlichen Anstrich hatte – erklärte vor zwei Wochen Dr. Marxer, aus der Überzeugung, dass die Verhältnisse im Lande unbedingt einen arbeitsfähigen Landtag erfordern, und in der Einsicht, dass infolge eines persönlich gegen ihn geführten Kampfes eine Einigung in der Regierungsratsfrage derzeit nicht möglich erscheine, die ihm übertragene Kandidatur als Regierungsrat unbedingt zurückzulegen. Daraufhin haben die unterländischen Abgeordneten und mit ihnen die Bürgerpartei den Landtagsabgeordneten Peter Büchel als Kandidaten für den Regierungsratsposten aufgestellt. Sohin wurde dann auf Donnerstag den 30. September der Landtag wieder einberufen und in dieser Sitzung nach Bestellung des Landtagsbureaus Peter Büchel als unterländischer Regierungsrat und Altgemeindekassier Josef Oehri aus Ruggell (Bürgerpartei) als dessen Stellvertreter gewählt. Der oberländische Regierungsrat und dessen Stellvertreter wurden der Volkspartei entnommen. Hiemit erscheint nun die seit 8 Monaten bestandene Krise erledigt.

Dok. 220
Die Regierung informiert in einer Pressemitteilung über die Hintergründe für den Entzug der Konzession der Klassenlotterie

Mitteilung der Regierung zuhanden des Landtags im «Liechtensteiner Volksblatt» und in den «Liechtensteiner Nachrichten»[1]

4.12.1926

Mitteilung der Regierung an den Landtag betreffend die Klassenlotterie in Liechtenstein

(Mitget.) Die fürstliche Regierung sieht sich zufolge einstimmigen Kollegialbeschlusses veranlasst, dem Hohen Hause über die Verhältnisse bei der Klassenlotterie in Liechtenstein folgende Mitteilung zu machen:

Mit Zustimmung des Landtages wurde mit der Firma John von Glahn u. Co. in Newyork am 11. Februar 1926 ein Vertrag betreffend die Fortführung der Klassenlotterie in Liechtenstein geschlossen, in welchem Vertrage bekanntlich auch bestimmt wurde, dass die neue Konzessionärin die erste, durch die Firma Bank Sautier u. Co. A.G. in Luzern und Zürich und die Vertriebsunion in Triesenberg begonnene, aber nicht beendete Lotterie zu Ende führen soll. Zur Durchführung des neuen Vertrages gründeten die Inhaber der Firma John von Glahn u. Co. mit anderen Personen die «Centrofag», Central-Europäische Finanz-Aktien-Gesellschaft in Vaduz mit einem voll einbezahlten Aktienkapital von einer Million Franken. Die Eintragung in das Handelsregister des fürstlichen Landgerichtes fand am 10. März 1926 statt. Nachdem die Konzessionärin die vertraglich bedungenen 200'000 Franken bei der liechtensteinischen Landesbank erlegt hatte, übertrug die Regierung auf Grund eines Sitzungsbeschlusses über Ansuchen der Konzessionärin den Lotterievertrag auf die Centrofag und gab dieser auch das vom Landtage

---

1 L.Vo., Nr. 100, 4.12.1926, S. 1 und L.Na., Nr. 98, 4.12.1926, S. 1.

bereits beschlossene und im Personen- und Gesellschaftsrechte begründete Monopol für den Alleinbetrieb des Lotteriegeschäftes.

Die Lotterieunternehmung begann ihren Geschäftsbetrieb anfangs Juli 1926. Im September fand unter Aufsicht der amtlichen Aufsichtskommission die erste und im Oktober die zweite Ziehung statt. Mit Rücksicht darauf, dass für die dritte Ziehung im November keinerlei Mittel gemäss dem Vertrage zur Verfügung gestellt wurden, sah sich die Regierung veranlasst, am 8. November 1926 die Konzessionärin auf Art. 6 des Vertrages hinzuweisen und ihr nahezulegen, das zur Ziehung erforderliche Geld im Gewinnverhältnis der verkauften Lose zur Gesamtzahl der Lose bereitzustellen, widrigens sich die Regierung vorbehalte, die Ziehung zu verbieten. Statt, dass das Geld deponiert wurde, teilte der Verwaltungsrat der Centrofag am 15. November 1926 der fürstlichen Regierung mit, dass er beschlossen habe, die dritte Ziehung am 17. November 1926 nicht stattfinden zu lassen. Die Direktoren der Centrofag versuchten trotzdem mit Schreiben vom 16. November 1926, die Regierung zur Freigabe der Kaution per 100'000 Franken zwecks Durchführung der vom Verwaltungsrate eingestellten dritten Ziehung der Klassenlotterie zu bewegen. Mit Schreiben vom 17. November 1926 an die Centrofag nahm die Regierung den Beschluss über die Einstellung der Ziehung zur Kenntnis und erklärte gleichzeitig mit Rücksicht auf die Nichteinhaltung des Vertrages durch die Centrofag den Verfall der Konzession und des Monopols. Die Freigabe der Kaution wurde verweigert. Am 20. November 1926 beschloss die Regierung überdies den Verfall der Kaution per 100'000 Franken und wies die liechtensteinische Landesbank an, die Umschreibung des Betrages auf die Landeskasse vorzunehmen.

Das ist kurz ein Bild der jüngsten Ereignisse bei der Klassenlotterie. Wir werden Ihnen in einer der nächsten Sitzungen ein ausführliches Exposé[2] über den ganzen Sachverhalt geben, betonen aber, dass in unserer heutigen kurzen Mitteilung die wichtigsten Daten enthalten sind.

---

2   Vgl. den «Bericht über die Klassenlotterie in Liechtenstein (dem hohen Landtag erstattet von der fürstlichen Regierung)» vom 8.4.1927, gez. Regierungschef Gustav Schädler, Regierungsrat Peter Büchel, Regierungsrat Alois Frick und Regierungssekretär Ferdinand Nigg (LI LA LTA 1927/10). Online e-archiv.li.

Dok. 221
Vier Ernste Bibelforscher werden vom F.L. Landgericht wegen der Verteilung antikatholischer Flugblätter in Ruggell, was den Straftatbestand der Beleidigung anerkannter Religionsgemeinschaften erfüllen soll, zu unbedingten Geldstrafen, zu bedingtem Arrest sowie zur Landesverweisung verurteilt

Urteil des F.L. Landgerichtes als Kriminalgericht, gez. Präsident Karl Weder[1]

11.1.1927

Urteil
Im Namen seiner Durchlaucht des Landesfürsten

Das f. l. Land- als Kriminalgericht Vaduz hat unter dem Vorsitze seines Präsidenten Dr. Karl Weder im Beisein des f. l. Landrichters Dr. Julius Thurnher als Berichterstatter, der Kriminalrichter Andreas Vogt, Xaver Gassner und Gustav Ospelt, sowie des Schriftführers Viktor Eberle, über die Anklage der f. Staatsanwaltschaft gegen Heinrich Klingler und Genossen wegen Verbrechens nach § 122 St.G.[2] nach heute in Anwesenheit des öffentlichen Anklägers St. A. St. Ferdinand Nigg, der auf freiem Fusse befindlichen Angeklagten Heinrich Klingler, Heinrich Raschli, Hans Hungerbühler und Rosina Zogg [sowie] ihres Verteidigers Dr. Hug, Rechtsanwalt in St. Gallen, öffentlich durchgeführter Schlussverhandlung

zu Recht erkannt:

1. Klingler Heinrich, geb. am 24. März 1879 in Mockisberg [!], zuständig nach Gossau St. Gallen, verehl., Saalarbeiter in Arbon,
2. Raschli Heinrich, geb. am 9. Mai 1882 in Homberg, zuständig in Arbon, verehl., Giesser in Arbon,
3. Hungerbühler Hans, geb. am 31. Dezember 1903 in Wil, zust. n. Arbon, ledig, Gärtner daselbst,
4. Zogg Rosina, geb. am 24. Sept. 1884 in Grabs, dort zuständig, ledig, Nachstickerin in Werdenberg,

sind *schuldig,*

sie haben am 8. Februar 1925 in der Gemeinde Ruggell ein Flugblatt der Internationalen Vereinigung ernster Bibelforscher betitelt «Offene Anklage gegen die Geistlichkeit»[3] verbreitet, und hiedurch die Lehren und Einrichtungen der katholischen Kirche herabzuwürdigen versucht. Sie haben hiedurch das Vergehen nach § 303 St.G.[4] begangen

---

1 LI LA J 007/S 057/038 (Ordnungsnummer: 14). Erledigungsvermerk von Landrichter Julius Thurnher vom 25.1.1927 betreffend die Eintragung in das Strafregister und betreffend die an die Rechtsanwaltskanzlei Johannes Huber in St. Gallen, für die Rechtsanwalt Hug arbeitete, zuzustellende Aufforderung (samt Urteil) zur Zahlung der Geldstrafen und Kosten. Ausfertigungsvermerk vom 28.1.1927.
2 Österreichisches Strafgesetz über Verbrechen, Vergehen und Übertretungen vom 27.5.1852, öst. RGBl. 1852 Nr. 117, welches im Fürstentum Liechtenstein mit Fürstlicher Verordnung vom 7.11.1859 rezipiert wurde. § 122 des Strafgesetzes stellte die Religionsstörung unter Strafe.
3 Zwei Exemplare der inkriminierten Schrift finden sich unter LI LA J 007/S 057/038 (ohne Ordnungsnummer). – Vgl. in diesem Zusammenhang das Schreiben von Regierungschef Gustav Schädler an Landesvikar Johann Georg Marxer vom 26.1.1925 betreffend die nächtliche Verteilung von antikatholischen «Schmähschriften» (LI LA RE 1925/0391).
4 Es handelte sich um das Vergehen der Beleidigung einer gesetzlich anerkannten Kirche oder Religionsgesellschaft.

und werden nach derselben Gesetzesstelle unter Anwendung des ausserordentlichen Milderungsrechtes[5] und des Gesetzes vom 1. Juni 1922, L.G.Bl. Nr. 21,[6] *unbedingt zu einer Geldstrafe von je Fr. 30.-*, ferner *bedingt zu je 24 Stunden strengen Arrest* mit Probezeit von 3 Jahren, zur dreijährigen Landesverweisung nach § 305 St.G., ferner solidarisch zur Tragung der Kosten des Strafverfahrens und allfälligen Vollzuges und zur Bezahlung einer Urteilsgebühr von Fr. 40.- verurteilt. Ausserdem wird nach § 252 St.G. die Vernichtung der beschlagnahmten Exemplare der fraglichen Druckschrift angeordnet.

Gründe

Die Angeklagten haben zugestanden, dass sie in Ruggell am 8. Februar 1925 das Flugblatt «Offene Anklage gegen die Geistlichkeit» aus dem Verlage der Internationalen Vereinigung der ernsten Bibelforscher verteilt haben. Übereinstimmend bestätigen sie, den Inhalt des Flugblattes gekannt und dessen Bedeutung ermessen zu haben. Sie identifizieren sich auch mit dessen Inhalt. Die Bevölkerung von Ruggell ist sozusagen ausschliesslich röm. katholisch.

Das Flugblatt enthält entschiedene Angriffe auf die Lehren und Einrichtungen der katholischen Religion.

So wird die Lehre von der heiligen Dreifaltigkeit geleugnet und verhöhnt. Sie wird widersinnig und falsch genannt und als unsinnige Irrlehre bezeichnet. Diese Lehre ist aber die Grundlehre des Christentums. Mit ihr steht u.[7] fällt auch die Lehre der Menschwerdung Gottes und der Erlösung.

Des weiteren wird auch die Lehre von der Unsterblichkeit der Seele geleugnet und verhöhnt. Es heisst in dem Flugblatt, diese Lehre sei ausschliesslich auf die Behauptung Satans gegründet, welche Jesus als die grosse Urlüge bezeichnet. Die Lehre von der Unsterblichkeit der Seele ist aber die zweite Grundlehre des ganzen Christentums, ja diese Lehre ist Voraussetzung für jede Religion. Ohne Unsterblichkeit der Seele gibt es keine Verantwortlichkeit des Menschen und keine Verantwortung nach dem Tode.

Des weiteren wird die göttliche Stiftung der katholischen Kirche geleugnet. Die Kirche besitze nicht die wahre Nachfolge der Apostel. Der Lehrsatz von der Ewigkeit der Höllenstrafe sei eine gotteslästerliche Lehre. Die rechtmässigen Obrigkeiten hätten nicht göttlichen Ursprung. Endlich verbreiten sie die verderbliche und lächerliche Irrlehre, dass Millionen von Menschen niemals sterben werden. Nun sind nach dem Wortlaute der Behauptungen der Flugschrift die Lehren der katholischen Religion direkt verhöhnt und herabgesetzt. Die Flugschrift stellt nicht etwa nur ruhige Behauptungen auf, sondern bezeichnet die Lehren der katholischen Kirche als unsinnig, irrsinnig, widersinnig, gotteslästerlich, sie bezeichnet sie als Lehren Satans und dergleichen.

Das Flugblatt begnügt sich jedoch nicht mit dieser Herabsetzung von Dogmen, sondern greift auch gleich in der schwersten Weise die Einrichtungen der Kirche an. Besonders hat sie es, wie schon der Titel des Flugblattes sagt, auf die Geistlichkeit abgesehen. Sie sagt z.B. «diese treulosen Prediger haben Kirchensysteme gebildet, sich tituliert als Päpste, Kardinäle, Bischöfe, Pastoren, Pfarrer u.s.w., sich unrechtmässig als die Geistlichkeit bezeichnet ---».

Weiter heisst es, sie haben ihre geistliche Machtstellung missbraucht ---, sie haben sich geweigert, das Volk mit der Wahrheit Gottes zu nähren ---, die kirchlichen Würden-

---

[5] Vgl. § 266 des Strafgesetzes.
[6] Vgl. das Gesetz vom 1.6.1922 betreffend Abänderung des Strafrechtes, der Strafprozessordnung und ihrer Nachtrags- und Nebengesetze, LGBl. 1922 Nr. 21.
[7] Handschriftlich eingefügt: «steht u.».

träger haben sich mit prächtigen Kleidern bekleidet, während sie das Wort Gottes und die Kraft desselben verleugnen. --- Sie haben es unterlassen und weigern sich, dem Volke die Botschaft vom Königreiche Christi zu predigen ---, sie haben sich angemasst, Gottes Königreich auf Erden ohne Gott aus eigener Kraft aufzurichten ---, Treulosigkeit gegen Herrn Jesus Christus ---, sie haben ihren Bund bezeugt mit dem Satan dem Gott alles Bösen ---.

Die geistlichen Herren haben sich selber als Quelle von Glaubenslehren eingesetzt ---. Alle 7 Punkte unter der Aufschrift «unwahre Lehren» enthalten zugleich Verhöhnungen der Geistlichkeit, indem ihr vorgeworfen wird, sie sei Urheber dieser und jener Lehre.

Unter der Aufschrift «Ursache der Weltkrisis» wird unter anderem gesagt, die Geistlichkeit wünsche mehr Behaglichkeit und Bequemlichkeit des Lebens, sie wünsche, von den Menschen geehrt zu werden, anstatt das Wohlgefallen Gottes zu suchen. Das habe die Geistlichkeit dahin gebracht, dem lockenden Einfluss Satans zum Opfer zu fallen und treulos zu werden gegen Gott und gegen den Herrn Jesus Christus.

Des weiteren werden die Geistlichen mit den Finanzleuten und Politikern als diejenigen bezeichnet, welche miteinander verbunden über das Volk herrschen als die Grossen der Welt, deren Gott und unsichtbarer Herrscher der Satan ist.

Unter der Aufschrift «Die Geistlichen» werden diese dargestellt als vollständig unter der Macht des Teufels stehend in ihrer Lehre, in ihrem Leben und in der Ausübung ihres Amtes. Alle diese Behauptungen widersprechen den offenkundigsten Tatsachen und können nur den Zweck haben, die katholischen Einrichtungen und katholische Hierarchie, die kirchlichen Würdenträger und den Priesterstand in den Augen des Volkes zu verhöhnen und herabzuwürdigen.

Das Flugblatt enthält noch eine Reihe von anderen Herabsetzungen der Geistlichkeit.

Die vorgebrachten Beispiele genügen aber, um zu ersehen, dass das Flugblatt bewusst und systematisch darauf ausgeht, die Lehren und Einrichtungen der anerkannten Religionsgemeinschaften in den Kot zu ziehen. Es wird darin vom Christentum und speziell von der katholischen Religion ein Zerrbild gezeichnet und die Diener der Religion bezichtigt, die wahre christliche Lehre dauernd zu ignorieren, das Volk zu verführen und auf Irrwege zu leiten.

Die Lehren der ernsten Bibelforscher untergraben den christlichen Sinn und die geistige Gesundheit des Volkes, wo sie Eingang finden, müssen sie Verwirrung schaffen, denn durch die ganze Lehre der ernsten Bibelforscher geht die Forderung auf Zerstörung aller jetzt bestehenden Einrichtungen im religiösen, staatlichen, politischen, gesellschaftlichen und kulturellen Leben unserer Zeit.

Es ist denn auch bezeichnend, dass z.B. verschiedene Schweizerkantone Verbote gegen die Wühlarbeit dieser Sekte erlassen haben und mit Recht hat das schweizerische Bundesgericht die von den ernsten Bibelforschern gepredigte Lehre als in «heftigem Gegensatze» zu den religiösen Ansichten der grossen Bevölkerungsmehrheit stehend bezeichnet.

Was nun die Qualifikation der Tat anbelangt, so nahm der Gerichtshof an, dass es sich nicht um das Verbrechen der Religionsstörung im Sinne des § 122 St.G. handle. Der Gottesbegriff als solcher wird schliesslich von den ernsten Bibelforschern auch anerkannt, er wird nicht gelästert. Es kann im Sinne des Gesetzes auch nicht gesagt werden, dass sie Unglauben zu verbreiten suchen, denn die Existenz eines persönlichen Gottes wird von ihnen nicht geleugnet. Ganz zweifellos dagegen ist, dass der Tatbestand des Vergehens der Beleidigung einer gesetzlichen anerkannten Kirche im Sinne des § 303 St.G. voll erfüllt ist, denn in weitestem Umfange sind Lehren und Einrichtungen speziell der katholischen Kirche verspottet und herabgewürdigt.

Bei Bemessung der Strafe wurde als erschwerend angenommen die Häufung der Herabwürdigungen, dass die Angeklagten zu viert in ein fremdes Land kamen, um den religiösen Frieden der Bevölkerung zu stören, als mildernd hingegen das Geständnis und die Unbescholtenheit, der gute Leumund der Angeklagten sowie der Umstand, dass sie das Flugblatt nicht selbst verfasst, sondern es nur verbreitet haben und dass sie wohl im Auftrage anderer handelten.

Der Kostenspruch stützt sich auf § 285 STPO,[8] der Ausspruch einer Urteilsgebühr auf das Gesetz vom 1. Juni 1922, L.G.Bl. Nr. 22,[9] ausserdem wurde nach § 305 St.G. die Abschaffung der Angeklagten aus Liechtenstein für 3 Jahre ausgesprochen. Dies hauptsächlich, um klarzutun, dass die ernsten Bibelforscher im Fürstentum Liechtenstein mit ihrer Propaganda nichts zu suchen haben.

Nach § 252 St.G. musste auch die Vernichtung der beschlagnahmten Exemplare der Druckschrift ausgesprochen werden.

Fürstl. liechtenst. Land- als Kriminalgericht

Dok. 222
Der liechtensteinische Geschäftsträger in Bern, Emil Beck, befürwortet den Beitritt Liechtensteins zum Ständigen Internationalen Gerichtshof

Vertrauliches, maschinenschriftliches Schreiben des liechtensteinischen Geschäftsträgers in Bern, Emil Beck, gez. ders., an die liechtensteinische Regierung[1]

6.5.1927, Bern

Anlässlich meines letzten Besuches in Feldsberg wurde von Seiner Durchlaucht dem Fürsten [Johann II.] wie auch von den beiden Prinzen Franz sen. [von Liechtenstein] und Alois [von Liechtenstein] der Wunsch ausgesprochen, Liechtenstein möchte möglichst bald dem Haager Gerichtshof beitreten. Damit ist offenbar nichts anderes gemeint als die Unterzeichnung des Obligatoriums[2] für den Ständigen Internationalen Gerichtshof im Haag. Man verspricht sich von diesem Beitritt eine günstige Rückwirkung auf die Streitfrage der Enteignung der fürstlichen Güter in der Tschechoslowakei.

Ohne zu diesem letzteren Punkte weiter Stellung zu nehmen, möchte ich diese Anregung doch befürworten. Und dies zwar aus der Überlegung heraus, dass alle Kleinstaaten in erster Linie ein Interesse daran haben, die Erledigung aller Streitfälle durch den Gerichtshof zu unterstützen, da sie nicht in der Lage sind, ihre Rechtsansprüche mit Waffengewalt durchzusetzen, und andererseits Gewähr für eine unparteiliche Besetzung des Gerichts und für gleiche Behandlung aller Staaten geboten ist. Die Richter werden ohne Rücksicht auf ihre Nationalität und politische Gesinnung bestellt. Nur die Unparteilichkeit und Fähigkeit des Richters soll entscheidend sein, wofür das Verfahren bei der Bestellung genügende Garantie bietet. Auch ist die Vollstreckung seiner Urteile gesichert. Sie kann, soweit nicht ein besonderer Vorbehalt gemacht wurde, nicht mehr mit der Begründung

---

8   Vgl. die Strafprozessordnung vom 31.12.1913, LGBl. 1914 Nr. 3.
9   Vgl. das Gesetz vom 1.6.1922 betreffend vorläufige Einhebung von Gerichts- und Verwaltungskosten und Gebühren, LGBl. 1922 Nr. 22.

1   LI LA RE 1927/2000. Eingangsstempel der liechtensteinischen Regierung vom 9.5.1927. Eine Abschrift des Schreibens ging an die fürstliche Kabinettskanzlei.
2   Vgl. Art. 36 des Statuts des Ständigen Internationalen Gerichtshofes in Den Haag vom 16.12.1920.

verweigert werden, dass das Urteil die Ehre oder Unabhängigkeit des betreffenden Staates berühre, wie dies früher bei Schiedsgerichten üblich war.

Das Gericht besteht aus 11 ordentlichen und 4 Ersatzrichtern.[3] Gegenwärtig gehören ihm an: Prof. Max Huber (Schweiz), Präsident; [Bernard] Loder (Holland), gewesener Präsident; [André] Weiss (Frankreich), Vize-Präsident; Lord [Robert] Finlay (England); [Didrik] Nyholm (Dänemark); [John Bassett] Moore (Amerika); [Antonio Sanchez de] Bustamante [y Sirvén] (Kuba); [Rafael] Altamira (Spanien); [Yorozu] Oda (Japan); [Dionisio] Anzilotti (Italien), [Epitacio Lindolfo da Silva Pessoa] Pessôa (Brasilien); Ersatzrichter: [Mihailo Jovanović] Yovanovitch (Jugoslavien); [Frederik] Beichmann (Norwegen); [Demetru Negulescu] Negulesco (Rumänien) und [Ch'ung-Hui Wang] Wang Chung-Hui (China).

Durch die Unterzeichnung der Obligatoriumsklausel kann zwar noch nicht erreicht werden, dass alle Streitigkeiten mit andern Staaten vor den Gerichtshof gelangen. Dieser kann erst dann in Funktion treten, wenn auch der andere Staat, mit dem das Streitverhältnis besteht, die Zuständigkeit des Gerichtshofes anerkennt, sei es durch Unterzeichnung der gleichen Obligatoriumsklausel, oder im einzelnen Fall, oder durch Vertrag. Die Obligatoriumsklausel ist bisher von folgenden Staaten, meistens mit gewissen Einschränkungen unterzeichnet worden: Portugal, Schweiz, Dänemark, Salvador, Costa-Rica, Uruguay, Luxemburg, Finnland, Niederlande, Liberien, Bulgarien, Schweden, Norwegen, Haiti, Littauen, Panama, Brasilien, Österreich, China und Lettland. Unter diesen Staaten fehlt allerdings derjenige, an dem das Fürstenhaus gegenwärtig das grösste Interesse hat, die Tschechoslowakei. Trotzdem dürfte die Anerkennung des Gerichtshofes auch gegenüber dieser bloss beschränkten Anzahl von Staaten für Liechtenstein von Interesse sein.

Die Frage, ob auch Staaten zugelassen werden, welche dem Völkerbund nicht angehören,[4] ist vom Völkerbundsrat in seiner Resolution vom 17. Mai 1922 in bejahendem Sinne entschieden worden, wie Sie aus der beigelegten Abschrift der Resolution ersehen.[5] Diese Resolution ist Ihnen unterm 30. Juni 1922 vom Sekretariat des Gerichtshofes zugestellt worden,[6] mit besonderem Hinweis auf die Art. 34 bis 36 und 40 des Statutes und Art. 36 des Reglementes des Gerichtshofes, von welchen eine Abschrift hier beiliegt.[7]

Die Anerkennung der Zuständigkeit des Gerichts kann durch eine spezielle oder durch eine allgemeine Erklärung erfolgen. Die spezielle Erklärung bezieht sich auf bereits entstandene Streitigkeiten, während die allgemeine Klausel alle Streitfälle umfasst, die bereits entstanden sind oder künftig entstehen werden, oder auf einzelne Kategorien solcher Streitigkeiten.

Obschon für den speziellen Zweck der Erledigung der Bodenreform die spezielle Klausel genügen würde, welche sich auf die Streitigkeiten mit der Tschechoslowakei aus der Bodenreform bezieht, so wird für Liechtenstein doch die allgemeine Klausel vorteilhaf-

---

3 Das Amt des Hilfsrichters wurde mit der Änderung des Statuts auf den 1. Februar 1936 abgeschafft, wodurch sich die Zahl der regulären Richter auf 15 erhöhte.

4 Vgl. in diesem Zusammenhang das Schreiben des liechtensteinischen Geschäftsträgers in Bern Emil Beck an die liechtensteinische Gesandtschaft in Wien vom 20.12.1920 über die Ablehnung des Aufnahmegesuchs zum Völkerbund (LI LA V 003/0124 (Aktenzeichen der Gesandtschaft in Bern: 1530. Aktenzeichen der Gesandtschaft in Wien: 867/3)).

5 Abschrift der Resolution vom 17.5.1922 unter LI LA RE 1929/2000, vgl. insbesondere Ziff. 1 der Resolution: «La Cour permanente de Justice internationale est ouverte à tout Etat qui n'est pas membre de la Société des Nations ou qui n'est pas mentionné dans l'annexe au Pacte de la Société, aux conditions suivantes: Cet Etat devra avoir déposé préalablement au Greffe de la Cour une déclaration par laquelle il accepte la juridiction de la Cour, conformément au Pacte de la Société des Nations et aux termes et conditions du Statut et du Règlement de la Cour, en s'engageant à exécuter de bonne foi les sentences rendues et à ne pas recourir à la guerre contre tout Etat qui s'y conformera.»

6 Vgl. vermutlich LI LA RE 1922/2900 (Akte offenbar in Verstoss geraten).

7 Liegen nicht bei.

ter sein. Durch die Unterzeichnung einer solchen Klausel stellt es sich von vornherein auf den Rechtsstandpunkt und beweist sein Zutrauen zum Gericht und zu seinem guten Recht.

Diese allgemeine Klausel kann nun nach verschiedener Richtung beschränkt sein. Fast alle Staaten machen den Vorbehalt der Reziprozität. Die Zuständigkeit des Gerichts wird nur anerkannt gegenüber einem Staate, welcher die gleiche Verpflichtung übernimmt. Meines Wissens haben nur Haiti und Litauen diesen Vorbehalt nicht gemacht. Da die Tschechoslowakei das Obligatorium nicht unterzeichnet hat, könnte der uneingeschränkte Vorbehalt der Reziprozität unsere Beitrittserklärung für diesen speziellen und vorderhand wichtigsten Fall illusorisch machen. Anderseits wäre es wohl auch nicht empfehlenswert, die Zuständigkeit schlechthin anzuerkennen. Denn wir haben kein Interesse daran, ein Urteil anzuerkennen, das vom Gegner nicht anerkannt wird. Dieser hätte es dann ja in der Hand, die Vollstreckung des Urteils zu verlangen, wenn es zu unseren Ungunsten lauten würde, während er anderseits nicht verpflichtet wäre, das Urteil anzuerkennen, wenn es zu seinen Ungunsten ausfallen sollte. Deshalb dürfte es empfehlenswert sein, den Vorbehalt zu machen, dass die Zuständigkeit anerkannt wird gegenüber allen Staaten, welche vorher im allgemeinen oder für den speziellen Fall die Erklärung abgeben, dass sie das Urteil anerkennen. Vielleicht wäre ein solcher Vorbehalt gar nicht nötig angesichts des Art. 36 des Statutes, laut welchem die Zuständigkeit des Gerichts nur gegeben ist für Angelegenheiten, die die Parteien ihm unterbreiten. Es wird aber sicher nichts schaden, wenn es in der Beitrittserklärung ausdrücklich gesagt wird.

Die meisten Staaten anerkennen die Zuständigkeit nur mit einer zeitlichen Beschränkung. Die Schweiz hatte anfänglich für fünf Jahre unterzeichnet. Im Jahre 1926 ist die Unterschrift für weitere zehn Jahre erneuert worden. Es scheint mir, dass Liechtenstein ebenfalls für zehn Jahre sich verpflichten sollte. Ferner ist die Möglichkeit gegeben, die Zuständigkeit auf bestimmte Materien zu beschränken, was jedoch für Liechtenstein nicht zweckmässig sein dürfte.

Endlich kann die Anerkennung auch auf bestimmte Staaten beschränkt oder gegenüber bestimmten Staaten ausgeschlossen werden. Es scheint mir aber, dass hiefür keine Veranlassung vorliegt.

In allen diesen Fällen kann der Gerichtshof sich aber nur für solche Streitigkeiten zuständig erklären, welche im Statut (Art. 36 Abs. 2) vorgesehen sind. Es betrifft dies nämlich Streitigkeiten a. über Auslegung eines Staatsvertrages; b. über jegliche internationale Rechtsfrage; c. über eine Tatsache, die, wenn erwiesen, die Verletzung einer internationalen Verpflichtung darstellen würde; d. über Art und Umfang der Entschädigungspflicht bei Verletzung einer internationalen Verpflichtung.

Dagegen können Streitigkeiten um politische Ansprüche, die sich nicht auf Rechtsnormen stützen, sondern nur auf Gründe angeblicher oder wirklicher Zweckmässigkeit vom Gericht ohne Zustimmung beider Parteien nicht beurteilt werden.

Meines Erachtens würde es sich empfehlen, eine ähnliche Klausel wie die Schweiz zu unterzeichnen. Die schweizerische Klausel vom 1. März 1926 hatte folgenden Wortlaut:

«Im Namen der schweizerischen Regierung und unter Vorbehalt der Ratifikation erklärt der Unterzeichnete, von Rechts wegen und ohne besonderen Vertrag die Gerichtsbarkeit des Gerichtshofes ohne jede Einschränkung für eine weitere Dauer von zehn Jahren, von der Hinterlegung der Ratifikationsurkunde an gerechnet, als obligatorisch anzuerkennen gegenüber allen Völkerbundsmitgliedern oder Staaten, die dieselbe Verpflichtung übernehmen, d.h. unter Vorbehalt der Gegenseitigkeit.»

Der Schluss des Satzes wäre dahin abzuändern, dass das Obligatorium anerkannt wird gegenüber allen Völkerbundsmitgliedern oder Staaten, «welche vor Anhängigmachung des Streitfalles den Entscheid des Gerichtshofes als verbindlich anerkennen.»

Ich ersuche Sie, zu dieser Frage möglichst bald Stellung nehmen zu wollen, damit die Unterzeichnung des Protokolles betreffend das Obligatorium möglichst bald erfolgen kann. Zu weitern Aufschlüssen bin ich gerne bereit.
Der fürstliche Geschäftsträger[8]

Dok. 223
In Triesenberg werden drei Amerika-Auswanderer von der Gemeindevertretung und der Harmoniemusik feierlich verabschiedet

Bericht in den «Liechtensteiner Nachrichten», nicht gez.[1]

2.6.1927

Triesenberg

(Einges.) Letzten Mittwoch Abend fand zu Ehren unserer drei nach Amerika auswandernden Mitbürger[2] im Gasthaus Samina eine kleine Abschiedsfeier statt. Dazu hatte sich eine grosse Schar von Verwandten, Freunden und Bekannten eingefunden. Auch unsere allzeit rührige und dienstbereite Harmonie-Musik war auf dem Plan erschienen. Ihr vor allem ist es zu verdanken, dass das kleine Fest in so schöner Weise verlief. Wir konnten

---

8   Die Regierung nahm die Zuschrift Becks in der Sitzung vom 24.5.1927 zur Kenntnis und beschloss einstimmig, noch die Finanzkommission des Landtags mit der Angelegenheit zu befassen, worauf dann die Regierung die «Anmeldung des Beitritts» zum Ständigen Internationalen Gerichtshof vollziehen sollte. Die Ratifikation des Landtages sollte erst nach erfolgter «Anmeldung» eingeholt werden (Aktenvermerk von Gustav Schädler vom 25.5.1927 (LI LA RE 1927/2000r)). Die Angelegenheit wurde in der Sitzung der Finanzkommission vom 31.5.1927 «eingehend» erörtert und es wurde beschlossen, «die Entscheidung bis zur Anwesenheit S.D. im Lande aufzuschieben» (Aktenvermerk von Regierungschef Schädler vom 1.6.1927, ebd.). Mit Schreiben vom 6.7.1927 wurde die Gesandtschaft in Bern von der Regierung damit beauftragt, den Beitritt des Fürstentums zum Ständigen Internationalen Gerichtshof auf 10 Jahren zu vollziehen. Es sollte dabei lediglich der Vorbehalt erklärt werden, dass die Zuständigkeit gegenüber allen Staaten anerkannt werde, welche vorher im Allgemeinen oder für den speziellen Fall die Erklärung abgeben, dass sie das Urteil des Haager Gerichtshofes anerkennen. Gleichentags wurde die fürstliche Kabinettskanzlei darüber mit der Bitte um Kenntnisnahme durch Fürst Johann II. informiert. Sobald der Beitritt vollzogen sei, werde die Regierung die Ratifikation des Landtages und die formelle Sanktion des Fürsten, «Höchstwelcher ja selbst den Beitritt zum Gerichtshof wünschten», einholen (LI LA RE 1927/2000). Der Beitritt zum Statut des Ständigen Internationalen Gerichtshofes erfolgte jedoch vorerst nicht. Am 17.3.1930 erkundigte sich die Regierung bei der Gesandtschaft in Bern, «ob die Anmeldung des Beitrittes zum Haager Gerichtshof seinerzeit vollzogen und zustande gekommen» sei (LI LA RE 1930/1929). Am 26.7.1935 ersuchte die Regierung das Eidgenössische Politische Departement um Mitteilung, ob und unter welchen Voraussetzungen Liechtenstein an den Ständigen Internationalen Gerichtshof gelangen könnte (vgl. die Note des Eidgenössischen Politischen Departementes an die Regierung vom 2.8.1935 (LI LA RF 156/281/1a)). Liechtenstein hinterlegte schliesslich die Deklaration im Sinne der Resolution vom 17.5.1922 am 29.3.1939 (Quinzième rapport annuel de la Cour Permanente de Justice internationale (15 juin 1938 – 15 juin 1939), S. 34-35 und 42-43 (vgl. LI LA SgK 461). Im Juni 1939 machte die Regierung im Fall des 1928 in Mauren eingebürgerten Felix Gerliczy beim Ständigen Internationalen Gerichtshof ein Verfahren gegen Ungarn anhängig (Seizième rapport de la Cour Permanente de Justice internationale (15 juin 1939 – 31 décembre 1945, S. 144-148 (vgl. LI LA SgK 461).

1   L.N., Nr. 47, 2.6.1927, S. 1.
2   Franz Josef Beck (1902-1964), Gottlieb Beck (1901-1989) und Eugen Gassner (1895-1978). Gottlieb Beck kehrte 1949 zurück, Eugen Gassner 1932.

mit grosser Freude konstatieren, dass unsere Musiker auf dem Wege eines bedeutenden Fortschrittes begriffen sind. Schwere Stücke von Wagner, Verdi usw., die eine bedeutende Technik voraussetzen, wurden unter der taktsichern Leitung des Herrn Ortsvorstehers [Alois] Schädler meisterhaft vorgetragen. Hier ist unbedingt bedeutend gearbeitet worden; aber der Erfolg ist nicht ausgeblieben und der Schreibende betrachtet es als ein gutes Omen auf das kommende Musikfest in Vaduz. Wir alle Freunde einer guten Musik wünschen Euch deshalb ein «Glück auf» mit auf den Weg.

Im übrigen verlief die kleine Abschiedsfeier in sehr gehobener und würdevoller Stimmung, wie sie dem Ernst der Stunde angepasst war. Alle sind wohl unter dem Eindrucke der herben Abschiedsstunde gestanden, aber wir alle, die wir Euch nahe stehen, rufen Euch zu: Auf Wiedersehen! Am Schlusse der musikalischen Darbietungen hielt dann Herr Geometer Joh. Schädler noch eine kurze rührende Ansprache, die wir auf speziellen Wunsch einiger Teilnehmer hier wörtlich zum Abdrucke bringen:

«Meine lieben jungen Freunde!

Ihr seid im Begriffe, einen grossen Schritt zu wagen. Ihr verlasset Euer Vaterland, Eure Heimat, Eure Angehörigen, Eure Freunde und Bekannten.

Ihr verlasst unsere Berge, unsere Alpen und Triften, auf denen Ihr eine schöne und glückliche Jugendzeit verlebtet. So lebt denn wohl ihr Berge, ihr Alpen, ihr traulich stillen Täler!

Ihr tut dies alles, um drüben im fernen Amerika einem ungewissen Schicksal entgegen zu gehen. Aber ist dieses Schicksal denn so ungewiss? Ich sage nein; im Gegenteil! Was steht einem jungen Manne hierzulande bevor? Warum wohl sind die amerikanischen Konsulate in allen Staaten förmlich umlagert? Warum z. B. können die Schweizer bis zum Jahre 1928 kaum mehr ein Visum nach Amerika erhalten? Warum lassen sich die Italiener in den Kohlenräumen der Schiffe nach Amerika hinüberschmuggeln?

Diese Fragen sind leicht zu beantworten. Hier in Europa wird ein Wirtschaftskampf ohne gleichen ausgefochten. Nie in der Geschichte war eine so beispiellose wirtschaftliche Depression zu verzeichnen, nie war die Arbeitslosigkeit so riesengross. Und das Traurige dabei ist, dass auf Jahre hinaus keine Aussichten auf Besserung vorhanden sind. Infolgedessen ist es für einen jungen Mann kaum mehr möglich, hier auf einen grünen Zweig zu kommen. Und warum arbeiten wir denn eigentlich? Hat nicht jeder Mensch das Recht zu leben und es vorwärts zu bringen, damit er einstens im Alter in Ruhe seine Tage beschliessen kann, als Frucht seiner Arbeit und seiner ausgestreuten Saat. Und was wartet Euch drüben im Lande der unbegrenzten Möglichkeiten? Nun, soviel ist sicher, Ihr werdet sofort Arbeit finden und was die Hauptsache ist – gut bezahlte Arbeit. Drüben werden ganz andere Löhne bezahlt als hier. Freilich müsst Ihr vielleicht manches entbehren z. B. den Alkohol; aber das ist kein Unglück. Kleine Schwierigkeiten, die sich Euch etwa entgegenstellen werden z. B. das Erlernen der Sprache, die Gewöhnung an die klimatischen Verhältnisse usw. werdet Ihr mit Eurem jugendlichen Optimismus leicht überwinden. Also, nur mutig vorwärts, meine lieben jungen Freunde; dem Mutigen gehört die Welt und auch das Leben. Vergesset nie: Und setzest Du nicht das Leben ein, nie wird Dir das Leben gewonnen sein!

Und drüben findet Ihr auch Bürger unseres Landes und unserer Gemeinde. Sie werden Euch sicher in der ersten Zeit mit Rat und Tat an die Hand gehen. Im Namen aller hier Anwesenden bitte ich Euch, ihnen allen unsere herzlichsten Grüsse zu übermitteln.

So naht nun bald die Scheidestunde. Lasset keine Träne fliessen! Wir alle werden Euch mit unsern Wünschen begleiten. Also reiset mit Gott und unter dem Schutze der Maienkönigin!

Und zum Schlusse rufe ich Euch zu: Wenn Freunde voneinander gehen, so sagen sie: Auf Wiedersehen!»

Dok. 224
Landtagspräsident Wilhelm Beck legt Fürst Johann II. die Gründe für die von ihm propagierte Errichtung einer diplomatischen Vertretung beim Heiligen Stuhl dar

Maschinenschriftliches Memorandum von Landtagspräsident Wilhelm Beck, gez. ders., an die fürstliche Kabinettskanzlei in Wien zuhanden von Fürst Johann II. und von Prinz Franz sen. von Liechtenstein[1]

8.7.1927, Vaduz

Kurze Denkschrift betreffend die diplomatische Vertretung des Fürstentums Liechtenstein beim Hl. Stuhl[2]

In Sachen der Vertretung des Fürstentums Liechtenstein beim Vatikan bekenne ich mich zum Empfange Ihres Schreibens Nr. 83/3 Präs. vom 25. Juni 1927.[3] Es ist mir erst heute möglich, dazu meine Stellung zu beziehen.

Ich begründe meinen unveränderlichen, seit langem reiflich überlegten Standpunkt unter Bezugnahme auf alle früheren Eingaben[4] in nachfolgender Antwort, zugleich als kurze Denkschrift gedacht, wie folgt:

---

1   LI LA RE 1927/3265 ad 0506. Eingangsstempel der liechtensteinischen Regierung vom 19.7.1927. – Prinz Franz von Liechtenstein war laut Kundmachung vom 24.12.1921, LGBl. 1922 Nr. 1, von Fürst Johann II. gemäss Art. 13 Abs. 2 der liechtensteinischen Verfassung vom 5.10.1921, LGBl. 1921 Nr. 15, mit der Ausübung der dem Fürsten auf dem Gebiet der Vertretung Liechtensteins nach Aussen zustehenden Hoheitsrechte betraut worden.
2   Bereits 1919/1920 bestanden Pläne betreffend die Errichtung einer diplomatischen Vertretung Liechtensteins beim Hl. Stuhl, sei es über die Schweiz, Österreich, Spanien oder den Souveränen Malteserritterorden, sei es durch die Akkreditierung eines eigenen liechtensteinischen Gesandten. Vgl. dazu etwa das Schreiben des liechtensteinischen Gesandten in Wien, Prinz Eduard von Liechtenstein, an den liechtensteinischen Landesverweser Prinz Karl von Liechtenstein vom 20.6.1920 (LI LA V 003/0109 (Aktenzeichen der liechtensteinischen Gesandtschaft in Wien: 449/1)).
3   Vgl. das vertrauliche Schreiben der fürstlichen Kabinettskanzlei an Landtagspräsident Wilhelm Beck vom 25.6.1927 (LI LA RE 1927/506 (Aktenzeichen der Kabinettskanzlei: No. 85/3 Präsidiale): Darin hatte Kabinettsdirektor Josef Martin dem Landtagspräsidenten über die Ergebnisse einer Rücksprache mit Prinz Franz vom 24.6.1927 in Wien berichtet. Gegen die Errichtung einer liechtensteinischen Gesandtschaft beim Hl. Stuhl sprach nach Auffassung von Prinz Franz vor allem das Verhältnis des Fürstentums zur Schweiz, welche die diplomatische Vertretung Liechtensteins bei anderen Staaten übernommen hatte. Die Gesandtschaftserrichtung beim Vatikan würde – so Prinz Franz – eine Inkonsequenz hinsichtlich der liechtensteinischen Haltung zur Schweiz darstellen. Er führte weiters die Möglichkeit von negativen Rückwirkungen auf das Verhältnis zur Tschechoslowakei, deren Beziehungen zu Rom getrübt waren, ins Feld. Die Errichtung einer Gesandtschaft beim Hl. Stuhl könnte als eine «ostentative Parteinahme» Liechtensteins für den Papst gedeutet werden. Abschliessend gab Kabinettsdirektor Martin bekannt, dass eine Rücksprache Becks mit Prinz Franz «eine Änderung der Ansichten des Herrn Prinzen nicht zur Folge haben würde».
4   Vgl. das Schreiben Wilhelm Becks an die Regierung vom 12.5.1927 (LI LA RE 1927/2084 ad 0506) und vom 25.5.1927 (LI LA RE 1927/2347 ad 0506). In diesem Zusammenhang ist zu erwähnen, dass das Regierungskollegium bereits am 4.5.1927 einhellig die Errichtung einer Gesandtschaft beim Hl. Stuhl gutgeheissen und den in München wohnhaften Baron Dr. Friedrich Geier als Leiter der Gesandtschaft im Rang eines Ministers in Aussicht genommen hatte. Fürst Johann II. war in diesem Sinne von der Regierung am 9.5.1927 um dessen Genehmigung ersucht worden (LI LA RE 1927/0506). Das Projekt wurde auch in der Sitzung der Finanzkommission des Landtags vom 31.5.1927 besprochen, wobei Wilhelm Beck die Zustimmung zum Beitritt zum Ständigen Internationalen Gerichtshof von der gleichzeitigen Gesandtschaftserrichtung in Rom abhängig machte. Die Finanzkommission beschloss jedoch, diese

I. Verhältnis des Fürstentums Liechtenstein zur Schweiz:
Es ist die rechtliche und politische Seite zu unterscheiden. Die Schweiz hat die diplomatische Vertretung des Fürstentums Liechtenstein nur bei jenen Staaten übernommen,[5] *bei denen sie selber vertreten ist*. Wenn aus diesem und andern Gründen die Wiener fürstlich liechtensteinische Gesandtschaft, welche kein ehrenamtlicher Posten war, aufgegeben wurde,[6] so war dies eben möglich, weil die Schweiz in Wien diplomatisch selber vertreten ist und daher die Vertretung für uns übernehmen konnte.

Die Schweiz ist aber beim Hl. Stuhl in Rom diplomatisch nicht vertreten[7] *und sie kann aus diesem Grunde unsere Vertretung dort nicht übernehmen*. Daher können die Einwendungen, welche unter Bezugnahme auf das Verhältnis des Fürstentums zur Schweiz gegen die Errichtung einer fürstlich liechtensteinischen Vertretung beim Vatikan erhoben werden, *nicht als stichhaltig* anerkannt werden. Die Errichtung einer Gesandtschaft beim Hl. Stuhl würde mitnichten eine Inkonsequenz hinsichtlich unserer heutigen Haltung und den guten Beziehungen zur Schweiz darstellen, denn es handelt sich im vorliegenden Falle gar *nicht* um ein Verhältnis mit der Schweiz, sondern um ein internationales Verhältnis mit dem Vatikan, das die Beziehungen mit der Schweiz in keiner Weise tangiert.

Es ist selbstverständlich, wenn, wie angeregt, der päpstliche Nuntius in Bern auch in Liechtenstein akkreditiert wird, dass auch Liechtenstein seinerseits eine diplomatische Vertretung beim Vatikan bestellt, andernfalls bestünde jene Halbheit, wie in der Schweiz, die aber dort rein aus historisch-politischen Gründen zu erklären ist und nicht nur von Katholiken allein bedauert wird. Die Argumente, die sonst hinsichtlich der Schweiz vorgebracht werden, hätten bei dieser einseitigen Akkreditierung noch eher Berechtigung, als wie sie sonst einen Schein davon aufweisen. Ich weiss auch nicht, ob der Hl. Stuhl in dieser Art und Weise seinen Nuntius in Liechtenstein einseitig akkreditieren lassen würde.

Im *Zollvertrag* mit der Schweiz ist auch im Ingress ausdrücklich ausgesprochen, dass der Vertrag unbeschadet der souveränen Stellung des Fürstentums Liechtenstein abgeschlossen werde.[8] Eine feierlichere Anerkennung des Besitzes und der Ausübung unserer Souveränität in andern Belangen, als wodurch sie durch den Staatsvertrag tangiert wird, ist kaum noch notwendig. Gerade bei Gelegenheit des Zollanschlusses war man auch ängstlich darauf bedacht und zwar von beiden Seiten, dass der Einwand der Beeinträchtigung der souveränen Stellung durch den Abschluss des Staatsvertrages

---

    beiden Fragen bis zur Anwesenheit des Fürsten im Lande zurückzustellen (vgl. das Schreiben von Regierungschef Gustav Schädler an Kabinettsdirektor Martin vom 7.6.1927 (LI LA RE 1927/2499 ad 0506)). Vgl. auch das diesbezügliche Telegramm der fürstlichen Kabinettskanzlei an die Regierung vom 21.5.1927 (LI LA RE 1927/2250 ad 0506): Fürst Johann II. wollte vor einer Erledigung der Frage der Gesandtschaftserrichtung den mündlichen Vortrag des Regierungschefs Schädler und des liechtensteinischen Geschäftsträgers in Bern Emil Beck entgegennehmen.

5   Vgl. hiezu etwa den Briefwechsel zwischen Fürst Johann II. und dem schweizerischen Bundespräsidenten Giuseppe Motta vom 6./24.1.1920 betreffend die Übernahme der liechtensteinischen Interessenvertretung im Ausland durch die Schweiz (LI LA RE 1920/0141).

6   Vgl. in diesem Zusammenhang etwa das Schreiben von Kabinettsdirektor Martin an Regierungschef Josef Ospelt vom 6.10.1921 betreffend den grundsätzlichen Beschluss, die Gesandtschaft in Wien aufzuheben (LI LA SF 01/1921/153 (Aktenzeichen der fürstlichen Kabinettskanzlei: 119/11)).

7   Der Schweizer Bundesrat hatte vor dem Hintergrund des Kulturkampfes die diplomatischen Beziehungen zum Heiligen Stuhl 1873 abgebrochen. Im Juni 1920 beschloss der Bundesrat, in der Schweiz wieder eine Nuntiatur zuzulassen. Doch erst 2004 wurde ein schweizerischer Botschafter beim Hl. Stuhl akkreditiert.

8   In der Präambel des Vertrages zwischen der Schweiz und Liechtenstein vom 29.3.1923 über den Anschluss des Fürstentums Liechtenstein an das schweizerische Zollgebiet, LGBl. 1923 Nr. 24, wurden ausdrücklich die «souveränen Hoheitsrechte» des liechtensteinischen Fürsten vorbehalten.

nicht erhoben werde. Wenn schon damals jene Ängstlichkeit vorhanden war, dann haben wir heute erst recht allen Grund, unsere Selbständigkeit und Unabhängigkeit und zwar nicht nur der Schweiz allein gegenüber zu betonen und Ursache genug, nicht in den gegenteiligen Standpunkt zu verfallen. Der Bundesrat beziehungsweise des politische Departement hat *offiziell* erklärt, das schweizerscherseits gegen die Errichtung der Gesandtschaft durchaus keine Bedenken bestehen und dass dies eine ureigene Angelegenheit des Landes Liechtenstein sei.[9] Ich halte also dafür, *dass eine neuerliche inoffizielle Anfrage bei Bundesrat [Giuseppe] Motta nicht mehr notwendig sei.*

Auch die *Verweisung auf die schweizerisch-politischen Parteiverhältnisse* und damit auf die *Opportunität* kann nicht als stichhaltig anerkannt werden.

a) Das Politische Departement und auch die Schweizer Bundesregierung haben ja wiederholt bei Gelegenheit des Zollanschlusses und auch in dieser Sache erklärt, dass sie sich im übrigen um die internen Verhältnisse des Landes nicht kümmern. Wir wissen wohl, dass das nur so zu verstehen ist, solange wir international in keiner Weise in die schweizerischen Angelegenheiten als eng befreundetes Land eingreifen. Der Bundesrat und auch einige Beamte, deren Parteiangehörigkeit und Weltanschauung sich dermalen unserer Kenntnis zum Teil entzieht, werden sich demnach nicht auf eine Einflussnahme in der Richtung einlassen, dass Liechtenstein als *ausschliesslich katholisches Land* beim Vertreter der katholischen Christenheit eine Gesandtschaft nicht errichten darf und soll. Die Frage, ob es mit Rücksicht auf die gesamtschweizerische Lage opportun sei, eine solche Gesandtschaft zu errichten, müsste eben höchstens bejaht werden.

b) Was insbesondere die Parteiverhältnisse in der Schweiz, vor allem die allfällige Stellung der Liberalen bezw. Radikalen und ihrer Presse anbelangt, so kann ich mich dem von Herrn Dr. [Emil] Beck, Bern, im Jahre *1925* mitgeteilten Standpunkt in keiner Weise anschliessen.[10] Ob sich neben den Liberalen (Freisinnigen) auch andere nicht katholische Parteien, wie Sozialdemokraten u. a. dem angeblich ablehnend verhaltenden Standpunkt der ersteren anschliessen würden, scheint mir mehr als zweifelhaft. Um 1925 ist meines Wissens in der Berner Nuntiatur ein Wechsel eingetreten.[11] Wenn auch Schweizer Blätter hierzu in verschiedener Weise Stellung nahmen, so bleibt doch die eine Tatsache bestehen, dass die Schweizer Bundesregierung, die internationale Bedeutung des Vatikans erkennend, nicht zögerte, neuerdings das Argrément für den neuen Nuntius zu erteilen. Gewiss schon allein ein Umstand, der uns erst recht zur Errichtung aneifern sollte.

---

9 Dokument im Liechtensteinischen Landesarchiv nicht aufgefunden. Laut dem oben bereits erwähnten Schreiben von Kabinettsdirektor Martin an Landtagspräsident Wilhelm Beck vom 25.6.1927 (LI LA RE 1927/0506 (Aktenzeichen der Kabinettskanzlei: No. 85/3 Präsidiale)) hatte Bundesrat Motta gegenüber dem liechtensteinischen Geschäftsträger Emil Beck – angeblich im April 1926 – den Standpunkt vertreten, dass die Angelegenheit der Errichtung einer liechtensteinischen Gesandtschaft beim Vatikan vollständig im Ermessen der liechtensteinischen Regierung stehe, welche nach «Gutfinden» entscheiden könne.

10 Dokument im Liechtensteinischen Landesarchiv nicht aufgefunden. Laut dem oben bereits erwähnten Schreiben von Kabinettsdirektor Martin an Landtagspräsident Wilhelm Beck vom 25.6.1927 hatte Geschäftsträger Emil Beck in einem vertraulichen Bericht vom Sommer 1925 seine Einschätzung mitgeteilt, «dass die private Auffassung im Politischen Departement hinsichtlich des Vorhandenseins von Opportunitätsgründen gegen die Errichtung einer Gesandtschaft beim heiligen Stuhl auch diejenige des Bundesrates sein wird».

11 Auf Luigi Maglione, der als Apostolischer Nuntius nach Frankreich berufen wurde und 1939 zum Kardinalstaatssekretär aufstieg, folgte 1926 Pietro di Maria, Titularerzbischof von Iconium, als Apostolischer Nuntius für die Schweiz.

Ich hatte auch Gelegenheit mit einem bekannten schweizerischen Politiker konservativer Richtung mich über die Errichtung der Gesandtschaft beim Vatikan und insbesondere über die allfällige Wirkung auf die schweizerischen Parteien und Presse zu unterhalten. Der betreffende Herr fand das Argument einer ungünstigen Beurteilung durch diese Faktoren geradezu unverständlich. Gewiss werde es einzelne Leute, wohl auch Journalisten geben, denen nicht nur all das Vatikanische, sondern auch alles Katholische wider den Strich gehe, *das dürfe und könne aber keine ausschlaggebende Bedeutung haben*. Im Gegenteil finde er es als sehr gut, wenn die Errichtung erfolge. Es steht auch die Vermutung nirgends fest, dass *sich die schweizerische Presse in eine Kritik unserer Verhältnisse einlassen wird*, da wir mit der Schweiz in dieser Hinsicht gar nichts zu tun haben. *Von einer Trübung der andern Verhältnisse kann keine Rede sein*. Wenn die politische und Weltanschauung in dieser Frage eine Rolle spielen soll, so kann es jedenfalls für *Liechtenstein keineswegs diejenige des schweizerischen Liberalismus bezw. Radikalismus sein*, der übrigens klug genug wäre, sich in unsere internen Verhältnisse in irgend einer Form oder unter irgend einem Vorwande und zwar bei der heutigen Stellung der Schweiz wohl weniger denn je nicht einzumischen.

Dieses argumentum secretum – denn offiziell und öffentlich wagt es wohl niemand zu behaupten – vom Liberalismus, nicht katholische Presse u. s. w. spricht nur für die Errichtung.

Ich kann daher und, ich darf wohl sagen, auch die gesamte Volkspartei kann diesen Standpunkt unter keinen Umständen anerkennen und niemals können wir unser staatliches Leben, soweit uns nicht der Zollanschluss Pflichten auferlegt, von der Wohlmeinung schweizerischer katholikenfeindlicher Parteien und Presse abhängig machen. Es wäre auch nicht einzusehen, in welcher Weise dieses Argument vor dem katholischen Liechtensteiner Volk einschlagen würde. Der katholische Standpunkt und die katholische Weltanschauung müssen auch in diesem Punkte die Grundlage bilden, wenn dies auch nach aussen vielleicht klugerweise nicht jedem und bei jeder Gelegenheit kundgetan zu werden braucht. Übrigens ist nicht einzusehen, weshalb vom Standpunkte der Klugheit aus betrachtet, die Errichtung unterlassen werden sollte.

II. Verhältnis des Fürstentums zur Tschechoslowakei:
Es ist auseinander zu halten
    a) das Verhältnis des Fürstentums zu diesem Staat,
    b) das Verhältnis der fürstlichen Vermögensverwaltung zu demselben.
Es ist in Liechtenstein nicht unbekannt, dass die Tschechoslowakei die *Souveränität* des Fürstentums und damit des Fürstenhauses *derzeit nicht anerkennen will*;[12] dieser Standpunkt eines Staates, der weniger lange existiert wie unser Land, hat hierlands schmerzlich berührt. Gerade schon aus diesem Grunde haben wir alle Ursache, bei einer Stelle von so hervorragender internationaler Bedeutung, wie der Vatikan unbestritten ist, unsere Souveränität, d. h. *unsere Selbständigkeit und Unabhängigkeit*, zum Ausdrucke zu bringen. Ja, es ist geradezu Pflicht, dieses zu tun und kein Argument vermag dagegen aufzukommen. Es dürfte auch anderorts begreiflich erscheinen, dass liechtensteinischerseits diese Nichtanerkennung unserer Souveränität nicht gleichgültig hingenommen werden wird.

---

12 Vgl. etwa die Äusserung des tschechoslowakischen Aussenministers Edvard Beneš, wonach die Prager Regierung den Fürsten als österreichischen Staatsangehörigen betrachte und dessen Souveränität und die daraus abgeleiteten Rechte nicht anerkennen könne (vgl. das Schreiben der liechtensteinischen Gesandtschaft in Bern an die fürstliche Kabinettskanzlei vom 19.5.1921 (LI LA V 002/0048 (Aktenzeichen der Gesandtschaft Bern: 649/21))).

Die Beziehungen zwischen dem Vatikan und der Tschechoslowakei sind nicht unbekannt. Aber gerade nach neuesten Meldungen *bestehen Einigungsbestrebungen zwischen der Kurie und der Prager Regierung.* Nach andern uns zugekommenen Meldungen ist daher die Behauptung, die Beziehungen seien in ein entscheidendes Stadium getreten, nur dahin zu verstehen, dass Aussicht besteht, es werde eine Einigung zustande kommen. Vermutlich wird die Tschechoslovakei einen neuen Kardinal erhalten, der ihr genehm ist. So lauten unsere Informationen. Doch diese Beziehungen berühren uns Liechtensteiner nicht. Sie können insbesondere *nicht* jene Rückwirkung haben, die manche anzunehmen scheinen.

Unsere staatlichen Interessen dürfen unter diesem Konflikte nicht leiden. Diejenigen der fürstlichen Vermögensverwaltung werden durch die Errichtung einer diplomatischen Vertretung *nicht* in Mitleidenschaft gezogen. Im Gegenteil könnten *auf Wunsch* indirekt nur gute Dienste geleistet werden. Auf jeden Fall hat ja der betreffende Gesandte nur nach den ihm gegebenen Instruktionen zu handeln.

Über den bedauerlichen *Stand der Auseinandersetzung* der fürstlichen Vermögensverwaltung mit der Tschechoslovakei und manche dabei auftretenden höchst eigentümlichen Erscheinungen will ich mich in diesem Schreiben nicht ausführlich unterhalten, da die diplomatische Vertretung an sich damit nichts zu tun hat und nur, was hier ein für allemal festgelegt sei, *auf Wunsch* allenfalls gute Dienste zu leisten im Stande sein dürfte. Dabei ist nicht zu verhehlen, dass gute Dienste wohl eher von Erfolg gekrönt sein dürften als alle bisherigen Bemühungen.

Da wir nebst anderem auch an einem finanziell kräftigen Fürstenhause begreiflicherweise ein emminentes Interesse haben, so wird man uns das Interesse an der günstigen Lösung dieser schwebenden Angelegenheit *wohl kaum abzustreiten in der Lage sein.* Es darf aber diese Angelegenheit mit staatlichen Angelegenheiten des Fürstentums nicht verwechselt werden. Die Errichtung der Gesandtschaft ist allerdings gemäss Verfassung eine staatliche Einrichtung, wobei die Aussenvertretung Seiner Durchlaucht dem Landesfürsten zusteht (Art. 8 der Verfassung).[13]

Ich habe dem Herrn Kabinettsdirektor Martin von der Stellungnahme der Finanzkommission *zum Begehren über den Beitritt zum ständigen internationalen Gerichtshof im Haag* mündlich Mitteilung gemacht.[14] In der Finanzkommission teilte uns die Regierung bezw. der Herr Regierungschef [Gustav Schädler] mit, dass der Beitritt schon wegen *der Güterauslösungsfrage* zu wünschen wäre. In der Finanzkommission wurde dann auch angeregt, es solle Herr Dr. [Emil] Beck – Bern die Oberleitung in der Güterauseinandersetzungsangelegenheit haben und man solle beim Hl. Stuhl eine diplomatische Vertretung errichten, um gleichzeitig in dieser Richtung die internationale Stellung Liechtensteins zu betonen. Ich habe nicht verhehlt, der Finanzkommission von der Nichtanerkennung der Souveränität durch die Tschechoslovakei und andern Erscheinungen Mitteilung zu

---

13   Nach Art. 8 Abs. 1 der Verfassung vom 5. Oktober 1921, LGBl. 1921 Nr. 15, vertritt der Landesfürst unbeschadet der erforderlichen Mitwirkung der verantwortlichen Regierung den Staat in allen seinen Verhältnissen gegenüber auswärtigen Staaten. Gemäss Art. 8 Abs. 2 ist hiebei für gewisse Angelegenheiten die Zustimmung des Landtags erforderlich, namentlich wenn eine neue Last auf das Fürstentum oder seine Angehörigen übernommen wird.

14   Zum Plan, dem Ständigen Internationalen Gerichtshof beizutreten, vgl. etwa das befürwortende Schreiben des liechtensteinischen Geschäftsträgers in Bern an die liechtensteinische Regierung vom 6.5.1927 (LI LA RE 1927/2000). Vgl. hinsichtlich der Sitzung der Finanzkommission vom 31.5.1927 das oben erwähnte Schreiben von Regierungschef Schädler an die die fürstliche Kabinettskanzlei vom 7.6.1927 (LI LA RE 1927/2499 ad 0506).

machen. Daraufhin teilte die Regierung mit, dass Seine Durchlaucht der regierende Fürst demnächst ins Land komme und die Frage bei dieser Gelegenheit abgeklärt werden könne. Die Finanzkommission, in der die Stimmung zu Gunsten beider Sachen zu stehen scheint, beschloss darauf mit der Stellungnahme zum Beitrittsantrag sowie zur vatikanischen Gesandtschaft zuzuwarten, bis der Fürst ins Land gekommen sei. Gemäss einem später eingelangten Telegramm sollte Rücksprache mit den Herren Dr. Beck – Bern und Regierungschef Schädler genommen werden. Wie ich erfahre, ist leider in dieser Sache, ausser einer Rücksprache mit mir und Herrn Dr. [Alois] Ritter sonst nichts unternommen worden. Die Antwort auf jenen Finanzkommissionsbeschluss wie auch auf die Eingabe der Volkspartei steht heute noch aus.

Es ist die *Feststellung gerechtfertigt*, dass die tschechoslovakischen Verhältnisse durchaus kein Hindernis bieten, im Interesse und zur Wahrung des Ansehens des erlauchten Fürstenhauses und des Staates Liechtenstein eine Gesandtschaft beim Hl. Stuhl zu errichten.

III. Die Stellung Liechtensteins etc.
1. Wie schon in früheren Eingaben mehrfach und auch in der Eingabe des Parteiausschusses der liechtensteinischen Volkspartei[15] bemerkt, kann durch die Errichtung einer Gesandtschaft beim Vatikan die internationale Stellung Liechtensteins nur *gehoben* werden und zwar, ohne dass voraussichtlich irgendwie Misshelligkeiten entstehen würden. Es schadet gewiss angesichts der Haltung der Tschechoslovakei nichts. Es ist aber auch zu begrüssen, wenn im übrigen trotz des wirtschaftlichen Anschlusses an die Schweiz und aller guten und dankenswerten Beziehungen diesem Lande gegenüber auch heute, soweit geziemend und erforderlich, unsere Selbständigkeit betont wird, wie sie einstens bei den Zollanschlussverhandlungen hervorgehoben worden ist.
2. Schon aus diesem Grunde kann man sich meines Erachtens auf die Diskrepanz von *offiziellen* Äusserungen und *inoffiziellen* Meinungen nicht einlassen, diese inoffiziellen oder sagen wir lieber *persönlichen* Meinungen dürften und könnten übrigens *öffentlich nirgends vertreten werden*, denn in erster Linie würden sich gerade Parteien und Presse darüber aufzuhalten in der Lage sein.

Sodann bin ich der Ansicht, dass bei aller internationalen Courtoisie unsere Stellung nicht so aufgefasst werden darf, dass wir schliesslich bei jedem Schritt zuerst in Bern oder in Prag, in Angelegenheiten, die zu diesen Stellen keine Beziehung haben, anfragen müssen und dann nur offiziell eine Meinung hören, die anders lautet als die offizielle und die wir *Liechtensteiner* offiziell und inoffiziell bekämpfen müssten.
3. Die meisten, darunter viele nichtkatholische Staaten haben beim Vatikan ihre Vertretungen, gewiss nicht ohne Grund. Aber auch kleinste Staaten, so beispielsweise laut Annuario Pontificio 1927 das *Fürstentum Monaco* durch S. E. il Sig. Fontarce Conte Renato, Inviato Straordinario e Ministre Plenipotenziaro (Lett. Cred. 25 ott, 1920) Paris (8 c) Rue de Varemes 54, Roma, Palace Hotel, ferner *San Marino* (ohne

---

15 Der Landesparteiausschuss der Christlich-sozialen Volkspartei hatte sich in einer Resolution vom 11.6.1927 für die Errichtung einer ehrenamtlichen diplomatischen Vertretung beim Hl. Stuhl ausgesprochen. In der Eingabe hiess es, dass die Volkspartei auf dem Standpunkt der katholischen Weltanschauung stehe und sich politisch zum Grundsatz der Erhaltung der Selbständigkeit und Unabhängigkeit des Fürstentums bekenne (Abschrift in LI LA RE 1927/0506)

Bischofssitz) durch S. E. il Sig. Mannassei Di Collestatte Conte Paole, Inviato Straordinario e Ministro Plenipotenziario (Lett. Cred. 6 magg. 1926) Via Cjoito 60, Sig. Gozi Nob. Comm. Frederico (assente), Sig. Pericoli- Rudolfini Nob. Comm. Angelo Segretario, Via della Consulata 56, p. 2, sind beim Hl. Stuhl vertreten.

4. Eine *Durchbrechung des Grundsatzes* «Liechtenstein den Liechtensteinern»[16] kommt hier nicht in Betracht. Einmal steht die Frage offen, ob die in Betracht kommende Persönlichkeit nicht das liechtensteinische Bürgerrecht in der einen oder andern Art erwerben wird. Sodann weise ich darauf hin, dass trotz dieses Grundsatzes «Liechtenstein den Liechtensteinern» Liechtenstein leider bisher immer gezwungen war, ausländische Personen in seine Dienste zu nehmen. Dieser Grundsatz, der von uns soweit tunlich ebenfalls hochgehalten wird, steht der *Errichtung und Benützung durch einen Ausländer, der wie gesagt, auch Liechtensteiner werden kann*, nicht entgegen. Gerade die Volkspartei ist sich der Bedeutung dieses Grundsatzes bewusst, aber sie weiss auch, dass er nicht immer unter allen Umständen durchgeführt werden kann. Das ist ja auch seinerzeit öfters hervorgehoben worden.

Es ist nicht notwendig, dass der betreffende Gesandte in Liechtenstein *Wohnsitz* nehmen müsste, wenn er es auch vielleicht tun wird. Ich wüsste wahrlich nicht, was er die ganze Zeit hierlands zu tun hätte. Die eine Zeit wird er in Rom sein, die andere Zeit aber vielleicht anderswo.

Gerade um dem Fürstentum wertvolle Dienste zu leisten wäre dieses auch notwendig und eine zu ausgedehnte Anwesenheit im Lande nicht erwünscht. Beispielsweise hat der Vertreter von Haiti beim Hl. Stuhl seinen Wohnsitz in Berlin, derjenige von Monaco in Paris.

5. Liechtenstein ist ein durchaus *katholisches* Land und ich kann nicht verstehen, warum, wie schon gesagt, an der höchsten katholischen Stelle nicht eine Vertretung errichtet werden soll, wenn selbst nichtkatholische Länder dieses tun. Also gerade von diesem Standpunkt aus müsste schon in der Nichterrichtung eine Inkonsequenz liegen. Die Schweiz ist gegenüber Liechtenstein konfessionell ein ganz anders zusammengesetztes Land, das zum Vergleiche nicht herangezogen werden kann und darf. Ebenso können in dieser Hinsicht Erscheinungen in der Tschechoslovakei einen Ausschlag nicht bedeuten.

6. Der Posten ist *ehrenamtlich* gedacht, überhaupt sollen dem Lande und dem erlauchten Fürstenhause keine Ausgabe verursacht werden. Da mit dem Posten bedeutende Auslagen für Repräsentation usw. verbunden sind, kann leider ein Liechtensteiner nicht in Betracht kommen. Es braucht aber andererseits nicht aufzufallen, dass sich eine Person auf *Ersuchen* von liechtensteinischer Seite – nicht von mir – ehrenamtlich bereit gefunden hat, den Posten zu übernehmen. Denn anders käme wie gesagt die Besetzung des Postens für uns kaum in Frage. Eine Befürchtung etwa, *dass die Stelle zu finanziellen oder andern Angelegenheiten missbraucht werden könnte*, ist nicht begründet, andernfalls könnte man ja nie eine Stelle besetzen, weil man nie zum Voraus alle absolute Garantie hat, sondern nur eine moralische Gewissheit und diese Befürchtung ist besonders dann nicht begründet, wenn die Persönlichkeit des Herrn Baron [Friedrich] Geiers[17] in Aussicht genommen wird, eines Mannes, der

---

16 Dieser Grundsatz war von der Volkspartei besonders 1920/1921 im Hinblick auf die Bestellung des österreichischen Juristen Josef Peer zum liechtensteinischen Landesverweser propagiert worden. Vgl. z.B. die diesbezügliche Protestresolution der Volkspartei gegen die Bestellung eines Ausländers zum Landesverweser vom 18.4.1920 (LI LA SF 01/1920/072).

in jeder Hinsicht den besten Ruf geniesst und auch ein grosser Wohltäter ist. Aus diesem Umstand allein, abgesehen von andern Gründen, ist der Einwand, man habe in Wien eine Gesandtschaft, die von einem Liechtensteiner besetzt war, aufgehoben und was würde man zur Schaffung einer solchen beim Vatikan in der Öffentlichkeit sagen, mangels gleicher Voraussetzungen nicht zutreffend.

7. Aber noch mehr, nach meiner Ansicht kommt nicht nur eine rein *repräsentative* Persönlichkeit in Betracht, sondern eine solche, die daneben gerade auf *wirtschaftlichem* Gebiet sehr gute Beziehungen hat und die dank dieser Beziehungen in der Lage ist, dem Lande auch wirtschaftliche Vorteile zu verschaffen. Es geht natürlich nicht an, dass eine derartige wirtschaftliche Klausel an die Errichtung der Gesandtschaft geknüpft wird, wie es leider, wenn auch gut gemeint, im Regierungsbeschlusse der Fall ist, sonst könnte man in Verdacht kommen, auf andere Weise simonistischen Gedanken nachzuhängen. – Dass aber die Persönlichkeit zur wirtschaftlichen Hebung und Förderung von Verdienst und Arbeit u.s.w. mithelfen soll, das ist auch *mein Wunsch*, allerdings nicht, weil sie Gesandter ist, sondern weil sie gleichzeitig anderwärts gute Beziehungen haben soll. Die Sorge um die Hebung des Landes in wirtschaftlicher und in anderer Beziehung, die übrigens Verfassungsaufgabe ist (Art. 20),[18] ist auch eine meiner Hauptsorgen. Die Liechtensteiner allein sind aus eigener Kraft es nicht im Stande, daher ist es notwendig, dass *wir angesehene und tüchtige Ausländer* diesem Zwecke dienstbar machen, andernfalls bleibt die ganze Bestrebung mehr oder minder nur ein frommer Wunsch und toter Verfassungsbuchstabe.

8. Bei der ganzen Angelegenheit gehe ich nur von der Ehre und Wahrung des Ansehens des Landes aus, das umso mehr, als gerade ein mehrfach genannter Staat unsere Souveränität leider nicht anerkennen will.

   a. Se. bischöfl. Gnaden Dr. Sigmund Waitz, apostolischer Administrator in Feldkirch, den ich bat, über die Frage der Errichtung einer Gesandtschaft sich zu äussern, sagt in seinem Gutachten vom 30.1.1927[19] unter anderem folgendes:
   «Es gehört zu den Souveränitäts Rechten eines Fürsten, durch einen diplomatischen Vertreter in andern Staaten die Rechte seines Landes geltend zu machen; das bringen die vielen Beziehungen notwendig herbei, welche in der gegenwärtigen Zeit die Staaten zueinander haben. Ganz anderer Art aber noch ist die Vertretung eines Staates beim Hl. Stuhl. Sie ist von umso grösserer Wichtigkeit, je einflussreicher der höchste Souverän, der Papst, unter den Fürsten der Erde und allen Regierungen ist. Dass derzeit, nach dem Weltkrieg, die Stellung des Papstes eine noch viel erfolgreichere geworden ist, wird überall anerkannt, weshalb auch die Vertretung beim Hl. Stuhl als die vornehmste Vertretung gilt und andererseits die Vertreter des Papstes in den weltlichen Staaten überall an der Spitze des diplomatischen Corps stehen. Nach dem Ausspruche eines

---

17 Die Regierung ersuchte die Auskunftei Schimmelpfeng in Zürich mit Schreiben vom 16.7.1927 um Informationen über die finanziellen Verhältnisse, geschäftlichen Beziehungen sowie die Ämter und Würden von Friedrich Geier (LI LA RE 1927/3163 ad 0506). Diesbezügliche Auskünfte vom Juli 1927 ebd. sowie unter LI LA RE 1927/3257 ad 0506, RE 1927/3374 ad 0506 und RE 1927/3410 ad 0506.

18 Nach Art. 20 Abs. 1 1. Satz der liechtensteinischen Verfassung von 1921 ördert und unterstützt der Staat zur Hebung der Erwerbsfähigkeit und zur Pflege seiner wirtschaftlichen Beziehungen Land- und Alpwirtschaft, Gewerbe und Industrie. Er wird nach Abs. 3 2. Halbsatz allen Bestrebungen zur Erschliessung neuer Verdienstquellen sein Augenmerk und seine Förderung zuwenden.

19 Dokument im Liechtensteinischen Landesarchiv nicht aufgefunden.

berühmten Geschichtsforsches laufen ja die Fäden der Weltgeschichte im Rom des Papstes zusammen. Gerade durch eine solche Vertretung wird demnach die Souveränität eines Fürsten erst recht zur Geltung gebracht, denn wo könnte das wohl auch besser geschehen? – In Rom erscheinen die Vertreter der Staaten am Freitag und Samstag jeder Woche beim Kardinal-Staatssekretär, in der Kanzlei der Sotto Segretaria, sie gehen an diesen Tagen gar allen übrigen Besuchen vor. Da ist es wohl auch zugleich gegeben, dass zwischen den Vertretern der Staaten dort der regste Verkehr herrscht. Kein Staat bietet fernerhin solche Festlichkeiten, wie das Rom des Papstes sie bietet. Bei allen Papstfestlichkeiten aber in der Peterskirche oder in der Sixtinischen Kapelle erscheinen die Vertreter der Staaten, das ganze diplomatische Corps, und sie legen grossen Wert darauf, auf den für sie reservierten Tribünen an den Festlichkeiten teilzunehmen. Mögen es nun Vertreter grosser oder kleiner Staaten sein, sie sind dort alle vereint; die Vertreter von Peru oder Bolivien oder Brasilien oder Monaco erscheinen neben den Vertretern von Deutschland, Frankreich, Amerika, Spanien. Sicherlich verleiht demnach eine Vertretung beim Heiligen Stuhle dem Fürsten eines Staates ein grosses Ansehen, auch bei den Vertretern der übrigen Staaten, was in der jetzigen Zeit, wo man allzuleicht auch über die Rechte eines solchen Fürsten hinweg schreiten zu können glaubt, von nicht zu unterschätzender Bedeutung ist. Die Souveränität kommt dadurch nicht bloss zur Geltung, sie wird auch gestützt und gestärkt. – Die Vertretung beim Heiligen Stuhle lässt sich auch von anderer Seite beleuchten. Unter den verschiedensten Staaten herrscht sicherlich ein Bemühen, im Einfluss auf den Vatikan einander zu überflügeln. Der Einfluss der lateinischen Staaten ist nun gegenüber dem der deutschen Staaten sehr gross. Die Vertreter des Deutschen Reiches und Österreichs haben darüber schon oft sich geäussert, dass die Vertretung der kirchlichen Interessen deutscher Länder zu schwach sei gegenüber dem Übermass der Vertretungen von Frankreich, Spanien etc. Die Vertretung des Fürsten von Liechtenstein wäre imstande, den Einfluss kirchlicher Interessen deutscher Völker zu verstärken – wir meinen den berechtigten Einfluss. Es lässt sich nicht leugnen, dass den lateinischen Völkern schon durch ihre Sprache und Stammart ein gewisses Übergewicht bei dieser Vertretung zufällt, das einen Ausgleich fordert. – Noch eine Erwägung ist, die mitspricht. Seit dem grossen Umsturz sind die katholischen Monarchien zusammengeschwunden. Für den Vatikan ist es aber sicherlich von Wert, gerade Vertreter katholischer Monarchen bei sich zu sehen – zumal von Monarchen, die Herrscher von wirklichen katholischen Staaten sind. Das verstärkt gewissermassen den katholischen Einfluss in der Welt der Regierungen. Das Wort des Fürsten von Liechtenstein durch einen Vertreter im Rate der Diplomaten vorgetragen oder im Kreise der Diplomaten zur Geltung gebracht, wird nicht wenig gelten. – Mit diesen Äusserungen lässt sich der Wert einer solchen Vertretung des Fürstentums Liechtenstein im Vatikan begründen – wie ich glaube, genugsam begründen. Die Gründe sind so bedeutend, dass es eigentlich Wunder nehmen mag, warum eine solche Vertretung nicht schon früher eingerichtet worden ist, zumal der Einführung kein Hindernis entgegen zu stehen scheint. Das Ansehen des Heiligen Stuhles wächst ja mit der Zahl der Vertretungen, deshalb darf man damit rechnen, dass die Einführung dieser neuen Vertretung auch im Vatikan begrüsst würde. Das Ansehen des Fürsten von Liechtenstein ist so gross, dass eine Vertretung beim Päpstlichen Stuhle mit grosser Achtung aufgenommen würde.»

b. Ein *hochangesehener und sehr bekannter Protestant*, mit dem ich in der Sache konferierte, hob nachdrücklichst hervor, dass nach seiner Ansicht das Fürstentum nichts Besseres tun könne, als eine Gesandtschaft zu errichten und er empfehle uns darum die Errichtung. Dabei wies er insbesondere darauf hin, dass die Konstellation der internationalen Verhältnisse leider noch lange keine sorglose sei. Es sei geradezu notwendig, dass nötigenfalls Liechtenstein an dieser Stelle eine Persönlichkeit habe, welche die moralische Kraft und Autorität des Papstes zu Gunsten des Landes anrufe. *Wenn selbst protestantische Kreise* die Errichtung einer Gesandtschaft im Interesse des Landes so betrachten, dann sehe ich nicht ein, warum wir als Katholiken das nicht tun sollen.
Gegen die Errichtung vermag also die angebliche inoffizielle Meinung schweizerischer Kreise, sowie die Befürchtungen wegen der Tschechoslovakei nicht aufzukommen. Der Standpunkt des Liberalismus und Radikalismus ist nicht unser Standpunkt. Müssen wir denn mehr auf katholikengegnerische Meinungen hören als auf katholische? Es ist der *katholische* Standpunkt der Volkspartei und meiner Wenigkeit, da wir ja alle nicht auf dem Standpunkt liberaler Weltanschauung stehen, sondern auf dem *katholischen*. Ein katholisches Fürstenhaus und ein katholisches Land sollten unbedingt bei der höchsten katholischen Autorität eine Vertretung haben, das erfordern gerade Ehre und Ansehen des Landes.

9. Ich sehe durchaus keinen ins Gewicht fallenden Grund, der gegen die Errichtung einer Gesandtschaft beim Hl. Stuhl sprechen würde, und ich muss es nur bedauern, dass dieser Gedanke nicht schon *längst* verwirklicht wurde. Schon seinerzeit war ja die Anregung gemacht worden und, wenn ich recht unterrichtet bin, war damals Seine *Durchlaucht Prinz Eduard von Liechtenstein* dafür, allerdings sollte der damalige Gesandte in Wien gleichzeitig mit diesen Funktionen betraut werden. Wenn endlich an die Errichtung der Gesandtschaft herangetreten würde, so läge darin wahrlich keine Überstürzung mehr.

10. Eine *Rivalität* zwischen dem Berner Geschäftsträger und – falls der Gesandtenposten errichtet wird – zwischen dem Gesandten beim Vatikan kann nicht entstehen und ich sehe auch nicht ein, wie sie entstehen sollte. Beim Vatikan werden meines Wissens *überhaupt nur ausserordentliche Gesandte und Minister* akkreditiert. Diplomaten niedrigeren Grades gibt es überhaupt nicht. Das erfordert aber umgekehrt durchaus nicht, und würde in der Schweiz deswegen z. B. keinen schlechten Eindruck erwecken, dass dort nun auch ein mit grösserer finanzieller Belastung verbundener Gesandtschaftsposten anstelle eines Geschäftsträgerpostens, der leider heute noch nicht angemessen dotiert ist, geschaffen würde.

11. Bei unserer seinerzeitigen Rücksprache in Vaduz haben Sie mich eingeladen, auf ein Telegramm *von Wien nach dort zu kommen* und mit Seiner Durchlaucht Prinz Franz Rücksprache zu nehmen.[20] Ich habe Ihnen das zugesagt und ich bin auf Wunsch noch heute bereit, da ich nicht einsehe, warum andere und ich nicht für diese gute Idee nach jeder Richtung hin Stellung beziehen dürfen.
Die verfassungsrechtliche Bestimmung, wonach dem Fürsten die Aussenvertretung übertragen ist (Art. 8), ist mir sehr wohl bekannt. Es soll die ganze Angelegenheit

---

20 Vgl. in diesem Zusammenhang das bereits erwähnte Schreiben von Kabinettsdirektor Martin an Wilhelm Beck vom 25.6.1927, wonach Prinz Franz seine Ansichten zur Gesandtschaftserrichtung in Rom nicht ändern werde (LI LA RE 1927/0506 (Aktenzeichen der Kabinettskanzlei: No. 85/3 Präsidiale)).

nicht im Sinne eines Eingriffes in die souveränen Rechte des erlauchten Fürsten gedeutet werden. Die Aussenvertretung steht aber auch im Interesse des Landes und von diesem Standpunkt aus haben wir Liechtensteiner den Wunsch, dass unser Land, so klein es auch ist, sich international eine gewisse Geltung verschafft. Dazu bietet eben die Vertretung beim Vatikan, die wie gesagt, sehr im Interesse unseres Vaterlandes gelegen ist, die beste Gelegenheit.

12. Ich glaube auch, gleichgültig ob die in Aussicht genommene Person sich in Zukunft noch bereit erklärt, *ehrenamtlich* den Posten eines liechtensteinischen Gesandten beim Vatikan zu übernehmen, dass die Idee der Errichtung nicht ruhen wird, eine Idee, die von allen und sogar *protestantischer* Seite wärmstens empfohlen wird und von deren vernünftiger Verwirklichung ich mir nur gute Wirkungen für das erlauchte Fürstenhaus und für das Land versprechen kann.

13. Obwohl es sich zuerst *grundsätzlich* um die Lösung der Frage der *Errichtung* einer Gesandtschaft beim Hl. Stuhl handelt und die Frage der *Besetzung* durch eine geeignete Persönlichkeit sich erst hieran anreiht, so sehe ich mich, nachdem einmal die Person des Herrn Baron Dr. Geier in München, der sich nicht etwa um den Posten beworben hat, in Betracht gezogen worden ist, veranlasst festzustellen, dass nach meinen Kenntnissen und den vorhandenen Akten *gegen* diese Person an und für sich *nichts* spricht, *wohl aber alle Umstände für ihn sprechen*. Seine *guten Beziehungen* zum Vatikan, zu französischen und deutschen Regierungskreisen dürften in mancher Hinsicht von grossem Nutzen werden können.

Herr Baron Geier ist übrigens badischer Staatsangehöriger, Ehrenbürger der Gemeinde Dux in Tirol. Diese Gemeinde verlieh ihm gerade wegen Verschaffung von Arbeits- und Verdienstgelegenheit das Ehrenbürgerrecht. Es ist ein sehr grosser Wohltäter und tritt politisch nicht hervor.

IV. Zum Schlusse möchte ich zusammenfassend sagen:

1. Es ist nur sehr angebracht, wenn ein katholisches Fürstenhaus und ein katholisches Land auch seine Vertretung bei der höchsten katholischen Stelle auf Erden, beim Hl. Stuhl, haben.
2. Der Errichtung dieser ehrenamtlich gedachten Gesandtschaft stehen weder innen- noch aussenpolitische Gründe entgegen, im Gegenteil, alle Gründe sprechen dafür.
3. Es sollte eine Person in Aussicht genommen werden, die nicht nur rein repräsentative Funktionen ausübt, sondern die geeignet und in der Lage ist, unserem Land auch wirtschaftlich empor zu helfen. Dafür halte ich nach all dem Gesagten Herrn Baron Geier als vortrefflich geeignet.

Im übrigen beziehe ich mich auf *meine früheren* in dieser Sache an die Regierung gerichteten *Eingaben*, soweit ihr Inhalt hier nicht wiedergegeben ist.

Indem ich einer günstigen und baldigen Erledigung im Gegenstande entgegen sehe,[21] zeichne ich
   mit vorzüglicher Hochachtung
   Ihr ergebener

---

21 Die fürstliche Kabinettskanzlei zweifelte mit Schreiben an Wilhelm Beck vom 6.8.1927 die Qualitäten von Friedrich Geier für die Übernahme einer diplomatischen Mission an. In seinem Antwortschreiben an Kabinettsdirektor Martin vom 12.8.1927 hielt Beck jedoch an der Person von Geier fest und bemerkte, dass die Angelegenheit für ihn noch nicht erledigt sein könne (Abschrift unter LI LA RE 1927/3598 ad 0506). Tatsächlich wurde jedoch die Frage der Gesandtschaftserrichtung beim Heiligen Stuhl nicht mehr weiter verfolgt.

Dok. 225
Der Tennis-Club Vaduz berichtet über seine Vereinsaktivitäten

Bericht in den «Liechtensteiner Nachrichten», nicht gez.[1]

17.9.1927, Vaduz

Vaduzer Tennis-Klub

Der vor zwei Jahren ins Leben gerufene Vaduzer Tennis-Klub, der einzige Tennis-Klub im Rheintal zwischen Ragaz und Rorschach, veranstaltete in der Zeit vom 3. bis 12. September sein drittes internes Klub-Turnier, zu dem 37 Nennungen einliefen.

Aus dem seinerzeit von Herrn Baumeister Josef Hilty nach den Plänen des Herrn Architekten [Ernst] Sommerlad in der Nähe des Gasthofes «Falknis» auf einem idealen Fleckchen Erde glänzend angelegten Tennisplatze kamen ein offenes, gemischtes Einzelspiel, je ein Damen- und Herren-Vorgabe-Einzelspiel und ein gemischtes Vorgabe-Doppelspiel zur Austragung. Die Sieger wurden mit reizenden kleinen Silber-Becherchen ausgezeichnet zur bleibenden Erinnerung an dieses mit viel Eifer und auch sportlichem Geschick erledigte Tournier.

Dass der Vaduzer Tennis-Klub in der relativ kurzen Zeit seines Bestandes bereits zum dritten Male in der Lage war, ein internes Klubturnier zu veranstalten, zeigt, mit welchem Eifer seine Mitglieder diesem schönen und vor allem ausserordentlich gesunden, Körper und Nerven stählenden Sport huldigen. Gerade dieser Sport ist ja, wie kaum ein anderer, geeignet, im hohen Masse zur körperlichen und geistigen Ertüchtigung des Einzelnen beizutragen. Es ist eine vielfach verbreitete Anschauung, dass diese sportliche Betätigung eine Spielerei sei. Doch jeder, der Sport überhaupt Interesse u. Verständnis entgegenbringt, weiss, welche Unsumme an körperlicher Tüchtigkeit und Ausdauer sowie geistiger Konzentration gerade das Tennis-Spiel erfordert.

Sehr begrüssenswert ist es, dass der Vorstand des Vaduzer Tennis-Klubs nunmehr mit dem jüngst in Feldkirch gegründeten Tennis-Klub in Fühlung getreten ist. In der vergangenen Woche weilten zwei Vorstandsmitglieder in Feldkirch zwecks Anbahnung freundnachbarlicher Beziehungen, die gegenseitig das Interesse und die Freude am Tennis-Sport fördern sollen. Am nächsten Sonntag sollen bei schöner Witterung einige Vertreter des Feldkircher Tennis-Klubs nach Vaduz kommen, um in freundschaftlicher Weise ihre Kräfte mit denen der Mitglieder des hiesigen Tennis-Klubs zu messen.

Es ist vorauszusehen, dass diese guten Beziehungen der beiden Klubs für ihre weitere Entwicklung im besonderen und der des Tennis-Sportes in unsern Gegenden überhaupt sehr wertvoll sein werden.

---

1 L.Na., Nr. 91, 17.9.1927, S. 2.

Dok. 226
Der «Liechtensteiner Volkswirt» berichtet über den Rheineinbruch

Leitartikel im «Liechtensteiner Volkswirt» (Dienstagsausgabe der «Liechtensteiner Nachrichten»)[1]

27.9.1927

Rhein-Not

Ein fürchterliches Unglück hat uns heimgesucht. *Der Rhein ist durchgebrochen! Mehr als die Hälfte der Talsohle ist unter Wasser...* Ein trüber entsetzlicher Strom fliesst zur Stunde über Flächen, wo gestern zur gleichen Stunde noch Kartoffel, Mais, die ganze Feldfrucht standen. Die Strassen deuten heute Baumwipfel, die knapp aus der grauen Flut heraus ragen, an. *Wo Häuser und Ställe sind, sieht man noch Dachreste. Wo Menschen gearbeitet haben, einen langen Sommer hindurch auf einen Herbstsegen hofften und mühselig schafften, wo Menschen ein Heim und Glück hatten, fliessen unbarmherzig die fürchterlichen grauen Fluten... Und wo Gemeinden mit Eifer und Geschick wirtschafteten, und wo das Land mit schönen Erfolgen und Stolz viel Fortschritt und Segen schuf, das ist unbarmherzig vernichtet, auf viele Jahre hinaus ist alles zu Grunde gerichtet, Strassen und Ernte, Häuser und Stall und der Spender des Segens, – der Boden. Wer heute Nachmittag die vielen Kilometer Wasserwüste gesehen hat, – es hat keiner mehr das Wort zum Troste gefunden. Die Augen sind einem nass geworden.*

Die Samstag Nacht
Seit 10 Uhr giesst es ohne Unterlass. In gleichmässigen festen Strömen. Der Sonntag Morgen zeigte sorgenvolle Gesichter. Der Rhein steigt. Und in den Bergen, besonders gegen Graubünden, kompakte gelbliche Regenwolken. Nach der Kirche ging die halbe Gemeinde zum Sorgenkind, zum Rhein hinaus. Er stieg. 6 Meter. 6½ Meter. 7 Meter. Vor den Brückenpfeilern warfen sich hoch die schmutzigen Wogen. Holz, Wurzeln, Baumstämme, Latten kamen. Die Wache wurde aufgestellt. Die Gefahr wuchs und wurde unmittelbar. Man hoffte noch. –

Früh 8½ Uhr hatte sich der Himmel etwas gelichtet. Auf den Bergen sah man Schnee. Die Hoffnung: Wenn es fest schneit, und der Regen hört. Der hohe Stand ist auch in anderen Jahren schon erreicht worden. Doch der Himmel schliesst sich, und der Regen wird stärker.

Sonntag Nachmittag
An den Brücken schlägt das Wasser höher. In Vaduz erreichen die Spritzer die Verschalung. In Schaan müssen sie bereits die Seitenbretter der Brücke wegreissen. Das Wasser schiesst dort bereits in Brückenhöhe über die Planken. In Balzers und Bendern erreichen die Wogen gegen Spät-Nachmittags auch die Brückenhöhe. Balken und Baumstämme kommen mehr und mehr und die Flut wird zum unheimlichen Riesen-Strome. Ein Brückenteil kommt vom Bündnerland herunter. Mit Herzklopfen wird der feste Holzkomplex an allen Brücken erwartet. Es geht mit Glück. Er zerschellt und rutscht durch. Noch kam es zu keiner gefährlichen Stauung.

Gegen Abend beginnt die grosse unmittelbare Gefahr bei der *Eisenbahnbrücke*. Sie liegt etwas tiefer als die Rheinbrücken. Der Mittagsschnellzug konnte noch durch. Nach-

---

1 L.Volkswirt, Nr. 24, 27.9.1927, S. 1f. (=L.Na., Nr. 95).[2] LI LA LTP 1927/076.

dem Arbeiter den ganzen Tag mit Wegräumen des Holzes, das auf die Brücke geworfen wurde, schwer zu tun hatten. Die Arbeit musste Spätnachmittag eingestellt werden. Hunderte von Klafter Holz waren auf dem Eisengeländer und verklemmt in allen Teilen. *Eine gefährliche drohende Holzwand baute sich undringlich [!] auf. Das Wasser erreichte Schaanerseits die Dammhöhe. Die ersten Bruchanzeichen zeigten sich knapp vor der Eisenbahnbrücke.*

7 Uhr Abends

Die Mannschaft arbeitete was die Muskeln hergeben konnten, – das Unglück schien abgewendet. Da kam die doppelte Gefahr im Rücken der Leute. Neue Risse im Damme, die unheimlich schnell zum Bruch auswuchsen. Im gleichen Augenblick schoss eine mannshohe, schmutzige Woge herunter. Der Schrei der Leute diesseits und jenseits mischte sich mit dem fürchterlichen Krach vom stürzenden Fall und Kies und Wasser und brechendem Holz. *Die stürzenden reissenden Wogen hinter sich und damit den Tod auf den Fersen rannte die Mannschaft einwärts. Ehe der letzte das Dorf erreicht, war das Wasser bereits bei den äussersten Häusern. Und in Sekunden war das ganze fürchterliche Elend da. Im gleichen Momente barst die hölzerne Schaaner Rheinbrücke.*

Der Rheindamm ist auf 300 Meter durchfressen. Der Eisenbahndamm wurde auf 200 Meter wie ein Sandhaufen weggetrieben. Ein Stück Eisenbahnbrücke hängt ins Wasser herunter. Die Wellen haben in hemmungslosem Lauf, was ihnen im Weg stand, geknickt und begraben.

Sonntag Nacht

Das Wasser ist im ersten Anlauf bis zur Linde in Schaan vorgedrungen. Das Postbureau, das Stationsgebäude, alle Schuppen und Räume in gleicher Höhe haben 50 cm Wasser. Die Häuser jenseits der Eisenbahnlinie sind die ersten und schwersten Opfer in diesem Gelände geworden. Wasser bis zum ersten Stock. Zum Fliehen war es für viele zu spät. *Durch die Nacht tönt das Rufen um Hilfe. Männer stehen bis zur Brust, die äusserste Kette steht bis zum Halse im reissenden schweren Wasser. Jeder Tritt ist Lebensgefahr. Jeder Balken kann den Tod bringen. Aus der Richtung eines Baumes hört man das Schreien. In erschöpftem Zustande wird ein Teil der vom Wasser Abgeschnittenen geborgen. In unkenntlichem Zustande kommen die Retter zurück. Es regnet. Die Nacht ist tiefschwarz. Und durch den Lärm der Wasser gellen unablässig die fürchterlichen Alarmsignale.* Der Beste kann die Nerven verlieren.

In *Triesen* war ebenfalls Aufgebot bis Nachts 2 Uhr. Beim schwergefährdeten Heillos wurde gearbeitet. Der schwerste Anprall der Fluten wurde von der Dammverlängerung rheinabwärts aufgefangen. Es hat standgehalten. Und damit wurde Triesen und Vaduz gerettet. Zwischen Balzers und Triesen stauten sich die Wassermassen. Einen halben Meter tief rauschte es auf der neuen Strasse. Das Elektrizitätswerk versagte, wahrscheinlich durch Mastenbruch. Eine Verbindung hinauf war unmöglich. Die Brücke in Balzers hat standgehalten. Es wäre vielleicht um Minuten gegangen. Denn die Seitenbretter sind teils durchschlagen und weggespült. Balken haben die Wände durchschossen und liegen auf der Brücke. Über die Passierbarkeit der Brücke und den Zustand der Pfeiler liegen noch keine Berichte vor.

Die grauenvolle Nacht, die Eschen, Bendern, Mauren und das arme Ruggell hatten, ist noch nicht berichtet. Die Gemeinden sind noch ohne jede Verbindung.

Montag Morgen

In Schaan liegt ein Toter. Der Bahnbeamte *[Alexander] Prestel* wollte, als der Rhein hereinbrach, mit seiner Frau in sein Haus zurück. Die Wellen spülten ihn und seine Frau weg. Es war unmöglich, Hilfe zu bringen. Prestels Leiche fand man Montag, die der Frau noch nicht.

In den Strassen liegt der Schlamm. In den Gärten und Zäunen und Kellerfenstern hängen angeschwemmtes Gestrüpp und Schmutz. *Das Bahngeleise von Schaan abwärts ist unterspült und gebrochen. Auf der Strasse nach Bendern stehen die Bäume anfangs ein Drittel und gegen Weghälfte bis zu den Wipfeln im Wasser. Das ganze Rheinwasser fliesst in voller Flucht Eschen zu, staut sich in einer weiten Bucht bis zur Kirche in Tosters und findet den Abfluss endlich in der Richtung Ruggell.*

In Ruggell

Das arme, arme Dorf. Wie es heute Nachmittag von der Höhe Schellenberg aus sah – kann das traurige Bild nicht vergessen. Mitten durchs Dorf reisst der Strom. Einige Häuser stehen bis zum ersten Stock, andere noch höher im Wasser. Man sieht aus den Fenstern das hilfesuchende Winken und hört Rufen. Auf das Schellenberger Gelände ist ihr Vieh gerettet und mehrere Männer. Aber die Frauen, Kinder und alten Leute sind ausnahmslos dort im Wasser. Und wissen nicht, was für ein Schicksal ihre Männer getroffen. Und die Männer stehen am Wasser, zu weit um sich kenntlich zu machen, und haben keine Möglichkeit hinüber zu gelangen. Und die Einsturzgefahr der Häuser wächst von Stunde zu Stunde. Einen Neubau rechts beim Dorf sieht man bereits eingestürzt. Der Lehmboden ist bald unterwaschen und das Wasser scheint eher zu steigen und reissender zu werden. Die Flut hinaus treiben gelbe Punkte, Kürbisse.

Um ½ 3 Uhr Nachmittags kommt endlich endlich Hilfe. Herr Landeshauptmann Dr. [Otto] Ender aus Bregenz hat persönlich einen Transport von 5 Booten zur Stelle geleitet. Weitere Boote und grosse Pontons sind unterwegs und möge der Himmel es fügen, dass bis Nacht die Gemeinde gerettet ist, denn eine zweite Nacht werden die Mauern und die Nerven der armen Leute nicht aushalten.

Eschen, Gamprin, Bendern

Die schöne Fabrik in Eschen steht 1 ½ Meter im Wasser. Die Häuser jenseits der Kirche, rheinabwärts haben die Fluten im zweiten Stock. Der Stall der Mühle in Gamprin ist weggespült.

Die Hilfe

Herr Regierungschef [Gustav] Schädler hat sofort telefonisch und telegraphisch die Hilfe der Nachbarschaft erbeten und erhalten. Unsere Nachbarn haben ihre Hilfe in grosszügiger Weise und mit der Hilfsbereitschaft warme teilnahmsvollste Freundschaft zugesagt und sofort verwirklicht. Wir werden ihnen den Dienst nicht vergessen. Wie bereits oben angeführt mobilisiert Herr Landeshauptmann Dr. Ender Schiffe und Pontons aus Vorarlberg.

Meldung Abend 10 Uhr

Der Landtag bestellte zur Bearbeitung der täglich vorkommenden dringenden Fragen ein engeres Komitee, in welchem Herr Regierungschef Prof. Schädler das Präsidium führte und Herr Oberingenieur [Karl] Böhi von der schweizerischen Rheinkorrektion die technische Leitung innehat.[2] Dem Komitee gehören weiter an Herr Landamann [Alfred] Riegg von St. Gallen, Herr Rheinbauingenieur [Arnold] Altwegg von St. Gallen, der Herr Ortsvorsteher von Schaan [Ferdinand Risch], Herr Baumeister Lorenz Hilti Schaan, Herr Kantonsingenieur Altweg St. Gallen, Herr Rheinbauingenieur Doca [Carl Doka] von Rorschach und Herr Abg. [Josef] Steger von Balzers. Die Vorarlberger Landesregierung stellte in sehr verdankenswerter freundnachbarlicher Weise *174 Mann vom Alpenjäger-Battalion und anderes Personal* bei. Von Nofels nach Ruggell fuhren Montag Nachmittag 12 Schiffe zur Bergung der noch in Ruggell befindlichen Einwohner. Die schweizerischen Behörden sandten am Montag Abend in echt freundnachbarlicher und sehr

---

2   LI LA LTP 1927/076.

verdankenswerter Weise *210 Mann Genietruppen (Sappeure) von Chur*, die mit grosser Ausrüstung eintrafen.

Das engere Komitee arbeitete zuerst einen Arbeitsplan aus und traf Vorbereitungen zur Schliessung der Damm-Lücke in Schaan. Um dem Wasser einen rascheren Abzug zu sichern und die Ruggeller Bewohner vor noch grösserem Ungemach, vor gänzlichem Verderben zu schützen, wurde im Laufe des Montag Nachmittag eine Lücke in den Rheindamm unterhalb der Benderer Rheinbrücke gesprengt. Die Arbeiter hiefür wurden in ebenfalls sehr verdankenswerter Weise von den Basalt-Werken bereitgestellt.

Der Landtag tritt erst wieder zusammen, wenn die Arbeiten im vollen Gange sind.

Dok. 227
Der Vaduzer Hofkaplan Alfons Feger spricht im Auftrag der liechtensteinischen Regierung beim österreichischen Bundeskanzler Ignaz Seipel wegen der Weiterführung der Eisenbahnlinie von Schaan über Vaduz, Triesen und Balzers nach Sargans vor

Maschinenschriftliches Schreiben von Alfons Feger, gez. ders., an Regierungschef Gustav Schädler[1]

16.10.1927, Wien (Hotel Regina)

Sehr geehrter Herr Regierungschef,

Ich beehre mich, Ihnen hiemit einen Bericht über meine Audienz bei Bundeskanzler Prälat Dr. [Ignaz] Seipel zu übermitteln. Zugleich bestätige ich meine an Sie abgesandte Depesche folgenden Inhaltes:

«*Heute vormittag mit Bundeskanzler Projekt eingehend erörtert stop Seipel sehr günstig gesinnt stop Ankomme Montag.*»[2]

Sie haben mir Freitag den 14. c. vom Beschluss der Regierung und der Verkehrskommission Mitteilung gemacht, dass in Sachen des in Frage stehenden Bahnprojektes Schaan-Vaduz-Sargans sofort mit den Regierungen in Bern und Wien Fühlung genommen werden soll. – Sie haben mich ersucht, unverzüglich nach Wien zu reisen und bei seiner Excellenz dem Herrn Bundeskanzler vertraulich zu sondieren, wie sich die österreichische Regierung dem geplanten Bahnprojekte gegenüber verhalten würde.[3] – In Erfüllung Ihres Auftrages habe ich gestern, Samstag vormittag, vorerst bei seiner Eminenz dem Herrn Kardinal Piffel [Friedrich Piffl] vorgesprochen, dem ich bereits meine An-

---

1   LI LA SF 02/1927/4531. Eingangsstempel der Regierung vom 22.10.1927. Gemäss den Aktenvermerken von Regierungschef Gustav Schädler vom 25.10. bzw. 4.11.1927 wurde das Schreiben in der Regierungssitzung vom 4.11.1927 zur Kenntnis genommen bzw. der Verkehrskommission am 4.11.1927 zur Kenntnis gebracht. – Vgl. in diesem Zusammenhang das Schreiben des liechtensteinischen Geschäftsträgers in Bern, Emil Beck, an die Regierung vom 27.10.1927 betreffend die Sondierungen bei Peter Anton Feldscher vom Eidgenössischen Politischen Departement (LI LA SF 02/1927/4709 (Aktenzeichen der liechtensteinischen Gesandtschaft in Bern: 881)). – Vgl. auch LI GAV A 19/04/23.
2   Vgl. das Telegramm vom 16.10.1927 (in abweichender Fassung) mit Eingangsstempel der Regierung vom 17.10. (LI LA SF 02/1927/4429).
3   Vgl. das Schreiben von Regierungschef Schädler an Bundeskanzler Seipel vom 14.10.1927 betreffend die vertrauliche Mission von Hofkaplan Feger in Wien (LI LA SF 02/1927/4359).

kunft telegraphisch[4] gemeldet hatte, und ihn um Vermittlung einer Audienz beim Herrn Bundeskanzler ersucht, der gerade in diesen Tagen ausserordentlich stark in Anspruch genommen ist. – Der Kardinal sprach seine lebhafte Teilnahme über das schwere Landesunglück aus, das uns betroffen hat und versicherte mich seiner vollständigen Bereitwilligkeit, sich für eine allfällige Hilfsaktion gerne zur Verfügung zu stellen. Er trat sofort mit dem Bundeskanzler in telephonische Verbindung, der mich auf Samstag ½ 12 Uhr ins Bundeskanzleramt bestellte. Wie ich nachträglich erfuhr, hatte der Kardinal noch am gleichen Tage den Kanzler aufgesucht und ihm meine Mission warm empfohlen. - Ich würde Ihnen vorschlagen, dem Herrn Kardinal für seine grossen Bemühungen den Dank der Regierung abzustatten.

Zu Beginn der Audienz übergab ich dem Bundeskanzler Ihr Schreiben, in dem Sie der österreichischen Regierung den Dank für die opferwillige Mithilfe des österreichischen Militärs bei unserer Hochwasserkatastrophe[5] zum Ausdruck brachten. – Excellenz Seipel fand wärmste Worte für das entsetzliche Unglück, welches unser Land heimgesucht hat und das er vor 3 Jahren gelegentlich seines Aufenthaltes in Mehrerau persönlich kennen gelernt hat. Der Kanzler erwähnte, dass er dem Ansuchen um eine limitierte zollfreie Einfuhr von Vieh aus Liechtenstein nach Österreich sofort und gerne entsprochen habe,[6] von dem Gedanken geleitet, jede Massregel zu ergreifen, die uns in dieser schweren Zeit von Nutzen sein könne. – Dasselbe sagte mir Finanzminister Dr. [Viktor] Kienböck, den ich im Vorzimmer des Kanzlers antraf. – Ich brachte nunmehr die Rede auf den eigentlichen Zeck meines Hierseins. An Hand einer Karte des Fürstentums setzte ich dem Kanzler unseren Wunsch auseinander, es möge die durch das Hochwasser zerstörte Bahnlinie Schaan-Buchs nicht mehr in Betrieb gesetzt werden, sondern es solle die Bahn von Schaan aufwärts über Vaduz-Triesen-Balzers bis an die Landesgrenze geführt und von dort aus mit dem Anschluss nach Sargans weitergeführt werden. – Sollte aber von Seiten der Schweiz ein absolutes Hindernis für diese Bahntrasse gemacht werden, so wäre der Plan in Erwägung zu ziehen, eine schmalspurige Bahn bis an die Landesgrenze zu bauen. – Da Sie, sehr geehrter Herr Regierungschef, die Motive dieses Bahnprojektes zur Genüge kennen, kann ich von der Wiederholung hier absehen. Ich will nur kurz erwähnen, dass ich dem Kanzler gegenüber das Projekt eingehend begründete. Ich wies darauf hin, dass Sargans der natürlich gegebene Knotenpunkt der internationalen Bahnlinie Wien-Paris sei, weit geeigneter als Buchs, dass bereits in den Jahren 1870 und 1882 die Linie Schaan-Vaduz-Sargans ernstlich in Betracht kam, dass damals Sargans und Liechtenstein mangels nachhaltiger Vertretung gegenüber Buchs unterliegen musste. – Ferner dass die Linie Schaan-Vaduz-Sargans von Überschwemmungsgefahr gesichert sei, während man bei Instandsetzung der bisherigen Linie keine absolute Sicherheit gegen eine Wiederholung der Hochwasserkatastrophe bieten könne. – Ich machte aufmerksam, dass nach dem Gutachten der Fachleute das furchtbare Unglück in erster Linie auf die zu geringe Höhe der Eisenbahnbrücke zurückzuführen sei, dass also

---

4   Vgl. auch das Telegramm von Regierungschef Schädler an Kardinal Piffl vom 14.10.1927 betreffend die «gnädige Vermittlung» einer Audienz für Hofkaplan Feger beim Bundeskanzler (LI LA SF 02/1927/ad 4359).
5   Es ist die Rede vom Rheineinbruch vom 25.9.1927. Vgl. das Dankschreiben von Regierungschef Schädler an Bundeskanzler Seipel vom 14.10.1927 (SF 28/1927/4368 ad 4050).
6   Vgl. hiezu das Schreiben der liechtensteinischen Gesandtschaft in Bern an die liechtensteinische Regierung vom 14.10.1927 betreffend die zollfreie Ausfuhr vom 300 Stück Vieh nach Österreich (LI LA RE 1927/4437 ad 0386). Vgl. auch das Schreiben der Regierung an die Gemeinden in dieser Sache vom 20.10.1927 (LI GAV A 07/06/005/1-2).

die österreichischen Bundesbahnen für den Schaden verantwortlich gemacht werden müssten.[7] – Falls aber Österreich uns in der Bahnfrage entgegenkomme, dürfte man sich von unserer Seite wohl dazu verstehen, von einer Aufrollung der Schuldfrage und deren Konsequenzen abzusehen. – Unser Land sei in wenigen Jahren 2 mal ruiniert worden, das erste Mal durch die Inflation der österreichischen Krone, das zweite Mal nunmehr durch den Rheindurchbruch.

Der Kanzler hörte meine Ausführungen mit regstem Interesse an und sagte einleitend, dass wir nun hoffentlich gelernt haben werden, die Rheinregulierung den tatsächlichen Anforderungen entsprechend durchzuführen. Es war ihm nämlich nicht unbekannt, dass das Wuhr auf der Schweizer Seite höher ist als auf unserer. Bezüglich der Bahnfrage wünschte er vor Allem den Standpunkt der Schweiz zu kennen, über den ich ihm natürlich noch keine Auskunft geben konnte. Ich erwähnte jedoch, dass Sie sich sofort mit unserem Berner Gesandten [Emil Beck] zu diesem Zwecke in Verbindung gesetzt hätten. – Seipel meinte, dass sich vor Allem Buchs ganz entschieden gegen eine Verlegung der bisherigen Bahnlinie wenden werde, denn er wisse aus den Verhandlungen gelegentlich unseres Zollvertragsabschlusses mit der Schweiz, wie sehr sich damals Buchs für die Beibehaltung des Bahnhofes gewährt hätte. Von Seite Österreichs sähe er vorderhand keine nennenswerten Schwierigkeiten, es sei denn, dass der Neubau der Trasse bis nach Balzers den österreichischen Staat zu grosse finanzielle Verbindlichkeiten auferlegen würde. Es gehe darin einig, dass Sargans der natürliche Knotenpunkt sei, viel geeigneter als Buchs, auch wünsche er lebhaft, dass das Liechtenstein'sche Oberland die längst notwendige Bahnverbindung erhalte. Auch stimmte er bei, dass der Neubau der Bahn ein Mittel wäre, das Land wenigstens teilweise aus seiner schweren Not herauszureissen. Auf eine Diskussion über die Schuldfrage liess er sich selbstredend nicht ein. Der Kanzler versprach mir, als ich ihm nahe legte, dass es hohe Zeit zum sofortigen Handeln sei, die Sache augenblicklich in die Hand zu nehmen. Er werde bereits morgen, Montag, mit den zuständigen Ministerien in Wien und den Vertretern Vorarlbergs sich in Verbindung setzen, natürlich vorbehaltlich der Wahrung der österreichischen, vor Allem der Vorarlberger Interessen. – Ich erwähnte, dass die Gemeinde Schaan bereits ein provisorisches Abkommen mit der Staatsbahndirektion Innsbruck über den Bau der zerstörten Linie getroffen habe, dass die Arbeiten bereits im Gange seien und dass nach Schliessung des Dammdurchbruches bei Schaan in kürzester Zeit der Betrieb aufgenommen werden soll. – Die Bundesbahn rechnet damit, bis spätestens 1. Dezember die Strecke wieder befahren zu können. – Umsomehr sei dringend das Handeln nötig. – Der Kanzler sagte dies neuerdings zu, er erwarte aber auch von uns, dass wir unverzüglich mit der Schweizer Regierung in Verhandlung treten. –

Schliesslich frug er mich, was er denn *offiziell* von dieser Angelegenheit wissen dürfe. Ich erklärte ihm, dass ich ihn vollständig inoffiziell und in vertraulicher Mission unserer Regierung aufsuche und ich ihn bitte, die ganze Angelegenheit als durchaus inoffiziell zu behandeln. – Der Kanzler war damit sehr einverstanden, denn er wolle vor Allem nicht den Schweizer Gesandten [Maximilian] Jäger, der die Interessen Liechtensteins hier in warmer Weise vertrete, brüskieren. – Er werde also in dieser Frage, solange sie nicht offiziell aufgerollt sei, nicht direkt mit der Liechtenstein'schen Regierung verhandeln, sondern nur durch mich und er bitte mich, zu seiner Verfügung zu stehen, was ich ihm selbstverständlich gerne zusagte. –

---

7 Zur Erstellung von Gutachten betreffend die Schadenersatzpflicht der Österreichischen Bundesbahnen vgl. LI LA V 002/0322/1-5, ferner LI LA RE 1928/003.

Als Resultat der Unterredung steht fest, dass der Bundeskanzler sich wärmstens für uns einsetzen wird und dass wir in ihm einen warmen Vertreter unserer Interessen gefunden haben.

Selbstverständlich muss die ganze Angelegenheit, so lange sie nicht offiziell von Regierung zu Regierung behandelt wird, unter unbedingter Diskretion stehen. –

Ich übergab dem Bundeskanzler als Ergänzung meines mündlichen Vortrages ein Memorandum, das ich in Abschrift beilege.[8]

Zum Schlusse der Audienz bat mich Prälat Seipel, Ihnen, sehr geehrter Herr Regierungschef, seine persönlichen Grüsse zu übermitteln.

Mit dem Ausdrucke vorzüglichster Hochachtung
Beilage

Dok. 228
Alfons Kranz und Ferdi Risch, der FBP nahe stehende Mitglieder der Untersuchungskommission des Landtags zur Klassenlotterie, legen dem Landtag einen Minderheitenbericht vor

Vervielfältigter Bericht der Landtagskommission zur Klassenlotterie, gez. Alfons Kranz (FBP) und Ferdi Risch (FBP)[1]

7.5.1928, Vaduz

Bericht der Untersuchungskommission der Klassenlotterie in Liechtenstein
Schon im Mai 1925 schwebten zwischen Herrn Dr. Wilhelm Beck und der Bank Sautier & Cie. Verhandlungen zwecks Bildung einer Gesellschaft zum Vertriebe ausländischer Prämien-Obligationen. Dr. Wilhelm Beck liess bei den vorbereitenden Besprechungen durchblicken, dass das Fürstentum Liechtenstein Geld und Verdienst suche und deshalb das geeignete Land sei zur freien Abwicklung von Finanzgeschäften jeder Art, speziell auch mit Bezug der im Wurfe liegenden, allen Bedürfnissen entsprechenden Gesetze. Da trat Georg Bauer mit der Idee einer Klassenlotterie hervor. Herr Dr. Beck nahm diese auf und veranlasste die Bank Sautier, die Sache in die Hand zu nehmen. Welche Phantasie-Einkommen aus diesem Geschäfte schon damals existierten, erhellt aus dem Briefe der Bank Sautier vom 30. Juli 1925 an Herrn Dr. Beck, in welchem diese Lotterie bereits als die gewinnreichste der Welt hingestellt wird. Ebenso werden in diesem Schreiben der Vertriebsunion Triesenberg schöne Gewinnaussichten gestellt, obwohl dieser wirtschaftliche Verein damals noch nicht bestand, sondern erst am 1. August 1926 konzessioniert wurde. Es heisst in diesem Schreiben wörtlich: «Um die Konzession hätte sich die Vertriebsunion zu bewerben. Dafür würde den Herren Andreas Beck und Max Beck und selbstverständlich auch Ihnen natürlich nebst Ihrem Anwaltshonorar pro Klasse eine angemessene Vergütung offeriert.»

---

8   Vgl. das Schreiben von Hofkaplan Feger an Bundeskanzler Seipel vom 16.10.1927 mit einer Ergänzung und Zusammenfassung der mündlichen Ausführungen (LI LA SF 02/1927/ad 4531).

1   LI LA RE 1928/52. Ein Exemplar auch im Strafakt J 7/S 59/105. Mehrheitsbericht von Benedikt Negele, Wilhelm Ritter und Arnold Hoop siehe LI LA RE 1928/0552.

Die Vertriebsunion war ein Verein mit Anteilscheinen zu je 1'000 Fr. und befasste sich laut Statut mit der Beschaffung von Industrie-Arbeitsgelegenheit und mit Verkehr von Wertpapieren. Die Statuten dieses Vereins wurden kurz vor der Eingabe des Klassenlotteriegesuches von der Regierung beglaubigt und es tritt derselbe mit der Bank Sautier als Mitbewerber um die Konzession auf. Nun klingt es etwas verwunderlich, dass ein Verein mit einem Vermögen von Fr. 2'000.- als Mitkonzessionär anerkannt wurde, denn der Regierung hätte das Vermögen des Vereines bekannt sein sollen. Es steht fest, dass der Staat bei einem ganz regelmässigen Verlauf der Klassenlotterie im Verhältnis zum Riesengewinn keine Gegenleistung gehabt hätte. Also war die Vertriebsunion ein Vertragspartner, mit dem ein Land niemals ein Millionengeschäft abschliessen konnte. Aus solchen Erwägungen heraus wurde dann später der Regierung zum Vorwurfe gemacht, sie habe den Nepotismus geduldet.

Die Kommission ist der Ansicht, dass mit der Vertriebsunion überhaupt nicht in Verhandlungen hätte eingetreten werden dürfen, denn es waren auch die persönlichen Vermögensverhältnisse der Mitglieder bekannt; auch die hätten nicht genügt, wenn beide mit ihrem persönlichen Vermögen gehaftet hätten, mit ihnen ein solches Geschäft abzuschliessen. Der Staat hat Geld, Arbeit und Ansehen riskiert und dafür Fr. 2'000.- erhalten.

Wer der Vertriebsunion ausser den Herren Max und Andreas Beck angehörte, ist der Kommission nicht bekannt. In einem Schreiben wird von einem Liechtensteiner Propaganda-Komité gesprochen, welchem zwei Herren Beck und ein gewisser Herr Franz[2] angehören. Vertreter der Vertriebsunion war Herr Walser-Kirchthaler, der im Verein mit Herrn [Fritz] Schmidhauser von der Bank Sautier die Prospekte zeichnete.

Mit Brief vom 4. Jänner 1926 teilt Herr [Anton] Walser der Regierung folgendes mit:

«Als Generalbevollmächtigter der Vertriebsunion Triesenberg teile ich der fürstlichen Regierung hiermit mit, dass derselben gegenwärtig die Herren Max Beck Nr. 227 und Andreas Beck Nr. 247 als Mitglieder angehören und dass das Vereinsvermögen Fr. 2000.- beträgt.»

Die über die Bank Sautier am 11. August eingeholte Information lautete einigermassen günstig. Wo diese herstammte, wurde der Kommission verschwiegen. Diese Information musste in aller Eile am Telefon eingeholt werden und hätte deshalb mit Vorsicht aufgenommen worden müssen, zumal es dann noch heisst, dass das Bankhaus Sautier Familien A.G. sei und für einen grösseren Betrag gut sein *soll*.

Am 19. August lief dann die im Regierungsbericht Seite 111 abgedruckte Information ein, die von der Bank Sautier ein weniger erfreuliches Bild zeigte. «Besonderes Vertrauen mag man der jetzigen Firma nicht entgegenzubringen, es sollen nicht immer ganz einwandfreie Geschäft abgeschlossen werden», lautete der Schlusssatz dieser Information. Wie die Regierung mit dieser Information in den Händen und beunruhigt durch das auf Seite 26 des Regierungsberichtes niedergelegte Inserat in der «Neuen Zürcher Zeitung» vom 17. August 1925, die Konzession erteilen konnte, ist uns nicht recht erklärlich. Allerdings kam in dieser Zweifelsstimmung von Regierung und Finanzkommission die Drohung der Vertreter der Bank Sautier, Schmidhauser und Dr. Wilhelm Beck, nur noch einmal an den Verhandlungstisch zu kommen. Unter diesem Drucke erteilte dann die Regierung der Bank und der Vertriebsunion am 20. August die Berechtigung zur Durchführung der Klassenlotterie, wenn binnen 14 Tagen die Kaution per Fr. 100'000.- erlegt würde.

---

2 Nicht identifiziert. Ein Herr Franz wird sonst im Zusammenhang mit der Klassenlotterie nicht mehr erwähnt. Möglich ist auch, dass der Familienname fehlt.

Kurze Zeit nachher lief bei der Regierung ein Schreiben des Direktors der Volksbank in Luzern ein, das der Regierung die Gewissheit gab, dass mit der Konzession hausiert würde und Geldgeber erst gesucht werden müssen. Die Volksbank, mit der damals Verhandlungen wegen der Lawenawerkanleihe in Schwebe waren, schreibt: «Gestern ist ein gewisser Herr Huwiler von Sargans bei mir erschienen und hat eine direkte oder indirekte Beteiligung an einer in Liechtenstein zur Durchführung gelangenden Klassenlotterie angeboten. Ich habe von der Konzession Kenntnis erhalten, die die Regierung von Liechtenstein im Einvernehmen mit der Finanzkommission erteilt hat. Ich gestatte mir, Ihnen in aller Offenheit zu sagen, dass ein weiteres Bekanntwerden einer allerdings nicht unter Staatsverantwortlichkeit zur Durchführung gelangenden Lotterie in der Schweiz die Durchführung der Anleihe erschweren würde, weil man zweifelsohne in der Handelspresse der Kritik ausgesetzt würde.» Die Regierung wird dringend gebeten, dass sie an sämtliche Personen, welche mit dieser projektierten Klassenlotterie in Beziehung stünden, die Weisung erteilen, dass keinerlei Schritte bei Instituten und privaten Personen in der Schweiz in dieser Sache mehr unternommen würden. Huwiler, dem nicht das beste Zeugnis ausgestellt wird, hat sich der Direktion der Volksbank gegenüber geäussert, dass Banken in Zürich und St. Gallen dem Unternehmen ihr Interesse entgegenbrächten. Wir sehen daraus, dass erst die Konzession zur Geldbeschaffung für diese Männer hätte dienen sollen.

Die Konzessionierung selber finden wir nicht moralisch einwandfrei. Freilich bestehen in anderen Staaten Klassenlotterien, aber diese Staaten haben in ihren eigenen Grenzen ein genügend grosses Absatzgebiet. Infolge der Kleinheit unseres Landes und des bestehenden Verbotes der Einfuhr der Propagandaschriften und Lose in den umliegenden Staaten hätte eine Konzessionierung unterbleiben sollen. Das Verderbliche dieses Aktes erhellt aus den im Verlaufe der Klassenlotterie erwachsenen Verwaltungsschwierigkeiten und aus den bei der Regierung eingelaufenen Briefen.

Es erübrigt nun noch, auf den Gang der Verhandlungen mit Regierung und Finanzkommission einzutreten. Auffallend ist die grosse Eile, mit der alles behandelt werden musste. Gleich am 11. August hätten die Konzessionäre im Besitze der Bewilligung sein müssen, unter dem Vorwande, es gehe ihnen vorteilhaftes Adressenmaterial verloren. Heute ist der Grund des Eilens zur Genüge bekannt. Die Konzessionäre mussten möglichst früh in den Besitz der Konzession gelangen, um für ihre Ausbeutung fremdes Kapital heranzuziehen. In der Klagebeantwortung der Bank Sautier ist als Grund dieses Eilens angegeben, dass vor den Wahlen noch etwas Besonderes geleistet würde. Am Widerrufsrecht durch die Regierung wurde trotz zäher Versuche auf Seiten der Konzessionäre festgehalten. Es ist auch nicht vorauszusehen, welche Schwierigkeiten bei weiterer Ausübung der Konzession von Seite anderer Staaten erwachsen wären. Die immer wieder in den Vordergrund tretenden Einsprüche von Seite einflussreicher Männer aus der Schweiz liessen nichts Gutes ahnen. Aus Artikel 12 Absatz 2 des Lotterievertrages geht aber auch die Gefährlichkeit eines solchen Unternehmens in einem kaum 10'000 Einwohner zählenden Ländchen hervor, denn sonst hätte nicht an Boykott, Grenzsperre, Kündigung des Post- und Zollvertrages gedacht werden müssen.

Auch die Monopolfrage gab zu den verschiedensten Erörterungen Anlass. Eine gesetzliche Grundlage für die Erteilung eines Monopols durch die Regierung bestand bis zum Inkrafttreten des Personen- und Gesellschaftsrechtes am 16. Februar 1926 nicht. Das bewog dann die Regierung, das Versprechen abzugeben, bis zur Schaffung einer gesetzlichen Basis keinem anderen Unternehmer eine ähnliche Konzession zu erteilen. Artikel 11 des Vertrages lautet: «Die Regierung und Finanzkommission verpflichten sich für die baldigste Schaffung eines gesetzlichen Monopols ihr Möglichstes zu tun und bis dahin keiner anderen Klassenlotterie eine Konzession zu erteilen. Lotterien lokalen Charakters sollen gestattet werden.»

Bezüglich dieser Monopolisierung des Betriebes der Klassenlotterie ist die Kommission der Ansicht, dass nicht das Möglichste getan wurde, indem auch nach den dringlich scheinenden Verhandlungen der Landtag nicht einberufen wurde, obwohl der Herr Regierungschef [Gustav Schädler] im Laufe der Verhandlungen die Einberufung desselben dringlich wünschte. Die Regierung hat ein tatsächliches wirtschaftliches Monopol dadurch erteilt, dass sie das juridisch verbindliche Versprechen abgab, bis zum Zustandekommen eines diesbezüglichen Gesetzes eine gleichartige Konzession nicht zu erteilen. Liegt nicht ein ausdrückliches Monopol vor, so doch ein wirtschaftliches.

Zur Lösung der verschiedenen Knoten in dieser Angelegenheit wurde der Landtag verschiedentlich herbeigerufen und es wäre wünschenswert gewesen, wenn er auch zum ersten Schritte gefragt worden wäre. Freilich wäre der Inhalt der Konzession damit auf breiterer Basis bekannt geworden.

Wie freundlich man übrigens in Schweizer Kreisen der Lotterie gesinnt war, geht aus einem Schreiben des Herrn Regierungsrates [Albert] Mächler vom Polizei- und Justiz-Departement des [Kantons] St. Gallen an Herrn [Paul] Amstutz von der Eidgenössischen Steuerverwaltung hervor, in welchem sich dieser Herr angelegentlich erkundigt, ob es richtig sei, dass der Bundesrat seine Zustimmung zur Durchführung dieser Klassenlotterie erteilt habe, wie dieses dem Regierungsstatthalter Werdenberg vom Herrn Regierungschef mitgeteilt worden sei. Dieses Schreiben erfloss bereits Anfang Jänner 1926.

In der Sitzung der Finanzkommission vom 10. August wurde auf Anregung Bauers die Pauschalsumme von Fr. 80'000 auf Fr. 100'000 festgesetzt. Im Zusammenhang damit wurde dann auch erstmals die Frage eines Markenkredites aufgeworfen. Obwohl dieser Briefmarkenkredit in den weiteren Verhandlungen fallen gelassen wurde, wurde er in der Sitzung vom 19. August wieder aufgegriffen. Nach dem Schweizerischen Postgesetze ist die Briefmarke nur gegen Barzahlung erhältlich. Darum hat auch die Kreditierung der Marken im Betrage von Fr. 300'000.- bei der Eidgenössischen Postverwaltung etwelche Verwunderung gerufen, wurde aber als interne liechtensteinische Angelegenheit geduldet.

Wir betrachten die Marke als Bargeld. Sie ist ein Staatshoheitszeichen, das, wie die Erfahrung lehrt, nicht massenhaft in private Hände gegeben werden darf. Es ist eine schwere Schädigung der Philatelie, die im Vertrauen auf die Solidität der staatlichen Postwertzeichen gekauft hat und nachträglich erfahren muss, dass an andere solche zu Hunderttausenden kreditiert werden. Dadurch, dass der Markt überschwemmt wird, wird die Nachfrage verkleinert und die Einnahmen des Landes verringert. Das trifft namentlich auch für die Wohlthätigkeits- oder Jubelmarke zu, bei welchen dem Käufer ein Übernominale von 5 Rappen aufgebürdet wurde, die dann aber, im Grossen zu Frankierzwecken vergeben, plötzlich auf den Markt geworfen wurden. Es wurden von diesen verkauft:

Stück 170'654 à 10 Rp.
Stück 170'433 à 20 Rp.
Stück 241'582 à 30 Rp.

Wir ersehen aus dem Briefe des Markenhauses Zumstein & Cie. in Bern, dass sich die Philatelie solchen Vergabungen gegenüber nicht gleichgültig verhält, indem es sich um die Ausgabestückzahl der 30-Rappen-Marke interessierte.

Es ist ein haltloser Einwand, dass die Marke nur Papier sei. Wenn dem so wäre, wäre die Forderung des Landes im Betrage von Fr. 285'000.- für kreditierte Marken auch nicht berechtigt. Aus eben diesem Grunde halten wir dafür, dass Regierung und Finanzkommission nicht berechtigt gewesen wären, Markenkredite in dieser Höhe zu gewähren.

Trotz möglichster Zurückhaltung des juristischen Beraters Dr. Emil Beck musste doch der Name (Klassenlotterie in Liechtenstein) zugelassen werde. Die Konzessionäre waren darauf angewiesen, mit dem Namen Liechtenstein Propaganda zu treiben. Wie verderblich auch selbst dieser Name im Landesinteresse wirkte, geht aus den vielen Briefen hervor, die während des Betriebes und besonders nach dem Zusammenbruch der Klassenlotterie bei der Regierung einliefen. So mancher musste zu seinem Leidwesen erfahren, dass es ein von der Regierung konzessioniertes Privatunternehmen sei, ohne Staatsgarantie und Staatsverantwortlichkeit, wie sie eben andere staatliche Lotterien sind.

Ähnlich ging es mit dem Namen unserer Spar- und Leihkasse. Der Name Bankstelle in Vaduz wurde von den Konzessionären nicht akzeptiert, weil dieser Name den Einlegern zu wenig Gewähr biete, dass ihre Gelder einer vertrauenswürdigen Bank übergeben würden. Der juristische Berater Dr. Emil Beck konnte aber auch hier die Interessen der Landesbank nicht schützen. Wirklich hat auch schon am 7. Jänner 1926 ein Geldgeber an die Landesbank Folgendes geschrieben: «Gleichzeitig möchte ich Sie höflichst anfragen, bei welchem Zusammenhang eventuell die Landesbank mit dem berüchtigten Lotterie-Unternehmen hat und ob die Landeskasse in Mitleidenschaft gezogen ist oder nicht.» Noch mehr ist die Landesbank durch die bald entstehenden Unregelmässigkeiten bei der Lotterie in Mitleidenschaft gezogen worden, was aus den an sie gerichteten Briefen deutlich zu ersehen ist. Mit Brief vom 29.1.1926 musste die Sparkasse der Regierung mitteilen, dass die Angabe von Deckadressen in ihrem Einverständnisse erfolgt sei, um die Beschlagnahme der Briefe zu verhindern. Es steht fest, dass hier die Namen Liechtenstein und Landesbank zu einem unrühmlichen Geschäft missbraucht worden sind.

Auffallend ist, dass in der Finanzkommissionssitzung vom 19. August die im Regierungsentwurfe enthaltene Mindestleistung von einer Million, mit der die Konzessionäre vorher grosssprecherisch herumwarfen, fallen gelassen wurde. Selbst eine Mindestleistung an den Staat im Betrage von Fr. 200'000.- wurde von den Konzessionären unbedingt abgelehnt und dieses wäre nach Erachten der Kommission der richtige Zeitpunkt gewesen, den Herren die Türe zu weisen.

In ebenso berechneter Weise haben die Konzessionäre die in diesem Entwurfe enthaltene Barzahlung der Marken zur Hälfte zu vertrölen und an ihre Stelle eine unsichere Gewinnbeteiligung zu setzen gewusst. Herr Dr. Wilhelm Beck äusserte, die Beteiligung des Staates am Gewinn und Verluste werde von den Konzessionären lediglich angeboten, um spätere Vorwürfe zu vermeiden, wenn das Geschäft gut gehe. Es ist hier ganz vergessen worden, dass die Konzessionäre den Staat um eine Gefälligkeit angegangen haben, nicht der Staat die Konzessionäre, und es ist sehr bedauerlich, dass der Standpunkt des Geschäftsträgers bezüglich Barzahlung der Marken nicht bis zum äussersten vertreten wurde. Es kann dadurch leicht ein bedeutender Entgang an Bareinnahmen errechnet werden. (150'000 Fr.)

Nun ist dem Staate als endgültige Sicherheit noch eine Kaution von Fr. 100'000 gegeben. Dabei ist eine fiktive Gewinnbeteiligung und Ablieferung von Fr. 100'000 pro Ziehung vertraglich festgesetzt, ohne aber nur zu einem Fünftel garantiert worden zu sein.

Mit unheimlicher Raschheit scheint sich das Gerücht von ungeheuren Gewinnen und von grosser Arbeitsgelegenheit im Lande verbreitet zu haben. Da machte sich freilich der Hunger nach Geld bemerkbar, aber die Kommission ist der Ansicht, dass für ein Geschäft, für das jede Voraussetzung fehlte, diesem Hunger nach Geld entgegengetreten hätte werden müssen, da namentlich bei näherer Prüfung sich die Konzessionäre ziemlich mittellos gezeigt hätten. Auch die Stundung des Kautionserlages bis zum Termine von längstens 14 Tagen war sicherlich eine Schwäche unserer Unterhändler. Die Konzessionäre benutzten die Konzession in der Zwischenzeit zur Geldbeschaffung, wie die obige Agitation eines Herrn Huwiler beweist. Anerkannt muss werden, dass die Herausgabe der Konzession von der Regierung vor Erlag der Kaution verweigert wurde.

Auf Seite 19 des Protokolls vom 19. August wird auf Anfrage eines Abgeordneten und des Herrn Regierungschefs die Gewinnbeteiligung und Kreditierung der Marken wieder aufgegriffen, ohne sich an die Ratschläge des Herrn Dr. Emil Beck wegen Barzahlung der Hälfte der Marken zu halten. Freilich war die Ablehnung der Konzessionäre bestimmt und ihr Auftreten ein wenig frech, aber trotzdem war das Wiedereintreten in diesen Gegenstand ein grosser Fehler und man kann sich des Eindruckes nicht erwehren, dass hierin entweder eine grosse Beeinflussung von dritter Seite stattgefunden hat oder dass das Geschäft um jeden Preis gemacht werden sollte. Ferner ist die Kommission der Überzeugung, dass durch die Äusserung des Vertreters der Konzessionäre, Dr. Wilhelm Beck, das Vertrauen in die Kapitalkräftigkeit des Unternehmens gestärkt wurde. Äusserungen des Landtagspräsidenten, wie: «Auch mit einer Bankwirtschaft seien die Konzessionäre nicht einverstanden, sie hätten dies nicht notwendig» und «die Konzessionäre legen Wert darauf, dass der Staat sich beteiligt mit einem bestimmten Betrage, sie können die Sache auch ohne Kredit machen» mögen das ihrige getan haben, den Konzessionären Vertrauen entgegenzubringen. Die Kommission findet überhaupt die Übernahme der Vertretung der Gesellschaft durch Herrn Dr. Wilhelm Beck mit seiner Funktion als Landtagspräsident nicht gut vereinbar.

So wurde dann zum Schlusse der Vertragsfestlegung ein Briefmarkenkredit von Fr. 300'000.- pro Ziehung bewilligt und für die ersten 2 Jahre eine Gewinnbeteiligung von 10 % und für die weiteren fünf Jahre eine solche von 20 % festgelegt. Herr Dr. Emil Beck erklärte am Schlusse, er sei kein Fachmann und habe bei diesen Beratungen nur als Jurist mitgemacht, das möchte er ausdrücklich betonen, von seinem Standpunkte wäre ihm am liebsten, wenn ein Fachmann das Ganze überprüfen würde, vielleicht sei etwas drin, das nicht fachmännisch sei. Der Beizug eines Lotteriefachmannes, von Seite des Landes, wäre das einfachste Mittel gewesen, das Ganze am Fehlen genügender Absatzmöglichkeit der Lose scheitern zu lassen.

Nun war der Lotterievertrag soweit redigiert, dass er zur Unterzeichnung vorgelegt werden konnte. In diesem Augenblicke aber gingen Dinge vor sich, die den Vertrag trotz aller Anstrengungen auf das Spiel hätten setzen müssen. Es kam die schlecht lautende Information über Sautier u. zugleich in der Neuen Zürcher Zeitung erschien ein Inserat, das sehr wahrscheinlich von den Konzessionären ausgegangen ist. Die Agitation Huwilers hat dieses bestätigt.

Die Regierung wurde misstrauisch, trat aber unseres Erachtens den Konzessionären trotz der gegenteiligen Beteuerungen dieser Herren zu wenig energisch entgegen und verschanzte sich in der Sitzung vom 20. August hinter die Finanzkommission, die sich einzig an die Kaution von Fr. 10'000[3] klammerte. Wir können hier auch den juristischen Berater nicht ganz verstehen, denn gebunden war damals die Regierung noch nicht, ausser sie müsste privater Äusserungen halber sich als gebunden betrachtet haben. Herr Dr. Emil Beck sagte dort, die Einholung einer weiteren Information hätte nur dann einen Sinn, wenn wir nicht schon vorher gebunden sind. Gebunden waren die Herren nur durch die Verhandlungen und es wäre ihnen jederzeit frei gestanden, die Zusage bis

---

3 Müsste vemutlich Fr. 100'000.- heissen.

zum Einlangen weiterer Information zu verschieben. In diesem Moment des Zweifels telefonierte Herr Dr. Wilhelm Beck, dass die Konzessionäre heute das letzte Mal an den Verhandlungstisch kommen und Schmidhauser erklärte, «sie hätten bald genug.»

So wurde am 20. August die Bewilligung zur Durchführung eines Unternehmens erteilt, für das jede Vorbedingung fehlte und das deshalb auch von unliebsamen Folgen begleitet sein musste. Wenn uns auch der Abschluss überstürzt vorkommt, besonders weil eine so schlechte Information vorlag, wollen wir doch annehmen, dass bei der Aufbauschung der ganzen Sache von Seiten der Unternehmer hier die Regierung die Interessen des Landes zu fördern glaubte.

Bekanntlich wurde die Zustimmung der Oberpostdirektion hinsichtlich des Markenkredites im Vertrage ausdrücklich vorbehalten. Diese Zustimmung erfolgte, obwohl die Kreditierung der Briefmarken den Grundsätzen des anwendbaren Postgesetzes widerspricht.

Auf eine eventuell notwendig werdende Fristerstreckung, die die vertraglich festgelegten 6 Wochen überschreiten, wurde vom Geschäftsträger von allem Anfang an hingewiesen, und die Oberpostdirektion hat hievon in zustimmendem Sinn Kenntnis genommen, rät aber, diese Frist nicht allzulange auszudehnen. Der von der Frankiermaschine angezeigte Betrag wäre laut Verordnung für den Gebrauch von Frankiermaschinen einen Monat nach Inbetriebsetzung fällig. Nach dem Vertrag waren die Porto nur bis zur nächsten Ziehung kreditiert und es hätte eigentlich am 19. Dezember 1925 die erste Vertragsverletzung seitens der Gesellschaft festgestellt werden müssen. Für die Abrechnung scheinen Oberpostdirektion und Regierung einen eigenen Modus geschaffen zu haben.

Die inzwischen von der Regierung eingeholten Informationen vom 22. u. 28. August stammen vermutlich von der Kantonalbank und Nationalbank in Luzern. Beide sind von der Spar- und Leihkasse gezeichnet, also jedenfalls telefonisch eingeholt. Diese im Regierungsberichte Seite 34 abgedruckten Erkundigungen sind allgemein gehalten.

Auf der Konzessionsurkunde ist vermerkt, dass am 1. September 1925 der Betrag von Fr. 100'000.- an Kaution in bar erlegt wurde. Wie es sich dann später herausstellte, wurde diese Kaution nicht von der Bank Sautier allein aufgebracht, sondern Dr. [Emil] Huber in Zürich und noch andere waren Geldgeber. Es fehlte den Konzessionären überhaupt jeder finanzielle Rückhalt und das Hausieren mit der Konzession trug zu wenig ein.

Der Beginn des Betriebes zog sich in die Länge. Die Regierung drängte, den Betrieb endlich aufzunehmen und so wurde am 16. November 1925 mit den Arbeiten begonnen. In Eschen wurden 120 Personen beschäftigt, in Balzers 50, und in Triesen 40. Am 12. November hatte die Steuerverwaltung die Regierung aufmerksam gemacht, die Eintragung des Unternehmens im Handelsregister zu bewerkstelligen.

Anstatt dessen wurde von der Bank Sautier am 17. November die auf Seite 50 des Regierungsberichtes wiedergegebene Domizilerklärung abgegeben.

Zwei Tage nach der Inbetriebsetzung der Lotterie fand eine Finanzkommissionssitzung statt, in welcher der Abgeordnete Herr Walser-Kirchthaler wegen des Markenkredites für die zweite Million Werbebriefe vorstellig wurde. Angesichts des grossen Risikos können sie die zweite Million Briefe nur versenden, «wenn das Land die Briefmarken zu zwei Drittel schenkt, der Andrang von Arbeitskräften ist gross, die Sache ist aber dringend usw.» Die Finanzkommission beschloss nun, für jede Klasse der Lotterie die zweite Million Marken um 100'000 anstatt um Fr. 300'000 zu geben. Die Finanzkommission hat also auf mündliches Ansuchen des Herrn Walser für die Durchführung der ganzen Lotterie eine Million Franken geschenkt.

Die Massepropaganda schlug fehl. Zwar wurden noch immer mehr Leute beschäftigt, aber desto mehr solcher Briefsendungen kamen zurück. Im Ganzen waren es 300

Säcke. Es heisst in einem Schreiben vom 11. Dez. 1925: «Die liechtensteinische Landesbank, Abteilung Kassa in Vaduz versendet an Empfänger im Freistaat Sachsen in grosser Menge Werbeschreiben zur Beteiligung an einer in Liechtenstein stattfindenden Klassenlotterie. Da die Lotterie im Freistaat Sachsen nicht genehmigt ist, dürfen solche Sendungen gemäss Artikel 41 g des Weltpostvertrages im Freistaate Sachsen nicht eingeführt werden.»

Bereits am 10. Dezember 1925 gab Sautier an Hand von Aufstellungen ein weiteres Gesuch um Entgegenkommen ein. Es seien bisher 15'000 Franken eingegangen und für Fr. 485'000 Auslagen gemacht worden. Am 13. Dezember fand dann im Beisein des Herrn Dr. Emil Beck eine private Besprechung mit den Konzessionären statt, in der den Konzessionären die Folgen des Unterbruchs des Unternehmens klargelegt wurden. Diese Unterredung verlief ergebnislos und so wurde auf 14. Dezember die Finanzkommission einberufen, die ratlos dastand und für den 15. Dezember den Gesandten von Bern berufen liess. Aber auch die folgenden Verhandlungen in der Finanzkommission zeigen, dass Sautier kein Geld hatte und Dr. Huber von Zürich an einem neuen Vertrage wenig Interesse zeigte.

Angesichts dieser Tatsache klingt es etwas verwunderlich, wenn von verschiedenen Seiten die Schaffung von Arbeitsgelegenheit durch die Fortführung der Lotterie betont wurde und man muss sich fragen, warum sind nach dem Fehlschlag der Massenpropaganda nicht Leute entlassen worden.

In der Finanzkommissionssitzung vom 17. Dezember 1925 wurde beschlossen, den Konzessionären alles zu schenken, wenn sie zur Kaution von Fr. 100'000 noch Fr. 30'000.- erlegen würden. Die Entscheidung sollte in der Landtagssitzung vom 21. Dezember fallen. Aufgebaut auf diese Tatsache und die in der Finanzkommission und Regierungssitzung vom 18. November wirklich geschenkten Marken schwirrten im Lande Gerüchte herum, die dem Herrn Abgeordneten Peter Büchel zur bekannten Interpellation Anlass gaben. Wenn sich auch der Herr Regierungschef veranlasst fühlte, damals auf die nachteiligen Folgen hinzuweisen, welche die öffentlichen Verhandlungen für die Fortführung der Lotterie haben könnten und die Verantwortung denen überliess, welche diese Diskussion veranlasst haben, sagt die Kommission, dass die Veröffentlichung der ganzen Angelegenheit unbedingt im Interesse der Gesamtheit gelegen ist. In der Beantwortung der Interpellation kommen Unrichtigkeiten vor, die sich nach offener Sachlage jedoch jeder selbst zu berichtigen imstande sein wird.

Die Kontrollkommission bestand aus den Herren David Strub, Ludwig Wachter und Kilian Heeb. Sie wurde erst gewählt, nachdem das Unternehmen einen Monat gearbeitet hatte. Nach der ersten Ziehung am 19. Dezember 1925 wurden Treffer im Betrage von 14'780 Fr. ausbezahlt. Als vor der zweiten Ziehung, die am 25. Jänner stattfand, die Kontrollkommission Einsicht in die Bücher verlangte, wurde ihr dieselbe verweigert und die Kommission lehnte jede weitere Verantwortung ab. Trotzdem fand die Ziehung am nächsten Tage statt. Die Konzessionäre haben sich dadurch einer Vertragsverletzung schuldig gemacht, ohne entsprechend zur Verantwortung gezogen worden zu sein.

Die Regierung liess in der Folge durch Herrn Dr. [Josef] Reich Sicherungsbote ergehen und am 12. Februar 1926 fand in der Forderungssache des liechtensteinischen Ärars gegen die Vertriebsunion Triesenberg wegen Fr. 285'888.- die Vermittlungsverhandlung statt. Die Vertriebsunion wurde dann verhalten, ihr Vereinsvermögen von Fr. 2'000.- an die Landeskasse abzuführen. Wir haben unsere Auffassung bezüglich Vertriebsunion oben bereits dargelegt, und es erhellt aus der Gegenüberstellung des geschuldeten Betrages und des Vereinsvermögens, wie ungerechtfertigt die Zulassung der Vertriebsunion als Mitkonzessionärin an sich war.

Aus dem Protokolle vom 16. März ist ersichtlich, dass die Konzessionäre die erworbene Treffer-Garantie von Fr. 60'000.- nie geleistet haben. Auch hierin hätte seitens der Aufsichtsbehörde einschneidender vorgegangen werden sollen.

Die Konzession wurde erst am 13. April 1926 entzogen. Dort heisst es, wörtlich angeführt: «Die angeführten Vertragsverletzungen fallen auch in gleicher Weise der Vertriebsunion Triesenberg zur Last, da dieselbe Mitkonzessionärin war. Dass die Vertriebsunion noch weniger über Zahlungsmittel verfügt als die Bank Sautier ist notorisch.»

Nachdem für die dritte Ziehung niemand die erforderliche Treffergarantie übernehmen wollte, liess die Regierung alle in Liechtenstein greifbaren Werte mit Sicherungsbot belegen und bestellte als einstweiligen Zwangsverwalter Herrn Guido Feger von der Wirtschaftskammer. Es wurden nun auch noch die laufenden Schulden der Klassenlotterie im runden Betrage von 20'000.- aus Landesmitteln bezahlt, von denen an [Otto] Biedermann in Vaduz allein 4'837.60 Fr. für gelieferte Couverts und an Walser 4'282.40 Fr. für Löhne und Spesen entfielen.

Um den Vertrieb von Losen usw. besser bewerkstelligen zu können, nahm das Unternehmen zu Deckadressen seine Zuflucht. Dieses Vorgehen wurde in der Schweiz alsbald aufgedeckt und die Kreispostdirektion St. Gallen erliess am 27.2.1926 folgendes Schreiben an die Regierung: «Die Oberpostdirektion in Bern hat am 19. d. M. der Eidgenössischen Steuerverwaltung in Bern Mitteilung gemacht, dass aufgrund einer Anzeige des Herrn Franz Büchel im Zürich gegen den mit der Durchführung der liechtensteinischen Klassenlotterie beauftragten Herrn Walser in Vaduz durch die Zürcherische Behörde eine Busse von Fr. 1'000.- ausgesprochen worden sei, zu deren Deckung die von Herrn Büchel im Statthaltereiamte Zürich deponierten Sendungen verwertet werden. Im Auftrage der Oberpostdirektion geben wir hiervon Kenntnis mit der Bitte, die Lotterie-Unternehmer gefl. zu verständigen. Mit Ihrem Schreiben vom 31. Dezember 1925 haben Sie uns Auskunft erteilt, die Klassenlotterie mache nach der Schweiz keine Sendungen und es sei ausdrücklich verboten, in der Schweiz Propaganda zu machen. Im Hinblick auf vorstehend erwähnte Feststellungen in Zürich scheint das von der fürstlichen Regierung erlassene bezügliche Verbot von der liechtensteinischen Klassenlotterie nicht genügend berücksichtigt worden zu sein.»

In dem darauf erfolgten Schreiben der Regierung an die Kassenlotterie heisst es dann am Schlusse: «Wir machen darauf aufmerksam, dass derartige Gesetzesverletzungen in Hinkunft nicht mehr vorkommen sollen.» Wie wenig die Weisung der Regierung beachtet wurde, wird uns das Deckadressenwesen in der Zukunft zeigen.

In der Forderungssache des liechtensteinischen Staates gegen die Bank Sautier und die Vertriebsunion wurde von den Konzessionären geltend gemacht, die Klassenlotterie sei etwas Unsittliches und deshalb überhaupt nicht zulässig gewesen und der Staat hätte sich bereichern wollen. Diese Gegenklage wies das Landgericht und ebenso das Berufungsgericht selbstverständlich ab, weil sie nicht zu Recht bestehen, und die Bank Sautier schuldet dem Staate nach wie vor Fr. 498'898.-. Allerdings ist es eine Forderung, die trotz der Vereinbarung der Vollstreckbarkeit liechtensteinischer Urteile im Kanton Luzern dem Staate nicht gleich zugute kommen wird.

II. Die Regierung hatte an der Durchführung der noch restlichen Klassen der ersten Lotterie ein Interesse, und sie suchte nach neuen Konzessionären. Ein solcher trat in der Person des Geheimrates Josef Paul Grüsser auf, der sein Angebot am 26.1.1926 in einer schriftlichen Eingabe niederlegte und auf Grund derer dann von den Herrn Abgeordneten [Emil] Batliner und [Andreas] Vogt und Dr. Emil Beck ein Entwurf ausgearbeitet wurde.

Am 1. Februar 1926 tagte der Landtag als Kommission und der Entwurf wurde zur Beratung vorgelegt, unter Hinweis darauf, dass die Behandlung dringlich sei. Die Minderheit verlangte die Erledigung der Regierungsratsfrage und so kam ein Beschluss nicht zustande. Am gleichen Tage hat dann aber die Regierung die Konzession erteilt, unter Vorbehalt der Genehmigung durch den Landtag. Inzwischen verreiste Grüsser nach Berlin auf die Suche nach Geld und sandte von dort am 6. Februar 1926 ein Schreiben, das wir der Originalität halber hier wörtlich wiedergeben, das aber auch am besten geeignet ist, die Persönlichkeit Grüssers ins richtige Licht zu stellen, aber leider auch das übereilte Handeln liechtensteinischerseits entsprechend würdigen muss. Wir lassen zuerst seine Einführung als Firma Dr. John von Glahn & Co. folgen:

«Staat New-York
Grafschaft
Wir John von Glahn und Josef Paul Grüsser erklären hiedurch, dass wir unseren Geschäftsbetrieb und unsere Transaktionen fertigen unter der Firma 51 West 93 Strasse in der Stadt New-York, Staat New York, wie früher gesagt, und dass der richtige Name der Geschäftsinhaber wie folgt lautet:

Dr. J. von Glahn	Potsdam
Josef Paul Grüsser	54 W.93
Staat New-York	Hotel Vanderbilt
Grafschaft New-York.	

Nachsatz
Am 13. April 1925 erschienen vor mir persönlich J. von Glahn und Josef Paul Grüsser, uns persönlich bekannt, u. zw. bekannt als die oben beschriebene Person, die die vorstehenden Unterschriften vor mir geleistet haben und ausdrücklich anerkannt haben, dass dieses ihre Unterschriften sind.
Edward J. Horne.»

Dieses Schriftstück ist von Anfang bis zum Ende von Grüsser selbst geschrieben und ist weder mit einem Siegel versehen noch mit einer notariell beglaubigten Abschrift gezeichnet. Wir lassen nun den Handelsregisterauszug, von Grüsser selbst geschrieben, folgen:
«Nr. 25457 Staat New-York, Grafschaft New-York.
Ich Jame A. Donegan, Beamter der genannten Grafschaft, und Beamter des höchsten Gerichtshofes derselben beurkunde hiedurch, dass ich diesen Auszug mit dem Originaldokument verglichen habe und dass dieser Handels-Register-Auszug, der im Original in meiner Registratur vorhanden ist, mit demselben genau übereinstimmt.
13. April 1925
Zur Beurkundung unterschreibe ich diesen Auszug mit meinem Namen und versehe ihn mit dem offiziellen Siegel.
13. April 1925.
Jame A. Donegan
Staatssiegel New-York»

Auch hier wurden der Staatssiegel von New-York nur von Grüsser selbst angedeutet. Der Handelsregisterauszug entbehrt ebenfalls jeder Beglaubigung.
Wir lassen nun das den beiden selbst verfassten Urkunden Grüssers beigelegte Schriftstück an die Regierung wörtlich folgen:

«Adresse: An die fürstliche Regierung in Vaduz. Berlin 6.2.
1. Ich sende Ihnen anbei die notariell beglaubigte Abschrift des in meinem Besitze befindlichen Originalauszuges aus dem New-Yorker Handelsregister, aus dem sich meine Vertretungsbefugnis resp. die rechtsgültige Zeichnung der Firma ohne weiteres ergibt.
2. Die Übersetzung dieser Urkunde in deutscher Sprache.
Als Referenzen gebe ich Ihnen auf
[Kurt] Freiherr von Grünau, Briennerstrasse 12, Berlin-Wilmersdorf
Rechtsanwalt und Notar [Otto] Baron von Lüdinghausen, Barbarossastrasse 44, Berlin West 50.

Sie ersehen aus diesem Dokument, dass Sie es mit mir persönlich zu tun haben, denn ich habe die Firma John von Glahn nur deshalb vorgeschoben, weil ich als angesehener Reichsdeutscher nicht die Konzession für eine im Reichsgebiete nicht genehmigte Lotterie erwerben resp. durchführen kann.

Ich nehme an, dass ich Ihnen persönlich bekannt bin. Denn man kennt mich in der ganzen Welt und wenn ich dem österreichischen Staatsministerium als Kontraktgegner resp. Kontrahent genehm war, so dürfte ich voraussetzen, dass auch der liechtensteinische Staat mich ohne weiteres als solchen anerkennt.

Dass man mich noch heute nach 14-tägigem Aufenthalte, bei welchem ich den Vertrag mit Ihnen geschlossen habe, um Referenzen fragt, berührt mich nicht gerade angenehm, umso weniger angenehm, als ich hier in Deutschland die telefonisch gewünschte Auskunft auf gleichem Wege nicht geben kann, ohne mich zu kompromittieren, denn man kennt mich allüberall in der ganzen Welt, ebenso auch in Berlin.

Es ist Ihnen bekannt, dass ich am 15.2.[1926] Fr. 50'000.- einzahlen und den Vertrag auch für die Zukunft fortsetzen soll und es ist mir daher ganz unmöglich, ohne gemeinsame Interessen zu gefährden, heute schon wieder nach dorten abzureisen, nachdem ich erst von dort hier angekommen bin.

Ich bitte Sie, sich am Montag dort zu entschliessen, ob Sie die Konzession aufrecht erhalten wollen oder nicht. Ich bin gewohnt, Gesellschaften durchzuführen oder sie zu unterlassen, um mich nicht auf halbem Wege stehen zu lassen.

Ich bitte Sie, mir daher zu drahten, ob der Landtag am Montag seine Genehmigung gibt oder nicht, denn es liegt mir nicht, nutzlose Arbeit zu leisten.

Mit ergebener Hochachtung
J. P. Grüsser
in Firma John u. Glahn»

Trotzdem die Regierung durch den Vertrag vom 1. Februar einigermassen gebunden war, stünde es wohl besser, wenn der Antrag der Herren Abgeordneten Peter Büchel und [Josef] Marxer im Landtage bezüglich Liquidation durch den Staat Anklang gefunden hätte.

Wir fragen uns, ob bei der Konzessionierung durch den Landtag am 11. Februar diese Schreiben des Geheimrates Grüsser vorgelegen sind, oder ob bloss die Regierung davon Kenntnis hatte. Wir sind der Ansicht, dass auf diese Schreiben hin mit Grüsser nicht mehr hätte weiter verhandelt werden sollen.

Allenfalls ist zu verurteilen, dass auf zwei von Grüsser selbst angegebene Referenzen hin die Konzession erteilt wurde. Man hätte nach den früheren Erfahrungen viel mehr erwarten dürfen, dass mit allen Mitteln eine objektive Beurteilung der finanziellen und persönlichen Tüchtigkeit des Mannes angestrebt worden wäre. Die zwei vorgenannten Referenzen, von denen Freiherr von Grünau gar Verwandter unseres Fürsten sein soll, sind dann später an der Zentrofag Beteiligte. Notar von Lüdinghausen vermag sich über die finanzielle Lage Grüssers kein Bild zu machen, während Grünau Grüsser bestens empfiehlt und sein Vermögen mit 4000 holländischen Gulden angibt.

Aus dem Briefe Grüssers geht ganz klar hervor, dass der Name John von Glahn nur vorgeschoben war, und der Kontrahent Grüsser selbständig handelte. Aus einem Telegramm geht hervor, dass er erst in Holland das Geld für die Fr. 50'000.- Kaution holen musste.

Der Landtag vom 11.2. konnte nur eine Hinterlage von Fr. 50'000.- bis zur Beendigung der alten Lotterie erreichen. Es ist nicht ersichtlich, wann dieser Betrag erlegt wurde, obwohl in der Zusatzerklärung zum Vertrage der 20. Februar als Termin ausgestellt ist. Wenn aber die Fr. 50'000.- am 20. Februar als Pfandgeld erlegt worden wären, ist nicht einzusehen, weshalb die Regierung unter dem 22.2. dem Landgerichte mitteilte, dass sie die Garantie für die dritte Ziehung übernehme und zwar in der Form, dass sämtliche Gewinne ausbezahlt werden und zwar auch wenn die Mittel der Lotterie dafür nicht ausreichen sollten. Das war jedenfalls sehr viel riskiert. In der Zusatzerklärung möchten wir den Punkt 4 gerne vermissen. Die Regierung hat bereits die Versicherung abgegeben (Brief vom 31. Dezember 1925) den Vertrieb von Losen usw. nach der Schweiz untersagt zu haben. Punkt 4 dieser Zusatzerklärung lautet jedoch: «Art. 11 des Konzessionsvertrages ist namentlich auch dahin zu verstehen, dass der Verkauf von Losen nach der Schweiz verboten werden kann, falls die schweizerische Regierung wider Erwarten gegen den Verkauf von Losen Einspruch erheben sollte.» Es stehen diese Zeilen im Widerspruche zu Artikel 2 letzter Absatz, wo es heisst: «Die Konzessionärin darf in der Schweiz keine durch das schweizerische Bundesgesetz betreffend die Lotterien und die gewerbsmässigen Wetten vom 8. Juli 1923 verbotenen Geschäfte betreiben, noch dafür Propaganda machen.» Der Verkauf von Losen und jede Propaganda war in der Schweiz an sich untersagt und wir verweisen auf den eben angeführten Brief der Oberpostdirektion vom 7. Februar 1926.

Wie wir eingangs erwähnten, fehlte für die Klassenlotterie das Gebiet für die Aufnahme des Versandes und der Versand nach Artikel 4 bei einer ausländischen Poststelle konnte das Unternehmen auf verbotenem Wege nicht retten, weil auch den Herren jede finanzielle Unterlage fehlte.

Schon um diese Zeit liefen bei der Regierung Erkundigungsbriefe über das Unternehmen ein: «Ist es eine behördlich erlaubte Lotterie oder ist das ein Schwindelunternehmen.» Man konnte mitteilen, dass es ein staatlich konzessioniertes Unternehmen sei und die Ziehungen unter staatlicher Aufsicht stattfänden. Am 25. und 26. März fand die 4. Ziehung statt und es wurden laut Bericht der Spar- und Leihkassa Fr. 200.- und von der fünften Ziehung am 26. u. 28. April Fr. 250.- als Treffer ausbezahlt. Ein Mitglied der Kontrollkommission erklärte, dass nach seiner Ansicht bei der Ziehung keine Schwindeleien hätten vorkommen können. Auffallend war für die Kommission nur, dass beständig kleine Treffer erzielt wurden und dass Kapp als Lotterietätiger bei diesen Ziehungen am Nummernrad beschäftigt war.

Das Unternehmen hatte während dieser Zeit mit allerhand Schwierigkeiten zu kämpfen. Das Umgehen der Öffentlichkeit im Versand der Propaganda und Lose kostete Geld und grosse Mühe und zudem kam den Loskäufern das beständige Ändern der Adressen mit Umgehung von Vaduz zweifelhaft vor und das Misstrauen steigerte sich. Wir müssen uns nicht wundern, denn das eine Mal hiess die Adresse zur Einzahlung Franz Beck, Chur, ein anderes Mal Creditgenossenschaft Balzers, wieder ein anderes Mal Thöny, Bahnhof Sevelen oder Postfach Weesen Nr. 20279.

Damit wären wir bei den Deckadressen angelangt und sind auch darüber der Öffentlichkeit Mitteilung schuldig.

Im Lande selbst liefen verschiedene Deckadressen, ebenso wie in der Schweiz vom Bodensee bis Chur. Wegen Durchführung verbotener Lotteriehandlungen wurde am 15. März 1926 Anton Walser als Lotterie-Vertreter vom Statthalteramt Zürich mit 1'000.- Fr. gebüsst. Ebenso erhielten Geldbussen am 2. Juni 1926 Hackenitz und Consorten und am 4. Juni Franz Josef Beck, Chur.

Ebenso wurden Franz Schwarzl und J.P. Grüsser am 23. März 1928 vom Bezirksgerichte St. Gallen zu Geldbussen verurteilt. Das Kantonsgericht St. Gallen und das Schweizerische Bundesgericht als Kassationsgerichtshof sprachen wegen Verwendung von Deckadressen Dr. Emil Hobi, Ragaz und Arnold Tscherfinger, Advokat in Sargans, sowie 7 Konsorten schuldig, das erstere in seiner Sitzung vom 12. September, das letztere in der Sitzung vom 19. Dezember 1927.

III. Die Gründung der Zentrofag am 3. März war ein aufgelegter Schwindel. In den Statuten ist in Artikel 3 eine Million Franken voll einbezahlt ausgewiesen. Nach Artikel 288 des Personen- und Gesellschaftsrechtes hat der Richter nur urkundliche Funktion und es war Grüsser, [Heinrich] Hackenitz und [Franz] Grönebaum ein Leichtes, die Million vorzutäuschen, gleichviel ob [Fritz] Stapper hinter ihnen stand, wie sie heute gerne behaupten möchten. Auf diese grosse Null hin wurde am 12. Mai 1926 beschlossen, das Kapital auf 2 Millionen zu erhöhen. Die neuen Aktien wurden gegen Barzahlung verkauft und somit auf die nur auf dem Papier vorhandene erste Million spekuliert.

Grüsser suchte nun bei Privaten und Schweizer Banken um Kapital an, das in einem ganz erstklassigen Unternehmen gewinnbringend angelegt werden sollte. Er gab den Leuten vor, er selbst habe Fr. 400'000.- in dieser Firma als Aktienkapital einbezahlt. Die Sache rentiere sich so glänzend, dass bei 25 % Aufgeld die Aktien noch gehandelt seien. So gelang es ihm tatsächlich, einen Haupt-Kapitalgeber zu finden, der mit 160 Aktien à Fr. 1'000.- Nominale mit Fr. 200'000.- bezahlte. Das war Kommerzienrat [Theodor] Hinzberg. Ausserdem hängen noch ein Herr Dr. Pratter mit 26 Aktien und andere kleinere Einzahler. Die Gründungsvorgänge der Zentrofag und die nachherigen Vorgänge hätten unbedingt besser überwacht werden sollen.

Durch diesen Aktienverkauf wurde es der Zentrofag möglich, die vertraglich festgelegten Fr. 200'000.- zum Beginne und zur Durchführung der Lotterie zu erlegen. Später wird dann von den Einzahlern angezweifelt, ob diese Fr. 200'000.- in der Zentrofag je vorhanden gewesen seien.

Grüsser machte sich diesen Geldstoff zunutze, liess sich 3 Wechsel ausstellen, nämlich ca. Fr. 30'000.-, Fr. 10'000.- und Fr. 23'000.-. Die beiden Akzepte wurden nach Fritz Thalberg in Zürich der Bank Sautier für ein Darlehen von Fr. 20'000.- abgegeben, das Akzept von Fr. 23'000.- löste Sautier mit Fr. 15'000.- ein. Grüsser lieferte aber das Geld nicht dem Unternehmer ab, sondern verbrauchte es in seinem Privatleben. Es wurde am 10. Dezember (allerdings reichlich spät) die Betrugsanzeige gegen ihn gemacht. So ist es einleuchtend, dass die zur Durchführung der Lotterie bestimmten 100'000 Franken ausserhalb der als Kaution gedachten Summe von Fr. 100'000.- rasch zur Neige gingen. Es ist aber auch kaum glaublich, dass schon vor der 1. Ziehung am 18. August 2000 Stück Achtellose sowie die Staatsgebühren für die 1. Ziehung am 14. September kreditiert werden mussten. Das waren schlimme Vorzeichen und der Zerfall musste kommen, obwohl die Regierung in grosszügiger Weise entgegenkam.

In der Generalversammlung vom 12. Mai wurde auf Anregung Stappers das Goldregensystem empfohlen und angenommen. Das war nun etwas ganz Verfehltes und die Kritik war so stark, dass Warnungen durch alle Zeitungen kursierten.

Am 9. Juli wurde an die Regierung das Ersuchen gestellt, Fr. 30'000.- in bar von der Landesbank zu erhalten, um in der Schweiz zur Aufgabe von Briefen 30-Rappen-Marken beschaffen zu können. Die Regierung trat auf dieses Gesuch nicht ein.

Die nach der Konzessionierung eingezogenen Erkundigungen über Grüsser und Stapper lauten schlecht und hätten eigentlich Richtlinien für das Überwachungsrecht sein müssen. Artikel 7 der Konzession umschreibt dieses Recht der Regierung genau. Es heisst: «Über das gesamte Geschäft ist genau Buch zu führen und zwecks Berechnung der zu leistenden Abgaben der Regierung jederzeit Einsicht zu gewähren. Die Regierung kann jederzeit die Kontrolle darüber ausüben lassen, dass das vom Lande zur Vorfügung gestellte Freiporto nur für Propagandazwecke verwendet wird.» Nun haben aber am 18. August die oben angeführten 2000 Achtel-Lose kreditiert werden müssen und wir müssen annehmen, dass damals die zur Durchführung der Lotterie bestimmten 100'000 Franken verbraucht waren. Am 14. September teilt die Regierung der Leitung der Lotterie mit, dass die für die erste Ziehung kreditierten 5800 Franken wieder einzuzahlen seien und die Kaution auf Fr. 100'000.- ergänzt werden müsse, also würde schon vor der 1. Ziehung die Staatsgebühr von der Lotterie der Kaution entnommen.

Die Klassenlotterie hatte in der Folge mit den grössten Schwierigkeiten zu kämpfen. Wegen der Deckadressen fahndete man im ganzen Grenzrayon St. Gallen und am 20.9.1926 machte eine Notiz nicht nur in den St. Galler Blättern der Schweiz die Runde. Wir geben sie hier zum Teil wieder: «Das Untersuchungsrichteramt St. Gallen führt zur Zeit eine Strafuntersuchen gegen alle jene Personen, welche auf schweizerischem Gebiete bei der Durchführung dieser Lotterie helfen, insbesondere Einzahlungen, sei es aus dem Auslande, sei es aus der Schweiz, für diese Lotterie in Empfang nehmen und weiterleiten. Alle diese Einzahlungen werden vom Untersuchungsrichteramt St. Gallen beschlagnahmt. Diese amtliche Stelle warnt hiemit öffentlich davor, Zahlungen für die Klassenlotterie in Liechtenstein an Schweizer Adressen gelangen zu lassen.»

Die Regierung erhielt durch Herrn Dr. Im Obersteg Kunde und sie schrieb der Klassenlotterie unter dem 22.9.1926 folgendes: «Herr Dr. Im Obersteg hat sich in einem Schreiben an uns angeboten, Ihrem St. Galler Anwalt mit Rat und Tat beizustehen, um gegen die nach Dr. Im Obersteg's Meinung ungesetzliche Publikation des Untersuchungsrichteramtes St. Gallen vorzugehen. Wir geben Ihnen hievon Kenntnis in der Meinung, dass Sie sich zustimmendenfalls mit Herrn Dr. Im Obersteg direkt in Verbindung setzen werden.» Man hätte erwarten dürfen, dass auf diese Warnungen der ausländischen Presse hin die Deckadressen und Propagandaarbeiten in der Schweiz bestimmt untersagt worden wären.

Wie wir bereits oben berichteten, beschloss die Zentrofag in ihrer Generalversammlung vom 12. Mai in Ragaz, das überall im schlechtesten Sinne bekannt gewordene Goldregensystem einzuführen. Briefe folgten zurück, Schmähungen traten ein und endlich beschäftigten sich damit Polizei und Staatsanwalt. Die Warnungen verbreiteten sich in den ausländischen Zeitungen sehr rasch und kamen auch in die Hände unserer Behörden. Wir bringen hier ein Schreiben mit einer Warnung zum Abdruck: «Eine angeblich in Amsterdam gesetzlich eingetragene Gesellschaft ‹Credit Hollandais› verschickt nach der Schweiz Zirkulare, in welchen sie den Kunden auseinandersetzt, mit Sicherheit Geld zu verdienen ohne Kapital. Es handelt sich dabei, nicht wie die Zirkulare weiss machen wollen, um ein neues, sinnreich ausgearbeitetes System, sondern um die alte Bauernfängerei des Schneeballsystems, und die Kunst, Geld zu verdienen, besteht lediglich darin, es den Dummen, die nie alle werden, abzunehmen. Die Durchführung der zu diesem System gehörenden Geschäfte ist auch nach unserem Polizeistrafgesetz strafbar, namentlich werden auch diejenigen bestraft, welche sogenannte Teilnehmerkarten absetzen. Anzeigen nimmt die Polizei entgegen.»

Es ist sehr bedauerlich, dass die Direktion der Lotterie sich weder an frühere Weisung der Regierung, noch an Warnungen der Schweiz, noch an die Weisungen des Verwaltungsrates selbst hielt. Wir fügen hier einen vom Vorsitzenden des Verwaltungsrates am 31. Mai 1926 an die Direktion erflossenen Brief bei: «Im Namen des Verwaltungsrates der Zentrofag mache ich Sie hiedurch aufmerksam, dass Sie jede Propaganda, wie immer sie auch geartet sein möge, innerhalb des Hoheitsgebietes der schweizerischen Eidgenossenschaft auf das strikteste unterlassen. Dasselbe gilt auch für die Durchführung der Lotterie Grünau.»

Alles dieses und die im Mai eingeholte Erkundigung über Grüsser hätte uns eigentlich die Augen öffnen müssen. In der Erkenntnis, dass gegen Grüsser zwei Konkursverfahren in der Schwebe sind, mit einer Gesamtforderung von Fr. 390'394.- und dass von allen Beziehungen mit Stapper abgeraten wird, wäre es angezeigt gewesen, dass man diesen Herren namentlich aber dem Hauptaktionär der Zentrofag, Grüsser, besser auf die Finger geschaut hätte.

Wir haben oben bereits erwähnt, dass die Regierung am 18. August 2000 Stück Achtellose kreditierte. Wo sind in so kurzer Zeit die zur Durchführung der Lotterie bestimmten Fr. 100'000.- hingekommen? Ebenso musste bei der nächsten Ziehung am 14. Dezember die fällige Staatsgebühr von Fr. 5'800.- eingemahnt werden. Da wäre es Pflicht gewesen, auf das Schlimmste gefasst zu sein und vom Aufsichtsrecht ergiebig Gebrauch zu machen, um im Falle einer gänzlichen Auflösung der sterbenden Lotterie die Landesinteressen möglichst zu wahren. Dem Artikel 6 letzter Absatz wurde nicht nachgelebt. Er lautet folgendermassen. «Die Konzessionärin ist verpflichtet, von dem aus den verkauften Losen eingegangenen Gelde bei der Landesbank soviel bis zur Durchführung der betreffenden Lotterie stehen zu lassen, als alle Verpflichtungen gegenüber dem Staate ausmachen und ausserdem soviel, als das Gewinnverhältnis der verkauften Lose zu den Gewinnen der verkauften Lose beträgt.[4] Die Unterlagen für die Feststellung dieser Rückstellungen sind der Regierung vorzulegen.» Dieser Absatz ist mit der Kreditierung von Losen und der Staatsgebühr nicht in Einklang zu bringen.

Die Protokolle der 1. u. 2. Ziehung der Klassenlotterie sind nur von einem Mitgliede der Kontrollkommission, von Otto Biedermann, gezeichnet.

Die Lotterie befand sich in Not und machte sich das Entgegenkommen der Regierung zunutze, indem sie noch kurz vor der 3. Ziehung ganze Lose anbot und verkaufte, um möglichst viel Geld hereinzubekommen. So finden wir Posten, wo 200 und 300 Franken noch kurz vor dem Zusammenbruche eingezahlt wurden, oder dass auf Anfrage die Regierung antwortete, die Klassenlotterie ist ein staatlich konzessioniertes Unternehmen, das von einer staatlichen Kommission überwacht wird.

Die Zentrofag stand auf sehr schwachen Füssen und wir lassen hier das Protokoll der Generalversammlung von 31.10. in seinem Wortlaute folgen.

---

4   Art. 6 des zweiten Lotterievertrags wird hier falsch und damit unverständlich zitiert. Richtig müsste der letzte Teilsatz lauten: «... auserdem soviel, als das Gewinnverhältnis der verkauften Lose zu den Gewinnen der betreffenden Lotterie beträgt.»

«*Abschrift.*
1. Herr Walser behauptet, dass die Gründungsbilanz nicht stimme, kein Bargeld vorhanden sei und er infolgedessen verpflichtet sei, innerhalb 3 Tagen einen Bericht einzusenden.
2. Herr Kommerzienrat Hinzberg behauptet, ich habe mich szt. an der Gesellschaft beteiligt, als ich die Statuten gesehen habe. Denn statutengemäss war das Kapital voll einbezahlt. Ich beantrage Revision durch einen beeideten Bücherrevisor und bemerke, dass in gleicher Situation in Deutschland der Staatsanwalt einschreiten würde.
3. Bauer verlangt festzustellen, wo die Fr. 200'000 geblieben sind, ob dieselben überhaupt vorhanden waren.

Protokoll

Von den anwesenden Aktionären werden Fr. 450'000 resp. 450 Stück Aktien fonds perdu (nicht rückzahlbar) der Gesellschaft zur Verfügung gestellt. Dieselben sollen verwendet werden zur Beschaffung von Fr. 350'000.- zur Erlangung der Lotteriekonzession in einem ungenannten Balkanstaate. Herr Geheimrat Grüsser im Vereine mit Herrn Eickholz und Bauer wird beauftragt, die 450 Stück Aktien dergestalt zu platzieren, dass der Gesellschaft ein Kredit von Fr. 350'000.- gewährt wird und zwar dürfen diese 350'000 Franken nur Zug um Zug gegen die Aushändigung der Lotteriekonzession ausbezahlt werden.

Der Gegenwert für die untergebrachten Aktien ist beim Treuhänder mit der Massgabe zu hinterlegen und mit der weiteren Massgabe, dass er im Falle der Nichterteilung der Konzession an die Unternehmer die Aktien zurückbezahlt, gegen Rückgabe der Aktien. Die weiteren zur Erlangung der Konzession erforderlichen Fr. 250'000.- stellt Herr Walser zur Verfügung. Die Bedingungen müssen noch ausgemacht werden. Es wird am 11. November eine Aufsichtsratssitzung sein über die weitere Durchführung der Lotterie. Herr Kommerzienrat Hinzberg wird einstimmig als Mitglied des Aufsichtsrates bestätigt. Er nimmt die Wahl unter dem Vorbehalte an, dass die Konzession in einem Balkanstaate erwirkt wird. Die Generalversammlung ist darüber informiert, dass die in Frage stehende Konzessionserteilung davon abhängig ist, dass die Gesellschaft für die Erteilung derselben den Betrag von Fr. 550'000.- zu opfern hat und ausserdem 50 % von den Einnahmen an Herrn Walser abzuführen hat.

Der mit Herrn Walser geschlossene Vertrag unter Hinterlegung der Monopolkonzessionsurkunde wird von der Generalversammlung zur Kenntnis genommen. Der Verwaltungsrat wird ermächtigt, diesen Vertrag, sowohl als auch den mit Herrn Bauer in Revision zu ziehen.

30.10.26 [Elisabeth] Strumpen»

In dieser Generalversammlung wurde also beschlossen, die wertlosen Aktien noch einmal zu verkaufen, das Geld aber nicht zur Sanierung der Zentrofag-Schulden, sondern zur Erwerbung einer neuen Konzession in einem Balkanstaate zu verwenden. Das war dem Land Liechtenstein gegenüber, mit dem die Gesellschaft durch den Konzessionsvertrag gebunden war, gelinde gesagt, ein Schwindel und es ist vor allem zu bedauern, dass hier Herr Walser seine Hand dazu hielt. Zur besseren Beleuchtung der Tätigkeit Walsers lassen wir einen Auszug aus einem in unserem Besitze befindlichen Briefe von Freiherr von Grünau folgen. «Als wir die Konzession übernahmen und in liechtensteinischen Verhältnissen fremd waren, wandten wir uns in fast allen wichtigen Fragen an Herrn Walser, mit dem Verhandlungen in Vaduz sowie auch in Ragaz stattgefunden haben. Da Herr

Walser als Lotterieleiter einen monatlichen Bezug von Fr. 1'000.- hatte, und folglich an dem Unternehmen und an seiner guten Entwicklung beteiligt war, hatten wir keine Veranlassung den Gedanken aufkommen zu lassen, dass Herr Walser mit uns ein doppeltes Spiel treiben würde. Dass er dies getan, hat sich erst in der allerletzten Zeit herausgestellt, als es leider schon zu spät war, uns gegen seinen Einfluss zu wehren. Ich möchte deshalb hauptsächlich auf diejenigen Momente zurückgreifen, die den Zusammenbruch der Zentrofag herbeigeführt haben.

Herr Walser hat an verschiedenen wichtigen Verwaltungsratssitzungen teilgenommen, zuletzt an einer Sitzung in Berlin und an der durch Herrn Walser selbst eingerufenen Generalversammlung in Vaduz am 30. Oktober 1926.

In dieser Generalversammlung machte Herr Walser den Vorschlag, die derzeit laufende Lotterie zu liquidieren und die liechtensteinische Lotterie auf Rumänien auszudehnen.

Es war uns von Herrn Walser unter bestimmten Bedingungen zugesagt worden, dass die Zentrofag an der rumänischen Konzession beteiligt sein soll. Herr Walser tat, als ob er die Konzession in Rumänien, wenn auch nicht schon ganz fest, so doch wenigstens absolut sicher in Aussicht habe und dass ihm schon ein Teil der zu erlegenden Summe, nämlich Fr. 300'000.- zur Verfügung stünden. Auf die Anfrage des Verwaltungsrates, wie wir liquidieren sollten, sagte Herr Walser wiederholt, das sollen wir nur seine Sorge sein lassen. Er machte sich stark, dass die Regierung die deponierten Fr. 100'000.- herausgebe, auch würde er für die Verwendung der Angestellten Sorge tragen.

Mit diesen Fr. 100'000.- war eine glatte Abwicklung aller Verbindlichkeiten möglich, sodass jegliche Erörterungen in der Öffentlichkeit vermieden worden wäre, ein Standpunkt, der auf das allerenergischeste von Herrn Walser vertreten worden ist. Trotzdem hatte die Generalversammlung die Liquidation noch nicht beschlossen, da man erst den Abschluss des Geschäftes in Rumänien abwarten wollte, welcher je nach den Äusserungen und Zusicherungen von Herrn Walser nur eine Frage weniger Tage gewesen wäre.

Einige Tage später fand in Berlin eine Verwaltungsratssitzung statt, an der Herr Walser teilgenommen hatte. In dieser Sitzung sollte auf Drängen der Regierung Beschluss gefasst werden, ob die vor der Türe stehende Ziehung abgehalten oder inhibiert werden sollte. Auf den ausdrücklichen Vorhalt des Herrn Walser, dass es ein Wahnsinn wäre, ohne Geld in der Kasse eine Lotterie durchzuführen und das Risiko eines Treffers auf sich zu nehmen, kamen wir zur Überzeugung, dass wir die Ziehung nicht stattfinden lassen können, zumal Herr Walser ausdrücklich versicherte, bei der Regierung dahin vorstellig zu werden, dass die eingezahlten Losgelder aus den deponierten Fr. 100'000.- den Spielern zurückerstattet werden. Er versicherte wiederholt, dass es nur eines Gespräches mit dem Regierungschef bedürfe, um alles nach jeglicher Seite hin zur vollsten Zufriedenheit und unter Vermeidung eines Skandals die Angelegenheit der Zentrofag zu regeln und, wie Herr Walser sagte, der Zentrofag ein ehrliches Begräbnis zu geben.

Als daraufhin der Herr Regierungschef bei mir persönlich telefonisch anrief, ob die Ziehung stattfinden solle oder nicht – es war 2 Tage vor der Ziehung – gab ich ihm auf die Zusage von Walser gestützt, die Antwort, die Ziehung möge nicht stattfinden …

Hätten wir nur den leisesten Verdacht in die Person des Herrn Walser gesetzt, so wären wir auf seinen Vorschlag nicht eingegangen, sondern hätten es der Regierung überlassen, die Entscheidung zu treffen, ob die Ziehung stattfinden solle oder nicht. Wir hätten sicher Wege gefunden, auch auf eine andere Weise die Ziehung zu ermöglichen.

Vorstehende Information ist auf Grund meines Aktenmaterials zusammengestellt und kann jederzeit bewiesen sowie durch Zeugenaussagen belegt werden.»

Am 8. November erfloss das Schreiben der Regierung, in welchem [diese] die Konzessionäre in aller Form auf die Bestimmungen des Artikels 6 des Vertrages aufmerksam machten. «Wir machen Sie heute schon darauf aufmerksam, dass wir uns leider veranlasst sehen würden, die kommende Ziehung nicht stattfinden zu lassen, wenn den Bestimmungen des Artikels 6 nicht nachgelebt würde. Die hinterlegte Kaution von Fr. 100'000.- kann hiefür nicht verwendet werden. Wir hoffen gerne, dass Sie die Vertragsbestimmungen genau einhalten.» Das Gedächtnisprotokoll vom 2. November 1926 der zwei Direktoren Grönebaum und Schwarzl haben die vorher angeführten Vorgänge in der Zentrofags-Versammlung bestätigt und ist auch von Bauer, Dr. Hobi und Strumpen gezeichnet.

Das Ergebnis der Verwaltungsratssitzung in Berlin ist uns bekannt und es scheint uns unbegreiflich, dass Grüsser nicht schon damals von den Verwaltungsräten wegen Gründungsbetrug vor die Anklagebank gestellt wurde.

Die Konzessionärin teilt am 15. November der Regierung mit, dass die Ziehung der 3. Klasse nicht stattfinden könne. Zugleich wurde die Herausgabe der Kaution zur Bestreitung der Forderung im Betrage von ca. Fr. 72'034.- versucht. In diesem Sinne lautete ein Schreiben vom 16. November mit dem Anhängsel, die für die dritte Ziehung nötige Summe eventuell zur Verfügung stellen zu können. Aber die Regierung entzog am 17. November der Gesellschaft Konzession und Monopol und versuchte, das Nötige zur Durchführung der Liquidation und der daraus erwachsenden Verpflichtungen zu veranlassen.

Am 17. November [1926], also am Tage, an welchem die Ziehung hätte stattfinden sollen, schrieb die Lotterie an die Losabnehmer:

«Zu unserem grössten Bedauern sind wir gezwungen, Ihnen mitteilen zu müssen, dass wir Ihnen die bereits in die II. Klassenlotterie in Liechtenstein einbezahlten Beträge zurückerstatten müssen.

Da in allen anderen Ländern das Spielen in ausländischen Lotterien verboten ist, haben diese Länder durch Verhängung von Postsperren, Anzeigen und Bestrafungen und andere Interventionen es soweit gebracht, dass wir, um nicht unsere Kunden den grössten Gefahren auszusetzen, die Lotterie einstellen mussten. Alle ausgegebenen Lose werden als ungiltig erklärt. Den Ihnen zukommenden Geldbetrag werden wir in den nächsten Tagen unauffällig übermitteln.

Sollte es uns möglich sein, die jetzt bestehenden Schwierigkeiten aus der Welt zu schaffen, so werden wir uns erlauben, Sie davon in Kenntnis zu setzen.

Mit vorzügl. Hochachtung
Klassenlotterie in Liechtenstein»

Die Bestürzung unter den Losbesitzern war gross. Viele verlangten die Ziehungsliste, weil sie glaubten, die Ziehung hätte stattgefunden und werde ihnen verheimlicht, andere wandten sich an Rechtsanwälte und Konsulate ihrer Länder und an die Polizeiverwaltung und Regierung in Vaduz. Mit Recht warfen sie der Klassenlotterie vor, dass das Spielen in ausländischen Lotterien verboten sei, hätte diese schon vorher gewusst.

Um den Ernst der Spieler und ihre Entrüstung darzutun, lassen wir hier Auszüge aus einigen Briefen folgen.

«25.1.1927. Ich bitte daher die fürstliche Regierung, uns Auskunft über dieses Unternehmen zu geben, oder wo ich Zahlung verlangen kann, oder ob eventuell die Landeskasse für die Zurückhaltung des Betrages aufkommt. Wenn ich durch Zahlung nicht gedeckt werde u. zw. bis 31. Jänner, so lasse ich kein Mittel unversucht und koste es was es wolle, die strafgerichtliche Anzeige zu erstatten, nachdem das Begehren noch Zahlung für die 3. Ziehung zu verlangen, welche nie stattgefunden hat, eine ausgeschämte Frechheit ist.»

«7.3. ..... Dass ein ausländisches Geschäft in einem fremden Lande Kunden werben und arme Leute so um ihre paar Spargroschen, welche sie vom Munde absparen, dranbekomme. Handelt es sich in diesem Falle um eine stark organisierte Bande, die vom Betrug lebt? Diesfalls liegt es im Interesse der Behörde, der Sache Einhalt zu tun.»

Ähnlich schmeichelhaft lauten andere an die Regierung gerichtete Briefe. Die Kaution wurde am 24. November von der Regierung als verfallen erklärt und die von der Lotteriedirektion nachträglich ersuchte Freigabe der Kaution zur Durchführung der Losgeldrückzahlungen im Betrage von Fr. 51'644.- und zur Bestreitung der fälligen Verbindlichkeiten im Betrage von Fr. 20'390.- wurde an den Landtag verwiesen.

Wir sind gezwungen, in diesem Zusammenhange noch auf ein Schreiben an Herrn Karl Seuchter, Wien zu verweisen. Auf sein Schreiben vom 2.12.1926 entgegnete der Kontrolleur der Regierung, Herr Biedermann, Folgendes: «Versichere Sie nochmals, dass Sie in kürzester Zeit Ihr Geld zurückerhalten werden und hoffe, dass Sie Ihre Auftraggeber mit dieser Versicherung bis dann zufriedenstellen können und Ihnen wird es gewiss auch lieb sein, wenn das österreichische Finanzamt nicht erfährt, dass Sie Lose der hiesigen Lotterie besessen haben.» Diese Drohung mit der Anzeige bei einem ausländischen Finanzamte hätte bei Lage der Dinge füglich unterbleiben dürfen.

Die grösste Erregung ergriff die Losbesitzer auch deshalb, weil von allen früher im Dienste der Klassenlotterie zeichnenden Personen, an die sie sich wandten, nicht eine einzige antwortete. Wir lassen auch hier einen Ausschnitt aus einem vorgezeigten Briefe zum Beweise der Panik unter den ausländischen Losbesitzern folgen. «6.12.26 ... Die Klassenlotterie gab nicht ein Wort zur Antwort. Ich schrieb nun am 28.11 und telegraphierte am 29.11. direkt an die Dienststelle um sofortige Überweisung, da ich bereits enorme Unannehmlichkeiten hatte. Aber die Dienststelle, sowie auch die Direktion des Baukreditvereins Vaduz (Deckadresse) hüllen sich in tiefes Stillschweigen und reagieren weder auf Briefe noch auf Telegramme. Ich habe an die Herren von der amtlichen Ziehungskommission geschrieben und um Aufklärung ersucht, jedoch auch diese Herren schreiben nicht ein Wort zurück. Das Geld kommt aber auch nicht zurück. Ich muss nun konstatieren, dass so ein Vorgehen, solange der Planet existiert, nicht vorgekommen ist.»

Viele solcher Geschädigte wandten sich an die Regierung, die in ihren Zuschriften ausführte, dass die Klassenlotterie ein staatlich konzessioniertes Unternehmen sei, dessen Ziehung von einer amtlichen Konzession überwacht würde, und dass die Freigabe der Kaution zum Zwecke der Rückgabe der Losgelder durch den Landtag geprüft werde.

Im Landtag vom 2. Dezember 1926 wurde beschlossen, die Gehalte der Angestellten der Lotterie per November mit Fr. 4'187.45 auszuzahlen. In dieser Sitzung wurden auch 2 Informationen über die Firma John von Glahn verlesen, allerdings ohne jeden positiven Wert zu erlangen, da ja bekannt war, dass Grüsser in seinem Schreiben vom 6.2.1926 aus Berlin erklärte, die Regierung habe es mit ihm persönlich zu tun. Erfolglos blieb auch das Schreiben der Regierung vom gleichen Tage an Grüsser u. Stapper, in welchem sie als Hauptaktionäre aufgefordert wurden, die Schulden der Gesellschaft im Betrage von Fr. 72'034.49 zu tilgen, weil Holland keine Auslieferung kennt und in verbotenen Lotteriesachen von keinem geschädigten Staate entgegengekommen werden wird.

Da teilt die Kommission gezwungenermassen die Ansichten des Landgerichtes, das in seinem Schreiben vom 31. Mai 1927 an die Regierung folgendes niedergelegt hat: «Sollte einer dieser Herren in die Schweiz oder nach Österreich kommen, wo im Prinzipe eine Auslieferung erfolgen könnte, so würden diese Staaten uns doch gewisse Schwierigkeiten machen, sobald sie in Kenntnis gesetzt würden, dass es sich um die Klassenlotterie handle, um die Lotterie, die unberechtigterweise in beiden Staaten arbeitete. Es ist für den Staat eine Blossstellung nach aussen hin, wenn er durch den Auslieferungsantrag dokumentieren müsste, die Gründer haben geschwindelt.»

Stapper hat jede Ersatzleistung abgelehnt und Grüsser flüchtete rechtzeitig ins Ausland.

Das finanzielle Gebaren der Zentrofag und Klassenlotterie wird im Hächler'schen Berichte zur Genüge dargelegt. Es ist sicher, dass die Checks, die bei der Gründung vorgewiesen wurden, nie in Zirkulation gesetzt, sondern vielmehr nach der Gründung vernichtet wurden. Die Bargründung war nur zum Schein. Die Million stand wohl im Handelsregister, war aber in Wirklichkeit nicht vorhanden. 2 Tage nach der Gründung wurde die Konzession von der fraglichen Firma J. von Glahn um Fr. 800'000.- gekauft. Es hätten also für den Betrieb der Klassenlotterie noch die vertraglich zu leistenden Fr. 200'000.- in der Kasse liegen sollen. Diese waren aber in Wirklichkeit nicht vorhanden, denn wie es sich herausstellte, konnte die Gesellschaft diesen Betrag erst am 19. Juli 1926 durch Verkauf von wertlosen, vorgeschwindelten Aktien zur Verfügung stellen.

Vertraglich festgesetzt wäre als Stichtag zur Zahlung dieser Summe der 30. Juni 1926 gewesen. Aus welchen Gründen diese Vertragsverletzung unterlaufen ist, ist in den Akten nicht genannt. Wie wir aber heute wissen, musste dieses Geld von Grüsser erst durch Aktienverkauf, wie oben angeführt, eingebracht werden.

Wäre die Bargründung Wirklichkeit gewesen, so müsste man staunen, mit welcher Eleganz die Firma John von Glahn Fr. 800'000.- einstrich für eine Konzession, die sie einfache Fr. 50'000.- Kaution gekostet hat. Das Traurigste am ganzen Gründungsschwindel ist nur, dass alle diese Firmen nichts besitzen oder hinter ferne Grenzen flüchten.

Herr Direktor Franz Grönebaum behauptete, von Fritz Stapper zur Zeichnung beauftragt worden zu sein. Die vertraglichen Fr. 200'000 werden durch die Buchhaltung wie folgt als eingezahlt ausgewiesen:

165'000 Fr. durch J. P. Grüsser
5'000 Fr. durch Stapper
30'000 Fr. durch eine Bank (Vermutlich Sautier & Cie.).

Von diesem Kapital wurden aber nach 3 Tagen wieder Checks an die Bank Sautier giriert. Wir verweisen auf die oben angeführte Angabe des Dr. Fritz Thalberg, Zürich. Obwohl nach dem Berichte eines Direktionsmitgliedes die beiden Wechsel zu Fr. 30'000.- und Fr. 10'000.- vernichtet worden sein sollen, hat sie Grüsser an die Bank Sautier verhandelt. Den Wechsel zu Fr. 23'000.- hat Grüsser zur Verlängerung in die Hand bekommen, aber auf Verlangen der Direktion nicht wieder zurückgestellt.

Die Unkosten der Zentrofag bezw. Klassenlotterie betragen Fr. 142'580.79. An Löhnen und Gehältern wurden 45'105.65 ausgegeben. Wenn man in der Buchhaltung nachrechnet, wird einem offenbar, mit welcher Grosszügigkeit sich selbst Grüsser, der vom ganzen Schwindel entschieden wusste oder wissen musste, bezahlen liess. Von der Verschleuderung der Gelder zeugt übrigens das Unkostenkonto in einem so kurzlebigen Geschäftsbetrieb. Wie wir den Bezug Walser-Kirchthalers von monatlichen Fr. 1'000.- ohne von der Lotterie direkt angestellt zu sein, verurteilen, so die Ablösung Kapp und Bauer um Fr. 10'000.-.

Die Verschleuderung der Gelder erhellt aus den neben der Lotteriebuchhaltung aufgelaufenen Schulden der Zentrofag im Betrage von Fr. 171'271.-. Wenn wir auch rund die Hälfte nur zu den eventuellen Verpflichtungen rechnen, so sind rund Fr. 80'000.- nötig, um den bindenden Verpflichtungen nachzukommen.

Die eventuellen Verpflichtungen sind:
a. Prozess wegen Deckadressen St. Gallen: Fr. 10'000.-,
b. Konzett & Cie. Zürich, Drucksachen nach Auftrag Grüsser: Fr. 12'000.-,
c. Orell Füssli A.G. Auftrag Grüsser: Fr. 1'200.-,
d. Unterschlagene Wechsel: Fr. 23'000.-,
e. weitere Akzepte nicht einklagbar, von Grüsser ebenfalls unterschlagen: Fr. 40'000.-

Schulden der Klassenlotterie aus den Fr. 100'000.- der verfallenen Kaution zu zahlen, ist der Staat nach Ansicht der Kommission nicht vorpflichtet. Schon der Sinn des Wortes Kaution, ferner alle beim Abschlusse des Vertrages niedergelegten Gedanken und nicht zuletzt der Wortlaut des Artikels 12 sprechen dafür, dass Fr. 100'000.- dem Staate verfallen, wenn die Konzession aus Gründen, für welche die Konzessionäre einzustehen haben, hinfällig wird. Wir stellen uns hier auf den Standpunkt der verschiedenen juristischen Gutachten.

Wir kommen nun zur Rückzahlung der Losgelder. Wenn wir das Jammergeschrei der eingelaufenen Briefe vernehmen und die Drohungen hören, so müssen wir uns entschliessen, der Rückzahlung der Losgelder vor allem andern beizustimmen, um den Ruf des Landes durch unangenehme Nebenerscheinungen dieses verfehlten Unternehmens nicht noch mehr zu schädigen.

Wir führen hier auch Art. 7 Abs. 1 des Konzessionsvertrages an, das Einsichtsrecht der Regierung umschreibend: Über das gesamte Geschäft ist genau Buch zu führen und zwecks Berechnung der zu leistenden Abgaben der Regierung jederzeit Einsicht zu gewähren. Ebenso Artikel 6 fünfter und sechster Absatz: «Die Konzessionärin ist verpflichtet, von dem aus den verkauften Losen eingegangenen Gelde bei der Landesbank so viel bis zur Durchführung der betreffenden Lotterie stehen zu lassen, als alle Verpflichtungen gegenüber dem Staate ausmachen und ausserdem soviel als das Gewinnverhältnis der verkauften Lose zu den Gewinnen der betreffenden Lotterie beträgt. Die Unterlagen für die Feststellung dieser Rückstellungen sind der Regierung vorzulegen.» Das scheint nicht geschehen zu sein.

Es wäre Pflicht der Regierung gewesen, nachdem sie die schlechte Lage Grüssers kannte, trotz der Millionengründung dem Gebahren der Klassenlotterie mehr Aufmerksamkeit zu schenken, namentlich weil die finanzielle Schwäche der Klassenlotterie ihr unmöglich entgangen sein konnte. In diesem Sinne betrachten wir den ausländischen Losverkäufern gegenüber eine gewisse Verpflichtung als gegeben, die Einsätze zurückzubezahlen.

Der Untersuchungskommission kam zur Kenntnis, dass im Sommer 1927 in unserem Lande noch Anfragen einliefen, die die Vermutung aufkommen liessen, dass wirklich ein Zusammenhang der hiesigen mit einer Klassenlotterie in Rumänien bestünde. Eine Frage lautete: «Ist die Klassenlotterie mit der Landesbank identisch und kann ein Kredit von Fr. 100'000.- gewährt werden.» Eine zweite Anfrage lautete: Ob eine der Klassenlotterie nahestehende Persönlichkeit (der Name muss verschwiegen werden) für Fr. 100'000.- gut sei. Gestützt auf diese Äusserungen, die eidlich bezeugt werden, stellte die Kommission Forschungen an. Von einer Klassenlotterie in Rumänien konnten wir nichts in Erfahrung bringen und es scheint also diese Idee nicht verwirklicht worden zu sein. Es wurde von dort berichtet, dass Anton Walser und Georg Bauer anderwärts tätig seien.

Am 31. Mai 1927 wurde auf Antrag der Staatsanwaltschaft vom fstl. Landgerichte gegen Grüsser, Hackenitz und Grönebaum wegen Gründungsbetrug das Strafverfahren eingeleitet. Das Verfahren ist noch nicht abgeschlossen.

Aus was für Gründen daraufhin am 3. Juni an Dir. Grönebaum Fr. 750.- als Dezembergehalt ausbezahlt wurden, nachdem die Dezembergehalte den anderen Angestellten mit Ausnahme des H. Gregor Nigg vorenthalten worden waren, vermag die Kommission nicht zu beurteilen. Ebenso wurde dem Dir. Grönebaum am 1. April 1927 ein Vorschuss für Reisespesen zu einer Gerichtsverhandlung in St. Gallen wegen Deckadressen ausgefolgt.

IV. Am 27. Juni 1927 begann die Untersuchungskommission ihre Arbeit, die dann durch das Hochwasser im September unterbrochen wurde. Schon damals lag der Bericht ungefähr in seiner heutigen Form vor. Am 20. April 1928 trat die Kommission auf Ruf des Vorsitzenden abermals zusammen und beschloss, jedem Kommissionsmitglied solle der Bericht in Maschinschrift noch einmal zur Durchsicht vorgelegt werden, um ihn dann an den Landtag weiterleiten zu können. Es wurde beschlossen, die Ergebnisse der Strafuntersuchung des fstl. Landgerichtes nicht mehr abzuwarten.

Die Kommission war bemüht, wo immer möglich die Akten sprechen zu lassen, deshalb musste der Bericht auch einen grösseren Umfang annehmen, als vorerst gedacht war.

Dok. 229
Die Beschwerde von Fürst Johann II. gegen die Enteignung seiner Güter wird vom obersten Verwaltungsgericht in der Tschechoslowakei abgewiesen

Artikel der «Reichspost», zitiert in den «Liechtensteiner Nachrichten»[1]

25.6.1929

Die Beschlagnahme der mährischen Liechtensteingüter bestätigt
Wien, 22. Juni. Die Wiener «Reichspost» veröffentlicht in ihrer heutigen Nummer folgendes Telegramm:
Prag, 22. Juni.
Das oberste Verwaltungsgericht hat heute die Beschwerde des verstorbenen regierenden Fürsten Johann II. von Liechtenstein gegen die vom Bodenamt ausgesprochene Beschlagnahme seiner mährischen Güter abgewiesen. Das Gesamtausmass der Liechtensteinischen Güter in Mähren beträgt 160'000 Hektar. Davon wurden ihm auf Grund dieser Entscheidung bloss 157 Hektar mit 22 Schlössern belassen. Fürst Liechtenstein hatte eingewendet, dass er als Regent des souveränen Liechtensteinischen Fürstentums nur formell Inhaber dieser Güter sei, denn es handle sich um Kammergüter[2]*, deren Ertrag zur Erhaltung des Fürstentums Liechtenstein bestimmt sei.*

Anm. d. Red. Es handelt sich bei dieser Abweisung der Beschwerde des inzwischen verstorbenen Fürsten Johann II. von und zu Liechtenstein von Seite des obersten Verwaltungsgerichtes der tschechoslovakischen Republik um den Abschluss einer Ange-

---
1   L.Na., Nr. 72, 25.6.1929, S. 1.
2   Kammergut wird hier gleichbedeutend mit Domänen- oder Krongut verstanden. Im Gegensatz zum frei veräusserbaren Privatbesitz konnte der Fürst nicht frei darüber verfügen, vielmehr war es durch Hausgesetz und Fideikommiss gebunden. Die Ausscheidung von Privatbesitz und Staatsgut war im 19. Jh. eine Streitfrage.

legenheit, die sich schon jahrelang hinzog. Die Beschlagnahme der fürstlich liechtensteinischen Güter (nebst Gütern und Liegenschaften anderer Aristokraten), soweit sie innerhalb der tschechoslovakischen Republik liegen, ist aus Gründen der *Bodenreform* ausgesprochen worden. Die beschlagnahmten Güter werden parzelliert und an Kleinbesitzer, in erster Linie wohl an Mitglieder der ehemaligen «tschechischen Legion»[3] verteilt werden.

Wie gross der finanzielle Schaden ist, den die fürstliche Familie durch diese Beschlagnahme erleidet, geht schon aus der Grösse des Gutsbesitzes hervor: *Dieser beschlagnahmte Besitz ist nämlich um nicht weniger als 3'000 Hektar grösser als das ganze Fürstentum Liechtenstein* und besteht zu weitaus grösserem Teile aus hochwertigem Boden.

Ob mit dieser Bestätigung durch das oberste Verwaltungsgericht diese Angelegenheit rechtskräftig geworden ist, oder ob noch ein weiteres Rechtsmittel gegen die Abweisung der Beschwerde geführt werden kann, ist uns nicht bekannt.

Dok. 230
Das Landgericht als Kriminalgericht verkündet das Urteil im Prozess gegen Franz Thöny, Anton Walser, Rudolf Carbone und Niko Beck (Sparkassaprozess)

Von der Regierung des Fürstentums Liechtenstein publiziertes Urteil, 1. Ausgabe, Dienstag, 11. Februar 1930[1], gez. Dr. Karl Weder, Präsident und Franz Koller, Schriftführer.

30.11.1929[2]

Urteil!
Im Namen Seiner Durchlaucht des Landesfürsten!

Das fürstlich-liechtensteinische Landgericht als Kriminalgericht in Vaduz hat unter dem Vorsitze seines Präsidenten Dr. Karl Weder im Beisein des fürstlichen Landrichter-Stellvertreters Oberlandesgerichtsrat Dr. [Johann Michael] Benzer als Berichterstatter, des Kriminalrichters Gustav Ospelt in Vaduz und der Ersatzrichter Josef Hilti in Schaan und Rudolf Matt in Mauren, des Schriftführers Franz Koller, absolvierter Jurist in Bregenz, über die Anklage der fürstlichen Staatsanwaltschaft gegen Thöny Franz, Walser Anton,

---

3 Tschechoslowakische Legionen: im Ersten Weltkrieg aus Tschechen und Slowaken gebildete Militärverbände (bis zu 250.000 Soldaten), die in Frankreich, Italien und in Russland auf Seiten der Entente gegen die Mittelmächte kämpften.

1 Die Regierung liess die Gerichtsverhandlungen, das Urteil sowie die Akten und Beilagen veröffentlichen. Die Edition gibt das Urteil wieder, wie es als «Schriftliches Urteil zu dem Stenographischen Verhandlungs-Bericht aus dem Kriminalprozess gegen Franz Thöny, Niko Beck, Anton Walser und Rudolf Carbone» in drei Ausgaben von der Regierung publiziert wurde: 1. Ausgabe publiziert am 11.2.1930, 2. und 3. Ausgabe am 14.2.1930, insgesamt 37 Seiten. Bibliographische Angaben zu den Verhandlungen und Akten: Stenographischer Verhandlungs-Bericht aus dem Kriminalprozess gegen Franz Thöny, Niko Beck, Anton Walser und Rudolf Carbone. Hrsg. im Auftrage der Regierung des Fürstentums Liechtenstein. Vaduz 1929-1930. Wortprotokolle der Ausführungen vor Gericht, Ausgaben 1-27, 19. November 1929 bis 14. Februar 1930, 376 Seiten. Akten und Beilagen, Ausgaben 1-9, 26. November 1929 bis 6. Dezember 1929, 144 Seiten. – Die Mitzeichnung durch Schriftführer Franz Koller geht aus dem gedruckten Urteil nicht hervor.

2 Am Ende des gedruckten Urteils steht irrtümlich ein falsches Jahr (1930 statt richtig 1929).

Carbone Rudolf und Beck Niko wegen Verbrechens des Betruges und der Veruntreuung im Sinne der §§ 197, 200, 201 a, 201 d, 183 und 5 St.G. nach heute in Anwesenheit des öffentlichen Anklägers, ausserordentlicher Staatsanwalt Dr. Arthur Ender, des Vertreters der Privatbeteiligten, Spar- und Leihkasse des Fürstentum Liechtenstein, Liechtensteinische Landesbank und des Landes Liechtenstein, Dr. Ignatz Budschedl, Rechtsanwalt in Innsbruck, der Angeklagten Thöny Franz, Walser Anton, Carbone Rudolf und Beck Niko und ihrer Verteidiger Johannes Huber, Dr. G. [!] [Eduard] Guntli, Dr. F. [Friedrich] Ditscher, Dr. Ludwig Rittmeyer, Advokaten in St. Gallen, öffentlich durchgeführten Schlussverhandlung

zu Recht erkannt:

I. *Thöny* Franz
geboren am 15.3.1895 in Vaduz, dorthin zuständig, katholisch, verheiratet, Verwalter der Spar- u. Leihkasse des Fürstentums Liechtenstein, des Josef und der Maria geborene Oehri, unbescholten, in Haft,

II. *Walser* Anton
geboren am 22. Juni 1890 in Vaduz, dahin zuständig, katholisch, verheiratet, Gastwirt und Landtagsabgeordneter in Vaduz, des Anton und der Maria geb. Ospelt, unbescholten, in Haft,

III. *Carbone* Rudolf
geboren am 30. Juli 1900 in Bern, zuständig nach Delly, Kanton Freiburg, evangelisch, ledig, Kaufmann, des Tito Livio und der Gertrud geb. Qunke, vorbestraft, zuletzt in Budapest in Haft und

IV. *Beck* Niko
geboren am 14. Oktober 1896 in Reichenau, Kanton Graubünden, zuständig nach Triesenberg, katholisch, verheiratet, Kaufmann, in Pfäffikon, des Theodor und der Dorothea geb. Held, vorbestraft, in Haft,

sind schuldig:

u. zwar:

I. *Thöny* Franz habe in der Zeit vom März 1926 bis 8. Juni 1928 durch listige Vorstellungen und Handlungen die gesetzliche Vertretung der Spar- und Leihkasse des Fürstentums Liechtenstein, Liechtensteinische Landesbank mit unbeschränkter Landesgarantie in Irrtum geführt, durch welchen diese und in weiterer Folge das Fürstentum Liechtenstein als unbeschränkter Landesgarant in ihren Rechten auf Kontrolle u. an ihrem Vermögen in einem Betrage von annähernd 4 Millionen Franken, also über 2'000 Franken Schaden leiden sollte, und teilweise, d. i. mit ca. 1 ¾ Mill. Franken wirklich erlitten hat. Er habe in dieser Absicht und auf die oben erwähnte Art den Irrtum oder die Unwissenheit sowohl des Verwaltungsrates wie der Kontrollstelle der Bank sowie der Regierung und des Landtages benützt, er habe dabei insbesondere auch Urkunden, welche ihm gar nicht gehörten, zum Nachteile der eingangs erwähnten Bank vernichtet und unterdrückt und sich hinter dem falschen Scheine des unbeschränkt Verpflichtungsberechtigten verborgen, um der Bank bezw. dem Fürstentum Liechtenstein an Recht und Vermögen Schaden in obbezeichneter Höhe zuzufügen, wobei er den Betrug mit besonderer Arglist verübte und sich die Betrügereien zur Gewohnheit machte, indem er bewusst gesetz- und reglementwidriger Weise in Überschreitung seiner gesetzlichen Befugnisse und unter Verheimlichung vor dem Verwaltungsrat und Unterlassung jeder Buchung die Unterschrift der Sparkasse auf Wechsel setzte, teils als Akzeptant, teils als Indossant, teils als Aussteller von Eigenwechseln, teils per Aval und diese durch Beck Niko, Carbone Rudolf und Walser Anton begeben liess u. zwar:

A.)

1. im Jänner 1927 einen Wechsel über frs. 100'000 bei Johann Friedrich Zwicky, Malans,
2. im Jänner 1927 einen Wechsel über frs. 50'000 begeben bei der Rhätischen Bank in Chur,
3. am 1. August 1927 2 Wechsel über je frs. 60'000 begeben bei der Bussebank,
4. am 30. August 1927 2 Wechsel zu RM. 75'000 begeben bei der Deutschen Wirtschaftsbank in Berlin, Schaden RM. 150'000,
5. im September 1927 2 Wechsel über je frs. 186'000, zusammen fr. 372'000 begeben bei der Busse – Gesamtbetrage von RM. 2'000'000 Co-Fälle fr. 508'699.15
6. im Jänner 1928 12 Wechsel im Gesammtbetrage von RM. 2'000'000 Coburg-Wechsel, übergeben an Justizrat Bollert, ohne Schaden,
7. im Jänner 1928 einen Sola-Wechsel über frs. 125'000 bei Bollert, bisher Schade nicht bekannt,
8. am 28. März 1927 einen Wechsel von RM 25'000 begeben an Dr. Eisler, ohne Schaden,
9. am 20. Oktober 1927, einen Wechsel über frs. 250'000, begeben bei der Bussebank in Angelegenheit Rathe-Steinförde, Schaden frs. 250'000.-
10. in der Zeit vom 1. bis 3. April 1928 durch Ausfertigung von 4 Wechseln u. zw. über frs. 30'000, 30'000, frs. 50'000 und frs. 50'000, übergeben an Dr. Goldfinger, Schaden frs. 110'000.-
11. in der Zeit vom 18. bis 28. Mai 1928 3 Akzepte von frs. 50'000 frs. 50'000 und frs. 10'000 begeben an Justus und dann an die Italienisch-Ungarische Bank in Budapest (Justus-Wechsel), Schaden frs. 135'000.-
12. Zur selben Zeit 1 Akzept über frs. 50'000 bei Dr. [Alexander] Justus, der zurückgegeben wurde.
13. Am 28. März 1928 2 Akzepte von frs. 250'000 und frs. 100'000, zusammen frs. 350'000, hinterlegt bei Notar Sumegyi durch Alexander Justus, bisher ohne Schaden
14. im Frühjahr 1928 2 Akzepte von je frs. 300'000 zusammen frs. 600'000.- Fabank-Wechsel, von denen der eine zurückgegeben wurde, der zweite belastet mit 100'00 Pengö Schaden fr. 8'000.-
15. im Frühjahr 1928 1 Akzept über Fr. 10'800.- begeben bei der Sparkassa Kaelošca, Schaden frs. 10'800
16. am 13. April 1 Wechsel über Fr. 8'000.- begeben von Walser, Carbone Alexander Justus und Schwarzwald, am 19. April 1928, Schaden Fr. 8'000.-
17. im März-April 1 Wechsel über Fr. 20'000 begeben durch Kapferer, Schaden Fr. 20'000.-
18. einen Wechsel über Fr. 100'000 per 3. August 1928 (Schwarzwald-Wechsel) ohne Schaden.
19. im März-April einen Wechsel über Fr. 30'000 (Schwarzwald-Wechsel), ohne Schaden.

B.)

durch Unterfertigung von Bürgschaftsurkunden

a. über Fr. 50'000 zugunsten der Schweizerischen Genossenschaftsbank einen Kredit an Walser und [Eugen] Brugger.
b. eine Bürgschaft über Fr. 25'000, ausgestellt zugunsten eines ungenannten Gläubigers und Schuldners, gegeben durch Carbone an Wallerstein, Schaden Fr. 25'000.-
c. eine Bürgschaft über RM. 300'000 zugunsten des Barmer Bankvereines für einen an Walser gegebenen Kredit, Schaden Fr. 240'921.25

d. eine Bürgschaft an Dreyfuss bezw. Ivonne Delvaux in Wolfszennen per RM. 70'000, bisher ohne Schaden.
e. eine Bürgschaft über Fr. 100'000, mit der die ersten Darlehensaufnahmen von Carbone versucht wurden, ohne Schaden.

C.)

Er hat aus dem ihm als Verwalter der Spar- und Leihkasse des Fürstentums Liechtenstein anvertrauten Gelder zweckwidriger Verwendung zugeführt, sohin der Sparkassa vorenthalten:
a. im Oktober 1926, gegeben an Walser Anton als Darlehen, Schaden Fr. 15'000.-
b. im Jänner 1928 Fr. 63'000. –, gezahlt an die schweizerische Genossenschaftsbank für Firma Walser und Brugger, Schaden Fr. 63'000.-

II. *Walser* Anton habe die Übeltaten Thönys sub:

A.)

1. im Jänner 1927 einen Wechsel über Fr. 100'000 bei Johann Friedrich Zwicky, Malans,
2. im Jänner 1927 einen Wechsel über Fr. 50'000 begeben bei der Rhätischen Bank in Chur,
3. im Jänner 1928 12 Wechsel im Gesamtbetrag von RM. 2000'000 Coburg-Wechsel, übergeben an Justizrat Bollert, ohne Schaden,
4. im Jänner 1928 einen Sola-Wechsel über Fr. 125'000 bei Dr. Bollert, bis jetzt ohne Schaden,
5. in der Zeit vom 1. bis 3. April 1928 durch Ausfertigung von 4 Wechseln u. zw. über Fr. 30'000, Fr. 30'000, Fr. 50'000 und Fr. 50'000 übergeben an Dr. Goldfinger, Schaden Fr. 110'000.-
6. im Frühjahr 1928 2 Akzepte von je Fr. 300'000, zusammen Fr. 600'000 (Fabank-Wechsel) von denen der eine zurückgegeben, der zweite mit 10'000 Pengö belastet wurde, Schaden Fr. 8'000.-
7. am 13. April einen Wechsel über Fr. 8'000. –, begeben von Walser, Carbone, Alexander Justus und Schwarzwald am 19. April 1928, Schaden Fr. 8'000. –
8. im März oder April 1928 einen Wechsel über Fr. 20'000, begeben durch Kapferer, Schaden Fr. 20'000. –
9. einen Wechsel über Fr. 100'000 per 3. August 1928, ohne Schaden
10. im März-April 1928 einen Wechsel über Fr. 30'000, ohne Schaden

B.)

a. Ende 1926, anfangs 1927 über Fr. 50'000 zugunsten der Schweizerischen Genossenschaftsbank eine Bürgschaft an Walser und Brugger bei der Landesbank erwirkt, Schaden Fr. 50'000. –
b. Eine Bürgschaft über RM. 300'000 zugunsten des Barmer Bankvereins für einen an Walser gegebenen Kredit, Schaden Fr. 240'921.25

C.)

a. Im Oktober 1926 Fr. 15'000, gegeben an Walser Anton als Darlehen, Schaden Fr. 15'000. –
b. Im Jänner 1928 Fr. 63'000. –, bezahlt an die Schweizerische Genossenschaftsbank für Firma Walser-Brugger, Schaden Fr. 63'000. –

eingeleitet, vorsätzlich veranlasst, zu ihrer Ausübung durch absichtliche Herbeischaffung von Mitteln, Hintanhaltung der Hindernisse durch Nichtausübung der ihm obliegenden Kontrolltätigkeit in der Bank Vorschub gegeben, Hilfe geleistet, und zu ihrer sicheren Vollstreckung beigetragen, zudem sich mit dem Täter über nach vollbrachter Tat zu leistende Hilfe und Beistand und über einen Anteil am Gewinn und Vorteil einverstanden, ferner er habe veruntreute Sachen an sich gebracht und sich zugeeignet.

III. *Beck* Niko habe zur Ausübung der Missetaten sub:

A.)

1. im Jänner 1927 einen Wechsel über Fr. 100'000 bei Johann Friedrich Zwicky, Malans,
2. im Jänner 1927 einen Wechsel über Fr. 50'000, begeben bei der Rhätischen Bank in Chur,
3. am 1. August 1927 2 Wechsel über je Fr. 60'000, begeben bei der Bussebank,
4. am 30. August 1927 2 Wechsel zu RM. 75'000, begeben bei der Deutschen Wirtschaftsbank in Berlin,
5. im September 1927 2 Wechsel über je Fr. 186'000, zusammen Fr. 372'000 begeben bei der Bussebank in Berlin, Totalschaden in den drei letzten Fällen Fr. 508'699.15
6. im Jänner 1928 12 Wechsel im Gesamtbetrage von RM. 2'000'000 Coburg-Wechsel, übergeben an Justizrat Bollert, ohne Schaden
7. im Jänner 1928 einen Sola-Wechsel über Fr. 125'000 bei Dr. Bollert, ohne Schaden
8. am 28. März 1928 einen Wechsel von RM. 25'000, begeben an Dr. Eisler, ohne Schaden,
9. am 20. Oktober 1927 einen Wechsel über Fr. 250'000, begeben bei der Bussebank in Angelegenheit Rathe-Steinförde,
10. in der Zeit vom 1. bis 3. April 1928 durch Ausfertigung von 4 Wechseln u. zw. Fr. 30'000, Fr. 30'000, Fr. 50'000 und Fr. 50'000 übergeben an Dr. Goldfinger, Schaden Fr. 110'000.-
    ferner im Frühjahr 1928 2 Akzepte von je Fr. 300'000,- zusammen Fr. 600'000.- Fabank-Wechsel, von denen der eine zurückgegeben, der zweite mit 10'000 Pengö belastet wurde, Schaden Fr. 8'000.-
11. im März-April 1928 einen Wechsel über Fr. 20'000, begeben durch Kapferer, Schaden Fr. 20'000.-
12. einen Wechsel über Fr. 100'000 per 3. August 1928, ohne Schaden
13. im März-April 1928 einen Wechsel über Fr. 30'000 ohne Schaden

B.)

Durch Unterfertigung von Bürgschaftserklärungen:
a. eine Bürgschaft über Fr. 25'000, ausgestellt zugunsten eines ungenannten Gläubigers und Schuldners, gegeben durch Carbone an Wallerstein, Schaden Fr. 25'000.-
b. eine Bürgschaft über Fr. 100'000, mit der die ersten Darlehensaufnahmen von Carbone versucht wurden, ohne Schaden,
   genannte Übeltaten durch absichtliche Herbeischaffung von Mitteln, Hintanhaltung der Hindernisse Vorschub gegeben, Hilfe geleistet und zu ihrer sicheren Vollstreckung beigetragen und sich mit den Tätern Walser und Thöny über einen Anteil an Gewinn und Vorteil einverstanden.

IV. *Carbone* Rudolf habe zur Ausübung der Übeltaten sub:

A.)

1. am 1. August 1927 2 Wechsel über je Fr. 60'000 begeben bei der Bussebank,
2. am 30. August 1927 2 Wechsel zu RM. 75'000, begeben bei der Deutschen Wirtschaftsbank in Berlin,
3. im September 1927 2 Wechsel über je Fr. 186'000 zusammen Fr. 372'000 begeben bei der Bussebank in Berlin. Totalschäden in den 3 letzten Fällen Fr. 508'699.15
4. in der Zeit vom 1. bis 3. April 1928 durch Ausfertigung von 4 Wechseln u. zwar über Fr. 30'000, Fr. 30'000, Fr. 50'000 und Fr. 50'000 übergeben an Dr. Goldfinger, Schaden Fr. 110'000.-
5. im Frühjahr 1928 ein Akzept über Fr. 10'800. –, begeben bei der Sparkassa Kaelosca, Schaden Fr. 10'800.-
6. am 13. April ein Wechsel über Fr. 8'000.- begeben von Walser, Alexander Justus und Schwarzwald, am 19. April 1928, Schaden Fr. 8'000.-

B.)

durch Verwendung von Bürgschaftserklärungen

a. zugunsten eines ungenannten Gläubigers und Schuldners, gegeben durch Carbone an Wallerstein, Schade Fr. 25'000.-
b. eine Bürgschaft über Fr. 100'000, mit der die ersten Darlehensaufnahmen von Carbone versucht wurden, ohne Schaden
genannte Übeltaten durch absichtliche Herbeischaffung von Mitteln, Hintanhaltung der Hindernisse Vorschub gegeben, Hilfe geleistet und zu ihrer sicheren Vollstreckung beigetragen und sich mit den Tätern Walser und Thöny über einen Anteil an Gewinn und Verlust einverstanden; er habe überdies Thöny durch die falsche Angabe einer unmittelbar bevorstehenden Verwertungsmöglichkeit eines Carbone-Bogenlampenpatentes, somit durch listige Vorstellungen und Handlungen in Irrtum geführt, durch welchen die Spar- und Leihkasse des Fürstentums Liechtenstein, Liechtensteinische Landesbank mit unbeschränkter Landesgarantie Schaden erleiden sollte und auch erlitt.

Es haben hiedurch begangen:

I. Thöny Franz das Verbrechen des Betruges im Sinne der Paragraphen 197, 200, 201 a, 201 d, St. G. zu den erwähnten Begangenschaften sub A) 1-19, B.) a, b, c, d, e, sowie das Verbrechen der Veruntreuung nach § 183 St. G. zu C.) a, b,
II. Walser Anton das Verbrechen des Betruges nach Paragr. 5, 197, 200, 201 a, 201 d, St.-G., in den Fällen 1-10 und B.) a und b und das Verbrechen der Veruntreuung gemäss §§ 5, 183, St.-G. C, a, b, sowie in idealer Konkurrenz das Verbrechen des Missbrauches der Amtsgewalt im Sinne des § 101 St.-G.
III. Carbone Rudol fdas Verbrechen des Betruges im Sinne der §§ 5, 197, 200, 201a, 201d, St.G., in den Fällen 1-6 und B.) a und b.
IV. Beck Niko das Verbrechen des Betruges gemäss §§ 5, 197, 200, 201 a, 201 d, in den Fällen 1 bis 13 und B.) a und b.

Die Angeklagten werden hiefür u. zw.:

I. *Walser* Anton gemäss §§ 34 und 203 St.-G. zum schweren Kerker in der Dauer von 4 (vier) Jahren;
II. *Thöny* Franz gemäss §§ 34 und 203, St.-G. zum schweren Kerker in der Dauer von 3 (drei) Jahren;

III. *Carbone* Rudolf gemäss §§ 203 St.-G. zum schweren Kerker in der Dauer von (drei) Jahren;
IV. *Beck* Niko gemäss § 203 St.-G. zum schweren Kerker in der Dauer von 3 (drei) Jahren

sowie sämtliche Angeklagten gemäss § 285 St.-P.-O. zur Tragung der Kosten des Strafverfahrens zur ungeteilten Hand und jenen des Vollzuges, jeder für seinen Teil, ferner gemäss § 238 St.-P.-O. zum Ersatze u. zw.:

I. *Thöny* Franz von:
1. Fr. 15'000.- samt 6 % Zinsen ab 1. November 1926 für das an Walser geleistete Darlehen in Solidarhaftung mit Walser,
2. Fr. 240'971.25 samt 6 % Zinsen ab 15. Jänner 1922 Zahlung an Barmer Bankverein in solidum mit Walser,
3. Fr. 25'118.- samt 6 % Zinsen ab 27. März 1928 betreffend die erste Diskontierung Zwicky Malans in solidum mit Walser und Beck,
4. Fr. 50'000 samt 6 % Zins ab 1. März 1928 Ablösung der Bürgschaft bei der Schweizerischen Genossenschaftsbank, in solidum mit Walser;
5. Fr. 25'000 samt 6 % Zins seit 20. März 1927 betreffend Bürgschaft Wallerstein, in solidum mit Carbone,
6. Fr. 60'000 zweite Diskontierung Zwicky Malans erster Teil, in solidum mit Walser,
7. Fr. 64'250.- samt 6 % Zinsen ab 31. März 1928, zweite Diskontierung Zwicky-Malans, zweiter Teil, in solidum mit Walser,
8. Fr. 53'305.35 Wechseldiskontierung durch Dr. Goldfinger samt 6 % Zins ab 27. Juni 1928 in solidum mit Beck, Walser und Carbone,
9. Fr. 30'000.- samt 6 % Zinsen ab 18. Juni 1928, Wechsel der Hermes-Bank, in solidum mit Walser, Beck und Carbone;
10. Fr. 7'300.- samt 6 % Zins ab 8. Juni 1928, Belastung des einen Fabankwechsels de Fr. 300'000, in solidum mit Walser und Beck,
11. Fr. 20'000 samt 6 % Zins ab 19. September 1928, in solidum mit Walser und Beck, Wechsel Schwarzwald, Kapferer und Karl Stein,
12. Fr. 8'000 samt 6 % Zins seit 13. Juni 1928 in solidum mit Walser und Carbone, Schwarzwald-Wechsel,

II. *Walser* Anton von:
1. Fr. 15'000.- samt 6 % Zins ab 1. November 1926 Blankokredit, in solidum mit Thöny,
2. Frs. 240'971.25 samt 6 % Zins ab 15.1.1926 in solidum mit Thöny,
3. Frs. 25'110.- samt 6 % Zins ab 27. März erste Diskontierung Zwicky Malans, in Solidarhaftung mit Thöny und Beck,
4. Frs. 50'000.- samt 6 % Zins ab 1. März 1928, in solidum mit Thöny, Bürgschaft bei der Schweizerischen Genossenschaftsbank,
5. Fr. 60'000 in solidum mit Thöny, Diskontierung Zwicky Malans, erster Teil,
6. Fr. 64'250.- samt 6 % Zins seit 31. März 1928, in solidum mit Thöny, zweite Diskontierung mit Zwicky Malans, zweiter Teil,
7. Fr. 53'305.35 samt 6 % Zins seit 27. Juni 1982, in solidum mit Thöny, Beck und Carbone, Wechseldiskontierung durch Dr. Goldfinger,
8. Fr. 30'000 samt 6 % Zinsen ab 18. Juli 1928, in solidum mit Thöny, Beck und Carbone, Wechsel der Hermesbank,
9. Fr. 20'000 samt 6 % Zins ab 19. September 1928 in solidum mit Thöny und Beck, Wechsel Schwarzwald, Kapferer und Stein,

10. Frs. 8'000 samt 6 % Zins ab 13. Juli 1928 in solidum mit Thöny und Carbone, Wechsel Schwarzwald,
11. Frs. 5'000 samt 6 % Zins ab 1. Juni 1928 laut Anerkennung Darlehen an Kapferer,

III. *Beck* Niko von:
1. Frs. 25'118.- samt 6 % Zins ab 27. März 1928, in solidum mit Thöny und Walser, erste Diskontierung Zwicky Malans,
2. Frs. 53'303.35 samt 6 % Zins ab 27. Juni 1928, in solidum mit Thöny, Walser und Carbone, Wechseldiskontierung Dr. Goldfinger,
3. Frs. 30'000 samt 6 % Zins ab 8. Juli 1928, in solidum mit Thöny, Walser und Carbone, Hermesbank,
4. Frs. 7'300.- samt 6 % Zins ab 8. Juni 1928, in solidum mit Thöny, Walser, Wechseldiskontierung Fabank,
5. Frs. 20'000 samt 6 % Zins seit 19.9.1928 in solidum mit Thöny und Walser, Wechseldiskontierung Kapferer, Schwarzwald und Stein,

IV. *Carbone* Rudolf von:
1. Frs. 25'000 samt 6 % Zins seit 20. Mai 1927, in solidum mit Thöny, Bürgschaft Wallerstein,
2. Frs. 111'150 (RM. 90'000.-) samt 6 % Zinsen laut Anerkenntnis, Berliner Wechseldiskontierung,
3. Frs. 53'305.35 samt 6 % Zins ab 27. Juni 1928, in solidum mit Thöny, Walser und Beck Wechseldiskontierung Dr. Goldfinger,
4. Frs. 30'000.- samt 6 % Zins ab 18. Juli 1928, in solidum mit Thöny, Walser u. Beck, Wechsel der Hermesbank,
5. Frs. 8'000.- samt 6 % Zins ab 13. Juni 1928 in solidum mit Thöny und Walser, Wechseldiskontierung Schwarzwald an die Spar- und Leihkasse, Liechtensteinische Landesbank in Vaduz

verurteilt.

Gemäss § 238 St.P.O. werden die übrigen Ansprüche der geschädigten Sparkasse auf den Zivilrechtsweg verwiesen.

In die Strafhaft wird eingerechnet die Untersuchungshaft bei
1. Thöny Franz, vom 8. Juni 1928 bis 30.11.29
2. Walser Anton, vom 9. Juni 28 bis 30.11.29
3. Carbone Rudolf, vom 29. Juni 28 bis 30.11.29
4. Beck Niko, vom 8. Juni 1928 bis 30.11.29

Gemäss Art 3 Zl. 3 des Gesetzes vom 1. Juni 1922 L.G.Bl. Nr. 22 wird gegen jeden der Angeklagten eine Urteilsgebühr von 50.- Frs. ausgesprochen.

Dagegen werden von der Anklage, es habe
    A. *Thöny Franz*
I. durch Ausstellung
1. eines Wechsels über frs. 100'000 (Pkt. 3 der Anklage)
2. eines Wechsels blanko ohne Einsetzung des Betrages (Punkt 4 der Anklage)
3. eines Wechsels über frs. 1'000.- begeben an Kapferer Bernhard in Wien (Pkt. 17 d. Ankl.)

4. eines Wechsels von frs. 20'000.- per 19.9.28 (Punkt 18 der Anklage) des Verbrechens des Betruges
II. durch Zahlung von RM. 39'000 = frs. 48'145.- Zinsen an den Barmer Bankverein das Verbrechen der Veruntreuung begangen.

B. *Walser Anton*
I. die Ausstellung von Wechseln durch Thöny u. z.
1. eines Wechsels über fr. 100'000 (Pkt. 3 d. A.)
2. eines Wechsels blanko (Pkt. 4 d. Anklage)
3. eines Wechsels über fr. 1'000.- begeben an Kapferer Bernhard in Wien (Pkt. 17 d. A.)
4. eines Wechsels von 20'000 per 19.9.1928 (Punkt 18 der Anklage)
5. zweier Wechsel über je frs. 60'000 (Punkt 5 der Anklage)
6. zweier Wechsel zu je RM. 75'000.- (Punkt 6 der Anklage)
7. zweier Wechsel über je Fr. 160'000.- (Punkt 7 der Anklage)
8. eines Wechsels von RM. 25'000.- (Punkt 9 der Anklage)
9. eines Wechsels von Frs. 250'000 (Punkt 10 der Anklage)
10. Dreier Akzepte von frs. 50'000 u. fr. 100'000 (Punkt 12 der Anklage)
11. eines Akzeptes über frs. 50'000 (Punkt 13 der Anklage)
12. Zweier Akzepte von frs. 50'000 u. fr. 100'000 (Punkt 14 der Anklage)
13. eines Akzeptes über frs. 10'800 (Punkt 16 der Anklage)
II. Die Ausstellung einer Bürgschaft durch Thöny Franz über frs. 25'000 zugunsten eines ungenannten Gläubigers und Schuldners, gegeben durch Carbone an Wallerstein. (Punkt B b) der Anklage)
III. Die Vorenthaltung und zweckwidrige Verwendung von RM. 39'000.- = Frs. 48'145.- durch Thöny Franz zum Schaden der Landesbank durch Bezahlung dieses Betrages an den Barmer Bankverein (Punkt C c der Anklage) vorsätzlich veranlasst und zu ihrer Ausübung durch absichtliche Herbeischaffung von Mitteln, Hintanhaltung der Hindernisse, durch Nichtausübung der ihm obliegenden Kontrolltätigkeit in der Bank Vorschub gegeben, Hilfe geleistet und zu ihrer sicheren Vollstreckung beigetragen, zudem sich mit dem – Täter – Thöny über nach vollbrachter Tat zu leistende Hilfe und Beistand und über einen Anteil an Gewinn und Vorteil einverstanden, ferner er habe veruntreute Sachen an sich gebracht und sich zugeeignet, wodurch er ad I und II das Verbrechen der Mitschuld am Betruge, ad III. das Verbrechen der Mitschuld an der Veruntreuung und in allen Fällen des Missbrauches der Amtsgewalt begangen habe;

C. *Carbone Rudolf*
I. die Ausstellung von Wechseln durch Thöny Franz und zwar:
1. 12 Wechsel im Gesamtbetrage von RM. 2'000'000 übergeben an Justizrat Bollert. (Punkt 8 der Anklage)
2. eines Wechsels von RM. 25'000, begeben an Dr. Eisler (Pkt. 9 d. Anklage)
3. dreier Akzepte von frs. 50'000 und frs. 100'000, begeben an Alexander Justus, (Punkt 12 der Anklage)
4. eines Akzeptes über frs. 50'000 bei Dr. Justus, der zurückgegeben wurde, (Punkt 13 der Anklage)
5. zweier Akzepte von frs. 250'000 und frs. 100'000, zusammen frs. 350'000, Hinterlage bei Notar Sümegyi in Budapest, (Punkt 14 der Anklage)
6. zweier Akzepte von je frs. 300'000 zusammen Frs. 600'000 von denen der eine zurückgegeben der andere mit 10'000 Pengö = frs. 8'000 belastet wurde (Punkt 15 der Anklage)

7. eines Akzeptes von frs. 1'000.- angeblich gegeben an Kapferer Bernhard in Wien, (Punkt 17 der Anklage)
8. eines Akzeptes von frs. 20'000 per 19. Sept. 1928 (Punkt 18 der Anklage)
9. eines Wechsels über frs. 20'000 begeben durch Kapferer (Pkt. 20 der Anklage)
10. eines Wechsels frs. 100'000 per 3.8.1928 (Punkt 21 der Anklage)
11. eines Wechsels über frs. 30'000 (Punkt 22 der Anklage)
II. die Vorenthaltung und zweckwidrige Verwendung von RM. 39'000 = frs. 48'145.- durch Thöny Franz zum Schaden der Landesbank durch Bezahlung dieses Betrages an den Barmer Bankverein (Punkt C c der Anklage) vorsätzlich veranlasst, durch absichtliche Herbeischaffung von Mitteln, durch Hintanhaltung der Hindernisse Vorschub gegeben, Hilfe geleistet und zu ihrer sicheren Vollstreckung beigetragen und sich mit den Tätern über einen Anteil an Gewinn und Vorteil einverstanden, wodurch er ad I das Verbrechen der Mitschuld am Betruge, ad II das Verbrechen der Mitschuld an der Veruntreuung begangen habe;

D. *Beck Niko*
I. die Ausstellung von Wechseln durch Thöny u. zw.:
1. eines Wechsels von frs. 100'000 (Punkt 3 der Anklage)
2. eines Wechsels blanko ohne Einsetzung des Betrages (Punkt 4 der Anklage)
3. dreier Akzepte von frs. 50'000, frs. 50'000 und frs. 100'000, begeben an Alexander Justus und dann an die Italienisch-Ungarische und an die Britisch-Ungarische Bank in Budapest (Punkt 12 der Anklage)
4. eines Akzeptes von frs. 50'000 bei Dr. Justus der zurückgegeben wurde (Punkt 13 d. Anklage)
5. zweier Akzepte per frs. 250'000 und frs. 100'000, zusammen frs. 350'000, hinterlegt bei Notar Sümegyi (Punkt 14 der Anklage)
6. ein Akzept über frs. 10'800. –, begeben bei der Sparkasse Kaloska, (Pkt. 16 d. Anklage)
7. ein Akzept von frs. 1'000. –, begeben an Kapferer, (Punkt 17 der Anklage)
8. ein Akzept über frs. 20'000 per 19.9.1928, (Punkt 18 der Anklage)
II. die Vorenthaltung der dem Franz Thöny anvertrauten Gelder u. zw.:
a. von frs. 15'000 gegeben an Walser,
b. von frs. 63'000.- bezahlt an die Schweizerische Genossenschaftsbank f. Walser-Brugger
c. von RM. 39'000 = frs. 48'175.- bezahlt an den Barmer Bankverein vorsätzlich veranlasst, durch absichtliche Herbeischaffung von Mitteln, Hintanhaltung der Hindernisse, Vorschub gegeben, Hilfe geleistet, zu ihrer sicheren Vollstreckung beigetragen und sich mit Walser u. Thöny über einen Anteil an Gewinn und Vorteil einverstanden, wodurch er ad I das Verbrechen der Mitschuld am Betruge und ad II. das Verbrechen der Mitschuld an der Veruntreuung begangen habe,
gemäss § 201 Zl. 3 St.P.O.

freigesprochen.

Begründung
[...]³

Bei der Strafbemessung wurden als Erschwerungs- und Milderungs-Umstände in Erwägung gezogen:

I. bei Walser Anton:
Der immens grosse Schade, den er der Sparkassa durch seine Missetaten zufügte und insbesonders der Umstand, dass er der geistige Urheber zu den strafgegenständlichen Machenschaften war, die dem Landesinstitute Spar- und Leihkassa so grosse Schäden brachte, sowie der Umstand, dass er sein Amt als Kontrollorgan dazu missbrauchte, die Sparkassa in ausserordentlicher Weise zu schädigen und insbesondere auch der Umstand, dass er der geistige Urheber der ganzen strafbaren Machenschaften war, zu denen er auch den Mitbeschuldigten Verwalter der Sparkassa, Franz Thöny verleitete und ferner das Zusammentreffen mehrerer strafbaren Handlungen, als erschwerend;
als mildernd dagegen das Geständnis der Tatsächlichkeiten, die bisherige Straflosigkeit, die Reue über seine Begangenschaften und wenigstens der ausgesprochene gute Wille, nach möglichster Gutmachung des Schadens zu trachten.

II. bei Thöny Franz:
erschwerend die Höhe des zugefügten Schadens, die grosse Pflichtverletzung gegenüber dem ihm anvertrauten Institute der Sparkassa, seine vielfache Wiederholung der Straftaten, nicht weniger, wie seine Unaufrichtigkeit gegen den ihm vorgesetzten Verwaltungsrat und Verwaltungsratspräsidenten, ferner die Konkurrenz zweier Verbrechen, als mildernd seine bisherige Unbescholtenheit sowie der Umstand, dass er dem Einflusse des Kontrollorganes Walser begreiflicherweise schwer zu widerstehen vermochte, seine Reue über die begangene Tat und sein ausgesprochener Wille, nach Kräften für die Gutmachung des Schadens beizutragen, wie insbesondere der Umstand, dass er nachweisbar von den strafwürdigen Begangenschaften keinen oder nur geringen Nutzen zog.

III. bei Beck Niko:
erschwerend die öftere Wiederholung der Betrugstaten, die Anleitung des Mitbeschuldigten Carbone zur Mitschuld an den begangenen Straftaten, als mildernd das Geständnis des Tatsächlichen, die bisherige Unbescholtenheit bis auf eine geringe Übertretungsstrafe, seine Reue über die der Spar- und Leihkassa verursachten Schäden sowie der Wille nach Schadensgutmachung.

IV. bei Carbone Rudolf:
erschwerend die Wiederholung der Straftaten, die ausserordentlich grosse Schadenszufügung, die leichtfertige Verschleuderung der von ihm zum Schaden der Spar- und Leihkassa ertrogenen Gelder, als mildernd das Geständnis des Tatsächlichen, wenigstens zur Hauptsache, die bisherige Unbescholtenheit bis auf eine geringe Übertretungsstrafe, seine verfehlte Erziehung und daher sein begreiflicher Hang zur Verschwendungssucht.
In Erwägung all dieser in Betracht kommenden Erschwerungs- und Milderungs-Umstände, sowie in entsprechender Berücksichtigung der über den körperlichen und

---

3   Die umfangreiche Urteilsbegründung muss hier aus Platzgründen weggelassen werden; sie kann in der Online-Version auf www.e-archiv.li nachgelesen werden.

geistigen Gesundheitszustand eingeholten Sachverständigen-Gutachten hinsichtlich der beiden Angeklagten Carbone Rudolf und Beck Niko fand der Gerichtshof die über die einzelnen Angeklagten innerhalb des gesetzlichen Strafausmasses nach § 203 Abs. 2 St. G. ausgesprochenen Strafen für angemessen.

Hinsichtlich der privatrechtlichen Ansprüche hat der Gerichtshof im Sinne des § 203 St. P. O. entschieden und daher Forderungsbeträge der Privatbeteiligten bezüglich deren das Ergebnis des Strafverfahrens nicht ausreiche, um auf Grund desselben verlässlich urteilen zu können, die Verweisung auf den Zivilrechtsweg ausgesprochen.

Die Einrechnung der Untersuchungshaft aller vier Angeklagten in die Strafhaft erfolgte im Sinne des Gesetzes vom 30. November 1922 L.G. Bl. Nr. 7.

Eine Urteilsgebühr war auszusprechen gemäss Art. 3. Zl. 3 des Gesetzes vom 1. Juni 1922 Landesgesetz-Blatt Nr. 22.

Hinsichtlich der im Freispruch bezüglich der einzelnen Angeklagten aufgeführten Straftaten fand der Gerichtshof den Tatbestand der Strafbarkeit als nicht hergestellt und ging deshalb unter Berufung auf die angegebene Gesetzesstelle §. 203 Zl. 3 St. P. O. mit einem Freispruche vor.

Fürstlich Liechtensteinisches Landgericht als Kriminalgericht

Dok. 231
Der «Kameradschaftsbund in Liechtenstein» publiziert eine Liste mit den Namen der Gefallenen im Ersten Weltkrieg und ruft dazu auf, weitere Namen zu melden, damit die Soldaten auf einem Denkmal geehrt werden können

Bekanntmachung des «Kameradschaftsbunds in Liechtenstein»[1]

1.9.1934

Schaan. Bekanntmachung!
Zwanzig Jahre sind seit dem Mobilmachungstage 1914 verflossen. In allen vom Kriege in Mitleidenschaft gezogenen Staaten werden Gedenkfeiern veranstaltet und, soweit dies nicht schon geschehen, Denkmäler für die Gefallenen errichtet.

Der Kameradschaftsbund in Liechtenstein hat es sich zur Pflicht gemacht, auch für *die aus dem Fürstentum Liechtenstein, ohne Unterschied der Staatszugehörigkeit ausgezogenen Kriegsteilnehmer, die ein Opfer des Weltkrieges 1914/18 geworden sind*, zum ehrenden Gedächtnis ein würdiges Denkmal zu errichten.

Sieben Länder sind vertreten: Liechtenstein, Vorarlberg, Montafon, Tirol, Böhmen, Bayern und Württemberg finden so die Namen derer wieder, denen die Rückkehr in das Fürstentum verwehrt geblieben und zwar rückten ein, aus:

---

1   Der Aufruf wurde am 1.9.1934 in allen drei Zeitungen publiziert: L.Vo., Nr. 101, 1.9.1934, S. 2; L.Na., Nr. 70, 1.9.1934, S. 1; LHD, Nr. 68, 1.9.1934, S. 3. – In allen drei Publikationen sind die gleichen Schreibfehler bei den Namen zu finden (Marinelli statt Morinelli, Rosmann statt Roman, Bochetto statt Boschetto). In der Liste fehlen die Brüder Leo Josef und Gaston Lemière (Bürger von Planken), die ins deutsche Heer eingerückt sind. Ins deutsche Heer eingerückt waren auch Paul Ehrenbauer und Wilhelm Weisshaupt, die in der Liste vorhanden sind. In der Liste, aber nicht auf dem Denkmal in Schaan fehlt Prinz Heinrich Alois von Liechtenstein.

Schaan:
    Baldauf Joh. Georg, gefallen
    Frick Alois, vermisst
    Frick Alexander, vermisst
    Gächter Josef, gefangen – Tod
    Gruber Josef, verwundet – Tod
    Hagen Robert, gefallen
    Johler [Wilhelm]
    Lorenzini Rudolf, vermisst
    Niederer Hermann, gefallen
    Wieser Josef, verwundet – Tod

Triesen:
    Bochetto Anton, gefallen
    Ehrenbauer Paul, verwundet – Tod
    Konzett Florian, verwundet – Tod
    Tschuggmel Josef, verwundet – Tod
    Tschugmel Otto, gefangen – Tod
    Weisshaupt Wilhelm, gefallen

Vaduz:
    Grieser Anton, gefallen
    Marinelli Felix, gefallen
    Uray Rosmann, gefallen
    Uray Rudolf, gefangen – Tod

Ruggell:
    Gschwender Josef, gefangen – Tod
    Sperandio Alfred, gefangen – Tod

Balzers:
    (Fehlt noch Namensangabe)

Nendeln:
    Veith Albert, vermisst

Schaanwald:
    Häusle Gottlieb, vermisst – Tod

    Aus diesem Grunde ergeht an die Leser und Leserinnen dieses Blattes die Aufforderung und Bitte, uns hiebei zu unterstützen und im Falle Sie in der vorstehenden Liste einen Verwandten, Freund oder Bekannten vermissen, diesbezügliche Angaben und Adressen an den Kameradschaftsbund in Liechtenstein, Schaan zu richten. Auch sind von hier Fragebogen unentgeltlich zu beziehen. Ebenso wird jede Auskunft bereitwilligst erteilt. Schnelles Handeln ist notwendig. (Siehe Anzeige.)[2] Keiner soll vergessen sein!
    Kameradschaftsbund in Liechtenstein

---

2   Vgl. etwa das Inserat des Kameradschaftsbundes für ein Zitherkonzert am 2.9.1934 in Schaan in: L.Vo., Nr. 101, 1.9.1934, S. 4. Der Eintritt betrug 50 Rappen.

Anhang

Abkürzungsverzeichnis

a.a.	ad acta
a.c.	anni currentis (laufenden Jahres)
a.D.	ausser Dienst
Abg.	Abgeordneter
Abs.	Absatz
Anm.	Anmerkung
Art.	Artikel
AS	Eidgenössische Gesetzessammlung. Amtliche Sammlung der Bundesgesetze und Verordnungen
AT HALW	Hausarchiv der Regierenden Fürsten von und zu Liechtenstein, Wien
AT ÖStA, HHStA	Österreichisches Staatsarchiv, Haus-, Hof und Staatsarchiv
BBl.	Bundesblatt (Schweiz)
BGBl.	Bundesgesetzblatt für die Republik Österreich
Bd.	Band
Bst.	Buchstabe
CH BAR	Schweizerisches Bundesarchiv, Bern
d.i.	das ist
d.J.	dieses Jahres
DDS	Diplomatische Dokumente der Schweiz
DE PA AA	Politisches Archiv des Auswärtigen Amts, Berlin
Dok.	Dokument
ds. Mts.	dieses Monats
E.D.	Eure Durchlaucht
ebd.	ebenda
EJPD	Eidgenössisches Justiz- und Polizeidepartement
EPD	Eidgenössisches Politisches Departement
EVWD	Eidgenössisches Volkswirtschaftsdepartement
f. (ff.)	folgende (Seiten)
f.	fürstlich
FBP	Fortschrittliche Bürgerpartei
fl.	Gulden
Fr./Frs.	Franken
frstl.	fürstlich
LI GAV	Gemeindearchiv Vaduz, Liechtenstein
Ges.	Gesetz
gez.	gezeichnet
h.ä.	hierämtlich
HLFL	Historisches Lexikon des Fürstentums Liechtenstein
HLS	Historisches Lexikon der Schweiz
Hochw.	Hochwürden
hochw.	hochwürdig
Hrsg.	Herausgeber
hrsg.	herausgegeben
JBL	Jahrbuch des Historischen Vereins für das Fürstentum Liechtenstein

JGS	Justizgesetzsammlung (Österreich)
k.k.	kaiserlich-königlich
K/Kr.	Krone (Österreich-Ungarn)
l.J.	laufenden Jahres
L.N.	Liechtensteiner Nachrichten
L.Va.	Liechtensteiner Vaterland
L.Vo.	Liechtensteiner Volksblatt
LGBl.	Liechtensteinisches Landesgesetzblatt
LI LA	Liechtensteinisches Landesarchiv
lit.	littera (Buchstabe)
LV	Landesverfassung, Verfassung
NDB	Neue deutsche Biographie
Nr., No., Nro.	Nummer
NZZ	Neue Zürcher Zeitung
o.D.	ohne Datum
O.N.	Oberrheinische Nachrichten
o.O.	ohne Ort
ÖBL	Österreichisches Biographisches Lexikon
öst.	österreichisch
OV	Ortsvorstehung, Ortsvorsteher
Pfr.	Pfarrer
PGR	Personen- und Gesellschaftsrecht
pol.	politisch
PTT	Post-, Telefon- und Telegrafenbetriebe
RA	Rechtsanwalt
RE	Registraturperiode 1862-1930
Reg., Regg.	Regierung
RGBl.	Reichsgesetzblatt (Österreich, Deutschland)
S	Schilling
S.	Seite(n)
S.D.	Seine(r) Durchlaucht
SFr./sFr./sfr.	Schweizer Franken
Sr.	Schwester
Sr. Exz.	Seine(r)Exzellenz
StG	Strafgesetz
StGBl.	Staatsgesetzblatt (Österreich)
StPO	Strafprozessordnung
Stv.	Stellvertreter, stellvertretender
ungez.	ungezeichnet
v.	von, vom
vgl.	vergleiche
VP	Christlich-soziale Volkspartei
Z., Zl.	Zahl

Verzeichnis der erwähnten Archive und Archivbestände

Liechtensteinisches Landesarchiv, Vaduz (LI LA)
LI LA D	Druckschriften Liechtenstein
LI LA J	Gerichtsakten
LI LA LTA	Landtagsakten
LI LA LTP	Landtagsprotokolle
LI LA PA	Privatarchive
LI LA RE	Regierungsakten 1862–1965
LI LA SF	Sonderfaszikel der Regierung
LI LA SgK	Reproduktionen von Dokumenten aus andern Archiven
LI LA SgSTV	Staatsvertragssammlung
LI LA SgZg	Zeitgeschichtliche Sammlung, Flugblätter, Broschüren
LI LA SgZs	Pressearchiv
LI LA V 002	Akten der Gesandtschaft Bern (1919–1933)
LI LA V 003	Akten der Gesandtschaft Wien (1919–1923)

Gemeindearchiv Vaduz (LI GAV)

Liechtensteinische Landesbibliothek (LiLB)

Österreichisches Staatsarchiv, Haus-, Hof und Staatsarchiv (AT ÖSTA, HHStA)

Parteiarchiv Vaterländische Union (LI PA VU)

Pfarrarchiv Triesen (LI PfAT)

Politisches Archiv des Auswärtigen Amts, Berlin (DE PA AA)

Privatarchiv Rupert Quaderer, Schaan (LI PA Quaderer)

Schweizerisches Bundesarchiv, Bern (CH BAR)

Quellen, Amtsdruckschriften und erwähnte Literatur

Quelleneditionen

Die Schlossabmachungen vom September 1920. Studien und Quellen zur politischen Geschichte des Fürstentums Liechtenstein im frühen 20. Jahrhundert. Ediert von Arthur Brunhart und Rupert Quaderer, hrsg. von der Vaterländischen Union, Vaduz 1996.

Diplomatische Dokumente der Schweiz, Bd. 10–15 (1930–1945), Bern 1982–1997 (auch unter: www.dodis.ch).

Eberle, Andreas: Überschwemmung 1927, Tagebuch, hrsg. von Helmuth Öhri, Ruggell 1999.

Erzberger, Matthias: Erlebnisse im Weltkrieg, Stuttgart 1920.

Geschichtliche Ereignisse und Begebenheiten der Gemeinde Triesen von 1800 bis 1912. Die Chronik des Josef Seli. Ediert von Paul Vogt und Olga Anrig, hrsg. von der Gemeinde Triesen, Triesen 2006.

In der Maur, Carl von: Rechenschaftsbericht über die Verwaltungsperiode 1884 bis 1890, ediert von Paul Vogt, in: Jahrbuch des Historischen Vereins für das Fürstentum Liechtenstein 88 (1990), S. 37-80.

«Während der Messe sangen die Granaten». Kriegstagebuch des Liechtensteiner Pfarrers Fridolin Tschugmell, 1915-1918, Dolomiten/Südtirol, hrsg. von Sigi Scherrer, Balzers 2004.

Amtsdruckschriften

Betriebszählung 1929. Bearb. vom Eidgenössischen Statistischen Amt; Amt für Statistik des Fürstentums Liechtenstein, Vaduz 1958. (Reihe Statistische Publikationen des Fürstentums Liechtenstein)

Betriebszählung 1929. Bearb. vom Eidgenössischen Statistischen Amt; Amt für Statistik des Fürstentums Liechtenstein, Vaduz 1958 (Reihe Statistische des Fürstentums Liechtenstein)

Bundesblatt der Schweizerischen Eidgenossenschaft (auch unter www.amtsdruckschriften.bar.admin.ch), BBl.

Bundesgesetzblatt für die Republik Österreich; Bundesgesetzblatt für den Bundesstaat Österreich (auch unter www.ris.bka.gv.at), BGBl.

Eidgenössische Gesetzsammlung. Amtliche Sammlung der Bundesgesetze und Verordnungen (AS)

Justizgesetzsammlung (erste offizielle Gesetzessammlung der Habsburgermonarchie, auch unter http://alex.onb.ac.at), JGS

Liechtensteinisches Landesgesetzblatt (auch unter www.gesetze.li), LGBl.

Rechenschafts-Berichte der fürstlichen Regierung an den hohen Landtag 1922 ff. (Rech. ber.)

Reichsgesetzblatt (Österreich) (auch unter http://alex.onb.ac.at), RGBl.

Wohnbevölkerung – Volkszählungen 1812-1930. Bearb. vom Amt für Statistik des Fürstentums Liechtenstein, Vaduz 1962 [Reihe Statistische Publikationen des Fürstentums Liechtenstein)

Literatur[1]

Amelunxen, Clemens: Schwierige Vaterländer – Aspekte der liechtensteinisch-deutschen Beziehungen in Vergangenheit und Gegenwart, in: Beiträge zur liechtensteinischen Staatspolitik, Vaduz 1973, S. 57-74. (Liechtenstein Politische Schriften, Bd. 2)

Argast, Regula: Einbürgerungen in Liechtenstein vom 19. bis ins 21. Jahrhundert. Schlussbericht zum Forschungsprojekt Einbürgerungsnormen und Einbürgerungspraxis in Liechtenstein, Vaduz 2012.

Batliner, Gerard: Die völkerrechtlichen und politischen Beziehungen zwischen dem Fürstentum Liechtenstein und der Schweizerischen Eidgenossenschaft, in: Beiträge zur liechtensteinischen Staatspolitik, Vaduz 1973, S. 21-48. (Liechtenstein Politische Schriften, Bd. 2)

Batliner, Gerard (Hrsg.): Die liechtensteinische Verfassung 1921. Elemente der staatlichen Organisation, Vaduz 1994. (Liechtenstein Politische Schriften, Bd. 21).

Biedermann, Klaus, Donat Büchel und Markus Burgmeier: Wege in die Gegenwart. Ein Arbeits- und Lesebuch zur liechtensteinischen Geschichte des 20. Jahrhunderts, hrsg. vom Schulamt des Fürstentums Liechtenstein, Vaduz 2012.

Biedermann, Klaus: «Aus Überzeugung, dass er der Gemeinde von grossem Nutzen seyn werde». Einbürgerungen in Liechtenstein im Spannungsfeld von Staat und Gemeinden 1809-1918, Vaduz 2012.

Brotschi-Zamboni, Livia: Die Auswirkungen des Ersten Weltkrieges auf die liechtensteinische Aussenpolitik, in: Beiträge zur liechtensteinischen Staatspolitik, Vaduz 1973 (Liechtenstein Politische Schriften, Bd. 2), S. 9-20.

Brunhart, Arthur: 50 Jahre Sport in Liechtenstein, Schaan 1986.

Feger, Roswitha: Fürst Johann II. von Liechtenstein und seine Sammlung der Wiener Biedermeiermalerei, in: Jahrbuch des Historischen Vereins für das Fürstentum Liechtenstein 102 (2003), S. 1-87.

Fischer Lisa: «D'Schwooba-Buaba». Saisonale Kinderemigration aus Liechtenstein nach Oberschwaben, Basel 2014 (Manuskript/Masterarbeit).

Frommelt, Martin: 100 Jahre Radsport in Liechtenstein, 60 Jahre RV Schaan 1927-1987, Schaan 1987.

Geiger, Peter: Liechtensteinische Aussenpolitik in der zweiten Hälfte des 19. Jahrhunderts, in: Fragen an Liechtenstein. Vaduz 1972, S. 69-77. (Liechtenstein Politische Schriften, Bd. 1),

---

1 Es wird nur Literatur angegeben, auf die in diesem Band Bezug genommen wird.

Geiger, Peter: Die Ausländer in der Geschichte des Fürstentums Liechtenstein, in: Jahrbuch des Historischen Vereins für das Fürstentum Liechtenstein 74 (1974), S. 7-49.

Geiger, Peter: Geschichtliche Grundzüge der liechtensteinischen Aussenbeziehungen, in: Kleinstaat. Grundsätzliche und aktuelle Probleme, hrsg. von Arno Waschkuhn, Vaduz 1993, S. 323-340. (Liechtenstein Politische Schriften, Bd. 16)

Geiger, Peter: Krisenzeit. Liechtenstein in den Dreissiger Jahren 1928-1939, 2 Bde., Vaduz-Zürich 2000.

Geiger, Peter: Kriegszeit. Liechtenstein 1939 bis 1945, 2 Bde., Vaduz-Zürich 2010.

Geiger, Peter: Liechtensteiner Briefmarkenjahrhundert 1912 bis 2012. Spiegel der Zeit, in: Jahrbuch des Historischen Vereins für das Fürstentum Liechtenstein 112 (2013), Vaduz, S. 145-161.

Hager, Arthur: Aus der Zeit der Zoll- und Wirtschaftsunion zwischen Österreich und Liechtenstein von 1852-1919, in: Jahrbuch des Historischen Vereins für das Fürstentum Liechtenstein 61 (1961), S. 25-58.

Heeb-Fleck, Claudia: Einbezug der «Kategorie Geschlecht» in die historische Analyse am Beispiel der Frauenarbeit in Liechtenstein in der Zwischenkriegszeit, in: Historiographie im Fürstentum Liechtenstein. Grundlagen und Stand der Forschung im Überblick, hrsg. von Arthur Brunhart, Zürich 1996, S. 171-175.

Heeb-Fleck, Claudia: Frauenarbeit in Liechtenstein in der Zwischenkriegszeit 1924-1939, in: Jahrbuch des Historischen Vereins für das Fürstentum Liechtenstein 93 (1995), S. 1-140.

Hilti-Kaufmann, Christel: Öffentlichkeit – auch für Frauen? Die liechtensteinischen Frauenvereine und Frauenorganisationen, in: Inventur. Zur Situation der Frauen in Liechtenstein, hrsg. von der Trägerschaft des Frauenprojektes in Liechtenstein, Bern-Dortmund 1994, S. 146-161.

Historisches Lexikon des Fürstentums Liechtenstein. Projektleiter: Arthur Brunhart; Red.: Fabian Frommelt et al., Vaduz 2013, 2 Bde.

Kraetzl, Franz: Das Fürstentum Liechtenstein und der gesamte Fürst Johann von und zu Liechtenstein'sche Güterbesitz, Brünn 1914, Nachdruck Vaduz 1984.

Laich, Mario: Zwei Jahrhunderte Justiz in Tirol und Vorarlberg. Festschrift aus Anlass der Errichtung des tyrolisch-vorarlbergischen Appellationsgerichtes - zuletzt Oberlandesgericht für Tirol und Vorarlberg in Innsbruck - vor 200 Jahren, Innsbruck-Wien-Bozen 1990.

Liebmann, Maximilian: Der Papst - Fürst von Liechtenstein. Ein Vorschlag zur Lösung der Römischen Frage aus dem Jahre 1916, in: Jahrbuch des Historischen Vereins für das Fürstentum Liechtenstein 85 (1985), S. 229-250.

Liechtenstein, Eduard von: Liechtensteins Weg von Österreich zur Schweiz, Vaduz [1945].

Martin, Graham: Das Bildungswesen des Fürstentums Liechtenstein. Nationale und internationale Elemente im Bildungssystem eines europäischen Kleinstaates, Zürich 1984

Merki, Christoph Maria: Wirtschaftswunder Liechtenstein. Die rasche Modernisierung einer kleinen Volkswirtschaft im 20. Jahrhundert, Vaduz-Zürich 2007.

Merki, Christoph Maria: Im Wandel beständig 1861-2011. Festschrift zum 150-Jahr-Jubiläum der Liechtensteinischen Landesbank, Vaduz 2011.

Merki, Christoph Maria: Besitzverschiebungen: Vom Grundherrn zum Privatbankier, in: Das Fürstenhaus, der Staat Liechtenstein und die Tschechoslowakei im 20. Jahrhundert, Vaduz 2013, S. 13-23. (Veröffentlichungen der Liechtensteinisch-Tschechischen Historikerkommission, Bd. 4)

Möhl, Christoph: 100 Jahre Evangelische Kirche im Fürstentum Liechtenstein (1880-1980), in: Frohe Botschaft und kritische Zeitgenossenschaft. 125 Jahre Evangelische Kirche im Fürstentum Liechtenstein (1880-2005), hrsg. von Hans Jaquemar und André Ritter, Triesen 2005, S. 71-104.

Müller, Wolfgang: Zur Kirchen- und Pfarreigeschichte, in: Das Fürstentum Liechtenstein. Ein landeskundliches Portrait, hrsg. von Wolfgang Müller, Bühl/Baden 1981, S. 33-62.

Nach Amerika! Geschichte der liechtensteinischen Auswanderung nach Amerika. Redaktion Norbert Jansen, Pio Schurti. Bd. 1: Norbert Jansen: Auswanderung im 19. und 20. Jahrhundert. Bd. 2: Pio Schurti und Norbert Jansen: Biographische und persönliche Beiträge, Vaduz 1998-1999.

Näscher, Franz: Beiträge zur Kirchengeschichte Liechtensteins: Bd. 1: Seelsorger in den Pfarreien. Bd. 2: Berufungen aus den Gemeinden. Bd. 3: Ordensleute in Schule und Pflege, Vaduz 2009.

Ospelt, Alois: Wirtschaftsgeschichte des Fürstentums Liechtenstein im 19. Jahrhundert. Von den napoleonischen Kriegen bis zum Ausbruch des Ersten Weltkrieges, in: Jahrbuch des Historischen Vereins für das Fürstentum Liechtenstein 72 (1972), S. 6-423.

Ospelt, Alois: Geschichte des Laienrichtertums in Liechtenstein, in: Jahrbuch des Historischen Vereins für das Fürstentum Liechtenstein 109 (2010), S. 19-114.

Press, Volker: Das Haus Liechtenstein in der europäischen Geschichte, in: Liechtenstein – Fürstliches Haus und staatliche Ordnung. Geschichtliche Grundlagen und moderne Perspektiven, hrsg. von Volker Press, Dietmar Willoweit, Vaduz-München-Wien 1987, S. 15-85.

Quaderer, Rupert: «Die soziale Frage ist nicht eine blosse Magenfrage ...», in: Fabriklerleben. Industriearchäologie und Anthropologie, hrsg. von Hansjörg Frommelt, Vaduz-Zürich 1994, S. 255-280.

Quaderer, Rupert: Der 7. November 1918. Staatsstreich - Putsch - Revolution oder politisches Spektakel im Kleinstaat Liechtenstein?, in: Jahrbuch des Historischen Vereins für das Fürstentum Liechtenstein 93 (1995), S. 187-216.

Quaderer, Rupert: Die Gründung des Liechtensteinischen Arbeitnehmerverbandes, in: 75 Jahre Arbeitnehmerverband, hrsg. vom Liechtensteinischem Arbeitnehmerverband, Vaduz 1995, S. 7-18.

Quaderer, Rupert: «Erkenne man doch die flammenden Zeichen der Zeit!» Die Schlossabmachungen vom September 1920, in: Die Schlossabmachungen vom September 1920. Studien und Quellen zur politischen Geschichte des Fürstentums Liechtenstein im frühen 20. Jahrhundert, hrsg. von der Vaterländischen Union, Vaduz 1996, S. 71-93.

Quaderer, Rupert: Ein «Annex Österreichs» oder ein souveräner Staat? Liechtensteins Beziehungen zur Tschechoslowakei nach dem Ersten Weltkrieg, in: Jahrbuch des Historischen Vereins für das Fürstentum Liechtenstein 105 (2006), S. 103-127.

Quaderer-Vogt, Rupert: Von der Krone zum Franken: die Währungsfrage nach dem Ersten Weltkrieg, in: Im Wandel beständig 1861-2011. Festschrift zum 150-Jahr-Jubiläum der Liechtensteinischen Landesbank, Vaduz 2011, S. 49-60.

Quaderer-Vogt, Rupert: Beneš vertrete «einen unserer Aufnahme feindlichen Standpunkt» – Liechtenstein, der Völkerbund und die Tschechoslowakei, in: Liechtensteinische Erinnerungsorte in den böhmischen Ländern, Vaduz 2012, S. 83-122. (Veröffentlichungen der Liechtensteinisch-Tschechischen Historikerkommission, Bd. 1)

Quaderer-Vogt, Rupert: «Die Sehnsucht nach deinem Geld ist unermesslich»: das Fürstenhaus als finanzieller Nothelfer Liechtensteins in den Jahren nach dem Ersten Weltkrieg, in: Das Fürstenhaus, der Staat Liechtenstein und die Tschechoslowakei im 20. Jahrhundert, Vaduz 2013, S. 25-42. (Veröffentlichungen der Liechtensteinisch-Tschechischen Historikerkommission, Bd. 4)

Quaderer-Vogt, Rupert: Liechtenstein und die Tschechoslowakei nach dem ersten Weltkrieg, in: Das Fürstentum Liechtenstein, die böhmischen Länder und die Tschechoslowakei, Vaduz 2013, S. 199-286. (Veröffentlichungen der Liechtensteinisch-Tschechischen Historikerkommission, Bd. 6)

Quaderer-Vogt, Rupert: Bewegte Zeiten in Liechtenstein 1914-1926, 3 Bde., Vaduz-Zürich 2014.

Raton, Pierre: Liechtenstein. Staat und Geschichte, Vaduz 1969.

Rheinberger, Rudolf «... den ärztlichen Beistand unentgeltlich leisten», in: Fabriklerleben. Industriearchäologie und Anthropologie, Vaduz-Zürich 1994, S. 309-322.

Rheinnot in Liechtenstein. Zum 50. Jahrestag der Rheinüberschwemmung von 1927, hrsg. von den Gemeinden Eschen, Gamprin, Mauren, Ruggell, Schaan und Schellenberg, Eschen-Gamprin-Schaan 1977.

Schädler, Albert: Die Thätigkeit des liechtensteinischen Landtages in der Periode von 1901-1911, in: Jahrbuch des Historischen Vereins für das Fürstentum Liechtenstein 12 (1912), S. 5-79.

Schädler, Albert: Die Thätigkeit des liechtensteinischen Landtages in der Periode von 1912 bis 1919, in: Jahrbuch des Historischen Vereins für das Fürstentum Liechtenstein 21 (1921), S. 5-56.

Schädler, Albert: Die Thätigkeit des liechtensteinischen Landtags im 19. Jahrhundert (III. Die Periode 1890-1900), in: Jahrbuch des Historischen Vereins für das Fürstentum Liechtenstein 4 (1904), S. 7-111.

Schild, Heinz: Liechtenstein wurde am Perron stehen gelassen: zu einem nicht realisierten Bahnprojekt zwischen Schaan und Landquart, in: Jahrbuch des Historischen Vereins für das Fürstentum Liechtenstein Bd. 113 (2014), S. 93-106.

Schöpfer, Gerald: Klar und fest. Geschichte des Hauses Liechtenstein, Riegersburg 1996.

Schwalbach, Nicole: Bürgerrecht als Wirtschaftsfaktor: Normen und Praxis der Finanzeinbürgerung in Liechtenstein 1919-1955, Vaduz 2012.

Sulzbacher, Cornelia: Die aussenpolitische Gesandtschaftstätigkeit des liechtensteinischen Gesandten in Österreich Dr. Eduard Prinz von und zu Liechtenstein 1919-1921 (Diplomarbeit Universität Salzburg 1997).

Vogt, Alois: Die Entwicklung der liechtensteinischen Industrie, in: Das Fürstentum Liechtenstein im Wandel der Zeit und im Zeichen seiner Souveränität, Vaduz 1956, S. 101-110.

Vogt, Paul: 125 Jahre Landtag. Vaduz 1987.

Wanger, Harald: «Besser arm in Ehren als reich in Schanden». Das Bild des arbeitenden Menschen in den liechtensteinischen Lesebüchern, in: Fabriklerleben: Industriearchäologie und Anthropologie, Triesen 1994, S. 105-109

Wanger, Harald: Die Regierenden Fürsten von Liechtenstein, Triesen 1995.

Wanner, Gerhard: Die Anfänge des selbständigen Vorarlberg im November 1918, in: Jahrbuch des Historischen Vereins für das Fürstentum Liechtenstein 108 (2009), S. 59-90.

Wenaweser, Emanuel und Harald Wanger: «... so müssen die Industrien vermehrt werden». Industrie in Schaan von den Anfängen bis zur Mitte des 20. Jahrhunderts, Schaan 2000. (DoMuS-Schriftenreihe, Heft 3)

Wilhelm Beck (1885-1936). Ein politisches Leben, hrsg. von der Gemeinde Triesenberg. Triesenberg 2011.

Wille, Herbert: Staat und Kirche im Fürstentum Liechtenstein, Freiburg 1972. (Freiburger Veröffentlichungen auf dem Gebiete von Kirche und Staat Bd. 15)

Wirtschaftskrise, Nationalsozialismus und Krieg: Dokumente zur liechtensteinischen Geschichte zwischen 1928 und 1950, bearb. von Stefan Frey und Lukas Ospelt, hrsg. vom Liechtensteinischen Landesarchiv, Vaduz-Zürich 2011.

Županič, Jan: Das Haus Liechtenstein in Österreich-Ungarn: zur Frage der souveränen Stellung eines aristokratischen Geschlechts, in: Liechtensteinische Erinnerungsorte in den böhmischen Ländern, Vaduz 2012, S. 73-82. (Veröffentlichungen der Liechtensteinisch-Tschechischen Historikerkommission; Bd. 1)

Registerteil

Personen- und Körperschaftenregister

Abraham Gerald Heguerty Furtado, brit. Offizier, Funktionär beim Völkerbund (1884-1964): Dok. 165, 168

Allizé Henri, franz. Diplomat (1860-1930): Dok. 106, 124, 125, 129

Altamira Rafael, Prof., spanischer Jurist und Historiker (1866-1951): Dok. 222

Altwegg Arnold, Schweizer Ingenieur (1874-1937): Dok. 226

Amann Reinold, Bürgermeister von Vaduz (1849-1936): Dok. 196

Amstutz Paul, Schweizer Beamter (1887-1963): Dok. 228

Anderka Hugo, Forstingenieur: Dok. 9

Anderka Karl, Forstingenieur: Dok. 9

Anglo-Österreichische Bank (Anglobank), österr. Bankinstitut (1864-1926): Dok. 146, 158, 179

Anzilotti Dionisio, Prof., italienischer Jurist (1867-1950): Dok. 222

Appellationsgericht, liechtensteinisches in Wien, Fürstl. (1809-1922): Dok. 22, 34, 89, 115, 124, 135, 190

Arbeitsnachweisstelle, Arbeitsvermittlungsstelle des Arbeiterverbands (1921-1924): Dok. 178, 188

Arbenz Armin, Fabrikdirektor Baumwollweberei Jenny, Spörry & Cie. in Triesen (1878-1925): Dok. 66, 88, 128

Assicurazioni Generali, Versicherung (1831-): Dok. 14

Bacciarini Aurelio, Dr. theol., apostolischer Administrator des Tessins, Titularbischof von Daulis (1873-1935): Dok. 157

Baldass Alfred von, Edler, Dr. phil., liecht. Legationsrat in Wien (1891-1960): Dok. 111, 125, 133, 137, 164, 185, 204

Baldauf Johann Georg, Gymnasiast, Soldat (1877-1915): Dok. 231

Balzer Johann Peter Alois, kathol. Geistlicher, Katechet am Töchterinstitut Gutenberg in Balzers (1852-1926): Dok. 109

Bank in Liechtenstein (BiL) (1920-): Dok. 124, 146

Banko Julius, Dr. phil., Kunsthistoriker (1871-1945): Dok. 80

Bargetze Emil, Landtagsabg., Gemeindevorsteher, Wirt, Verwaltungsrat der Sparkasse (1887-1946): Dok. 192

Bargetze Franz Xaver, Landtagsabg., Gemeindevorsteher, Wirt und Posthalter in Triesen (1850-1912): Dok. 34

Bargetze Oskar, Regierungsrat, Gemeindevorsteher in Triesen (1891-1922): Dok. 184

Barmer Bankverein Hinsberg, Fischer & Co., dt. Bankgesellschaft (1867-1932): Dok. 230

Barmherzige Schwestern des hl. Vinzenz von Paul in Zams, sozial-karitativer Frauenorden (1811-): Dok. 7

Basaltstein AG, Steinbruchunternehmen in Buchs (SG) (1925-): Dok. 226

Basler Versicherungs-Gesellschaft (1863-): Dok. 14

Bast Peter Oswald, Pfarrer in Triesen (1883-1960): Dok. 14, 38, 39

Batliner Emil, Landtagsabg., Landratstv., Gemeindevorsteher (1869-1947): Dok. 34, 57, 74, 86, 87, 89, 96, 135, 228

Batliner Felix, Dr. med., Landesphysikus (1881-1933): Dok. 43, 46, 47, 107

Batliner Martin Josef, Lehrer, Oberlehrer (1861-1925): Dok. 18, 45

Bauer Georg, österr. Kaufmann, technischer Leiter der Klassenlotterie in Liechtenstein (1887-): Dok. 228

Bauer Otto, Dr. iur., österr. Politiker (1881-1938): Dok. 125

Bauer Stephan, Dr. iur., österr. bzw. schweiz. Sozialpolitiker (1865-1934): Dok. 31

Beau Jean-Baptiste-Paul, franz. Diplomat (1857-1926): Dok. 65, 70, 111

Beck Andreas, Bruder von Dr. Wilhelm Beck, Gipser, Gründer der «Vertriebsunion Triesenberg» (1886-1937): Dok. 228

Beck Anton, Landwirt, Wegmacher (1870-1952): Dok. 171

Beck Emil, Prof. Dr. iur., Geschäftsträger der liecht. Gesandtschaft in Bern (1888-1973): Dok. 103, 104, 106, 118, 119, 125, 129, 132, 134, 135, 139, 140, 142, 144, 154, 155, 156, 163, 165, 168, 169, 173, 177, 178, 180, 185, 186, 188, 189, 193, 197, 202, 203, 204, 205, 207, 211, 212, 216, 222, 224, 227, 228

Beck Franz Josef, Bauunternehmer (1874-1946): Dok. 228

Beck Franz Josef, Landtagsabg., Gemeindevorsteher in Triesenberg, Landwirt, Wirt (1847-1927): Dok. 57

Beck Franz Josef, US-Auswanderer, Gärtner (1902-1964): Dok. 223

Beck Franz Xaver, Wirt, Viehhändler (1879-1942): Dok. 130

Beck Gottlieb, Fabrikarbeiter, US-Auswanderer (1901-1989): Dok. 223

Beck Johann Gerold, Bauführer/Baumeister (1887-1972): Dok. 115

Beck Johann, Bauingenieur, Auswanderer nach Russland (1858-1918): Dok. 111

Beck Josef, Landtagsabg., Gemeindevorsteher (1847-1915): Dok. 171

Beck Max, Wirt, Mitgründer der «Vertriebsunion Triesenberg» (1867-1953): Dok. 228

Beck Nico, Kaufmann, Hauptbeteiligter im Sparkassaskandal (1896-1984): Dok. 230

Beck Paul, Dr. med., Chefarzt in Walenstadt (1878-1947): Dok. 43

Beck Wilhelm, Dr. iur., Landtagsabg., Regierungsrat, Rechtsanwalt, Treuhänder, Gründer der Christlich-sozialen Volkspartei (1885-1936): Dok. 57, 60, 74, 85, 86, 87, 88, 89, 90, 91, 95, 96, 97, 102, 103, 107, 109, 124, 135, 141, 142, 146, 149, 153, 155, 170, 174, 175, 185, 188, 190, 191, 194, 202, 203, 214, 216, 224, 228

Beck Xaver, Bauer (1880-1951): Dok. 22, 171

Beichmann Frederik, Norwegischer Jurist (1859-1937): Dok. 222

Benedikt XV., Papst (1854-1922): Dok. 157, 161

Beneš Edvard, Tschechoslowakischer Politiker (1884-1948): Dok. 106, 125, 129, 131, 139, 177, 180, 224

Benzer Johann Michael, Dr. iur., österr. Richter (1869-1957): Dok. 230

Berchem Walther von, dt. Gutsbesitzer und Diplomat (1880-1967): Dok. 169

Besson Marius, lic. theol. und Dr. phil., kathol. Bischof von Lausanne, Genf und Freiburg (1876-1945): Dok. 157

Biedermann Otto, Kanzleileiter Landgericht (1889-1941): Dok. 228

Bieler Viktor, Dr. h.c., kathol. Bischof von Sitten (1881-1952): Dok. 157

Bitschnau Josef, Leiter der Finanzbezirksdirektion Vorarlberg und Liechtenstein in Feldkirch: Dok. 93

Blum Carl, Jurist, Landrichter in Vaduz (1848-1920): Dok. 22, 24

Bodenamt zur Durchführung der Bodenreform in der Tschechoslowakei (1919-1935): Dok. 135, 229

Boghitchevitch [Bogićević] Milos, Jurist und serbischer Diplomat (1876-1937): Dok. 173

Böhi Karl, Schweizer Ingenieur, Bauleiter der Internat. Rheinregulierung (1869-1945): Dok. 226

Böhm von Bawenberg Ferdinand, Ritter, Fürstl. Hofrat, stv. Leiter der Hofkanzlei (-1923): Dok. 44, 47, 50

Bonfils Henry, Prof., franz. Jurist (1835-1897): Dok. 173

Boschetto Anton, gefallener österr. Soldat im Ersten Weltkrieg (1893-1916): Dok. 231

Botticelli Sandro, italien. Maler (1445-1510): Dok. 199

Bourbon-Parma Franz Xaver von, Oberhaupt des Hauses Bourbon-Parma (1889-1927): Dok. 71, 87

Bourbon-Parma Sixtus von, Hochadeliger, im 1. Weltkrieg belg. Offizier (1886-1934): Dok. 71, 87

Bourcart Charles-Daniel, Dr. iur., Schweizer Diplomat (1860-1940): Dok. 65, 110, 129, 131, 135, 169, 202, 204

Brender Severin, dt. Musiker und Dirigent, fürstl. Musikdirektor (1889-1960): Dok. 167, 196

Brugger Eugen, dt. Fabrikant (1887-): Dok. 230

Brunhart Alfons, Dr. med., Landtagsabg., Arzt in Schaan (1868-1931): Dok. 34, 42, 107

Brunhart Josef, Landtagsabg., Bauführer, Architekt (1854-1914): Dok. 57

Büchel Basil, 1920 Obmann der Ortsgruppe Feldkirch des Gewerkschaftsverbandes der Postangestellten Deutschösterreichs: Dok. 152

Büchel Emil, Posthalter in Vaduz (1896-1971): Dok. 152

Büchel Johann Baptist d.J., kathol. Priester, Kanonikus, Landtagsabg., Historiker (1853-1927): Dok. 18, 23, 30, 32, 33, 39, 43, 45, 69, 79, 86, 87, 109, 135, 146, 183, 210

Büchel Johann Isidor, Betreiber einer Auswanderungsagentur in Buchs: Dok. 25

Büchel Johann, Landtagsabg., Gemeindevorsteher (1869-1930) : Dok. 203

Büchel Josef, Pfarrer in Schaan (1877-1938): Dok. 40

Büchel Peter, Landtagsabg., Regierungsrat, Landwirt (1872-1958): Dok. 86, 135, 172, 174, 175, 194, 219, 220, 228

Büchel Wilhelm, US-Auswanderer (1874-1948): Dok. 25

Budschedl Ignaz, Dr. iur., Rechtsanwalt in Innsbruck: Dok. 230

Budwinski Adam, Freiherr, Dr. iur., österr. Jurist (1845-1900): Dok. 173

Burgmayer Gustav, Pfr. in Triesenberg und Mauren (1846-1920): Dok. 37

Burián von Rajecz Stephan, österr.-ungar. Politiker (1851-1922): Dok. 161

Bürkler Robert, Dr. theol. h.c., kathol. Bischof von St. Gallen (1863-1930): Dok. 157

Call zu Rosenburg und Kulmbach Friedrich von, Dr. iur., österr. Jurist, Präsident des Oberlandesgerichts Innsbruck (1854-1917): Dok. 43

Calligaris Ludwig, Dr. iur., Regierungsrat, Beamter bei der österr.-ungar. Bank: Dok. 135

Calonder Felix, Dr. iur., Schweizer Bundesrat (1863-1952): Dok. 88, 110, 132, 134, 202

Carbone Rudolf, Schweizer Kaufmann, Hauptbeteiligter im Sparkassaprozess (1900-): Dok. 230

Cecil Robert, brit. Politiker und Diplomat (1864-1958): Dok. 165, 168

Centrofag (Central-Europäische Finanz-Aktien-Gesellschaft), Sitz in Vaduz, Zweck Durchführung der Klassenlotterie (1926-1926): Dok. 220

Christlich-soziale Volkspartei (VP) (1918-1936): Dok. 77, 79, 85, 87, 97, 100, 102, 103, 105, 115, 138, 142, 146, 148, 149, 150, 151, 159, 172, 174, 175, 192, 204, 214, 219, 224

Clemenceau Georges, franz. Politiker (1841-1929): Dok. 71, 111, 125

Cornet Johann, österr. Beamter, Bezirkshauptmann von Bludenz, Leiter der Bezirkshauptmannschaft Feldkirch: Dok. 93

Cunard Line, brit. Reederei (1839-): Dok. 25

De Florin Johannes, Pfr. in Schaan und Vaduz (1856-1932): Dok. 30, 187, 189

Decoppet Camille, lic.iur., Schweizer Bundesrat (1862-1925): Dok. 65, 88

Delaquis Ernst, Prof. Dr. iur., Schweizer Jurist und Beamter (1878-1951): Dok. 202

Dent Francis Henry, Sir, brit. Eisenbahnmanager (1866-1955): Dok. 131

Déteindre Gerold F., 1912-1921 Schweizer Honorarkonsul in Prag (-1940): Dok. 177, 180, 205

Dinichert Paul, Schweizer Diplomat (1878-1954): Dok. 177, 202, 204, 206

Ditscher Friedrich, Dr. iur., Rechtsanwalt in St. Gallen (1877-1956): Dok. 230

Doka Carl, Ingenieur bei der Rheinbauleitung (1861-1937): Dok. 226

Domänenverwaltung, Fürstl. in Vaduz, Verwaltungsbehörde für die fürstl. Privateinkünfte in Liechtenstein (1862-): Dok. 46, 87, 92, 102, 124, 146, 149, 170, 181

Donau Versicherung, k.u.k. Brandversicherungsanstalt (1824-): Dok. 15

Drummond Eric, 16. Earl of Perth, brit. Politiker und Diplomat (1876-1951): Dok. 156

Dutasta Paul-Arnaud, franz. Diplomat (1873-1925): Dok. 88

Eberl Franz Xaver Josef, Dipl. Ing., österr. Gewerbebeamter (1876-1966): Dok. 31

Eberle Viktor, Angestellter in der Regierungskanzlei, Landgerichtskanzlist in Vaduz (1888-1982): Dok. 221

Ehrenbauer Paul Gottlieb, gefallener Soldat (1895-1914): Dok. 4, 82, 231

Eidg. Fabrikinspektorat (1877-): Dok. 211, 218

Einem William von, österr. Offizier und Diplomat, 1914-1918 Militärattaché in Bern (1871-1944): Dok. 71

Elektrizitätswerk der Stadt Zürich (EWZ) (1890-): Dok. 42

Ender Arthur, Dr. iur., österr. Jurist, Rechtsanwalt in Feldkirch (1891-1967): Dok. 109, 230

Ender Olivier, österr. Jurist. Richter am Bezirksgericht Feldkirch (1858-): Dok. 43

Ender Otto, österr. Politiker, Landeshauptmann, Bundeskanzler (1875-1960): Dok. 93, 146, 226

Erdödy Thomas (Tamás) von, österr.-ungar. Offizier (1886-1931): Dok. 71

Erne (Erni) Arnold, Jäger (1864-1921): Dok. 39

Erne Franz (Josef), Dr. iur., österr. Richter, teilw. in Vaduz (1878-1965): Dok. 43, 59

Erzberger Matthias, dt. Politiker und Diplomat (1875-1921): Dok. 85, 161

Falk Jakob, Landtagsabg., Gemeindevorsteher in Schaan (1852-1931): Dok. 4

Fauchille Paul, franz. Jurist (1858-1926): Dok. 173

Federa Andreas, österr. Beamter, Leiter der Finanzbezirksdirektion Feldkirch: Dok. 43

Feger Alfons, Hofkaplan in Vaduz (1889-1938): Dok. 145, 146, 155, 161, 227

Feger Alfons, prov. Regierungschef, Regierungschef-Stv., Landtagsabg., Lehrer, Oberlehrer (1856-1933): Dok. 17, 27, 42, 45, 57, 191, 192, 209, 211, 216

Feger Guido, Sekretär der Liechtensteinischen Wirtschaftskammer, Treuhänder (1893-1976): Dok. 228

Feger Walter, Briefmarkenhändler (1896-1983): Dok. 171

Feldscher Peter Anton, Dr. iur., Schweizer Diplomat (1889-1979): Dok. 177, 180, 193, 197, 202, 227

Ferdinand II., Kaiser, Röm.-dt. Kaiser aus dem Hause Habsburg (1578-1637): Dok. 139

Ferrari Rudolf von, österr. Beamter, Bezirkshauptmann von Feldkirch (1856-1936): Dok. 43

Finanzkommission des Landtags (1862-): Dok. 5, 15, 17, 18, 24, 27, 43, 57, 74, 85, 104, 106, 129, 135, 152, 154, 175, 190, 191, 222, 224, 228

Finlay Robert, brit. Arzt und Jurist, Richter am Ständigen Internationalen Gerichtshof in Den Haag (1842-1929): Dok. 222

Fischer Franz Paul, dt. Kaufmann, eingebürgert in Vaduz (1865-1957): Dok. 55, 111

Flieder Robert, tschechoslowak. Diplomat, Geschäftsträger in Wien (1883-1957): Dok. 125, 129

Flotow Ludwig von, Freiherr, Dr. iur., österr.-ungar. Diplomat (1867-1948): Dok. 161

Fontarce Renato de, Gesandter des Fürstentums Monaco beim Heiligen Stuhl: Dok. 224

Forstamt, Liechtensteinisches (ab 1838): Dok. 9, 22

Fortschrittliche Bürgerpartei (FBP) (1918-): Dok. 77, 97, 100, 103, 105, 138, 142, 146, 148, 149, 151, 172, 174, 192, 214, 219, 228

Frank Anton, dt. Kunstmaler, Restaurator (1881-1913): Dok. 30

Franz Joseph I., Kaiser von Österreich und Ungarn (1830-1916): Dok. 68

Friak Karl, fürstl. Jäger in Vaduz: Dok. 22

Frick Alexander, Kriegsfreiwilliger in der österr.-ungar. Armee (1876-1914): Dok. 231

Frick Alois, Kriegsfreiwilliger in der österr.-ungar. Armee (1889-1914): Dok. 47, 231

Frick Alois, Landtagsabg., Regierungsrat (1879-1973): Dok. 171, 174, 220

Frick Robert, als Saisonarbeiter in Österreich, Bauhandwerker, später Inhaber einer Baumaterialien-Handlung (1889-1944): Dok. 60

Fritz Josef Edelbert, österr. Zollbeamter (-1952): Dok. 22, 46, 47

Frommelt Anton, Kanonikus, Regierungsrat, Landtagsabg., Künstler (1895-1975): Dok. 213

Frommelt Josef, stv. Landtagsabg. Lehrer, Oberlehrer (1861-1924): Dok. 23, 45

Fugger von Babenhausen Karl Ludwig, Fürst, dt. Aristokrat (1829-1906): Dok. 173

Fussenegger Arnold, Österreicher, Dipl.-Ing. Ingenieur- und Geometer (1876-): Dok. 42

Gabathuler Johann Jakob, Ing., Dr. h.c., Schweizer Politiker (1883-1958): Dok. 206

Gächter Josef, gefallener Soldat (1883-1914): Dok. 231

Gassner Arnold, Postmeister in Triesenberg, Leiter der Markenverschleissstelle (1893-1960): Dok. 115, 171

Gassner Eugen, Landwirt. 1927-1934 nach Amerika ausgewandert, 1934 nach Deutschland (1895-1978): Dok. 223

Gassner Franz Xaver, Oberlehrer (1874-1940): Dok. 221

Gassner Josef, Dr. iur., österr. Staatsbürger mit lie. Abstammung (1894-1945): Dok. 146

Gassner Josef, Landtagsabg., Gemeindevorsteher, Landwirt (1876-1951): Dok. 85, 172, 175, 192, 194, 202

Gassner Luzius, Gemeindevorsteher, stv. Landtagsabg. (1849-1929): Dok. 39

Gebrüder Rosenthal, Fabrikantenfamilie aus Hohenems (1833-): Dok. 20, 65, 128, 162

Geier Friedrich, Baron, Dr. iur. (1870-): Dok. 224

Gerliczy Felix, Dr. rer. pol., Graf, österr.-ungar. Diplomat (Legationssekretär) (1885-1954): Dok. 222

Gesandtschaft in Bern, Fürstl. Liechtenst. (1919-1933): Dok. 103, 106, 108, 111, 116, 118, 120, 124, 125, 131, 132, 134, 135, 139, 140, 144, 154, 155, 163, 165, 168, 169, 173, 177, 178, 180, 185, 186, 189, 193, 197, 202, 203, 204, 205, 209, 211, 212, 216, 222, 223, 227

Gesandtschaft in Wien, Fürstl. Liechtenst. (1919-1923): Dok. 78, 92, 103, 106, 108, 110, 111, 112, 113, 119, 120, 121, 124, 125, 128, 129, 131, 133, 134, 135, 137, 138, 139, 141, 143, 144, 146, 149, 151, 152, 153, 154, 155, 163, 164, 166, 168, 169, 173, 177, 185, 188, 193, 195, 204, 222, 224

Girak [-Seger] Paula, durch Heirat Österreicherin, Zuckerchemikerin (1892-1958): Dok. 47

Glahn John von (van), Dr., Physiker, gab seinen Namen zur Gründung der Firma Dr. John von Glahn & Cie. (1889-): Dok. 220, 228

Gmür Hans, Dr. iur., Jurist, st. gall. Staatsschreiber (1888-1975): Dok. 215

Gohm Anton, Bürgermeister von Feldkirch (1878-1955): Dok. 93

Goldfinger Oskar, Dr., österr.-ungar. Kaufmann (1871-): Dok. 230

Goluchowski Agenor Maria Adam von, Graf, österr. Diplomat und Politiker (1849-1921): Dok. 2, 3, 12

Göring Peter, Pensionär, eingebürgert in Vaduz (1852-1927): Dok. 47

Gosling Cecil, brit. Diplomat (1870-1940): Dok. 131

Goumoëns Eduard von, Schweizer Industrieller. Direktor des eidgenössischen Ernährungsamts (1874-1959): Dok. 88, 99

Greisenegger Ignaz, Dr., Assistent an der Lebensmitteluntersuchungsanstalt des Landes Vorarlberg: Dok. 26

Grey Edward, brit. Diplomat und Politiker (1862-1933): Dok. 54, 58, 111

Griesser Anton, Fabrikschlosser, gefallener Soldat (1895-1917): Dok. 231

Groenebaum Franz, dt. Geschäftsmann, Direktor der Centrofag (1889-): Dok. 228

Gruber Josef, gefallener Soldat (1891-1918): Dok. 231

Grünau Kurt von, Freiherr, Dr., dt. Beamter, Geschäftsmann (1871-1939): Dok. 228

Grünberger Alfred, Dr. iur., österr. Beamter, Diplomat und Politiker (1875-1935): Dok. 204

Grünenfelder Emil, lic. iur., Schweizer Rechtsanwalt und Politiker (1873-1971): Dok. 88, 95, 170

Grüsser Josef Paul, dt. Kaufmann, Kommerzienrat (1873-): Dok. 228

Gschwenter Josef, Soldat, gestorben in russischer Kriegsgefangenschaft (1879-1915): Dok. 231

Gstöhl Johann, Gemeindevorsteher, Landtagsabg. in Eschen, Wirt, stv. Landtagsabg. (1842-1932): Dok. 7, 10

Gstrein Alois, österr. Architekt, Baumeister. Leiter der Bauarbeiten bei der Restaurierung von Schloss Vaduz (1869-1945): Dok. 30, 46

Gubelmann Felix, Landtagsabg., Regierungsrat, provisorischer Regierungschef, Gemeindevorsteher, Landwirt (1880-1929): Dok. 192, 194, 203

Guntli Eduard, Dr. iur., Schweizer Politiker, Rechtsanwalt (1872-1933): Dok. 230

Gutenberg, Töchterinstitut (1873-1935): Dok. 23, 32, 109

Hackenitz Heinrich, Holländischer Spediteur (1885-): Dok. 228

Hackethal Louis, dt. Beamter, Erfinder (1836-1911): Dok. 10

Haesters Albert, dt. Volksschullehrer, Schulbuchautor (1812-1883): Dok. 45

Hagen Robert, gefallener Soldat (1897-1918): Dok. 231

Hämmerle Martin, Dr. iur., österr. Jurist, Richter (1862-1953): Dok. 24, 34

Hammersteiner Weberei und Spinnerei AG, Textilunternehmen mit Sitz in Wien, 1918-1923 Zweigbetrieb in Vaduz (1911-1936): Dok. 162

Hampe Hermann von, Edler, Dr. iur., Fürstl. Beamter, Leiter der Hofkanzlei (1837-1922): Dok. 2, 3, 8, 13, 22, 27, 29, 34, 43, 44, 49, 52, 59, 65, 68, 78, 86, 89, 106, 110, 124

Hardegg Max von, österr. Gutsbesitzer und Politiker (1870-1945): Dok. 43

Hardt-Stremayer, Dr., österr. Beamter: Dok. 133, 137

Harmoniemusik Balzers (1882-): Dok. 32, 33

Harmoniemusik Gamprin (1888-): Dok. 32

Harmoniemusik Mauren (1870-): Dok. 32

Harmoniemusik Schaan (1868-): Dok. 32

Harmoniemusik Triesen (1862-) : Dok. 32

Harmoniemusik Triesenberg (1904-): Dok. 32, 223

Harmoniemusik Vaduz (1863-): Dok. 30, 32

Hartmann Julius, Forstmeister, Leiter Domänenverwaltung Vaduz (1873-1953): Dok. 19, 22, 30, 81, 181, 196

Hartmann Karl, Kassaverwalter in Vaduz (1871-1961): Dok. 19, 196

Hasler Felix, Landwirt, Schlosser, Delegierter der Volkspartei bei den «Schlossverhandlungen» vom Sept. 1920 (1888-1966): Dok. 174

Hasler Johann Georg, Landwirt, Armenhausverwalter (1868-1912): Dok. 7
Hasler Johann, Landtagsabg., Gemeindevorsteher (1859-1934): Dok. 57, 136, 172, 174
Hasler Ludwig, Regierungssekretär, Steuerkommissär, Treuhänder (1897-1953): Dok. 146
Hasler Otto Stefan, Postbediensteter, Landwirt (1903-1970): Dok. 152
Hassler Andreas, Gemeindevorsteher (1866-1915): Dok. 35
Haus von Hausen Karl, Freiherr, Landesverweser (1823-1889): Dok. 85
Hauser Fridolin, Pfarrer in Triesen, Domherr (1878-1956): Dok. 39
Häusle Gottlieb, Soldat (1885-1914): Dok. 231
Hausmann von Stetten Gaston, Freiherr, österr. Polizeibeamter (1875-1931): Dok. 91, 93, 147
Hauswirth Rudolf, Fürstl. Beamter, Kabinettssekretär: Dok. 61
Heeb Kilian, Dir., Direktor Liechtensteinische Kraftwerke (1895-1969): Dok. 228
Heidler von Egeregg und Syrgenstein Karl von, Freiherr, österr.-ungar. Diplomat (1848-1917): Dok. 13
Hemmerle Albert, Arbeiter, Landwirt und Kupferschmied in Vaduz (1895-1957): Dok. 111
Hennet Leopold, Freiherr von, Dr. iur., österr. Landwirtschafts- und Aussenminister (1876-1950): Dok. 204
Hermann Gabriel, Schneider, Briefträger (1873-1935): Dok. 152
Hiener Gabriel, Landestechniker (1854-1942): Dok. 1, 10, 30, 107
Hilti [Hilty] Josef, Baumeister: Dok. 225
Hilti Josef, stv. Landtagsabgeordneter, Metzger (1867-1935): Dok. 230
Hilti Lorenz, Baumeister (1883-1931): Dok. 107, 226
Hilty Gust (Augustin), Malermeister: Dok. 196
Hinsberg Theodor, dt. Bankier (1859-1934): Dok. 228

Historischer Verein für das Fürstentum Liechtenstein (1901-): Dok. 79
Hladil Karl, tschech. Refraktär in Zürich: Dok. 83
Hobi Emil, Dr. iur., Rechtsanwalt, Mitglied der VBI (1893-?): Dok. 228
Hobza Anton, tschech. Jurist (1876-1954): Dok. 139
Hoffmann Arthur, Dr. iur., schweiz. Bundesrat (1857-1927): Dok. 65, 86
Hoffmann Hans, österr. Postbediensteter. Postmeister in Eschen (1916-1920): Dok. 152
Hofkanzlei, Fürstl. Liechtenst., zentrales Leitungsorgan der Verwaltung in Wien (1720-1933): Dok. 2, 3, 5, 8, 13, 27, 29, 34, 43, 44, 46, 47, 49, 50, 52, 59, 60, 61, 64, 65, 67, 68, 76, 78, 80, 89, 103, 106, 110, 111, 124, 129, 131, 134, 135, 146, 164, 173, 189, 204
Hoheisel Konrad, österr. Postfachmann (1862-1930): Dok. 112
Hold-Ferneck Alexander, Prof. Dr. iur., Jurist, Professor (1875-1955): Dok. 49, 124
Hoop Arnold, Jagdaufseher, Waldhirt, Bauer (1877-1940): Dok. 81, 228
Hoop Franz Josef, Landtagsabg., Gemeindevorsteher Ruggell (1861-1925): Dok. 17, 57, 135
Hoop Josef, Dr. phil. Dr. iur., Regierungschef, Landtagspräsident (1895-1959): Dok. 173, 188, 192, 195, 204
Huber E., Dr. iur. Rechtsanwalt in Walenstadt: Dok. 132
Huber Emil, Dr. iur., Rechtsanwalt in Zürich (1879-1938): Dok. 228
Huber Johannes, schweiz. Nationalrat, Rechtsanwalt (1879-1948): Dok. 221, 230
Huber Max, Prof. Dr. iur., Schweizer Jurist (1874-1960): Dok. 222
Hudeczek Karl, Dr. iur., österr. Diplomat (1889-1971): Dok. 133
Hug [N.N.], Dr. iur., Advokat in St. Gallen: Dok. 221
Hummel [N.N.], Dr., österr. Beamter.: Dok. 133

Hungerbühler Hans, Gärtner, Bibelforscher (1903-?): Dok. 221
Hussa (Husza) Zdenko, fürstl. Beamter: Dok. 43
Hye von Glunek Anton, Freiherr, Dr. iur., österr. Jurist (1807-1894): Dok. 173
Hymans Paul, Dr. iur., belg. Politiker (1865-1941): Dok. 168
Imhof Leopold von, Landesverweser Österreicher (1869-1922): Dok. 18, 44, 46, 47, 49, 51, 55, 56, 59, 61, 62, 64, 65, 66, 67, 68, 69, 70, 71, 73, 74, 75, 76, 78, 79, 80, 81, 83, 85, 86, 87, 88, 89, 92, 94, 100, 111, 124, 161, 191
Immer Arthur, Schweizer Beamter: Dok. 202
In der Maur auf Stehlburg Gilbert von, Sohn des Landesverwesers (1887-1959): Dok. 43
In der Maur auf Strelburg Karl von, Landesverweser (1852-1913): Dok. 1, 5, 6, 7, 8, 10, 11, 12, 13, 14, 15, 16, 17, 18, 21, 22, 23, 24, 25, 26, 27, 29, 30, 31, 32, 33, 34, 35, 36, 39, 40, 41, 42, 43, 44, 47, 189, 191
Internationale Vereinigung für gesetzlichen Arbeiterschutz (1900-): Dok. 31
Ippen Theodor, österr. Diplomat (1861-1935): Dok. 106, 119, 131, 133, 173
Irlinger, Sekretär Verband für Fremdenverkehr in Vorarlberg und Liechtenstein: Dok. 21
Isler Ernst, Dr. phil., Eidg. Fabrikinspektor (1876-1965): Dok. 211
Ivasku Luzian, Hauptmann, Bahnhofskommandant in Feldkirch: Dok. 71
Jäger Maximilian, Dr. iur., Schweizer Diplomat (1884-1958): Dok. 227
Jahoda Josef, Dr. iur., österr. Jurist: Dok. 34, 89
Jardine John, Sir, brit. Politiker (1844-1919): Dok. 54
Jehle Theodor, Flaschnermeister, Wirt (1853-1929): Dok. 196
Jenny Fritz, Textilfabrikant (1856-1923): Dok. 88

Jenny, Spoerry & Cie, Textilunternehmen, u.a. in Triesen und Vaduz (1863-1992): Dok. 1, 20, 66, 111, 123, 128, 203, 211, 218
Johler Wilhelm, Schmied, Soldat (1882-1918): Dok. 231
Jovanovic Mihailo, Jugoslawischer Jurist (1855-1944): Dok. 222
Juffmann Alois, Dr. jur., österr. Jurist: Dok. 43
Justus Alexander, Kaufmann (1872-?): Dok. 230
k.k. Finanzwache, 1920 Umbenennung zu Zollwache (1830-2004): Dok. 46, 119, 122
k.k. Gewerbeinspektorat für Vorarlberg (1906-): Dok. 20, 31, 211
k.k. priv. Vorarlberger Bahn (1871-): Dok. 137
k.k. Staatsbahnen (1884-1918): Dok. 13, 206
k.k. Statthalterei für Tirol und Vorarlberg in Innsbruck, oberste allg. Verwaltungsbehörde für die Länder Tirol und Vorarlberg (1850-1918): Dok. 25, 26, 62, 93
k.k. Telegraphen-Korrespondenz-Bureau, österr. Nachrichtenagentur (1859-): Dok. 135
Kabinettskanzlei des regierenden Fürsten von Liechtenstein, persönl. Sekretariat (1919-1984): Dok. 61, 68, 124, 143, 149, 155, 159, 160, 164, 168, 170, 177, 179, 180, 181, 183, 184, 185, 191, 192, 202, 203, 204, 205, 208, 216, 222, 224
Kadlec Karel, Prof. Dr. iur., tschech. Jurist (1865-1928): Dok. 139
Kaiser Jakob, Landtagsabg., Gemeindevorsteher (1840-1920): Dok. 17, 34
Kaiser Karl, Landtagsabg., Gemeindevorsteher (1866-1935): Dok. 90, 194, 203
Kaiser Peter, Rektor, Pädagoge, Historiker, Politiker (1793-1864): Dok. 103, 190
Kaiser Werner, Dr. iur., Schweizer Jurist und Politiker (1868-1926): Dok. 202

Kalisyndikat GmbH, dt. Wirtschaftskartell der Kali-Industrie (1910-1919): Dok. 120

Kameradschaftsbund in Liechtenstein, Vereinigung ehemaliger Soldaten im Ersten Weltkrieg (1932-1964): Dok. 231

Kaplan Victor, Dr., fürstl. Justizrat: Dok. 180, 205

Karl I., Kaiser von Österreich (1887-1922): Dok. 71, 86, 87, 92

Karl VI., röm.-dt. Kaiser (1685-1740): Dok. 32, 165

Kaufmann Franz, Dr., Schweizer Beamter (1859-1939): Dok. 211

Kaufmann Friedrich, Kunstmaler, Maler (1892-1972): Dok. 167

Kaufmann Jakob, Oberlehrer (1873-1954): Dok. 19

Kessler Markus, Landtagsabg., erster Landrichter in Vaduz (1823-1880): Dok. 206

Kienböck Viktor, Dr. iur., österr. Finanzminister (1873-1956): Dok. 227

Kind Lorenz, Landrat, Landtagsabg., Gemeindevorsteher (1852-1918): Dok. 13, 17, 85

Kindle Emil, Kriegsfreiwilliger: Dok. 47

Kindle Georg, Oberlehrer (1881-1955): Dok. 193

Kindle Oswald, Baumeister (1888-1965): Dok. 178

Kirchenchor Gamprin (1865-): Dok. 32

Kirchenchor Mauren (1844-): Dok. 32

Kircher Felix, österr. Musiker (1874-1963): Dok. 32

Klassenlotterie in Liechtenstein (1925-1926): Dok. 220, 228

Klebelsberg zu Thumburg Emil von, österr. Beamter: Dok. 43

Klein Franz, Dr. iur., österr. Jurist und Politiker (1854-1926): Dok. 12, 108

Klein Gottfried, Dr., österr. Beamter: Dok. 173

Klingler Heinrich, Arbeiter (1879-): Dok. 221

Klüber Johann Ludwig, Prof. Dr. iur., dt. Staatsrechtslehrer (1762-1837): Dok. 111, 173

Kolowrat Hans von, Graf: Dok. 125, 129, 131

Konzett Florian, Fabrikarbeiter (1897-1918): Dok. 231

Kranz Alphons, Lehrer, Politiker, Redaktor Liechtensteiner Volksblatt (1893-1966): Dok. 228

Krasser Josef Maria, Ing., Direktor der Versuchs- und Lebensmitteluntersuchungsanstalt in Bregenz: Dok. 26

Krčmář Jan, Prof. Dr. iur., tschech. Jurist (1877-1950): Dok. 139

Kresl [N.N.], 1919 Leiter der fürstl. Güterdirektion: Dok. 125

Kronik Leopold, Briefmarkenexperte in Wien: Dok. 171

Kuen Peter Paul, Oberförster (1848-1925): Dok. 196

Kunz Adolf, Schweizer Offizier (1877-1959): Dok. 88

Lampert Johann, Pomologe (1871-1935): Dok. 38

Landesausschuss des Landtags (1862-): Dok. 13, 17, 29, 42, 44, 102, 138, 142, 170, 175

Landeskasse der Landesverwaltung (1854-): Dok. 17, 46, 98, 102, 142, 153, 170, 175, 220, 228

Landesnotstandskommission (1914-1920): Dok. 57, 75, 98, 99

Landesrüfenkommission (1899-): Dok. 81

Landesschule (1858-1952): Dok. 18, 23, 32, 45

Landesschulrat (1869-1971): Dok. 18, 23, 102, 142, 170, 175, 183, 192

Landesvikariat, bischöfliches (1850-1971): Dok. 210

Landgericht (1862-): Dok. 1, 10, 22, 34, 59, 64, 67, 85, 92, 102, 109, 135, 146, 170, 175, 182, 190, 193, 215, 220, 221, 228, 230

Landmann Julius, Prof. Dr., Schweizer Nationalökonom (1877-1931): Dok. 135, 198, 203

Lardy Charles Louis Etienne, Dr., Schweizer Diplomat (1875-1939): Dok. 88, 134

Laternser Albin, Dipl. Ing., (1887-): Dok. 36

Laternser-Weber Martha, (1891-): Dok. 36
Lawenawerk (Landeswerk Lawena) (1923-1947): Dok. 42, 53, 100, 228
Lehner Ida, Zentralsekretärin der kathol. Arbeiterinnenvereine in der Schweiz (1873-1933): Dok. 145
Leipziger Feuer-Versicherungs-Anstalt (1819-): Dok. 15
Lemière Gaston Julius (1897-1917): Dok. 231
Lemière Leo Josef (1896-1917): Dok. 231
Leo XIII., Papst (1810-1903): Dok. 157
Liechtenstein
Alfred Alois von, österr. Politiker (1842-1907): Dok. 6, 12, 48
Liechtenstein Alfred von, interimistischer Regierungschef (1875-1930): Dok. 48
Liechtenstein Alois II. von, reg. Fürst (1796-1858): Dok. 12
Liechtenstein Alois von, österr. Offizier, Vater von Fürst Franz Josef II. (1869-1955): Dok. 6, 12, 48, 106, 125, 131, 161, 177, 201, 222
Liechtenstein Aloys (Alois) von, österr., christlichsoz. Politiker (1846-1920): Dok. 48
Liechtenstein Eduard von, Dr. iur., Diplomat, Gesandter in Wien (1872-1951): Dok. 32, 43, 49, 102, 104, 106, 108, 110, 111, 112, 113, 118, 119, 120, 121, 124, 125, 128, 129, 131, 132, 133, 134, 135, 138, 139, 141, 142, 144, 146, 148, 149, 151, 153, 154, 155, 156, 161, 164, 168, 169, 173, 177, 202, 203, 204, 207, 224
Liechtenstein Elisabeth Amalie von, Erzherzogin von Österreich (1878-1960): Dok. 6
Liechtenstein Ferdinand von (1901-1981): Dok. 32
Liechtenstein Franz I. von, reg. Fürst, österr. Diplomat (1852-1938): Dok. 12, 30, 43, 48, 68, 115, 124, 125, 141, 161, 165, 183, 185, 201, 202, 204, 205, 222, 224
Liechtenstein Franz von (1868-1929): Dok. 12, 48, 111
Liechtenstein Franziska von (1866-1939): Dok. 12

Liechtenstein Friedrich von, österr. Offizier (1871-1959): Dok. 9
Liechtenstein Heinrich, österr. Offizier (1877-1915): Dok. 48, 231
Liechtenstein Henriette von (1843-1931): Dok. 12
Liechtenstein Johann Adam I. von, reg. Fürst (1657-1712): Dok. 32
Liechtenstein Johann I. von, reg. Fürst (1760-1836): Dok. 121
Liechtenstein Johann II. von, reg. Fürst (1840-1929): Dok. 2, 3, 6, 9, 11, 12, 13, 14, 17, 23, 30, 32, 33, 37, 38, 39, 42, 43, 44, 45, 46, 47, 49, 50, 51, 52, 54, 61, 63, 64, 68, 69, 77, 79, 80, 85, 86, 87, 89, 92, 94, 96, 99, 100, 104, 105, 106, 107, 108, 110, 113, 115, 118, 121, 124, 125, 129, 132, 135, 138, 139, 140, 141, 142, 144, 146, 148, 149, 151, 153, 154, 155, 159, 160, 161, 164, 166, 167, 168, 170, 171, 172, 173, 174, 175, 176, 177, 179, 180, 181, 183, 184, 185, 186, 188, 191, 192, 196, 198, 199, 201, 202, 203, 204, 205, 208, 209, 216, 222, 223, 224, 229
Liechtenstein Johannes von (1899-1979): Dok. 32
Liechtenstein Johannes von, Fregattenkapitän (1873-1959): Dok. 48, 155
Liechtenstein Karl I. von, reg. Fürst (1569-1627): Dok. 139
Liechtenstein Karl von, 1918-1920 Landesverweser in Vaduz (1878-1955): Dok. 32, 93, 94, 96, 98, 99, 100, 102, 104, 107, 108, 110, 111, 113, 116, 118, 119, 121, 124, 125, 128, 129, 131, 133, 134, 135, 138, 140, 142, 144, 146, 147, 148, 149, 151, 155, 156, 158, 160, 164, 169, 177, 199, 202, 224
Liechtenstein Maria Therese von (1871-1964): Dok. 12
Liechtenstein Rudolf von, österr.-ungar. Offizier, Oberthofmeister (1838-1908): Dok. 12
Liechtenstein Therese von, Schwester von Fürst Johann II. (1850-1938): Dok. 12, 165

Liechtensteiner Verein St. Gallen (1914-): Dok. 58, 101
Liechtensteinische Grenzwache (1917-1923): Dok. 111, 200
Liechtensteinische Landesbank (LLB) (1861-): Dok. 159, 220, 228, 230
Liechtensteinischer Arbeiterverband (1920-): Dok. 178, 181, 188
Liechtensteinischer Bauernbund (1919-1922): Dok. 130
Liechtensteinischer Bauernverein (1922-): Dok. 130
Liechtensteinischer landwirtschaftlicher Verein (1885-1922): Dok. 8, 17, 130
Liechtensteinisches Priesterkapitel (1850-1970): Dok. 210
Lindley Francis Oswald, Sir, brit. Diplomat (1872-1950): Dok. 129, 131
Lloyd Österreich (Lloyd Austriaco), österr.-ungar. Schifffahrtsgesellschaft (1833-): Dok. 25
Loder Bernard, Dr. iur., niederländ. Jurist, Richter am Internationalen Gerichtshof in Den Haag (1849-1935): Dok. 222
Lorenz Jacob, Prof. Dr. rer. pol., Schweizer Ökonom (1883-1946): Dok. 206, 207
Lorenzi Josef Sigismund, österr. Deserteur: Dok. 64, 67
Lorenzini Rudolf, Soldat (1884-1914): Dok. 231
Lowther James, Dr., brit. Politiker (1855-1949): Dok. 54
Lucke Rudolf, österr. Offizier: Dok. 71
Lüdinghausen Otto von, gen. Wolf, Freiherr, Dr., dt. Rechtsanwalt (1881-): Dok. 228
Luzius (Heiliger), Churer Bistumspatron: Dok. 183, 212
Mächler Albert, Dr. iur., Rechtsanwalt, Regierungsrat in St. Gallen (1868-1937): Dok. 228
Mäder Emil, Dr. med. vet., St. Galler Politiker, Regierungsrat (1875-1936): Dok. 215
Maglione Luigi, Dr., ital. Kardinal (1877-1944): Dok. 224
Maier Johann Georg, Postmeister (1860-): Dok. 19, 152

Manassei di Collestatte Paolo, Graf, Gesandter der Republik San Marino beim Heiligen Stuhl: Dok. 224
Männerchor Balzers (1875-): Dok. 32
Männerchor Eschen (1868-): Dok. 32
Männerchor Nendeln (1891-): Dok. 32
Männergesangverein-Kirchenchor Triesenberg (1898-): Dok. 32
Männerkirchenchor Schaan (1870-): Dok. 32
Männerkirchenchor Triesen (1868-): Dok. 32
Mannlicher Ferdinand von, Ritter, Ing., österr. Waffenkonstrukteur (1848-1904): Dok. 88, 90
Maria Pietro di, vatikan. Diplomat (1865-1937): Dok. 224
Mariétan Joseph-Tobie, Dr. phil., Abt von Saint-Maurice (1874-1943): Dok. 157
Marock (Marok) Urban, Pfarrer in Triesen (1873-1922): Dok. 82,
Marogg Augustin, Landtagsabg. (1882-1944): Dok. 181, 188, 194, 203
Martens Georg Friedrich von, Prof. Dr. iur., dt. Natur- und Völkerrechtler, Diplomat (1756-1821): Dok. 173
Martin Josef, fürstl. Kabinettsdirektor (1874-1955): Dok. 120, 149, 159, 160, 164, 167,170, 172, 177, 179, 180, 181, 183, 184, 185, 191, 203, 204, 205, 208, 224
Marxer Franz Josef, Regierungsrat, Landtagsabg., Gemeindevorsteher in Eschen (1871-1958): Dok. 34, 57, 74, 86, 87, 88, 89, 90, 96, 135, 175, 184, 202, 228
Marxer Georg, Dr. theol., Kanonikus, Landesvikar, Pfarrer in Schaan und später in Vaduz (1874-1954): Dok. 210, 221
Marxer Josef, Briefträger in Eschen (1889-1953): Dok. 152
Marxer Ludwig, Dr. iur. Dr. rer.pol., Regierungschef-Stv. (1897-1962): Dok. 219
Marxer Rudolf, Briefträger in Eschen, Posthalter in Mauren (1877-1959): Dok. 152
Masaryk Thomas, tschech. Philosoph, Schriftsteller und Politiker (1850-1937): Dok. 106, 125

Matt Albert, Landwirt, Bauarbeiter (1853-1929): Dok. 81

Matt Gustav Alfons, Familienforscher, Sammler (1891-1966): Dok. 58, 70, 76, 101

Matt Rudolf, Landtagsabg., Gemeindevorsteher (1877-1960): Dok. 202, 230

Meier Eugen, Schreinermeister (1889-1953): Dok. 218

Meier Johann, Briefträger in Eschen (1897-1990): Dok. 152

Meier Johann, Oberlehrer (1871-1950): Dok. 38, 130

Meng Florian, Oberpostinspektor und stv. Oberpostdirektor (1858-): Dok. 154, 202

Mensdorff-Pouilly-Dietrichstein Albert von, österr. Diplomat (1861-1945): Dok. 169

Michalovich Johann von, österr.-ungar. Beamter (1834-1917): Dok. 13

Militär-Veteranenverein (1893-1939): Dok. 32

Minst Georg, Lehrer (1868-1922): Dok. 38, 45

Monschein Johann, Dr. iur., österr. Beamter (1864-1945): Dok. 133

Moore John Bassett, US-amerikanischer Jurist und Diplomat (1860-1947): Dok. 222

Morinelli Felix Emil, Soldat (1891-1914): Dok. 231

Mörth Karl, Dr. iur., österr. Beamter (1873-1938): Dok. 133

Motta Giuseppe, Dr. iur., Schweizer Bundesrat (1871-1940): Dok. 139, 144, 163, 168, 173, 186, 193, 197, 202, 204, 206, 212, 224

Mühlvenzl Josef von, Dr. iur., österr. Verwaltungsbeamter (1866-1933): Dok. 133

Müller Eduard, Dr. iur., Schweizer Bundesrat (1848-1919): Dok. 88

Mündle Max, Bauführer (1867-1944): Dok. 116

Musy Jean-Marie, Dr. iur., Schweizer Bundesrat (1876-1952): Dok. 140, 202

Napoleon I., franz. Feldherr und Kaiser (1769-1821): Dok. 111, 165, 173

Negulescu Demetru, Prof., rumän. Jurist und Diplomat (1875-1950): Dok. 222

Neue Zürcher Zeitung (NZZ) (1780-): Dok. 87, 206, 228

Neumann Gustav von, Ritter, österr. Architekt, fürstl. Oberbaurat (1859-1928): Dok. 33

Neumann Leopold von, Freiherr, Prof. Dr. iur., österr. Jurist (1811-1888): Dok. 173

Niederer Hermann, Soldat (1875-1915): Dok. 231

Nigg Ferdinand, Staatsangestellter, Regierungschef-Stv., stv. Staatsanwalt (1893-1957): Dok. 36, 138, 147, 182, 220, 221

Nigg Gregor, Buchhalter beim Lawenawerk (1884-1956): Dok. 13, 228

Nigg Hugo, Schneidermeister (1894-1966): Dok. 196

Nigg Johann, Schlosswirt (1844-1933): Dok. 23, 196

Nipp Eugen, Prof. Dr. phil., Landtagsabg., Lehrer, Redaktor Liechtensteiner Volksblatt (1886-1960): Dok. 77, 92, 95, 138, 146, 149, 153, 164, 175, 188, 196, 204,

North British and Mercantile Insurance Company, Versicherung (1809-): Dok. 15

Nyholm Didrik, dän. Jurist (1858-1931): Dok. 222

Obergericht, Fürstl. (1921-): Dok. 102, 142, 170, 189, 190, 193

Oberlandesgericht für Tirol und Vorarlberg - 1818-1921 Oberster Gerichtshof für das Fürstentum Liechtenstein (1849-): Dok. 43, 55, 115, 173, 190

Oberster Gerichtshof (OGH; Fürstl. Oberster Gerichtshof) (1921-): Dok. 34, 94, 100, 102, 104, 159, 170, 190, 221

Obersthofmarschallamt, Gerichtsstand für Mitglieder des Kaiserhauses, von Hochadeligen und Diplomaten (1564-1919): Dok. 12

Oda Yorozu, Prof., japan. Jurist (1868-1945): Dok. 222

Öhri [Oehry] Gustav, Kriegsfreiwilliger (1896-1941): Dok. 47

Öhri Andreas, Kriegsfreiwilliger (1887-1931): Dok. 47
Öhri Josef, Gemeindevorsteher, Regierungsrat-Stellvertreter (1884-1966): Dok. 220
Ospelt Alois, Staatsangestellter (1894-1931): Dok. 191
Ospelt Ferdinand, Schreiner- und Zimmermeister (1840-1912): Dok. 14
Ospelt Gustav [sen.], Landtagsabg., Bürgermeister, Schlosser und Landwirt (1877-1934): Dok. 221, 230
Ospelt Johann, Schreinermeister (1839-1917): Dok. 14
Ospelt Josef, Regierungschef, Landtagsabg., Präsident des Staatsgerichtshofes (1881-1962): Dok. 1, 6, 8, 10, 39, 41, 43, 59, 62, 66, 96, 98, 146, 149, 164, 167, 172, 175, 176, 178, 179, 181, 182, 183, 184, 185, 186, 188, 191, 193, 202, 203, 204, 224
Ospelt Meinrad, Landrat, Landtagsabg., Bürgermeister (1844-1934): Dok. 74
Österreichische Bundesbahnen (BBÖ bzw. ÖBB) (1923-): Dok. 227
Österreichische Gesellschaft vom Rothen Kreuze (ÖGvRK) (1880-): Dok. 46, 47, 51
Österreichischer Phönix, Versicherung (1860-1936): Dok. 15
Page Walter Hines, US-amerikan. Journalist und Diplomat (1855-1918): Dok. 54
Pasetti-Angeli von Friedenburg Marius, Freiherr, österr.-ungar. Diplomat (1841-1913): Dok. 2
Paulweber Emmerich, österr. Postbediensteter (1893-): Dok. 152
Pawelka Heinrich, fürstl. Beamter: Dok. 43
Peer [-Leone] Margaretha, Ehefrau von Josef Peer (1869-1937): Dok. 143
Peer Josef, Dr. iur., Rechtsanwalt, Vorarlberger Politiker, provis. liecht. Regierungschef, Richter am Verwaltungsgerichtshof in Wien (1864-1925): Dok. 102, 103, 143, 146, 148, 149, 150, 151, 154, 159, 160, 161, 162, 164, 169, 170, 171, 172, 174, 175, 176, 183, 184, 185, 191, 202, 204, 224

Pekař Josef, tschech. Historiker (1870-1939): Dok. 139
Perthes Johann Georg Justus, dt. Buchhändler und Verleger (1749-1816): Dok. 208
Pessoa Epitacio Lindolfo da Silva, brasilian. Jurist und Politiker (1865-1942): Dok. 222
Pfeiffer Julius, Dr. iur., österr. Jurist (1855-1937): Dok. 34
Phillimore Robert, Sir, engl. Richter und Politiker (1810-1885): Dok. 173
Pichler Franz, österr. Ingenieur (1866-1919): Dok. 10
Piffl Friedrich Gustav, Dr. theol. h. c., Erzbischof von Wien, Kardinal (1864-1932): Dok. 227
Pius X., Papst (1835-1915): Dok. 157
Plason de la Woestyne Adolf, Ritter von, Hof- und Ministerialrat im k.u.k. Aussenministerium: Dok. 173
Politische Rekursinstanz in Wien, (1871-1921): Dok. 115, 124, 135, 190
Prestel Alexander, † 1927. Stationsbeamter in Schaan (-1927): Dok. 226
Probst Walter, Dr., Kaufmann, liecht. Honorarkonsul (1887-1963): Dok. 124, 132
Purlitz Friedrich, dt. Historiker: Dok. 173
Quaderer [-Lehmann] Marie Elise (1879-): Dok. 189
Quaderer Baptist, Landtagsabg., Landwirt (1893-1931): Dok. 192, 203
Quaderer Josef Lorenz (1877-): Dok. 189
Quaderer Rudolf, Oberlehrer (1856-1922): Dok. 45
Raschli Heinrich, Giesser (1882-): Dok. 221
Real Adolf, Bürgermeister, Gemischtwarenhändler, Landwirt (1858-1916): Dok. 1
Real Anton, Geschäftsagent (1848-1925): Dok. 38, 196
Real Emil Felix, Hotelier und Gastwirt (1888-1962): Dok. 182
Real Rudolf, Kaufmann (1894-1923): Dok. 182
Redler Ferdinand, Dr. iur., österr. Jurist und Politiker (1876-1936): Dok. 93, 109

Reich Josef, Dr. iur., österr. Jurist, Rechtsanwalt in Feldkirch (1869-1957): Dok. 228

Renner Karl, Dr. iur., österr. sozialdemokrat. Politiker, Publizist (1870-1950): Dok. 131

Revertera-Salandra Nikolaus [bis 1918 Graf Revertera von Salandra], österr.-ungar. Diplomat (1866-1951): Dok. 155

Rhätische Bank (1908-1930): Dok. 230

Rheinberger Egon, Architekt, Bildhauer, Landtagsabg. (1870-1936): Dok. 19, 23, 57, 107

Rheinberger Josef Gabriel [ab 1895 von], Dr. phil. h.c., Komponist, Musikpädagoge (1839-1901): Dok. 217

Rheinberger Theodor (1890-1946): Dok. 152

Rhomberg Adolf, Vorarlberger Textilunternehmer, Politiker (1851-1921): Dok. 26, 143

Rhomberg Julius, österr. Industrieller (1869-1932): Dok. 164

Riccabona Gottfried Kuno, Dr. iur., österr. Rechtsanwalt und Schriftsteller, Rechtsanwalt in Feldkirch (1879-1964): Dok. 93

Richthofen Oswald von, Freiherr, dt. Diplomat, Staatssekretär im Auswärtigen Amt des Deutschen Kaiserreiches (1847-1906): Dok. 3

Riedl [-Schädler] Gertrud, Tochter von Dr. Rudolf Schädler (1889-1978): Dok. 182

Riedl Karl, österr. Postangestellter: Dok. 152

Riedl Richard, Dr. iur., österr. Diplomat und Wirtschaftspolitiker (1865-1944): Dok. 133

Riedl von Riedenau Franz, österr. Beamter: Dok. 2, 3

Riegg Alfred, Schweizer Politiker, St. Galler Regierungsrat (1863-1946): Dok. 226

Risch Alexander, Baumeister (1866-1920): Dok. 223

Risch Bernhard, Landtagsabg., Bürgermeister (1879-1962): Dok. 171

Risch Emil, Landtagsabg., Gemeindevorsteher, Oberlehrer, Wirt (1866-1950): Dok. 85, 86, 135, 175, 213

Risch Ferdi, Landtagsabg., Gemeindevorsteher (1880-1940): Dok. 226, 228

Ritter Alois, Dr. iur., Landtagsabg., Rechtsanwalt in Vaduz, 1926–1936 Partner von Wilhelm Beck (1897-1966): Dok. 224

Ritter Martin, Dr. iur., Rechtsanwalt, Vorsitzender des prov. Vollzugsausschusses (1872-1947): Dok. 86, 87, 88, 89, 90, 92, 93, 100, 102, 109, 141, 192

Ritter Stefan, Weinhändler (1876-1931): Dok. 19

Rittmeyer Ludwig, Dr. iur., Schweizer Rechtsanwalt und Politiker (1897-1963): Dok. 230

Riunioni Adriatica di Sicurtà, Versicherung (1838-): Dok. 14

Robin Paul Charles Marie, franz. Diplomat: Dok. 70

Roeckle [-Hilsenbek] Johanna, Ehefrau von Franz Roeckle (1885-1965): Dok. 189

Roeckle Franz, Architekt (1879-1953): Dok. 107, 189

Roitner Othmar, Schauspieler beim Stadttheater Innsbruck: Dok. 187

Romieu, franz. Diplomat: Dok. 129

Rubens Peter Paul, fläm. Maler, Diplomat (1577-1640): Dok. 199

Ruber (N.N.), österr. Beamter: Dok. 133

Rushdi Hussein, ägyptischer Politiker (1863-1928): Dok. 111

Russ Wilhelm, dt. Kaufmann (1878-): Dok. 73

Sanchez de Bustamante y Sirven Antonio, kuban. Jurist (1865-1951): Dok. 222

Sängerbund Vaduz (1867-): Dok. 32

Sautier & Cie AG (Bank Sautier) (1889-1931): Dok. 220, 228

Schädler [-Spiess] Mina (1893-1925): Dok. 213

Schädler Albert, Dr. med., Landtagspräsident (1848-1922): Dok. 5, 6, 8, 11, 13, 15, 17, 18, 19, 20, 21, 24, 27, 30, 32, 34, 35, 42, 43, 46, 57, 74, 79, 85, 86, 87, 94, 107, 115, 182, 190

Schädler Alois, Gemeindevorsteher, Regierungsrat, Richter am Obergericht (1878-1964): Dok. 171, 223

Schädler August, Stickereizeichner, Taglöhner, Bauarbeiter (1895-1977): Dok. 68

Schädler Gustav, Prof., Lehrer, Regierungschef, Landtagsabg. (1883-1961): Dok. 102, 115, 135, 149, 150, 159, 174, 188, 189, 192, 197, 200, 201, 202, 203, 204, 205, 208, 209, 210, 213, 214, 215, 218, 220, 221, 223, 224, 226, 227, 228

Schädler Heinrich, Maurermeister (1892-1970): Dok. 213

Schädler Johann, Geometer (1884-1970): Dok. 223

Schädler Johann, Landtagsabg., Landwirt und Gipser (1875-1953): Dok. 188

Schädler Karl, Dr. med., Landrat, Landtagsabg., Landesphysikus, Redaktor (1804-1872): Dok. 85

Schädler Karl, Ing., Landtagsabg. (1850-1907): Dok. 18, 182

Schädler Rudolf, Dr. med., Landtagsabg., Redaktor (1845-1930): Dok. 19, 23, 182, 196

Schauberger Friedrich, Dr. iur., österr. Beamter (1869-1959): Dok. 133

Scheidemann Philipp, dt. Politiker (1865-1939): Dok. 85

Schiller Friedrich von, dt. Dichter, Philosoph und Historiker (1759-1805): Dok. 89

Schlegel Franz Josef, Ing., Ernährungskommissär, kaufmänn. Angestellter (1881-1954): Dok. 99, 171

Schlegel Franz, Landtagsabg., Wirt, Bäcker und Landwirt (1852-1936): Dok. 13, 17

Schlumpf, Mechanische Werkstätte für Autobestandteile (1910-1912): Dok. 133

Schmid Peter, Pfarrer in Balzers (1862-1931): Dok. 33

Schmid von Grüneck Georg, Prof. Dr. iur. utr., Bischof von Chur (1851-1932): Dok. 32, 33, 39, 43, 69, 84, 146, 155, 157, 183, 210

Schmidhauser Fritz, Geschäftsführer der Klassenlotterie: Dok. 228

Schmidle Josef, Schreinermeister, Frontsoldat (1887-1962): Dok. 196

Schober Johannes, österr. Polizeibeamter und Politiker (1874-1932): Dok. 204

Schönburg-Hartenstein Johannes von, österr. Diplomat (1864-1937): Dok. 161

Schöpf Heinrich, Dr., Richter, Landrichter-Stv. in Vaduz (1864-1932): Dok. 30

Schuler Josef, k.k. Bauoberkommissär bei der Post- und Telegrafendirektion in Innsbruck: Dok. 10

Schulthess Edmund, Schweizer Bundesrat (1868-1944): Dok. 204

Schumpeter Joseph Alois, Prof. Dr. iur., österr. Nationalökonom (1882-1950): Dok. 119, 135

Schützenverein Vaduz (1882-1931): Dok. 196

Schwab Adolf, österr. Grossindustrieller und Politiker (1833-1897): Dok. 128, 162

Schwarzl Franz, Direktor der Centrofag / Klassenlotterie (1893-): Dok. 228

Schweizer Bischofskonferenz (SBK) (1863-): Dok. 157

Schweizerische Bundesbahnen (SBB) (1898-): Dok. 13, 202

Schweizerische Kreditanstalt (SKA) (1856-): Dok. 135, 164, 209

Schweizerische Volksbank (1869-1993): Dok. 228

Schweizerischer Baumeisterverband (1897-): Dok. 178

Schwendener Gallus, Schweizer Jurist und Politiker (1858-1936): Dok. 202, 206

Seeger (Seger) Alois, Bürgermeister, Wirt (1868-1931): Dok. 1, 14, 19, 23, 152

Seeger (Seger) Ferdinand, Grundbuchführer (1866-1919): Dok. 19

Seger [-Real] Olga (1866-1951): Dok. 182

Seger Anton, Staatsangestellter (1892-1988): Dok. 116, 118

Seger Bernhard, Bauhandwerker (1888-1947): Dok. 60

Seger Johann, Sattlermeister (1852-1929): Dok. 14

Seger Oskar Felix, Arbeiter, Angestellter, Kriegsfreiwilliger (1895-1954): Dok. 47

Seipel Ignaz, Dr. theol., österr. Bundeskanzler (1876-1932): Dok. 227
Sektion Liechtenstein des Deutschen und Österr. Alpenvereins (1909-1946): Dok. 19
Siebenschein Rudolf, Dr., Rechtsanwalt, Wien, fürstl. Unterhändler bei der tschechoslowak. Regierung (1867-): Dok. 125, 164
Simon Fridolin, Architekt, Kantonsrat (1846-1935): Dok. 13
Singer Salomon Manfred, Dr. iur., Wiener Industrieller (1856-1930): Dok. 162, 164
Société suisse de surveillance économique (SSS), schweiz. Kontrollstelle zur Verhinderung von Exporten an die Mittelmächte bei Waren, die von der Entente an die Schweiz geliefert worden waren (1915-1920): Dok. 65
Sommerlad Ernst, dt. Architekt, Sportpionier (1895-1977): Dok. 225
Sparkasse, «Zins- und Credit-Landes-Anstalt im souverainen Fürstenthume Liechtenstein» (1861-): Dok. 17, 42, 127, 228, 230
Sperandio Alfred, Soldat (1894-1916): Dok. 231
Spinn-Weberei Rankweil-Hohenems-Vaduz GmbH, Textilunternehmen mit Sitz in Wien (1913-1916): Dok. 65, 111, 164
Spoerry Fritz, Schweizer Textilfabrikant (1888-1939): Dok. 123
Sprecher von Bernegg Theophil, Schweizer Offizier und Politiker (1850-1927): Dok. 88
Sprenger Josef, Landtagsabg. (1867-1956): Dok. 57, 135
St. Pirminsberg, Klinik, kantonale Heil- und Pflegeanstalt (1847-): Dok. 28
Staatsanwaltschaft (1914-): Dok. 141, 146, 182, 221, 228, 230
Staatsgerichtshof (1925-): Dok. 102, 103, 159, 170, 175
Stadtwerke Feldkirch, Elektrizitätswerk (1908-): Dok. 10, 42
Stammler Jakob, Dr. phil h.c., kathol. Bischof von Basel und Lugano (1840-1925): Dok. 157
Ständiger Internationaler Gerichtshof (StIGH) (1922-1946): Dok. 222, 224
Stapper Fritz, dt. Fabrikbesitzer, Spekulant (1880-): Dok. 228
Steger Josef, Regierungsrat, Landtagsabg. (1879-1963): Dok. 226
Steiner Gustav, Inhaber eines Kohlengeschäfts in Prag: Dok. 128
Stellwag von Carion Friedrich, Edler, Landesverweser (1852-1896): Dok. 86
Sternberg de Armella [Dupérier] Emilio, Baron, 1926 in Triesenberg eingebürgert (1907-): Dok. 216
Sternberg de Armella [-Dupérier] Yvonne (1889-): Dok. 216
Sternberg de Armella Léon Maurice Emilio, Baron, Grossindustrieller. 1926 in Triesenberg eingebürgert (1852-1932): Dok. 216
Stingelin Emil, Schweizer Berufsoffizier: Dok. 95, 99
Stipperger Hubert, österr. Beamter. bis 1910 Gewerbeinspektor für Vorarlberg in Bregenz: Dok. 20
Stolberg-Wernigerode Wilhelm von, Prinz, dt. Diplomat (1870-1931): Dok. 120, 128
Strisower Leo, Prof. Dr. iur., österr. Jurist (1857-1931): Dok. 139, 166, 173
Strub David, Landtagspräsident, Bürgermeister, Bankangestellter, Treuhänder (1897-1985): Dok. 46, 55, 61, 62, 64, 80, 95, 98, 99, 228
Strumpen Eleonora, Sekretärin bei der Klassenlotterie (1893-): Dok. 228
Strümpl, Sekretär im tschechoslowak. Aussenministerium: Dok. 125, 129
Susta Josef, Prof. Dr. phil., tschech. Historiker, Politiker (1874-1945): Dok. 139
Szabo [N.N.], Dr., österr. Beamter: Dok. 133
Szögyény-Marich Ladislaus von, Österreichisch-ungar. Diplomat (1841-1916): Dok. 2, 3
Tennisclub Vaduz (1925-): Dok. 225
Thöny Franz, Sparkassaverwalter, Versicherungsagent, Treuhänder (1895-1958): Dok. 230

Thöny Johann, Briefträger in Vaduz und Triesenberg (1869-1944): Dok. 14

Thuna Marian, 1921/1922 Kaufmann in Vaduz (1884-): Dok. 182

Thurnher Julius, Dr. iur., Österreicher, Landrichter in Vaduz (1886-1950): Dok. 60, 109, 191, 221

Tiroler Brandversicherung (1823-): Dok. 14

Toggenburg Friedrich von, österr. Politiker (1866-1956): Dok. 43

Treichl Alfred, Dr., österr. Bankier. Direktor der Anglo-Österr. Bank. Mitbegründer der Bank in Liechtenstein (1879-1945): Dok. 146

Tscherfinger Arnold, Advokat in Sargans (1892-): Dok. 228

Tschol Raimund, Landwirt (1869-1950): Dok. 39

Tschugmell Josef, Soldat (1895-1918): Dok. 231

Tschugmell Otto, Soldat (1898-1918): Dok. 231

Unterberger Franz, österr. Politiker (1870-1954): Dok. 91

Uray Roman, Soldat (1892-1914): Dok. 231

Uray Rudolf, Soldat (1889-1914): Dok. 231

Vaterländische Union (VU) (1936-): Dok. 149, 150, 159

Veit Adalbert, Soldat (1889-1914): Dok. 231

Verband für Fremdenverkehr in Vorarlberg und Liechtenstein (1893-): Dok. 21

Verdi Giuseppe, italienischer Komponist (1813-1901): Dok. 223

Verfassungskommission des Landtags (1918-1921): Dok. 170, 175, 183

Verling Franz, stv. Landtagsabg., Landesobmann der FBP, fürstl. Rebmeister (1889-1964): Dok. 97, 148, 149, 151, 171

Verling Johann, fürstl. Rebmeister (1859-1924): Dok. 14

Verling Joseph [Franz Josef] (1868-1913): Dok. 23

Vertriebsunion Triesenberg, Rechtsträger der Klassenlotterie in Liechtenstein. (1925-1926): Dok. 220, 228

Verwaltungsbeschwerde-Instanz (VBI) (1921-2003): Dok. 102, 170

Vetsch Jakob Dr. phil. Dr. iur., Schweizer Schriftsteller. (1879-1942): Dok. 206

Vieli Peter, Dr. iur., Schweizer Diplomat und Bankier (1890-1972): Dok. 207

Vincenz Laurenz Matthias, , Dr. iur. can., Bischof von Chur (1874-1941): Dok. 109

Vögeli Joseph, Schweizer Beamter, Direktor des Zollkreises III: Dok. 202

Vogt [-Sprecher] Margarethe (1881-): Dok. 189

Vogt Andreas, Saisonnier, Schreiner, Wirt, Landtagsabg. (1880-1958): Dok. 141, 146, 174, 221, 228

Vogt Anton, Gipsermeister in Winterthur (1882-1927): Dok. 189

Vogt Basilius, Pfr. in Zürich (1866-1934): Dok. 33

Völkerbund (1920-1946): Dok. 103, 104, 111, 129, 135, 156, 165, 168, 169, 173, 180, 202, 222

Wachter Franz Josef, Bürgermeister, Metzger und Landwirt (1850-1923): Dok. 14, 200

Wachter Franz, Wirt (1887-1945): Dok. 171

Wachter Ludwig, Bautechniker, Rüfemeister (1895-1962): Dok. 228

Wachter Stephan, Landtagsabg., Malermeister (1881-1963): Dok. 192, 194, 203

Wagner Richard, dt. Komponist, Dirigent und Musikdramatiker (1813-1883): Dok. 223

Wagner von Jauregg Friedrich, Dr. iur., österr. Beamter: Dok. 29

Währungskommission (1920-): Dok. 142

Waitz Sigismund, Erzbischof von Salzburg (1864-1941): Dok. 224

Walker Gustav, österr. Jurist (1868-1944): Dok. 34

Walser Anton, Landtagsabg., Geschäftsmann, Obmann der VP, Generalbevollmächtigter der Vertriebsunion Triesenberg (1890-1948): Dok. 115, 127, 142, 148, 149, 150, 174, 194, 203, 228, 230

Walser Anton, Maurer (1885-1954): Dok. 179

Walser Fritz (Friedrich), Landtagsabg., Gemeindevorsteher, Postmeister in Schaan (1870-1950): Dok. 17, 34, 42, 43, 86, 89, 90, 96, 102, 107, 113, 133, 135, 141, 142, 146, 149, 153, 172, 175, 184, 202, 204

Walser Otto, Dr. iur. (Pater Justinus), liecht. Beamter, kathol. Priester (1888-1969): Dok. 89, 124, 135

Wang Ch'ung-Hui, chin. Jurist, Politiker und Diplomat (1881-1958): Dok. 222

Wanger Johann, Landtagsabg., Regierungsrat, Landwirt und Unternehmer (1881-1938): Dok. 90, 135, 172, 174, 202

Weder Karl, Dr. iur., Rechtsanwalt und Politiker in St. Gallen (1889-1932): Dok. 221, 230

Weiss André, Dr. iur., franz. Jurist (1858-1928): Dok. 222

Weissenbach Placid, Schweizer Politiker (1841-1914): Dok. 13

Weisshaupt Wilhelm, Soldat (1896-1918): Dok. 82, 231

Weisshaupt Xaver, Bäckermeister (1868-1949): Dok. 196

Weizer Elektrizitätswerke Franz Pichler & Co (1892-): Dok. 10

Weltpostverein (1874-): Dok. 29

Wenzel Bruno, Kaufmann in Schaan (1891-): Dok. 65

Wenzel Hermann, Direktor der Rosenthalischen Fabriken (1863-1934): Dok. 162

Werdenbergisches Initiativkomitee contra Zollanschluss (1922-1923): Dok. 206, 207

Westlake John, Prof., engl. Jurist und Sozialreformer (1828-1913): Dok. 173

Westphalen Clemens von, Reichsgraf, Jurist, fürstl. Berater (1836-1887): Dok. 42, 124

Wettstein Oscar, Schweizer Politiker (1866-1952): Dok. 73

Wieser Franz von, Ritter, Prof. Dr. phil., österr. Geograph, Denkmalpfleger, Leiter der Restaurierung von Schloss Vaduz (1848-1923): Dok. 30, 43

Wieser Josef, Soldat (1894-1920): Dok. 231

Wilczek Hans, Graf, Großgrundbesitzer, Polarforscher, Kunstmäzen (1837-1922): Dok. 30

Wildner Heinrich, Dr. iur., österr. Diplomat (1879-1957): Dok. 133

Wilhelm II., dt. Kaiser und König von Preussen (1859-1941): Dok. 2, 88

Wilson Woodrow, Prof. Dr. phil., US-amerikan. Präsident (1856-1924): Dok. 106, 173

Wohlwend Alois, Oberlehrer (1862-1920): Dok. 45

Wohlwend Johann, Landtagsabg., Landwirt (1872-1960): Dok. 56, 57, 79, 85, 87, 107, 135, 153

Wolf [-Kohlhaupt] Agatha (1855-1937): Dok. 14

Wolfinger Albert, Landtagsabg., Landwirt und Winzer (1850-1931): Dok. 57, 85, 135, 175, 194, 203

Wolfinger Emil, Landtagsabg., Gemeindevorsteher, Wirt in Balzers (1867-1957): Dok. 42, 152

Zemp Josef, Dr. iur., Schweizer Bundesrat (1834-1908): Dok. 13

Zentraldirektion, Fürstl. Liechtenst. in Prag bzw. Olmütz, auf Verlangen der Tschechoslowakei geschaffene Behörde zur Verwaltung des fürstl. Besitzes in der Tschechoslowakei (1919-1945): Dok. 180

Zentralkanzlei, Fürstl. Liechtenst., Wien, aus der Fürstl. Hofkanzlei hervorgegangene zentrale Kanzlei (1920-): Dok. 124, 125, 173, 204

Zerdik Johann, österr. Landesoberbaurat und Politiker (1878-1961): Dok. 119

Zingerle [N.N.], Dr., Postrat. Postkommissär der österr. Postverwaltung in Innsbruck: Dok. 152

Zita, österr. Kaiserin (1892-1989): Dok. 71

Zogg Rosina, Nachstickerin in Werdenberg (1884-): Dok. 221

Zwengauer Josef, Kapellmeister in München: Dok. 167

Zwicky Johann Friedrich, Schweizer Industrieller (1876-1946): Dok. 230

Sachregister

Abolition: Dok. 141
Alpinismus: Dok. 19
Altenbetreuung: Dok. 16
Antisemitismus: Dok. 132, 164, 182
Arbeiterschutz: Dok. 20, 152
Arbeitsbeschaffung: Dok. 53, 57, 178, 181, 188
Arbeitslosigkeit: Dok. 53, 57, 70, 188
Arbeitsordnungen: Dok. 20
Armenhäuser: Dok. 7, 16
Armut: Dok. 4
Auslandliechtensteiner: Dok. 36, 53, 55, 60, 70, 76, 101, 116
Aussenpolitik, allgemein: Dok. 108, 124
Auswanderung: Dok. 25, 223
Autos: Dok. 21
Banken: Dok. 158
Bettler: Dok. 200
Bodenreform in der Tschechoslowakei: Dok. 106, 108, 139, 173, 177, 180, 229
Brandereignisse: Dok. 14, 38
Brandversicherung: Dok. 14, 38
Briefmarken: Dok. 29, 171
Bürgerwehr, Landeswehr: Dok. 172
Christlich-soziale Volkspartei: Dok. 103, 115, 149, 150, 214
Demonstrationen: Dok. 87, 122
Deserteure: Dok. 64, 67, 73, 83, 132
Deutschland: Dok. 2, 3, 19, 73, 112, 120,
Domänenbesitz: Dok. 92
Doppelbesteuerungsabkommen mit Österreich: Dok. 5
Ehen, kirchliche Trauungen: Dok. 36, 189
Einbürgerungen: Dok. 132, 153, 164, 216
Eisenbahn: Dok. 10, 13, 42, 104, 137, 173, 227
Elektrizitätsversorgung: Dok. 1, 10, 42
Erster Weltkrieg, Ereignisse: Dok. 68, 71
Erster Weltkrieg, Kriegsende: Dok. 106, 111, 117
Erster Weltkrieg, Massnahmen: Dok. 57, 75,
Erster Weltkrieg, Situation: Dok. 46, 51, 53, 60, 61, 62, 81
Export: Dok. 8

Exterritorialität Fürstenhaus: Dok. 12, 106, 139, 166
Fabriken: Dok. 20, 31, 57, 128, 162, 164, 211, 212, 218
Feiertage: Dok. 212
Ferienkinder: Dok. 72
Feuerwehr: Dok. 17
Flüchtlinge: Dok. 90, 91,
Forstwirtschaft: Dok. 9
Fortschrittliche Bürgerpartei: Dok. 97, 100, 148, 151, 172, 174
Frankreich: Dok. 65, 70, 82, 95, 116, 139
Frauen: Dok. 31, 35, 40,
Freilichtspiele: Dok. 32,
Fremdenpolizei: Dok. 200
Fremdenverkehr: Dok. 19, 21
Fürsorge: Dok. 57, 72,
Fürstliche Familie: Dok. 6, 12, 48, 121, 166, 180, 208
Fürstliche Sammlungen: Dok. 114
Fürstliche Spenden, Darlehen, Schenkungen: Dok. 33, 38, 63, 138, 181, 199, 209
Fürstlicher Besitz: Dok. 106, 108, 139, 173
Gefallene: Dok. 82
Gesandtschaft beim Heiligen Stuhl (Vatikan): Dok. 224
Gesandtschaft Bern: Dok. 108, 118, 139, 168, 169, 178, 189, 205, 222
Gesandtschaft Prag: Dok. 108, 125, 131, 144, 177, 180, 204, 205
Gesandtschaft Wien: Dok. 108, 120, 124, 125, 129, 131, 135, 169, 185, 204
Gesundheit: Dok. 17, 20, 26, 28, 31, 35, 84, 107
Gewerbe: Dok. 31, 182, 215
Gewerbepolizei: Dok. 20, 26, 31, 182
Gewerkschaften: Dok. 145, 152, 188
Graubünden: Dok. 41, 42, 46, 62, 117, 178, 226, 230
Grenzschutz: Dok. 66, 88, 90, 91, 200
Grenzverkehr: Dok. 62, 66, 91, 147, 195
Grossbritannien: Dok. 49, 54, 131, 139, 173
Handel mit der Schweiz: Dok. 8, 98

Sachregister

Handel mit Österreich: Dok. 8, 11, 133, 135, 162
Heilanstalten: Dok. 28
Huldigung: Dok. 17, 32, 148
Hygiene: Dok. 16
Irrenfürsorge, Psychiatrie: Dok. 17, 28
Jagd: Dok. 22
Jubiläen: Dok. 17, 23, 32, 196, 217
Justiz: Dok. 24, 34, 141, 173, 190, 221, 222
Kirche: Dok. 33, 109, 157, 183, 187, 210, 212, 213, 221
Klassenlotterie: Dok. 220, 228
Kompensationen im Aussenhandel: Dok. 93, 120,
Krankenhaus, Landesspital: Dok. 107
Krankenversicherung: Dok. 20, 35, 198
Kriegsanleihen: Dok. 61
Kriegsfreiwillige: Dok. 47, 50, 231
Kriegsgefangene: Dok. 90, 91, 111
Kriegszustand mit Preussen: Dok. 2, 3
Kultur: Dok. 167
Landesschulen: Dok. 18
Landesverweser, Bestellung eines Ausländers: Dok. 87, 94, 96, 143, 146, 148, 149, 150, 151, 159, 160, 174
Landtagsabgeordnete: Dok. 105, 113,
Landtagswahlen: Dok. 77, 79
Landwirtschaft: Dok. 41, 130
Lebensmittelkontrolle: Dok. 26
Lebensmittelversorgung: Dok. 63, 65, 75, 88, 90, 95, 99, 111
Lehrpläne: Dok. 18
Lesebuch: Dok. 45
Licht: Dok. 1, 10
Malerei: Dok. 167, 199
Maul- und Klauenseuche: Dok. 41
Musik: Dok. 167, 217
Neun-Punkte-Programm: Dok. 94,
Neutralität: Dok. 47, 48, 49, 50, 51, 52, 54, 55, 56, 58, 59, 61, 64, 65, 67, 70, 80, 104, 106, 110, 111, 139, 156
Notgeld: Dok. 136
Novemberkrise 1918: Dok. 86, 87, 89, 92, 94

Österreich: Dok. 2, 5, 8, 11, 12, 15, 19, 27, 29, 51, 52, 56, 59, 60, 61, 64, 67, 68, 110, 111, 112, 119, 122, 123, 133, 135, 137, 152, 158, 162, 166, 173, 195, 227
Pariser Friedenskonferenz: Dok. 104, 106, 111, 139
Parteien, allgemein: Dok. 77
Pfarreien: Dok. 33, 39,
Postvertrag mit der Schweiz: Dok. 154, 163
Postvertrag mit Österreich: Dok. 15, 27, 29, 56, 112, 152, 173
Preussen: Dok. 2, 3
Priester, Geistliche, Klerus: Dok. 35, 39, 69, 109, 126, 127, 221
PTT-Vertrag mit der Schweiz: Dok. 15
Realschulen: Dok. 18
Regierung: Dok. 43, 44, 85, 86, 87, 89, 96, 176, 191, 192, 219
Religion: Dok. 23, 33, 36, 37, 39, 40, 69, 84, 157, 187, 212, 213, 221
Rheineinbruch: Dok. 226
Russland: Dok. 2, 76, 78, 229
Saisonniers: Dok. 53, 60, 74
Sankt Gallen: Dok. 28, 101, 206, 215
Schloss Vaduz: Dok. 30, 114, 159
Schlossabmachungen: Dok. 159
Schmalspurbahn : Dok. 13
Schmuggel: Dok. 117
Schulen: Dok. 7, 18, 23, 45, 167
Schulschwestern: Dok. 7
Schweiz: Dok. 8, 11, 36, 53, 63, 65, 66, 73, 76, 78, 88, 90, 95, 98, 99, 110, 117, 118, 129, 132, 134, 135, 139, 140, 144, 154, 157, 163, 171, 173, 177, 178, 180, 186, 202, 203, 205, 212,
Sixtus-Affäre: Dok. 71
Soldaten: Dok. 82, 90, 231
Souveränität: Dok. 27, 29, 55, 56, 64, 67, 104, 106, 108, 111, 156, 161, 165, 166, 168, 173, 180, 208
Soziale Sicherheit: Dok. 57, 152, 198
Sozialismus: Dok. 157
Sozialwerke, Caritas: Dok. 37, 38
Sozialwesen: Dok. 17
Sparkassaskandal: Dok. 230
Spielbank: Dok. 126, 127